Administração de pequenas empresas

LANÇANDO E DESENVOLVENDO INICIATIVAS EMPREENDEDORAS

Dados Internacionais de Catalogação na Publicação (CIP)

A238	Administração de pequenas empresas: lançando e desenvolvendo iniciativas empreendedoras / Justin G. Longenecker ... [et al.] ; tradução: FZ Consultoria Educacional, Solange Aparecida Visconte ; revisão técnica: Carlos Tasso Eira de Aquino, Álvaro Augusto Mello. – São Paulo, SP : Cengage, 2018. 528 p. : il. ; 28 cm.
	Tradução de: Small business management: launching & growing entrepreneurial ventures, (18. ed.). ISBN 978-85-221-2688-0
	1. Pequenas empresas – Administração. 2. Empreendedorismo. 3. Empresas novas – Administração. I. Longenecker, Justin G. II. Visconte, Solange Aparecida. III. Aquino, Carlos Tasso Eira de. IV. Mello, Álvaro Augusto.
CDU 658.017.3	CDD 658.022

Índice para catálogo sistemático:
1. Pequenas empresas: Administração   658.017.3
(Bibliotecária responsável: Sabrina Leal Araújo – CRB 10/1507)

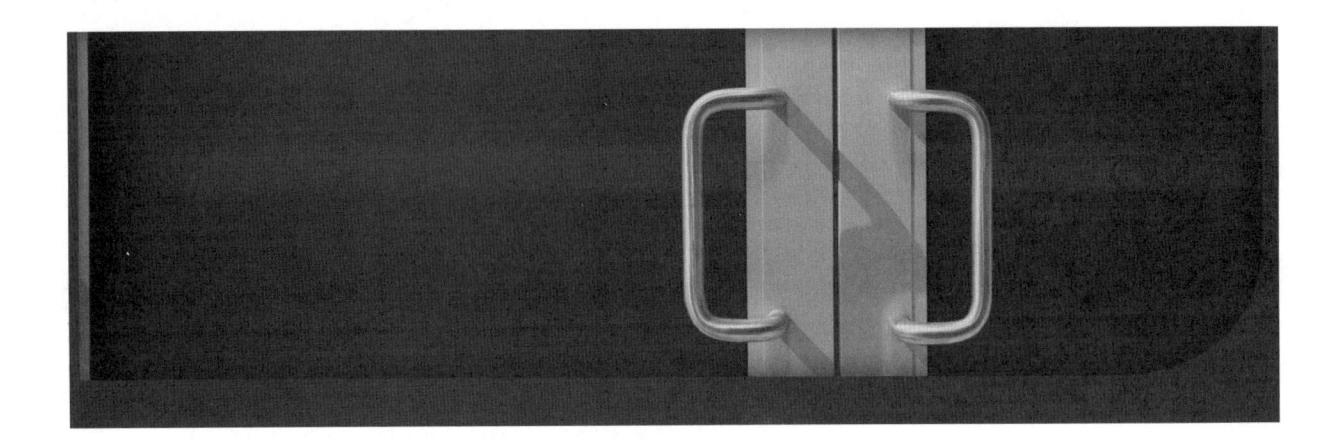

Administração de pequenas empresas

LANÇANDO E DESENVOLVENDO INICIATIVAS EMPREENDEDORAS

Tradução da 18ª edição norte-americana

Justin G. Longenecker
Baylor University

J. William Petty
Baylor University

Leslie E. Palich
Baylor University

Frank Hoy
Worcester Polytechnic Insitute

Carlos Tasso E. Aquino
Pós-doutor em Empreendedorismo pela Unicamp. Diretor Executivo Sênior do Centro de Excelência em Diversidade e Inclusão, Argosy University, Tampa, Flórida, EUA

Alvaro Augusto Araújo Mello
Doutor em Administração pela FEA/USP; vice-presidente da International Telework Academy (ITA)

✦ CENGAGE

Austrália • Brasil • México • Cingapura • Reino Unido • Estados Unidos

CENGAGE

**Administração de pequenas empresas
Lançando e desenvolvendo iniciativas empreendedoras**
Tradução da 18ª edição norte-americana
2ª edição brasileira

Justin G. Longenecker
J. William Petty
Leslie E. Palich
Frank Hoy

Gerente editorial: Noelma Brocanelli

Editora de desenvolvimento: Gisela Carnicelli

Supervisora de produção gráfica: Fabiana Alencar Albuquerque

Título original: Small Business Management

(ISBN 978-1-305-40574-5)

Tradução: FZ Consultoria e Solange Aparecida Visconti

Revisão técnica: Álvaro Mello (Capítulos 7, 9-17, 22-23) e Carlos Tasso Eira de Aquino (Capítulos 1-6, 8, 18-21)

Colaboração de revisão técnica: Verônica Favato Brugugnoli

Revisão: Fernanda Santos, Monalisa Neves, Rosangela Ramos da Silva e Luicy Caetano de Oliveira

Diagramação: Alfredo Carracedo Castillo

Capa: Buono Designo

Imagens da capa: Sirtravelalot/Shutterstock; wavebreakmedia/Shutterstock; mavo/Shutterstock; Olena Yakobchuk/Shutterstock; Monkey Business Images/Shutterstock; SFIO CRACHO/Shutterstock.

© 2017, 2014 Cengage Learning

© 2019 Cengage Learning Edições Ltda.

Todos os direitos reservados. Nenhuma parte deste livro poderá ser reproduzida, sejam quais forem os meios empregados, sem a permissão por escrito da editora. Aos infratores aplicam-se as sanções previstas nos artigos 102, 104, 106, 107 da Lei nº 9.610, de 19 de fevereiro de 1998.

Esta editora empenhou-se em contatar os responsáveis pelos direitos autorais de todas as imagens e de outros materiais utilizados neste livro. Se porventura for constatada a omissão involuntária na identificação de algum deles, dispomo-nos a efetuar, futuramente, os possíveis acertos.

A editora não se responsabiliza pelo funcionamento dos *links* contidos neste livro que possam estar suspensos.

Para informações sobre nossos produtos, entre em contato pelo telefone
0800 11 19 39

Para permissão de uso de material desta obra, envie seu pedido para
direitosautorais@cengage.com

© 2019 Cengage Learning. Todos os direitos reservados.

ISBN 13: 978-85-221-2688-0
ISBN 10: 85-221-2688-7

Cengage Learning
Condomínio E-Business Park
Rua Werner Siemens, 111 – Prédio 11 – Torre A – Conjunto 12
Lapa de Baixo – CEP 05069-900 – São Paulo – SP
Tel.: (11) 3665-9900 Fax: 3665-9901
SAC: 0800 11 19 39
Para suas soluções de curso e aprendizado, visite
www.cengage.com.br

Impresso no Brasil
Printed in Brazil
1ª impressão – 2018

Sumário

PARTE 1
1. A vida empreendedora, 1
- 1-1 Tamanho pequeno, importância grande, 3
- 1-2 Oportunidades para pequenos negócios e oportunidades empreendedoras: há alguma diferença?, 4
- 1-3 Qualidades empreendedoras: ego grande não é pré-requisito, 6
- 1-4 Motivações para abrir um negócio, 11
- 1-5 A vantagem competitiva do empreendedor, 18
- 1-6 Construindo um legado empreendedor, 20
- 1-7 Para onde ir a seguir?, 21
  Glossário, 22; Recursos para *startups*, 22; Você é quem manda, 23; Notas, 23

PARTE 2
2. Integridade, ética e empreendedorismo social, 26
- 2-1 O que é integridade?, 28
- 2-2 Integridade e as expectativas dos principais *stakeholders*, 28
- 2-3 Os desafios e benefícios de agir com integridade, 33
- 2-4 Construindo uma empresa com integridade, 38
- 2-5 Empreendedorismo social: uma tendência contínua, 41
  Glossário, 44; Você é quem manda, 45; Notas, 46

3. Iniciando um pequeno negócio, 48
- 3-1 Desenvolvendo ideias para *startups*, 50
- 3-2 Usando pensamento inovador para gerar ideias de negócios, 53
- 3-3 Usando análises internas e externas para avaliar novas ideias de negócios, 57
- 3-4 Selecionando estratégias que captam oportunidades, 62
- 3-5 Examinando novas ideias de negócios, 65
- 3-6 Sua ideia de *startup* é viável?, 66
  Glossário, 69; Recursos para *startups*, 70; Ações para *startups* 70; Você é quem manda, 70; Notas, 71

4. Franquias e compras, 73
- 4-1 O que é uma franquia?, 74
- 4-2 Os prós e os contras de uma franquia, 77
- 4-3 Avaliando oportunidades de franquia, 81
- 4-4 Comprando um negócio existente, 85
  Glossário, 89; Recursos para *startups*, 90; Ferramentas para *startups* 90; Você é quem manda, 90; Notas, 91

5. A empresa familiar, 92
- 5-1 O que é uma empresa familiar?, 93
- 5-2 Empresas familiares dinâmicas, 96
- 5-3 Papéis e relacionamentos familiares, 98
- 5-4 Boa governança na empresa familiar, 102
- 5-5 O processo de sucessão da liderança, 105
  Glossário, 108; Transformações para *startups*, 108; Você é quem manda, 108; Notas, 109

PARTE 3
6. O plano de negócios: visualizando o sonho, 110
- 6-1 Uma visão geral do plano de negócios, 111
- 6-2 Escrever um plano fará diferença?, 112
- 6-3 Comece com o modelo de negócio, 114
- 6-4 Preparando um plano de negócios: o conteúdo e o formato, 118
- 6-5 Conselhos para escrever um plano de negócios, 125
- 6-6 Apresentando uma ideia (*pitch*) para os investidores, 128
- 6-7 Recursos para a preparação de um plano de negócios, 129
- 6-8 Mantendo a perspectiva adequada, 130
  Glossário, 130; Ferramentas para *startups*, 131; Recursos para *startups*, 131; Você é quem manda, 132; Planos de negócios, 132; Notas, 132

7. Plano de marketing, 134
- 7-1 O que é o marketing de pequena empresa?, 135
- 7-2 O plano de marketing formal, 137
- 7-3 Pesquisa de marketing para pequena empresa, 141
- 7-4 Compreendendo potenciais mercados-alvo, 144
- 7-5 Estimativa do potencial de mercado, 147
  Glossário, 149; Ferramentas para *startups*, 150; Recursos para *startups*, 150; Você é quem manda, 150; Planos de negócios, 150; Notas, 151

8. O planejamento organizacional: equipes, estruturas legais, alianças e diretores, 152
- 8-1 Construindo uma equipe de gestão, 154
- 8-2 Formas jurídicas de organização mais comuns, 157
- 8-3 Considerações na escolha de uma forma de organização, 164
- 8-4 Formas jurídicas especializadas da organização, 166
- 8-5 Formando alianças estratégicas, 169
- 8-6 Tirando máximo proveito do conselho administrativo (diretoria), 171
  Glossário, 173; Ações para *startups*, 174; Recursos para *startups*, 174; Você é quem manda, 175; Planos de negócios, 176; Notas, 176

9. O plano de localização, 178
- 9-1 Localização de uma *startup* com espaço físico, 180
- 9-2 Projetando e equipando instalações físicas, 184
- 9-3 Sediando a *startup* na casa do empreendedor, 186
- 9-4 *E-commerce*: hospedando uma *startup* na internet, 188
  Glossário, 195; Ações para *startups*, 195; Você é quem manda, 195; Planos de negócios, 196; Notas, 196

10. Entendendo as demonstrações financeiras da empresa, 198
- 10-1 A demonstração de resultados (DRE), 203
- 10-2 O balanço patrimonial, 207
- 10-3 Observando a demonstração de resultados e o balanço patrimonial em conjunto, 213
- 10-4 A demonstração do fluxo de caixa, 214
- 10-5 Avaliação da situação financeira de uma empresa, 221
  Glossário, 227; Ferramentas para *startups*, 228; Você é quem manda, 228; Notas, 228

11. Prevendo exigências financeiras, 229
- 11-1 Objetivo das previsões financeiras, 230
- 11-2 Previsão da rentabilidade, 231
- 11-3 Previsão de ativos e requisitos de financiamento, 234
- 11-4 Previsão de fluxos de caixa, 242
- 11-5 Uso de uma boa análise quando fizer uma previsão, 246
  Glossário, 247; Ações para *startups*, 247; Você é quem manda, 247; Planos de negócios, 248; Notas, 248

12. Fontes de financiamento da empresa, 249
- 12-1 Características da empresa e fontes de financiamento, 250
- 12-2 Financiamento com dívida ou com capital próprio?, 252

- 12-3 Fontes de financiamento inicial, 256
- 12-4 Financiamento bancário, 258
- 12-5 Fornecedores corporativos e financiadores com base em ativos, 264
- 12-6 Investidores em capital privado, 266
- 12-7 Investimento coletivo (*crowfunding*), 269
- 12-8 Onde mais procurar, 271
  Glossário, 272; Ações para *startups*, 272; Você é quem manda, 273; Planos de negócios, 273; Notas, 273

13. Planejamento para a colheita, 275
- 13-1 A importância da colheita, 277
- 13-2 Métodos de colheita de uma empresa, 277
- 13-3 Avaliação da empresa e métodos de pagamento, 284
- 13-4 O desenvolvimento de um plano de colheita efetivo, 285
  Glossário, 288; Ações para *startups*, 289; Transformação para *startups*, 289; Você é quem manda, 289; Planos de negócios, 290; Notas, 290

PARTE 4
14. Construindo relacionamento com os clientes, 291
- 14-1 O que é gestão de relacionamento com clientes?, 292
- 14-2 Excelente relacionamento com os clientes por meio de um serviço excepcional, 294
- 14-3 O uso da tecnologia como suporte à gestão de relacionamento com os clientes, 300
- 14-4 Clientes como responsáveis pelas decisões, 304
- 14-5 Compreensão das influências psicológicas sobre os clientes, 307
- 14-6 Compreensão das influências sociológicas sobre os clientes, 308
  Glossário, 310; Recursos para *startups*, 311; Ferramentas para *startups*, 311; Você é quem manda, 311; Notas, 312

15. Desenvolvimento de produto e gestão de cadeia de suprimentos, 313
- 15-1 Crescer ou não crescer, 315
- 15-2 Inovação: um caminho para o crescimento, 316
- 15-3 O ciclo de vida do produto e desenvolvimento de um novo produto, 318
- 15-4 Construção do produto total, 322
- 15-5 Estratégia de produto, 326
- 15-6 Gestão da cadeia de suprimentos, 328
  Glossário, 332; Ferramentas para *startups*, 332; Recursos para *startups*, 332; Você é quem manda, 333; Notas, 333

16. Decisões sobre preços e crédito, 335
- 16-1 Definição de preço, 336
- 16-2 Aplicação de um sistema de definição de preços, 341
- 16-3 Seleção de uma estratégia de precificação, 343
- 16-4 Oferta de crédito, 345
- 16-5 Gestão do processo de crédito, 348
  Glossário, 352; Você é quem manda, 352; Notas, 353

17. Planejamento promocional, 354
- 17-1 Promoção é comunicação, 355
- 17-2 Determinando o orçamento promocional, 356
- 17-3 Promoção usando a internet e mídias sociais, 358
- 17-4 Venda pessoal na pequena empresa, 362
- 17-5 Práticas de propaganda, 366
- 17-6 Promoção de venda, 369
  Glossário, 371; Ferramentas para *startups*, 371; Recursos para *startups*, 371; Você é quem manda, 372; Notas, 372

18. Oportunidades globais para pequenos negócios, 374
- 18-1 Pequenos negócios como empreendimentos globais, 375
- 18-2 As forças controlando negócios globais, 377
- 18-3 Opções estratégicas para empresas globais, 383

18-4 Desafios para negócios globais, 387
18-5 Assistência para empreendimentos globais, 389
Glossário, 392; Recursos para *startups*, 392; Você é quem manda, 393; Notas, 394

PARTE 5

19. Gestão profissional e o pequeno negócio, 396
19-1 Liderança em pequenos negócios, 397
19-2 O processo de gestão da pequena empresa, 401
19-3 Responsabilidades gerenciais de empreendedores, 404
19-4 Gestão de tempo pessoal, 410
19-5 Assistência externa para gestão, 413
Glossário, 417; Transformação para *startups*, 417; Recursos para *startups*, 417; Ferramentas para *startups*, 417; Você é quem manda, 417; Notas, 418

20. Gerenciando recursos humanos, 420
20-1 Recrutamento de pessoal, 422
20-2 Avaliação de candidatos e seleção de empregados, 429
20-3 Treinamento e desenvolvimento de empregados, 433
20-4 Remuneração e incentivos para empregados, 438
20-5 Questões especiais em gestão de recursos humanos, 440
Glossário, 443; Recursos para *startups*, 444; Ações para *startups*, 444; Você é quem manda, 444; Notas, 445

21. Gerenciando operações de pequenos negócios, 447
21-1 Competindo com operações, 448
21-2 O processo de operações, 449
21-3 Gestão de estoques e de operações, 452
21-4 Gestão da qualidade e de operações, 456
21-5 Políticas e práticas de compras, 462
21-6 Produção enxuta e gestão sincronizada, 467
Glossário, 469; Transformação para *startups*, 470; Ações para *startups*, 470; Ferramentas para *startups*, 470; Você é quem manda, 471; Notas, 471

22. Gestão de ativos, 473
22-1 Ciclo do capital de giro, 474
22-2 Gerenciamento de fluxos de caixa, 480
22-3 Gestão de contas a receber, 482
22-4 Gerenciando o estoque, 485
22-5 Gestão de contas a pagar, 486
22-6 Período de conversão de caixa reexaminado, 488
22-7 Técnicas de orçamento de capital, 488
22-8 Orçamento de capital em pequenas empresas, 491
Glossário, 492; Recursos para *startups*, 492; Ações para *startups*, 492; Você é quem manda, 493; Notas, 493

23. Gestão de riscos, 494
23-1 Qual é o risco do negócio?, 495
23-2 Tipos básicos de risco puro, 496
23-3 Gestão de riscos, 500
23-4 Princípios básicos de um programa com seguro confiável, 503
23-5 Tipos comuns de seguro empresarial, 504
Glossário, 509; Ações para *startups*, 510; Você é quem manda, 510; Notas, 510

Prefácio

Bem-vindo à nova edição de *Administração de pequenas empresas*, o livro mais utilizado na área de gestão de pequenas empresas nos Estados Unidos. Como autores, atribuímos o seu sucesso à nossa decisão de preparar cada nova edição como se estivéssemos escrevendo o livro pela primeira vez. Ao proceder dessa forma, estamos certos de que estaremos fornecendo os melhores e mais recentes conselhos sobre a administração do seu negócio.

Concordamos plenamente com o velho ditado que diz que você não pode julgar um livro pela capa. Mas você pode aprender muito sobre um livro e seu sucesso simplesmente sabendo quantos alunos decidiram manter seu exemplar em vez de vendê-lo ao final de um semestre.

Administração de pequenas empresas tornou-se parte da biblioteca permanente de muitos alunos. Conforme explicado por um deles, "*Administração de pequenas empresas* é um dos poucos livros da minha faculdade que mantive para referência futura".

Por que muitos estudantes decidem "manter este livro" após terem terminado seus cursos? Acreditamos que eles encontram em suas

> *Eu não tinha ideia do quão difícil seria administrar uma pequena empresa.*
>
> ***Andrew Mason,***
> ***Ex-CEO da Groupon***
>
> Andrew Mason, o fundador da Groupon, é apresentado no caso do Capítulo 19. Apesar de Mason ter criado a empresa, ele acabou sendo demitido pelo conselho diretor. Ele teve claramente uma ideia criativa, mas descobriu muito tarde que construir e gerenciar um negócio bem-sucedido exige muito mais do que simplesmente ter uma boa ideia – esse conceito, juntamente com muitos outros, é explorado de maneira mais profunda ao longo desta última edição de *Administração de pequenas empresas: lançando e desenvolvendo iniciativas empreendedoras*.

páginas formas práticas de pensar e agir que os ajudam a alcançar seus sonhos de iniciar e construir empresas de sucesso. Por exemplo, os leitores têm descrito como os capítulos sobre finanças os ajudaram a entender demonstrações financeiras e a tomar melhores decisões com base nessas informações. Outros disseram que o capítulo sobre plano de negócios, com os exemplos reais que apresenta, fornece um excelente guia para escrever seus próprios planos. Leitores têm comentado também como os capítulos sobre como gerenciar os negócios evitaram que eles cometessem os mesmos tipos de erros anteriormente cometidos por Andrew Mason e outros.

Administração de pequenas empresas estabelece, passo a passo, o conhecimento e a perspicácia necessários para liderar e gerenciar uma pequena empresa. Nosso objetivo é fornecer instrução e orientação para melhorar consideravelmente suas probabilidades de sucesso em suas próprias jornadas empreendedoras. Nesta edição, são apresentadas as melhores e mais atualizadas informações disponíveis sobre como iniciar e fazer crescer pequenas empresas. Além disso, incluímos exemplos ao longo do texto para demonstrar que não há um único caminho para o sucesso. O objetivo é ajudá-lo a encontrar aquele que funcione melhor para você.

Esperamos que as informações apresentadas neste livro deem suporte aos diversos objetivos daqueles que buscam carreiras em negócios independentes, direta ou indiretamente. Acima de tudo, incentivamos você a continuar aprendendo diariamente, construindo novo conhecimento sobre os alicerces fornecidos por este texto. Esse conselho é apoiado pelas palavras de Richard Branson, fundador e presidente do Grupo Virgin, que abrange mais de 400 empresas: "A minha maior motivação? Apenas continuar desafiando a mim mesmo. Todo dia eu aprendo algo novo".

Ao longo do texto, enfatizamos a importância de construir relacionamentos ao longo de qualquer jornada. Gerenciar um negócio é um esporte de equipe. Como proprietário, você é o ponto-chave para fazer a cesta, alcançar a linha do gol, atingir a linha de chegada (ou qualquer analogia que você queira usar), mas você não pode fazer isso sozinho. Mesmo que você seja o único empregado da empresa, trabalhando sozinho em seu próprio apartamento ou no porão ou na garagem de seus pais, você ainda possui relacionamentos e depende de outros, incluindo sua família, seu banco, fornecedores e clientes. E você deve ser eficaz em seus relacionamentos com outras pessoas. Em suma: você não pode realizar algo realmente significativo sozinho!

Siga seus sonhos

Como você poderá verificar, *Administração de pequenas empresas* tem o objetivo de ensinar os conceitos essenciais e desenvolver as habilidades as quais você precisa para fazer crescer e gerenciar um negócio com sucesso. Considera uma preocupação ainda maior – a consecução de sonhos empreendedores. Os empreendedores iniciam novos negócios para realizar sonhos – para si, suas famílias, seus funcionários e suas comunidades. A motivação em seguir em sua jornada será sempre mais do que simplesmente dinheiro. Os empreendedores são indivíduos cujas vidas empresariais têm impacto em muitas pessoas. Para a maioria dos empreendedores, suas atividades fazem a diferença.

Muitos alunos se matriculam em faculdades e universidades para desenvolver qualificações que vão ajudá-los a obter um emprego. De fato, a maioria das faculdades passa a maior parte do currículo ensinando como trabalhar para outra pessoa. Mas a melhor maneira de atingir seus objetivos, não importa qual seja a sua especialidade, pode ser possuir o próprio negócio. Então, por que não torná-lo algo especial – que resolva um problema tornando melhor a vida de outras pessoas, construindo riqueza ao mesmo tempo que oferece a chance de você colaborar com sua comunidade e com organizações sem fins lucrativos em que você acredita?

A princípio há vantagens explícitas em se trabalhar para alguém, o que pode criar oportunidade para aprender sobre um setor, construir relacionamentos e desenvolver habilidades importantes para o futuro, mas muitas pessoas escolhem começar a própria empresa cedo em suas vidas profissionais:

- Michael Dell começou a montar e vender computadores pessoais quando ainda era um estudante de medicina na Universidade do Texas.
- Fred DeLuca abriu uma lanchonete quando tinha 17 anos para ganhar dinheiro para pagar suas mensalidades na Universidade de Bridgeport. Hoje, seu legado, o Subway, tem mais pontos de venda em todo o mundo do que qualquer outra franquia.
- Jeremy Hitchcock criou a Dyn, líder global em software como serviço (SaaS), quando era especialista em gestão de sistemas de informações no Worcester Polytechnic Institute.

Essa lista poderia se estender por muitas páginas. Todos nós conhecemos empreendedores e donos de pequenas empresas que não serão os próximos Bill Gates, mas que irão iniciar ou já são donos de pequenos negócios que criam valor ou já fazem a diferença na comunidade. Essas pequenas empresas são o coração e a alma de nossa economia. Nós o desafiamos a pensar seriamente em se juntar a eles – e se você fizer isso, *sonhe alto*. Siga um sonho que você realmente valoriza e desfrute de uma vida que você realmente deseja viver! *Os nossos melhores votos de sucesso em sua desafiadora experiência de aprendizagem*!

Destaques desta edição

O objetivo principal de *Administração de pequenas empresas* é apresentar conteúdo atual e relevante de forma única e interessante, baseando-se em exemplos do mundo real para manter o leitor completamente envolvido. Esta edição de *Administração de pequenas empresas* oferece muitos destaques, incluindo as seguintes:

- Uma série de conceitos equivocados sobre como se tornar um pequeno empresário pode fazer você desistir de seu sonho empreendedor. Revisamos o Capítulo 1 para ajudá-lo a entender melhor suas motivações em iniciar um negócio e evitar conceitos distorcidos sobre o que é necessário para você ser dono de uma empresa eficaz. Começar com o pé direito é crucial para o seu sucesso.
- Pode ser difícil priorizar as responsabilidades de um pequeno empresário para com as principais partes interessadas ou *stakeholders*. Com isso em mente, o Capítulo 2 apresenta um quadro (adaptado dos textos de ética e moralidade acadêmica de Archie Carroll) que ajuda a gerenciar as considerações dos

stakeholders como um todo, o que orientará os donos de negócios a determinar como equilibrar os interesses dos *stakeholders*.
- O Capítulo 8 aborda o plano organizacional para uma *startup* ou pequena empresa, e foi desenvolvido em mais profundidade para fornecer orientação sobre caminhos alternativos que donos de pequenas empresas podem optar por seguir. Por exemplo, embora um número cada vez maior de *startups* esteja sendo lançado por equipes empreendedoras, expandimos a seção sobre como operar como empreendedor individual para aqueles que escolheram essa opção. O número de pequenas empresas que estão sendo lançadas na Internet continua a crescer. O Capítulo 9 inclui uma seção expandida sobre modelos efetivos de comércio eletrônico e opções emergentes que podem levar a novas oportunidades para empreendedores on-line.
- Melhoramos a apresentação das demonstrações financeiras (Capítulo 10) e a preparação das previsões financeiras para as pequenas empresas (Capítulo 11). Nosso objetivo é tornar o material mais lógico para ser seguido pelo leitor.
- Informações atualizadas sobre a captação de capital para o crescimento de uma empresa, incluindo melhores práticas de levantamento de fundos na Internet (*crowdfunding*), são fornecidas no Capítulo 12. Mas fique atento: por causa da importância em se estabelecer e melhorar relacionamentos com clientes e do desenvolvimento de novas e mais sofisticadas ferramentas para que isso seja mais bem gerenciado, atualizamos as seções sobre a criação e uso de dados do cliente no Capítulo 14. Essas seções agora oferecem mais instruções práticas sobre métodos CRM que são relevantes para as pequenas empresas, independentemente do nível de sofisticação, e fornecem *insights* sobre pacotes de software disponíveis que podem ser mais adequados para uma pequena empresa. A seção sobre *call-centers* também foi significativamente revisada e ampliada usando informações e dados de custos de pesquisas e análises atualizadas, fornecidas pela consultoria McKinsey & Co.
- Desafios relacionados ao desenvolvimento de produtos continuam a estar entre os mais difíceis para empresas de pequeno porte, e o Capítulo 15 foi revisado para mostrar isso. Esta edição inclui, por exemplo, mais abordagens de ponta em uma seção significativamente retrabalhada sobre o desenvolvimento do produto físico. Também fornece mais informações sobre as regras aplicáveis à seleção de marca, especificamente abordando as circunstâncias resultantes de fazer negócios on-line.
- Os donos de pequenas empresas estão descobrindo que a mídia social pode oferecer maneiras economicamente eficazes de divulgar sua mensagem. Também estão aprendendo que um número cada vez maior de clientes confia nas mídias sociais para tomar decisões de compra. Com isso em mente, o Capítulo 17 foi reescrito para colocar maior ênfase em estratégias de marketing de mídia social.
- As seções "Vivendo o sonho" foram atualizadas para captar empreendedores em ação e enfrentando os desafios de pequenas empresas e de empreendedorismo. As conversas pessoais dos autores e a correspondência com muitos dos empreendedores descritos nessas seções agregam profundidade a esses recursos e garantem acurácia.

Maximizando sua experiência

O livro está organizado para ajudar estudantes e futuros empreendedores a alcançar o sucesso em qualquer campo profissional que venham a escolher. O amplo espectro de conteúdo, aplicações, gráficos, histórias e outros detalhes oferecidos pelo livro têm ajudado muitos empreendedores de pequenas empresas a transformar seus sonhos em realidade. Com foco na aprendizagem, nossos recursos enfatizam atividades que capturam o interesse dos alunos e garantem a aquisição de conhecimentos práticos, incluindo os seguintes:

- **No Spotlight** – Esta seção, apresentada na abertura de cada capítulo, mostra uma coleção incrível de empreendedores, cujas ideias exclusivas sobre como começar, administrar e desenvolver um negócio ajudarão os leitores a identificar e explorar toda a gama de problemas enfrentados atualmente por donos de negócios.
- **Suporte diferenciado para o desenvolvimento de um plano de negócios** – O material incluído na Parte 3 do livro amplia o processo de aprendizagem de como desenvolver planos viáveis.
- **Você é quem manda** – As seções "Você é quem manda", no final de cada capítulo, apresentam situações reais de negócios que exigem o exame das principais decisões operacionais. Ao fazer os alunos assumirem o papel de donos de um pequeno negócio, esses exercícios lhes dão uma vantagem na resolução de questões normalmente enfrentadas por pequenas empresas.
- **Vivendo o sonho** – Exemplos práticos do mundo das pequenas empresas e do empreendedorismo

têm valor instrucional e inspirador. As seções "Vivendo o sonho" são disponibilizadas em momentos críticos em todos os capítulos, reforçando e relembrando conceitos apresentados nos capítulos por meio de experiências documentadas da prática do empreendedorismo.

Agradecimentos especiais e reconhecimentos

Existem inúmeras pessoas com as quais temos uma dívida de gratidão pela sua assistência em fazer desse projeto uma realidade. Em particular, agradecemos aos nossos amigos – e queremos dizer *bons amigos* – da Cengage Learning. Somos especialmente gratos a Jason Fremder, John Sarantakis, Emily Horowitz e à mestra das palavras Jeanne Yost. Sem eles, este livro existiria apenas em nossas mentes! Eles são incríveis quando se trata de coordenação e motivação, mantendo nosso foco e ajudando-nos a avançar no rumo certo. Além disso, eles nos permitem ter um pouco de diversão ao longo do caminho. Eles são pessoas maravilhosas e desempenham de maneira séria o seu papel em assegurar que o livro *Administração de pequenas empresas* continue sua tradição de excelência.

Queremos igualmente oferecer palavras de apreço e reconhecimento a Wes Bailey, a um autor que contribuiu para o Capítulo 23. O Sr. Bailey é presidente da Bailey Insurance and Risk Management, Inc., em Waco, Texas, e é reconhecido como líder no setor. Sua ajuda com a autoria desse capítulo deve garantir que os leitores recebam informações atualizadas e relevantes sobre o gerenciamento de riscos. E também agradecemos Bradley Norris, um colega e conferencista sênior da Baylor University, por suas sugestões sobre o Capítulo 21. Finalmente, agradecemos a Brian Lovin, da Baylor University, por nos ajudar na nossa pesquisa.

Finalmente, oferecemos nosso apreço e reconhecimento sincero pela compreensão e o apoio paciente de nossas esposas – Donna, Dianna e Patricia – durante esse processo. Seu encorajamento fez com que a árdua tarefa de trazer o nosso melhor para esta edição se tornasse mais gerenciável.

Por seus comentários perspicazes e sugestões relevantes, que ajudaram a dar forma a esta edição, agradecemos aos seguintes revisores:

J. David Allen
Baylor University
Dr. Jeffrey Alstete
Iona College
David Ambrosini
Cabrillo College
Mark Andreasen
Northwest College
Kimberly Asonevich
Mount Aloysius College
Chandler Atkins
Adirondack Community College
Barrett Baebler
Webster University
Lee Baldwin
University of Mary Hardin-Baylor
Francis B. Ballard
Florida Community College
Andrea Balsamo
Consumnes River College
Hilton Barrett
Elizabeth City State University
Melissa Baucus
University of Louisville
Bill Bauer
Carroll University
Verona K. Beguin
Black Hills State University

Narendra C. Bhandari
Pace University
Greg Bier
Stephens College
Karl Binns
University of Maryland Eastern Shore
Karen Bishop
University of Louisville
Ross Blankenship
State Fair Community College
John Boos
Ohio Wesleyan University
Marvin Borgelt
University of Mary Hardin-Baylor
Steven Bradley
Austin Community College
Don B. Bradley III
University of Central Arkansas
Margaret Britt
Eastern Nazarene College
Mark Brosthoff
Indiana University
Penelope Stohn Brouwer
Mount Ida College
Rochelle R. Brunson
Alvin Community College
Kevin Chen
County College of Morris

Felipe Chia
Harrisburg Area Community College
Mike Cicero
Highline Community College
Edward G. Cole
St. Mary's University
Michael D. Cook
Hocking College
Roy A. Cook
Fort Lewis College
George R. Corbett
St. Thomas Aquinas College
Brad Cox
Midlands Technical College
Karen Cranford
Catawba College
George W. Crawford
Clayton College & State University
Bruce Davis
Weber State University
Helen Davis
Jefferson Community College
Terri Davis
Howard College
Bill Demory
Central Arizona College
Michael Deneen
Baker College

Sharon Dexler
Southeast Community College
Warren Dorau
Nicolet College
Max E. Douglas
Indiana State University
Bonnie Ann Dowd
Palomar College
Michael Drafke
College of Dupage
Franklin J. Elliot
Dine College
Franceen Fallett
Ventura College
R. Brian Fink
Danville Area Community College
Dennette Foy
Edison College
David W. Frantz
Purdue University
Janice S. Gates
Western Illinois University
Armand Gilinsky, Jr.
Sonoma State University
Darryl Goodman
Trident Technical College
William Grace
Missouri Valley College
William W. Graff
Maharishi University of Management
Jack Griggs
Texas Heritage Bank
Mark Hagenbuch
University of North Carolina, Greensboro
Carol Harvey
Assumption College
James R. Hindman
Northeastern University
Betty Hoge
Limestone College
Eddie Hufft
Alcorn State University
Sherrie Human
Xavier University
Ralph Jagodka
Mt. San Antonio College
Larry K. Johansen
Park University
Michael Judge
Hudson Valley Community College
Mary Beth Klinger
College of Southern Maryland
Charles W. Kulmann
Columbia College of Missouri
Rosemary Lafragola
University of Texas at El Paso
William Laing
Anderson College

Ann Langlois
Palm Beach Atlantic University
Rob K. Larson
Mayville State University
David E. Laurel
South Texas Community College
Alecia N. Lawrence
Williamsburg Technical College
Les Ledger
Central Texas College
Michael G. Levas
Carroll University
Richard M. Lewis
Lansing Community College
Thomas W. Lloyd
Westmoreland County Community College
Elaine Madden
Anne Arundel Community College
Kristina Mazurak
Albertson College
James J. Mazza
Middlesex Community College
Lisa McConnell
Oklahoma State University
Richard McEuen
Crowley's Ridge College
Angela Mitchell
Wilmington College
Frank Mitchell
Limestone College
Douglas Moesel
University of Missouri-Columbia
Michael K. Mulford
Des Moines Area Community College
Bernice M. Murphy
University of Maine at Machias
Eugene Muscat
University of San Francisco
John J. Nader
Grand Valley State University
Marc Newman
Hocking College
Charles "Randy" Nichols
Sullivan University
Robert D. Nixon
University of Louisville
Marcella M. Norwood
University of Houston
Mark Nygren
Brigham Young University-Idaho
Donalus A. Okhomina, Sr.
Jackson State University
Rosa L. Okpara
Albany State University
Timothy O'Leary
Mount Wachusett Community College
Pamela Onedeck
University of Pittsburgh at Greensburg

Dick Petitte
SUNY Brockport & Monroe Community College
Claire Phillips
North Harris College
Dean Pielstick
Northern Arizona University
Mark S. Poulos
St. Edward's University
Julia Truitt Poynter
Transylvania University
Fred Pragasam
University of North Florida
Thomas Pressly
Penn State-Shenango
Mary Ellen Rosetti
Hudson Valley Community College
June N. Roux
Delaware Technical and Community College
Jaclyn Rundle
Central College
John K. Sands
Western Washington University
Craig Sarine
Lee University
Duane Schecter
Muskegon Community College
Joseph A. Schubert
Delaware Technical and Community College
Matthew Semadeni
Texas A&M University
Marjorie Shapiro
Myers University
Sherry L. Shuler
American River College
Cindy Simerly
Lakeland Community College
James Sisk
Gaston College
Victoria L. Sitter
Milligan College
Bernard Skown
Stevens Institute of Technology
Kristin L. H. Slyter
Valley City State University
William E. Smith
Ferris State University
Bill Snider
Cuesta College
Roger Stanford
Chippewa Valley Technical College
George Starbuck
McMurry University
Phil Stetz
Stephen F. Austin State University

Johnny Stites
J&S Construction
Peter L. Stone
Spartanburg Technical College
John Streibich
Monroe Community College
Ram Subramanian
Montclair State University
James Swenson
Minnesota State University Moorhead
Ruth Tarver
West Hills Community College
Paul B. Thacker
Macomb Community College
Darrell Thompson
Mountain View College

Melodie M. Toby
Kean University
Charles N. Toftoy
George Washington University
Charles Torti
Schreiner University
Gerald R. Turner
Limestone College
Barry L. Van Hook
Arizona State University
Brian Wahl
North Shore Community College
Mike Wakefield
University of Southern California
Charles F. Warren
Salem State College

Bill Waxman
Edison Community College
Janet Wayne
Baker College
Charles Wellen
Fitchburg State College
Nat B. White, Jr.
South Piedmont Community College
Jim Whitlock
Brenau University
Ira Wilsker
Lamar Institute of Technology
Patricia A. Worsham
Cal Poly Pomona

Materiais de apoio disponíveis na página deste livro no site da Cengage:

- Para professores: manual do instrutor e slides de Power Point (materiais em inglês).
- Para alunos: casos nacionais e revisões dos capítulos.

Sobre os autores

JUSTIN G. LONGENECKER

A autoria de Justin G. Longenecker em *Administração de pequenas empresas* começou na primeira edição. Ele é autor de vários livros e diversos artigos em revistas indexadas, como *Journal of Small Business Management, Academy of Management Review, Business Horizons,* e *Journal of Business Ethics*. Atuou em várias organizações e serviu como presidente do International Council for Small Business. Dr. Longenecker cresceu em uma empresa familiar. Depois de frequentar o Central Christian College do Kansas durante dois anos, continuou seus estudos até obter o bacharelado em ciências políticas pela Seattle Pacific University, seu MBA pela Ohio State University e seu doutorado pela University of Washington. Ele lecionou na Baylor University, onde era Professor Emérito Chavanne de Ética Cristã em Negócios até seu falecimento, em 2005.

J. WILLIAM PETTY

J. William "Bill" Petty é professor de Finanças, titular da cadeira da W. W. Caruth em Empreendedorismo na Baylor University e primeiro diretor executivo da Baylor Angel Network. Ele possui doutorado e MBA pela University of Texas em Austin e bacharelado em ciências pela Abilene Christian University. Ele lecionou na Virginia Tech University e na Texas Tech University e exerceu a função de diretor da Escola de Administração da Abilene Christian University. Ele ministrou cursos de empreendedorismo e pequenos negócios na China, Ucrânia, Cazaquistão, Indonésia, Tailândia e Rússia. Dr. Petty recebeu o título de Master Teacher na Baylor University e foi nomeado Professor Nacional de Empreendedorismo no ano de 2008 pela Acton Foundation for Excellence in Entrepreneurship. Seus interesses em pesquisa incluem aquisições de empresas de capital fechado, gestão baseada em valor para acionistas, financiamento de empresas pequenas e empreendedoras, financiamento de anjos e estratégias de saída para empresas privadas. Ele foi coeditor do *Journal of Financial Research* e editor do *Journal of Entrepreneurial Finance*. Ele publicou artigos em diversas revistas de finanças e é coautor de um livro líder de finanças corporativas, *Fundamentos de finanças*. Ele é um dos co-autores do *Value-based management in an era of corporate social responsibility* (Oxford University Press, 2010). Dr. Petty trabalhou como consultor em empresas de petróleo e gás e empresas de produtos de consumo. Ele também atuou como especialista de conteúdo de um estudo de melhores práticas conduzido pelo American Productivity and Quality Center sobre o tema de gestão baseada em valor para acionistas. Ele foi membro de uma equipe de pesquisa patrocinada pelo Australian Department of Industry para estudar a viabilidade em se estabelecer um mercado público de ações para pequenas e médias empresas na Austrália. Finalmente, ele exerce a função de presidente de auditoria para uma empresa de energia com ações negociadas na bolsa de valores.

LESLIE E. PALICH

Leslie E. "Les" Palich é professor de Gestão e Empreendedorismo e ocupa a cadeira W. A. Mays de Empreendedorismo na Baylor University, onde leciona cursos de gestão de pequenas empresas, empreendedorismo internacional, gestão estratégica e gestão internacional para estudantes de pós-graduação e graduação.

Ele também é diretor associado do programa de Estudos de Empreendedorismo da Baylor. Dr. Palich possui doutorado e MBA pela Arizona State University e é bacharel pela Manhattan Christian College. Suas pesquisas têm sido publicadas no *Academy of Management Review, Strategic Management Journal, Entrepreneurship Theory & Practice, Journal of Business Venturing, Journal of International Business Studies, Journal of Management, Journal of Organizational Behavior, Journal of Small Business Management* e em várias outras publicações indexadas. Ele ensinou empreendedorismo e gestão estratégica em uma série de programas no exterior, incluindo Áustria, Costa Rica, República Tcheca, Alemanha, Itália, Suíça, Cuba, França, Países Baixos, Reino Unido e

República Dominicana. Seu interesse em oportunidades para empreendedores e gestão de pequenos negócios vem desde seus anos da escola básica, quando montou um negócio de vendas de produtos para ter experiência como dono de uma pequena empresa. Aquela experiência transformou-se em um trampolim para diversas outras empresas. Desde aquele tempo, ele possuiu e operou empreendimentos domésticos no agronegócio, vendas de automóveis, desenvolvimento imobiliário e serviços educacionais, bem como um negócio de importação. Atualmente, o Dr. Palich possui e opera a Lead Generation X, uma empresa de marketing na internet que emprega métodos avançados de promoção para servir seus clientes e os clientes de seus clientes.

FRANK HOY

Frank Hoy ocupa a cadeira Paul R. Beswick de Inovação e Empreendedorismo na Escola de Negócios do Worcester Polytechnic Institute (WPI). Dr. Hoy, que foi anteriormente diretor dos Centros de Desenvolvimento Empreendedor, Avanço, Pesquisa e Apoio na University of Texas, em El Paso (UTEP), também atua como diretor do Collaborative for Entrepreneurship & Innovation (CEI) no programa de empreendedorismo ranqueado nacionalmente da Escola de Negócios da WPI. Ele se juntou à faculdade da WPI em agosto de 2009. É bacharel em administração pela University of Texas, em El Paso, mestre em administração pela University of North Texas e doutor em administração pela Texas A & M University. Durante 10 anos foi membro do corpo docente do Departamento de Administração da University of Georgia, onde fundou e dirigiu o Centro de Negócios e Estudos Econômicos, coordenou o currículo de empreendedorismo e serviu como diretor estadual do Centro de Desenvolvimento de Pequenas Empresas da Geórgia. Em 1991, ele retornou para El Paso, Texas, para se juntar à UTEP como professor de administração e empreendedorismo e decano da Faculdade de Administração de Empresas. Dr. Hoy é ex-presidente da United States Association for Small Business and Entrepreneurship e ex-diretor da Divisão de Empreendedorismo da Academy of Management. Ele é presidente da Family Enterprise Research Conference e membro do conselho global de diretores do STEP, o projeto Successful Transgenerational Entrepreneurship Practices. Sua pesquisa tem sido publicada no *Academy of Management Journal*, *Academy of Management Review*, *Journal of Business Venturing* e *Family Business Review*, e ele é o ex-editor do *Entrepreneurship Theory and Practice*.

PARTE 1

CAPÍTULO 1

A vida empreendedora

A história da empresa norte-americana Table Occasions é um dos casos clássicos de empreendedorismo. Chia Stewart e Claudia Narváez levaram uma década para fazer seu sonho acontecer, primeiramente criando uma estratégia, uma empresa e uma marca e, então, adaptando-se e crescendo conforme as oportunidades foram surgindo e os problemas da vida foram aparecendo.

Stewart e Narváez abriram sua empresa de decoração de mesa em 2006 e a ajudaram florescer em um centro para atividade de planejamento de eventos para a sua comunidade. O que começou com aluguéis de sofisticadas mesas de festa, cadeiras e toalhas transformou-se em um serviço único de atendimento para todas as necessidades de eventos – desde aluguéis, planejamento coordenação até execução. O resultado desse novo "setor", que estabeleceu um padrão elevado para o planejamento de festas em El Paso, Texas, é o surgimento de outras empresas novas e do mesmo ramo – como padarias conceito e lojas de papelaria personalizadas – por toda cidade para compor a nova atividade econômica.

A amizade que começou na época de escola se transformou em algo muito diferente na parceria de negócios que Stewart e Narváez formaram. Juntas, elas viram uma oportunidade para um negócio no qual cada parceiro poderia trazer para a mesa algo diferente e afetivo, criando um conceito completo e novo.

Quando a Table Ocasions iniciou suas operações, os eventos não eram algo interessante na comunidade – pelo menos não do ponto de vista artístico.

Mas Stewart e Narváez viram um nicho inexplorado que elas poderiam desenvolver. Elas fizeram da decoração de eventos um "dever" nos círculos sociais e profissionais, a ponto de que restringir as decorações é agora visto como uma falta de dedicação a essa causa. Isso solidificou sua postura baseada no cliente e redefiniu despesas de decoração como "essencial," que é a razão pela qual a recente recessão não enfraqueceu suas vendas e receitas.

Os serviços e produtos oferecidos pela Table Occasions são verdadeiramente transformadores, refletindo a personalidade do dono da festa, com toalhas de mesa únicas, flores, bolos, abastecimento, entretenimento, iluminação e muito mais. Como Stewart diz, "Usamos produtos que, quando coordenados

No Spotlight
Table Occasions, Inc.
www.tableoccasions.com

Ao término deste capítulo, você deverá ser capaz de:

1-1. Explicar a importância dos pequenos negócios e do empreendedorismo em nossa sociedade.

1-2. Diferenciar os termos *pequeno negócio* e *oportunidade empreendedora*.

1-3. Explicar as características básicas de empreendedores e descrever diferentes tipos de empreendedorismo.

1-4. Discutir a importância de compreender suas motivações e percepções relacionadas à posse de um pequeno negócio.

1-5. Descrever cinco vantagens competitivas potenciais de pequenos negócios empreendedores em relação a grandes empresas.

1-6. Explicar o conceito de legado empreendedor e seus desafios.

> com uma ampla gama de eventos conceituais, ajudam os planejadores a conseguirem como resultado um evento perfeito memorável e bem-sucedido – sem sobrecarregá-los no processo. Quase todos os eventos na cidade são acontecimentos com atrativos visuais para que os convidados do evento desfrutem e se lembrem. Isso realmente fez eventos mágicos".
>
> Seu reconhecido sucesso inspirou outros a começar negócios competitivos na cidade. Mas a Table Occasions continua a liderar devido a seu compromisso com a qualidade, comunidade, serviço, criatividade, profissionalismo e dedicação personalizada a cada evento. Na verdade, Stewart e Narváez ainda trabalham arduamente para ter um bom resultado final. Elas sabem que o dinheiro vem com ele, e sempre se certificam de que cada anfitrião tenha orgulho do seu evento.
>
> E agora a dupla está começando a fazer planos para a próxima fase de seu empreendimento: a franquia da Table Occasions. Novos locais, novas parcerias e novas estratégias estão sendo explorados para assumir riscos calculados e investimentos em franquias, que podem aproveitar as economias de escala que a Table Occasions agora pode oferecer por meio da infraestrutura desenvolvida em El Paso. Os riscos podem ser grandes, mas a paixão e a vontade das parceiras em investir tempo e dinheiro na construção de uma equipe eficaz, levando a criatividade e tendência, fornecendo produtos e serviços de alta qualidade e sendo a primeira a entender novas oportunidades as levará ao sucesso.
>
> Muito parecido com um casamento, Stewart e Narváez lutam pessoal e profissionalmente por mudanças, em tempos bons e maus. Mas juntas, elas gerenciam situações complexas, apoiam-se mutuamente e colhem os frutos de uma empresa bem-sucedida. A parte mais difícil não vem do esforço físico, mas de ter que conciliar o trabalho com a vida pessoal. Ambas são mães que trabalham (com um divórcio nesse contexto) e fins de semana afastadas, saídas logo pela manhã, retornos tarde da noite, mudanças de última hora e emergências do clima as afastam de suas famílias. É trabalho árduo... tão difícil que dói. No entanto, Stewart e Narváez aprenderam a confiar nas diferentes forças que cada uma traz para a empresa, apoiar as visões uma da outra e agir sempre com a maior integridade uma com a outra. "Sem confiança uma na outra, não teríamos sido capazes de chegar até aqui", afirma Stewart. "Negócios são completamente relacionados a pessoas, e temos de nos cercar de pessoas que podemos depender e que dependem de nós".
>
> Fonte: Entrevista com Chia Stewart, fundadora e CEO, Table Occasions, Inc., 28 de dezembro de 2014.

Tendo trabalhado por mais de quatro décadas com empreendedores e estudantes que aspiram a ter seus próprios negócios, concebemos este livro para prepará-lo para ser dono de seu próprio pequeno negócio – um que possa até mesmo crescer ao longo do tempo para se tornar uma grande empresa. Além disso, aproveitaremos a vasta experiência de empreendedores, os quais colaboram com suas recomendações e conselhos sobre questões importantes. É fundamental entender que este livro não foi concebido para que você apenas aprenda sobre a realidade, mas que esteja preparado para agir na materialização de seus sonhos. Queremos que seu estudo sobre gestão de pequenos negócios gere uma mudança em sua vida!

Acreditamos que ter uma empresa é uma das mais nobres de todas as profissões, especialmente se bem-sucedida. Nenhum outro trabalho na vida faz mais para ajudá-lo a aprender e se desenvolver como pessoa, contribuir para o sucesso de uma equipe, criar valor para os clientes e fazer uma diferença significativa na comunidade. Embora possuir um negócio esteja geralmente relacionado à produção de um produto ou serviço e à sua venda para a obtenção de lucro, você vai descobrir que a maior recompensa de possuir seu próprio negócio vem de ajudar seus funcionários a crescer, tanto profissional quanto pessoalmente, e de oferecer bens ou serviços que melhorem a vida de seus clientes. Afinal, o que acontece no trabalho afeta a sua vida pessoal.[1] Mas você deve entender que a jornada pode ser dura, com alguns grandes buracos ao longo do caminho. Acreditamos que as palavras de Theodore Roosevelt, ditas há mais de um século, quando ele descreveu "o homem na arena", se apliquem perfeitamente a esses empreendedores:

> *Não é o lado crítico que conta. Nem o homem que aponta o tropeço do homem forte, ou onde aquele que faz poderia ter feito melhor. O crédito pertence ao homem que está realmente na arena cuja face está manchada por poeira, suor e sangue; aquele que se esforça valentemente; aquele que erra, que é ineficiente repetidas vezes, porque não há esforço sem erro e falha; mas aquele que realmente se esforça para fazer o que deve ser feito; aquele que conhece o grande entusiasmo, as grandes devoções, aquele que se dedica a uma causa digna,*

que, no melhor dos casos, sabe ao final o triunfo da alta realização e que, na pior das hipóteses, se falhar, pelo menos fracassa quando é altamente audacioso, de modo que seu lugar nunca será junto àquelas almas frias e tímidas que não conhecem a vitória nem a derrota.[2]

O objetivo principal deste capítulo é oferecer palavras de encorajamento para toda pessoa que deseja ser dona de um pequeno negócio. Vamos começar o capítulo fornecendo uma visão geral dos pequenos negócios e do empreendedorismo, juntamente com histórias de empreendedores que iniciaram e fizeram crescer seus negócios. Então, vamos propiciar que você faça uma reflexão sobre suas motivações e percepções relacionadas com a posse de um pequeno negócio. Em seguida, explicaremos como os pequenos negócios podem ser competitivos, mesmo diante de gigantes do setor em que atuam. Finalmente, queremos que você pense sobre a construção de um legado empreendedor a ser deixado para aqueles que venham a seguir seus passos.

Assim, se você, como muitas outras pessoas que vêm de diferentes experiências na vida, quer ter seu próprio negócio, então continue a ler este livro. Você está prestes a embarcar em uma experiência de aprendizagem que, sem dúvida, terá um valor inestimável na busca de seu objetivo. O empreendedorismo pode proporcionar uma vida excitante e oferecer recompensas pessoais substanciais. Empreendedorismo é uma paixão que compartilhamos.

1-1 TAMANHO PEQUENO, IMPORTÂNCIA GRANDE

Se você tem um sério interesse em iniciar e operar seu próprio negócio, agora ou no futuro, você não está sozinho. Você pode fazer parte do que Paul Reynolds, pesquisador no campo do empreendedorismo, chama de um importante fenômeno social.[3] Isabell M. Welpe, professora de administração de empresas da Technische Universität München, define o significado de empreendedorismo para um indivíduo e para a sociedade em geral com as seguintes palavras:

Empreendedorismo é uma necessidade em nossa sociedade. É uma filosofia baseada em iniciativa e na percepção de que o empreendedorismo é mais do que apenas conseguir um emprego. Empreendedorismo significa atingir a autorrealização, ganhar respeito e alcançar inovação real por meio da observação dos próximos passos necessários em direção a um mundo melhor.[4]

A importância dos pequenos negócios também pode ser observada por sua contribuição para a economia. Nos Estados Unidos, estima-se que 12 milhões de pessoas estejam envolvidas em alguma forma de iniciativa empreendedora, e que até metade de todos os adultos trabalharão por conta própria em algum momento de suas carreiras.[5] Os seguintes fatos reforçam o importante papel desempenhado pelos pequenos negócios nos Estados Unidos da América:[6]

- Há 27,8 milhões de pequenas empresas nos Estados Unidos com menos de 500 funcionários, uma definição comum de um pequeno negócio.
- As pequenas empresas representam 99,7% de todas as empresas – e 90% delas possuem menos de 20 funcionários!
- 55 milhões de pessoas trabalham em pequenas empresas, representando 49% de todos os funcionários e 42% de todos os salários pagos aos empregados.
- As pequenas empresas contratam 43% de todos os empregados de alta tecnologia (cientistas, engenheiros, programadores de computador e outros).
- Muitas pequenas empresas estão se tornando globais, representando 97% de todos os exportadores.
- Os proprietários de empresas têm educação diferenciada e 50% deles têm nível superior, representando um aumento de 32% entre 2000 e 2010.
- Cerca de um quarto dos 23,5 milhões de veteranos militares nos Estados Unidos está interessado em iniciar ou comprar suas próprias empresas.

Com base nas informações apresentadas acima, fica claro que indivíduos que iniciam e lideram pequenas empresas fazem uma contribuição significativa para a economia e para a qualidade de nossas vidas. Por outro lado, sabemos que muitas pessoas falam sobre ter um negócio, mas nunca transformam essa intenção em realidade. Além disso, o número de jovens que possuem empresas privadas nos EUA é o mais baixo dos últimos 24 anos. De acordo com *The Wall Street Journal*, apenas 3,6% dos lares cujo líder é um adulto jovem (menos de 30 anos) tinham empresas privadas em 2013 – em comparação com 10,6% em 1989. Essa tendência tem implicações potencialmente negativas para o futuro crescimento econômico.

É difícil identificar as razões para o declínio do número de jovens que escolhe ser donos de um pequeno negócio. Possíveis razões incluem a dificuldade em levantar capital durante a Grande Recessão e, possivelmente, uma menor tolerância ao risco por parte dos jovens. Ruth Simon e Caelainn Barr escrevem:

> O declínio também reflete uma geração lutando para encontrar um lugar na força de trabalho. Os trabalhadores mais jovens têm enfrentado dificuldades para adquirir as competências e a experiência que podem ajudar na criação de um negócio. Alguns deles questionam sua própria capacidade.[7]

Por outro lado, a Kauffman Foundation estima que 70% dos jovens ainda sonham em possuir seu próprio negócio no futuro.[8] Assim, parece justo dizer que, embora os jovens de hoje sejam geralmente menos inclinados a iniciar um negócio, eles de forma alguma deixaram de ter a esperança de eventualmente possuir seu próprio negócio. Como autores deste texto, isso nos faz ainda mais empenhados em ajudar jovens a estarem mais preparados para iniciar um pequeno negócio. Nossa esperança é que seu estudo de *Administração de pequenas empresas* dará a você a confiança e as habilidades de que necessita para ser bem-sucedido em ter o seu próprio negócio. E isso não é apenas importante para você, mas também para aqueles que você poderá eventualmente vir a servir.

1-2 OPORTUNIDADES PARA PEQUENOS NEGÓCIOS E OPORTUNIDADES EMPREENDEDORAS: HÁ ALGUMA DIFERENÇA?

Vamos dar uma olhada mais detalhada nos termos *oportunidade para pequenos negócios* e *oportunidades empreendedoras* para obter uma melhor compreensão do que eles representam. Ambos estão no cerne de tudo o que você estudará neste livro.

1.2a O que é um pequeno negócio?

O que significa falar de "pequenos negócios"? Um restaurante ou padaria em um bairro é claramente um pequeno negócio e a Toyota, obviamente, não é. Entre os pequenos negócios ou pequenas empresas, existe um grande grau de diversidade de tamanho, potencial de crescimento, estrutura organizacional e, muitas vezes, cultura.

Muitos esforços têm sido feitos para definir o termo "pequeno negócio", usando critérios como número de funcionários, volume de vendas e valor dos ativos. Mas geralmente não há definição aceita de maneira geral ou universalmente acordada. Os padrões de tamanho são basicamente arbitrários, adotados para atender a um propósito específico. Por exemplo, a SBA (Small Business Administration), nos EUA, define um pequeno negócio como tendo menos de 500 funcionários.[9] Mas, em alguns casos, o governo pode definir um pequeno negócio de forma diferente – como um negócio com menos de 10 empregados – a fim de isentar uma empresa muito pequena de certas regulamentações, se o cumprimento de todas as leis se revelar muito caro, dado seu pequeno tamanho.

Além do tamanho, as pequenas empresas diferem drasticamente em seu potencial de crescimento. Os poucos negócios com fenomenais perspectivas de crescimento são chamados de **empreendimentos de alto potencial** ou **gazelas**. Mesmo dentro desse grupo há variação nos estilos de operação e abordagens para o crescimento. Muito poucos começam como *startups* de alta tecnologia – o tipo que tornou o Vale do Silício, nos EUA, famoso. Em contraste com esses empreendimentos de alto potencial, **pequenos negócios atrativos** (*attractive small firms*) oferecem recompensas financeiras substanciais para seus proprietários. Os rendimentos desses empreendimentos podem crescer em milhões ou mesmo dezenas de milhões de dólares. Eles representam um segmento importante de pequenas empresas – empresas sólidas e saudáveis que podem fornecer carreiras gratificantes e criar riqueza para os proprietários.

Os tipos menos lucrativos de pequenos negócios – incluindo muitas pequenas empresas de serviços, tais como empresas de limpeza de piscinas, tinturarias, lojas de beleza e lojas de reparos de aparelhos – proporcionam retornos modestos aos seus proprietários. Eles são chamados de **microempresas** e sua característica distintiva é a sua capacidade limitada para gerar lucros significativos. Os empreendedores que dedicam esforço pessoal a tais empreendimentos recebem um lucro que essencialmente compensa o tempo por eles dedicado. Muitas empresas desse tipo também são chamadas de **empresas de estilo de vida** (*lifestyle business*), porque permitem que um proprietário tenha um estilo de vida desejado, embora eles forneçam apenas retornos financeiros modestos. Ao empregarem menos de 10 empregados, as empresas de estilo de vida constituem o maior setor da economia dos EUA. Essas empresas geralmente não atraem investidores e são financiadas com a poupança do proprietário ou dinheiro fornecido por amigos e familiares.

As empresas de estilo de vida não são apenas importantes para a economia dos EUA, mas também se tornaram vitais para muitos indivíduos em países em desenvolvimento da Ásia, América do Sul e África. Nesses países, iniciar e administrar um pequeno negócio pode facilmente dobrar ou triplicar a renda de uma família e fazer uma diferença significativa na qualidade de vida dos seus membros. Para ajudar esses indivíduos, algumas organizações estão fornecendo **microcréditos**, às vezes de apenas alguns dólares, para permitir que eles adquiram estoque ou façam qualquer outra coisa que precise ser feita para iniciar o negócio.

Assim, a compreensão de um pequeno negócio depende da nossa definição de "pequeno" e do potencial de crescimento da empresa. Para os nossos estudos, estaremos principalmente dirigindo nossa atenção para **pequenos negócios** que satisfaçam os seguintes critérios, pelo menos em espírito:

1. Comparado com as maiores empresas do setor, o negócio é pequeno. Na maioria dos casos, a empresa tem menos de 100 funcionários.
2. Com exceção da função de marketing, as operações da empresa são geograficamente localizadas.
3. Não mais do que alguns indivíduos fornecem o financiamento de capital próprio para o negócio. O financiamento de capital próprio (discutido no Capítulo 12) é o dinheiro investido no negócio pelos proprietários e possivelmente por alguns outros indivíduos.
4. O negócio pode começar com um único indivíduo, mas tem o potencial de se tornar mais do que uma banda de um homem só e pode eventualmente se tornar uma empresa de médio porte ou até uma grande empresa.
5. A empresa deve ter um potencial de crescimento, independentemente de o proprietário optar por capturar esse crescimento.

Obviamente, algumas pequenas empresas não cumprirão todos esses padrões, mas são ainda de grande interesse para nós. Por exemplo, um pequeno negócio de busca de executivos – uma firma que ajuda clientes corporativos a recrutar gerentes de alto escalão – pode operar em muitas partes do país e, portanto, não cumpre o segundo critério. No entanto, a discussão dos conceitos de gestão neste livro é voltada principalmente para o tipo de negócio que melhor se encaixa no padrão geral delineado por esses critérios.

1-2b O que é uma oportunidade empreendedora?

Em sua essência, o processo empreendedor começa com a identificação de uma oportunidade atraente, que é mais do que apenas ter uma boa ideia. Essas oportunidades fazem com que o empreendimento seja economicamente atraente para os proprietários, oferecendo aos clientes um produto ou serviço que seja tão atraente que faz com que eles estejam dispostos a usar seu dinheiro ganho com sacrifício para comprá-lo. Em outras palavras, um empreendedor deve encontrar uma maneira de criar valor para os clientes. Uma **oportunidade empreendedora**, então, é *uma oportunidade economicamente atraente e oportuna* que cria valor tanto para os clientes potenciais quanto para os proprietários da empresa. (No Capítulo 3, você aprenderá a identificar boas oportunidades.)

Assim, um **empreendedor** é uma pessoa que persegue incansavelmente uma oportunidade, seja em uma empresa nova, seja em uma existente, para criar valor e ao mesmo tempo assumir tanto o risco quanto a recompensa por seus esforços. Empreendedores geralmente pensam de forma diferente sobre recursos quando comparados com empregados-gerentes. Enquanto os gerentes das grandes corporações, em muitas ocasiões, pensam como administradores ou burocratas – querendo orçamentos maiores ou mais empregados –, empreendedores trabalham para fazer mais com menos. Eles podem tentar usar os recursos de outras pessoas, o que é chamado *bootstrapping*. Por exemplo, um empreendedor pode recorrer à permuta ou, nos primeiros dias de uma empresa, trabalhar para criar renda a partir de outras fontes para financiar o negócio. A seguir é apresentado um empreendimento iniciado recentemente por alguns empreendedores, que criou com êxito valor para os clientes e para si próprio.

BLANK LABEL (BOSTON, MA)[10]

Quando Fan Bi estava trabalhando em seu primeiro emprego em Londres, em 2006, ele foi introduzido ao código de vestimenta do mundo dos negócios. Bi amava costura feita sob encomenda, mas compreendeu que esse luxo tinha um preço. Ele descobriu a grande diferença em comprar roupas pré-fabricadas por tamanho e comprar roupas customizáveis por estilo de tecido.

"Eu costumava comprar camisas prontas", diz Bi. "Mas essa ideia de ir a um mercado de tecido, ser medido, sendo capaz de escolher tecidos diferentes... Eu pensei: 'Uau, sabe, essa é uma experiência muito diferente'." Então, durante umas férias em Xangai, no verão de 2008, onde roupa sob medida era oferecida a preços muito mais competitivos, ele fez a pergunta "A personalização pode ser acessível?".

Bi teve a ideia de fazer camisas sob encomenda a preços acessíveis durante seus estudos no exterior, na Babson College em Boston, nos EUA. O corpo docente da Babson ajudou Bi a aprimorar sua ideia e a recrutar representantes de vendas do *campus*. Um desses representantes de vendas era Danny Wong, um estudante nas proximidades da Universidade de Bentley. Infelizmente, a ideia foi recebida com falta de interesse por parte dos estudantes universitários. Além disso, o negócio não era modular e carecia de uma cadeia de suprimentos bem definida. Então, Bi se associou com Wong para trazer o negócio *on-line*, no qual as despesas gerais eram menores e o mercado potencial era grande. No início de 2010, lançaram o site Blank Label.

"Nós quisemos ser o lugar aonde as pessoas poderiam vir e desenhar seu próprio vestuário", diz Bi. Os visitantes *on-line* eram capazes de desenhar uma camisa personalizada, selecionando tecido, combinação de cores e estilo de punho, gola, carcela, bolso, botão, monograma e até mesmo a etiqueta personalizada, tudo por menos de 100 dólares.

Desde que começaram a operação *on-line*, em 2010, os dois viram sua clientela mudar em direção a profissionais de negócios que compram de seis a dez camisas por ano. Eles pularam de US$ 345.000 em vendas durante seu primeiro ano de negócios para mais de US$ 1,1 milhão em 2011. Em junho de 2012, a Blank Label vendeu 30 mil camisas.

Com sua experiência na web os fundadores gerenciaram quase todo o processo remotamente. "Graças à internet," diz Bi, "você pode trabalhar com as melhores pessoas do mundo, não apenas as melhores pessoas em sua vizinhança." Mas Bi e Wong não estavam satisfeitos apenas em ser fabricantes de camisa. Wong queria que Blank Label emergisse como um "hub" para todo o tipo de "cocriação".

Em 2013, a Blank Label abriu sua primeira loja de padronagens no centro de Boston. A razão por trás dessa decisão foi a preferência dos consumidores em tocar e sentir produtos antes de fazer uma compra. Isso era especialmente verdade quando se tratava de comprar laços, *chinos*, jaquetas e ternos. "Nós pensamos que talvez devêssemos experimentar, e isso mostrou-se uma decisão acertada", observa Bi.

A loja rapidamente começou a gerar receita de cerca de 100 mil dólares por mês, aumentando em 10% a 15% ao mês. Havia uma expectativa de que as vendas em lojas físicas chegassem a 70% do total até o final daquele ano. Além disso, o número de funcionários saltou de 4 para 22, com Bi levantando 500 mil dólares de investidores para financiar o crescimento da empresa. Com o sucesso inicial, Bi e Wong decidiram abrir uma segunda loja na área de Boston chamada Downtown Crossing, com planos para abrir mais seis lojas na costa leste dos EUA.

1-3 QUALIDADES EMPREENDEDORAS: EGO GRANDE NÃO É PRÉ-REQUISITO

As pessoas costumam perguntar: "Os empreendedores nascem assim ou foram feitos?". Essa questão tem sido debatida com pouco acordo. No entanto, Stephen Spinelli e Robert Adams resumiram de forma elegante uma pesquisa sobre as características empreendedoras. Os empreendedores que eles descrevem como tendo e exibindo "atitudes e comportamentos desejáveis e adquiríveis" possuem os seguintes descritores:[11]

1. *Compromisso e determinação* – Resolução de negócios tenaz, decisiva e persistente.
2. *Capacidades de liderança* – Iniciadores e organizadores de equipes que se concentram na honestidade de suas relações comerciais.
3. *Obsessão por oportunidade* – Cientes das condições de mercado e necessidades dos clientes.
4. *Tolerância de risco, ambiguidade e incerteza* – Tomadores de risco, minimizadores de risco e tolerantes a incertezas.
5. *Criatividade, autoconfiança e adaptabilidade* – De mente aberta, flexível, desconfortável com o *status quo* e rápido para aprender.
6. *Motivação para se sobressair* – Direcionado para o objetivo e consciente de pontos fortes e pontos fracos pessoais.

Do outro lado da moeda, algumas atitudes e comportamentos devem ser evitados a qualquer custo. Uma maneira quase certa de falhar como empreendedor, como muitos aprenderam por experiência, é fazer o seguinte:

1. Superestimar o que você pode fazer.
2. Não ter compreensão do mercado.
3. Contratar pessoas medíocres.
4. Não ser bom membro de equipe, que é geralmente o resultado de levar-se muito a sério.
5. Ser um gerente dominador.
6. Falhar em compartilhar a propriedade do negócio de forma equitativa.

Três professores da Escola de Administração de Harvard chegaram a conclusões semelhantes baseadas em uma enquete com fundadores de empresas, perguntando-lhes o que deu errado ao criarem suas empresas.[12] Por um lado, os fundadores reconheceram não ouvir os potenciais clientes enquanto eles estavam planejando seu produto ou serviço. Em vez disso, eles basicamente "construíram" o que eles pensavam que os clientes iriam querer sem nunca realmente perguntar. A maioria dos fundadores também admitiu que sua paixão e ego os levou a reagir negativamente às críticas e desconsiderar as ideias de outros para melhorar seus produtos ou serviços. Nós frequentemente ouvimos que um empreendedor deve ter paixão, o que é verdade – *mas a paixão descontrolada pode ser destrutiva*.

Até certo ponto, os traços e comportamentos mencionados descrevem um líder com pouca humildade. Contrariamente à crença popular, a humildade é uma qualidade que serve bem aos líderes.

1-3a Fundadores e empreendedores do segundo estágio

Nós tipicamente imaginamos que empreendedores "puros" são os **fundadores** de novos negócios que trazem produtos ou serviços novos ou melhorados para o mercado. Contudo, em algum momento após uma nova empresa ser estabelecida, ela pode ser comprada ou assumida por um membro da segunda geração da família ou por outro indivíduo que estava gerenciando a empresa. Esses empreendedores de "segundo estágio" não diferem muito necessariamente dos empreendedores fundadores na forma como eles gerenciam os seus negócios. Às vezes, essas bem estabelecidas e pequenas empresas crescem rapidamente, e sua orientação será mais semelhante à de um fundador do que à de um gerente. No entanto, é útil distinguir entre empreendedores que começam ou mudam substancialmente as empresas e aqueles que gerenciam operações de empresas preestabelecidas. Ryan Gibson, um jovem empreendedor e parceiro na Rydell Holdings, em Waco, Texas, diz que descobriu que sua paixão e aptidão era iniciar novas empresas, o que ele tem feito com sucesso em várias ocasiões. No entanto, quando o negócio está funcionando, ele transfere as operações para sua equipe. Ele sabe que entre seus pontos fortes não está a administração dos negócios no dia a dia. Novamente, tudo está relacionado à compreensão e descoberta de si mesmo – suas motivações e personalidade – se você quiser que sua jornada seja boa a longo prazo.

1-3b Franqueados

Os franqueados compreendem ainda uma outra categoria de empreendedores. De acordo com a International Franchise Association, 44% das empresas nos Estados Unidos são franquias. Os **franqueados** diferem de outros donos de empresas no grau de independência. Devido às orientações e restrições fornecidas pelos acordos com organizações de franquia, os franqueados funcionam como empreendedores limitados.

O franqueado está autorizado a comercializar produtos ou serviços da empresa e espera que o franqueador forneça apoio na operação do negócio. Esse suporte quase sempre inclui sistemas operacionais, treinamento, financiamento, publicidade e outros serviços. Além de pagar uma taxa de franquia anual, o franqueado também deve pagar uma parte dos seus lucros para o franqueador. (O Capítulo 4 apresenta mais informações sobre franqueados.)

1-3c Equipes empreendedoras

Nossa discussão até agora tem se concentrado em empreendedores que trabalham como indivíduos com sua própria empresa. E esse é o caso na maioria das vezes. No entanto, as equipes empreendedoras podem ser benéficas, se não essenciais, especialmente em empreendimentos de um tamanho substancial. Uma **equipe empreendedora** consiste em dois ou mais indivíduos que combinam seus esforços para trabalhar na capacidade dos empreendedores. Dessa forma, os talentos, habilidades e recursos de dois ou mais empreendedores podem ser concentrados em um empreendimento. Essa forma muito importante de empreendedorismo é discutida mais detalhadamente no Capítulo 8.

Vivendo o sonho
EXPERIÊNCIAS EMPREENDEDORAS

Conselhos de empreendedores experientes

De uma forma ou de outra, iniciar e desenvolver um negócio de sucesso é simplesmente difícil. Pode ser emocionante, mas também pode ser assustador – um tempo de correr riscos como você nunca havia visto. Considere as palavras de três empreendedores de sucesso, palavras que os levaram por bons e maus momentos.

Descubra seu chamado: minha entrada em atendimento médico em domicílio aconteceu acidentalmente. Eu não estava procurando uma carreira, eu estava simplesmente à procura de um emprego de curto prazo por ter decidido ser uma mãe que fica em casa durante o dia. No entanto, para minha surpresa, quando entrei no setor de atendimento médico em domicílio, eu não apenas encontrei um trabalho. O que eu realmente encontrei foi o chamado da minha vida e minha paixão. Quando você encontra sua paixão, tudo muda.

Eu fiquei tão convencida do PORQUÊ de termos que prestar um serviço excepcional a nossos pacientes idosos que eu estava determinada a descobrir COMO fazê-lo melhor do que ninguém. Quando você ouve o seu chamado, os obstáculos que você enfrenta como um empreendedor já não parecem tão assustadores. Em vez disso, o seu compromisso em superá-los torna-se quase obsessivo. Depois de 23 anos, posso dizer honestamente que amo meu trabalho hoje, como nunca amei antes, porque não é realmente trabalho – é meu chamado, minha paixão e minha inspiração.

Pense primeiro em fazer a diferença na vida dos outros e imite pessoas de sucesso: eu vendi livros para a Southwestern Publishing Company, de porta em porta, nos verões entre os semestres de faculdade. Aprendi que, quando me concentrava em ganhar dinheiro ou em quantas vendas eu tinha feito, eu não gostava do meu trabalho tanto quanto eu me concentrava em ajudar as pessoas. E também não ganhava tanto dinheiro.

Eu trouxe isso para a minha carreira de 43 anos em construção civil. Durante esse tempo, eu percebi novamente que o meu tempo era muito mais agradável quando eu me concentrava primeiro naqueles que eu procurava ajudar. Eu observava que minhas equipes de construção ficavam muito mais satisfeitas em seus trabalhos quando eu começava a enfatizar e medir a reação dos clientes às nossas equipes de construção. Isso fazia crescer a "autoestima" dos trabalhadores da construção, um dos setores com mais baixa autoestima em todo o mundo. Quando eles começavam a focar nas necessidades dos nossos clientes, em vez de em seus próprios problemas no trabalho, eles apreciavam mais o seu dia e realmente faziam um trabalho mais profissional.

Eu costumo dizer: "Se você fizer o que as pessoas de sucesso fazem, você será bem-sucedido". Isso funciona melhor quando você define corretamente o que significa sucesso. Eu não era tão esperto, mas eu imitava as ações e práticas de alguns líderes sábios e honestos, e isso garantiu o sucesso em minha vida e em minha carreira.

"Não pense. Faça": assim disse um estranho para Jeff Curran, fundador e CEO da Curran Catalog, uma empresa de mobiliário doméstico de alta qualidade em Seattle, há mais de 20 anos. Os dois homens estavam sentados um ao lado do outro em um voo que cruzava o país, e Curran, na época com 25 anos, acabara de entrar no negócio de vendas por catálogo. Eles começaram a conversar e Curran falou de sua ideia para uma *startup* enquanto seu vizinho começou a fazer perguntas como o "advogado do diabo." Quando o avião pousou, o estranho disse essas palavras perspicazes. Essas palavras inspiraram Curran a injetar 15 mil dólares de seu próprio dinheiro para lançar sua empresa, que veio a se tornar uma marca lucrativa.

"Depois desse voo de avião, pego uma revista [financeira] na casa de meus pais, e esse cara estava na capa", lembra Curran, agora com 47. O homem era o especialista em fundos mútuos Mario Gabelli.

Curran ainda vive do conselho de Gabelli. No início deste ano, após aprender sobre as margens de lucro nos negócios de acessórios de carro de alta tecnologia, a Curran Catalog lançou uma nova linha de produtos: estilista de piso para colecionadores e automóveis europeus. "Existe sempre uma preocupação em pensar muito antes de tomar uma grande decisão", diz Curran, "mas, às vezes, você apenas tem de fazer acontecer."

Fonte: conforme escrito por April Anthony e Johnny Stites, e adaptado de Matt Villano, "That's My Motto", *Entrepreneur*, maio de 2013, p. 88.

1-3d Empreendedores sociais

Historicamente, se alguém sonhasse em possuir um negócio, o objetivo principal seria buscar uma oportunidade que criasse benefícios pessoais (principalmente financeiros) para o fundador. Também significativo, mas muito menos enfatizado, seria o objetivo de melhorar a sociedade por meio econômico – por exemplo, fornecendo um produto ou serviço útil que melhoraria a vida dos clientes, criando empregos para os funcionários, que poderiam então cuidar de suas famílias e pagar impostos para ajudar a apoiar a comunidade. Mas, se esse mesmo indivíduo tivesse interesse em chamar a atenção para uma necessidade social ou resolver um problema ambiental, ele provavelmente teria que lançar uma organização sem fins lucrativos ou se associar a uma agência governamental. Hoje, felizmente, as escolhas não são mais mutuamente exclusivas.

Um número crescente de pequenos negócios está sendo criado com o objetivo fundamental de enfrentar um grande desafio social ou necessidade humana – às vezes na comunidade em que o negócio está localizado, mas também em países subdesenvolvidos em que as condições de vida são muito precárias. De acordo com o "Relatório sobre Empreendedorismo Social" da Global Entrepreneurship Monitor,[13] o desejo de buscar essa forma de atividade é maior nos Estados Unidos do que em qualquer outro país. Mas pode não ser uma surpresa para você saber que o mesmo estudo descobriu que o impulso para se tornar um empreendedor social é mais forte entre os norte-americanos que estão entre as idades de 25 e 45 anos. Refletindo essa tendência, um número crescente de universidades em todos os Estados Unidos está oferecendo cursos e até mesmo programas completos em empreendedorismo social. O fogo pelo visto foi aceso.

Proprietários de pequenos negócios têm inúmeros caminhos que podem ser trilhados quando se trata de fazer diferença na vida dos outros, desde fazer doações às escolas locais, participar na tutoria de jovens em situação de risco e até permitir que funcionários gastem uma parte das horas do dia servindo as organizações comunitárias em que eles mais acreditam. Mas o **empreendedorismo social** implica mais do que simplesmente transferir recursos para servir os outros. Envolve focar em uma finalidade social e torná-la parte integrante da própria empresa. Os empreendedores sociais encontram maneiras de incluir seu propósito social na alma dos empreendimentos que eles iniciam.[14]

O tema do empreendedorismo social será examinado com maior profundidade no Capítulo 2. Se a ideia de buscar esse tipo de empreendimento é de seu interesse, acreditamos que seria uma sábia decisão explorar essa alternativa de forma mais profunda.

1-3e Mulheres empreendedoras

Em 2012, havia cerca de 9 milhões de empresas privadas de propriedade de mulheres nos Estados Unidos, com uma receita estimada em 1,4 trilhão de dólares.[15] Entre 1997 e 2013, o número de empresas nos Estados Unidos aumentou 41%, o número de mulheres proprietárias de empresas aumentou 59% – uma taxa quase 1,5 vez maior que a média. Além disso, as empresas de capital aberto e as privadas com capital majoritário feminino foram as únicas empresas que proporcionaram um aumento líquido de posições de trabalho nesse período. Finalmente, as empresas de propriedade de mulheres possuem desempenho extraordinário nos serviços de saúde e de educação.[16]

Embora a participação das mulheres em empresas privadas tenha certamente aumentado nos últimos anos, o mundo empresarial ainda apresenta um grande potencial para as mulheres, uma vez que seus negócios abrangem (1) 30% de todas as empresas dos EUA, (2) 16% de todas as empresas com empregados e (3) 3,8% de todas as receitas.[17] Além disso, as mulheres representam menos de 10% dos fundadores de empresas de alto crescimento. Com base nesses fatos, Alicia Robb e Dane Stangler chegaram à seguinte conclusão:

> *[Dado] o pessimismo de longo prazo sobre o crescimento nos Estados Unidos e o aumento do número de mulheres entre os trabalhadores qualificados, parece claro que o futuro do empreendedorismo e do crescimento está nas mãos das mulheres. Precisamos descobrir o que ajudará o país a aproveitar essa oportunidade.*[18]

Em um estudo de 2014, essas pesquisadoras também identificaram as motivações primárias das mulheres em abrir seus próprios negócios. As suas razões não são materialmente diferentes das dos homens. Em especial, elas:

- gostam da cultura das pequenas empresas.
- há muito tempo que queriam possuir seu próprio negócio.
- tinham uma ideia de negócio e queriam aproveitá-la.

- não achavam que trabalhar para outras pessoas era particularmente atraente.
- procuravam construir riqueza pessoal.

As pesquisadoras ainda identificaram dois principais desafios que as mulheres empreendedoras enfrentam: (1) a falta de **mentores** e consultores disponíveis e (2) falta de financiamento (cerca de 80% das mulheres pesquisadas tiveram que usar sua poupança pessoal como principal fonte de financiamento).

Em relação a esse último desafio, uma enquete recente da *Inc.* 500/5000 empresas identificou diferenças nas estratégias de financiamento entre mulheres e homens que fundaram empresas de alto crescimento. Em primeiro lugar, os homens tinham três vezes mais probabilidades de obter financiamento de capital por meio de investidores privados. Em segundo lugar, os homens eram mais propensos do que as mulheres a usar redes de amigos próximos e conhecidos de negócios. No entanto, mulheres e homens proprietários de empresas eram semelhantes no uso do financiamento bancário como uma fonte de capital. O resultado líquido do déficit de financiamento para mulheres: homens começam empresas com quase o dobro do capital disponível em relação às mulheres.[19]

Embora uma mulher que queira possuir uma empresa possa enfrentar desafios que não são enfrentados por homens, é importante compreender que as mulheres são empreendedoras muito competitivas. Em um estudo patrocinado pela Fundação Kauffman, Alicia Robb e John Watson não encontraram diferença no desempenho entre as empresas de propriedade de mulheres e aquelas pertencentes a homens. Não houve diferenças entre os dois grupos nas taxas de fracasso, na rentabilidade e nos retornos obtidos em relação ao risco assumido. Os resultados indicam que as mulheres são tão eficazes quanto os homens quando se trata de administrar negócios rentáveis e criadores de riqueza. Com base nas suas conclusões, os autores encorajam as mulheres que aspiram a iniciar um negócio:

> *As mulheres que estão pensando em começar um novo empreendimento não devem ser desencorajadas por uma falsa crença de que os novos empreendimentos iniciados por mulheres têm menos chances de ter sucesso do que os iniciados pelos homens.*[20]

1-3f Ser um dono de pequeno negócio que pensa e age como um empreendedor

Enquanto eles não são precisamente os mesmos, vamos usar os termos *dono de pequeno negócio* e *empreendedor* de maneira indiscriminada. Afinal, um dono de negócio ou empresário é fundamentalmente diferente de um empregado assalariado. O empresário assume riscos não assumidos pelos funcionários e é recompensado ou punido financeiramente com base nos resultados que ele pode alcançar. Mas reconhecemos que muitos proprietários de pequenas empresas não conseguem pensar ou agir de forma empreendedora – identificar e capturar novas oportunidades para crescer o negócio não são objetivos que eles se preocupam em buscar. A escolha de crescer ou não crescer começa com as preferências pessoais do proprietário que, de maneira ideal, deveriam estar alinhadas com os objetivos de sua vida.

Que tipo de oportunidade você quer buscar? Ao responder a essa pergunta, você deve mostrar propósito. Não deixe que seus empreendimentos se desenvolvam por acaso. Considere buscar oportunidades que tenham potencial de crescimento e que desafiem você a crescer pessoalmente. Você pode começar pequeno, mas nós incentivamos você a sonhar grande. Pensar e agir de forma empreendedora. O falecido Ewing Marion Kauffman, o fundador de Marion Laboratories, ofereceu esse encorajamento a empreendedores e donos de pequenos negócios:

> *Você não deve optar por ser uma empresa comum. É seu direito construir uma empresa incomum se você puder – buscar a oportunidade de competir, desejar assumir os riscos calculados, sonhar, construir – sim, até mesmo falhar ou ter sucesso.*[21]

Finalmente, embora tenhamos dito que um empreendedor é fundamentalmente diferente de um empregado assalariado, essa distinção não é tão clara hoje como já foi no passado. De uma forma cada vez maior, mesmo os trabalhadores assalariados precisam pensar mais como um empreendedor. Na verdade, diríamos até que no mundo de hoje nós somos todos empreendedores. Fique em paz com esta realidade e sua vida será melhor. E nós achamos que você terá mais diversão ao longo de sua jornada.

Vivendo o sonho
EXPERIÊNCIAS EMPREENDEDORAS

Homenageando mulheres empreendedoras

Em 2014, o International Council for Small Business (Conselho Internacional de Pequenas Empresas) homenageou dez mulheres líderes internacionais que estão investindo e alcançando sucesso em seus respectivos países. A seguir está a história de uma dessas mulheres: Amy George.

Amy George é CEO e cofundadora da empresa de produtos para estilo de vida nos EUA, BlueAvocado, que procurou criar soluções simples para combater a presença de lixo no nosso dia a dia. Em particular, sua empresa se concentra em fechar aterros sanitários, levando seus clientes a evitar o uso de mais de 152 milhões de descartáveis, ao mesmo tempo que proveu financiamento para 700 microempresários. George também levou a empresa a quatro anos consecutivos de crescimento de receita ano após ano, ao mesmo tempo que fez brilhar relacionamentos de varejo com empresas como Whole Foods, The Container Store, Amazon, Target e Bed, Bath & Beyond. O modelo BlueAvocado utiliza o poder do negócio para direcionar valores econômicos, sociais e ambientais por meio de sua abordagem inovadora dos produtos domésticos.

Além de seu papel na BlueAvocado, George se associou a empresas multinacionais para implementar um software de sustentabilidade em tempo real, ajudou as organizações de microfinanças a conseguir novos investidores com ferramentas on-line e lançou um mercado urbano de agricultores em conjunto com o Centro de Alimentação Sustentável de Austin, no Texas, EUA. Com experiência em empreendedorismo e gestão ambiental, ela está realmente perseguindo seu sonho com a BlueAvocado enquanto também equilibra sua vida como mãe de dois jovens garotos.

George cofundou a BlueAvocado em 2007 com o simples objetivo de torná-la acessível para os consumidores diários reduzirem a sua *footprint* ambiental por meio da redução de resíduos. Na época, São Francisco foi uma das primeiras cidades dos EUA a proibir a utilização de sacos plásticos, seguindo os passos de países como a Austrália e Hong Kong.

George e seus colegas acreditavam que o restante do país seguiria seu exemplo em breve e que existia uma oportunidade para ajudar tanto os varejistas como os consumidores nos seus esforços para serem mais ambientalmente conscientes. De sacos reutilizáveis a pacotes de lanche, a BlueAvocado oferece um sistema de compras criativo e reutilizável que as pessoas acham prático e gentil com o meio ambiente, a comida e o comprador.

George planeja usar seu tempo livre expandindo o trabalho do economista vencedor do Prêmio Nobel, Elinor Ostrom, que enfatizou o modelo de "B corporations" (empresas certificadas pelo sistema B) para elevar aqueles que se engajam na preservação dos recursos naturais. Ela também tem planos futuros para lançar mais empresas que se concentrarão na preservação de recursos e diminuição da pobreza.

Fonte: Adaptado do Conselho Internacional de Pequenas Empresas, *Women Entrepreneurial Leader Perfiles*, 19 de novembro de 2014, http://www.icsb.org/2014/11/19/icsb-women-entrepreneur-leader-profiles. Acesso em 20 dezembro de 2014.

1-4 MOTIVAÇÕES PARA ABRIR UM NEGÓCIO

Antes de decidir entrar no jogo de pequenas empresas, você precisa pensar com cuidado sobre a pessoa que você quer ser e como ser dono de um negócio o ajudará a se tornar essa pessoa.

Em outras palavras, você não começa com o negócio, *você começa com você mesmo*. Jeff Sandefer diz o seguinte: "Quando você embarcar em uma jornada heroica – uma vida cheia de significado e propósito – o primeiro passo é prestar atenção ao aviso inscrito na entrada do Oráculo de Delfos na Grécia antiga: 'Conhece a Ti mesmo'. Busca quem és e, então, você estará preparado para descobrir seu chamado heroico".[22]

Como já dissemos, ser um empreendedor é extremamente desafiador. Em alguns momentos você será desencorajado, talvez até aterrorizado. Alguns dias, você desejará ter optado pela segurança (ou pelo menos a percepção de segurança) de um emprego em uma empresa estabelecida.

Entender claramente por que você quer possuir um pequeno negócio e o que o motiva é essencial para, eventualmente, alcançar a realização por meio de seu negócio. Fundadores que sabem quais são os seus valores fundamentais e o que é importante para eles tendem a criar empresas que acham gratificantes. De acordo com Noam Wasserman, professor da Harvard Business School,

> *Uma das principais características dos empreendedores é que eles têm muito mais potencial para tomar decisões tanto com a cabeça quanto com o coração... Quando você está carregando o mundo nos ombros, tem que perguntar a si mesmo: por que estou fazendo isso? Se apenas ouvir sua mente, as decisões tomadas por você podem levá-lo ao paraíso pessoal.*[23]

Você pode decidir possuir um pequeno negócio por causa da influência de membros da família ou amigos que têm seus próprios negócios. Pesquisadores da Case Western Reserve University's Weatherhead School of Management encontraram uma forte ligação entre empreendedorismo e genética. Além disso, o Departamento do Censo dos EUA relatou que metade de todos os proprietários de pequenas empresas trabalhavam nas empresas de suas famílias antes de fundar as empresas deles.[24] Em outras palavras, eles tiveram a oportunidade de observar a "vida empreendedora" de perto. Iniciar um negócio também pode proporcionar uma fuga de uma situação de trabalho. Alguns indivíduos tornam-se empreendedores depois de serem demitidos por um empregador. Pessoas desempregadas com experiência em posições profissionais, gerenciais, técnicas e até posições relativamente pouco qualificadas muitas vezes contemplam a possibilidade de se aventurar sozinhas. Aqueles que iniciaram ou adquiriram pequenas empresas como resultado de dificuldades financeiras ou outras condições muito negativas são adequadamente chamados de **empreendedores relutantes**.

Os indivíduos também podem optar pela fuga do ambiente burocrático de uma empresa que é visto por eles como sufocante ou opressiva. Em uma pesquisa com 721 trabalhadores de escritório, 42% consideraram abandonar os seus empregos devido à burocracia.[25] O empreendedorismo oferece uma alternativa atraente para esses indivíduos, que são, às vezes, chamados de **refugiados corporativos**.

Michelle Lawton deixou o mundo corporativo para fazer as próprias coisas. Ela teve sucesso como executiva em empresas como Procter & Gamble, Pepperidge Farm, Lavazza Café e Rémy Cointreau. Também foi muito bem remunerada, pelo menos até considerar as longas horas que ela trabalhou. Finalmente decidiu que havia suportado o suficiente do mundo corporativo. "Eu estava em um ponto em minha vida no qual estava procurando uma mudança real", disse Lawton. Ela queria fazer algo pelo qual tivesse uma real paixão e que permitisse que progredisse em sua jornada a seu modo. Como sua chefe em uma marca de comida e bebida, Lawton foi capaz de fazer coisas que nunca poderia antes, como ioga no horário de almoço e aulas de Pilates. "É algo que eu não consigo quantificar", explica Lawton. "Eu nunca fui mais saudável. O que eu não estou ganhando em recompensas financeiras, eu ganhei em bem-estar pessoal. Parece um clichê, mas é uma troca."[26]

Ser influenciado por amigos e familiares ou simplesmente querer fazer uma mudança em sua situação atual não é razão suficiente para iniciar o próprio negócio. Você precisa compreender as motivações específicas que irão fazê-lo seguir em frente nos dias difíceis.[27] Chris DeLeenheer, fundador da Sunzer Consulting Group, em Bangalore, Índia, e mais recentemente um sócio da Rydell Holdings (um grupo que investe em empresas empreendedoras), descreve seus primeiros dias quando começou seu primeiro negócio e o que o fez continuar nos tempos difíceis:

> *O início da minha empresa foi realmente desafiador. Não conhecíamos ninguém, não tínhamos uma reputação na região e nosso capital inicial era baixo. Algumas vezes enfrentamos longos dias em que a sensação era de pouco retorno, mas a jornada tem sido uma experiência rica. Três coisas me fizeram continuar: um desejo de vencer, a determinação de não desistir e a disciplina para trabalhar nas coisas certas.*[28]

O ponto principal é que é vital compreender suas motivações pessoais antes de entrar no jogo de pequenas empresas.

1-4a Tipos de motivações empreendedoras

Uma pesquisa recente da empresa Harris que incluiu perguntas sobre as razões que os empreendedores dão para possuir uma empresa inclui o seguinte: (1) melhorar o bem-estar financeiro (73%), (2) ser o chefe (41%) e (3) perseguir uma paixão (22%).[29] Acreditamos que há quatro razões fundamentais, que incorporam as listadas na pesquisa de Harris: realização pessoal, satisfação pessoal, independência e recompensas financeiras. Essas motivações, com exemplos específicos de cada uma delas, são mostradas no Quadro 1.1 e discutidas nas seções a seguir.

REALIZAÇÃO PESSOAL

Possuir uma empresa deve proporcionar satisfação pessoal. Se isso não acontecer, faça algo diferente. Todas as outras motivações não serão suficientes em horas muito difíceis – e esses momentos certamente virão. Steve Jobs, cofundador da Apple, disse bem: "A única maneira de fazer um grande trabalho é amar o que você faz. Se você ainda não encontrou isso, continue buscando. Não se acomode. Como acontece com todos os assuntos do coração, você saberá quando encontrar".[30] Se você quer começar com o pé direito, sugerimos que a razão principal para se tornar um empreendedor e possuir seu negócio seja *fazer do mundo um lugar melhor*. L. John Doerr, um dos capitalistas de risco mais famosos de todos os tempos, inspirou a frase "fazer sentido", sugerindo que as empresas mais impactantes e sustentáveis são construídas sobre essa base.[31] Seu primeiro objetivo deve ser criar um produto ou serviço que melhore a vida das outras pessoas. Só quando o que sua empresa faz é mais importante do que você mesmo, você terá um senso de que o que está fazendo é significativo e de que vale a pena o esforço.

Empreendedores são algumas das pessoas que conhecemos que mais doam. Na verdade, os nomes em muitos edifícios universitários são aqueles de empreendedores que devolveram algo às suas *alma maters* (escolas e universidades em que se formaram). Bill Waugh, o fundador da Casa Bonita, uma cadeia muito bem-sucedida de restaurantes de comida mexicana que inclui o *Taco Bueno*, procurou fazer a diferença fornecendo recursos da sua empresa para organizações sem fins lucrativos. Ele disse: "Minha empresa é minha base para ajudar os outros".

Proprietários de pequenas empresas geralmente não esperam – e não deveriam esperar – nada em troca por seu suporte comunitário. Os outros, e não você mesmo, devem estar no centro das decisões a serem tomadas. O bem pode ser resultante do que você faz e provavelmente você irá colher benefícios, mas isso não deveria ser o seu motivo para dar algo à comunidade. Em uma enquete da Gallup com mais de 100 mil adultos, pesquisadores examinaram a relação entre trabalho e felicidade para diferentes grupos de profissionais. Eles desenvolveram um índice geral de satisfação baseado em seis critérios: saúde emocional, saúde física, satisfação no trabalho, comportamentos saudáveis, acesso a necessidades básicas e relatórios sobre a qualidade de vida geral. Foi concluído que os donos de empresas possuíam um nível mais alto do que todos os grupos ocupacionais em termos de satisfação geral.[32]

Compare esses resultados com uma enquete mais recente da Gallup em que foi perguntado a funcionários se eles estavam entusiasmados com seus trabalhos. Os pesquisadores descobriram que 52% de todos os trabalhadores não estão envolvidos, entusiasmados ou comprometidos com o trabalho. Outros 18% estavam "ativamente descompromissados", sugerindo que eles poderiam até mesmo enfraquecer a missão e objetivos da empresa.

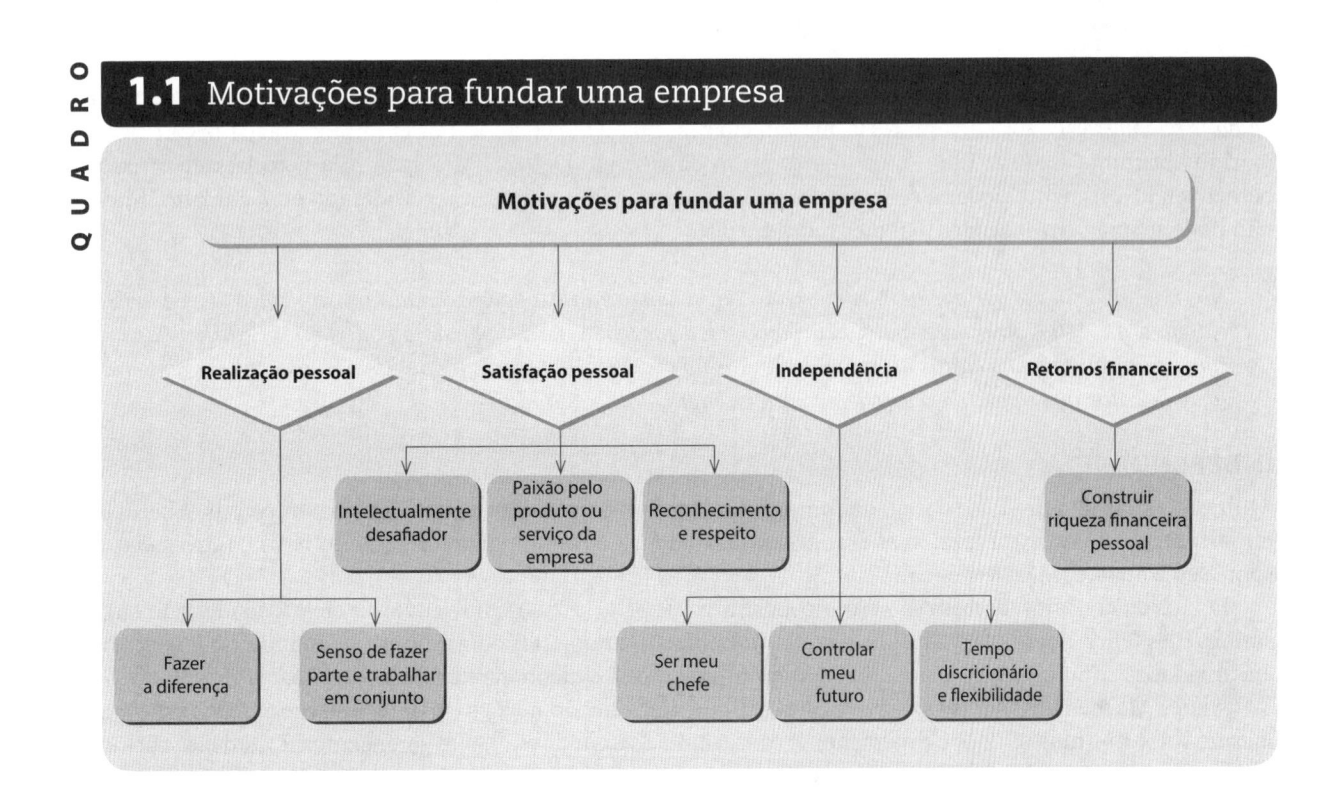

QUADRO 1.1 Motivações para fundar uma empresa

Motivações para fundar uma empresa

- **Realização pessoal**
  - Fazer a diferença
  - Senso de fazer parte e trabalhar em conjunto
- **Satisfação pessoal**
  - Intelectualmente desafiador
  - Paixão pelo produto ou serviço da empresa
  - Reconhecimento e respeito
- **Independência**
  - Ser meu chefe
  - Controlar meu futuro
  - Tempo discricionário e flexibilidade
- **Retornos financeiros**
  - Construir riqueza financeira pessoal

Isso faz com que apenas 30% dos trabalhadores estejam entusiasmados com seus trabalhos. (É importante notar que o custo do descomprometimento dos funcionários para a economia dos EUA é estimado em cerca de 500 bilhões de dólares por ano!) Por fim, os resultados obtidos na enquete revelam que os empregados em empresas com 10 ou menos empregados reportaram níveis de engajamento superiores aos daqueles de grupos maiores.[33] Essa conclusão certamente sugere que proprietários de pequenas empresas podem melhorar os esforços de reforço moral em grupos mais íntimos. Richard Duncan, presidente da Rich Duncan Construction em Salem, Oregon, oferece uma possível explicação para as descobertas da Gallup:

> *As pequenas empresas podem encorajar os seus empregados a sentir que fazem parte de uma equipe que não só cuida deles como indivíduos, mas também os recompensa por seus esforços. Um dono de um pequeno negócio também pode oferecer uma oportunidade para que empregados sintam que aquele que toma as decisões tem uma política de portas abertas e ouve prontamente as ideias dos empregados sobre as questões da empresa.*[34]

Podemos razoavelmente supor que a realização pessoal não se limita ao empreendedor, mas estende-se também aos funcionários de pequenas empresas. Trabalhar em equipe dá um senso de fazer parte tanto para proprietários-gerentes quanto para funcionários. Eles entendem que não podem fazer nada significativo sozinhos. Pode representar uma vitória para todos, se todos derem o seu melhor.

SATISFAÇÃO PESSOAL

Intimamente relacionada com a realização pessoal está a satisfação pessoal que os proprietários do negócio experimentam em seus negócios. Os empreendedores sentem-se recompensados em trabalhar com um produto particular ou fornecer um serviço e serem bons nisso. Eles encontram grande satisfação em serem os melhores no que fazem. Rick Davis, fundador e CEO da Davaco, uma empresa sediada em Dallas, diz: "Não há nada mais que eu prefira fazer. Eu amo os desafios, trabalhando com outros para ver nossos sonhos se tornarem realidade e fazendo a diferença na comunidade. É divertido".[35]

Os empreendedores também são energizados por associações agradáveis em seus negócios. Há uma recompensa que é o retorno por ajudar seu público a se desenvolver. Jack Griggs, CEO da Southwestern Bancorp, Inc. e presidente do conselho do Texas Heritage Bank, acredita que um de seus principais papéis é ajudar seus funcionários a se tornarem melhores no que eles fazem. Ele tem grande orgulho do número de seus funcionários que desenvolveram grandes carreiras, mesmo que não tenha sido em um de seus bancos. Além disso, devido ao fato de eles compartilharem experiências semelhantes, empreendedores apreciam amizades com outros donos de empresas e aprendem uns com os outros. Por fim, se têm uma posição visível na comunidade, os proprietários de pequenos negócios podem ganhar o respeito daqueles que lá vivem. Assim, para muitos empreendedores, a satisfação recebida dos negócios não é algo pequeno em suas vidas.

Entenda também que a satisfação de possuir uma empresa não se limita aos jovens. Um número crescente de *baby boomers* está abrindo empresas, mesmo em seus 50 ou até 60 anos. Por exemplo, Mary Liz Curtin e seu marido abriram a Leon & Lulu, uma loja de estilo de vida em Detroit, Michigan. Ela percebe que o risco de perder seu investimento poderia ser mais devastador na sua idade e deve ser considerado com cuidado. Mas ela não pode se imaginar fazendo qualquer outra coisa:

> *Nos nove anos desde que abrimos, compramos um segundo edifício para expandir nosso espaço de venda de 1.400 para 2.150 metros quadrados, bem como um armazém externo, enquanto poderíamos estar velejando com os idosos, jogando cartas ou tendo descontos no cinema. Não temos planos de nos aposentar e temos a sorte de estarmos saudáveis o suficiente para manter o ritmo agitado.*[36]

INDEPENDÊNCIA

Muitas pessoas têm um forte desejo de tomar suas decisões, correr riscos e colher as recompensas. Elas acham importante ser livres para fazer suas escolhas no trabalho. Em outras palavras, quanto mais controle elas têm sobre seu trabalho, mais felizes são.

Donos de negócios também são criteriosos sobre quando eles querem se envolver em atividades não empresariais. Eles têm a liberdade de decidir quando trabalhar, quando estar com a família e quando estar envolvidos em atividades comunitárias, de uma forma que empregados frequentemente não podem fazer.

Aimee Marnell gosta desse aspecto de ser dona de um pequeno negócio. Ela e seu marido, John, estavam no mesmo setor por muitos anos e finalmente se cansaram de serem diretamente gerenciados. Então eles abriram a Carlot-Solutions, em Austin, Texas. Marnell explica:

Nós não tínhamos muitas economias, mas tínhamos conhecimento sobre carros, então começamos um negócio de conserto de automóveis. Fizemos conexões rapidamente e tivemos mais trabalho do que nós conseguíamos dar conta ou para o qual estávamos preparados.[37]

Quando perguntamos o que ela mais gosta em ter seu próprio negócio, ela responde: "Eu amo a liberdade de fazer escolhas. Tenha êxito ou não, eu acredito no que faço".[38]

Obviamente, a independência não garante uma vida fácil. A maioria dos empreendedores trabalha muito e por muitas horas. Eles devem se lembrar de que o cliente é, em última análise, o chefe. Mas eles têm a satisfação de tomar suas próprias decisões dentro dos limites necessários para construir um negócio bem-sucedido.

RECOMPENSAS FINANCEIRAS

Como regra geral, quando as empresas são rentáveis, todos se beneficiam. Os trabalhos são criados, os impostos são pagos e as instituições de caridade recebem doações. Além disso, como qualquer outra carreira, começar um negócio é uma maneira de ganhar dinheiro e equilibrar o orçamento. Claro que alguns empreendedores ganham *muito* dinheiro. Em *The Millionaire Next Door*, Thomas Stanley e William Danko observam que as pessoas que trabalham por conta própria têm quatro vezes mais chances de serem milionários do que aqueles que trabalham para os outros.[39]

Quanto dinheiro um empreendedor deve esperar em troca de abrir e gerenciar um negócio? Conseguir lucrar é certamente necessário para a sobrevivência de uma empresa. Muitos empreendedores trabalham noite e dia (literalmente, em alguns casos) apenas para gerar o lucro suficiente para sobreviver; outros recebem um rendimento modesto pelo seu tempo e investimento. De uma perspectiva econômica, porém, o retorno financeiro de uma empresa deve compensar seu proprietário, não só pelo seu investimento de tempo pessoal (sob a forma de um salário equivalente), mas também por qualquer quantia pessoal investida no negócio (na forma de dinheiro distribuído ao proprietário e do valor acrescido do negócio) e pelo risco que ele está assumindo.

Um número significativo de empreendedores é, sem dúvida, altamente motivado pela perspectiva de ganhar dinheiro. Enquanto alguns empreendedores se tornam ricos rapidamente, a maioria não se torna. Portanto, um objetivo mais razoável seria "ficar rico lentamente". A riqueza provavelmente virá, desde que a empresa seja economicamente viável e o proprietário tenha paciência e determinação para que isso aconteça. Quando se trata de ganhar dinheiro, tenha em mente o ditado "O dinheiro não é um problema, mas o dinheiro sem sabedoria é um problema".

Embora possamos sugerir possíveis motivações, só você pode saber por que abrir o próprio negócio é atraente *e* gratificante. Sem dúvida, não haverá apenas uma motivação, mas várias – mesmo uma ou mais que não discutimos. Seja qual for a razão, é prudente identificar o que realmente motiva você a ser um empreendedor. Isso o ajudará a entender o que é importante para você e dará orientação para a tomada de decisões. Clayton Christensen, professor da Harvard Business School, dá sábios conselhos:

É impossível ter uma conversa significativa sobre a felicidade sem entender o que motiva você. Quando nos encontramos presos em carreiras infelizes – e mesmo vidas infelizes – isso é, frequentemente, o resultado de profundo mal-entendido daquilo que realmente nos motiva.[40]

Para concluirmos, aconselhamos que você faça um pouco de autorreflexão para entender sua(s) razão(ões) para querer possuir um negócio. Só então você pode alinhar a missão pessoal com os primeiros passos a serem tomados para que se torne um empreendedor.

1-4b Compreendendo seu paradigma

Conhecer suas motivações é importante para qualquer pessoa interessada em iniciar um negócio. Mas isso não é suficiente. É necessário entender se suas percepções sobre o que é necessário para ser bem-sucedido nos negócios são precisas. Em *Os 7 hábitos de pessoas altamente eficazes*, Stephen Covey ensina que, para fazer mudanças importantes em nossas vidas, precisamos mudar de dentro para fora. Ele diz que ter uma atitude positiva ou trabalhar muito não é suficiente. Em vez disso, temos de mudar a forma como nós fundamentalmente vemos uma situação, ou o que ele chama de uma **mudança de paradigma**.[41] Então a pergunta para alguém que quer iniciar um negócio é, "O que você acredita que é necessário para criar um negócio bem-sucedido?". Sua resposta para essa questão dependerá em grande parte das suas experiências passadas, que têm uma influência significativa no seu paradigma (a perspectiva de como você vê a situação).

Em seu livro, *The E-Myth Revisited: Why Most Businesses Don't Work and What to Do About It*, Michael Gerber descreve três paradigmas, ou o que ele chama de *personalidades*, que entram em jogo quando uma pessoa está iniciando um negócio: a personalidade de técnico, a personalidade de gerente e a personalidade de empreendedor.[42] Ele afirma que todas as pessoas apresentam essas personalidades em algum grau variável, e empresários bem-sucedidos precisam de um equilíbrio entre os três. Vejamos brevemente as três personalidades, que são mostradas graficamente no Quadro 1.2. Ao ler sobre essas personalidades, considere como você se descreveria.

A PERSONALIDADE DE TÉCNICO

Se você abre uma empresa de conserto de automóveis porque adora trabalhar em carros ou uma loja de venda de tortas porque seus amigos dizem que você faz as melhores tortas que eles já comeram, provavelmente tem o que Gerber chama de personalidade de técnico. A **personalidade de técnico** é caracterizada por um trabalhador consistente, experiente em fazer o que sabe de melhor. O técnico não gosta de gerenciar, prefere fazer o trabalho sozinho. Ele vive no momento, sem pensar no futuro. Para o técnico, iniciar um negócio pode ser um sonho que se torna realidade e um pesadelo ao mesmo tempo. O pensamento de não estar mais sendo gerenciado e ter total controle sobre o que é feito é emocionante, mas a necessidade de ser organizado e pensar estrategicamente é assustadora.

A abordagem de um técnico para a tomada de decisões empresariais pode ser caracterizada das seguintes maneiras:

- Paternalista (orienta os negócios muito como orientaria membros da família).
- Relutante em delegar autoridade.
- Define a estratégia de marketing nos termos dos componentes tradicionais de preço, qualidade e reputação da empresa.
- Foca nos esforços de vendas que são principalmente pessoais.
- Pensamento de curto prazo, com pouco planejamento para crescimento futuro ou mudança.

O técnico é propenso a fazer uma suposição fatal. De acordo com Gerber, o técnico acredita que, "se você entender o trabalho técnico de um negócio, você entende o negócio que faz esse trabalho técnico... Mas o trabalho técnico de uma empresa e o negócio que faz esse trabalho técnico são duas coisas totalmente diferentes!"[43]

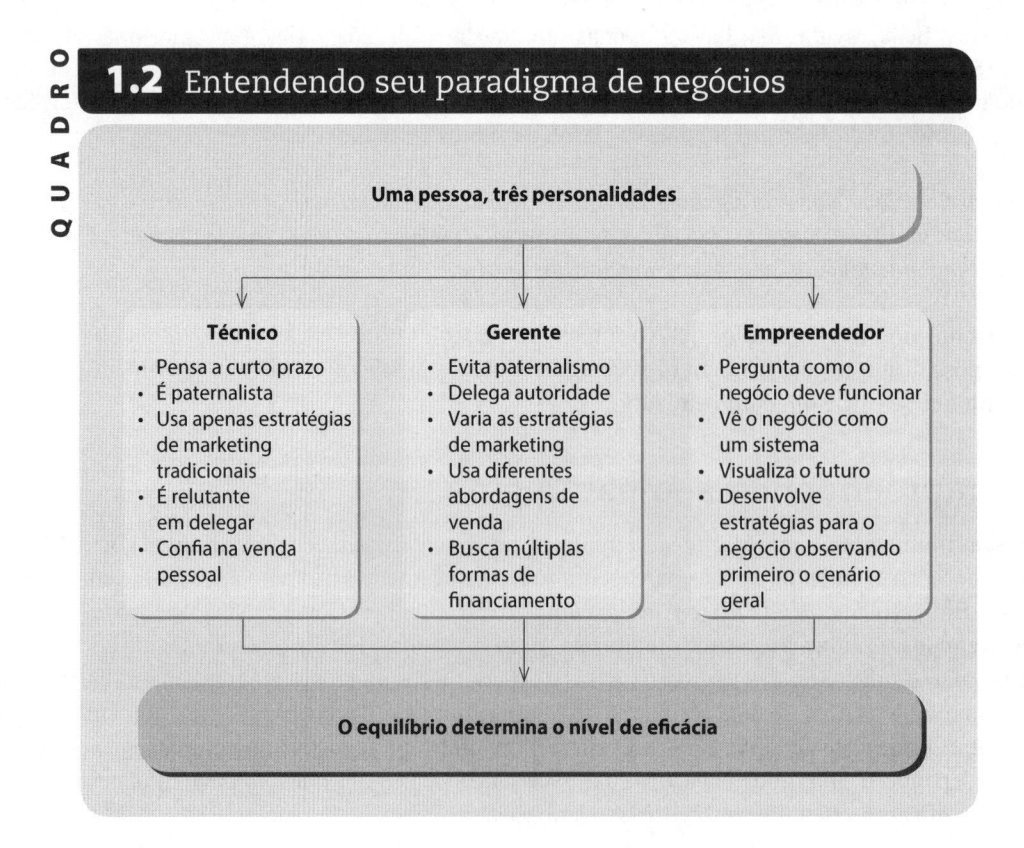

QUADRO 1.2 Entendendo seu paradigma de negócios

Uma pessoa, três personalidades

Técnico
- Pensa a curto prazo
- É paternalista
- Usa apenas estratégias de marketing tradicionais
- É relutante em delegar
- Confia na venda pessoal

Gerente
- Evita paternalismo
- Delega autoridade
- Varia as estratégias de marketing
- Usa diferentes abordagens de venda
- Busca múltiplas formas de financiamento

Empreendedor
- Pergunta como o negócio deve funcionar
- Vê o negócio como um sistema
- Visualiza o futuro
- Desenvolve estratégias para o negócio observando primeiro o cenário geral

O equilíbrio determina o nível de eficácia

A PERSONALIDADE DE GERENTE

Um indivíduo com uma **personalidade de gerente** é pragmático, assumindo a responsabilidade pelo planejamento, ordem e previsibilidade do negócio. Nas palavras de Gerber, "O gerente é a parte de nós que vai para a Sears e compra caixas de plástico empilháveis, leva as caixas à garagem e armazena sistematicamente todos os vários parafusos e porcas em sua gaveta cuidadosamente identificada".[44] Uma personalidade de gerente tende a fazer o seguinte:

- Evitar o paternalismo.
- Delegar a autoridade necessária para o crescimento.
- Empregar diversas estratégias de marketing.
- Usar diferentes tipos de esforços de vendas.
- Obter financiamento original de mais de duas fontes.

Em contraste com um técnico, o trabalho de um gerente é preparar o negócio para o crescimento ao educar-se suficientemente, a fim de assegurar que a base e a estrutura da empresa possam carregar o peso adicional. O limite do gerente é definido por quantos técnicos ele pode supervisionar efetivamente ou quantos subordinados ele pode organizar em um esforço produtivo. Um pequeno empreiteiro de construção e incorporador que adota uma abordagem relativamente sofisticada para a gestão, incluindo a contabilidade e orçamento detalhado, postura precisa em licitações e pesquisa de mercado abrangente, tem uma personalidade de gerente.

A PERSONALIDADE DE EMPREENDEDOR

A **personalidade do empreendedor** toma uma ideia e a transforma em uma oportunidade. Essa personalidade não olha para o trabalho que um negócio faz. Em vez disso, o empreendedor examina como a empresa faz o que se destina a fazer. Dessa forma, o empreendedor é capaz de ver o quadro geral e desenvolver estratégias que irão ajudar o empreendimento a florescer. De acordo com Gerber, essa personalidade precisa ser aproveitada de forma eficaz ou causará estragos, tentando puxar o negócio em muitas direções ao mesmo tempo.

A personalidade empreendedora tende a fazer o seguinte:

- Fazer a pergunta: "Como o negócio deve funcionar?".
- Ver o negócio como um sistema para produzir resultados externos para o cliente e, ao fazê-lo, produzir lucros.
- Começar com uma imagem de um futuro bem definido e tentar mudar o presente para corresponder à visão.
- Desenvolver estratégias para o negócio vendo, primeiro, toda a imagem.

O empreendedor olha para o negócio como o produto. Desta forma, o negócio é planejado para satisfazer as necessidades do cliente e não as necessidades do proprietário da empresa (como o caso com um negócio fundado pelo técnico).

Todos nós temos um pouco de cada uma dessas personalidades. No entanto, para a maioria de nós, uma personalidade domina as outras em detrimento da empresa *e, possivelmente, da vida pessoal do proprietário também*. Assim, Gerber aconselha o seguinte:

Sem dar para essas três personalidades a oportunidade, a liberdade, o alimento de que cada uma precisa para crescer, seu negócio não pode ajudar, mas sim espelhar seu próprio desequilíbrio... E, se eles fossem igualmente equilibrados, estaríamos descrevendo um indivíduo incrivelmente competente. O empreendedor estaria livre para avançar em novas áreas de interesse, o gerente estaria solidificando a base de operações e o técnico estaria fazendo seu trabalho técnico. Cada um calcularia o trabalho que faz melhor, servindo o todo da maneira mais produtiva.[45]

Então, se você não entender quem você é como proprietário de uma empresa, você pode pensar que o negócio é o problema, enquanto, na realidade, você é o problema. Você precisa saber suas motivações para querer ser um empresário e como suas experiências passadas afetam como você vê o negócio. Ao compreender primeiro a si mesmo, você pode evitar um monte de decepções e problemas duradouros.

1-5 A VANTAGEM COMPETITIVA DO EMPREENDEDOR

Como é que as empresas pequenas e empreendedoras podem manter vantagem sobre negócios bem-sucedidos, mais poderosos? A resposta está na capacidade de empresas novas e menores de explorar oportunidades. Se uma empresa pode fazer o seu produto ou serviço mais barato, mais rápido e melhor, então ela pode ser competitiva. Pequenas empresas – se bem administradas – são tão capazes quanto empresas maiores de desenvolver estratégias que ofereçam uma vantagem competitiva.

Nesta seção, vamos dar uma olhada em algumas maneiras com que as novas empresas podem ganhar vantagem competitiva. No Capítulo 3, vamos elaborar estratégias para explorar essas potenciais vantagens e captar as oportunidades de negócios que elas tornam possíveis.

1-5a Integridade e responsabilidade

O ponto inicial de qualquer vantagem competitiva é o compromisso de integridade. A fim de manter uma forte vantagem competitiva, é essencial que o empresário adicione uma sólida reputação de honestidade e confiança a um bom serviço para o cliente e excelente qualidade do produto. Na verdade, a maneira mais rápida de perder vantagem competitiva é agir sem consideração pelos outros – ou pior, agir de maneira desonesta. Todos nós respondemos positivamente à evidência de integridade porque todos nós, às vezes, já fomos lesados quando compramos um produto ou serviço.

De maneira consistente, a operação com integridade pode diferenciar um pequeno negócio como sendo confiável em um momento em que as histórias de ganância corporativa e corrupção são percebidas em grande profusão. Acima de tudo, os valores centrais do empreendedor, conforme refletido no que ele diz, determinam a cultura em um negócio. Outros farão negócios com uma empresa apenas quando sentirem que podem confiar nessa empresa. A confiança é a base de todas as relações, incluindo as relações comerciais. O Capítulo 2 discute a importância crítica da integridade e seu papel no empreendedorismo.

1-5b Foco no cliente

Existem oportunidades de negócios para aqueles que podem criar produtos e serviços desejados pelos clientes. As pequenas empresas estão particularmente aptas a competir quando elas se comprometem com um forte foco no cliente. Um bom atendimento ao cliente pode ser fornecido por uma empresa de qualquer tamanho. Contudo, em muitos casos, as pequenas empresas têm um potencial maior para atingir esse objetivo do que grandes empresas. Se forem devidamente geridas, as pequenas empresas têm a vantagem de poder servir os clientes de forma direta e eficaz, evitando as camadas de burocracia e políticas corporativas que tendem a sufocar a iniciativa dos funcionários. Em muitos casos, os clientes conhecem pessoalmente o empreendedor e outras pessoas-chave do pequeno negócio.

Jerry Kwok, CEO da Spectrum Label Corporation, em Hayward, Califórnia, é um exemplo de um empreendedor que tem forte foco no cliente. Sua empresa fabrica os rótulos utilizados em embalagens de alimentos, produtos farmacêuticos e no setor de produtos nutricionais, entre outros. Ele usou dados e previsão para gerenciar estoque e fazer de seu negócio um elo vital na cadeia de suprimentos para seus clientes. De acordo com ele:

> *Para que possamos manter a competitividade, temos de ser capazes de fornecer um produto que não é apenas uma mercadoria – algo que não pode ser terceirizado levando os clientes a lidar com um longo período de espera. Estamos em impressão, mas os clientes a que damos suporte normalmente têm pouco ou nenhum tempo para esperar. Estamos entregando rótulos em um dia ou dois.*[46]

Nem todas as pequenas empresas conseguem se destacar no atendimento ao cliente. Mas muitas fazem acontecer. Ter um pequeno número de clientes e um relacionamento próximo com eles faz do atendimento ao cliente uma ferramenta poderosa para negócios empresariais. Nós vamos discutir mais sobre este assunto no Capítulo 14.

1-5c Desempenho de qualidade

Não há nenhuma razão para um pequeno negócio precisar assumir o banco traseiro em relação a empresas maiores quando falamos de alcançar a qualidade nas operações. Frequentemente falamos com proprietários de pequenas empresas cujas operações não apenas correspondem ao desempenho de qualidade das grandes empresas, mas, na verdade, também superam o desempenho dos gigantes.

Nenhum exemplo de desempenho de qualidade pode ser melhor do que a MFI International Manufacturing em El Paso, Texas, de propriedade de Lance e Cecilia Levine. Um visitante da empresa pode sentir a paixão dos Levines pela qualidade. Como pequenos empresários, eles podem insistir em altos níveis de qualidade sem experimentar a frustração de um CEO de uma grande empresa, que pode ter que empurrar uma filosofia de qualidade pelas muitas camadas de burocracia. Os Levines estão convencidos de que um pequeno empresário não deve ter medo de ser capaz de competir quando se trata de qualidade. Ela só precisa ser parte da cultura do negócio.

Em geral, a qualidade é, em grande parte, independente do tamanho da empresa. Mas, se há uma vantagem, ela geralmente vai para o negócio menor. Como proprietário de uma pequena empresa, você não deve aceitar nada menos do que o desempenho de mais alta qualidade. A falta de compromisso com a qualidade irá levá-lo a um longo caminho na estrada para obter vantagem competitiva em relação a outras empresas no seu setor.

1-5d Inovação

Como o mundo mudou! Quando Bill Clinton era presidente dos Estados Unidos, quase ninguém – com exceção de um pequeno número de pessoas no governo e na academia – tinha e-mail. Hoje, bilhões de pessoas enviam centenas de milhões de mensagens, compartilham 20 milhões de fotos e trocam pelo menos 15 trilhões de dólares em bens e serviços.[47]

A inovação, tanto em produtos ou serviços como em estratégias competitivas, está dentro do alcance da pequena empresa de formas jamais imaginadas há alguns anos. O Escritório de Advocacia da SBA (Small Business Administration) dos EUA tem uma história de financiamento de pesquisa que documenta o papel, a natureza e a importância da inovação e das importantes descobertas tecnológicas das pequenas empresas. O escritório de Pesquisa de Advocacia mostra que as pequenas empresas superam suas concorrentes maiores na maior produção de patentes por empregado (uma medida de inovação). As patentes de empresas pequenas também superam as de empresas maiores em uma série de medidas, incluindo crescimento, citação e originalidade. Pequenas "empresas de patentes" produzem 16,5 vezes mais patentes por empregado do que as grandes empresas, e essas patentes têm o dobro de probabilidade, em relação àquelas de grandes empresas, para estar entre o 1% mais citado por outros em seus requerimentos de patente.[48] A maioria das invenções radicais do século passado, tais como o computador e o marcapasso cardíaco, veio de pequenas empresas, não das grandes. E isso não vai mudar.

Os departamentos de pesquisa das grandes empresas tendem a se concentrar na melhoria de produtos existentes. As ideias criativas podem ser acompanhadas em segundo plano porque não estão relacionadas a linhas de produtos existentes ou porque são incomuns. Mas a preocupação com um produto existente pode obscurecer o valor de uma nova ideia. Em seu livro, *The Innovator's Dilemma*, Clayton Christensen documenta como as grandes empresas estabelecidas perderam grandes transformações em vários setores – computadores (*mainframes* para PCs), telefones (telefone fixo para celular), fotografia (filme para digital), mercados de ações (bolsa de valores e *on-line trading*) e muitas outras.[49] Por essa razão, um bom número de grandes empresas adquiriu ou, pelo menos, se envolveu em uma fusão com pequenas empresas tecnológicas.

Ao discutir o papel dos empreendedores na inovação, Amar Bhide, um notável pesquisador de negócios da Columbia University, descreve como os empreendedores desenvolvem ideias de outros. Bhide nos aconselha a não equiparar as inovações com descobertas importantes e cientistas em aventais brancos, porque poucas pequenas empresas podem pagar pelo luxo de gastar grandes quantias de dinheiro em pesquisa e desenvolvimento. Em vez disso, ele afirma que os empreendedores são mais capazes de aceitar invenções ou inovações desenvolvidas em outros lugares e colocá-las em uso, o que exige marketing, vendas e organização.[50] Na opinião de Bhide, essas últimas atividades são tão inovadoras quanto a criação de algo em um laboratório de ciências. O simples fato de uma pequena empresa não ser de "alta tecnologia" não deve levá-la a ser vista como não inovadora; pode ser justamente o oposto.

O acesso à tecnologia também ajudou empresas menores a competir. Ele claramente nivelou o campo do jogo com empresas maiores. Plataformas tecnológicas sofisticadas, antes acessíveis apenas às grandes empresas, estão agora disponíveis a preços que as pequenas empresas podem pagar. Na verdade, a web está cheia de ferramentas gratuitas para ajudar os empreendedores a começar, a administrar e a desenvolver seus negócios.

1-5e Nichos de mercado

Quase todos os pequenos negócios tentam se proteger da concorrência, concentrando suas operações em um grupo específico de clientes que possuem interesse em uma gama identificável, porém restrita, de produtos ou serviços e que constituem o que é chamado de um **nicho de mercado**. O nicho pode consistir em um produto ou serviço exclusivamente especializado, ou pode estar relacionado a servir uma área geográfica particular. Pequenas empresas estão posicionadas de forma que capturem esses mercados.

Os empreendedores bem-sucedidos não estão excessivamente preocupados com sua capacidade de competir com seus concorrentes maiores. Com poucas exceções, as grandes corporações são burocráticas, com burocratas servindo de gerentes. Conforme já salientado, os seus métodos de P&D focam no *status quo*. Além disso, as grandes empresas têm dificuldade em criar incentivos eficazes para os empregados para que eles pensem de maneira empreendedora. Há considerável evidência de que a maioria dos trabalhadores das grandes corporações de hoje simplesmente não estão comprometidos com o seu trabalho. Muitos, como Jim Halpert, do popular seriado da TV norte-americana *The Office*, diriam, "Isso é apenas um trabalho... Se essa fosse minha carreira, eu teria que me jogar na frente de um trem".[51] A conclusão é de que as pequenas empresas com uma cultura empreendedora podem competir e competir bem.

1-6 CONSTRUINDO UM LEGADO EMPREENDEDOR

Quando um empreendedor decide deixar seu negócio, geralmente vendendo ou passando-o para a próxima geração, suas conquistas de negócios tornam-se história. Refletindo sobre suas vidas e negócios, muitos empreendedores se deparam com perguntas tais como: A jornada valeu a pena? Que tipo de significado isso tem para mim agora? Eu posso me sentir bem sobre isso? Quais são as minhas decepções? Como eu fiz diferença?

Para se preparar para esse momento de avaliar o que aconteceu no passado, um empreendedor deveria pensar em termos de um legado. Um legado consiste nas coisas passadas ou deixadas para trás. Num sentido estrito, ele descreve bens materiais deixados aos seus herdeiros. Em um sentido mais amplo, refere-se a tudo o que se deixa para trás – itens materiais, relacionamentos familiares bons ou maus e um registro de integridade ou ganância – em termos de contribuição ou exploração. O **legado de um empreendedor** inclui tanto itens tangíveis e qualidades intangíveis passadas não apenas para herdeiros, mas, também, para a sociedade em geral. Você pode apreciar, então, a seriedade com que o empreendedor precisa considerar o tipo de legado que ele ou ela está construindo.

É fácil para empreendedores se envolverem com suas atividades, trabalhando mais e mais para acompanhar o ritmo agitado da vida. Em última análise, esses empreendedores podem sentir que suas realizações empresariais estão sendo ofuscadas pela negligência ou sacrifício de algo mais importante para eles. É possível marcar pontos no jogo errado ou vencer batalhas na guerra errada.

Ed Bonneau revolucionou a distribuição de óculos de sol nos Estados Unidos e eventualmente dominou esse mercado com seu negócio altamente bem-sucedido. Enquanto cresce a empresa, Bonneau comprou a Pennsylvania Optical (com suas patentes e contratos com o Walmart e Kmart) e o gigante do setor Foster Grant (com suas divisões de patentes e fabricação). Então, Bonneau vendeu o negócio e afastou-se de tudo. Do ponto de vista dos negócios, ele representou uma enorme história de sucesso empresarial. Contudo, em um comentário sobre como ele gostaria de ser lembrado, Bonneau minimizou sua riqueza financeira:

Esperava que eles soubessem que eu tinha feito mais coisas, além de ter administrado a maior empresa de óculos de sol do mundo. Essa não é a primeira coisa pela qual eu gostaria de ser lembrado. Está tudo bem, mas eu prefiro ter essa avaliação final feita pelos meus filhos e escutar deles: "Ele era um pai fantástico". Eu nunca quis sacrificar a minha família ou minha igreja em prol do meu negócio.[52]

E o conselho de Bonneau para empreendedores mais jovens segue uma linha semelhante:

Carregue sua fé e sua família com você quando entrar em negócios e mantenha esse equilíbrio em sua vida. Porque quando você chegar aos 60 anos e avaliar a sua vida, se tudo que você tem é a maior empresa de óculos de sol do mundo e um pote cheio de dinheiro no banco... isso não será suficiente. Sua vida vai ser vazia e você não pode voltar atrás e refazê-la.[53]

Quando era um estudante de MBA, Ty Findley falava sobre seu pai, Steven Findley, que fundou e foi CEO da Titan Dynamics. Ty explica: "Seu legado como empreendedor não se limitava à construção de uma empresa. Ele também queria fazer a diferença por meio do envolvimento com a família e com a comunidade. Papai conseguiu equilibrar o tempo devotado aos seus negócios com a criação e suporte de uma família de oito crianças". Steven Findley acrescenta: "Significa muito saber que meus filhos sempre se sentiram amados por seu pai e que eles estão se tornando indivíduos que esperamos que causem um impacto positivo no mundo".[54]

Em termos empreendedores, o que constitui um legado digno? Uma questão é a natureza do empreendimento propriamente dito. Para a maioria dos empreendedores, olhando para trás em suas carreiras, a realização exige que seus negócios tenham sido construtivos ou positivos em seu impacto. O falecido Bernard Rapaport, uma pessoa de princípios e empreendedor bem-sucedido e generoso, enfatizava a importância dos meios que uma pessoa usa para alcançar determinado fim. "Para qualquer coisa que você queira alcançar", dizia ele, "a forma como você consegue isso é mais importante do que atingir essa meta". Refletindo sobre a vida e o legado dele, aos 93 anos, dizia: "O que eu quero fazer? Eu quero salvar o mundo".[55] Esse idealismo pode guiar um empreendedor em muitos empreendimentos que são úteis para o nosso sistema econômico e até para a sociedade, seja durante a sua vida profissional ou depois dela.

A esperança mais profunda dos autores é que sua jornada em possuir seu negócio e ser um empreendedor – se você optar por dar esse passo – seja uma experiência ricamente recompensada, não apenas financeiramente, mas também nas outras facetas importantes da vida. Acima de tudo, esperamos que o seu legado traga satisfação e realização para você e pessoas fundamentais em sua vida.

1-7 PARA ONDE IR A SEGUIR?

Um piloto de avião não só controla o avião durante a decolagem, mas também voa e aterriza. Da mesma forma, os empreendedores não só lançam empresas, mas também "voam". Isto é, eles gerenciam a operação subsequente da sua empresa. Neste livro, você encontrará uma discussão do processo empreendedor como um todo. Tudo começa no Capítulo 2, com um exame dos valores fundamentais do empreendedor. As partes 2 e 3 do livro cobrem a estratégia básica da empresa, os vários tipos de iniciativas empreendedoras e o planejamento inicial que é necessário para *startups* de negócios. As partes 4 a 6 do livro tratam do marketing e da gestão de um negócio em crescimento, incluindo recursos humanos, operações e finanças.

Vivendo o sonho
EXPERIÊNCIAS EMPREENDEDORAS

Cuidado com esse mito

Nos primeiros anos de um negócio, o sentimento é o de que, muitas vezes, não há tempo suficiente para fazer tudo o que precisa ser feito. Então, você apenas trabalha mais e mais. Wayne Rivers, um escritor do *The Wall Street Journal* e cofundador do Family Business Institute dos EUA, lembra-se de ter ouvido o seguinte conselho de um palestrante em uma conferência a que assistiu: "Um dos ingredientes-chave é trabalhar mais arduamente e por mais tempo do que qualquer um dos seus empregados. Se eles não veem você trabalhando duro, eles também não irão trabalhar duro e respeitá-lo".

De acordo com Rivers,

Esse é um mito poderoso e penetrante. A ideia de que cem horas de trabalho por semana é a única maneira de ganhar o respeito e ser produtivo é simplesmente ridícula!

Ele explica sabiamente que o que é de importância primordial não é o tempo que você coloca no negócio, mas os resultados que você produz por intermédio das pessoas. O verdadeiro teste de sucesso, de acordo com Rivers, está em focar menos em si mesmo e mais em desenvolver talentos em sua organização.

Vivek Wadhwa dá conselhos semelhantes, depois de aprender da maneira mais difícil. Wadhwa, um empreendedor de sucesso, abriu o capital de sua empresa e reativou outra, mas depois teve um ataque cardíaco aos 45 anos. Ele estimula os empreendedores a fazer exames médicos regulares, exercitar-se com disciplina e aprender a relaxar:

Você pode não acreditar em equilíbrio entre vida pessoal e profissional, mas seu corpo certamente acredita.

Rivers e Wadhwa dão bons conselhos para quem ousar ser um empreendedor.

Fontes: Wayne Rivers, "Entrepreneurs: Stop Working So Hard!", *The Wall Street Journal*, http://www.wsj.com/articles/whats-the-worst-business-advice-these-entrepreneurs-ever-heard-1409749444?autologin=y. Acesso em 29 de dezembro de 2014; e "Entrepreneurs Anonymous", *The Economist*, 3 de setembro de 2014, http://www.economist.com/node/21618816/print. Acesso em 3 de janeiro de 2015.

Glossário

Bootstrapping (p. 5) – Fazer mais com menos em termos de recursos investidos em um negócio e, quando possível, controlar os recursos sem possuí-los.

Empreendedor (p. 5) – Pessoa que incansavelmente persegue uma oportunidade, um negócio novo ou já existente, para criar valor enquanto assume tanto o risco quanto a recompensa pelos seus esforços.

Empreendedor relutante (p. 12) – Pessoa que se torna um empreendedor como resultado de algumas graves dificuldades.

Empreendedorismo social (p. 9) – Atividade empreendedora cujo objetivo é encontrar soluções inovadoras para as necessidades, problemas e oportunidades sociais.

Empreendimento de alto potencial (gazela) (p. 4) – Empresa pequena que tem grande perspectiva de crescimento.

Empresa de estilo de vida (*lifestyle business*) (p. 4) – Microempresa que permite ao proprietário seguir um padrão de vida desejado.

Equipe empreendedora (p. 7) – Duas ou mais pessoas que trabalham juntas como empreendedores em um empreendimento.

Franqueado (p. 7) – Empreendedor cujo poder é limitado por uma relação contratual com uma organização de franquia.

Fundador (p. 7) – Empreendedor que abre uma nova empresa.

Legado de um empreendedor (p. 20) – Bens materiais e qualidades intangíveis passados tanto a herdeiros quanto à sociedade.

Mentor – Pessoa com conhecimento que pode oferecer diretrizes sobre a experiência em um campo específico.

Microcréditos (p. 5) – Empréstimos muito pequenos, fornecidos aos empresários nos países em desenvolvimento.

Microempresa (p. 4) – Pequeno negócio que fornece mínimo lucro para seu proprietário.

Mudança de paradigma (p. 15) – Mudança fundamental no modo como vemos uma situação.

Nicho de mercado (p. 19) – Grupo específico de clientes com interesse por uma gama identificável, mas restrita, de produtos ou serviços.

Oportunidade empreendedora (p. 5) – Produto economicamente atraente e oportunidade conveniente que cria valor para os compradores interessados ou usuários finais.

Pequeno negócio atrativo (*attractive small firm*) (p. 4) – Pequeno negócio que fornece lucros substanciais para o proprietário.

Pequeno negócio (p. 5) – Negócio com crescimento potencial que é pequeno em comparação com as grandes empresas em um setor, tem operações localizadas geograficamente, é financiado por apenas alguns indivíduos e tem uma pequena equipe.

Personalidade de empreendedor (p. 17) – Personalidade que foca no negócio como um todo e fornece resultados para o cliente.

Personalidade de gerente (p. 17) – Personalidade que é pragmática e gosta de ordem e planejamento de operações.

Personalidade de técnico (p. 16) – Personalidade que foca em uma habilidade técnica previamente desenvolvida, quer ser deixada sozinha para fazer o trabalho e está especialmente preocupada com o momento.

Refugiado corporativo (p. 12) – Pessoa que se torna um empreendedor para escapar de uma situação de trabalho indesejável.

Recursos para *startups*

Cinco razões pelas quais empresas fracassam[56]

Eric T. Wagner, colaborador da *Forbes Magazine* e empreendedor de longo tempo apresenta cinco razões para o fracasso nos negócios, de acordo com o que ele observou em anos de experiência:

Razão 1: Não manter contato com clientes por meio de diálogos profundos.

Razão 2: Não ter uma diferenciação real de produto ou serviço no mercado.

Razão 3: Não ter proposições de valor claras, concisas e convincentes.

Razão 4: Falha de liderança no topo da empresa.

Razão 5: Incapacidade de construir um modelo de negócios lucrativo com fluxos de receitas comprovadas.

Falhe na última razão, diz Wagner, e mesmo que você seja capaz de evitar as outras causas, sua empresa ainda assim fracassará.

Desenvolver bons mentores em negócios e na vida

Procure mentores – mentores pessoais e mentores de negócios assim que puder. Você pode começar muito cedo (de preferência quando ainda está na escola). Eles vão ser muito úteis quando você estiver começando um negócio. A maioria dos empresários também encontra mentores ao longo do caminho, os indivíduos que podem oferecer orientação com base na sua experiência em um determinado campo. Mentores podem mostrar-lhe como evitar erros. Eles querem que você tenha sucesso e apoiam os seus esforços. Mentores também irão incentivá-lo naqueles dias em que você quiser "jogar a toalha".

Aprendendo a pensar sobre recursos

Em uma pequena empresa, não há assunto mais importante que o gerenciamento de recursos de forma eficaz. Assim, aprender a pensar em recursos – tecnologia da informação, dinheiro, pessoas, instalações e até permuta – pode significar a diferença entre sucesso e fracasso. Para ajudar a desenvolver esse conjunto de habilidades, nós recomendamos o livro de Nancy Lublin's *Zilch: The Power of Zero in Business* (Nova York, NY: Penguim, 2010). O livro é baseado nas experiências de Lublin como líder de uma organização que ajuda adolescentes a realizar mudança social e suas entrevistas com indivíduos que ela chama de "estrelas do rock" de organizações sem fins lucrativos.

Você é quem manda

Situação 1

Na declaração a seguir, um empresário tenta explicar e justificar sua preferência pelo crescimento lento de seu negócio.

> *Limito o meu ritmo de crescimento e faço todos os esforços para atender os meus atuais clientes da maneira que eles merecem. Eu sofro pressão de alguns colegas para fazer o contrário seguindo o conselho de especialistas – ou seja, conseguir parceiros e contrair dívidas para facilitar o crescimento rápido nas vendas e participação de mercado. Quando fico tentado por esses pensamentos, eu penso sobre o que eu poderia ganhar. Talvez eu poderia ganhar mais dinheiro, mas eu também esperaria muito mais problemas. Além disso, acho que isso pode interferir um pouco no meu relacionamento com familiares, que são muito importantes para mim.*

Pergunta 1 – Esse empresário pode ser considerado empreendedor? O proprietário é um verdadeiro empreendedor?

Pergunta 2 – Você concorda com a filosofia aqui expressa? O proprietário realmente está fazendo o que é melhor para sua família?

Pergunta 3 – Que tipos de problemas esse proprietário está tentando evitar?

Situação 2

A Bear Bills, Inc. foi aberta em 2008 por três estudantes da Baylor University em seus vinte e poucos anos como uma solução para um problema que todos os estudantes universitários enfrentam – pagar contas de serviços prestados em casa, como água, luz e telefone. O nome da empresa veio do mascote da universidade, os ursos de Baylor. A empresa ajuda os alunos a pagar suas contas sem dificuldades de ter que coletar o dinheiro de cada companheiro de quarto e fazer um cheque para a empresa prestadora de serviços. Bear Bills paga as contas mensalmente e faz o rateio do valor com base na parcela proporcional de cada aluno. As empresas de serviços gostam do acordo e estão dispostas a dar à Bear Bills uma comissão para aumentar sua participação de mercado. Os donos dos apartamentos onde os estudantes moram gostam desse negócio porque os serviços prestados permanecem nos nomes dos locatários e a administração recebe a taxa de referência da Bear Bills. Obviamente, os alunos se cadastram porque eles não têm que incomodar um colega de quarto para pagar sua parte da conta. E a Bear Bills ganha dinheiro.

No primeiro ano, Bear Bills registrou mais de 2 mil alunos da Universidade. No seu segundo ano de operação, juntou-se à Simple Bills, Inc. e foi para outros *campi* universitários, duplicando sua base de clientes para mais de 4 mil.

Nessa época, o conceito estava provado, mas os proprietários tinham uma decisão a tomar. Eles podem levantar dinheiro de investidores e aumentar a velocidade de crescimento da empresa para aumentar sua quota de mercado, mas isso significa que eles terão de abrir mão de parte de sua propriedade da empresa. De maneira alternativa, eles podem continuar o negócio para conservar a porcentagem de propriedade, mas não podem crescer tão rapidamente. Em outras palavras, limitariam o crescimento do negócio ao que pode ser financiado com os fluxos de caixa atual sendo gerados a partir de operações.

Pergunta 1 – Do que você gosta e não gosta sobre o conceito da Simple Bills?

Pergunta 2 – Você recomendaria levantar fundos de investidores externos e crescer mais rápido ou continuar as operações para conservar a propriedade? Por quê?

Pergunta 3 – Qual estratégia você sugere para fazer o negócio crescer, pressupondo que novos investidores estão incluídos?

Pergunta 4 – Se você escolher levantar fundos, quem você poderia procurar como investidor?

Notas

1. Clayton Christensen, professor da Harvard Business School, desenvolve esse tema no seu e-book *How Will You Measure Your Life?* (Nova York: HarperCollins, 2012) Christensen diz que não há profissão mais nobre do que *estar no negócio*. Acreditamos que o que ele diz é ainda mais verdadeiro em possuir o seu próprio negócio. Vale a pena ler o seu livro.
2. Theodore Roosevelt, extrato de um discurso, "Citizenship in a Republic", feito na Sorbonne, em Paris, França, 23 de abril de 1910.
3. Paul D. Reynolds e Richard T. Curtin, "Business Creation in the United States: Panel Study of Entrepreneurial Dynamics II, Initial Assessment," *Foundations and Trends in Entrepreneurship*, vol. 4, n. 3 (2008), p. 158.
4. Isabell M. Welpe, "Fostering an Entrepreneurial Culture," *Amway Global Entrepreneurship Report 2013*, http://assets1.bywebtrain.com/501483/2013_amway_global_entrepreneurship_report_1.pdf?r=1280. Acesso em 10 de dezembro de 2014.
5. Ibid., p. 175.
6. U.S. Government Printing Office, "The Small Business Economy 2012," https://www.sba.gov/sites/default/files/advocacy/Small_Business_Economy_2012.pdf. Acesso em 24 de agosto

de 2014; U.S. Government Printing Office, "SBA Office of Office of Advocacy FAQ," http://www.sba.gov/sites/default/files/FAQ_March_2014_0.pdf. Acesso em 30 de novembro de 2014; "Entrepreneurial Attitudes and Perceptions," *Global Entrepreneurship Monitor 2013 Report*, http://www.gemconsortium.org/docs/download/3106. Acesso em 20 de novembro de 2014; United States Census Bureau, "News Release on U.S. Businesses," http://www.census.gov/newsroom/releases/archives/business_ownership/cb11-110.html. Acesso em 19 de novembro de 2014; e Tracy Stapp, "The 10 Most Popular Franchises for Military Veterans," http://www.entrepreneur.com/article/219846. Acesso em 30 de outubro de 2014.

7. Ruth Simon e Caelainn Barr, "Endangered Species: Young U.S. Entrepreneurs–New Data Underscore Financial Challenges and Low Tolerance for Risk among Young Americans," *The Wall Street Journal*, 2 de janeiro de 2015.

8. Angel Capital Association, "Celebrating Entrepreneurs and Angels–Key to Our Economy," 19 de novembro de 2014, http://www.angelcapitalassociation.org/blog/celebrating-entrepreneurs-angels. Acesso em 20 de janeiro de 2015.

9. A definição da SBA de uma pequena empresa varia dependendo do setor, mas o critério de 500 funcionários é o ponto de partida.

10. Entrevista com Fan Bi, 12 de maio de 2012; "What Is Blank Label?" http://www.blanklabel.com/story.aspx. Acesso em 10 de maio de 2012. K. Dziadul, "New Co-Creation Concept Drives Business Model for Blank Label," http://bostinnovation.com/2010/09/09/new-co-creation-concept-drives-business-model-for-blank-label. Acesso em 29 de janeiro de 2014; J. Holland, "Two College Entrepreneurs Dress for Success," *Entrepreneur*, março de 2011; Kyle Alspach, "Startup Updates—Blank Label, LevelUp," *Boston Business Journal*, junho de 2012, http://www.bizjournals.com/boston/blog/startups/2012/06/blank-label-levelup-cambridge.html. Acesso em 8 de setembro de 2013; Krystina Gustafson, "Custom Men's Wear Shop on Expansion Track," CNBC, 29 de junho de 2014, http://www.cnbc.com/id/101789406#. Acesso em 6 de novembro de 2014; e Dennis Keohane, "On-line Style Meets Downtown Class," betaboston, 11 de agosto de 2014, http://betaboston.com/gallery/2014/08/11/blank-label-offers-an-offline-twist-to-its-on-line-shopping-experience-in-boston-gallery. Acesso em 6 de novembro de 2014.

11. Stephen Spinelli and Robert Adams, *New Venture Creation: Entrepreneurship for the 21st Century*, 9th ed. (Nova York, NY: McGraw-Hill/Irwin, 2012), p. 37–43.

12. Vincent Onyemah, Martha Rivera Pesquera e Abdul Ali, "What Entrepreneurs Get Wrong," *Harvard Business Review*, maio de 2013.

13. Sirji Terjesen, *Global Entrepreneurship Monitor*, "Report on Social Entrepreneurship, Executive Summary," 2011, http://www.gemconsortium.org/docs/download/376. Acesso em 30 de novembro de 2014.

14. Veja Christian Seelos e Johanna Mair, "Social Entrepreneurship: Creating New Business Models to Serve the Poor," *Business Horizons*, 2005, p. 241–246, http://2008.sofimun.org/SOFIMUN2008-CM-UNECOSOCTopic-A-extra_info-2.pdf. Acesso em 4 de dezembro de 2014.

15. Dados do Censo dos EUA, 2012.

16. "The 2013 State of Women-Owned Businesses Report: A Summary of Important Trends," encomendado pela American Express OPEN, 13 de março de 2013, https://c401345.ssl.cf1.rackcdn.com/wp-content/uploads/2013/03/13ADV-WBI-E-StateOfWomenReport_FINAL.pdf. Acesso em 15 de novembro de 2014.

17. Alicia Robb e Dane Stangler, "Sources of Economic Hope: Women's Entrepreneurship," Fundação Ewing Marion Kauffman, novembro de 2014, p. 5.

18. Ibid, p. 5.

19. Susan Coleman e Alicia Robb, próximo.

20. Alicia M. Robb e John Watson, "Gender Differences in Firm Performance: Evidence from New Ventures in the United States," *Journal of Business Venturing*, vol. 27, n. 5 (setembro de 2012), p. 544–558.

21. Conversa pessoal com Ewing Marion Kauffman, outubro de 2005.

22. Jeff Sandefer e Robert Sirico, *A Field Guide for the Hero's Journey* (Grand Rapids, MI: Acton Institute, 2012), p. 11.

23. Citado em Leigh Buchanan, "What Drives Entrepreneurs?" *Inc.*, 28 de fevereiro de 2012, http://www.inc.com/magazine/201203/motivation-matrix.html. Acesso em 1º de outubro de 2012.

24. Citado em Lena Basha, "The Entrepreneurial Gene," *MyBusiness*, dezembro/janeiro de 2007, p. 15.

25. Ram Charan, "Stop Whining, Start Thinking," *Bloomberg Businessweek*, 24 de agosto de 2008, p. 58.

26. Elizabeth Alterma, "Employees Bid Goodbye to Corporate America," *USA Today*, 20 de agosto de 2011, http://www.usatoday.com/money/workplace/story/2011/08/Employees-bid-goodbye-to-corporate-America/50059194/1. Acesso em 14 de maio de 2012; e http://joyfulplate.com/index.html. Acesso em 15 de outubro de 2014.

27. Uma pesquisa acadêmica muito limitada foi feita sobre as motivações dos empreendedores. Veja Alan Carsrud e Malin Brannback, "EntrepreneurialMotivations: What Do We Still Need to Know?" *Journal of Small Business Management*, vol. 49, n. 1 (2011), p. 9-26.

28. Conversa pessoal com Chris DeLeenheer, sócio da Rydell Holdings, 5 de setembro de 2014.

29. Michelle Di Gangi, "Small Business Survey Reveals 'No Regrets' Surprise," Harris Poll patrocinado pelo Bank of the West, 9 de setembro de 2014, http://blog.bankofthewest.com/small-business-survey-reveals-regrets-surprise. Acesso em 23 de fevereiro de 2015.

30. "Jobs: 'Find What You Love,'" *The Wall Street Journal*, 6 de outubro de 2011, http://www.wsj.com/articles/SB10001424052970203388804576613572842080228. Acesso em 14 de janeiro de 2015.

31. Para uma discussão sobre "criar significado," veja Guy Kawasaki, *The Art of the Start* (The Woodlands, TX: Portfolio, 2004), p. 4-6.

32. Sue Shellenbarger, "Plumbing for Joy? Be Your Own Boss," *The Wall Street Journal*, 15 de setembro de 2009, http://www.wsj.com/articles/SB10001424052970203917304574414853397450872. Acesso em 24 de fevereiro de 2015.

33. Melissa Korn, "Employed, but Not Engaged on the Job," *The Wall Street Journal*, 13 de junho de 2013, http://www.wsj.com/articles/SB10001424127887323495604578539712058327862. Acesso em 15 de outubro de 2014.

34. Richard Duncan, "One Major Benefit of Working a Small-Business Job," *The Wall Street Journal*, 12 de novembro de 2014, http://blogs.wsj.com/experts/2014/11/06/one-major-benefit-of-working-a-small-business-job. Acesso em 21 de dezembro de 2014.

35. Conversa pessoal com Rick Davis, fundador da Davaco, Inc., 6 de abril de 2014.

36. Mary Liz Curtin, "How I Launched My Dream Business after Age 50," *The Wall Street Journal*, 3 de novembro de 2014, http://blogs.wsj.com/experts/2014/11/03/how-i-launched-my-dream-business-after-age-50. Acesso em 14 de dezembro de 2014.

37. Bridget Gamble, "MyLife with Aimee Marnell," Federation of Nacional Independent Business, http://www.nfib.com/article/mylife-with-aimee-marnell-62770. Acesso em 4 de fevereiro de 2015.

38. Ibid.
39. Thomas J. Stanley e William D. Danko, *The Millionaire Next Door* (Nova York, NY: Simon & Schuster, 1996), p. 227.
40. Clayton Christensen, *The Innovator's Dilemma* (Nova York, NY: Harper Business, 1997).
41. Stephen R. Covey, *The 7 Habits of Highly Effective People* (Nova York: Free Press, 2004), p. 95-144.
42. Michael Gerber, *The E-Myth Revisited: Why Most Small Businesses Don't Work and What to Do About It* (Nova York, NY: HarperCollins, 1995), p. 19.
43. Ibid. p. 13.
44. Ibid. p. 25.
45. Ibid. p. 31.
46. Michelle Di Gangi, "Made Here: Adding an Inventory Service to the Product Mix," Bank of the West, http://blog.bankofthewest.com/made-adding-inventory-service-product-mix-2. Acesso em 23 de fevereiro de 2015.
47. Centro de Pesquisas Pew, 2005–2014.
48. Para vários estudos sobre administração de pequenas empresas em relação ao papel de pequenas empresas na inovação, veja "Innovation in Small Business: Drivers of Change and Value," 2009, http://www.sba.gov/advo/research/rs342tot.pdf; "An Analysis of Small Business Patents by Industry and Firm Size," 2008, http://www.sba.gov/advo/research/rstot335.pdf; "Innovation and Small Business Performance: Examining the Relationship Between Technological Innovation and the Within-Industry Distributions of Fast Growth Firms," 2006, http://www.sba.gov/advo/research/rs272tot.pdf; "Small Firms: Why Market-Driven Innovation Can't Get Along without Them," 2005, http://www.sba.gov/advo/research/sbe_05_ch08.pdf; "Small Firms and Technology: Acquisitions, Inventor Movement, and Technology Transfer," 2004, http://www.sba.gov/advo/research/rs233tot.pdf; "Small Serial Innovators: The Small Firm Contribution to Technical Change," 2003, http://www.sba.gov/advo/research/rs225tot.pdf; and "Influence of R&D Expenditures on New Firm Formation and Economic Growth," 2002, http://www.sba.gov/advo/research/rs222tot.pdf.
49. Christensen, *The Innovator's Dilemma,* op. cit.
50. Amar Bhide, *The Venturesome Economy* (Princeton, NJ: Princeton University Press, 2008).
51. Alan Murray, "The End of Management," *The Wall Street Journal*, 21 de agosto de 2010, p. W3.
52. Comentários por Ed Bonneau a uma turma de empreendedorismo, 20 de novembro de 2014.
53. Ibid.
54. Baseado na entrevista de Ty Findley com seu pai, Steve Findley, 15 de outubro de 2013.
55. Conversa pessoal com Bernard Rapaport, 2009.
56. Extrato de "Five Reasons 8 Out of 10 Companies Fail," 12 de setembro de 2013, http://www.forbes.com/sites/ericwagner/2013/09/12/five-reasons-8-out-of-10-businesses-fail. Acesso em 1º de dezembro de 2014.

PARTE 2
CAPÍTULO 2
Integridade, ética e empreendedorismo social

A Home Grown Farm teve início quando Pam Tull e os filhos adultos, Brandon, Toby e Melanie – todos formados pela Baylor University –, decidiram transformar uma pequena fazenda que tinham como *hobby* em Gholson, Texas, em um negócio maior, que poderia fornecer mais opções de alimentos nutritivos para aqueles que procuravam um estilo de vida mais saudável. Mas a intenção deles é ainda mais ambiciosa. Por exemplo, eles também querem levar os consumidores a ser mais conscientes do modo como seu alimento é cultivado, provar que a agricultura familiar ainda pode ter sucesso (e até mesmo florescer) e fornecer uma forma alternativa para apoiar as economias locais.

A iniciativa dos Tull já está obtendo sucesso, e em circunstâncias muito importantes. Uma cliente começou a comprar alimentos da Home Grown Farm quando a filha de quatro anos desenvolveu asma; ela descobriu que acrescentar mais alimentos "naturais" à dieta da filha proporcionava um grande alívio dos sintomas. Como compensação, a cliente ficou satisfeita quando percebeu que a saúde geral de toda sua família começou a melhorar. "Preferi gastar meu dinheiro com boa alimentação a gastá-lo com cuidados médicos", ela diz. Outras pessoas manifestam comentários favoráveis sobre o sabor dos produtos. "Os tomates são absolutamente deliciosos", afirma um fiel cliente da Home Grown Farm. Outro acrescenta, "Eles cultivam cenouras lindas, e elas são tão frescas. Eu já tinha me esquecido de que cenouras tinham esse sabor".

Talvez, a Home Grown Farm tenha tanto sucesso porque eles realmente trabalham em equipe. Pam teve a ideia de iniciar a empresa; ela é considerada a "pesquisadora chefe" da fazenda, e ajuda em todos os aspectos do planejamento do empreendimento. Toby recorreu à sua formação em gestão de sistemas de informação e à sua experiência profissional anterior como especialista em TI para ajudar a fazenda a atingir um mercado mais amplo. Como ele mesmo define, "Sabíamos que estávamos fazendo o que era certo na fazenda e queríamos expandir". No entanto, ele também percebeu que fazer isso exigiria uma melhor distribuição e uma melhor experiência com o cliente,

No Spotlight
Home Grown Farm
www.thehgf.com

Ao término deste capítulo, você deverá ser capaz de:

2-1. Definir *integridade* e entender sua importância para os pequenos negócios.

2-2. Explicar como a integridade se aplica a vários grupos de *stakeholders*.

2-3. Identificar alguns desafios e benefícios comuns da manutenção da integridade nos pequenos negócios.

2-4. Sugerir abordagens práticas para a criação de um negócio com integridade.

2-5. Definir *empreendedorismo social* e descrever sua influência nas pequenas empresas e em oportunidades para *startups*.

desafios para os quais suas habilidades particulares eram adequadas. "Vivemos em um mundo de consumidores que estão acostumados a conseguir o que eles precisam 24 horas por dia, 7 dias por semana, e pode ser difícil para uma fazenda se adaptar a essas demandas", ele observa. "Eu sabia que a tecnologia seria o modo de criar uma ponte para esta experiência do cliente."

O foco de Brandon está nos alimentos: "Não havia como comprometer a integridade de nosso produto. Meu trabalho é produzir o alimento de melhor qualidade, mais natural e de melhor sabor para nossos clientes". Ao aperfeiçoar os sistemas de pedidos e de entrega e integrá-los melhor com as operações de cultivo da fazenda, os irmãos conseguiram criar uma abordagem renovada, que oferece aos clientes mais do que querem a um preço que a maioria das famílias pode pagar.

Em todos os aspectos do negócio, as necessidades do cliente assumem prioridade. "A agricultura é um campo tão antigo quanto os seres humanos", observa Toby. "Todo mundo está desempenhando essa atividade como sempre foi feita, mas e se fosse direcionada ao cliente? As pessoas têm vidas ocupadas. Precisamos dar opções a elas." Repensando o empreendimento desse ponto de vista, Toby projetou o site Home Grown Farm para que aqueles assinantes possam encomendar exatamente o que querem a cada semana. Por exemplo, se um cliente sair de férias ou se não gostar do produto que está disponível naquela semana, os créditos podem ser transferidos para as semanas seguintes. E para tornar a entrega mais conveniente, os clientes podem escolher entre uma série de locais de entrega dos produtos, e estão livres para escolher um local diferente a cada semana.

Os compradores têm a garantia do melhor produto, e o processo que os Tull utilizam foi ajustado, de modo que o tempo entre a colheita e a entrega foi reduzido para o menor possível. "Os vegetais começam a perder o valor nutricional no minuto em que são colhidos", comenta Toby. "É crucial diminuir o tempo entre o momento em que produto deixa o campo e o instante em que ele chega ao prato do cliente." Esta ênfase se encaixa perfeitamente com a missão dos Tull de fornecer uma fonte de alimentos saudáveis centrada no cliente, sem a presença de produtos químicos e pesticidas para aqueles que querem melhorar seu modo de alimentação. Esse foco no consumidor talvez seja mais característico na agricultura do que a maioria das pessoas pode

perceber. "Sempre pensei em fazendeiros como pessoas que são 'o sal da Terra', mas acordei bruscamente deste sonho", relata Toby. "Alguns fazendeiros compram produtos de terceiros e vendem esses produtos como livres de agrotóxicos, quando, na verdade, não são. Insisto na transparência daquilo que fazemos. [Os clientes] são convidados a visitar nossa fazenda e ver onde os alimentos são cultivados". Desde janeiro de 2013, as compras estão sendo realizadas totalmente *on-line*. Os compradores são convidados a se inscreverem em diversos níveis de participação (de US$ 225 a US$ 375 por uma temporada de cultivo de 15 semanas), e o valor em dólares selecionado pode ser gasto na loja *on-line*, de acordo com as necessidades do cliente. Os pedidos podem ser feitos até as 17h do dia anterior ao da entrega programada, e mensagens de texto são enviadas para avisar os clientes de que seus produtos estão disponíveis. Entregas podem ser feitas por uma pequena taxa adicional.

Mais recentemente, a Home Grown Farm tem desenvolvido parcerias com outros fazendeiros na sua região para fornecer uma maior variedade de opções de produtos aos seus clientes. Mas, permanecendo fiel ao foco no cliente, a família Tull insiste em que seus parceiros operem de acordo com os mesmos princípios elevados. Para fornecer garantia, eles criaram seu próprio conjunto de padrões (ainda mais exigentes do que os necessários para a certificação orgânica) e estenderam a "certificação Home Grown" somente às fazendas que atendam a esses padrões. "É impossível para um fazendeiro cultivar tudo corretamente", disse Toby. "Então encontramos outras fazendas e as certificamos de acordo com nossos padrões. Temos uma variedade maior e podemos apoiar outras fazendas com nossa tecnologia."

"Atualmente, temos poucos parceiros certificados", diz Brandon. "Temos padrões elevados em nossas práticas de cultivo e em nossa integridade pessoal e exigimos o mesmo de todos aqueles que trabalhem conosco. Isso significa que somos muito exigentes ao selecionar com quem fazemos negócios. Se não pudermos gerir um negócio com honestidade e integridade, então não queremos esse negócio."

Fontes: Janet Jones, "Healthy, Fresh Options: Area Families Enjoying Produce, Added Benefits with Home Grown Farm", *Waco Tribune-Herald*, 28 de maio de 2015, http://www.wacotrib.com/waco_today_magazine/healthy-fresh-options-area-families-enjoying-produce-added-benefits-with/article_1fcd93cc-a270-59a2-827c-816a110bdb1c.html?mode=jqm. Acesso em 1º de julho de 2015; Franci Rogers, "Technology with a Social Cause", *Baylor Business Review*, outono de 2013, p. 37-44; e "The Home Grown Farm", http://www.thehgf.com. Acesso em 1º de julho de 2015.

A Home Grown Farm é um pequeno negócio singular. A família Tull está muito interessada em desempenho financeiro, mas também presta muita atenção às relações cruciais que ajudam a companhia a operar sem problemas, especialmente aquelas que envolvem seus clientes e parceiros. Essa ênfase no aspecto pessoal do quebra-cabeça tem dado muito certo para a Home Grown Farm. No entanto, a ênfase da empresa no meio ambiente e na produção de alimentos saudáveis e sem agrotóxicos também é importante e tem desempenhado papel fundamental na geração de resultados positivos. Consistentes com esses princípios fundamentais, os Tull levam em consideração as necessidades e os interesses daqueles que impactam ou são impactados pelas operações de sua empresa. Eles acreditam que se trata de uma questão de integridade – de ser fiel ao caráter da empresa e daqueles que a administram – e está dando retorno de várias maneiras.

Mas o que é integridade? Esta é uma pergunta relevante. Neste capítulo, definimos e discutimos esse conceito fundamental, reconhecendo a integridade como a base para o comportamento ético nos pequenos negócios. Também fornecemos estruturas para orientá-lo na gestão baseada em princípios.

2-1 O QUE É INTEGRIDADE?

As sementes das más práticas comerciais são lançadas quando as pessoas comprometem sua *integridade* pessoal – ou seja, quando não se comportam de maneira consistente com valores, crenças e princípios nobres que afirmam ter. De acordo com Karl Eller – um empreendedor altamente bem-sucedido que transformou seu negócio de publicidade em *outdoors* na potência rentável que é hoje – uma pessoa tem integridade se seu caráter permanece íntegro, independentemente das circunstâncias:

> *[Uma pessoa que tem integridade] não compromete seus valores em momentos de crise; não mente, não engana, não bajula; não falsifica credenciais nem mantém dois conjuntos de livros fiscais; não põe a culpa nos outros por seus erros nem assume para si o crédito pelo trabalho de outros. Nunca quebra um acordo: seu aperto de mão tem o mesmo valor do contrato mais estrito elaborado pelo mais notável escritório de advocacia na cidade.*[1]

Em outras palavras, **integridade** se refere ao senso geral de honestidade e confiabilidade que é expresso em um forte compromisso em sempre fazer o que é certo, independentemente das circunstâncias. Alguns atos, como sonegar impostos, claramente violam esse padrão, ao passo que outros são menos óbvios, mas também tão inapropriados quanto. Por exemplo, um empreendedor que possuía um negócio de vendas de pisos vendia frequentemente folhas de linóleo a preços de produtos de primeira qualidade, embora fossem classificados como "de segunda linha" pela fábrica. Para ocultar sua fraude, ele criou um rolo de tinta que mudava o selo de fábrica de "SEGUNDA LINHA" para "PRIMEIRA LINHA"! Quem percebeu a imprecisão provavelmente descobriu que era um erro de digitação e desistiu da compra, mas os clientes desavisados pagavam por pisos de primeira qualidade e recebiam produtos de qualidade inferior. De qualquer modo, essa prática empresarial obscura revela uma falta de integridade por parte do empreendedor.

Como foi discutido no Capítulo 1, um empreendedor bem-sucedido procura oportunidades financeiramente compensadoras ao mesmo tempo que cria valor, em primeiro lugar, para clientes em potencial e proprietários de empresas. Essa perspectiva deixa claro que as relações são fundamentais e que a integridade é essencial para o sucesso. O ganho financeiro é importante, mas não deve ser o único objetivo. Na verdade, "fazer algo por dinheiro" pode rapidamente levar a distorções no comportamento de uma companhia. Existem diversas motivações para condutas impróprias nas empresas, mas atos como ajustar ilegalmente preços, cobrar valores excessivos de clientes, utilizar software pirateado e uma série de outras atitudes são motivados principalmente por razões financeiras. Agir com integridade requer que um indivíduo considere primeiramente o bem-estar dos outros.

Felizmente, muitos proprietários de pequenos negócios se esforçam para seguir os mais altos padrões de honestidade, justiça e respeito em suas relações de negócios. Embora práticas antiéticas recebam grande atenção nos noticiários, a maioria dos empreendedores e outros líderes corporativos são pessoas de princípios cuja integridade rege sua busca por lucros.

2-2 INTEGRIDADE E AS EXPECTATIVAS DOS PRINCIPAIS STAKEHOLDERS

A noção de integridade esteja intimamente ligada a questões éticas, que envolvem os conceitos de certo e errado.[2] Essas questões vão muito além do que é legal ou ilegal. Os empreendedores geralmente precisam tomar decisões quanto ao que é respeitoso e justo, e tais decisões estão se tornando cada vez mais importantes com o passar do tempo.

Uma avaliação honesta do mercado mostra que problemas éticos surgem algumas vezes. Um estudo recente feito pelo Ethics Resource Center dos EUA indicou que funcionários testemunham diversas formas de conduta imprópria no local de trabalho, sendo que as ofensas mais frequentemente observadas envolvem comportamento abusivo e o ato de mentir para os empregados. (Veja o Quadro 2.1 para conhecer as porcentagens de trabalhadores que observaram estas e outras formas de comportamento antiético.) Estas são falhas significativas. E, uma vez que diversos indivíduos podem estar envolvidos e/ou ser afetados por elas, pode ser desafiador para o proprietário de um pequeno negócio determinar como melhor resolver as questões básicas ou solucionar os problemas persistentes relacionados a esse comportamento inadequado.

Quando se trata de comportamento antiético, os proprietários de pequenos negócios que se pautam por comportamentos íntegros devem considerar os interesses de diferentes grupos ao tomar suas decisões. Esses grupos incluem proprietários (ou acionistas), clientes, funcionários, a comunidade e o governo, entre outros. Indivíduos nesses grupos algumas vezes são denominados *stakeholders*, indicando que eles têm "interesse" ("*stake*") nas operações do negócio.

Embora as definições variem, os **stakeholders** geralmente são descritos como indivíduos ou grupos que podem atingir o desempenho de um negócio ou ser afetados por ele.

Como as expectativas de vários grupos de *stakeholders* podem às vezes ser conflitantes, a tomada de decisões pode ser algo muito difícil. E, uma vez que pode não haver posição completamente certa ou errada a assumir, administrar o processo pode ser complicado.[3]

Conforme sugerido pelo pesquisador de ética empresarial e moral Archie Carroll, algumas das responsabilidades de uma empresa não podem ser negociadas (veja o Quadro 2.2). Por exemplo, uma empresa deve continuar sendo lucrativa para se manter no negócio e também deve obedecer à lei se desejar manter as portas abertas. As expectativas societárias referentes ao desempenho ético de um empreendimento podem deixar um dono de pequeno negócio com um pouco mais de latitude, mas isso é muito limitado. Ignorar tais expectativas, embora legal em senso estrito, pode manchar a reputação da empresa e levar a graves repercussões, incluindo publicidade negativa, protestos de consumidores, ou mesmo processos judiciais – e tudo isso pode afetar facilmente os resultados financeiros. Por fim, as responsabilidades discricionárias, tais como fornecer suporte à comunidade, proporcionam maior flexibilidade. Mas, mesmo nesse caso, deixar de retribuir à comunidade pode ter consequências negativas. As preocupações de *stakeholders* importantes são fundamentais para a gestão do negócio. Se negligenciado, qualquer grupo pode usar sua influência para afetar negativamente o desempenho da empresa. Portanto, as expectativas dos *stakeholders* devem ser cuidadosamente consideradas e sabiamente equilibradas.[4]

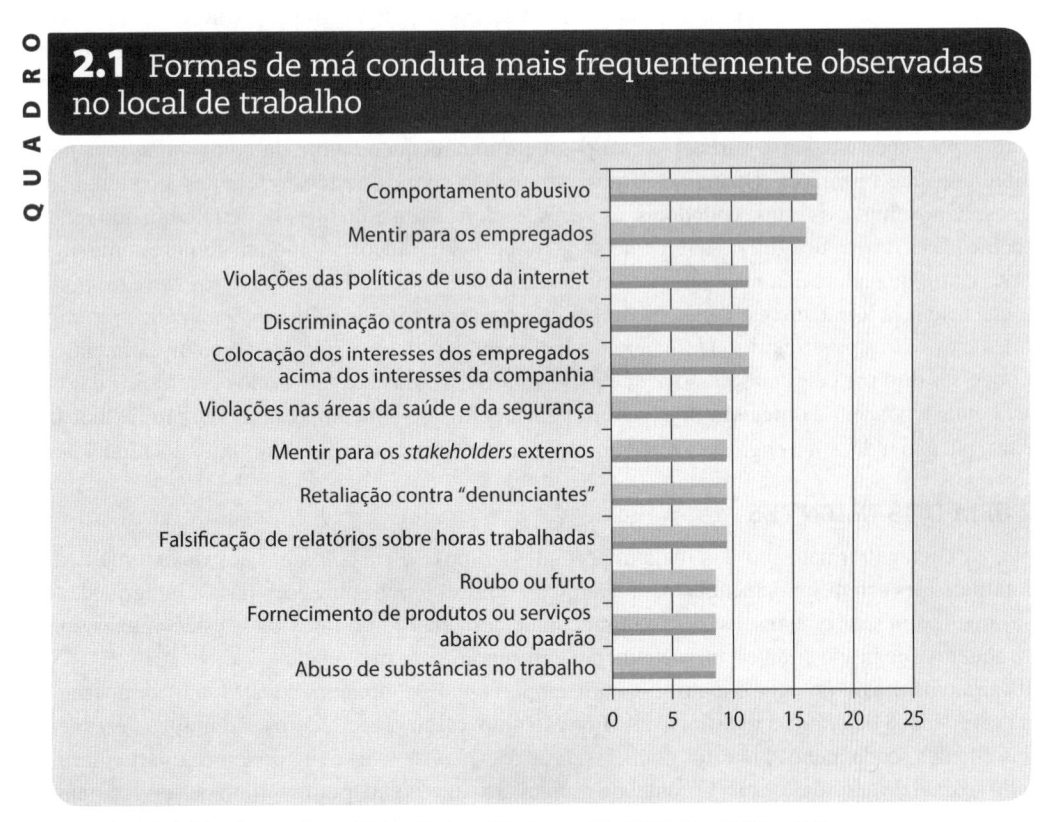

QUADRO 2.1 Formas de má conduta mais frequentemente observadas no local de trabalho

Tipo de má conduta	%
Comportamento abusivo	~18
Mentir para os empregados	~17
Violações das políticas de uso da internet	~12
Discriminação contra os empregados	~12
Colocação dos interesses dos empregados acima dos interesses da companhia	~12
Violações nas áreas da saúde e da segurança	~10
Mentir para os *stakeholders* externos	~10
Retaliação contra "denunciantes"	~10
Falsificação de relatórios sobre horas trabalhadas	~10
Roubo ou furto	~8
Fornecimento de produtos ou serviços abaixo do padrão	~8
Abuso de substâncias no trabalho	~8

Fonte: adaptado de Ethics Resource Center, "National Business Ethics Survey of the U.S. Workforce," 2014, p. 41-42.

QUADRO 2.2 Quatro tipos de responsabilidades dos pequenos negócios

Tipos de responsabilidade	Expectativa societária	Foco geral
Econômica	Requerida	Ser lucrativo.
Legal	Requerida	Obedecer a todas as leis, aderir a todas as regulamentações.
Ética	Esperada	Evitar práticas questionáveis.
Discricionária	Desejada/esperada	Ser um bom cidadão corporativo e retribuir o recebido.

Fonte: baseado em Carroll/ Buchholtz, Business and Society: Ethics, Sustainability, and Stakeholder Management, 9e. © 2014 Cengage Learning, p. 35.

2-2a Os "três grandes" *stakeholders* – proprietários, clientes e funcionários

Algumas pessoas dizem que empresas devem seguir a Regra do "Manda quem pode, obedece quem tem juízo!". Outros acreditam que o cliente sempre tem a razão. E quantas vezes você já ouviu alguém dizer que as pessoas são o recurso mais importante de uma empresa? A verdade é que todos esses grupos (às vezes, denominados *stakeholders primários*, porque interagem muito diretamente com a empresa) representam um fator significativo quando se trata de influenciar.

PROMOVER OS INTERESSES DOS PROPRIETÁRIOS

Milton Friedman, ganhador do Prêmio Nobel de Economia, delineou as responsabilidades das empresas para com a sociedade em termos muito específicos: "Existe apenas uma responsabilidade social por parte das empresas – usar seus recursos e se envolver em atividades destinadas a aumentar seus lucros, desde que permaneçam dentro das regras do jogo, ou seja, estejam engajadas em uma competição livre e aberta, sem engano ou fraude".[5]

Friedman argumentou que se deve esperar que negócios simplesmente obtenham lucros e de forma honesta; qualquer outro uso dos recursos da empresa é justificado apenas se melhorar o valor da empresa. Embora acreditemos que empreendedores devam adotar uma visão mais ampla das suas responsabilidades sociais, é inegável que os proprietários têm o direito claro e legítimo de se beneficiar do desempenho financeiro da empresa.

Muitas empresas, mesmo pequenas, possuem mais de um proprietário. Quando esse é o caso, os altos padrões de integridade exigem uma tentativa honesta de promover os interesses de todos os proprietários, o que inclui o compromisso com o desempenho financeiro e a proteção da reputação da empresa. Embora os empreendedores possam tomar suas próprias decisões sobre assuntos pessoais, eles têm a obrigação de fazer escolhas que protejam o investimento financeiro de outros proprietários da empresa.

Em muitos pequenos negócios, várias pessoas possuem uma pequena parte da companhia, mas não têm envolvimento direto em suas operações. Quando este é o caso, podem surgir questões referentes à conduta apropriada em diversas áreas. Por exemplo, os empreendedores, às vezes, se defrontam com questões éticas quando relatam informações financeiras. Eles devem decidir até que ponto serão honestos e francos. Como uma empresa possui considerável poder discricionário quando revela resultados de seu desempenho, os relatórios financeiros às vezes podem ser enganosos sem que isso seja tecnicamente ilegal. No entanto, o fornecimento de informações financeiras enganosas pode levar facilmente os outros proprietários a tomarem decisões equivocadas em relação a seus investimentos na empresa. O mesmo pode ser dito para algumas pessoas que não são proprietárias – interessados externos, como banqueiros e fornecedores, que dependem da precisão dos relatórios financeiros de uma empresa. É sempre melhor fazer divulgações honestas que não induzam a enganos a fim de proteger os relacionamentos importantes e a reputação da empresa.

CUIDAR BEM DOS CLIENTES

Obviamente, os clientes formam um dos mais importantes grupos de *stakeholders* aos quais uma companhia deve agradar. O fato de eles serem fundamentais para qualquer empresa tem implicações para a integridade. Proprietários de empresas que levam seus clientes a sério e se preocupam com eles como indivíduos estão aptos a conquistar mais clientes – e aqueles que já são clientes, provavelmente, retornarão com frequência.

É fácil cair no hábito de ver cada cliente como um simples sinal de "dinheiro à vista", mas essa visão estreita pode levar a uma diversidade de práticas questionáveis. Por exemplo, os empreendedores são muitas vezes tentados a tirar proveito dos clientes sendo menos honestos com eles. E as decisões de marketing podem ser particularmente complicadas quando se trata de questões éticas. O conteúdo publicitário deve vender um produto ou serviço, mas também tem de dizer a verdade. Os vendedores geralmente precisam caminhar no pequeno espaço entre persuasão e enganação.

Em algumas empresas, um representante de vendas pode obter contratos com mais facilidade ao oferecer vantagens inadequadas aos compradores ou unindo-se a concorrentes para manipular propostas. Isso é nitidamente ilegal e eventualmente pode resultar em danos para a reputação da companhia, o que afetará as relações com os potenciais clientes e com os já existentes.

Companhias com integridade reconhecem a importância de tratar seus clientes com respeito, mas deve estar claro neste ponto que agir assim faz sentido. Em seu núcleo, a fórmula para o sucesso corporativo é na verdade bastante simples: quando uma companhia fornece um excelente produto com um excelente serviço, a satisfação dos clientes e um bom volume de vendas provavelmente serão consequências naturais.

VALORIZAR OS EMPREGADOS

O nível de integridade de uma empresa também é expresso pelo quanto ela valoriza seus empregados. Por meio das decisões administrativas, um proprietário afeta a vida pessoal e familiar de seus funcionários. As questões de equidade, honestidade e imparcialidade são inerentes às decisões e práticas referentes a contratações, promoções, aumentos salariais, dispensas, demissões e atribuições de trabalho. Os funcionários também se preocupam com problemas de privacidade, segurança e saúde, e estas questões não devem ser ignoradas.

Ao se comunicar com os funcionários, um proprietário pode ser sincero e justo, vago e enganador, ou totalmente desonesto. Alguns empreendedores tratam a comunidade externa com grande cortesia, mas apresentam comportamentos degradantes em relação aos subordinados. Mostrar a valorização adequada dos subordinados como humanos e membros valiosos da equipe é um fator essencial da integridade gerencial. E essa atitude também é sábia, já que os funcionários são o recurso mais importante de uma empresa.

Muitos empreendedores reconhecem a importância de cuidar das necessidades de seus funcionários, criando um ambiente de trabalho positivo e recompensando generosamente suas contribuições. E, de acordo com uma recente pesquisa, quando os empregados sentem que são valorizados e que estão socialmente conectados com o trabalho eles tendem a ser altamente engajados e muito mais produtivos.[6] Para completar o quadro, empregados que são leais à empresa se dedicam naturalmente ao trabalho, o que leva a um serviço de alta qualidade, clientes muito leais e, finalmente, a maiores lucros.[7] Assim, os interesses dos proprietários são bem cuidados e todos ficam satisfeitos no final. Isso realmente não é mistério – tudo funciona muito bem quando se pode ver como as peças se encaixam.

Mas, infelizmente, há muitas maneiras pelas quais as empresas podem se afastar do caminho da integridade. Por exemplo, alguns proprietários de pequenas empresas dão pouca atenção aos padrões de conduta que orientam o comportamento diário, pensando que um atalho ocasional não faz nenhum mal. No entanto, falhas na integridade são facilmente passadas dos superiores para os subordinados, replicando-se como um vírus que ameaça a vida e que se espalha por toda a organização. À medida que essa influência se expande, os empregados de pequenas empresas provavelmente enfrentarão pressão de várias origens para agirem de forma conflitante com o senso do que é certo e errado. Por exemplo, um vendedor pode ser levado a comprometer seus padrões éticos pessoais a fim de fazer uma venda. Ou um empregado de um escritório pode se sentir forçado pelo chefe a agir de forma antiética, talvez destruindo documentos ou alterando dados sobre a produção. Tais situações certamente irão gerar uma cultura organizacional que erode a integridade.

Algumas vezes, os empregados se envolvem em um comportamento antiético à custa de seu empregador. Eles podem falhar em sua obrigação de ter um "dia de trabalho honesto". Desperdiçar tempo no trabalho e tirar licenças médicas sem motivo real são exemplos desse tipo de falha. Alguns empregados chegam a fingir problemas de saúde e conseguem receber recibos de reembolso fraudulentos e, dessa forma, inflacionam os custos de seguros da empresa.

De acordo com as estimativas do FBI, funcionários que roubam suprimentos, mercadorias, ferramentas ou equipamentos do trabalho podem custar aos empregadores até cerca de US$ 150 bilhões a cada ano,[8] e esse número não inclui perdas com desfalques (isto é, quando um empregado rouba dinheiro da empresa). Esses problemas são sérios, e alguns especialistas estimam que um terço de todas os novos negócios fracassam devido ao roubo feito por funcionários, de um tipo ou de outro.[9]

2-2b Responsabilidade social e pequenos negócios

Como foi discutido no Capítulo 1, uma empresa ética não somente trata os clientes e empregados com honestidade, mas também atua como boa cidadã em sua comunidade. Essas obrigações mais amplas relacionadas à cidadania são chamadas de **responsabilidades sociais**.

Alguns consideram a responsabilidade social o preço da liberdade de operar de forma independente em uma economia livre. Eles acreditam que o público tem certas expectativas em relação ao comportamento das empresas, sendo que nem todas são exigidas por lei. Dessa forma, consideram que algumas despesas com responsabilidades sociais são adequadas, mesmo quando são onerosas.

As empresas têm cada vez mais assumido responsabilidade para com as comunidades onde fazem negócios. Sua contribuição começa com a criação de empregos e pelo aumento das receitas fiscais locais, mas muitos empreendedores se sentem obrigados a retribuir ainda mais à comunidade em troca do apoio local de que desfrutam – e geralmente se beneficiam de uma maior boa vontade, como resultado. É importante reconhecer que as opiniões diferem sobre até que ponto as empresas são obrigadas a se engajar em atividades sociais desejáveis, e a resposta das pequenas empresas a essa obrigação também varia.

As contribuições para com a comunidade podem assumir muitas formas diferentes. Ryan Allis e Aaron Houghton se conheceram quando ainda eram alunos na University of North Carolina. Utilizando sua experiência em marketing na web, *design* na web e em desenvolvimento de software, eles deram início a uma nova empresa cuja finalidade era vender uma inovadora ferramenta de gestão de listas de e-mail baseada na web, que Houghton havia desenvolvido. Eles deram ao novo empreendimento o nome de iContact, e o mercado gostou de seu produto. Como o empreendimento já se mostrava lucrativo a partir do segundo ano, Allis e Houghton resolveram rapidamente apoiar associações de caridade. Eles criaram uma política de responsabilidade social chamada programa "4-1": a iContact doaria 1% do tempo de trabalho de seus funcionários, 1% do total de sua folha de pagamento, 1% de seus produtos e 1% de seu patrimônio para organizações sem fins lucrativos que fossem dignas. Em um único ano, a companhia doou 475 dias do tempo de trabalho de seus empregados para 63 organizações, contribuiu com US$ 109.000 em doações em dinheiro e permitiu que 700 organizações sem fins lucrativos utilizassem seu produto sem cobrar nada.[10] A companhia foi adquirida em 2012 pela empresa Vocus de software de relações públicas e marketing baseada em nuvem, mas o programa 4-1, considerado muito impactante, continuou na unidade da iContact.[11]

Os empreendedores devem pensar cuidadosamente sobre seu compromisso com a comunidade, porque criar um negócio tendo como base "fazer o bem" pode aumentar os encargos financeiros de uma pequena empresa. Isto geralmente é mais do que compensado por uma maior lealdade por parte dos clientes e funcionários que abraçam a missão, o que leva a uma maior produtividade e ânimo. Isso também diferencia uma empresa dos concorrentes que oferecem produtos ou serviços similares, mas não fazem contribuições de caridade. Talvez o mais importante seja que esse compromisso muitas vezes é recompensado pelos clientes de duas maneiras: comprar novamente e o anseio de pagar um pouco mais pelo que recebem. Esses são incentivos importantes para considerar seriamente a dedicação de uma empresa à comunidade.[12]

No entanto, como os pequenos empresários se comparam com CEOs de grandes empresas em sua visão de responsabilidade social? As evidências são limitadas, mas pesquisas sugerem que os empreendedores que dirigem empresas pequenas e orientadas ao crescimento podem se concentrar mais nos lucros e, portanto, são menos sensíveis socialmente do que os CEOs de grandes corporações. Tendo a simples sobrevivência como a prioridade mais urgente, muitas empresas pequenas veem a responsabilidade social como um luxo pelo qual simplesmente não podem pagar. A filantropia das pequenas empresas acaba geralmente ocorrendo, mas sob a forma de contribuições pessoais dos empresários.

Os empreendedores devem conciliar suas obrigações sociais com a necessidade de obter lucro, o que é absolutamente essencial, e atender às expectativas da sociedade pode ser caro. Por exemplo, as pequenas empresas devem às vezes fazer mudanças caras para economizar energia ou se envolver com reciclagem. É evidente que atuar visando ao interesse público muitas vezes requer gastar dinheiro, o que reduz os lucros. Existem limites para o que empresas específicas podem pagar.

Felizmente, muitos tipos de ações socialmente responsáveis podem ser consistentes com o objetivo de longo prazo de uma empresa de ter lucro.[13] Um estudo da National Federation of Independent Business descobriu que 91% dos pequenos negócios fizeram contribuições para suas comunidades por meio de voluntariado, assistência em espécie e/ou doações diretas em dinheiro. O mesmo estudo relatou que 74% de todos os proprietários de pequenas empresas atuaram como voluntários em atividades para a comunidade e de caridade, e que a média de seu tempo dedicado a esse compromisso era de mais de 12 horas por mês (o que se traduz em 18 dias trabalhados por ano).[14] Em geral, as evidências sobre o impacto no desempenho estão longe de ser certas, mas sugerem que levar a sério as responsabilidades sociais pode muito bem ser bom para os negócios.

2-2c Integridade e regulamentações governamentais

O governo, em todos os níveis, serve a um propósito, embora haja uma grande discussão sobre se ele tem poder demais ou de menos. Ele intervém diretamente na economia quando estabelece leis para garantir uma concorrência saudável. Porém seu alcance também se estende a outros aspectos corporativos – segurança no local de trabalho, iguais oportunidades de contratação, remuneração justa, ar puro e produtos seguros, entre muitos outros. Os empreendedores precisam se adequar às leis e regulamentações governamentais se quiserem manter sua integridade – e evitar ser presos.

Um exemplo flagrante de comportamento antiético por parte da administração de pequenas empresas é o relatório fraudulento de receitas e despesas para fins de declaração de imposto de renda. Essa conduta inclui *skimming* (ou seja, esconder algum rendimento), bem como reivindicar indevidamente que despesas pessoais estejam relacionadas à empresa. Não queremos dizer que todas ou que a maioria das pequenas empresas se envolvam em tais práticas. No entanto, a evasão fiscal ocorre, e essa prática é comum o suficiente para ser reconhecida como um problema generalizado.

A evasão fiscal pode ser flagrante e muito intencional, mas os empreendedores muitas vezes falham em seus compromissos fiscais por causa de sistemas contábeis informais, do foco individual no produto ou serviço, ou ambos. Um aluno empreendedor confessa que teve um problema com a lei porque ele e seus amigos estavam criando roupas em seu dormitório e vendendo-as no *campus*, mas a empresa não existia legalmente, e ele não registrava as vendas e as despesas porque não levou a sério suas obrigações e as vantagens de manter os registros adequados. No entanto, depois de uma "visita" de agentes do IRS (Receita Federal dos EUA), esse jovem empreendedor aprendeu que a manutenção de registros precisos e o cumprimento das formalidades legais são necessários à prática ética e, com a mesma importância, para ser possível dormir em paz.[15]

Quando se trata da questão da evasão fiscal, a maioria das pessoas pensa no imposto de renda, mas o imposto sobre o salário dos empregados – obrigações locais, estaduais e federais como a Previdência Social e Seguro-Desemprego – e outros impostos também devem ser retidos. Estes muitas vezes representam a maior carga tributária para as pequenas empresas porque são devidos, independentemente de a empresa ter lucro ou não. E como as autoridades fiscais, como os agentes do Imposto de Renda, nem sempre fazem pressão suficiente na cobrança desses impostos, as pequenas empresas podem facilmente atrasar seu pagamento.[16] De qualquer modo, deve ficar claro que pagar todos os impostos exigidos é uma característica não negociável da integridade, especialmente para um pequeno empresário que quer permanecer no negócio.

2-3 OS DESAFIOS E BENEFÍCIOS DE AGIR COM INTEGRIDADE

As pequenas empresas enfrentam desafios únicos para manter a integridade, especialmente em estágios críticos, como iniciar a empresa e estabelecer uma reputação, iniciar operações *on-line* e expandir operações internacionalmente. As pequenas empresas são geralmente vulneráveis por causa do tamanho e do anseio em obter sucesso. Entretanto, os benefícios da integridade são reais e podem proporcionar às pequenas empresas uma vantagem competitiva no mercado. Assim, a seguir discutimos como a recompensa de administrar com integridade pode assegurar o sucesso de um pequeno negócio e como a falta de integridade pode acabar com um negócio.

2-3a Pequenas empresas e as mentiras de legitimidade

Trilhar o caminho certo pode ser mais difícil e caro no mundo dos negócios do que em Wall Street. Ou seja, pequenas empresas privadas que não fazem parte do mundo corporativo sintetizado por Wall Street podem enfrentar maiores pressões para agir de forma antiética do que grandes empresas. Na verdade, como as pequenas empresas geralmente não têm os bolsos fundos e o mesmo volume de recursos dos concorrentes maiores, os donos podem achar mais fácil pensar que, digamos, uma doação inadequada de presentes ou um suborno é uma forma de compensar o que parecem ser limitações injustas para estabelecer condições equitativas no mercado. É fácil sucumbir à pressão quando se está acuado.

Uma vez que as *startups* não têm histórico nem reputação para se apoiar quando tentam vender seu novo produto ou serviço aos seus clientes ou para impressionar outros importantes *stakeholders*, os empreendedores ficam geralmente tentados a recorrer ao subterfúgio de contar o que alguns pesquisadores chamam de *mentiras de legitimidade*.[17] Ou seja, eles às vezes deturpam os fatos ou criam impressões falsas para enganar intencionalmente outras pessoas e ganhar a confiança delas. Como você se sente em relação às seguintes situações (que realmente ocorreram)?

- Um empreendedor iniciou sua empresa de angariação de fundos no estado da Carolina do Sul, nos EUA, com apenas alguns projetos locais para trabalhar. Os lucros eram escassos, mas isso não o impediu de dizer a todos que o negócio era ótimo. De modo consistente com essa história falsa, ele disponibilizou um número de discagem gratuita e também um site na internet para mostrar que sua empresa seria grande.[18]
- A proprietária de um pequeno negócio que acabara de começar uma empresa de transportes rodoviários em Michigan às vezes usava o telefone de "maneiras criativas" para dar aos clientes uma falsa impressão sobre seu negócio. Por exemplo, "ela fingia transferir clientes para diferentes ramais e disfarçava sua voz passando-se por diferentes pessoas para que a empresa parecesse maior".[19]

- Os sócios de uma *startup* de venda de automóveis alugaram um grande estacionamento para o seu negócio, mas podiam manter apenas quatro carros em seu estoque – um grande desestímulo para possíveis compradores. Então, os sócios ofereciam estacionamento gratuito em seu lote para qualquer empregado da grande empresa sediada ao lado, o que permitiria colocar uma falsa etiqueta de preço nos carros dessas pessoas durante o dia, como se estivessem à venda. Muitos empregados aceitaram essa proposta, e logo o estacionamento estava cheio todas as manhãs e quase vazio no final da tarde. Quem passava por ali acreditava que a companhia estava expandindo suas vendas e, como consequência, as vendas reais aumentaram.[20]

Quando os donos de pequenos negócios criam impressões falsas para fazer com que suas empresas pareçam sólidas, eles estão sendo desonestos ou simplesmente criativos? Ao simularem algo que não são, donos de pequenos negócios podem estar caminhando para o que é, na melhor das hipóteses, uma área sombria. A motivação e a ilusão desses empreendedores são certamente impressionantes, mas o comportamento deles levanta questões sobre padrões éticos. Essas ações podem salvar as empresas, mas como os clientes se sentiriam se soubessem que estavam sendo manipulados?

Dizer mentiras de legitimidade ameaça a reputação das empresas e o mesmo acontece com a confiança depositada pelas pessoas nelas. Se (quando) a verdade é revelada, as vendas futuras ou o suporte técnico podem ficar bastante comprometidos. Seria melhor – e muito mais honesto – entender os fatores que impulsionam os clientes a terem confiança em uma compra e fornecer-lhes informações verdadeiras. As pesquisas têm demonstrado que os clientes são menos propensos a decidir comprar se tiverem uma dúvida significativa sobre o produto ou serviço que o novo empreendimento está oferecendo, sobre aqueles que representam e/ou administram os negócios e sobre a organização em si.[21] (Estes são denominados *fatores PRO – P*rodutos, *R*epresentantes e *O*rganização – para enfatizar que eles podem promover o desempenho da empresa quando os clientes estão satisfeitos.) As preocupações dos clientes em potencial incluem o seguinte:

- O *produto* (ou *serviço*) atende às minhas necessidades melhor que as outras alternativas disponíveis, e será um aborrecimento mudar a marca que compro atualmente? (As pesquisas indicam que o conhecimento do produto/serviço é o mais importante dos três fatores quando os clientes tomam suas decisões de compra.)[22]
- Os *representantes* da companhia conhecem aquilo de que estão falando, e eles estão (podem estar) à altura daquilo que garantem?
- A organização ainda estará à disposição para dar suporte ao seu produto ou serviço se houver um problema com o produto no prazo de seis meses?

Todas essas preocupações são razoáveis, e é importante que o novo empreendimento encontre uma maneira de resolvê-las. Por exemplo, a publicidade pode ajudar a fornecer informações sobre produtos ou serviços para potenciais clientes. Mas, como pode ser caro, muitos novos empreendimentos optam por se apoiar em um programa publicitário bem elaborado, ferramentas de mídia social ou outras estratégias promocionais (saiba mais sobre isso no Capítulo 17).

Frequentemente, a legitimidade de uma pequena empresa é ancorada na reputação do dono, mas é importante destacar e realçar de forma honesta a credibilidade de quem quer que represente o empreendimento. É melhor divulgar as credenciais (experiência educacional, especialização, experiência na indústria etc.) dos principais funcionários, bem como encorajar esses funcionários a participar de organizações comerciais, profissionais e comunitárias nas quais eles possam criar importantes relacionamentos e associações. O próprio negócio pode estabelecer sua legitimidade por meio da criação de um site de alta qualidade, insistindo no comportamento profissional de todos os funcionários para com os clientes, formando alianças estratégicas com empresas parceiras bem respeitadas e tomando outras medidas similares. A questão é que um novo empreendimento ou pequena empresa pode estar em desvantagem quanto à legitimidade em relação aos concorrentes estabelecidos, mas há maneiras de preencher essa lacuna. E, embora o foco esteja principalmente nas reações dos clientes, muitos desses princípios claramente se aplicam às relações com investidores, fornecedores e também com outros *stakeholders* importantes.

2-3b Integridade e a internet

Legitimidade e confiança são importantes para todos os pequenos negócios, mas aqueles que utilizam a internet enfrentam uma série de questões éticas que são exclusivas do mercado *on-line*. Uma questão de grande preocupação para os usuários da internet é a privacidade pessoal. Na verdade, uma pesquisa feita por uma empresa de mídia *on-line* descobriu que mais de 80% dos usuários da web se preocupam com o quanto suas informações pessoais estão sendo protegidas.[23]

As empresas e os consumidores geralmente discordam sobre o nível de privacidade da identidade dos visitantes nos sites. Por exemplo, as empresas podem usar *cookies* ("etiquetas de ID" digitais) para coletar dados sobre os hábitos de compra dos consumidores relacionados a determinado endereço na internet. Dessa forma, uma empresa pode criar um perfil detalhado dos clientes, que pode então vender para empresas de compras *on-line* e outros grupos interessados. Embora a coleta de informações pessoais possa permitir que uma empresa crie uma experiência de compra mais personalizada e ofereça comodidade ao comprador, também abre a porta para potencial uso inadequado de dados. Para minimizar as preocupações dos clientes, uma empresa deve ser sincera e transparente com os clientes sobre suas práticas e criar uma política de privacidade que esteja em conformidade com as diretrizes fornecidas por organizações como o Better Business Bureau dos EUA, ou por meio de consulta com um advogado.

No entanto, não são apenas as empresas *on-line* que precisam se preocupar com as questões de privacidade. A questão de até que ponto um empregador pode monitorar a atividade de um funcionário na internet também é muito debatida. Muitos profissionais acreditam que não é apropriado que os empregadores monitorem seus e-mails, e consideram uma invasão da privacidade. Os empregadores, por outro lado, estão preocupados com o fato de os funcionários estarem envolvidos em *cyberslacking* no escritório – ou seja, desperdiçar o tempo no trabalho lendo e-mails pessoais, fazendo compras *on-line* e navegando na internet. E parece que esse realmente é um motivo de preocupação. De 3.200 pessoas pesquisadas recentemente nos EUA pela Salary.com, 64% admitiram visitar sites não relacionados ao trabalho todos os dias durante o expediente.

> *A maioria das pessoas usa seu tempo verificando seus e-mails pessoais, visitando sites de notícias, fazendo pesquisas no Google, monitorando mídias sociais e fazendo compras on-line. Provavelmente não é surpresa que o Facebook encabece a lista de sites visitados. O gigante das redes sociais, com quase 850 milhões de usuários em todo o mundo, foi visitado por 41% dos entrevistados, sendo seguido de perto pelo LinkedIn, com 37%; Yahoo, com 31%; Google+, 28%; e Amazon.com, com 25%.*[24]

Muitos empregadores estão convencidos de que essa atividade reduz a produtividade no local de trabalho e, assim, estão tomando medidas para mudar esse cenário. Um número cada vez maior de pequenas empresas está instalando software para monitorar o uso da internet, e um estudo descobriu que 38% das empresas chegam a contratar funcionários para ler ou analisar os e-mails de seus funcionários.[25] Além das preocupações com a produtividade, as empresas estão muito preocupadas atualmente quanto a vazamentos de informações sigilosas e com a exposição de seus sistemas a vírus e *malware*. Mas isto deve ser equilibrado com o respeito pela privacidade dos funcionários.

No passado, os tribunais tendiam a dar às empresas uma grande liberdade para monitorar contas de e-mail pessoais acessadas a partir de redes de empresas, mas isso está mudando rapidamente. Em um número considerável de casos, os tribunais têm decidido que uma empresa não tem o direito legal de monitorar os e-mails pessoais de seus funcionários no trabalho, a menos que tenham informado explicitamente aos funcionários que isso pode ser feito.[26] A maioria das pequenas empresas opta por não monitorar o uso da internet pelos empregados, mas as empresas que resolvem fazer esse monitoramento devem ter certeza de desenvolver primeiro uma política cuidadosamente redigida e legalmente sólida e garantir que todos os funcionários tenham conhecimento dessa política.[27] Tomar tais medidas é muito prático – ajuda a evitar problemas jurídicos dispendiosos – e também transmite o respeito da empresa por seus funcionários e seu sólido compromisso com altos padrões de integridade.

O uso generalizado da internet tem também levado a um aumento de atenção na questão da proteção da **propriedade intelectual**. Tradicionalmente, proteção tem sido concedida às criações intelectuais originais – invenções, obras literárias e produtos artísticos como músicas – sob a forma de patentes, direitos autorais, marcas registradas, direitos de *design* e segredos comerciais. A lei permite que os criadores de tais propriedades intelectuais exijam compensação pelo seu uso. No entanto, a internet tornou fácil para milhões de usuários copiar propriedade intelectual gratuitamente.

O problema da violação dos direitos de propriedade intelectual foi destacado recentemente quando acusações foram feitas contra o eBay, alegando que a gigante dos leilões era em parte responsável pelo aumento rápido das vendas de produtos falsificados. Por um lado, a empresa francesa LVMH, líder mundial em produtos de prestígio, avaliou as listagens *on-line* da eBay e descobriu que 90% das 300 mil bolsas Dior e 150 mil bolsas Louis Vuitton colocadas à venda eram falsas.[28] E quando a MarkMonitor, uma empresa de proteção de marcas, investigou o uso ilícito de produtos de uma grande marca de luxo, descobriu 15 mil sites que vendiam versões "falsas" de seus produtos.[29] Independentemente das responsabilidades legais, está claro que a venda de produtos falsificados é uma violação das leis e uma violação da integridade. Esta prática não pode ser defendida.

A proteção da propriedade intelectual é uma questão política e ética. As recentes audiências no Congresso dos EUA, ações judiciais e a legislação proposta sugerem que é provável que ocorram adições ou mudanças nas leis atuais, mas a aplicação dessas leis em âmbito internacional continua a ser um grande problema.

2-3c Integridade e a realização de negócios internacionais

Mais cedo ou mais tarde, os proprietários de pequenos negócios que operam no exterior têm que enfrentar questões éticas desafiadoras, e elas podem estar relacionadas com praticamente qualquer parte das operações da empresa. Por exemplo, a sua empresa concorda em prestar serviços de consultoria a um governo estrangeiro que se recusa a respeitar

Vivendo o sonho
EMPREENDEDORISMO + INTEGRIDADE

Stalking (Assédio) *on-line* pode estar mais perto do que você pensa!

Os pequenos negócios são muito mais propensos a alcançar o sucesso se fizerem uma boa supervisão do trabalho de seus funcionários e se puderem gerenciá-los no caminho da produtividade e do bom desempenho. No entanto, pode ser difícil de conseguir, especialmente quando o trabalho é realizado externamente à empresa e longe dos olhos atentos dos supervisores. Nesse caso, o que uma pequena empresa deve fazer para garantir que os trabalhadores realmente estejam cumprindo os deveres atribuídos a eles?

A Accurid Pest Solutions, uma empresa de controle de pragas, sediada em Franklin, no estado da Virgínia (EUA), teve que lidar com isso. Dennis Gray, gerente-geral da empresa, suspeitava que alguns de seus motoristas passavam muito tempo no campo, sem realizar as tarefas atribuídas a eles. Para observá-los, em segredo, ele instalou um software de rastreamento por GPS nos smartphones da empresa, entregues a 5 de seus 18 funcionários. Gray passou a observar seus movimentos em seu computador e rapidamente verificou que dois dos motoristas rastreados estavam fazendo "algo que não era relacionado com seu trabalho" durante o expediente. Quando ele revelou o que estava fazendo, os dois homens confessaram suas faltas e saíram da empresa.

A tecnologia de rastreamento recentemente desenvolvida é bastante econômica e confiável, o que permite que os proprietários gerenciem seus funcionários a distância. De acordo com um estudo de 2012, feito pela empresa de pesquisa Aberdeen Group, mais de 37% das empresas usam dispositivos móveis ou equipamentos instalados nos veículos para rastrear a localização em tempo real de empregados enviados para atender chamadas de serviço. Tomar essa atitude permitiu que eles aumentassem a responsabilidade, ao mesmo tempo que reduziram os incidentes de roubo, assédio e outros comportamentos indesejados por parte dos funcionários. Uma empresa chamada MIX Telematics realmente foi um passo além, oferecendo um software que pode ser até usado para desacelerar um caminhão se, por exemplo, o motorista permitir que seu veículo chegue muito perto de outro caminhão. A abordagem "Big Brother" não inclui somente observar, mas também assumir o controle se e quando necessário!

Legalmente falando, a tecnologia de rastreamento utilizada pelas empresas continua, em grande parte, não regulamentada. O governo federal dos EUA não restringe o uso de GPS pelos empregadores, embora alguns estados norte-americanos, como Delaware e Connecticut, exijam que os trabalhadores sejam informados caso suas comunicações eletrônicas estejam sendo monitoradas. Desse modo, os funcionários devem assumir que o uso de telefones celulares, as trocas de e-mails e outras atividades *on-line* estão sendo monitorados, a menos que sejam informados do contrário.

Muitos empregadores são transparentes quanto ao uso de software de rastreamento ou antirroubo, e isso pode levar a um melhor desempenho dos funcionários e a uma remuneração maior. Um estudo descobriu que o uso do software de monitoramento de roubo da NCR em 392 restaurantes em 39 estados norte-americanos levou a uma impressionante redução de 22% no roubo de servidores, além de um aumento de 7% nas receitas. Resultados como estes são impressionantes, oferecendo um ganho financeiro que supera em muito o custo do software de monitoramento. Diante dessas descobertas e antecipando que a tecnologia só continuará a melhorar ao longo do tempo, a tendência de uso de sistemas de vigilância certamente aumentará – supondo-se que não surjam novas restrições legais. Mas, independentemente do que o futuro reserva, isso certamente é algo em que você deve prestar atenção.

Fontes: "Accurid Pest Solutions," http://www.accuridpest.com. Acesso em 24 de outubro de 2014; Spencer E. Ante e Lauren Weber, "Memo to Workers: The Boss Is Watching," *The Wall Street Journal*, 23 de outubro de 2013, p. B1; e Steve Lohr, "Unblinking Eyes Track Employees", *The New York Times*, 22 de junho de 2014, p. A1.

os direitos humanos básicos ou que reprime politicamente seus cidadãos? Como as proteções ambientais na China são relativamente fracas, seria aceitável usar produtos químicos tóxicos nos processos de produção nesse país, desde que as autoridades locais o aprovassem? Se dar um presente a um parceiro de negócios na Bolívia está adequado ao costume local, mas é considerado um suborno pelos padrões dos EUA, há algum problema em seguir essa prática? Esses dilemas sempre terminam surgindo uma vez ou outra quando se tem relações comerciais internacionais.

Então, o que os empreendedores devem fazer? Frequentemente, eles simplesmente aplicam os padrões dos EUA às situações. Mas essa abordagem às vezes é criticada por resultar em **imperialismo ético**, uma tentativa arrogante de impor valores norte-americanos a outras sociedades. Algumas orientações são fornecidas pelas restrições especificadas na Foreign Corrupt Practices Act (que regula práticas de corrupção no exterior) dos EUA, que torna ilegal para empresas norte-americanas usar a prática de suborno em suas negociações em qualquer lugar do mundo. Independentemente das práticas locais, as empresas norte-americanas devem atuar de acordo com estas leis, mesmo que existam "áreas sombrias" nas quais não haja respostas claras.

Outra perspectiva, algumas vezes chamada de **relativismo ético**, é problemática porque implica que tudo é válido, se a cultura local assim aceitar. Para definir esse cenário ético e trabalhar com essa posição em questões difíceis, um pequeno negócio deve considerar as nuances de seus ambientes internacionais particulares. O treinamento também é necessário para assegurar que cada empregado entenda o comprometimento da empresa com a integridade. Nesse caso, consultar um advogado nos EUA que tenha o conhecimento adequado é altamente recomendável.

Além disso, tenha em mente que algumas práticas que ocorrem uma única vez podem estabelecer um padrão para futuros comportamentos. Alguns donos de negócios têm notado que oferecer suborno para tornar um negócio possível geralmente cria expectativas de mais suborno no futuro. Empresários que se recusam a pagar essas "taxas" dizem que podem ter de enfrentar inconveniências frustrantes em curto prazo (por exemplo, produtos sendo retidos pela alfândega), mas é provável que eles desencorajem tais demandas no futuro. Esta é uma das formas pelas quais a integridade nos negócios pode oferecer recompensas não antecipadas.

2-3d O limite da integridade

Quando se trata de estabelecer a legitimidade de uma *startup*, de ter operações *on-line*, de expandir operações para mercados internacionais e tantas outras características da gestão de um pequeno negócio, nem sempre é fácil ficar no caminho certo e ter uma conduta adequada. Na verdade, o preço da integridade é alto, mas a recompensa potencial é incalculável. O empreendedor que toma decisões honrosas, mesmo quando se trata dos menores detalhes, pode ter a satisfação de saber que fez o que era certo, mesmo que as coisas não se desenrolem conforme planejado.

No entanto, a integridade também produz outros benefícios importantes. Em seu livro *Integrity Is All You've Got*, Karl Eller observa que, ao longo de sua longa carreira como empreendedor bem-sucedido, algo estava sempre presente: o papel crucial da integridade na condução dos negócios. Como ele mesmo define, "aqueles que têm integridade geralmente têm sucesso; aqueles que não a têm geralmente fracassam".[30] Os empreendedores com integridade são conscientes da importância de fazer negócios, mas esse não é o único foco deles. Não obstante, um desempenho financeiro extraordinário muitas vezes chega como consequência de seus esforços.

Cada vez mais pesquisas apoiam a simples noção de que práticas comerciais éticas são boas para os negócios. Citando estudos específicos, o grupo de advocacia Business for Social Responsibility (BSR) dos EUA defende a posição de que, no longo prazo, existem inúmeros benefícios resultantes da adoção de práticas de negócios éticas e responsáveis. Esses benefícios incluem o seguinte:[31]

- Melhor desempenho financeiro.
- Aprimoramento da imagem e da reputação da marca.
- Aumento das vendas e da lealdade do cliente.
- Maior produtividade e qualidade.
- Melhor processo de recrutamento e menor rotatividade de funcionários.
- Menos inspeções regulatórias e menor necessidade de documentação.
- Melhor acesso ao capital.

Isso é consistente com a pesquisa realizada pelo Institute of Business Ethics, que descobriu que as empresas que operam mantendo um "compromisso claro com a conduta ética" superam de forma consistente as empresas que não o fazem. Essas descobertas levaram Philippa Foster Back, diretora do instituto, a declarar: "Não só o comportamento ético no mundo dos negócios é a coisa certa e com base em princípios a se fazer, mas foi comprovado que o comportamento ético é compensado com retornos financeiros".[32]

Talvez o maior benefício da integridade nos negócios seja a confiança que gera. A confiança está presente somente quando há uma correspondência entre os valores declarados de uma empresa e seu comportamento no mercado. Quando um pequeno empresário considera as necessidades dos outros e segue suas promessas, isto é percebido pelos *stakeholders*. Os clientes compram mais daquilo que uma empresa vende quando percebem que ela está fazendo o melhor para garantir que seus produtos sejam de alta qualidade e que seu serviço ao cliente seja excelente. Os empregados são muito mais propensos a "ir um passo além" para uma pequena empresa quando está claro que ela os considera mais do que simplesmente peças substituíveis em uma máquina impessoal.

E os membros da comunidade também respondem positivamente quando estão convencidos de que uma empresa cumpre com seus compromissos para proteger o meio ambiente e pagar sua parcela justa de impostos. O apoio comunitário pode manter a empresa operando, mesmo em tempos difíceis. Tudo se resume em confiar.

2-4 CONSTRUINDO UMA EMPRESA COM INTEGRIDADE

O objetivo de um pequeno empresário com integridade deve ser operar de forma honrosa em todas as suas áreas de atuação, o que coloca o empreendedor no caminho certo para criar um legado digno, como foi discutido no Capítulo 1. Quem está no topo deve proporcionar a liderança, cultura e treinamento que apoie perspectivas éticas e comportamentos adequados.

2-4a As bases da integridade

As práticas comerciais que os líderes e funcionários de uma empresa consideram certas ou erradas refletem seus **valores básicos**. As crenças de um indivíduo afetam o que essa pessoa faz no trabalho e o modo como ele se relaciona com clientes e outras pessoas. O comportamento nos negócios, então, reflete o nível do comprometimento das pessoas com a honestidade, o respeito, a veracidade e assim por diante – em outras palavras, a integridade em todas as suas dimensões. Esses valores são frequentemente evidentes na declaração de missão de uma empresa.

Os valores que servem de base para a integridade nos negócios são fundamentados em pontos de vista pessoais do papel da humanidade no universo e, naturalmente, são parte de convicções filosóficas e/ou religiosas básicas.[33] Nos Estados Unidos, os ideais judaico-cristãos tradicionalmente têm servido como base subjacente das crenças básicas do comportamento empresarial, embora existam muitos exemplos de comportamento honroso com base em princípios derivados de outras religiões. Como os princípios religiosos e/ou filosóficos se refletem nas práticas comerciais de empresas de todos os tamanhos, o compromisso pessoal de um líder em relação a certos valores básicos é um determinante importante do compromisso da empresa com a integridade empresarial. Um observador de longa data de *startups* de alta tecnologia fez o seguinte comentário sobre a importância dos padrões pessoais de um empreendedor para decisões de investimentos:

> *Eu posso dizer que, mesmo com as menores empresas de alta tecnologia, o produto tinha de ser bom, o mercado tinha de ser bom, as pessoas tinham de ser boas. Mas o único aspecto que foi verificado mais extensamente por capitalistas de risco foi a integridade da equipe de gestão. Mas, se não houvesse integridade, não importaria o quanto o produto fosse bom e o quanto o mercado fosse bom – a empresa não conseguiria investidores.*[34]

Parece evidente que um compromisso profundo com os valores básicos afeta o comportamento do mercado e dá origem a práticas comerciais amplamente apreciadas e admiradas. Sem um forte compromisso com a integridade por parte da liderança dos pequenos negócios, os padrões éticos podem facilmente ser comprometidos.

2-4b Liderando com integridade

Em uma pequena organização, a influência de um líder é mais pronunciada do que em uma grande corporação, onde a liderança pode estar distribuída. Esse fato é reconhecido por J. C. Huizenga, fundador e presidente das National Heritage Academies, que é um dos provedores de educação de mais rápido crescimento nos Estados Unidos:

> *O executivo de uma pequena empresa deve enfrentar desafios morais de forma mais direta porque tem contato mais direto com clientes, fornecedores e funcionários do que um executivo em uma grande corporação, que pode ter uma equipe de gestão com a qual pode deliberar. As consequências de suas escolhas normalmente afetam os negócios de forma mais significativa devido ao tamanho da questão em relação ao tamanho da empresa.*[35]

De fato, o fundador ou líder de um pequeno negócio pode dizer: "Minha integridade pessoal está sendo colocada em questão, por isso quero que você aja dessa maneira". Essas declarações são facilmente compreendidas. E um líder se torna ainda mais eficaz quando corrobora suas declarações com um comportamento apropriado. Na verdade, o comportamento de um líder tem uma influência muito maior sobre os funcionários do que sua filosofia declarada. Todo mundo observa como um líder se comporta, e essa conduta estabelece a cultura da empresa, ressaltando o que é permitido ou encorajado e o que é proibido.

Em suma, a integridade pessoal do fundador ou proprietário é a chave para o desempenho ético da empresa. O papel dominante dessa pessoa (ou da equipe de liderança) serve para moldar o desempenho ético da pequena empresa, para o bem ou para o mal.

2-4c Uma cultura organizacional ética

A integridade em uma empresa requer uma cultura organizacional que a apoie. O ideal é que cada gerente e funcionário resolva instintivamente todas as questões éticas simplesmente fazendo o que é certo. Uma cultura ética exige um ambiente em que os funcionários de todos os níveis acreditem que a empresa esteja totalmente comprometida com uma conduta honrosa. Em grande parte, uma liderança forte ajuda a construir esse entendimento. No entanto, à medida que uma pequena empresa cresce, as interações pessoais entre o proprietário e os funcionários ocorrem com menos frequência, criando a necessidade de articular e reforçar os princípios da integridade de forma que complemente o exemplo pessoal do empreendedor. Um bom ponto de partida é estabelecer uma política de ética para a empresa.

Em seu livro de grande impacto, *The Power of Ethical Management*, Kenneth Blanchard e Norman Vincent Peale oferecem *insights* para orientar o desenvolvimento de uma política de ética. Eles sugerem que a política se baseie nos cinco seguintes princípios fundamentais:[36]

- *Propósito.* A visão da companhia e seus valores principais irão orientar a conduta nos negócios.
- *Orgulho.* Quando os funcionários têm orgulho de seu trabalho e de sua empresa, eles são muito mais propensos a serem éticos em suas ações.
- *Paciência.* Se você pressionar demais para obter resultados em curto prazo, mais cedo ou mais tarde agir de forma antiética parecerá ser a única maneira de alcançar os resultados que você busca.
- *Persistência.* Mantenha sua palavra, que é a base da confiança. Se você não estiver comprometido com uma estrutura ética, sua integridade estará em risco, assim como a reputação de sua empresa.
- *Perspectiva.* Pare de vez em quando para refletir sobre para onde sua empresa está indo, por que está caminhando dessa maneira e como você planeja chegar no seu destino. Isso permitirá que você fique mais confiante de que está no caminho certo agora e que continuará nele no futuro.

Para definir comportamento ético na empresa de forma mais específica, o proprietário-gerente de uma pequena empresa deve formular um **código de ética** semelhante ao da maioria das grandes corporações. Uma pesquisa realizada com estudantes de MBA empregados por pequenas e médias empresas revelou que os códigos de ética moldam e melhoram a conduta em suas organizações de várias maneiras:[37]

- Definindo as expectativas comportamentais.
- Comunicando que essas expectativas se aplicam aos empregados em todos os níveis na empresa.
- Ajudando os funcionários a comunicar os padrões de conduta da empresa aos fornecedores e clientes.
- Servindo como uma ferramenta para lidar com a pressão dos colegas.
- Fornecendo um canal formal para se comunicar com os superiores sem medo de represálias.

Em outras palavras, um código de ética identifica uma conduta que é ética e apropriada, mas também é uma ferramenta prática que pode incentivar e proteger comportamentos éticos.

Um código bem redigido expressa os princípios a serem seguidos pelos funcionários da empresa e dá exemplos desses princípios na prática. Um código de ética pode, por exemplo, proibir a aceitação de presentes ou favores de fornecedores, mas indicar cortesias padrão de negócios, como um almoço ou um par de ingressos de cinema, que podem ser aceitos sem violar a política. Para um código de ética ser efetivo, os funcionários precisam estar atentos à sua natureza e convencidos de sua importância. Pelo menos, cada empregado deve ler e assinar esse código. À medida que uma empresa cresce, os funcionários precisarão de treinamento para garantir que o código seja bem compreendido e levado a sério.

Os empreendedores reforçam ainda mais a cultura ética da empresa quando contratam e promovem pessoas éticas, reconhecem e corrigem comportamentos que não são éticos e lideram dando exemplo nas relações comerciais, incentivando todos os funcionários a fazer o mesmo. Com treinamento e gestão consistentes, os funcionários podem desenvolver o nível de compreensão necessário para atuar no espírito do código quando confrontados com situações não abrangidas por regras específicas. Um código de ética, no entanto, somente será efetivo na medida em que o comportamento do empreendedor for consistente com seus próprios princípios declarados. Os funcionários podem detectar facilmente a hipocrisia, e os padrões duplos afetam as sensibilidades éticas da organização.

2-4d O processo ético de tomada de decisões

A tomada de decisões éticas geralmente não é um processo muito claro. Na verdade, mesmo depois de muito pensar e analisar profundamente, o curso de ação apropriado pode ainda não ser evidente em algumas situações de negócios. O Ethics Resource Center dos EUA define um processo de tomada de decisão que pode ajudar a enfrentar dilemas desafiadores. Adaptamos esse processo simples em seis etapas para ajudar os donos de pequenos negócios a visualizar os problemas com mais clareza e a tomar decisões melhores e mais éticas.[38]

ETAPA 1: DEFINIR O PROBLEMA

O modo como você define o problema é importante porque irá orientar onde buscar soluções. Por exemplo, se você tem um cliente que muitas vezes atrasa o pagamento de faturas, isso é um problema porque ele não gerencia bem seus livros fiscais, porque está tentando manter seu capital de giro obrigando-o a suportar essa dívida pelo maior tempo possível, ou porque os clientes dele também estão constantemente atrasados em pagá-lo pelos produtos que ele vende?

ETAPA 2: IDENTIFICAR SOLUÇÕES ALTERNATIVAS PARA O PROBLEMA

É tentador optar por uma solução "óbvia" ou uma que tenha sido utilizada anteriormente, mas muitas vezes esta não é a melhor resposta – mesmo que seja ética. Mantenha a mente aberta e considere alternativas criativas. Muitas vezes, existe uma solução inovadora que é consistente com sua ética pessoal, protege os interesses de outras partes afetadas e oferece resultados melhores. Procurar conselhos de amigos e conselheiros confiáveis que enfrentaram situações semelhantes pode estimular seu raciocínio e levar a opções que você de outra forma poderia ignorar.

ETAPA 3: AVALIAR AS ALTERNATIVAS IDENTIFICADAS

O Rotary Club International, uma organização mundial de líderes empresariais e profissionais, estabeleceu um padrão elevado para a conduta corporativa. Ele sugere aos seus membros fazer as quatro seguintes perguntas quando se preparam para tomar uma decisão sobre o que pensam, dizem ou fazem:[39]

1. Isto é *verdade?*
2. É *justo* para todos os envolvidos?
3. Isto criará *bem-estar* e melhores *amizades*?
4. Isto será *benéfico* para todos os envolvidos?

Adotando uma abordagem similar, você pode se perguntar: "Como eu me sentiria se a minha decisão fosse incluída em um jornal diário?". Ou a questão pode ser ainda mais pessoal: "Como eu poderia explicar bem essa decisão para minha mãe ou meus filhos?". A resposta a essas perguntas pode ajudá-lo a se afastar do comportamento antiético.

Talvez o princípio mais amplamente recomendado para o comportamento ético seja simplesmente seguir a Regra de Ouro: "Trate os outros como você gostaria de ser tratado". Essa regra simples é adotada, de uma forma ou de outra, pela maioria das religiões e filosofias do mundo,[40] e sua influência é muito abrangente. Por exemplo, o filósofo Immanuel Kant apresentou o chamado imperativo categórico, uma maneira sofisticada de perguntar: "Como seria se todos decidissem fazer o que você pretende fazer?".[41] Levantar tais questões pode ser uma maneira muito prática de um empreendedor avaliar decisões éticas e proteger sua integridade.

Independentemente da abordagem adotada, avaliar alternativas exige tempo e paciência. Além disso, as percepções e os preconceitos pessoais podem deturpar a forma como vê as soluções. Portanto, é importante separar o que você *acha* que é verdade do que *sabe* ser verdade. Anotar seus pensamentos sobre possíveis alternativas para poder acompanhar suas preocupações, bem como fatos e detalhes importantes, é uma prática sempre bem-vinda. Você pode enumerar os prós e contras éticos de cada alternativa ou identificar o impacto de cada opção em cada pessoa ou empresa que será afetada. Outra possibilidade é classificar todas as opções potenciais com base em seus méritos gerais e, em seguida, reduzir a lista para as duas ou três melhores soluções a fim de considerá-las em mais detalhe. Isso permitirá que você organize seus pensamentos e faça uma seleção melhor.

ETAPA 4: TOMAR A DECISÃO

O próximo passo é escolher a "melhor" resposta ética com base na sua avaliação de todas as alternativas possíveis. Aparentemente, isso soa bastante fácil, mas, infelizmente, nenhuma opção única resolverá o problema na maioria dos casos. Na verdade, talvez você não consiga identificar uma melhor escolha óbvia. Não importa como toma decisões, mantenha sua visão e seus valores fundamentais em mente – isso é essencial para tomar decisões sólidas que não comprometam seus padrões éticos.

ETAPA 5: IMPLEMENTAR A DECISÃO

Empreendedores às vezes demoram em responder a desafios éticos porque qualquer resposta representará uma notícia ruim para um dos envolvidos. Não agir após a decisão ser tomada pode permitir que um pequeno problema se transforme em uma grande crise e fazer com que você gaste mais tempo pensando no problema quando outros assuntos importantes merecem sua atenção.

ETAPA 6: AVALIAR A DECISÃO

O objetivo de tomar uma decisão é resolver um dilema ético. Então, a situação melhorou, piorou ou permaneceu a mesma? A solução criou problemas éticos próprios? Alguma informação foi divulgada indicando que sua decisão não era o curso de ação mais ético? Todo mundo comete erros. Você pode muito bem precisar retomar o assunto para corrigir a situação. Mas lembre-se de que, se sua decisão foi baseada nas melhores intenções e informações disponíveis no momento, você pode voltar a entrar em uma área de turbulência ética com uma consciência limpa, e nada é melhor que isso.

2-5 EMPREENDEDORISMO SOCIAL: UMA TENDÊNCIA CONTÍNUA

As questões sociais que afetam as empresas são numerosas e diversas. Espera-se que as empresas – em diferentes momentos e para vários grupos – ajudem a resolver problemas sociais relacionados à educação, ao crime, à pobreza e ao meio ambiente. Na verdade, essas expectativas convergem em uma forma de iniciativa chamada **empreendedorismo social**, que continua a ganhar impulso. Embora o termo tenha sido definido de maneiras diferentes, os pesquisadores de Harvard sugerem que o empreendedorismo social se refere à "atividade empreendedora com um propósito social incorporado".[42] Esse conceito é descrito mais poeticamente como "ter uma visão de um bem maior e trabalhar para torná-la real".[43] Em outras palavras, um empreendedor social é aquele que apresenta soluções inovadoras para as necessidades, os problemas e as oportunidades mais urgentes da sociedade e, em seguida, faz com que estas sejam implementadas.

2-5a Empreendedorismo social e o "resultado triplo"

Tornar-se um empreendedor social geralmente não significa que um empresário não está mais preocupado em ganhar dinheiro – o ganho financeiro é apenas um dos conjuntos de metas expandidas. Na verdade, os resultados de interesse são às vezes referidos como *triple bottom line*, ou resultado triplo, porque se concentram nas pessoas, nos lucros e no planeta. Naturalmente, nenhuma empresa pode existir por muito tempo sem gerar lucro. No entanto, os empreendedores sociais acreditam que os empreendimentos também devam estar preocupados com as pessoas e com o meio ambiente. Para ter uma ideia da vasta gama de empresas que se enquadram no empreendedorismo social, considere os seguintes casos:

- Alicia Polak se mudou para a África do Sul e deu início à Khaya Cookie Company a fim de gerar empregos nas cidades pobres, fora da Cidade do Cabo. Depois de transformar a empresa em uma organização importante e bem-sucedida, ela a vendeu de volta aos sul-africanos locais, no verdadeiro espírito do *empowerment*.[44]
- A Homeboy Industries surgiu de um programa de empregos iniciado pelo padre Greg Boyle com a finalidade de oferecer uma alternativa à violência das gangues. Hoje, a empresa organiza todo ano a vida de milhares de homens e mulheres que já estiveram encarcerados, muitos dos quais voltaram a fazer parte da força de trabalho por meio de seus vários pequenos negócios, que incluem a Homeboy Bakery, Homegirl Café & Catering, Homeboy Farmers Markets, e várias outras empresas.[45]
- Durante anos, Bart Weetjens tem treinado ratos na nação africana da Tanzânia para farejar as mortíferas minas terrestres não explodidas que infestam o campo em tantas nações devastadas pela guerra. Acontece que os ratos são melhores do que os cães nesse trabalho, pois são mais leves, mais baratos de manter e menos

propensos a doenças tropicais – e limpam essas áreas para que as crianças possam correr e brincar sem medo de pisar em uma mina. "Eles salvam vidas humanas", diz Weetjens, que chama os roedores de "heróis".[46]

Esses empreendedores claramente não se encaixam no estereótipo obcecado pelo dinheiro que muitas pessoas associam a donos de negócios. Eles esperam fazer mais do que lucrar, mas também estão obtendo sucesso financeiramente. E isso não é surpresa. De acordo com o estudo da Nielsen, realizado em 2013, denominado "Consumers Who Care" ("Consumidores que se importam"), 50% dos consumidores globais disseram que pagarão mais pelos bens e serviços das empresas que promovem retorno à sociedade.[47]

2-5b Pequenas empresas e o ambiente natural

Em um dado momento, havia pouca preocupação com o impacto que as empresas causam no meio ambiente, mas isso está mudando rapidamente. Por exemplo, a liberação de resíduos industriais em córregos, a dispersão de contaminantes no ar e a poluição sonora que afeta as cidades não são mais aceitáveis. Na verdade, a crescente preocupação com o meio ambiente tem gerado uma mudança em direção aos **pequenos negócios sustentáveis**. Essa tendência reconhece que uma empresa deve ser rentável para manter seus negócios, mas também promove o uso de práticas ecologicamente corretas (o uso cuidadoso de recursos, a conservação de energia, reciclagem de materiais etc.) por todas as facetas das operações de uma empresa. Em suma, uma empresa sustentável deve atender às necessidades dos clientes, ao mesmo tempo que mostra uma preocupação razoável com o meio ambiente. Isto é consistente com o conceito de integridade delineado neste capítulo.

SUSTENTABILIDADE É IMPORTANTE

Os interesses dos pequenos empresários e ambientalistas não estão necessariamente em conflito. Alguns líderes empresariais, incluindo muitos líderes de pequenas empresas, trabalham e atuam de modo coerente pela causa do **ambientalismo** e, em muitos casos, essa ênfase traz bons resultados financeiros. Por exemplo, as empresas podem realmente economizar comprando ou arrendando edifícios que tenham a certificação LEED (que significa "Leadership in Energy and Environmental Design", ou seja, "Liderança em Energia e Projeto Ambiental". Trata-se de um selo de aprovação concedido apenas às instalações que foram construídas de acordo com os padrões rígidos estabelecidos pelo Green Building Council dos EUA para promover a conservação de energia e água, reduzir as emissões de CO_2 e melhorar a qualidade do ar nos interiores). Embora esses edifícios sejam de construção mais dispendiosa, eles podem reduzir os custos de energia das operações em até 20%. E os ambientes de trabalho saudáveis aumentam a produtividade dos funcionários, reduzem a ocorrência de doenças e o absenteísmo, melhoram o recrutamento e elevam a retenção de funcionários – todos os fatores que podem criar uma poupança líquida para a empresa. Um analista estima que um investimento inicial de 2% em *design* ecológico pode gerar uma economia dez vezes maior nos custos operacionais.[48]

Contudo, precisamos enfatizar que as notícias sobre sustentabilidade para pequenos negócios não são sempre boas. Por exemplo, algumas companhias são prejudicadas pelas novas leis aprovadas para proteger o meio ambiente. Empresas como centros de troca rápida de óleo lubrificante, operações de descarte de lixo médico, postos do tipo lava-rápido com opção de autosserviço e serviços de remoção de amianto foram especialmente atingidas pela expansão dos regulamentos ambientais. Os custos podem ser punitivos. De fato, muitas empresas nesses setores e em outros fecharam por causa dos encargos financeiros relativos ao controle ambiental. Embora pequenos negócios que desfrutam de condições de mercado favoráveis possam, frequentemente, transferir custos ambientais mais altos para seus consumidores, esses custos podem facilmente "afundar" uma pequena empresa em dificuldades, que tenha equipamentos mais antigos que talvez precisem ser atualizados e que disponha de recursos limitados.

Independentemente do impacto financeiro, é fundamental agir de acordo com as regulamentações ambientais que se aplicam à sua empresa. Ignorar essa responsabilidade é violar a lei. O site GreenBiz.com adverte as companhias para se adequarem às regulamentações em todos os níveis – federal, estadual e local – mas sua mensagem geral é realmente muito positiva: "Existem várias maneiras pelas quais empresas de todos os tamanhos podem reduzir suas *footprints* ambientais, poupar dinheiro, ganhar a confiança dos consumidores e dos *stakeholders*, cumprir com os regulamentos governamentais, estar preparadas para aproveitar novas oportunidades de mercado e aumentar sua eficiência e produtividade".[49]

Soluções em que todos os envolvidos saem ganhando (*win-win*) são possíveis. Por exemplo, as empresas cujos produtos deixam um impacto ambiental mínimo geralmente são preferidas pelos clientes em relação a concorrentes cujos produtos são poluentes. E alguns empreendedores são capazes de construir pequenos negócios com base em produtos e serviços que preservam o planeta, como oficinas que fornecem equipamentos de controle de poluição para automóveis. Além disso, o cumprimento dos regulamentos ambientais pode realmente gerar benefícios inesperados, como uma redução na documentação exigida das empresas para demonstrar que estão em conformidade com os regulamentos.

De qualquer maneira, existem recursos disponíveis para ajudar a evitar as consequências potencialmente desastrosas do descumprimento das leis. A SBA (Small Business Administration) está preparada para orientar empreendedores na

Vivendo o sonho
EMPREENDEDORISMO + INTEGRIDADE

Empreendimentos verdes que não ficam "no vermelho"

Para Reilly Starr e Katie Sue Nicklos, fundadores da Naked Sports Gear, a decisão de dar início à sua *startup* como uma empresa "verde" (ecológica) foi apenas um dos fatores que tornou sua firma única. Nas palavras de Starr, "Para nós, não adotar a 'filosofia verde' não era uma opção. Nunca pensamos nessa hipótese". Esses empreendedores combinaram sua paixão por vestuário diferenciado de ginástica para mulheres – feito de um material especial que permite o bronzeamento da pele e absorve a umidade – com um forte e permanente compromisso com práticas corporativas sustentáveis. Na verdade, a convicção da dupla é tão profunda que eles estão dispostos a pagar até três vezes mais pelo tecido e mão de obra do que se eles mudassem sua produção para a China.

De acordo com seu ponto de vista, suas despesas maiores são, na verdade, um pequeno preço a pagar para poderem visitar pessoalmente seus vendedores e observar de perto o processo de fabricação a fim de garantir que as condições de trabalho são adequadas e a qualidade é alta. E parece que sua abordagem está funcionando. Desde a inauguração, em maio de 2012, o crescimento nas vendas do vestuário da Naked Sports Gear tem sido de 300% ao ano, à medida que a companhia vem oferecendo seu produto por meio de uma série de sites, incluindo Amazon, OpenSky e AHAlife. Starr e Nicklos atribuem seu sucesso ao desejo de seus clientes por produtos fabricados localmente e com um enfoque ético. Na verdade, as pesquisas têm demonstrado consistentemente que os consumidores são muito motivados a comprar de empresas que eles percebem que valorizam práticas corporativas sustentáveis e socialmente responsáveis. Quando dois produtos são semelhantes em preço e qualidade, a maioria dos consumidores escolherá a marca com maior propósito social.

Por outro lado, as empresas também precisam monitorar continuamente seus gastos em iniciativas "verdes" e ponderar esse aspecto em relação ao impacto que ele causa nos resultados. Embora os consumidores estejam geralmente preocupados com a sustentabilidade, os estudos também mostraram que a maioria não está disposta a pagar mais por um produto considerado verde. Sendo assim, seguir esse caminho pode exigir alguma criatividade e também um planejamento cuidadoso – mas isso pode ser alcançado.

Considere Chaz Berman, um empreendedor serial e CEO da Grower's Secret. Sua pequena empresa oferece uma linha de 32 fertilizantes totalmente naturais que competem por espaço nas prateleiras contra marcas poderosas como Scotts e Miracle-Gro. No entanto, Berman conseguiu combinar um enfoque nas causas sociais com resultados que apresentam economia de custo. Uma das maneiras como ele faz isso é compensando o custo 15% mais alto das embalagens recicladas ao instalar as principais operações da empresa onde elas fazem mais sentido (por exemplo, o processamento está localizado em Oakland, Califórnia, com as vendas e o marketing em São Francisco, e as operações de contabilidade em Honolulu). A consequente redução no espaço necessário para escritórios permite que a Grower's Secret economize cerca de 10% em aluguel e equipamentos. Tais medidas levaram a uma combinação bem-sucedida de cuidados com o meio ambiente e gerenciamento financeiro inteligente. "Esta é uma forma de as empresas economizarem em suas despesas, de se diferenciarem no mercado, e com sorte, ganhar mais dinheiro", observa Berman. Para a Grower's Secret, essa iniciativa parece estar funcionando.

Fontes: "Grower's Secret: Innovative Organic Solutions", http://www.growerssecret.com. Acesso em 27 de outubro de 2014; Michelle Goodman, "Are You Green Enough?", *Entrepreneur*, vol. 43, n. 12 (2013), p. 45-49; Julia Love, "Grower's Secret Takes Root with Organic Growth", *San Francisco Business Times*, http://www.bizjournals.com/sanfrancisco/print-edition/2012/10/19/growers-secret-takes-root-with.html?page=all. Acesso em 27 de outubro de 2014; e "Naked Sports Gear: About Us", https://www.nakedsportsgear.com/about-us. Acesso em 27 de outubro de 2014.

difícil tarefa de lidar com o direito ambiental, e a EPA (Environmental Protection Agency) dos EUA oferece o Small Business Gateway, um portal de internet que irá conectar você com recursos como informações, assistência técnica e soluções para os desafios relacionados ao meio ambiente. A EPA também proporciona acesso *on-line* ao documento "Managing Your Hazardous Waste: A Guide for Small Businesses", ou "Gerenciamento de resíduos perigosos: um guia para pequenas empresas", o que ajuda a tornar muito mais fácil o cumprimento da regulamentação.[50]

OPORTUNIDADES ECOLÓGICAS PARA PEQUENAS EMPRESAS

Embora aumente o custo do negócio para algumas empresas, as preocupações ambientais criam grandes oportunidades para outras. Na verdade, muitas *startups* ganharam vida precisamente por causa da "ecologização" dos negócios e das potencialidades que essa iniciativa criou.

O nível de interesse em empreendimentos que podem ser rotulados de "verdes", "limpos" ou "sustentáveis" continua a aumentar, e essa tendência levou à criação de inúmeras *startups* inovadoras ecologicamente focadas. No entanto, de acordo com Joel Makower, presidente e diretor executivo do GreenBiz Group e autor do livro *Strategies for the Green Economy*, "A 'filosofia verde' só pode ter sucesso na medida em que signifique melhorias – produtos mais baratos, que funcionam melhor, duram mais e que melhoram a imagem da empresa. As pessoas querem fazer o que é certo, mas não querem sair de seu caminho para conseguir isso. Elas adoram a 'mudança' desde que não tenham que fazer esforço muito grande para isso".[51]

Algumas empresas verdes são baseadas em tecnologias sofisticadas que estão bem além do alcance do pequeno negócio típico. No entanto, muitas oportunidades nessa categoria são bastante acessíveis às pequenas empresas e *startups*. Talvez a recente história de uma *startup* inspire a pensar em novas possibilidades de empreendimento que sejam adequadas: talvez você saiba que o bambu é uma das plantas de crescimento mais rápido do mundo, mas provavelmente irá surpreendê-lo saber que uma série de novas empresas foram recentemente criadas para fabricar bicicletas com esse material resistente. Como proprietário da Boo Bicycles, Nick Frey constrói e vende bicicletas de alto desempenho feitas com estruturas de bambu, e esse é um bom empreendimento. Seus preços variam de US$ 3.000 para um modelo básico até US$ 10.000 para uma bicicleta de corrida bem equipada – ele até mesmo vendeu um desses modelos como obra de arte para uma galeria espanhola![52] Porém, além da questão estética, o site da empresa ressalta que suas bicicletas personalizadas "podem ser utilizadas para corridas com grande sucesso, mas são projetadas para proporcionar um passeio animado e tranquilo, o que aumenta a estabilidade e a tração nas descidas e reduz a fadiga".[53] O produto definitivamente convence os clientes e também faz com que abram as carteiras.

O interesse pela tendência da sustentabilidade pode assumir muitas formas diferentes. Para um número crescente de proprietários de pequenos negócios, o objetivo final é salvar o planeta; outros reconhecem que práticas empresariais sustentáveis podem reduzir custos, atrair clientes e gerar valor para os acionistas. Esse movimento proporcionará grandes oportunidades para as empresas com determinação e criatividade, desde que elas possam executar seu plano. Esse é um terreno fértil para pequenas empresas empreendedoras, considerando sua flexibilidade e seu pensamento inovador. Os empreendedores podem obter sucesso financeiro *e* fazer o bem, protegendo o meio ambiente e sua integridade ao mesmo tempo.

Glossário

Ambientalismo (p. 42) – O esforço de proteger e preservar o meio ambiente.

Código de ética (p. 39) – Padrões oficiais do comportamento dos funcionários, formulados por um dono de empresa.

Empreendedorismo social (p. 41) – Atividade empreendedora que fornece soluções inovadoras para questões sociais.

Imperialismo ético (p. 37) – A crença de que os padrões éticos do país de origem podem ser aplicados universalmente.

Integridade (p. 28) – Um senso geral de honestidade e confiabilidade, que é expresso em um forte compromisso em sempre fazer o que é certo, independentemente das circunstâncias.

Pequeno negócio sustentável (p. 42) – Uma empresa lucrativa que atende às necessidades dos clientes ao mesmo tempo que mostra preocupação razoável pelo meio ambiente.

Propriedade intelectual (p. 35) – Criações intelectuais originais, incluindo invenções, criações literárias e obras de arte, protegidas por patentes, direitos autorais, marcas registradas, direitos de *design* e segredos comerciais.

Relativismo ético (p. 37) – A crença de que padrões éticos estão sujeitos à interpretação local.

Responsabilidades sociais (p. 31) – Obrigações éticas de uma empresa para com a comunidade.

***Stakeholders* (p. 29)** – Indivíduos ou grupos que afetam ou são afetados pelo desempenho da empresa.

Valores básicos (p. 39) – Crenças que fornecem uma base para o comportamento ético de um indivíduo ou de uma empresa.

Você é quem manda

Situação 1

Sally deu início ao seu negócio de consultoria há um ano e está indo muito bem. Cerca de um mês atrás, ela decidiu que precisava contratar alguém para ajudá-la, pois estava ficando cada vez mais ocupada. Depois de entrevistar vários candidatos, decidiu contratar a mais qualificada do grupo, Mary. Ela telefonou para Mary na segunda-feira para dizer que iria contratá-la. Ambas concordaram que Mary começaria na segunda-feira seguinte e que ela poderia chegar e preencher toda a documentação de contratação naquele dia.

Na terça-feira da mesma semana, uma amiga de Sally entrou em contato com ela para dizer que havia encontrado a pessoa perfeita para trabalhar com Sally, que explicou que já havia contratado alguém, mas a amiga insistiu: "É só para conhecer a garota. Quem sabe, talvez você queira contratá-la no futuro!". Um pouco relutante, Sally consentiu. "Tudo bem, se ela puder vir amanhã, eu falarei com ela, mas não espere nada além disso."

"Oh, fico tão feliz por isso. Sei que você vai gostar dela!", disse a amiga de Sally. E Sally realmente gostou muito dela. Sally se encontrou com Julie na manhã da quarta-feira e percebeu que Julie era tudo de que ela precisava, e até mais. Em termos de experiência, Julie superou em grande parte todos os candidatos que Sally já havia entrevistado, incluindo Mary. Além disso, ela estava disposta a trazer seus próprios clientes, e isso só iria melhorar os negócios. Em suma, Sally sabia que esta seria uma situação vantajosa para todos. E quanto a Mary? Sally já havia dado sua palavra a Mary, que deveria começar a trabalhar na segunda-feira seguinte.

Fonte: http://www.sba.gov/smallbusinessplanner/manage/lead/SERV_BETHICS.html, acesso em 30 de setembro de 2010.

Pergunta 1 – Que decisão por parte de Sally contribuiria mais para o sucesso de seu negócio?

Pergunta 2 – Que raciocínio ético apoiaria a contratação de Mary?

Pergunta 3 – Que raciocínio ético apoiaria a contratação de Julie?

Situação 2

Darryl Wilson é dono da Darryl's Deals on Wheels, uma pequena concessionária de automóveis usados em Humble, no Texas. Wilson fundou sua empresa há três anos, mas ele ainda está lutando para obter uma presença sólida no setor. A situação ruim da economia não está ajudando – aparentemente, ninguém tem dinheiro para comprar carros no momento – e a concorrência é muito grande. A empresa é a principal fonte de renda de sua família, que inclui sua esposa e duas filhas adolescentes. Wilson precisa fazer com que sua empresa dê certo a fim de que não falte comida na mesa e ele consiga pagar as despesas típicas envolvidas na manutenção de uma família. Encontrar clientes é essencial para o sucesso em uma empresa de vendas de automóveis, mas também é fundamental manter os custos baixos. Isso significa que Wilson precisa encontrar carros de "rápida venda", que estejam em demanda e sejam baratos, mas não é fácil fazer isso, porque todos os outros revendedores em sua área estão na mesma situação. Eles, também, estão tentando obter as melhores ofertas, e isso está aumentando o custo do estoque. Então, controlar custos significa observar os outros aspectos da empresa, e Wilson acredita ter encontrado algo que pode ajudar. O estado do Texas exige que as concessionárias relatem as compras de todos os veículos que adquirem para revenda, o que significa que o revendedor terá que pagar um imposto sobre estoque de 2,5% (com base no preço de compra) quando vender o carro posteriormente. Mas, quando Wilson compra um carro de um vendedor particular, ele geralmente pode convencê-lo a fazer a transferência do veículo sem designar um comprador específico. Isso permite que Wilson preencha a parte do formulário de transferência com o nome da pessoa que compra o carro dele, quando a compra ocorre. No final, o Estado não tem evidências do envolvimento de Wilson na transação, e assim, ele evita pagar as taxas administrativas e o imposto sobre estoque – o que representa uma economia de cerca de US$ 250 em uma venda típica. O governo não detecta essa prática, e aparentemente seus clientes também nunca percebem o que ele faz, porque precisam pagar taxas administrativas e impostos sobre vendas de qualquer forma quando compram um carro e transferem o veículo para seus nomes. Até agora, Wilson não teve problemas com essa prática. Para ele, isso não é mais do que "uma prática esperta". Além disso, seus lucros estão tão baixos neste momento que, se ele agisse totalmente de acordo com as leis, provavelmente teria que sair do mercado. E, nesse caso, até o Estado perderia dinheiro, porque uma empresa que sai do mercado deixa de pagar o imposto sobre receita, e Wilson teria direito a seguro-desemprego.

Pergunta 1 – Quais são as vantagens e possíveis desvantagens do esquema de transferência de títulos de Wilson?

Pergunta 2 – Que *stakeholders* são afetados por essa abordagem, seja positiva ou negativamente? Qual o montante de ganhos/perdas?

Pergunta 3 – Wilson considera difícil identificar uma desvantagem em sua abordagem. Que riscos ele pode estar ignorando?

Pergunta 4 – O que você faria se estivesse no lugar de Wilson? Se os seus concorrentes seguem a mesma prática (e alguns deles certamente o fazem), isso faria alguma diferença para você?

Notas

1. Karl Eller, *Integrity Is All You've Got: And Seven Other Lessons of an Entrepreneurial Life* (Nova York, NY: McGraw-Hill, 2005), p. 89.
2. Os termos *integridade* e *ética* são frequentemente utilizados indiferentemente, mas, embora estejam relacionados conceitualmente de forma próxima, eles não são exatamente equivalentes. Em nossa visão, a ética mais frequentemente se refere a padrões de conduta derivados de um sistema de regras ou diretrizes criado *externamente*, como aquele estabelecido por um conselho profissional ou associação setorial. Por outro lado, a integridade tem como base um sistema *interno* de princípios que orientam o comportamento, tornando a sua observância uma questão de escolha, em vez de uma obrigação. Contudo, ambos podem, de forma poderosa, moldar os pensamentos e a conduta de indivíduos conscientes.
3. R. Edward Freeman promoveu a visão do *stakeholder* em seu livro, *Strategic Management: A Stakeholder Approach* (Boston, MA: Pitman, 1984), mas reconhece que essa estrutura pode complicar o processo de tomada de decisão. Em geral, não há regras rígidas para orientar o equilíbrio das expectativas dos *stakeholders* em uma determinada situação. Embora alguns discordem das conclusões de Freeman, ele argumenta que a sobrevivência da empresa pode ser comprometida se esses *stakeholders* não forem mantidos em equilíbrio.
4. Veja Archie B. Carroll e Ann K. Buchholtz, *Business and Society: Ethics, Sustainability, and Stakeholder Management* (Mason, OH: Cengage Learning, 2015) para uma discussão mais ampla.
5. Milton Friedman, *Capitalism and Freedom* (Chicago, IL: University of Chicago Press, 1963), p. 133.
6. April Joyner, "Happiness Begins at the Office", *Inc.*, vol. 32, n. 4 (2010), p. 8.
7. Isto é consistente com as conclusões de uma extensa meta-análise detalhando uma forte ligação entre a satisfação dos funcionários no trabalho e a satisfação do cliente. Veja Steven P. Brown e Sun K. Lam, "A Meta-Analysis of Relationships Linking Employee Satisfaction to Customer Responses," *Journal of Marketing*, vol. 84, n. 3 (2008), p. 243–255.
8. "Employee Theft: Legal Aspects – Estimates of Cost," http://law.jrank.org/pages/1084/Employee-Theft-Legal-Aspects-Estimates-cost.html. Acesso em 26 de setembro de 2014.
9. "Employee Theft," http://www.criminal-law-lawyer-source.com/terms/employee-theft.html. Acesso em 24 de setembro de 2014.
10. "Email and Social Media Marketing You Can Feel Good About," http://www.icontact.com/about/social-responsibility. Acesso em 26 de setembro de 2014; e Joel Holland, "Save the World, Make a Million," *Entrepreneur*, abril de 2010, http://www.entrepreneur.com/article/205556. Acesso em 26 de setembro de 2014.
11. Ryan Allis, "iContact and Vocus Combine Forces," http://blog.icontact.com/blog/company-announcement. Acesso em 26 de setembro de 2014.
12. Raymund Flandez, "Small Companies Put Charity into Their Business Plan," *The Wall Street Journal*, 20 de novembro de 2007, p. B3.
13. Publicações de negócios populares fornecem numerosos exemplos para apoiar esta posição, mas reconhecemos que as evidências de estudos acadêmicos sobre esse assunto são mistas. Para ter acesso a uma excelente revisão desta pesquisa, veja Michael L. Barnett, "Stakeholder Influence Capacity and the Variability of Financial Returns to Corporate Social Responsibility," *Academy of Management Review*, vol. 32, n. 3 (2007), p. 794–816.
14. William J. Dennis, Jr. (ed.), "Contributions to Community," http://www.411sbfacts.com/sbpoll.php?POLLID=0025. Acesso em 26 de setembro de 2014.
15. Eric Knopf, "One Step at a Time", em Michael McMyne e Nicole Amare (eds.), *Beyond the Lemonade Stand: 14 Undergraduate Entrepreneurs Tell Their Stories of Ethics in Business* (St. Louis, MO: St. Louis University, 2004), p. 47–48.
16. Martin Vaughn, "IRS Too Easy on Payroll Taxes, Study Finds", *The Wall Street Journal*, 29 de julho de 2008, p. A8.
17. Para uma interessante discussão e uma análise útil de mentiras de legitimidade, veja Matthew W. Rutherford, Paul F. Buller e J. Michael Stebbins, "Ethical Considerations of the Legitimacy Lie," *Entrepreneurship Theory and Practice*, vol. 33, n. 4 (2009), p. 949-964.
18. Paulette Thomas, "Virtual Business Plans Require Human Touch," *The Wall Street Journal*, 2 de agosto de 2005, p. B2.
19. Nadine Heintz, "For Rolling Up Her Sleeves," *Inc.*, vol. 26, n. 4 (2004), p. 128–129.
20. Miroslav Pivoda, Frank Hoy, Kiril Todorov e Viktor Vojtko, "Entrepreneurial Tricks and Ethics Surveyed in Different Countries," *International Journal of E-Entrepreneurship and Innovation*, vol. 2, n. 3 (2011), p. 46-65.
21. Para um exame profundo da estrutura teórica e de testes empíricos envolvidos no estudo aqui mencionado, veja Dean A. Shepherd e Andrew Zacharakis, "A New Venture's Cognitive Legitimacy: An Assessment by Customers, " *Journal of Small Business Management*, vol. 41, n. 2 (2003), p. 148-167.
22. Ibid.
23. Resultados de pesquisa de opinião relatados em Karen R. Harned, "Why Website Privacy Policies Matter", *My Business*, setembro/outubro de 2010, p. 39.
24. Aaron Gouveia, "Wasting Time at Work 2012," http://www.salary.com/wasting-time-at-work-2012. Acesso em 30 de setembro de 2014.
25. Dionne Searcey, "Some Courts Raise Bar on Reading Employee Email," *The Wall Street Journal*, 19 de novembro de 2009, p. A17.
26. Ibid.
27. Para uma excelente orientação sobre as questões legais relacionadas à regulamentação do uso da internet no trabalho, veja William P. Smith e Filiz Tabak, "Monitoring Employee E-Mails: Is There Any Room for Privacy? " *Academy of Management Perspectives*, vol. 23, n. 4 (2009), p. 33–48.
28. "Handbagged," *The Economist*, vol. 387, n. 8585 (2008), p. 76.
29. Jayne O'Donnell, "Counterfeits Are a Growing – and Dangerous – Problem," *USA Today*, 7 de junho de 2012, p. 8A.
30. Eller, op. cit., p. 90.
31. Esta pesquisa é citada em Stephen K. Henn, *Business Ethics: A Case Study Approach* (Hoboken, NJ: John Wiley, 2009), p. 11-12.
32. Para saber mais sobre esse assunto, veja Robert Moment, "The 7 Principles of Business Integrity," http://www.successfuloffice.com/the-seven-principles-of-business-integrity.htm. Acesso em 26 de setembro de 2014.
33. Justin G. Longenecker, Joseph A. McKinney e Carlos W. Moore, "Religious Intensity, Evangelical Christianity, and Business Ethics: An Empirical Study," *Journal of Business Ethics*, vol. 55, n. 2 (2004), p. 373-386. Este estudo fornece evidências para apoiar esta posição. Os resultados mostram que os valores religiosos desempenham um papel importante na tomada de decisões éticas, embora categorizações religiosas gerais (como católicos, protestantes, judeus) pareçam não ter impacto semelhante.
34. Nicholas G. Moore, "Ethics: The Way to Do Business", https://www.bentley.edu/centers/sites/www.bentley.edu.centers/files/mooremonograph.pdf . Acesso em 26 de setembro de 2014.
35. Excerto de J. C. Huizenga, "Virtuous Business and Educational Practice," *Religion & Liberty*, vol. 12, n. 5, http://www.acton.org/pub/religion-liberty/volume-12-number-5/virtuous-business-and-educational-practice. Acesso em 26 de setembro de 2014.
36. Kenneth H. Blanchard e Norman Vincent Peale, *The Power of Ethical Management* (Nova York, NY: HarperCollins, 1989).

37. J. Michael Alford, "Finding Competitive Advantage in Managing Workplace Ethics", documento apresentado na reunião anual da United States Association for Small Business and Entrepreneurship, Indian Wells, CA, 13 a 16 de janeiro de 2005.
38. Ethics Resource Center, "The PLUS Decision Making Model," http://www.ethics.org/resource/plus-decision-making-model. Acesso em 26 de setembro de 2014.
39. Rotary International "Guiding Principles", https://www.rotary.org/en/guiding-principles. Acesso em 27 de outubro de 2014.
40. Brian K. Burton e Michael Goldsby, "The Golden Rule and Business Ethics: An Examination," *Journal of Business Ethics*, vol. 56, n. 3 (2005), p. 371–383. Este artigo apresenta uma ampla discussão da história, do significado e dos problemas da Ética da Reciprocidade ou Regra de Ouro (*Golden Rule*). Os autores documentam o surgimento desse princípio geral nos escritos de várias grandes religiões e de filósofos mundiais e fornecem exemplos de empresas que usaram explicitamente a Regra de Ouro como um guia para a tomada de decisão (por exemplo, Charles Schwab e Lincoln Electric Co.). A influência da Regra de Ouro é tão grande que Burton e Goldsby concluem que "esta parece ser uma das poucas candidatas a uma máxima moral ou princípio moral universalmente aceito".
41. Kant realmente apresentou uma crítica à Regra de Ouro, mas apenas como uma nota de rodapé para a discussão sobre o imperativo categórico. Na opinião dele, o imperativo categórico é um conceito superior por vários motivos, e todos eles estão relacionados à visão ampliada do imperativo. Veja Immanuel Kant, *Grounding for the Metaphysics of Morals, with a Supposed Right to Lie Because of Philanthropic Concerns*, 3ª edição, tradução de J. W. Ellington (Indianápolis, IN: Hackett Publishing, 1993).
42. James Austin, Howard Stevenson e Jane Wei-Skillern, "Social and Commercial Entrepreneurship: Same, Different, or Both?" *Entrepreneurship Theory & Practice*, vol. 30, n. 1 (2006), p. 1-22.
43. University of Minnesota, "Doing Good: Improving Your Community with Social Entrepreneurship," http://www.takingcharge.csh.umn.edu/tipschange/doing-good-improving-your-community-social-entrepreneurship. Acesso em 29 de setembro de 2014.
44. *Impact Hub*, "Let's Talk African Entrepreneurship," 11 de dezembro de 2013, http://bayarea.impacthub.net/event/lets-talk-african-entrepreneurship. Acesso em 29 de setembro de 2014.
45. "Homeboy Industries," http://www.homeboyindustries.org. Acesso em 29 de setembro de 2014.
46. "Tanzania–Hero Rats," http://www.pbs.org/frontlineworld/stories/tanzania605/video_index.html. Acesso em 29 de setembro de 2014.
47. Sujan Patel, "Social Entrepreneurship Has Unexpected Benefits for the Bottom Line," *Entrepreneur*, 27 de agosto de 2014, http://www.entrepreneur.com/article/236326. Acesso em 29 de setembro de 2014.
48. Rese Fox, "An Inconvenient Value," http://www.harriscompanyrec.com/blog/2011/01/post_361.html. Acesso em 29 de setembro de 2014.
49. GreenBiz.com, "Greening Your Business: A Primer for Smaller Companies," http://us.smetoolkit.org/us/en/content/en/2773/Greening-Your-Business-A-Primer-for-Smaller-Companies. Acesso em 29 de setembro de 2014.
50. Environmental Protection Agency, "Managing Your Hazardous Waste: A Guide for Small Businesses", http://www.epa.gov/epawaste/hazard/generation/sqg/handbook/k01005.pdf. Acesso em 26 de setembro de 2014.
51. Jason Daley, "Green Fallout," *Entrepreneur*, vol. 38, n. 8 (2010), p. 72-75.
52. Malia Wollan, "Bamboo Bikes Appeal to Earth-Conscious Bikers," *Waco Tribune-Herald*, 15 de agosto de 2010, p. A3.
53. "Boo Bicycles–Design," http://boobicycles.com/about/design. Acesso em 29 de setembro de 2014.

CAPÍTULO 3

Iniciando um pequeno negócio

Os Centros de Controle e Prevenção de Doenças estimam que 100 mil pessoas morrem de infecções adquiridas em hospital nos Estados Unidos todos os anos. E a solução é surpreendentemente simples: a disseminação de doenças pode ser controlada pela lavagem das mãos, usando sabão ou gel antibactericida. Mas estudos têm mostrado que as equipes de hospitais somente seguem as práticas de lavagem de mãos no trabalho em cerca de 50% do tempo. Para Yuri Malina e Mert Iseri, que se conheceram enquanto eram estudantes da Northwestern University, isso era mais que um problema – constituía também uma oportunidade de negócio com potencial de salvar vidas. Para resolver esse problema, os dois criaram a SwipeSense, um dosador portátil de higiene equipado com um sistema de monitoramento que permite aos gestores da saúde rastrear a relação entre a higiene da mão e as infecções.

Malina e Iseri perceberam pela primeira vez o problema quando observaram turnos em uma UTI e viram que a equipe médica enxugava as mãos em seus uniformes em vez de lavá-las. Para atacar o problema, eles desenvolveram um dispositivo portátil, não invasivo, que os profissionais de saúde poderiam usar para desinfetar as mãos. Eles experimentaram diversos *designs* e, até mesmo, assumiram o papel de estagiários durante uma sessão de grupo de foco com enfermeiros para obter *feedback* honesto sobre protótipos iniciais. Depois de testar 70 versões do seu produto, a equipe optou pelo *design* atual, que se assemelha a um *mouse* de computador da Apple. Quando conectado a estações de monitoramento montadas na parede e sensores de proximidade, os dosadores portáteis coletam dados e os enviam para uma plataforma, que então rastreia as mudanças no atendimento de requisitos de higiene, frequência de visitas às enfermarias e outras tendências.

Nenhuma empresa pode oferecer um produto ou serviço gratuitamente e permanecer nos negócios, não importa quão importante seja o problema que resolva. Assim, Malina e Iseri desenvolveram um modelo de preços que cobra os hospitais com base em seu tamanho e capacidade, a um custo de 50 dólares por cama, 80 centavos de dólar para recargas de cartucho e uma taxa anual de 99

No Spotlight
SwipeSense
www.swipesense.com

Ao término deste capítulo, você deverá ser capaz de:

3-1. Distinguir entre os diferentes tipos e fontes de ideias para *startups*.

3-2. Usar o pensamento inovador para gerar ideias para *startups* de grande potencial.

3-3. Descrever as análises externas e internas que possam impactar a escolha de oportunidades de negócios.

3-4. Explicar opções estratégicas amplas e estratégias de foco.

3-5. Examinar ideias de negócios para identificar aquelas com maior potencial.

3-6. Avaliar a viabilidade de uma ideia para *startup*.

dólares por usuário. Considerando que as infecções adquiridas nos hospitais custam entre US$ 4,5 bilhões e US$ 11 bilhões por ano, a solução da SwipeSense apresenta um custo-benefício excelente. No entanto, novos concorrentes estão dando à *startup* uma árdua competição pelo dinheiro. É muito difícil alcançar rentabilidade quando os pesos pesados da indústria, como a GE Healthcare, começam a oferecer seus próprios sistemas de rastreamento de higiene com recursos semelhantes aos da SwipeSense.

Mas Malina e Iseri recusam-se a desistir, optando por enfrentar esses obstáculos. Por exemplo, eles expandiram sua base de teste de duas instalações médicas para dez e transferiram a produção dos Estados Unidos para a China, a fim de ajudar a reduzir custos e aumentar as margens de lucro. Apesar dos desafios competitivos, esses empreendedores continuam otimistas em relação ao futuro. "Em algum ponto, vamos descobrir como levar as pessoas a lavar as mãos", declarou Iseri.

A SwipeSense é apenas a primeira de várias iniciativas empresariais que esses empreendedores altamente motivados vêm desenvolvendo para resolver questões importantes. "Se você é jovem, esperto e norte-americano, você não tem que ir para a África para ajudar as pessoas", disse Malina. "Há diversos problemas para resolver em seu próprio bairro." Mas, primeiro, você precisa ser capaz de reconhecer boas oportunidades de negócios quando as vir.

Fontes: Tom Corrigan, "SwipeSense: Forgot to Wash?" *The Wall Street Journal*, 7 de outubro de 2014; Brigid Sweeney, "How SwipeSense Could Save Your Life", Chicago Business.com, 13 de outubro de 2013, http://www.chicagobusiness.com/article/20131011/ISSUE01/131019976/how-swipesense-could-save-your-life, acesso em 13 de novembro de 2014; e "SwipeSense: Hand Hygiene Just Got a whole lot Easier", https://www.Swipesense.com/#about_us, acesso em 13 de novembro de 2014.

Assim como você pode contar com o nascer do sol pela manhã, pode apostar que empreendedores vão continuar propondo maneiras inovadoras de fazer as coisas. Os novos negócios que eles criam muitas vezes mudam a maneira como vivemos. Mas para manter o negócio andando na direção certa, um empreendedor deve ser capaz de reconhecer ideias de alto potencial para *startup* que outras pessoas não veem. Isso é exatamente o que Yuri Malina e Mert Iseri foram capazes de fazer quando desenvolveram o conceito da SwipeSense, que é descrito na abertura deste capítulo. Devemos enfatizar que a identificação de novos produtos ou serviços criativos que possam levar a empreendimentos promissores é tão central para o processo empreendedor que tem a sua própria denominação – **reconhecimento de oportunidade**.

O que distingue empreendedores das outras pessoas é a sua capacidade de ver o potencial que outros ignoram e, então, tomar as medidas ousadas necessárias para criar e administrar negócios com sucesso. Em alguns casos, a identificação de uma nova oportunidade de negócio pode ser o resultado de uma busca ativa de possibilidades ou percepções derivadas de experiências pessoais ou de trabalho.[1] Em outros casos, a busca de oportunidades pode ser um processo menos deliberado e mais automático. O economista Israel Kirzner propôs que os empreendedores têm uma capacidade única, que ele chamou de **atenção empreendedora**. De acordo com esse ponto de vista, empreendedores não são realmente a fonte de ideias inovadoras. Pelo contrário, eles estão simplesmente "atentos às oportunidades que *já* existem e estão esperando para ser aproveitadas".[2] Quando essas oportunidades estão alinhadas com o conhecimento, a experiência e as aspirações de um empreendedor, elas são ainda mais propensas a serem percebidas.

Uma discussão dos detalhes da atenção empreendedora vai além do escopo deste livro, mas é importante entender que estar atento às condições que possam levar a novas oportunidades de negócios pode realmente dar retorno.[3] Experimente por si mesmo ver se novas possibilidades de negócio se tornam aparentes: durante a próxima semana ou por um certo número de dias, anote tendências, mudanças e situações que possam fundamentar um novo negócio. Você provavelmente será surpreendido por quantas oportunidades potenciais você puder identificar. Se você continuar fazendo essa busca deliberada, perceberá que, ao longo do tempo, isso se tornará um hábito.[4]

Talvez você já tenha uma ideia de negócio em mente que gostaria de iniciar. Com bom planejamento e a estratégia certa, você pode em breve estar no caminho para o sucesso como um empreendedor. Por outro lado, você pode ter um desejo apaixonado de abrir a própria empresa, mas não tem certeza de que tem em mãos a ideia de negócio certa para fazê-lo chegar lá. Ou talvez tenha uma *ideia* em mente, mas não tem certeza se é uma boa *oportunidade de negócio*. Não importa em qual grupo você se enquadre, nós o ajudaremos a começar com o pé direito, com a ideia certa e a estratégia correta.

Neste capítulo, concentramo-nos principalmente no reconhecimento de oportunidades e estratégias conforme aplicadas às **startups**, ou seja, às empresas que não existiam antes de os empreendedores as criarem. No entanto, os capítulos que se seguem irão além de uma discussão sobre *startups* e considerarão oportunidades de negócios que já existem, como adquirir uma franquia ou comprar uma empresa existente (Capítulo 4) ou se juntar a uma empresa familiar (Capítulo 5). Essas podem ser todas opções de alto potencial. Ao ler este capítulo, tenha em mente que muitas das ideias e estratégias descritas aqui também se aplicam às pequenas empresas em andamento, e não apenas às *startups*.

3-1 DESENVOLVENDO IDEIAS PARA STARTUPS

Conforme descrito no Capítulo 1, você pode decidir se tornar um empreendedor por muitas e diferentes razões. Várias motivações podem levá-lo a considerar começar uma empresa a partir do zero em vez de buscar outras alternativas. Por exemplo, você pode ter um desejo pessoal de desenvolver o mercado comercial de um produto ou serviço recentemente inventado ou pode estar esperando para acessar recursos de alto potencial disponíveis exclusivamente para você – uma localização ideal, tecnologias de informação avançadas, uma poderosa rede de conexões e assim por diante. Alguns empreendedores contraem a "febre da *startup*" porque querem o desafio de ter sucesso (ou de fracassar) por si só, ou têm a esperança de evitar características indesejáveis de empresas existentes, como culturas de trabalho desagradáveis ou compromissos jurídicos sufocantes. Há quase tantos motivos quanto pessoas aspirando a se tornar empreendedores!

Então, como você deve começar? Tudo se inicia com uma ideia de negócio promissor. Mas conceitos de novos empreendimentos não são todos iguais, e eles podem vir de muitas fontes diferentes. Por meio do reconhecimento da natureza e da origem das ideias de *startup*, um empreendedor pode ampliar a gama de novas ideias disponíveis para sua consideração.

3-1a Tipos de ideias para *startup*

O Quadro 3.1 mostra os três tipos básicos de ideias a partir das quais a maioria das *startups* é iniciada: ideias para entrar em novos mercados, ideias baseadas em novas tecnologias e ideias que oferecem novos benefícios. Cada uma delas tem suas próprias características.

Diversas empresas *startups* desenvolvem-se a partir de **ideias de novos mercados** – isto é, aqueles preocupados em fornecer aos clientes um produto ou serviço que não existe previamente em um determinado mercado, mas existe em outro lugar. Randall Rothenberg, autor e ex-diretor de capital intelectual da empresa de consultoria Booz Allen Hamilton, diz que esse tipo de ideia para *startup* pode ser a de maior potencial: "Há ampla evidência de que os maiores negócios são construídos tomando-se as ideias existentes e aplicando-as em um novo contexto".[5] Por causa do grande potencial, essa perspectiva de novas ideias para empreendimentos deve ser cuidadosamente considerada.

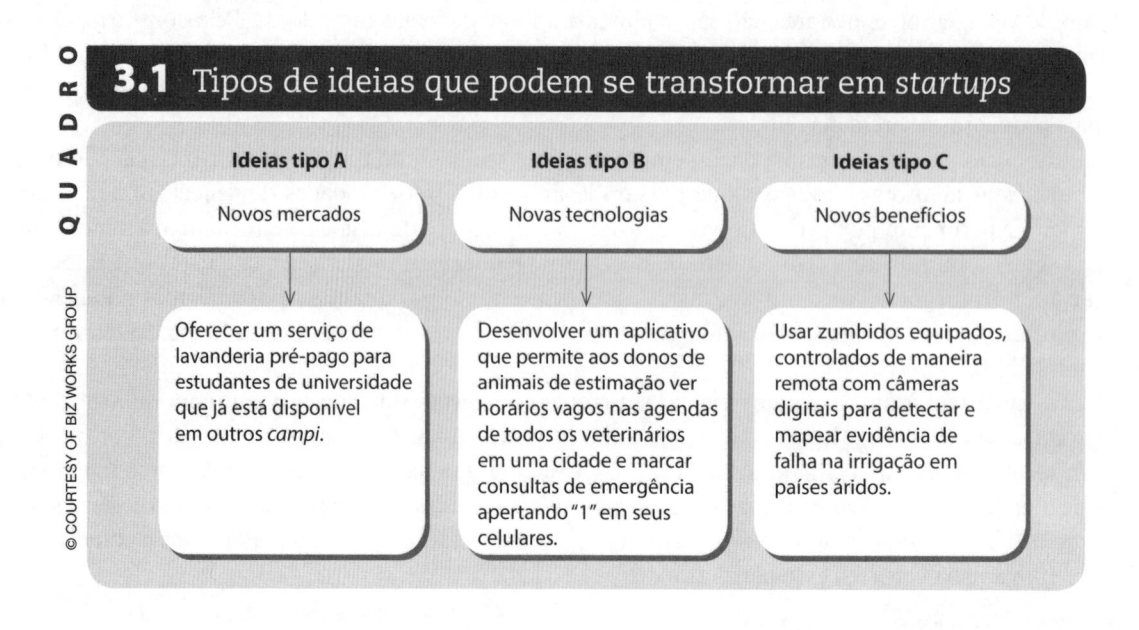

QUADRO 3.1 Tipos de ideias que podem se transformar em *startups*

Ideias tipo A	Ideias tipo B	Ideias tipo C
Novos mercados	Novas tecnologias	Novos benefícios
Oferecer um serviço de lavanderia pré-pago para estudantes de universidade que já está disponível em outros *campi*.	Desenvolver um aplicativo que permite aos donos de animais de estimação ver horários vagos nas agendas de todos os veterinários em uma cidade e marcar consultas de emergência apertando "1" em seus celulares.	Usar zumbidos equipados, controlados de maneira remota com câmeras digitais para detectar e mapear evidência de falha na irrigação em países áridos.

Outras *startups* são baseadas em **ideias de novas tecnologias**, que envolvem conhecimento novo ou relativamente novo. Esse tipo de negócio pode ser de alto risco, pois não há, geralmente, um modelo definitivo de sucesso a ser seguido, mas também pode oferecer uma enorme promessa. Você deverá prestar atenção especial às características fundamentais de um novo empreendimento desse tipo. Para começar, a tecnologia envolvida precisa ser singular, melhor do que outras atualmente disponíveis, viável para implementar e direcionada para uma necessidade de mercado que é suficientemente grande para gerar vendas suficientes de *startups*.

Devido às complexidades envolvidas com as novas empresas de tecnologia, torna-se muitas vezes necessário para os empreendedores **reestruturar** (*pivot*) sua abordagem em algum momento após a abertura da empresa. Isso significa fundamentalmente mudar o foco da empresa à medida que ela se desenvolve ou recriá-la por completo se o conceito inicial acabar por se mostrar seriamente falho. De acordo com Kevin Systrom, cofundador do Instagram, a ideia por trás da reestruturação é "experimentar novas ideias, eliminá-las rapidamente se não vingarem e passar para a próxima coisa nova".[6] Em outras palavras, se a ideia inicial acaba sendo deficiente, é melhor fracassar rapidamente e sem gastar muito dinheiro. Embora a reestruturação, às vezes, seja útil para outros tipos de *startups*, ela é comum e frequentemente necessária (muitas vezes mais de uma vez) para aquelas baseadas em novas tecnologias.

Ideias de novos benefícios – aquelas baseadas em oferecer aos clientes benefícios a partir de produtos ou serviços melhorados ou por meio de melhores formas de desempenhar funções previamente existentes – elas representam um número significativo de *startups*. Considere Nicky Bronner, que fundou a Unreal Brands, Inc., em 2012, quando tinha apenas 15 anos de idade. Para satisfazer seu desejo de consumir doces sem afetar negativamente sua saúde, ele partiu para petiscos "saudáveis", criando e vendendo sua própria versão de M&Ms, Snickers, Reese's e outros doces populares, que, embora ainda fossem saborosos, eram feitos de ingredientes muito mais saudáveis. Hoje, os produtos de Bronner podem ser encontrados nas prateleiras de 20 mil lojas norte-americanas, incluindo Target, CVS, Staples e 7-Eleven, o que prova que focar em benefícios novos pode às vezes levar a ideias de negócios realmente doces.[7]

3-1b Fontes comuns de ideias para *startups*

Vários estudos têm identificado fontes de ideias para *startups* de pequenos negócios. O Quadro 3.2 mostra os resultados de um estudo feito pela National Federation of Independent Business (NFIB) dos EUA, que concluiu que a experiência profissional prévia representava 45% das novas ideias. No entanto, existem outras fontes importantes. Conforme indicado no quadro, o estudo da NFIB descobriu que interesses pessoais e *hobbies* representavam 16% e descoberta acidental (acaso) representava 11% dessas ideias.

As ideias para uma *startup* podem vir de qualquer lugar, mas por ora vamos nos concentrar em três possíveis fontes: experiência pessoal/profissional, *hobbies* e interesses pessoais e acaso.

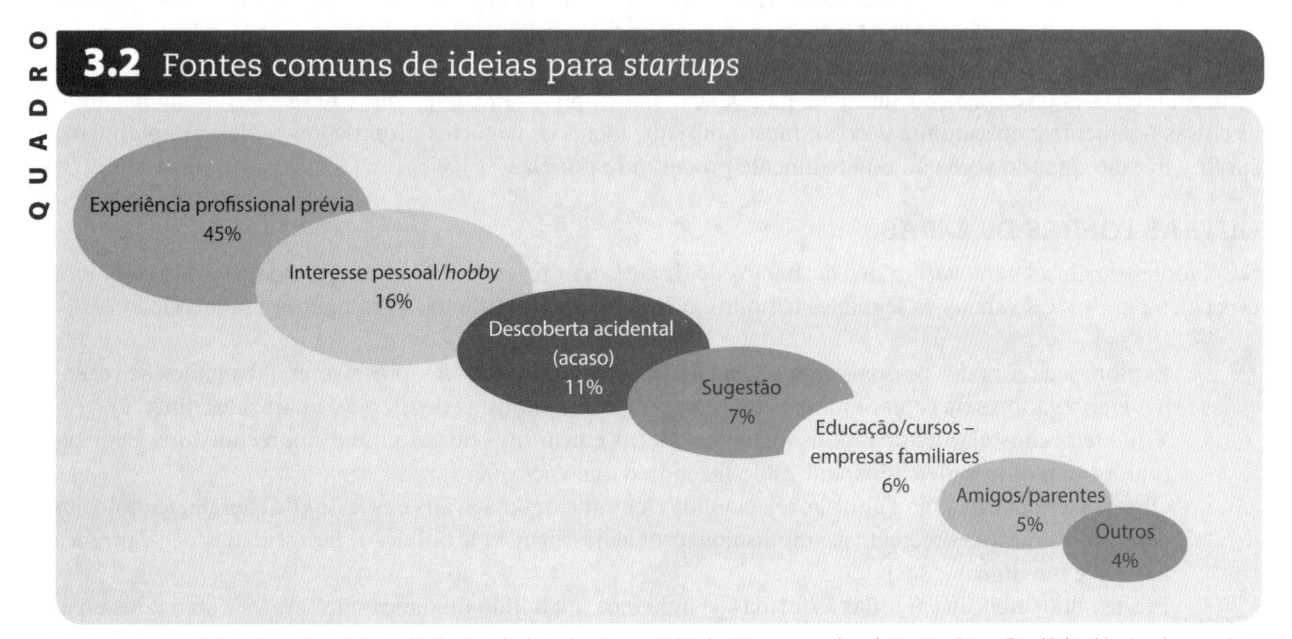

QUADRO 3.2 Fontes comuns de ideias para *startups*

- Experiência profissional prévia — 45%
- Interesse pessoal/*hobby* — 16%
- Descoberta acidental (acaso) — 11%
- Sugestão — 7%
- Educação/cursos – empresas familiares — 6%
- Amigos/parentes — 5%
- Outros — 4%

Fonte: Dados desenvolvidos e fornecidos pela National Federation of Independent Business (NFIB) dos EUA e patrocinados pela American Express Travel Related Services Company, Inc.

EXPERIÊNCIA PESSOAL/PROFISSIONAL

Uma das principais fontes de ideias para *startups* é a experiência pessoal. Muitas vezes, o conhecimento adquirido em um emprego atual ou prévio permite que uma pessoa veja possibilidades de modificar um produto existente, melhorar um serviço, tornar-se um fornecedor que atenda melhor às necessidades de um empregador do que os fornecedores atuais ou replicar um conceito de negócio em uma nova localização. Talvez seus contatos pessoais (sua rede) incluam fornecedores que estejam interessados em trabalhar com você ou clientes cujas necessidades não estejam sendo atendidas no momento. Conceitos de *startups* podem até mesmo resultar de circunstâncias pessoais ou infortúnios, especialmente quando o empreendedor puder usar experiência profissional ou habilidades técnicas para lidar com o desafio existente. Independentemente da situação, essas ideias podem levar você a uma oportunidade com enorme potencial.[8]

Foi assim que aconteceu para Adrienne Kallweit, cujas tentativas de encontrar uma babá adequada para o seu filho mais novo revelaram-se mais desafiadoras do que o esperado. A partir dessa experiência – que reflete uma necessidade real de muitos jovens casais que necessitam de alguém para cuidar de suas crianças de forma confiável e segura –, Kallweit decidiu lançar o SeekingSitters, que fornece "um serviço de referência de babás sob demanda". Aparentemente, a experiência de Kallweit foi um grande indicador de oportunidade, porque a empresa vem se expandindo rapidamente desde seu lançamento.[9]

HOBBIES E INTERESSES PESSOAIS

Às vezes, *hobbies* ultrapassam a condição de simples atividades de lazer para se tornarem negócios e podem agregar energia surpreendente para o processo de uma *startup*. Por exemplo, pessoas que amam esquiar podem abrir uma empresa de aluguel de equipamentos de esqui como uma forma de ganhar dinheiro a partir de uma atividade de que elas gostam. Ou, pense sobre Mark Zuckerberg quando ele começou o Facebook. Ele não tinha a intenção de fazer o empreendimento crescer para se tornar a enorme empresa que é hoje; em vez disso, ele simplesmente "gostava de ter esse *hobby* e fazer com que as pessoas ao seu redor também se envolvessem". Mas com o tempo, ele reconheceu o potencial de negócios do conceito, e você sabe agora que seus instintos o levaram direto ao dinheiro! Embora não esperemos que todos ou mesmo a maioria dos pequenos negócios cresçam até se tornarem gigantes da tecnologia em mudança de vida, a história do Facebook prova que os projetos alternativos focados em diversão podem às vezes se transformar em novas empresas com potencial de lucro sério.[10]

DESCOBERTA ACIDENTAL OU ACASO

Outra fonte de novas ideias para *startups*, a descoberta acidental ou acaso, envolve algo chamado **serendipidade** (*serendipity*), uma facilidade em fazer descobertas desejáveis por simples acaso. O estado de alerta obviamente desempenha um papel importante, mas qualquer um pode "tropeçar" em uma ideia útil no curso do seu dia a dia. Isso é exatamente o que aconteceu com Simone Gonzales, uma artista em dificuldades em Los Angeles, Califórnia, quando esta jovem de 26 anos encontrou um tecido interessante e decidiu ver o que poderia fazer com ele. "Depois de brincar com as grossas fibras elásticas e moldá-las em uma saia em forma de tubo – sem precisar de zíper, bainha ou boa alfaiataria – Gonzales percebeu que ela poderia ter feito uma importante descoberta."[11] Ela decidiu fazer algumas saias com esse pano, que ela vendeu na boutique de um amigo. A partir desse pequeno começo, Gonzales teve condição suficiente para lançar sua empresa, *Pleasure Doing Business*. Em alguns anos, as coisas realmente começaram a decolar, mostrando que ideias de negócios promissores podem simplesmente surgir – mesmo quando você não está realmente procurando por elas.[12]

OUTRAS FONTES DE IDEIAS

Se as fontes de ideias para *startup* que acabamos de discutir não revelarem uma oportunidade empreendedora específica para você, examine os seguintes métodos, que já se mostraram úteis para muitos empreendedores:

- Explore seus contatos pessoais com potenciais clientes e fornecedores, professores, advogados de patentes, empregadores ou colaboradores atuais ou prévios, capitalistas de risco e câmaras de comércio.
- Visite feiras, instalações de produção, universidades e institutos de pesquisa e empreendedores bem-sucedidos (em outros mercados) que estão fazendo o que você quer fazer.
- Observe tendências, como aquelas relacionadas a limitações materiais e escassez de energia, tecnologias emergentes, práticas recreativas, modismos, problemas ligados à poluição, necessidades de segurança pessoal e movimentos sociais.
- Preste muita atenção em todas as formas de mudança, incluindo mudanças em setores e mercados específicos, as oscilações demográficas e as descobertas emergentes ou progressos científicos.

- Leia publicações setoriais, anúncios de falência e perfis de empreendedores, além de várias oportunidades de negócios em publicações como *Inc., FastCompany* ou outras similares que estejam disponíveis em seu mercado.
- Pesquise na internet, onde você pode encontrar uma fonte inesgotável de informações sobre o processo de *startup* e até mesmo oportunidades específicas. Por exemplo, a revista *Entrepreneur*, dos EUA (entrepreneur.com), oferece ferramentas *on-line*, como o Centro de Ideias de Negócios, que descreve ideias de negócios que podem ser consultadas por setor, interesse, profissão, custos de inicialização e outros critérios.

3-2 USANDO PENSAMENTO INOVADOR PARA GERAR IDEIAS DE NEGÓCIOS

Se você não encontrou uma ideia para *startup* a partir das fontes comuns que acabamos de identificar, pode precisar ir mais fundo. Comprometa-se com um estilo de vida de pensamento criativo para que todos os dias os seus pensamentos trabalhem a seu favor para a geração de ideias de negócios.[13] Embora as sugestões a seguir sejam direcionadas para ajudar a orientar a sua pesquisa para ter "aquela" grande ideia para uma *startup*, elas também podem ajudar a manter um negócio existente atualizado, vivo e em constante melhoria.

Utilizar extensivamente ideias de produtos existentes e de serviços ou ideias de outros setores "Os bons artistas tomam emprestado. Grandes artistas roubam", disse Pablo Picasso ou T.S. Eliot ou Salvador Dalí – ninguém parece ter certeza sobre quem foi o autor dessa frase. Esse princípio colocou a Apple Computer no caminho para a grandeza quando um de seus cofundadores, Steve Jobs, identificou tecnologias que a Xerox tinha desenvolvido, mas não estava usando. Isso também pode funcionar para você, dentro dos limites da lei e da conduta ética. Pense profundamente sobre como você pode colocar ideias e práticas que cruzarem seu caminho para trabalhar no lançamento de uma *startup* ou para acelerar o crescimento de um negócio existente. Uma pesquisa mostra que esse é um ponto de partida poderoso para a inovação.

Combinar duas empresas para criar uma abertura de mercado Combinar duas empresas pode às vezes levar a produtos, serviços ou experiências únicas que os clientes não podem conseguir em outro lugar. Exemplos incluem teatros que combinam jantar e filmes, e livrarias que adicionam uma cafeteria. A empresa de Andy Levine, Sixthman, organiza "Festivais flutuantes de música" que permitem a fãs incondicionais de artistas como KISS, Lynyrd Skynyrd e Florida Georgia Line fazerem cruzeiros com seus heróis musicais e passarem algum tempo com eles. Essas férias únicas são um sucesso incrível, com os clientes indicando que há uma chance de 60% de que eles repetirão a experiência.[14]

Em algum momento, pode fazer sentido iniciar (ou comprar) mais de um negócio sem proceder a uma fusão das operações, uma estratégia conhecida como *diversificação*. Considere a Motor City Denim Company, uma empresa familiar que agora é dirigida por Mark D'Andreta. A empresa com sede em Detroit começou como uma alfaiataria, mas mudou seu foco para fazer capas de proteção para máquinas robotizadas em linhas de montagem de carros. Quando veio a recessão, em 2008, e a demanda por carros diminuiu, fabricantes de automóveis reduziram os pedidos dos produtos da empresa. Para pagar as despesas, D'Andreta começou a produzir bolsas, jeans e outros itens de vestuário em algumas de suas máquinas. A estratégia funcionou, permitindo que a empresa pudesse permanecer viável. "Para sobreviver", D'Andreta diz, "você tem que ser flexível."[15]

Começar com um problema em mente As ideias de negócios de grande potencial frequentemente atacam problemas que as pessoas têm ou uma "dor" que uma nova ideia de empreendimento poderia aliviar. Pense em um problema significativo ou aborrecimento com que as pessoas têm que lidar, analise-o, prepare um sumário em uma folha de papel e reflita muito ao considerar possíveis soluções. Muitas ideias boas de negócios provavelmente virão à mente. Se o problema que você está tentando resolver é seu, os resultados podem ser particularmente bons, uma vez que você é um especialista no problema e vai se sentir apaixonado por encontrar uma solução. Essa noção é validada por Richard Branson, empresário e fundador do império do Grupo Virgin. "Todos os empreendedores de *startups* devem estar pensando, 'O que me frustra e como posso me tornar melhor?'", ele diz. "Pode ser uma coisa pequena ou uma coisa grande, mas essa é a melhor maneira para [empreendedores] pensar. Se pensarem assim, eles têm uma grande probabilidade de construir um negócio muito bem-sucedido."[16]

Reconhecer uma tendência quente e "pegar a onda" Novidades podem levar a ótimas oportunidades de ganhar dinheiro, embora às vezes breves (por exemplo, Google Pet Rocks), mas as *tendências* fornecem uma base muito mais sólida para as empresas porque estão conectadas a uma mudança maior na sociedade. Ainda mais poderoso é o produto ou serviço que se desenvolve a partir de três ou quatro tendências à medida que elas

Vivendo o sonho
EXPERIÊNCIAS EMPREENDEDORAS

Mudando para alta marcha por meio da diversificação: quer um café com leite com essa bicicleta?

Muitos donos de lojas de bicicletas nos Estados Unidos estão transformando radicalmente suas lojas e modelos de negócios para aumentar a satisfação do cliente e incrementar as vendas. Além dos produtos e serviços que você esperaria encontrar, essas lojas agora estão oferecendo comida, bebidas, entretenimento e até mesmo aulas de ginástica para seus clientes. Esse foco crescente na experiência e em um apelo mais amplo ao consumidor rompe com a velha forma de fazer negócios. Nas palavras de Carolyn Szczepanski, porta-voz da League of American Bicyclists (Liga dos Ciclistas Norte-Americanos), "existe um estereótipo de como deve ser uma loja da bicicleta – ela é suja, especialmente direcionada ao público masculino, um lugar intimidador para ficar e ainda mais para interagir". Mas os resultados de uma pesquisa realizada em 2013 pela National Bicycle Dealers Association (NBDA) nos EUA sugerem que esse estereótipo pode estar mudando. Com a inclusão de 4 mil estabelecimentos, a pesquisa constatou que 12% possuem cafés, 11% oferecem aulas de *spinning*, quase 5% servem cerveja – 1% oferece até mesmo massagens, ioga ou serviço completo de refeições.

A transformação pode ser uma resposta a um crescimento pífio do mercado. As vendas de bicicletas estão estáveis desde 2005, girando em torno do patamar de 6 bilhões de dólares. No entanto, lojas de bicicletas locais caíram em número e aumentaram em metragem quadrada durante esse mesmo período. A crescente popularidade dos programas de compartilhamento de bicicletas, combinada com as vendas crescentes de bicicletas usadas, forçou vários pequenos varejistas a sair do negócio. Para muitas lojas, a diversificação é a chave para a sobrevivência.

A CamRock Café and Sport é um exemplo de estabelecimento que decidiu alçar voos mais altos usando essa estratégia. Os clientes vão a essa loja em Cambridge, Wisconsin, EUA, quando precisam alugar uma bicicleta, reparar um pneu furado ou comprar acessórios de ciclismo. Mas muitos também param para desfrutar de um café *gourmet* expresso, comer uma salada e um crepe na cafeteria, participar de uma aula de *spinning* ou, até mesmo, assistir a um show de quarteto de cordas ou de percussão no sábado. Os clientes tornaram-se muito leais à loja, não reclamando dos preços de conserto um pouco mais elevados porque a experiência geral é muito boa. Parece que a CamRock conseguiu abandonar o estereótipo da loja de bicicletas. Na verdade, os moradores locais agora a chamam de "magazine de coisas bacanas".

A diversificação permitiu que muitas lojas de bicicleta locais se redefinissem diante de um mercado estável, porém estagnado. De acordo com a NBDA, a loja de bicicleta média hoje gera apenas 3,5% de sua receita a partir de vendas que não sejam de bicicletas, peças e serviços. Mas operadores como a CamRock e a Velo Cult têm aumentado essa percentagem e, no processo, vêm redefinindo o que um negócio de loja de bicicletas pode ser. Como o modelo parece funcionar muito bem, muitos concorrentes começaram a seguir o exemplo, levando os analistas a prever que até 2018 o número de lojas híbridas nos Estados Unidos pode aumentar em até cinco vezes. Com um crescimento tão agressivo, pode ser apenas uma questão de tempo até que o negócio de loja de bicicleta mude para sempre.

Fontes: "CamRock Café and Sport", http://www.camrocksport.com. Acesso em 14 de novembro de 2014; National Bicycle Dealers Association, "A Look at the Bicycle Industry's Vital Statistics", http://nbda.com/articles/industry-overview-2013-pg34.htm. Acesso em 14 de novembro de 2014; "Shenandoah Bicycle Co." http://www.shenandoahbicycle.com. Acesso em 14 de novembro de 2014; "The NBX Story", http://nbxbikes.com/about/the-nbx-story-pg586.htm. Acesso em 14 de novembro de 2014; "Velo Cult: About", http://velocult.com/about. Acesso em 14 de novembro de 2014; e Jen Wieczner, "Coming Soon to a Bike Shop Near You: Lattes, Craft Beer – and Wedding Cake", *The Wall Street Journal*, 29 de agosto de 2013, p. D3.

se fundem. Por exemplo, o sucesso retumbante do iPad da Apple é o resultado da fusão de múltiplas tendências: os desejos dos clientes por maior mobilidade, por gratificação instantânea e sem aborrecimentos, todas ligadas com o projeto simples do produto e ao fato de causar um sentimento de ser "desencanado" (*cool*).

Descobrir contratendências Por exemplo, na atual era de dependência digital, alguns hotéis, resorts e empresas de viagens começaram a oferecer pacotes "desconectados" ou "de desintoxicação digital" para os hóspedes se eles entregarem seus dispositivos digitais no *check-in*. Eles oferecem um apelo aos hóspedes que precisam de uma desculpa para fazer uma pausa *completa* em seu trabalho.[17] Para identificar uma contratendência, crie o hábito de perguntar àqueles que resistem a uma tendência (como uma pessoa que toma café e que se recusa a ir à Starbucks) quais produtos ou serviços seriam de interesse deles e então veja quais possibilidades vêm à sua mente. Deixe de lado suas ideias preconcebidas do que "deveria ser" e entre na mente daqueles que resistem ao fluxo. E se você usa a tendência como seu ponto de partida, saberá melhor onde procurar a contratendência, e é aí que você pode chegar à frente no jogo.

Explorar maneiras de melhorar a função de um produto ou serviço existente Quase todas as malas têm rodas nos dias de hoje, mas isso nem sempre foi o caso. A inovação foi aperfeiçoada por Robert Plath, que criou o projeto Rollaboard, em 1987. O produto era tão popular que Plath decidiu abandonar seu trabalho como piloto comercial para iniciar a Travelpro International, agora uma importante empresa de bagagens.[18] Mala sem rodinhas ainda é funcional, mas ao acrescentar esse recurso abriu-se a porta para novas vendas e um novo empreendimento.

Pensar em possíveis maneiras de agilizar as atividades de um cliente Muitas pessoas estão ocupadas, então elas olham para as empresas que podem assumir alguns dos fardos da sua vida. Isso é o que mantém empresas como as de serviços de entrega de supermercado. Tire um tempo para refletir sobre as experiências do dia a dia de pessoas no segmento de mercado que você gostaria de servir. Quais atividades elas gostariam de delegar?

Considerar a possibilidade de adaptar um produto ou serviço para atender às necessidades dos clientes de uma maneira diferente Muitos empreendimentos novos começam pegando emprestado um produto ou um serviço que já estava funcionando bem em outro lugar e adaptando-o a uma necessidade ou situação diferente. Por exemplo, o modelo de leilão *on-line* do eBay foi adaptado com grande sucesso por muitas *startups*, tais como Etsy.com (para vender artesanatos, produtos *vintage* e suprimentos de arte) e DesignerSocial.com (para vender produtos de luxo de segunda mão). Ou considere o lançamento de uma empresa chamada Sheex por Michelle Marciniak e Susan Walvius, que usa tecidos de alto desempenho na absorção de suor usados em roupas de ginástica para a fabricação de lençóis superconfortáveis.[19] As possibilidades são infinitas.

Imaginar como o mercado de um produto ou serviço poderia ser expandido de maneira criativa
A fazenda da família de Annie Haven, no sul da Califórnia, tinha poucos compradores para o "fertilizante" que seu gado produzia, então ela decidiu embalar o "estimulador de crescimento" em sacos de 3 × 5 polegadas (uma caixa de nove sacos custa US$ 27,95) e vendê-lo para entusiastas de jardinagem. Os clientes simplesmente colocam cada saco em um a cinco litros de água e usam esse "chá" para regar suas plantas. Haven definitivamente encontrou uma maneira de criar um novo negócio, expandindo o mercado para seu produto. Ela agora está tendo um bom lucro, com vendas crescendo a uma taxa muito saudável.[20]

Oferecer produtos por meio de um serviço de assinatura Nos últimos anos, incontáveis *startups* que oferecem "item do mês" e "ofertas trimestrais" surgiram em torno da ideia de entregar um conjunto diferente de itens de nicho para assinantes em um cronograma pré-definido. Os produtos vendidos dessa maneira vão de brinquedos para animais de estimação a lanches saudáveis e, até, cosméticos para uma clientela *grunge*. Essas empresas combatem a "fadiga de escolha" que muitos compradores experienciam quando se sentem frustrados tentando escolher entre a gama vertiginosa de produtos disponíveis para venda. Serviços de assinatura resolvem esse problema eliminando completamente o processo de seleção, enviando pacotes de itens cuidadosamente selecionados aos membros por taxas que variam entre 10 dólares por mês (produtos de beleza e enfeites na BirchBox.com) e US$ 559 por trimestre (itens de luxo na Svbscription.com). Esse tipo de negócio também tem seus desafios – lidar com embalagens e problemas de transporte, por exemplo, e oferecer seleções que são frescas e interessantes o suficiente para fazer com que os clientes retornem para comprar mais. Mas muitos empreendedores estão conseguindo manter seus assinantes felizes e estão ganhando ótimos retornos por seus esforços.[21]

Ganhar dinheiro na economia de compartilhamento Você deve conhecer *startups* de alto perfil, como a Airbnb e a Uber, que dão aos consumidores acesso de baixo custo a aluguel de apartamentos e casas e a transporte por carro, respectivamente. No entanto, a economia de compartilhamento, aparentemente, está longe de ser exaurida. Como prova disso, uma análise recente constatou que quase um décimo dos empreendimentos lançados por empreendedores de início de carreira na área de Boston foi projetado para ajudar consumidores ou empresas a se conectarem com produtos ou serviços que não estavam sendo totalmente utilizados. O conceito faz sentido. Mas, infelizmente, há muitos "buracos no caminho para a riqueza" da economia compartilhada e muitas *startups* caem neles, incluindo a BlackJet (o "Uber para viagens de jatos") e Ridejoy (uma empresa focada em *car-pool*), entre outras.[22] Entretanto, as histórias de sucesso, como Rent the Runway e Bag Borrow ou Steal, mostram que fazer com que produtos como vestidos de alta costura e bolsas de luxo estejam disponíveis para os consumidores da classe média na forma de aluguel, conforme a necessidade, pode fornecer uma plataforma para o sucesso.[23]

Vivendo o sonho
EXPERIÊNCIAS EMPREENDEDORAS

Uma *startup* verde torna-se um enorme sucesso

Nikhil Arora e Alejandro Velez ganharam o apelido de "Caras do Cogumelo" depois de desenvolver um kit de cultivo de cogumelos e construir um negócio em torno desse produto. A ideia inicial surgiu quando os dois estavam estudando na Universidade da Califórnia, em Berkeley, onde eles se inspiraram pela visão de transformar refugo agrícola em comida fresca local. Eles usaram essa inspiração para lançar um negócio que cresceu de uma experiência na cozinha de uma fraternidade para uma empresa que está em vias de faturar US$ 5,4 milhões por ano em vendas.

Durante uma aula na UC Berkeley, Arora e Velez aprenderam que os cogumelos poderiam crescer em borra de café. Intrigados, os dois alunos se aproximaram do professor, individualmente, e acabaram se encontrando e tornando-se amigos. Trabalhando juntos, a dupla começou enchendo as latas de tinta com borra de café e pés de cogumelo doados. Suas primeiras nove tentativas falharam, mas a décima colheita foi bem-sucedida. Os parceiros levaram essa colheita para Chez Panisse, um restaurante *gourmet* local, e ofereceram à chef celebridade Alice Waters uma amostra. Impressionada, Waters começou a encomendar os cogumelos. Com esse pedido inicial, a equipe conseguiu apoio financeiro em vários programas de subsídios e usou esses fundos para expandir seu negócio e criar kits para as pessoas fazerem sozinhas, permitindo assim que qualquer um cultive os cogumelos em casa.

No entanto, oferecer kits de cogumelos foi apenas o começo. Arora e Velez continuaram a pesquisar técnicas de agricultura urbana e criaram um sistema que converte o dejeto dos peixes em fertilizante para plantas, que, por sua vez, limpa a água para os peixes. O desenvolvimento dessa ideia levou à invenção do Aqua-Farm, um produto projetado para simplificar o processo de forma que pode ser usado na cozinha ou na sala de aula. Para financiar o desenvolvimento, sua empresa, Back to the Roots, iniciou uma campanha na *Kickstarter (veja www.kickstarter.com)*, que arrecadou mais de US$ 240.000 em menos de três semanas. Hoje, o produto está disponível nos mais populares varejistas dos EUA, como Whole Foods e Nordstrom, bem como via ordem direta em sites como ThinkGeek e UncommonGoods, que oferecem produtos exclusivos.

Apesar de todo o seu sucesso financeiro, os empreendedores permanecem focados em seus valores centrais, que enfatizam o compromisso com a inovação ecológica. Os clientes acreditam na visão da empresa, o que é evidente no seu fenomenal crescimento. E a realocação da empresa para instalações maiores certamente impulsionará seu crescimento no futuro. Nesse ritmo, o negócio certamente será sustentável – em todos os sentidos imagináveis.

Fontes: "Back to the Roots: Our Story", https://www.backtotheroots.com/about-us. Acesso em 14 de novembro de 2014; Ben Paynter, "From Mushrooms to Aquaponics: How Back to the Roots Is Taking Over Home Growing", *FastCompany*, 18 de julho de 2013, http://www.fastcoexist.com/1682610/frommushrooms-to-aquaponics-how-back-to-the-roots-is-taking-over-homegrowing. Acesso em 17 de novembro de 2014; e Amy Westervelt, "How a Good Idea Mushroomed", *The Wall Street Journal*, 30 de setembro de 2013, p. R3.

Estudar um produto ou serviço para ver se você pode torná-lo "verde" Uma grande onda de esforços e investimentos tem sido dirigida para empreendimentos que se concentram no meio ambiente. Exemplos de recentes *startups* verdes incluem uma empresa que separa minerais e produtos químicos da água da piscina para que ela possa ser reutilizada (Calsaway Pool Services); um serviço de alto nível de convite eletrônico (com consequente economia de papel) para casamentos e outros eventos formais (Greenvelope); e equipamentos de reciclagem ("upcyclers") que transformam itens de refugo em produtos de alta qualidade (LooptWorks).[24] Dado o sucesso que muitas dessas empresas estão tendo, pode ser rentável pensar "verde".

Manter-se atento às novas tecnologias As novas tecnologias frequentemente criam oportunidades potenciais para *startups*, mas somente aqueles que tomam nota das possibilidades podem colher as recompensas. Leia bastante e de forma ampla, consulte especialistas do setor e escritórios governamentais que promovem novas tecnologias, passe no escritório de transferência de tecnologia de uma universidade próxima ou visite professores que trabalham na vanguarda de seus campos. Independentemente de onde você olhar, assegure-se em pesquisar inovações que tenham potencial valor comercial, particularmente para novos empreendimentos.

Essas opções representam apenas algumas das muitas possibilidades. Incentivamos você a buscar e considerar novas ideias para empreendimento em quaisquer circunstâncias em que se encontrar. Em se considerando uma série de fatores internos e externos, você deve ser capaz de encaixar as peças do quebra-cabeça das oportunidades.

3-3 USANDO ANÁLISES INTERNAS E EXTERNAS PARA AVALIAR NOVAS IDEIAS DE NEGÓCIOS

Duas abordagens gerais podem ajudar a identificar ideias de negócios – análises de fora para dentro e de dentro para fora. Em outras palavras, empreendedores podem procurar necessidades no mercado e depois determinar como usar suas próprias capacidades para perseguir essas oportunidades (de fora para dentro), ou podem primeiro avaliar suas capacidades e, em seguida, identificar novos produtos ou serviços que eles possam ser capazes de oferecer ao mercado (de dentro para fora).[25] É importante entender os pontos principais dos dois métodos porque, senão, ideias de negócios promissoras podem vir a ser, eventualmente, ignoradas.

3-3a Análise de fora para dentro

Os empreendedores geralmente têm mais sucesso quando estudam um contexto de negócios para identificar potenciais oportunidades de *startups* e determinar quais as mais propensas a fazer com que eles atinjam seus objetivos. Essa análise externa deve considerar o ambiente geral, ou macroambiente, e o cenário do setor em que o empreendimento poderia ser inserido. Deve também levar em conta o ambiente competitivo que impactará os negócios. O **ambiente geral** é composto por fatores amplos que influenciam a maioria das empresas em uma sociedade, enquanto o **ambiente setorial** é definido mais estritamente como contexto para fatores que afetam diretamente uma determinada empresa e todos os seus concorrentes. O **ambiente competitivo** é ainda mais específico, com foco nos pontos fortes, posicionamento e prováveis movimentos e contramovimentos de concorrentes em um setor.

O AMBIENTE GERAL

O ambiente geral abrange uma série de tendências importantes, como demonstrado no Quadro 3.3. As *tendências econômicas* incluem mudanças na taxa de inflação, taxas de juros e, até mesmo, nas taxas de câmbio, que possam promover ou desencorajar o crescimento do negócio. As *tendências socioculturais* referem-se a mudanças sociais que possam afetar a demanda dos consumidores, abrindo novos mercados e forçando outros ao declínio. *As tendências políticas/jurídicas* incluem legislação fiscal e regulamentação governamental (por exemplo, regras de segurança) que possam constituir uma ameaça a empresas existentes ou devastar um conceito de negócio criativo. As *tendências globais* refletem desenvolvimentos que criam oportunidades para expandir mercados, terceirizar, investir no exterior e assim por diante. À medida que as pessoas e os mercados em todo o mundo se tornam cada vez mais conectados, o impacto do segmento global sobre oportunidades de pequenas empresas irá aumentar.

QUADRO 3.3 Tendências no ambiente geral

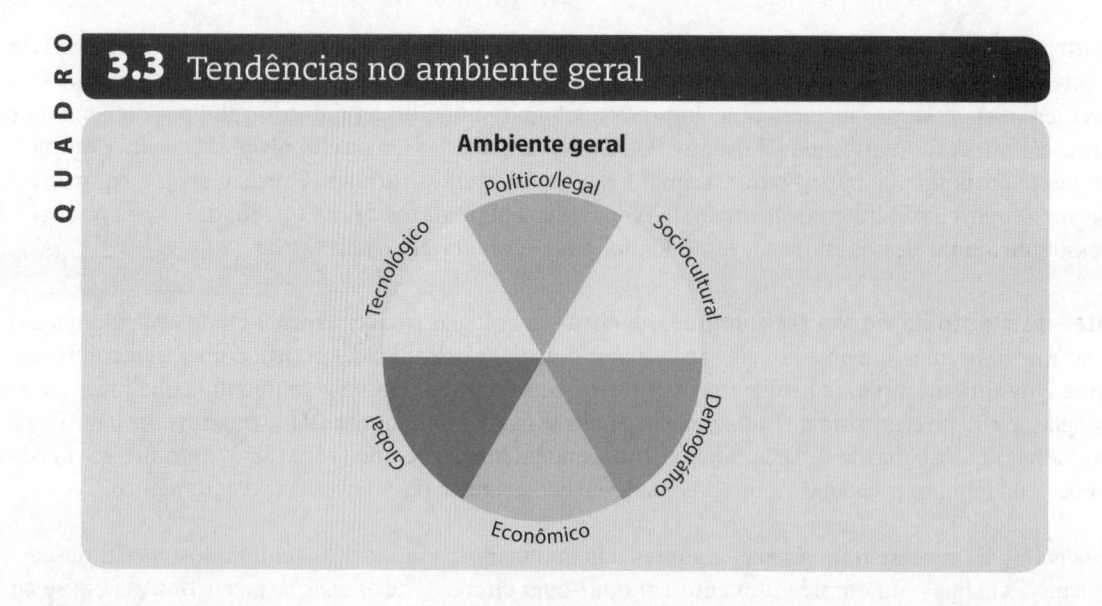

Ambiente geral: Político/legal, Sociocultural, Demográfico, Econômico, Global, Tecnológico.

Desenvolvimentos que crescem a partir de *tendências tecnológicas* geram – ou eliminam – muitos novos empreendimentos. E, dada a rápida taxa de mudança nesse segmento do ambiente geral, é muito importante que os proprietários de pequenas empresas permaneçam atualizados sobre essas tendências e compreendam o impacto que elas podem ter. Alguns desenvolvimentos tecnológicos recentes focam em incluir o seguinte:

- A criação de hardware de alta qualidade, acessível e de realidade virtual que poderia transformar radicalmente o entretenimento e as comunicações.
- A Internet das Coisas, que conecta e combina o poder limitado de computação dos itens usados no dia a dia em casa e no escritório para tornar possível a automação avançada.
- O rápido declínio do preço da impressão em 3D, que torna possível a criação de basicamente qualquer produto adequado, de forma rápida, barata e completamente customizável.
- O crescimento exponencial e a disponibilidade de dados coletados *on-line*, ou *big data*, que tornam a análise de alta performance e a tomada de decisões mais rápida e menos onerosa.

Por fim, as *tendências demográficas* também desempenham um papel importante na formatação das oportunidades para *startups*. Essas tendências incluem o tamanho da população, a estrutura etária, a matriz étnica e a distribuição de renda. Por exemplo, um foco no envelhecimento dos *baby boomers* (os 78 milhões de norte-americanos nascidos entre 1946 e 1964) pode realmente valer a pena, considerando sua capacidade anual de consumo de US$ 2 trilhões e sua ativa necessidade de satisfação pessoal. E não há limite para os produtos e serviços que podem ser direcionados para essa faixa etária. Celulares com teclas maiores que podem ser facilmente vistos em iluminação fraca e revistas que se concentram em questões de saúde para os anos de pós-aposentadoria são ideias de negócios que surgiram com essa tendência demográfica em mente.

Algumas pessoas acreditam que a avaliação do ambiente geral é apropriada apenas para grandes empresas, que têm equipes corporativas para gerenciar o processo, mas as pequenas empresas também podem se beneficiar dessa análise. Por exemplo, hoje um terço dos norte-americanos é considerado obeso (não incluindo aqueles que são considerados com sobrepeso) e espera-se que esse número aumente para cerca de 50% até o ano de 2030, se as tendências atuais persistirem.[26] Os empreendedores têm percebido que uma infinidade de oportunidades de negócios pode ser lançada com base nessa tendência crescente, incluindo desde serviços focados na perda de peso a produtos que ajudem pessoas obesas a viver mais confortavelmente com sua condição. Entre as muitas empresas abertas por aqueles que estão cientes dessa tendência estão *startups* que oferecem extensores de cinto de segurança de avião, balanças de banheiro de alta capacidade e móveis de grandes dimensões.

O AMBIENTE SETORIAL

Um empreendedor será ainda mais diretamente afetado pelo setor a que pertence a *startup* do que pelo ambiente geral. O impacto pode ser significativo, com estudos relatando que as influências setoriais podem justificar de 8% a 30% da rentabilidade da empresa.[27] Para delinear essas dinâmicas, Michael Porter lista cinco fatores que determinam a natureza e o grau de competição em um setor:[28]

- *Novos concorrentes.* Com que facilidade os novos concorrentes entram no setor?
- *Produtos/serviços substitutos.* Os clientes podem recorrer a outros produtos ou serviços para substituir aqueles que o setor já oferece?
- *Rivalidade.* Quão intensa é a rivalidade entre os concorrentes existentes no setor?
- *Fornecedores.* Os fornecedores do setor são tão poderosos a ponto de poder demandar altos preços dos insumos, aumentando, assim, os custos da empresa e reduzindo seus lucros?
- *Compradores.* Os consumidores do setor são tão poderosos que poderão forçar as empresas a cobrar preços baixos, reduzindo, assim, os lucros?

O Quadro 3.4 mostra esses cinco fatores como pesos que afetam a atratividade e a rentabilidade potencial de um dado setor. Ele ilustra como os lucros em uma indústria tendem a ser inversamente relacionados à força desses fatores – isto é, fatores fortes produzem lucros fracos, enquanto fatores fracos geram lucros fortes.

Os empreendedores que compreendem as influências setoriais podem melhor identificar oportunidades para *startups* de alto potencial – situações em que, digamos, a rivalidade é baixa e nem compradores nem fornecedores têm poder suficiente para negociar grandes pechinchas no preço. Mas esses *insights* também podem ajudar os empreendedores a antecipar ameaças que eles provavelmente poderão enfrentar e começar a pensar em maneiras de defender suas *startups* de qualquer impacto negativo.

Empreendedores que reconhecem e entendem os cinco fatores setoriais de Porter podem posicionar seus empreendimentos de uma forma que aproveitem ao máximo o que o setor oferece.

O AMBIENTE COMPETITIVO

Em qualquer setor, é importante determinar os pontos fortes, o posicionamento e as respostas prováveis das empresas rivais aos recém-chegados. Na verdade, os especialistas insistem que tais análises representam um *input* essencial para a avaliação de qualquer ideia de negócio. William A. Sahlman, da Harvard Business School, afirma que todo aspirante a empreendedor deve responder a várias questões sobre os concorrentes que ele tem chance de encontrar no mercado:[29]

- Quem seriam os concorrentes atuais da nova empresa?
- Quais recursos exclusivos eles controlam?
- Quais são os seus pontos fortes e fracos?
- Como eles responderão à decisão do novo empreendimento de entrar no setor?

QUADRO 3.4 Principais fatores que impactam a atividade de mercado

- Ameaça dos novos concorrentes
- Ameaça de produtos e serviços substitutos
- Intensidade de rivalidade entre concorrentes existentes
- Poder de barganha de fornecedores
- Poder de barganha de compradores

Atratividade e lucratividade de um mercado-alvo

- Como o novo empreendimento pode responder?
- Quem mais poderia ver e explorar a mesma oportunidade?
- Existem formas de co-optar concorrentes potenciais ou reais, formando alianças?

Essa análise ajuda um empreendedor a avaliar a natureza e a extensão da concorrência existente e a fazer um ajuste fino dos planos futuros. Também pode ajudar a identificar oportunidades de negócio de alto potencial com base na situação competitiva.

Os empreendedores devem ir um passo além quando analisarem a concorrência: eles devem identificar o pensamento que molda os movimentos de seus rivais, que frequentemente está baseado na suposição de que as empresas devem operar de uma determinada maneira, porque sempre fizeram isso.

Mas esse claramente não é o caso. Por exemplo, não faz muito tempo que os adolescentes tinham que fazer suas compras no shopping, corretores de imóveis tinham que usar câmeras para tirar fotos de propriedades de investimento para compradores de fora do Estado e os clientes tinham que usar dinheiro ou cartões de crédito para pagar compras. Hoje, tudo isso pode ser feito por telefone celular e as empresas que olham para o futuro podem ganhar vantagem mudando seus modelos de negócios para espelharem essas novas realidades. Em outras palavras, os empreendedores inovadores podem surpreender concorrentes estabelecidos, usando seu compromisso com as abordagens adequadas em termos de tempo em relação a eles. Isso é o que aconteceu com a Blockbuster quando sua velha maneira de fazer negócios a deixou vulnerável a uma *startup* (Netflix), que desafiou a sabedoria convencional e adotou um conjunto inovador de "regras do jogo" (oferecendo vídeos *on-line* ou pelo correio), ao qual a Blockbuster não foi capaz de se adaptar. A Blockbuster teve de declarar falência em 2010 e continua lutando pela sua sobrevivência.

3-3b Análise de dentro para fora

Identificar oportunidades no ambiente externo definitivamente vale o esforço, mas os conceitos de negócios fazem sentido apenas se eles se encaixam bem com os recursos, capacidades e competências que um empreendedor pode trazer para o mundo dos negócios. A busca por uma oportunidade para *startup* pode realmente *começar* com uma análise de dentro para fora, uma que catalogue os potenciais pontos fortes da *startup* (incluindo aqueles que podem razoavelmente ser obtidos ou criados) e as competências únicas que podem ser formadas a partir deles. Esses dois componentes podem fornecer uma plataforma a partir da qual o fruto de novas oportunidades de negócios pode ser alcançado e colhido.

CONSTRUINDO RECURSOS E CAPACIDADES INTERNAS

Os empreendedores que querem iniciar ou construir um negócio com base nas análises de dentro para fora precisarão primeiro ter uma compreensão sólida dos recursos e capacidades disponíveis e que possam ser usados para fazer isso acontecer. O termo **recursos** refere-se aos insumos que um empreendedor pode usar para iniciar e/ou operar uma empresa, como dinheiro para investimento, conhecimento de tecnologias críticas, acesso a equipamentos essenciais e parceiros de negócios capazes, só para citar alguns. Uma *startup* ou pequena empresa pode ter tanto recursos tangíveis quanto intangíveis. Os **recursos tangíveis** são visíveis e fáceis de medir. Um prédio de escritórios, equipamentos de fabricação e reservas de caixa são exemplos de recursos tangíveis. Mas esses são muito diferentes dos **recursos intangíveis**, que são invisíveis e difíceis de avaliar. Os ativos intangíveis podem incluir direitos de propriedade intelectual, tais como patentes e direitos autorais, uma marca estabelecida, uma reputação favorável e a rede pessoal de contatos e relacionamentos de um empreendedor.

Embora os termos sejam frequentemente usados indistintamente, *recursos* não são tecnicamente o mesmo que *capacidades*. Considerando que os recursos são insumos para o trabalho de um negócio, **capacidades** são mais bem vistas como rotinas e processos da empresa que coordenam o uso desses ativos produtivos para alcançar os resultados desejados. Os recursos não podem fazer nada por si sós. Em vez disso, os empreendedores que descobrem como trabalhar e integrar recursos de forma que criam valor para os clientes são aqueles que têm maior probabilidade de criar e operar empreendimentos bem-sucedidos.

COMPETÊNCIAS ESSENCIAIS E VANTAGENS COMPETITIVAS

Uma vez que os empreendedores tenham uma visão precisa de seus recursos e capacidades, eles estarão em melhor posição para identificar as competências essenciais que podem ser criadas e utilizadas para competir. **Competências essenciais** são aquelas capacidades fundamentais que distinguem uma empresa de maneira competitiva e refletem seu foco geral e personalidade. Na maioria dos casos, esses pontos fortes tornam possível uma

vantagem competitiva, o que dá a uma *startup*, ou pequena empresa, superioridade, ajudando-a a fornecer produtos ou serviços que os clientes escolherão dentre uma série de alternativas disponíveis.

Uma ilustração de como tudo isso funciona é fornecida pela Starbucks, que oferece uma bela seleção de cafés *gourmet*. No entanto, essa não é sua única vantagem no mercado. Na verdade, muitos de seus concorrentes, grandes e pequenos, também fornecem produtos de café de alta qualidade. Então por que a empresa tem sido tão bem-sucedida? A maioria dos observadores acredita que é o produto prêmio, combinado com a especial "experiência da Starbucks", que permitiu que o ícone do café crescesse de uma única loja em meados dos anos 1980 para mais de 21 mil lojas em 65 países atualmente.[30] Como dito por um observador, "Para muitos de seus clientes, a Starbucks não está realmente no negócio de venda de café. Em vez disso, está oferecendo um lugar para passar o tempo e interagir, que também serve café".[31]

Embora o sucesso da Starbucks seja inegável, o crescimento da empresa desencadeou um grande número de novos rivais, estimulando o apetite do mercado tanto em termos de produto quanto de experiência. No entanto, como as pequenas empresas competem em um mercado saturado da Starbucks? Ao se concentrarem em suas próprias competências essenciais únicas e nas vantagens que podem oferecer. Muitas pequenas lojas prosperam nesse ambiente fornecendo *refills* gratuitos, prestando atenção meticulosa à qualidade do produto, enfatizando conexões com a comunidade local ou tomando outras medidas para mostrar seu próprio caráter único e sua individualidade. Em outras palavras, elas estabelecem competências essenciais usando recursos e capacidades em formas únicas que refletem sua "personalidade".

3-3c Integrando análises internas e externas

Uma base sólida para a vantagem competitiva requer um alinhamento razoável entre os pontos fortes e fracos de um determinado negócio e as oportunidades e ameaças presentes em seus ambientes relevantes. Essa integração é mais bem revelada por meio de uma **análise SWOT**, do inglês *strenghts, weaknesses, opportunities, threats* (que significa Pontos Fortes, Pontos Fracos, Oportunidades e Ameaças), que fornece uma visão geral simples da situação

QUADRO 3.5 Exemplos de fatores SWOT

	FATORES POSITIVOS	FATORES NEGATIVOS
Dentro da empresa	*Pontos fortes*	*Pontos fracos*
	• Competências essenciais importantes • Pontos fortes financeiros • Capacidade inovadora • Gerência capacitada ou experiente • Estratégia bem planejada • Capacidade de entrada eficaz • Rede de contatos pessoais forte • Reputação positiva no mercado de trabalho • Tecnologia exclusiva	• Recursos financeiros inadequados • Estratégia mal planejada • Falta de habilidades e experiência gerenciais • Capacidade de inovação limitada • Reputação negativa no mercado de trabalho • Instalações inadequadas • Problemas de distribuição • Habilidades de marketing insuficientes • Ineficiências da produção
Fora da empresa	*Oportunidades*	*Ameaças*
	• Um potencial de mercado inexplorado • Novos produtos ou mercado geográfico • Mudança favorável na dinâmica do setor • Alto potencial de crescimento de mercado • Tecnologias emergentes • Mudanças que permitem a expansão para outros países • Desregulamentação favorável do governo • Aumento da fragmentação de mercado	• Novos concorrentes • Demanda crescente de compradores e fornecedores • Mudança de vendas para produtos substitutos • Aumento da regulamentação do governo • Mudanças adversas nos ciclos dos negócios • Desaceleração no crescimento de mercado • Mudança na preferência de clientes • Mudanças demográficas adversas

estratégica de um empreendimento. O Quadro 3.5 lista uma série de fatores que podem ser classificados. No entanto, esses são meros exemplos das inúmeras possibilidades que podem existir.

Na prática, uma análise SWOT fornece uma foto instantânea das condições atuais. Abordagens de fora para dentro e de dentro para fora se juntam na análise SWOT para ajudar a identificar potenciais oportunidades de negócios que se alinhem ao empreendedor e seu empreendimento planejado. No entanto, como uma análise SWOT se concentra no presente, o empreendedor deve também considerar se a oportunidade visada levará a outras oportunidades no futuro (por exemplo, por meio da criação de competências ou de uma rede expandida) e se a busca pela oportunidade pode levar a uma resposta competitiva por rivais potenciais. Obviamente, as oportunidades mais promissoras são aquelas que levam a outras (o que pode oferecer valor e rentabilidade no longo prazo), promovem o desenvolvimento de habilidades adicionais que equipam a empresa para buscar novas perspectivas e, ainda, não provocam os concorrentes a contra-atacar.

Quando oportunidades potenciais no ambiente externo (reveladas pela análise dos ambientes gerais, setoriais e competitivos) se alinham com os recursos exclusivos, as capacidades e as competências essenciais do empreendedor (destacadas pela avaliação interna) e ameaças de fora da *startup* ou pontos fracos de dentro dela são gerenciáveis, as probabilidades de sucesso são grandemente melhoradas. Conforme mostra o Quadro 3.6, isto é o que chamamos de "região de doce oportunidade", uma área que normalmente oferece o maior potencial para resultados comerciais superiores. Com isto em mente, nós o encorajamos a ser observador e sistemático na sua busca por oportunidades e a pensar cuidadosamente sobre como essas oportunidades se encaixam em sua história e suas habilidades, bem como seus interesses e paixão. Se assim o fizer, é muito mais provável que você aprecie a aventura.

Claramente, a condução de análises de fora para dentro e de dentro para fora e a integração dos resultados podem ajudá-lo a identificar oportunidades de negócios potenciais e, em seguida, a construir uma base sólida para uma vantagem competitiva. Com essa base, um empreendedor pode começar a posicionar o novo conceito de empreendimento ou empresa estabelecida com uma estratégia bem definida que tende a gerar resultados financeiros superiores.

3-4 SELECIONANDO ESTRATÉGIAS QUE CAPTAM OPORTUNIDADES

Uma **estratégia** é, em essência, um conjunto de ações que coordena os recursos e compromissos de uma empresa para aumentar o seu desempenho. Escolher uma estratégia que faça sentido para um empreendedor e *startup* particular é um passo crítico para um desempenho superior.

No entanto, manter um olho em opções estratégicas – estratégias tanto amplas quanto focadas – também pode guiar empresas já estabelecidas em direção ao sucesso.

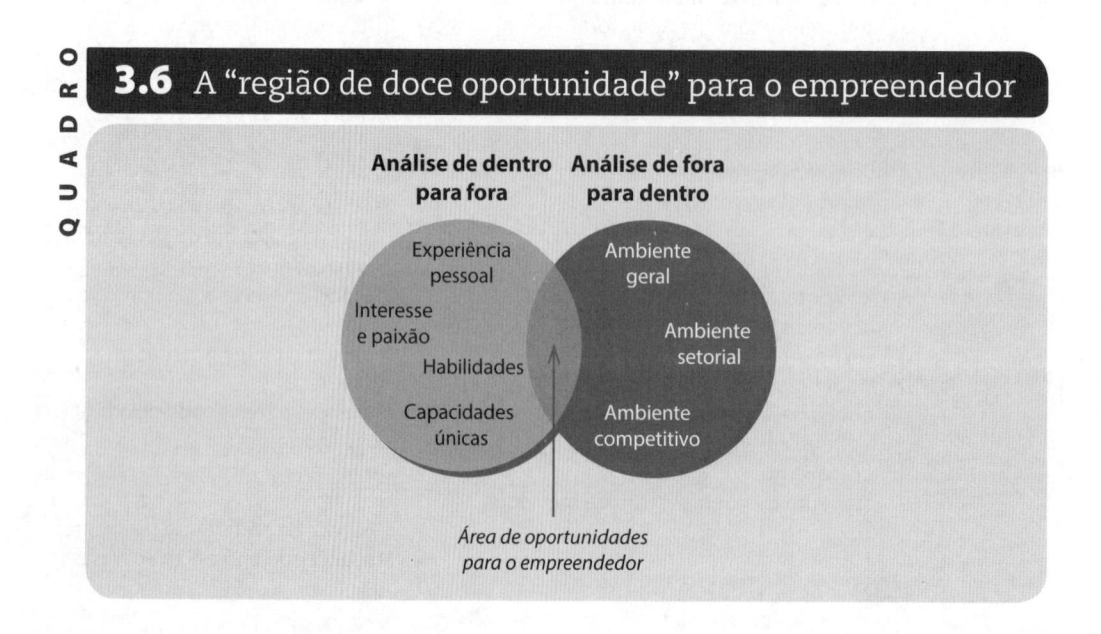

QUADRO 3.6 A "região de doce oportunidade" para o empreendedor

Análise de dentro para fora:
- Experiência pessoal
- Interesse e paixão
- Habilidades
- Capacidades únicas

Análise de fora para dentro:
- Ambiente geral
- Ambiente setorial
- Ambiente competitivo

Área de oportunidades para o empreendedor

3-4a Opções de estratégias amplas

As empresas que competem em um mesmo setor podem adotar estratégias muito diferentes. Falando de maneira ampla, as empresas podem optar por construir suas estratégias em torno de uma ênfase de baixo custo ou de diferenciação à medida que elas consideram como se posicionar em relação aos concorrentes.

ESTRATÉGIA BASEADA EM CUSTO

Para seguir uma **estratégia baseada nos custos**, uma empresa deve manter os seus custos baixos, de forma que possa competir cobrando preços mais baixos pelos seus produtos ou serviços e ainda assim lucrar. Muitas pessoas pressupõem que estratégias baseadas em custo não funcionarão para pequenas empresas, e geralmente isso é verdade. Entretanto, fatores de vantagens de custo são tão variados e diversos que, em alguns casos, pequenas empresas podem ser capazes de usá-los com muito sucesso. Pense nos milhares de pequenos operadores que vendem carros usados no *eBay* como sua ocupação principal. Embora não tenham a escala de vantagens das grandes concessionárias contra as quais competem, eles operam com uma pequena despesa operacional vendendo exclusivamente *on-line* e lidando com todos os recursos das transações a fim de limitar os custos. Parece que os empreendedores motivados podem sempre encontrar maneiras de competir em custo e ganhar de seus concorrentes muito maiores.

Com certeza tomar o caminho de baixo custo tem seus riscos, especialmente se, ao fazer isso, você deflagrar uma guerra de preços com concorrentes estabelecidos, que têm bolsos mais profundos e estão inclinados a eliminar empresas emergentes que querem roubar seus clientes. No entanto, talvez o maior problema dessa estratégia seja que ela atrai clientes que estão sempre procurando o melhor negócio. Como resultado, pode ser um grande desafio desenvolver fidelidade e gerar sucesso no longo prazo.

ESTRATÉGIA BASEADA NA DIFERENCIAÇÃO

A segunda opção geral para a criação de uma vantagem competitiva é a de seguir uma **estratégia baseada na diferenciação**, uma abordagem que enfatiza a singularidade de um produto ou serviço (em termos de alguma característica que não seja o custo). Uma empresa que pode criar e sustentar uma estratégia atraente baseada na diferenciação tende a ter um desempenho bem-sucedido no mercado de trabalho. Para que a estratégia seja eficaz, o consumidor deve estar convencido da singularidade e valor do produto ou serviço, real ou percebido. Uma grande variedade de táticas operacionais e de marketing, que vão desde o projeto até a promoção, pode levar à diferenciação de produtos ou serviços.

Depois de passar muitos anos no setor da música, Brian Landau e Pete Rosenblum começaram a se incomodar com o fato de que as músicas de sucesso nem sempre geravam a resposta do mercado que elas mereciam. Então, em 2003, lançaram a RadioTag, com sede em Nova York, uma agência de marketing completa. Desde o início, a diferenciação foi a base da sua estratégia. Enquanto a maioria das estações de rádio permitia que os DJs fizessem todo o discurso, a RadioTag permitia que artistas introduzissem o seu próprio trabalho por meio de gravações. Com essa abordagem, Taylor Swift pôde descrever sua conexão emocional com uma música, ou membros do Maroon 5 podiam explicar como seu último álbum foi produzido. "Esse era realmente o objetivo", diz Rosenblum. "Coloque um artista no rádio e deixe as pessoas se familiarizarem com quem o artista é, o que a canção é e como eles podem comprá-la." Esta é claramente uma abordagem diferente, e de sucesso. As estações de rádio se beneficiam do conteúdo promocional gratuito, os artistas são capazes de promover pessoalmente suas obras criativas e a empresa tem lucrado bastante. A RadioTag é uma empresa de pequeno porte com um projeto bem-feito e operando completamente com uma estratégia de diferenciação.[32]

3-4b Estratégias de foco

Se uma empresa controlasse o único suprimento de água conhecido no mundo, seu volume de vendas seria enorme. Essa empresa não se preocuparia com as diferenças nas preferências pessoais em relação ao sabor, aparência ou temperatura. Ela consideraria os seus clientes um único mercado. Contanto que o produto da água fosse líquido, satisfaria a todos. Contudo, se outra pessoa descobrisse um segundo suprimento de água, a visão de mercado da primeira empresa mudaria. A primeira empresa poderia descobrir que as vendas estavam diminuindo e tomar medidas para modificar sua estratégia. Em qualquer caso, o nível de rivalidade provavelmente aumentaria conforme concorrentes lutassem por posicionamento no mesmo espaço setorial.

Se o potencial de vendas de água fosse enorme, pequenas empresas eventualmente ficariam interessadas em entrar no mercado. Contudo, devido aos seus recursos limitados e falta de experiência, essas empresas teriam maior probabilidade de sucesso se evitassem o confronto frente a frente com os gigantes do setor e, em vez de atuar no amplo mercado, procurassem um segmento de mercado protegido. Em outras palavras, poderiam ser competitivos se implementassem uma **estratégia de foco**, adaptando os seus esforços para se concentrar nas necessidades de uma parte muito limitada do mercado. Para começar, essas empresas poderiam concentrar seus recursos em uma fatia pequena do mercado; pequena o suficiente para escapar do interesse dos principais participantes (oferecendo, por exemplo, água filtrada entregue em casa) ou até mesmo assumindo uma abordagem completamente nova para permitir a entrada sem resposta competitiva imediata (talvez preenchendo espaços vazios do mercado devido à escassez de oferta).

As estratégias de foco representam uma abordagem estratégica na qual os empreendedores tentam se proteger das forças do mercado, por meio do foco em um grupo específico de clientes que tem uma gama de interesses em produtos e serviços identificável, mas muito restrita (normalmente chamada de *nicho* de mercado). Ao se concentrarem em um mercado especializado, algumas pequenas empresas desenvolvem experiências únicas que levam a níveis mais elevados de valor e serviço para os clientes, o que é ótimo para os negócios. De fato, essa vantagem levou o guru de marketing Philip Kotler a declarar: "Há pessoas que se tornam ricas atuando em nichos".[33]

As duas opções amplas discutidas anteriormente – baseadas nos custos e na diferenciação – podem também ser usadas quando se concentram em um nicho de mercado. Embora poucos empreendedores adotem uma estratégia de foco baseada em custos, isso pode acontecer. Por exemplo, estabelecimentos como a Drinking Water Depot e H2O To Go foram criados ao longo dos anos usando, em sua maioria, um eficiente sistema de purificação para oferecer água potável de alta qualidade para clientes com baixo potencial de compra, por uma fração do preço cobrado pelos seus concorrentes.

Contraste essa abordagem com a estratégia de foco baseada na diferenciação que Mark Sikes adotou para seu pequeno negócio, Personalized Bottle Water. Desde o lançamento da empresa, em 1997, em Little Rock, Arkansas, EUA, ele vem vendendo água engarrafada com rótulos personalizados para clientes corporativos e qualquer pessoa que queira comemorar uma ocasião especial, incluindo escolas, casas funerárias, hotéis e noivas e noivos. Ele tem planos para expandir o negócio, mas a ênfase ainda será na personalização.[34] Sem esse foco, não teria sido possível a Sikes competir frente a frente com um engarrafador gigante como a Coca-Cola Company (que é dona da Dasani), mas a flexibilidade e personalização – bases para a diferenciação – dão à Personalized Bottle Water uma boa chance de competir.

Empreendedores geralmente podem selecionar e implementar uma estratégia de foco que lhes permita focar em um nicho de mercado em um setor de tamanho considerável, evitando assim a concorrência direta com concorrentes maiores. Isso pode ser conseguido de várias maneiras, conforme discutiremos na seção a seguir.

SELEÇÃO E IMPLANTAÇÃO DE ESTRATÉGIAS DE FOCO

Ao selecionar uma estratégia de foco particular, um empreendedor decide sobre a direção básica de uma empresa, que determina a própria natureza do empreendimento. A estratégia geral de uma empresa é formulada, portanto, conforme o seu líder decide como a empresa vai se relacionar com o seu ambiente – em particular com os clientes e concorrentes. Isso pode envolver uma delicada ação de equilíbrio, que mantenha a empresa fora da mira dos gigantes do setor e ainda ofereça uma promessa de mercado suficiente para fornecer à *startup* uma oportunidade razoável para decolar.

A seleção de um mercado muito especializado não é, por certo, a única estratégia possível para uma pequena empresa. No entanto, as estratégias de foco são muito populares porque permitem que uma empresa pequena opere nas lacunas existentes entre concorrentes maiores. Elas também deixam os empreendedores com bastante espaço de manobra conforme trazem ideias de novos empreendimentos criativos. Para começar, as estratégias de foco podem ser configuradas das seguintes maneiras:

- Restringindo-se o mercado-alvo a um único subconjunto de clientes.
- Enfatizando-se um único produto ou serviço.
- Limitando-se o mercado a uma única região geográfica.
- Concentrando-se na superioridade do produto ou do serviço.

Se uma pequena empresa optar por competir de frente com outras empresas, em especial grandes corporações, ela deve estar preparada para se destacar de alguma forma para se tornar um competidor viável. Se você quer ter sucesso com uma estratégia de foco, é sábio identificar um nicho rentável e desenvolver com muita competência para que possa possuí-lo. Nas palavras de Jack Trout, um dos pioneiros do conceito de posicionamento de mercado, o foco deve estar em tentar ser "como o profissional que só conserta aparelhos da SubZero e torna-se o melhor, em vez de tentar competir frente a frente com a Sears para consertar tudo. Os clientes vão contratá-lo porque sabem que ele vai ter as peças certas em estoque, experiência com as peculiaridades da marca e será capaz de consertos mais rápidos".[35]

Como as estratégias poderosas do foco também oferecem grande flexibilidade, empreendedores frequentemente encontram maneiras de iniciar uma série de diferentes estratégias de especialização dentro do mesmo setor, com esperança de sucesso para cada uma delas. Ao mesmo tempo, no entanto, eles devem considerar problemas decorrentes da superespecialização e da concorrência que podem ameaçar corroer os lucros dessas estratégias.

DESVANTAGENS DAS ESTRATÉGIAS DE FOCO

Um analista de pequenas empresas adverte sobre como selecionar um nicho de mercado:

Atenção! Uma empresa pode ser tão especializada que pode não ter clientes suficientes para ser viável. Não planeje abrir uma loja de reparo de caneta, uma butique de cadarços ou um restaurante baseado no conceito de torrada (embora um especializado em cereais matinais já tenha sido aparentemente fundado).[36]

Além dos perigos de se tornarem demasiadamente especializadas, as empresas que adotam a estratégia de foco têm geralmente que andar por um caminho estreito entre manter um mercado protegido e atrair concorrência. Se seus empreendimentos são rentáveis, esses empreendedores tendem a encarar um afluxo de novos concorrentes que perseguirão o mesmo nicho, afastando, assim, clientes e reduzindo os retornos para todos os concorrentes até que o segmento não seja mais rentável. Embora isso possa se aplicar a qualquer tipo de estratégia competitiva, não apenas a estratégias de foco, esse **paradoxo de atração** resulta em que a própria característica de um mercado que o torna atraente para uma pequena empresa (isto é, a falta de concorrência) também o torna atraente para os outros. Reconhecendo essa e outras armadilhas comuns, o guru da estratégia Michael Porter adverte que um mercado segmentado pode ruir sob qualquer uma das seguintes quatro condições:[37]

- A estratégia de foco é imitada.
- O segmento-alvo torna-se estruturalmente pouco atraente porque a estrutura se desgasta ou porque a demanda simplesmente desaparece.
- O segmento-alvo perde sua singularidade.
- Novas empresas subsegmentam o setor.

Dito de outra forma, deve ficar claro que estratégias de foco não garantem vantagens sustentáveis. As pequenas empresas podem, no entanto, aumentar o seu sucesso e ampliar suas forças competitivas. Um bom planejamento estratégico pode ajudar a apontar o caminho através dessas situações desafiadoras, bem como moldar a viabilidade do empreendimento.

3-5 EXAMINANDO NOVAS IDEIAS DE NEGÓCIOS

Com todas as abordagens de geração de ideias de negócios descritas neste capítulo, seu problema pode não ser ter uma ideia para uma *startup*, mas ter muitas ideias. Como você não pode perseguir várias ideias de *startup* por enquanto, é importante restringir seu foco àquela que parecer mais promissora. Depois de dar esse passo, você deve realizar uma análise de viabilidade detalhada (discutida mais adiante no capítulo) para determinar se a ideia que você selecionou é viável e merece o investimento de tempo e dinheiro que será necessário para lançá-la. Se a sua nova ideia de negócio ainda parecer vencedora, nós então o guiaremos pelas etapas requeridas para preparar um plano de negócios adequado (discutido no Capítulo 6). Nesse ponto, no entanto, você realmente precisa decidir qual ideia de negócio deseja continuar considerando. O processo de exame de ideias empresariais (*screening*) pode ajudá-lo a fazer isso.

É importante compreender que a qualidade da avaliação final será tão boa quanto as informações utilizadas para gerá-la. Por essa razão, examinar ideias de negócios exigirá uma pesquisa adequada sobre o histórico e estimativas informadas para que a análise e as conclusões se baseiem em fatos e julgamentos razoáveis. O processo deve ser mais do que um exercício de lançamento de dardos. Também não precisa consumir muito tempo: na maioria dos casos, uma hora será suficiente para completar o exame de cada ideia de negócios considerada.[38]

Como o exame das ideias de negócio é projetado para fornecer um parecer rápido, ele não é abrangente. Em vez disso, ele só leva em conta os méritos de uma ideia com relação a cinco fatores muito importantes:

- *Pontos fortes da ideia de negócio*: As melhores ideias de negócio irão satisfazer uma necessidade de mercado definida, criar valor para os utilizadores finais e oferecer produtos ou serviços que os clientes favorecem e acham fácil de usar. Eles também não terão falhas fatais (discutidas mais tarde no capítulo).
- *Mercado e clientes-alvo*: As empresas têm maior probabilidade de prosperar se focarem em um mercado de tamanho considerável que seja fácil de identificar, cresça rapidamente e seja composto de clientes com altos níveis de poder aquisitivo que estejam muito dispostos a usar. Além disso, os melhores clientes serão facilmente alcançáveis por meio de canais claros de promoção.
- *Setor e vantagem competitiva:* Os setores mais favoráveis para *startups* têm poucos ou nenhum concorrente, estão crescendo rapidamente (para dar lugar a novos concorrentes) e apresentam margens operacionais elevadas. Eles também apresentariam poucas ou nenhuma barreira para manter as novas empresas fora e permitiriam que a sua *startup* se estabelecesse e sustentasse sua vantagem competitiva específica.
- *Capacidade do(s) fundador(es)*: No cenário mais otimista, o(s) fundador(es) terá(ão) experiências, habilidades e redes de relacionamento relevantes para o setor, bem como uma grande paixão e um bom alinhamento para com o novo negócio.
- *Requisitos de capital e desempenho do empreendimento*: Um empreendedor terá mais sucesso quando o empreendimento precisar de pouco capital para ser lançado, seu potencial de lucro antecipado for grande e empresas similares tiverem bom desempenho. Baixos níveis de responsabilidade ou outros riscos são ideais, assim como a capacidade de iniciar o novo negócio de forma progressiva ou testá-lo de maneira barata antes do lançamento completo.

O último fator merece mais explicações. Se o orçamento da sua *startup* está apertado (como é tantas vezes o caso), a promessa de sucesso de uma ideia de negócio tende a ser determinada pela sua habilidade de lançar uma versão limitada dessa ideia ou de testar as reações de mercado para avaliar suas chances de sucesso. Isso pode ser mais gerenciável do que você imagina usando-se ferramentas gratuitas ou baratas disponíveis *on-line* ou pela utilização de métodos de baixa tecnologia que podem fazer o trabalho. Muitos empreendedores têm testado as suas ideias com um orçamento de US$ 100 ou menos. Exemplos de métodos econômicos utilizados incluem o uso do SurveyMonkey.com para contatar clientes em potencial e estimar a dimensão do mercado, bem como a realização de pesquisas sem nenhum custo juntando-se a grupos de suporte *on-line* para sondar a profundidade de interesse em uma oferta de serviços planejada (se isso for permitido e apropriado). Um empreendedor gastou cerca de US$ 45 para testar sua ideia. Isso incluiu a criação de um site usando um modelo gratuito (aprovado para uso comercial) do Joomla.org, registrando um nome de domínio (por US$ 9,95) e gastando US$ 10,95 para serviços de hospedagem na web. Depois de instalar o Google Analytics (gratuito) para monitorar o tráfego do site e pagar pelo Google AdWords, ele começou a configurar anúncios para promover o site. Dentro de um mês, teve respostas suficientes para saber que sua ideia seria vencedora.[39] Testar uma ideia antes de lançar um negócio é quase sempre uma vantagem.

Finalmente, você deve lembrar que uma ideia pode ser avaliada mais de uma vez para permitir ajustes que melhorariam a viabilidade projetada da *startup*. Por exemplo, uma mudança para um nicho de mercado mais estreito pode levar a um empreendimento menor, mas também pode reduzir o número e a força de concorrentes, aumentar a disposição dos clientes a pagar por um produto, diminuir custos de abertura da empresa, aumentar a rentabilidade e assim por diante.

O processo de *screening* aqui apresentado não pode fornecer uma estimativa potencial de uma determinada ideia de negócio. Uma razão para isso é que todos os itens são ponderados igualmente para efeito de simplicidade, embora alguns possam ter um impacto maior no potencial de uma ideia do que os outros. No entanto, esse método prático para avaliar várias ideias permitirá que você decida de maneira eficiente qual seria a melhor para perseguir. Então, depois de restringir seu foco para o conceito que deseja continuar a considerar, você deve completar uma análise de viabilidade para determinar seu potencial em maior profundidade.

3-6 SUA IDEIA DE STARTUP É VIÁVEL?

Mostraremos na Parte 3 do livro como criar um plano de negócios que explicará os detalhes de sua empresa planejada e suas considerações de abertura de uma empresa. No entanto, é muito importante que você dê um passo intermediário primeiro, um que sinalize o quão viável sua ideia de negócio pode ser. Uma **análise de viabilidade** é certa avaliação preliminar de uma ideia de negócio que calcula se o empreendimento previsto tende a ter sucesso ou não. Obviamente, também pode indicar que o conceito tem mérito, mas apenas se for modificado de alguma forma importante.

Desenvolver uma análise de viabilidade sólida antes de avançar para o plano de negócios pode ajudar a garantir que o empreendimento planejado não será condenado por uma **falha fatal** – ou seja, uma circunstância ou desenvolvimento que, por si só, poderia levar ao fracasso do novo negócio. John Osher, inovador e empreendedor serial, estima que nove de cada dez empreendedores fracassam porque seus conceitos de negócio são deficientes. Em suas palavras, "eles querem tanto estar no negócio que muitas vezes não fazem o trabalho antecipado que necessita ser feito, então tudo o que fazem é condenado. Eles podem ser muito talentosos, fazer todo o resto certo e ainda assim fracassar porque têm ideias que são falhas".[40] É importante olhar profunda e honestamente para os pontos fracos em suas próprias ideias para *startups*. Não importa o quão notável um conceito do negócio possa parecer, é inútil avançar se você tiver que utilizar um processo de produção que seja protegido por patente, se a *startup* exigir um capital inicial que não pode ser levantado, se ignorar limitações do mercado ou tiver algum outro defeito.

John W. Mullins é um empreendedor serial e professor na prestigiosa London Business School. Ele também é o autor do *The New Business Road Test*, um livro que destaca a importância de identificar as falhas fatais de uma ideia de negócio antes que seja tarde demais:

Se [empreendedores] puderem encontrar a falha fatal antes de escreverem seu plano de negócios ou antes que ela engula seus novos negócios, eles poderão lidar com ela de muitas maneiras. Eles podem modificar suas ideias – moldando a oportunidade para melhor se ajustar ao mundo altamente competitivo no qual procura dar frutos. Se a falha que eles encontrarem parecer fatal, podem até abandonar a ideia antes que seja tarde demais – antes do lançamento, em alguns casos, ou suficientemente cedo para evitar desperdiçar meses ou anos em busca de um sonho que simplesmente não vai se tornar realidade.

Melhor ainda se, após [questionamento] e sondagem, teste e, especialmente, experimentação para a obtenção de respostas, os sinais permanecem positivos, eles poderão abraçar sua oportunidade com paixão e convicção renovadas, munidos com uma nova confiança de que as evidências – não apenas a sua intuição – confirmam sua [percepção]. Sua ideia realmente é uma oportunidade que vale a pena perseguir. Plano de negócios, aqui vamos nós![41]

Decidir por concluir uma análise de viabilidade antes de prosseguir com a fase do plano de negócios pode economizar muito tempo, dinheiro e dor de cabeça. Ou, como observa Mullins, pode reafirmar o poder de uma ideia de negócio e fortalecer a vontade de avançar, fornecendo uma reserva de energia e compromisso que será vital quando a marcha ficar difícil – e ela definitivamente *vai* ficar difícil conforme o empreendimento for sendo desenvolvido.

Tenha em mente que o sucesso no empreendedorismo é geralmente o resultado de três elementos que se reúnem de tal forma que a nova empresa obtenha o impulso de que precisa para se lançar e o poder sustentado para continuar. Esses três elementos são um mercado com potencial, um setor atraente e um indivíduo ou equipe capaz com as habilidades e capacidades para fazer tudo isso acontecer (veja o Quadro 3.7). Uma análise de viabilidade investiga cada um desses elementos.

3-6a Potencial de mercado

É importante deixar clara a distinção entre um mercado e um setor, já que os dois são muito diferentes. Um mercado consiste em *compradores*, clientes atuais ou potenciais que estão interessados em comprar uma determinada classe de produtos ou serviços para satisfazer desejos ou necessidades – e também devem ter a capacidade de pagar por eles. Um setor, por outro lado, é composto por *vendedores* que competem entre si oferecendo produtos ou serviços idênticos ou similares para a venda ao mesmo grupo geral de compradores.

Ao avaliar o grupo de potenciais compradores que uma empresa pode servir, é importante pensar nesse mercado em dois níveis – o macromercado, amplo, e os fragmentos ou nichos (micromercados) que podem ser identificados dentro do mercado mais amplo. Empreendedores com aspirações comerciais limitadas podem achar aceitável perseguir oportunidades de negócio em nichos atraentes. No entanto, Mullins assinala que "também é importante saber em que direção as marés estão fluindo".[42] Ou seja, um nicho desejável hoje tende a perder seu brilho ao longo do tempo se o mercado amplo do qual ele deriva tender para o negativo. Na maior parte dos casos, a saúde do macromercado pode ser um indicador muito útil do potencial futuro dos micromercados dentro dele.

Um empreendedor com ambições elevadas pode ficar satisfeito com um nicho atraente apenas se ele puder servir como ponto de entrada de um macromercado com perspectivas de crescimento rápido e amplo potencial de longo prazo. A atratividade desse nicho é limitada se as características do macromercado que o sustentam

QUADRO 3.7 Estrutura de análise de viabilidade

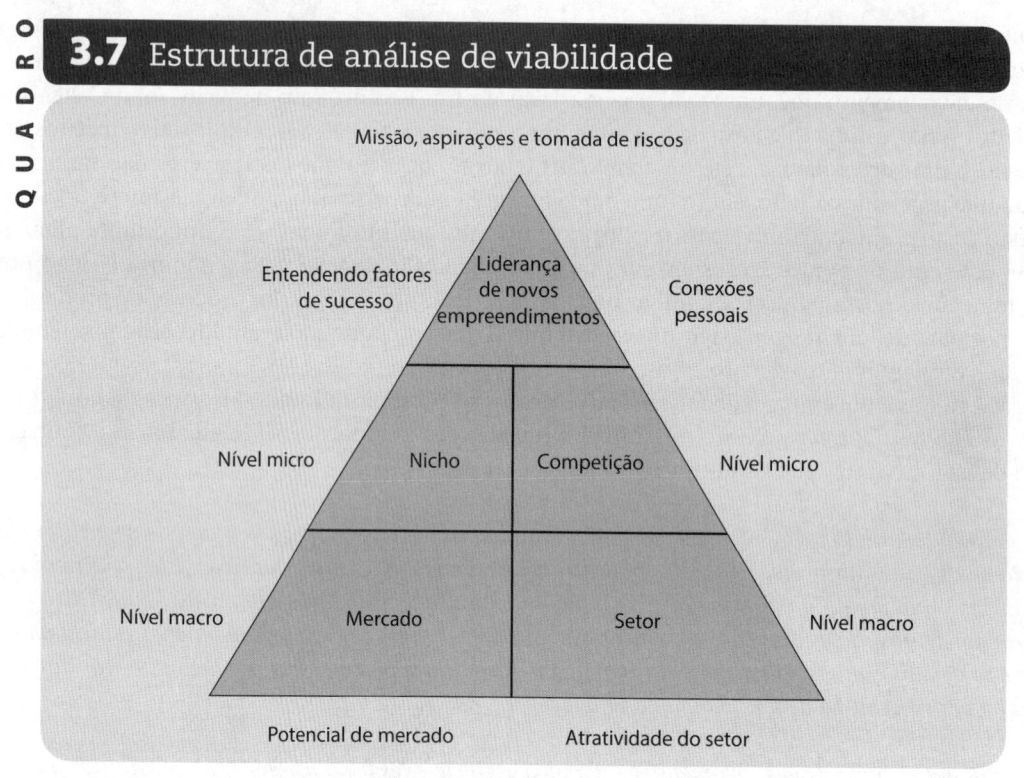

Missão, aspirações e tomada de riscos

- Entendendo fatores de sucesso
- Liderança de novos empreendimentos
- Conexões pessoais
- Nível micro — Nicho — Competição — Nível micro
- Nível macro — Mercado — Setor — Nível macro
- Potencial de mercado
- Atratividade do setor

Fonte: Adaptado de John W. Mullins, *The New Business Road Test: What Entrepreneurs and Executives Should Do Before Writing a Business Plan* (Londres: Financial Times Prentice Hall, 2010).

não forem promissoras. Em qualquer caso, as avaliações do mercado devem ser concluídas em ambos os níveis, e cada nível será avaliado por um conjunto muito diferente de perguntas.

Como parte de uma análise de viabilidade, uma avaliação do ambiente geral ajudará a identificar uma tendência que pode apoiar ideias de *startups* promissoras, uma das quais você provavelmente irá selecionar para uma análise mais aprofundada. Isso define o quadro para uma análise de macromercado, estabelecendo os limites para a pesquisa que você precisará conduzir em relação ao número de clientes-alvo e ao seu poder de compra e hábitos globais.

A avaliação dos micromercados, no entanto, segue uma direção muito diferente. Uma ideia de *startup* provavelmente estará ligada a um nicho de mercado que parece oferecer perspectivas aceitáveis para o crescimento e, talvez mais importante, um caminho para a entrada no mercado que é de alguma maneira protegido da concorrência existente. (Essas dinâmicas foram explicadas com mais detalhes em nossa discussão anterior, sobre estratégias de foco.) Sua avaliação de micromercado deverá esclarecer o valor único que a ideia inicial oferecerá aos clientes, mas também fornecer estimativas do tamanho do nicho, sua taxa de crescimento e suas perspectivas de longo prazo.

3-6b Atratividade do setor

Como os mercados, os setores devem ser considerados tanto a partir de uma "figura maior" como de um ponto de vista focado. Uma análise em nível macro avalia a atratividade global do setor em que a *startup* será estabelecida, talvez mais bem resumida pelo modelo de forças setoriais de Michael Porter.[43] Em última análise, essas percepções dirão se as condições do setor seriam favoráveis para a *startup* que você espera abrir. Quanto mais favoráveis são as forças, mais atrativo é o setor – mas tenha em mente que uma única força desfavorável pode ser suficiente para pender o equilíbrio em direção à falta de interesse; então é importante considerar essas forças com grande cuidado. Conhecimento prévio de condições adversas ajuda um empreendedor a fazer ajustes necessários para contrabalançar essas condições, ou pode sugerir que é hora de se desvencilhar desse conceito particular. De qualquer forma, a análise de viabilidade terá servido ao seu propósito, destacando os problemas em um determinado cenário do setor.

Uma avaliação do setor em nível micro está menos focada em saber se as condições do setor em geral são adequadas para lançar um novo negócio e mais na probabilidade do sucesso de uma *startup* no longo prazo. Isso exige que o empreendedor aspirante pense com cuidado sobre o empreendimento proposto para determinar se a vantagem que ele almeja pode ser protegida das pressões competitivas quando os concorrentes perceberem que têm um novo desafiante. Isso será determinado principalmente pelo potencial da *startup* em gerar vendas adequadas e a solidez de barreiras protetoras que o protegerão dos esforços da concorrência para replicar seus pontos fortes.

3-6c Liderança de novos empreendimentos

Por último, um novo negócio só será tão forte quanto o seu líder, por isso é importante avaliar se o empreendedor, ou a equipe empreendedora, está pronto para o desafio. Mullins sugere que três dimensões de capacidade são importantes aqui: (1) o alinhamento do empreendimento com a missão do seu líder, aspirações e nível de conforto com o risco envolvido, (2) compreensão do líder em relação aos fatores que são críticos para o sucesso da empresa e sua capacidade de execução com base neles e (3) as conexões do líder com fornecedores, clientes, investidores e outros participantes do setor que serão essenciais para fazer o trabalho empreendedor.

Esses fatores terão efeitos diretos e indiretos sobre as chances de êxito do empreendimento. Por exemplo, a intensidade e a consistência do foco da missão de um empreendedor, aspirações pessoais e tolerância aos riscos envolvidos alimentam o impulso e o compromisso necessários para tirar um negócio do chão e fazê-lo seguir em frente. E as capacidades que vêm de um profundo conhecimento e compreensão do novo empreendimento, bem como uma forte rede de conexões profissionais, permitem a um líder estar sensível a novas tendências de produto e de mercado antes que outros as vejam e a tomar decisões sábias ao posicionar produtos ou serviços em espaços competitivos.[44] No final, essas qualidades determinam se um líder tem o que é preciso para entrar no jogo dos negócios e se ele irá prevalecer.

Realizar uma análise de viabilidade leva tempo e esforço, mas serve ao propósito mais importante de identificar falhas em um conceito de negócio que podem ser fatais para a *startup* proposta. Embora muitas dessas falhas possam ser corrigidas por um ajuste de curso, a análise pode expor grandes falhas que não possam ser abordadas ou corrigidas. Se isso acontecer, você seria sábio em abandonar o conceito e transferir suas energias para uma alternativa mais atraente. Independentemente do resultado final, a conclusão de uma análise de viabilidade o deixará ciente do que precisa ser feito antes de dedicar tempo, dinheiro e energia para completar um plano de negócios em grande escala.

Glossário

Ambiente competitivo (p. 57) – O ambiente que foca nos pontos fortes, posicionamento e prováveis movimentos e contramovimentos de concorrentes em um setor.

Ambiente geral (p. 57) – O amplo ambiente, que abrange fatores que influenciam a maioria dos negócios em uma sociedade.

Ambiente setorial (p. 57) – O ambiente que inclui fatores que impactam diretamente determinada empresa e todos os seus concorrentes.

Análise de viabilidade (p. 66) – Uma avaliação preliminar de uma ideia de negócio que mede se o empreendimento imaginado tende a ter sucesso ou não.

Análise SWOT (p. 61) – Uma avaliação que fornece uma visão concisa da situação estratégica de uma empresa.

Atenção empreendedora (p. 49) – Prontidão para agir em oportunidades de negócios existentes, mas não percebidas.

Capacidades (p. 60) – As rotinas e processos de uma empresa que coordenam a utilização dos seus bens produtivos para alcançar os resultados desejados.

Competências essenciais (p. 60) – Aquelas capacidades que distinguem uma empresa de forma competitiva e refletem seu foco e personalidade.

Estratégia (p. 62) – Um plano de ação que coordena os recursos e compromissos de uma organização para alcançar um melhor desempenho.

Estratégia baseada na diferenciação (p. 63) – Um plano de ação projetado para fornecer um produto ou serviço com atributos únicos que são valorizados por consumidores.

Estratégia baseada nos custos (p. 63) – Um plano de ação que exige que uma empresa reduza os seus custos para poder competir cobrando preços mais baixos e ainda lucrar.

Estratégia de foco (p. 64) – Um plano de ação que isola uma empresa de concorrentes e outras forças de mercado ao optar como público-alvo um segmento restrito de mercado.

Falha fatal (p. 67) – Uma circunstância ou desenvolvimento que sozinho poderia levar um novo negócio ao fracasso.

Ideias de novas tecnologias (p. 51) – Ideias para *startups* que envolvem tecnologias novas ou relativamente novas centradas em fornecer aos clientes um novo produto ou serviço.

Ideias de novos benefícios (p. 51) – Ideias para *startups* centradas em oferecer aos clientes produtos ou serviços novos ou melhorados ou melhores maneiras de realizar funções previamente existentes.

Ideias de novos mercados (p. 50) – Ideias para *startups* centradas em fornecer aos clientes um produto ou serviço existente indisponível no seu mercado.

Paradoxo da atração (p. 65) – A ideia autocontraditória de que uma oportunidade de mercado atraente é suscetível de atrair vários concorrentes, diminuindo, assim, a sua atratividade.

Reconhecimento de oportunidade (p. 49) – Identificação de potenciais novos produtos ou serviços que podem levar a negócios promissores.

Recursos (p. 60) – Os insumos básicos que um empreendedor pode usar para iniciar e/ou operar um negócio.

Recursos intangíveis (p. 60) – Os recursos organizacionais que são invisíveis e difíceis de avaliar.

Recursos tangíveis (p. 60) – Os recursos organizacionais que são visíveis e fáceis de medir.

Reestruturar (*pivot*) (p. 51) – Reorientar ou recriar uma *startup* se o conceito inicial se mostrar falho.

Serendipidade (*serendipity*) (p. 52) – Uma facilidade em fazer descobertas desejáveis por mero acaso.

***Startups* (p. 50)** – Novos empreendimentos de negócios criados "do princípio."

Vantagem competitiva (p. 61) – Um benefício que existe quando uma empresa tem um produto ou serviço que é visto pelo mercado-alvo como sendo melhor do que o de concorrentes.

Recursos para *startups*

Observando tendências

Você pode observar tendências escutando seus clientes, permanecendo atento às mudanças do setor e usando ferramentas de marketing como grupos de foco, grupos de mídias sociais e salas de bate-papo *on-line*. Consultar websites como Trendhunter.com e JWTIntelligence.com também pode ajudar a observar desenvolvimentos emergentes e padrões significativos.

Ações para *startups*

Economize dinheiro com mídia social

Quer aprender mais sobre o que as pessoas estão dizendo sobre o seu setor, usando poucos recursos financeiros? Junte-se a grupos em sites como o LinkedIn ou o Facebook e siga blogs influentes no setor. Esses esforços te ajudarão a entender o sentido dos participantes mais importantes de seu setor e a identificar questões relevantes.

Você é quem manda

Situação 1

Jonathan Lugar, 17, tinha acabado de ajudar a mãe com um *garage sale* quando percebeu que poderia criar um negócio para fazer o mesmo para os outros e ganhar dinheiro para pagar a sua faculdade. A ideia era oferecer um serviço que evitasse a dor de cabeça de administrar um *garage sale*. Lugar iria lidar com tudo relacionado à publicidade e preparação das vendas, e sua experiência com outros eventos similares na área permitiria que ele treinasse os vendedores sobre preços para que os itens fossem realmente comprados. Ele pensou que poderia cobrar US$ 200 por trabalho para as vendas que gerassem US$ 400 ou menos, mas ele e o vendedor dividiriam as vendas acima de US$ 400, ficando metade para cada um. Lugar acreditava que o maior valor agregado de seus serviços seriam suas percepções de preços, uma vez que a maioria das pessoas raramente faz um *garage sale* e, portanto, têm pouca ideia sobre o quanto pedir pelos itens. A precificação cuidadosa tornaria seus clientes felizes, já que eles poderiam maximizar suas vendas e minimizar o risco de ficar com os itens de que estavam tentando se livrar. De fato, Lugar planejava manter um controle do preço pelo qual as coisas eram vendidas para fazer um ajuste fino de seus conselhos sobre preços. Ele estimava que seus custos da *startup* seriam mínimos e viriam principalmente do uso de sua caminhonete e de um pouco de combustível.

Pergunta 1 – Como você classificaria a ideia da *startup* do Lugar? É uma ideia de novos mercados, uma ideia de novas tecnologias ou uma ideia de novos benefícios?

Pergunta 2 – Qual foi a fonte da ideia da *startup* de Lugar?

Pergunta 3 – Você recomendaria que ele desse uma chance a esse conceito de *startup*? Explique seu raciocínio.

Situação 2

Willy Whitlock adora restaurar carros clássicos. Mas os clássicos habituais não são os que ele quer – o seu fascínio está nos carros dos anos 1950 e 1960 que são reconstruídos para serem rápidos, divertidos e verdadeiras obras de arte. Esse é o foco de sua *startup* de oficina de restauração, a Smokin' Wheels por Willy, um nome de empresa tão bom que imediatamente transmite a essência do negócio. Desde o lançamento de sua empresa em Tucson, Arizona, em setembro de 2012, Whitlock levou seu novo empreendimento para US$ 2 milhões em vendas, oferecendo belezas clássicas (de US$ 45.000 a US$ 150.000 cada) que são "modificadas" para atender aos gostos específicos de colecionadores muito exigentes e entusiastas de carros clássicos.

A singularidade é a chave para a estratégia da empresa, mas ela vai além disso. Whitlock usa um trabalho de pintura impressionante, com listras criativas e muito cromo para criar carros de tirar o fôlego e que certamente chamam a atenção – mas pintados e modificados em cada caso para atender com precisão os gostos dos amantes de carros que os encomendam. Essas são verdadeiras obras de arte que equilibram o alto desempenho com a estética deslumbrante. O trabalho de Whitlock permite aos clientes adicionar modelos clássicos de carros às suas coleções, mas com a potência impressionante e aplicações de pintura e detalhes no projeto singulares.

Pergunta 1 – Com base nos quadros introduzidos neste capítulo, que tipo de estratégia Whitlock está seguindo em seu novo empreendimento?

Pergunta 2 – Identifique os pontos fortes sobre os quais esse negócio está construído. Você observa algum ponto fraco que possa ser motivo de preocupação para a empresa?

Pergunta 3 – Há alguma ameaça particular que vai colocar Smokin' Wheels por Willy em risco com o passar do tempo? Você pode ver quaisquer oportunidades que possam permitir que a empresa cresça no futuro?

Pergunta 4 – Quais recursos e capacidades formam a base para o negócio? Você acha que estes serão suficientes para criar uma vantagem competitiva *sustentável* para a empresa? Por que ou por que não?

Notas

1. Leia mais sobre um cenário interessante que integra três formas do processo de pesquisa (pesquisa deliberada, pesquisa guiada pela percepção setorial e atenção a oportunidades), veja Robert A. Baron, "Opportunity Recognition as Pattern Recognition: How Entrepreneurs 'Connect the Dots' to Identify New Business Opportunities," *Academy of Management Perspectives*, vol. 20, n. 1 (fevereiro de 2006), p. 104–119.
2. Israel M. Kirzner, *Competition and Entrepreneurship* (Chicago: University of Chicago Press, 1973), p. 74.
3. Para uma discussão mais profunda do conceito de atenção e a essência do pensamento do empreendedor, veja Jeffery S. McMullen e Dean A. Shepherd, "Entrepreneurial Action and the Role of Uncertainty in the Theory of the Entrepreneur," *Academy of Management Review*, vol. 31, n. 1 (2006), p. 132-152.
4. O processo de reconhecimento de oportunidade não é totalmente guiado pelos pensamentos. Na verdade, os sentimentos e emoções também podem exercer um papel muito importante. Para uma análise interessante da interação do efeito e processos cognitivos, veja Robert A. Baron, "The Role of Affect in the Entrepreneurial Process," *Academy of Management Review*, vol. 33, n. 2 (2008), p. 328-340.
5. Citado em April Y. Pennington, "Copy That: In Business, Imitation Is More Than a Form of Flattery," *Entrepreneur*, vol. 34, n. 3 (março 2006), p. 22.
6. Citado em Lizette Chapman, "'Pivoting' Pays Off for Tech Entrepreneurs," *The Wall Street Journal*, 26 de abril de 2012, http://online.wsj.com/article/SB10001424052702303592404577364171598999252.html. Acesso em 30 de julho de 2012.
7. "CrunchBase: Unreal Brands," http://www.crunchbase.com/organization/unreal-brands. Acesso em 28 e outubro de 2014; "Get Unreal: Our Story," http://getunreal.com/our-story. Acesso em 28 de outubro de 2014; and Sarah E. Needleman, "A Young Entrepreneur's Sweet Idea," *The Wall Street Journal*, 14 de junho de 2012, http://online.wsj.com/article/SB10001424052702303410404577464700830700754.html. Acesso em 28 de outubro de 2014.
8. A experiência pessoal pode influenciar o *tipo* de ideias para *startup* que os empreendedores desenvolvem, mas evidências recentes indicam que a experiência profissional em geral, bem como a experiência com novos empreendimentos em particular, pode melhorar a *qualidade* de conceitos gerados. Para mais informação sobre esse assunto, veja Maw-Der Foo, "Member Experience, Use of External Assistance and Evaluation of Business Ideas," *Journal of Small Business Management*, vol. 48, n. 1 (janeiro de 2010), p. 32-43.
9. "*Inc.* 5000: SeekingSitters," http://www.inc.com/profile/seekingsitters. Acesso em 28 de outubro de 2014; Kevin Manahan, "A Service Born of Necessity," *Entrepreneur*, 9 de abril de 2009, http://www.entrepreneur.com/article/201166. Acesso em 28 de outubro de 2014; e "SeekingSitters: Professional Babysitting Services," http://www.seekingsitters.com. Acesso em 28 de outubro de 2014.
10. Colleen Taylor, "Zuckerberg: Facebook Started Out as a 'Hobby' and a 'Project,' Not a Company," TechCrunch, 20 de outubro de 2012, http://techcrunch.com/2012/10/20/zuckerberg-facebook-started-out-as-a-hobby-and-a-project-not-a-company. Acesso em 28 de outubro de 2014.
11. Erin Weinger, "Selling Short," *Entrepreneur*, vol. 38, n. 4 (abril de 2010), p. 19.
12. Ibid.
13. Para saber mais sobre a criatividade e o processo de geração de ideia de negócios, veja Dimo Dimov, "Idea Generation from a Creativity Perspective," em Andrew Zacharakis e Stephen Spinelli, Jr. (eds.), *Entrepreneurship: The Engine of Growth* (Westport, CT: Praeger Perspectives, 2007), p. 19-41.
14. "Industry Leader: Travel: Sixthman," *Inc.*, vol. 33, n. 7 (setembro de 2011), p. 200.
15. Chuck Salter, "This Is How We Do It," *Fast Company*, n. 165 (maio de 2012), p. 88–89.
16. Citado em Jason Ankeny, "The Good Sir Richard," *Entrepreneur*, vol. 40, n. 6 (junho de 2012), p. 30–38.
17. Anne Tergesen "When Guests Check In, Their iPhones Check Out," *The Wall Street Journal*, 5 de julho de 2011, p. D1.
18. Joe Sharkey, "Reinventing the Suitcase by Adding the Wheel," *The New York Times*, 4 de outubro de 2010, http://www.nytimes.com/2010/10/05/business/05road.html?_r=0. Acesso em 17 de novembro de 2014.
19. Michelle Juergen, "Sleep Like a Champ," *Entrepreneur*, vol. 40, n. 3 (março de 2012), p. 74.
20. Sarah Kessler, "All Natural – From Her Ranch to Your Backyard," *Inc.*, vol. 32, n. 4 (maio de 2010), p. 23; e http://www.manuretea.com/about. Acesso em 31 de outubro de 2014.
21. Christina Binkley, "New Ways to Give Yourself a Gift Evejay Month," *The Wall Street Journal*, 19 de dezembro de 2013, p. D3; Nicole LaPorte, "Getting Their Fix," *FastCompany*, n. 183 (março de 2014), p. 44-46; e Charles Passy, "One Item. Hundreds of Buyers. And 30 Days to Deliveja," *The Wall Street Journal*, 3 de fevereiro de 2014, p. R4.
22. Sarah Needleman e Angus Loten, "Startups Want to Be the Next Airbnb, Uber," *The Wall Street Journal*, 7 de maio de 2014, p. B4.

23. Nicole Fallon, "Clothing Rental Business Makes Leasing Fashion Easy," *Business News Daily*, 21 de janeiro de 2014, http://www.businessnewsdaily.com/544-avelle-clothing-rental-business.html. Acesso em 12 de agosto de 2015.
24. Jodi Helmer, "Paperless Bliss," *Entrepreneur*, vol. 40, n. 3 (março de 2012), p. 76; Jennifer Wang, "One Man's Trash," *Entrepreneur*, vol. 39, n. 4 (abril de 2011), p. 50–53; e "About Calsaway," http://www.calsaway.com/about.html. Acesso em 31 de outubro de 2014.
25. Como uma alternativa para as opções de fora para dentro e de dentro par fora, veja Dimo Dimov, "From Opportunity Insight to Opportunity Intention: The Importance of Person-Situation Learning Match," *Entrepreneurship Theory and Practice*, vol. 31, n. 4 (julho de 2007), p. 566. Dimov menciona duas oportunidades muito diferentes de situações de indução de *insight*: em situações *guiadas pela demanda*, o empreendedor está ciente das necessidades do cliente, mas não sabe nada sobre quaisquer produtos que possam atender a essas necessidades. Em situações *guiadas pelo oferta*, o empreendedor está ciente de um produto emergente, mas não conhece nada sobre as necessidades do cliente que poderiam ser satisfeitas por ele.
26. "Obesity Trends," Harvard School of Public Health, http://www.hsph.harvard.edu/obesity-prevention-source/obesity-trends. Acesso em 4 de novembro de 2014.
27. Bruce R. Barringer, *Preparing Effective Business Plans: An Entrepreneurial Approach* (Upper Saddle Riveja, NJ: Pearson Prentice Hall, 2009), p. 37.
28. Michael Porter, *Competitive Advantage* (Nova York: Free Press, 1985), p. 7-29.
29. William A. Sahlman, *How to Write a Great Business Plan* (Boston: Harvard Business School Press, 2008).
30. "Starbucks Coffee International," http://www.starbucks.com/business/international-stores. Acesso em 13 de fevereiro de 2015.
31. Stephan Faris, "Grounds Zero," *Bloomberg Businessweek*, 9 de fevejaeiro de 2012, http://www.businessweek.com/magazine/grounds-zero-a-starbucksfreeitaly-02092012.html#p2. Acesso em 11 de novembro de 2014.
32. http://getradiotag.com. Acesso em 11 de novembro de 2014; e Sara Wilson, "Maximizing Air Time," *Entrepreneur*, vol. 36, n. 11 (novembro de 2008), p. 71.
33. Philip Kotler, "Focusing and Niching: Kotler on Marketing," http://www.marsdd.com/mars-library/focusing-and-niching-kotler-on-marketing. Acesso em 11 de novembro de 2014.
34. "Personalized Bottle Water: Our Story," http://www.personalizedbottlewater.com/our-story.aspx. Acesso em 11 de novembro de 2014.
35. Gwen Moran, "Six Weeks to a Better Bottom Line," *Entrepreneur*, vol. 38, n. 1 (janeiro de 2010), p. 49.
36. Marc J. Dollinger, *Entrepreneurship: Strategies and Resources* (Lombard, IL: Marsh Publications, 2008), p. 144.
37. Porter, op. cit., p. 5.
38. Barringer, op. cit., p. 36.
39. Teri Evans, "Have a Business Idea? Test It on the Cheap," 25 de outubro de 2010, http://smallbusiness.foxbusiness.com/entrepreneurs/2010/10/25/business-idea-test-cheap. Acesso em 12 de novembro de 2014.
40. Citado em Mark Henricks, "What Not to Do," *Entrepreneur*, vol. 32, n. 2 (Fevejaeiro de 2004), p. 84-90.
41. John W. Mullins, *The New Business Road Test* (Londres: Financial Times Prentice Hall, 2010), p. 3-4.
42. Ibid, p. 10.
43. Porter, op. cit.
44. Ibid., p. 16.

CAPÍTULO 4

Franquias e compras

Os franqueados são empreendedores? Muitos dizem que os franqueados são pessoas que simplesmente "compram um emprego para eles" e administram um negócio sob as regras do franqueador. Algumas agências governamentais em diferentes países questionam se as franquias são realmente negócios independentes.

Em 2014, o National Labor Relations Board (Conselho Nacional das Relações de Trabalho) dos EUA determinou que os empregados das franquias do McDonald's são empregados tanto do franqueador quanto do franqueado, sugerindo que franqueador e franqueado são coproprietários do negócio.

Um franqueado do McDonald's vê isso de maneira diferente. Richard Castro possui mais de 20 restaurantes McDonald's em vários locais no Texas. Castro nasceu em Del Rio, no Texas, onde seu pai era dono de uma pequena empresa de construção civil e sua mãe trabalhava em casa como costureira. Ele conseguiu estudar na Texas State University, obtendo seu diploma de professor. Um ano após sair da faculdade, Castro conseguiu um emprego de assistente administrativo na prefeitura da cidade de Del Rio. Ele foi rapidamente promovido e tornou-se administrador da cidade, ficando no cargo por dois anos antes de lançar seu próprio negócio na área de imóveis e de construção civil.

> No Spotlight
> **Castro Enterprises:**
> **O franqueado inovador**

Um amigo era um franqueado do McDonald's em Del Rio e incentivou Castro a avaliar oportunidades com a empresa. Castro estudou a opção e foi aceito no Centro de Treinamento do McDonald's, Universidade do Hamburger. Após a formatura, ele fundou a Castro Enterprises e comprou uma franquia do McDonald's em El Paso. Castro não se via como se estivesse comprando um emprego, trabalhando como gerente do restaurante. Pelo contrário, ele via a Castro Enterprises como uma empresa que cresceria para além de uma única unidade. A franquia dele teve sucesso, o que levou à construção de mais restaurantes do McDonald's em El Paso e à expansão para outras cidades, por meio de *startups* e aquisições.

Ao se encontrar com outros franqueados na região de El Paso, Castro sugeriu acrescentar um item ao menu – um burrito – que poderia atrair os clientes hispânicos. O franqueador não mostrou nenhum interesse no início, mas permitiu que os franqueados de El Paso realizassem o experimento, introduzindo o burrito de café da manhã. O produto pegou, levando o McDonald's a oferecer o produto em outros

Ao término deste capítulo, você deverá ser capaz de:

4-1. Definir o que é uma *franquia* e ter bom entendimento da terminologia usada em franquias.

4-2. Entender os prós e contras de uma franquia.

4-3. Descrever o processo para avaliar uma oportunidade de franquia.

4-4. Listar quatro razões para comprar uma empresa já existente e descrever o processo de avaliação de um negócio existente.

locais e, posteriormente, adicionar mais itens ao menu com o sabor do sudoeste norte-americano.

A atitude empreendedora de Castro não se restringiu ao seu negócio. Ele revela que a retribuição à comunidade faz parte do seu DNA. Ele tem mantido um foco na educação, que ele vê como um equalizador que abre portas para a oportunidade. Castro criou o Programa de Bolsa de Estudos HACER em 1985, apoiando a educação superior para estudantes hispânicos. O programa tornou-se o modelo para um fundo de bolsa de estudos estabelecido pelo franqueador. Castro também fundou a CommUNITY en Acción, uma organização filantrópica em El Paso, projetada para reunir diversas partes para promover educação, desenvolvimento econômico e empreendedorismo, bem como para oferecer programas culturais.

Richard Castro é um empreendedor? Nós achamos que sim – no melhor sentido da palavra.

Fontes: Robert Gray, "Richard Castro–Owner, Castro Enterprises: King of McDonald's", *El Paso Inc.*, 12 de março de 2014; "2011 Faces of Diversity–Richard Castro", http://www.youtube.com/watch?v=L-CZ23wP5iA. Acesso em 28 de fevereiro de 2015; Texas State University, "Distinguished Alumni Achievement Awards 2013", http://www.liberalarts.txstate.edu/people/DAAA/DAAA2013/castro.html. Acesso em 28 de fevereiro de 2015; e Janice Yu, "Positively El Paso: Richard Castro–A Community Leader", http://www.ktsm.com/news/positively-el-paso-richard-castro-community-leader. Acesso em 28 de fevereiro de 2015.

Escolha uma centena de pessoas ao acaso e peça que elas falem o nome de uma franquia. É provável que o McDonald's seja mencionado mais do que qualquer outra empresa. E a maior parte dos outros franqueadores nomeados provavelmente serão empresas de *fast food*. Mas dê uma olhada no site da International Franchise Association (www.franchise.org) e você encontrará 98 categorias de setores listados. As empresas com franquia prestam serviços contábeis e tributários, serviços de limpeza e pessoal, controle de gestão da vida selvagem e muito mais. Essas organizações desempenham um papel importante nos Estados Unidos e na economia global fornecendo produtos, serviços e emprego. Franqueadores respeitáveis oferecem negócios baseados em modelos que foram testados e têm maior probabilidade de sucesso do que simplesmente começar do zero. Claro, nenhuma empresa é livre de risco. Se você se decidir por seguir esse caminho, deve entender o que significa ser um franqueado e como trabalhar com o franqueador.

4-1 O QUE É UMA FRANQUIA?

O modelo de franquia existe há muito tempo de várias formas. Alguns dizem que o modelo para a franquia moderna foi a antiga Igreja Católica Romana, quando o papa autorizou os padres a recolher os dízimos e a remeter uma parte ao Vaticano enquanto mantinha o restante para manutenção paroquial.[1] Outros traçam o início da franquia na Idade Média, quando um senhor feudal concedia certos direitos a leigos em troca de uma taxa e de sua obediência em realizar certas atividades comunitárias, como a operação de balsas.[2]

A empresa Singer Sewing Machine é reconhecida como o primeiro franqueador dos Estados Unidos.[3] Em 1851, Albert Singer assinou acordos com varejistas locais para conceder-lhes direitos exclusivos para a venda de máquinas de costura Singer. Seu contrato tornou-se a base para aqueles usados por franqueadores até hoje. Alguns historiadores, entretanto, afirmam que Benjamin Franklin foi realmente o primeiro franqueador dos EUA.[4] Eles citam o acordo por ele celebrado com o dono de uma tipografia na Carolina do Sul para reproduzir as colunas do *Poor Richard's Almanac*. (Um fato merecedor de citação é que a viúva do dono da tipografia da Carolina do Sul assumiu eventualmente o negócio de seu marido, tornando-se a primeira mulher franqueadora na América do Norte.)

4-1a A terminologia usada em franquias

Se você está pensando em negociar para comprar uma franquia, precisará entender a linguagem específica que é usada nessa área. Duas agências governamentais dos Estados Unidos, a Small Business Administration (www.sba.gov) e a Federal Trade Commission (www.ftc.gov), juntamente com a International Franchise Association (www.franchise.org), são boas fontes de definições dos termos usados no mundo da franquia.

A SBA define uma **franquia** como um modelo de negócio que envolve o dono de um negócio que licencia marcas e metodologias para um empreendedor independente.[5] Existe uma relação legal e comercial entre um **franqueador** (o proprietário de uma marca comercial, marca de serviço, nome comercial ou símbolo publicitário) e um **franqueado** (um indivíduo ou grupo que deseja usar essa identificação em um negócio). Geralmente, um franqueado vende bens ou serviços fornecidos pelo franqueador ou que atendam padrões de qualidade do franqueador. A franquia corresponde ao direito de fazer negócios usando o nome do franqueador e de obter o uso de marcas registradas, suporte e controle.

A relação de franquia baseia-se na confiança mútua entre o franqueador e o franqueado. O franqueador fornece experiência em negócios (planos de marketing, orientação de gestão, assistência financeira, localização da franquia, treinamento etc.) que de outra forma não estaria disponível para o franqueado. O franqueado traz o espírito empreendedor e a motivação e conduta necessárias para fazer da franquia um sucesso.

Existem duas formas primárias de franquia: a de produto e nome comercial e a de formatação do negócio.[6] Na **franquia de produto e nome comercial**, um franqueador possui o direito relacionado a um produto ou marca e vende esse direito a um franqueado. As concessionárias de automóveis da Ford, os engarrafadores de refrigerantes Pepsi-Cola e as lojas de conveniência e estações de serviço da Esso são exemplos de empresas envolvidas com esse tipo de franquia. Com a **franquia de formatação do negócio**, o franqueador frequentemente fornece uma gama completa de serviços, incluindo seleção do local, treinamento, fornecimento de produtos, planos de marketing e até mesmo assistência na obtenção de financiamento. Restaurantes de serviço rápido (como McDonalds e Carl Jr.), hotéis e motéis (como a empresa Choice Hotels, detentora das marcas Clarion, Quality Inn, Comfort Inn e outras) e serviços empresariais (como o Jani-King) tipicamente representam esse tipo de franquia.

Para se tornar um franqueado, você precisará firmar um contrato legal com o franqueador, detalhando o seu relacionamento e as obrigações de cada uma das partes. Isso é conhecido como um **contrato de franquia**. Antes de assinar esse contrato, o franqueador deve fornecer um Documento de Divulgação de Franquia, que será descrito mais adiante neste capítulo. Os franqueadores não desenvolvem suas organizações esperando que os franqueados venham bater à sua porta. Em vez disso, estabelecem estruturas organizacionais e funcionários ou parceiros designados a expandir o número de lojas franqueadas e monitorar o desempenho delas. Os meios mais utilizados para a realização dessas estratégias de crescimento são por meio da utilização de:

- Um **licenciado ou franqueado máster**, que é uma empresa ou indivíduo que possui uma relação contratual contínua com um franqueador para vender suas franquias. Essa empresa, ou empresário, independente é um tipo de intermediário ou agente de vendas responsável por encontrar novos franqueados em um determinado território. Os franqueados máster podem fornecer serviços de suporte tais como treinamento e armazenamento, que são mais tradicionalmente fornecidos pelos franqueadores. Os franqueadores dos EUA geralmente contam com a ajuda de franqueados máster para expandir em outros países, para selecionar empresas e líderes de sucesso para abrir unidades próprias e subfranqueá-las a terceiros.
- **Propriedade de unidades múltiplas** – em que um único franqueado possui mais de uma unidade do negócio franqueado.
- **Desenvolvedores de área** – são indivíduos ou empresas que obtêm o direito de abrir diversas lojas em uma determinada área.
- **Franquia combinada** (*piggyback*) – refere-se à operação de uma franquia de varejo dentro das instalações físicas de outro negócio. Um exemplo de franquia combinada ocorre quando a Subway opera um restaurante dentro da área de conveniência de um posto de gasolina.
- **Franquia de multimarcas** – envolve o funcionamento de várias organizações de franquias dentro de uma única estrutura corporativa. As múltiplas marcas podem ocorrer no nível do franqueador, como a Família Moran de marcas que inclui o Alto Mere, Smart View, Mr. Transmission e Milex, todos no setor automotivo de reposição. E pode ser usada por franqueados como Sean Falk, que é um franqueado da Great American Cookies, da Sra. Fields Cookies e de mais duas marcas.
- **Associação de marcas** (*co-branding*) – envolve a junção de duas marcas de franquia com apenas um proprietário. Muitas vezes você vê a associação de marcas usada por proprietários de postos de gasolina, que também são franqueados de restaurantes de *fast food*, como Subway ou McDonald's.

4-1b Impacto da franquia

A International Franchise Association (IFA) patrocina estudos sobre o impacto das franquias na economia dos EUA. A missão da IFA é proteger, melhorar e promover as franquias.[7] Fundada em 1960, entre seus membros a IFA congrega mais de 70% de todas as empresas franqueadoras registradas nos Estados Unidos, 10 mil franqueados e fornecedores de produtos, serviços e assistência aos sistemas de franquia.[8]

De acordo com o estudo *Perspectivas Econômicas de Empresas de Franquias 2015* da IFA, as empresas franqueadas disponibilizaram mais empregos do que setores completos da economia dos EUA. Os empregos diretos em 781.794 estabelecimentos de franquias totalizaram 8.816 milhões posições. As receitas geradas por negócios totalizaram US$ 889 bilhões, representando 5,1% do produto interno dos Estados Unidos.[9] Contudo, esses números subestimam o impacto total das franquias na economia, porque a franquia estimula a atividade econômica e gera crescimento em muitos negócios não franqueados, como fornecedores e credores. Espera-se que o uso do modelo de franquia para a formação e crescimento de negócios aumente. Não só as empresas norte-americanas estão se expandindo internacionalmente, mas as sedes dos franqueadores em outros países também estão buscando entrar no mercado norte-americano, firmando contratos com novos franqueados.

Vivendo o sonho
EXPERIÊNCIAS EMPREENDEDORAS

Dawn Lafreeda – O sonho de ser dono de um negócio

Dawn Lafreeda lembra ter 11 anos de idade e dizer para sua mãe "Um dia vou ter minha própria empresa e ganhar muito dinheiro," e de sua mãe respondendo: "Claro que sim." A mãe de Lafreeda era solteira, criando três filhos. Trabalhando como gerente regional para os restaurantes Denny's, ela era um modelo para seus filhos.

Como o dinheiro era apertado, quando Lafreeda estava crescendo, ela, aos 16 anos, aceitou um emprego no Denny's como garçonete e *hostess*. Ela valorizava a oportunidade que o Denny's tinha dado à sua mãe e ficou impressionada com as operações da empresa conforme ganhava experiência interna. Quando tinha 23, ela convenceu o Denny's a vender-lhe uma franquia. Lafreeda certamente não era independente financeiramente naquela idade. Ela relata ter financiado seu primeiro empreendimento com cartões de crédito. Naquele tempo, ela não via ser dona de um negócio como um grande risco. Sua visão era que, se falhasse, ela poderia começar de novo e ainda estaria em seus vinte anos.

Após algum tempo, Lafreeda convenceu o franqueador a dar-lhe uma chance em um grande mercado e se tornou uma franqueada do Denny's em San Antonio, Texas. Ela justificou o compromisso da empresa para com ela expandindo sua operação de uma única unidade para 75 restaurantes em sete estados até 2014. Ela evitou buscar investimentos externos, utilizando seus próprios lucros para a expansão do seu negócio.

No início, Lafreeda enfrentou obstáculos em relação a idade e sexo. Ela explica que parecia muito mais jovem do que sua idade real. As pessoas que a encontravam no restaurante pensavam que ela era uma garçonete e não a levavam a sério. Ela conta que um banco lhe recusou um empréstimo por não acreditar que ela era a proprietária da franquia.

Lafreeda aprendeu que ser uma boa gerente de restaurante não é suficiente para a sobrevivência a longo prazo. Condições econômicas, regulamentos governamentais e outros fatores que vão além do controle de um proprietário de empresa podem levar a operação ao sucesso ou ao fracasso. Ela reconhece a ajuda do franqueador durante situações difíceis, primeiro por arriscar tê-la como franqueada quando era tão jovem e, depois, apoiando seus esforços para obter financiamento para expandir seus negócios. E a empresa a guiou durante a Grande Recessão dos EUA, entre 2007--2009, ajudando-a e outros franqueados a cortar custos e a promover seus restaurantes.

Lafreeda explica que ela vê a franquia como a empresa aérea Southwest Airlines vê seus negócios: ter um avião e conhecê-lo muito bem. Ela conhece muito bem o modelo de negócios do Denny's.

Fontes: Jason Daley, "How a Former Denny's Waitress Amassed an Empire of Over 75 Denny's Locations", http://www.entrepreneur.com/article/234985. Acesso em 2 de janeiro de 2015; Jessica Elizarraras, "Rise of the Female Breadwinners: Dawn Lafreeda", http://www.sacurrent.com/sanantonio/rise-of-the-female-breadwinners-dawn-lafreeda/Content?Oid=2247127. Acesso em 2 de janeiro de 2015; "Denny's Waitress Now Owns 75 Denny's Restaurants", http://vídeo.foxbusiness.com/v/3752331760001/dennys-waitress-now-owns-75-dennysrestaurants/#sp=show-clips&v=3752331760001. Acesso em 2 de janeiro de 2015; e Randy Lankford, "Dawn Patrol: Denny's Largest Sole-Ownership Franchisee Enjoys Success", http://www.fsrmagazine.com/content/dawnpatrol-dennys-largest-sole-ownership-franchisee-enjoys-success. Acesso em 3 de janeiro de 2015.

4-2 OS PRÓS E OS CONTRAS DE UMA FRANQUIA

"Olhe antes de pular" é um velho ditado que deve ser considerado por empreendedores que estão pensando em ter uma franquia. Analisar a compra de uma franquia em comparação com caminhos alternativos para iniciar um negócio é tarefa importante e que merece consideração cuidadosa.

4-2a Os prós

Comprar uma franquia pode ser atraente por diversas razões. A maior vantagem é a probabilidade de sucesso. Os franqueadores oferecem um modelo de negócio com um histórico de sucesso comprovado. Um franqueador respeitável passa pelos testes e erros que um empreendedor poderia enfrentar quando inicia um negócio de forma independente. Uma explicação para a baixa taxa de fracasso de franquias é o quão seletivos são muitos franqueadores na sua escolha; mesmo os potenciais franqueados que são qualificados financeiramente algumas vezes são rejeitados. O Quadro 4.1 lista algumas das principais vantagens que você pode obter por meio da franquia.

As lojas com franquia também têm uma taxa de sobrevivência mais alta do que as empresas independentes. Franquias atraentes têm nomes que são bem conhecidos pelos potenciais clientes, tais como Jiffy Lube (serviços automotivos), Century 21 (imóveis) e Pizza Hut. Quando um novo franqueado vem a bordo, os franqueadores fornecem manuais detalhados de operações, de modo que o trabalho árduo de definir a operação já foi feito. E eles apoiam seus franqueados fornecendo treinamento, reduzindo custos de compra, formatando campanhas promocionais e dando assistência na obtenção de capital. Naturalmente, os franqueadores individuais variam na intensidade do apoio oferecido aos franqueados.

A franquia também pode ser uma forma para as empresas existentes buscarem diversificação. Donos de uma pequena empresa que obteve sucesso podem se encontrar em setores da economia maduros com potencial de crescimento limitado. Sua empresa atual pode fornecer os recursos para adquirir uma franquia em um setor com mais oportunidades. Como gestores de uma empresa de sucesso, eles podem decidir que a adoção de um modelo comprovado conduzirá ao crescimento mais rápido do que começando do zero.

NOMES COMERCIAIS E MARCAS REGISTRADAS

Quando você abre seu próprio negócio, pode levar muito tempo e muito dinheiro para que seu nome seja estabelecido e para que clientes apareçam na sua porta ou acessem o seu site. Quando você se torna um franqueado, no

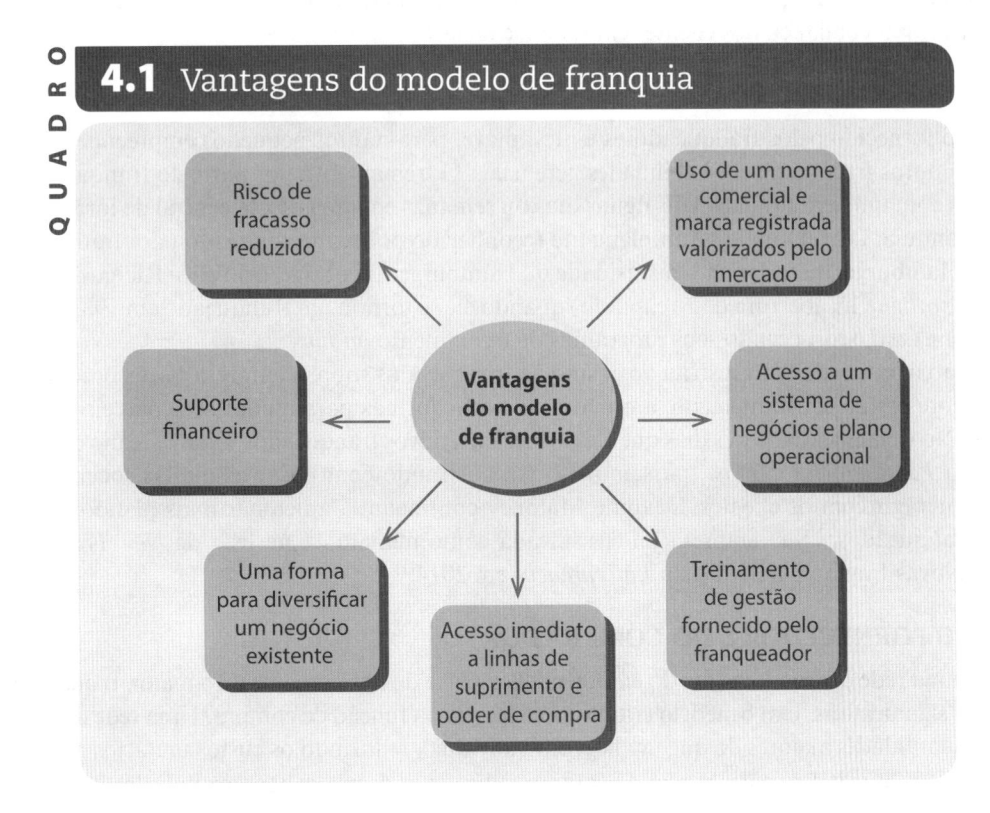

QUADRO 4.1 Vantagens do modelo de franquia

- Risco de fracasso reduzido
- Uso de um nome comercial e marca registrada valorizados pelo mercado
- Acesso a um sistema de negócios e plano operacional
- Treinamento de gestão fornecido pelo franqueador
- Acesso imediato a linhas de suprimento e poder de compra
- Uma forma para diversificar um negócio existente
- Suporte financeiro

entanto, espera que o franqueador já tenha estabelecido a fundação do negócio. Um empreendedor que celebra um contrato de franquia adquire o direito de usar a marca registrada ou marcas do franqueador. Franqueadores que são eficazes na criação de consciência de mercado e aceitação de sua empresa e suas marcas ajudam a franquia local a ser associada com um produto ou serviço amplamente reconhecido. Se os clientes estiverem satisfeitos com os produtos e serviços que receberam de determinada unidade de uma rede, eles são suscetíveis a negociar com outra loja que leva o nome daquela empresa.

O sucesso de muitos negócios resulta de sua propriedade intelectual. Patentes geralmente protegem a propriedade intelectual, mas um nome de marca registrada pode ser igualmente valioso quando se torna parte do uso público comum. Uma marca registrada protege "palavras, nomes, símbolos, sons ou cores que distinguem bens e serviços daqueles fabricados ou vendidos por outros e para indicar a fonte dos bens. As marcas registradas, ao contrário das patentes, podem ser renovadas para sempre contanto que estejam sendo usadas em relações comerciais".[10] Pense nos Arcos Amarelos ou no Big Mac do McDonald's, e até mesmo no *slogan* usado pela empresa, "Amo muito tudo isso!"[11] Marcas registradas e nomes comerciais tornam um negócio instantaneamente identificável para potenciais consumidores e clientes e podem trazê-los porta adentro. Você encontrará mais informações sobre marcas registradas, patentes e direitos autorais e o valor que eles agregam no Capítulo 15.

UM SISTEMA DE NEGÓCIOS E UM PLANO OPERACIONAL COMPROVADOS

Além de uma linha comprovada de negócios e produtos ou serviços prontamente identificáveis, os franqueadores oferecem métodos bem desenvolvidos e completamente testados de marketing e gestão. Os manuais e procedimentos fornecidos aos franqueados permitem que eles funcionem mais eficientemente desde o início. Firmas respeitáveis que crescem por meio de franquias começam com lojas próprias, nas quais desenvolvem seu modelo fundamental de negócios, levando a um método testado e aprovado de operar o negócio. Eles documentam os procedimentos que funcionam, compilam-nos em um manual de operações e fornecem o manual aos franqueados. As diretrizes do manual explicam os passos específicos requeridos para operar a empresa de forma lucrativa.

Um manual de operações pode ser a ferramenta mais valiosa fornecida a um franqueado. Seguir o caminho traçado no manual ajuda o proprietário a evitar erros que muitas vezes ocorrem com um negócio de *startup*, tais como empregar pessoal não qualificado e investir no equipamento ou estoque errado. O franqueado deve usar o manual para canalizar sua energia para as atividades mais produtivas que levam à sobrevivência e à lucratividade. E é responsabilidade do franqueado seguir o manual. Um dos aspectos mais críticos da franquia é que os clientes devem ser capazes de encontrar os mesmos produtos, serviços e métodos de condução de negócios em qualquer uma das lojas da cadeia. Se for permitido a uma franquia operar em um nível inferior, ela poderá facilmente destruir a confiança dos clientes em toda a cadeia.

SUPORTE DE TREINAMENTO

O treinamento fornecido pelos franqueadores é inestimável para muitos pequenos empreendedores porque ele compensa os pontos fracos em suas habilidades gerenciais. O treinamento por parte do franqueador frequentemente começa com um período inicial de alguns dias ou semanas em uma escola central de formação e continua no local da franquia. O McDonald's é amplamente reconhecido por seu treinamento para franqueados na Universidade do Hamburger. Estudar na Universidade do Hamburger foi obrigatório para Richard Castro (descrito na seção *No Spotlight*, na abertura deste capítulo) quando ele se tornou um franqueado em 1982. Cada vez mais, os franqueadores estão fornecendo seus programas de treinamento *on-line*.

A formação não tem de estar restrita ao ensino de franqueados sobre a empresa e seus produtos. Os melhores franqueadores estão constantemente à procura de novas formas para ajudar seus parceiros a continuarem competitivos. No treinamento de três dias que eles fornecem a novos franqueados, Cathy Deano e Renee Maloney, fundadores da *Painting with a Twist*, passam meio dia ilustrando como usar as mídias sociais para construir o negócio e interagir com os clientes. Deano e Maloney continuam a adicionar mais plataformas para serem usadas por franqueados.[12] Sua empresa foi classificada como número 11 na lista de *New Franchise Rankings* (*Ranking* de Novas Franquias) da revista *Entrepreneur* em 2014.[13]

O PODER DO FORNECEDOR E DO COMPRADOR

Participar de uma rede de franquias faz do empreendedor parte de uma organização maior, o que oferece economias de escala significativas. Um benefício crítico é a eficiência na função de compra. Uma rede de franquias pode comprar em quantidades maiores do que um negócio individual, reduzindo os custos unitários para os franqueados. Além disso, as atividades centralizadas de compra reduzem as despesas operacionais dos pontos de venda.

Os franqueados são muitas vezes obrigados a contribuir com as despesas de marketing, além dos *royalties* que pagam sobre as vendas. Essas despesas são agrupadas para o benefício de toda a rede. O franqueador é, então, capaz de investir em pesquisas de marketing mais sofisticadas, campanhas publicitárias de maior qualidade e meios de comunicação mais abrangentes do que os franqueados poderiam fazer de forma independente. Essa capacidade leva a uma aceitação mais ampla e profunda de marcas e nomes comerciais e beneficia cada franqueado.

AJUDA FINANCEIRA

Empresas como a GNC (vitaminas) e a Wingstop (restaurante) formaram alianças com bancos para criar programas de empréstimos preferenciais para os franqueados. A International Franchise Association incentiva os franqueadores a recrutar minorias e veteranos como franqueados, oferecendo incentivos financeiros. Para que um franqueador seja listado no VetFran Directory (Diretório de Franquias para Veteranos) da IFA, a empresa deve concordar em fornecer descontos iniciais, termos de financiamento especiais ou outros incentivos. Mais de 600 empresas estão listadas no diretório.[14] O suporte para franqueados inclui programas da AdviCoach, que oferece um desconto de 15% no valor normalmente cobrado de franquias, e Mac Tools, que fornece US$ 10.000 em ferramentas gratuitas.[15]

Muitos potenciais franqueados descobrem que podem trabalhar com bancos para obter empréstimos garantidos pela Small Business Administration dos EUA (SBA) para financiar a taxa de franquia e custos da *startup*. A SBA mantém um serviço de registro de franquia (www.franchiseregistry.com) que acelera o processamento de empréstimos para os franqueados de pequenas empresas. O serviço também ajuda os credores a identificar novos sistemas de franquia e franqueados aos quais conceder empréstimos.[16] Essa determinação não apenas fornece uma garantia de que o franqueador não se tornará dominante na relação de negócios, mas também permite que aqueles que emprestam dinheiro revisem e processem os pedidos de empréstimo mais rapidamente para franquias registradas.

Embora muitos sistemas de franquia tenham desenvolvido excelentes programas de apoio, você deve entender que isso não é, de forma alguma, universal. O comprador também deve estar atento às desvantagens da franquia.

4-2b Os contras

Os fundadores da International Franchise Association foram surpreendidos por atos desonestos e antiéticos de algumas empresas que estavam crescendo como franquias e, consequentemente, prejudicando a reputação de todo o setor. Essas empresas também procuraram antecipar regulamentação governamental da *franchising*. As empresas que aderem à IFA devem respeitar um código de ética cujos valores essenciais são "confiança, verdade e honestidade".[17] O código exige que os membros da IFA pratiquem o respeito mútuo e uma comunicação aberta e frequente. A IFA também exige adesão às leis e oferece um serviço de resolução de conflitos para franqueadores e franqueados. Até hoje, no entanto, alguns franqueadores praticam atos que causam transtorno para reguladores, legisladores e a comunidade empresarial em geral. Essas preocupações, que incluem questões financeiras, competição de franqueadores e questões de gerenciamento, conduziram a regulamentos definidos pela Federal Trade Commission e aprovação de leis em alguns estados dos EUA.

QUESTÕES FINANCEIRAS

Importantes preocupações têm sido levantadas sobre os verdadeiros custos de se tornar e permanecer um franqueado. Novos franqueados de algumas organizações sentiram-se induzidos ao erro sobre suas oportunidades de ganhos. Eles relatam terem sido informados de que poderiam esperar altos retornos sobre seus investimentos, apenas para descobrir mais tarde que poucos franqueados, ou nenhum deles, atingiam esses resultados. Os atuais e antigos franqueados da Quizno's (sanduíches), por exemplo, processaram a empresa em Illinois, Pensilvânia e Wisconsin por atrair "franqueados para o sistema deturpando termos contratuais e projeções financeiras".[18] Um acordo de US$ 207 milhões foi firmado em 2010 sem que a Quizno admitisse qualquer culpa. Entretanto, a empresa continuou a sofrer perdas, decretando falência em março de 2014. Embora tenha sido capaz de se reestruturar e emergir quatro meses mais tarde, a Quizno reduziu sua base de mais de 5 mil para 2.100 lojas.[19]

Outras críticas aos franqueadores que chamaram a atenção das agências governamentais incluem a recusa em permitir que os franqueados vendam seus negócios para investir seu dinheiro em outro lugar e a imposição aos franqueados de comprar produtos e serviços de subsidiárias ou empresas associadas, resultando em custos mais elevados do que os de mercado. As franquias da Edible Arrangements (arranjos decorativos de frutas) processaram o franqueador, acusando a empresa de alterar injustamente os contratos comerciais, ao impor custos mais elevados e estender as horas de funcionamento.[20] Também houve queixas de **churning**, que se refere a ações por parte dos franqueadores para anular os contratos dos franqueados que vendem a franquia para outra pessoa e coletam uma taxa adicional.

CONCORRÊNCIA DO FRANQUEADOR

Os franqueadores têm realmente competido diretamente com seus franqueados em algumas situações. Isso pode ocorrer quando o franqueador abre uma loja própria da empresa perto da localização do franqueado ou vende produtos via correio ou pela internet. Uma variação dessa queixa é conhecida como **encroachment** ou invasão. Diz-se que um franqueador invadiu uma área de concessão de um franqueado quando cria outra unidade de franquia dentro da área de mercado de um franqueado existente. Essas ações podem ser virtuais. Por exemplo, a H&R Block foi processada por um franqueado por disponibilizar serviços pela internet dentro do território do franqueado sem oferecer nenhuma compensação a ele.[21]

Outra queixa decorre de cláusulas especiais inseridas em alguns contratos de franquia. Diversos franqueadores impõem cláusulas de não competição a seus franqueados. Do ponto de vista dos franqueadores, isso faz todo o sentido – depois de treinar e compartilhar segredos e estratégias com um franqueado, eles não querem que ele rompa a relação e se torne um concorrente. Do ponto de vista dos franqueados, isso constitui uma restrição comercial, especialmente se eles acharem que o franqueador não responde às suas necessidades ou se eles estimarem que podem ganhar mais dinheiro com seus próprios negócios. É muito natural pensar que o próximo negócio que você iniciar evoluiria de sua atual experiência. No entanto, o franqueador pode impedi-lo de aplicar essas habilidades alegando que a nova empresa compete com o negócio dele.

QUESTÕES DE GESTÃO

O conjunto final de questões negativas concentra-se na liberdade do franqueado para administrar seu próprio negócio. Como um franqueado, você não é dono de um negócio verdadeiramente independente. Você tem um acordo contratual com o franqueador que estipula várias condições e esse contrato pode especificar os produtos que você comercializa, os serviços que você oferece, suas horas de operação e outros aspectos de como você administra a sua empresa. O contrato é redigido pelo franqueador, e provavelmente o favorece. Muitos potenciais franqueados não estão cientes de que muitos franqueadores estão dispostos a negociar algumas partes do contrato. De qualquer forma, você deve sempre pedir que um advogado revise o contrato antes de assiná-lo. Algumas das restrições mais comuns impostas aos franqueados se enquadram nas seguintes categorias:

- Limitação de territórios de vendas;
- Exigência de aprovação do local para o ponto de venda;
- Imposição de requisitos relativos à aparência da loja;
- Limitação de bens e serviços oferecidos para venda;
- Limitação de publicidade e horários de funcionamento.

Queixa frequentemente ouvida dos franqueados é que, quando o contrato expira, são obrigados a aceitar termos novos e, muitas vezes, dispendiosos. Os franqueados suspeitam que esse seja um esforço para extrair mais receitas e/ou concessões deles, para forçá-los a vender a franquia para alguma outra pessoa ou para retomar o negócio transformando-o em uma loja de propriedade do franqueador. Claro que o franqueador pode ter outra explicação. Durante os anos em que o contrato esteve em vigor, o franqueador pode ter descoberto maneiras de melhorar o sistema que foram incorporadas a contratos de franquia mais recentes. Além disso, os franqueadores podem achar que alguns franqueados de longa data não mantiveram suas instalações em boas condições ou não conseguiram adaptar-se a novos procedimentos de marketing e de operação. Do ponto de vista do franqueador, esses franqueados precisam melhorar seus negócios para que eles não prejudiquem toda a rede.

4-2c Os custos de ser um franqueado

Se você optar por se tornar um franqueado, pagará por esse privilégio. Você está comprando o que deve ser um modelo testado e o franqueador vai cobrar pelos benefícios oferecidos. De modo geral, custos mais elevados estão associados às franquias mais conhecidas e mais bem-sucedidas. Os custos de franquia têm vários componentes, todos os quais precisam ser reconhecidos e considerados. Eles incluem a taxa de franquia inicial, os custos de investimento, pagamentos de *royalties* e custos de publicidade.

1. *Taxa de franquia inicial.* O custo total de uma franquia começa com a taxa de franquia inicial que pode variar de várias centenas a muitos milhares de dólares. A Liberty Tax Services (serviços de preparação de declaração de imposto de renda) estima um investimento total que varia de US$ 57.800 a US$ 71.900. Eles oferecem financiamento especial para veteranos qualificados.[22]
2. *Custos de investimento.* Custos significativos podem estar ligados ao aluguel ou construção de uma loja e armazenagem do estoque e equipamentos. Alguns prêmios de seguro, taxas legais e outras despesas de *startups* também devem ser pagas e, muitas vezes, é recomendado que os fundos estejam disponíveis para cobrir despesas pessoais e emergenciais por, pelo menos, seis meses.
3. *Pagamentos de royalties.* Um *royalty* é uma taxa cobrada ao franqueado pelo franqueador. Ele é calculado como uma porcentagem da renda bruta que o franqueado recebe de clientes por vender os produtos e os serviços franqueados. Two Men and Truck, uma empresa de serviços de mudança, cobra uma taxa de *royalty* de 6%. O Denny's cobra uma taxa de *royalty* que é de 5,25% das vendas brutas.[23]
4. *Custos de publicidade.* Muitos franqueadores exigem que os franqueados contribuam com um fundo de publicidade para promover a franquia. Essas taxas são geralmente de 1% a 2% das vendas, às vezes até mais. Os franqueados pagam essas taxas para apoiar o franqueador no estabelecimento do nome e reputação do negócio nas mentes de clientes-alvo. Organizações de franquias bem-sucedidas e bem geridas promoverão a empresa e seus produtos e serviços de forma mais econômica do que as lojas individuais poderiam fazer por conta própria.

Se os empreendedores pudessem gerar o mesmo nível de vendas, criando um negócio independente, eles iriam economizar a taxa de franquia e alguns dos outros custos que acabamos de mencionar. No entanto, se o franqueador fornecer os benefícios descritos anteriormente, o dinheiro que os franqueados pagarem para iniciar e manter sua relação com o franqueador pode se mostrar um investimento muito bom.

4-3 AVALIANDO OPORTUNIDADES DE FRANQUIA

Tanto o franqueado como o franqueador devem avaliar plenamente a decisão de aproveitar uma oportunidade de franquia. O potencial franqueado deve identificar uma franquia de interesse e investigá-la completamente. Um potencial franqueador interessado em expandir o seu negócio deve abordar certas questões antes de oferecer a franquia para possíveis franqueados. Ambas as partes de um contrato de franquia devem ter conhecimento das questões jurídicas envolvidas.

4-3a Selecionando uma franquia

Com o crescimento da franquia ao longo dos anos, a tarefa de selecionar uma franquia apropriada tornou-se mais fácil. O interesse pode frequentemente ser despertado por observação pessoal, suscitado pela exposição a um anúncio em um jornal ou revista ou na internet. As manchetes desses anúncios geralmente destacam as recompensas financeiras e pessoais procuradas por um empreendedor. As revistas *Inc.* e *Entrepreneur* e o *The Wall Street Journal* são apenas três exemplos das muitas publicações que não só promovem histórias sobre franquias, mas também incluem anúncios de franqueadores.

4-3b Investigando a potencial franquia

A natureza do compromisso requerido na franquia justifica uma investigação cuidadosa da situação. O investimento é substancial e a relação de negócios geralmente continua por muitos anos.

O processo de avaliação é um esforço de mão dupla. O franqueador deseja investigar o franqueado e o franqueado, obviamente, deseja avaliar o franqueador e o tipo de oportunidade oferecida. Isso requer tempo. Você deve desconfiar de um franqueador que pressiona você a assinar um contrato sem tempo para uma investigação adequada. Como um potencial franqueado, considere fazer as seguintes perguntas ao avaliar diferentes oportunidades de franquia:

- O franqueador está dedicado a um sistema de franquia como seu principal meio de produto e distribuição de serviços? Ou seja, a empresa distribui principalmente seus bens e serviços por meio de lojas próprias? Em caso afirmativo, o franqueador dará tanta atenção aos franqueados quanto dedica a suas próprias lojas?

- O franqueador produz e comercializa produtos e serviços de qualidade para os quais há uma demanda estabelecida do consumidor?
- O franqueador goza de uma reputação favorável e ampla aceitação no setor?
- O franqueador oferecerá um plano de marketing estabelecido e bem planejado e fornecerá treinamento substancial e completo para franqueados?
- O franqueador tem boas relações com seus franqueados? Assegure-se de falar com os franqueados atuais e passados. Qual é/era sua relação de trabalho com o franqueador? Eles estariam prontos a repetir esta experiência?
- Os franqueados têm uma organização forte que faz boas negociações com o franqueador?
- O franqueador tem um histórico de ganhos atrativos para seus franqueados?

Existem muitas fontes de informações sobre os franqueadores para ajudá-lo na sua avaliação. Como muitos estados nos EUA (e, provavelmente, no Brasil) exigem o registro de franquias, um potencial franqueado não deve ignorar os escritórios estaduais como uma fonte de assistência. Além disso, uma lista de franqueadores pode ser encontrada no site da International Franchise Association (www.franchise.org). O Quadro 4.2 exibe o perfil da Glass Doctor, uma empresa que oferece serviços de vidros residenciais, comerciais e de automóveis. Ao avaliar informações publicadas sobre franquias, Mark Liston, presidente da Glass Doctor, sugere cuidados:

Quando você escolhe um franqueador lembre-se – isso é um casamento... geralmente de, pelo menos, 10 anos. É por isso que é extremamente importante compreender a cultura do franqueador para determinar se realmente será uma parceria entre franqueador e franqueado, ou seja, uma relação de interdependência entre eles.[24]

Os franqueadores mais conhecidos e mais bem-sucedidos tendem a oferecer uma maior chance de sobrevivência e prosperidade a longo prazo, mas também estão em condições de cobrar preços mais altos para um potencial franqueado se tornar parte de sua rede. O site da revista *Entrepreneur* contém um *ranking* das 10 melhores franquias em 2014 (veja Quadro 4.3). O *ranking* é baseado em diversos fatores, com solidez e estabilidade financeira, taxa de crescimento e tamanho do sistema sendo os mais importantes.

QUADRO 4.2 Perfil da International Franchise Association (2015)

Glass Doctor

Negócio estabelecido em: 1962
Franquia desde: 1977
Unidades franqueadas: 212
Unidades pertencentes à empresa: Não disponível
Investimento total: US$ 80.125 a US$ 188.800

Oferta de assistência financeira
Financiamento interno está disponível para a taxa de franquia inicial.

Incentivos especiais
Participante da VetFran, International, Opportunity Home Based Frinchise

Incentivo VetFran
25% da taxa de franquia inicial mínima para veteranos dispensados com honras.

Detalhes da empresa

Descrição
A Glass Doctor é a maior especialista em instalação, troca e reparo de vidro residencial, automotivo e comercial.

Treinamento
Você receberá uma consultoria individual conforme entrar no processo de abertura da sua franquia da Doctor Glass com um consultor de *startup* dedicado. Desde a abertura, nossos consultores experientes e mentores profissionais ficarão ao seu lado em cada passo provendo nosso franqueado com suporte contínuo.

Fonte: copiado com permissão, http://www.franchise.org/Glass-Doctor-franchise.

QUADRO 4.3 As 10 melhores franquias globais da Revista *Entrepreneur* (EUA) em 2014

Nome/classificação	Custos de inicialização
1. 7-Eleven Inc. (lojas de conveniência)	US$ 37.000 – US$ 2.000.000
2. Pizza Hut Inc. (restaurantes)	US$ 297.000 – US$ 2.000.000
3. Midas Int'l. Corp. (serviços automotivos)	US$ 203.000 – US$ 405.000
4. Subway (restaurantes)	US$ 117.000 – US$ 263.000
5. McDonald's (restaurantes)	US$ 1.000.000 – US$ 2.000.000
6. Baskin-Robbins (sorvetes e lanches)	US$ 103.000 – US$ 389.000
7. Anytime Fitness (fitness club)	US$ 79.000 – US$ 371.000
8. KFC Corp. (restaurantes)	US$ 1.000.000 – US$ 3.000.000
9. Super 8 (hotel)	US$ 176.000 – US$ 4.000.000
10. Hardee's (restaurantes)	US$ 1.000.000 – US$ 2.000.000

Fonte: "Top Franchises for 2014", http://www.entrepreneur.com/franchises/topglobal/index.html. Acesso em 7 de janeiro de 2015.

Nos últimos anos, consultores de franquia surgiram no mercado para ajudar indivíduos que buscam oportunidades de franquia. Algumas empresas de consultoria, como a Francorp, conduzem seminários sobre a escolha da franquia certa. Naturalmente, o cuidado deve estar na seleção de um consultor respeitável e um advogado experiente em franquias deve avaliar todos os documentos legais.

O FRANQUEADOR COMO UMA FONTE DE INFORMAÇÃO

Obviamente, o franqueador que está sendo avaliado é uma fonte primária de informação. Contudo, as informações fornecidas por um franqueador devem ser consideradas à luz do seu propósito – promover a franquia. Mark Liston acrescenta:

> [Você] deve lembrar que não receberá observações brilhantes de todos. Isso é bom. Apesar de existir uma interdependência nas organizações de franquia bem-sucedidas, ainda assim há situações em que franqueados e franqueadores simplesmente discordam. O franqueador tem que tomar decisões que são boas para toda a rede. Essas decisões podem não agradar alguns franqueados individuais.[25]

Uma forma de obter informações sobre franqueadores é acessar seus websites e revisar o conteúdo deles. Você descobrirá que o foco da maioria dos websites de franqueadores é o cliente, apresentando informações sobre produtos, serviços, locais de loja e assim por diante. Os sites também devem direcioná-lo para informações para potenciais franqueados. Se você inserir suas informações de contato, pode esperar receber folhetos e materiais de marketing que contenham informações como custos da *startup* e depoimentos de franqueados. Sua pesquisa também pode levá-lo a websites ou blogs de franqueados descontentes, clientes e outros.

Se você expressar mais interesse em uma franquia, preenchendo o formulário de inscrição e o franqueador, a princípio, qualificá-lo como um potencial franqueado, uma reunião geralmente é marcada para discutir o Documento de Divulgação de Franquia, que fornece informações sobre o franqueador (finanças, experiência etc.) e a franquia em si (restrições, custos etc.). Considerações importantes relacionadas a esse documento são examinadas mais adiante neste capítulo.

FRANQUEADOS ATUAIS E ANTIGOS COMO FONTE DE INFORMAÇÕES

Não há fonte melhor de fatos sobre uma franquia do que os franqueados atuais e anteriores. Às vezes, no entanto, a localização distante de outros franqueados impede uma visita ao local das franquias. Nesse caso, uma chamada telefônica ou e-mail pode esclarecer o ponto de vista do proprietário.

4-3c Tornando-se um franqueador

Depois de alguns anos administrando o seu próprio negócio, você pode concluir que quer expandi-lo e que a franquia é uma opção razoável. Não é raro proprietários de empresas de sucesso serem abordados por indivíduos que pedem para tornar-se seus franqueados. Antes de entrar em um acordo com um potencial franqueado, considere as questões discutidas nas seções a seguir.

UM MODELO DE NEGÓCIOS REPLICÁVEL

O seu negócio é replicável? Em outras palavras, você tem um modelo de fazer negócios que alguém poderia adotar e usar com sucesso em outro local? Um franqueado compra um sistema operacional, bem como um produto ou serviço e uma marca. O seu sistema é eficiente e pode ser explicado claramente para que outros possam aplicá-lo?

CONSIDERAÇÕES FINANCEIRAS

Como financiará o crescimento da empresa? Muitos empreendedores pensam que franquia é um mecanismo inovador para o financiamento de suas empresas em crescimento. Eles criam um conceito, coletam taxas de franquia e usam essas receitas para expandir suas operações. Mas a franquia não é isenta de custos para o franqueador. Existem documentos legais para serem preparados, um manual de operações a ser escrito, pessoal a contratar e outras tarefas a serem concluídas. Quem vai recrutar e selecionar franqueados? Quem irá treiná-los e aos seus gerentes? Quem irá monitorar o desempenho para garantir que ele esteja de acordo com os requisitos? Franqueadores responsáveis frequentemente descobrem que estabelecer uma franquia custa mais do que as taxas podem cobrir e que elas só se tornam rentáveis como resultado dos *royalties* que eventualmente recebem de franqueados bem-sucedidos.

ASSISTÊNCIA NECESSÁRIA

De qual assistência especializada você precisará para se tornar um franqueador? Empreendedores de sucesso aprendem rapidamente que devem escolher os especialistas certos, indivíduos qualificados para fornecer a ajuda necessária. Se você decidir franquear seu negócio, deve ter um advogado com conhecimento do método de franquia. Há muitos consultores que se especializam em franquia e podem ajudar na elaboração de manuais de operações, divulgação de documentos, assistência na seleção de franqueados e outros aspectos do processo. Um bom ponto de partida para qualquer franqueador em potencial é tornar-se um membro da International Franchise Association.

OPERAÇÕES MANUAIS

Em seção anterior deste capítulo, analisamos o manual de operações do ponto de vista do franqueado. Para o franqueador, esse é um elemento essencial no valor que o modelo de negócio oferece aos franqueados. O que vai ser incluído em seu manual de operações? Muitas empresas que cresceram com sucesso por meio das franquias trouxeram consultores que se especializaram em tornar o modelo operacional do negócio mais eficiente e fácil de replicar antes de escrever o manual. Você deve ser capaz de apresentar um manual de operações para os franqueados que explique quais os passos a serem tomados nas atividades diárias para garantir a satisfação dos clientes ao mesmo tempo que se controlam as despesas. O manual de operações deve oferecer instruções detalhadas que ajudam os franqueados a evitar armadilhas e aumentar as suas vendas. Ele precisa ser escrito da perspectiva do franqueado, que não vai conhecer o negócio tão bem quanto o franqueador. É geralmente uma excelente ideia contratar um escritor técnico profissional para organizar o manual para que ele comunique o processo de forma eficaz. Muitos franqueadores novos têm descoberto que especialistas que ajudam a escrever manuais de operações também ajudam as empresas a melhorar a eficiência de suas operações, facilitando a abertura e o gerenciamento e reduzindo o custo para franqueados.

VALOR DE LONGO PRAZO

Você pode agregar valor para seus franqueados ano após ano? Há muitos modelos de negócios bons e de sucesso que podem determinar os passos certos a serem seguidos para evitar as armadilhas do processo de *startup*. Mas o seu negócio apresentará valor para potenciais franqueados ano após ano?

Um contrato de franquia fica em vigor por um longo tempo, geralmente entre 10 e 15 anos. Quais benefícios os franqueados obterão do franqueador a cada ano? Novos produtos ou serviços serão introduzidos? Serão implementadas estratégias de marketing melhoradas? Será oferecido treinamento adicional e atualizado aos franqueados e a seus gerentes? Por que os franqueados querem continuar a fazer pagamentos de *royalties* uma vez que estão no controle do próprio negócio e já aprenderam os procedimentos operacionais? Se o modelo de negócio não agregar valor para os franqueados a cada ano, a franquia não é a opção certa para o crescimento da sua empresa.

4-3d Questões legais em franquias

Para que uma aliança de negócio seja bem-sucedida para ambas as partes, a confiança é importante. Mas um contrato é essencial para evitar ou resolver problemas que possam surgir.

O CONTRATO DE FRANQUIA

As características básicas da relação entre o franqueador e o franqueado são incorporadas ao contrato de franquia. Esse contrato é geralmente um documento complexo, de muitas páginas. Devido à sua importância como base jurídica para o negócio franqueado, o contrato de franquia nunca deve ser assinado pelo franqueado sem prévio aconselhamento jurídico. Na verdade, os franqueadores de boa reputação insistem que o franqueado tenha aconselhamento legal antes de assinar o contrato. Um advogado pode antecipar pontos problemáticos e determinar quaisquer características questionáveis no contrato.

Um potencial franqueado também deve usar o máximo de outras fontes de ajuda possível. Em particular, ele deve discutir o contrato de franquia em detalhe com um banco. O potencial franqueado deve também contar com os serviços de uma empresa de contabilidade profissional para examinar as declarações de projeção de venda do franqueador, despesas operacionais e lucro líquido. Um contador pode ajudar a avaliar a qualidade dessas estimativas e identificar quaisquer projeções que possam ser exageradas. Esses especialistas desempenham um papel essencial para assegurar que as partes em ambos os lados do contrato compreendam suas obrigações. Os eventuais desacordos entre as partes podem terminar nos tribunais. Por exemplo, a 7-Eleven Inc. (lojas de conveniência nos EUA), que está listada no Quadro 4.3 como a franquia global número um, foi processada em várias ocasiões por franqueados que alegavam que seus contratos foram rescindidos sem justa causa.[26]

Uma das características mais importantes do contrato de franquia é a disposição relacionada à sua rescisão e transferência. Muitos franqueadores, além da 7-Eleven, têm sido acusados de celebrar acordos que permitem o cancelamento arbitrário da relação de franquia. Obviamente, é razoável para o franqueador ter proteção jurídica no caso de um franqueado não obter um nível de operação desejado ou não manter padrões de qualidade satisfatórios. No entanto, o potencial franqueado deve ser cauteloso com as disposições do contrato que contenham políticas de cancelamento rígidas ou vagas. Da mesma forma, os direitos do franqueado para vender o negócio a um terceiro devem estar claramente especificados. Um franqueador que pode restringir a venda de um negócio a um terceiro pode potencialmente retomar a propriedade do negócio a um preço injusto. O direito de um franqueado de renovar o contrato após o negócio ter atingido um nível operacional de sucesso também deve ser claramente especificado no contrato.

4-4 COMPRANDO UM NEGÓCIO EXISTENTE

Outra opção para tornar seu sonho uma realidade é comprar um negócio existente. Você pode ser tão empreendedor comprando uma empresa existente quanto criando uma a partir do zero. Conforme você investiga as empresas disponíveis para compra, pode descobrir uma oportunidade para recuperar uma empresa em apuros. Ou talvez você tenha as habilidades necessárias para transformar um negócio já bom em um excelente. Uma empresa existente pode ser a plataforma perfeita na qual você pode realizar o seu sonho.

A decisão de comprar um negócio existente não deve ser tomada despreocupadamente. Ela envolve grande investimento de fundos, então você deve analisar com cuidado as vantagens e desvantagens desta opção.

4-4a Razões para comprar um negócio existente

As razões para comprar uma empresa existente podem ser enquadradas nas seguintes quatro categorias gerais:

1. Reduzir algumas das incertezas e incógnitas que devem ser enfrentadas quando se inicia um negócio do zero.
2. Adquirir um negócio com operações em curso e relações estabelecidas com clientes e fornecedores.
3. Obter um negócio estabelecido a um preço inferior ao que custaria iniciar um novo negócio ou comprar uma franquia.
4. Entrar no mundo dos negócios mais rapidamente do que começar do zero.

Vamos examinar cada uma dessas razões em profundidade.

REDUÇÃO DE INCERTEZAS

Um negócio bem-sucedido é aquele que já demonstrou a capacidade de atrair clientes, gerir custos e lucrar. Embora as operações futuras possam ser diferentes, o registro do passado da empresa mostra o que ela pode fazer sob condições reais de mercado. Por exemplo, apenas o fato de a localização ser satisfatória já elimina uma grande incerteza. Embora a contagem de tráfego seja útil na avaliação do valor de uma potencial localização, a prova de fogo vem quando uma empresa abre suas portas nesse local. Esse teste já foi feito no caso de uma empresa existente. Os resultados estão disponíveis na forma de vendas e dados sobre lucros. Contudo, são necessários acordos de não concorrência para desencorajar o vendedor a iniciar uma nova empresa que vai competir diretamente com a que ele está vendendo.

AQUISIÇÃO DE OPERAÇÕES E RELACIONAMENTOS EM CURSO

O comprador de uma empresa existente normalmente assume seu pessoal, estoques, instalações físicas, conexões bancárias estabelecidas e relações em curso com fornecedores comerciais e clientes. Você também está adquirindo a reputação que o proprietário anterior criou. Muito tempo e esforço seriam necessários para construir esses elementos do zero. Claro, a vantagem derivada da compra de ativos de uma empresa estabelecida depende da natureza desses ativos. Por exemplo, os funcionários qualificados e experientes de uma empresa constituem um ativo valioso apenas se eles continuarem a trabalhar para o novo proprietário. As instalações físicas não devem estar obsoletas e as relações da empresa com bancos, fornecedores e clientes devem ser saudáveis. Em qualquer caso, é provável que novos contratos tenham que ser negociados com atuais fornecedores e arrendatários.

UM PREÇO DE PECHINCHA

Se o vendedor está mais ansioso em vender do que o comprador está em comprar, um negócio existente pode estar disponível a um preço baixo. Se esta é realmente uma boa compra ou não, no entanto, isto deve ser determinado pelo novo potencial proprietário. Vários fatores podem tornar uma pechincha tudo menos uma pechincha. Por exemplo, o negócio pode estar perdendo dinheiro, a vizinhança onde ele está localizado pode estar se deteriorando, ou o vendedor pode ter a intenção de abrir um negócio concorrente nas proximidades. Por outro lado, se a investigação confirmar que o negócio é realmente uma pechincha, é provável que a compra acabe sendo um excelente investimento. E pode ser mais fácil obter financiamento para um negócio em curso do que para uma *startup*.[27]

UM INÍCIO RÁPIDO

A maioria dos empreendedores está ansiosa para começar seu novo negócio e pode não ter paciência de esperar meses para criar um negócio do zero. Comprar um negócio existente pode ser uma excelente maneira de começar operações de forma muito mais rápida.

4-4b Encontrando um negócio para comprar

Fontes de informação sobre empresas disponíveis para compra incluem fornecedores, distribuidores, associações comerciais e até mesmo funcionários de bancos. Corretores de imóveis – em especial aqueles que se especializam na venda de firmas e imóveis comerciais podem, também, fornecer boa informação. Além do mais, **corretores de negócios** podem dar assistência na compra e venda de negócios.[28] No entanto, os empreendedores precisam ser cautelosos em relação a potenciais conflitos de interesse com corretores de negócios. Por exemplo, se os corretores forem pagos somente se ocorrer uma transação de compra-venda, eles podem ser tentados a fazer o que for necessário para fechar o negócio, mesmo que isso seja prejudicial ao comprador.

A SBA (Small Business Administration) dos EUA oferece as seguintes orientações para encontrar um negócio para comprar:[29]

1. *Identifique seus interesses.* No mínimo, elimine empresas que não interessam você.
2. *Considere seus talentos.* Você tem que dar tudo de si a esse negócio, então seja honesto com você mesmo sobre suas habilidades e experiência.
3. *Liste condições para o seu negócio.* O local importa? E o horário de trabalho? De qual tamanho você quer ser?
4. *Quantifique seu investimento.* Quanto você pode pagar?

4-4c Investigando e avaliando negócios disponíveis

Independentemente da origem da informação, uma oportunidade de negócio requer avaliação cuidadosa – o que às vezes é chamado de diligência necessária ou **due diligence**. Como um passo preliminar, o comprador precisa obter informações sobre o *background* do negócio, algumas das quais podem ser obtidas pela observação pessoal ou conversa com o vendedor. Falar com outros *stakeholders*, tais como fornecedores, bancos e funcionários da empresa, também é importante.

O site da U.S. Small Business Administration dos EUA fornece informações para a realização de *due diligence* na compra de uma empresa. A lista de documentos que você precisará para avaliação pode parecer longa e intimidante, mas essa avaliação é necessária.

Se um vendedor não pode fornecer os documentos dessa lista, pode ser melhor desistir da compra. Alguns itens não existirão para todos os negócios. Por exemplo, nem todas as empresas irão requerer certificações governamentais. No entanto, você não deve medir esforços para descobrir informações relevantes que possam influenciar o preço de venda ou se você deveria mesmo comprar o negócio. Caso contrário, você poderá ficar "enterrado" nas despesas imprevistas que aparecerão mais tarde.

CONFIANDO EM PROFISSIONAIS

Embora alguns aspectos da *due diligence* exijam verificação pessoal, um comprador pode também buscar a ajuda de especialistas externos. As duas fontes mais valiosas de assistência externa são contadores e advogados. Também é aconselhável identificar outras pessoas que tenham adquirido um negócio para aprender com suas experiências. A perspectiva delas será diferente da de um consultor e trará um pouco de equilíbrio ao aconselhamento recebido. O tempo e o dinheiro gastos na obtenção de ajuda profissional na investigação de um negócio podem resultar em grandes dividendos, especialmente quando o comprador é inexperiente. Os potenciais compradores devem buscar conselhos e assessoria, mas eles próprios devem tomar a decisão final, já que isso é demasiadamente importante para ser delegado a outra pessoa.

DESCOBRINDO O MOTIVO PELO QUAL A EMPRESA ESTÁ À VENDA

Os motivos *reais* do vendedor para vender podem ou não ser os *declarados*. Quando uma empresa está à venda, sempre questione as razões do proprietário para vender. Existe uma possibilidade real de a empresa não estar indo bem ou estar passando por problemas que afetarão seu desempenho futuro. O comprador deve ser cauteloso, portanto, em acatar as explicações do vendedor sem questionar. Aqui estão algumas das razões mais comuns pelas quais os proprietários põem seus negócios à venda:

- Aposentadoria;
- Doença;
- Disputas familiares ou entre sócios;
- Ausência de lucratividade ou fracasso do negócio;
- Esgotamento nervoso;
- Falta de capital para crescimento potencial.

Um potencial comprador não pode ter certeza de que o vendedor-proprietário será honesto em apresentar todos os fatos sobre o negócio, especialmente aqueles de natureza financeira. Verificações de antecedentes do pessoal-chave são essenciais quando se realiza uma *due diligence*.

EXAMINANDO AS INFORMAÇÕES FINANCEIRAS

A primeira etapa na avaliação da saúde financeira de uma empresa é revisar suas demonstrações financeiras e retornos financeiros nos últimos três a cinco anos ou quantos anos estiverem disponíveis. (*Se essas declarações não estiverem disponíveis, pense duas vezes antes de comprar a empresa.*) Essa revisão ajuda a determinar se o comprador e o vendedor estão em sintonia em relação a estimativas e expectativas. Em caso afirmativo, as partes podem então passar para a valoração da empresa. Você irá encontrar detalhes sobre como compilar e interpretar as demonstrações financeiras no Capítulo 10.

Como um questão legal e ética, o potencial comprador pode esperar ter que assinar um **contrato de confidencialidade**. Sob as restrições de tal acordo, o comprador promete ao vendedor que não revelará informações confidenciais ou violará a confiança que o vendedor teve ao fornecer as informações. Geralmente os compradores têm permissão para compartilhar essas informações com outras pessoas, como um potencial credor ou conselheiro legal, quando necessário.

O comprador deve reconhecer que as demonstrações financeiras podem ser enganosas e exigir normalização para obter uma imagem realista do negócio. Por exemplo, os proprietários às vezes subestimam a renda das empresas em um esforço para minimizar seus impostos. Outras entradas financeiras que podem precisar de ajuste incluem despesas pessoais e remunerações ou pagamentos salariais. Por exemplo, os custos relacionados com o uso pessoal de veículos comerciais frequentemente aparecem como uma despesa de negócios e os membros da família podem receber compensação excessiva ou nenhuma. Todas as entradas devem ser examinadas para garantir que elas estejam relacionadas com o negócio e sejam apropriadas.

O comprador também deve comparar o balanço patrimonial do vendedor com ativos e passivos reais. A propriedade pode valorizar depois que for registrada nos livros, mas as instalações físicas, inventário e recebíveis podem diminuir de valor, de modo que seu valor real pode ser inferior ao seu valor contábil.

4-4d Fatores quantitativos na valoração do negócio

Uma vez concluída a investigação e a avaliação iniciais, o comprador deve chegar a um valor justo para a empresa. Ao avaliar uma empresa, o comprador dependerá demasiadamente de grande parte das informações financeiras obtidas durante a *due diligence*. Isto exigirá mais do que apenas obter cópias das demonstrações financeiras (demonstrações de resultados, balanços e demonstrações de fluxos de caixa). O comprador desejará rever os materiais de apoio que validam a exatidão das demonstrações contábeis, examinando esses documentos como declarações de impostos federais, declarações de imposto de vendas estaduais, faturas de fornecedores e recibos de clientes, bem como os extratos bancários da empresa.

Existem inúmeras técnicas utilizadas para definir o valor de uma empresa, mas elas podem ser agrupadas em três métodos básicos: (1) valoração baseada em ativos, (2) valoração baseada no mercado e (3) valoração baseada no fluxo de caixa. Cada um desses métodos pode ser usado como uma medida individual do valor da empresa. Mas, como a valoração é um processo subjetivo, a empresa é valorada usando uma variedade de métodos. Cada abordagem gera valores firmes que, em conjunto, formam um intervalo em vez de um número específico.[30]

4-4e Fatores não quantitativos na valorização de um negócio

Você também deve considerar uma série de fatores não quantitativos na definição do valor de uma empresa existente. Particularmente, é provável que a empresa que você esteja considerando comprar possa estar sujeita à mudança relacionada a um dos seguintes itens?

- *Mercado*. A capacidade do mercado de dar suporte a todas as unidades de negócio concorrentes, incluindo aquela a ser comprada, deveria ser determinada. Isso requer fazer pesquisa de mercado, estudando os dados do censo e observando pessoalmente o local do negócio de cada concorrente.
- *Concorrência*. O potencial comprador deve examinar a extensão, intensidade e localização de empresas concorrentes. Particularmente, o comprador deve verificar se o negócio em questão está ganhando ou perdendo em sua competição com rivais. Além disso, novos concorrentes no mercado local (Walmart ou Target, por exemplo) podem mudar drasticamente a probabilidade de sucesso de uma empresa existente. O desempenho passado não é garantia de desempenho futuro.
- *Desenvolvimento futuro da comunidade*. Desenvolvimentos futuros na comunidade que poderiam ter um impacto indireto em uma empresa incluem uma mudança já promulgada nos regulamentos de zoneamento, mas que ainda não está em vigor, uma alteração de um fluxo de tráfego de mão dupla para mão única e o alargamento de uma via ou construção de um viaduto.
- *Compromissos legais*. Os compromissos legais podem incluir passivos contingentes, ações judiciais não resolvidas, pagamentos de impostos atrasados, folhas de pagamento não pagas, inadimplência de aluguel e de pagamentos parcelados e hipotecas de registro em qualquer imóvel adquirido.
- *Contratos sindicais*. O potencial comprador deve determinar que tipo de acordo de trabalho, caso exista, está em vigor, bem como a qualidade do relacionamento da empresa com seus funcionários. Conversas privadas com funcionários-chave e operários podem ser úteis na determinação da sua satisfação profissional e da probabilidade de sucesso da empresa.
- *Prédios*. A qualidade dos prédios que alojam a empresa deve ser checada, com atenção especial a qualquer risco de incêndio. Além disso, o comprador deve determinar se existem restrições ao acesso aos prédios.
- *Preços dos produtos*. O proprietário em potencial deveria comparar os preços dos produtos do vendedor com os listados nos catálogos de fabricantes ou de atacadistas e também com os preços dos produtos

concorrentes na localidade. Isso é necessário para garantir preços corretos e justos de mercadorias cujas vendas estejam declaradas nas demonstrações financeiras do vendedor.

4-4f Negociando e fechando negócio

O preço de compra de uma empresa é determinado pela negociação entre comprador e vendedor. Embora o valor calculado possa não ser o preço eventualmente pago pela empresa, isso dá ao comprador um valor estimado para usar ao negociar o preço. Normalmente, o comprador tenta comprar a empresa por algo menor que o valor total estimado. Obviamente, o vendedor tenta ganhar mais do que esse valor.

Em alguns casos, o comprador pode ter a opção de comprar somente os ativos, em vez de comprar a empresa como um todo. Quando uma empresa é comprada como uma entidade total, o comprador não só assume o controle dos ativos, mas também qualquer dívida, incluindo quaisquer passivos ocultos ou desconhecidos. Mesmo que os registros financeiros sejam auditados, essas dívidas podem não aparecer. Se, em vez disso, o comprador adquire somente os ativos, o vendedor é responsável por liquidar quaisquer dívidas pendentes anteriormente incorridas. Ao comprar como um todo, uma cláusula de indenização no contrato de venda pode servir a uma função similar, protegendo o comprador da responsabilidade por dívidas não declaradas.

Uma parte importante do processo de negociação é representada pelos termos de compra. Em muitos casos, o comprador não pode pagar o preço total em dinheiro e deve buscar prazos estendidos. Nesse ponto, um concessor de empréstimos pode entrar em cena e alterar o preço de compra. Se um banco estiver fornecendo um empréstimo para a compra do negócio, o banco pode exigir que os ativos da empresa sirvam como garantia para o empréstimo. Qualquer concessor de empréstimo deve executar sua própria *due diligence* e estimar um valor para os ativos, e esse valor pode estar em um nível diferente do que o acordado entre comprador e vendedor.

Ao mesmo tempo, o vendedor pode estar preocupado com os impostos sobre os lucros de venda. Os termos podem tornar-se mais atrativos para o comprador e o vendedor conforme o pagamento inicial é reduzido e/ou o período de reembolso é prorrogado. Assim como acontece com a compra de imóveis, a compra de um negócio é fechada em um momento específico, e uma empresa de título ou um advogado geralmente faz o fechamento. Preferencialmente, o fechamento ocorrerá sob a direção de uma terceira parte independente. Se o advogado do vendedor é o agente de fechamento, o comprador deveria exercitar grande cautela – *um comprador nunca deveria fazer um fechamento sem o auxílio de um advogado experiente que o represente*.

Uma série de documentos importantes é completada durante o fechamento. Ela inclui um recibo de venda, formulários fiscais e outros regulamentos governamentais e acordos relacionados a pagamentos futuros e garantias relacionadas ao vendedor. O comprador deve solicitar novos números de identificação fiscal federal e estadual para evitar ser responsabilizado por obrigações passadas associadas aos números antigos. Se você quiser um final feliz da compra e um caminho claro para o seu futuro, não tome atalhos nessa fase. O cumprimento de todos os requisitos legais e regulamentares assegura o seu investimento e a sua capacidade de gerenciar o negócio de maneira bem-sucedida.

Iniciar um negócio, tornar-se um franqueado e comprar uma empresa existente são todos caminhos potenciais para o seu sonho empreendedor. Embora a franquia e a compra de uma empresa existente sejam geralmente consideradas estratégias para reduzir os riscos associados à abertura de um empreendimento, cada caminho ainda requer uma cuidadosa pesquisa e planejamento. Não importa quais sejam as circunstâncias particulares, é importante ter em mente que os donos de empresas devem investir seus próprios esforços, assim como o seu dinheiro, se quiserem que suas empresas tenham sucesso. Como é frequentemente o caso na vida, cabe a você dedicar seu tempo, esforço e recursos se realmente deseja alcançar seus objetivos.

Glossário

Associação de marcas (*co-branding*) (p. 75) – Unir duas ou mais marcas de franquia sob o mesmo teto.

***Churning* (p. 80)** – Ações por parte dos franqueadores para anular os contratos dos franqueados que vendem a franquia para outra pessoa e coletar uma taxa adicional.

Contrato de confidencialidade (p. 87) – Um contrato no qual o comprador promete ao vendedor que não revelará informações confidenciais nem violará a confiança do vendedor.

Contrato de franquia (p. 75) – O acordo legal entre o franqueador e o franqueado.

Corretores de negócios (p. 86) – Corretores especializados que põem em contato compradores e vendedores de empresas.

***Encroachment* (invasão) (p. 80)** – A criação, por parte do franqueador, de outra unidade de franquia dentro da área de mercado de um franqueado existente.

Desenvolvedores de área (p. 75) – Indivíduos ou empresas que possuem o direito legal de abrir várias franquias em uma determinada área.

***Due diligence* (diligência necessária) (p. 87)** – A prática de cuidado razoável na avaliação de uma oportunidade de negócio.

Franqueado (p. 74) – Um empreendedor cujo poder é limitado por uma relação contratual com uma organização franqueadora.

Franqueador (p. 74) – A parte em um contrato de franquia que especifica os métodos a serem seguidos e os termos a serem cumpridos pela outra parte.

Franquia (p. 74) – Um modelo de negócio envolvendo o dono de um negócio que designa licenças de marcas e metodologias para um empreendedor independente.

Franquia combinada (*piggyback*) (p. 75) – A operação de uma franquia de varejo dentro das instalações físicas de outro negócio.

Franquia de formatação do negócio (p. 75) – Um acordo de franquia pelo qual o franqueado obtém um sistema completo de marketing e gestão desenvolvido com foco em empreendedores.

Franquia de multimarcas (p. 75) – A operação de várias organizações de franquia dentro de uma única estrutura corporativa.

Franquia de produto e nome comercial (p. 75) – Um contrato de franquia que concede o direito de uso de um produto ou marca amplamente reconhecida.

Licenciado ou franqueado máster (p. 75) – Uma empresa ou indivíduo independente que age como intermediário ou agente de vendas com a responsabilidade de encontrar novos franqueados dentro de um território específico.

Propriedade de unidades múltiplas (p. 75) – Um único franqueado possui mais de uma unidade do negócio franqueado.

Recursos para *startups*

Guia do consumidor para a compra de uma franquia

A Federal Trade Commission (FTC) dos EUA, a agência de proteção ao consumidor do país, preparou o documento *Buying a Franchise: A Consumer Guide* para explicar como buscar uma oportunidade de franquia, as obrigações do proprietário de uma franquia e perguntas a serem feitas antes de você decidir por investir. Você pode baixá-lo em http://business.ftc.gov/documents/inv05-buyingfranchise--consumer-guide.

Ferramentas para *startups*

Suporte para empreendedores

Nós incentivamos você a participar de reuniões e conferências, sair e conhecer pessoas, associar-se a organizações – em outras palavras, criar sua rede de contatos. Os contatos da sua rede podem ajudá-lo a descobrir negócios que podem estar à venda, identificar oportunidades, encontrar financiamento, obter clientes e montar uma equipe empreendedora. Algumas organizações que você pode achar úteis incluem a Collegiate Entrepreneurs Organization (http://www.c-e-o.org), o Young Entrepreneur Council (http://www.yec.co) e o VentureWell (http://www.venturewell.org).

Você é quem manda

Situação 1

Embora tenha sido dono da franquia da 1-800-Got-Junk, localizada em Madison, Wisconsin (EUA) por sete anos, John Patterson declarou não saber se estava lucrando, no ponto de equilíbrio, ou, até mesmo, perdendo dinheiro. Mesmo assim, em fevereiro de 2012, Patterson foi capaz de comprar uma franquia de uma 1-800-Got-Junk existente na área de Denver, Colorado.

Patterson alcançou seu sonho de reciclagem de 100% do que ele coleta e tem orgulho de informar que sua empresa tem sido capaz de evitar que 75% do lixo coletado seja depositado em aterros sanitários. Patterson tenta comunicar a seus clientes o que ele faz com o lixo que eles jogam fora e eles parecem interessados em saber que seus itens estão sendo reciclados. E ele tenta administrar sua operação da maneira mais verde possível. Ele converteu um caminhão a diesel em óleo vegetal e está deixando de usar gasolina em alguns caminhões para fazê-los funcionar com gás natural comprimido.

Fontes: Baseado em "Junk in His Trunk", *Entrepreneur*, maio de 2012, p. 122; e http://www.1800gotjunk.com, acesso em 27 de janeiro de 2015.

Pergunta 1 – Você acredita que Patterson realmente não sabe ou não se importa se está ganhando dinheiro ou não? Se essa é a sua atitude, será ele capaz de ter sucesso em dois locais?

Pergunta 2 – Que tipo de *background* você acha que precisaria para administrar uma franquia da 1-800-Got-Junk?

Pergunta 3 – Se você fosse Patterson, que apoio esperaria obter do franqueador?

Situação 2

Os primeiros empreendimentos de Mike Treadwell envolveram abrir um restaurante de *fish and chips* (comida típica inglesa), seguido por um restaurante especializado em frango e peixe. Embora estivesse ganhando dinheiro, ele questionou a competência de seu próprio negócio e decidiu que precisava aprender mais trabalhando para os outros. Ele conseguiu um emprego de gerente de um restaurante KFC (Kentucky Fried Chicken), tornando-se eventualmente um líder de treinamento para a KFC Corp. em Dallas, Texas. A KFC deu-lhe uma oportunidade de trabalhar junto com um dos proprietários de franquias com múltiplas unidades, que se aposentou pouco tempo depois, vendendo suas unidades para Treadwell.

Esse acordo fez com que Treadwell se tornasse o proprietário de cerca de três dúzias de restaurantes. Até 2015, a Treadwell Enterprises tinha não só as franquias da KFC, mas também da Taco Bell, Long John Silver's, Ruby Tuesday e HuHot Mongolian Grill. Treadwell estava operando 109 unidades em 10 estados.

Fontes: Debbie Salinsky, "Enjoying Success: Working Hard–and Enjoying It—Spells Success for Mike Treadwell", http://www.franchising.com/articles/enjoying_success_working_hard__and_enjoying_it__spells_success_for_mike_tre.html, acesso em 12 de janeiro de 2015; e Treadwell Enterprises, http://tefoods.com, acesso em 12 de janeiro de 2015.

Pergunta 1 – Quais riscos você acha que poderia enfrentar se fosse um gerente de sucesso em uma grande organização que de repente tivesse uma oferta para ter o seu próprio negócio?

Pergunta 2 – Por que você acha que Treadwell decidiu se tornar um franqueado de múltiplas marcas em vez de ficar apenas com a KFC?

Notas

1. Arthur G. Sharp, "Franchising", http://www.referenceforbusiness.com/encyclopedia/For-Gol/Franchising.html. Acesso em 16 de fevereiro de 2015.
2. Roy Seaman, "History of Franchising", http://www.theukfranchisedirectory.net/page/history-of-franchising.php. Acesso em 16 de fevereiro de 2015.
3. Don Daszkowski, "The History of Franchising", http://franchises.about.com/od/franchisebasics/a/history.htm. Acesso em 16 de fevereiro de 2015.
4. Hilary Strahota, "Benjamin Franklin: Father of Franchising?" *Franchising World*, setembro de 2007.
5. U.S. Small Business Administration, "Franchise Businesses", http://www.sba.gov/content/franchise-businesses. Acesso em 27 de janeiro de 2015.
6. Ibid.
7. International Franchise Association, "About IFA", http://www.franchise.org/about-ifa. Acesso em 3 de janeiro de 2015.
8. International Franchise Association, "Join IFA", http://www.franchise.org/join-ifa, acesso em 3 de janeiro de 2015.
9. International Franchise Association, "Franchise Business Economic Outlook for 2015", http://www.emarket.franchise.org/FranchiseBizOutlook2015.pdf. Acesso em 28 de fevereiro de 2015.
10. U.S. Patent and Trademark Office, "Trademark", http://www.uspto.gov/main/glossary/index.html#trademark. Acesso em 3 de janeiro de 2015.
11. McDonald's, "Trademark Information", http://www.mcdonalds.com/us/en/terms_conditions.html. Acesso em 3 de janeiro de 2015.
12. Jason Daley, "On the Same Page", *Entrepreneur*, junho de 2012, p. 96-98; e "Painting with a Twist", http://www.paintingwithatwist.com. Acesso em 6 de janeiro de 2015.
13. "2014 New Franchise Rankings", http://www.entrepreneur.com/franchises/rankings/topnew-115520/2014,-1.html. Acesso em 6 de janeiro de 2015.
14. International Franchise Association, "VetFran Directory", http://www.franchise.org/veterans. Acesso em 16 de fevereiro de 2015.
15. Tracy Stapp, "Military Intelligence", *Entrepreneur*, julho de 2012, p. 98-107.
16. Franchise Registry, "Making Franchise Lending Easier", http://franchiseregistry.com/index.php. Acesso em 6 de janeiro de 2015.
17. International Franchise Association, "Mission Statement/Vision/Code of Ethics", http://www.franchise.org/missionstatementvisioncode-of-ethics. Acesso em 28 de fevereiro de 2015.
18. "Legal Briefs", *Franchise Times*, vol. 14, n. 7 (agosto de 2008), p. 51.
19. Ed Sealover, "Quiznos Leaves Bankruptcy Protection with New Financial Structure", http://www.bizjournals.com/denver/news/2014/07/01/quiznos-leaves-bankruptcy-rotection-with-new.html?page=all. Acesso em 6 de janeiro de 2015.
20. Elizabeth Sile, "Edible Arrangements in Legal Hot Water", http://www.inc.com/news/articles/201107/edible--arrangements-lawsuit.html. Acesso em 6 de janeiro de 2015.
21. Jonathon Bick, "Internet-Based Franchise Encroachment Runs Rampant", *New Jersey Law Journal*, vol. 202, n. 12, http://bicklaw.com/e-Franchiseproblems.htm. Acesso em 6 de janeiro de 2015.
22. International Franchise Association, "Liberty Tax Service", http://www.franchise.org/Liberty-Tax-Service-franchise. Acesso em 7 de janeiro de 2015.
23. Denny's International, "Requirements", http://dennysfranchising.com/InternationalRequirements. Acesso em 7 de janeiro de 2015.
24. Comunicação pessoal com Mark Liston, 27 de outubro de 2010.
25. Ibid.
26. "Yet Another Lawsuit Brought against 7-Eleven", https://no7eleven.wordpress.com/tag/lawsuit. Acesso em 7 de janeiro de 2015.
27. Rieva Lesonsky, "Is It Time to Sell Your Business or Buy a New One?" http://smallbiztrends.com/2012/05/sell-business-buy-a-new-one.html. Acesso em 7 de janeiro de 2015.
28. "Business Broker", http://www.entrepreneur.com/encyclopedia/term/82270.html. Acesso em 7 de janeiro de 2015.
29. U.S. Small Business Administration, "Buying an Existing Business", http://www.sba.gov/content/choosing-business. Acesso em 7 de janeiro de 2015.
30. Você também poderia ler "Buying an Existing Business" em http://www.sba.gov/content/researching-business-purchase, para conhecer as abordagens sugeridas pela SBA para avaliar um negócio.

CAPÍTULO 5

A empresa familiar

Chris Martin valoriza muito o legado de seu tataravô, Christian Frederick Martin Sênior. Vindo de uma família de fabricantes de armários, C. F. Sênior estudou como fabricar guitarras quando jovem. Sentindo que as oportunidades eram limitadas em seu país de origem, a Alemanha, ele decidiu imigrar para os Estados Unidos e criou sua empresa em 1833.

Chris Martin é um CEO da sexta geração na C. F. Martin & Company, Inc. Ele aprendeu muitas lições com seus ancestrais. O fundador da empresa, C. F. Sênior, estava disposto a experimentar além do que havia sido ensinado a ele e projetou modificações nas guitarras, como um braço ajustável que poderia ser movido para cima e para baixo. C. F. Jr. documentou como as vendas variaram através dos ciclos econômicos, ajudando as futuras gerações a compreender a influência das condições econômicas. Quando C. F. Jr. morreu inesperadamente, seu filho Frank, de 22 anos, assumiu a direção da empresa. Frank reconheceu o impacto de uma grande população imigrante da Itália e introduziu bandolins como uma nova linha de produtos. Ele também integrou verticalmente a empresa, assumindo o controle de canais de distribuição.

> **No Spotlight**
> **C.F. Martin & Co.**
> **www.martinguitar.com**

C. F. III foi o primeiro membro da família com nível superior a trabalhar na empresa. Ele deu crédito a seu pai, Frank, por mostrar o valor da educação para a família. Embora tenham ocorrido demissões durante a Grande Depressão, a empresa continuou a trabalhar com novos projetos e a lançar novos produtos. Uma inovação introduzida foi mudar de um braço de 12 "trastes" para 14 "trastes", que acabou se tornando o padrão da indústria, graças à sua maior flexibilidade. Quando Frank Herbert Martin sucedeu seu pai, C. F. III, em 1970, a empresa estava envolvida na aquisição de outras firmas, principalmente a Darco String Company, o que mostrou ser uma grande combinação para as várias guitarras sendo fabricadas.

Christian Frederick Martin IV desenvolveu sua experiência prática enquanto crescia – primeiro, armazenando as cordas dos instrumentos, depois ajudando no escritório e, eventualmente, empunhando uma serra de fita na fábrica e participando de exposições. Ele descreve o momento em que o pai foi

---

Ao término deste capítulo, você deverá ser capaz de:

5-1. Definir os termos *família* e *empresa familiar*.

5-2. Explicar as forças que podem fazer uma empresa familiar progredir.

5-3. Descrever os complexos papéis e relacionamentos existentes em uma empresa familiar.

5-4. Identificar práticas de gestão que permitam à empresa familiar operar de forma eficaz.

5-5. Descrever o processo de sucessão gerencial em uma empresa familiar.

abordado para vender a empresa, e Frank Herbert perguntou a Chris o que ele pensava sobre a oferta. Chris respondeu: "Eu estou pensando em trabalhar na empresa – mas não posso garantir que farei isso". Mediante essa informação, Frank Herbert recusou a oferta. Depois de obter o diploma em administração, Chris começou a trabalhar na empresa em tempo integral.

Ele considera que não é meramente o responsável por um negócio e seus funcionários, mas também por um conjunto de valores. Ele quer que todos saibam que a C. F. Martin & Co. está adequada aos altos padrões de excelência musical com o objetivo de produzir a guitarra perfeita. Pensando no futuro, ele se pergunta se a filha de três anos, Claire Frances, será a próxima C. F. Martin.

Fontes: Baseado no conteúdo do site http://www.martinguitar.com. Acesso em 18 de janeiro de 2015; Adam Bluestein, "The Success Gene: Why Some Family Businesses Thrive Year after Year after Year". Acesso em 18 de janeiro de 2015; e Dick Boak, *C. F. Martin & Co.* (Charleston, SC: Arcadia Publishing, 2014).

Histórias sobre empresas familiares são frequentemente motivo de notícia. Lemos sobre disputas entre pais e filhos, entre irmãos, entre familiares e funcionários que não são da família e investidores. Mas também lemos sobre os princípios que as empresas familiares criam, tornando-se filantropas em suas comunidades e contribuindo para pesquisas médicas, universidades e muito mais. Quando uma família coloca o nome dela na empresa, a reputação a acompanha.

A literatura mostra extensivamente que grande parte das empresas na maioria das economias de livre mercado corresponde a alguma definição de propriedade familiar. As maiores empresas familiares incluem empresas de capital aberto, como Walmart e Ford Motor Co., bem como as empresas privadas, como Cargill, Koch Industries e Mars.[1] Embora o estereótipo do empreendedor possa não intencionalmente iniciar um empreendimento familiar, ele frequentemente confia em membros da família para obter os recursos necessários para começar uma *startup* e para buscar uma solução quando um problema surge. Os membros da família são frequentemente as primeiras pessoas a emprestar dinheiro ou investir na empresa, ou intervir, caso você fique doente ou se um empregado essencial de repente deixar a empresa. Muitas vezes, é um membro da família que conhece e aceita seus pontos fortes e fracos e está disposto a trabalhar longas horas para ajudá-lo, até mesmo sem pagamento.

Mas os membros da família nem sempre são cordiais, cooperativos e compatíveis. Eles sabem como deixá-lo louco, fazê-lo se sentir culpado, constrangê-lo. Tais ações já causaram o fracasso de muitas empresas familiares, grandes e pequenas. Neste capítulo, investigamos como a família e os negócios interagem, o que os torna fortes e o que pode destruí-los. Levando-se em conta extensa pesquisa em empresas familiares, apresentamos estratégias que ajudaram negócios familiares a ter sucesso.

5-1 O QUE É UMA EMPRESA FAMILIAR?

O que exatamente é uma família? Esta pode parecer uma pergunta tola de fazer, mas definições de família variam em diferentes partes do mundo. Elas incluem a família clássica "nuclear", restrita aos pais e filhos, e a família "estendida", que inclui toda uma comunidade de outros parentes. Sem dúvida, você já viu muitas versões de famílias na televisão, nos filmes e, possivelmente, em sua própria vida. Considerando o interesse e o envolvimento que os membros da família têm nas vidas uns dos outros, não é surpresa que eles tenham opiniões sobre uma empresa de propriedade de um ou mais de seus membros, independentemente de estarem oficialmente ligados ou não à empresa.

Neste livro, a palavra **família** se refere a um grupo de pessoas vinculadas por uma história compartilhada e por um compromisso para dividir um futuro juntas, ao mesmo tempo que apoiam o desenvolvimento e o bem-estar de seus membros individualmente.[2] Esta definição reconhece as diferenças consideráveis nas composições das famílias. Elas podem variar de acordo com as relações de parentesco, representação de gerações, *status* jurídico, e mais. Uma **empresa familiar** pode ser definida como uma organização "em que os indivíduos que estabeleceram ou adquiriram a empresa, ou seus descendentes, influenciam significativamente as decisões estratégicas e o curso de vida da empresa. A influência da família pode ser exercida por meio da gestão e/ou da propriedade da empresa".[3]

Especialistas em empresas familiares tentam classificar os relacionamentos de família e aplicar rótulos às empresas à medida que evoluem de uma geração para outra. Uma **empresa gerenciada pelo proprietário** é um empreendimento operado por um empreendedor fundador. Se os filhos do fundador se tornarem proprietários e administradores da empresa, essa propriedade de segunda geração é denominada **sociedade entre irmãos** (*sibling partnership*). Um **consórcio entre primos** (*cousin consortium*) descreve uma empresa com base na terceira geração e nas gerações subsequentes, quando os filhos de irmãos assumem a propriedade e posições gerenciais. Mas seja qual for a geração que estiver liderando uma empresa, a influência de outras gerações é sentida, conforme descrito na seção *No Spotlight*, que abre este capítulo.

5-1a Sobreposição da família e dos negócios

Famílias e negócios existem por razões fundamentalmente distintas. A principal função da família é o cuidado e o suporte dos seus membros, ao passo que o negócio está preocupado com a produção e distribuição de bens e/ou serviços. Enquanto o foco da família é gerar valor para seus membros e enfatizar a cooperação, a unidade e a estabilidade, o objetivo da empresa é criar valor para os clientes e enfatizar a concorrência, a diversidade e a flexibilidade.

Os indivíduos envolvidos em uma empresa familiar têm interesses e perspectivas que diferem de acordo com suas situações particulares. O modelo no Quadro 5.1 (um diagrama de Venn) mostra as formas como os indivíduos podem estar envolvidos – como proprietários, membros da família, funcionários da empresa e várias combinações dessas opções. Além disso, a configuração de papéis pode afetar a maneira como esses indivíduos pensam sobre a empresa. Por exemplo, enquanto um membro da família que trabalha na empresa e tem participação (segmento 7) pode favorecer o reinvestimento para fazer crescer o negócio, um membro da família com participação de propriedade,

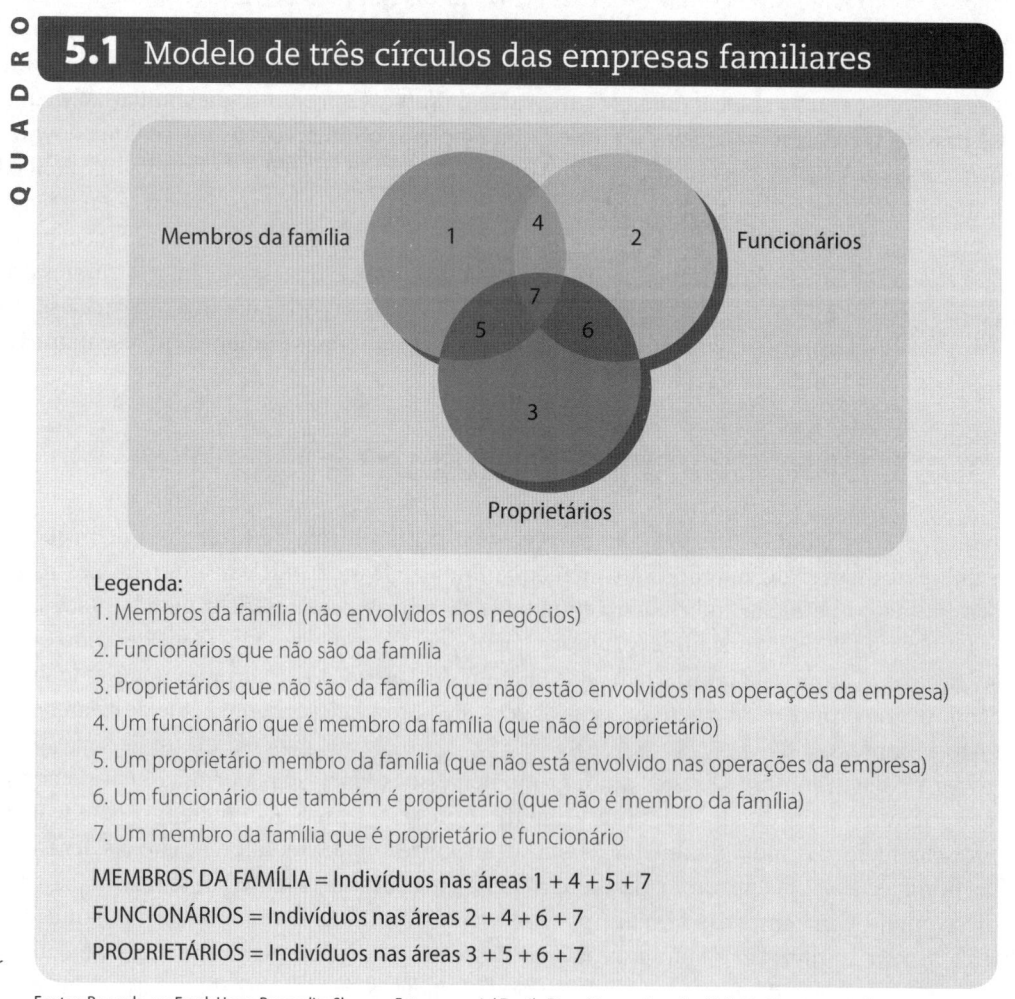

QUADRO 5.1 Modelo de três círculos das empresas familiares

Legenda:
1. Membros da família (não envolvidos nos negócios)
2. Funcionários que não são da família
3. Proprietários que não são da família (que não estão envolvidos nas operações da empresa)
4. Um funcionário que é membro da família (que não é proprietário)
5. Um proprietário membro da família (que não está envolvido nas operações da empresa)
6. Um funcionário que também é proprietário (que não é membro da família)
7. Um membro da família que é proprietário e funcionário

MEMBROS DA FAMÍLIA = Indivíduos nas áreas 1 + 4 + 5 + 7
FUNCIONÁRIOS = Indivíduos nas áreas 2 + 4 + 6 + 7
PROPRIETÁRIOS = Indivíduos nas áreas 3 + 5 + 6 + 7

Fontes: Baseado em Frank Hoy e Pramodita Sharma, *Entrepreneurial Family Firms* (Boston: Prentice Hall, 2010); e James J. Chrisman, Franz W. Kellermanns, Kam C. Chan e Kartono Liano, "Intellectual Foundations of Current Research in Family Business: An Identification and Review of 25 Influential Articles", *Family Business Review*, vol. 23 (2010), p. 9-26.

mas que trabalha em outro lugar (segmento 5), pode querer pagamentos de dividendos. E um empregado que não seja da família nem tenha participação societária (segmento 2) pode buscar salários mais altos.

Interesses concorrentes podem complicar o processo de gestão, criando tensão e, às vezes, levando a conflitos. As relações entre os membros da família em uma empresa são mais sensíveis do que aquelas entre funcionários não relacionados. Por exemplo, disciplinar um funcionário que chega sempre tarde é muito mais problemático se ele também for um membro da família. Ou então, considere uma sessão de revisão de desempenho entre um pai, que é chefe, e um filho, que é subordinado. Ou o cônjuge que se pergunta quando a família terá prioridade sobre os assuntos de negócios. Em 2013, Meg Cadoux Hirshberg concluiu uma série de artigos que escreveu sobre seu relacionamento com o marido, Greg, fundador da Stonyfield Farm, produtora de iogurtes orgânicos. Meg intitulou os artigos "Ato de Equilíbrio", e forneceu inúmeros exemplos do estresse que a empresa trouxe para a família. No último artigo, Meg descreveu as reações que muitos outros envolvidos em empresas familiares tiveram a suas histórias, dando a ela a sensação de os ter ajudado a se abrir quanto ao impacto emocional causado a eles por seus empreendimentos. Mas, no final, ela reconheceu que Greg continuaria a se lançar em novos empreendimentos, e que ela, ao mesmo tempo, o questionava e o admirava.[4] A existência de um relacionamento familiar acrescenta um fator emocional que apoia fortemente (ou complica em demasia) a relação de trabalho.

5-1b Vantagens e desvantagens de uma empresa familiar

Problemas com empresas familiares podem facilmente cegar as pessoas para as vantagens singulares decorrentes da participação em uma empresa familiar. Os benefícios associados ao envolvimento familiar devem ser reconhecidos e discutidos ao recrutar tanto membros da família quanto não membros para trabalhar na empresa familiar. Um benefício importante deriva da força das relações familiares. Os membros da família têm uma motivação singular: o sucesso dos negócios também é o sucesso da família.

As empresas que são de propriedade familiar muitas vezes destacam essa característica nos materiais promocionais para se diferenciarem dos concorrentes. No site da Carlson Company, por exemplo, a empresa se apresenta como familiar de hotelaria e de turismo, conduzida pelos princípios do fundador: "O que quer que você faça, faça com integridade. Aonde quer que você vá, vá como líder. A quem quer que você sirva, sirva com dedicação. Sempre que você sonhar, sonhe com todas as suas forças. E nunca, nunca desista".[5]

E essas mensagens não são apenas para os clientes. As empresas familiares podem transmitir um senso de tradição e realização para parentes que estão considerando se unir à empresa e também a funcionários não membros da família que se tornaram parte da história. Afinal, qualquer empresa que tenha passado por sucessão entre gerações sem dúvida superou inúmeros desafios e ameaças. Todos os que aceitam um cargo na

QUADRO 5.2 Aspectos positivos e negativos das empresas familiares

Positivos (+)	Negativos (−)
Confiança entre os membros da família	Desconfiança por parte de funcionários que não são da família em relação a empregados da família que são incompetentes
Lealdade à família por parte daqueles que estão na empresa	Falta de lealdade à empresa pelos membros da família que não estão diretamente envolvidos nos negócios
Compromisso com a empresa por parte de toda a família	Senso de direito por parte das novas gerações e por aqueles que não trabalham na empresa
Conhecimento entre os membros da família estendida	Falta de conhecimento entre aqueles que estão fora da empresa
Pensamento em longo prazo por parte dos líderes da empresa	Demanda por gratificação instantânea pelos que se sentem no direito
Comunicação direta entre os membros da família	Fracasso em se comunicar através de gerações e com a parte da família não envolvida com a empresa

Fontes: Baseado em Priscilla M. Cale e David C. Tate, *Sink or Swim: How Lessons from the Titanic Can Save Your Family Firm* (Santa Barbara, CA: Praeger, 2011); Frank Hoy e Pramodita Sharma, *Entrepreneurial Family Firms* (Boston: Prentice Hall, 2010); e Ritch L. Sorenson, Andy Yu, Keith H. Brigham, e G. T. Lumpkin (eds.), *The Landscape of Family Business* (Cheltenham, UK: Edward Elgar, 2013).

empresa devem conhecer bem o patrimônio e as realizações daqueles que a criaram e a fizeram crescer – e devem se orgulhar de terem sido aceitos na família estendida.

Mas não devemos ignorar as desvantagens. Mesmo antes de o empreendimento ser criado, podem surgir conflitos entre os membros da família. O cônjuge, os pais, os sogros, ou outros, podem acusar um empreendedor em ascensão de colocar a família em risco ao iniciar suas atividades. Quando isso acontece entre casais, o resultado final é muitas vezes o fracasso da empresa ou do casamento. Do ponto de vista dos membros da família que se opõem à ideia da empresa, o empreendedor pode estar apostando a aposentadoria do casal, os fundos destinados a pagar a faculdade dos filhos ou a hipoteca da casa.

Muitas empresas têm políticas contra a contratação de familiares. O pressuposto é de que funcionários e executivos podem mostrar favoritismo em relação aos seus parentes, independentemente de sua competência ou de seu desempenho. Isso às vezes é chamado **nepotismo**, que é a prática de empregar parentes. Na verdade, muitas empresas familiares empregam parentes, independentemente de suas qualificações, e podem mantê-los na folha de pagamento mesmo depois de seu mau desempenho se tornar óbvio para todos. Não somente a eficácia da empresa diminui, mas essas práticas também desmoralizam os funcionários competentes.

Alguns aspectos positivos e negativos associados às empresas familiares estão resumidos no Quadro 5.2. O fato de tantas empresas familiares poderem sobreviver à transição entre gerações, no entanto, demonstra que os aspectos negativos podem ser superados.

5-2 EMPRESAS FAMILIARES DINÂMICAS

Em média, as empresas familiares sobrevivem mais do que as empresas não familiares. Resultados de pesquisas recentes sugerem que as empresas que têm sucesso na transferência da propriedade e da gestão de uma geração para outra são caracterizadas por comportamentos empreendedores. Isso significa que novos líderes precisam agir por conta própria, assumir riscos e introduzir ou apoiar inovações. Para as empresas familiares, uma questão fundamental na transferência de propriedade e gestão é a retenção ou modificação da **cultura organizacional**, um padrão de comportamentos e crenças que caracterizam uma determinada empresa.

A cultura da empresa familiar merece atenção especial porque pode servir tanto como uma vantagem quanto como uma desvantagem. Do lado positivo, ela pode ser um recurso estratégico que promove uma orientação empreendedora. Isso evita que líderes futuros pensem em si mesmos simplesmente como gestores dos quais se espera que continuem as práticas do fundador.

5-2a A marca que os fundadores deixam na cultura da empresa familiar

Os fundadores deixam uma marca profunda nas empresas familiares que criam.[6] E os valores diferenciados que motivam e orientam um empreendedor na fundação de uma empresa podem ajudá-lo a criar uma vantagem competitiva para o novo negócio. Os fundadores de empresas são, frequentemente, inovadores que podem atender às necessidades dos clientes de forma especial e enfatizar o serviço ao cliente como um princípio orientador para a empresa. São eles que contratam os primeiros funcionários e, mesmo com o crescimento da empresa, podem conhecer todos na organização e também seus familiares.

Naturalmente, sempre existe uma possibilidade mais obscura – um fundador excessivamente controlador, que não escuta ninguém, não compartilha informações nem permite que outros tomem decisões. Sentimentos de superioridade e complacência com o *status quo* podem prejudicar os negócios quando se espalham por toda a organização. No mínimo, esses fundadores não conseguem preparar outros membros para a liderança. Embora as contribuições dos fundadores mereçam o reconhecimento apropriado, é preciso evitar qualquer legado que seja negativo.

5-2b O compromisso por parte dos membros da família

Nas empresas familiares, quando o fundador transfere a liderança (na maioria das vezes, para uma nova geração), a continuidade dos negócios depende, em grande parte, dos membros da família que são da geração seguinte e de seu nível de comprometimento com a empresa. Pesquisas recentes sugerem que os membros da família que passam a fazer parte de uma empresa familiar agem desse modo por diversas razões, as quais moldam a força e a natureza de seu compromisso para com a empresa.[7]

O modelo ilustrado anteriormente no Quadro 5.1 é geralmente utilizado para resumir as complexidades de lidar com os componentes interativos da empresa familiar: o negócio, a família e o proprietário. Esse modelo pode ajudar os fundadores a reconhecer que precisam equilibrar seu óbvio interesse nos negócios, suas aspirações pessoais e as necessidades de sua família. Os membros da família da nova geração que optarem por seguir uma carreira na empresa também devem lidar com esses desafios, e seu compromisso com a empresa provavelmente determinará o valor de suas contribuições, os benefícios financeiros que eles criarão para a família e sua satisfação pessoal em cargos.

RIQUEZA SOCIOEMOCIONAL

Uma das mais recentes teorias em relação às empresas familiares é a descoberta de que o compromisso dos membros da família com a empresa está relacionado com o que se denomina **riqueza socioemocional**.[8] A ideia é a de que os ganhos e perdas nos aspectos não financeiros da relação entre a família e a empresa afetam as decisões estratégicas e políticas referentes à empresa. O envolvimento socioemocional dos membros da família pode incluir o exercício da autoridade pessoal, o proveito da influência da família e uma grande identificação com uma empresa que possa levar o nome de família.

Jennifer Silence Rankin, quando era adolescente, trabalhou na empresa dos pais, que fazia tratamento de gramados. Ela detestava cuidar da varrição e do serviço de lavanderia, e no início jurou que nunca trabalharia na empresa. Mas, depois de estudar comunicação e marketing na faculdade, ela começou a ver a empresa de maneira diferente. Como Rankin disse: "O que me fez mudar de ideia foi perceber quanto suor, sangue e lágrimas meus pais dedicaram a este lugar. ... Eu não me sentiria bem se eles passassem o negócio para outra pessoa".[9] Rankin resolveu trabalhar na empresa por muito mais do que simplesmente o salário que recebe ou a riqueza que ela pode criar.

O compromisso socioemocional dos membros de uma família para com sua empresa ocorre em cinco dimensões, apresentadas no Quadro 5.3. Em inglês, o acrônimo dessas dimensões é FIBER: *family* control (controle familiar), *identification* with the firm (identificação com a empresa), *binding* social ties (laços de vínculos sociais), *emotional* attachment (ligação emocional) e *renewal* of family bonds through dynastic succession (*renovação* de laços familiares através da sucessão de gerações).

RECEIO DE ASSUMIR COMPROMISSO

Greg McCann, diretor fundador do Family Enterprise Center, na Stetson University, aprendeu com os estudantes e as empresas familiares que ele tem treinado que os membros de gerações futuras em empresas familiares podem desenvolver uma resistência emocional a trabalhar na empresa. Entre os típicos receios incluem-se:[10]

1. **Receio do fracasso.** *Se eu realmente assumir o controle da minha vida, poderei fracassar.* Perceba que se a resistência emocional impede o seu progresso, você está destinado a fracassar.
2. **Receio do sucesso.** *Se eu obtiver sucesso, os outros irão esperar mais de mim no futuro.* É verdade que as pessoas bem-sucedidas precisam lidar com a pressão das altas expectativas. Mas não é preferível sofrer esse tipo de pressão do que saber que ninguém tem expectativas em relação a você? Ou, pior ainda, que você não tem expectativas em relação a si mesmo?
3. **Receio do compromisso.** *Se eu nunca tentar, então nunca vou fracassar.* Evitar tomar uma decisão pode fazer uma pessoa se sentir segura, mas muitas pessoas não entendem que a opção de não decidir já é uma decisão, e uma decisão ruim.
4. **Receio de desapontar os pais.** *Eu magoaria meu pai se resolvesse trabalhar em uma empresa que não fosse a da família.* Seus pais querem que você seja feliz, e se estiver trabalhando para conseguir isso, certamente seus pais deverão ficar felizes com sua decisão. Além disso, é preciso decidir se, para você, é importante ser autêntico. Em caso positivo, você terá que enfrentar esse medo.
5. **Receio de desapontar os outros.** *Se eu não for com meus amigos para Chicago, para fazer o estágio, poderei perder a amizade deles.* Esse medo é semelhante ao anterior, mas diz respeito aos amigos, mentores, colegas e chefes. É um medo real e compreensível, mas é preciso analisá-lo mais profundamente para determinar qual o preço a ser pago por agradar aos outros e questionar a suposição de que você sabe o que os outros querem. Lembre-se de que você é o responsável por sua felicidade.

O conselho final de McCann é de que cada indivíduo deve tomar suas próprias decisões e não permitir que a resistência emocional influencie tais decisões. O modo como cada pessoa lida com esses medos é normalmente influenciado pelo senso de unidade de sua família.

QUADRO 5.3 Dimensões no compromisso socioemocional

Controle e influência da família. Especificamente, membros da família exercem controle sobre decisões estratégicas.
Identificação de membros da família com a empresa. A empresa pode ser vista como uma extensão da própria família.
Laços de vínculos sociais. Os membros da família sentem proximidade e solidariedade.
Apego emocional por parte dos membros da família. A história e o conhecimento de eventos anteriores influenciam e moldam as atividades atuais.
Renovação dos laços de família com a empresa através da sucessão de gerações. Existe a intenção de transmitir o controle da empresa às futuras gerações.

Fonte: Baseado em Pascual Berrone, Cristina Cruz e Luis Gomez-Mejia, "Socioemotional Wealth in Family Firms: Theoretical Dimensions, Assessment Approaches, and Agenda for Future Research", *Family Business Review*, vol. 25, n. 3 (2012), p. 258-279.

COMPROMISSO COM A CONTINUIDADE

A PricewaterhouseCoopers (PwC) conduz estudos periódicos referentes a empresas familiares. Em 2010, apenas 55% dos respondentes estavam otimistas quanto à hipótese de suas empresas permanecerem sob o controle de membros da família. Os pesquisadores da PwC concluíram que essa atitude refletia as condições econômicas difíceis que as empresas estavam enfrentando. No estudo realizado em 2012, os resultados mostraram que 76% das empresas familiares estavam planejando manter as empresas na família. Pouco mais da metade pretendia ter familiares como proprietários e administradores de suas empresas.

A maior preocupação expressa quanto à manutenção da gestão familiar foi o receio de que haja falta de inovação por parte dos sucessores. A fonte de inovação mais frequentemente mencionada foi a expectativa de a empresa passar a atuar internacionalmente. Também se esperava que avanços tecnológicos desencadeassem um comportamento inovador.[11]

5-3 PAPÉIS E RELACIONAMENTOS FAMILIARES

Um artigo do *Wall Street Journal* inicia assim: "Não existe uma maneira fácil de demitir um parente". O autor prossegue discutindo os riscos dos conflitos familiares e as consequências desse problema no longo prazo.[12] Essa visão deturpada da empresa familiar não é compartilhada por todos. No entanto, conflitos significativos podem ocorrer quando os papéis familiares e os interesses de negócios colidem, e prever esses desafios e se planejar para resolvê-los é realmente muito importante. Esta seção examina alguns dos muitos papéis e relacionamentos familiares possíveis que podem contribuir para a complexidade gerencial em uma empresa familiar.

5-3a Casais empreendedores (co-preneurs)

Algumas empresas familiares são de propriedade de equipes formadas por casais e também são administradas por elas. Esses casais são popularmente conhecidos como **casais empreendedores *co-preneurs***. Os seus papéis variam de acordo com seu conhecimento e sua experiência. Seja qual for o arranjo determinado, ambos os indivíduos são parte integrante do negócio.

Uma vantagem potencial de uma equipe de casais é a oportunidade de trabalhar com alguém em quem realmente se confia e compartilhar mais suas vidas. Para alguns casais, no entanto, os benefícios podem ser ofuscados por problemas relacionados ao negócio. Diferenças de opinião sobre questões empresariais podem ser transferidas para a vida familiar. E, desse modo, a energia de ambas as partes pode ser tão direcionada para um trabalho de longas horas de uma empresa com problemas, que acaba sobrando pouco entusiasmo para uma vida familiar saudável. Existe uma tendência recente de casais iniciarem empreendimentos baseados na web, muitas vezes, em suas casas. Em alguns desses casos, os *co-preneurs* descobriram que pode haver um "excesso de convivência", o que torna necessário estabelecer regras para que haja um tempo reservado para a privacidade individual.[13]

Muitos casais tiveram de estabelecer limites e criar rotinas para lidar com as exigências da vida cotidiana (como a criação dos filhos) e ainda ter tempo suficiente para a empresa. O Dr. Ken Blanchard é conhecido internacionalmente por ter escrito *The One Minute Manager* e mais de 30 outros livros. Ele e sua esposa, a Dra. Marjorie Blanchard, são coproprietários das empresas Ken Blanchard. Eles fundaram a empresa em 1979, que hoje é um negócio especializado em treinamento global. Os Blanchards tinham três objetivos simples: "fazer a diferença na vida das pessoas, gerar valor humano e eficácia no local de trabalho e ajudar todas as organizações com que trabalhamos a serem o provedor, o empregador e também o investimento de primeira escolha".[14]

Os membros de uma família podem pensar que regras, diretrizes ou objetivos simples são desnecessários, mas, para muitas pessoas que trabalham com parentes, esses objetivos podem manter o foco no que eles querem que a empresa e a família se tornem.

5-3b Mamãe ou papai, o fundador

Muitos empreendedores esperam passar a empresa para o filho. A ideia é a de que o negócio e a família irão crescer e prosperar juntos. Empreendedores que têm filhos pensam instintivamente em entregar a empresa para a geração seguinte. Algumas das abordagens adotadas para preparar os potenciais sucessores para serem proprietários e líderes de uma empresa incluem:

- Demonstrar o compromisso dos fundadores com a empresa e com a família por meio de ações e palavras.
- Permitir e apoiar o comportamento empreendedor dos filhos, deixando que eles assumam riscos calculados e encorajando-os a aprender com os erros.
- Apoiar esforços educacionais que contribuam para as habilidades de liderança da empresa, ajudando os filhos a desenvolver seus talentos especiais.
- Ajudar os filhos a reconhecer que regras e responsabilidades têm sua função na empresa e na vida.

De todos os relacionamentos em uma empresa familiar, o relacionamento pai-filho tem sido identificado por gerações como o mais problemático. Os pais, às vezes, têm dificuldade em aceitar que os filhos possam escolher um caminho diferente do que a alternativa de se unir à empresa familiar. Nos últimos anos, os problemas inerentes aos relacionamentos familiares têm sido abordados por tantos orientadores, seminários e livros que é difícil enumerá-los. Apesar de toda essa atenção, no entanto, o relacionamento pai-filho continua a causar transtornos para muitas famílias envolvidas em empresas familiares.

5-3c Filhos

Os filhos devem ser recrutados para trabalhar na empresa familiar ou devem se dedicar a carreiras de sua escolha? Os especialistas recomendam a introdução dos filhos na empresa familiar em uma idade precoce. Os pais podem levar os filhos pequenos para visitas esporádicas na empresa e, posteriormente, contratá-los como estagiários nos fins de semana ou durante as férias. Isso expõe os filhos à vida que os pais estão vivendo e àquilo com que a empresa contribui para a família. Os pais podem fazer um esforço consciente para ensinar aos filhos que uma empresa bem-sucedida exige trabalho árduo, e não é apenas uma herança que "cai no colo".

Outra questão é a liberdade pessoal. Nossa sociedade valoriza o direito do indivíduo de escolher a carreira e o estilo de vida. Se esse valor for adotado por um filho, este deverá ter a liberdade de escolher a carreira. Em uma família empreendedora, a tendência natural é pensar em termos de uma carreira na empresa da família para os filhos e empurrá-los, aberta ou sutilmente, nessa direção. Algumas vezes, pouco se pensa no talento, aptidão e temperamento do filho, que pode preferir música ou medicina, em vez de trabalhar no mundo corporativo, e que talvez não consiga se adaptar a uma função na empresa. Também é possível que as habilidades do filho simplesmente sejam inadequadas a um papel de liderança.

Um filho pode sentir a necessidade de trabalhar em outro lugar que não seja a empresa da família, pelo menos por algum tempo, para provar que é capaz de se manter sem a ajuda da família. Os consultores de empresas familiares costumam dar esse conselho aos pais. Os filhos que acreditam que podem ter sucesso por conta própria provavelmente terão mais autoconfiança em suas habilidades se optarem por se unir à empresa familiar posteriormente. E os funcionários que não fazem parte da família provavelmente terão mais respeito pelo novo funcionário se o filho for contratado depois de demonstrar competência em outra organização.

5-3d Cooperação, rivalidade entre irmãos

Não é incomum que mais de um filho assuma um cargo em uma empresa familiar quando resolve iniciar a vida profissional ou mudar de carreira. Mesmo que não trabalhem na empresa, irmãos daqueles filhos que trabalham na empresa familiar podem ser mais do que observadores casuais a distância. Eles podem ter uma participação como herdeiros ou proprietários parciais.

Na melhor das hipóteses, os irmãos trabalham como uma equipe que funciona de forma consistente, cada um contribuindo com seus esforços, de acordo com as respectivas habilidades. Assim como as famílias podem experimentar uma excelente cooperação e unidade em seus relacionamentos, algumas empresas familiares se beneficiam de uma colaboração efetiva entre irmãos.

No entanto, as questões referentes aos negócios tendem a gerar concorrência, e isso afeta a família, bem como os membros que não são da família. Por exemplo, irmãos podem discordar sobre a política de negócios ou sobre suas funções na empresa. E, em alguns casos, os conflitos podem aumentar seriamente e sair de controle.[15]

Alguns pais adotam a estratégia de envolver os filhos diretamente nos negócios desde jovens. Ty Kester, diretor de terceira geração da Oklahoma State Horseshoeing School em Ardmore, Oklahoma, EUA, explica por que ele e a irmã estão dirigindo a empresa:

> A razão pela qual a empresa ainda funciona é porque crescemos aqui. ... Quando crianças, estávamos aqui o tempo todo. Durante a vida inteira, aprendemos de que modo um empreendimento bem-sucedido é administrado. Desde a infância, essa era uma orientação constante de meu avô, de minha avó e de meu pai. É por isso que a escola continua sendo um sólido empreendimento.[16]

Vivendo o sonho
EXPERIÊNCIAS EMPREENDEDORAS

Natural ou aprendido?

Foi escolha de Cady Zildjian MacPherson se unir à empresa de sua família ou alguém escolheu o destino dela?

A Avedis Zildjian Company, de Norwell, Massachusetts, descreve-se orgulhosamente no site da empresa como "a empresa familiar mais antiga na América". O primeiro Avedis fundou a empresa em 1623, onde então era Constantinopla (atualmente, Istambul, Turquia), usando uma "liga metálica secreta para criar címbalos de clareza e poder espetaculares". Avedis III trouxe a firma para os Estados Unidos em 1929. Hoje, a empresa é liderada pelo diretor-executivo Craigie Zildjian e por sua irmã Debbie, que é vice-presidente de recursos humanos. Eles são membros da 14ª geração da família.

A filha de Debbie, Cady, foi trabalhar na Zildjian como estagiária quando ainda estava no ensino médio. Seu primeiro cargo foi de recepcionista. Depois de concluir seus estudos na Colgate University, ela passou a trabalhar meio período para a Zildjian e depois foi para a SmartPak Equine, LLC, como assistente de marketing sênior. Durante três anos, Cady fazia parte de uma equipe que incluía técnicos de farmácia registrados em uma empresa financiada por capitalistas de risco. Ela considerou essa experiência valiosa para entender como os profissionais operam e evoluem em suas relações de trabalho.

De acordo com Cady, ela não foi pressionada de maneira alguma para trabalhar na empresa da família.

Embora ela diga que sempre soube que seria difícil trabalhar com a família, ela terminou descobrindo que a atração de fazer parte da tradição Zildjian era irresistível. Cady passou a trabalhar na empresa em abril de 2007 e, em 2012, passou a ocupar o cargo de gerente associada de produtos. Ela diz que seu único arrependimento é que gostaria de ter obtido mais experiência em outras organizações.

Cady descreve os passos que a liderança da empresa tem adotado como importantes para permitir que os membros da família trabalhem juntos com sucesso. Os Zildjian confiaram em assessores externos para ajudá-los a estabelecer diretrizes para a família e para a empresa. Eles criaram um conselho de família e desenvolveram políticas por escrito para iniciar seu empreendimento. Cady considera que comunicação eficaz é essencial. A empresa realiza reuniões trimestrais com os acionistas, e os membros da família fazem questão de ficar juntos em ocasiões não relacionadas ao trabalho.

Cady agora acompanha com interesse como sua irmã e sua prima concluem a graduação universitária. Será que elas vão fazer parte da história da Avedis Zildjian ou seguirão um caminho diferente?

Fontes: Baseado em entrevista pessoal realizada com Cady Zildjian MacPherson, em 21 de maio de 2012; e no conteúdo do site: http://zildjian.com. Acesso em 27 de julho de 2012.

Membros da empresa que não fazem parte da família podem representar um papel importante em resolver ou evitar conflitos entre irmãos. Algumas vezes, executivos que não são da família se tornam mentores quando um familiar se une à empresa. Isto pode ocorrer formal ou informalmente. A tarefa de um mentor, muitas vezes, está relacionada ao trabalho com foco no desenvolvimento de habilidades relativas às tarefas da empresa e à liderança. Mas o mentor também pode orientar um filho em relação à cultura e aos valores básicos da empresa e ao seu sucesso. Um membro da diretoria ou do quadro de conselheiros da empresa pode desempenhar um papel semelhante. Embora esses mentores não devam ser vistos como árbitros, eles podem ser capazes de treinar irmãos sobre como chegar a um acordo referente a conflitos, fazendo-os colocar em segundo plano lembranças e ressentimentos de uma vida inteira.

Outro dilema envolvendo irmãos tem sido chamado de conflito predador/parasita. Membros de uma família que trabalham na empresa às vezes são vistos pelos parentes que não trabalham na empresa como predadores – pois recebem da empresa dinheiro que os outros parentes acreditam ser legitimamente deles. Por outro lado, os membros da família que não trabalham na empresa às vezes são vistos como parasitas. Ou seja, eles têm direitos de propriedade, recebem dividendos ou fazem outras reivindicações referentes ao negócio sem contribuir para o seu sucesso.

Existem muitas histórias sobre irmãos que destruíram os negócios de suas famílias. Adolf e Rudolf Dassler pareciam ter habilidades complementares que deveriam ser perfeitas para a colaboração – um deles era fanático por esportes e uma pessoa reservada; o outro era um vendedor extrovertido. Mas eles discordavam em tudo e terminaram seguindo caminhos diferentes. Adolf fundou a Adidas e Rudolf deu início à Puma, e suas empresas continuaram a brigar.[17] Os irmãos Disney, Walt e Roy, eram conhecidos por sempre discutir, mas reconheciam o talento um do outro e demonstraram ser a equipe certa para construir o império da Disney.[18]

Posteriormente, neste capítulo, você aprenderá que muitas empresas familiares procuraram prever possíveis conflitos formalizando estruturas. Algumas delas implementaram diretrizes por escrito por meio de constituições específicas, ao passo que outras formaram estruturas como conselhos corporativos familiares.

5-3e Agregados dentro e fora das empresas

Você nasce ou é adotado por uma *família de origem*, os parentes que formaram seu mundo na infância. Quando você se casa com outro indivíduo, descobre-se com uma nova família de agregados, relacionada ao novo relacionamento que acabou de formar, além das conexões familiares adquiridas com seu cônjuge. De repente, os membros da sua família de origem se encontram ligados à nova família formada, com os próprios valores e tradições. Para muitas empresas familiares, as famílias de agregados podem influenciar os negócios de alguma forma. Por exemplo, os sogros e cunhados podem se tornar direta ou indiretamente envolvidos na empresa. Eles podem ter sido empregados na empresa e, depois, se casaram com um membro da família. Eles podem ter aceitado um cargo na empresa após terem se casado. No mínimo, eles terão opiniões sobre os negócios da família e os parentes de seus cônjuges, e provavelmente expressarão essas opiniões.

Em uma empresa familiar, quando um dos sogros ou cunhados passa a fazer parte do quadro de funcionários, é possível obter uma colaboração eficaz designando-se membros da família para diferentes filiais ou cargos na companhia. Mas a concorrência por posições de liderança pode eventualmente forçar decisões que distingam entre os filhos e os agregados empregados na companhia. Ser justo e manter a lealdade familiar fica mais difícil à medida que o número de funcionários da família aumenta.

Mesmo os agregados que estão em uma situação "marginal" também têm influência considerável sobre a empresa e a família. Eles sempre estão muito interessados nas questões de empresas familiares que impactem seus cônjuges. Quando as frustrações familiares interferem no trabalho, os cônjuges tendem a ouvir a respeito do problema quando chegam em casa, muitas vezes, até mesmo pouco antes de o casal ir dormir. O membro da família desabafa, sente-se melhor e então vai dormir. O cônjuge, por outro lado, ficou apenas ouvindo sobre a situação e acaba passando o resto da noite preocupado, irritado ou ambos. Então, quando tudo é resolvido no escritório na manhã seguinte, ninguém se lembra de telefonar para o cônjuge que ficou em casa para dizer a ele que tudo está bem. Os cônjuges tendem a ouvir apenas um lado da história – o lado ruim – e isso deturpa sua visão sobre a empresa. Assim, as críticas que eles recebem por terem uma má atitude quanto à família e à empresa são, muitas vezes, injustas.[19]

5-3f O cônjuge do empreendedor

Os casais nem sempre se tornam *co-preneurs*. Mas, mesmo que um cônjuge não trabalhe na empresa, ele ainda pode desempenhar um papel crucial nos bastidores. Tradicionalmente, essa função era cumprida pela esposa do empresário, a mãe de seus filhos. No entanto, atualmente, muitos maridos assumiram o papel de esposos das empreendedoras.

Como pai ou mãe, o cônjuge ajuda a preparar as crianças para possíveis carreiras na empresa familiar. Os pesquisadores descobriram que um dos papéis mais frequentes e estressantes desempenhados pelo cônjuge é servir de mediador nas relações de negócios entre o empreendedor e os filhos.

O ideal é que o empreendedor e seu cônjuge formem uma equipe comprometida com o sucesso da família e da empresa. Esse trabalho em equipe não ocorre automaticamente – ele requer um esforço colaborativo de ambas as partes no casamento. Tim Berry, presidente e fundador da Palo Alto Software, explica o apoio que recebeu de sua esposa quando estava avaliando se iniciaria ou não a empresa:

> *[Este foi o] maior incentivo que eu poderia ter recebido; minha esposa disse: "Vá em frente; você vai conseguir". E ela estava falando sério. Em vários aspectos importantes, ela sempre deixou claro que correríamos o risco juntos. Nunca houve a ameaça de que ela pudesse dizer algo como: "Eu te disse, por que você foi sair do seu emprego tão bom? Seu idiota!". O que ela dizia era: "Se você fracassar, fracassaremos juntos e então daremos um jeito. Tudo vai dar certo".*[20]

5-4 BOA GOVERNANÇA NA EMPRESA FAMILIAR

As empresas familiares às vezes enfrentam o estereótipo de não serem bem administradas. No entanto, vários estudos mostram que as empresas familiares publicamente negociadas funcionam tão bem ou melhor do que as empresas que não são familiares.[21] Assim como acontece com todas as empresas que enfrentam a concorrência global e com os mercados em rápida transformação, as empresas familiares devem examinar atentamente os membros da família que desejam posições de liderança na empresa e determinar se eles estão aptos a realizar essa tarefa. Os relacionamentos complexos nas empresas familiares exigem a supervisão de uma gestão competente e profissional, seja de dentro ou de fora da família. Permitir que membros da família despreparados ou incompetentes sejam gerentes enfraquecerá a empresa. Agir dessa maneira é contrário aos interesses da empresa e da família.

A empresa familiar é um negócio competitivo. Praticar uma boa gestão ajudará a empresa a prosperar e permitirá que a família funcione como uma família. Fracassar em fazê-lo representa uma ameaça para o negócio e afeta negativamente relacionamentos familiares.

5-4a Empregados que não são da família em uma empresa familiar

Membros de fora da família frequentemente descobrem que têm oportunidades limitadas em uma empresa familiar. Em alguns casos, promoções são perdidas devido à presença de membros da família que podem ter melhor acesso aos "caminhos internos" da companhia. Poucos pais promoverão um estranho no lugar de um filho competente que está sendo preparado para futuras lideranças, e isso é compreensível. Mas limita o potencial de promoção de funcionários que não são da família e pode fazer com que se sintam frustrados, enganados ou que deixem a empresa.

Quem não é da família às vezes é apanhado no fogo cruzado entre membros dela que estão competindo entre si. É difícil para os membros externos da família manter neutralidade estrita no caso de conflitos familiares. Se for detectado que um executivo que não faz parte da família apoia um dos envolvidos no conflito, este pode perder o apoio de outros membros da família. Empregados que trabalham com afinco muitas vezes sentem que merecem uma compensação pelo risco de trabalhar em uma empresa atormentada por conflitos familiares.

A extensão das limitações dos funcionários que não são da família depende do número de membros da família ativos na empresa e do número de cargos administrativos ou profissionais na empresa a que os funcionários não familiares podem aspirar. Também depende de até que ponto o proprietário exige competência na administração e mantém uma atmosfera de equidade na supervisão. Para evitar futuros problemas, o proprietário deve deixar clara, ao contratar funcionários que não são da família, a extensão das oportunidades disponíveis para eles e identificar os cargos, se houver algum, reservados para os membros da família.

O líder de uma empresa familiar pode decidir contratar um membro que não seja da família para atuar como executivo na empresa pelos motivos:

- Preencher o *gap* entre gerações;
- Estabelecer uma nova direção para a companhia;

- Lidar com a mudança;
- Incorporar novas habilidades e experiências.

A empresa Two Men and a Truck foi fundada por dois irmãos. Quando eles entraram na faculdade, a mãe deles, Mary Ellen Sheets, assumiu o controle e expandiu a empresa. Ela recrutou a filha para se unir à empresa e assumir o cargo de CEO. Eventualmente, os irmãos voltaram para a empresa. Quando a irmã decidiu dedicar mais tempo à sua família, transferiu o cargo de CEO para um dos irmãos fundadores.

Este irmão, Brig Sorber, por sua vez, escolheu Randy Shacka como seu substituto no cargo de presidente da Two Men and a Truck, porque reconheceu que Shacka tinha o conjunto de habilidades organizacionais consideradas ideais para possibilitar o progresso da empresa.[22] O restante da família concordou que Shacka havia demonstrado compromisso com valores que eram equivalentes aos deles. Os proprietários geralmente procuram certos traços em líderes que não são da família: maturidade, habilidades de facilitação e de *mentoring*, sensibilidade emocional, confiabilidade e capacidade de compreender e compartilhar os valores da família.

5-4b Retiros familiares

Seria ótimo se os fundadores de organizações pensassem sobre como a empresa e a família afetariam uma à outra desde o momento em que iniciam a aventura. No entanto, a verdade é que a maioria dos proprietários não começa a pensar sobre como as duas partes irão interagir até surgir algum problema, geralmente, quando a empresa já amadureceu e criou riqueza. Uma das primeiras etapas que os especialistas recomendam para construir um relacionamento saudável entre família e empresa é fazer uma reunião ampla, como um retiro. Um **retiro familiar** é uma reunião dos membros da família (frequentemente incluindo os agregados), geralmente realizada fora das instalações da empresa, para discutir questões da empresa familiar. Na maioria dos casos, a atmosfera é informal para encorajar os membros da família a se comunicarem livremente e a discutirem suas preocupações com a empresa em um ambiente que não coloca os membros da família uns contra os outros. O retiro não se caracteriza tanto como um *evento*, mas sim como o *início de um processo* de conexão entre membros da família. Apresenta a oportunidade de celebrar os fundadores e seus esforços, bem como de destacar o legado que eles querem transmitir às futuras gerações da família.

A perspectiva de os familiares se sentarem juntos para discutir questões referentes aos negócios familiares pode parecer ameaçadora para alguns membros da família. Como resultado, algumas famílias evitam a comunicação aberta, temendo que isso crie problemas. Eles assumem que tomar decisões calma ou secretamente preservará a harmonia. Infelizmente, esta abordagem geralmente encobre grandes diferenças que se tornam cada vez mais problemáticas. Os retiros familiares são projetados para melhorar linhas de comunicação e promover o entendimento e o acordo sobre aspectos da empresa familiar.

Uma discussão honesta e sincera pode ser difícil, por isso é padrão para os líderes familiares convidarem um especialista ou facilitador externo para coordenar as primeiras sessões. O facilitador pode ajudar a desenvolver uma agenda e estabelecer regras básicas para a discussão. Ao presidir as primeiras sessões, o facilitador pode estabelecer um tom positivo e não ameaçador, que enfatize as conquistas familiares e encoraje a consideração racional de questões delicadas. Os membros da família capazes de desenvolver uma atmosfera de neutralidade, no entanto, podem presidir as sessões sem usar uma pessoa de fora.

Para garantir o sucesso de um retiro empresarial familiar, David Lansky, CEO de uma empresa de consultoria especializada em empresas familiares, sugere que as diretrizes a seguir sejam adotadas:[23]

1. *Ser claro quanto ao propósito do retiro.* Seja capaz de responder a esta pergunta: "Se a reunião fosse capaz de alcançar tudo aquilo que se poderia esperar, como ela seria?".
2. *Estabelecer pequenos objetivos passíveis de serem atingidos.* Não espere que o retiro alcance todos os objetivos.
3. *Criar uma agenda e manter-se focado nela.* Programe a reunião com duração determinada e indique alguém para fazer as anotações necessárias.
4. *Dar a todos uma chance de participar.* Essa é uma etapa fundamental para estabelecer confiança entre os participantes. As pessoas precisam sentir que estão sendo ouvidas.
5. *Saber a diferença entre consenso e concordância.* Participantes não precisam ver as coisas da mesma maneira (estar de acordo) para concordar com um curso de ação (chegar a um consenso).

Mas a conversa em retiros familiares nem sempre é sobre negócios. Após um retiro, as famílias muitas vezes falam da alegria de compartilhar valores e histórias de experiências familiares. Assim, os retiros podem se transformar em férias, com os participantes desfrutando da companhia dos outros socialmente. Quando os membros de uma família estendida gostam uns dos outros, tanto a família quanto a empresa são fortalecidas.

5-4c Conselhos de família

Uma sequência lógica do retiro é a criação de um **conselho de família**, no qual os membros se reúnem para discutir valores, políticas e direção para o futuro. Um conselho de família é o braço de planejamento organizacional e estratégico de uma família. Esses conselhos operam como um fórum para ouvir as ideias de todos os membros e descobrir em que eles acreditam e o que querem da empresa. Um conselho de família formaliza mais a participação dela na empresa do que um retiro familiar. Esse também pode ser um foco para o planejamento do futuro dos familiares individuais, da família como um todo e da empresa, bem como da forma como cada um deles se relaciona com os outros.

Um conselho não é uma reunião casual. Deve ser um compromisso de organização formal que ofereça governança para os membros da família em sua relação com o negócio. Os membros do conselho são normalmente eleitos pelos membros estendidos da família adulta. Os representantes realizam reuniões regulares, mantêm minutas e fazem sugestões para o conselho diretor da empresa. Durante as primeiras reuniões, geralmente é gerada uma declaração de missão aceitável, bem como uma constituição familiar.

As empresas familiares que têm tais conselhos os consideram úteis para o desenvolvimento da harmonia familiar. Embora os participantes do conselho sejam geralmente eleitos, os membros da família estendida são frequentemente convidados a participar de eventos realizados em conjunto com as reuniões do conselho. Essas reuniões geralmente são divertidas e informativas e podem incluir palestrantes que discutam aspectos de interesse. O tempo pode ser reservado para compartilhar realizações, conquistas e a história familiar. A geração mais jovem é encorajada a participar porque grande parte do processo é projetada para aumentar a compreensão das tradições familiares e dos interesses corporativos, e também a fim de prepará-los para trabalhar de forma eficaz na empresa.

5-4d Constituição de empresas familiares

Como acabamos de explicar, os conselhos de família podem ser encarregados de redigir uma **constituição para a empresa familiar**, que é uma declaração de princípios destinados a guiar certa empresa familiar em tempos de crise e mudanças, incluindo o processo de sucessão. Em geral, esse não é um documento juridicamente vinculativo, mas ajuda a preservar as intenções do fundador e garante que a empresa sobreviva, em grande parte, intacta, a períodos de mudanças. Quando ocorre uma transferência de controle entre gerações e não há um documento para orientar esse processo, questões como a propriedade, o desempenho e a compensação podem se tornar pontos de conflito.[24]

Quando o pai de Randall Clifford morreu, em 1994, a propriedade e o controle da Ventura Transfer Company, a mais antiga empresa de transportes rodoviários da Califórnia, passaram a ser questionados. A madrasta de Clifford processou ele e os três irmãos porque tinha interesse em parte da empresa. Então, para piorar as coisas, os quatro irmãos Clifford começaram a brigar entre si pelo controle da companhia. Após uma longa batalha jurídica, os filhos decidiram pedir a ajuda de um consultor para elaborar uma constituição para a empresa familiar. O documento resultante ajudou a família a resolver muitas das questões que afetaram o processo de transição.[25]

Uma constituição de empresa familiar, algumas vezes chamada de *credo familiar*, fornece a estrutura para um sistema de governança da empresa pela família e pode incluir os seguintes tópicos:[26]

- Os valores centrais que todos os membros da família devem adotar;
- Um processo para tomada de decisões;
- Os benefícios que os membros da família podem receber da empresa;
- Um mecanismo para introduzir membros mais jovens na empresa familiar e em suas estruturas de governança;
- Um procedimento para a resolução de litígios;
- As ambições filantrópicas da família.

No final do primeiro ano como proprietária da empresa Two Men and a Truck, Mary Ellen Sheets descobriu que havia acumulado um lucro de US$ 1.000. Ela imediatamente preencheu dez cheques para várias instituições de caridade. Não percebendo o que sua empresa estava destinada a se tornar, Sheets não elaborou uma constituição nesse momento, mas estabeleceu um precedente. Hoje, o ato de devolver à comunidade é um valor fundamental da empresa.[27]

Uma constituição de empresa familiar não pode prever todas as eventualidades, mas como qualquer documento desse tipo, pode receber emendas, conforme necessário. O aspecto importante é que esse documento pode facilitar quaisquer processos de transição, incluindo uma mudança na liderança, que é o assunto da próxima seção.

5-5 O PROCESSO DE SUCESSÃO DA LIDERANÇA

A tarefa de preparar membros da família para suas carreiras, para a liderança e para a propriedade na empresa é difícil e, às vezes, frustrante. Os requisitos profissionais e de gestão estão interligados com os sentimentos e interesses familiares. Fazer esse processo funcionar pode demorar anos.

Em 2014, a PricewaterhouseCoopers (PwC) pesquisou 2.484 tomadores de decisões-chave em empresas familiares em mais de 40 países. Eles investigaram muitas características de empresas familiares e os planos dos proprietários. A sucessão foi identificada como a questão crucial. Aproximadamente 32% das empresas respondentes pretendiam transferir a propriedade para a próxima geração, mas somente cerca de 16% tinham um plano documentado de sucessão pronto.[28]

Como todos se sentem incomodados com este assunto, os planos de sucessão geralmente não são bem desenvolvidos ou, no mínimo, são mal comunicados. É difícil para o proprietário empreendedor pensar em não estar mais presente e no comando de sua empresa. E a geração seguinte tem dificuldade em confrontar seus pais com a perspectiva da morte. O sucessor pode sentir que está aparentemente agindo como um mercenário.

Mas ignorar a perspectiva da morte não irá afastá-la. Deixar de agir pode resultar em um desastre. As consultoras Deb Houden e Wendy Sage-Hayward descrevem a morte como um "tópico incontestável" e fazem a seguinte recomendação:

A pergunta a ser feita é: como as famílias podem tornar um assunto indiscutível mais fácil de ser discutido? Como podem colocar em pauta assuntos difíceis e confusos de modo que todos possam conversar de forma significativa, sem fazer julgamentos e de uma maneira calma? As famílias precisam identificar o problema, começar lentamente e se tornar capazes de lidar com assuntos que são tabu. A capacitação requer tempo, esforço e coragem; é um processo difícil, mas dadas as consequências de continuar evitando esses assuntos, ele é essencial.[29]

5-5a Talento familiar disponível

As empresas que sobrevivem por tempo suficiente para enfrentar uma transição entre gerações têm geralmente uma liderança talentosa e visionária. Mas a liderança que tornou a empresa bem-sucedida pode, ao mesmo tempo, não se mostrar correta à medida que as condições mudam. Um negócio depende, portanto, de desenvolver ou atrair líderes eficazes para o futuro. Se os talentos disponíveis não forem suficientes, o proprietário deve contratar uma liderança externa ou complementar o talento familiar existente para evitar um declínio nos negócios sob a liderança de membros da família que são da segunda ou terceira geração.

A questão da competência é crucial e sensível. Com experiência, os indivíduos podem melhorar suas habilidades. Portanto, os membros da família mais jovens não devem ser rigidamente avaliados no início. Na verdade, aprender com os erros pode ser essencial para o futuro sucesso. Os pais podem ser excessivamente cautelosos quanto a delegar autoridade a seus filhos, mas como eles ficarão prontos se não forem testados? Quando Richard A. Lumpkin pediu autorização a seu pai para criar uma *holding* que permitisse à sua empresa ser dividida em outros negócios, seu pai respondeu: "Filho, eu não aprovaria essa iniciativa mesmo que a considerasse uma boa ideia". Lumpkin percebeu que o conselho diretor da empresa era mais receptivo, e os membros do conselho convenceram seu pai a permitir a mudança. Vinte e cinco anos depois, a Lumpkin Consolidated Communications, Inc. havia se tornado a 14ª maior empresa de telefonia nos Estados Unidos.[30]

Em alguns casos, as habilidades de um membro mais jovem da família podem realmente ajudar a recuperar a empresa, especialmente quando o negócio está preso ao passado e não consegue acompanhar as mudanças tecnológicas e dos mercados emergentes. Charles Johnson Jr. e a irmã Jessica assumiram o controle do Johnson

Security Bureau pouco antes da morte inesperada do pai, em 2008. A empresa havia sido fundada por seus avós em 1962. Houve conflito entre a segunda e terceira gerações antes da morte de Charles Johnson, que atuava de modo informal em licitações de projetos e evitava tecnologia, opondo-se a criar um site da empresa na internet. Depois de assumir o comando, Jessica e Charles Jr. criaram o site e formalizaram os procedimentos, elevando a empresa a um novo nível.[31]

Uma empresa familiar não deve aceitar o nível de talento familiar existente como imutável. Usar programas de desenvolvimento para ensinar os familiares mais jovens e melhorar as habilidades é imperativo. Não é incomum que as empresas especifiquem programas de treinamento e outros requisitos em documentos formais, como uma constituição das empresas familiares. Algumas empresas incluem o *mentoring* como parte de tais programas. O *mentoring* é o processo pelo qual uma pessoa experiente orienta e apoia o trabalho, o progresso e as relações profissionais de um empregado novo ou menos experiente. Na empresa familiar, um mentor e um protegido têm a oportunidade de navegar e explorar papéis e responsabilidades na empresa.[32]

Talvez a abordagem mais justa e prática para desenvolvimento de liderança seja reconhecer o direito dos membros da família em provar sua capacidade. Um período de desenvolvimento e testes pode ocorrer na empresa familiar ou, de preferência, em outra organização. Se os filhos se mostrarem capazes, conquistarão o direito a uma maior responsabilidade de liderança. Se os sucessores potenciais tiverem capacidade de liderança inadequada, a preservação da empresa familiar e o bem-estar dos membros da família exigem que estes sejam desconsiderados para possíveis promoções. A nomeação de profissionais competentes de fora da família para esses cargos, se necessário, aumenta o valor da empresa para todos os membros da família que tenham participação nela.

5-5b Preparação para a sucessão

Os filhos não assumem a liderança de uma empresa familiar tipicamente de uma hora para outra. Em vez disso, a transição está envolvida em um longo processo, que pode ser intencionalmente projetado e implementado ou simplesmente ocorrer à medida que as partes interessadas envelhecem. No último caso, ninguém deve se surpreender se a nova geração não estiver preparada no momento em que a transição for necessária. Transições de propriedade e gestão bem-sucedidas requerem uma ação cuidadosa por parte das equipes de liderança atuais e futuras. O educador especializado em empresas familiares, Greg McCann, propõe ações para ambas as gerações, conforme discutimos nas seguintes subseções.[33]

RESPONSABILIDADES DA GERAÇÃO SÊNIOR

A seguir, estão listados alguns tópicos que a geração sênior deve considerar e algumas etapas que devem ser realizadas:

1. *Comunicação.* Os pais precisam ouvir e fazer perguntas. A comunicação pode ser usada para gerar confiança e transmitir valores. Fornecer apoio e retorno é importante, mas não apenas de forma unidirecional.
2. *Planejamento.* Não apenas a visão da empresa precisa ser articulada, mas também os valores da família e até mesmo o plano de liquidação da propriedade da geração sênior. O planejamento deve abranger membros da família, funcionários e proprietários.
3. *Prestação de contas.* A geração sênior está engajada nos papéis de pais e donos do negócio. Em cada um desses casos, eles devem investir e apoiar o desenvolvimento da geração futura. Isso significa que a geração seguinte deve ser capz de prestar contas por suas ações, especialmente aquelas que se relacionam com a credibilidade e a integridade.
4. *Desenvolvimento do proprietário.* A fim de preparar a próxima geração para participar da governança da empresa, a geração sênior deve ser específica quanto à estrutura do trabalho de um proprietário-gestor ou membro ativo do conselho.
5. *Planejamento em longo prazo.* Ao pedir à próxima geração que desenvolva planos de longo prazo que os preparem para a liderança, a geração atual de líderes deve, simultaneamente, definir seus planos, os quais devem levar em conta o futuro do desenvolvimento da empresa, conselho diretor, quadro de conselheiros, conselhos de família e outras estruturas.

Como os membros da geração júnior às vezes têm problemas em considerar a geração sênior gerentes, e não pais, muitos da geração sênior decidem trazer especialistas externos para ajudar a realizar essas etapas.

RESPONSABILIDADES DA GERAÇÃO JÚNIOR

Se os futuros líderes da empresa familiar quiserem avançar para cargos executivos, eles devem compartilhar proativamente sua preparação, fazendo o seguinte:

1. *Ficar aberto à comunicação.* A geração júnior deve entender os valores que levaram à criação e ao crescimento da empresa familiar e a sua missão atual. Se eles acreditam que a mudança é necessária, suas ações devem resultar de decisões conscientes e devem se manter plenamente informados sobre a história e os rumos da empresa.
2. *Desenvolver um plano de ação pessoal.* Neste estágio, os potenciais sucessores precisam avaliar seriamente se consideraram as seguintes questões: Quem sou eu? Quais são meus principais valores? Quais são as áreas mais importantes de minha vida pessoal e profissional nas quais devo trabalhar?
3. *Implementar o plano de ação pessoal.* Esta etapa envolve obter educação, treinamento e experiência relevantes. As ações têm de levar ao estabelecimento da credibilidade e de bom marketing pessoal. A geração júnior não deve se integrar à empresa familiar simplesmente por falta de alternativas.
4. *Preparar-se para ser proprietário.* Os futuros líderes precisam desenvolver as habilidades básicas de gestão, como a capacidade de entender demonstrações financeiras e supervisionar efetivamente os funcionários. Eles devem compreender o papel do conselho diretor em termos de sua relação com a equipe de gestão da empresa e precisam entender a relação entre a empresa e a família.
5. *Elaborar planos de vida e carreira.* Os planos de vida e carreira se referem ao indivíduo e à empresa. Qual deverá ser o currículo do CEO da empresa familiar em cinco ou dez anos?

Uma responsabilidade-chave dos membros da geração júnior é ter em mente que eles não têm simplesmente direito a uma posição de liderança, mas que esse cargo precisa ser conquistado.

5-5c Transferência de propriedade

O processo de sucessão em uma empresa familiar de longa vida requer eventualmente a **transferência de propriedade**. As questões relativas à herança afetam não só o sucessor da liderança, mas também outros membros da família que não têm envolvimento na empresa. Ao distribuírem a propriedade, os pais-proprietários geralmente querem tratar todos os seus filhos de forma justa, tanto os envolvidos na empresa quanto os que não atuam nos negócios da família. E, em muitas empresas controladas pela família, membros que não são da família podem ter ações da companhia.

Um passo dado por alguns pais envolve mudar a estrutura de propriedade da empresa. Os filhos que são ativos na administração da empresa, por exemplo, podem receber ações ordinárias (que dão direito a voto), e os outros, ações preferenciais (que não dão direito a voto).

Tipicamente, é preciso resolver uma série de questões legais. As considerações fiscais são relevantes, e elas tendem a favorecer a transferência gradual de propriedade para todos os herdeiros. Como já foi observado, no entanto, a transferência de partes iguais da propriedade para todos os herdeiros pode ser inconsistente com a futura operação bem-sucedida da empresa. As vantagens fiscais não devem permitir a cegueira a possíveis efeitos adversos na gestão.

Há também as regulamentações governamentais que visam proteger os acionistas minoritários. Os investidores externos, os parceiros da empresa e até mesmo os funcionários que podem ter ações não estão necessariamente interessados em ver o valor de suas ações permanecer estagnado ou se deteriorar. Decisões descuidadas dos membros da família podem levar a ações legais nos tribunais civis.

O ideal é que o fundador consiga organizar suas participações pessoais para criar riqueza dentro e fora da empresa. Esta é uma área em que especialistas externos que entendem o planejamento financeiro e imobiliário, bem como a legislação tributária e a contabilidade, podem ser inestimáveis. Planejar e discutir a transferência de propriedade não é fácil, mas é altamente recomendável. O proprietário precisa refletir seriamente durante algum tempo sobre os talentos e os interesses da família em relação ao futuro da empresa. O plano de transferência de propriedade pode então ser confirmado e modificado conforme necessário quando for discutido com os filhos ou outros herdeiros em potencial. Ao discutirmos estratégias de saída no Capítulo 13, explicamos uma variedade de possíveis arranjos financeiros para a transferência de propriedade.

Neste capítulo, nossa intenção foi deixar uma mensagem muito clara para futuros donos de empresas familiares – as famílias e as empresas familiares estão inter-relacionadas. Tentar separá-las seria algo impraticável. Quanto melhor entender este processo de inserção, mais possibilidade de ser bem-sucedido você terá em ambas as áreas de sua vida. Apesar de contestado por muitas pessoas, os membros da família podem trabalhar juntos com sucesso e bem-estar. O planejamento avançado pode ajudar a evitar muitos problemas, bem como aumentar o sucesso da empresa.

Glossário

Casais empreendedores (*co-preneurs*) (p. 98) – Casais que são proprietários e administradores de empresas.

Conselho de família (p. 104) – Grupo organizado de membros da família que se reúnem periodicamente para discutir questões empresariais relacionadas à família.

Consórcio entre primos (*cousin consortium*) (p. 94) – Empresa que está nas mãos da terceira geração ou das gerações subsequentes, quando os filhos dos irmãos assumem a propriedade e posições gerenciais.

Constituição para a empresa familiar (p. 104) – Declaração de princípios pretendidos para orientar uma empresa familiar a passar por tempos de crise e mudanças.

Cultura organizacional (p. 96) – Padrões de comportamentos e crenças que caracterizam uma determinada empresa.

Empresa familiar (p. 93) – Organização em que os indivíduos que estabeleceram ou adquiriram a empresa, ou seus descendentes, influenciam significativamente as decisões estratégicas e o curso de vida da empresa.

Empresa gerenciada pelo proprietário (p. 94) – Empreendimento operado pelo empreendedor fundador.

Família (p. 93) – Grupo de pessoas vinculadas por uma história compartilhada e um compromisso de dividir um futuro juntas, ao mesmo tempo que apoiam o desenvolvimento e o bem-estar de seus membros individualmente.

Nepotismo (p. 96) – A prática de empregar parentes.

Retiro familiar (p. 103) – Reunião de membros da família, geralmente em um local remoto, para discutir assuntos referentes à empresa familiar.

Riqueza socioemocional (p. 97) – Fatores não financeiros em uma empresa familiar que afetam o compromisso dos membros da família com a empresa.

Sociedade entre irmãos (*sibling partnership*) (p. 94) – Empresa na qual os filhos do fundador se tornam proprietários e administradores.

Transferência de propriedade (p. 107) – Transmissão da propriedade de uma empresa familiar para a próxima geração.

Transformações para *startup*

O espírito do fundador

Leia a biografia de fundadores que colocaram seus nomes em empresas: L. L. Bean, Estée Lauder, Henry Ford. Estas pessoas e suas empresas sobreviveram e se desenvolveram de uma geração para outra. Você ficará fascinado com as histórias.

Você é quem manda

Situação 1

Os irmãos gêmeos Stefan e Dillon herdaram a fábrica de frutas em conserva fundada pelo pai antes de completarem 30 anos. Eles formavam uma excelente equipe – um deles se destacando nas áreas de produção e operações, o outro, como um talento natural em marketing e vendas. Nas três décadas seguintes, eles triplicaram o tamanho da empresa. E eles gostavam da companhia um do outro, muitas vezes saindo de férias juntos e assegurando que seus filhos crescessem mais como irmãos do que como primos.

Os irmãos estavam em excelente estado de saúde quando chegaram próximos dos 60 anos, e não pensavam em aposentadoria, mas dedicaram algum tempo e esforço para desenvolver a próxima geração de líderes na empresa. Então, de repente, eles receberam uma excelente oferta de uma companhia multinacional, que queria comprar sua empresa. Os irmãos recorreram aos seus filhos para saber qual era a opinião deles. Para os filhos de Stefan, não havia o que pensar – para eles era só pegar o dinheiro e seguir em frente. O filho de Dillon tinha uma forma de pensar diferente, pois ele sempre quis liderar a empresa da família. Stefan gostou da ideia de ter segurança financeira e ficou feliz com a reação de seus filhos. Dillon estava pronto para deixar a empresa e ter um estilo de vida mais tranquilo, mas queria o melhor para o filho. E as conversas e reuniões que se seguiram começaram a ficar complicadas.

Pergunta 1 – O que você faria se fosse Stefan? O que você faria se fosse Dillon?

Pergunta 2 – Que conselho você daria a Stefan e Dillon para manter fortes relações familiares?

Situação 2

Foram cinco as tentativas, mas Morris e Ellen finalmente conseguiram ter sucesso como *co-preneurs*. Eles tentaram negócios em diferentes setores, mas nenhum dos dois conseguiu fazer mais do que "colocar o pão na mesa" – e eles tinham cinco filhos para alimentar! Mas o quinto empreendimento deu certo. Eles fundaram uma empresa de impressão especializada em elaborar e produzir folhetos promocionais e a transformaram na maior produtora em sua região.

No entanto, o tempo que eles dedicaram aos negócios teve um preço. Em momentos diferentes, cada um de seus filhos se juntou à empresa, e, em momentos diferentes, cada um deles foi demitido. O casal estava distante de três de seus filhos, dois deles voltaram para a empresa da família depois de trabalharem em outras firmas, e aprenderam que os pais não eram tão diferentes dos outros empresários. O filho mais velho era um bom técnico, mas invariavelmente falhou com os projetos que assumiu de forma independente. O filho mais novo foi reconhecido por funcionários e clientes como especialista em gestão e comunicação interpessoal. Infelizmente, ele foi condenado por crime de tráfico de drogas e ficou proibido de dirigir veículos motorizados.

Recentemente, Morris sofreu um ataque cardíaco e percebeu que não poderia continuar para sempre. Ele e Ellen precisavam se decidir sobre a continuidade da empresa. Compondo este dilema está o fato de que eles atuam em uma indústria atualmente em declínio, em que a produção eletrônica está rapidamente substituindo o papel.

Pergunta 1 – Que conselho você pode dar para Morris e Ellen?
Pergunta 2 – Que recomendações você tem para preparar os filhos para conduzir as mudanças em uma companhia?

Notas

1. "The World's Biggest Public Companies", http://www.forbes.com/global2000. Acesso em 18 de janeiro de 2015; e "America's Largest Private Companies", http://www.forbes.com/largest-private-companies. Acesso em 18 de janeiro de 2015.
2. Frank Hoy e Pramodita Sharma, *The Entrepreneurial Family Business* (Upper Saddle River, NJ: Pearson Prentice Hall, 2010).
3. Ibid.
4. Meg Cadoux Hirshberg, "Goodbye and Thanks for All Your Stories," *Inc.*, setembro de 2013, p. 82-86.
5. "Carlson Credo," http://carlson.com/our-company/the-carlson-credo.do. Acesso em 19 de janeiro de 2015.
6. Michael A. Klein, *Trapped in the Family Business* (Northampton, MA: MK Insights, 2012).
7. Tim Barnett, Kimberly Eddleston e Franz Willi Kellermanns, "The Effects of Family *versus* Career Role Salience on the Performance of Family and Nonfamily Firms", *Family Business Review*, vol. 22, n. 1 (março de 2009), p. 39–52; e Pramodita Sharma e Frank Hoy, "Family Business Roles", in *The Landscape of Family Business*, op. cit., p. 113-142.
8. Pascual Berrone, Cristina Cruz e Luis R. Gomez-Mejia, "Socioemotional Wealth in Family Firms: Theoretical Dimensions, Assessment Approaches and Agenda for Future Research", *Family Business Review*, vol. 25, n. 3 (2012), pp. 258-279.
9. Sarah E. Needleman, "Where Every Day Is Father's Day," *The Wall Street Journal*, http://online.wsj.com/article/SB10001424052702303823104576391841138964286.html. Acesso em 19 de janeiro de 2015.
10. Greg McCann, *When Your Parents Sign the Paychecks* (Charleston, SC: Create Space Publishing, 2013), p. 63.
11. Pricewaterhouse Coopers, "Playing Their Hand: U. S. Family Businesses Make Their Bid for the Future," http://www.pwc.com/us/en/private-company-services/publications/assets/pwc-family-business-survey-usreport.pdf. Acesso em 19 de janeiro de 2015.
12. Veronica Dagher, "You're Fired... But I Hope to See You at the Next Family Reunion," *The Wall Street Journal*, 3 de fevereiro de 2014, p. R7.
13. Kirby Rosplock, "Family Dynamics in the Family Firm," em *The Landscape of Family Business*, op. cit., p. 143-166.
14. "The Ken Blanchard Companies: Our Story," http://www.kenblanchard.com/About-Us/Our-Story. Acesso em 1º de março de 2015.
15. Otis W. Baskin, "Understanding Conflict in the Family Business (Part I)," http://blog.thefbcg.com/understanding-conflict-in-the-family-business/?utm_source=Blog1Archive+December+2014&utm_campaign=November+2014+Email&utm_mediumemail. Acesso em 21 de janeiro de 2015.
16. Matt Alderton, "How to Keep Your Family Business Running Well into the Future," http://www.nfib.com/article/4-family-business-survival-tips-64918. Acesso em 1º de março de 2015.
17. Mousumi Saha Kumar, "Success Story of Adolf Dassler, the Founder of Adidas," http://www.successstories.co.in/success-story-of-adolf-dasslerthe-founder-of-adidas. Acesso em 21 de janeiro de 2015.
18. "In Walt's Own Words: His Brother Roy," http://www.waltdisney.org/story-board/walts-own-words-his-brother-roy. Acesso em 21 de janeiro de 2015.
19. Christopher Hann, "It's a Family: Seven Lessons Family Startups Need to Learn, for Harmony at Home and at the Office," *Entrepreneur*, março de 2014, p. 94-104.
20. "Three Things to Never Tell an Entrepreneur about Her/His Spouse," http://timberry.bplans.com/2014/06/3-things-never-to-tell-an-entrepreneur-about-her-his-spouse.html. Acesso em 21 de janeiro de 2015.
21. Raphael Amit e Belen Villalonga, "Financial Performance of Family Firms," em Leif Melin, Matias Nordqvist e Pramodita Sharma, eds., *The SAGE Handbook of Family Business* (London: SAGE Publications, 2014), p. 157-178.
22. "Two Men and a Truck: History," http://www.twomenandatruck.com/history-of-two-men-and-a-truck. Acesso em 21 de janeiro de 2015.
23. David Lansky, "Family Meetings: Some Guidelines," https://www.ahola.com/Articles/Lansky-Family-Meetings-Some-Guidlines.aspx. Acesso em 21 de janeiro de 2015.
24. Massimo Bau, Karin Hellerstedt, Mattias Nordqvist e Karl Wennberg, "Succession in Family Firms," em *The Landscape of Family Business*, op. cit., p. 167-197.
25. Matthew Fogel, "A More Perfect Business," http://www.inc.com/magazine/20030801/familybusiness.html. Acesso em 21 de janeiro de 2015.
26. Ken McCracken, Matthew Woods e Charlie Tee, "Governance and Management," http://www.globelawandbusiness.com/BFG/sample.pdf. Acesso em 21 de janeiro de 2015.
27. "Two Men and a Truck: Mary Ellen Sheets," http://www.twomen.com/mary-ellen-sheets. Acesso em 21 de janeiro de 2015.
28. Pricewaterhouse Coopers, "2014 Family Business Survey," http://www.pwc.com/gx/en/pwc-family-business-survey/about.jhtml. Acesso em 9 de março de 2015.
29. Deb Houden e Wendy Sage-Hayward, "Undiscussables: Dealing with Elephants in Family Business," *The Family Business Advisor*, novembro de 2014.
30. Hoy e Sharma, *Entrepreneurial Family Firms*, op. cit.
31. "Johnson Security Bureau: About Us," http://www.johnsonsecuritybureau.com. Acesso em 1º de março de 2015; e Adriana Gardella, "This Is Not Your Father's Company," http://boss.blogs.nytimes.com/2011/12/16/this-is-not-your-fathers-company/?scp=1&sq=This%20Is%20Not%20Your%20Father%E2%80%99s%20Company&st=cse. Acesso em 22 de janeiro de 2015.
32. Para uma ampla discussão de vários aspectos de *mentoring* na empresa familiar, veja Barbara Spector (ed.), *The Family Business Mentoring Handbook* (Filadélfia: Family Business Publishing Co., 2004). Apenas um dos muitos recursos sobre *mentoring*, esse livro contém artigos descrevendo uma série de estratégias comprovadas de *mentoring*, bem como exemplos de casos de empresas familiares que usaram essas abordagens para conseguir transições de sucessão eficazes. Ele aborda processos e estratégias e como se aplicam especificamente a empresas familiares.
33. Greg McCann, "Cultivating Ownership in the Next Generation," em *The Family Business Shareholder's Handbook*, op. cit., p. 120-121.

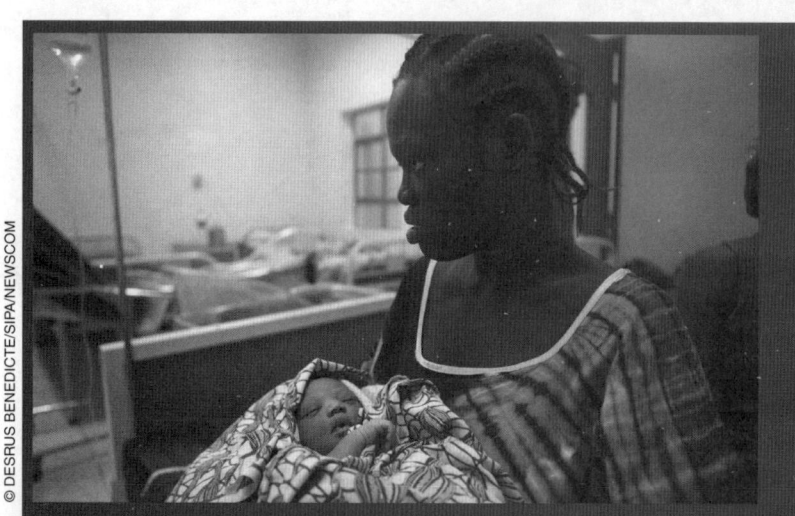

PARTE 3

CAPÍTULO 6

O plano de negócios: visualizando o sonho

De acordo com a Organização Mundial da Saúde (OMS), aproximadamente mil mulheres morrem todos os dias de causas evitáveis ligadas à gravidez e ao parto. Um total de 99% dessas mortes ocorrem em países em desenvolvimento, com maior risco para mulheres que vivem em comunidades rurais pobres. A maioria desses problemas pode ser evitada com cuidados especializados durante o parto.

Meg Wirth passou cinco anos na Commons Capital, onde identificou desafios na saúde global. Com base em sua pesquisa, Wirth fundou a Maternova, em 2009, uma organização com fins lucrativos movida pela missão de enfrentar esses desafios. A empresa adotou uma abordagem dupla para impulsionar a receita: (1) a adição e vendas de selecionados dispositivos médicos de baixa tecnologia em um mercado pioneiro de *e-commerce* e (2) uma inovadora plataforma de fonte aberta (*open-source*), em que os profissionais de saúde podem se conectar globalmente.

Na busca por capital para financiar essa nova empresa, Wirth e sua pequena equipe entraram em competições de planos de negócios e em duas incubadoras de *startup* na esperança de ganhar visibilidade e o dinheiro necessário. Na verdade, entrar em competições de planos de negócios serviu como parte da estratégia de *bootstrapping* da equipe. No processo, eles descobriram que a chance de apresentar um plano de negócios para a plateia certa torna a entrada nessas competições uma decisão absolutamente necessária.

Por meio da sua participação em competições de planos de negócios, a equipe da Maternova obteve uma série de benefícios, incluindo:

- Crescimento das relações de negócios e expansão de sua rede internacional de parceiros.
- Cobertura valiosa por parte da imprensa, tanto em nível nacional quanto internacional.
- Crescimento anual da receita composta de mais de 200%.
- Posicionamento da empresa para contratos governamentais.
- Linhas de produtos expandidas e recursos de capacidades *on-line* aprimorados para impulsionar a receita do cliente.

No Spotlight
Maternova
http://maternova.net

Ao término deste capítulo, você deverá ser capaz de:

6-1. Explicar o propósito e os objetivos de planos de negócios.

6-2. Descrever a lógica para escrever (ou não) um plano de negócios ao iniciar um novo empreendimento.

6-3. Explicar o conceito e o processo de desenvolvimento do modelo de negócio de uma firma.

6-4. Descrever o conteúdo e o formato preferidos para um plano de negócios.

6-5. Oferecer aconselhamento prático sobre como escrever um plano de negócios.

6-6. Explicar como apresentar uma ideia para investidores.

6-7. Identificar fontes de assistência disponíveis para a preparação de um plano de negócios.

6-8. Manter a perspectiva adequada ao escrever um plano de negócios.

> A equipe Maternova reconhece que o software de planejamento de negócios *on-line* chamado *LivePlan* representou uma grande ajuda para transformar seu modelo de negócio em um plano de negócios vencedor. (O *LivePlan* foi desenvolvido pela Palo Alto Software para guiar o empreendedor no processo de preparação de um plano de negócios, ao mesmo tempo que fornece aconselhamento sempre que necessário.)
>
> A equipe da Maternova oferece essas dicas para quem está considerando entrar em uma competição de plano de negócios:
>
> - *Faça a sua pesquisa:* Vale a pena entrar em competições que melhor se alinhem ao que sua empresa faz.
> - *Use um bom software de plano de negócios:* A formatação do seu plano de negócios deve ser muito profissional e ajudá-lo a transmitir facilmente os objetivos de negócios, capacidades atuais e futuras e missão.
> - *Conheça seu público-alvo:* selecione um público-alvo que esteja alinhado com a sua missão.
>
> Para saber mais sobre competições de plano de negócios você não precisa procurar muito. Muitas universidades e faculdades com programas de administração de empresas e empreendedorismo patrocinam essas competições anualmente. Além disso, um grande número de recursos *on-line*, incluindo o www.bizplancompetitions.com, fornece listas e calendários de competições nacionais e internacionais.
>
> Fontes: escrito por Sherisa Aguirre, Senior Content Strategist, Palo Alto Software. Os recursos incluem http://maternova.net, acesso em 21 de janeiro de 2015; http://www.liveplan.com, acesso em 21 de janeiro de 2015, e http://www.bizplancompetitions.com, acesso em 21 de janeiro de 2015.

Quando você menciona uma ideia de um novo negócio para um amigo que também é um dono de negócio, ele diz: "Você precisará preparar um plano de negócios". Embora a ideia de negócio soe muito bem, passar horas escrevendo algum documento formal não é exatamente sua ideia de diversão e você se pergunta se isso é realmente necessário. Afinal, você conhece um empreendedor que começou e expandiu com sucesso uma empresa baseada em uma ideia desenvolvida no verso de um guardanapo durante o jantar em um restaurante local. E não é verdade que os fundadores de empresas notáveis, como a Microsoft, a Dell Computers, a revista *Rolling Stone* e a Calvin Klein, começaram seus negócios sem preparar um plano de negócios?

6-1 UMA VISÃO GERAL DO PLANO DE NEGÓCIOS

Para responder à pergunta sobre se há necessidade de escrever um plano de negócios ou não, você primeiro precisa compreender a sua finalidade e objetivos e também que não existe uma única forma correta para preparar um plano de negócios. As oportunidades são tão diversas em tamanho quanto em potencial de crescimento que nenhum plano único funcionará em todas as situações. Mas, em geral, um **plano de negócios** é um documento que define o conceito básico subjacente a um negócio – especificamente, qual problema será resolvido – e descreve como você executará seu plano para resolver o problema. Um plano de negócios também pode ser pensado como um plano de jogo do empreendedor. Ele dá forma aos sonhos e esperanças que motivaram o empreendedor à imersão na *startup*. O plano deve estabelecer sua ideia básica para o empreendimento e incluir descrições de onde você está agora, aonde você quer ir e como você pretende chegar lá. John Mullins, o autor de *The New Business Road Test*, diz que os três elementos-chave listados a seguir devem estar presentes em todo plano de negócios:[1]

- Uma declaração lógica de um problema e de sua solução.
- Uma quantidade significativa de evidências concretas.
- Sinceridade sobre os riscos, *gaps* e hipóteses que podem eventualmente se mostrar erradas.

Escrever um plano de negócios é a oportunidade para avaliar se uma boa ideia é também uma boa oportunidade de investimento. Ele precisa fornecer evidências de que sua empresa pode vender produtos suficientes ou serviços para alcançar um lucro satisfatório. Além disso, como enfatizado no Capítulo 1, suas aspirações e motivações pessoais merecem uma reflexão cuidadosa. *Se a empresa não se alinhar com seus objetivos pessoais, você tende a não ter sucesso, além de que, certamente, não vai desfrutar esta jornada empresarial.*

Um plano de negócios, se bem feito, é uma ferramenta para ser usada como diretriz pelas *pessoas de dentro* da empresa e para auxiliar no desenvolvimento de relações com *pessoas de fora* que possam ajudar a alcançar seus objetivos. O Quadro 6.1 fornece uma visão geral daqueles que podem ter interesse em um plano de negócios para um empreendimento.

O primeiro grupo é constituído pelos usuários internos do plano: o empreendedor, a gerência da nova empresa e seus funcionários. O plano de negócios fornece um cenário que ajuda o empreendedor e a equipe de gerenciamento a se concentrar em questões importantes e atividades necessárias para o novo empreendimento. E ajuda o empreendedor a comunicar sua visão para os atuais e futuros funcionários da empresa.

O plano de negócios também pode ser útil para pessoas de fora do empreendimento. Para tornar a empresa bem-sucedida, o empreendedor deve convencer as pessoas de fora – potenciais clientes, fornecedores, órgãos financeiros e investidores – a se relacionar com a empresa. Por que eles deveriam fazer negócios com a sua *startup*, em vez de com uma empresa estabelecida? Eles precisam de evidências de que você continuará operando no futuro. O professor Amar Bhide, da Tufts University, que vem conduzindo extensa pesquisa em estratégia e empreendedorismo, explica: "Alguns empreendedores podem ter uma capacidade inata para superar seus rivais, adquirir habilidades de gestão e, assim, construir um negócio próspero. Mas é difícil para os clientes (e outros) identificar fundadores de negócios com essas capacidades inatas".[2]

6-2 ESCREVER UM PLANO FARÁ DIFERENÇA?

Escrever um plano de negócios fará diferença? Depende. A justificativa muitas vezes para não escrever um plano de negócios é algo como: "As empresas que são abertas com base em planos de negócios não são mais bem-sucedidas do que aquelas que não agem dessa forma".

É verdade que estudos que tentam medir o sucesso de empreendedores com planos de negócios contra o sucesso daqueles sem têm produzido resultados mistos. Algumas conclusões sugerem a existência de uma relação entre sucesso e plano de negócios; outras não encontram nenhuma.

6-2a O equilíbrio entre planejamento e execução

Pelo que sabemos sobre as empresas que foram iniciadas sem plano de negócios, ter um plano não é um pré-requisito absoluto para obter sucesso. *Mas isso simplesmente nos diz que o plano de negócios não é o negócio.* Alguns empreendedores passam dias, senão semanas, escrevendo um plano de negócios de 60 páginas com outras 50 páginas de apêndices, mas não são eficazes na execução do plano. Nesses casos, podemos dizer com confiança que escrever o plano resultou em pouco, se é que teve algum resultado. Somente a execução eficaz do plano de

QUADRO 6.1 Usuários de um plano de negócios

Pessoas de dentro da empresa
- Empreendedor e equipe de gerenciamento
- Funcionários

Pessoas de fora da empresa
- Clientes potenciais
- Órgãos financeiros
- Fornecedores
- Investidores
  - Família e amigos
  - Investidores privados
  - Capitalistas de risco

negócios pode dar a você uma chance de fazer a diferença. Thomas Stemberg, fundador da Staples, que mais tarde se tornou um capitalista de risco, diz:

Na minha experiência, os empreendedores muitas vezes confundem vislumbrar o que uma empresa será com criar a fundação para o que ela poderia ser. Então eles sonham alto e constroem planos de negócios detalhados, o que é bom. Mas não é nem de longe tão importante quanto colocar em prática o mais cedo e humanamente possível as pessoas e sistemas que irão carregar a empresa por sua jornada, não importando que direções inesperadas, mercados ou tecnologia em mudança eles tenham que enfrentar. Para mim, os planos de negócios são indicações principalmente de como um empreendedor pensa... Se você tem a equipe de gerenciamento correta e um mercado excitante, o resto acontecerá por si só.[3]

Assim, um empreendedor deve encontrar o equilíbrio certo entre planejar e tornar-se operacional. Não importa o quão bem seu plano tenha sido pensado, eventos inesperados acontecerão. Um dos principais atributos de uma equipe empreendedora de sucesso é a adaptabilidade, independentemente do que o plano de negócios orienta a fazer. O pugilista Mike Tyson comentou uma vez: "Todo mundo tem um plano, até levar um soco na cara". Começar um negócio pode ser um pouco como uma luta profissional.[4] Você planeja, mas então tem que se adaptar aos obstáculos que certamente surgirão.

Vinay Gupta passou seis meses participando de conferências, encontrando-se com consultores e escrevendo um plano de negócios de 60 páginas antes de lançar uma empresa de consultoria de terceirização para empresas de médio porte. Logo ficou claro que muito menos empresas de médio porte buscavam ajuda de terceirização do que sua pesquisa havia sugerido. Então, ele descartou sua ideia original e desenvolveu softwares de gerenciamento de terceirização voltados para empresas com receitas anuais de mais de US$ 1 milhão. Mesmo que o planejamento tenha ajudado Gupta a aprender sobre o setor, ele não apontou a falha fundamental em sua ideia original – a inexistência de clientes suficientes dispostos a comprar seus serviços.[5]

Os benefícios de um plano de negócios também dependem das circunstâncias individuais ao redor da *startup*. Considere as seguintes situações em que um plano extremamente detalhado e longo pode não ser muito benéfico:

- Para algumas *startups*, o ambiente é muito turbulento para um planejamento extensivo ser benéfico. Os empreendedores em novos campos podem achar que não há informações suficientes para permitir que eles escrevam um plano abrangente. Nesse caso, a capacidade de adaptação pode ser mais importante do que um plano cuidadoso para o futuro.
- O planejamento pode representar um problema quando o momento da oportunidade é um fator crucial. Tornar-se operacional o mais rapidamente possível significa ter que assumir a prioridade sobre o planejamento em profundidade, mas tenha cuidado para não usar o tempo como uma desculpa fácil para não escrever um plano de negócios.
- Uma empresa pode estar tão limitada por uma escassez de capital que o planejamento não é uma opção. Em um estudo de empresas identificadas pela revista *Inc.* como aquelas de crescimento mais rápido nos Estados Unidos, Amar Bhide concluiu que o planejamento pode não fazer sentido para algumas empresas: "Empreendedores com restrições de capital não possuem condições financeiras para fazer muita análise prévia e pesquisa. O potencial lucro limitado e alta incerteza da oportunidade que eles geralmente buscam também fazem com que os benefícios sejam baixos em comparação com os custos".[6]

Embora haja momentos em que escrever um plano de negócios cuidadosamente documentado seja necessário, frequentemente os empreendedores resistem em fazê-lo porque falta disciplina. Frank Moyes, um empreendedor de sucesso, que por muitos anos lecionou cursos de planos de negócios na University of Colorado, faz a seguinte observação:

Talvez a razão mais importante para escrever um plano de negócios é que isso exige que você se comprometa com um processo rigoroso, reflexivo e muitas vezes doloroso, que é essencial antes de você começar um empreendimento. Ele exige que você responda a perguntas difíceis sobre o seu empreendimento. Por que há uma necessidade de seu produto/serviço? Quem é o seu mercado-alvo? Em que medida o seu produto/serviço é diferente do oferecido por seu concorrente? Qual é a sua vantagem competitiva? Quão lucrativo é o negócio e quais são os fluxos de caixa? Como você deve financiar o negócio?[7]

Assim, um plano de negócios pode não ser necessário em algumas situações, especialmente se você é a única pessoa que trabalha no empreendimento. Mas, se você quiser capturar o potencial futuro de uma oportunidade e fazer diferença na vida das pessoas, o planejamento é a regra, não a exceção. Lembre-se das palavras de Ewing Marion Kauffman no Capítulo 1, "Você não deve optar por ser uma empresa comum. É seu direito construir uma empresa incomum se você puder".[8] Construir uma empresa incomum requer planejamento cuidadoso e, em seguida, execução. Decidir o que você quer que o negócio seja e realizar isso é vital e merece reflexão considerável. Acima de tudo, seja intencional, que é uma decorrência de ter que justificar suas crenças e suposições sobre sua *startup* – isso é exatamente o que é um plano de negócios.

6-2b Que formato o plano de negócios terá?

Para a maioria dos empreendedores, a questão não é se planejar é necessário, mas, quando e como se comprometer a um planejamento eficaz, dada a situação. Conforme já mencionado, diferentes situações levam a diferentes necessidades – e a diferentes níveis de planejamento. Em um ambiente verdadeiramente empreendedor, a razão para escrever um plano de negócios é avaliar a viabilidade da oportunidade de criar valor econômico para os proprietários e investidores. Mas muitos proprietários de pequenas empresas podem não preparar um plano até que sejam obrigados a fazê-lo, provavelmente porque outra pessoa – como o funcionário do órgão financeiro – exige deles.

Além de decidir quando planejar, uma questão relacionada é o formato que o plano terá. Ao iniciar um negócio, um empreendedor tem que definir prioridades, já que preparar um plano requer tempo e dinheiro, dois recursos sempre escassos. O empreendedor tem duas escolhas básicas quando se trata de escrever um plano de negócio: o *plano simplificado* ou o *plano completo*.

O PLANO SIMPLIFICADO

Como mencionado anteriormente, o planejamento extensivo pode ter valor limitado quando há grande incerteza no ambiente ou quando o tempo é um fator crítico na captação de uma oportunidade. Um **plano simplificado** é uma forma abreviada do tradicional plano de negócios que aborda apenas as questões mais importantes para o sucesso de uma empresa, incluindo:

- O problema que precisa ser resolvido para os clientes;
- A estratégia que será desenvolvida para resolver o problema;
- O modelo de negócio (a ser descrito em seguida);
- Medidas utilizadas para mensurar o sucesso;
- Marcos a serem cumpridos;
- Tarefas e responsabilidades da equipe.

Um plano simplificado também pode ser usado ao tentar atrair investidores para o negócio. Alguns investidores vão querer começar pela leitura do plano de negócios completo para tomar uma decisão sobre o investimento. Outros vão querer ver uma apresentação abreviada para avaliar se a ideia de negócio desperta o interesse. Eles podem querer assistir a uma apresentação de 15 a 30 minutos, composta por 10 a 15 *slides* em PowerPoint ou o que é chamado de *pitch* (discutido em detalhe mais adiante no capítulo).

O PLANO COMPLETO

Quando empreendedores e investidores falam de um plano de negócios, eles estão se referindo a um **plano completo**, um plano que fornece uma análise profunda dos fatores críticos que determinarão o sucesso ou o fracasso de uma empresa, juntamente com todos os pressupostos subjacentes. Tal plano é benéfico quando você está descrevendo uma nova oportunidade (*startup*), enfrentando mudanças significativas no negócio ou no ambiente (mudança demográfica, nova legislação, tendências de um setor em desenvolvimento) ou explicando uma situação empresarial complexa. Antes de examinarmos o conteúdo de um plano completo, precisamos explicar o *modelo de negócios* que deve ser usado ao preparar um plano de negócios. Pense no modelo de negócio como um componente fundamental para a definição de um plano de negócios.

6-3 COMECE COM O MODELO DE NEGÓCIO[9]

O termo *modelo de negócio* tornou-se popular nos negócios, especialmente entre empreendedores e seus investidores. Ramon Casadesus-Masanell e Joan Ricart, da Harvard University, enfatizam a importância de desenvolver um modelo de negócio:

Nunca houve tanto interesse em modelos de negócio como existe hoje. Sete em cada dez empresas estão tentando criar modelos de negócios inovadores, e 98% das empresas existentes estão sendo modificadas, de acordo com uma pesquisa recente... Estratégia tem sido a base de competitividade ao longo das três últimas décadas, mas, no futuro, a busca por uma vantagem sustentável pode começar com o modelo de negócio.[10]

6-3a O que é um modelo de negócio?

Embora amplamente discutido nos círculos empresariais, os modelos de negócios são pouco entendidos pela maioria dos empresários em pequenas e grandes empresas. De forma simplificada, um **modelo de negócio** explica de modo sistemático e claro como uma empresa vai gerar lucros e fluxo de caixa. Ele descreve os "detalhes" de como uma empresa vai ganhar dinheiro. Assim, ele mensura os resultados financeiros antecipados decorrentes das decisões estratégicas e atividades da administração que determinam os lucros e os fluxos de caixa de uma empresa. Também é importante lembrar que as empresas não operam no vácuo: o eventual sucesso ou fracasso de um modelo de negócio depende em grande parte de como ele interage com os modelos de negócios dos concorrentes.

6-3b Desenvolvimento de um modelo de negócio

Alguns modelos de negócios são fáceis de entender. Uma empresa fabrica um produto e/ou um serviço e o vende aos clientes. Se as vendas excederem as despesas, a empresa obtém lucro. Outros modelos são menos diretos. Por exemplo, a radiodifusão televisiva faz parte de uma complexa rede de distribuidores, criadores de conteúdo, anunciantes e espectadores. A forma como os eventuais lucros e fluxos de caixa são criados e compartilhados depende de uma série de fatores concorrentes que nem sempre são claros desde o início. Além disso, o comércio eletrônico está dando origem a novos modelos de negócios. Considere o caso dos leilões, uma das maneiras mais antigas para fixação de preços para coisas como *commodities* agrícolas e antiguidades. Hoje, a internet popularizou o modelo de leilão eletrônico e ampliou a sua utilização para uma vasta gama de bens e serviços.

Em uma *startup*, em que há tanta incerteza, um modelo de negócio força um empreendedor a ser disciplinado e evitar pensar com ansiedade sobre as projeções financeiras. Quando chega a hora de criar um plano de negócio, o empreendedor precisa conhecer a força motriz do negócio, o que determinará os lucros futuros da empresa e os fluxos de caixa. E um modelo de negócio pode fornecer a melhor evidência de se um conceito de negócio pode ser traduzido em um negócio viável e rentável e o tamanho do investimento necessário para que aconteça. O Quadro 6.2 fornece uma visão geral básica do processo de construção de um modelo de negócio para uma empresa com duas fontes de receita.

Conforme mostrado na parte superior do Quadro 6.2, um empreendedor deve começar a missão estratégica do empreendimento, seus objetivos estratégicos e os princípios que guiarão suas operações. A partir daí, quatro elementos-chave compõem o modelo de negócio: (1) modelo de receita, (2) estruturas de custo, (3) recursos necessários para expandir o negócio e (4) modelo de risco do negócio. Vamos considerar brevemente cada um desses elementos.

MODELO DE RECEITA

O **modelo de receita** identifica a natureza e os tipos de fontes de receita de uma empresa. Os modelos de receita mais comuns são:

- *Modelo de receita de volume ou baseado em unidade.* Os clientes pagam um preço fixo por unidade em troca de um produto ou serviço.
- *Modelo de receita de subscrição/associação.* Os clientes pagam uma quantia em intervalos regulares, antes de receber um produto ou serviço.
- *Modelo de receita baseado em publicidade.* Os clientes pagam com base no custo por impressão, custo por clique ou custo por aquisição.
- *Modelo de receita de licenciamento.* Os clientes pagam uma taxa única de licenciamento para poder usar ou revender o produto ou serviço.

QUADRO 6.2 Estrutura básica de modelos de negócios

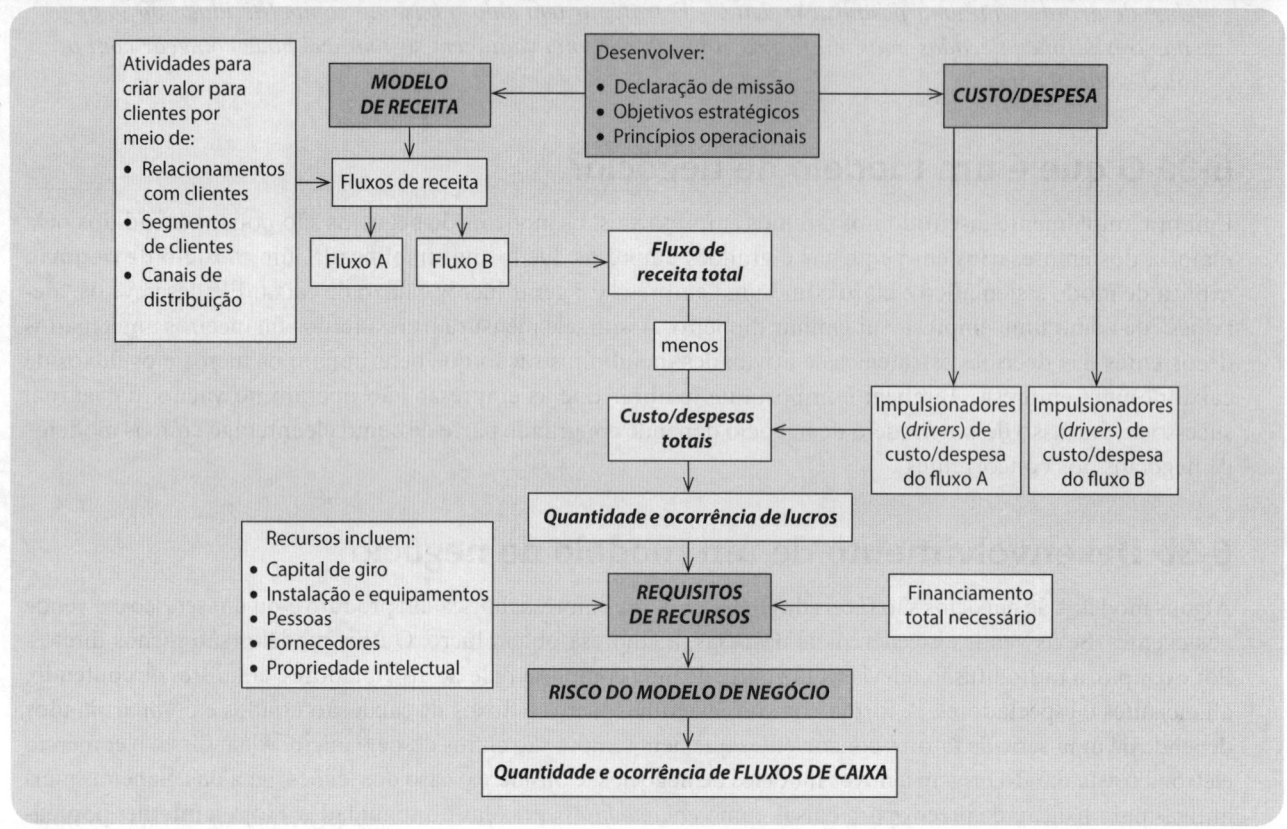

MODELO DE RECEITA

Atividades para criar valor para clientes por meio de:
- Relacionamentos com clientes
- Segmentos de clientes
- Canais de distribuição

Desenvolver:
- Declaração de missão
- Objetivos estratégicos
- Princípios operacionais

CUSTO/DESPESA

Fluxos de receita → Fluxo A, Fluxo B → *Fluxo de receita total*

menos

Custo/despesas totais ← Impulsionadores (*drivers*) de custo/despesa do fluxo A | Impulsionadores (*drivers*) de custo/despesa do fluxo B

Quantidade e ocorrência de lucros

Recursos incluem:
- Capital de giro
- Instalação e equipamentos
- Pessoas
- Fornecedores
- Propriedade intelectual

REQUISITOS DE RECURSOS ← Financiamento total necessário

RISCO DO MODELO DE NEGÓCIO

Quantidade e ocorrência de FLUXOS DE CAIXA

Podemos ainda categorizar os fluxos reais de receita da seguinte forma:

1. *Fluxo único*, quando as receitas de uma empresa vêm de um único produto ou serviço.
2. *Fluxos múltiplos*, quando uma empresa obtém receitas a partir de uma combinação de múltiplos produtos e serviços.
3. *Fluxos interdependentes*, quando as receitas de uma empresa vêm da venda de um ou mais produtos e/ou serviços como forma de gerar receitas de outros produtos e/ou serviços, tal como impressoras e cartuchos de impressora.
4. *Líder de prejuízos*, quando uma ou várias fontes de receita são vendidas com prejuízo para criar vendas em um fluxo de receita lucrativo.

Esses fluxos de receita são impulsionados pela capacidade da empresa de criar valor para seus clientes por meio de atividades como relacionamento com o cliente, segmentação de clientes e escolha de canais de distribuição.

Ao prever as receitas, um empreendedor descobrirá que as respostas para um número de perguntas-chave pode fornecer base para estimativas de vendas futuras:

1. Quem são seus clientes mais prováveis?
2. Em que medida eles são diferentes da população em geral?
3. Quais eventos vão desencadear a necessidade ou desejo pelo seu tipo de produto ou serviço?
4. Quando esses eventos ocorrerão? Eles podem ser previstos?
5. Como os clientes tomarão decisões sobre comprar ou não o seu produto ou serviço?
6. Quais serão os fatores-chave de decisão?
7. Como o seu produto ou serviço será comparado ao da concorrência nesses fatores-chave?
8. Essas diferenças são significativas para o cliente?
9. Essas diferenças são conhecidas pelo cliente?
10. Como o seu produto ou serviço pode ser exposto aos seus mais prováveis clientes potenciais?

Novamente, o objetivo é criar um diferencial sobre o valor que uma empresa fornece para seus clientes. Sem essa diferenciação, a empresa terá o modelo errado de receitas e não apresentará uma vantagem competitiva.

ESTRUTURAS DE CUSTO

Estruturas de custo consistem nos fatores impulsionadores (*drivers*) que afetam os custos de bens vendidos por uma empresa, especialmente o custo de produzir uma unidade de produto ou serviço, e as despesas operacionais da empresa, tais como folha de pagamento, atividades de venda, custos administrativos e despesas de marketing. Em outras palavras, você quer saber quais atividades levam a essas despesas, que podem variar com o tempo ou com o volume de vendas. Em seguida, é necessário classificar esses custos e despesas em relação a:

- *Custos fixos*. Custos que não variam com o volume, como despesas de aluguel.
- *Custos variáveis*. Despesas que variam direta e proporcionalmente com as mudanças em volume – por exemplo, comissões de vendas.

Vivendo o sonho
EXPERIÊNCIAS EMPREENDEDORAS

Mudando o modelo de negócio

Quando Jen Falso e Lisa Assenza se conheceram, em 1998, as duas rapidamente se tornaram grandes amigas e tiveram a ideia de pintar móveis e peças de vidro para ganhar um dinheiro extra. Falso e Assenza começaram a vender seus itens pintados à mão da marca HuePhoria em eventos locais de levantamento de fundos e por meio da propaganda boca a boca para levar o *hobby* delas transformado em negócio, decolar. No início, elas pintavam copos de vinho mais criativos do que os que viam nas lojas – e mais duráveis.

Depois de vender mais de 5 mil copos em dois anos, elas atingiram um ponto em que não conseguiam dar conta da demanda. Além disso, não poderiam oferecer os copos para lojas de varejo a preço de atacado mantendo-se no negócio. Assim, em 2005, elas se associaram com outra amiga, Kathy Berger, para ajudar a HuePhoria a fazer a transição para a produção em massa.

Os sócios achavam que tinham um modelo de negócio vencedor, vendendo o produto a sofisticadas lojas de presentes. Mas quando o poder de compra do consumidor nos EUA caiu, em 2008, lojas de presente sofisticadas que vendiam produtos como os da HuePhoria reduziram drasticamente o estoque.

Elas tinham participado de cerca de quatro exposições de presentes por ano em Nova York e Atlanta a fim de atingir compradores potenciais. A participação em cada exposição custou à empresa de quatro funcionários cerca de US$ 10.000. Em anos anteriores, as despesas com as exposições haviam sido pagas em dúzias de novos pedidos. Mas, no final de 2008, Berger estimou que 40% de seus clientes independentes de varejo estavam lutando financeiramente, com alguns deles até entrando em processo de falência. Então, elas decidiram se concentrar em vender por meio do site da HuePhoria. Elas adicionaram uma maior variedade de produtos e desenvolveram relações com clientes que estavam dispostos a gerenciar o estoque e despachar produtos no formato *on-demand* (conforme a encomenda fosse feita). Essa foi uma forma de expandir as ofertas de produtos sem a despesa com armazenamento de estoque.

Além disso, elas também procuraram maneiras de capitalizar a base de mães que eram clientes leais da HuePhoria. Então lançaram o programa "Festa Mamãe", que oferecia kits de *startup* femininos para que elas pudessem organizar festas e vender produtos da HuePhoria com 25% de desconto nas vendas.

As novas estratégias foram bem-sucedidas. As vendas no primeiro trimestre de 2011 aumentaram 72% em relação ao ano anterior. Os novos parceiros financeiros creditam a melhora da situação financeira à disposição em tentar um novo modelo de negócio quando o antigo não estava funcionando.

Fontes: Baseado em Kelly K. Spors, "Banking on a New Business Model", *Entrepreneur*, 25 de abril de 2011, http://www.entrepreneur.com/article/219530. Acesso em 5 de janeiro de 2015, e http://www.huephoria.com.

- *Custos semivariáveis*. Despesas que incluem custos variáveis e custos fixos. Esses custos variam em relação ao volume de vendas, mas não proporcionalmente a ele, como acontece com alguns tipos de folha de pagamento, que mudam conforme a empresa se torna maior, mas não se alteram proporcionalmente com as mudanças nas vendas.

Uma vez que um empreendedor entenda o modelo de receita e estrutura da empresa, ele precisa avaliar os requisitos de recursos da empresa.

RECURSOS-CHAVE

Outro componente-chave de um modelo de negócio são os **recursos-chave** para obter fluxos de caixa positivos e lucros. Os recursos incluem o montante do investimento em ativos tangíveis, como equipamentos e edifícios, bem como a quantidade de capital de giro na forma de caixa operacional, contas recebíveis e estoque. Eles também incluem pessoas, fornecedores, parceiros-chave e propriedade intelectual necessários para realizar a missão da empresa.

RISCO DO MODELO DE NEGÓCIOS

Ao definir um modelo de negócios, o empreendedor deve antecipar o **risco do modelo de negócio**, ou seja, deve considerar mudanças que possam afetar o nível de risco em dado modelo de negócios e como o modelo pode se ajustar a elas. Não é suficiente ter um modelo de negócio que proporciona uma vantagem competitiva, dadas as circunstâncias presentes. Deve ser considerada a forma como o modelo será afetado pela mudança das circunstâncias, tais como mudanças na demanda e oferta de produtos ou serviços oferecidos e como a concorrência irá responder à entrada da empresa no mercado. Em outras palavras, o empreendedor deve estar sempre prevendo o que pode dar errado com o modelo de negócio da empresa e o que pode ser feito se isso acontecer.

6-4 PREPARANDO UM PLANO DE NEGÓCIOS: O CONTEÚDO E O FORMATO

Assim como escrever um projeto final de curso ou um relatório, começar a escrever um plano de negócios é geralmente a parte mais difícil. Lembre-se de que no Capítulo 3 enfatizamos a importância de primeiro realizar uma análise de viabilidade, e então escrever um plano de negócios somente se a sua ideia parecer viável. Três elementos devem estar evidentes a partir da análise de viabilidade antes de continuar o plano de negócios: (1) forte potencial de mercado, (2) um setor atraente e (3) o indivíduo ou equipe certa para executar o plano.[11]

Uma vez que o modelo de negócio esteja estabelecido e a análise de viabilidade seja concluída, é hora de começar o processo de escrever um plano de negócios. Para tanto, duas questões são de preocupação primária: (1) o conteúdo e o formato do plano e (2) a eficácia da apresentação escrita.

Ao considerar o conteúdo de um plano de negócios, continue a pensar primeiro e acima de tudo sobre a oportunidade, conforme identificado por sua análise de viabilidade. As estratégias e os planos financeiros seguirão naturalmente se a oportunidade for boa. O plano de negócios deve levar em consideração os seguintes fatores básicos (apresentados graficamente no Quadro 6.3):

1. A *oportunidade* deve refletir o potencial e a atratividade do mercado e do setor.
2. *Recursos críticos* incluem não apenas dinheiro, mas também recursos humanos (fornecedores, contadores, advogados, investidores etc.) e ativos tangíveis (contas a receber, estoques etc.). Um empreendedor deve pensar em como minimizar os recursos necessários para a *startup*.
3. A *equipe empreendedora* deve possuir integridade, bem como ampla e profunda experiência.
4. A *estrutura de financiamento* – como uma empresa é financiada (isto é, dívida *versus* patrimônio) e como a porcentagem de participação é compartilhada pelos fundadores e investidores – terá um impacto significativo sobre o incentivo de um empreendedor para trabalhar duro. O objetivo é encontrar uma situação em que todos ganhem.
5. O *contexto* (ou fatores externos) de uma oportunidade inclui o ambiente regulatório, taxas de juros, tendências demográficas, inflação e outros fatores que inevitavelmente mudam, mas que não podem ser controlados pelo empreendedor.

QUADRO 6.3 Fatores-chave para o sucesso

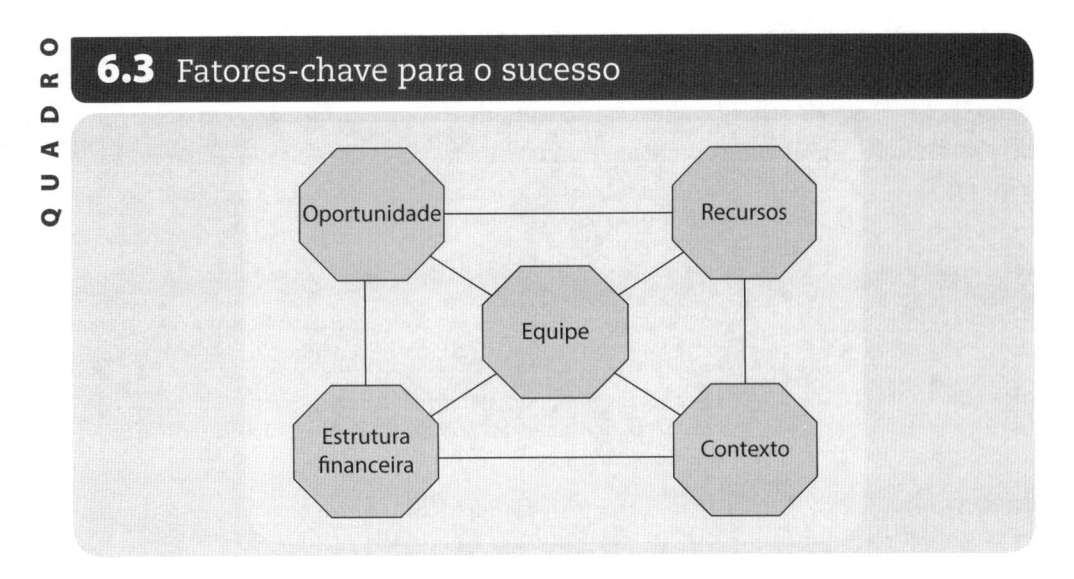

- Oportunidade
- Recursos
- Equipe
- Estrutura financeira
- Contexto

Assim, o plano de negócios precisará demonstrar que o empreendedor juntou a oportunidade certa aos recursos corretos, às pessoas certas e à estrutura de financiamento certa, tudo dentro do contexto correto. É claro que sempre haverá incertezas e ambiguidades, o imprevisível está sempre à espreita. Mas, ao tomar decisões sobre esses fatores-chave, você pode ter certeza de que está lidando com questões importantes e isso o ajudará a determinar o conteúdo apropriado a ser incluído no plano.

Não existe um único formato vencedor a ser seguido na elaboração de um plano de negócios. Contudo, investidores querem ver o plano em um formato que seja conhecido. Apresentar um plano de negócio com um formato singular seria um erro.

O Quadro 6.4 resume as principais seções comuns à maioria dos planos de negócios. Uma breve descrição de cada uma dessas seções é mostrada a seguir.[12] (Os Capítulos 7 a 13 abordam com detalhes cada seção do plano de negócios.)

6-4a Folha de rosto

A página de rosto deve conter as seguintes informações:

- Nome da empresa, endereço, número de telefone, número de fax e website;
- *Slogan* e logotipo da empresa;
- Nome da pessoa de contato (de preferência o presidente) com endereço de correspondência, número de telefone, número de fax e endereço de e-mail;
- Data em que o plano de negócios foi preparado;
- Se o plano estiver sendo compartilhado com investidores, um aviso legal (*disclaimer*) de que o plano está sendo disponibilizado de forma confidencial a investidores qualificados e que não deve ser reproduzido sem permissão;
- Número da cópia (para ajudar a manter o controle de quantas cópias foram emitidas e disponibilizadas).

6-4b Índice remissivo

O índice remissivo fornece uma lista sequencial das seções do plano, com números de página. Isso permite ao leitor escolher uma parte específica do plano para ler (uma prática comum) em vez de ler de capa a capa. O Quadro 6.5 apresenta o índice remissivo do plano de negócios da BlueAvocado, uma empresa norte-americana que produz sacolas de compras ecológicas e reutilizáveis. Embora o índice remissivo do plano de negócios da BlueAvocado não siga exatamente o formato geral apresentado no Quadro 6.4, está muito próximo daquilo.

6-4c Sumário executivo (visão geral)

O **sumário executivo**, ou **visão geral**, é frequentemente considerado a seção mais importante do plano de negócios. Se você não cativar a atenção dos leitores no sumário executivo, muito provavelmente eles não continuarão lendo seu plano de negócios. No início, o sumário executivo deve transmitir uma imagem clara e concisa

QUADRO 6.4 Estrutura simplificada do plano de negócios

Título da seção	Informações fornecidas
Folha de rosto	Nome da empresa, logotipo, slogan, informações de contato, número da cópia, data de preparação e avisos legais (se necessário).
Índice remissivo	Lista das principais seções do plano de negócios.
Sumário executivo	Síntese em uma a três páginas dos pontos significativos do plano de negócios, com a intenção de motivar o leitor a continuar a ler o documento.
Descrição da empresa	Objetivos da empresa, a natureza do negócio, seu produto e serviço primário, seu status atual (abertura, compra ou expansão) e história (se aplicável) e a forma legal da organização.
Análise do setor, público-alvo e concorrência	Características-chave do setor, incluindo os diferentes segmentos e o nicho onde você planeja competir.
Plano de produto/serviço	Justificativa para as pessoas comprarem o produto ou serviço, baseado em suas características únicas.
Plano de marketing	Estratégia de marketing, incluindo métodos de identificação e atração de clientes, abordagem de venda, tipo de força de vendas, canais de distribuição, tipos de promoção de vendas e propaganda, e políticas de crédito e de preços.
Plano de operações e desenvolvimento	Metodologias operacionais e de manufatura, instalações (localização, espaço e equipamentos), métodos de controle de qualidade, procedimentos para controlar estoque e operações, fontes de suprimentos e procedimentos de compra.
Equipe de gestão	Descrição da equipe de gestão, investidores externos e/ou diretores e planos para recrutamento e treinamento de funcionários.
Riscos críticos	Quaisquer riscos inerentes conhecidos no empreendimento.
Proposta	Quanto de capital o empreendedor precisa e como o dinheiro será usado (seção usada para atrair investidores).
Estratégia de saída	Formas pelas quais um investidor – e o empreendedor – pode obter retorno de investimentos de negócio.
Plano de financiamento	Recursos de financiamento contemplados; quaisquer demonstrativos financeiros históricos, se disponíveis; demonstrativos financeiros pro forma por três a seis anos, incluindo declarações de rendimentos, balanços financeiros, declarações de fluxo de caixa e orçamento de caixa.
Apêndice com documentos de suporte	Diversos materiais e anexos suplementares para expandir o entendimento do leitor sobre o plano.

do empreendimento proposto e, ao mesmo tempo, criar senso de entusiasmo em relação às suas perspectivas. Isso significa que deve ser escrito – e, se necessário, reescrito – para obter clareza e criar interesse. Embora o sumário executivo venha no início do plano de negócios, ele fornece uma visão geral do plano todo e deve ser a última parte a ser escrita. Contendo não mais de três páginas (preferencialmente duas), o sumário executivo deve incluir as subseções a seguir:

- Descrição da oportunidade.
- Explicação do conceito do negócio.
- Visão geral do setor.
- Mercado-alvo.
- Vantagem competitiva que se espera alcançar no mercado.
- Economia da oportunidade.
- Equipe de gestão.
- Montante e a finalidade do dinheiro solicitado (a "proposta"), caso esteja buscando financiamento.

QUADRO 6.5 Índice remissivo do plano de negócios da BlueAvocado

Índice remissivo	
1.0	Introdução
2.0	A empresa
3.0	Oportunidade de mercado
4.0	Visão geral do produto
5.0	Parceria com a Lauren Conrad
6.0	Iniciativas tecnológicas
7.0	Cadeia de suprimentos
8.0	Plano de marketing/vendas
9.0	Visão geral financeira
10.0	Pessoas
11.0	Questões de sustentabilidade
12.0	Conclusão/Apêndices de contato

Fonte: BlueAvocado, Co. Reproduzido com permissão.

Dependendo da situação e da preferência do empreendedor, o sumário executivo pode estar no formato de sinopse ou de narrativa. Uma *sinopse* cobre brevemente todos os aspectos do plano de negócios, dando a cada tópico um tratamento relativamente igual. Relata, de modo abreviado, as conclusões de cada seção do plano de negócios completo. Embora seja fácil de preparar, a sinopse pode ser uma leitura bastante árida para o potencial investidor.

Como a narrativa conta uma história, pode transmitir maior motivação do que a sinopse. No entanto, a preparação de uma narrativa eficaz requer a competência de um escritor talentoso que pode comunicar as informações necessárias e gerar entusiasmo sem cruzar a linha do exagero. Uma narrativa é mais apropriada para empresas que estão explorando novos caminhos com um novo produto, um novo mercado ou novas técnicas operacionais. É também um melhor formato para empreendimentos que tenham uma vantagem clara, como possuir uma patente importante ou ser gerenciado por um empreendedor bem conhecido. Finalmente, a narrativa funciona bem para empresas com antecedentes ou históricos interessantes ou impressionantes. O Quadro 6.6 mostra o sumário que aparece no plano de negócios da BlueAvocado. Ele foi escrito na forma narrativa.

6-4d Descrição da empresa

A descrição da empresa informa o leitor sobre o tipo de negócio que está sendo proposto, os objetivos da empresa, onde a empresa está localizada e se ela servirá a um mercado local ou internacional. Se o negócio já estiver em operação, sua história deve ser incluída. Em muitos casos, as questões legais – especialmente as relativas à forma de organização da empresa – são abordadas nesta seção do plano. (Questões jurídicas relativas à forma da organização serão extensamente discutidas no Capítulo 8.) Ao escrever esta seção, o empreendedor deve responder às seguintes perguntas:

1. Quando e onde o negócio será iniciado?
2. Qual é a história (se houver) da empresa?
3. Quais são os objetivos da empresa?
4. Que mudanças foram feitas na estrutura e/ou direito de propriedade?
5. Em que estágio de desenvolvimento a empresa está – por exemplo, fase de semear ou linha completa de produto?
6. O que foi obtido até agora?
7. Qual é a vantagem competitiva da empresa ou sua competência distintiva?
8. Qual é a natureza básica e atividades do negócio?

QUADRO 6.6 Visão geral da BlueAvocado

A BlueAvocado é uma empresa sustentável, de propriedade de uma mulher, com a visão de convidar milhões para reduzir o impacto ambiental e as emissões de carbono com produtos de estilo de vida ecochique. Em 2008, a empresa introduziu um sistema de sacolas de compras reutilizáveis, com patente pendente, o gro-pak®, para o mercado dos EUA, com o intuito de eliminar o uso de mil sacos de plástico e evitar 16 quilos de dióxido de carbono emitidos anualmente. O gro-pak inclui cinco sacolas elegantes laváveis em máquina que incluem sacos ventilados para verduras e frutas, sacola térmica para itens quentes/frios e sacolas de transporte durável que se juntam em um kit. Desde então, a empresa ampliou seu portfólio, oferecendo kits reutilizáveis para almoço, e continua a investir em produtos da próxima geração que reduzem os resíduos ambientais e inspiram alegria.

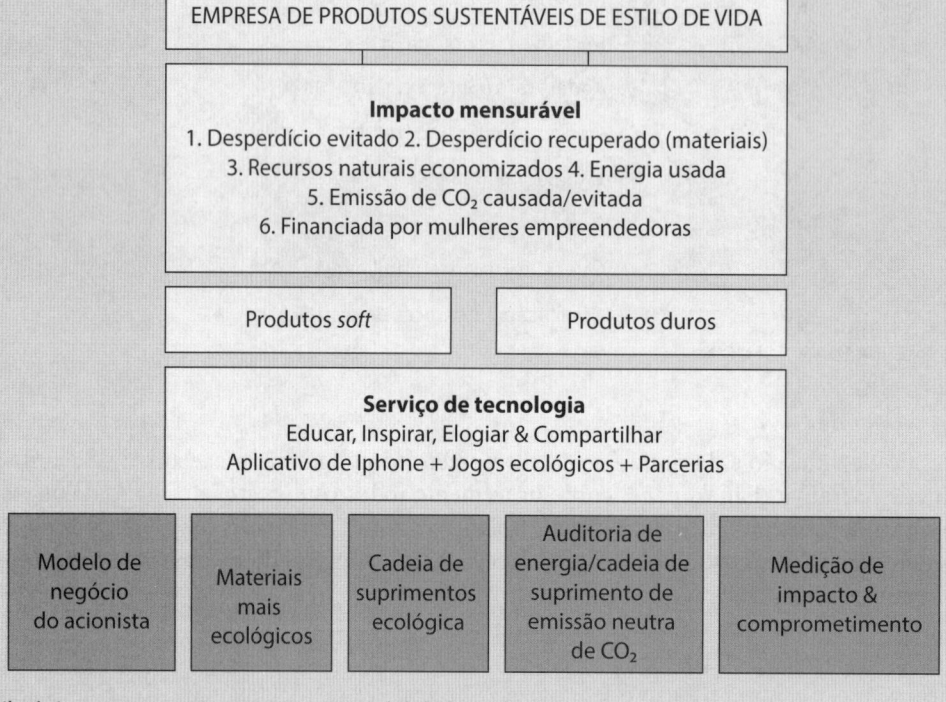

EMPRESA DE PRODUTOS SUSTENTÁVEIS DE ESTILO DE VIDA

Impacto mensurável
1. Desperdício evitado 2. Desperdício recuperado (materiais)
3. Recursos naturais economizados 4. Energia usada
5. Emissão de CO_2 causada/evitada
6. Financiada por mulheres empreendedoras

Produtos *soft* | Produtos duros

Serviço de tecnologia
Educar, Inspirar, Elogiar & Compartilhar
Aplicativo de Iphone + Jogos ecológicos + Parcerias

- Modelo de negócio do acionista
- Materiais mais ecológicos
- Cadeia de suprimentos ecológica
- Auditoria de energia/cadeia de suprimento de emissão neutra de CO_2
- Medição de impacto & comprometimento

Com kit de estilo único e compromisso com a sustentabilidade, a BlueAvocado capturou com sucesso a ideia e a fatia de mercado em todo os EUA. A empresa e seus produtos foram apresentados na *Real Simple*, *Better Homes & Gardens*, *InStyle*, *PARADE*, *CNN*, *MSNBC*, *Shape*, *Parenting* e *USA Today*, tendo recebido diversos elogios, incluindo o *Top Pick* na exposição *International Home & Housewares*, no *Chicago Tribune* (2009) e o "Finalista em Produto Ecológico" na Natural Products Expo (2009). Em junho de 2010, a BlueAvocado foi apresentada na *Fast Company* como uma empresa verde a ser observada, após ser selecionada como finalista no Sustainable Brands Conference Innovation Open. Em agosto de 2012, ela foi uma marca sustentável finalista na New York International Gift Fair. Os produtos da BlueAvocado estão disponíveis em mais de 700 lojas varejistas nos EUA, Canadá e Itália em pontos-chave, incluindo The Container Store, Sur La Table, Whole Foods, Amazon e Home Shopping Network.

Fonte: BlueAvocado, Co. Reproduzido com permissão.

9. Qual é o seu principal produto ou serviço?
10. Quais clientes serão servidos pelo negócio?
11. Qual é a forma de organização da empresa?
12. Quais são os estados econômicos atuais e projetados do setor?
13. A empresa pretende vender para outra empresa ou grupo de investimento? Ela planeja ser uma empresa de capital aberto ou os proprietários querem transferir a propriedade para a próxima geração da família?

6-4e Análise do setor, público-alvo e concorrência

O objetivo principal desta seção é apresentar a oportunidade e demonstrar por que há um mercado significativo a ser servido. Você deve descrever o setor em que estará competindo, incluindo o seu tamanho, a taxa de crescimento, tendências fundamentais e principais atores. Em seguida, identifique os diferentes segmentos do setor e, então, descreva em detalhe o nicho do qual você pretende participar. É tentador começar a descrever a própria empresa neste momento. Em vez disso, você deve fornecer o contexto de oportunidade e demonstrar que um segmento de mercado não está sendo atendido. Haverá, mais tarde, uma oportunidade para introduzir o seu produto e/ou serviço.

O próximo passo é descrever seu público-alvo em termos demográficos e variáveis psicológicas, como os valores, as atitudes e até mesmo os receios por parte desse público-alvo. Quanto mais claramente você puder identificar seu cliente, maior a probabilidade de fornecer um produto ou serviço que esteja realmente em demanda. Finalmente, saber quem é seu cliente servirá como base para a compreensão de quem são seus concorrentes. Você deve analisar os concorrentes no que se refere a atributos de produtos ou serviços que eles oferecem ou que estão falhando em fornecer.

6-4f Plano de produto/serviço

O **plano de produto/serviço** descreve os produtos e/ou serviços a serem oferecidos aos clientes da empresa. Agora é a hora de preparar uma apresentação convincente sobre a vantagem competitiva da sua empresa. Com base na sua descrição anterior do setor e de seus principais participantes, explique como seu produto ou serviço preenche uma lacuna existente no mercado ou como ele é "melhor, mais barato e/ou mais rápido" do que o que está atualmente disponível. No caso de um produto físico, tente disponibilizar um modelo de trabalho ou protótipo. Investidores irão naturalmente mostrar o maior interesse por produtos que já foram desenvolvidos, testados e que são funcionais. Quaisquer características inovadoras devem ser identificadas e quaisquer proteções de patentes explicadas. (O Capítulo 15 discute esse tópico de forma mais abrangente.) Além disso, sua estratégia de crescimento para o produto ou serviço deve ser explicada nesta seção, já que o crescimento é um determinante primário do valor de uma empresa. Se for relevante, descreva os mercados-alvo secundários que a empresa irá buscar.

6-4g Plano de marketing

O **plano de marketing** descreve como a empresa atingirá e atenderá clientes em determinado mercado. Em outras palavras, como você vai atrair os clientes para a mudança a seu produto ou serviço e para continuar a usá-lo? Essa seção deverá apresentar a estratégia de marketing, incluindo os métodos de identificação e prospecção de clientes, estratégias de preços, abordagem de vendas, tipo de força de vendas e canais de distribuição, tipos de promoções de vendas e publicidade e políticas de crédito e de preços. As previsões de vendas precisarão ser desenvolvidas com base nessa informação. Por fim, em termos de atendimento ao cliente, essa seção deve descrever quaisquer garantias, bem como as atualizações de produtos. (O Capítulo 7 fornece uma cobertura detalhada do plano de marketing.)

6-4h Plano de operações e desenvolvimento

O **plano de operações e desenvolvimento** oferece informações sobre como o produto será produzido ou o serviço prestado. Aqui, você vai explicar como as operações vão contribuir para a vantagem competitiva da empresa – ou seja, como suas operações criarão valor para o cliente. Essa seção discute itens como localização e instalações, incluindo de quanto espaço a empresa vai precisar e que tipo de equipamento ela vai requerer. É importante descrever a escolha entre produção interna e terceirização a fim de minimizar os custos. Lembre-se, no entanto, de que você nunca deve planejar terceirizar a parte das operações que contribui para a sua vantagem competitiva. O plano de operações e desenvolvimento deve também explicar a abordagem proposta pela empresa para garantir a qualidade, o controle de estoque e a utilização de subcontratados para obtenção de materiais. (Leia os Capítulos 9 e 21 para uma discussão mais aprofundada das questões a serem abordadas nessa seção.)

6-4i Equipe de gestão

Potenciais investidores procuram empresas bem gerenciadas. De todos os fatores por eles considerados, a qualidade da equipe de gestão é primordial. Alguns investidores dizem que prefeririam ter uma equipe de gestão "Classe A" e um produto ou serviço "Classe B" do que uma equipe "Classe B" e um produto ou serviço "Classe A". Mas também se pode dizer que o gerenciamento certo no mercado errado é provável que falhe. Para o sucesso, você deve ter uma boa equipe de trabalho em um mercado em crescimento.

A seção da **equipe de gestão** deve detalhar a estrutura organizacional do empreendimento e a experiência daqueles que vão preencher as suas posições-chave. De maneira ideal, uma equipe de gestão bem equilibrada

– aquela que inclui conhecimentos financeiros e experiência de marketing, bem como experiência de produção e talento inovador – já estará em ação por ocasião do preparo do plano de negócios. Experiência gerencial em empresas relacionadas e em outras situações de *startup* é particularmente valiosa. (Os fatores envolvidos na preparação da seção da equipe de gestão são discutidos mais detalhadamente no Capítulo 8.)

6-4j Riscos críticos

O plano de negócios destina-se a contar uma história de sucesso, mas há sempre riscos associados ao início de um novo empreendimento. Assim, o plano seria incompleto se não identificasse os riscos inerentes ao empreendimento. A seção de **riscos críticos** identifica as potenciais armadilhas que podem ser encontradas por um investidor. Riscos comuns incluem a falta de aceitação do mercado (os clientes não compram o produto conforme previsto), retaliação de concorrentes, maior tempo e maiores gastos do que os esperados para começar e expandir o negócio, financiamento inadequado e regulamentação governamental.

6-4k Proposta

Se o empreendedor procura capital de investidores, uma **proposta** deve ser incluída no plano de negócios para indicar claramente quanto dinheiro e quando é necessário. É útil incluir essa informação em uma *tabela de fontes e usos* que indique o tipo de financiamento que está sendo solicitado (dívida ou capital próprio) e como os fundos serão utilizados. Por exemplo, para uma empresa que necessita de US$ 500.000, incluindo todo o dinheiro tomado emprestado e o investimento do fundador, a tabela de fontes e utilizações para o primeiro ano pode tomar a seguinte forma:

Fontes:
Dívida bancária	US$ 100.000
Capital próprio:	
Novos investidores	US$ 300.000
Fundadores	US$ 100.000
Fontes totais	US$ 500.000

Usos:
Desenvolvimento de produto	US$ 125,000
Custos de pessoal	US$ 75.000
Capital de giro:	
Caixa	US$ 20.000
Contas a receber	US$ 100.000
Estoque	US$ 80.000
Máquinas	US$ 100,000
Usos totais	US$ 500.000

Se capital próprio está sendo requisitado, o empreendedor terá que decidir de quanto da propriedade do negócio ele está disposto a abrir mão – não é uma tarefa fácil na maioria dos casos. Normalmente, o montante de dinheiro levantado deve sustentar a empresa por 12 a 18 meses – tempo suficiente para atingir alguns marcos importantes. Então, se tudo correr bem, será mais fácil e menos oneroso levantar mais dinheiro no futuro. (Essas questões serão explicadas em mais detalhes nos Capítulos 11 e 12.)

6-4l Estratégia de saída

Se uma empresa está usando o plano de negócios para aumentar o financiamento de capital próprio, os investidores irão querer conhecer as possíveis opções para retirar o seu investimento. Isso deve ser incluído na seção de **estratégia de saída**. A maioria dos investidores de capital próprio não vai investir de forma alguma em uma *startup* ou em negócios em fase inicial se eles não estiverem razoavelmente seguros de que, em algum momento do futuro, haverá uma oportunidade para recuperar seu principal investimento, além de um bom retorno sobre ele. (No Capítulo 13 explicaremos a questão da elaboração de uma estratégia de saída, ou o que chamamos de *colheita*.)

6-4m Planejamento financeiro

O **planejamento financeiro** apresenta previsões financeiras como declarações *pro forma*. Essa seção do plano de negócios deve mostrar que o negócio proposto pode ser autossuficiente e, por fim, rentável. Para fazer isso, o empreendedor precisa ser honesto consigo mesmo e considerar plenamente as perspectivas financeiras da empresa.

Declarações *pro forma*, que são projeções das demonstrações financeiras da empresa, devem ser apresentadas por pelo menos três anos, e possivelmente até cinco anos. As previsões devem incluir balancetes, demonstrações de resultados e demonstrações de fluxos de caixa anuais pelos primeiros três a cinco anos, assim como os orçamentos de caixa mensais pelo primeiro ano e trimestrais no segundo e terceiro anos. É essencial que as projeções financeiras sejam apoiadas por suposições e explicações bem fundamentadas de como os números foram determinados. E como Rudy Garza, um capitalista de risco de Austin, Texas, explica, "Embora eu possa não ter muita confiança nas previsões financeiras do empreendedor, o plano financeiro me ajuda a compreender os processos do pensamento do empreendedor sobre a oportunidade. Isso é muito importante na minha opinião".[13]

Embora todas as demonstrações financeiras sejam importantes, as declarações *pro forma* merecem atenção especial, porque uma empresa pode ser rentável, mas fracassará se não produzir fluxos de caixa positivos. Uma demonstração dos fluxos de caixa bem preparada identifica as fontes de caixa – ou seja, quanto será gerado pelas operações e quanto será levantado de investidores. Também mostra quanto dinheiro será dedicado aos investimentos em áreas como estoques e equipamentos. As demonstrações dos fluxos devem indicar claramente quanto de capital é necessário dos órgãos financeiros e potenciais investidores e com qual propósito. (A preparação de declarações *pro forma* e o processo de levantamento de capital necessário são discutidos nos Capítulos 11 e 12).

6-4n Apêndice com documentos de suporte

O apêndice deve conter vários materiais suplementares e anexos para expandir a compreensão do plano pelo leitor. Esses documentos de suporte incluem quaisquer itens referenciados no corpo do plano de negócios, tais como (1) os currículos dos investidores-chave e proprietários/gestores, (2) fotografias de produtos, instalações e edifícios, (3) referências profissionais, (4) estudos de pesquisa de mercado, (5) pesquisa pertinente publicada e (6) contratos assinados de vendas.

O fato de estar no final do plano não significa que o apêndice seja de importância secundária. O leitor precisa compreender as suposições subjacentes às premissas estabelecidas no plano. E nada é mais importante para um investidor em potencial do que as credenciais da equipe de gestão.

Cada capítulo desta seção (Parte 3) do livro, com exceção do Capítulo 10, termina com um conjunto especial de exercícios para guiá-lo pelo processo de preparação de um plano de negócios. Esses conjuntos de exercícios consistem de perguntas a serem consideradas e respondidas após bastante reflexão. Eles são intitulados "Plano de negócios: construindo a base", porque lidam com questões que são importantes para iniciar um novo empreendimento e fornecem diretrizes para preparar as diferentes seções de um plano de negócios.

6-5 CONSELHOS PARA ESCREVER UM PLANO DE NEGÓCIOS

Uma apresentação escrita eficaz depende, em última instância, da qualidade da oportunidade de negócios em questão. Lembre-se, *o plano não é o negócio*. Uma nova ideia de empreendimento mal concebida não pode ser resgatada por uma boa apresentação. Contudo, um bom conceito pode ser destruído por uma apresentação que não consegue passar a mensagem efetivamente. A seguir estão as recomendações que irão ajudá-lo a evitar alguns dos erros comuns.

6-5a Analisar o mercado de forma abrangente

Ao analisar o mercado de seu produto ou serviço, você deve responder a algumas questões básicas. Investidores e órgãos financeiros exigem respostas a essas perguntas, e você também deveria fazer o mesmo.

- Qual é o seu mercado-alvo?
- Qual é o tamanho do mercado-alvo?
- Quais são os problemas que afetam o mercado-alvo?
- Algum desses problemas é maior do que o que você está abordando?

- Como o seu produto ou serviço resolve o problema?
- Quem vai comprar o seu produto ou serviço?
- Quanto as pessoas estão dispostas a pagar por isso?
- Por que as pessoas precisam disso?
- Por que as pessoas comprariam de você?
- Quem são seus concorrentes?
- Quais são os seus pontos fortes e pontos fracos?

Como já dissemos, a sua apresentação deve ser o resultado de afirmações documentadas. Em nenhum lugar do plano de negócios é mais importante fornecer provas concretas para apoiar suas reivindicações do que ao apresentar sua análise do mercado. Coletar dados secundários sobre o mercado é importante, mas, se você não estiver conversando com clientes potenciais, então sua análise não tem credibilidade.

Esteja preparado para rever seu plano com base no que você descobrir dos clientes. Eric Ries, um empreendedor e autor de *The Lean Startup*, recomenda um processo iterativo chamado ciclo construir-medir-aprender. Você começa pequeno, experimenta o mercado e, em seguida, faz alterações com base no que ouviu dos clientes. Ries sustenta que, se não aprender rapidamente sobre os pressupostos principais de um plano por meio de experimentos não onerosos guiados por dados, o plano de negócios tradicional é um desperdício de tempo.[14]

Finalmente, entenda que todos têm concorrentes. Dizer "Não temos concorrência" fará, quase com certeza, com que seus leitores fiquem céticos. Você deve mostrar no plano onde o seu negócio se encaixa no mercado e quais são os pontos fortes e fracos de seus concorrentes. Se possível, inclua estimativas de suas quotas de mercado e níveis de lucro.

6-5b Fornecer evidência sólida para quaisquer afirmações

O suporte factual deve ser fornecido para quaisquer afirmações ou garantias feitas. Em resumo, o plano deve ser confiável. *Pense em suas suposições e crenças originais não como fatos, mas como hipóteses a serem testadas.*

Página após página de detalhadas projeções financeiras geradas por computador sugerem – intencional ou involuntariamente – que o empreendedor pode prever com grande precisão o que vai acontecer. Investidores experientes sabem que esse não é o caso. Eles querem saber o que está por trás dos números, uma vez que permite visualizar como o empreendedor pensa e se entende os fatores-chave que irão conduzir ao sucesso ou fracasso. Para determinarem essa informação, os investidores costumam fazer uma pergunta comum: "Qual é o seu modelo de negócio?".

6-5c Pensar como um investidor

Muitas pequenas empresas não procuram capital externo, exceto sob a forma de empréstimos bancários. Mas, se você está ou não preparando um plano de negócios para buscar financiamento externo, pode se beneficiar da compreensão do mundo sob a perspectiva de um investidor – isto é, você deve pensar como um investidor. Jeffrey Bussgang, que tem sido tanto um empreendedor como um capitalista empreendedor, aconselha, "Você deve pensar como [um investidor] e agir como um empreendedor".[15] Desta forma, você traz para a análise tanto a energia do empreendedor quanto a disciplina de um investidor.

No nível mais básico, os potenciais investidores têm um único objetivo: aumentar o potencial de retorno sobre um investimento por meio de fluxos de caixa que serão recebidos, minimizando o risco, que estão assumindo. Mesmo os investidores em *startups*, que são conhecidos como tomadores de riscos, querem minimizar sua exposição ao risco. Assim, eles procuram maneiras de transferir os riscos para os outros, geralmente para o empreendedor. Dadas as perspectivas financeiras fundamentalmente diferentes, a questão importante é "Como faço para escrever um plano de negócios que irá satisfazer o que um potencial investidor quer saber?". Não há uma resposta fácil, mas dois fatos são relevantes: os investidores têm curto período de atenção e certas características os atraem, enquanto outras os repelem.

Como a maioria dos investidores recebe muitos planos de negócios, eles não podem lê-los todos de forma detalhada. Para ilustrar, um dos autores deste livro entregou um plano de negócios do empreendedor para um potencial investidor com quem tinha uma relação pessoal. O plano estava bem escrito, identificando claramente uma necessidade. Embora o investidor fosse cortês e escutasse cuidadosamente, ele tomou a decisão de não considerar a oportunidade em questão de cinco minutos. Uma rápida leitura do sumário executivo não despertou o interesse dele, e a discussão mudou rapidamente para outros assuntos.

Além disso, os investidores estão mais *orientados para o mercado* do que *para os produtos*, percebendo que a maioria das invenções patenteadas nunca geram um centavo para os inventores. A essência do processo empreendedor é identificar novos produtos ou serviços que atendam a uma necessidade do cliente. Assim, é essencial para o empreendedor se concentrar nas preocupações dos investidores sobre as respostas do público-alvo a um novo produto ou serviço e, para isso, interagir com clientes potenciais. (Vamos discutir a apresentação – ou *pitch* – para potenciais investidores mais detalhadamente adiante, neste capítulo.)

6-5d Não esconder pontos fracos – Identificar potenciais falhas fatais

Um aspecto difícil em escrever um plano de negócios é lidar efetivamente com problemas ou fraquezas – e todos os negócios as têm. Um empreendedor, querendo causar boa impressão, pode tornar-se tão apaixonado por uma oportunidade que não consiga ver potenciais falhas fatais.

Por exemplo, um empreendedor pode deixar de perguntar, "Qual é o possível impacto das novas tecnologias, do comércio eletrônico ou das mudanças na demanda por parte dos clientes no empreendimento proposto?". Se houver fraquezas no plano, os investidores irão encontrá-las, e nesse momento a pergunta do investidor será "O que mais você não me disse?". A melhor maneira de lidar corretamente com as fraquezas é considerar cuidadosamente todas as questões potenciais, ser aberto e direto sobre elas e ter um plano de ação que efetivamente aborde qualquer problema. Em outras palavras, a *integridade é importante*.

6-5e Manter a confidencialidade

Ao apresentar seu plano de negócios para pessoas de fora (especialmente potenciais investidores), indique claramente que todas as informações no plano são proprietárias e confidenciais. Numere cada cópia do plano e controle cada cópia existente, exigindo que todos os destinatários do plano acusem seu recebimento por escrito.

Quando uma *startup* é baseada em tecnologia proprietária, seja cauteloso em divulgar determinadas informações – por exemplo, os detalhes de um projeto tecnológico ou especificidades altamente sensíveis de uma estratégia de marketing – até mesmo para um potencial investidor.

Embora você deva ser cauteloso sobre a liberação de informações proprietárias, *não se prenda ao fato de que alguém possa roubar sua ideia e derrubá-lo no mercado*. Lembre-se, o plano não é a chave para o seu sucesso. Sua execução é o que importa! Se alguém pode "fazer melhor" que você, então é possível que você não seja a pessoa certa para iniciar o negócio.

6-5f Prestar atenção aos detalhes

Prestar atenção aos detalhes pode parecer algo sem importância para você, mas provavelmente não é para outros que leem o plano para determinar se querem se associar com a sua empresa. A seguintes sugestões irão ajudá-lo a atentar para as "pequenas coisas":

1. *Use boa gramática.* Nada desconecta um leitor mais rápido do que um plano de negócios mal escrito. Encontre um bom editor e, em seguida, revise, revise e revise.
2. *Limite a apresentação a um tamanho razoável.* O objetivo não é escrever um longo plano de negócios, mas escrever um bom plano de negócios. Pessoas que leem planos de negócios apreciam a brevidade e veem isso como uma indicação de sua capacidade de identificar e descrever de forma organizada os fatores importantes que determinarão o sucesso da sua empresa. Em todas as seções do seu plano, especialmente no sumário executivo, chegue ao ponto rapidamente.
3. *Use uma aparência atraente, profissional.* Para adicionar interesse e auxiliar a compreensão dos leitores, faça uso livre, mas eficaz, de recursos visuais, tais como gráficos, quadros e tabelas. O plano deve estar em um fichário de folhas soltas (ou em um *pen drive*) para facilitar futuras revisões, ao contrário de ser encadernado como um livro e impresso em papel brilhante com imagens e gráficos chamativos.
4. *Descreva seu produto ou serviço em termos leigos.* Empreendedores com histórico técnico tendem a usar jargões que não são facilmente compreendidos pelos indivíduos que não estão familiarizados com a tecnologia ou o setor. Isso é um grande erro! Apresente seu produto e/ou serviço com termos simples e compreensíveis, evitando a tentação de usar muito jargão do setor.

Se você optar por ignorar essas recomendações, o plano de negócios denigrirá a oportunidade em si e você pode perder a chance de valorizá-la. Sugerimos que encontre empreendedores confiáveis e experientes para criticar o seu conceito de negócio e a efetividade da apresentação do seu plano de negócios. Eles conhecem os campos minados a serem evitados.

6-6 APRESENTANDO UMA IDEIA (PITCH) PARA OS INVESTIDORES

Além de ter um plano de negócios escrito, um empreendedor que busca capital de investidores pode ser convidado a fazer uma apresentação oral para eles, ou o que é chamado de *pitch*. Esse não é o momento de apresentar todo o plano de negócios, mas, sim, de despertar o interesse dos investidores. Frequentemente, o empreendedor tem de 15 a 20 minutos para apresentar, seguido por aproximadamente o mesmo tempo para perguntas e respostas.

Christopher Mirabile, investidor frequente em *startups*, enfatiza a importância de pensar como um investidor. Ele classifica os empreendedores em três grupos importantes:

> Os empreendedores competentes podem descrever a empresa quanto à utilidade de seu produto. Os bons empreendedores podem descrever a empresa em relação a seus clientes e seu mercado. Os empreendedores financiados podem expor a empresa em termos nos quais o investidor pode se relacionar.[16]

Mirabile continua explicando que a maioria dos empreendedores tem dificuldade em colocar sua história na perspectiva de um investidor. Eles podem falar elegantemente sobre o produto, o cliente e, possivelmente, o mercado. Mas não têm a intuição e a experiência necessárias para apresentar a oportunidade de modo que permita ao investidor saber se esse é um bom negócio.

O que os investidores querem saber é relativamente simples, assim como a ordem em que eles querem ver os tópicos na apresentação. Além disso, os tópicos essenciais que precisam ser cobertos são os mesmos para a maioria das empresas. Caroline Cummings, da Palo Alto Software, sugere que você prepare 12 *slides* no PowerPoint para a sua apresentação:

1. Identifique o problema a ser resolvido.
2. Apresente solução para o problema.
3. Discuta tração inicial para obter vendas.
4. Identifique o mercado-alvo.
5. Explique os custos de obter clientes em seu mercado-alvo.
6. Comunique a proposta de valor relativa aos concorrentes.
7. Descreva os conceitos básicos do modelo de receita.
8. Forneça projeções financeiras junto aos pressupostos.
9. Venda a equipe.
10. Identifique suas necessidades de financiamento e explique o uso dos fundos.
11. Descreva possíveis estratégias de saída – como os investidores podem ser capazes de fazer dinheiro.
12. Finalize em alta – lembre os investidores por que seu produto/serviço/equipe é tão bom.

Guy Kawasaki, fundador da Garage Technology Ventures e autor de *The Art of the Start*, dá sua regra do 10/20/30: tenha somente 10 *slides* na apresentação, limite a apresentação a 20 minutos e use uma fonte de 30 pontos em seus *slides*. Como Kawasaki explica, o objetivo do *pitch* não é fechar um acordo com os investidores. Em vez disso, o objetivo é chegar à próxima etapa da *due diligence*. O *pitch* não é o fim, mas apenas o começo.

Por fim, você pode notar que os tópicos a serem cobertos em um *pitch* são muito semelhantes àqueles que serão incluídos no sumário executivo do plano de negócios escrito (descrito no capítulo anterior). Não importa qual lista de tópicos você decida usar, eles devem ser consistentes no que se refere a conteúdo.

6-7 RECURSOS PARA A PREPARAÇÃO DE UM PLANO DE NEGÓCIOS

Na elaboração de um plano de negócios, há um número quase ilimitado de livros, sites e pacotes de software que oferecem uma ampla orientação, até mesmo instrução passo a passo. Tais recursos podem ser inestimáveis. No entanto, resista à tentação de adaptar um plano de negócios já existente. As seções a seguir fornecem uma breve descrição de alguns desses recursos.

6-7a Planejamento de negócios auxiliado por computador

Vários pacotes de software de planos de negócios têm sido projetados para ajudar um empreendedor a pensar nas importantes questões no início de uma nova empresa e a organizar seus pensamentos para criar uma apresentação eficaz. Começando com a Maternova, a empresa apresentada na seção *No Spotlight* deste capítulo, fizemos referência ao *LivePlan* em vários pontos ao longo do capítulo. O *LivePlan* é um dos principais pacotes de software de negócios disponíveis para empreendedores, e certamente há muitos outros para escolher.

Embora possam facilitar o processo, os pacotes de software em si não são capazes de produzir um plano singular. Na verdade, eles podem realmente limitar a criatividade e a flexibilidade, se não forem utilizados adequadamente. Um dos autores deste livro recebeu um plano de negócios com quase 80 páginas. Quando questionado sobre o tamanho excessivo, o empreendedor respondeu: "Quando respondi a todas as perguntas do pacote do software, foi assim que ele ficou". Só você, como empreendedor, pode dizer o que deve ou não estar no plano. Se você não sabe, então não está pronto para escrever um. Lembre-se, não há um procedimento simples para escrever um plano de negócios, nenhuma "fórmula mágica para o sucesso". No entanto, se você reconhecer suas limitações, poderá usar pacotes de software para facilitar o processo.

6-7b Assistência profissional em planejamento de negócios

Os fundadores de novos negócios são, em sua maioria, executores – e as evidências sugerem que é melhor que eles o sejam, para o empreendimento ser bem-sucedido. Mas alguns proprietários de pequenas empresas não têm muita experiência e *know-how*, bem como a inclinação necessária para o planejamento.

Um pequeno empresário que não é capaz de responder a perguntas difíceis sobre o negócio pode precisar de um consultor de planejamento de negócios – alguém acostumado a trabalhar com pequenas empresas, *startups* e proprietários que carecem de experiência em gestão financeira. Esses conselheiros incluem contadores, especialistas em marketing, advogados (preferencialmente com mentalidade empreendedora), incubadoras de negócios, centros de desenvolvimento de pequenas empresas (SBDCs) e escritórios de desenvolvimento econômico regionais e locais.

Um banqueiro de investimento ou intermediário financeiro pode elaborar um plano de negócios como parte dos esforços globais de uma empresa de levantamento de fundos. Além disso, um conselheiro bem escolhido terá contatos que faltam para você e pode até mesmo ajudá-lo a reformular seu plano de negócios inteiramente. Contudo, usar um consultor de planejamento de negócios não é gratuito. Eles frequentemente cobram um valor por hora, bem como uma porcentagem de contingência com base no valor levantado.

Nos EUA, a Small Business Administration (SBA) e o Service Corps of Retired Executives (SCORE) também podem ser úteis. Ambas as organizações têm programas para apresentar donos de empresas a voluntários especialistas que irão aconselhá-los. O SCORE, em particular, é uma fonte para todos os tipos de consultoria empresarial, tais como a maneira de escrever um plano de negócios, investigar o potencial de mercado e gerenciar os fluxos de caixa. Os conselheiros do SCORE trabalham fora dos escritórios locais em todo os Estados Unidos e podem ser encontrados entrando-se em contato com o escritório nacional.

Outra fonte de assistência é o programa de treinamento empresarial *FastTrac*, patrocinado pelo Kauffman Center for Entrepreneurial Leadership, em Kansas City, Missouri. Localizado em universidades, câmaras de comércio e SBDCs em todo o país, o programa *FastTrac* ensina os conceitos básicos de desenvolvimento de produtos, reconhecimento de conceito, estratégias de financiamento e pesquisa de marketing, ao mesmo tempo que ajuda empreendedores a escrever um plano de negócios em incrementos pequenos e bem organizados.

Você definitivamente tem opções quando se trata de obter assistência para a elaboração de plano de negócios. No entanto, se optar por contratar um consultor, as sugestões a seguir podem ajudá-lo a evitar alguns erros custosos:[17]

- *Obtenha referências.* Pergunte a colegas, conhecidos e profissionais como banqueiros, contadores e advogados, os nomes de consultores de plano de negócios que eles recomendam. Uma boa referência alivia muito quaisquer preocupações que se possa ter. Em qualquer caso, poucos consultores anunciam seus serviços, então, referências podem ser sua única opção.
- *Procure algo que se ajuste a você.* Encontre um consultor que seja um especialista em ajudar empresas como a sua. De preferência, o consultor deve ter muita experiência com empresas de tamanhos e idades semelhantes nos setores relacionados. Evite especialistas em negócios gerais ou aqueles que não têm experiência em sua área em particular.
- *Verifique referências.* Pegue os nomes de pelo menos três clientes cujos planos de negócios o consultor ajudou a escrever. Ligue para os antigos clientes e pergunte sobre o desempenho do consultor. A taxa final do consultor foi condizente com a estimativa? O plano foi concluído a tempo? Ele serviu o propósito pretendido?
- *Coloque tudo por escrito.* Tenha um contrato legal descrevendo os serviços do consultor. O contrato deve indicar em detalhe a taxa, quando será paga e em quais circunstâncias. E certifique-se de obter uma descrição detalhada por escrito do que o consultor deve fazer para ganhar a taxa. A cobrança por hora ou por uma taxa fixa não é tão importante se cada parte estiver sabendo exatamente o que se espera dela.

Tenha sempre em mente que a obtenção de ajuda na preparação do plano de negócios não alivia o empreendedor da responsabilidade de ser o principal planejador. Suas ideias permanecem essenciais para produzir um plano que seja realista e confiável.

6-8 MANTENDO A PERSPECTIVA ADEQUADA

Escrever um plano de negócios deve ser considerado um processo contínuo e não "um meio para atingir um fim". Na verdade, quando se trata de escrever um plano, o processo é tão importante quanto o resultado final. Alguns empreendedores têm dificuldade em aceitar isso, dada a sua orientação para resultados finais. Mas esse ponto merece ser reforçado: *Escrever um plano de negócios é primeiramente um processo dinâmico e contínuo e somente de maneira secundária o meio para o resultado. O processo é tão importante quanto – se não mais do que – o produto final.*

Embora seu plano represente sua visão e metas para a empresa, ele raramente reflete o que realmente acontece. Com uma *startup*, muitos eventos inesperados podem afetar o resultado final. Assim, um plano de negócios é em grande parte uma oportunidade para um empreendedor e sua equipe de gestão pensarem sobre os potenciais fatores impulsionadores de sucesso ou fracasso. Antecipar cenários diferentes e suas consequências pode aumentar significativamente a adaptabilidade do empreendedor – uma qualidade essencial, quando há muita incerteza.

Agora que você está ciente do papel do plano de negócios em um novo empreendimento, você está pronto para avançar para os Capítulos 7 a 13, que analisarão de perto cada um dos componentes do plano.

Glossário

Declarações *pro forma* (p. 125) – Projeções das demonstrações financeiras de uma empresa por até cinco anos, incluindo balancetes, declarações de renda e declarações de fluxo de caixa, bem como orçamento de caixa.

Equipe de gestão (p. 123) – Seção do plano de negócios que descreve uma nova estrutura organizacional da empresa e a experiência de seus principais funcionários.

Estratégia de saída (p. 124) – Seção do plano de negócios que foca em opções para sair do investimento.

Estruturas de custo (p. 117) – Componente do modelo de negócio que fornece uma estrutura para estimar o custo de mercadorias vendidas por uma empresa e suas despesas operacionais.

Modelo de negócio (p. 115) – Análise de como uma empresa planeja gerar lucro e fluxos de caixa dadas as suas fontes de receita, estruturas de custo, tamanho do investimento requerido e fontes de risco.

Modelo de receita (p. 115) – Componente do modelo de negócio que identifica a natureza e os tipos de fonte de receita de uma empresa.

***Pitch* (p. 128)** – Apresentação verbal da ideia do negócio para investidores.

Planejamento financeiro (p. 125) – Seção do plano de negócios que projeta a posição financeira da empresa com base em suposições bem fundamentadas e explica como os números foram determinados.

Plano completo (p. 114) – Plano de negócios abrangente que fornece uma profunda análise dos fatores críticos que determinarão o sucesso ou fracasso de uma empresa, com todos os pressupostos subjacentes.

Plano de marketing (p. 123) – Seção do plano de negócios que descreve como a empresa atingirá e atenderá seus clientes em determinado mercado.

Plano de negócios (p. 111) – Documento que define o conceito básico subjacente a um negócio e descreve como esse conceito será realizado.

Plano de operações e desenvolvimento (p. 123) – Seção do plano de negócios que oferece informações sobre como um produto será produzido ou um serviço fornecido, incluindo descrições das instalações da empresa, mão de obra, matérias-primas e requisitos de processamento.

Plano de produto/serviço (p. 123) – Seção do plano de negócios que descreve o produto e/ou serviço a ser fornecido e explica seus méritos.

Plano simplificado (p. 114) – Plano de negócios abreviado que apresenta apenas as questões mais importantes e projeções para o negócio.

Proposta (p. 124) – Seção do plano de negócios que indica a um investidor quanto de capital é necessário e quando e como o dinheiro será usado.

Recursos-chave (p. 118) – Componentes de um modelo de negócios que fornecem estimativas dos tipos e quantidades de recursos requeridos para alcançar lucros e fluxos de caixa positivos.

Riscos críticos (p. 124) – Uma seção do plano de negócios que identifica os riscos potenciais que podem ser encontrados por um investidor.

Risco do modelo de negócios (p. 118) – Componente do modelo de negócio que identifica riscos no modelo e como o modelo pode se ajustar a eles.

Sumário executivo (visão geral) (p. 119) – Seção do plano de negócios que passa uma imagem clara e concisa do empreendimento proposto e cria interesse por ele.

Ferramentas para startups

Você deve escrever um plano de negócios?
Antes de decidir não escrever um plano, considere que um órgão financeiro ou outro investidor pode pedir um plano de negócios antes de investir no seu empreendimento. Você não iria exigir o mesmo antes de investir suas economias pessoais ou, mais importante ainda, as economias da sua família?

Recursos para startups

Informações sobre os modelos de negócios
Os seguintes recursos oferecem informações adicionais sobre os modelos de negócios:

- Andrea Ovans, "What Is a Business Model?" *Harvard Business Review*, 23 de janeiro de 2015, https://hbr.org/2015/01/what-is-a-business-model.
- Alexander Osterwalder, *Value Proposition Canvas* (Hoboken, NJ: John Wiley & Sons, 2014, http://www.businessmodelgeneration.com/downloads/value_proposition_canvas.pdf.
- Alexander Osterwalder e Yves Pigneur, *Business Model Generation* (Hoboken, NJ: John Wiley & Sons, 2010).

Webinars:

- "Business Model Canvas Explained," https://www.youtube.com/watch?v=QoAOzMTLP5s.
- "How to Design, Test and Build Business Models," https://www.youtube.com/watch?v=RzkdJiax6Tw.

Pense simples
Para mais informações sobre *startup light*, acesse "*An Introduction to Lean Planning*", em LivePlan, http://www.liveplan.com/blog/2014/11/an-introduction-to-lean-planning.

Sugestões sobre como fazer uma apresentação
Para saber mais sobre como apresentar uma ideia para investidores, veja os vídeos do YouTube:

- Caroline Cummings, Vice-Presidente de Marketing e Empreendedora Residente na Palo Alto Software: "How to Deliver a Powerful Pitch to Investors," https://www.youtube.com/watch?v=YJ5D82z3oFA.
- Nathan Gold, treinador-chefe no DemoCoach (www.democoach.com): "How to Pitch to Investors with 13 Slides in under 10 Minutes," https://www.youtube.com/watch?v=sVXop1o5Kv4 (Os *slides* em Power Point podem ser vistos em http://static1.squarespace.com/static/536fd655e4b0a44be2fb1f44/t/539f20b7e4b037955eafb-8d0/1402937527757/13slides.pdf).
- Guy Kawasaki: "Make a Great Pitch," https://search.yahoo.com/search;_ylt=At6kFgq9hBVakSKUVyqePuKbvZx4?p=guy+kawasaki+making+-a+great+pitch&toggle=1&cop=mss&ei=UTF-8&fr=yfp-t-901&fp=1.

Você é quem manda

Situação 1
Você quer abrir uma loja de roupas *on-line* e precisa de informações sobre o tamanho do mercado para a seção de marketing do plano de negócios. Com base em uma pesquisa *on-line*, você descobriu que os norte-americanos gastaram US$ 18,3 bilhões *on-line* em vestuário, acessórios e calçados no ano passado e que a previsão de gastos com esses itens no próximo ano é de US$ 22,1 bilhões. Você também pesquisou empresas de vestuário comercializadas publicamente, como Gap, para descobrir tendências de vendas *on-line* para essas empresas.

Pergunta 1 – Por que sua pesquisa até agora é inadequada para o que você precisa saber?

Pergunta 2 – Você acha que será difícil encontrar todas as informações de que precisa?

Pergunta 3 – O que mais você poderia fazer para encontrar as informações necessárias?

Situação 2
Você visitou recentemente uma amiga que soube que tinha concluído um treinamento sobre pequenas empresas quando estava na faculdade. Durante a visita, ela comentou: "Eu pretendo abrir um negócio neste verão. Não vou pedir um empréstimo bancário para financiar essa empresa, então eu não tenho um plano de negócios. Eu preciso preparar um?".

Pergunta 1 – O que você precisa saber para responder à pergunta dela?

Pergunta 2 – Se ela decidir escrever um plano de negócios, que conselho daria a ela?

Plano de negócios

Construindo a base
A parte 3 (Capítulos 6 a 13) lida com questões que são importantes na inicialização de um novo empreendimento. Este capítulo apresentou uma visão geral do plano de negócios e sua preparação. Os Capítulos 7 a 13 focam nos principais segmentos do plano de negócios, como plano de marketing, plano organizacional, plano de localização, plano financeiro e plano de saída, ou o que chamamos de colheita. Depois de ter estudado com cuidado esses capítulos, você tem o conhecimento de que necessita para preparar um plano de negócios.

Como aplicar o que você estuda facilita o aprendizado, incluímos no final de cada capítulo da parte 3 (com exceção do Capítulo 10), uma lista de perguntas que precisam ser respondidas ao preparar um segmento específico de um plano de negócios.

Perguntas sobre descrição da empresa
Agora que já aprendeu os principais conceitos da preparação do plano de negócios, pode iniciar um deles e escrever uma descrição geral da empresa. Ao refletir sobre as questões-chave da abertura de um novo negócio, responda às seguintes perguntas:

1. Quando e onde o negócio será iniciado?
2. Qual é a história da empresa?
3. Quais são os objetivos da empresa?
4. Que mudanças foram feitas na estrutura e/ou no direito de propriedade?
5. Em que estágio de desenvolvimento a empresa está?
6. O que foi obtido até agora?
7. Qual é a competência distintiva da empresa?
8. Quais são a natureza básica e as atividades do negócio?
9. Qual é o seu principal produto ou serviço?
10. Que clientes serão servidos pelo negócio?
11. Qual é a forma de organização da empresa?
12. Quais são os estados econômicos atuais e projetados do setor?
13. A empresa pretende se tornar uma empresa de capital aberto ou uma candidata à aquisição, ou os proprietários querem transferir a propriedade para a próxima geração da família?

Notas

1. John Mullins, *The New Business Road Test* (Londres: Financial Times Prentice Hall, 2014).
2. Amar Bhide, *The Origin and Evolution of New Businesses* (Nova York: Oxford University Press, 2000), p. 53.
3. Thomas Stemberg, "What You Need to Succeed," *Inc.*, vol. 29, n. 1 (janeiro de 2007), p. 75–77.
4. Extraído de San Hogg, "Pull No Punches," *Entrepreneur*, junho de 2012, p. 74.
5. Kelly Spors, "Do Start-Ups Really Need Formal Business Plans?" *The Wall Street Journal*, 9 de janeiro de 2007, p. B9.
6. Bhide, op. cit., p. 70.
7. Stephen Lawrence e Frank Moyes, "Writing a Successful Business Plan", http://leeds-faculty.colorado.edu/moyes/html/resources.htm. Acesso em 10 de outubro de 2012.
8. Conversa pessoal com Ewing Marion Kauffman, outubro de 2005.

9. A explicação dos modelos de negócio na seção é fortemente baseada em uma variedade de fontes, dentre as quais pode-se ressaltar Richard G. Hammerers, Paul W. Marshall e Tax Pirmohamed, "Note on Business Model Analysis for the Entrepreneur," Harvard Business School (9-802-048), 22 de janeiro de 2002; Karan Girotra e Serguel Netesskine, "How to Build Risk into Your Business Model," *Harvard Business Review*, maio de 2011, p. 100-105; Peter Weill, Thomas W. Malone e Thomas G. Apel, "The Business Models Investors Prefer," MIT Sloan Management, vol. 52, n. 4 (2011), p. 17-19; Vivek Wadhwa, "Before You Write a Business Plan," *Bloomberg Businessweek*, http://www.businessweek.com/stories/2008-01-07/before-you-write-a-business-plan-business-week-business-news-stock-market-and-financial-advice. Acesso em 30 de setembro de 2014; Michael Rappa, "Business Models on the Web," http://www.digitalenterprise.org/models/models.html, acesso em 10 de setembro de 2014; Vivek Wadhwa, "Countdown to Product Launch (Part II)" *Bloomberg Businessweek*, 12 de maio de 2006, http://www.businessweek.com/print/smallbiz/content/may2006/sb20060512_948264.htm. Acesso em 31 de agosto de 2014; Karen E. Klein, "Do You Really Need a Business Plan?" *Bloomberg Businessweek*, http://www.businessweek.com/stories/2008-03-12/do-you-really-need-a-business-plan-businessweek-business-news-stock-marketand-financial-advice. Acesso em 9 de outubro de 2014; e Rob Adams, "Taking the Trouble to Research Your Market," *Bloomberg Businessweek*, http://www.businessweek.com/smallbiz/content/oct2004/sb20041020_9945.htm. Acesso em 16 de janeiro de 2015.
10. Ramon Casadesus-Masanell e Joan E. Ricart, "How to Design a Winning Business Model," *Harvard Business Review*, janeiro – fevereiro de 2011, p. 100.
11. Uma estrutura alternativa para uma análise de viabilidade é fornecida por Frank Moyes, um antigo professor da University of Colorado, no http://leeds-faculty.colorado.edu, acesso em 8 de fevereiro de 2015.
12. Parte do conteúdo desta seção é baseada em Andrew Zacharakis, Stephen Spinelli e Jeffry A. Timmons, *Business Plans That Work* (Nova York: McGraw-Hill, 2011).
13. Conversa pessoal com Rudy Garza, 29 de novembro de 2013.
14. Eric Ries, *The Lean Startup: How Today's Entrepreneurs Use Continuous Innovation to Create Radically Successful Businesses* (Nova York: Crown Business, 2011).
15. Jeffrey Bussgang "Think Like a VC, Act Like an Entrepreneur," *Bloomberg Businessweek*, http://www.businessweek.com/stories/2008-08-26/think-like-a-vc-act-like-an-entrepreneur. Acesso em 2 de dezembro de 2012.
16. Christopher Mirabile, "What's Your Story? Pitch Deck Flow," Angel Capital Association, 21 de janeiro de 2015, http://www.angelcapitalassociation.org/blog/whats-your-story-pitch-deck-flow. Acesso em 5 de fevereiro de 2015.
17. "Get Help with Your Plan," *Entrepreneur*, 2 de março de 2001, www.entrepreneur.com/startingabusiness/businessplans/article38314.html. Acesso em 14 de agosto de 2014.

CAPÍTULO 7

Plano de marketing

Se um representante de uma empresa chamada Checkerboard entrasse em contato com você, o que acha que essa pessoa poderia estar vendendo? Arthur Chase lançou a Checkerboard em 1989, nos Estados Unidos, depois de trabalhar como presidente da Chase Paper Company. Quando começou seu novo negócio, que imprime convites para eventos especiais, Arthur queria um nome que não o vinculasse exclusivamente a produtos de papel. Ele e sua esposa fizeram um *brainstorm* (técnica de discussão em grupo para obter ideias ou resolver problemas) de nomes para a empresa com um amigo artista que de repente percebeu um casaco xadrez pendurado na sala e disse: "É isso!". A Checkerboard Ltd. nasceu. Então, se você receber uma ligação, pode ser sobre a preparação daquele anúncio sobre sua graduação, ou sobre o convite de seu casamento, ou outra ocasião importante.

Micah Chase juntou-se à empresa de seu pai em 1992. Ele havia estudado inteligência artificial na faculdade e estava desfrutando de seu trabalho no Vale do Silício quando o pai o chamou. Sua reação imediata à oferta de Arthur foi negativa e ficou dessa forma por um bom tempo. Finalmente, Micah concordou em trabalhar com o pai,

> **No Spotlight**
> **Checkerboard Ltd.:**
> Construindo uma fatia maior de um mercado que está diminuindo
> www.checkernet.com

não esperando ficar na Checkerboard para sempre. Mas ele se viu preso na visão do pai e na sua própria capacidade de introduzir novas ideias para a empresa. Micah tornou-se CEO em 1994, por fim, comprando a parte do pai, que seguiu carreira política, atuando como senador estadual por Massachusetts.

Micah encontrou maneiras de expandir a Checkerboard, classificando-se na lista da revista *Inc.* como uma empresa com crescimento mais rápido nos Estados Unidos mais de uma vez. Dado seu conhecimento tecnológico, Micah reconheceu de imediato que os convites de papel estavam sendo substituídos por eletrônicos. Ele buscou alternativas eletrônicas, uma vez que a internet estava se tornando amplamente acessada. Como uma pequena empresa independente, não poderia justificar o investimento em recursos que teria sido exigido naquele momento. Nos anos seguintes, Micah observou muitos concorrentes redefinindo seu propósito ou saindo do setor.

Ao término deste capítulo, você deverá ser capaz de:

7-1. Descrever o marketing de pequenas empresas.

7-2. Identificar os componentes de um plano de marketing formal.

7-3. Discutir a natureza do processo de pesquisa de marketing.

7-4. Definir a segmentação de mercado e discutir suas estratégias relacionadas.

7-5. Explicar os diferentes métodos de previsão de vendas.

> Como resultado disso, a Checkerboard aumentou a fatia de mercado, mas com a percepção de que todo o mercado dos produtos de papel que a empresa oferecia estava em declínio. A Checkerboard teria que mudar ou morrer.
>
> Micah sabia que precisava de novos produtos. E ele sabia que esses produtos exigiriam uma estratégia de preços diferente, canais de distribuição alternativos e novas táticas promocionais. Tudo isso não aconteceria da noite para o dia. Embora ele estivesse atrasado, Micah mudou a empresa para convites eletrônicos, iniciando o eInvite.com como uma unidade separada. Em 2012, a Checkerboard introduziu uma nova linha de produtos na Feira Internacional de Presentes, em Nova York, que incluiu almofadas personalizadas, pratos e decoração de parede para casas e eventos.
>
> A cultura da Checkerboard tem sido descrita como não convencional. Micah cunhou a expressão "sem intuição" para explicar as estratégias que ele introduziu. O foco está no artesanato combinado com tecnologia de ponta. Mas pode ser seu domínio de mercado e das necessidades de mudança dos seus clientes que provavelmente assegura a sobrevivência de Checkerboard. De acordo com Micah, "Estamos no negócio de comunicação entre as pessoas durante os momentos críticos da vida".
>
> Fontes: Baseado em http://www.checkernet.com. Acesso em 13 de janeiro de 2015; comunicação pessoal com Arthur Chase, 31 de outubro de 2014; e comunicação pessoal com Micah Chase, 8 de dezembro de 2014.

Arthur Chase, fundador da Checkerboard Ltd., nasceu vendedor? Afinal, ele não só construiu uma empresa a partir do zero, vendendo para clientes que poderiam ter comprado de muitos outros fornecedores, mas também foi capaz de vender a si mesmo e as suas opiniões políticas para se tornar um senador do estado de Massachusetts. É claro que algumas pessoas nascem empreendedoras, mas você descobriu neste livro que o empreendedorismo e a gestão de pequenas empresas são habilidades que também podem ser aprendidas. A mesma coisa pode ser dita para vender. No entanto, uma lição importante que os empresários devem aprender é que o impacto do marketing de um produto ou serviço envolve mais do que simplesmente vendê-lo. Se você quer ser um empresário bem-sucedido, precisa se colocar no lugar de seus clientes e descobrir por que eles compram o produto. Em outras palavras, precisa de um plano de marketing.

Os recursos que discutimos neste capítulo são componentes importantes de qualquer plano. Em primeiro lugar, é adequado responder a algumas perguntas básicas sobre marketing:

- Como o marketing pode ser definido para uma pequena empresa?
- Quais são os componentes de uma filosofia de marketing eficaz?
- O que implica ter um negócio orientado ao consumidor?

7-1 O QUE É O MARKETING DE PEQUENA EMPRESA?

A prática de marketing tem um alcance muito mais amplo do que simplesmente vender um produto ou serviço. E não é apenas publicidade. Consiste em muitas atividades, algumas das quais existem mesmo antes de um produto ser produzido e preparado para distribuição e venda. Os empresários precisam ter certeza de que existe um mercado para o que eles planejam vender antes de lançarem suas empresas.

O **marketing de pequenas empresas** consiste naquelas atividades de negócios que direcionam a criação, desenvolvimento e entrega de um pacote de satisfação do criador ao usuário segmentado. Essa definição enfatiza os benefícios que os clientes terão de um produto ou serviço. Pode ser útil ver um *pacote de satisfação* como tendo três níveis: produto/serviço principal, produto/serviço real e produto/serviço ampliado. O **produto/serviço principal** é o benefício fundamental ou solução procurada pelos clientes. O **produto/serviço real** é o produto físico básico e/ou serviço que fornece aqueles benefícios. O **produto/serviço ampliado** é o produto e/ou serviço básico mais quaisquer benefícios extras ou não solicitados ao consumidor que possam induzir a uma compra. No caso de sapatos, por exemplo, o produto real é a proteção básica para os pés; o produto real é o sapato. O produto ampliado pode ser a velocidade de corrida aumentada, maior conforto ou menos desgaste nos pés e pernas. A ampliação também pode ser refletido em como o cliente se sente. Os sapatos oferecem estilo, prestígio, identidade social?

Em razão de as empresas de menor porte geralmente não poder pagar os especialistas de marketing talentosos que as grandes corporações contratam, conduzem muitas experimentações e resistem a numerosos problemas. Um plano de marketing não permitirá que você evite todos os erros, mas pode reduzir drasticamente o número de erros, forçando-o a refletir sobre as opções disponíveis, dados os recursos que você possui.

Para ser bem-sucedida atualmente, a empresa deve resolver a "dor" ou problema de alguém. Em outras palavras, a empresa fornece um pacote de satisfação aos seus clientes, não apenas o produto tangível ou o serviço intangível são objetivos da troca. Oferecendo um pacote de satisfação, você não apenas faz uma venda, mas mantém seus clientes, resultando em múltiplas compras ao longo do tempo. E a solução que você fornece pode nem ser o produto ou serviço que você está oferecendo. A *homepage* do site da Hendrick Boards anuncia "Uma camisa salva um animal". Depois de adotar um cachorro e gastar US$ 20.000 em contas do veterinário, David Hendrickson sentiu que tinha uma missão de ajudar a resgatar animais. Até 40% das receitas da empresa vão para abrigos, resgates e santuários de animais.[1]

7-1a Filosofias de marketing fazem a diferença

A filosofia de marketing de uma empresa determina como as atividades de marketing são desenvolvidas no plano de marketing e aplicadas para atingir os objetivos de negócios. Três perspectivas de marketing diferentes direcionam a maioria das pequenas e médias empresas: filosofias orientadas para a produção, para as vendas e orientadas para o consumidor. As duas primeiras filosofias são aplicadas com mais frequência, já que estão associadas à experiência e às aptidões dos empresários que podem ter um histórico em produção ou de base tecnológica, ou que podem ter tido uma carreira em vendas.

Uma ênfase na *filosofia orientada para a produção* enfatiza o produto como a parte mais importante do negócio. A empresa concentra recursos no desenvolvimento do produto da forma mais eficiente, enquanto a promoção, distribuição e outras atividades de marketing recebem menos atenção. Essa é a clássica abordagem "construa uma ratoeira melhor". Mas os clientes entendem o que faz a sua ratoeira especial, ou mesmo conhecem o seu produto? Por outro lado, uma filosofia *orientada para vendas* reduz a eficiência da produção e preferências do cliente em favor do foco de "empurrar produto". Atingir metas de vendas torna-se a maior prioridade da empresa. Em contraste, a empresa que adota uma *filosofia orientada para o consumidor* acredita que tudo, incluindo a produção e as vendas, centra-se no consumidor e em suas necessidades. O resultado: todos os esforços de marketing começam e terminam com o consumidor. Nem é preciso dizer que acreditamos que uma filosofia orientada para o consumidor leva ao sucesso em muitas áreas, não apenas no marketing.

7-1b Uma orientação para o consumidor – A escolha certa

A orientação para o consumidor é posta em prática aplicando um processo de duas etapas que são a base para todos os esforços de marketing: identificar as necessidades do cliente e satisfazer essas necessidades. Essa fórmula simples é fácil de entender, mas difícil de implementar, dada a competitividade da natureza da maioria dos mercados. Mas isso é o que é preciso para uma empresa ser bem-sucedida a longo prazo. Recomendamos que todas as novas empresas comecem com uma orientação para o consumidor. A satisfação do cliente não é um meio de alcançar um objetivo – é a meta!

Por que nem todas as empresas adotam uma orientação ao consumidor quando os benefícios parecem tão óbvios? A resposta está em três fatores-chave. Primeiro, se há pouca ou nenhuma concorrência e se a demanda excede a oferta, a empresa é tentada a enfatizar a produção. No entanto, essa é geralmente uma situação de curto prazo e concentrar-se na produção para a exclusão do marketing pode levar a um desastre em algum tempo.

Em segundo lugar, um empreendedor pode ter uma sólida formação em produção ou venda, mas ser fraco em outras áreas. É normal que um empreendedor atue na área na qual considera ser seu ponto forte. Terceiro, alguns proprietários de pequenas empresas são simplesmente muito focados no presente. O que é "quente" hoje pode não ser daqui a cinco anos. O melhor curso de ação é identificar maneiras de agradar aos consumidores no longo prazo.

Podemos encontrar muitos exemplos de filosofias tanto orientadas para produção como para vendas que geram sucesso de curto prazo. No entanto, uma orientação para o consumidor não apenas reconhece a eficiência de produção e venda profissional, mas também acrescenta preocupação na satisfação do cliente. Na verdade, uma empresa que adota uma orientação para o consumidor incorpora o melhor de cada filosofia de marketing.

Uma vez que a pequena empresa se compromete com orientação para o cliente, está pronta para desenvolver uma estratégia de marketing para apoiar esse objetivo. As atividades de marketing incluem dar os passos necessários para localizar e descrever potenciais clientes – um processo chamado **análise de mercado**. Atividades de marketing também abrangem produtos e/ou serviços, preços, promoção e distribuição, que se combinam para formar o **mix de marketing**.

7-2 O PLANO DE MARKETING FORMAL

Depois que um empreendedor conclui um estudo de viabilidade (descrito no Capítulo 3) e determina que a ideia do empreendimento é uma oportunidade viável, ele está pronto para preparar o plano de marketing formal. Cada empreendimento é diferente, então cada plano de marketing deve ser único. Uma versão copiada de um plano criado por outra pessoa deve ser evitada. Mas certos assuntos – análises de mercado, concorrência e estratégia de marketing – devem ser cobertos. O Quadro 7.1 ilustra os principais componentes do plano de marketing (análises de mercado, concorrência e estratégia de marketing) e as atividades de marketing necessárias para gerar as informações essenciais para o plano (pesquisa de mercado, segmentação de mercado e previsão de vendas).

No restante do capítulo, teremos um olhar mais aprofundado sobre esses componentes de planos e atividades de marketing. Observe que o tratamento detalhado das atividades e estratégias de marketing tanto para as pequenas empresas novas quanto para as pequenas empresas estabelecidas é apresentado na Parte 4, nos Capítulos 14 a 18. O conteúdo desses capítulos também pode ajudá-lo a escrever seu plano de marketing.

7-2a Análise de mercado

Uma seção crítica do plano de marketing descreve o mercado que o empreendedor está almejando. Um **perfil de cliente** identifica as principais características demográficas e psicológicas dos clientes que você considera mais prováveis compradores qualificados de seus produtos e serviços. As informações de pesquisa de mercado, compiladas a partir de dados primários, podem ser usadas para construir esse perfil.

Se um empresário prevê vários mercados-alvo, cada segmento deve ter um perfil de cliente correspondente. Da mesma forma, diferentes mercados-alvo podem exigir um número correspondente de estratégias de marketing relacionadas. Entretanto, geralmente um novo empreendimento inicialmente se concentrará em alguns poucos mercados-alvo ou mesmo apenas em um deles. Tentar alcançar todos os clientes potenciais seria muito caro para uma pequena empresa.

Uma discussão detalhada dos principais benefícios fornecidos pelo novo produto ou serviço para os clientes também deve ser incluída nesta seção do plano. Obviamente, esses benefícios devem ser justos e consistentes com as declarações na seção de produtos/serviços do plano.

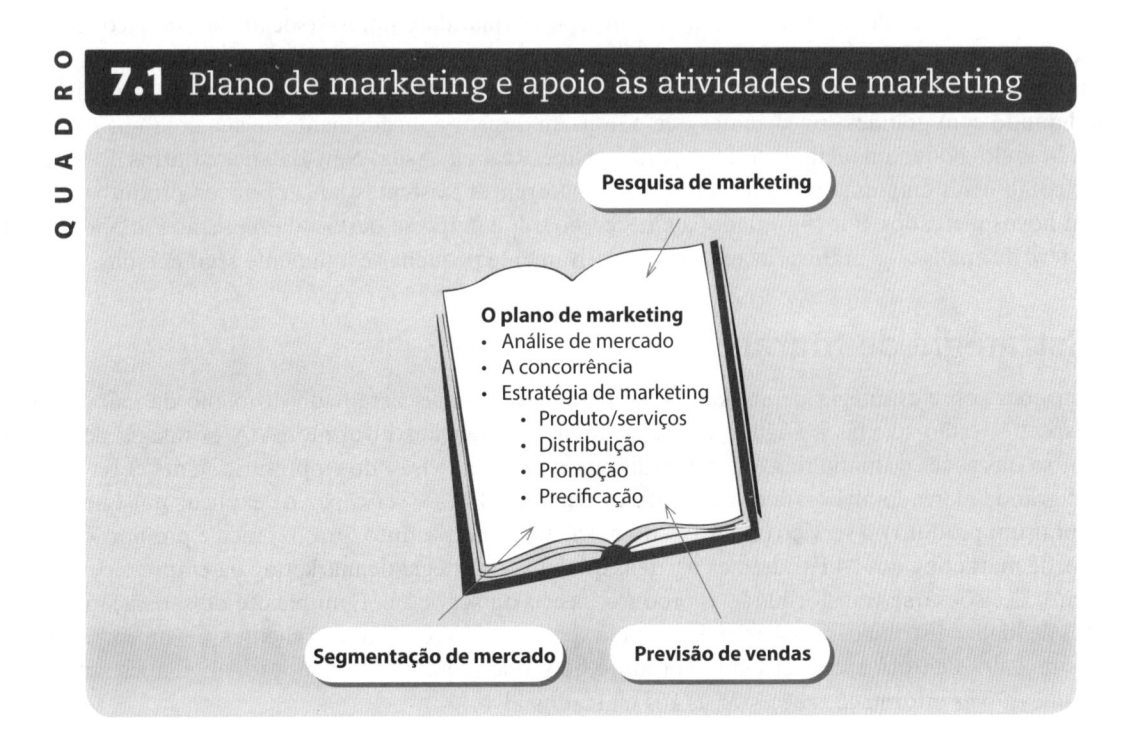

QUADRO 7.1 Plano de marketing e apoio às atividades de marketing

- Pesquisa de marketing
- O plano de marketing
  - Análise de mercado
  - A concorrência
  - Estratégia de marketing
    - Produto/serviços
    - Distribuição
    - Promoção
    - Precificação
- Segmentação de mercado
- Previsão de vendas

A Spira Footwear produz calçados para corrida e para caminhadas que contêm tecnologia WaveSpring patenteada. A equipe de gestão da Spira pode divulgar amplamente a estabilidade lateral do produto, altura e tamanho, peso e aparência.[2] Mas também entendem que os clientes compram os sapatos mais pelos benefícios que recebem do que pelos recursos que os *designers* gostam. Parte do plano de marketing da empresa se concentra nesses benefícios:

O WaveSpring® não apenas amortece cada passo, mas devolve quase a mesma quantidade de energia. Até 96% da energia volta ao usuário. Essa energia "reciclada" permite que você participe de suas atividades com muito menos estresse sobre as articulações, ligamentos e todo o corpo do que o calçado tradicional.
O WaveSpring® reduz as forças de pico de impacto ao longo do ciclo da caminhada em 20%. É durante esses picos que as lesões geralmente ocorrem. Com a redução na força de pico, as lesões podem ser reduzidas. Muitos atletas de elite, maratonistas e entusiastas de fitness relatam que podem correr, treinar e fazer musculação em um nível mais intenso. O tempo de recuperação entre atividades é muitas vezes reduzido.
O WaveSpring® funciona por meio de deflexão em vez de compressão. Isso ajuda a [...] manter o "sapato novo", perdurando com a sensação de amortecimento ao longo da vida normal do sapato.[3]

Outro componente importante da análise de mercado é a previsão de vendas real. Geralmente é desejável incluir três previsões de vendas, cobrindo o cenário "mais provável", "o melhor" e "o pior". Essas alternativas proporcionam aos investidores e ao empreendedor diferentes números sobre os quais basear suas decisões.

É sempre difícil de prever. Qualquer pessoa que tenha seguido os ciclos globais de negócios sabe que não é possível prever todas as variáveis que irão afetar como uma empresa vende seu produto ou serviço. Prever vendas para um novo empreendimento é ainda mais difícil. Mesmo que seja necessário fazer suposições durante a previsão, essas devem ser minimizadas. O método de previsão deve ser totalmente descrito e apoiado por dados sempre que possível.

7-2b A competição

Os concorrentes existentes devem ser cuidadosamente investigados. Quanto mais você souber sobre sua equipe principal de gestão, melhor poderá antecipar as ações. Uma breve discussão dos pontos fortes e fracos da concorrência deve fazer parte da concorrência do plano. Além disso, produtos relacionados que atualmente estão sendo comercializados ou testados pelos concorrentes devem ser anotados. O empreendedor deve também avaliar a probabilidade de qualquer uma dessas empresas entrar no mercado-alvo. É sempre uma boa ideia executar uma análise SWOT nesse momento (veja Capítulo 3). É importante que sua empresa tenha uma clara compreensão dos seus pontos fortes, das suas fraquezas, oportunidades de mercado disponíveis e ameaças de concorrentes, bem como de mudanças no ambiente operacional da empresa (social, tecnológico, econômico, político e outras variáveis ambientais).

Cada empresa deve abordar o conjunto distinto de seus concorrentes. Os fundadores da Spira sabiam que estavam lidando com grandes concorrentes que não iriam desistir educadamente de sua cota nos mercados de calçados. Mas eles poderiam facilmente acompanhar Nike, Reebok, Asics, New Balance e outros. Eles poderiam aprender como essas empresas reagem quando os concorrentes existentes lançam novos produtos ou tentam entrar em novos mercados. Por outro lado, a Checkerboard, a empresa destacada na seção *No Spotlight* deste capítulo, teve de analisar as práticas de empresas relativamente pequenas e altamente segmentadas.

7-2c Estratégia de marketing

As informações sobre estratégia de marketing formam a seção mais detalhada do plano de marketing e, em muitos aspectos, estão sujeitas à análise mais próxima dos potenciais investidores. A estratégia de marketing traça o curso das ações de marketing que construirá ou destruirá a visão do empresário. Uma coisa é saber que existe um grande mercado-alvo para um produto ou serviço. Outra é ser capaz de explicar por que os clientes vão comprar um produto ou serviço (os "4 Ps" do marketing são: produto, preço, praça e promoção).

O mix de marketing dos "4 Ps" destaca as áreas que uma estratégia de marketing da empresa deve abordar: (1) produto: decisões que transformarão o produto básico ou serviço em um pacote de satisfação, (2) praça: atividades de lugar (distribuição) que irão determinar a entrega do produto aos clientes, (3) preço: decisões que definirão um valor de troca aceitável sobre o produto ou serviço total e (4) promoção: atividades promocionais que comunicarão as informações necessárias aos mercados-alvo.

Os recursos limitados das pequenas empresas têm uma incidência direta na ênfase dada a cada uma dessas áreas. Além disso, uma empresa de serviços não terá os mesmos problemas de distribuição que uma de produtos, e os desafios promocionais encarados pela loja de varejo serão bastante diferentes daqueles enfrentados por um fabricante. Apesar das diferenças, podemos oferecer um formato generalizado para a apresentação de estratégias em um plano de marketing para aqueles que irão realizar essas estratégias.

PRODUTO/SERVIÇO

A seção de produto/serviço do plano de marketing inclui o nome do produto e/ou serviço e o nome do negócio e por que eles foram selecionados. Deve ser descrita qualquer proteção legal que tenha sido obtida para os nomes. Também é importante explicar a lógica por trás da seleção do nome. O nome de família de um empreendedor, se usado para certos produtos ou serviços, pode, por vezes, contribuir positivamente para as vendas. Tim Hussey é o CEO da sexta geração da Hussey Seating Company. Fundada em 1835 para produzir arados e outros implementos agrícolas, hoje a Hussey é líder mundial na produção de arquibancadas e outros produtos para assentos de espectadores. Tim Hussey compartilha histórias que ouviu de seu avô sobre as lutas que a empresa enfrentou durante a Grande Depressão e diz que aprendeu com seu pai que a integridade é fundamental.[4]

Um bom nome é simples, memorável e descritivo do benefício proporcionado pelo produto ou serviço (examinaremos isso mais detalhadamente nos Capítulos 14 e 15). Qualquer que seja a lógica por trás da escolha dos nomes, a seleção deve ser defendida e os nomes registrados nas agências apropriadas para que sejam protegidos.

Às vezes, nomes selecionados para uma empresa ou um produto ou serviço podem ser contestados, mesmo muitos anos mais tarde, em especial se eles não forem registrados. Na verdade, isso aconteceu com a Apple Computer, uma empresa que pode pagar todos os conselhos jurídicos de que qualquer empresa poderia precisar. A marca registrada iPad na Europa é propriedade da STMicroelectronics, uma corporação suíça de semicondutores que usa esse nome como um acrônimo para "dispositivos passivos e ativos integrados".[5] Uma pequena empresa que muda seu nome ou o nome de um produto ou serviço-chave pode achar que publicidade, embalagens e outros materiais são proibitivamente caros.

No plano de marketing, outros componentes do produto total, como a embalagem, devem ser apresentados por meio de desenhos. Pode ser desejável usar consultores de embalagens profissionais para desenvolver esses desenhos em alguns casos. Planos de atendimento ao cliente, tais como garantias e políticas de reparo, também precisam ser discutidos nessa seção. Todos esses elementos da estratégia de marketing devem ser vinculados diretamente à satisfação do cliente. (O Capítulo 14 examina ainda mais a importância de criar e manter relações com o consumidor.)

Outra questão legal que muitos proprietários de pequenas empresas enfrentam se relaciona com características exclusivas de seus produtos ou serviços. Essas características afetam as razões pelas quais os clientes compram seu produto e por que alguém pode investir em sua empresa. Para proteger essas características, as empresas obtêm patentes, marcas registradas e direitos autorais, que são usados para diferenciar produtos e imagens dos concorrentes e evitar que rivais roubem uma vantagem competitiva.

Em vez de patentear seus produtos ou tecnologias, algumas empresas preferem manter segredos comerciais. Todos nós já ouvimos as histórias da fórmula secreta da Coca-Cola e das onze misteriosas ervas e especiarias da KFC. Esses segredos comerciais enquadram-se nos termos da propriedade intelectual. Muitas empresas constroem as estratégias de marketing ao redor da propriedade intelectual, promovendo a ideia de que só eles podem oferecer benefício para os clientes.

PRAÇA – LOCAL DE DISTRIBUIÇÃO

Muitas vezes, novos empreendimentos utilizam intermediários estabelecidos para lidar com o seu produto. Essa estratégia reduz os investimentos necessários para o lançamento e ajuda a nova empresa a levar seus produtos aos clientes mais rapidamente. Como esses intermediários serão persuadidos a transportar o novo produto é algo que deve ser explicado nessa seção do plano de marketing. Qualquer intenção que a nova empresa possa ter de licenciar seu produto ou serviço deve também ser abordada nessa seção.

Alguns empreendimentos de varejo exigem locais fixos. Outros precisam de lojas móveis. Para muitos, a internet é a sua localização, mas podem confiar em outros em uma cadeia de distribuição para negociar transporte e/ou estoque. *Layouts* e configurações de lojas de varejo devem ser descritos nessa seção do plano de marketing. Questões como as seguintes deveriam ser resolvidas: o cliente deve obter o produto por correio normal ou por entrega expressa? O serviço será fornecido a partir da casa ou escritório do empreendedor ou do local de um representante licenciado? Quanto tempo demorará entre a encomenda e a entrega real?

Vivendo o sonho
EXPERIÊNCIAS EMPREENDEDORAS

Vendas diretas?

"Meu primeiro pensamento foi, 'Isso não faz sentido'. Vendas diretas? Essa é uma palavra a ser evitada".[1] Mas Hil Davis estava lendo como as vendas diretas foram uma estratégia para algumas das empresas mais bem-sucedidas de Warren Buffet. Davis decidiu aprender mais, então ele leu *The Pampered Chef: The Story behind the Creation of One of Today's Most Beloved Companies*, de Doris Christopher, que conta a história de criar e expandir uma empresa de vendas diretas e então vendê-la para Buffet. Davis ficou animado.

A abordagem padrão para iniciar um negócio, incluindo muito do que dizemos neste livro, é ter uma ideia de produto ou serviço e, em seguida, construir a empresa. Davis e seu sócio, Veeral Rathod, fizeram exatamente o oposto. Ambos estavam no negócio de banco de investimento. Eles decidiram que as vendas pareciam uma estratégia de marketing vencedora, então a próxima pergunta era: o que eles venderiam?

A resposta veio da esposa de Davis, Holly. Um dia, ela perguntou por que ele não comprava camisas mais customizadas, dado que as que ele tinha eram as únicas camisas que ele usava. A reação imediata de Davis foi de que as camisas customizadas eram muito caras. Então, percebeu que a venda direta aos clientes poderia baixar o preço. Depois de recrutar alguns estilistas pessoais, a empresa dele, J. Hilburn, nasceu.

Nem Davis nem Rathod tinham experiência no setor de vestuário, então eles cometeram quase todos os erros que os novatos poderiam cometer. Seus fornecedores iniciais não obtiveram a qualidade do tecido que é exigido em roupas personalizadas. Fornecedores mais tradicionais não os levaram a sério e ignoraram suas tentativas de encomendar produtos. Camisas não serviram corretamente e tiveram que ser devolvidas. As entregas foram atrasadas. Por algum tempo, Davis pensou seriamente em desistir e voltar para Wall Street.

Mas os empresários perseveraram, recuperando-se de seus erros. O modelo de negócios de vendas diretas comprovou-se por si só, e a J. Hilburn expandiu sua linha de produtos, oferecendo ternos, cintos, gravatas e uma linha de itens a pronta entrega. E os clientes podem agora comprar na loja *on-line*. Davis e Rathod ainda acreditam em vendas diretas. No site da empresa, eles informam sobre possíveis estilistas pessoais que a J. Hilburn está pronta para ajudar a iniciar seu próprio negócio e "criar a vida que você sempre quis".

Fontes: baseado em Tom Foster, "Made to Measure: How Hil Davis Took a Business Model People Loved to Hate, Filed Off the Rough Edges, Took It Upscale, and Produced a *Why-Didn't-I-Think-of-That* Innovation, *Inc.*, fevereiro de 2013, p. 65-70; https://jhilburn.com, acesso em 17 de janeiro de 2015; Ian Mount, "*Men's Clothing Firm Wants to Expand into Online Sales*, 2 de novembro de 2011, http://www.nytimes.com/2011/11/03/business/smallbusiness/j-hilburn-wants-to-sell-online-case-study.html?_r51, acesso em 17 de janeiro de 2015; e Doris Christopher, *The Pampered Chef: The Story Behind the Creation of One of Today's Most Beloved Companies* (Nova York: Doubleday, 2005).

Quando o método de entrega de produto de uma nova empresa é a exportação, a seção de distribuição deve discutir as leis e regulamentos relevantes que regem essa atividade. Conhecimento de taxas de câmbio entre as moedas e as opções de distribuição devem ser pensados no material discutido nessa seção. (Os conceitos de distribuição são explicados em maior detalhe no Capítulo 15 e a exportação é discutida no Capítulo 18.)

PREÇO

No mínimo, o preço de um produto ou serviço deve cobrir o custo de levá-lo aos clientes. Portanto, a seção de preços deve calcular os custos de produção e a comercialização. Naturalmente, os métodos de previsão usados para análise nesta seção devem ser consistentes com aqueles usados na preparação da seção de análise de mercado.

Os cálculos do ponto de equilíbrio, que indicam os pontos em que as receitas e os custos são iguais, devem ser incluídos para precificações alternativas. No entanto, estabelecer um preço exclusivamente na análise equilibrada não é aconselhável, pois ignora outros aspectos. Se o empreendedor encontrar um nicho verdadeiramente único, ele pode ser capaz de cobrar um preço ótimo – pelo menos no curto prazo. Não há jeito de fazer isso, mas o objetivo é determinar o que os compradores estão dispostos a pagar por seu produto ou serviço e, em seguida, trabalhar de forma inversa para se certificar de que pode produzir e distribuir de modo que permita ter lucro.

Os concorrentes devem ser examinados para saber o que estão cobrando. Ao entrar em um mercado, o empresário terá normalmente que precificar um novo produto ou serviço dentro de uma gama razoável daquele da concorrência. Muitos novos empresários pensam que a melhor estratégia é subestimar a concorrência a fim de ganhar aceitação no mercado e aumentar as vendas. No entanto, é importante ter em mente que os concorrentes existentes provavelmente possuem mais recursos do que você. Se consideram sua empresa uma ameaça e o envolvem em uma guerra de preços, provavelmente podem durar mais que você. Além disso, você realmente quer que seus clientes o escolham só porque vende um produto ou serviço mais barato? Esse comportamento não constrói lealdade de maneira alguma. Você perderá esses clientes para a próxima empresa que oferecer preços mais baixos. (O Capítulo 16 examina a análise do ponto de equilíbrio e a estratégia de precificação com mais profundidade.)

PROMOÇÃO

A seção de promoção do plano de marketing deve descrever a abordagem do empreendedor para como conscientizar o consumidor sobre o produto ou serviço e explicar por que os clientes serão motivados a comprar. Entre as muitas opções promocionais disponíveis para o empreendedor está a venda pessoal (isto é, a venda de pessoa para pessoa) e a publicidade. Você vai ler mais sobre vendas pessoais e publicidade no Capítulo 17.

Se a venda pessoal for apropriada, a seção deve descrever quantos vendedores serão empregados e como serão compensados. O sistema proposto para a formação da equipe de vendas também deve ser mencionado. Se houver publicidade, uma lista da mídia específica a ser empregada deve ser incluída e peças de propaganda devem ser descritas. Caso utilize os serviços de uma agência de publicidade, o nome e as credenciais da agência devem ser fornecidos, assim como uma breve menção de campanhas supervisionadas pela agência.

7-3 PESQUISA DE MARKETING PARA PEQUENA EMPRESA

Muitos proprietários de pequenas empresas baseiam os planos de marketing na intuição ou em experiências e observações pessoais limitadas. Se você for sério sobre atender às necessidades de seus clientes, colete e avalie dados de pesquisa de mercado antes de escrever o plano de marketing. Um plano baseado na pesquisa será mais sólido do que um elaborado com base na intuição e em observações pessoais.

7-3a A natureza da pesquisa de marketing

A **pesquisa de marketing** pode ser definida como coleta, processamento, interpretação e divulgação de informações de mercado. Trata-se de descobrir o que você quer saber. Uma pequena empresa geralmente conduz menos pesquisa de marketing do que uma grande empresa, em parte devido às despesas envolvidas, mas também porque o empresário costuma não entender o processo básico de pesquisa. Portanto, a discussão sobre pesquisa de marketing se concentra nas técnicas mais amplamente utilizadas e práticas que os empreendedores podem empregar à medida que analisam potenciais mercados-alvo e preparam-se para desenvolver os planos de marketing. Um conselho: não use técnicas de pesquisa de que ouviu falar, mas realmente não examinou. Você pode enganar-se e tomar decisões prejudiciais.

Embora uma pequena empresa possa conduzir uma pesquisa de mercado sem a assistência de um especialista, o custo da contratação desse apoio é muitas vezes dinheiro bem gasto, uma vez que o conselho de um profissional pode ajudar a aumentar as receitas ou cortar custos. Pesquisadores de marketing são profissionais treinados e experientes e os preços dos serviços de investigação deles geralmente refletem isso. Por outro lado, empresas como o SurveyMonkey (www.surveymonkey.com) agora estão reduzindo os custos globais de pesquisa aproveitando a internet para oferecer pesquisas e grupos direcionados *on-line*.

Antes de se dedicar à pesquisa, um empreendedor sempre deve estimar os custos de pesquisa de marketing projetados e compará-los com os benefícios esperados. Essa análise nunca é exata, mas ajuda o empresário a decidir quanto e que tipo de pesquisa deve ser conduzida.

7-3b Passos no processo de pesquisa de marketing

As etapas típicas no processo de pesquisa de marketing são (1) identificar as informações necessárias, (2) procurar dados secundários, (3) coletar dados primários e (4) interpretar os dados coletados.

PRIMEIRO PASSO: IDENTIFICAR AS INFORMAÇÕES NECESSÁRIAS

O primeiro passo na pesquisa de marketing é identificar e definir o que você precisa saber. O fato é que os proprietários de pequenas empresas às vezes conduzem ou comissionam enquetes sem identificar as informações específicas de que necessitam. Declarações gerais como "Nossa necessidade é saber se o empreendimento será bem-sucedido" ou "Queremos saber por que nossos clientes tomam suas decisões de compra" não contribuirão muito para orientar o processo de pesquisa, mas mesmo um objetivo mais específico pode facilmente errar o alvo. Por exemplo, um empreendedor, pensando em um local para um restaurante, pode decidir realizar uma pesquisa para determinar as preferências de menu dos clientes e razões para comer fora quando, na verdade, o que ele precisa saber mais é a frequência com que os residentes da área-alvo comem fora e qual a disposição deles para comer em um restaurante.

Lembre-se de que seu plano de marketing tem de se adequar à sua estratégia de negócios. Que recursos você tem para dedução? Quão eficientes são suas operações? Qual é a sua vantagem competitiva atual, e quanto tempo vai durar? Você deve entender como sua empresa opera para determinar quais são e devem ser seus segmentos de clientes, e que relações você quer construir com eles.

SEGUNDO PASSO: PROCURAR DADOS SECUNDÁRIOS

As informações que já foram compiladas são conhecidas como **dados secundários**. Geralmente, a coleta de dados secundários é muito menos dispendiosa do que a de dados novos ou primários. Portanto, após definir as necessidades de informação, os empresários devem usar todos os recursos disponíveis de dados secundários antes de prosseguir no método de pesquisa. Pode ser possível basear a maior parte do plano de marketing para o novo empreendimento exclusivamente em dados secundários. Um grande número de informação está disponível em bibliotecas e na internet. As bibliotecas das instituições de ensino superior podem ser especialmente valiosas. Não só têm acesso a inúmeras bases de dados que contêm informações relacionadas aos negócios, mas também possuem bibliotecários com as habilidades para guiá-lo por esses bancos de dados.

Os programas de software e centenas de sites (muitos oferecendo informações gratuitas) podem ajudar um empreendedor a pesquisar clientes para seu produto ou serviço. Como todas as fontes de informações, a internet é mais útil quando usada em conjunto com outras fontes. Tenha muito cuidado ao verificar a precisão de todos os dados secundários recolhidos da internet e de outras fontes. Os blogs se tornaram um meio muito popular de informações, mas nem todas essas informações são realmente corretas.

Uma fonte particularmente útil de dados secundários para a pequena empresa no Brasil é o Sebrae (Serviço Brasileiro de Apoio às Micro e Pequenas Empresas) que publica informações sobre muitos tópicos que poderiam se mostrar valiosos, incluindo a pesquisa de marketing. Infelizmente, o uso de dados secundários tem várias desvantagens. Um deles é que as informações podem estar desatualizadas. Outro é que as unidades de medida nos dados secundários podem não corresponder ao problema atual. Por exemplo, o mercado de uma empresa pode consistir em indivíduos com renda entre US$ 50.000 e US$ 75.000, enquanto dados secundários podem reportar apenas o número de indivíduos com rendimentos entre US$ 50.000 e US$ 100.000, distorcendo a informação para pessoas que podem estar à procura de produtos e serviços em um nível de qualidade diferente ou em locais diferentes do que você propõe oferecer.

Finalmente, a questão da credibilidade está sempre presente. Algumas fontes de dados são menos confiáveis do que outras. A simples publicação de dados não faz com que as informações sejam válidas e confiáveis. É aconselhável comparar várias fontes diferentes para verificar se estão relatando dados semelhantes. Profissionais especialistas em pesquisa podem também ajudar a avaliar a credibilidade de fontes secundárias.

TERCEIRO PASSO: COLETAR DADOS PRIMÁRIOS

Se os dados secundários forem insuficientes, uma pesquisa de novas informações, ou **dados primários**, é o próximo passo. Métodos de observação e os de questionamento são duas técnicas utilizadas na acumulação de dados primários. Métodos de observação evitam o contato interpessoal entre entrevistados e pesquisadores, enquanto os métodos de questionamento envolvem apenas algum tipo de interação com eles. Incentivamos a utilização dos conhecimentos de especialistas em pesquisa ao coletar dados primários.

Métodos de observação. A observação é provavelmente o formato mais antigo de pesquisa existente. Uma forma simples, mas eficaz, de pesquisa de observação é a compra oculta. Os clientes ocultos recolhem dados observados ao entrar em uma loja (sua ou de um concorrente) e ver como os itens são exibidos, verificando a publicidade na loja e avaliando suas outras características. Compras ocultas também podem ser aplicadas para testar conhecimento do produto do empregado, técnicas de vendas e muito mais. Os resultados dessas atividades são aplicados para fazer mudanças importantes no *design* de lojas e propagandas, bem como recompensar bons funcionários.[6]

Jaynie L. Smith é CEO da Smart Advantage, empresa de consultoria de marketing e autor do livro *Relevant Selling*. Smith diz que quando pergunta a executivos da empresa o que acham que seus clientes querem e comparam suas respostas com o que os clientes dizem, os executivos estão errados em 90% das vezes. Enquanto os proprietários geralmente gostam das características de seus produtos e serviços, os clientes querem saber como usar o produto ou serviço e quais os benefícios que poderiam obter com ele.[7] Tenha cuidado ao enxergar apenas o que quer ver e tirar conclusões incorretas sobre por que os clientes estão comprando seus produtos.

Métodos de questionamento. Pesquisas e experimentação são métodos de questionamento que envolvem contato com os entrevistados. Podem ser realizadas pelo correio, telefone, web ou entrevista pessoal. Pesquisas por correio são frequentemente utilizadas quando os entrevistados-alvo estão amplamente distribuídos. No entanto, normalmente geram baixas taxas de resposta – apenas uma pequena porcentagem das pesquisas enviadas são devolvidas. Pesquisas por telefone e entrevistas pessoais atingem maiores taxas de resposta. Mas entrevistas pessoais são muito caras e os indivíduos muitas vezes relutam em concedê-las se acharem que um discurso de vendas virá a seguir. Alguns pesquisadores de marketing, como o iThink, são agora especialistas em pesquisas *on-line*. Para muitos segmentos do mercado-alvo, as pesquisas na internet serão a abordagem preferida.

Questionário é o instrumento básico que orienta o pesquisador que administra a pesquisa e o entrevistado que responde. Deve ser desenvolvido cuidadosamente e testado antes que seja aplicado no mercado.

Os questionários mal formulados podem levar a resultados que façam com que você tome decisões erradas. Aqui estão algumas considerações importantes ao conceber e testar um questionário:

- Faça perguntas que se relacionam diretamente com a questão em consideração. Um bom teste de relevância é assumir uma resposta a cada pergunta e, então, perguntar-se como você usaria essa informação.
- Selecione o formulário de pergunta, como aberto ou de múltipla escolha, que é mais apropriado para o assunto e as condições da pesquisa.
- Considere cuidadosamente a ordem das perguntas. Fazer perguntas na sequência errada pode produzir respostas tendenciosas para perguntas posteriores.
- Faça as perguntas mais delicadas no final do questionário. Idade e renda, por exemplo, são tópicos geralmente sensíveis.
- Selecione cuidadosamente as palavras em cada pergunta. Elas devem ser tão simples, claras e objetivas quanto possível.
- Teste previamente o questionário administrando-o em uma pequena amostra de entrevistados que são representativos do grupo a ser pesquisado.

É importante lembrar que a pesquisa de marketing formal nem sempre é necessária. A primeira decisão do empreendedor deve ser por que conduzir uma pesquisa preliminar. Pode ser melhor não realizar pesquisas formais nas seguintes situações:[8]

- A sua empresa não dispõe dos recursos necessários para realizar a pesquisa de maneira apropriada ou para implementar quaisquer descobertas geradas a partir da pesquisa proposta.
- A oportunidade de um novo negócio ou introdução de produto já passou.
- A decisão de avançar já foi tomada. Não há necessidade de gastar muito dinheiro em uma decisão que já foi tomada.
- Decida que tipo de informação é necessária. Se você não sabe aonde está indo, não ache que alguma estrada vai levá-lo lá.
- As informações necessárias já existem (ou seja, informações secundárias estão acessíveis).
- O custo da realização da pesquisa supera os benefícios potenciais.

O jornalista da *Bloomberg Businessweek* John Tozzi sugere várias maneiras de os empresários fazerem sua pesquisa com pouco dinheiro.

1. Realize sua pesquisa da mesma maneira que você vende seu produto ou serviço. Os vendedores que fazem chamadas pessoais podem coletar informações enquanto estão fora. Se as vendas são por telefone, pesquise por telefone. Se você vende principalmente *on-line*, realize pesquisas na web.
2. Explore fontes públicas. Use sites do governo, como IBGE (Instituto Brasileiro de Geografia e Estatística). Afinal de contas, você pagou por essa informação com seus impostos.
3. Liste estudantes de faculdades locais para ajudar a esticar o seu orçamento de investigação limitado. Além disso, seus professores podem ser bons especialistas em interpretação de pesquisa.[9]

PASSO QUATRO: INTERPRETAR OS DADOS COLETADOS

Depois de recolhidos os dados necessários, eles devem ser transformados em informações utilizáveis. Sem interpretação, grandes quantidades de dados são apenas fatos isolados. Métodos de resumir e simplificar informações para usuários incluem tabelas, quadros e outros gráficos. As estatísticas descritivas (por exemplo, a resposta média) são mais úteis durante essa etapa do procedimento de pesquisa. Software de computador pessoal barato, como o Excel, está agora disponível para realizar cálculos estatísticos e gerar gráficos com qualidade de relatório.

Por mais importante que seja a pesquisa de marketing, ela deve ser vista como um suplemento, não um substituto, para o bom senso e experimentação cautelosa no lançamento de novos produtos e serviços. Em última análise, o plano de marketing deve refletir a crença equilibrada do empreendedor sobre a melhor estratégia de marketing para sua empresa.

7-4 COMPREENDENDO POTENCIAIS MERCADOS-ALVO

Para preparar a seção de análise de mercado do plano de marketing, um empreendedor precisa da compreensão adequada do termo *mercado*, que significa coisas diferentes para pessoas diferentes. Pode referir-se a um local físico onde ocorrem compras e vendas ("Eles foram ao mercado."), ou pode ser usado para descrever os esforços de venda ("Temos que comercializar esse produto de maneira agressiva."). Ainda outro significado é o que enfatizamos neste capítulo: o **mercado** é um grupo de clientes ou potenciais clientes com poder de compra e necessidades insatisfeitas. Observe cuidadosamente os três ingredientes nesta definição de mercado:

1. Um mercado deve ter unidades de compra, ou *clientes*. Essas unidades podem ser individuais ou entidades empresariais.
2. Os clientes de um mercado devem ter *poder de compra*. Aqueles que não têm dinheiro e/ou crédito não constituem um mercado viável porque não pode ocorrer nenhuma transação.
3. Um mercado deve conter unidades de compra com necessidades não atendidas. Clientes, por exemplo, não comprarão a menos que sejam motivados a fazer isso – e a motivação pode ocorrer somente quando um cliente reconhece suas necessidades não atendidas.

À luz da nossa definição de mercado, a determinação do potencial de mercado é o processo de localização e investigação de unidades de compra que têm poder de compra e necessidades que podem ser satisfeitas com o produto ou serviço que está sendo oferecido.

7-4a Segmentação de mercado e suas variáveis

No Capítulo 3, foram descritas estratégias baseadas em custo e diferenciação conforme se aplicam a mercados que são relativamente homogêneos, ou uniformes, na natureza. Conforme discutido, essas estratégias também podem ser usadas para se concentrar em um nicho de mercado dentro de um setor. No seu livro *Competitive Advantage*, Michael Porter refere-se a esse tipo de concorrência estratégica – na qual as vantagens baseadas nos custos e na diferenciação são obtidas em segmentos estreitos de mercado – como *estratégia de foco*.[10]

Uma estratégia de foco depende da segmentação do mercado e torna-se uma consideração em mercados competitivos. Definida formalmente, a **segmentação de mercado** é o processo de divisão do mercado total de um produto ou serviço em grupos menores com necessidades similares, de modo que cada grupo é suscetível de responder favoravelmente a uma estratégia de marketing específica. Há uma geração, os telefones eram simplesmente uma tecnologia fixa. Hoje, há configurações de celulares e *smartphones* voltadas para jovens *versus* segmentos mais velhos, clientes orientados tecnologicamente *versus* clientes não orientados tecnologicamente, características da empresa *versus* características de casa. E a comunicação de voz pode ser alcançada por meio de tecnologias que não suportam a semelhança com telefones.

A fim de dividir o mercado total em segmentos apropriados, um empreendedor deve considerar **variáveis de segmentação**, que são parâmetros que distinguem um formulário de comportamento do mercado de outro. Dois grandes conjuntos de variáveis de segmentação que representam as dimensões principais de um mercado são variáveis de benefício e variáveis demográficas.

VARIÁVEIS DE BENEFÍCIO

A definição de um mercado realça as necessidades insatisfeitas dos clientes. **Variáveis de benefício** estão relacionadas às necessidades dos clientes, uma vez que são utilizadas para identificar segmentos de um mercado com base nos benefícios procurados pelos clientes. Por exemplo, uma academia de ginástica pode oferecer serviços que são usados por diferentes razões e de diferentes maneiras por diferentes segmentos de mercado. Os adultos mais velhos podem querer exercícios cardiovasculares, os mais jovens podem estar interessados na musculação e as mulheres mais jovens podem ter aulas de ginástica.

VARIÁVEIS DEMOGRÁFICAS

É impossível implementar estratégias de previsão e marketing apenas com variáveis de benefício. Portanto, as pequenas empresas geralmente usam **variáveis demográficas** como parte da segmentação de mercado. Essas variáveis referem-se a certas características que descrevem seus consumidores, seu poder de compra, seus padrões de consumo e outros fatores. Eles incluem idade, estado civil, sexo, ocupação e renda.

7-4b Estratégias de marketing baseadas nas considerações de segmentação

Existem vários tipos de estratégias baseadas em esforços de segmentação de mercado. Os três tipos discutidos aqui são a abordagem não segmentada, a abordagem de segmentos múltipos e a abordagem de segmento único. Poucas empresas ocupam as três abordagens simultaneamente. Pequenas empresas muitas vezes não têm os recursos que essas estratégias tendem a exigir. Mas, para alguns, uma estratégia de marketing baseada em considerações de segmentação é a melhor rota a seguir.

A ESTRATÉGIA NÃO SEGMENTADA

Quando uma empresa define o mercado total como sua meta, ela segue uma **estratégia não segmentada** (também conhecida como **marketing de massa***). Essa estratégia às vezes pode ser bem-sucedida, mas pressupõe que todos os clientes desejam o mesmo benefício básico do produto ou serviço. Isso pode ser verdade para a água, mas certamente não é verdade para sapatos, que satisfazem inúmeras necessidades por meio de uma ampla gama de estilos, preços, cores e tamanhos. Com uma estratégia não segmentada, uma empresa desenvolve um único mix de marketing – uma combinação de produto, preço, promoção e praça (distribuição). Sua vantagem competitiva deve derivar de uma vantagem de custo ou de diferenciação. Por exemplo, a empresa de mudança Two Men and a Truck "oferece a você quaisquer serviços de mudança de casa de que você precisar" e faz mudanças locais e de longa distância. Essa empresa visa tanto clientes comerciais quanto residenciais, oferecendo serviços similares a cada um deles.[11] O Quadro 7.2 representa a estratégia da empresa.

A ESTRATÉGIA DE SEGMENTOS MÚLTIPLOS

Ao visualizar o mercado que reconhece segmentos individuais com preferências diferentes, uma empresa está em melhor posição para adaptar abordagens diferenciadas de marketing para vários segmentos. Se uma empresa determina que dois ou mais segmentos de mercado têm o potencial de serem rentáveis e, então, desenvolve um mix de marketing exclusivo para cada segmento, ela está seguindo uma **estratégia de segmentos múltiplos**.

Considere o Dyn, um prestador de serviço de infraestrutura global da internet. Entre seus clientes estão empresas e usuários domésticos e ele identifica quatro segmentos primários de clientes, conforme demonstrado no Quadro 7.3.

---

* N.R.T.: O marketing de massa não faz distinção entre os consumidores.

A ESTRATÉGIA DE SEGMENTO ÚNICO

Quando uma empresa reconhece que existem vários segmentos de mercado distintos, mas escolhe concentrar-se em atingir apenas o segmento potencialmente mais rentável, está seguindo a **estratégia de segmento único**. Mais uma vez, uma vantagem competitiva é alcançada por meio da estratégia baseada em custo ou diferenciação.[12]

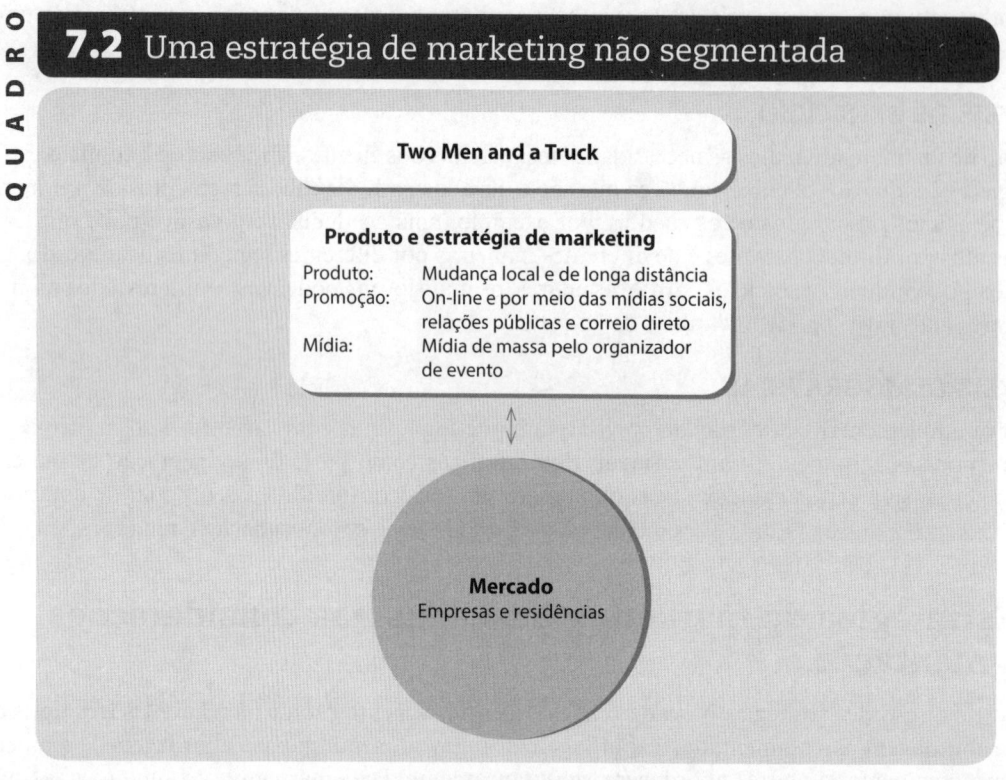

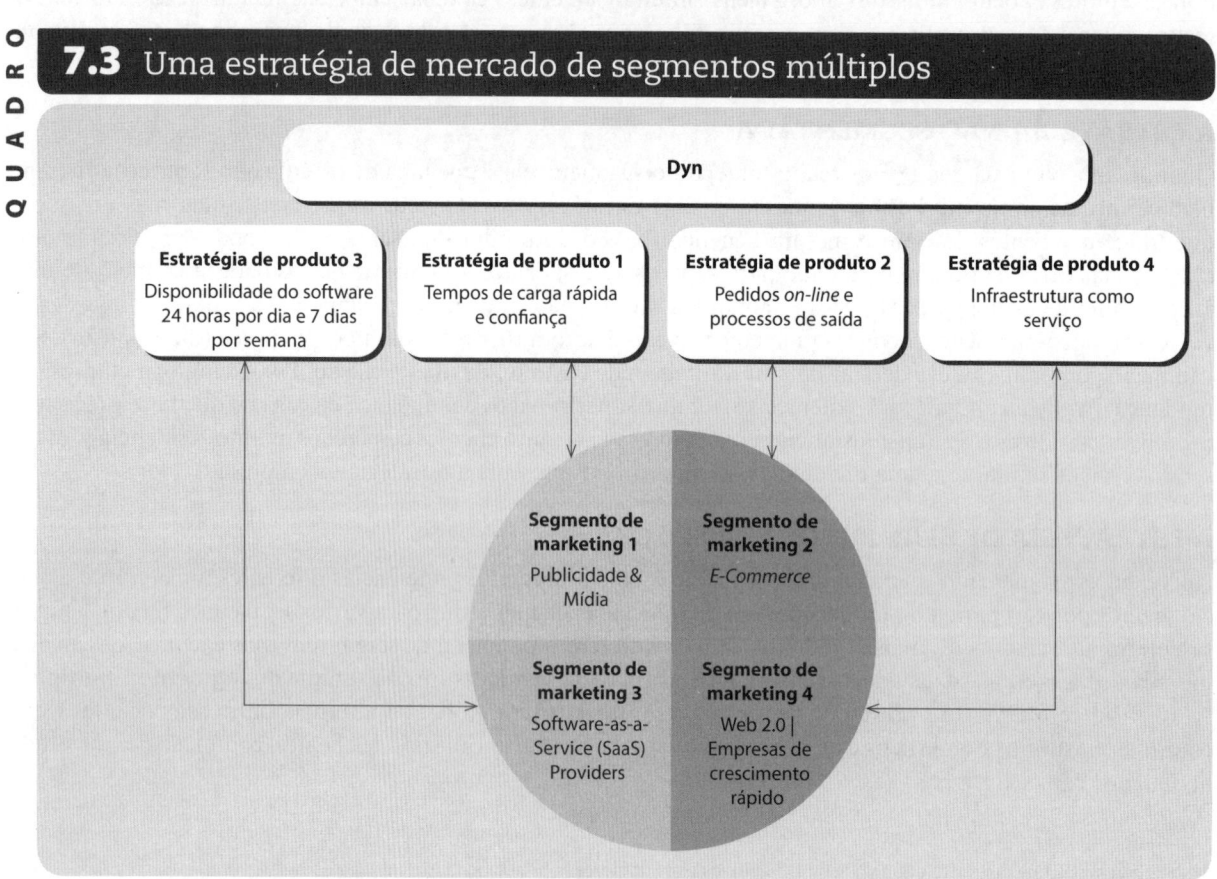

QUADRO 7.2 Uma estratégia de marketing não segmentada

Two Men and a Truck

Produto e estratégia de marketing
- Produto: Mudança local e de longa distância
- Promoção: On-line e por meio das mídias sociais, relações públicas e correio direto
- Mídia: Mídia de massa pelo organizador de evento

Mercado
Empresas e residências

QUADRO 7.3 Uma estratégia de mercado de segmentos múltiplos

Dyn

- **Estratégia de produto 3**: Disponibilidade do software 24 horas por dia e 7 dias por semana
- **Estratégia de produto 1**: Tempos de carga rápida e confiança
- **Estratégia de produto 2**: Pedidos *on-line* e processos de saída
- **Estratégia de produto 4**: Infraestrutura como serviço

- **Segmento de marketing 1**: Publicidade & Mídia
- **Segmento de marketing 2**: *E-Commerce*
- **Segmento de marketing 3**: Software-as-a-Service (SaaS) Providers
- **Segmento de marketing 4**: Web 2.0 | Empresas de crescimento rápido

QUADRO 7.4 Uma estratégia de mercado de segmento único

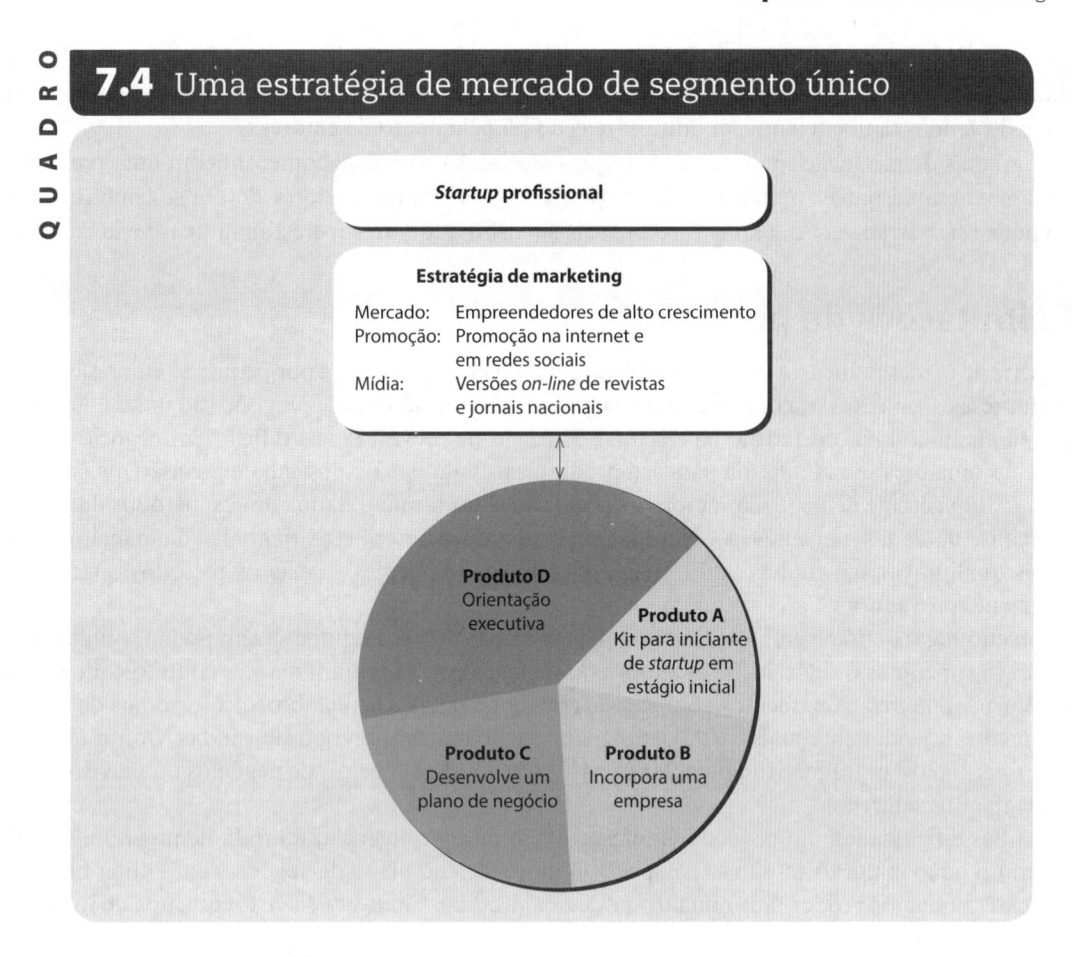

Startup profissional

Estratégia de marketing
- Mercado: Empreendedores de alto crescimento
- Promoção: Promoção na internet e em redes sociais
- Mídia: Versões *on-line* de revistas e jornais nacionais

Produto D — Orientação executiva
Produto A — Kit para iniciante de *startup* em estágio inicial
Produto C — Desenvolve um plano de negócio
Produto B — Incorpora uma empresa

A abordagem de um único segmento é provavelmente a estratégia mais sábia para as pequenas empresas usarem durante os esforços iniciais de marketing. Permite a uma empresa pequena especializar-se e fazer melhor utilização dos seus recursos limitados. Então, uma vez estabelecida sua reputação, a empresa vai ter mais facilidade em entrar em novos mercados.

7-5 ESTIMATIVA DO POTENCIAL DE MERCADO

Uma pequena empresa só pode ter êxito se houver demanda suficiente de seus produtos ou serviços. A previsão de vendas é o indicador típico de adequação do mercado, então, é particularmente importante completar essa avaliação antes de escrever o plano de marketing.

Estratégia de segmento único é a que reconhece a existência de vários segmentos de mercado distintos, mas que foca apenas no segmento mais rentável. São necessários vários tipos de informações para avaliar o potencial de mercado. Essa seção discute as necessidades de informação à medida que examina o processo de previsão.

7-5a Previsão de vendas

Previsão de vendas é a estimativa de quanto de um produto ou serviço pode ser vendido em dado mercado durante determinado período. A previsão pode ser expressa em moeda e/ou unidades.

Como uma previsão de vendas gira em torno de um mercado-alvo específico, esse mercado deve ser definido com a maior precisão possível. Não cometa o erro de prever as vendas que excedem o tamanho do mercado que está servindo. Se o mercado de mesas for descrito como "todos os escritórios", a previsão de vendas será extremamente grande. Mas, se você está apenas vendendo para um segmento menor, como "agências governamentais que procuram mesas de madeira sólida com preço entre R$ 800 e R$ 1.200", vai resultar em uma previsão muito menor, mas útil.

A previsão de vendas pode cobrir um período de um ano ou menos, enquanto outra pode prolongar-se por vários anos. Previsões a curto e a longo prazo são necessárias para um plano de marketing bem elaborado.

A previsão de vendas é um componente essencial do plano de marketing porque é fundamental para avaliar a viabilidade de um novo empreendimento. Se o mercado for insuficiente, o negócio está destinado ao fracasso. A previsão de vendas também é útil em outras áreas do planejamento da empresa.

Cronogramas de produção, políticas de estoque e decisões de pessoal começam com uma previsão de vendas. Obviamente, uma previsão nunca pode ser perfeita, e os empreendedores devem se lembrar de que uma previsão pode estar errada em qualquer direção, seja subestimando ou superestimando as vendas potenciais.

7-5b Limitações de previsão

Por uma série de razões práticas, a previsão é utilizada com menor frequência por pequenas empresas do que pelas grandes empresas. Primeiro, para qualquer novo negócio, as circunstâncias de previsão são únicas. A inexperiência empresarial, aliada a uma nova ideia, representa a situação de previsão mais difícil. Um negócio contínuo que requer apenas uma previsão atualizada para seu produto existente está na posição de previsão mais favorável.

Segundo, um gerente de pequenas empresas pode não estar familiarizado com os métodos de análise quantitativa (análise de dados mensuráveis). Nem todas as previsões devem ser orientadas de maneira quantitativa – previsões qualitativas são muitas vezes úteis e podem ser suficientes –, mas os métodos quantitativos têm constantemente provado seu valor na previsão.

Em terceiro lugar, o típico empresário de pequenas empresas e sua equipe sabem pouco sobre o processo de previsão. Para superar essa deficiência, os proprietários de empresas tentam manter contato com as tendências do setor por meio de relacionamentos com associações comerciais. Os membros profissionais de uma associação comercial são geralmente mais qualificados para participar na previsão de vendas. Contratar serviços de previsão profissional é outra maneira de obter previsões de condições gerais de negócios ou previsões específicas para determinados setores.

Apesar das dificuldades, um pequeno empresário não deve negligenciar a tarefa de previsão. Em vez disso, deve lembrar o quão importantes são as perspectivas de vendas no plano de negócios para obter financiamento. A declaração "podemos vender tanto quanto podemos produzir" não satisfaz os requisitos de informações de potenciais investidores.

7-5c Processo de previsão

Estimar a demanda do mercado com uma previsão de vendas é um processo de vários passos. Normalmente, a previsão de vendas é uma combinação de várias previsões individuais – por exemplo, para produtos ou linhas de produtos, territórios de mercado ou segmentos de clientes. O processo envolve a fusão dessas previsões individuais de maneira apropriada.

O processo de previsão pode ser caracterizado por duas dimensões importantes: o ponto em que o processo é iniciado e a natureza da variável a ser prevista. Dependendo do ponto de partida, o processo pode ser designado como um *processo de agregação* ou um *processo de desagregação*. A natureza da variável de previsão determina se a previsão é *direta* ou *indireta*.

O PONTO DE PARTIDA

O **processo de desagregação**, por vezes chamado de **método relação de cadeia**, começa com uma variável que tem um escopo muito grande e sistematicamente trabalha para a previsão de vendas. Esse método é frequentemente usado para previsão de produtos de consumo. A variável inicial pode ser um valor populacional para o mercado-alvo. Por meio da utilização de percentagens, uma ligação apropriada é construída para gerar a previsão de vendas.

David Goldsmith adverte seus estudantes da New York University sobre fazer uma previsão geral do futuro, recomendando, em vez disso, a previsão baseada em atividades.[13] Essa abordagem quebra o todo em suas partes ou atividades, prevê cada um desses e, em seguida, os aproxima para ter uma imagem melhor do que está por vir.

Uma fonte de dados disponível para cada pequeno empresário é o IBGE, que compila estatísticas sobre vários segmentos populacionais, por exemplo, sexo, idade, localização geográfica e renda familiar. Dados adicionais sobre os segmentos de cliente podem ser obtidos pelos órgãos governamentais estaduais e locais, câmaras de comércio, associações comerciais e fontes de empresas privadas.

Ao contrário do processo de desagregação, o **processo de agregação** pede a identificação de todos os compradores potenciais nos submercados de um mercado-alvo e, em seguida, soma a demanda estimada. Por exemplo, uma empresa local de limpeza a seco que prevê a demanda por limpeza de jaquetas escolares pode estimar a sua fatia de mercado em uma área escolar de 20%.

O processo de agregação é especialmente útil para a previsão de demanda de bens industriais. Para estimarem o potencial, os especialistas em previsão frequentemente usam o North American Industry Classification System (NAICS)*. Uma vez que o código para um grupo de potenciais clientes industriais tenha sido identificado, o especialista em previsão pode obter informações sobre o número de estabelecimentos e sua localização geográfica, número de funcionários e vendas anuais. Uma previsão de vendas pode ser construída somando essa informação a vários códigos relevantes.

A VARIÁVEL DE PREVISÃO

Na **previsão direta**, que é a forma mais simples de previsão, as vendas são as variáveis previstas. Muitas vezes, no entanto, as vendas não podem ser previstas diretamente e outras variáveis devem ser usadas. A **previsão indireta** ocorre quando as variáveis de substituição são usadas para vendas do projeto. Por exemplo, se uma empresa não tem informações sobre as vendas de berços de bebê, mas tem dados sobre nascimentos, a forte correlação entre as duas variáveis permite que os planejadores usem os números de nascimentos para ajudar a prever as vendas do setor de vendas de berços.

Para um novo negócio, há poucas coisas tão importantes quanto identificar o seu mercado – nada acontece até alguém comprar algo de sua empresa. E, se planeja expandir o seu negócio, a compreensão do seu mercado é essencial. Neste capítulo, introduzimos você às etapas necessárias para montar um plano de marketing. O plano será um documento vivo para você enquanto gerencia seu negócio. Todos os dias, você vai aprender mais sobre o seu mercado e como pode atender às necessidades do cliente. E o plano de marketing tem um impacto em muitas outras áreas do seu negócio. Em capítulos posteriores, verá que sua estratégia de marketing afeta as pessoas que emprega e as habilidades que elas precisam, o volume e a seleção do seu estoque, os processos de produção que você usa e muitas outras funções de negócios.

Glossário

Análise de mercado (p.136) – O processo de localizar e descrever potenciais clientes.

Dados primários (p. 142) – Novas informações de mercado que são recolhidas pela empresa que está conduzindo a pesquisa.

Dados secundários (p. 142) – As informações de mercado que foram anteriormente compiladas.

Estratégia de segmento único (p. 146) – Uma estratégia que reconhece a existência de diversos segmentos de mercado distintos, mas concentra-se apenas no segmento mais rentável.

Estratégia de segmentos múltiplos (p. 145) – Uma estratégia que reconhece diferentes preferências de segmentos de mercado individuais e desenvolve uma combinação para cada um deles.

Estratégia não segmentada (marketing de massa) (p. 145) – Uma estratégia que define o mercado total como mercado de objetivo.

Marketing de pequenas empresas (p. 135) – Atividades de negócios que direcionam a criação, desenvolvimento e entrega de um pacote de satisfação do criador para o usuário final.

Mercado (p. 144) – Um grupo de clientes ou potenciais clientes que possuem poder de compra e necessidades insatisfeitas.

Mix de marketing (p. 137) – A combinação de produtos/serviços, preços, promoção e distribuição de atividades.

Perfil de cliente (p. 141) – Uma descrição do potencial de clientes em uma meta de mercado.

Pesquisa de marketing (p. 147) – A coleta, processamento, interpretação e relato de informações de mercado.

Previsão de vendas (p. 149) – Uma previsão de quanto de um produto ou serviço pode ser vendido em determinado mercado durante um período específico.

Previsão indireta (p. 149) – Um método de previsão no qual as variáveis relacionadas a vendas são usadas para vendas futuras.

Previsão direta (p. 148) – Um método de previsão no qual as vendas são as variáveis estimadas.

Processo de agregação (p. 148) – Um método de previsão em que todos os potenciais compradores em submercados de um mercado-alvo são identificados e a demanda estimada é agregada.

Processo de desagregação (método relação de cadeia) (p. 148) – Um método de previsão que começa com uma variável que tem um escopo muito grande e trabalha sistematicamente para a previsão de vendas.

Produto/serviço ampliado (p. 135) – O produto de base e/ou serviço mais quaisquer benefícios não solicitados aos consumidores que possa levar a uma compra.

Produto/serviço principal (p. 135) – O benefício fundamental ou solução procurada por clientes.

Produto/serviço real (p. 135) – O produto físico básico e/ou serviço que fornece aqueles benefícios.

Segmentação de mercado (p. 144) – A divisão de um mercado em vários grupos menores, cada um com necessidades semelhantes.

---

* N.R.T.: NAICS: Classificação Setorial Internacional estruturada em três níveis. Por exemplo, uma empresa pode atuar no setor manufatureiro (nível 1), sua subcategoria ser o setor de máquinas (nível 2) e sua categoria ser máquinas agrícolas (nível 3).

Variáveis de benefício (p. 145) – Características específicas que distinguem os segmentos de mercado de acordo com os benefícios procurados pelos clientes.

Variáveis de segmentação (p. 145) – Os parâmetros utilizados para distinguir um comportamento de mercado de outro.

Variáveis demográficas (p. 145) – Características específicas que descrevem os clientes, seu poder de compra, seus padrões de consumo e outros fatores.

Ferramentas para startups

Conselho de marketing

Quando sua empresa está em fase inicial, o planejamento para a comercialização é diferente de quando sua empresa já está operando por alguns anos. Confira o *Startup Professionals* (www.startupprofessionals.com), que dá conselhos sobre empreendimentos que acabaram de abrir. Ela mesma era uma *startup* e apresenta o próprio plano no site.

Recursos para startups

Dados secundários

A biblioteca da sua escola pode ajudar você a encontrar respostas para as suas perguntas de pesquisa de pequenas empresas. E há muitas outras fontes, como Sebrae e outros órgãos do governo, que você pode acessar.

Você é quem manda

Situação 1

Qual é a sua estratégia para o comércio eletrônico? Essa é uma pergunta que Michael Maher, Barrett Purdum e Mike Armenta fizeram uns para os outros quando lançaram a Taylor Stitch, uma fabricante de camisas personalizadas e varejista em San Francisco. Eles decidiram que seus pontos fortes eram concepção, fabricação e comercialização de seus produtos, não a concepção de uma plataforma web para seus negócios. Depois de pesquisar opções disponíveis, eles escolheram o Shopify, que ajuda as empresas a criar lojas *on-line*. Ela vende ou configura nomes de domínio, cria e hospeda sites, fornece recursos de carrinho de compras, permitindo aos clientes procurar e comprar, e oferece outros produtos de *e-commerce* e serviços de consultoria. Os proprietários da Taylor Stitch dão crédito à plataforma do Shopify com vendas casadas por meio de um sistema bem integrado.

Fontes: baseado em http://www.taylorstitch.com, acesso em 13 de dezembro de 2012; e http://www.shopify.com, acesso em 13 de dezembro de 2012.

Pergunta 1 – Quais fatores os empresários devem considerar ao decidirem gerenciar o próprio site e vendas *on-line* em vez de contratar alguém para o serviço?

Pergunta 2 – A Taylor Stitch tem uma loja de tijolos e argamassa e uma loja *on-line*. Quais são as vantagens e desvantagens dessa estratégia?

Plano de negócios

Construindo a base

Como parte de construir as bases para o próprio plano de negócios, responda às seguintes perguntas sobre o plano de marketing, pesquisa de mercado, segmentação de mercado e previsão de vendas.

Perguntas sobre o plano de marketing

1. Como você identificará os potenciais clientes?
2. Qual é o perfil do cliente para o seu produto e/ou serviço?
3. Quem é a sua concorrência?
4. Você já realizou uma análise SWOT?
5. Que área geográfica você vai atender?
6. Quais são as características peculiares do seu produto e/ou serviço?
7. Que medidas já foram tomadas para desenvolver o seu produto e/ou serviço?
8. Qual será o nome do seu produto e/ou serviço?
9. Haverá uma garantia?
10. Como você vai definir o preço para o seu produto e/ou serviço?
11. Que tipo de plano de distribuição você usará?
12. Você vai exportar para outros países?
13. Que tipo de esforço de venda você vai usar?
14. Quais habilidades especiais de venda serão necessárias?
15. Que tipos de publicidade e promoção de vendas você vai usar?
16. Você pode usar a internet para promover sua empresa e produto/serviço?

Perguntas sobre pesquisa de marketing
1. Quais perguntas de pesquisa você precisa responder?
2. Quais tipos de pesquisa devem ser conduzidos para coletar as informações de que você precisa?
3. Quanto custará essa pesquisa?
4. Quais fontes de dados secundários irão atender às suas necessidades de informação?
5. Quais fontes de dados relevantes estão disponíveis na sua biblioteca local?
6. Quais fontes de assistência profissional externa você considera usar para ajudar com pesquisa de mercado?
7. Existem informações disponíveis na internet que possam ser úteis?
8. Quais perguntas de pesquisa você precisa responder?

Perguntas de segmentação de mercado
1. Você vai se concentrar em um mercado limitado dentro do setor?
2. Quais variáveis de segmentação você usará para definir seu mercado-alvo?
3. Se você determinar que existem vários segmentos de mercado distintos, você vai se concentrar em apenas um segmento?

Perguntas de previsão de vendas
1. Como você pretende prever as vendas para o seu produto e/ou serviço?
2. Quais fontes de orientação de previsão você tem consultado?
3. Quais técnicas de previsão de vendas são mais apropriadas para as suas necessidades?
4. Qual é a previsão de vendas para seu produto e/ou serviço?
5. Quão confiável é sua previsão de vendas?

Notas

1. Jennifer Wang, "Emotional Rescue," *Entrepreneur*, abril de 2013, p. 69; e http://hendrickboards.com. Acesso em 16 de janeiro de 2015.
2. Baseado em "Spira: Wavespring Technology," http://spira.com/wavespringtechnology. Acesso em 16 de janeiro de 2015.
3. Ibid.
4. Adam Bluestein, "The Success Gene: Why Some Family Businesses Thrive Year after Year after Year," http://www.inc.com/magazine/20080401/the-success-gene.html, acesso em 17 de janeiro de 2015; e http://www.husseyseating.com, acesso em 17 de janeiro de 2015.
5. Brad Stone, "What's in a Name? For Apple, iPad Said More Than Intended," *The New York Times*, 29 de janeiro de 2010, p. A1, A3.
6. "Mystery Shopping," http://www.inc.com/encyclopedia/mystery-shopping.html. Acesso em 17 de janeiro de 2015.
7. Jason Fried, "A Chat with the Master," *Inc.*, outubro de 2012, p. 35.
8. Carl McDaniel, Jr. and Roger Gates, *Marketing Research* (Nova York: Wiley, 2014).
9. John Tozzi, "Market Research on the Cheap," *Bloomberg Businessweek*, http://www.businessweek.com/smallbiz/content/jan2008/sb2008019_352779.htm. Acesso em 17 de janeiro de 2015.
10. Michael Porter, *Competitive Advantage* (Nova York: Free Press, 1985), p. 5.
11. http://www.twomenandatruck.com, acesso em 17 de janeiro de 2015.
12. http://www.startupprofessionals.com/index.html, acesso em 17 de janeiro de 2015.
13. David Goldsmith, "For a Finer Forecast, Pull Apart the Future," *Fast Company*, http://www.fastcompany.com/3001941/finer-forecast-pull-apart-future, acesso em 17 de janeiro de 2015; e David Goldsmith, *Paid to Think: A Leader's Toolkit for Redefining Your Future* (Dallas, TX: BenBella Books, 2012).

CAPÍTULO 8

O planejamento organizacional:
equipes, estruturas legais, alianças e diretores

No Spotlight
FlexPro, uBreakiFix and GreenCupboards
www.theflexprogroup.com;
www.ubreakifix.com;
www.greencupboards.com

Ao término deste capítulo, você deverá ser capaz de:

8-1. Descrever as características e o valor de uma equipe de gestão forte.

8-2. Explicar as formas jurídicas de organização normalmente usadas por pequenos negócios.

8-3. Identificar fatores a serem considerados na escolha entre as principais formas jurídicas de organização.

8 4. Discutir as características singulares e as restrições de cinco formas organizacionais especializadas.

8-5. Compreender a natureza das alianças estratégicas e sua aplicação em pequenos negócios.

8-6. Descrever o uso eficaz de diretores e de conselhos consultivos.

Um dos mitos mais duradouros dos negócios norte-americanos é o do empreendedor solitário que desafia as probabilidades abraçando uma ideia de negócio criativo e transformando-a em realidade por pura força de vontade e personalidade. Isso compõe uma grande história, mas não reflete a realidade. Os empreendimentos estão, cada vez mais, sendo criados por equipes, em que cada parceiro agrega suas habilidades e competências únicas.

Rose Cook e Lynn Faughey são cofundadoras da FlexPro, uma empresa de consultoria de especialidade que agrega gestores de projeto da área de ciências da vida a empresas farmacêuticas que necessitam de *expertise*. As duas mulheres também são gêmeas idênticas e ambas estudaram engenharia na Rutgers University. Mas antes de fundarem a FlexPro, em 2008, elas lutaram para manter equilíbrio entre trabalho e vida pessoal que fosse adequado. Vencer esse desafio compartilhado é a base para o negócio, mas é o relacionamento delas como irmãs que define a parceria. "Nada entre nós é surpresa," diz Cook, "Nós podemos terminar a frase uma da outra. É uma vantagem injusta." Sua estreita colaboração pode explicar por que a empresa é tão bem-sucedida, fazendo parte da lista da *Inc.* de empresas com o crescimento mais rápido por três anos consecutivos.

Sócios de novos empreendimentos raramente são parentes, mas eles estão quase sempre conectados de alguma forma significativa. Uma loja de reparos de artigos eletrônicos com sede em Orlando, Florida, chamada uBreakiFix, foi aberta por três amigos que confiaram em suas experiências prévias com *startups* para começar o empreendimento e administrá-lo. Lançada em 2009 como serviço de reparo de artigos eletrônicos por correio com loja virtual, os fundadores logo perceberam que a demanda por prazos mais curtos de retorno e interações face a face só poderia ser resolvida em uma localização física. O que levou a equipe a abrir a primeira loja em Orlando, acompanhada recentemente de um rápido crescimento por meio de franquias em todo os Estados Unidos e até mesmo no Canadá.

Pensando estrategicamente, a uBreakiFix alcançou resultados impressionantes a partir do foco incessante em ser líder do setor no serviço ao cliente, conhecimento técnico incomparável e política de garantia abrangente. No entanto, os sócios atribuem o sucesso da empresa à sua capacidade de se comunicar de forma eficaz e de desenvolver o negócio em conjunto como uma equipe. O cofundador David Reiff diz o seguinte: "Todos nós abordamos problemas de maneiras diferentes. Isso pode causar algum conflito, mas esse atrito é benéfico". A fim de resolver conflitos ocasionais, a equipe se reúne como um grupo e discute a questão. Se tudo mais falhar, Justin Wetherill, o CEO da uBreakiFix, é responsável pela decisão final na empresa.

Às vezes, os proprietários de pequenos negócios vão além da equipe da *startup* para encontrar as pessoas de que precisam para fazer a diferença. Por exemplo, relações profissionais também podem levar a importantes relações de parcerias. Josh Neblett e sua esposa, Sarah Wollnick, conseguiram a ajuda de um ex-professor, Tom Simpson, quando eles abriram a GreenCupboards, "uma loja virtual de produtos orgânicos certificados, comércio justo, produtos isentos de crueldade e não agressores do meio ambiente e alimentos de baixo impacto e de vida saudável." Depois de se formar na faculdade, Neblett procurou Simpson, buscando orientação para a *startup*, e essa conversa levou à nomeação do professor permanentemente como presidente – e ele continua a servir como um mentor para os empreendedores. Olhando para trás, Neblett afirma que a parceria com um consultor experiente tem sido o passo mais inteligente que ele deu no caminho para o sucesso de seu pequeno negócio.

Seja na união com membros da família, amigos talentosos, associados capacitados ou, até mesmo, um consultor de confiança, esses empreendedores e suas experiências fornecem evidências de que o jogo de negócios é, muitas vezes, melhor como um esporte de equipe.

Fontes: "Sobre uBreakiFix", http://www.ubreakifix.com/about. Acesso em 28 de novembro de 2014; Jennifer Alsever, "For Better and for Worse", *Inc.*, vol. 35, n. 7 (setembro de 2013), p. 48-56; "FlexPro: Meet Rose and Lynn", http://www.theflexprogroup.com/our-story. Acesso em 28 de novembro de 2014; e David Mielach, "Behind the Business Plan: GreenCupboards," BusinessNewsDaily.com, 21 de setembro de 2012, http://www.businessnewsdaily.com/3168-business-plan-greencupboards.html. Acesso em 28 de novembro 2014.

Deixando de lado conceitos populares, a maioria dos empreendedores de sucesso não opera como "Guardas Solitários" no mundo de *startups*. Na verdade, parece que um número crescente de novos empreendimentos – incluindo aqueles apresentados na seção *No Spotlight* na abertura deste capítulo – está sendo liderado por equipes de empreendedores talentosos e eficazes. Esse ajuste pode ser necessário para lidar com a complexidade crescente e para compartilhar a enorme carga de trabalho envolvida em tirar uma *startup* do papel.

Na verdade, muitos empreendedores individuais estão começando novos negócios, mas as evidências de que empreendimentos de equipe tendem a ter melhor desempenho que aqueles fundados por um empreendedor solitário estão aumentando. Os especialistas em empreendedorismo Stephen Spinelli e Robert Adams enfatizam este ponto: "Possuir e administrar todo o show efetivamente cria um limite de crescimento... É extremamente difícil expandir um empreendimento de maior potencial trabalhando sozinho. Os empreendedores de maior potencial constroem uma equipe, uma organização e uma empresa".[1]

Infelizmente, a liderança de equipes em um pequeno empreendimento muitas vezes apresenta uma cota de decepções, especialmente quando os sócios são escolhidos apressadamente, relações de trabalho e de recompensa são pouco claras e os acordos formais são mal concebidos ou confusos. A grande esperança depositada na parceria e camaradagem nos negócios pode ser facilmente destruída pela realidade. Afinal de contas, as pessoas são imperfeitas, de modo que trabalhar em estreita colaboração com outros pode levá-lo a certa dose de decepção. Contudo, em todas as empresas, com exceção das mais simples, os talentos pessoais do empreendedor precisam muitas vezes ser complementados com as habilidades de outros. As perspectivas de um empreendimento são tipicamente mais promissoras quando a liderança é composta de indivíduos competentes, engenhosos e tenazes que estão empenhados em fazer o melhor e que podem trabalhar juntos porque confiam uns nos outros e compartilham os mesmos valores. Com isso em mente, é importante para um empreendedor identificar e atrair uma equipe de gestão forte.[2] Um plano organizacional que fornece uma liderança eficaz é atrativo tanto para os potenciais investidores quanto para o potencial pessoal de gestão.

Neste capítulo, discutiremos também a seleção de uma estrutura apropriada de propriedade, muitas vezes chamada de forma jurídica de organização. A direção do negócio será poderosamente moldada pela decisão de um empreendedor de se organizar como uma empresa individual, uma sociedade, uma corporação ou uma das outras formas disponíveis. A forma organizacional deve corresponder às necessidades do negócio, mas chegar à escolha certa pode ser um desafio. As alianças estratégicas estão se tornando cada vez mais populares entre as pequenas empresas e podem ser vitalmente importantes para seu desempenho. Elas também estão incluídas no plano organizacional. Finalmente, descrevemos o papel dos conselhos administrativos (diretorias) ou conselhos consultivos para pequenos negócios e fornecemos *insights* sobre como obter o melhor deles.

Todos esses elementos de um pequeno negócio devem ser cuidadosamente considerados no plano organizacional. A qualidade das decisões de um empreendedor sobre essas questões pode melhorar o desempenho da empresa ou condená-la ao fracasso. Neste capítulo iremos mostrar como navegar nas águas potencialmente perigosas do planejamento dessas facetas do negócio e orientá-lo para aumentar suas chances de sucesso.

8-1 CONSTRUINDO UMA EQUIPE DE GESTÃO

Se uma empresa é extremamente pequena, o fundador provavelmente será o principal gerente e, talvez, o único. Na maioria das empresas, no entanto, outras pessoas compartilham a liderança com o proprietário, o que cria oportunidades para alavancar suas redes de relacionamento e recursos combinados para o bem da empresa. Em geral, a **equipe de gestão** é composta por indivíduos com responsabilidades de supervisão, assim como pessoas sem essa responsabilidade, mas que desempenham funções essenciais na empresa.[3] Por exemplo, entre os membros de uma equipe de gestão podem estar um gerente financeiro que supervisiona uma pequena equipe de escritório e outra pessoa que dirige os esforços de marketing.

Se você achar que ainda não tem sua "equipe dos sonhos" quando estiver começando, entenda que a composição da equipe não tem que ser permanente. Embora possa ser difícil, às vezes você tem que respeitosa e adequadamente dispensar indivíduos quando eles não podem apoiar ou não apoiarão o negócio de maneira eficaz. Novos membros podem ser adicionados à equipe conforme for necessário.[4]

Uma gestão sólida pode obter o melhor de uma boa ideia de negócio ao garantir os recursos necessários para fazê-lo funcionar. É claro que nem mesmo uma equipe altamente competente pode resgatar uma empresa baseada em um conceito de negócios fraco ou que não tem os recursos adequados. Mas a importância de uma gestão forte para *startups* é evidente nas atitudes dos potenciais investidores que consideram a qualidade da gestão de um novo empreendimento um dos fatores mais importantes nos investimentos ou na tomada de decisão. Em outras palavras, os investidores sabem que as empresas normalmente trabalham mal se são guiadas por gerentes fracos ou incapazes.

Razão pela qual uma equipe de gestão pode muitas vezes trazer mais força para certo empreendimento que um empreendedor individual é que uma equipe pode fornecer uma diversidade de talentos para atender a várias necessidades gerenciais. Isso pode ser especialmente útil para *startups* construídas com base em novas tecnologias que devem gerenciar uma multiplicidade de fatores. Além disso, uma equipe pode dar maior garantia de continuidade, já que a saída de um membro da equipe é menos devastadora para um negócio do que a partida de um único proprietário.

A competência exigida em uma equipe de gestão depende do tipo de empreendimento e da natureza de suas operações. Por exemplo, uma empresa de desenvolvimento de software e um restaurante exigem tipos muito diferentes de experiência de negócios. Da mesma forma, as empresas de serviços e as empresas de varejo tendem a ser menos complicadas no início, o que pode explicar por que empreendedores individuais tendem a dirigir-se a esses tipos de *startups*. Seja qual for o negócio, uma pequena empresa precisa de gerentes com uma combinação adequada de educação, experiência e habilidades. As qualificações de um candidato a um cargo-chave devem complementar aquelas de membros que já fazem parte da equipe.

Em muitos casos, um proprietário de *startup* monta a equipe de gestão com membros da família e amigos, em vez de buscar uma experiência equilibrada. Isso tem uma vantagem definitiva. O dono conhece bem essas pessoas e confia nelas, muitas vezes elas trabalham por menos dinheiro (apesar do alto risco de se juntar a um novo empreendimento) e são mais propensas a sacrifícios pessoais para manter o negócio vivo. A desvantagem é que a equipe pode rapidamente se tornar muito homogênea, sem habilidades complementares, incentivar sentimentos de direito à propriedade e levar os problemas de ordem familiar para a empresa. Todos esses fatores – o negativo e o positivo – devem ser levados em consideração na contratação de membros da família e de amigos.

8-1a Alcançando equilíbrio

Nem todos os membros de uma equipe de gestão precisam de competência em todas as áreas – a chave é o equilíbrio. Conforme dito por um observador de pequenas empresas: "Você quer alguém que saiba tanto quanto você, só que não sobre as mesmas coisas?"[5] Por exemplo, se um membro tem experiência em finanças, outro deve ter experiência adequada em marketing. Pesquisas recentes mostram que é útil combinar a profundidade de conhecimento de especialistas altamente qualificados com indivíduos que conseguem ter uma visão geral da situação e que são mais capazes de "conectar os pontos" do negócio e suas oportunidades.[6] Além disso, o empreendimento provavelmente precisará de alguém que possa supervisionar funcionários de forma eficaz.[7] Essa diversidade de perspectivas e estilos de trabalho é o que permite a realização de tarefas complexas, mas que também pode levar a conflitos graves, que podem exaurir toda a energia e entusiasmo de um empreendimento.[8]

Mesmo quando os empreendedores reconhecem a necessidade de contar com membros com experiência variada na equipe, eles frequentemente buscam qualidades que refletem sua própria personalidade e estilo de gestão. Compatibilidade interpessoal e cooperação entre os membros da equipe são necessárias para uma colaboração eficaz, e as equipes coesas tendem a apresentar um melhor desempenho.[9] No entanto, a experiência demonstra que uma equipe funcionalmente diversificada e balanceada tem mais probabilidades de cobrir todas as dimensões de negócios, dando à empresa uma vantagem competitiva – especialmente quando aspectos comportamentais de ajuste e compatibilidade também são trabalhados.

Para garantir o equilíbrio, uma equipe de gestão deve incluir tanto especialistas internos quanto externos. Por exemplo, uma pequena empresa se beneficiará amplamente ao desenvolver relações de trabalho com um banco comercial, um escritório de advocacia e uma empresa de contabilidade. (Algumas fontes externas de assistência gerencial são identificadas e discutidas no Capítulo 19). Além de fornecer aconselhamento e orientação à equipe de gestão, uma diretoria ativa ou um conselho consultivo (discutido mais adiante neste capítulo) também pode ajudar a conectar o empreendimento com fontes externas de *expertise* e suporte. É simplesmente uma questão de explorar as redes existentes de relacionamentos de negócios dos diretores. O valor de uma boa diretoria, em relação a isso, não pode ser minimizado.

8-1b A *startup* de uma única pessoa ainda é uma opção

Apesar das vantagens de formar uma equipe para iniciar um negócio, a verdade é que muitos empreendedores preferem fazer isso sozinhos. E as tecnologias emergentes tornam essa opção cada vez mais gerenciável. Serviços de suporte aos negócios, que costumavam custar milhares de dólares, estão agora disponíveis *on-line* gratuitamente ou por uma pequena taxa mensal, e a contratação de ajuda de qualquer lugar do mundo pode exigir nada mais do que alguns cliques do mouse. Essas ferramentas podem substituir a assistência que, de outra forma, poderia estar disponível apenas em um parceiro de negócios qualificado ou na expansão na equipe de gestão.

Harvey Manger-Weil encontrou uma maneira de começar um negócio sem os aborrecimentos decorrentes de ter um espaço físico, sócios ou outros recursos fixos. Tendo sido um antigo diretor do departamento de matrículas no Dartmouth College, ele tinha visto muitos alunos inteligentes serem rejeitados pelas faculdades de sua escolha devido a medíocres pontuações no SAT (exame similar ao ENEM utilizado nos EUA). Assim, ele desenvolveu um método de tutoria que permitia aos candidatos melhorar drasticamente os resultados de seus exames. E depois de aperfeiçoar seu sistema, ele o usou para lançar The College Wizard, uma empresa de treinamento *on-line* que leva aqueles que utlizam seus serviços a obter pontuações muito altas no exame.[10]

O The College Wizard está crescendo de maneira saudável, mas Manger-Weil é capaz de manter-se como único proprietário de negócio seguindo os princípios que ele aprendeu com Bruce Judson, empreendedor em residência na Yale University e guru do sucesso individual. O segredo, diz Judson, é relativamente simples: "Sistematize tudo o que puder. Olhe para o seu negócio e veja quais peças você pode automatizar e terceirizar. Por último, todo negócio é um sistema repetitivo e você precisa automatizar isso para que possa gastar seu tempo fazendo as coisas que realmente agregam valor".[11]

Em última análise, as equipes podem realizar grandes coisas e podem, às vezes, ser necessárias. Mas elas não são uma solução para todas as situações, como indicado por pesquisa recente nos EUA, que mostra que 44% das *startups* financiadas com sucesso eram administradas por um único empreendedor.[12] Aceitar um sócio ou adicioná-lo à equipe de gestão significa abrir mão de tomar as suas próprias decisões, tornar-se dependente de outros para fazer as coisas e perseguir um sonho que você não compartilha plenamente. Em outras palavras, o preço pode ser exorbitante e muitos empreendedores não estão dispostos a pagá-lo.

Vivendo o sonho
EXPERIÊNCIAS EMPREENDEDORAS

Focando na criação de uma grande equipe

Histórias de novos empreendimentos que começam com uma forte equipe de *startup* que é guiada por uma divisão inteligente de responsabilidades têm mais probabilidade de ter um final feliz. Mas os passos para construir uma equipe forte são mais bem dados com considerações emocionais e de estilo em mente, não apenas preocupações estratégicas – e com uma mentalidade de flexibilidade que permite a adaptação quando as circunstâncias mudam.

Em 2010, os empreendedores Bryan Burkhart e Sonu Panda iniciaram as operações em Nova York de sua floricultura baseada em subscrições, a H. Bloom. Desde o início, os sócios trabalharam em estreita colaboração para lançar o negócio e ganhar uma posição firme no mercado. Conforme descobriam as complexidades do empreendimento, os dois dividiam as tarefas-chave de acordo com seus respectivos pontos fortes. "Temos uma clara divisão do trabalho e papéis e responsabilidades distintos", relata Burkhart. "[Panda] faz grande parte do trabalho que é esgotante e detalhista, tarefas que eu não gosto de realizar, mas que fazem parte do nosso sucesso." Por outro lado, tarefas relacionadas com vendas, marketing e relações com investidores representam a parte realizada por Burkhart. Essas atribuições foram fruto de longas e honestas conversas prévias entre os sócios para que todos ficassem satisfeitos com a organização e parece que este arranjo está trazendo grandes frutos para o negócio. Até setembro de 2014, a H. Bloom tinha expandido para 13 grandes cidades e mais de 80 funcionários e foi recentemente reconhecida como a empresa de crescimento mais rápido no mercado de flores dos EUA, que representa US$ 35 bilhões em receitas.

Mas a divisão do trabalho baseada em tarefas é somente uma das opções. Sócios em outras *startups* podem ter preferências de estilo de vida que os fazem pender para um determinado horário ou estilo de operação. Joan Ripple, cofundadora da Beantown Bedding, pioneira no setor de camas ecológicas descartáveis, reconhece que a sua sócia Kirsten Lambert trabalha melhor à noite. Mas, conforme ela diz, "[Essa é] uma coisa positiva, porque ela pode checar à noite as coisas que podem ser urgentes e eu posso fazer o mesmo pela manhã". O arranjo permite que os empreendedores maximizem seu tempo e energia enquanto executam suas funções de negócios.

Como em qualquer bom relacionamento, a chave para o sucesso é a comunicação frequente e eficaz. Quando a H. Bloom começou a expandir para novos mercados, Burkhart e Panda perceberam que seus papéis distintos começaram a fazer com que eles se distanciassem. A fim de preencher a lacuna, o casal decidiu agendar semanalmente reuniões de qualidade. Ripple e Lambert também conversam regularmente para garantir que permaneçam alinhados em seus objetivos. "Embora compartilhemos uma visão comum para a empresa, às vezes cada um de nós quer trilhar um caminho diferente para chegar lá," diz Ripple. As conversas frequentes e a permanente flexiblidade têm garantido que a equipe permaneça no caminho certo.

A delimitação clara das responsabilidades impede que os cofundadores dupliquem esforços e cria uma forma eficaz de maximizar os pontos fortes de cada um deles. Isso também assegura que os diferentes contextos, perspectivas e estilos de vida dos cofundadores continuem a ser complementares em vez de se tornarem conflitantes. Ripple e Lambert sustentam que suas "diferenças realmente trazem amplitude e perspectiva e simplificam a divisão de trabalho". No entanto, essa divisão de trabalho não pode existir sem uma confiança implícita entre os sócios. "Mesmo quando discordamos", diz Burkhart, "nós confiamos um no outro para prosseguir com nossos papéis e responsabilidades separados e fazer tudo melhor do que qualquer pessoa que conheçamos". Combinado com uma paixão por suas respectivas empresas, essa confiança unificou essas duas equipes empreendedoras e permitiu que cada uma delas alcançasse o sucesso.

Fontes: Paula Andruss, "Divide & Conquer", *Entrepreneur*, vol. 41, n. 4 (abril de 2013), p. 87-89; "Beantown Bedding: Our Story", http://www.beantownbedding.com/about. Acesso em 30 de novembro de 2014; Bryan Burkhart, "Introducing Building the Team: Flower Power", *The New York Times*, 16 de janeiro de 2013, http://boss.blogs.nytimes.com/2013/01/16/introducing-building-the-team-flower-power/?_php=true & _type=blogs & _r50. Acesso em 25 de novembro de 2014; e "H. Bloom: Our Story", https://www.hbloom.com/Home/AboutUs. Acesso em 30 de novembro de 2014.

8-1c Expandindo redes sociais

Seja começar com uma equipe ou escolhendo fazê-lo sozinho, o importante muitas vezes não é *o que* você sabe, mas sim quem você conhece. Os membros da equipe de gestão ajudam o empreendimento a obter investimento e recursos tecnológicos. Mas eles também podem conectar a empresa a uma rede social que fornece acesso a uma ampla gama de recursos, muito além do alcance de membros individuais da equipe. Uma **rede social** é a rede de relacionamentos que uma pessoa tem com outras pessoas, incluindo colegas de quarto ou outros conhecidos da faculdade, antigos funcionários e parceiros de negócios e contatos por meio de organizações comunitárias como o Rotary Club e grupos religiosos. No entanto, a rede social não termina aí. Um amigo de faculdade pode não ter o que você precisa, mas pode conhecer alguém que tenha. Diz-se, muitas vezes, que negócios têm tudo a ver com relacionamentos, um princípio que não é ignorado por empreendedores. E o poder das redes sociais é expandido exponencialmente quando pessoas bem conectadas são adicionadas à equipe de gestão.

O que um empreendedor precisa obter de sua rede de relacionamentos? Tudo depende da situação. Howard Aldrich e Nancy Carter, dois especialistas altamente conceituados na constituição de equipes de gestão e de redes sociais, descobriram que quase metade daqueles que estão abrindo um negócio usam suas redes de relacionamentos para acessar informações ou obter conselhos. Cerca de um quarto das pessoas usam as redes para serem apresentados a outras. Finalmente, um percentual muito menor usa conexões para obter dinheiro, serviços empresariais, instalações físicas e necessidades pessoais e outras formas de assistência.[13] Claramente, um sistema de relacionamentos pessoais pode ajudar um pequeno negócio a ter acesso ao conhecimento e aos recursos necessários para se estabelecer e crescer.

Além de fornecer acesso a recursos, as redes sociais podem ser especialmente úteis na comunicação da legitimidade e para alavancar vendas. Empresas respeitáveis podem hesitar em fazer negócios com uma empresa que não tem um histórico comprovado para a entrega confiável, nem produtos ou serviços de qualidade. Mas defensores influentes podem usar a reputação para ajudar uma pequena empresa a adquirir um ou mais clientes de alto nível, o que pode também convencer outras pessoas a dar uma chance a certa empresa relativamente desconhecida. Para um empreendedor, ter uma rede social saudável e uma equipe de gestão com conexões úteis pode ser crítico para estabelecer uma reputação sólida.

Alguns proprietários de pequenos negócios estão tirando vantagem da expansão do universo de ferramentas de mídia social, como LinkedIn, Twitter e Facebook, para atrair clientes, conectar-se com colegas e compartilhar conselhos sobre problemas comuns. De fato, um estudo recente mostrou que a taxa de adoção de ferramentas de mídia social por pequenas empresas tem dobrado a cada ano, o que aumenta consideravelmente o alcance de seus esforços de construção de redes de relacionamentos.[14] Embora acompanhar o rápido crescimento das mídias sociais seja um desafio, uma rede social ativa e robusta é necessária para a construção do **capital social** ao qual nos referimos como a vantagem criada pelas conexões de um indivíduo em uma rede de relacionamentos sociais. Mas essa vantagem não se desenvolve do dia para a noite ou por acidente. Construir capital social pode demorar anos e as bases para sua sustentação são bem conhecidas – ser confiável como amigo, ser justo em seus negócios, ser fiel à sua palavra.

O princípio da reciprocidade pode ser extremamente útil a qualquer capital social que você já tenha. Em seu popular livro sobre influência, Robert Cialdini define a **reciprocidade** como um sutil, mas poderoso senso de obrigação, profundamente embuído em toda a sociedade, para retribuir em espécie o que outra pessoa faz por nós ou nos fornece.[15] Em geral, as pessoas sentem, naturalmente, que devem retornar favores. Você pode facilmente ser o gatilho de capital social por ser o primeiro a dar uma mão e, então, ver aqueles que você ajuda virem em seu socorro quando enfrenta um desafio e pede ajuda. Você não tem que fingir; apenas desacelere sua rotina um pouco e assuma um interesse genuíno em relação às necessidades de seus amigos e conhecidos. E ajudar os outros não tem que ser caro. Na economia da informação de hoje, comunicar uma notícia importante ou compartilhar *insights* é fácil e grátis – mas pode ser tão valioso quanto ouro! Então, foque no futuro e procure ajudar onde você puder. Seu capital social certamente aumentará, vinculando amigos e contatos a você e fornecendo uma base sólida para a construção de um negócio.

8-2 FORMAS JURÍDICAS DE ORGANIZAÇÃO MAIS COMUNS

Ao iniciar um novo negócio, o empreendedor deve escolher uma forma jurídica de organização, que irá determinar quem são os verdadeiros proprietários do negócio. As opções mais básicas são a empresa individual, a parceria e a corporação C. Existem formas mais especializadas de organização, mas muitos pequenos negócios elegem uma dessas formas comuns como a mais adequada às suas necessidades. Depois de apresentar as opções primárias, iremos primeiro discutir alguns critérios para escolher entre elas e, em seguida, introduzir uma série de formas especializadas (veja o Quadro 8.1) que oferecem suas próprias características e vantagens únicas.

Vivendo o sonho
EXPERIÊNCIAS EMPREENDEDORAS

Empreendedores vão adiante com uma pequena ajuda dos amigos da rede

Muitas pessoas decidem trilhar o caminho empreendedor porque querem a independência que proporciona, na esperança de tomar suas próprias decisões e atingir sua realização por conta própria. Mas atingir o sucesso por meio dessa abordagem pode revelar-se ilusório – ou seja, sem a ajuda de outros ao longo do caminho.

Para Scott Rousseau, proprietário da *Beyond the Shaker*, com sede no estado norte-americano de Massachussets, esse foi definitivamente o caso. Depois de concluir um MBA que o preparou para perseguir suas ambições, Rousseau decidiu que era hora de deixar uma carreira de serviços financeiros e tentar algo novo. Ele eventualmente teve a ideia de lançar uma empresa que fabricasse sal marinho *gourmet* e, como primeiro passo, tomou a decisão de gastar por volta de US$ 700 para exibir e vender seus produtos em uma feira. Mas ninguém apareceu. "Nove horas por dia durante três dias seguidos e foi uma total perda de tempo", lembra Rousseau. Na realidade, o investimento não foi uma perda total no fim das contas. Ele acabou por fazer uma conexão com outro empreendedor no evento, que recomendou que ele participasse da feira New England Made. Apesar do preço salgado de 2 mil dólares, Rousseau decidiu tentar. E ele ficou feliz por ter feito isso! Esse evento fez com que ele fechasse acordos com 15 lojas, 2 distribuidores e 10 contas secundárias.

Rousseau não está sozinho. Muitos atingiram o sucesso depois de receber uma dica ou ajuda de outros. Considere Ginny Simon, fundadora dos produtos orgânicos assados da linha ginnybakes. Ela começou em pequenos mercados frequentados por amantes de comida, esperando simplesmente "ajudar as pessoas a viver melhor, com vida mais saudável". Mas tudo isso mudou quando Eddie Niemes, o gerente de uma loja do Fresh Market, provou o seu produto. Impressionado, Niemes enviou amostras para a sede da rede, o que levou, por sua vez, a acordos de distribuição com mais de 120 lojas do Fresh Market. Capitalizando o movimento, Simon fechou contratos com outros grandes supermercados e está, agora, no caminho certo para chegar a US$ 5 milhões em vendas anuais. A empresa está tendo tanto sucesso que os dois filhos de Simon e o marido dela se juntaram ao negócio como funcionários em tempo integral.

Em alguns casos, a exposição do produto simplesmente não é suficiente para superar as questões subjacentes. Vinte anos atrás, Richelieu Dennis fundou a Sundial Brands com a intenção de vender os sabonetes da mãe. Dennis queria comercializar o produto como uma opção de alta qualidade e multiétnica de cuidados para a pele aos consumidores. Mas as coisas não aconteceram desse jeito. Os compradores acabaram classificando a marca como monoétnica e barata. A empresa, por fim, atingiu o sucesso, mas apenas depois de encontrar um comprador da Macy's em uma conferência de diversidade e seguir suas recomendações sobre marca e preços. O crescimento, desde então, foi rápido, com a expansão da empresa de 20 funcionários para 100.

Repetidamente, empreendedores individuais aprendem que o conselho e o *coaching* podem ajudar a preencher as lacunas do seu conhecimento e experiência e empurrar seus empreendimentos para novos níveis de sucesso. Mas a chave para maximizar as chances de encontrar esse tipo de catalisador externo é socializar intensamente e criar contatos continuamente. Interações com outros podem não conduzir sempre aos resultados que você esteja esperando, mas, às vezes, resultados inesperados revelam-se os mais rentáveis no final das contas.

Fontes: "Beyond the Shaker: About Us," http://beyondtheshaker.com/pages/our-story.html, acesso em 28 de novembro de 2014; "Featured Alumni Business: Beyond the Shaker," http://blogs.babson.edu/news/2012/09/20/featured-alumni-business-beyond-the-shaker, acesso em 28 de novembro de 2014; Drew Limsky, "Rising to the Top," *Modern Luxury*, julho/agosto de 2014, http://digital.modernluxury.com/publication/?i5214745&p5178, acesso em 28 de novembro de 2014; Joe Robinson, "The Turning Point," *Entrepreneur*, vol. 41, n. 10 (outubro de 2013), p. 116-118; e "Sundial Brands: About Us," http://www.sundialbrands.com/as-seen-in.html, acesso em 28 de novembro de 2014.

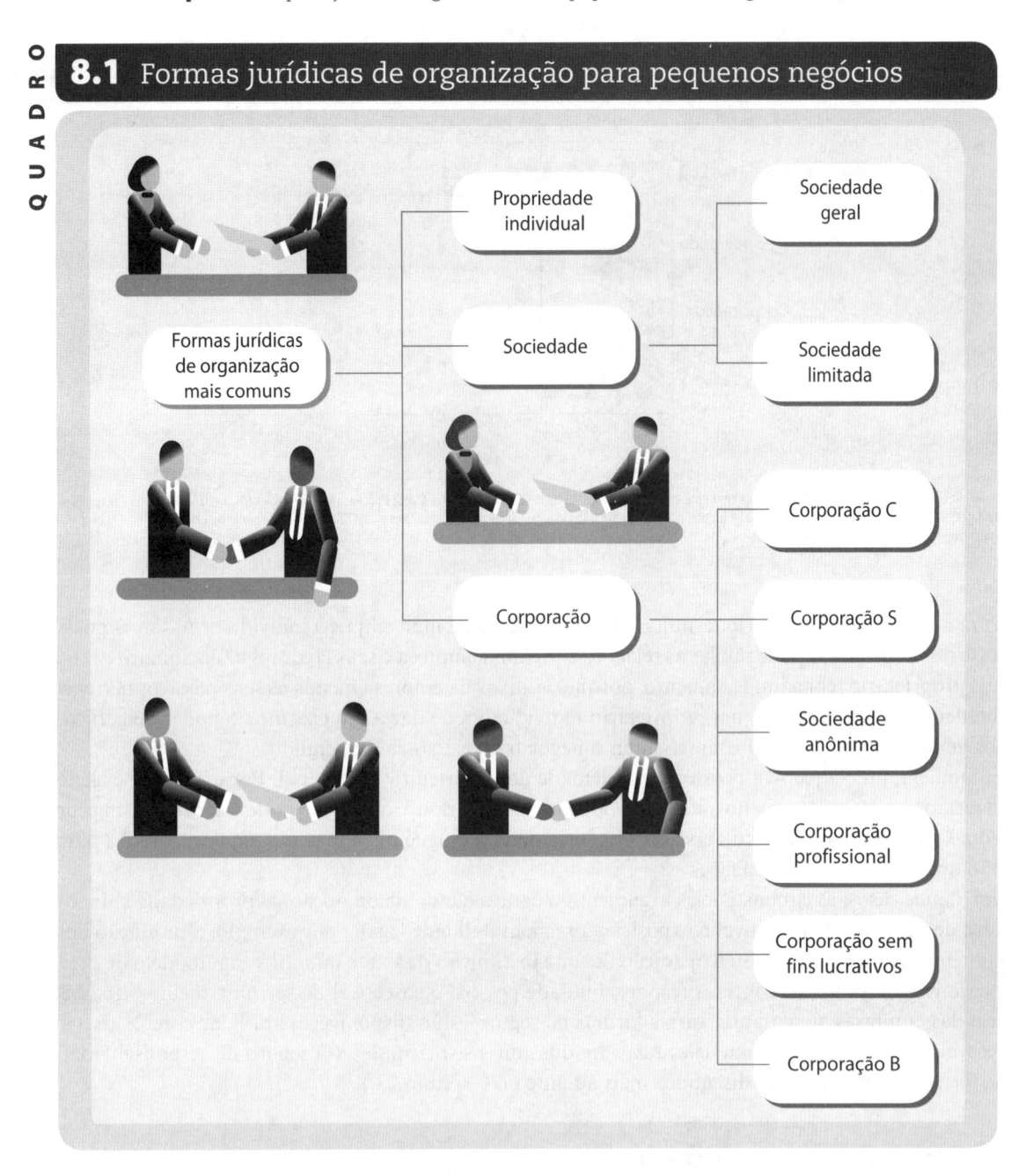

QUADRO 8.1 Formas jurídicas de organização para pequenos negócios

- Formas jurídicas de organização mais comuns
  - Propriedade individual
  - Sociedade
    - Sociedade geral
    - Sociedade limitada
  - Corporação
    - Corporação C
    - Corporação S
    - Sociedade anônima
    - Corporação profissional
    - Corporação sem fins lucrativos
    - Corporação B

8-2a A opção de propriedade individual

Uma **empresa individual**, a forma de negócio mais básica, é de propriedade de uma única pessoa. O único proprietário tem o título de todos os ativos empresariais e está sujeito às reivindicações dos credores. Ele recebe todos os lucros da empresa, mas também deve assumir todas as perdas, sofrer com todos os riscos e pagar todas as dívidas. Embora essa forma certamente não seja a melhor para todos, formar uma empresa individual é, no entanto, a maneira mais simples e mais barata de começar a operação. A maioria dos estados norte-americanos nem sequer exige que essas empresas tenham uma licença comercial. Devido à facilidade de abertura da empresa, a maioria das pequenas empresas dos EUA (63,9%)[16] adota essa estrutura legal (veja o Quadro 8.2).

Em uma empresa individual, um proprietário é livre da interferência de parceiros, acionistas e diretores. No entanto, uma empresa individual carece de algumas das vantagens de outras formas jurídicas. Por exemplo, não há limites à responsabilidade pessoal do proprietário – isto é, o proprietário da empresa tem **responsabilidade ilimitada** e, portanto, seus bens pessoais podem ser tomados pelos credores comerciais se o empreendimento fracassar. Por esse motivo, o modelo de empresa individual é geralmente a escolha prática apenas para empresas muito pequenas. Além do que, proprietários individuais não são empregados da empresa e não podem se beneficiar das vantagens de isenção fiscal, como planos de seguro e hospitalização, que muitas vezes são fornecidos por corporações para seus empregados.

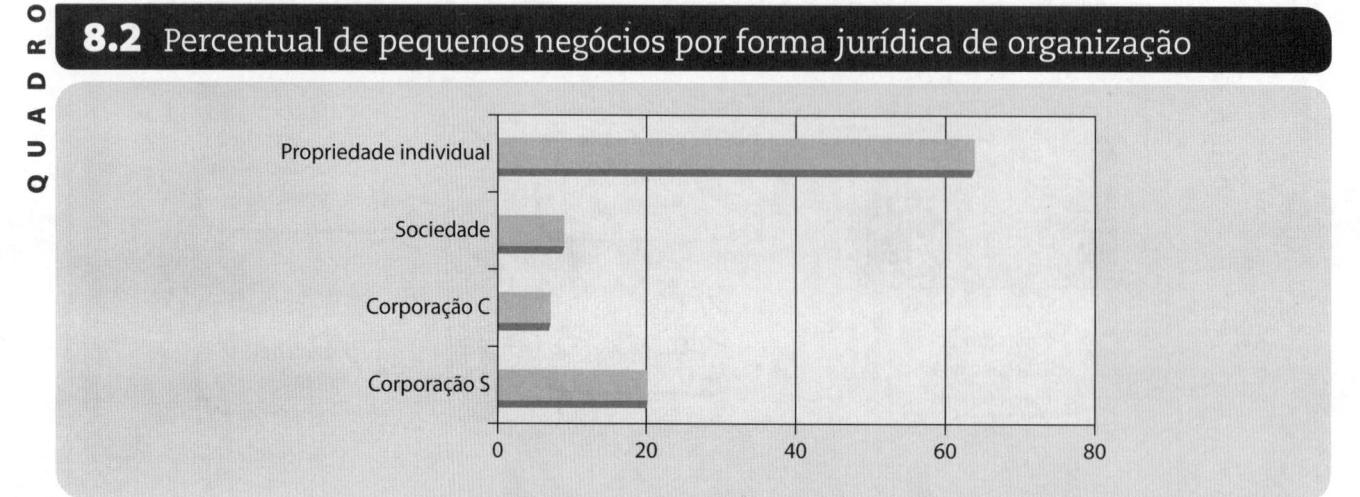

QUADRO 8.2 Percentual de pequenos negócios por forma jurídica de organização

Forma	Percentual
Propriedade individual	~64
Sociedade	~8
Corporação C	~7
Corporação S	~20

Fontes: Internal Revenue Service, "Table 1A: Calendar Year Projections [for 2017] of Individual Returns by Major Processing Categories for the United States," http://www.irs.gov/pub/irs-pdf/p6187.pdf, acesso em 19 de novembro de 2014 (dados para empresa individual); e Internal Revenue Service, "Table 1: Fiscal Year Projections [for 2017] of the Number of Returns to Be Filed with the IRS," http://www.irs.gov/pub/irs-pdf/p6292.pdf, acesso em 19 de novembro de 2014 (dados para sociedades, corporações C e corporações S).

Com a morte do proprietário termina a existência legal de uma empresa individual. Assim, a possibilidade de morte do proprietário pode nublar as relações entre uma empresa e seus credores e funcionários. É importante que o proprietário tenha um testamento, porque os ativos da empresa menos os seus passivos pertencerão aos seus herdeiros. No testamento, um proprietário individual pode dar a um executor o poder de gerir o negócio para os herdeiros até que eles possam assumir o negócio ou ele possa ser vendido.

É, também, preocupante a possível incapacidade do proprietário individual. Por exemplo, se ele for gravemente ferido em um acidente e hospitalizado por um longo período, o negócio pode ir à ruína. Um proprietário individual pode se proteger contra essa contingência dando a alguém competente uma procuração para exercer a gestão do negócio em tais situações.

Em alguns casos, as circunstâncias argumentam contra a escolha da opção de propriedade individual. Se a natureza de uma empresa envolver a exposição à responsabilidade legal – por exemplo, a produção de um produto potencialmente perigoso ou a operação de uma instituição de saúde infantil –, um modelo de organização que provê grande proteção contra a responsabilidade pessoal é suscetível de ser uma melhor escolha. Para a maioria das empresas, no entanto, várias formas de seguro estão disponíveis para lidar com os riscos de uma empresa individual, bem como aqueles relacionados com as sociedades. (O seguro de responsabilidade civil e outras formas de proteção são discutidos mais adiante no Capítulo 23.)

8-2b A opção de sociedade

Uma **sociedade** é determinada entidade legal formada por dois ou mais coproprietários para operar um negócio de forma que gera lucro. Devido à natureza voluntária de uma sociedade, os proprietários podem configurá-la rapidamente, evitando muitos dos requisitos legais envolvidos na criação de uma corporação. Uma sociedade une talentos gerenciais e o capital daqueles que se unem como parceiros de negócios. Como em uma empresa individual, no entanto, os proprietários compartilham responsabilidade ilimitada.

Operar um negócio como uma sociedade tem benefícios, mas também apresenta problemas potenciais, o suficiente para que a maioria dos especialistas desestimule o uso dessa forma de organização como uma maneira de gerir um negócio. Os benefícios das sociedades incluem a capacidade em compartilhar a carga de trabalho, bem como os encargos emocionais e financeiros da empresa e para aumentar o talento na gestão, que poderia de outra maneira quebrar o orçamento. E não se pode esquecer que os sócios podem adicionar companheirismo à vida de um pequeno negócio.

No entanto, muitos acreditam que os conflitos pessoais comuns em sociedades podem eclipsar os benefícios, e os sócios muitas vezes ficam aquém das expectativas uns dos outros. Obviamente, a tomada de decisão é mais complicada nas sociedades porque a liderança é compartilhada, e os proprietários também devem compartilhar sua posição acionária no negócio, o que naturalmente dilui o controle de cada parceiro. Embora algumas das dificuldades de sociedades sejam financeiras por natureza, a maioria é de relacionamento – por exemplo, a desonestidade de um dos sócios ou ter que lidar com prioridades diferentes. Portanto, *uma sociedade deve ser formada somente se ela parecer ser a melhor opção após considerar todas as características do negócio.*

QUALIFICAÇÕES DOS SÓCIOS

Qualquer pessoa capaz de assinar contratos pode legalmente tornar-se um parceiro de negócios. Indivíduos podem tornar-se sócios sem contribuir com capital ou ter direito a bens em caso de dissolução. Essas pessoas somente são sócias no que diz respeito à gestão e lucros. A formação de uma sociedade envolve a consideração não só de questões legais, mas também de fatores pessoais e gerenciais. Uma sociedade forte requer parceiros que sejam honestos, saudáveis, capazes e compatíveis. As sugestões a seguir podem ajudar empreendedores a tirar máximo proveito dessa forma de organização:

- *Escolha o seu sócio cuidadosamente.* As sociedades são como casamentos – funcionam melhor quando você escolhe o parceiro certo. Muitas fontes estão disponíveis para ajudá-lo a achar "alguém perfeito" – revistas especializadas, contatos do cliente, associações profissionais, mesmo serviços de busca *on-line* como BusinessPartners.com e CoFoundersLab.com. Mas identificar um sócio promissor é apenas um começo. Você também precisa ter certeza de que seus objetivos, valores e hábitos de trabalho são compatíveis e que suas habilidades são complementares antes de se comprometer com um acordo. Acima de tudo, junte-se a uma pessoa em quem possa confiar, uma vez que as ações do seu sócio podem comprometê-lo legalmente, mesmo que uma decisão seja tomada sem o seu conhecimento ou consentimento.[17]
- *Esteja aberto, mas seja cauteloso, sobre sociedades com amigos.* Relações valiosas podem se tornar problemáticas quando um negócio vai mal. Um amigo do tipo Dr. Jekyll às vezes pode se transformar em um sócio de negócios do tipo Sr. Hyde quando o dinheiro entra em cena.
- *Faça um test-drive da relação profissional, se possível.* Experimente formas mais limitadas de colaboração de negócios antes de saltar com os dois pés. Por exemplo, você pode cooperar em um pequeno projeto ou compartilhar um estande em uma feira e observar o comportamento, estilo e hábitos de trabalho de seu sócio em potencial. Isso permite que você avalie oss pontos fortes e fracos deles antes de se comprometer com uma relação de longo prazo.
- *Crie uma visão combinada para o negócio.* Os sócios devem estar alinhados quando se trata de criar o conceito de negócio que eles esperam desenvolver em conjunto. Isso leva tempo, paciência e muita conversa. Outros assuntos específicos que deve discutir antes de juntar forças incluem as expectativas de todos os sócios (contribuições de tempo, dinheiro, qualificação etc.), divisão planejada de trabalho, tempo de férias antecipado e a partilha de lucros e perdas.
- *Prepare-se para o pior.* Tenha em mente que mais da metade de todas as sociedades fracassa. É por isso que a maioria dos especialistas recomenda ter uma estratégia de saída para a parceria desde o princípio. O que parece, no início, ser um bom arranjo de negócios pode desmoronar rapidamente quando ocorrem mudanças no mercado, quando um sócio se envolve em outro empreendimento ou quando acontecem mudanças na vida pessoal. Por exemplo, o nascimento de uma criança, um divórcio inesperado ou a morte súbita do cônjuge pode alterar tudo. Se necessário, sair de uma sociedade é muito mais difícil quando não tiver sido considerada desde o princípio a possibilidade de um resultado negativo.

A omissão em não levar essas sugestões a sério pode destruir esforços para construir uma relação de trabalho eficaz ou condenar uma sociedade, de outra forma viável, a um fim doloroso ou desnecessário.

DIREITOS E DEVERES DOS SÓCIOS

Um acordo oral de sociedade é legal e vinculativo, mas a memória nunca é perfeita. Em seu livro *Legal Guide for Starting and Running a Small Business*, o autor e advogado de negócios Fred S. Steingold enfatiza que os sócios assinem um **contrato de sociedade** por escrito para evitar problemas futuros.[18] Esse documento, que determina explicitamente os direitos e deveres dos sócios, deve ser elaborado antes de o empreendimento ser lançado. Embora os sócios possam optar por um advogado que elabore o contrato a fim de garantir que todas as características importantes sejam incluídas, muitas outras fontes também estão disponíveis para guiá-lo ao longo desse processo. Um desses recursos é outro livro de Steingold, *Legal Forms for Starting and Running a Small Business*,[19] que apresenta um longo esboço e descrição de um acordo adequado.

A menos que os artigos de acordo de sociedade especifiquem o contrário, o sócio é geralmente reconhecido como tendo certos direitos implícitos. Por exemplo, os sócios compartilham lucros ou perdas igualmente, a menos que tenham concordado com uma divisão diferente. Mas esses direitos também são equilibrados por responsabilidades significativas. No geral, em uma sociedade, cada parte assume a **responsabilidade conjunta e solidária**, o que significa que uma decisão comercial de um sócio vincula todos os outros sócios, mesmo que eles não tenham sido previamente consultados, não tenham aprovado o acordo ou contrato em questão, ou nem sequer saibam disso![20] Assim como a propriedade individual, a responsabilidade pessoal ilimitada dos sócios pode ser aterrorizante. Os ativos da empresa estão em risco, é claro, assim como os bens pessoais dos sócios, incluindo casas, carros e contas bancárias. Boa-fé, juntamente com o cuidado no exercício de funções gerenciais, é exigida de todos os sócios no negócio.

Infelizmente, podem surgir complicações mesmo que os sócios tenham tido o cuidado de alinhar suas expectativas no início da sociedade e o acordo, sido formalizado por meio de um contrato de sociedade. Quando surgem problemas, os sócios devem agir rapidamente para tentar resolver os problemas intermediários. Se não puderem fazê-lo, devem considerar a contratação de um mediador de negócios. Trabalhar com um mediador pode ser dispendioso, mas a dissolução da parceria é provavelmente muito mais onerosa.

RESCISÃO DE UM SÓCIO

A morte, incapacidade ou retirada de um sócio dissolve uma sociedade e requer a liquidação ou reorganização do negócio. A liquidação resulta frequentemente em perdas para todos os sócios, mas pode ser legalmente necessária. Uma sociedade representa estreita relação pessoal entre as partes que não pode ser mantida contra o desejo de nenhum deles.

Quando um sócio morre, a perda por liquidação pode ser evitada se o acordo de sociedade estipular que os sócios sobreviventes podem continuar o negócio depois de comprar a participação do falecido. Essa opção pode ser facilitada caso cada sócio tenha um seguro de vida que nomeie os outros sócios como beneficiários.

As sociedades às vezes têm preocupações imediatas a serem tratadas quando um parceiro decide deixar o negócio, especialmente se a partida for inesperada. Aaron Keller, Brian Adducci e um terceiro sócio abriram uma empresa de marketing e *design* em Minneapolis, nos EUA, chamada Cápsula. Dezoito meses depois, quando o sócio deles decidiu sair do negócio e abrir uma empresa concorrente (levando vários funcionários e clientes com ele), Keller e Adducci sabiam que teriam de agir rapidamente para evitar perdas graves. Como parte de um plano de resposta bem elaborado, foram aconselhados a tomar várias medidas: primeiro, cortaram o acesso do ex-sócio às contas bancárias, instalações físicas e ativos da empresa para evitar perdas ou danos a equipamentos críticos para o negócio. Em seguida, avaliaram rapidamente o papel do ex-sócio na empresa e tomaram medidas para substituí-lo de forma que a empresa voltasse à normalidade o mais rápido possível. Uma vez que essas questões muito urgentes estejam sob controle, é necessário resolver quaisquer pendências legais, tais como cumprir acordos de saída da sociedade que possam ter sido assinados. Com o tempo e muito trabalho, Keller e Adducci conseguiram retomar suas posições, mas a experiência ajudou-os a entender o quão frágil uma sociedade pode ser – e como é importante ter um plano de resposta rápido quando as coisas dão errado.[21]

8-2c A opção de Corporação C

Em 1819, o juiz John Marshall da Suprema Corte dos Estados Unidos definiu uma **corporação** como "um ser artificial, invisível, intangível e existente apenas na contemplação da lei". Com essas palavras, a Suprema Corte reconheceu uma corporação como uma **entidade jurídica**, o que significa que ela pode abrir processos e ser processada, possuir e vender imóveis e se envolver em operações de negócios que são estipuladas no contrato social. Em outras palavras, corporação é uma entidade independente dos indivíduos que a possuem, o que significa que a corporação, não os seus proprietários, é responsável pelas dívidas da empresa. As implicações desse arranjo para tomada de risco e formação de negócios são profundas e de grande alcance, levando um executivo altamente influente a declarar que a criação da corporação moderna é a única grande inovação nos últimos séculos, pelo menos onde a criação de riqueza está presente.[22] A corporação ordinária – muitas vezes chamada de **corporação C** – para distingui-la de formas mais especializadas – é discutida nesta seção.

O CONTRATO SOCIAL

Para formar uma empresa, uma ou mais pessoas podem solicitar ao Estado (em nível estadual) permissão para incorporar. Depois de concluir as etapas preliminares, incluindo o pagamento de uma taxa de incorporação, o pedido por escrito (expedido por um advogado) é aprovado pelo secretário de Estado e se torna um **contrato social**. Esse documento – às vezes chamado de *termos de constituição* ou *certificado de incorporação* – comprova a existência da corporação.

Um contrato social deve ser breve, de acordo com a lei estadual vigente, e amplo na sua declaração sobre os poderes da empresa. Os detalhes serão deixados para os *estatutos empresariais*, que descrevem as regras básicas para as formalidades e decisões em curso da vida empresarial, incluindo o tamanho da diretoria, os deveres e as responsabilidades dos diretores e funcionários do alto escalão, agendamento das reuniões ordinárias dos conselheiros e acionistas, as formas para a convocação de uma reunião extraordinária desses grupos, o procedimento para o exercício dos direitos de voto e restrições à transferência de ações da empresa.

DIREITOS E STATUS DOS ACIONISTAS

A propriedade em uma corporação é evidenciada por **certificados de ações**, cada um dos quais estipula o número de ações que cada acionista possui. Uma participação não confere o direito legal de agir em nome de uma empresa ou de participar na sua gestão. No entanto, o acionista tem o direito de receber dividendos proporcionais às ações, mas apenas quando os dividendos forem devidamente declarados pela empresa. Propriedade de ações tipicamente carrega o **direito de preferência**, ou o direito de comprar novas ações na proporção do número de ações já possuídas antes que as novas ações sejam oferecidas para venda pública.

O *status* legal dos acionistas é obviamente fundamental, mas pode ser enfatizado além do necessário. Em muitas pequenas empresas, os proprietários normalmente exercem os cargos de diretor e de gestor. O sócio que tiver a maior parte ou a totalidade das ações pode controlar o negócio como se fosse uma empresa individual. Assim, essa forma de organização pode funcionar bem para empresas individuais e familiares, nas quais a manutenção do controle da empresa é importante.

RESPONSABILIDADE LIMITADA DOS ACIONISTAS

Para a maioria dos acionistas, a responsabilidade limitada é uma grande vantagem do modelo corporativo de organização. A responsabilidade financeira deles é restrita a quanto de dinheiro investem no negócio. Os credores não podem exigir que eles vendam bens pessoais para pagar as dívidas da empresa. No entanto, um banco que faz empréstimo a uma pequena empresa pode insistir que os proprietários assumam responsabilidade pessoal pelas dívidas da empresa. Se a corporação não puder quitar o empréstimo, o órgão financeiro pode então buscar bens pessoais dos proprietários para recuperar a quantia do empréstimo. Nesse caso, a vantagem corporativa de responsabilidade limitada é perdida.

Por que os proprietários concordam em garantir pessoalmente a dívida de uma empresa? Simplificando, eles podem não ter escolha. A maioria dos órgãos financeiros não está disposta a emprestar dinheiro a um empreendedor que não esteja preparado para colocar seus bens pessoais em risco.

MORTE OU SAÍDA DE ACIONISTAS

Diferentemente da participação em uma sociedade, a propriedade em uma corporação é prontamente transferível. A troca de ações é suficiente para transferir uma participação a um outro indivíduo.

As ações de grandes empresas são trocadas continuamente não influenciando o funcionamento da empresa. Para uma pequena empresa, no entanto, a mudança de proprietários, embora legalmente semelhante, pode envolver inúmeras complicações. Por exemplo, encontrar um comprador para o estoque de uma pequena empresa pode revelar-se difícil. Além disso, um acionista minoritário em uma empresa pequena está vulnerável. Se dois dos três acionistas iguais em uma pequena empresa venderem as ações a uma pessoa de fora, os acionistas restantes ficarão à mercê daquele estranho.

A morte de um acionista majoritário pode ter repercussões infelizes em uma empresa. Um herdeiro executor ou comprador da participação poderia muito bem insistir em controle direto, com possíveis efeitos adversos para outros acionistas. Para evitar problemas dessa natureza, devem ser tomadas disposições jurídicas desde o início para a continuidade da gestão pelos acionistas restantes e tratamento justo dos herdeiros de um acionista. Como no caso de uma sociedade, fazer seguro de vida antecipadamente pode garantir a capacidade de compra da participação do acionista falecido.

MANTENDO O STATUS CORPORATIVO

Certas medidas devem ser tomadas se uma corporação quiser manter a posição como uma entidade separada. Por exemplo, a corporação deve realizar reuniões anuais tanto dos acionistas quanto da diretoria, manter atas para documentar as principais decisões dos acionistas e diretores, manter contas bancárias que são separadas das contas bancárias dos proprietários e submeter uma declaração de imposto de renda separada para o negócio.

8-3 CONSIDERAÇÕES NA ESCOLHA DE UMA FORMA DE ORGANIZAÇÃO

A escolha de uma forma jurídica para um novo negócio merece atenção especial por causa dos diversos aspectos, por vezes conflitantes, de cada opção organizacional. Dependendo das circunstâncias particulares de um negócio específico, as vantagens fiscais de uma forma, por exemplo, podem compensar as vantagens de responsabilidade limitada de outra. Pode ser necessário abrir mão de algumas vantagens de uma delas se outra forma de organização for globalmente mais vantajosa. É ideal que um advogado ou um contador experiente seja consultado para orientação na escolha da forma mais apropriada de organização.

Alguns especialistas em empreendedorismo insistem que as duas formas mais básicas de empresas – individual e sociedade – nunca devem ser adotadas. Embora essas formas tenham claramente inconvenientes, ainda são viáveis para muitos proprietários de pequenos negócios. E, felizmente, há outra forma básica a ser considerada – a corporação C. O Quadro 8.3 resume as principais considerações na escolha de uma dessas três formas primárias de propriedade.

QUADRO 8.3 Comparação de formas jurídicas de organização básicas nos EUA

Forma de organização	Exigências e custos organizacionais iniciais	Responsabilidade dos proprietários	Continuidade do negócio
Empresa individual	Exigências mínimas; geralmente não há registro nem taxa de abertura.	Responsabilidade ilimitada	Dissolvida com a morte do proprietário.
Sociedade geral	Exigências mínimas; geralmente não há registro nem taxa de abertura; contrato de sociedade por escrito não é legalmente exigido, mas bastante recomendado.	Responsabilidade ilimitada	A menos que o contrato de sociedade especifique algo diferente, dissolvida a partir da saída ou morte de um dos sócios.
Corporação C	Mais onerosa e maiores exigências; taxas de abertura; conformidade com regulamentações estatais para corporações.	Responsabilidade limitada ao investimento na empresa.	Continuidade da empresa não é afetada pela saída ou morte de um acionista.
Forma de organização preferida	Empresa individual e sociedade.	Corporação C	Corporação C

Transferência de propriedade	Controle de gestão	Atratividade para levantamento de capital	Imposto de renda
Pode transferir a propriedade do nome e bens da empresa.	Liberdade absoluta de gestão.	Limitado ao capital pessoal do proprietário.	Renda da empresa é taxada como renda pessoal do proprietário.
Exige o consentimento de todos os sócios.	A maioria dos votos dos sócios exigida para controle.	Limitado à capacidade e desejo dos sócios para levantar o capital.	Renda da empresa é taxada como renda pessoal dos sócios.
É facilmente feita por meio da transferência de cotas de ações.	Acionistas têm controle final, mas geralmente a diretoria controla as políticas da empresa.	Geralmente a forma mais atrativa de levantar capital.	A corporação C é taxada sobre sua renda e os acionistas são taxados se e quando os dividendos forem recebidos.
Depende das circunstâncias.	Depende das circunstâncias.	Corporação C	Depende das circunstâncias.

REQUISITOS E CUSTOS ORGANIZACIONAIS INICIAIS

Os requisitos organizacionais e custos aumentam conforme a formalidade da organização progride. Ou seja, a formação de uma empresa individual é tipicamente menos complexa e menos dispendiosa do que uma sociedade, e uma sociedade é menos complexa e menos dispendiosa do que uma corporação. Contudo, em vista dos custos relativamente modestos, essa consideração é de importância mínima no longo prazo.

RESPONSABILIDADE DOS PROPRIETÁRIOS

Os riscos de responsabilidade são alguns dos fatores mais importantes a serem considerados ao escolher a forma organizacional. Como discutido anteriormente, uma empresa individual e uma sociedade têm a desvantagem implícita da responsabilidade ilimitada para os proprietários. Com essas formas de organização, não há distinção entre os ativos da empresa e os bens pessoais dos proprietários. Por outro lado, a criação de uma corporação limita a responsabilidade dos proprietários ao seu investimento na empresa.

Duas precauções devem ser consideradas em relação à responsabilidade e às formas organizacionais. Primeiro, a incorporação não protegerá os proprietários de uma empresa se for usada para perpetuar uma fraude, burlar uma lei ou cometer algum ato ilícito. Nesses casos, os tribunais podem decidir que não existe separação legal entre os proprietários e a entidade corporativa, um conceito conhecido como **desconsideração da personalidade jurídica**. A proteção contra a responsabilidade financeira pode ser comprometida se, por exemplo, (1) a empresa está em falência, mas os proprietários conscientemente assumem dívidas; (2) a diretoria não se reúne conforme exigido por lei ou não observa outras formalidades societárias; ou (3) contas da empresa e contas pessoais não são mantidas separadas e os fundos da empresa são usados para pagar as despesas pessoais de um proprietário. Ações legais são tomadas na maioria das vezes contra entidades corporativas menores e privadas e "corporações falsas" que são criadas com o objetivo específico de enganar os outros.[23] Naturalmente, algumas formas de organização não oferecem uma barreira contra a responsabilidade em primeiro lugar.

Em segundo lugar, nenhum tipo de organização pode proteger empreendedores de todas as formas de responsabilidade. Por exemplo, se um proprietário causa um acidente de trânsito e é declarado pessoalmente responsável pelos danos ou ferimentos no tribunal, ele terá que pagar a sentença, mesmo que isso signifique vender bens pessoais para cumprir a decisão. Se, por outro lado, um funcionário causou o acidente em horário de trabalho, os ativos da empresa estarão em risco, mas os bens pessoais do proprietário serão protegidos da responsabilidade – *mas somente se o negócio é organizado como uma corporação ou sociedade de responsabilidade limitada* (o que será discutido mais tarde no capítulo). Essa proteção não abrange o(s) proprietário(s) de uma propriedade individual ou de uma sociedade, cujos bens pessoais também estariam em risco.

Conforme indicado anteriormente, a maioria dos bancos e muitos fornecedores exigem que proprietários de pequenas empresas assinem uma garantia pessoal antes de emprestar dinheiro ou estender crédito para eles, independentemente da forma de organização. Os empreendedores têm de pagar essas obrigações se seus negócios não puderem fazê-lo, ainda que para isso tenham que fazer uso de bens pessoais. Essa é a maneira que a organização financeira que está emprestando dinheiro tem para tentar garantir que as dívidas sejam quitadas, mas ilustra uma limitação prática das formas organizacionais quando se trata de proteção de responsabilidade.[24]

CONTINUIDADE DOS NEGÓCIOS

A empresa individual é imediatamente dissolvida em caso de morte do proprietário. Do mesmo modo, uma sociedade é encerrada com a morte ou saída de um sócio, a menos que o contrato da sociedade determine o contrário. Uma corporação, por outro lado, oferece continuidade. O *status* de um investidor individual não afeta a existência da corporação.

TRANSFERIBILIDADE DE PROPRIEDADE

A propriedade é transferida mais facilmente em uma corporação. A capacidade de transferir a propriedade, no entanto, não é necessariamente boa ou ruim – tudo depende das preferências dos proprietários. Em alguns negócios, os proprietários podem querer a opção de avaliar quaisquer potenciais novos investidores. Em outras circunstâncias, a transferência sem restrições pode ser preferida.

CONTROLE DA GESTÃO

O proprietário de uma empresa individual tem controle absoluto dela. O controle em uma sociedade é normalmente baseado no voto da maioria, de modo que se entende que um aumento no número de sócios reduz a voz de cada sócio na gestão da empresa. Em uma corporação, o controle tem duas dimensões: (1) o controle formal por parte dos acionistas detentores da maioria das ações ordinárias com direito a voto e (2) o controle funcional exercido pelos funcionários do alto escalão na condução de operações diárias. Em uma pequena corporação, essas duas formas de controle geralmente estão concentradas nos mesmos indivíduos.

ATRATIVIDADE PARA LEVANTAMENTO DE CAPITAL

Uma corporação tem uma vantagem distinta para levantar novos capitais próprios, devido à facilidade de transferência de propriedade por meio da venda de ações ordinárias e da flexibilidade na distribuição das ações. Em contrapartida, a responsabilidade ilimitada de uma empresa individual e de uma sociedade desencoraja novos investidores.

IMPOSTO DE RENDA

O imposto de renda tem frequentemente um efeito importante sobre a seleção de uma forma de organização. Para entender o sistema de imposto de renda federal dos EUA, você deve considerar esta dupla questão: Quem é responsável pelo pagamento de impostos e como é determinada a responsabilidade tributária? As três principais formas de organização são tributadas de diferentes formas:

- *Empresa individual.* Indivíduos independentes que operam uma empresa individual declaram a renda da empresa em sua declaração de imposto de renda federal de rendimentos individuais. Eles são então tributados sobre essa renda nas taxas estabelecidas por lei para os indivíduos.
- *Sociedade.* Uma sociedade declara a renda que ganha para o IRS (Internal Revenue Service), mas a sociedade em si não paga nenhum imposto. A renda é alocada aos sócios de acordo com o contrato. Cada um dos parceiros comunica suas próprias cotas da renda da sociedade em suas declarações pessoais de imposto de renda e paga todos os impostos devidos.
- *Corporação C.* A corporação C, como entidade jurídica separada, declara sua receita e paga quaisquer impostos relacionados com lucros. Os proprietários (acionistas) da corporação devem declarar, em suas declarações pessoais de imposto de renda, quaisquer quantias pagas pela corporação sob a forma de dividendos. (Eles também devem informar os ganhos e perdas de capital, mas apenas no momento em que vendem suas ações da empresa.) Tenha em mente que os dividendos são, em essência, tributados duas vezes, primeiro como parte dos ganhos da empresa e, em seguida, como parte da renda pessoal dos proprietários.

O site do Internal Revenue Service dos EUA para pequenas empresas, em www.irs.gov/businesses/small/index.html, fornece informações fiscais sobre os diferentes formulários organizacionais, ideias relacionadas a importantes assuntos de pequenas empresas e respostas a perguntas específicas do setor, bem como formulários e publicações que ajudarão no planejamento e na preparação de declarações de renda.

8-4 FORMAS JURÍDICAS ESPECIALIZADAS DA ORGANIZAÇÃO

A maioria dos pequenos negócios utiliza uma das três principais estruturas de propriedade que acabamos de descrever – a empresa individual, a sociedade ou a corporação C. Contudo, outras formas especializadas de organização são também utilizadas pelas pequenas empresas. Cinco delas merecem maior consideração: a sociedade limitada, a corporação S, a sociedade anônima, a corporação profissional, a corporação sem fins lucrativos e a corporação B.

8-4a A sociedade limitada

A **sociedade limitada** é uma forma especial de sociedade que envolve pelo menos um sócio geral e um ou mais sócios limitados. O **sócio geral** permanece pessoalmente responsável pelas dívidas da empresa, mas os **sócios limitados** têm responsabilidade pessoal limitada desde que não desempenhem um papel ativo na gestão da sociedade. Em outras palavras, os sócios limitados arriscam somente o capital que investem no negócio. Um indivíduo com riqueza pessoal substancial pode, portanto, investir dinheiro em uma sociedade limitada sem expor seus bens pessoais a reinvindicações de responsabilidade que possam surgir em decorrência de atividades da empresa. Se um sócio limitado se torna ativo na gestão, então sua responsabilidade limitada é perdida. Nos EUA, para formar uma sociedade limitada, os parceiros devem enviar um certificado de sociedade limitada para o escritório estadual apropriado, conforme a lei estadual que rege essa forma de organização.

8-4b A corporação S

A designação **Corporação S**, ou **Corporação do Subcapítulo S**, é derivada do Subcapítulo S do Internal Revenue Code dos EUA. Essa forma organizacional permite que uma empresa mantenha a característica de responsabilidade limitada de uma corporação C, oferecendo tratamento fiscal mais favorável sobre o rendimento. Para obter o *status* de corporação S, uma corporação deve satisfazer determinados requisitos, incluindo:[25]

- A empresa deve ser norte-americana.
- A corporação não pode ter mais de 100 acionistas.[26]
- Todos os acionistas devem ser indivíduos ou certos fundos qualificados.[27]
- Apenas uma classe de ações pode estar em circulação.
- Fiscalmente, a corporação deve operar em uma base de ano-calendário.
- Sociedades, corporações e estrangeiros não residentes não podem ser acionistas.

Uma corporação S não paga impostos sobre lucros, mas repassa a renda tributável ou as perdas para os acionistas. Isso permite que os acionistas recebam dividendos da corporação sem dupla tributação sobre o lucro da empresa (primeiro por meio de um imposto corporativo e novamente por meio de um imposto pessoal sobre os dividendos recebidos). Um advogado competente na área fiscal deve ser consultado antes de optar pelo *status* de corporação S, uma vez que as mudanças na legislação tributária exercem efeito considerável sobre essa forma.

8-4c A sociedade anônima

A sociedade de responsabilidade limitada tem crescido em popularidade porque oferece a simplicidade de uma empresa individual e a proteção de uma corporação para proteger o patrimônio pessoal dos proprietários. Uma **sociedade anônima** pode ter um número ilimitado de proprietários (ter um único proprietário é permitido na maioria dos estados norte-americanos), e esses podem incluir não cidadãos dos EUA.[28] Essa forma difere da corporação C na medida em que evita a dupla tributação. Como as corporações S, as sociedades anônimas não são tributadas, mas simplesmente passam os seus rendimentos aos seus proprietários que pagam impostos sobre ele como parte de sua renda pessoal.[29]

De acordo com muitos advogados, a sociedade anônima é geralmente a melhor escolha para novos negócios. Comparado com a maioria das outras formas, é mais fácil de configurar, é mais flexível e oferece algumas vantagens tributárias significativas. Mas uma sociedade anônima nem sempre é o melhor caminho a ser trilhado. Por exemplo, nas seguintes condições, seria melhor usar uma corporação C:

- *Você deseja fornecer benefícios marginais extensivos a proprietários ou funcionários.* A corporação C pode deduzir esses benefícios e eles não são tratados como rendimentos tributáveis para os funcionários.
- *Você deseja oferecer opções de ações aos funcionários.* Dado que as sociedades anônimas não têm ações, elas não podem oferecer tais incentivos.
- *Você espera negociar no mercado de ações ou vender o negócio em algum momento no futuro.* Uma corporação C pode ser negociada publicamente ou ser vendida para outra empresa em uma bolsa de valores com isenção de impostos.
- *Você planeja eventualmente se converter em uma corporação C.* Você não pode deixar de ser uma entidade com benefícios fiscais, como uma sociedade anônima, sem pagar impostos adicionais.

8-4d A corporação profissional

Você notou as iniciais PC ou PA como parte do nome corporativo no papel timbrado ou na assinatura de seu médico, dentista ou advogado? Essas letras indicam que a prática é configurada como uma **corporação profissional** a fim de oferecer serviços profissionais. Apesar de seu significado variar de estado a estado nos EUA, o termo *profissional* normalmente se aplica a esses indivíduos cujas profissões exigem que seja obtida uma licença antes de poderem funcionar. Isso inclui médicos, quiropráticos, advogados, contadores, engenheiros, arquitetos e outros indivíduos altamente treinados.

Mas, ao contrário de outras formas organizacionais que protegem a responsabilidade, a corporação profissional não protege um empreendedor de sua própria negligência ou má conduta. Em vez disso, protege os proprietários da prática da responsabilidade uns dos outros. Em alguns estados, uma estrutura de negócio diferente chamada de *sociedade de responsabilidade limitada* pode ter o mesmo propósito e vantagens adicionais. Obviamente, a corporação profissional se aplica a uma gama bastante restrita de empreendimentos, mas é geralmente a melhor opção para negócios que se enquadram nessa categoria. De fato, muitas leis estaduais (EUA) exigem essa forma de organização antes que uma prática profissional possa operar.

8-4e A corporação sem fins lucrativos

Para alguns empreendimentos, a forma mais prática de organização é a **corporação sem fins lucrativos**. Nos EUA, a maioria opta por se tornar organizações 501(c)(3), que são criadas para atender propósitos civis, educacionais, de caridade ou religiosos. Para se qualificar ao *status* 501(c)(3), a organização de levantamento de fundos, fundo ou fundação deve ser uma corporação – o IRS não concederá essa opção a uma empresa individual ou sociedade. No processo de candidatura, os funcionários precisam submeter artigos da organização que declarem e delimitem claramente o escopo das atividades da empresa. Para que uma isenção fiscal seja concedida, a organização deve passar no **teste organizacional** ("IRS-speak" para verificação de que a organização permanece fiel aos artigos registrados). Uma corporação sem fins lucrativos deve estabelecer uma diretoria ou *trustees* para supervisionar suas operações, e caso queira encerrar suas operações, é necessário transferir seus ativos para outra corporação sem fins lucrativos.

Não há dúvida de que, em alguns casos, as formas sem fins lucrativos são melhores do que as alternativas com fins lucrativos. Por exemplo, se você espera buscar doações dedutíveis de impostos de indivíduos, fundações e corporações, então será necessário formar uma organização sem fins lucrativos. Uma empresa com fins lucrativos, por outro lado, terá a capacidade de arrecadar dinheiro de investidores privados para os quais ela concede participação no empreendimento ou promete dividendos. Essa é, talvez, a diferença fundamental entre as duas formas gerais, mas há outras a serem consideradas.

Em alguns casos, um modelo híbrido, que vincule entidades sem fins lucrativos e entidades com fins lucrativos, é a melhor opção para empreendimentos menores. A Story Pirates é uma organização sem fins lucrativos que foi aberta em 2003 por graduados da Northwestern University "para celebrar o discurso e as ideias dos jovens" e "tornar a aprendizagem mais envolvente e eficaz".[30] Os programas de artes cênicas pós-escola têm crescido em popularidade e agora são oferecidos em mais de 130 escolas de costa a costa nos EUA. Devido à sua crescente popularidade, os fundadores tiveram que aprender como lidar com o rápido crescimento na venda de ingressos. Abrir uma entidade com fins lucrativos com o mesmo nome foi um grande passo na direção certa. As duas organizações agora são capazes de compartilhar o nome e o conteúdo por meio de acordos de licenciamento que permitem aproveitar ao máximo várias oportunidades de alto potencial que surgem em seu caminho.[31]

Formas híbridas têm alguns aborrecimentos que devem ser gerenciados, como manter conselhos e equipes de gestão separados e estar preparados para provar que as transações entre as entidades refletem o verdadeiro valor de mercado. Como um escritor disse: "Você tem que fazer seu bolo e salvar as baleias, também".[32] O que mais poderia um pequeno empresário querer?

8-4f A corporação B

Você tem a expectativa de usar o poder do negócio para resolver um problema social ou ambiental? Se esse for o caso, a **corporação B** (o "B" significa "benefício") pode ser exatamente a forma que você precisa adotar. Os padrões de desempenho e de prestação de contas são exigentes, a sustentabilidade deve ser uma força motriz primária e a transparência é verificada nos Relatórios de Impacto B. Mas, de acordo com a organização certificadora (uma organização sem fins lucrativos chamada B Lab), os resultados mais do que justificam os custos: "As pessoas terão uma melhor oportunidade econômica, a sociedade estará mais próxima de obter um impacto ambiental positivo, mais pessoas serão empregadas em lugares excelentes para trabalhar e teremos construído comunidades mais fortes em nosso país e ao redor do mundo".[33]

Mais de mil empreendimentos já haviam se organizado como corporações B nos EUA até 2014, incluindo modelos de negócios como Etsy, Patagonia e Warby Parker. Mas assumir essa forma organizacional sobrecarrega uma empresa com sérios encargos, tais como compromisso com políticas altruístas, e permite aos acionistas processar diretores se uma empresa fica aquém da missão social declarada. Então, por que trilhar esse caminho? Neil Blumenthal, cofundador da Warby Parker, afirma: "Queríamos construir um negócio que pudesse gerar lucro. Mas também queríamos construir um negócio que fizesse o bem no mundo".[34] Constituir-se como uma corporação B força uma empresa a permanecer fiel à sua missão declarada, mesmo em um ano de baixa, quando os investidores podem pressionar a gerência a focar as prioridades financeiras. Além disso, a ênfase social deliberada ajuda a recrutar e manter funcionários talentosos (que muitas vezes trabalham por menos para perseguir essa finalidade social), vender produtos ou serviços para consumidores que apoiam a missão e afastar aquisições hostis por parte de empresas que só se preocupam com os lucros.

8-5 FORMANDO ALIANÇAS ESTRATÉGICAS

Aliança estratégica é uma relação organizacional que conecta duas ou mais entidades de negócios independentes em alguns esforços comuns. Sem afetar o *status* legal independente dos sócios de negócios, ela cria uma forma de as empresas melhorarem a eficácia individual compartilhando certos recursos. E essas alianças podem assumir muitos perfis, desde trocas informais de informações até relações contratuais e patrimoniais formais. Diversas pequenas empresas formam alianças que envolvem licenciamento, contratação externa, marketing e distribuição. Esses perfis são mostrados no Quadro 8.4 com outras opções menos comuns.

As alianças estratégicas estão aumentando em importância para pequenos negócios na atualidade e mais empreendedores estão achando formas criativas para usar estratégias de cooperação em benefício próprio. De fato, as estatísticas mostram que quase dois terços das pequenas empresas fazem alianças, e três quartos dessas empresas relatam ter experiências positivas com elas.[35] Dado o aumento do ritmo da concorrência e os custos crescentes das capacidades essenciais, as alianças proporcionam um modo de tornar as pequenas empresas mais competitivas, por exemplo, acessando os recursos de primeira classe de outra empresa, expandindo a gama de mercado para produtos ou serviços oferecidos, combinando esforços publicitários, alcançando economias de escala cruciais e compartilhando riscos que podem ser incapacitantes se enfrentados por uma única pequena empresa. Como a vantagem competitiva geralmente vai para o empreendedor que é rápido para tirar vantagem dela, muitos donos de pequenos negócios estabelecem alianças como parte essencial de seu plano de crescimento. Essas estratégias cooperativas representam uma maneira de acompanhar o ritmo acelerado da mudança no ambiente de negócios de hoje. (Veja no Capítulo 18 uma discussão sobre alianças estratégicas quando se aplicam a empreendimentos globais.)

8-5a Alianças estratégicas com grandes empresas

Os proprietários de pequenas empresas geralmente pressupõem que seus empreendimentos não têm nada a oferecer a empresas maiores, mas a verdade é que elas podem desempenhar um papel essencial na ajuda às corporações para resolver alguns dos seus desafios mais urgentes. Tipicamente, essas alianças são formadas para juntar as habilidades e competências complementares das empresas parceiras para promover vantagens competitivas de ambas (ou de todas) as partes. Por exemplo, grandes fabricantes por vezes se associam a pequenos fabricantes inovadores em esforços de desenvolvimento de produto, e os varejistas gigantes formam alianças

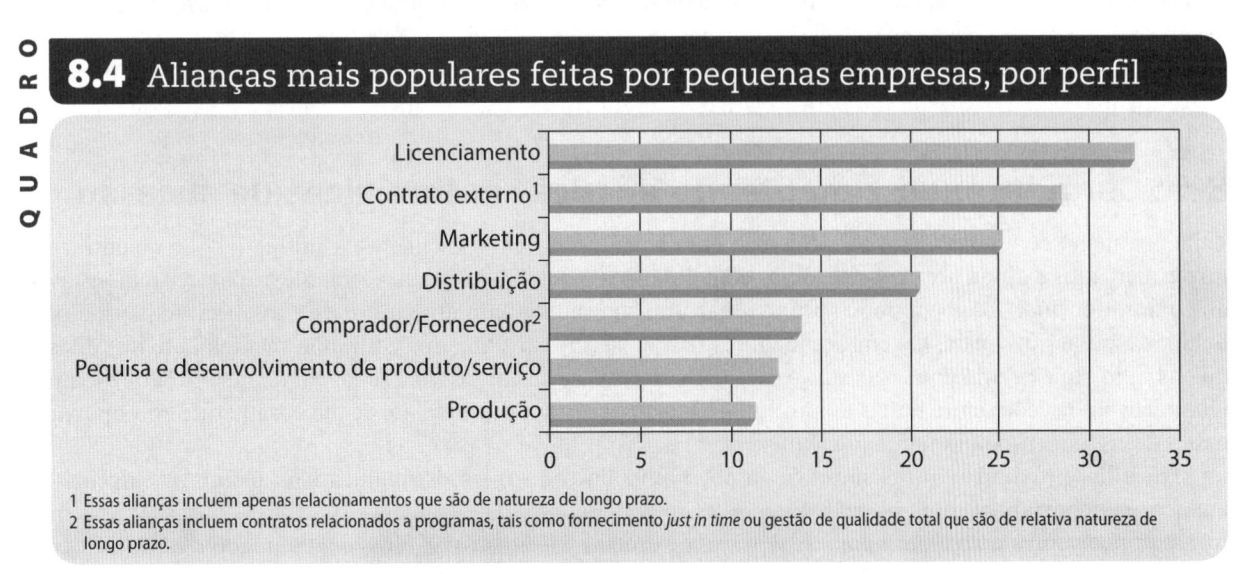

QUADRO 8.4 Alianças mais populares feitas por pequenas empresas, por perfil

Perfil	Valor
Licenciamento	~32
Contrato externo[1]	~28
Marketing	~25
Distribuição	~20
Comprador/Fornecedor[2]	~14
Pequisa e desenvolvimento de produto/serviço	~12
Produção	~11

1 Essas alianças incluem apenas relacionamentos que são de natureza de longo prazo.
2 Essas alianças incluem contratos relacionados a programas, tais como fornecimento *just in time* ou gestão de qualidade total que são de relativa natureza de longo prazo.

Fonte: baseado em William J. Dennis. Jr. (ed.), "Strategic Alliances", *National Small Business Poll*, vol. 4, n. 4 (Washington, DC: NFIB Research Foundation, 2004), p. 1-8.

com fornecedores menores para alcançar exigências de qualidade específicas e cumprir prazos de entrega exigentes. Combinar velocidade, flexibilidade e energia criativa de uma pequena empresa com a experiência no setor, a capacidade de produção e o alcance de mercado de uma grande empresa pode ser uma estratégia vencedora.

Embora alianças com grandes empresas possam dar um grande impulso para o desempenho, algumas pequenas empresas descobrem que ser maior nem sempre significa ser melhor. As vantagens criadas pela união de forças com grandes empresas devem ser pesadas diante do risco de ser "espremida" financeiramente ou de ter que enfrentar complicações burocráticas sufocantes. Uma pequena empresa, por exemplo, agarrou-se à chance de formar uma aliança com uma grande empresa multinacional no mesmo setor. Tudo parecia estar bem até que a pequena empresa entendeu que uma simples discrepância na fatura estava segurando um pagamento de US$ 1,2 milhão que ela precisava desesperadamente receber para honrar compromissos de expansão futura. O dinheiro era uma pequena quantia para a multinacional, mas era essencial para seu pequeno parceiro. As duas empresas chegaram a um impasse, a aliança fracassou e a pequena empresa nunca foi capaz de recuperar os US$ 300.000 do dinheiro que era devido.

Formar alianças com parceiros de prestígio pode oferecer um substancial impulso ao *status* e acesso ao mercado, mas as prioridades estratégicas das partes podem não se alinhar e uma grande corporação pode exercer um poder enorme sobre uma empresa pequena e em dificuldades. Além disso, algumas grandes empresas têm um histórico de mau comportamento com parceiros, e você precisa estar ciente disso antes de fazer uma aliança com elas. As diretrizes fornecidas no Capítulo 4 para avaliação de um franqueador podem ser úteis para decidir se você deve ou não se aliar a um parceiro estratégico. Por exemplo, seria aconselhável investigar se a empresa tem sido um parceiro bom e ético para outras pequenas empresas. Saber isso antecipadamente irá ajudá-lo a tomar uma decisão informada e rentável.

8-5b Alianças estratégicas com pequenas empresas

Pequenas empresas também podem formar alianças estratégicas com parceiros de tamanho semelhante ao seu, para aumentar a força competitiva mútua. Estudos têm indicado que cerca de metade de todas as pequenas empresas mantém uma ou mais alianças estratégicas com empresas que são menores ou iguais a elas em tamanho.[36] Quando os pesquisadores da *Inc.* perguntaram a dezenas de empreendedores quais parceiros de aliança tinham sido melhores para eles, ficaram surpresos ao descobrirem que as narrativas mais entusiasmadas eram sobre outras pequenas empresas.[37] Essas parcerias eram mais flexíveis, dedicadas, criativas e compreensivas das necessidades específicas das pequenas empresas. Aparentemente, é preciso um para conhecer outro!

O Center for Systems Management (CSM), uma pequena empresa de consultoria e treinamento, com sede no estado da Virgínia, nos EUA, que foi recentemente comprada pela Management Concepts, descobriu que estava além de suas possibilidades ter aceito um contrato da Nasa. O CSM tinha um prazo de apenas 45 dias para produzir um vídeo para uma campanha interna de marketing. Essa enorme oportunidade poderia impulsionar a imagem da pequena empresa e gerar negócios em toda uma nova categoria de trabalho, mas um trabalho improvisado provavelmente prejudicaria seu relacionamento com a Nasa para sempre. Em vez de tentar trabalhar sozinho, o CSM contratou o trabalho da Technovative Marketing, uma empresa de sete pessoas em Nova Jersey. Em poucos dias, a presidente da Technovative estava envolvida no trabalho, participando de todas as reuniões com a Nasa como se ela fosse a diretora de marketing do CSM. No final, o projeto foi um enorme sucesso. O CSM foi contratado para fazer mais trabalhos de campanha de marketing interno para a Nasa e, naturalmente, a Technovative foi convidada para ajudar.[38]

8-5c Configurando e mantendo alianças estratégicas de sucesso

Uma estratégia de aliança pode ser poderosa para as empresas em crescimento – mitiga o risco de entrar em novos mercados e ajuda pequenos negócios com balanços patrimoniais pouco atraentes a parecer mais estáveis ao comprador final. Também pode proporcionar uma via rápida para atingir a massa essencial requerida para o suporte pré e pós-venda. Os empreendedores devem selecionar parceiros com uma mentalidade de "divisão do trabalho" que permita que todas as partes concentrem seus esforços no que fazem de melhor. Por exemplo, identificar interseções entre linhas de produtos e *expertise* abre o potencial de venda casada que cria oportunidades de crescimento para todos os envolvidos.

Trabalhar próximo a outras empresas também pode introduzir riscos significativos. Como os parceiros da aliança se encontram em uma posição única para aprender sobre sua estratégia e base de clientes, eles podem se tornar concorrentes do dia para a noite. Portanto, é crucial selecionar parceiros com cuidado e estruturar contratos para garantir o crescimento, incluindo uma cláusula de "fácil saída" se a aliança não funcionar.

Embora as alianças estratégicas muitas vezes não sejam fáceis de estabelecer, podem ser ainda mais difíceis de manter. Pesquisas demonstraram que muitas pequenas empresas estão satisfeitas com os resultados de suas alianças estratégicas,[39] mas um número de alianças se depara com problemas e, em pouco tempo, fracassam. Felizmente, ao estabelecerem alianças, os empreendedores podem seguir estes passos para melhorar suas chances de sucesso:

- *Estabelecer uma rede saudável de contatos.* Essas pessoas podem levá-lo a outros contatos e, eventualmente, para aqueles de que você precisa. Obtenha dicas com analistas do setor, recrutadores de executivos, agências de relações públicas, jornalistas da área de negócios e, até mesmo, o governo.
- *Identificar e entrar em contato com indivíduos em uma empresa que provavelmente retornarão sua chamada.* "Discando alto" (ligar para contatos em nível de vice-presidente ou superior) funciona em pequenas e médias empresas, mas em grandes empresas pode ser necessário contatar gerentes ou outros funcionários de nível médio para obter uma resposta.
- *Fazer a lição de casa e ganhar pontos apenas por estar preparado.* Você deve ser capaz de delinear claramente os benefícios financeiros potenciais do parceiro a partir da aliança. Se possível, mostre que sua empresa pode oferecer valor à aliança em várias frentes.
- *Aprender a falar e compreender a "linguagem" de seu parceiro.* Você não irá "pegar" mensagens sutis em conversas com parceiros, a menos que saiba como eles se comunicam. Isso pode eventualmente construir ou desfazer a aliança.
- *Certificar-se de que qualquer oferta de aliança é claramente uma oportunidade em que ambos os lados ganhem.* Apenas aqueles acordos que beneficiam todas as partes irão durar.
- *Monitorar o progresso da aliança para garantir que as metas e expectativas estejam sendo cumpridas, e fazer alterações conforme forem necessárias.*

O objetivo é formar alianças estratégicas que sejam benéficas para todos os parceiros e gerenciar essas alianças de forma eficaz. Uma chave para alianças estratégicas bem-sucedidas é a compreensão da verdadeira natureza da relação. Em vez de serem entre empresas, relacionamentos em alianças estratégicas são, na verdade, construídos entre as pessoas. Cultivar relacionamentos é essencial para o sucesso empresarial em geral, e estes podem ser promovidos por uma diretoria ou conselheiros eficazes – tópico que discutiremos a seguir.

8-6 TIRANDO MÁXIMO PROVEITO DO CONSELHO ADMINISTRATIVO (DIRETORIA)

Em firmas empreendedoras, o **conselho administrativo** ou **diretoria** tende a ser pequeno (geralmente cinco ou menos membros)[40] e serve como o corpo governante para a atividade corporativa. Na teoria, os acionistas elegem o conselho, que por sua vez escolhe os diretores da empresa, que a gerenciam. Os diretores também definem ou aprovam políticas de administração, consideram relatórios sobre os resultados operacionais dos diretores e declaram quaisquer dividendos disponíveis.

Frequentemente, o acionista majoritário em uma pequena corporação (geralmente o empreendedor) nomeia a diretoria apenas para cumprir com uma exigência legal (uma vez que as corporações são obrigadas por lei a ter um conselho diretivo) ou como mera fachada para os investidores. Esse empreendedor muitas vezes irá selecionar amigos pessoais, parentes ou empresários que estão muito ocupados para analisar as circunstâncias da empresa e não tendem a discordar do proprietário. Os empreendedores que assumem uma abordagem mais construtiva buscam formar um conselho ativo que seja prático e benéfico, especialmente quando os membros são informados, céticos e independentes.

8-6a Seleção de diretores

Um empreendedor que está tentando montar um grupo cooperativo e experiente de diretores precisa considerar o valor de um conselho externo, com membros cuja renda não dependa da empresa. O advogado e representantes do banco em que a empresa é cliente, consultores locais de gestão e outros executivos de empresas podem ser considerados potenciais diretores, mas geralmente não têm a independência necessária para revisar criticamente os planos de um empreendedor. Além disso, em muitos casos, o proprietário já está pagando pelo seu *expertise*.

A objetividade é uma contribuição particularmente valiosa de diretores externos. Eles podem olhar as questões de modo mais frio do que aqueles que estão envolvidos na tomada de decisão do dia a dia. Os diretores externos, por exemplo, são mais livres para avaliar e questionar os padrões éticos da empresa. Alguns executivos operacionais, sem o controle de diretores externos, podem racionalizar o comportamento antiético ou ilegal como de interesse da empresa. Em uma empresa familiar, um conselho externo pode ajudar a mediar e resolver problemas relacionados à sucessão de liderança, além de dar uma orientação mais geral. Como alguém de fora, eles trazem para o negócio um desprendimento de potenciais conflitos emocionais explosivos.

Trabalhar com membros externos do conselho nem sempre é fácil, mas um empreendedor que é assessorado pelo conselho a tomar decisões difíceis pode achar que essas decisões são necessárias para avançar o negócio. Por exemplo, a diretoria pode continuar a levantar questões que são fáceis de evitar, como a necessidade de construir relacionamentos de longo prazo com pessoas influentes na comunidade bancária ou a importância do propósito das reformas para o futuro da empresa em um plano de negócios formal que possa ser estudado, debatido, aperfeiçoado e aplicado como ferramenta para atrair recursos essenciais. Empreendedores muitas vezes gastam até 20% do tempo em atividades relacionadas com o conselho, mas o compromisso do tempo vale o custo se os diretores estiverem desempenhando bem o trabalho.

A natureza e as necessidades de uma empresa ajudam a determinar as qualificações exigidas para os seus diretores. Por exemplo, uma empresa que enfrenta um problema de propriedade intelectual pode se beneficiar especialmente do aconselhamento de um membro do conselho com experiência jurídica. Proeminência nos negócios na comunidade não é uma qualidade essencial para os membros do conselho, apesar de poder ajudar a dar credibilidade à empresa e permitir que atraia outros diretores. Diretores com ampla rede de amigos e colaboradores de negócios influentes podem contribuir bastante, desde que estejam dispostos a contatá-los em nome da empresa.

Depois de decidir sobre as qualificações a serem encontradas, um empreendedor deve buscar candidatos adequados ao conselho. Diretores eficazes são honestos e responsáveis, oferecem conhecimentos valiosos com base na sua experiência empresarial e melhoram a credibilidade da empresa com seus *stakeholders* (especialmente clientes e fornecedores). Sugestões para esses candidatos podem ser obtidas com o contador, advogado, banqueiro e outros associados da empresa na comunidade empresarial. Proprietários ou gerentes de outras pequenas empresas não concorrentes, bem como executivos de segundo e terceiro escalão em grandes empresas muitas vezes estão dispostos a aceitar tais responsabilidades. No entanto, antes de oferecer a candidatos os cargos no conselho, seria prudente que o empreendedor fizesse uma verificação discreta dos antecedentes deles.

8-6b Contribuições dos diretores

A crescente complexidade das pequenas empresas, decorrente, em parte, da globalização e de desenvolvimentos tecnológicos, torna o *expertise* de diretores bem escolhidos especialmente valioso. Como mencionado anteriormente, as pessoas de fora em uma empresa familiar podem desempenhar um papel único na avaliação do talento da família e na mediação das diferenças entre os seus membros. E uma diretoria sólida pode ajudar o empreendedor a considerar além dos próximos meses para tomar decisões estratégicas importantes a longo prazo. Em outras palavras, bons diretores serão capazes de ajudar os empreendedores a manter ou visualizar o cenário geral.

Com experiência prévia, os diretores podem preencher lacunas de *expertise* de uma equipe de gestão e monitorar suas ações. O conselho deve reunir-se regularmente para fornecer assistência máxima ao executivo-chefe. Nas reuniões da diretoria, deve-se debater ideias, determinar estratégias e explorar prós e contras de políticas e procedimentos. Dessa forma, o executivo-chefe mantém-se informado sobre as perspectivas singulares dos membros do conselho. O conhecimento associado do executivo-chefe torna possíveis decisões mais inteligentes sobre questões cruciais para a empresa.

Com a experiência da diretoria, o executivo-chefe de uma corporação não deve, de modo algum, abandonar o controle ativo de suas operações. Em vez disso, ele está simplesmente recorrendo a um conjunto mais amplo de conhecimento de negócios. Um grupo normalmente toma melhores decisões do que um único indivíduo trabalhando sozinho.

Uma diretoria ativa serve à gestão, analisando as principais decisões políticas, aconselhando sobre as condições externas de negócios e sobre a reação adequada ao ciclo de negócios, fornecendo aconselhamento informal periodicamente sobre problemas específicos que surgem e oferecendo acesso a contatos pessoais importantes. Com uma diretoria sólida, uma pequena empresa pode ganhar maior credibilidade do público, bem como das comunidades empresariais e financeiras.

8-6c Remuneração dos diretores

A remuneração paga aos membros da diretoria varia muito, e algumas pequenas empresas não oferecem nenhuma remuneração. Se houver remuneração, normalmente é oferecida como adiantamento anual, taxas de reunião da diretoria e pagamento por trabalho no comitê. (Os diretores podem trabalhar em comitês que avaliam a remuneração dos executivos, nomeiam novos membros da diretoria e supervisionam o trabalho dos auditores da empresa.) As estimativas variam, mas os adiantamentos anuais para o trabalho do conselho em pequenas empresas estabelecidas geralmente são de US$ 5.000 a US$ 10.000, e as taxas de reunião de conselho podem variar de US$ 500 a US$ 2.000 por reunião. Esses custos para a empresa são normalmente complementares aos reembolsos de despesas de viagem relacionadas com as reuniões da diretoria e a carga financeira de fornecer um seguro de responsabilidade civil a diretores e funcionários do alto escalão, que os protege em caso de serem processados no curso do desempenho de seus deveres como diretores.[41] Às vezes, os membros da diretoria também recebem uma pequena porcentagem dos lucros da empresa como um bônus por sua participação, e alguns negócios sem fluxo de caixa podem conceder a eles ações (muitas vezes 1%, mas em alguns casos 2% ou mais para atrair os melhores talentos) em vez de remuneração.[42]

A remuneração relativamente modesta oferecida pelos serviços de diretores qualificados sugere que recompensa financeira não é sua principal motivação para servir à diretoria. Na verdade, não é raro que alguns diretores sirvam gratuitamente por causa de seu interesse em ver uma empresa nova ou pequena prosperar. No entanto, uma compensação razoável é apropriada, se os diretores estiverem fazendo importantes contribuições para as operações da empresa. Em qualquer caso, é importante ter em mente que você geralmente recebe por aquilo que paga.

8-6d Uma alternativa: um conselho consultivo

Alguns indivíduos relutam em aderir a um conselho administrativo ou diretoria, porque os diretores externos podem ser responsabilizados por ações ilegais da empresa, ainda que não estejam diretamente envolvidos em transgressões. Assim, muitas pequenas empresas usam um **conselho consultivo** como a alternativa a um conselho de diretores. Os profissionais externos qualificados são convidados para trabalhar como assessores da empresa. Esse grupo funciona, então, da mesma forma que um conselho administrativo, mas suas ações são apenas de natureza consultiva. Em outras palavras, eles não têm autoridade legal sobre o proprietário ou a empresa.

A responsabilidade legal dos membros de um conselho consultivo não é completamente clara. Contudo, entende-se que limitar a sua remuneração e poder alivia, se não elimina totalmente, a responsabilidade pessoal dos membros do conselho. Uma vez que seu papel é de natureza consultiva, o conselho também pode representar uma ameaça menor para o proprietário e, possivelmente, trabalhar mais cooperativamente do que um conselho administrativo.

Sem dúvida, um conselho administrativo ou conselheiros bem selecionados podem ser um ótimo negócio para uma pequena empresa, mas tenha em mente que essa é apenas uma parte de um plano organizacional eficaz. O sucesso de qualquer negócio depende da qualidade do pessoal, que deve também ser bem organizado e habilmente liderado. É por isso que ter uma equipe de gestão equilibrada, selecionar uma forma organizacional que faça sentido para a empresa e suas circunstâncias e criar alianças estratégicas vantajosas é tão importante. Este capítulo abordou cada um desses tópicos para ajudá-lo a refletir sobre os principais fatores envolvidos no desenvolvimento de um sólido plano organizacional que dará ao seu negócio um bom início e ajudará a garantir o seu sucesso a longo prazo.

Glossário

Aliança estratégica (p. 169) – Relação organizacional que conecta duas ou mais entidades de negócios independentes em um esforço comum.

Capital social (p. 157) – Vantagem criada pelas conexões de um indivíduo em uma rede social.

Certificados de ações (p. 163) – Documento que especifica o número de ações que um acionista possui.

Conselho administrativo (diretoria) (p. 171) – Corpo que governa uma empresa, eleito pelos acionistas.

Conselho consultivo (p. 173) – Grupo que serve como alternativa a um conselho administrativo, atuando apenas no papel de aconselhamento.

Contrato de sociedade (p. 161) – Documento que declara explicitamente os direitos e deveres dos sócios.

Contrato social (p. 162) – Documento que estabelece a existência de uma corporação.

Corporação (p. 162) – Organização empresarial que existe como uma entidade jurídica e fornece responsabilidade limitada a seus proprietários.

Corporação B (p. 168) – Forma de empresa que cria impacto social e ambiental positivo enquanto mantém altos padrões de transparência e prestação de contas.

Corporação C (p. 162) – Corporação ordinária, tributada pelo governo federal como uma entidade legal separada.

Corporação profissional (p. 167) – Forma de empresa que protege os proprietários de responsabilidade e é configurada para indivíduos em determinadas práticas profissionais.

Corporação S (corporação do subcapítulo S) (p. 167) – Tipo de corporação que oferece responsabilidade limitada a seus proprietários e repassa a receita ou perda tributável para seus acionistas.

Corporação sem fins lucrativos (p. 168) – Corporação para empreendimentos estabelecidos com o fim de atender a propósitos civis, educacionais, de caridade ou religiosos, não para gerar lucros.

Desconsideração da personalidade jurídica (p. 165) – Situação na qual a corte conclui que a incorporação foi utilizada para perpetuar uma fraude, burlar a lei ou cometer algum ato ilícito e remove a proteção de responsabilidade da entidade corporativa.

Direito de preferência (p. 163) – Direito dos acionistas para comprar novas ações antes de uma oferta pública.

Empresa individual (p. 159) – Organização de propriedade de uma única pessoa, que tem responsabilidade ilimitada pelo empreendimento.

Entidade jurídica (p. 162) – Organização empresarial que é reconhecida por lei como tendo uma existência legal própria.

Equipe de gestão (p. 154) – Gerentes e outras pessoas-chave que fornecem direção a uma empresa.

Reciprocidade (p. 157) – Forte sentimento de obrigação de retribuir o que outra pessoa nos faz ou nos oferece.

Rede social (p. 157) – Sistema interligado de relacionamentos com outras pessoas.

Responsabilidade conjunta e solidária (p. 162) – Responsabilidade de cada sócio, que resulta da capacidade de qualquer sócio vincular legalmente os outros sócios.

Responsabilidade ilimitada (p. 159) – Responsabilidade de um proprietário que se estende além do investimento do proprietário no negócio.

Sociedade (p. 160) – Entidade jurídica formada por dois ou mais coproprietários que operam um negócio que gera lucro.

Sociedade anônima (p. 167) – Organização na qual os proprietários têm responsabilidade limitada, mas pagam impostos de renda pessoal sobre os lucros do negócio.

Sociedade limitada (p. 166) – Sociedade com pelo menos um sócio geral e um ou mais sócios limitados.

Sócio geral (p. 166) – Sócio em uma sociedade limitada que tem responsabilidade pessoal ilimitada.

Sócios limitados (p. 166) – Sócios em uma sociedade limitada que não estão ativos na gestão e têm responsabilidade pessoal limitada.

Teste organizacional (p. 168) – Verificação de se a organização sem fins lucrativos permanece fiel à sua finalidade declarada.

Ações para startups

Divisão de propriedade
Pesquisa conduzida pelo professor Noam Wasserman, da Harvard Business School, concluiu que 73% das equipes empreendedoras constroem seus contratos de *startup* no primeiro mês de atuação. Isso significa que a divisão da equidade entre os parceiros é sacramentada em um momento de grande otimismo e antes que competências e compromissos sejam bem definidos. Quando o saldo das contribuições muda (muitas vezes dramaticamente), as tensões aumentam e a infelicidade com a divisão inicial de ações quase triplica. Para mais informações sobre essa pesquisa, veja Noam Wasserman, "How an Entrepreneur's Passion Can Destroy a Startup," *The Wall Street Journal*, 25 de agosto de 2014, p. R1-R2.

Recursos para startups

Criando uma rede de relacionamentos interna
Às vezes, a rede de relacionamentos mais importante de ser cultivada é a que há na empresa. Quando os funcionários têm a informação de que precisam, eles são capazes de tomar decisões muito melhores, e isso é muito bom para a empresa. As redes sociais fechadas – como Facebook ou Twitter, mas apenas para funcionários – podem ser a solução. Chatter, Yammer e Jive são algumas das mais conhecidas plataformas de rede social de empresa e essas ferramentas e outras como elas podem ser muito úteis para ideias de *crowdsourcing*, facilitando a resolução de problemas do grupo e conectando fontes de *expertise* do empreendimento com seus desafios mais urgentes.

Construindo alianças de negócios
É essencial que você selecione um parceiro estratégico que não prejudique a sua reputação e ajude a impulsionar a performance de seu empreendimento. Para um excelente manual para seleção de um parceiro, veja os conselhos de Donna Peek em "Evaluating and Selecting a Strategic Partner", em www.entrepreneurship.org/resource-center/evaluating-and-selecting-a-strategic-partner.aspx.

Você é quem manda

Situação 1

Apenas recentemente, Donny Eckols teve a ideia de começar um serviço *on-line* que ajudaria investidores em busca de imóveis baratos para aluguel para se conectar com proprietários que realmente precisam vender suas casas rapidamente. Essa oportunidade tem um apelo especial para a Eckols cujos pais estão envolvidos no setor imobiliário por décadas. Como Eckols não quer iniciar esse novo negócio sozinho, ele pressiona o amigo John Starner para ser seu sócio.

Embora Starner pense que essa potencial *startup* poderia ser um sucesso, ele simplesmente não consegue se ver no mercado de negócios imobiliários. Para ele, soa muito como vendas e isso combina mais com Eckols, com o estilo otimista e a habilidade natural de ler as pessoas e antecipar suas reações. A personalidade de Starner é muito diferente, focando mais em tecnologia do que em pessoas e em ideias mais do que em interações. Até agora, ele e Eckols têm desfrutado de uma grande amizade, mas Starner está começando a se perguntar se os bons tempos continuarão a rolar quando o dinheiro estiver em jogo e a pressão começar a subir. Ele sabe que Eckols confia muito nas suas habilidades de informática e tenta tornar a vida de Eckols mais interessante e mantê-lo conectado.

Starner também teme que Eckols possa querer controlar a empresa quando começar a deslanchar. Afinal, ele traria muitas ideias do setor para o novo empreendimento, dada a experiência prévia de sua família e por ter sido dele a ideia. Como ele poderia não desenvolver senso de propriedade? Starner sabe que suas habilidades de programação e facilidade com a tecnologia irão preencher lacunas importantes da experiência de Eckols, mas isso será suficiente para mantê-lo no jogo? Ele tem que decidir em breve. Eckols quer lançar a nova empresa antes do final do mês.

Pergunta 1 – Quão relevantes são as personalidades individuais para o sucesso dessa equipe empreendedora? Você acha que Starner e Eckols têm chance de sobreviver em uma potencial sociedade? Por que sim ou por que não?

Pergunta 2 – Você considera uma vantagem ou uma desvantagem que os membros dessa equipe tenham mais ou menos a mesma idade?

Pergunta 3 – Em resumo, é bom ou ruim que a empresa seja aberta por dois homens que também são amigos muito próximos? Quais são os potenciais benefícios e inconvenientes de misturar negócios e amizade neste caso?

Situação 2

Essa é uma história verdadeira relatada por David Allen, diretor do John F. Baugh Center for Entrepreneurship, na Baylor University. Os nomes foram alterados para ocultar as identidades das pessoas envolvidas.

Uma manhã anos atrás, enquanto trabalhava no escritório de minha empresa de marketing de outdoors, *recebi um telefonema de um antigo conhecido da escola. Ele tinha aberto uma loja de umidificadores em parceria com o irmão mais velho, que cuidava das finanças e ele gerenciava o empreendimento. Gary pediu que eu ligasse a ele para discutir a publicidade em* outdoors *para divulgar a nova empresa no mercado local. Depois que expliquei as vantagens da publicidade em* outdoors *para atingir os objetivos, Gary contratou a minha empresa para posicionar diversos pequenos* outdoors *no mercado local.*

Depois de desenhar os cartazes, ordenar o trabalho de impressão e agendar locais específicos que melhor atingiriam o mercado-alvo de Gary, os materiais chegaram e foram colocadas na data acordada. Por volta do meio da manhã da data de lançamento, o irmão mais velho, Jerry, contatou-me e mencionou que ele tinha visto alguns dos cartazes em outdoors *na área. Ele queria saber o que estava acontecendo, porque ele não tinha ideia de que os cartazes tinham sido encomendados. Eu expliquei o que havia acontecido e que Gary tinha contratado o espaço publicitário. Jerry expressou sua insatisfação por telefone, em termos bem claros, o que me fez questionar se ele estava descontente com o design ou com as localizações que tinham sido escolhidas. Ele disse que, na verdade, estava bastante satisfeito com o produto e a exposição, mas que estava simplesmente chateado com o irmão por ter firmado o contrato sem antes consultá-lo ou mesmo informá-lo do que ele havia feito. Jerry era, afinal, o sócio que tinha que pagar as contas.*

Esse incidente ficou na memória por anos como advertência contra a abertura de uma empresa em sociedade como forma jurídica de organização. Jerry entendeu que, embora não tivesse concordado com a transação e, de fato, nem soubesse o que o irmão tinha feito, ele, ainda assim, seria responsável por pagar toda a conta, porque o sócio tinha assinado um contrato em nome do negócio. Ao longo dos anos, vi muitas sociedades se destruírem porque os sócios não compreendiam essa característica importante das sociedades gerais. As sociedades podem funcionar, mas apenas quando existe um forte contrato social preparado para especificar os deveres e as responsabilidades de cada sócio na empresa. Além disso, os sócios precisam estar em total acordo sobre os objetivos da direção da sociedade e os métodos que serão empregados para alcançá-los; caso contrário, o empreendimento pode muito rapidamente sair dos trilhos.

A boa notícia do incidente que acabei de relatar é que a publicidade cumpriu com o objetivo; o negócio se desenvolveu bem rapidamente e estava gerando lucros em um curto prazo. Jerry ficou satisfeito com o resultado, mas teve uma longa conversa com Gary sobre a necessidade de os dois darem o aval antes de assinar qualquer contrato. Com um passo adiante, procuraram um advogado local que entendeu as potenciais armadilhas de sociedades e elaborou um contrato social que definiu papéis e responsabilidades dos dois parceiros. A empresa prosperou por vários anos até que, por fim, foi vendida a terceiros.

Embora essa história particular tenha tido um final feliz, muitas empresas boas vacilam e, com o tempo, fracassam porque os sócios desconhecem completamente a responsabilidade solidária do modelo de organização escolhido.

Pergunta 1 – Quais são as vantagens e desvantagens de gerenciar um negócio como sócio?

Pergunta 2 – Que outras formas jurídicas de organização poderiam ter sido utilizadas para esse negócio? Qual forma você recomendaria? Por quê?

Plano de negócios

Construindo a base

Como parte da definição das bases para preparar o próprio plano de negócios, responda às seguintes perguntas sobre equipe de gestão, forma de organização legal, alianças estratégicas e conselho administrativo.

Perguntas sobre a equipe de gestão

1. Quem são os membros da sua equipe de gestão? Que habilidades, educação e experiência eles agregam à equipe?
2. Quais outros gerentes-chave você planeja recrutar?
3. Você planeja usar consultores? Em caso afirmativo, descreva as qualificações.
4. Quais são os seus planos para recrutamento futuro de funcionários?
5. Quais serão os planos de compensação e benefícios para os gestores e outros funcionários?
6. Qual estilo de gestão será utilizado? Qual será o processo de tomada de decisão na empresa? Quais mecanismos estão vigentes para a comunicação eficaz entre os gestores e os empregados? Se possível, apresente um organograma simples.
7. Como o pessoal será motivado? Como a criatividade será incentivada? Como o compromisso e a lealdade serão desenvolvidos?
8. Quais programas de retenção e treinamento de funcionários serão adotados? Quem será o responsável pelas descrições de cargo e avaliações de empregados?

Perguntas sobre a forma jurídica da organização

1. Quem terá interesse de propriedade no negócio?
2. A empresa funcionará como uma empresa individual, parceria ou corporação? Se for uma corporação, será corporação C, corporação S, sociedade de responsabilidade limitada, corporação profissional, corporação sem fins lucrativos ou corporação B?
3. Quais são as implicações de responsabilidade dessa forma de organização?
4. Quais são as vantagens e desvantagens fiscais dessa forma de organização?
5. Se for uma corporação, onde ela será constituída e quando será incorporada?
6. Qual advogado ou firma de advocacia foi selecionado para representar a empresa? Que tipo de relação existe com o advogado ou escritório de advocacia escolhido pela empresa?
7. Quais questões jurídicas são atual ou potencialmente significativas?
8. Quais licenças e/ou autorizações podem ser necessárias?

Perguntas sobre alianças estratégicas

1. Que alianças estratégicas já estão em vigor e quais outras você pretende estabelecer no futuro? Descreva a natureza dessas alianças.
2. Quais são as responsabilidades e benefícios para as partes envolvidas nessas alianças estratégicas?
3. Quais são as estratégias de saída se uma aliança fracassar?

Perguntas sobre o conselho de administração

1. Quem são os diretores da empresa?
2. Quais são as qualificações dos membros do conselho?
3. Como os diretores serão compensados?

Notas

1. Stephen Spinelli e Robert Adams, *New Venture Creation: Entrepreneurship for the 21st Century* (Nova York: Irwin McGraw-Hill, 2012), p. 46.
2. A posição é consistente com as pesquisas recentes que mostram que as ideias de negócios geradas em uma competição de ideias de negócios estavam relacionadas às características das equipes empreendedoras que as tiveram. A qualidade era melhor quando equipes eram maiores, quando tinham mais anos de experiência e quando recebiam assistência externa de fundadores de empreendimentos experientes. Para saber mais sobre essa pesquisa, veja Maw-Der Foo, "Member Experience, Use of External Assistance and Evaluation of Business Ideas," *Journal of Small Business Management*, vol. 48, n. 1 (janeiro de 2010) , p. 32-43.
3. Membros da equipe de gestão são definidos como aqueles com responsabilidades financeiras e de tomada de decisão no empreendimento. [veja Gaylen N. Chandler, "New Venture Teams," em Andrew Zacharakis e Stephen Spinelli, Jr. (eds.), *Entrepreneurship: The Engine of Growth* (Westport, CT: Praeger Perspectives, 2007), p. 75-76]. Outras definições são mais restritivas e enfatizam fatores como ser um fundador de empreendimento [veja Iris Vanaelst, Bart Clarysse, Mike Wright, Andy Lockett, Nathalie Moray e Rosette S'Jegers, "Entrepreneurial Team Development in Academic Spinouts: An Examination of Team Heterogeneity," *Entrepreneurship Theory and Practice*, vol. 30, n. 2 (março de 2006), p. 251]. No outro extremo do espectro, alguns empreendedores consideram todos os empregados e conselheiros parte da equipe. Como nossa discussão aqui se concentra naqueles que detêm importantes posições de liderança nos pequenos negócios, mas podem não compartilhar a propriedade da empresa, usamos o termo mais abrangente *equipe de gestão* em vez de *equipe empreendedora*.

4. Para um estudo interessante da adição de membros à equipe de gestão, veja Daniel P. Forbes, Patricia S. Borchert, Mary E. Zellmer-Bruhn e Harry J. Sapienza, "Entrepreneurial Team Formation: An Exploration of New Member Addition," *Entrepreneurship Theory and Practice*, vol. 30, n. 2 (março de 2006), p. 225-248.
5. Ross McCammon, "We're Better Together," *Entrepreneur*, vol. 40, n. 6 (junho de 2012), p. 20-21
6. Knowledge@Wharton, "Goodbye Dilbert: The Rise of the Naked Economy," 4 de janeiro de 2014, http://knowledge.wharton.upenn.edu/article/goodbye-dilbert-rise-naked-economy. Acesso em 19 de novembro de 2014.
7. Pesquisas nem sempre apoiam a ideia de que o equilíbrio funcional conduz a um melhor desempenho do empreendimento. Alguns estudos descobriram que a heterogeneidade funcional está correlacionada ao crescimento de pequenas empresas, enquanto outros não oferecem evidência para indicar qualquer relação com desempenho da equipe (Veja Chandler, op. cit.).
8. Andy Lockett, Deniz Ucbasara e John Butler, "Opening Up the Investor-Investee Dyad: Syndicates, Teams, and Networks," *Entrepreneurship Theory and Practice*, vol. 30, n. 2 (março de 2006), p. 119
9. Chandler, op. cit., p. 71.
10. "The College Wizard: About Harvey," http://thecollegewizard.net/about.html. Acesso em 19 de novembro de 2014; e comunicação pessoal com Harvey Manger-Weil em 5 de outubro de 2012.
11. Jason Daley, "Well Enough Alone," *Entrepreneur*, vol. 40, n. 4 (abril de 2012), p. 81–85.
12. Elaine Pofeldt, "Going It Alone," *Inc.*, vol. 36, n. 1 (February 2014), p. 22–23.
13. Howard E. Aldrich e Nancy M. Carter, "Social Networks," em William B. Gartner, Kelly G. Shaver, Nancy M. Carter e Paul D. Reynolds (eds.), *Handbook of Entrepreneurial Dynamics: The Process of Business Creation* (Thousand Oaks, CA: Sage, 2004), p. 331.
14. Jennifer Van Grove, "How Small Business Is Using Social Media," http://mashable.com/2010/03/02/small-business-stats. Acesso em 19 de novembro de 2014.
15. Robert B. Cialdini, *Influence: Science and Practice* (Needham Heights: MA: Allyn & Bacon, 2009).
16. Essa porcentagem de acordo com o IRS inclui empresas organizadas como empresas de responsabilidade limitada (LLCs), uma forma organizacional que será introduzida mais tarde no capítulo. Essa inclusão é provavelmente sem importância, já que outras fontes indicam que o número de startups formadas como LLCs ainda é pequeno. Veja Internal Revenue Service, "Table 1A: Calendar Year Projections [for 2017] of Individual Returns by Major Processing Categories for the United States," http://www.irs.gov/pub/irs-pdf/p6187.pdf. Acesso em 19 de novembro de 2014.
17. Fred S. Steingold, *Legal Guide for Starting and Running a Small Business* (Berkeley, CA: Nolo Press, 2013).
18. Ibid.
19. Fred S. Steingold, *Legal Forms for Starting and Running a Small Business* (Berkeley, CA: Nolo Press, 2012).
20. Ira Nottonson, *Forming a Partnership: And Making It Work* (Irvine, CA: Entrepreneur Press, 2007), p. 6–7.
21. Nichole L. Torres, "Left in the Lurch?", *Entrepreneur*, vol. 34, n. 5 (maio de 2006), p. 108.
22. John Seely Brown, conforme citado em Stephen J. Dubner, "How Can We Measure Innovation? A Freakonomics Quorum," 25 de abril de 2008, http://freakonomics.com/2008/04/25/how-can-we-measure-innovation-afreakonomics-quorum/?hp&_r50. Acesso em 20 de novembro de 2014.
23. "Piercing the Corporate Veil," http://www.residual-rewards.com/piercingthecorporateveil.html. Acesso em 20 de novembro de 2014.
24. David Newton, "Personal Loan Guarantees," http://www.entrepreneur.com/article/55544. Acesso em 20 de novembro de 2014.
25. Internal Revenue Service, "S Corporations," http://www.irs.gov/Businesses/small-Businesses-&-Self-Employed/S-Corporations. Acesso em 21 de novembro de 2014.
26. Para anos fiscais que se iniciaram após 2004, a lei nos EUA aumentou o número máximo de acionistas permitidos na corporação S de 75 a 100. (Note que marido e esposa contam somente como um acionista.)
27. As regras foram modificadas em anos recentes para permitir mais tipos de trustes que podem ter ações da Corporação S.
28. Internal Revenue Service, "Limited Liability Company (LLC)," http://www.irs.gov/Businesses/Small-Businesses-&-Self-Employed/Limited-liability-Company-LLC. Acesso em 21 de novembro de 2014.
29. Para uma descrição das vantagens do imposto da sociedade anônima, veja Steingold, *Legal Guide,* op. cit.
30. "Story Pirates," http://storypirates.org. Acesso em 21 de novembro de 2014.
31. Issie Lapowsky, "The Social Entrepreneurship Spectrum: Hybrids," *Inc.*, vol. 33, n. 4 (May 2011), p. 86-88.
32. Ibid.
33. "B Corp: A New Kind of Corporation," http://strongertogether.coop/fresh-from-the-source/b-corp-a-new-kind-of-corporation. Acesso em 24 de novembro de 2014. Para saber mais sobre as vantagens e limitações das corporações B, visite o site http://.www.bcorporation.net, ou consulte recursos como *The B Corp Handbook*, por Ryan Honeyman.
34. James Surkowiecki, "Companies with Benefits," *The New Yorker* (4 de agosto de 2014), http://www.newyorker.com/magazine/2014/08/04/companiesbenefits. Acesso em 24 de novembro de 2014.
35. William J. Dennis Jr. (ed.), "Strategic Alliances," *NFIB National Small Business Poll*, vol. 4, n. 4 (Washington, DC: NFIB Research Foundation, 2004), p. 4.
36. Ibid., p. 9-14.
37. Michael Fitzgerald, "Turning Vendors into Partners," *Inc.*, http://www.inc.com/magazine/20050801/vendors.html. Acesso em 25 de novembro de 2014.
38. Ibid.
39. Dennis, op. cit., p. 7.
40. Em muitos estados norte-americanos, o número de membros do conselho exigido depende do número de acionistas da empresa. Uma empresa com um acionista pode precisar de apenas um diretor para atender à sua demanda, com dois diretores sendo exigidos quando há dois acionistas e três diretores quando há três. Entretanto, nenhum estado dos EUA exige que uma corporação tenha mais de três diretores em seu conselho (veja Steingold, *Legal Guide,* op. cit.).
41. Os valores de compensação fornecidos são consistentes entre muitas fontes, mas os intervalos de variabilidade são amplos o suficiente para indicar que a variação entre pequenos negócios é considerável.
42. Kent Romanoff, "Board of Directors Compensation," http://theperfectpayplan.typepad.com/the_salary_sage/boardcompensation. Acesso em 25 de novembro de 2014.

CAPÍTULO 9

O plano de localização

Enquanto muitas pequenas empresas ainda operam fora de um local fixo, a lista dos locais alternativos cresce mais a cada ano. Por exemplo, cada vez mais, proprietários de pequenas empresas estão escolhendo suas casas como o centro de seu mundo empresarial. Mas, mesmo em casa, a verdadeira localização do escritório varia em um quarto, no quintal dos fundos e até na mesa da cozinha. E para os empresários que iniciam negócios na internet, a vida de trabalho diária pode ser uma combinação de conectar-se à rede sem fio em uma Starbucks e alugar o espaço para escritório ou sala de conferências, conforme necessário. O ponto é que pequenas empresas têm muitas opções.

Em San Francisco, um grupo de proprietários de empresas decidiu estender os limites da localização convencional do espaço de trabalho colaborativo com uma abordagem inovadora a preços acessíveis que chamaram de Icebreaker. Eles montaram escritórios em uma balsa de carros islandesa ancorada no Pier 50 de San Francisco. A balsa de 40 anos tornou-se o local de um grupo de empresários, desde físicos da Nasa até visionários da tecnologia, que estavam determinados a expandir seus negócios na área da Baía de San Francisco. A ponte da balsa foi transformada de centro de comando náutico a local de convivência para codificadores de computador completos, com cadeiras de saco de feijão e quadros brancos.

Uma diversidade de negócios operava fora da balsa. A empresa de compras SupplyBetter vende peças mecânicas personalizadas, enquanto a *startup* Imaginary Number desenvolve jogos educacionais que ensinam matemática. Outras *startups* que estavam "na vizinhança" são responsáveis pela produção do software de bate-papo na internet, um Porsche elétrico e módulos 3D de controle gestual. Os contratos de aluguel também variaram, com algumas empresas que oferecem capital ou serviços de manutenção em troca de espaço de escritório.

No entanto, esse grupo de empresários tinha mais com o que se preocupar do que apenas com o sucesso de seus empreendimentos. Por fim, funcionários do porto entraram em contato com os proprietários da balsa para

> **No Spotlight**
> **The Icebreaker**
> www.icebreaker-sf.com

Ao término deste capítulo, você deverá ser capaz de:

9-1. Descrever cinco fatores-chave na localização de uma *startup* com espaço físico.

9-2. Discutir os desafios ao projetar e equipar uma instalação física.

9-3. Reconhecer tanto a atratividade quanto os desafios de criar uma *startup* em casa.

9-4. Entender os potenciais benefícios da localização de uma *startup* na internet.

informar que o porto era reservado especialmente para navios em funcionamento, não para escritórios flutuantes. Para evitar a ameaça de despejo, a balsa teria que "deixar o cais e completar um cruzeiro em torno de Alcatraz e retornar para a doca". No entanto, era um problema, já que a balsa não navegava havia muitos anos. Embora tivesse um motor que funcionasse, ainda precisava de uma âncora, combustível e equipe experiente para navegar na baía. Os proprietários estimaram que haveria um custo de cerca de 30 mil dólares para preparar a balsa para a curta viagem pelo porto.

Com uma história enriquecedora marcada por um pensamento livre, San Francisco tem sido o lar de muitos movimentos não convencionais na política, em questões sociais e tecnologia. Com a presença do Icebreaker, parecia que a cidade seria capaz de agregar um espaço de trabalho à lista. Mas, infelizmente, os proprietários do Icebreaker não conseguiram cumprir com todas as exigências da autoridade portuária e tiveram de desistir da experiência criativa em relação a esse espaço inovador de escritório. Ainda não se sabe se a balsa terá uma nova vida em algum momento no futuro, mas por ora parece que o incomum espaço de trabalho de *startups* pode infelizmente ter sido perdido no mar.

Fontes: Nellie Bowles, "Startup Incubator on Old Ship Tries to Stay Afloat", *SFGate*, 10 de outubro de 2013, http://www.sfgate.com/technology/article/Startup-incubator-on-old-ship-tries-to-stay-afloat-4882815.php. Acesso em 4 de dezembro de 2014; Rakesh Sharma, "A Ship, a Couple of Startups and the Bay", *Forbes*, 7 de outubro de 2013, http://www.forbes.com/sites/rakeshsharma/2013/10/07/a-ship-a-couple-of-startups-and-the-bay, acesso em 4 de dezembro de 2014; "The Icebreaker", http://www.icebreaker-sf.com. Acesso em 8 de dezembro de 2014; e Danny Yardon, "Seagoing Office Space Doesn't Float San Francisco's Boat", *The Wall Street Journal*, 18 de novembro de 2013, p. A1, A14.

Depois de o empreendedor trabalhar em todas as partes básicas do plano de negócios, uma nova ideia de empreendimento realmente começa a tomar forma. E essa ideia se torna até mais real, uma vez que os recursos estejam comprometidos com a implementação do plano, incluindo a seleção de um local de negócios e quaisquer instalações e equipamentos. Mas, como você pode ver na seção *No Spotlight* deste capítulo, as possibilidades de localização para pequenas empresas estão crescendo em número e diversidade. Um local econômico pode ser apenas um telefone celular, algum espaço de mesa em casa e um site. E a localização na internet mudou tudo para muitas *startups*. Ela oferece um alcance de mercado global a um custo mínimo, o que proporciona um tremendo impulso aos empreendimentos em crescimento que necessitam desesperadamente de clientes, mas têm pouco financiamento. A ascensão do empreendimento baseado na internet é um fenômeno de mudanças.

Entretanto, os empreendedores no outro extremo em questão de localização de modo contínuo podem precisar de um novo prédio e/ou uma instalação de armazém totalmente abastecida e, talvez, até empilhadeiras e outros equipamentos para tirar suas operações do papel. Tudo depende da natureza do negócio. Mas, independentemente dos recursos específicos envolvidos, cada decisão de localização deve basear-se em certos princípios fundamentais que podem orientar o processo e minimizar erros.

Aqueles que compram uma empresa existente ou uma franquia geralmente recebem considerável orientação de localização de membros da empresa adquirida ou do franqueador. Mas empresários que escolhem começar um empreendimento do zero descobrirão rapidamente que a decisão da localização pode levar muito tempo. Para ajudar a tornar a tarefa mais gerenciável, este capítulo aborda alguns dos principais fatores que devem ser considerados na escolha de uma localização e na construção de instalações físicas. E, uma vez que começar um negócio em casa e lançá-lo na internet tornaram-se opções tão populares, essas alternativas também serão trabalhadas em alguns detalhes. (Embora reconheçamos que a internet pode ser uma parte integrante das operações tanto de um negócio tradicional quanto de um negócio em casa, tratamos o empreendimento de *e-commerce* em uma categoria separada por causa da importância da internet como o único ponto de venda para essas pequenas empresas.)

Independentemente de como a seleção é feita, uma discussão sobre os principais fatores de localização deve ser incluída no plano de negócios. Este capítulo irá guiá-lo por esse processo. Mas tenha em mente que a profundidade dessa discussão irá variar de plano para plano, dependendo da natureza e das necessidades específicas do novo empreendimento.

9-1 LOCALIZAÇÃO DE UMA STARTUP COM ESPAÇO FÍSICO

A escolha de um local para uma instalação física é, muitas vezes, uma decisão única, mas o proprietário de uma pequena empresa pode, mais tarde, deslocar um empreendimento para reduzir os custos de operação, ficar mais próximo de clientes ou aproveitar outras vantagens. Uma pesquisa descobriu que 42% dos empreendedores nos Estados Unidos acreditam que sua localização atual é a melhor para seus negócios, mas quase a metade dos entrevistados disse que consideraria mudar-se para ajudar suas empresas.[1] Essa capacidade de flexibilidade levou Marty e Avery Walker a realocar sua empresa, Volvo Rents, de Austin para College Station, Texas. Já que sua empresa aluga e vende equipamentos pesados para empresas de construção e outros negócios, fazia sentido afastar-se 161 quilômetros do mercado saturado de Austin para estar mais perto da atividade constante de construção em College Station. E os Walkers lucraram com a mudança de endereço, com as receitas da empresa aumentando de 1,1 milhão a 4 milhões de dólares em menos de dois anos.[2] As decisões de localização podem ser complicadas, mas, se cuidadosamente planejadas e tomadas com sabedoria, o retorno pode ser fantástico.

9-1a A importância da decisão de localização

A importância da decisão inicial quanto à localização de um edifício – **instalação de espaço físico** – é ressaltada tanto pelo alto custo do local quanto pelo incômodo de levantar as bases e mudar um negócio estabelecido. Além disso, se o local é particularmente pobre, o negócio pode nunca ser bem-sucedido, mesmo com financiamento e boa capacidade gerencial. A importância da localização é amplamente reconhecida pelas cadeias nacionais que gastam centenas de milhares de dólares pesquisando antes de estabelecer novas instalações.

A escolha de uma boa localização é mais vital para algumas empresas do que para outras. Por exemplo, o local escolhido para uma loja de vestuário pode alavancar ou quebrar o negócio, porque ele deve ser conveniente para os clientes. A localização física do escritório de um empreiteiro de pintura, por outro lado, é de menor importância, uma vez que os clientes não necessitam de acesso frequente à instalação. Mas mesmo este negócio pode sofrer se seus locais forem mal escolhidos. Por exemplo, algumas comunidades estão mais dispostas ou são mais capazes de investir recursos para manter as propriedades em boas condições, fornecendo, assim, maiores oportunidades para trabalhos de pintura.

9-1b Fatores-chave na seleção de uma boa localização

Cinco fatores-chave, mostrados no Quadro 9.1, orientam o processo de seleção de acessibilidade, as condições do ambiente empresarial, a disponibilidade de recursos, a preferência pessoal de empreendedores, a disponibilidade e os custos do local. Outros fatores relevantes para a localização incluem:[3]

- Nível de envolvimento com a vizinhaça: quem está ao lado?
- Segurança: quão seguro é o bairro?
- Serviços: a cidade fornece coleta de lixo, por exemplo?
- O destino dos inquilinos anteriores: o que aconteceu com negócios anteriores nesse local?
- Estágio do ciclo de vida do local: a área está em desenvolvimento, estagnada ou em declínio?

QUADRO 9.1 Cinco fatores-chave na determinação de uma boa localização de negócio

Localização mais favorável:
- Acessibilidade do consumidor
- Condições do ambiente de negócios
- Disponibilidade e custos do local
- Disponibilidade de recurso
- Preferência pessoal dos empreendedores

Para um determinado negócio e sua situação única, um fator pode ter mais peso do que outros. No entanto, cada um dos cinco fatores-chave deve sempre ter alguma influência sobre a decisão de localização final.

ACESSIBILIDADE DO CLIENTE

Para muitas empresas, a acessibilidade do cliente é uma consideração extremamente importante na seleção de um local. É crucial em setores em que o custo de envio do produto acabado é alto em relação ao valor do produto. Produtos como gelo embalado e refrigerantes, por exemplo, devem ser produzidos perto de mercados consumidores devido aos excessivos custos de transporte. Os pontos de venda e as empresas de serviços (tais como empresas de conserto e cabeleireiros) devem estar localizados onde possam proporcionar acesso aos clientes-alvo para evitar a perda de negócios para concorrentes mais convenientemente localizados.

Raramente os clientes estarão dispostos a percorrer longas distâncias repetidas vezes para fazer compras. É por isso que Glenn Campbell e Scott Molander decidiram vender chapéus em áreas de muita circulação por meio da sua *startup*, a Hat World, Inc. (vendendo principalmente sob as marcas da Lids). Cada loja, localizada em um *shopping center* ou aeroporto, oferece uma grande variedade de bonés de beisebol oficialmente licenciados. E essa localização funciona. Desde o início, em 1995, e após alguns movimentos de consolidação, a operação total cresceu para mais de mil lojas em todo o país, no Canadá e em Porto Rico.[4]

Escolher o melhor local para uma loja de varejo costumava ser uma causa de sucesso ou fracasso. A recente emergência e o crescimento da popularidade de software de seleção de locais removeram grande parte da suposição. Alguns produtos que valem a pena olhar incluem o MapInfo AnySite, o pacote geoVue's iSITE, o software REGIS On-line da SitesUSA ou, até, a *startup* de análise de localização PiinPoint. Mas não importa qual desses você possa querer considerar, tente organizar um teste, se possível, antes de investir o seu suado dinheiro para ver se o software é adequado para o seu negócio. E sempre pergunte sobre as versões baseadas na web, que muitas vezes são mais baratas.

Os programas de seleção de locais podem dar aos usuários acesso a informações demográficas como idade, renda e raça para bairros específicos, bem como detalhes sobre outras empresas localizadas nas proximidades, condições climáticas, fluxo de tráfego e muito mais. Apenas tenha em mente que esses pacotes de software também têm suas limitações. Por exemplo, muitos enfatizam a contagem de trânsito e a distância geográfica, o que pode facilmente ignorar fatores como a redução de velocidade inerente ao trânsito nos horários de pico, o potencial das ferrovias ou estradas para dividir grupos de consumidores e questões semelhantes.

O acesso conveniente aos clientes é uma razão pela qual muitas pequenas empresas estabelecem com êxito uma forte presença na internet. Com uma conexão de computador adequada, os clientes podem acessar o site de uma pequena empresa em qualquer lugar do mundo. (A localização de uma *startup* na internet é discutida mais adiante neste capítulo.)

CONDIÇÕES DO AMBIENTE DO NEGÓCIO

Um negócio de *startup* é afetado de várias maneiras pelo ambiente em que opera. O clima é uma importante característica, que influencia a decisão de localização, bem como a demanda de produtos como ar-condicionado e piscinas em áreas externas. Esses fatores são particularmente importantes para empreendedores como Trey Cobb, proprietário de uma fábrica de autopeças de alto desempenho chamado COBB Tuning. Em 2002, Cobb deu o passo ousado de mudar toda a sua pequena empresa do Texas para uma instalação personalizada em Utah. Essa mudança particular dizia respeito ao clima – nesse caso, condições de teste do produto. Cobb reconheceu as vantagens de sediar a empresa em uma área que fornecesse acesso às diversas condições geográficas e climáticas que seriam necessárias para testar completamente as peças de carro que sua empresa fabrica.[5]

A concorrência, requisitos legais e a estrutura tributária são alguns dos outros fatores ambientais críticos. Como os empresários precisam de lucros para sustentar seus negócios, todos os fatores que afetam a situação financeira são de grande preocupação.[6]

Esses impostos determinarão até que ponto os salários irão e, por sua vez, o benefício e a satisfação que seus trabalhadores receberão do negócio.[7] E há outros elementos importantes na equação, como o custo de vida global. Um menor custo de vida pode significar um melhor padrão de vida para os trabalhadores. Para fazer uma pesquisa em relação ao custo de vida por si só, procure pela "calculadora de custo de vida" no seu instrumento de pesquisa ou entre em contato com agências locais de desenvolvimento econômico e solicite dados sobre este e outros fatores e eles os fornecerão gratuitamente.[8]

Os governos nem sempre fazem tudo o que podem para ajudar os novos negócios a começar e crescer. E as barreiras podem ir muito além das questões de tributação.[9]

DISPONIBILIDADE DOS RECURSOS

O acesso a matérias-primas, mão de obra adequada, fornecedores essenciais e transporte são alguns fatores que influenciam a seleção de locais. A proximidade de fontes importantes de matérias-primas e uma oferta de mão de obra adequada são considerações particularmente críticas na localização da maioria das fábricas, considerando que o acesso aos principais fornecedores-chave tende a influenciar as seleções de lojas varejistas e operações de restaurantes.

Se as matérias-primas exigidas pelas operações da empresa não estão facilmente disponíveis em todas as áreas, então, as regiões em que esses materiais estão amplamente disponíveis oferecerão vantagens de localização significativas. Isso é especialmente verdadeiro para as empresas que são dependentes de matérias-primas volumosas ou pesadas, que perdem muito do seu tamanho ou peso no processo de fabricação. Uma serraria é um exemplo de um negócio que deve permanecer próximo de suas matérias-primas para operar economicamente.

A adequação da oferta de mão de obra para um fabricante depende da natureza do processo de produção. As operações intensivas em mão de obra precisam estar localizadas perto dos funcionários com as competências adequadas e exigências salariais razoáveis. Um histórico de níveis aceitáveis de produtividade e relações pacíficas de trabalho com os empregadores são também fatores importantes. As empresas que dependem de trabalhadores semiespecializados ou não qualificados geralmente se localizam em uma área de trabalho com mão de obra abundante, enquanto outras empresas podem precisar estar perto de um grupo de mão de obra altamente qualificada. Se o talento necessário não estiver disponível, a realocação pode ser necessária, mesmo que isso signifique mudar para outro estado. De acordo com Sharon K. Ward, um consultor de desenvolvimento econômico, encontrar pessoal profissional adequado é atualmente a necessidade mais preocupante que está levando empresas a deslocarem-se, especialmente para as que dependem de conhecimentos técnicos.[10]

O acesso a um bom transporte é importante para muitas empresas. Por exemplo, boas rodovias e transporte com ônibus fornecem aos clientes acesso conveniente às lojas de varejo, que incentiva as vendas. Para os pequenos fabricantes, o transporte de qualidade é essencial. Eles devem avaliar cuidadosamente todas as rotas de caminhões, considerando os custos tanto de transporte de suprimentos para o local de fabricação quanto de remessa do produto acabado para clientes. É fundamental que eles saibam se esses custos permitirão que os produtos saiam a preços competitivos.

PREFERÊNCIA PESSOAL DO EMPREENDEDOR

Como uma questão prática, muitos empreendedores tendem a se concentrar principalmente em suas preferências e conveniências pessoais ao situar um negócio. As estatísticas sugerem que quase a metade de todos os empresários (47%) vivem a menos de cinco minutos de carro do local do empreendimento.[11] E, apesar de terem muitas alternativas, os proprietários das pequenas empresas geralmente escolhem ficar na comunidade de origem. Não é porque um indivíduo sempre viveu em uma cidade em particular, que necessariamente essa cidade se torne uma localização empresarial satisfatória.

Por outro lado, sediar um negócio na comunidade de origem pode oferecer certas vantagens únicas que não podem ser encontradas em outros lugares. Do ponto de vista pessoal, um empreendedor geralmente apreciará e se sentirá confortável com a atmosfera de sua comunidade. Como um assunto comercial prático, ele pode achar mais fácil conseguir crédito com os órgãos financeiros da cidade natal, que conhecem seu histórico pessoal e a reputação. Ter conexões pessoais na comunidade empresarial local também pode levar a ter orientações inestimáveis sobre seus negócios. Se os residentes locais são potenciais clientes, o empreendedor provavelmente terá uma ideia mais clara de seus gostos e preferências. Os amigos e parentes dele na comunidade podem comprar rapidamente o produto ou serviço e satisfeitos vão elogiar para os outros. Embora tais decisões sejam geralmente baseadas na emoção, há claramente alguns potenciais benefícios de abrir uma *startup* perto de casa.

As preferências pessoais que impulsionam a decisão de localização são tão variadas. Às vezes, os empresários escolhem um local que ofereça vantagens singulares de estilo de vida, tais como estar perto de um campo de golfe favorito ou da babá de confiança. Mesmo que a preferência pessoal seja importante, seria imprudente permitir que ela tenha prioridade no que diz respeito a problemas de localização que podem limitar ou prejudicar o sucesso da empresa. A decisão de localização deve levar em consideração todos os fatores relevantes.

DISPONIBILIDADE E CUSTOS DO SITE

Uma vez que o empreendedor estabeleceu determinada área para seu negócio, um local específico ainda deve ser escolhido. Muitos proprietários de pequenas empresas reconhecem o valor de buscar assistência profissional (por exemplo, de corretores de imóveis locais) para determinar a disponibilidade e adequação do local.

Se as melhores opções de localização de um empreendedor não estiverem disponíveis, outras opções devem ser consideradas. Uma alternativa é compartilhar instalações com outras empresas. Nos últimos anos, incubadoras de empresas surgiram em todas as áreas do país. Uma **incubadora de empresas** é uma instalação que aluga espaço para novos negócios ou para pessoas que desejam abrir uma empresa. As incubadoras são frequentemente localizadas em edifícios reutilizados, como armazéns ou escolas abandonadas.[12] Elas servem aos novos negócios disponibilizando espaço, oferecendo aconselhamento e outras formas de assistência (incluindo apoio administrativo), o que permite reduzir custos de operação. Um inquilino de incubadora pode estar operando completamente no dia seguinte da sua mudança, sem comprar telefones, alugar uma copiadora ou contratar empregados.

A maioria das incubadoras pode acomodar diferentes tipos de empreendimentos iniciais, mas algumas estão começando a se concentrar em um nicho de negócios específico, como moda, comida ou projetos. Muitos fornecem acesso a recursos específicos do setor. A HBK (Hot Bread Kitchen) Incubates, por exemplo, fornece às *startups* de alimentos acesso a "sete cozinhas completas com fornos de propagação de tamanhos variados, fritadeiras, liquidificadores, chaleiras, grelhas e uma variedade de outros dispositivos".[13] As empresas clientes também recebem assistência no cálculo dos ingredientes, formação em eficiência no uso da cozinha, supervisão do tempo de produção, treinamento de negócios e sólidas oportunidades de parcerias com outras *startups* da incubadora.[14] Para evitar alugar espaço para novos empreendimentos concorrentes, a maioria das incubadoras especializadas não aceita mais do que duas *startups* que atuem no mesmo mercado. No entanto, essa organização ainda pode levar à sua parcela de complicações – por exemplo, empresas similares tentam, às vezes, monopolizar peças cruciais de equipamento para obter vantagem. Apesar disso, estar localizado em uma incubadora de nicho pode valer a pena devido à falta de espaço no mercado.

O objetivo das incubadoras de empresas é ver novas empresas surgirem, crescerem e continuarem, por isso a situação é, em tese, temporária. Mas parece que muitas empresas estão procurando organizações de escritórios compartilhados permanentes. Regus, uma das principais empresas de espaço compartilhado, acha que seu negócio está crescendo. A empresa atualmente opera mais de 2 mil centros de negócios em 750 cidades espalhadas por quase 100 países.[15]

Talvez você seja mais um espírito livre. O *co-working* envolve espaços de trabalho compartilhados (às vezes, um escritório) que permitem *freelancers*, consultores, artistas e outros trabalhar e se conectar no mesmo local. Muitas dessas instalações estão agora disponíveis em todo o mundo, proporcionando um local limpo e seguro, muitas oportunidades de *networking*, uma sensação de camaradagem e acesso a um bom café. Essa organização não é para todos, mas fornece uma boa alternativa de trabalho para muitos empreendedores. E hoje em dia é fácil encontrar e reservar um espaço de trabalho ou reunião usando um escritório de trabalho compartilhado como o ShareDesk, que pode encaminhá-lo para um dos mais de 2.400 locais listados em todos os cantos do globo.[16]

Quando se trata de seleção de local – seja permanente ou mais flexível – o processo deve levar em conta todos os custos relevantes. Infelizmente, um empreendedor é frequentemente incapaz de pagar o melhor local. Os custos envolvidos na construção de um novo local podem ser proibitivos ou o preço de compra de uma estrutura existente pode ir além do orçamento do empreendedor.

O empreendedor deve decidir se alugará ou comprará um espaço adequado. A maior parte dos pequenos empresários escolhe comprar em vez de alugar seus edifícios (57%, de acordo com um estudo),[17] mas os benefícios da locação podem às vezes superar os ganhos da compra:

- Um grande dispêndio é evitado, o que pode ser especialmente importante para uma nova pequena empresa que carece de recursos financeiros adequados.
- O risco é reduzido minimizando o investimento e adiando compromissos por espaço até que o sucesso do negócio seja assegurado e os requisitos da instalação sejam mais conhecidos.
- É geralmente mais acessível alugar em uma área agradável do que comprar em uma localização privilegiada.
- A locação permite que o empreendedor se concentre na gestão do negócio em vez de no gerenciamento de propriedades.

Há também desvantagens para a locação. Por exemplo, aqueles que compram a propriedade se beneficiam financeiramente quando se valorizar, e esses custos serão estáveis e previsíveis ao longo do tempo. Igualmente importante, eles não precisam pedir permissão para fazer alterações futuras ou adições à propriedade.

Se assinar um contrato de aluguel parece ser a opção escolhida, o empreendedor primeiro deve verificar as apólices de seguro do proprietário para ter certeza de que há uma cobertura adequada para os diversos tipos de riscos. Caso contrário, o locatário deve procurar cobertura por própria iniciativa. Também é aconselhável ter os termos do contrato de locação revistos por um advogado. Ele pode ser capaz de adicionar disposições especiais para uma locação, como uma cláusula de saída que permite ao locatário rescindir o acordo sob certas condições. Um advogado também pode garantir que um empresário não seja indevidamente exposto a responsabilidades por prejuízos pela negligência de terceiros. Considere a experiência de uma empresa que desejava alugar uma grande área de espaço de armazenamento em um complexo de escritórios e lojas. No contrato de locação padrão do proprietário, o advogado encontrou termos que tornavam a empresa responsável por todo o complexo se ele pegasse fogo, independentemente de quem fosse o culpado! Um advogado competente pode não ser barato, mas os serviços que oferece podem certamente economizar dinheiro e evitar dor de cabeça.

9-2 PROJETANDO E EQUIPANDO INSTALAÇÕES FÍSICAS

Um plano de localização bem escrito deve descrever o espaço físico e incluir as necessidades de equipamento. O plano pode descrever um novo edifício ou uma estrutura existente, mas normalmente um novo negócio que necessita de espaço ocupará um edifício existente, talvez após alguma reforma.

9-2a Desafios na concepção das instalações físicas

Ao especificar requisitos de construção, o empreendedor deve evitar comprometer-se com um espaço que é muito grande ou muito luxuoso para as necessidades da empresa. Ao mesmo tempo, o espaço não deve ser tão pequeno ou limitar as operações. Os edifícios não produzem lucros diretamente. Eles apenas alojam as operações e as pessoas que produzem o lucro. Portanto, o edifício ideal será prático, não extravagante.

A adequação geral de um edifício para determinado tipo de operação depende dos requisitos funcionais da empresa. Por exemplo, um restaurante deve, de maneira ideal, estar em um mesmo piso para tornar o serviço gerenciável. Os processos de produção interligados de um fabricante devem estar no mesmo edifício e localizados próximos uns dos outros para serem eficientes. Outros fatores importantes a considerar incluem o tempo de uso e a condição da construção, potenciais riscos de incêndio, a qualidade dos sistemas de aquecimento e de ar-condicionado, a adequação das instalações de iluminação, dos banheiros e de entradas e saídas. Obviamente, esses fatores são ponderados de maneira diferente para uma fábrica ou para um varejista. Mas, em todos os casos, o conforto, a conveniência e a segurança dos funcionários e clientes da empresa devem ser levados em consideração.

9-2b Desafios no equipamento das instalações físicas

A etapa final na organização de instalações físicas é a compra ou locação de equipamentos e ferramentas. Ter a flexibilidade de usar o equipamento e mantê-lo são razões importantes pelas quais os pequenos empresários preferem comprar, em vez de alugar. Ainda assim, a opção de locação também tem seus defensores. Então, o que um pequeno empresário deve fazer? Para tomar uma decisão sobre isso, use uma calculadora alugar *versus* comprar o equipamento, que pode ser encontrada *on-line* com uma simples pesquisa na internet. É também uma boa ideia verificar com um contador para ter certeza de que quaisquer consequências fiscais da decisão de locação ou compra são consideradas.

EQUIPAMENTOS DE FABRICAÇÃO

As máquinas utilizadas nas fábricas podem incluir tanto objetos específicos como de uso geral. O **equipamento de uso geral** requer um investimento mínimo e é adaptado para várias operações. Pequenas lojas de máquinas e lojas de armários, por exemplo, utilizam esse tipo de equipamento, que pode ser configurado para lidar com duas ou mais operações de loja utilizando a mesma peça de maquinaria. Isso oferece flexibilidade, o que é mais importante para setores em que os produtos são tão novos que a tecnologia ainda não está bem desenvolvida, ou há frequentes mudanças de *design*. **Equipamentos com propósito especial**, como máquinas de engarrafamento e robôs de produção utilizados em fábricas, oferecem uma gama das mais diversas aplicações e são mais caros para comprar ou alugar. Mas uma pequena empresa pode usar equipamentos de uso especial apenas se fizer um produto padronizado em grande escala. *Upgrades* com ferramentas especiais podem levar a uma maior produção de máquinas por hora e reduzem ainda mais o custo de mão de obra por unidade do produto. No entanto, é importante lembrar que esse equipamento tem pouco ou nenhum valor de revenda devido à possibilidade da sua aplicação.

EQUIPAMENTO DE VENDA

Pequenos varejistas precisam de prateleiras ou balcões para exibir mercadorias, prateleiras de armazenamento, estantes, espelhos, assentos para clientes, carrinhos de compras, caixas registradoras e outros itens para facilitar a venda. Tais equipamentos podem ser onerosos, mas geralmente são menos necessários para uma operação em fábrica. E empreendedores muitas vezes encontram maneiras de reduzir custos de abertura ou expansão por meio da compra de equipamentos usados, fazendo seus próprios ou encontrando outras maneiras de improvisar.

Se uma loja se destina a servir um mercado de alta renda, seus acessórios devem sinalizar isso, exibindo a elegância e o estilo esperado por esses clientes. Por exemplo, vitrines de mogno polido com acessórios de bronze podem ajudar a criar uma configuração de luxo. Iluminação indireta, tapetes grossos e poltronas também transmitem luxo aos clientes. Por outro lado, uma loja que atende a clientes de baixa renda deve se concentrar na simplicidade. Mobiliário luxuoso e assentos de pelúcia sugerem uma atmosfera que é inconsistente com preços baixos e só agrega custos, tornando-se mais difícil manter os preços baixos.

EQUIPAMENTO DE ESCRITÓRIO

Todo escritório de negócios – até mesmo um *home office* – precisa de móveis, armários para arquivos e outros itens. Tanto os principais fabricantes de mobiliário quanto fornecedores menores podem certamente fornecer as mesas, cadeiras e armários necessários. Confira as fontes locais de mobiliário de escritório usado, que podem ter bons itens para venda por um preço menor. E sempre tome as decisões com o futuro em mente. Ao selecionar móveis que são simples, independentes e destacáveis, você pode facilmente mudar todos eles para uma área maior quando o seu negócio decolar.

Selecionar o equipamento de escritório que pode ajudar uma empresa a operar eficientemente pode ser desafiador. Certifique-se de escolher computadores, impressoras multifuncionais e sistemas de telefone que reflitam os últimos avanços tecnológicos aplicáveis a determinado negócio.

As principais necessidades de equipamentos de uma empresa devem ser descritas no plano de localização. Isso pode garantir que a parte financeira do plano inclua recursos para suas compras.

9-2c Imagem comercial

Todos os novos empreendimentos devem se preocupar em projetar a imagem mais apropriada aos clientes e ao público em geral. A aparência e a "sensação" do local de trabalho devem criar a impressão de transmitir algo sobre a qualidade do produto ou serviço de uma empresa e sobre como o negócio é conduzido. Para uma pequena empresa, e especialmente uma *startup*, é importante usar as instalações físicas para transmitir a imagem de uma empresa estável e profissional.

Fatores tão básicos como cor e *design* de interiores devem ser considerados. Mesmo antes de o primeiro cliente aparecer, as empresas às vezes acham que seus financiadores não estão dispostos a investir recursos financeiros até que um escritório ou loja de varejo seja percebido como atraente e convidativo. Se o projeto das instalações estiver além da sua experiência e conhecimento, você pode consultar um profissional de *design* com olhar treinado, que poderá ajudá-lo a tomar decisões.

A imagem é o motor das vendas, então considere cuidadosamente como adequar seu espaço para criar uma impressão distinta e apropriada, proporcionar bastante espaço, permitir fácil circulação, passar nas inspeções de construção e muito mais – tudo de acordo com seu orçamento e objetivos de negócios. Se você está planejando um espaço de escritório, também precisa pensar sobre o impacto que algo tão simples como a organização dos assentos pode ter sobre as interações pessoais e a aprendizagem. O modo como suas instalações, clientes e funcionários são organizados será fundamental para o sucesso do seu novo negócio.

Vivendo o sonho
EXPERIÊNCIAS EMPREENDEDORAS

Conviver com as pessoas certas faz grande diferença

A organização dos assentos é importante. Os alunos do ensino médio têm que navegar em uma complexa rede social toda vez que querem escolher uma cafeteria onde almoçar. Na faculdade, a distribuição de lugares pode afetar dramaticamente a experiência acadêmica. Vizinhos podem se tornar melhores amigos, parceiros de estudo ou uma fonte de distração interminável.

De acordo com o Dr. Ben Waber, um cientista de dinâmica de grupo humano e executivo-chefe do fornecedor analítico de local de trabalho Sociometric Solutions, a localização física também tem grande influência no local de trabalho. As provas para essa alegação não são apenas pouco fundamentadas. Usando práticos sensores eletrônicos, a Sociometric Solutions conseguiu acompanhar movimentos de empregados e identificar padrões sociais em diversas empresas, o que levou a uma série de importantes ideias. Por exemplo, os dados mostram que 40% a 60% das interações entre funcionários (face a face, eletrônicas e ao telefone) ocorrem com colegas sentados imediatamente nas proximidades, considerando que os trabalhadores têm apenas 5% a 10% de chance de interagir com colegas de trabalho localizados a apenas duas fileiras de distância. Isso mostra que a organização dos lugares pode ter um efeito profundo sobre a eficácia organizacional. Agrupar funcionários por departamento pode aumentar o foco e melhorar a eficiência, mas misturar trabalhadores em diferentes funções do negócio pode promover a inovação e incentivar ideias revolucionárias para desenvolver e se espalhar.

Muitas empresas já experimentaram isso. Na MODCo Media, uma agência de publicidade com sede em Nova York, a administração tentou três organizações de lugares diferentes para envolver e combinar funcionários de diferentes departamentos. Por exemplo, eles colocaram alguns contadores próximos de compradores de mídia para verificar se de alguma forma compartilhariam as mesmas habilidades e percepções. A experiência funcionou de maneira impressionante – especialmente para os compradores de mídia, que começaram a compreender as dimensões financeiras do negócio e aprenderam a levar em conta essas percepções na decisão diária. Isso criou uma eficiência que, em última instância, fez a MODCo economizar centenas de milhares de dólares. Em um teste em outra empresa, ajustes semelhantes levaram a um aumento de 10% nas interações do pessoal de vendas com pessoas fora de sua equipe, que fez com que as vendas subissem em 10%. A localização do empregado e o fluxo de trânsito do escritório claramente fazem a diferença.

No entanto, uma última advertência deve ser feita: a organização dos lugares deve ser planejada somente depois de ter-se pensado cuidadosamente na cultura organizacional da empresa. "Pense sobre quem é o pessoal e como eles funcionam antes de começar a tomar decisões sobre como fazê-los interagir com outros funcionários," aconselha Waber. "Se você fizer alterações sem levar isso em consideração, pode ser uma perda de tempo. Mas com um plano razoável, um *layout* de escritório inteligente pode produzir resultados extraordinários."

Fontes: "Sociometric Solutions", http://www.sociometricsolutions.com, acesso em 18 de dezembro de 2014; Rachel Feintzeig, "Bosses Take a Stand on Where Workers Sit", *The Wall Street Journal*, 9 de outubro de 2013, p. B8; Gwen Moran, "Swap Seats, Change Your Company? Why Where You Sit Matters", *Entrepreneur*, 5 de novembro de 2013, http://www.entrepreneur.com/article/229683. Acesso em 18 de dezembro de 2014; e Joshua Brustein, "The Case for Wearing Productivity Sensors on the Job", *Bloomberg Businessweek*, 19 de dezembro de 2013, http://www.businessweek.com/articles/2013-12-19/sociometric-solutions-benwaber-on-workers-wearing-sensors. Acesso em 18 de dezembro de 2014.

9-3 SEDIANDO A STARTUP NA CASA DO EMPREENDEDOR

Em vez de alugar ou comprar um local comercial, muitos empresários preferem usar o porão, garagem ou quarto sobressalente para suas operações, criando um **negócio sediado em casa**. No passado, um local de residência para um negócio era quase sempre considerado de menor valor. Mas os tempos mudaram. Apesar das limitações e potenciais problemas de imagem, os empresários que trabalham em casa não se sentem constrangidos com a sua localização. Na verdade, a pesquisa mostrou que as empresas sediadas em casa podem realmente gozar de uma vantagem sobre outras empresas quando se trata de certas dimensões de desempenho financeiro (por exemplo, conseguir uma primeira venda).[18] O escritório em casa, que era visto como uma fase passageira no caminho para o crescimento de muitas empresas, tornou-se uma opção viável e permanente.

9-3a A atratividade de negócios baseados em casa

De acordo com pesquisas governamentais, mais da metade de todos os empresários dos EUA escolhem gerir seus negócios a princípio fora de casa.[19] Por que muitos empresários acham atraente operar um negócio em casa? As motivações variam, mas os principais atrativos de um negócio baseado em casa se relacionam com considerações financeiras e de estilo de vida familiar, tais como:[20]

- Iniciar uma empresa de maneira rápida e barata.
- Ter algo interessante a fazer e ser pago por isso.
- Ser seu próprio patrão e colher os frutos de seus esforços.
- Passar mais tempo com a família e amigos.
- Economizar tempo e dinheiro desperdiçado nos deslocamentos diários.

CONSIDERAÇÕES FINANCEIRAS

Como a maioria dos empreendimentos, um negócio com sede em casa tem um objetivo importante – ganhar dinheiro –, e estar localizado em casa ajuda a aumentar os lucros, reduzindo os custos. Por exemplo, um escritor de artigos de revistas *freelancer* pode precisar apenas de um computador, alguns materiais de escritório e uma conexão à internet para lançar um negócio em casa. Como a maioria dos escritores possui um computador, os verdadeiros custos de abertura de empresa para tal negócio podem ser relativamente baixos.

Essa opção certamente pode limitar o custo e, portanto, o risco de testar a demanda de mercado para um novo produto ou serviço. Com os altos e baixos da indústria da publicidade, Donnovan Andrews e Stephen Smyk pensaram que seria melhor começar a sua inexperiente agência, chamada Performance Bridge, em casa. "[Nós] montamos o negócio lentamente e fomos conservadores até chegarmos ao ponto onde tínhamos excedente capital", diz Andrews. Essa abordagem cautelosa funcionou bem. Andrews e Smyk foram capazes de utilizar um espaço de escritório em um edifício profissional apenas quatro meses depois que eles começaram o negócio.[21]

CONSIDERAÇÕES SOBRE O ESTILO DE VIDA DA FAMÍLIA

Muitos jovens empreendedores permanecem em um negócio familiar por causa de laços estreitos com parentes. Da mesma forma, os empreendedores que sediam suas operações comerciais em casa são frequentemente motivados pelo desejo de passar mais tempo com os membros da família, às vezes incluindo-os no trabalho.

Marissa Shipman fundou e trabalhou como CEO da Shipman Associates, Inc., um negócio de cosméticos que lançou de casa em 2001. Ela gostava de trabalhar de casa, apesar das constantes mudanças e interrupções que eram necessárias para acomodar seu negócio em crescimento. Com o tempo, o empreendimento tornou-se um verdadeiro caso de família quando a irmã de Shipman, Jordana, assumiu o cargo de vice-presidente executiva responsável pelo marketing.

Em certo ponto, até o pai dela foi inserido na folha de pagamento. Shipman, por fim, encerrou o negócio para assumir outra carreira, mas ela já concluiu que a casa é um ótimo lugar para começar uma *startup*. "Se você tem algo com o que acha que poderia trabalhar", diz ela "faça isso em pequena escala e comprove."[22]

9-3b Os desafios das empresas sediadas em casa

Assim como a maioria das empresas em locais comerciais têm seus problemas, as empresas sediadas em casa enfrentam desafios especiais devido à localização. Examinamos brevemente essas duas questões – a imagem empresarial e considerações legais. Um terceiro desafio – a família e os conflitos comerciais – foi discutido no Capítulo 5.

IMAGEM PROFISSIONAL

Manter uma imagem profissional ao trabalhar em casa é um grande desafio. Permitir que as crianças pequenas atendam o telefone, por exemplo, pode comprometer. Do mesmo modo, um bebê chorando ou um cachorro latindo ao fundo durante uma chamada telefônica pode ser uma distração para um cliente e desestimular as vendas.

Se os clientes ou vendedores visitarem a sua empresa em casa, é fundamental que uma área de escritório profissional seja mantida. As limitações de espaço às vezes tornam isso difícil. Por exemplo, quando você possui uma empresa sediada em casa, os moradores podem criar problema. A menos que você queira a tia Zerelda vagando em uma reunião com um cliente vestindo roupão, ou o sobrinho Jimmie tocando guitarra durante um telefonema de negócios, regras básicas devem ser definidas para os hóspedes da casa. Caso contrário, grandes perturbações podem ocorrer. Mas estabelecer limites apropriados entre a casa e o negócio não é fácil. Considere a decisão de um proprietário de uma pequena empresa bem-sucedida sediada em casa sobre:

> *No momento em que cria um negócio, você entra em uma zona cinzenta onde a barreira entre o que é trabalho e o que não é começa a quebrar. A deterioração dessa barreira tem maior impacto para os empresários que trabalhavam fora de suas casas. Você pode começar com um negócio sediado em casa, mas logo o negócio invade a sua vida familiar.*[23]

Portanto, não se trata apenas de evitar que os membros da família atrapalhem as oportunidades de negócio. A vida familiar é primordial e deve ser protegida, de maneira razoável, do alcance progressivo das operações da empresa. O barulho de tráfego de carro, a presença de estranhos (clientes e funcionários) vagando pela casa, pilhas de inventários inconvenientes e materiais de embalagem que abarrotam áreas comuns, recusas de convites do cônjuge para o almoço durante o trabalho – esses e muitos outros aborrecimentos e inconvenientes são tarefas diárias para a família de um empreendedor que trabalha de casa. E exige-se paciência e uma dose extra de compreensão de todos os envolvidos.

9-4 *E-COMMERCE*: HOSPEDANDO UMA *STARTUP* NA INTERNET

O que o termo **e-commerce** realmente descreve? O comércio eletrônico refere-se ao comércio, ou à compra e venda de produtos ou serviços pela internet. É um dos meios alternativos de realização de transações comerciais que tradicionalmente aconteciam por telefone, por correio ou face a face em um espaço físico. Depois do surgimento de empresas na internet, há mais de uma década, os negócios na internet estão agora ganhando novas formas e crescendo mais rápido do que nunca – e com boas razões. Localizar-se na web pode fundamentalmente reformular a maneira como as pequenas empresas conduzem seus negócios. Muito além de uma alternativa simples à instalação de um espaço físico, a internet pode impulsionar o desempenho financeiro de uma pequena empresa.

9-4a Benefícios do *e-commerce* para *startups*

O comércio eletrônico pode beneficiar uma *startup* de muitas maneiras. Certamente, permite que um novo empreendimento concorra com empresas maiores em um campo de jogo mais equilibrado. Por causa dos seus recursos limitados, as pequenas empresas muitas vezes não conseguem ultrapassar os mercados locais. Assim, aquelas pequenas empresas confinadas a um espaço físico geralmente podem trabalhar apenas em uma região específica.

Mas a internet dilui fronteiras geográficas e expande o alcance de uma pequena empresa. Na verdade, o comércio eletrônico permite acesso aos clientes em quase qualquer lugar. A experiência de Beauty Encounter, uma empresa que vende perfumes e produtos de beleza, mostra como a internet está se revelando um grande equalizador, dando às pequenas empresas uma presença comparável à dos gigantes do mercado. O negócio é uma extensão de três lojas físicas que foram abertas por um casal vietnamita que imigrou para os Estados Unidos em 1980. A filha deles, Jacquelyn Tran, reconheceu as limitações de tais operações e decidiu construir seu próprio espaço no mercado global, estabelecendo um espaço *on-line* em 1999. Desde então, a empresa não fez nada além de crescer. Agora oferece mais de 40 mil produtos, representando mais de mil marcas, com novos itens sendo agregados diariamente, provando que as pequenas empresas agora podem operar no mercado das grandes empresas.[24] Tornar-se *on-line* pode destrancar a porta de oportunidade para pequenas empresas, independentemente do setor.

Também deve ser salientado que uma operação de comércio eletrônico pode ajudar a *startup* com os problemas iniciais de fluxo de caixa ao diminuir o ciclo de vendas – ou seja, o tempo entre receber um pedido e converter a venda em dinheiro. Os sistemas de comércio eletrônico podem ser concebidos para gerar um pedido, autorizar uma compra com cartão de crédito e entrar em contato com o fornecedor e o transportador em questão de poucos minutos, tudo sem assistência humana. Um ciclo operacional mais curto traduz-se em pagamentos mais rápidos por parte dos clientes e melhores fluxos de caixa.

9-4b Modelos de negócio de comércio eletrônico

Uma das características fundamentais de uma operação *on-line* é o modelo no qual é construída. Como discutido no Capítulo 6, modelo de negócios é uma análise de como a empresa planeja gerar lucros e fluxos de caixa dadas as fontes de receita, estruturas de custos, o tamanho do investimento exigido e as fontes de risco. As empresas *on-line* diferem nas decisões sobre quais clientes atender, como se tornar mais rentável e o que incluir nos sites. O Quadro 9.2 mostra algumas alternativas possíveis para modelos de negócios de comércio eletrônico. Atualmente, nenhum desses modelos pode ser considerado dominante e algumas das operações mais complexas da internet não podem ser descritas de uma única forma. Na realidade, o mundo do *e-commerce* contém infinitas combinações de modelos de negócios. Para ajudá-lo a compreender as possibilidades, primeiro esboçaremos modelos de negócios de comércio eletrônico de acordo com o tipo de cliente servido e, então, descreveremos modelos baseados na natureza da presença *on-line* da empresa. Conforme se considera uma direção para sua pequena empresa e suas aspirações *on-line*, tenha em mente que um modelo de negócios pensado de modo simples é geralmente a causa primária do fracasso de uma empresa *on-line*.

TIPOS DE CLIENTES SERVIDOS

As estruturas de marketing classificam as instalações tradicionais de espaço físico como fabricantes, atacadistas ou varejistas, dependendo dos clientes que atendem. As empresas de comércio eletrônico também são comumente distinguidas de acordo com o foco do cliente. Há três grandes categorias de modelos de negócios de comércio eletrônico: de empresa para empresa (B2B), de empresa para cliente (B2C) e de cliente para cliente (C2C). Nesta seção, examinaremos algumas estratégias usadas por empresas de comércio eletrônico em três categorias.

Modelos de empresa para empresa. A quantidade de dólares gerados pelas empresas que usam um **modelo de empresa para empresa (B2B)** (vendendo para clientes empresariais) é significativamente superior à das empresas com um modelo de empresa para cliente (B2C) (venda para o cliente final). Por causa das histórias de sucesso o modelo B2B geralmente recebe menos publicidade do que os empreendimentos B2C, o potencial de oportunidades B2B é muitas vezes esquecido. Mas futuros empresários devem assegurar-se de que consideraram as opções B2B.

Operações B2B enfatizam as transações de vendas. Ao usar recursos *on-line*, uma empresa B2B pode alcançar maior eficiência em suas atividades de compra e venda. Por exemplo, ao lidar diretamente com seus clientes de negócios *on-line*, a Hewlett-Packard é capaz de construir seus sistemas de computador e produtos relacionados

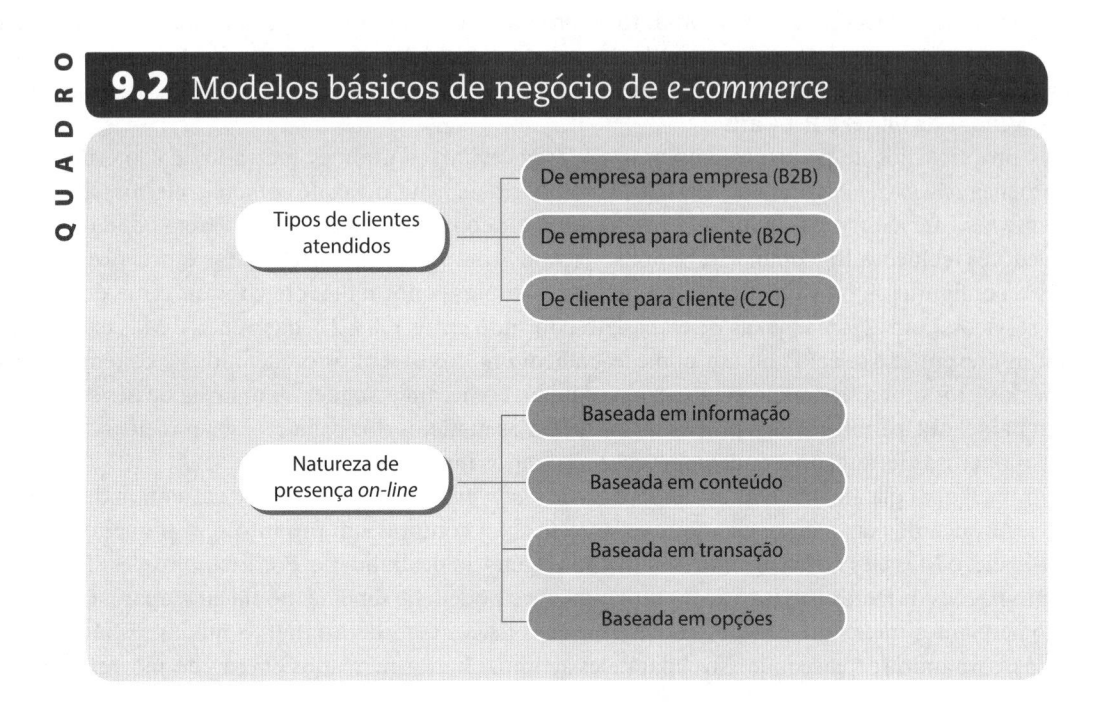

QUADRO 9.2 Modelos básicos de negócio de *e-commerce*

- Tipos de clientes atendidos
  - De empresa para empresa (B2B)
  - De empresa para cliente (B2C)
  - De cliente para cliente (C2C)

- Natureza de presença *on-line*
  - Baseada em informação
  - Baseada em conteúdo
  - Baseada em transação
  - Baseada em opções

para atender às necessidades específicas de seus clientes. A empresa baseia-se amplamente na internet para fornecer as suas soluções empresariais, mas também tem uma extensa força de vendas e serviços de consultoria de TI para oferecer valor aos seus clientes em todo o mundo.

Uma forma única de comércio B2B envolve o trabalho terceirizado, que ajuda a conectar *freelancers* e outros especialistas com empresas que precisam de seus serviços. Esses mercados *on-line* estão aumentando em número e disponibilidade, e alguns sites estão relatando um crescimento de vendas de até 60% ao ano.[25] Alguns dos sites mais conhecidos incluem Elance.com, Freelancer.com, Desk.com, Guru.com e PeoplePerHour.com, que permitem que as empresas encontrem, contratem, administrem e paguem profissionais remotos de maneira muito parecida com o mesmo tratamento dado ao pessoal que trabalha presencialmente na empresa. O mercado de talentos globais está tão perto quanto o seu computador! Enquanto os mercados de terceirização de trabalho ajudam os *freelancers* a alcançar os clientes de que precisam para construir seus negócios, também podem ajudar os empreendedores a localizar os serviços necessários para melhorar as suas próprias operações.

Nos Estados Unidos, Danielle Godefroy, cofundadora da Lingolook Publishing, usou pela primeira vez o Elance.com para se conectar com um desenvolvedor de software no Colorado, que a contratou para fazer *flashcards* de um curso de idiomas vendidos aos viajantes para usar em seus iPhones. A partir do momento em que Godefroy pagou US$ 5.000 ao desenvolvedor de aplicativos do iPhone por seus serviços, a empresa tinha um produto que poderia vender no iTunes, e competir com as ofertas de empresas muito maiores. Desde então, a Elance.com ajudou Godefroy a encontrar profissionais para vários outros projetos. Dessas experiências, aprendeu muitas lições enriquecedoras – que vale a pena especificar os detalhes do projeto e manter as linhas de comunicação abertas quando se trabalha a distância, por exemplo. Mas os benefícios foram consideráveis. "Nós fomos capazes de [terceirizar] todos esses desenvolvimentos a um custo muito competitivo", diz ela, "sem despesas gerais e extremamente rápido."[26] Essas vantagens podem traduzir-se muito facilmente no crescimento das vendas e na melhoria dos resultados.

Modelos de empresa para cliente. O **modelo de empresa para cliente (B2C)** foca na venda de produtos e/ou serviços aos clientes finais e foi aperfeiçoado pelas estrelas *on-line* como Amazon, Apple e Best Buy. As empresas B2C vendem uma grande variedade de produtos, com ofertas que variam de roupas a *souvenirs*, *software* de computador e muito mais. O modelo B2C oferece três vantagens principais sobre as lojas varejistas de espaço físico: uso conveniente, transações imediatas e acesso 24 horas por dia a uma diversidade de produtos e serviços.

Abrir um negócio *on-line* nunca foi tão fácil, graças à opção de "vitrine de loja" *on-line* e serviços de suporte oferecidos por operadores gigantes como Amazon, Yahoo e EBay. Algumas empresas fazem negócios apenas em uma loja, embora muitos outros também criem o próprio site independente e vendam em ambos. Quando lançou sua loja *on-line*, Oliver's Pet Care, Shaheed Khan se inscreveu no Amazon Webstore (www.webstore.amazon.com), que fornece todas as ferramentas necessárias para construir um negócio *on-line*. Isso permite que os vendedores listem seus itens junto aos oferecidos pela Amazon e usem o programa Fulfillment by Amazon para lidar com a embalagem e o envio do produto. O programa de atendimento permite que os clientes da Khan combinem pedidos de seus produtos com os da Amazon recebendo atendimento gratuito ao cliente e suporte de reembolso diretamente da Amazon. Khan diz que esses serviços tornam sua vida gerenciável e aumentaram bastante as vendas da Oliver's Pet Care.[27]

Alguns proprietários de pequenas empresas preferem evitar os grandes mercados da internet e criam a própria presença *on-line*. Há agora uma série de fornecedores de plataforma de comércio eletrônico que tornam relativamente fácil até mesmo para uma loja *on-line* aparecer como uma operação de varejo polida e sofisticada. Esses provedores incluem a Bigcommerce, Shopify, Tictail, Storenvy e Big Cartel, que se especializam em ajudar as pessoas a configurar as próprias lojas virtuais. Essas empresas normalmente cobram cerca de US$ 10 por mês pelos serviços, com algumas taxas de transação cobrindo entre 1% e 2% das vendas. Mas eles iniciam em um estalo: inscrevem-se e selecionam um nome, escolhem um dos desenhos predefinidos e os temas, carregam as imagens dos produtos a serem oferecidos e, em seguida, começam a vender. A maioria desses serviços ainda oferece um painel que permite que os proprietários vejam os números dos pedidos e examinem as vendas analíticas. Essas poderosas ferramentas podem fornecer resultados impressionantes.[28]

Não importa qual plataforma adotam, empresas de *e-commerce* B2C certamente enfrentam desafios únicos (riscos de segurança de pagamento, clientes que se recusam a comprar um produto sem primeiro vê-lo ou experimentá-lo etc.). Mas eles também usufruem das vantagens da flexibilidade. Por exemplo, eles são capazes de alterar combinações de mercadorias e preços rapidamente e podem facilmente modificar a aparência de sua loja *on-line*. Comerciantes tradicionais localizados em espaços físicos considerariam tais mudanças muito onerosas e demoradas, tornando-se quase impossível para eles acompanhar os mercados em rápido movimento.

Gilt Groupe, que começou em 2007, explora a margem de flexibilidade que os negócios *on-line* podem ter. Como diversos sites populares de "venda instantânea", esse varejista de moda torna o *e-commerce* divertido e emocionante, oferecendo acesso instantâneo a algumas das marcas de *designers* mais conhecidos disponíveis, mas apenas com base em convites e preços internos.[29] O site da Gilt oferece aos seus membros uma seleção única de vestuário, acessórios e itens de estilo de vida únicos que mudam a cada dia – e esse é o segredo para o sucesso da empresa. Susan Lyne, que atua no conselho da empresa, explica o que separa o Gilt Groupe dos concorrentes:

> *A maioria das lojas* on-line *reflete as lojas com espaço físico, com maior senso de entretenimento e concorrência. Uma grande parte da promessa da marca Gilt é a descoberta: há novidades todos os dias.*[30]

Ao alterar diariamente as suas ofertas de produtos, os clientes são frequentemente atraídos para o site para ver o que há de novo e as páginas podem ser alteradas para acompanhar as mudanças na demanda dos clientes e na disponibilidade de produtos. Essa capacidade de flexibilidade proporciona uma vantagem substancial sobre operações de lojas físicas – pelo menos para os negócios *on-line* que se posicionam para tirar vantagem dela.

Muitos produtores e atacadistas hoje estão optando por desviar de varejistas e levar seu produto ou serviço diretamente ao cliente final por meio de operações em linha, uma estratégia às vezes referida como **desintermediação**. Essa decisão é guiada, em sua maioria, pelas margens cada vez mais estreitas que obtêm quando vendem por meio de grandes varejistas. E o modelo pode funcionar como um amuleto – reflita sobre Zappos e Warby Parker.

Quando Andres Niño e Nicholas Hurtado lançaram Beckett Simonon, em 2012, estavam com a intenção específica de oferecer sua linha de sapatos masculinos diretamente ao usuário final. Esse modelo direto ao cliente permite que eles vendam sapatos por US$ 79 a US$ 130 e oferece um nível muito mais elevado de atendimento ao cliente. "Dá muito mais trabalho expandir uma marca dessa forma", observa Niño, "mas ser capaz de conversar com [compradores] e construir relacionamentos pessoais nos permite construir uma marca melhor."[31] As vendas da empresa têm crescido rapidamente (aumento de 114% de janeiro a março em 2014!), mostrando que o seu conceito está certo sobre o dinheiro. Esse é o poder da opção *on-line* – oferece alcance e flexibilidade de mercado.

Conforme os modelos de comércio eletrônico B2C continuam a se desenvolver e a evoluir, novas alternativas surgirão, o que tende a pegar os rivais desprevenidos. Mesmo alguns concorrentes muito grandes têm dificuldade em acompanhar o jogo *on-line*. Por exemplo, as ofertas de serviço criativo da Google forçaram a Microsoft a reconsiderar a forma de cobrar pelo seu software, e agências de viagens de serviço completo ainda estão tentando descobrir como ajustar as abordagens para lidar com concorrentes mais recentes como Kayak.com e CheapOAir.com. Um empreendedor alerta irá monitorar o movimento no mercado para poder responder rapidamente a riscos potenciais e identificar oportunidades emergentes.

Modelos de cliente para cliente. Um número crescente de empresários que vendem suas mercadorias pela internet o fazem sem criar um site ou uma loja. Em vez disso, eles usam sites de leilão, que se enquadram no que às vezes é chamado de **modelo de cliente para cliente (C2C)**. Esse modelo é geralmente criado em torno de **sites de leilão** na internet que permitem que indivíduos e empresas listem os produtos disponíveis para potenciais concorrentes.

Os leilões *on-line* tornaram-se uma das histórias de sucesso mais celebradas na internet. O eBay, fundado em 1995 pelo programador de informática Pierre Omidyar, é o gorila de 400 quilos de sites de leilão. Aqui estão algumas estatísticas para mostrar o incrível fenômeno em que o eBay se tornou: a empresa tem mais de 145 milhões de usuários ativos em todo o mundo e vende mais de US$ 2.642 em bens a cada segundo. Você também pode se surpreender em saber que um total de bens de estonteantes US$ 20,5 bilhões foram vendidos no eBay em um período de três meses recentemente.[32]

Você pode comprar ou vender quase tudo no eBay e é incrivelmente fácil. Por uma taxa, consultores de sites de leilão irão treiná-lo sobre como ser um vendedor bem-sucedido. Você também pode participar da Universidade eBay, pessoalmente ou por meio de tutoriais *on-line*, para aprender os prós e contras de operar um negócio no eBay. Para mostrar como é simples começar, o Quadro 9.3 fornece um procedimento simples de quatro etapas para vender itens no eBay. Embora seja tão fácil vender alguns itens no eBay, é uma questão muito diferente realmente ganhar dinheiro como um negócio contínuo no site. Como nas formas mais convencionais de varejo, um plano de negócios bem pensado é útil para transformar sua ideia de negócio (ou passatempo) em uma proposta de fazer dinheiro.

Sites de leilão como o eBay geram a maior parte de sua receita por meio de taxas de listagem e comissões. Para continuar o rápido crescimento, o eBay está expandindo os serviços e entrando em mercados adicionais

> **QUADRO 9.3** Vendendo seu item no Ebay
>
> Etapa 1: Abra uma conta de vendedor do eBay, que é gratuita.
> Etapa 2: Crie uma listagem para o item a ser oferecido para venda.
> Etapa 3: Gerencie sua listagem para ver se alguém fez lances ou comprou seu item.
> Etapa 4: Finalize a venda com seu comprador recebendo o pagamento, enviando o artigo e deixando *feedback*.
>
> Fonte: adaptado de "Getting Started Selling on eBay," http://pages.ebay.com/help/sell/sell-getstarted.html. Acesso em 12 de dezembro de 2014.

em todo o mundo por meio de novos sites, aquisições e empreendimentos – ele opera em 39 países, incluindo os Estados Unidos.[33]

Mas esse não é mais o único site de leilões. Hoje, o eBay enfrenta a concorrência das curtidas do UBid.com, eBid.com, On-lineAuction.com e um número de outros concorrentes significativos.

A empresa também está tomando medidas para expandir o segmento eBay Stores de seus negócios, que oferece aos vendedores acesso a milhões de compradores em todo o mundo. Essa opção ajuda os vendedores da eBay Stores a alcançar o sucesso fornecendo ferramentas poderosas para ajudá-los a construir, gerenciar, promover e acompanhar sua presença no eBay. Eles podem criar uma lista, com amostra de pesquisa completa, depois de pagar uma taxa de assinatura razoável.[34] Para manter a sua posição em destaque, a empresa tem aproveitado o poder da revolução dos *smartphones* para aperfeiçoar uma nova geração de poderosas tecnologias de compras móveis, com resultados impressionantes.[35]

NATUREZA DA PRESENÇA ON-LINE

Uma segunda maneira ampla de categorizar modelos de comércio eletrônico está relacionada ao nível pretendido de presença *on-line* de uma empresa. O papel de um site pode variar de meramente oferecer informações e conteúdos básicos até permitir transações comerciais complexas.

Modelo baseado em informações. Um site construído a partir do **modelo baseado em informações** simplesmente oferece informações sobre uma empresa, seus produtos e outros assuntos relacionados. É geralmente apenas um complemento para uma instalação fixa. Muitas pequenas empresas usam esse modelo para suas operações *on-line*. Seu dentista ou encanador pode ter um site que simplesmente descreva os serviços oferecidos, mas provavelmente vai exigir um telefonema para marcar uma consulta. Esses sites geralmente apresentam um link "Fale conosco" que levará o usuário a uma página da web separada, exibindo o endereço da empresa e número de telefone e, em muitos casos, oferecendo acesso que permite ao usuário entrar em contato com a empresa via e-mail.

A internet tornou-se a primeira parada para os clientes que necessitam de uma empresa local. Por isso, faz sentido para as pequenas empresas criar sites que podem ser acessados por pesquisas de consumidor. Eles também devem listar seus negócios em plataformas oferecidas pelos principais sites de busca, o que pode ser feito acessando www.google.com/business ou www.local.yahoo.com para mencionar apenas duas opções disponíveis.

Modelo baseado em conteúdo. O **modelo baseado em conteúdo** de comércio eletrônico é uma variação da alternativa do modelo baseado na informação, na medida em que também dispõe de um site que fornece acesso a informações, mas não à capacidade de fazer compras. Em vez de vender produtos ou serviços, um site baseado em conteúdo fornece informações (conteúdo) para quem o visita, geralmente com a esperança de atrair um fluxo considerável de visitantes.

Na maioria dos casos, esse tráfego *on-line* pode ser uma fonte de receita. Por exemplo, é bastante fácil fazer anúncios ou *banners* do Google no seu site; você ganha dinheiro cada vez que um visitante clica neles (veja www.google.com/adsense para detalhes). A receita de anúncios é geralmente baixa, mas outra opção é se tornar um filiado *on-line*. Programas a filiados (às vezes chamados de programas de associados) pagam uma comissão aos sites para todo o tráfego de visitantes que puderem gerar. Por exemplo, o Programa Associados da Amazon paga taxas de referência de até 10% em vendas qualificadas de seus produtos que são iniciadas por meio de links no site de um afiliado. Como um bônus, o programa é fácil de usar e a empresa irá mostrar inúmeras opções para a construção de links e anúncios de produtos da Amazon em seu site.[36] Mas esse é apenas um exemplo entre centenas de programas de filiados de que você pode optar por participar.

Modelo baseado em transação. Em um **modelo baseado em transação**, um site é criado para fornecer um mecanismo para comprar ou vender produtos ou serviços. O modelo baseado em transação pode ser considerado o centro do universo de *e-commerce*, com lojas *on-line* onde os visitantes vão clicar e comprar.

Muitas empresas de internet vendem um único produto ou serviço. Por exemplo, Huber e Jane Wilkinson comercializam seu programa de compreensão de leitura, IdeaChain, em seu site MindPrime, Inc. (www.mindprime.com). Outros empreendimentos são extensões diretas de uma loja física, criando o que às vezes é chamado de lojas mistas ou estratégias mistas. Se você quisesse comprar uma nova impressora, por exemplo, poderia pesquisar opções no site da Office Depot e, em seguida, comprar sua seleção *on-line* ou pegar a impressora em sua loja de bairro Office Depot. Embora o Office Depot seja uma grande corporação com milhões de clientes, muitas pequenas empresas estão seguindo o mesmo modelo geral e com excelentes resultados.

Muitas empresas de comércio eletrônico geram vendas com a fusão dos modelos baseados em conteúdo e em transações. Lançado em 1999, Bodybuilding.com é o site de musculação e fitness mais visitado do mundo. O volume interminável de conteúdo educacional no site, a maior parte dos quais conecta produtos que são vendidos por transação, atrai mais de 1,1 milhão de visitantes por dia.[37]

No entanto, levanta uma questão ética difícil: como pode uma empresa apresentar conteúdo que está tão intimamente ligado aos seus próprios produtos? Para manter a integridade nessa situação, a empresa deve ser transparente e certificar-se de que todas as informações são legítimas. Afinal de contas, seu desempenho no longo prazo vai depender disso. De acordo com Peter Nguyen, um superstar dos negócios da internet, os sites que têm resultados extraordinários geralmente fazem pelo menos uma das três coisas:[38]

- Criam *valor significativo* na forma de informação valiosa, incentivos ou serviços.
- Oferecem *experiências notáveis* que criam entretenimento que pode ser compartilhado.
- Oferecem *soluções impactantes* que ajudam as pessoas a melhorar a si mesmas, seus negócios ou suas comunidades.

Segue-se que empresários *on-line* que criam o maior benefício para os clientes são muito mais propensos a ter sucesso. Os sites que fazem afirmações falsas ou exageradas são geralmente de curta duração, uma vez que as notícias de seus delitos se espalham rapidamente na internet. Como as operações de espaços físicos, empresas *on-line* duradouras e impactantes devem ter integridade e entregar valor genuíno aos seus clientes.

Opções emergentes. O mundo da internet é conhecido pela agilidade com que se move, e mentes empreendedoras estão constantemente encontrando novas formas de cobrar pelo seu potencial. Na maioria dos casos, são variações no modelo baseado no conteúdo discutido anteriormente.

Os blogueiros produzem revistas *on-line* para negociar comentários com amigos e outros leitores, mas esses também podem ser gerenciados como uma empresa de fazer dinheiro. As pequenas empresas acham que os blogs são fáceis de usar e são, portanto, uma plataforma atraente para promover a venda de um item esgotado ou para dar a um funcionário reconhecimento especial. Mas o tráfego da web em um blog também pode gerar renda considerável de publicidade e links pagos. O montante ganho depende de fatores tais como a quantidade de tráfego que o site gera, a confiabilidade do conteúdo oferecido e quão relevantes os anúncios são para aqueles que o visitam. Rhett Butler demitiu-se do cargo de gerente de produção quando percebeu que poderia ter uma vida muito confortável com o seu blog de conservação ambiental, Mongabay. "A floresta tropical sempre foi minha paixão", diz Butler, "mas eu nunca esperava viver disso". Chegou a um ponto em que ele estava ganhando entre US$ 15.000 e US$ 18.000 por mês em receita de publicidade, e seu site continua a atrair mais de um milhão de visitantes por mês.[39]

Outra opção é criar *podcasts*, arquivos de áudio ou vídeo que são distribuídos na internet e podem atrair uma audiência de cerca de 38 milhões. O comediante, ex-personalidade de rádio e multimídia Adam Carolla lançou seu projeto de *podcast* em 2009 e agora grava episódios humorísticos, às vezes ofensivos, que ele arquiva *on-line*. Milhões de ouvintes sintonizam todo mês para ouvir o que ele tem a dizer, o que resulta em lucros substanciais. Carolla e outros *podcasters* podem ganhar dinheiro vendendo anúncios e patrocínios, solicitando doações, vendendo assinaturas e cobrando por acesso a eventos ao vivo.[40]

Ainda outros empreendedores estão investindo na web explorando o alcance do YouTube ou Pinterest para criar uma audiência que pode ser transformada em lucro. O YouTube organizou um Programa de Parceiros que permite aos criadores de conteúdo exibir anúncios em seus vídeos e ganhar 55% da receita gerada ao mostrá-los. De acordo com o editor-gerente do guia de marketing de vídeos *on-line* ReelSEO, os mil canais *top* no YouTube geram impressionantes US$ 23.000 por mês de publicidade.[41] Mas isso não é o fim do potencial de lucro que a plataforma pode criar. A guru de estilo *on-line*, Michelle Phan, aproveitou a fama no YouTube para levar seu livro ao *status* de *best-seller*, lançar a própria linha de cosméticos da L'Oreal e atrair negócios de peso como Dr Pepper e Toyota.[42]

A Pinterest lançou seu site de *bookmarking* de imagens sociais em 2010, mas só agora está começando a descobrir como lucrar com ele.[43] Alguns dos seus *pinners* mais populares, no entanto, estão encontrando maneiras de ganhar dinheiro no site há um tempo. Por exemplo, o *designer* Satsuki Shibuya tem mais de 1 milhão de seguidores, exposição que levou algumas empresas a pagar entre US$ 150 e US$ 1200 apenas para fixar a imagem dele a um de seus produtos. "É uma jogada inteligente [para as marcas pagadoras]", diz ela. "Eles já estão colocando anúncios em revistas e há 10 vezes mais pessoas visualizando o Pinterest."[44] Como demonstram esses exemplos, novos conceitos de negócio *on-line* estão sendo criados o tempo todo, e empresários alertas estão encontrando maneiras de tirar proveito.

9-4c Empresas baseadas na internet e a vantagem da *startup* em tempo parcial

Quando um empreendedor lança uma nova empresa, muitas vezes ele tem que decidir se desiste de um trabalho existente e fica em tempo integral na *startup* ou continua no emprego enquanto começa um negócio de meio período paralelamente. Existem vantagens e desvantagens para cada abordagem, é claro, mas pesquisas mostram que muitos empreendedores preferem abrir uma empresa em tempo parcial para manter a renda fluindo até que possam ter dinheiro suficiente para fazer uma transição completa para o novo negócio. Isso é especialmente verdadeiro para aqueles que tendem a ser mais avessos ao risco e menos autoconfiantes.[45] Embora muitos tipos de negócios possam ser iniciados em tempo parcial, um número crescente de pequenos empresários está achando que a flexibilidade e o baixo custo de lançar um negócio *on-line* fazem desta uma opção muito atraente.

Optar por uma carreira de tempo integral ao lançar um empreendimento novo em paralelo pode ser uma experiência muito gratificante, mas exaustiva. Não é incomum que essas pessoas trabalhem arduamente por 90 a 100 horas por semana, enquanto a empresa está em fase de inicialização, com apenas cerca de metade das horas de trabalho regulares. Em outras palavras, é importante compreender que um negócio "em tempo parcial" tem uma maneira de amarrar fins de semana e noites e pode levar anos para expandir a *startup* até o ponto em que o(s) fundador(es) possa(m) se dar ao luxo de deixar o emprego regular e trabalhar na nova empresa em tempo integral. Contudo, a abordagem em tempo parcial pode reduzir muito do risco da transição para a vida como um empreendedor, com pesquisas que mostram que tais empreendimentos tendem a sobreviver por mais tempo do que aqueles lançados por proprietários que escolhem dedicar-se em tempo integral desde o início.[46] Mas talvez mais importante para a nossa discussão aqui, a internet é muitas vezes a plataforma que permite converter esses sonhos de *startup* de tempo parcial em realidade empresarial em tempo integral.

Claramente, a decisão de localização é complicada, mas é extremamente importante tomá-la corretamente. Se sua empresa precisa de uma instalação física, você pode encontrar um local que seja conveniente aos clientes, oferecer um ambiente de negócios favorável e fornecer acesso aos recursos necessários? Como o proprietário do negócio, você ficaria feliz em trabalhar nesse local, dia após dia e ano após ano? Quando você pensa nos custos envolvidos, o local é adequado? Se você decidiu sediar o negócio em casa, consegue gerenciá-lo separadamente de sua vida doméstica? Além disso, você pode seguir as restrições de zoneamento e manter uma imagem adequada da empresa? Se a internet for o local certo para a sua *startup*, você pode identificar o tipo de cliente com o qual trabalhará e o modelo de negócio que adotará? Há muitas perguntas a serem respondidas, mas há também muitas fontes de informação para ajudá-lo a decidir sobre o local que será melhor para sua empresa. Não fique impaciente – basta não ter pressa, pesquisar e fazer uma escolha sensata. Um mundo de oportunidades de negócios sem-fim aguarda por você.

Glossário

Desintermediação (p. 191) – Desvio de um intermediário por um produtor ou atacadista para vender o produto ou serviço diretamente para o cliente final.

***E-commerce* (p. 188)** – Comércio eletrônico ou compra e venda de produtos e serviços pela internet.

Equipamentos com propósito especial (p. 185) – Máquinas desenhadas para servir funções especializadas no processo de produção.

Equipamentos de uso geral (p. 184) – Máquinas que servem para muitas funções no processo de produção.

Incubadora de empresas (p. 183) – Instalação que fornece espaço, serviços e assistência compartilhada à gestão de novos negócios.

Instalação de espaço físico (p. 180) – Instalação tradicional na qual negócios operam historicamente.

Lei de zoneamento – Lei local que regula o uso da terra.

Modelo baseado em conteúdo (p. 192) – Modelo de negócio em que um site fornece informações (conteúdo) que atrai visitantes, geralmente com esperança de gerar receita com publicidade ou dirigindo os visitantes para outros sites.

Modelo baseado em transação (p. 193) – Modelo de negócio no qual um site fornece um mecanismo para comprar e vender produtos ou serviços.

Modelo baseado em informações (p. 192) – Modelo de negócio no qual o site simplesmente fornece informações sobre um negócio, seus produtos e outros assuntos relacionados.

Modelo de cliente para cliente (C2C) (p. 191) – Modelo de negócio normalmente configurado em torno de sites de leilão na internet, que permitem que indivíduos e empresas listem os itens disponíveis para venda a potenciais concorrentes.

Modelo de empresa para cliente (B2C) (p. 190) – Modelo baseado na venda para clientes finais eletronicamente.

Modelo de empresa para empresa (B2B) (p. 189) – Modelo baseado na venda para clientes de empresas eletronicamente.

Negócio sediado em casa (p. 186) – Negócio que mantém a instalação primariamente na residência do proprietário.

Sites de leilão (p. 191) – Empresas baseadas na web que oferecem aos participantes a capacidade de listar produtos para a oferta do cliente.

Ações para *startups*

Do carrinho de compra *on-line* até a compra

Você pode se surpreender ao saber que dois terços dos compradores *on-line* põem itens no carrinho de compras e os abandonam depois. Algumas maneiras de melhorar isso:

- Certifique-se de que o botão de fechamento da compra é fácil de encontrar.
- Encontre saídas para garantir aos compradores que as informações pessoais estão seguras.
- Permita que usuários saiam como convidados – eles podem abrir contas depois.
- Facilite o acesso à política de devolução aos compradores – isso incentiva a venda.

Fonte: Kasey Wehrum, "Their Carts are Full, So Why Won't They Buy?", *Inc.*, vol. 35, n. 10 (dezembro de 2013/janeiro de 2014), p. 28.

Você é quem manda

Situação 1

Os empresários Joe Stengard e sua esposa, Jackie Piel, tinham uma decisão a tomar. Localizada fora de St. Louis, Missouri, a empresa de cinco anos, a S&P Crafts, estava crescendo rapidamente e estavam precisando urgentemente de mais espaço para fazer as encomendas de kits de artesanato. Mudança sempre envolve certa medida de risco, então o casal estava hesitante em transferir as operações da empresa. Contudo, uma organização de desenvolvimento econômico no condado de Warren, Missouri, ofereceu incentivos atrativos na forma de redução fiscal e auxílio financeiro se mudassem para uma nova instalação na cidade rural de Hopewell. A pesquisa inicial indicou que havia a disponibilidade de mão de obra e competências apropriadas para a operação, então Stengard e Piel decidiram se mudar.

Desde a mudança de endereço, as vendas da empresa triplicaram. E a nova instalação cresceu quatro vezes em apenas dois anos.

Pergunta 1 – Qual a importância da decisão de localização para esses dois empresários? Por quê?

Pergunta 2 – Quais tipos de autorizações e leis de zoneamento Stengard e Piel precisam considerar antes de decidir se mudar?

Pergunta 3 – Como Stengard e Piel poderiam utilizar a internet para expandir seus negócios?

Plano de negócios

Construindo a base
Como parte de estabelecer as bases para preparar o próprio plano de negócios, responda às seguintes perguntas sobre localização.

Perguntas sobre localização da *startup* em um espaço físico
1. Quão importantes são as suas razões pessoais para escolher uma localização?
2. Quais fatores de ambiente de negócios influenciarão a escolha da localização?
3. Quais recursos são mais críticos para essa decisão?
4. Quão importante é a acessibilidade do cliente para a escolha da localização?
5. Como será realizada a avaliação formal do local?
6. Quais leis e políticas tributárias dos governos estaduais e locais precisam ser consideradas?
7. Qual é o custo do local proposto?

Perguntas sobre instalações físicas
1. Quais são as principais considerações na escolha entre um imóvel novo e um existente?
2. Qual é a possibilidade de alugar um imóvel ou equipamento?
3. Qual a viabilidade de se instalar em uma incubadora de negócios?
4. Qual é o principal objetivo do seu projeto de ter um imóvel?
5. De que tipos de equipamento necessita para o negócio?

Perguntas para localização de *startup* em casa
1. Há a possibilidade de ter um negócio em casa?
2. Para o empreendimento que está planejando, quais seriam as vantagens e desvantagens de instalar o negócio em casa?
3. Você já considerou questões relacionadas ao estilo de vida familiar?
4. A sua casa projetará a imagem adequada para o negócio?
5. Quais leis de zoneamento, se houver, regulam o tipo de negócio sediado em casa que você quer abrir?

Perguntas de *startup* na internet
1. Que tipo de clientes serão atendidos pela *startup* na internet?
2. Quais são as limitações técnicas (como o custo de projetar e desenvolver um site ou mudar constantemente as necessidades de software) que podem atrapalhar a empresa que planeja abrir?
3. Como você vai lidar com questões não técnicas (preocupações com a privacidade, segurança do site, línguas e culturas globais etc.) que podem limitar o sucesso do seu negócio *on-line*?
4. Você planeja abrir uma loja hospedada na Amazon, no eBay ou em um dos outros gigantes *on-line*, ou um site independente seria mais adequado às necessidades do seu negócio?
5. Qual perfil *on-line* que espera estabelecer – com base em informação, conteúdo, em transação ou alguma outra forma?
6. Você começará o negócio na internet dedicando-se em meio período ou planeja envolver-se em tempo integral?

Notas

1. Jessica Bruder, "The Best Places to Launch," *Fortune Small Business*, vol. 19, n. 9 (novembro de 2009), p. 56, 58.
2. Jason Daley, "Move, or Lose," *Entrepreneur*, vol. 39, n. 6 (junho de 2011), p. 122.
3. Adaptado de Gail P. Hiduke e J. D. Ryan, *Small Business: An Entrepreneur's Business Plan*, 9th ed. (Mason, OH: South-Western Cengage Learning, 2014), p. 159-161.
4. "Lids: About Us," http://www.lids.com/HelpDesk/Corporate/About, acesso em 8 de dezembro de 2014.
5. "COBB Tuning: History," http://www.cobbtuning.com/company-infohistory-s/50300.htm. Acesso em 10 de dezembro de 2014.
6. Conselho de Pequenas Empresas & Empreededores, "Business Tax Index 2014," http://www.sbecouncil.org/2014/04/15/sbe-councils-small-business-tax-index-ranks-state-tax-systems. Acesso em 10 de dezembro de 2014.
7. Jacquelyn Lynn, "Tax Relief," *Entrepreneur*, vol. 36, n. 7 (junho de 2008), p. 24.
8. Jacquelyn Lynn, "What's It Worth?" *Entrepreneur*, vol. 36, n. 3 (março de 2008), p. 32.
9. Conforme declarado em Chip Mellor e Dana Berliner, "Small Businesses Losing Out to Red Tape," *USA Today*, 25 de outubro de 2010, http://usatoday30.usatoday.com/news/opinion/forum/2010-10-21-mellor26_st_N.htm. Acesso em 10 de outubro de 2014.
10. Mark Henricks, "How to Relocate Your Business," http://www.entrepreneur.com/article/81406. Acesso em 10 de dezembro de 2014. Veja também Craig S. Galbraith, Carlos L. Rodriguez e Alex F. DeNoble, "SME Competitive Strategy and Location Behavior: An Exploratory Study of High-Technology Manufacturing," *Journal of Small Business Management*, vol. 46, n. 2 (abril de 2008), p. 183-202.
11. National Federation of Independent Business, "411 Small Business Facts: Local Business Climate," http://www.411sbfacts.com/sbpoll.php?POLLID50048&KT_back51. Acesso em 10 de dezembro de 2014.
12. Para esclarecer, precisamos apontar que um *acelerador* é diferente de um *incubador*. Ambos, geralmente, oferecem acesso a redes, um programa de seminários e aulas e suporte de aconselhamento. Entretanto, incubadores alojam *startups* por um período mais longo (de um a cinco anos contra o período de três meses) e geralmente não fornecem suporte financeiro. A maior parte dos aceleradores concede financiamento na troca por participações na *startup* e são projetados para posicionar *startups* para atrair financiamento inicial. Para uma comparação útil, mas breve, dessas duas opções, veja Robin D. Schatz, "Accelerate Me!" *Inc.*, vol. 36, n. 6 (julho/agosto de 2014), p. 18-19.
13. Sarah E. Needleman, "Start-Up Programs Find Niche," *The Wall Street Journal*, 18 de novembro de 2010, p. B7.
14. "HBK Incubates," http://hotbreadkitchen.org/hbk-incubator. Acesso em 2 de outubro de 2012.

15. "Regus: Work Your Way," http://www.regus.com/procurement. Acesso em 10 de dezembro de 2014
16. "ShareDesk: About," https://www.sharedesk.net/#!/about. Acesso em 11 de dezembro de 2014.
17. Federação Nacional de Negócios Independentes, "411 Small Business Facts: Energy Consumption," http://www.411sbfacts.com/sbpoll-about.php?POLLID50047, acesso em 11 de dezembro de 2014.
18. Veja Candida G. Brush, Linda F. Edleman e Tatiana S. Manolova, "The Effects of Initial Location, Aspirations, and Resources on Likelihood of First Sale in Nascent Firms," *Journal of Small Business Management*, vol. 46, n. 2 (abril de 2008), p. 159–182.
19. Chuck Green, "My Home Is Not Your Home," *The Wall Street Journal*, 14 de novembro de 2011, http://www.wsj.com/news/articles/.
20. Adaptado de Ken Harthun, "Top 5 Reasons for Starting a Home-Based Business," 14 de abril de 2010, http://www.examiner.com/article/top-5-reasonsfor-starting-a-home-based-business, acesso em 11 de dezembro de 2014.
21. Nicole L. Torres and April Y. Pennington, "Home Court Advantage," http://www.entrepreneur.com/article/78450. Acesso em 11 de dezembro de 2014.
22. Nicole L. Torres, "Shipman Associates," http://www.entrepreneur.com/article/78440. Acesso em 12 de dezembro de 2014.
23. Meg Cadoux Hirshberg, "Bed and Boardroom," *Inc.*, vol. 32, n. 1 (fevereiro de 2010), p. 31-33.
24. "Beauty Encounter: About Us," http://www.beautyencounter.com/aboutus. Acesso em 11 de dezembro de 2014.
25. Elaine Pofeldt, "A Fresh Take on the Freelance Marketplace," Forbes, 30 de maio de 2013, http://www.forbes.com/sites/elainepofeldt/2013/05/30/afresh-take-on-the-freelance-marketplace. Acesso em 11 de dezembro de 2014.
26. Raymund Flandez, "Help Wanted – and Found," The Wall Street Journal, 13 de outubro de 2008, http://www.wsj.com/news/articles/SB122347721312915407?mg5reno64-wsj. Acesso em 11 de dezembro de 2014.
27. "New Video about Oliver's Pet Care," http://blog.oliverspetcare.com/amazon-interview, acesso em 10 de dezembro 2012; e "Amazon: FBA Overview," http://www.amazon.com/gp/help/customer/display.html?nodeId5200229160. Acesso em 11 de dezembro de 2014.
28. Jenna Wortham, "Buying the Bricks for Your Online Storefront," The New York Times, November 16, 2014, p. BU4.
29. "Gilt: About Gilt," http://www.gilt.com/company/main. Acesso em 11 de dezembro de 2014.
30. Jennifer Vilaga, "21_Gilt-Groupe," http://www.fastcompany.com/3017920/most-innovative-companies-2010/21gilt-groupe. Acesso em 11 de dezembro de 2014.
31. Amy Westervelt, "The New Black? Direct Sales," The Wall Street Journal, 25 de agosto de 2014, p. R5.
32. "EBay: The Company," http://pages.ebay.in/community/aboutebay/news/infastfacts.html. Acesso em 12 de dezembro de 2014.
33. Ibid.
34. "EBay Store Fees," http://pages.ebay.com/help/sell/storefees.html. Acesso em 12 de dezembro de 2014.
35. Bloomberg News, "Amazon and eBay Target Mobile Shoppers with Thanksgiving Deals," 26 de novembro de 2014, https://www.internetretailer.com/2014/11/26/amazon-and-ebay-target-mobile-shoppers-thanksgiving-deals. Acesso em 12 de dezembro de 2014.
36. "Amazon Associates," https://affiliate-program.amazon.com, acesso em 12 de dezembro de 2014.
37. "BodyBuilding.com: Come Join Our Team," http://www.bodybuilding.com/fun/bbcomcareer.htm. Acesso em 12 de dezembro de 2014.
38. Peter Nguyen, Advertiser360: Learning the Essentials (Irvine, CA: Ad Ventures Group, 2011), p.19.
39. "About Mongabay," http://www.mongabay.com/about.html, acesso em 12 de dezembro de 2014.; e Kelly K. Spors, "New Services Help Bloggers Bring in Ad Revenue," *The Wall Street Journal*, 15 de janeiro de 2008, http://www.wsj.com/articles/SB120036638439890355. Acesso em 12 de dezembro de 2014.
40. Ann O'Neill, "Battle over Adam Carolla Podcast Ends 30-Year Friendship," http://www.cnn.com/2014/09/02/showbiz/adam-carolla-podcast-lawsuit. Acesso em 12 de dezembro de 2014.; and Ellen McGirt, "Pod Star," Fast Company, n. 144 (abril de 2010), p. 79-83.
41. Carla Marshall, "What It Takes to Make a Living from YouTube's Partner Earnings," http://www.reelseo.com/youtube-partner-earnings. Acesso em 16 de dezembro de 2014.
42. Rolfe Winkler, "YouTube Offering Its Stars Bonuses," *The Wall Street Journal*, 8 de dezembro de 2014, p. R4.
43. Eric Blattberg, "Pinterest Launches Its Way to Make Money: Promoted Pins," http://venturebeat.com/2014/05/12/pinterest-launches-its-way-tomake-money-promoted-pins. Acesso em 16 de dezembro de 2014.
44. Max Chafkin, "Starring Ben Silbermann As the Pinup Kid," Fast Company, n. 169 (outubro de 2012), p. 90–96, 146–147.
45. Joseph Raffiee and Jie Feng, "Should I Quit My Day Job? A Hybrid Path to Entrepreneurship," *Academy of Management Journal*, vol. 57, n. 4 (2014), p. 936-963.
46. Ibid.

CAPÍTULO 10

Entendendo as demonstrações financeiras da empresa

No Spotlight
J&S Construction Company
www.jsconstruction.com

Johnny Stites é CEO da J&S Construction Company, Inc., em Cookeville, Tennessee. Depois de se formar na faculdade, Johnny serviu a Marinha dos EUA por três anos e voltou para casa para trabalhar nos negócios da família. Vários anos mais tarde, o irmão mais novo dele, Jack, juntou-se ao negócio e agora trabalha como presidente da empresa.

Johnny e Jack expandiram o negócio que se tornou uma das empresas de construção mais bem-sucedidas no sudeste dos Estados Unidos, senão do país. Um supervisor de negócios ao visitar a empresa surpreendeu-se de imediato com a paixão e cuidado que dão aos detalhes no funcionamento da empresa. Quando questionado sobre como usam as informações financeiras para administrar a empresa, Johnny comentou:

Quando você abre e administra o próprio negócio, já não importa se era um especialista em marketing, gestão, finanças ou qualquer outro segmento. Como empreendedor, tem que saber como funciona uma empresa, o que requer mais que conhecimento em um campo acadêmico específico. Então, tanto faz qual é a sua especialidade, você deve saber o máximo dos princípios de contabilidade e finanças. Você não precisa ser um contador, mas é melhor ser capaz de ler e entender as demonstrações financeiras. Claro, você pode contratar um contador, mas, se não entender o que os números estão dizendo, terá um grande problema.

O setor da construção é um dos mais arriscados que se pode entrar, perdendo apenas para o setor de restaurantes. Por anos, oferecemos um trabalho com base em nosso melhor entendimento dos custos incorridos. Então, teríamos que esperar até a conclusão do trabalho para verificar se ganharíamos ou perderíamos dinheiro – não é exatamente uma situação ideal. Hoje, temos a competência de saber como estamos em relação

Ao término deste capítulo, você deverá ser capaz de:

10-1. Descrever a finalidade e o conteúdo de uma demonstração de resultados.

10-2. Descrever o propósito e o conteúdo de um balanço patrimonial.

10-3. Explicar como a visualização da demonstração de resultados e do balanço juntos dá uma imagem mais completa de uma posição financeira da empresa.

10-4. Usar a demonstração de resultados e balancetes para calcular os fluxos de caixa de uma empresa.

10-5. Analisar as demonstrações financeiras usando as relações para ver mais claramente como as decisões afetam o desempenho financeiro da empresa.

a lucros e custos diariamente. Não ter informações contábeis precisas e oportunas seria fatal. Nós simplesmente não poderíamos existir em um setor tão competitivo e, certamente, não de maneira lucrativa, sem entender como estamos financeiramente.

Assim como muitos outros, quando nos deparamos com a recessão de 2008, acreditamos que poderíamos sobreviver, mas também percebemos que a conjuntura não estava favorável a erro. Isso levou a uma avaliação detalhada e profunda da situação financeira. Foi quando determinamos que deveríamos reduzir os salários em 15% em vez de despedir os funcionários. Quando a economia virou, nós estávamos preparados com o centro de nossa equipe para conquistar participação de mercado.

Então, assuntos de contabilidade e finanças são relevantes para você como empreendedor? Somente se você quiser ter um bom entendimento do seu negócio.

Fonte: Entrevista pessoal com Johnny Stites, 1º de fevereiro de 2015.

Os empreendedores não criam empresas para que aprendam contabilidade – isso é certo. De fato, para muitos alunos e aspirantes a empreendedores, a contabilidade não é um tema favorito. Mas, se você possui ou planeja abrir uma empresa, é melhor aprender um pouco de contabilidade, mais cedo ou mais tarde. Norm Brodsky, um empreendedor serial e colunista notável da revista *Inc.*, argumenta claramente:

Quando eu comecei, pensei que os CEOs administrassem seus negócios com a ajuda dos executivos de alto escalão. O que eu não percebi é que um negócio é uma entidade viva com as próprias necessidades e, se os líderes não prestarem atenção a essas necessidades, o negócio vai falhar. Então, como saber quais são essas necessidades? Só há uma maneira: verificando os números e compreendendo as relações entre eles. Eles mostrarão o quão boas são suas vendas, se você pode se dar ao luxo de contratar um novo vendedor ou gerente, de quanto precisa para lidar com novos negócios, como seu mercado está mudando etc. Você não pode se dar ao luxo de esperar que o contador lhe informe. Nem precisa se tornar um contador. Você tem que saber o suficiente de contabilidade, no entanto, para descobrir quais números são mais importantes na sua empresa, e então desenvolver o hábito de inspecioná-los como um falcão.[1]

Entender contabilidade está mais relacionado à experiência do que à competência. Neste capítulo, você aprenderá a construir **demonstração de resultados**, *balanço patrimonial* e *demonstração de fluxo de caixa*. Igualmente importante, você vai aprender alguns conceitos básicos para interpretar o que essas **demonstrações financeiras**, ou **demonstrações contábeis**, apontam em seu negócio. Este capítulo é apresentado de forma simples, adequado às necessidades do proprietário de uma pequena empresa.

Antes de iniciar um estudo sistemático das demonstrações financeiras, estabeleceremos um embasamento ao contar uma história de duas jovens irmãs que iniciaram sua própria pequena empresa, uma barraca de limonada.

A LEMONADE KIDS

Cameron e Ashley Bates, de 13 e 15 anos, queriam comprar um iPad, estimando que custaria 360 dólares. Os pais delas disseram que pagariam a maior parte do custo, mas as duas meninas precisariam contribuir com 100 dólares para o preço de compra.

Para ganhar dinheiro, as meninas decidiram trabalhar com um carrinho de limonada durante dois sábados em um parque próximo frequentado por pessoas que caminham e correm. Para começar o negócio, cada uma delas investiu 5 dólares de suas economias. A mãe, Krista, gostou da ideia das meninas e disse que emprestaria qualquer dinheiro adicional que precisassem com duas condições: (1) As meninas teriam que pagar em duas semanas e (2) ela iria manter os livros do negócio e esperava que elas aprendessem o significado dos números. Krista considerou a oportunidade enriquecedora para aprenderem sobre negócios.

Abrindo o negócio

Um balanço patrimonial, explicou Krista às meninas, é uma tabela que mostra, em data específica: (1) o valor em dólares dos ativos de propriedade da empresa e (2) as fontes de dinheiro usadas para pagar os ativos. Ela continuou a afirmar que há duas fontes de dinheiro para pagar os ativos. As meninas podiam pedir dinheiro emprestado ou, como proprietárias do negócio, poderiam colocar o próprio dinheiro no negócio. O primeiro meio de pagamento para os ativos é chamado de dívida e o segundo é o patrimônio do proprietário. É parecido com comprar uma casa de US$ 100.000, tomando emprestado US$ 70.000 de um banco e, então, usando US$ 30.000 de uma poupança para pagar a parte restante do preço de compra. O valor de US$ 30.000 é o seu patrimônio da casa. Da mesma forma, as empresas costumam pegar dinheiro emprestado (dívida) para complementar o investimento dos proprietários do próprio dinheiro no negócio (propriedade). Assim, o total dos bens da empresa sempre será igual ao total de dívidas mais o capital próprio que tenha sido investido no negócio, ou seja,

Total de ativos = Capital emprestado de outros + Capital investido pelos proprietários

ou

Total do ativo = Dívida + Patrimônio líquido

Por exemplo, o início das meninas em US$ 10 em dinheiro representava o único bem e, como esse era o próprio dinheiro, era também o patrimônio no negócio. Krista então elaborou um balanço patrimonial simples:

Ativos		Empréstimos (dívidas) e patrimônio dos proprietários	
Caixa	US$ 10	Empréstimos	US$ 0
Total de ativos	US$ 10	Patrimônio da Cameron e Ashley	US$ 10
		Total de empréstimos e patrimônio	US$ 10

Depois de pensar sobre o que elas precisariam em suprimentos para operar a barraca de limonada, as meninas pediram um empréstimo de US$ 40 à mãe. Após o empréstimo, o novo balanço patrimonial apresentava-se assim:

Ativos		Empréstimos (dívidas) e patrimônio dos proprietários	
Caixa	US$ 50	Empréstimos	US$ 40
Total de ativos	US$ 50	Patrimônio da Cameron e Ashley	US$ 10
		Total de empréstimos e patrimônio	US$ 50

US$ 50 = US$ 10 de caixa inicial + US$ 40 de caixa de empréstimo

US$ 40 de aumento na dívida

Na preparação para o dia de abertura, as meninas compraram US$ 40 de "mistura premium de limonada rosa" e copos de papel. Krista explicou que a mistura de limonada e os copos constituíam seu estoque de suprimentos. Depois que as meninas pagaram pelo estoque, o saldo resultante foi o seguinte, em que o caixa diminuiu e o estoque aumentou em US$ 40:

US$ 10 = US$ 50 caixa inicial − US$ 40 para comprar o estoque

Ativos		Empréstimos (dívidas) e patrimônio dos proprietários	
Caixa	US$ 10	Empréstimos	US$ 40
Estoque	US$ 40	Patrimônio da Cameron e Ashley	US$ 10
Total de ativos	US$ 50	Total de empréstimos e patrimônio	US$ 50

Comprado US$ 40 de estoque

Dia de abertura

Como jovens empreendedoras perspicazes, Cameron e Ashley sabiam que nem todas as pessoas que passavam por ali levavam dinheiro. Assim, elas criaram uma ficha de inscrição em que os clientes poderiam registrar seus contatos para pagar depois durante a semana. Elas, então, escolheram uma localização privilegiada para o carrinho de limonada e se prepararam para servir uma limonada rosa muito gelada.

Até o final do dia, tinham vendido 60 copos a US$ 1 cada – 30 copos que foram vendidos a "prazo" e 30 em dinheiro. Como a limonada só custou para as meninas US$ 0,25 por copo, elas ganharam US$ 0,75 por copo de lucro, um total de US$ 45 de lucro [US$ 45 = (US$ 1 de preço de venda por copo – US$ 0,25 de custo por copo) × 60 copos]. Krista disse às meninas que um demonstrativo de resultados relata os resultados das operações de uma empresa durante um período – nesse caso, um dia. Assim, o demonstrativo de resultados para o o primeiro sábado de venda:

Vendas (60 xícaras × US$ 1 por copo de preço de venda)	US$ 60
Custo da limonada vendida (60 copos × US$ 0,25 custo por copo)	(15)
Lucro	US$ 45

O balanço no fim do dia foi:

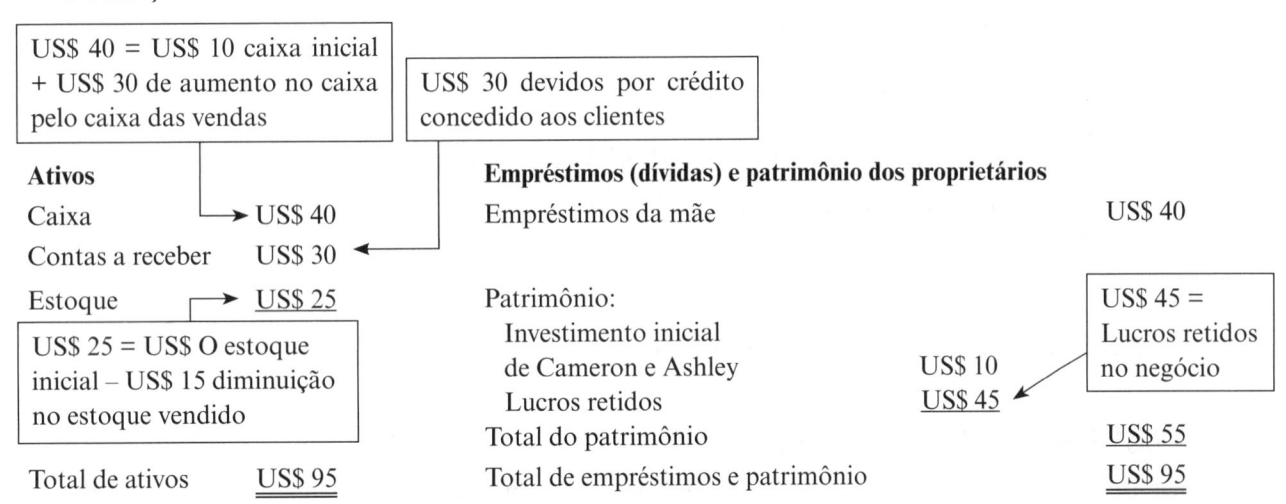

Ativos
- Caixa — US$ 40 *(US$ 40 = US$ 10 caixa inicial + US$ 30 de aumento no caixa pelo caixa das vendas)*
- Contas a receber — US$ 30 *(US$ 30 devidos por crédito concedido aos clientes)*
- Estoque — US$ 25 *(US$ 25 = US$ 0 estoque inicial – US$ 15 diminuição no estoque vendido)*
- Total de ativos — US$ 95

Empréstimos (dívidas) e patrimônio dos proprietários
- Empréstimos da mãe — US$ 40
- Patrimônio:
  - Investimento inicial de Cameron e Ashley — US$ 10
  - Lucros retidos — US$ 45 *(US$ 45 = Lucros retidos no negócio)*
- Total do patrimônio — US$ 55
- Total de empréstimos e patrimônio — US$ 95

Dessa vez, o caixa aumentou de US$ 30 para US$ 40, como resultado das vendas em dinheiro de US$ 30 – mesmo que elas tivessem vendido US$ 60 de limonada. Os US$ 30 restantes ainda era devidos por seus clientes de crédito; as meninas esperavam cobrar esse dinheiro na semana seguinte. Esses ativos, elas aprenderam, foram chamados de **contas a receber**. Além disso, houve uma queda de US$ 15 no estoque, o resultado da limonada vendida. Finalmente, o capital das meninas aumentou em US$ 45, o valor dos lucros do dia.

Quando Ashley verificou o demonstrativo de resultados e o balanço, questionou por que o dinheiro tinha aumentado somente US$ 30, embora os lucros fossem US$ 45 para o dia. Por que eles não são os mesmos? Krista disse que ela estava prestes a aprender uma lição importante: *o cálculo dos fluxos de caixa de uma empresa exigirá que verifique tanto o demonstrativo de resultados quanto as alterações no balanço patrimonial*. Por um lado, elas não recolheram US$ 30 das vendas, o que resultou em US$ 30 de contas a receber, em vez de caixa. Em segundo lugar, o custo de US$ 15 de bens vendidos não era uma saída de caixa, uma vez que o estoque que era vendido tinha sido comprado anteriormente. Em outras palavras, elas "venderam" US$ 15 de estoque e receberam o dinheiro. Portanto, a conciliação de seus lucros com a variação de caixa requer o cálculo:

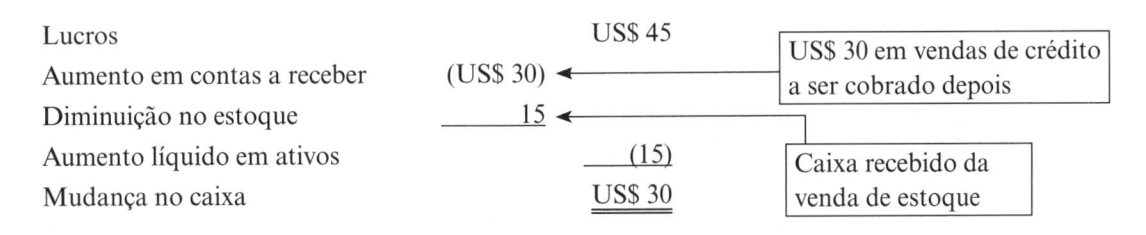

Lucros	US$ 45
Aumento em contas a receber	(US$ 30) *(US$ 30 em vendas de crédito a ser cobrado depois)*
Diminuição no estoque	15 *(Caixa recebido da venda de estoque)*
Aumento líquido em ativos	(15)
Mudança no caixa	US$ 30

Cobrança de contas a receber

Para que suas contas a receber não ficassem pendentes por muito tempo, as garotas contrataram a irmã mais nova, Erin, por US$ 5 para telefonar durante a semana para os clientes devedores. Em compensação, até sexta-feira à noite, Erin (acompanhada por alguns dos amigos) já tinha cobrado todo o dinheiro que deviam a elas. Com o dinheiro arrecadado, o caixa aumentou US$ 30, com uma diminuição de US$ 30 correspondente a contas a receber. Como resultado, o balancete apresentou-se:

> US$ 70 = US$ 40 de caixa inicial + US$ 30 de contas a receber coletadas

Ativos		Empréstimos (dívidas) e patrimônio dos proprietários	
Caixa	US$ 70	Empréstimos da mãe	US$ 40
Contas a receber	US$ 0	Patrimônio:	
Estoque	US$ 25	Investimento inicial de Cameron e Ashley	US$ 10
		Lucros retidos	US$ 45
		Total do patrimônio	US$ 55
Total de ativos	US$ 95	Total de empréstimos e patrimônio	US$ 95

> Coletou US$ 30 de contas a receber

Planejamento estratégico para o sábado seguinte

Antecipando o próximo fim de semana, Cameron e Ashley decidiram mudar a localização da operação para o Two Rivers Park, uma área na cidade com grande número de pessoas que caminham e correm. Além disso, as meninas decidiram contratar dois amigos, concordando em pagar a cada um deles US$ 10 por dia, o que permitiu que expandissem as operações de negócios para três bancas. Entretanto, como o Rivers Park não está na vizinhança local, não concederiam crédito às vendas, preferindo fazer negócios apenas à vista.

O segundo sábado de negócios

Cameron e Ashley chegaram ao Two Rivers Park com dois amigos no sábado pela manhã e logo se viram cercados por clientes. No meio da tarde, eles já tinham vendido 100 copos de limonada, esgotando todo o estoque! Depois de pagar aos dois amigos US$ 10 cada um e a Erin US$ 5 pelo trabalho de cobrança, as meninas estavam satisfeitas ao ver que tinham ganhado US$ 50 de lucro. A demonstração de resultados para o segundo dia ficou assim:

Vendas (US$ 1 de preço de venda por copo × 100 copos)	US$ 100
Custo da limonada (US$ 0,25 custo por copo × 100 copos)	(25)
Salários (2 amigos × US$ 10 + US$ 5 pagos a Erin)	(25)
Lucros	US$ 50

O balanço patrimonial no final do dia foi apresentado:

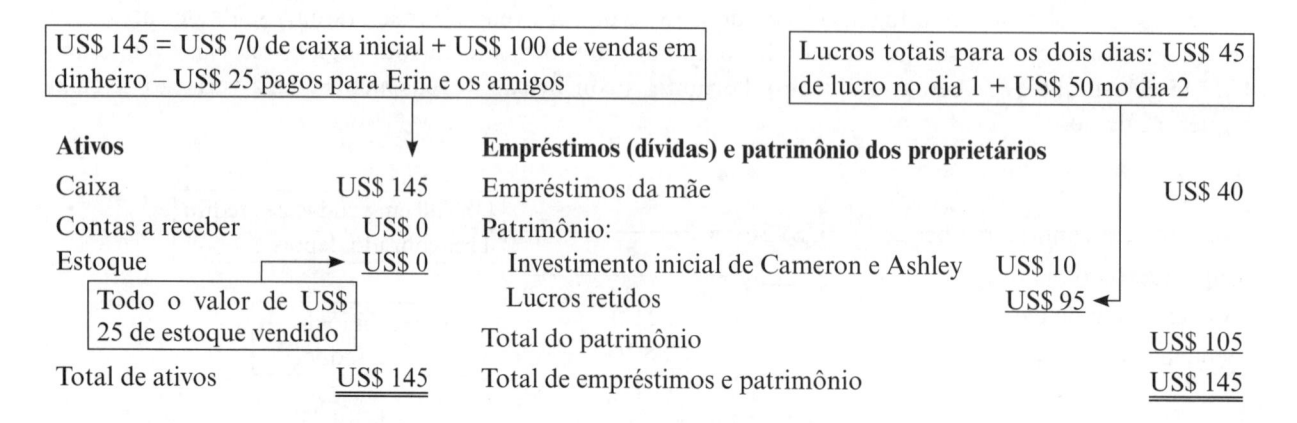

> US$ 145 = US$ 70 de caixa inicial + US$ 100 de vendas em dinheiro – US$ 25 pagos para Erin e os amigos

> Lucros totais para os dois dias: US$ 45 de lucro no dia 1 + US$ 50 no dia 2

Ativos		Empréstimos (dívidas) e patrimônio dos proprietários	
Caixa	US$ 145	Empréstimos da mãe	US$ 40
Contas a receber	US$ 0	Patrimônio:	
Estoque	US$ 0	Investimento inicial de Cameron e Ashley	US$ 10
		Lucros retidos	US$ 95
		Total do patrimônio	US$ 105
Total de ativos	US$ 145	Total de empréstimos e patrimônio	US$ 145

> Todo o valor de US$ 25 de estoque vendido

Os ativos em caixa agora aumentaram para US$ 145, um aumento de US$ 75 em decorrência das vendas em dinheiro de US$ 100 menos os US$ 25 pagos a Erin e aos dois amigos das meninas. O estoque era zero agora e o patrimônio das meninas, mais uma vez, aumentou com os lucros do dia, nesse caso, US$ 50.

As meninas haviam cumprido seu objetivo! Elas tinham o suficiente para pagar por sua parte do iPad (US$ 100), reembolsar o empréstimo de $ 40 à sua mãe e, ainda, havia US$ 5 para dividir. Quando elas foram para a cama naquela noite, discutiram a possibilidade de começar um negócio de verão. A chama empreendedora tinha sido acesa e elas tinham grandes sonhos para o próximo empreendimento.

A história hipotética de Cameron e Ashley e sua banca de limonada fornece uma forma simples de pensar sobre demonstrações contábeis. Se você entender – realmente entender – os resultados financeiros da Lemonade Kids, está pronto para passar para a próxima etapa. Isso não vai fazer de você um contador, mas vai dar a habilidade necessária para que gerencie uma pequena empresa pelos números. Nosso ponto de partida é a demonstração de resultados.

10-1 A DEMONSTRAÇÃO DE RESULTADOS (DRE)

A **demonstração de resultados** (DRE – Demonstração de resultados do exercício) indica o montante de lucros ou prejuízos gerados por uma empresa *durante determinado período*, geralmente mensal, trimestral ou anual. Simplificando, a demonstração de resultados pode ser representada pela equação:

$$\text{Vendas (receitas)} - \text{Despesas} = \text{Lucros}$$

(Neste texto, geralmente usamos o termo *lucros*, em vez de *ganhos* ou *receitas*, mas esses três termos podem ser usados indistintamente*. Por exemplo, os *lucros antes dos impostos* é o mesmo que *ganhos antes de impostos*.)

Uma visão geral mais completa de uma demonstração de resultados é apresentada no Quadro 10.1. Como demonstrado na exposição, você começa com as vendas (por exemplo, o número de limonadas vendidas vezes o preço de venda por copo). Você, então, subtrai o **custo dos produtos vendidos** (por exemplo, o custo por copo de limonada vezes o número de copos vendidos) das vendas para calcular o **lucro bruto** da empresa. Em seguida, as **despesas operacionais**, que consistem em despesas de marketing e vendas, despesas gerais e administrativas e despesas de depreciação, são deduzidas do lucro bruto para determinar o **lucro operacional**. (O valor que Cameron e Ashley pagaram aos amigos e a Erin para trabalhar para elas foi uma despesa operacional.) Conforme apresentados na demonstração, os lucros operacionais refletem apenas as decisões do proprietário relativas às vendas, custo dos produtos vendidos e despesas operacionais. Como a empresa é financiada (dívida *versus* patrimônio) não tem efeito sobre os lucros operacionais.

Dos lucros operacionais da empresa, deduzimos qualquer **despesa de juros** incorridos a partir de empréstimo de dinheiro (dívida) para encontrar os **lucros antes de impostos**, ou lucros tributáveis – receita tributável da empresa. Os impostos de renda da empresa são calculados com a multiplicação dos lucros antes dos impostos pela taxa de imposto aplicável. Por exemplo, se uma empresa tem lucros antes dos impostos de US$ 100.000 e sua alíquota de imposto é 28%, então estará devendo US$ 28.000 em impostos (0,28 × US$ 100.000 = US$ 28.000).

O número que resulta quando os impostos são subtraídos dos lucros antes dos impostos representa **lucro líquido**, ou lucros que possam ser reinvestidos na empresa ou distribuídos entre os proprietários, desde que, claro, o dinheiro esteja disponível para fazê-lo. Logo você entenderá que *lucro líquido positivo em uma demonstração de resultados não significa necessariamente que a empresa gerou fluxos de caixa positivos.*

O Quadro 10.2 mostra a demonstração de resultados de 2015 da Dickey & Associates, Inc., uma empresa de suprimentos médicos de propriedade das irmãs Hannah e Rebekah Dickey. A empresa teve vendas de US$ 850.000 no período de 12 meses findos em 31 de dezembro de 2015. O custo dos produtos vendidos foi de US$ 550.000, resultando em um lucro bruto de US$ 300.000. A empresa dispunha de US$ 200.000 em despesas operacionais, que incluíam despesas de marketing, despesas gerais e administrativas e despesas de depreciação. A **despesa de depreciação** é o custo dos equipamentos e do edifício de uma empresa, alocados ao longo da vida útil do ativo. Por exemplo, se uma empresa pagou US$ 10.000 por um equipamento com uma expectativa de vida de quatro anos, a despesa da depreciação a cada ano seria $ 2.500 (US$ 10.000 ÷ 4 anos = US$ 2.500).

---

* N.R.T.: Perda: gasto involuntário que não visa à obtenção de receita. Ex.: incêndios, greves, desfalque no caixa etc. Ganho: é um lucro aleatório que independe da atividade operacional da empresa. Ex.: venda de uma máquina por valor acima de seu custo. Tanto a perda quanto o ganho refletem no patrimônio líquido, aumentando ou diminuindo o lucro.

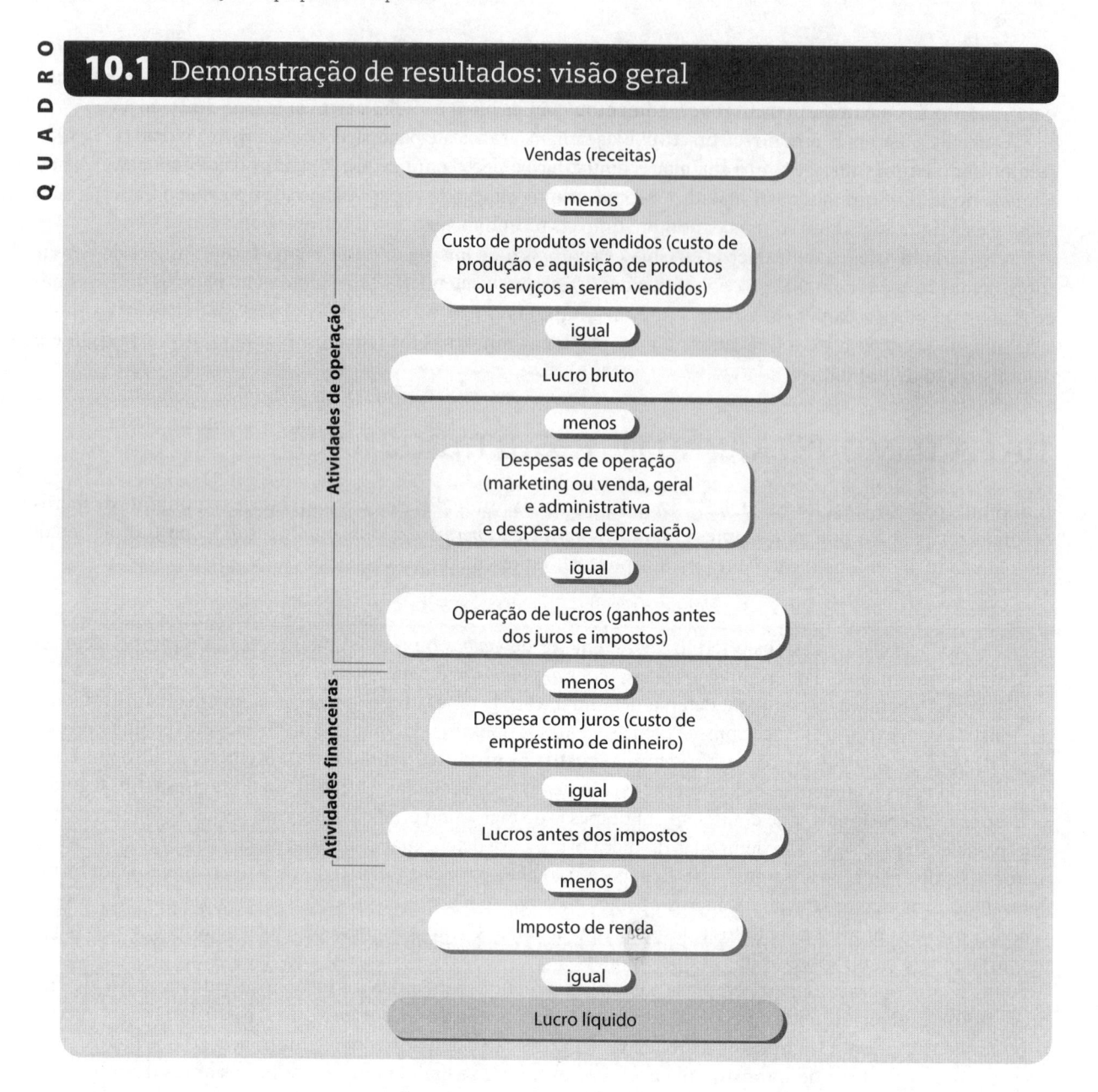

QUADRO 10.1 Demonstração de resultados: visão geral

Atividades de operação:

Vendas (receitas)
menos
Custo de produtos vendidos (custo de produção e aquisição de produtos ou serviços a serem vendidos)
igual
Lucro bruto
menos
Despesas de operação (marketing ou venda, geral e administrativa e despesas de depreciação)
igual
Operação de lucros (ganhos antes dos juros e impostos)

Atividades financeiras:

menos
Despesa com juros (custo de empréstimo de dinheiro)
igual
Lucros antes dos impostos
menos
Imposto de renda
igual
Lucro líquido

Assim, depois que as despesas operacionais totais foram subtraídas, os lucros operacionais da empresa seriam de US$ 100.000. Até esse momento, calculamos os lucros com base *apenas* em despesas relacionadas com as operações da empresa – e não as afetadas por como a empresa financia seus ativos.

A despesa de juros da Dickey & Associates de US$ 20.000 (a despesa incorrida do empréstimo de dinheiro) é deduzida dos lucros de operação para chegar aos lucros da empresa antes de impostos, ou lucro tributável, de US$ 80.000. Dada uma taxa de imposto de 25%, a empresa pagou US$ 20.000 em impostos de renda (US$ 80.000 de lucros antes de imposto × 0,25 de taxa de imposto = US$ 20.000), deixando um lucro líquido de US$ 60.000.

O lucro líquido de US$ 60.000 é o lucro que o negócio gerou para os proprietários após pagar todas as despesas – custo dos produtos vendidos, despesas operacionais, despesas com juros e imposto de renda. Agora os proprietários têm que decidir o que fazer com esses lucros. Eles podem deixar que a empresa lhes pague um **dividendo** dos lucros, o que representa uma retirada do capital da empresa (supondo-se que o dinheiro esteja disponível). Ou, podem reter os lucros na empresa para ajudar a financiar o crescimento dela. Claro, eles podem combinar as duas opções, tendo um menor dividendo e retendo o resto dos lucros na empresa.

Na última coluna do Quadro 10.2, expressamos cada valor na demonstração dos resultados como um percentual de vendas. Além disso, mostramos o que é chamado de **margens de lucro** – margens de lucro bruto, margens de lucro operacional e margens de lucro líquido – que simplesmente expressam os lucros de uma empresa como porcentagem das vendas. Especificamente, Dickey & Associates tem uma margem de lucro bruto de

QUADRO 10.2 Demonstração de resultados da Dickey & Associates, Inc., para o ano findo em 31 de dezembro de 2015

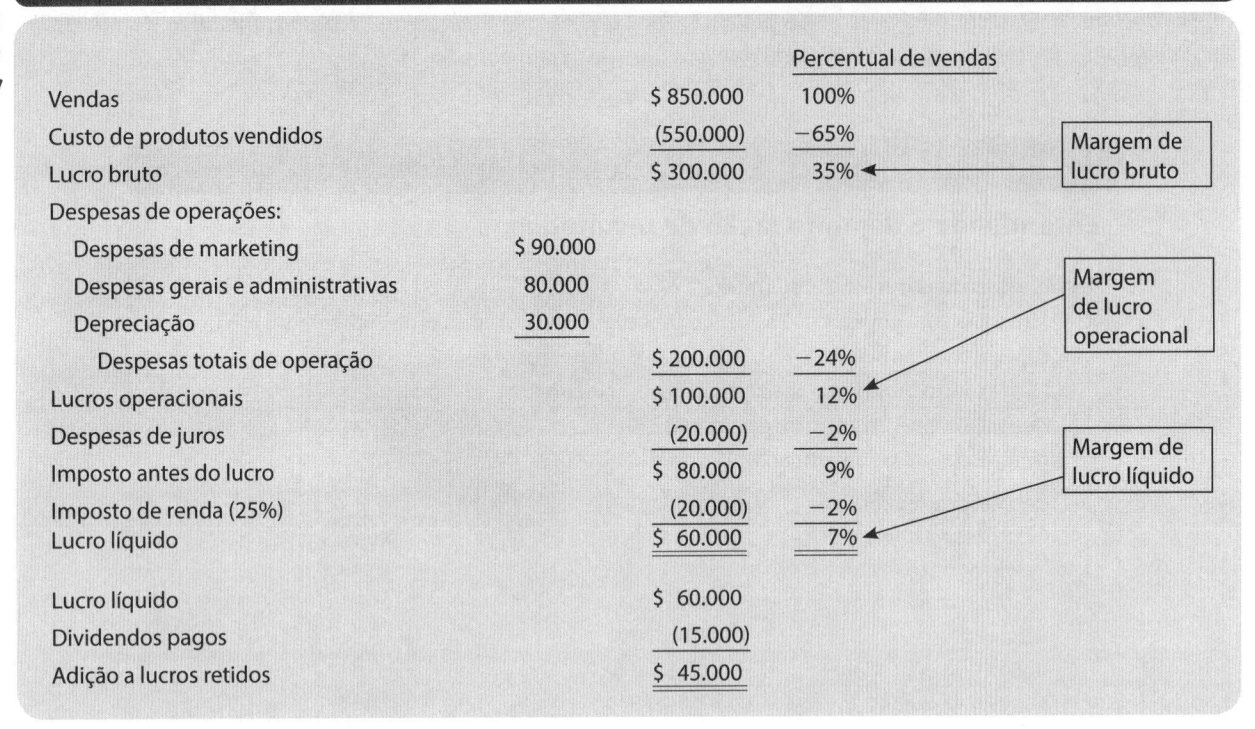

			Percentual de vendas	
Vendas		$ 850.000	100%	
Custo de produtos vendidos		(550.000)	−65%	
Lucro bruto		$ 300.000	35%	← Margem de lucro bruto
Despesas de operações:				
Despesas de marketing	$ 90.000			
Despesas gerais e administrativas	80.000			Margem de lucro operacional
Depreciação	30.000			
Despesas totais de operação		$ 200.000	−24%	
Lucros operacionais		$ 100.000	12%	
Despesas de juros		(20.000)	−2%	Margem de lucro líquido
Imposto antes do lucro		$ 80.000	9%	
Imposto de renda (25%)		(20.000)	−2%	
Lucro líquido		$ 60.000	7% ←	
Lucro líquido		$ 60.000		
Dividendos pagos		(15.000)		
Adição a lucros retidos		$ 45.000		

35%, uma margem de lucro operacional de 12% e uma margem de lucro líquido de 7%. Para cada US$ 100 em vendas, a empresa ganha US$ 35 em lucro bruto, US$ 12 em lucros operacionais e US$ 7 em lucro líquido. Os donos das empresas precisam rastrear os números com muito cuidado.

Então, o que as irmãs Dickey, como proprietárias da firma, fazem com os lucros? Como mostrado na parte inferior do Quadro 10.2, foram distribuídos US$ 15.000 em dividendos; os US$ 45.000 restantes (lucro líquido de US$ 60.000 menos US$ 15.000 em dividendos) foram mantidos pela empresa – uma quantia que você verá mais tarde no balanço patrimonial. Dividendos pagos aos proprietários de uma empresa, diferente de despesas de juros, não são considerados despesas na demonstração de resultados. Em vez disso, são vistos como um retorno do principal para os proprietários.

Em resumo, a demonstração de resultados responde à pergunta "Quão lucrativo é o negócio?". Ao fornecer a resposta, a demonstração de resultados mostra as informações financeiras relacionadas a cinco grandes áreas de atividade:

1. Vendas (receita).
2. Custo de produção ou aquisição dos bens ou serviços vendidos pela empresa.
3. Despesas operacionais, tais como despesas com marketing, aluguel, salários dos gerentes e despesa de depreciação.
4. Despesas de juros.
5. Pagamentos de impostos.

Um pequeno empresário deve prestar bastante atenção à demonstração de resultados para determinar as tendências e fazer comparações com os concorrentes e com outras empresas que são consideradas exemplos de "melhores práticas" – empresas com as quais todos nós podemos aprender. Como já sugerido, as margens de lucro (lucros divididos por vendas) devem ser observadas com cuidado. Grandes despesas também devem ser monitoradas para garantir que estão sendo controladas.

Ser capaz de medir lucros, como explicado acima, não é suficiente. Você também deve considerar como suas decisões afetam os lucros da empresa. Philip Campbell, CPA e autor de *Never Run Out of Cash: The 10 rules you can't afford to ignore*, apresenta essa perspectiva aos empresários que não sabem o que impulsiona os lucros da empresa:

> *Se você perguntar a um empresário se administra a sua empresa para ganhar dinheiro, a resposta sempre será "Sim". A realidade é que ele não faz isso. Frequentemente, ele ouve palavras como "marca", "fatia de mercado"*

ou "espaço na prateleira" e acredita que acabou de encontrar uma oportunidade de ganhar algum dinheiro. Por quê? Porque essas palavras geralmente são usadas para justificar decisões não rentáveis. Elas são grandes alertas de que você não está tomando decisões baseadas em uma abordagem de rentabilidade, mas sim no bom senso comum. Quando você ouvir essas palavras, faça a si mesmo a pergunta "Estamos tomando essa decisão com base na rentabilidade ou por alguma outra razão (possivelmente oculta)?"[2]

Vamos checar o que você entendeu?

Entendendo a demonstração de resultados

Responda às duas questões seguintes:

1. Qual é a diferença entre lucros brutos, lucros operacionais, lucros antes de impostos e lucro líquido?
2. a. Faça uma demonstração de resultados com as informações a seguir.
   b. Qual é o lucro bruto, lucro operacional e lucro líquido?
   c. Quais são as margens de lucro da empresa?
   d. Qual despesa não é desembolsável?

Despesas com juros	US$ 10.000
Custo de produto vendido	US$ 160.000
Despesas de marketing	US$ 70.000
Despesas administrativas	US$ 50.000
Vendas	US$ 400.000
Dividendos em estoque	US$ 5.000
Imposto de renda	US$ 20.000
Despesa com depreciação	US$ 20.000

Como você fez?

Entendendo a demonstração de resultados

1. Qual é a diferença entre lucros brutos, lucros operacionais, lucros antes de impostos e lucro líquido?

   Para entender os lucros de uma empresa, pense no processo. Por exemplo, um varejista compra mercadoria de um atacadista. A mercadoria é, então, colocada nas prateleiras da loja, onde o pessoal de vendas, um contador e uma pessoa de manutenção trabalham. O varejista vende a mercadoria, esperando um lucro. A diferença entre o que o varejista recebeu dos clientes (vendas) e o custo da mercadoria é o lucro bruto. As despesas de operação da loja representam as despesas operacionais da empresa. Assim, deduzindo as despesas dos lucros brutos ficam os lucros operacionais. Se o varejista pegar emprestado dinheiro de um banco, ele teria que pagar despesas de juros. Subtraindo qualquer despesa de juros dos lucros operacionais temos os lucros antes dos impostos. O varejista paga então impostos sobre os lucros tributáveis. Os ganhos restantes são o lucro líquido da empresa, que é o lucro deixado para os proprietários. (Veja Quadro 10.1 para uma representação gráfica do processo.)

2. Faça uma demonstração de resultados com as informações a seguir. Qual é o lucro bruto, lucro operacional e lucro líquido? Quais são as margens de lucro da empresa? Qual despesa não é desembolsável?

Vendas	$400.000	
Custo de produtos vendidos	160.000	
Lucro bruto	**$240.000**	
Despesas de operações:		
Despesas de marketing	$ 70.000	
Despesas administrativas	50.000	
Despesa de depreciação	20.000	← Despesa de depreciação
Despesas totais de operação	$140.000	

(continua)

(continuação)

Lucros da operação	$100,000
Despesa de juros	10,000
Imposto antes do lucro	$ 90,000
Imposto de renda	20,000
Lucro líquido	$ 70,000

A margem de lucro bruto é de 60% (60,0% = 0,60 = US$ 240.000 de lucros brutos ÷ US$ 400.000 em vendas). A margem de lucro operacional é de 25,0% (25,0% = 0,25 = US$ 100.000 de juros operacionais ÷ US$ 400.000 em vendas).

A margem de lucro líquido é de 17,5% (17,5% = 0,175 = US$ 70.000 em lucro líquido ÷ US$ 400.000 em vendas).

Nota: Os US$ 5.000 em dividendos não são apresentados como despesa na demonstração de resultados, mas são considerados lucro do capital do proprietário. Assim, o lucro líquido de US$ 70.000 menos os US$ 5.000 em dividendos, ou US$ 65.000, serão adicionados aos lucros acumulados no balanço patrimonial.

Vivendo o sonho
EXPERIÊNCIAS EMPREENDEDORAS

As pequenas coisas fazem a diferença em administração financeira

Como empreendedor, você tem que gerenciar seu tempo e as finanças da empresa com eficácia. Ninguém vai cuidar do dinheiro da sua empresa como faz ou deveria ser feito. Afinal, é o seu dinheiro.

De acordo com Russell Allred, consultor de desenvolvimento de negócios, "Se você não sabe onde está desperdiçando dinheiro este mês, é tarde demais para descobrir no final do ano".

Ao verificar suas despesas mensais com cautela, Eli Mechlovitz, cofundadora da GlassTileStore.com, encontrou diversas contribuições monetárias desnecessárias, programas de garantia, taxas baseadas em programas de análise de sites, erros de faturas de serviços públicos e outras cobranças incorretas ou indesejadas. De acordo com Mechlovitz, ao eliminar essas despesas de desperdício, sua empresa tem economizado aproximadamente US$ 4.000 por mês.

Portanto, é importante que os empreendedores não apenas entendam o que as demonstrações financeiras informam, mas que também atuem na sua aprendizagem.

Fonte: adaptado de Gwen Moran, "How to Clean Up Your Business," *Entrepreneur*, maio de 2011, p. 76-78.

10-2 O BALANÇO PATRIMONIAL

Enquanto uma demonstração de resultados relata os resultados das operações comerciais durante um período, um **balanço patrimonial** fornece um levantamento da posição financeira de uma empresa *em um momento preciso*. Assim, um balanço patrimonial registra os efeitos cumulativos de todas as decisões até uma data específica. Mostra os ativos que uma empresa possui, o passivo (ou dívida) pendente ou devido e a quantia que os proprietários investiram no negócio (capital do proprietário) nessa data. Simplificando, obtém-se um balanço patrimonial com esta fórmula:

$$\text{Total do ativo} = \text{Dívida} + \text{Patrimônio líquido}$$

Isso é mais do que apenas uma equação. É uma identidade. Deve acontecer ou a empresa deixará de existir. Ou seja, para cada dólar de ativos, *deve* haver um dólar de financiamento como de dívida ou capital próprio.

O Quadro 10.3 ilustra os elementos do balanço patrimonial de uma empresa tradicional. Cada um dos três principais componentes do balanço patrimonial – bens, dívida e **patrimônio líquido** – é discutido nas seções a seguir.

10-2a Ativos

Os ativos, mostrados no lado esquerdo do Quadro 10.3, são o que a empresa possui que tem valor monetário. São sempre agrupados em três categorias: (1) ativos circulantes, (2) ativos imobilizados e (3) outros ativos.

ATIVOS CIRCULANTES

Os **ativos circulantes** (capital de giro) estão sempre listados em primeiro lugar em um balanço patrimonial, incluem aqueles que são relativamente líquidos – ou seja, ativos que podem ser convertidos em caixa relativamente rápido. Os ativos circulantes incluem principalmente caixa, contas a receber e estoque.

1. O **caixa*** é o dinheiro no banco e pode incluir algum tipo de título negociável, como um título do governo de curto prazo, que pode ser vendido muito rapidamente. Cada empresa deve ter dinheiro para operações comerciais atuais.
2. As contas a receber ocorrem quando um produto ou serviço é vendido, mas pago posteriormente. Quando uma empresa vende seus produtos ou serviços, os clientes podem pagar em dinheiro ou a prazo, tal como ter 30 dias para pagar os bens comprados. As contas a receber devem ser cuidadosamente monitoradas, uma vez que tem relação com o dinheiro que vai (ou não) entrar no negócio. É provável que os credores estejam de olho nesta conta.

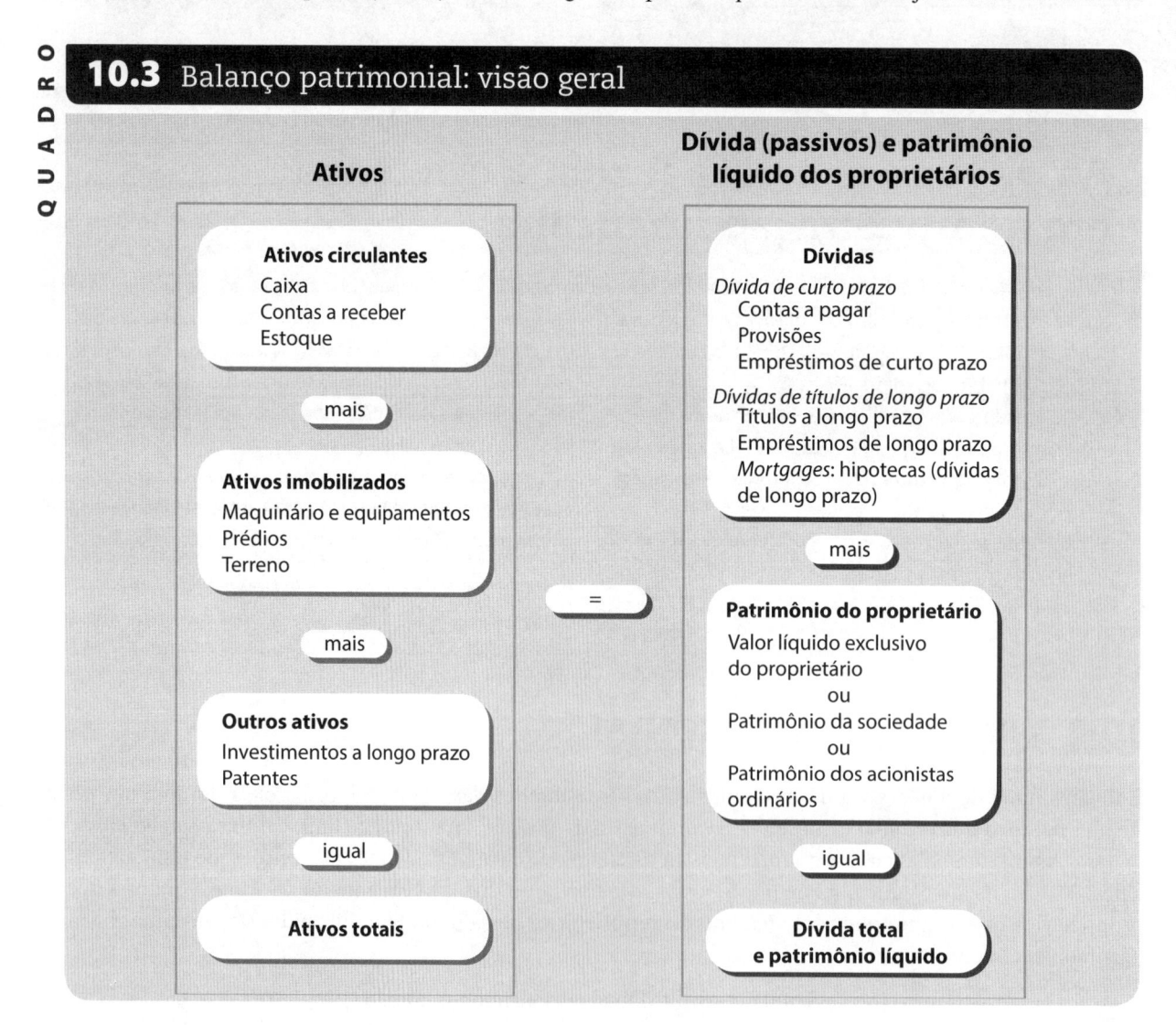

QUADRO 10.3 Balanço patrimonial: visão geral

Ativos

- **Ativos circulantes**
  - Caixa
  - Contas a receber
  - Estoque

mais

- **Ativos imobilizados**
  - Maquinário e equipamentos
  - Prédios
  - Terreno

mais

- **Outros ativos**
  - Investimentos a longo prazo
  - Patentes

igual

Ativos totais

=

Dívida (passivos) e patrimônio líquido dos proprietários

- **Dívidas**
  - *Dívida de curto prazo*
    - Contas a pagar
    - Provisões
    - Empréstimos de curto prazo
  - *Dívidas de títulos de longo prazo*
    - Títulos a longo prazo
    - Empréstimos de longo prazo
    - *Mortgages*: hipotecas (dívidas de longo prazo)

mais

- **Patrimônio do proprietário**
  - Valor líquido exclusivo do proprietário
  - ou
  - Patrimônio da sociedade
  - ou
  - Patrimônio dos acionistas ordinários

igual

Dívida total e patrimônio líquido

---

* N.R.T.: Caixa: dinheiro físico em poder da empresa. Os autores referem-se a *bancos conta movimento* (contas bancárias da empresa) e a aplicações financeiras de curto prazo.

3. O **estoque** compreende as matérias-primas e os produtos destinados à venda por uma empresa. As empresas de serviços geralmente têm pouco ou nenhum estoque, mas quase todas as empresas – produtores, atacadistas, varejistas – possuem. Tal como com as contas a receber, é melhor que o empresário gerencie o estoque com cautela ou o desempenho do negócio será ruim.

Como mencionado anteriormente, os ativos circulantes também são chamados de capital de giro porque esses ativos são vitais para fornecer o capital necessário para as operações do dia a dia. *Uma empresa não pode sobreviver sem capital de giro adequado.* O Quadro 10.4 ilustra o **ciclo do capital de giro** um processo no qual o estoque é comprado e produzido e, então, vendido por dinheiro ou a prazo (contas a receber). As contas a receber são convertidas, mais tarde, em caixa quando recebidas. O ciclo é, então, repetido, diversas vezes. O ativo circulante faz parte do capital de giro. Capital de giro ou capital circulante líquido é a diferença entre o ativo e o passivo circulantes. CCL = A circulante – P circulante.

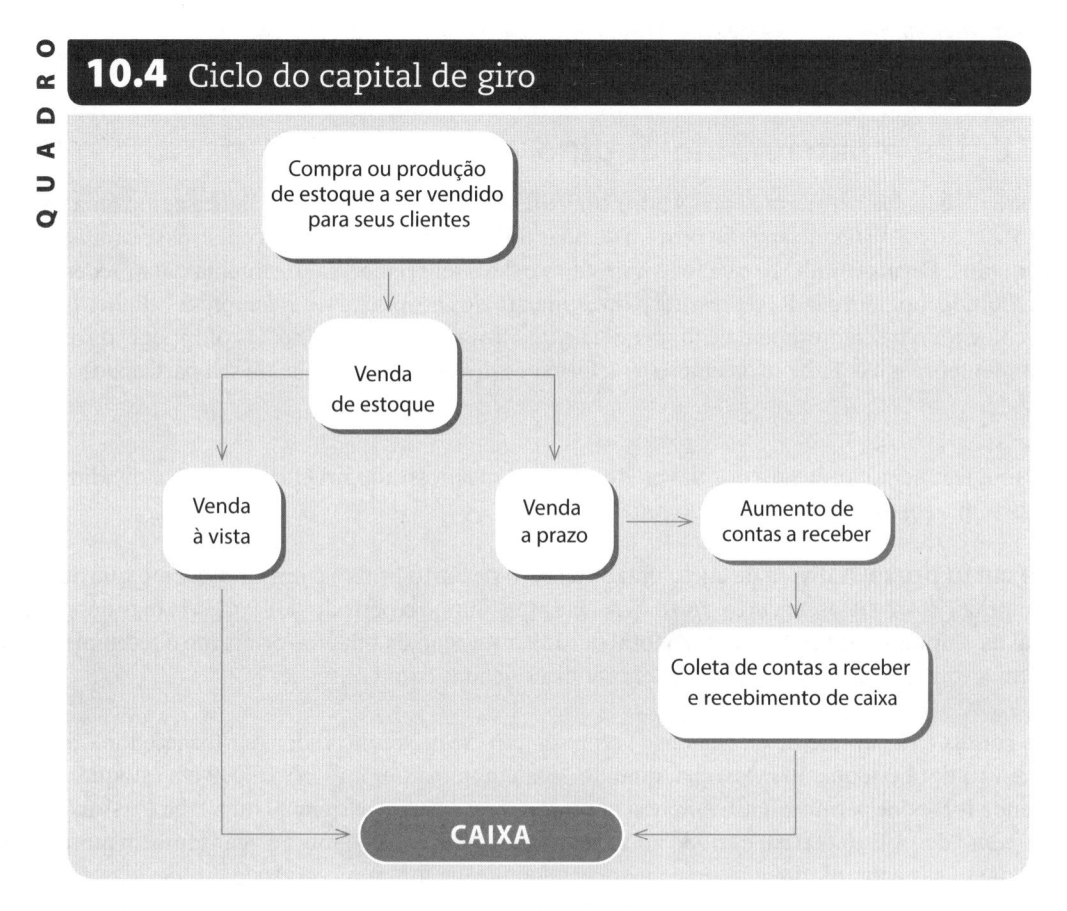

QUADRO 10.4 Ciclo do capital de giro

- Compra ou produção de estoque a ser vendido para seus clientes
- Venda de estoque
  - Venda à vista
  - Venda a prazo → Aumento de contas a receber → Coleta de contas a receber e recebimento de caixa
- CAIXA

ATIVOS FIXOS (PROPRIEDADE, FÁBRICA E EQUIPAMENTOS)

O segundo tipo de ativos no balanço patrimonial é o conjunto de ativos mais permanentes em uma empresa. Os **ativos imobilizados**, também denominados propriedade, fábrica e equipamentos (planta, propriedade e equipamentos – PPE), incluem terrenos, edifícios, máquinas, caminhões, computadores e todos os outros ativos físicos que uma empresa possui que serão usados no negócio por mais de um ano. O balanço patrimonial registra as instalações e equipamentos de uma empresa ao custo original, quando foram comprados. Algumas empresas são mais intensivas em capital do que outras – por exemplo, um fabricante é mais capital intensivo do que uma loja de presentes – e, portanto, terá uma quantidade maior investida em ativos fixos.

A maioria dos ativos fixos também é **ativo depreciável**, ou seja, eles perdem o valor ou se tornam obsoletos ao longo do tempo. O custo original desses ativos é apresentado no balanço patrimonial quando são comprados. Todos os anos, os ativos depreciam em relação à sua vida útil esperada.

Suponha, por exemplo, que uma empresa comprou um caminhão por US$ 20.000 com vida útil esperada de quatro anos. Quando a empresa compra o caminhão, o custo original de US$ 20.000 é apresentado no balanço patrimonial como um **ativo imobilizado bruto**. Nós, então, depreciaríamos o custo do caminhão ao longo de sua vida útil de quatro anos. Uma despesa de depreciação de US$ 5.000 seria apresentada anualmente na demonstração de resultados (US$ 20.000 ÷ 4 anos = US$ 5.000). A cada ano, a despesa de depreciação acumulada, ou o que é chamado de **depreciação acumulada**, é subtraída do custo original do ativo imobilizado para render o **ativo imobilizado líquido**. Neste exemplo, o balanço patrimonial no final de cada ano seria:

	Ano 1	Ano 2	Ano 3	Ano 4
Ativos fixos brutos	US$ 20.000	US$ 20.000	US$ 20.000	US$ 20.000
Depreciação acumulada	(5.000)	(10.000)	(15.000)	(20.000)
Ativos fixos líquidos	US$ 15.000	US$ 10.000	US$ 5.000	US$ 0

OUTROS ATIVOS

A terceira categoria de ativos, **outros ativos**, inclui patentes, direitos autorais e *knowhow*. Para uma empresa *startup*, custos organizacionais – custos incorridos na organização e promoção da empresa – também podem ser incluídos nessa categoria.

10-2b Dívida e patrimônio líquido

O lado direito do balanço patrimonial no Quadro 10.3, que mostra dívida e capital, indica como uma empresa está financiando seus ativos. O financiamento provém de duas fontes principais: dívidas (passivos) e capital próprio (patrimônio líquido). Dívida é dinheiro que foi emprestado e deve ser reembolsado em uma data predeterminada. O patrimônio líquido, por outro lado, representa o investimento dos proprietários na empresa – dinheiro que eles pessoalmente colocaram na empresa sem nenhuma data específica para o reembolso. Os proprietários recuperam seu investimento ao retirarem o dinheiro da empresa na forma de dividendos ou venda da sua participação na empresa.

DÍVIDA

Dívida é o financiamento fornecido por um credor. Conforme mostrado no Quadro 10.3, é dividida em (1) corrente, ou curto prazo, e (2) dívida de longo prazo.

Dívida de curto prazo A dívida de curto prazo (passivo de curto prazo) é um empréstimo que deve ser reembolsado no prazo de 12 meses. O curto prazo nem sempre abrange o período de 12 meses, mas depende do ciclo operacional da empresa. Esse ciclo é o prazo total desde a aquisição da matéria-prima até o recebimento do valor da venda. Suas fontes de dívida corrente podem ser classificadas como se segue:

- As **contas a pagar** (créditos comerciais) representam créditos concedidos por fornecedores quando a empresa compra estoque. Por exemplo, quando uma empresa compra US$ 10.000 em estoque, o fornecedor (vendedor) pode permitir que a empresa compradora pague por ele em 30 ou 60 dias. Assim, junto com o aumento de US$ 10.000 em estoque no balanço patrimonial, as contas a pagar também aumentariam.
- As **despesas acumuladas** são despesas operacionais que foram incorridas e são devidas, mas ainda não pagas. O montante da despesa está incluído nas demonstrações do resultado e, em seguida, também é apresentado como um passivo (despesa acumulada) no balanço patrimonial. Por exemplo, considere um empregado a quem se deve US$ 4.000 por um trabalho realizado em abril, mas que não será pago até 1º de maio. Os US$ 4.000 seriam registrados como uma despesa na demonstração de resultados para abril, mas, uma vez que nenhum pagamento é feito em abril, ele seria mostrado como um passivo (salários acumulados) no balanço patrimonial em 30 de abril. Quando o empregado é pago, em 1º de maio, as despesas acumuladas são reduzidas em US$ 4.000, juntamente com US$ 4.000 de diminuição em dinheiro. No jargão de contabilidade, isso é chamado de **princípio da conformidade**, que exige o registro das despesas no mesmo período de contabilidade em que contribuem para o rendimento da empresa, não necessariamente quando elas são realmente pagas.
- Os **títulos de curto prazo** representam valores em dinheiro emprestados por um banco ou outra fonte de empréstimo durante 12 meses ou menos. Os títulos de curto prazo são uma fonte primária de financiamento para a maioria das pequenas empresas. Suponha, por exemplo, que você tome um empréstimo de US$ 50.000 de um banco por 90 dias (um quarto de um ano) para comprar o estoque durante a alta estação. Se a taxa de juros do empréstimo for de 8%, você incorre em US$ 1.000 em juros (US$ 1.000 = US$ 50.000 principal devidos × 0,08 de taxa de juros × ¼ ano). Os juros pagos no empréstimo seriam apresentados como despesas de juros na demonstração de resultados e o montante do principal emprestado, como um passivo no balanço patrimonial.

Dívidas de longo prazo Empréstimos concedidos por mais de 12 meses por bancos ou outras instituições de crédito abrangem as dívidas de longo prazo. Quando uma empresa toma dinheiro emprestado por cinco anos para comprar equipamentos, assina um acordo – **título de longo prazo** – prometendo pagar o empréstimo mais juros sobre cinco anos. Assim como acontece com títulos de curto prazo, os juros são uma despesa na demonstração de resultados e a quantia do principal é um passivo reportado no balanço patrimonial.

Quando uma empresa toma dinheiro emprestado, digamos, por 30 anos para comprar um armazém ou edifício de escritórios, os imóveis normalmente servem como garantia para o empréstimo de longo prazo, que é chamado de **hipoteca**. Se o mutuário não puder pagar o empréstimo, o órgão financeiro pode tomar o imóvel para quitação.

PATRIMÔNIO DOS ACIONISTAS

Patrimônio dos acionistas é o dinheiro que os proprietários investem em um negócio, seja ele uma empresa individual, sociedade ou corporação. No caso de corporações, as **ações ordinárias** são emitidas para os investidores, representando a sua propriedade. Além de investir diretamente em uma empresa com cheque, os proprietários podem simplesmente investir deixando todo ou parte de seus lucros na empresa para serem reinvestidos. O total de *todo* o lucro líquido que foi retido e reinvestido em uma empresa ao longo da vida inteira – lucro que não é pago aos proprietários em dividendos – é chamado de **lucros retidos***. Ou seja,

$$\text{Lucros retidos} = \begin{array}{c}\text{Total cumulativo de todo}\\ \text{o lucro líquido ao longo da vida}\\ \text{da empresa}\end{array} - \begin{array}{c}\text{Total cumulativo de todos os}\\ \text{dividendos pagos ao longo da}\\ \text{vida da empresa}\end{array}$$

Podemos, então, calcular o patrimônio total dos proprietários conforme se segue:

$$\begin{array}{c}\text{Patrimônio dos}\\ \text{proprietários}\end{array} = \begin{array}{c}\text{Investimentos}\\ \text{dos proprietários}\end{array} + \underbrace{\text{Lucros acumulados} - \begin{array}{c}\text{Dividendos cumulativos pagos}\\ \text{aos proprietários}\end{array}}_{\text{Lucros retidos dentro da empresa}}$$

O Quadro 10.5 apresenta balanço patrimonial para a Dickey & Associates em 31 de dezembro de 2014 e 31 de dezembro de 2015, juntamente com as variações monetárias nos balanços patrimoniais para os mesmos períodos. Com referência às colunas que representam os dois balanços patrimoniais, você pode verificar a posição financeira da empresa no início e no final de 2015.

Os balanços patrimoniais de fim de ano de 2014 e 2015 para Dickey & Associates mostram que a empresa começou 2015 (terminou 2014) com $ 800.000 no total de ativos e terminou 2015 com um total de ativos de US$ 920.000. Vemos o quanto foi investido em ativos circulantes (caixa, contas a receber e estoque) e no ativo imobilizado. Observamos também quanto débito e patrimônio líquido foram utilizados para financiar os ativos. Note que cerca de metade do capital próprio vinha dos investimentos realizados pelos proprietários (ações ordinárias) e a outra metade, de reinvestimento de lucros no negócio (lucros acumulados). Voltando à demonstração de resultados no Quadro 10.2, observe que o aumento de US$ 45.000 nos lucros retidos, mostrados na coluna Mudanças do Anexo 10.5, é o lucro líquido da empresa para o ano (US$ 60.000) menos os dividendos pagos aos proprietários (US$ 15.000).

Por fim, um balanço patrimonial ajuda o pequeno empresário a detectar a solidez financeira e as capacidades do negócio – algo que não pode ser sabido de outra forma. Ajuda a responder perguntas-chave como:

- O negócio está em condição de se expandir?
- A empresa pode facilmente lidar com o refluxo e fluxo de vendas e despesas?
- A empresa está cobrando suas contas a receber como planejado e gerenciando eficientemente o estoque?
- As contas a pagar podem ser pagas mais lentamente para evitar uma escassez de caixa inevitável sem prejudicar a reputação de crédito do empresário?

O empresário não é o único que precisa ser bom conhecedor do equilíbrio do balanço patrimonial. Os órgãos financiadores, como banqueiros, investidores e fornecedores, que estão considerando quanto de crédito conceder, dependem fortemente do balanço patrimonial de uma empresa em sua tomada de decisão.

---

* N.R.T.: Os lucros ou prejuízos são resultados acumulados obtidos que foram retidos sem finalidade específica (lucros) ou estão à espera de absorção futura (prejuízos). No Brasil, com o advento da Lei 11.638/2007, para as sociedades por ações e para os balanços do exercício social a partir de 31.12.2008, o saldo final dessa conta não poderá mais ser credor. Isto significa que os lucros acumulados precisam ter um destino/aplicação.

QUADRO 10.5 Balanços patrimoniais para Dickey & Associates, Inc., entre 31 de dezembro de 2014 a 31 de dezembro de 2015

	2014	2015	Mudanças
Ativos			
Ativos circulantes:			
Caixa	$ 45.000	$ 50.000	$ 5.000
Contas a receber	75.000	80.000	5.000
Estoque	180.000	220.000	40.000
Total de ativos circulantes	$300.000	$350.000	$ 50.000
Ativos imobilizados:			
Ativos imobilizados brutos	$860.000	$960.000	$100.000
Depreciação acumulada	(360.000)	(390.000)	(30.000)
Ativos imobilizados líquidos	$500.000	$570.000	$ 70.000
TOTAL DE ATIVOS	$800.000	$920.000	$120.000
Dívidas (passivos) e patrimônio			
Passivo circulante:			
Contas a pagar	$ 15.000	$ 20.000	$ 5.000
Títulos e dívidas de curto prazo	60.000	80.000	20.000
Total de passivo circulante	$ 75.000	$100.000	$ 25.000
Dívidas de longo prazo	150.000	200.000	50.000
Total das dívidas	$225.000	$300.000	$ 75.000
Patrimônio líquido			
Ações ordinárias	$300.000	$300.000	$ 0
Lucros retidos	275.000	320.000	45.000
Patrimônio líquido total	$575.000	$620.000	$ 45.000
Dívida total e patrimônio líquido	$800.000	$920.000	$120.000

Vamos checar o que você entendeu?

Entendendo o balanço patrimonial

Responda às questões seguintes:

1. Dê um exemplo de contas a receber.
2. Que relação você esperaria entre o estoque e as contas a pagar?
3. Qual é a diferença entre ações ordinárias e lucros acumulados?
4. Construa um balanço patrimonial com as informações a seguir. Quais são os ativos circulantes totais da empresa, os ativos imobilizados líquidos, os ativos totais, o total da dívida de longo prazo, o patrimônio total dos proprietários e o total da dívida e do capital próprio?

Ativos imobilizados brutos	US$ 75.000
Caixa	US$ 10.000
Outros ativos	US$ 15.000
Contas a pagar	US$ 40.000
Lucros retidos	US$ 15.000
Depreciação acumulada	US$ 20.000
Contas a receber	US$ 50.000
Dívidas de longo prazo	US$ 5.000
Hipoteca	US$ 20.000
Ações ordinárias	US$ 100.000
Estoque	US$ 70.000
Dívidas de curto prazo	US$ 20.000

Como você fez?

Entendendo o balanço patrimonial

1. Dê um exemplo de contas a receber.
   Contas a receber representam o dinheiro devido a uma empresa por bens ou serviços que já foram recebidos pelos clientes, mas ainda não pagos. Por exemplo, uma oficina de carro pode comprar peças por US$ 200 de um fornecedor e pagar por elas em até 30 dias. No momento da transação, o fornecedor registra a venda de US$ 200 e o mesmo valor em contas a receber. Quando a oficina paga os US$ 200, as contas a receber são diminuídas em US$ 200 e o caixa aumenta em US$ 200.
2. Que relação você esperaria entre o estoque e as contas a pagar?
   Contas a pagar são os montantes devidos aos fornecedores pelo estoque comprado a prazo. Quando uma empresa compra o estoque a prazo, o estoque aumenta com um aumento correspondente de contas a pagar.
3. Qual é a diferença entre ações ordinárias e lucros acumulados?
   Tanto as ações ordinárias quanto os lucros acumulados representam o patrimônio líquido de uma empresa. A ação ordinária é o dinheiro que foi investido em uma empresa por seus proprietários. Os lucros retidos são o montante dos lucros que foram reinvestidos em uma empresa em vez de distribuídos em forma de dividendos.
4. Baseado nos dados financeiros fornecidos, seu balanço patrimonial deveria ficar conforme se segue:

Ativos

Caixa	$ 10.000
Contas a receber	50.000
Estoque	70.000
Total de ativos circulantes	$130.000
Ativos imobilizados brutos	$ 75.000
Depreciação acumulada	(20.000)
Ativo imobilizado líquido	$ 55.000
Outros ativos	15.000
TOTAL DE ATIVOS	$200.000

Dívidas (passivos) e patrimônio

Contas a pagar	$ 40.000
Notas de curto prazo	20.000
Total de dívidas/títulos	$ 60.000
Dívidas/títulos de longo prazo	5.000
Hipoteca	20.000
Total de dívida de longo prazo	$ 25.000
Total das dívidas	$ 85.000
Ações ordinárias	$100.000
Lucros retidos	15.000
Patrimônio líquido total	$115.000
DÍVIDA TOTAL E PATRIMÔNIO LÍQUIDO	$200.000

10-3 OBSERVANDO A DEMONSTRAÇÃO DE RESULTADOS E O BALANÇO PATRIMONIAL EM CONJUNTO

Até agora, discutimos a demonstração de resultados e o balanço patrimonial como relatórios separados. Mas eles realmente se complementam para dar uma visão geral da situação financeira da empresa. Uma vez que o

QUADRO 10.6 O ajuste da demonstração de resultados e o balanço patrimonial

A demonstração de resultados reporta os lucros de 1º de janeiro a 31 de dezembro de 2015

1º de janeiro → 31 de dezembro

Balanço patrimonial em 31 de dezembro de 2014 — Reporta a posição financeira de uma empresa no início de 2015 (final de 2014)

Balanço patrimonial em 31 de dezembro de 2015 — Reporta a posição financeira de uma empresa ao final de 2015

balanço patrimonial é um relatório das condições em determinado período, como no dia exato de 31 de dezembro, e a demonstração de resultados relata os resultados ao longo de um determinado período, como o período de 1º de janeiro a 31 de dezembro, ambos são necessários para determinar a posição financeira da empresa.

O Quadro 10.6 mostra como a demonstração de resultados e o balanço se encaixam. Para entender como uma empresa desempenhou suas atividades em 2015, você deve conhecer a posição financeira da empresa no início de 2015 (balancete em 31 de dezembro de 2014), sua posição financeira durante o ano (demonstração de resultados para 2015) e sua posição financeira no final do ano (balancete em 31 de dezembro de 2015).

Observe que essa exposição mostra as demonstrações financeiras pelo período de um ano, mas a maioria das empresas produz relatórios financeiros mensais e trimestrais, bem como anualmente. Os proprietários não querem esperar um ano inteiro antes de saber como o negócio está financeiramente.

10-4 A DEMONSTRAÇÃO DO FLUXO DE CAIXA

Uma empresária nos disse, uma vez, que ela se sentiu constrangida quando seu contador apresentou os relatórios financeiros mensais da empresa e ela teve dificuldade em entender os fluxos de caixa. Nosso conselho foi que conseguisse um novo contador – que explicasse as declarações cuidadosamente – e dedicasse o tempo necessário para adquirir uma sólida compreensão das demonstrações financeiras e dos fluxos de caixa da empresa.

A administração dos fluxos de caixa é fundamental para os proprietários de pequenas empresas. Nas palavras de Philip Campbell, "Apesar do fato de o dinheiro ser a força vital de um negócio – o combustível que mantém o motor em funcionamento –, a maioria dos donos de empresas não sabem administrar o fluxo de caixa. A má gestão do fluxo de caixa está causando mais falhas nos negócios hoje do que nunca".[3]

Por essa razão, o proprietário de uma pequena empresa deve entender as fontes e usos do caixa da empresa. Uma **demonstração do fluxo de caixa** é um relatório financeiro que mostra as fontes do dinheiro da empresa e como o caixa está sendo utilizado. Em outras palavras, responde às perguntas "De onde o dinheiro veio?" e "Para onde foi o dinheiro?".

10-4a Lucros *versus* fluxos de caixa

Os empreendedores precisam estar cientes de que *os lucros apresentados na demonstração de resultados de uma empresa não são iguais aos seus fluxos de caixa!* Nas palavras do autor Jan Norman, "Mesmo as empresas rentáveis podem quebrar. Essa é uma verdade difícil para alguns empresários engolir. Mas quanto mais cedo você aprender que, quando se está sem dinheiro, você está fora do negócio, melhores são as suas chances de sobrevivência".[4]

Vivendo o sonho
EXPERIÊNCIAS EMPREENDEDORAS

Sobreviver em tempos difíceis significa gerenciar suas finanças efetivamente

Em 2006, após gerenciar uma empresa comercial de planejamento de interiores, Rose Corrick fundou a Art of Cloth, uma produtora de tecidos de moda tingidos à mão. Até o verão de 2008, as vendas nunca tinham sido tão elevadas, uma vez que um número crescente de butiques estava comprando as roupas de Corrick. Na preparação para o crescimento antecipado, ela se mudou de seu porão para uma fábrica de 4.500 pés quadrados, assinando um contrato de locação de três anos. Ela comprou o equipamento necessário para fabricar suas roupas em maior quantidade.

Mas quando a recessão a atingiu, no final de 2008, os clientes começaram a cancelar pedidos, apesar de a Art of Cloth já ter produzido alguns itens personalizados. O resultado foi de US$ 30.000 em receitas perdidas. Corrick sentia que tinha pouco recurso legal, já que ela não queria cortar clientes que poderiam retornar em tempos economicamente melhores. O negócio começou a ter grandes problemas de fluxo de caixa. Como Corrick explicou: "De repente, nós não conseguíamos pagar nossas contas. Sendo uma empresa tão pequena, era muito doloroso."

Em resposta às mudanças das condições e aos problemas de fluxo, a Corrick negociou pagamentos mais favoráveis com vários fornecedores. Ela parou de pagar um salário para si mesma e foi forçada a demitir pessoas. Por fim, ela usou seu cartão de crédito pessoal para pagar algumas despesas da empresa, tais como viagens para feiras. Corrick estabeleceu três prioridades: (1) Reduzir despesas que afetam as receitas minimamente, (2) tornar os produtos da empresa mais comercializáveis, dadas as realidades econômicas e (3) monitorar cuidadosamente fluxos de caixa da empresa.

Consequentemente, ela cortou preços em vários itens em 15% a 30%, com base no *feedback* de seus clientes. Para compensar as receitas perdidas, ela encontrou uma maneira de cortar custos de produção e melhorar a eficiência acelerando o processo de tingimento. Mas ela continuou a participar das exposições nas grandes cidades dos EUA para ganhar potenciais compradores, gastando US$ 1.000 a US$ 4.000 para participar de cada um.

No final de 2009, seus esforços estavam dando frutos. Apesar de o número de butiques que levavam seu vestuário ter diminuído ligeiramente, as vendas permaneceram aproximadamente no mesmo nível que em 2008 – US$ 362.000. Mas, em 2014, a empresa havia atingido US$ 1,5 milhão em vendas.

Se houver uma moral para a história de Corrick, ela teria de ser a importância de compreender a relação entre receitas e diferentes tipos de despesas. Quando o mercado está favorável podem até ocorrer ineficiências e elas nem serão percebidas. Mas, quando as coisas vão mal, somente aqueles que entendem as finanças de seus negócios podem sobreviver.

Fontes: Baseado em entrevista com Sally Pruitt em Art of the Cloth, 7 de abril de 2015; Kelly K. Spoors, "A Fashion Startup Survives Cash-Flow Problems and Redesigns Itself for a Comeback", *Entrepreneur*, 9 de maio de 2011, http://www.entrepreneur.com/article/219579. Acesso em 12 de janeiro de 2015; e John Sung Kim, " How Rose Corrick Made Her Small Business Comeback," 17 de maio de 2011, http://www.halloo.com/Blog/index.php/how-rose-corrick-made-her-small-business-comeback. Acesso em 19 de janeiro de 2015.

Muitas empresas que apresentaram lucro em sua demonstração de resultados tiveram que entrar com um pedido de falência porque o montante de dinheiro que estava entrando era inferior comparado com a quantidade de dinheiro que estava saindo. Sem fluxos de caixa adequados, pequenos problemas se tornam grandes!

Uma demonstração de resultados não é uma medida dos fluxos de caixa porque é calculada no regime de competência do exercício em vez de no regime de caixa para contabilização. Esse é um ponto importante para entender. No **regime de competência do exercício**, os lucros são registrados quando obtidos – independentemente de serem recebidos em dinheiro ou não – e as despesas são registradas quando incorridas – mesmo se o dinheiro não for realmente pago. No **regime de caixa para contabilização**, os lucros são considerados quando o dinheiro é recebido e as despesas são registradas quando elas são pagas. Por diversas razões, os lucros baseados em um regime de competência do exercício diferirão dos fluxos de caixa da empresa:

1. As vendas declaradas em uma demonstração de resultados incluem tanto vendas *à vista* quanto vendas *a prazo*. Assim, as vendas totais não correspondem ao real cobrado. Uma empresa pode ter tido vendas de US$ 1 milhão no ano, mas pode não ter recebido por todas elas. Se as contas a receber aumentassem US$ 80.000 desde o início até o final do ano, então nós saberíamos que somente US$ 920.000 das vendas teriam sido recebidos (US$ 920.000 = US$ 1.000.000 de vendas – US$ 80.000 de aumento em contas a receber).
2. O dinheiro gasto com estoques não representa todas as compras de estoques, já que o estoque é financiado a prazo. Considere uma empresa que comprou US$ 500.000 em estoque durante o ano, mas o fornecedor concedeu US$ 100.000 em crédito para as compras. O dinheiro real pago pelo estoque seria de apenas US$ 400.000 (US$ 400.000 = US$ 500.000 como total de compras de estoque – US$ 100.000 de crédito concedido pelo fornecedor).
3. A despesa de depreciação apresentada na demonstração de resultados é uma despesa não desembolsável. Reflete os custos associados à utilização de um ativo que beneficia as operações da empresa durante um período de vários anos, como um equipamento usado por mais de cinco anos. Assim, se uma empresa tivesse lucros de US$ 250.000, que incluíam uma depreciação de US$ 40.000, então, os fluxos de caixa seriam de US$ 290.000 (US$ 290.000 = US$ 250.000 em lucros + US$ 40.000 em despesa de depreciação).

Assim, a pergunta – e sua resposta – que todo dono de uma pequena empresa deve fazer e entender é "Como posso calcular os fluxos de caixa da minha empresa?".

10-4b Mensurando os fluxos de caixa de uma empresa

É hora de voltar às nossas jovens empresárias, Cameron e Ashley, e à banca de limonada delas. Para desenvolver um relatório que explique os fluxos de caixa do negócio de limonada, você poderia simplesmente listar todos os fluxos de entrada e saída de dinheiro e verificar o que poderia acontecer com o balanço patrimonial de caixa. Assim:

Investimento inicial de Cameron e Ashley	US$ 10
Empréstimo da mãe delas	40
Compra de estoque	(40)
Dinheiro recebido no primeiro domingo de vendas	30
Recebimento de contas a receber	30
Dinheiro recebido no segundo domingo de vendas	100
Despesas com salários	(25)
Caixa final	US$ 145

Elas começaram com um investimento de US$ 10 no negócio e terminaram com US$ 145 em dinheiro, antes de reembolsar a sua mãe o empréstimo de US$ 40 e contribuir com US$ 100 para a compra do iPad. Isso funciona muito bem no mundo das bancas de limonada. Mas o relatório torna-se assustador em uma empresa de tamanho significativo, na qual milhares de transações (ou mais) são registradas nas demonstrações financeiras de cada ano. Além disso, há uma abordagem melhor para saber quais atividades contribuem para os fluxos de caixa de uma empresa. Podemos explicar as entradas e saídas de caixa de uma empresa analisando três **atividades de fluxo de caixa**:

1. *Geração de fluxos de caixa das operações do dia a dia (atividades operacionais)*. É necessário saber quanto dinheiro está sendo gerado no curso normal de operação de uma empresa diariamente, começando com a compra de estoque a prazo, venda a prazo, pagamento do estoque e, finalmente, recebimento de vendas feitas a prazo.
2. *Compra ou venda de ativos imobilizados (atividades de investimento)*. Quando uma empresa compra (ou vende) os ativos imobilizados, tais como equipamentos e edifícios, o dinheiro resulta em saída (ou entrada). Esses fluxos de caixa não fazem parte do dia a dia das operações e, consequentemente, não são incluídos no resultado na demonstração de resultados. Eles aparecem apenas como alterações de um balanço patrimonial para o próximo.
3. *Financiamento do negócio (atividades de financiamento)*. Entradas e saídas de caixa ocorrem quando a empresa toma emprestado ou paga de volta uma dívida; quando distribui dinheiro aos proprietários na forma de dividendos; ou quando os proprietários colocam dinheiro no negócio na forma de capital.

Se conhecermos os fluxos de caixa das atividades listadas, podemos explicar os fluxos de caixa totais de uma empresa. Para ilustrarmos como isso é feito, usamos a demonstração de resultados da Dickey & Associates (Quadro 10.2) e os balanços patrimoniais (Quadro 10.5).

ATIVIDADE 1: FLUXOS DE CAIXA DE NEGÓCIOS DAS OPERAÇÕES DO DIA A DIA

Para converter a demonstração de resultados da empresa de um regime de competência em um regime de caixa, temos duas etapas: (1) adicionar a depreciação ao lucro líquido, uma vez que a depreciação não é uma despesa desembolsável e (2) subtrair quaisquer vendas não recebidas (aumento de contas a receber) e pagamentos de estoque (aumentos do estoque menos aumentos em contas a pagar).

A razão pela qual adicionamos novamente a depreciação deve ficar clara. As alterações nas contas a receber, estoque e contas a pagar podem ser menos intuitivas. Dois comentários podem ser úteis para a sua compreensão:

1. As vendas de uma empresa são à vista ou a prazo. Se as contas a receber aumentarem, significa que os clientes não pagaram por tudo o que compraram. Assim, qualquer aumento das contas a receber precisa ser subtraído das vendas totais para determinar o dinheiro que foi recebido dos clientes. Lembre-se da Lemonade Kids: no primeiro dia, elas venderam US$ 60 em limonada, mas só receberam US$ 30. O restante foi contabilizado como um aumento nas contas a receber.
2. A outra atividade que ocorre no dia a dia dos negócios é a compra de estoque. Um aumento no estoque mostra que foi comprado, mas, se as contas a pagar aumentarem (crédito concedido por um fornecedor), então podemos concluir que a empresa não pagou todo o estoque comprado. O pagamento líquido do estoque é igual ao aumento do estoque menos o que ainda não foi pago (aumento de contas a pagar).

Voltando à demonstração de resultados (Quadro 10.2) e ao balanço patrimonial (Quadro 10.5) da Dickey & Associates, podemos realizar a conversão do regime de competência de exercício no regime de caixa da seguinte forma:

Lucro líquido		US$ 60.000
Depreciação adicionada novamente		30.000
Lucros antes da depreciação		US$ 90.000
Menos aumento em contas a receber (vendas não recebidas)		(5.000)
Menos pagamentos pelos estoques que consistem de:		
Aumento no estoque	(US$ 40.000)	
Menos aumento nas contas a pagar (estoque comprado a prazo)	US$ 5.000	
Pagamentos de caixa para estoque		(35.000)
Fluxos de caixa das operações		US$ 50.000

ATIVIDADE 2: INVESTIMENTO EM ATIVOS FIXOS

A segunda atividade de fluxo de caixa ocorre quando uma empresa compra ou vende ativos fixos, como equipamentos ou edifícios. Essas atividades são apresentadas como uma variação nos ativos imobilizados *brutos* (e não ativos fixos líquidos*) no balanço patrimonial. Um aumento significa que a empresa gastou dinheiro na compra de ativos fixos, enquanto uma diminuição significa que recebeu dinheiro da venda de ativos. Por exemplo, a Dickey & Associates gastou US$ 100.000 em novas instalações e equipamentos em 2015, com base na variação dos ativos fixos brutos de US$ 860.000 para US$ 960.000, conforme demonstrado no seu balanço patrimonial (Quadro 10.5).

ATIVIDADE 3: FINANCIAMENTO DO NEGÓCIO

Os fluxos de caixa associados ao financiamento de uma empresa são:

1. Entrada de dinheiro quando a empresa toma emprestado mais dinheiro (aumenta a dívida de curto prazo e/ou longo prazo).

---

* N.R.T.: O imobilizado líquido é o imobilizado bruto menos sua depreciação.

2. Saída de caixa quando a empresa paga a dívida (diminui a dívida de curto prazo e/ou longo prazo).
3. Entrada de dinheiro quando os proprietários investem no negócio para aumentar o capital próprio.
4. Saída de dinheiro quando os proprietários retiram dinheiro da empresa. Em empresas com apenas um proprietário ou sociedades, o(s) proprietário(s) simplesmente emite(m) um cheque da conta bancária da empresa para sacar o dinheiro. Em uma corporação, a empresa pagaria um dividendo aos proprietários ou recompraria algumas de suas ações.

Observe que, quando falamos sobre empréstimos ou pagamento de dívidas ao financiar o negócio, contas a pagar e despesas acumuladas não estão incluídas. Essas fontes de financiamento foram incluídas na Atividade 1, quando computados os fluxos de caixa das operações. Na Atividade 3, apenas os títulos de dívidas de curto e longo prazo estão incluídos.

A demonstração de resultados da Dickey & Associates (Quadro 10.2) mostra que US$ 15.000 em dividendos foram pagos aos proprietários. Com base nesses balanços patrimonais (Quadro 10.5), vemos que a dívida de curto prazo aumentou US$ 20.000 e a dívida de longo prazo aumentou US$ 50.000, ambas fontes de fluxo de caixa. Assim, de forma líquida, a Dickey & Associates arrecadou US$ 55.000 em fluxos de caixa para as atividades de financiamento:

Aumento em títulos de curto prazo	US$ 20.000
Aumento de títulos de longo prazo	50.000
Menos dividendos pagos a proprietários	(15.000)
Financiamento do fluxos de caixa	US$ 55.000

DICAS PARA CALCULAR FLUXOS DE CAIXA

Ao calcular os fluxos de caixa, siga essas sugestões:

1. Trabalhe nas três partes das demonstrações de fluxos de caixa individualmente e, então, disponha-as consecutivamente e as avalie. Isso ajuda a se concentrar no que precisa ser feito sem se sobrecarregar.
2. Use apenas a despesa de depreciação e o lucro líquido da demonstração de resultados.
3. É necessário que você entenda como as mudanças nos balanços patrimoniais de uma empresa têm implicações para os fluxos de caixa.
    - *A diminuição de um ativo é uma fonte de caixa* – por exemplo, a venda de estoque ou cobrança de recebíveis.
    - *Aumento em um ativo é uso de caixa* – por exemplo, investir em ativos fixos ou comprar estoques.
    - *Aumento no passivo ou patrimônio é uma fonte de caixa* – por exemplo, empréstimos de fundos ou ações vendidas.
    - *Diminuição dos passivos ou do capital próprio é uso de caixa* – por exemplo, quitação de empréstimo ou recompra de ações.
4. Use cada alteração nos balanços da empresa, com duas exceções:
    (a) Ignore a depreciação acumulada e os ativos fixos líquidos, uma vez que envolvem o item não desembolsável da depreciação e utilize apenas a variação dos ativos fixos *brutos*.
    (b) Ignore a alteração nos lucros acumulados, uma vez que é igual ao lucro líquido e dividendos pagos.

Para resumir, a Dickey & Associates gerou US$ 50.000 em fluxos de caixa de operações, investiu US$ 100.000 em ativos fixos brutos (imobilizado bruto, instalações e equipamentos) e recebeu um valor líquido de US$ 55.000 de atividades de financiamento para um aumento líquido em dinheiro de US$ 5.000. Essa variação de caixa pode ser verificada nos balanços (veja o Quadro 10.5) que mostram que o dinheiro da firma aumentou US$ 5.000 durante 2015 (de US$ 45.000 a US$ 50.000).

De forma um pouco diferente, a Dickey & Associates teve fluxos de caixa positivos de (1) suas operações de negócio diárias (fluxo de caixa das operações) e (2) empréstimo de um banco. Essas entradas de caixa foram utilizadas para pagar os ativos fixos e aumentar o caixa da empresa. A demonstração de fluxos de caixa completa da Dickey & Associates é apresentada no Quadro 10.7.

QUADRO 10.7 Declaração de fluxo de caixa para a Dickey & Associates, Inc., para o ano findo em 31 de dezembro de 2015

Atividades operacionais:		
Lucro líquido	US$ 60.000	
Depreciação adicionada novamente	30.000	
Lucros antes da depreciação		US$ 90.000
Menos aumento nas contas a receber (vendas não recebidas)		(US$ 5.000)
Menos pagamentos por estoques que consistem em:		
Aumento no estoque	(40.000)	
Menos aumento nas contas a pagar (estoque comprado a prazo)	5.000	
Pagamentos por estoque		(US$ 35.000)
Fluxos de caixa de operações		US$ 50.000
Atividades de investimento:		
Aumento de imobilizado bruto		(US$ 100.000)
Atividades de financiamento:		
Aumento dos títulos de curto prazo	20.000	
Aumento dos títulos de longo prazo	50.000	
Menos dividendos pagos aos proprietários	(15.000)	
Financiamento de fluxos de caixa		US$ 55.000
Aumento no caixa		US$ 5.000
Caixa inicial (31.12.2014)	US$ 45.000	
Caixa final (31.12.2015)	US$ 50.000	

Vamos checar o que você entendeu?

Entendendo os fluxos de caixa

As demonstrações financeiras da Maness Corporation são apresentadas a seguir com as mudanças nos balanços entre 2014 e 2015 (números que você vai precisar). Use esses dados para preparar uma demonstração de fluxos de caixa e, em seguida, responda:

1. Quanto do fluxo de caixa da Maness Corporation é proveniente de atividades de operação, de investimento e de financiamento?
2. Qual foi a variação de caixa entre 31 de dezembro de 2014 e 31 de dezembro de 2015?
3. Examine suas respostas para as perguntas 1 e 2 e descreva o que aprendeu sobre os fluxos de caixa da empresa.

Balanço de 31 de dezembro de 2014 a 31 de dezembro de 2015

	2014	2015	Mudanças
Ativos			
Caixa	US$ 150.000	US$ 125.000	US$ (25.000)
Contas a receber	350.000	375.000	25.000
Estoque	475.000	550.000	75.000
Total de ativos circulantes	US$ 975.000	US$ 1.050.000	US$ 75.000
Ativos fixos brutos	US$ 2.425.000	US$ 2.750.000	US$ 325.000
Depreciação acumulada	(1.000.000)	(1.200.000)	(200.000)
Ativos fixos líquidos	US$ 1.425.000	US$ 1.550.000	US$ 125.000
TOTAL DE ATIVOS	US$ 2.400.000	US$ 2.600.000	US$ 200.000

(*continua*)

(continuação)

	2014	2015	Mudanças
Dívidas (passivos) e patrimônio líquido			
Contas a pagar	US$ 200.000	US$ 150.000	US$ (50.000)
Títulos de curto prazo	0	150.000	150.000
Total de passivos circulantes	US$ 200.000	US$ 300.000	US$ 100.000
Títulos de longo prazo	600.000	600.000	US$ 0
Total de dívidas	US$ 800.000	US$ 900.000	US$ 100.000
Patrimônio líquido			
Ações ordinárias	US$ 900.000	US$ 900.000	US$ 0
Lucros retidos	700.000	800.000	100.000
Patrimônio líquido total	US$ 1.600.000	US$ 1.700.000	US$ 100.000
TOTAL DE PASSIVOS E PATRIMÔNIO	US$ 2.400.000	US$ 2.600.000	US$ 200.000

Demonstração de resultados de 1º de janeiro a 31 de dezembro de 2015

Vendas	US$ 1.450.000
Custo de produtos vendidos	(850.000)
Lucros brutos	US$ 600.000
Despesas operacionais	(240.000)
Lucros operacionais	US$ 360.000
Despesas com juros	(64.000)
Impostos antes dos lucros	US$ 296.000
Impostos	(118.000)
Lucro líquido	US$ 178.000
Lucro líquido	US$ 178.000
Dividendos pagos	(78.000)
Aumento em lucros retidos	US$ 100.000

Como você fez?

Entendendo os fluxos de caixa

Seguem as respostas das duas primeiras perguntas. Os três tipos de atividades de fluxo de caixa e mudanças no caixa da empresa Maness para o ano são:

Fluxos de caixa de operações	US$ 228
Fluxos de caixa de investimentos em ativos fixos	(325)
Fluxos de caixa de financiamentos	72
Variação do caixa	US$ (25)

(continua)

(continuação)

Os cálculos são:

Demonstração de fluxo de caixa

Fluxos de caixa de atividades operacionais

Lucro líquido		US$ 178
Mais depreciação		200
Lucros antes da depreciação		US$ 378
Menos o aumento de contas a receber (vendas não recebidas)		US$ (25)
Menos pagamento de estoque que consiste em:		
Aumento no estoque	US$ (75)	
Menos a diminuição em contas a pagar (contas a pagar deduzidas)	(50)	
Pagamentos de caixa para estoque		US$ (125)
Fluxos de caixa de operações		US$ 228
Fluxos de caixa de atividades de investimentos		US$ (325)
Fluxos de caixa de atividades de financiamento		
Empréstimo de dinheiro (aumento em títulos de curto prazo)	US$ 150	
Pagamentos de dividendos	(78)	
Total de financiamento de fluxos de caixa		US$ 72
Variação no fluxo de caixa da Maness		US$ (25)

A terceira questão perguntava o que tinha aprendido sobre o fluxo de caixa da empresa: a Maness Corporation primeiramente recebeu fluxos de caixa de operações diárias e, em menor proporção, em títulos de curto prazo (provavelmente do banco). A empresa também usou um pouco do caixa no banco (caixa diminuído). Todos os fluxos de caixa foram usados para comprar ativos fixos e pagar dividendos aos proprietários.

10-5 AVALIAÇÃO DA SITUAÇÃO FINANCEIRA DE UMA EMPRESA

Uma vez que o proprietário de uma empresa entende o conteúdo das demonstrações contábeis, é necessário saber como as decisões de gestão influenciam a situação financeira dela. As decisões de um empresário são baseadas em quatro aspectos financeiros:

1. *A capacidade da empresa de pagar suas dívidas.* Em outras palavras, a empresa tem capacidade de cumprir os seus compromissos de dívida no curto prazo (um ano ou menos)?
2. *A rentabilidade da empresa a partir dos ativos.* O negócio fornece uma boa taxa de retorno sobre seus ativos? Não há nenhuma questão mais importante quando se trata de determinar se uma empresa é forte economicamente.
3. *A quantidade da dívida que a empresa está usando.* O uso da dívida aumenta o risco da empresa, mas pode também aumentar a taxa esperada de retorno sobre o investimento de capital dos proprietários.
4. *A taxa de retorno obtida pelos proprietários em seu investimento de capital.* Todas as decisões afetam a taxa de retorno obtida pelos proprietários.

O Quadro 10.8 fornece uma lista de índices financeiros que se relacionam com as quatro questões listadas. O nome de cada índice é dado, de acordo com o modo como é calculado. Ilustramos os índices usando os dados financeiros de 2015 para a Dickey & Associates, conforme apresentado no Quadro 10.2 (demonstração do resultado) e no Quadro 10.5 (balanços).

10-5a Liquidez (capacidade de pagamento da dívida)

Um negócio – ou uma pessoa, no caso – que tem dinheiro suficiente para pagar todas as dívidas é descrito como *líquido*. A **liquidez** (facilidade de converter um ativo em dinheiro) de uma empresa depende da disponibilidade de caixa para atender às obrigações de vencimento. O **índice de liquidez corrente** é usado tradicionalmente para medir a liquidez de uma empresa. Essa relação compara os *ativos circulantes* de uma empresa com os *passivos circulantes*:

$$\text{Índice de liquidez corrente} = \frac{\text{Ativos circulantes}}{\text{Passivos circulantes}}$$

Conforme você pode ver no Quadro 10.8, para Dickey & Associates, a liquidez corrente é 3,50, em comparação com o índice do setor de 2,70. Em outras palavras, a empresa tem US$ 3,50 em ativos circulantes para cada US$ 1 da dívida de curto prazo, em comparação com a média de US$ 2,70 de ativos circulantes para cada US$ 1 em dívida de curto prazo. Assim, com base na relação atual, Dickey & Associates tem mais liquidez do que a empresa média no setor.

QUADRO 10.8 Análise de relação financeira para a Dickey & Associates, Inc.

Relações financeiras	Dickey & Associates	Índice do setor
1. Capacidade de pagar dívidas conforme deve:		
Liquidez corrente = Ativos circulantes / Passivos circulantes	US$ 350.000 / US$ 100.000 = 3,50	2,7
2. Lucratividade da empresa em seus ativos:		
Retorno sobre ativos = Lucros operacionais / Ativos totais	US$ 100.000 / US$ 920.000 = 10,87%	13,2%
Margem de lucro operacional = Lucros operacionais / Venda	US$ 100.000 / US$ 850.000 = 11,76%	11,0%
Giro do ativo total = Vendas / Ativos totais	US$ 850.000 / US$ 920.000 = 0,92	1,2
3. A quantidade de dívida que a empresa usa:		
Índice de endividamento = Total da dívida / Total de ativos	US$ 300.000 / US$ 920.000 = 32,61%	40,0%
4. Taxa de retorno obtida pelos proprietários em seu investimento de patrimônio:		
Retorno sobre o patrimônio = Lucro líquido / Patrimônio líquido	US$ 60.000 / US$ 620.000 = 9,68%	12,5%

10-5b Rentabilidade dos ativos

Uma questão de importância vital para os proprietários de uma empresa é se os lucros operacionais são suficientes em relação ao montante total dos ativos investidos na empresa. Alguns ativos da empresa são investidos com o objetivo expresso de produzir lucros operacionais. Uma comparação dos lucros operacionais com os ativos totais revela a taxa de retorno que está sendo obtida sobre os ativos totais da empresa, que representam o montante total do investimento na empresa. Calculamos o **retorno sobre os ativos (ROA – return on assets)** da seguinte forma:

$$\text{Retorno sobre ativos (ROA)} = \frac{\text{Lucros operacionais}}{\text{Total de ativos}}$$

Conforme mostrado no Quadro 10.8, o retorno sobre ativos da Dickey & Associates de 10,87% é menor do que a média do setor de 13,2%, indicando que Dickey & Associates está gerando menos lucros operacionais sobre cada dólar de ativos do que seus concorrentes. Isso não é bom!

Para compreender o porquê de Dickey & Associates não estar indo muito bem na geração de lucros sobre os ativos da empresa, você pode separar o retorno sobre os ativos em dois componentes: (1) a margem de lucro operacional e (2) o giro do ativo total. A equação para o retorno sobre os ativos pode ser corrigida assim:

$$\text{Retorno sobre ativos (ROA)} = \frac{\text{Lucros operacionais}}{\text{Ativos totais}} = \underbrace{\frac{\text{Lucros operacionais}}{\text{Vendas}}}_{\text{Margem de lucro operacional}} \times \underbrace{\frac{\text{Vendas}}{\text{Ativos totais}}}_{\text{Giro do ativo total}}$$

O primeiro componente da equação expandida, a **margem de lucro operacional** (lucros operacionais ÷ vendas), mostra o quão bem uma empresa está controlando o seu custo de bens vendidos e despesas operacionais em relação a um dólar de vendas. O segundo componente do retorno sobre ativos de uma empresa, o **giro do ativo total** (vendas ÷ ativos totais) indica a eficiência no uso dos ativos da empresa para gerar vendas.

A margem de lucro operacional e o giro do ativo total de Dickey & Associates, juntamente com as médias do setor, são apresentados no Quadro 10-8 e mostradas novamente abaixo. Você também pode ver como se relacionam com o retorno sobre ativos de Dickey & Associates, bem como o setor:

		Margem de lucro operacional	×	Giro do ativo total	=	Retorno de ativos
Dickey	=	11,76%	×	0,92	=	10,87%
Setor	=	11,00%	×	1,20	=	13,20%

Com base na margem de lucro operacional, Dickey & Associates é competitiva no que se refere à administração de sua demonstração de resultados – isto é, manter reduzidos os custos e despesas em relação às vendas. No entanto, o giro do ativo total de Dickey & Associates mostra por que a empresa não está ganhando um bom retorno sobre seus ativos. A empresa não está usando seus ativos de forma eficiente. O problema da empresa é que ela gera US$ 0,92 em vendas por dólar de ativos, enquanto a concorrência produz US$ 1,20 em vendas para cada dólar em ativos. A empresa precisa avaliar o que está causando o problema, observando cuidadosamente como eles estão administrando os diferentes tipos de ativos, isto é, as contas a receber, estoque e ativos fixos.

O baixo giro do ativo total, que mostra que a Dickey & Associates está usando mais ativos por dólar de vendas que seus concorrentes, possivelmente indica um ou mais dos seguintes problemas:

1. A empresa não está cobrando suas contas a receber tão rapidamente quanto a concorrência. Cobrar as contas a receber com maior frequência liberaria dinheiro que está no momento indisponível.
2. Dada a quantidade de vendas, os proprietários têm muito em estoque, o que sugere que algum estoque é lento ou mesmo obsoleto.
3. É possível que a empresa tenha exagerado em investir em ativos fixos (como instalações) em comparação com a concorrência.

Claramente, as irmãs Dickey precisam investigar por que sua empresa não é competitiva quando se trata de gestão de ativos. Afinal, o empreendedorismo tem a ver com fazer mais com menos quando se trata de gerenciar recursos.

10-5c Uso do financiamento da dívida

Quanto de dívida, em relação ao total de ativos, pode ser usado para financiar um negócio? Por um lado, quanto mais dívidas um negócio tem, mais riscos está assumindo, porque a dívida tem de ser reembolsada não importa quanto lucro a empresa obtenha. Esse é um custo fixo. No entanto, se uma empresa obtém um maior retorno sobre seus investimentos do que a taxa de juros sobre a sua dívida, os proprietários se beneficiam com o endividamento.

O **índice de endividamento** nos indica que percentagem dos ativos da empresa é financiada por dívida e é calculada assim:

$$\text{Índice de endividamento} = \frac{\text{Dívidas totais}}{\text{Ativos totais}}$$

Consulte novamente o Quadro 10.8, que mostra a relação de endividamento de Dickey & Associates como 32,61%, em comparação com o índice do setor, de 40,0%. Como Dickey & Associates usa menos dívida do que a média no setor, tem menos risco. Afinal, dinheiro emprestado deve ser devolvido, independentemente de quanto a empresa ganha. Tudo está bem se a empresa prosperar e pagar o empréstimo. Mas, se não, *cuidado*!

10-5d Retorno sobre o patrimônio líquido

A última relação financeira considerada aqui é a taxa de retorno que os proprietários estão recebendo sobre o investimento de seu patrimônio, ou o **retorno sobre o patrimônio líquido (ROE – *return on equity*)**. Isso é calculado assim:

$$\text{Retorno sobre o patrimônio líquido (ROE)} = \frac{\text{Lucro líquido}}{\text{Total do patrimônio líquido}}$$

Como você pode ver no Quadro 10.8, o retorno sobre o patrimônio líquido para as irmãs Dickey é de 9,68%, enquanto a média do setor é de 12,5%. Assim, parece que as Dickey não estão recebendo um retorno de seu investimento equivalente ao dos proprietários de empresas comparáveis. Por que não? Para responder a essa pergunta, considere:

1. Uma empresa com alto (baixo) retorno sobre os *ativos* terá um alto (baixo) retorno sobre o *patrimônio líquido*. Simplesmente não é possível ter um bom retorno sobre o capital próprio se você não está ganhando um bom retorno sobre seus ativos.
2. À medida que o montante da dívida da empresa aumenta, o seu retorno sobre o capital próprio aumentará, *contanto que o retorno sobre os ativos seja maior do que a taxa de juros paga sobre qualquer dívida*.

No caso de Dickey & Associates, a empresa tem um menor retorno sobre *o capital próprio* em parte porque tem um menor retorno sobre os *ativos*. Também usa menos dívidas do que o setor, fazendo com que seu retorno sobre o patrimônio líquido seja menor do que o de outras empresas. Contudo, o menor uso de dívida reduz o risco da empresa.

Aqui está outro exemplo: se uma empresa ganha um retorno de 15% sobre os ativos, mas apenas tem de pagar 6% da dívida bancária, os proprietários receberão 15% sobre o montante do seu investimento em capital próprio mais a diferença de 9% entre o retorno sobre ativos e o que eles pagam ao banco (15% – 6% = 9%). Quanto mais dívida e menos capital próprio eles usam, maior será o retorno dos proprietários sobre o patrimônio, o que é chamado de **alavancagem financeira**.

É muito importante entender que o retorno sobre o patrimônio líquido será menor se o retorno sobre os ativos cair abaixo da taxa de juros do empréstimo (por exemplo, se o retorno sobre os ativos for de 8%, mas a taxa de juros da dívida for de 10%). Isso é chamado de alavancagem financeira negativa. Essas relações serão explicadas mais adiante no Capítulo 12, quando discutimos as fontes de financiamento.

A análise das demonstrações financeiras agora está completa. Esperamos que você esteja mais bem preparado para saber o que as demonstrações financeiras podem informar sobre um negócio – conhecimento que não pode ser encontrado de outra maneira senão pela interpretação dos números.

Neste capítulo, concentramo-nos na compreensão das demonstrações financeiras relacionadas ao desempenho financeiro histórico da empresa. Estávamos essencialmente em retrospectiva para verificar o desempenho de uma empresa em um período anterior. No próximo capítulo, continuaremos a trabalhar com demonstrações financeiras, mas dessa vez em perspectiva. Ao escrever um plano de negócios, você precisa mostrar de maneira convincente como seus planos se desenvolverão em relação ao futuro financeiro da empresa.

Vamos checar o que você entendeu?

Entendendo como avaliar o desempenho financeiro da empresa

Vamos retomar os dados financeiros da Maness Corporation para ilustrar como usar índices financeiros para avaliar o desempenho de uma empresa. Com os dados de 2015, que são mostrados abaixo, e as normas do setor, calcule os índices financeiros discutidos neste capítulo (relação atual, retorno sobre ativos, margem de lucro operacional, retorno total de ativos, relação de endividamento e retorno sobre o patrimônio). Uma vez que você tenha calculado as relações, responda às seguintes perguntas:

1. A Maness Corporation é mais ou menos líquida do que uma empresa média do setor?
2. A empresa está fazendo um bom trabalho de ganhar um retorno sobre seus ativos? Explique.
3. Como o proprietário financia o negócio em termos de dívida e patrimônio?
4. A Maness está recebendo um bom retorno sobre o patrimônio líquido? Explique.

Balancete de 31 de dezembro de 2015

Ativos	2015
Caixa	US$ 125.000
Contas a receber	US$ 375.000
Estoque	550.000
Total de ativos circulantes	US$ 1.050.000
Ativos fixos brutos	2.750.000
Depreciação acumulada	(1.200.000)
Ativos fixos líquidos	US$ 1.550.000
TOTAL DE ATIVOS	US$ 2.600.000

Dívidas (passivos) e patrimônio líquido	
Contas a pagar	US$ 150.000
Títulos de curto prazo	150.000
Total de passivos circulantes	US$ 300.000
Títulos de longo prazo	600.000
Dívida total	US$ 900.000
Ações ordinárias	US$ 900.000
Lucros retidos	800.000
Total de patrimônio líquido dos proprietários	US$ 1.700.000
TOTAL DE PASSIVOS E PATRIMÔNIO LÍQUIDO	US$ 2.600.000

Demonstração de resultados para o ano findo em 31 de dezembro de 2015

Vendas	US$ 1.450.000
Custo de produtos vendidos	(850.000)
Lucros brutos	US$ 600.000
Despesas operacionais	(240.000)
Lucros operacionais	US$ 360.000
Despesas de juros	(64.000)
Lucros antes dos impostos	US$ 296.000
Impostos	(118.000)
Lucro líquido	US$ 178.000

Médias do setor

Liquidez corrente	3,25
Retorno sobre ativos (ROA)	15,0%

(continua)

(continuação)

Margem de lucro operacional	20,0%
Giro do ativo total	0,75
Índice de endividamento	0,20
Retorno sobre o patrimônio líquido (ROE)	9,0%

Como você fez?

Entendendo como avaliar o desempenho financeiro da empresa

Na página anterior, foram feitas quatro perguntas sobre o desempenho financeiro da Maness. Suas respostas deveriam ser similares as que seguem. Os resultados de cálculo de índices são:

	Maness	Setor
Liquidez corrente	3,50	3,25
Retorno sobre os ativos (ROA)	13,8%	15,0%
Margem de lucro operacional	24,8%	20,0%
Giro do ativo total	0,56	0,75
Índice de endividamento	0,35	0,20
Retorno sobre o patrimônio líquido (ROE)	10,5%	9,0%

Respostas às perguntas:

1. A Maness Corporation é mais ou menos líquida do que a empresa média do setor? Com base no índice atual, a Maness tem US$ 3,50 em ativos líquidos (ativos circulantes) para cada US$ 1 de passivos circulantes, em comparação com US$ 3,25 para o setor, o que sugere que a Maness é ligeiramente mais líquida.

2. A empresa está fazendo um bom trabalho em ganhar um retorno sobre seus ativos? Explique. Para cada US$ 100 em ativos, a Maness gera US$ 13,80 em lucros operacionais (com base no retorno sobre os ativos de 13,8%), comparados a US$ 15 nos lucros da concorrência. Assim, a Maness não é competitiva em seus lucros sobre ativos. Verificando a margem de lucro operacional, vemos que a Maness tem sucesso na geração de lucros em vendas – 24,8% comparado a 20% para o setor. Claramente, a Maness é eficaz no controle de custos e despesas na demonstração de resultados. O problema reside no retorno total de ativos, que mede o quão bem os ativos das empresas estão sendo gerenciados. A Maness produz apenas US$ 0,56 em vendas para cada US$ 1,00 de ativos, o que é menor do que os US$ 0,75 para o setor. A equipe da Maness precisa aprofundar sua gestão de políticas e procedimentos de gerenciamento de ativos.

3. Como o proprietário financia o negócio em relação a dívida e patrimônio? A Maness usa mais dívida em relação aos ativos totais do que o setor – 35% comparados com 20%. Assim, a empresa irá encontrar mais risco financeiro do que a média da indústria. (Como veremos mais adiante, a dívida é arriscada!)

4. A Maness está recebendo um bom retorno sobre o patrimônio líquido? Explique. O retorno da Maness sobre o patrimônio líquido dos proprietários é maior do que o dos proprietários de outras empresas, ganhando 10,5% relativo a 9% para o setor. Mas há boas notícias e más notícias. O maior retorno sobre o capital próprio não é o resultado de ser melhor na geração de lucros sobre os ativos totais da empresa – sempre uma boa coisa a fazer se você não tiver que assumir mais risco. O menor retorno sobre ativos mencionado na questão 2 resultará em menor retorno sobre o patrimônio líquido. O maior retorno sobre patrimônio líquido é a consequência de usar mais dívida, o que é bom, contanto que a empresa esteja lucrando. Mas as coisas poderiam ficar difíceis se um declínio significativo na economia ocorresse, como aconteceu em 2008. A Maness estaria com um maior risco de não ser capaz de cumprir seus compromissos de dívida.

Glossário

Ações ordinárias (p. 211) – Participação acionária que representa propriedade em uma empresa.

Alavancagem financeira (p. 224) – O impacto (positivo ou negativo) de financiamento com dívida e não com capital próprio.

Atividades de fluxo de caixa (p. 216) – Atividades de operação, investimento e financiamento que resultam em entrada e saída de caixa.

Ativos imobilizados (planta, propriedade e equipamentos [PPE]) (p. 209) – Ativos imobilizados que são usados na empresa por mais de um ano, tais como equipamentos, prédios e terrenos.

Ativos circulantes (p. 208) – Ativos que podem ser convertidos em caixa de maneira relativamente rápida.

Ativo depreciável (p. 209) – Ativo cujo valor diminui ou deprecia ao longo do tempo.

Ativo imobilizado bruto (p. 209) – Ativo depreciável em seu custo original, antes que haja qualquer despesa de depreciação.

Ativo imobilizado líquido (p. 210) – Ativos imobilizados menos a depreciação acumulada.

Balanço patrimonial (p. 207) – Relatório financeiro que mostra os ativos da empresa, passivos e patrimônio dos proprietários em um tempo específico.

Caixa (p. 207) – Dinheiro no banco, pode incluir títulos que podem ser vendidos muito rapidamente, como um título de governo.

Capital de giro (p. 209) – Ativo circulante menos passivo circulante.

Contas a pagar (p. 210) – Vendas a prazo devidas para os fornecedores.

Contas a receber (p. 201) – A quantia de crédito estendido para clientes que estão atualmente pendentes.

Custo de serviços dos produtos vendidos (p. 203) – O custo de produção ou aquisição de bens ou serviços para serem vendidos por uma empresa.

Demonstração do fluxo de caixa (p. 214) – Declaração financeira que mostra as fontes de caixa de uma empresa, bem como seus usos de caixa.

Demonstração de resultados (p. 199) – Relatório financeiro que demonstra a quantia de lucros e perdas das operações de uma empresa em um dado período de tempo.

Demonstrações financeiras (demonstrações contábeis) (p. 199) – Demonstração de resultados, balancete e demonstração de fluxo de caixa.

Depreciação acumulada (p. 210) – Despesa de depreciação (cumulativa) total assumida na vida útil de um ativo.

Despesa de depreciação (p. 203) – O custo do prédio e equipamentos de uma empresa, alocados na vida útil do ativo.

Despesa de juros (p. 203) – O custo do dinheiro emprestado.

Despesas acumuladas (p. 210) – Despesas de operação que foram incorridas, mas não pagas, demonstradas como despesa na demonstração de resultados e como um passivo no balanço patrimonial.

Despesas operacionais (p. 203) – Custos relacionados com marketing e venda do produto ou serviço de uma empresa, despesas gerais ou administrativas e depreciação.

Dívida (p. 210) – Financiamento provido por órgãos financeiros.

Dividendo (p. 204) – Uma distribuição de lucros aos proprietários.

Estoque (p. 209) – Matéria-prima e produtos de uma empresa possuídos com participação em eventuais vendas.

Giro do ativo total (p. 223) – Medida de quanto eficientemente uma empresa está usando seus ativos para gerar vendas, calculada dividindo-se as vendas por ativos totais.

Hipoteca (p. 211) – Empréstimo a longo prazo para comprar um prédio ou terreno.

Índice de endividamento (p. 223) – Medida de qual percentual dos ativos de uma empresa é financiado por dívida, determinado pela divisão da dívida total pelos ativos totais.

Índice de liquidez corrente (p. 222) – Medida da liquidez relativa de uma empresa, determinada pelos ativos circulantes e pelos passivos circulantes.

Liquidez (p. 222) – Facilidade de converter um ativo em dinheiro.

Lucro bruto (p. 203) – Vendas menos o custo dos bens vendidos.

Lucro líquido (p. 203) – Ganhos que podem ser distribuídos aos proprietários ou reinvestidos na empresa.

Lucro operacional (p. 203) – Lucros brutos menos despesas de operação.

Lucros antes de impostos (p. 203) – Juros de operação menos despesa de juros

Lucros retidos (p. 211) – Lucros pagos como dividendos ao longo da vida de uma empresa.

Margem de lucro operacional (p. 223) – Medida de quanto bem uma empresa está controlando seu custo de produtos vendidos e despesas relativas a vendas, determinada pela divisão de lucros operacionais por vendas.

Margens de lucro (p. 204) – Lucros em porcentagem de vendas.

Outros ativos (p. 210) – Ativos intangíveis, como patentes, direitos autorais e *knowhow*.

Patrimônio líquido (p. 208) – Investimento de dinheiro do proprietário mais o lucro líquido que têm sido retidos pela empresa.

Princípio de conformidade (p. 210) – Princípio que requer a compatibilidade entre as despesas e as receitas a ganhar no mesmo período.

Regime de competência do exercício (p. 215) – Método de contabilidade que registra lucros quando obtidos e despesas quando incorridas, tenham ou não os lucros sido recebidos em dinheiro ou as despesas pagas.

Regime de caixa para contabilização (p. 215) – Método de contabilidade de registro de lucros, quando o caixa é recebido, e de despesas, quando elas são pagas.

Retorno sobre o patrimônio líquido (ROE – *return on equity*) (p. 224) – Medida da taxa de retorno que os proprietários recebem sobre seu investimento de capital próprio.

Retorno sobre ativos (ROA – *return on assets*) (p. 222) – Medida da rentabilidade de uma empresa relativa ao montante dos seus ativos, determinados pela divisão dos lucros por ativos totais.

Títulos de curto prazo (p. 210) – Contratos de devolução de quantias de dinheiro emprestadas por bancos e outras fontes de crédito por período de 12 meses.

Títulos de longo prazo (p. 211) – Contratos de devolução de quantias de dinheiro emprestadas por bancos e outras fontes de empréstimo mais juros, por um período maior que 12 meses.

Ferramentas para *startups*

Evitando falhas

Jeff Sandefer, empreendedor de sucesso e fundador do altamente classificado MBA em Empreendedorismo da Escola de Negócios de Acton, diz o seguinte:

> Você já pensou, "Eu não preciso saber nada sobre finanças e contabilidade. Quando a minha empresa estiver aberta e funcionando, vou apenas contratar alguém para lidar com todos os números?". Se é assim, aqui está uma receita testada ao longo do tempo para falir os negócios:

1. Comece com uma boa ideia.
2. Tenha uma grande dose de iniciativa e determinação.
3. Levante capital de investidores.
4. Aumente suas receitas o mais rápido possível.
5. Fracasse na aquisição de habilidades financeiras.
6. Contrate alguém para "administrar os números" para você.

É uma fórmula comprovada para destruir um negócio promissor. E, quanto mais rápido as vendas aumentam, pior será o choque quando você estiver sem dinheiro.

Você quer montar um negócio que pode sobreviver a pequenos contratempos financeiros? Quer evitar o constrangimento (e a possibilidade de processos na justiça) oriundos da perda de grandes quantias de dinheiro de outras pessoas?

Se sim, você deve aprender a fazer as perguntas fundamentais e dominar as ferramentas de que precisa para respondê-las. Se você fizer isso e minimizar investimentos, expandir a uma taxa controlada com muito caixa à mão para emergências e manter seus processos de cobrança simples e direcionados à satisfação dos clientes, tenderá a construir um negócio saudável ou, pelo menos, evitará o constrangimento de quebrar.

Fonte: Jeff Sandefer, "Searching for the Mythical Numbers Guru," Fundação Acton para Excelência em Empreendimento, março de 2012, p. 1.

Você é quem manda

Situação 1

A Donahoo Western Furnishings Company foi formada em 31 de dezembro de 2014, com US$ 1.000.000 em capital próprio mais US$ 500.000 na dívida de longo prazo. Em 1º de janeiro de 2015, todo o capital da empresa foi mantido em dinheiro. As seguintes transações ocorreram durante janeiro de 2015:

- 2 de janeiro: Donahoo comprou mobiliário no valor de US$ 1.000.000,00 para revenda. Pagou US$ 500.000 em dinheiro e financiou o saldo usando o crédito comercial que exigia o pagamento em 60 dias.
- 3 de janeiro: Donahoo vendeu US$ 250.000 em móveis pelos quais tinha pago US$ 200.000 para adquirir. Toda a venda foi feita a um prazo de pagamento de 90 dias.
- 15 de janeiro: Donahoo comprou mais móveis por US$ 200.000. Dessa vez, utilizou o crédito comercial para toda a compra, com condições de pagamento de 60 dias.
- 31 de janeiro: Donahoo vendeu US$ 500.000 em móveis, pelos quais tinha pago US$ 400.000. Os móveis foram vendidos por 10% do dinheiro, com o restante a pagar em 90 dias. Além disso, a empresa pagou um dividendo de US$ 100.000 aos seus acionistas e pagou US$ 250.000 de dívida de longo prazo.

Pergunta 1 – Qual o aspecto do balanço da Donahoo no início da vida da empresa?

Pergunta 2 – Qual o aspecto do balanço patrimonial da empresa após cada transação?

Pergunta 3 – Desconsiderando os impostos, determine quanto de renda Donahoo ganhou durante janeiro. Prepare uma demonstração de resultados para o mês. Reconheça uma despesa de juros de 1% ao mês (12% anualmente) sobre a dívida de longo prazo de US$ 500.000, que não foi paga, mas é devida.

Pergunta 4 – Qual era o fluxo de caixa de Donahoo para o mês de janeiro?

Notas

1. Norm Brodsky, "Secrets of a $110 Million Man," *Inc.*, outubro de 2008, p. 77.
2. Philip Campbell, "Are You Really Focused on Profits?" *Inc.*, junho de 2008, http://www.inc.com/resources/finance/articles/20060601/campbell.html. Acesso em 15 de dezembro de 2012.
3. Citado em "How to Manage Cash Flows," http://www.inc.com/encyclopedia/cashflow.html. Acesso em 3 de fevereiro de 2011.
4. Jan Norman, "You're Making Sales, but Are You Making Money?" *Entrepreneur*, março de 2004, http://www.entrepreneur.com/article/15728. Acesso em 11 de janeiro de 2013.

CAPÍTULO 11

Prevendo exigências financeiras

A gestão de um crescimento rápido pode ser o pior pesadelo do empresário. Clientes e funcionários infelizes, falta de dinheiro e incapacidade de atender aos pedidos podem sobrecarregar um pequeno empresário que não se preparou para os desafios que o crescimento traz: "Eles estão tão ocupados na empresa que nem têm tempo para pensar no seu negócio," observa Jeff DeGraff, professor da Ross School of Business na Universidade de Michigan. Mas despender tempo para planejar o crescimento, especialmente quando é inesperado, pode manter uma pequena empresa nos trilhos.

Quando Ahmed Khattak chegou à Yale University como estudante estrangeiro descapitalizado e sem habilidade para acessar o mercado tradicional de celulares, ele não foi capaz de ligar para a família no Paquistão. Em resposta ao problema, Khattak revolucionou o setor de celulares por intermédio da sua empresa, GSM Nation, fornecendo não só a si mesmo, mas a outros como ele uma maneira fácil de comprar um celular sem o aborrecimento de um contrato vinculativo.

O primeiro obstáculo de Khattak foi obter financiamento inicial para sua *startup*. Um empréstimo inicial de US$ 30.000

> **No Spotlight**
> **GSM Nation: A necessidade de Gerenciar o Crescimento**
> www.gsm.com

veio de sua família e amigos, seguido por um investimento do cofundador da GSM Nation, Junaid Shams. O novo empreendimento mostrou ser bem-sucedido desde o início. Khattak declara:

É difícil apontar uma determinada ocasião em que pensei que seríamos bem-sucedidos porque superamos a ousadia de nossa imaginação. Eu, quer dizer, penso nisso, mais de US$ 50 milhões em vendas em apenas dois anos. Nós demos saltos tão altos que a cada seis meses temos um novo objetivo e literalmente tratamos isso como nosso ponto de partida.

O crescimento acelerado, no entanto, trouxe consigo desafios de previsão financeira, envolvendo particularmente a projeção e a gestão do fluxo de caixa. De acordo com Shams,

[O] maior erro que cometemos no começo não foi tanto ter financiamento como pensávamos inicialmente. Nós estávamos crescendo tão rápido nos primeiros 6 a 12

Ao término deste capítulo, você deverá ser capaz de:

11-1. Descrever a finalidade das previsões financeiras.

11-2. Desenvolver uma projeção das demonstrações de resultados para prever a lucratividade de um novo empreendimento.

11-3. Determinar ativos e exigências de financiamento de uma empresa usando uma projeção do balanço.

11-4. Prever o fluxo de caixa de uma empresa.

11-5. Dar algumas sugestões para previsões financeiras efetivas.

> *meses, até mais rápido do que tínhamos esperado, que não havia capital no tempo necessário para permitir crescer no mesmo ritmo.*
>
> A GSM Nation agora vende para diversos varejistas e usuários finais nos Estados Unidos, Europa, Ásia-Pacífico e Austrália. Nos últimos anos, a empresa experimentou novamente alta demanda e crescimento conforme ingressava na área de operação de rede virtual móvel (MVNO, *mobile virtual network operator*) para complementar suas ofertas de telefone celular. Os planos de MVNO permitem que os clientes nivelem o texto e a utilização de dados de acordo com as suas necessidades e comprem mais, se necessário. Apesar de atualmente oferecer serviço beta para cerca de 500 clientes, Khattak afirma que os especialistas preveem aumento para 100 mil clientes dentro de 12 a 14 meses.
>
> Atualmente, as preocupações dos cofundadores são ainda sobre a gestão de crescimento, garantindo que os produtos se mantenham em movimento e o fluxo de caixa permaneça positivo. O desafio para a empresa será aplicar as lições aprendidas como uma *startup* à sua próxima rodada de rápida expansão.
>
> Fontes: extraído de Marty Jerome, "Young Entrepreneur Changes the US Cell Phone Market", *Entrepreneur*, dezembro de 2012, http://www.entrepreneur.com/article/224539. Acesso em 27 de janeiro de 2015; Elaine Pofeldt, "They're Young, They're Smart – And You Probably Couldn't Pay Them Enough to Work at Your Company", http://www.forbes.com/sites/elainepofeldt/2012/03/20/theyre-young-and-smart-and-you-probably-couldnt-pay-them-enough-to-work-at-your-company. Acesso 11 de janeiro de 2015; "GSM Nation – About Us", http://www.gsmnation.com/about-us. Acesso em 28 de janeiro de 2015; e Mike Dano, "Phone Retailer GSM Nation Launches US Mobile MVNO to Target $ 25/Month Market ", Fierce Wireless, 26 de setembro de 2014, http://www.fiercewireless.com/story/phone-retailer-gsm-nation-launches-us-mobile-Mvno-target-25month-market/2014-09-26. Acesso em 27 de fevereiro de 2015.

Uma boa ideia pode ou não ser uma boa oportunidade de investimento. Como discutimos no Capítulo 3, uma boa oportunidade de investimento requer um produto ou serviço que satisfaça uma necessidade definida do cliente e crie uma vantagem competitiva sustentável. Para ser atraente, uma oportunidade deve gerar lucros fortes em relação à quantidade necessária do investimento. Portanto, as projeções dos lucros de uma empresa, seus ativos e requisitos e seus fluxos de caixa são essenciais para determinar se uma empresa é economicamente viável.

11-1 OBJETIVO DAS PREVISÕES FINANCEIRAS

No Capítulo 10, seguimos a Lemonade Kids para ver as implicações contábeis do que estava acontecendo em sua empresa. Nesse mundo muito simples, não havia realmente necessidade de planejar o futuro. Tudo acabou bem. Mas esse não é o caso ao abrir e gerenciar uma empresa com alguma complexidade. No mundo real, você precisa prever, da melhor forma possível, os resultados financeiros que resultariam das suas decisões.

Mesmo prevendo, os números nunca funcionam da maneira que você planejou. Mas o processo permite que você entenda o que impulsiona seus números, e isso é muito importante para os credores e investidores. Se você está solicitando um empréstimo bancário ou se lançando para investidores, mais cedo ou mais tarde você terá que preparar um conjunto de projeções financeiras. As instituições financeiras vão olhar para o que os números demonstram sobre a probabilidade de pagamento. Os investidores irão tentar valorizar a empresa com base nos números.

O objetivo das **projeções das demonstrações financeiras** é responder a três indagações:

1. Como você pode esperar que a empresa seja rentável, dados os níveis de vendas projetados e as relações de vendas-despesas esperadas?
2. Quanto e que tipo de financiamento (dívida ou capital próprio) será necessário para financiar ativos de uma empresa?
3. A empresa terá fluxos de caixa adequados? Em caso afirmativo, como serão utilizados? Se não, de onde virá o dinheiro adicional?

Preparar demonstrações financeiras históricas, tais como demonstrações de resultados, balanços demonstrações de fluxo de caixa, não é tarefa difícil. No entanto, projetar o que pode acontecer a um negócio no futuro em relação a lucros e fluxos de caixa é outra questão.

Para uma empresa estabelecida, você tem pelo menos o benefício de dados passados, no que se relaciona com receitas anteriores e quais foram seus custos e despesas. Você basicamente precisa prever como seu mercado poderia mudar, o que você estará fazendo de maneira diferente no futuro e como as mudanças afetarão os números financeiros. A principal dificuldade aqui é prever vendas, que podem ser muito afetadas por influências fora do próprio negócio.

Ao iniciar um novo negócio, no entanto, há uma experiência limitada, se houver, ou experiências passadas nas quais seus números se baseiam. Você faz suposições, que podem parecer não mais do que palpites coerentes. Mas isso pode ser feito, como Rhonda Abrams, consultora de planos de negócios, explica:

A melhor forma de começar é se comunicar com outros do seu setor, participando de mostras comerciais e entrando em contato com a associação do segmento. Outra excelente fonte são os Risk Management Association Annual Statement Studies, que analisam as demonstrações financeiras de empresas em determinados setores. No Brasil, há diversas publicações sobre análises setoriais e estudos de mercado, tais como a revista Valor e as publicações da Serasa, bem como estudos acadêmicos no ensino superior. Também é possível pedir ajuda a uma empresa júnior e buscar consultoria nos cursos de administração, economia e contabilidade.[1]

Quando as projeções financeiras são preparadas, o processo não deve parar aí. Por causa da incerteza do que pode acontecer, o pequeno empresário deve sempre se perguntar, "O que poderia dar errado, e se isso acontecer, o que vou fazer?". Por exemplo, você quer planejar como responder se as vendas forem significativamente mais baixas ou mais altas do que as projetadas. Uma empresa pode ter problemas não só quando as vendas são inadequadas, mas também quando a empresa está experimentando um crescimento elevado.

Ao procurar financiamento, um empresário deve ser capaz de dar respostas abalizadas sobre as necessidades da empresa, incluindo a quantia de dinheiro necessária, os propósitos para os quais serão usados e quando e como o órgão financeiro ou credor será pago. Somente o planejamento financeiro cuidadoso pode fornecer respostas a essas perguntas.

Vamos dar uma olhada no processo para projetar a rentabilidade de uma empresa, ativos e necessidades de financiamento e fluxos de caixa. Esse processo deve basear-se em um *modelo de negócios* cuidadosamente desenvolvido (veja o Capítulo 6).

11-2 PREVISÃO DA RENTABILIDADE

Lucros recompensam um proprietário por investir em uma empresa e constituem *uma fonte primária do financiamento para o crescimento futuro se reinvestidos no negócio*. Portanto, é essencial para um empresário entender verdadeiramente os fatores que impulsionam os lucros de uma empresa (veja no Quadro 11.1 uma visão geral da demonstração de resultados). Para prever a rentabilidade, o empresário precisa saber o que determinará os cinco componentes a seguir em uma demonstração de resultados futuros:

1. *Montante das vendas.* O valor em dólares das vendas é igual ao preço do produto ou serviço vezes o número de unidades vendidas ou a quantidade de serviços prestados.
2. *Custo das mercadorias vendidas.* O custo de produção e compra dos produtos e serviços da empresa. Esses custos podem ser *fixos* (os que não variam com o volume de vendas) ou *variáveis* (aqueles que mudam proporcionalmente com as vendas).
3. *Despesas operacionais.* Essas despesas dizem respeito à comercialização e à distribuição dos produtos, despesas gerais e administrativas e despesas de depreciação. Assim como o custo das mercadorias vendidas, as despesas operacionais podem ser fixas ou de natureza variável.
4. *Despesas de juros.* Um empreendedor que toma dinheiro emprestado concorda em pagar juros sobre o principal do empréstimo. Por exemplo, um empréstimo de US$ 25.000 com uma taxa de juros de 12% resulta em uma despesa de juros de US$ 3.000 por ano (US$ 3.000 = 0,12 × US$ 25.000).
5. *Impostos.* O imposto de renda de uma empresa é calculado como uma porcentagem dos lucros antes dos impostos ou o que também é chamado de lucros tributáveis.

Um exemplo hipotético demonstra como estimar os lucros de uma nova empresa.[2] David Allen está planejando iniciar um novo negócio chamado D & R Products, Inc., que fará trabalhos com madeira reciclada para casas de luxo. Ao pensar em como construir uma empresa economicamente viável em termos de lucros e fluxos de caixa, Allen prevê um modelo de receitas baseado em dois fluxos de receitas complementares: concepção de produtos e vendas de produtos/instalações.

1. *Concepção do produto.* Para os clientes que desejam participar da reciclagem da madeira para novas casas ou reformas, a D&R fornecerá um software de *design* fácil para o usuário. Além disso, a empresa desenvolveu alianças com *designers* de interiores profissionais que trabalharão com o cliente para criar um *design* que seja não só esteticamente agradável, mas também arquitetonicamente sólido. Por fim, uma plataforma aberta permitirá aos clientes interagir com outros clientes que estejam projetando a própria reciclagem da madeira. A D&R receberá 10% do fluxo de receita dos *designers* de interiores, resultante do trabalho com os contatos da D&R. Enquanto Allen não vê esse fluxo de receita como grande fonte de vendas, ele espera conduzir um aumento das vendas e instalações.
2. *Vendas de produtos/instalações.* A principal fonte de receitas para a D&R será a venda efetiva e instalação de produtos em casas novas e reformadas, com planos de eventualmente expandir para projetos comerciais maiores.

Em termos de estrutura de *custos da empresa*, Allen identificou cuidadosamente os custos fixos e variáveis dos bens vendidos e despesas operacionais. A empresa terá uma vantagem de custo no desenvolvimento recente que permitirá variar as especificações de projeto de maneira muito econômica. Por fim, Allen determinou os investimentos de ativos que serão necessários para obter resultados positivos de fluxos de caixa.

Depois de longas entrevistas com potenciais clientes, empreiteiros e fornecedores, com a pesquisa setorial, Allen fez as seguintes estimativas para os primeiros dois anos de operações:

1. *Montante das vendas.*
    a. Ano 1: Allen já tem contratos de 10 trabalhos e espera adquirir outros 10 ou 20 trabalhos no total, até o final do primeiro ano, a um preço médio de US$ 12.500 por trabalho. Assim, a receita proveniente das vendas e instalações foi projetada em US$ 250.000 no primeiro ano, calculados da seguinte forma:

    20 trabalhos × US$ 12.500 como preço médio = US$ 250.000

Allen estima ainda que as receitas provenientes da concepção do produto serão de US$ 10.000 nesse primeiro ano. Assim, as receitas totais para o ano 1 são projetadas em US$ 260.000:

Vendas de produtos e instalações	US$ 250.000
Projeto do produto	10.000
Total de receitas	US$ 260.000

   b. Ano 2: Allen prevê 30 trabalhos no segundo ano, acreditando novamente que a receita média por trabalho será de US$ 12.500. Ele também espera US$ 25.000 em vendas de projetos de produtos, com receitas totais de US$ 400.000:

Vendas de produtos e instalações	US$ 375.000
Concepção do produto	25.000
Total de receitas	US$ 400.000

2. *Custo das mercadorias vendidas.* Para as vendas de produtos e instalações, o custo fixo das mercadorias vendidas (incluindo os custos de produção e os salários dos funcionários) esperado é de US$ 100.000 por ano, enquanto os custos variáveis de produção ficarão em torno de 20% das vendas e instalações do produto. Além disso, haverá custos fixos de US$ 10.000 por ano relacionados ao *design* do produto.
3. *Despesas operacionais.* As despesas operacionais fixas da empresa (despesas de marketing, despesas gerais e administrativas) são estimadas em US$ 46.000 por ano. Além disso, a depreciação será de US$ 4.000 por ano. As despesas operacionais variáveis serão de aproximadamente 30% das vendas do produto e instalações. Não haverá nenhum custo operacional para projetos de produtos.
4. *Despesas de juros.* Com base na quantia antecipada de dinheiro a ser emprestado e na taxa de juros correspondente, Allen espera que a despesa de juros seja de US$ 8.000 no primeiro ano, aumentando para US$ 12.000 no segundo ano.
5. *Impostos.* Os impostos sobre o rendimento serão de 25% dos lucros antes dos impostos (lucros tributáveis).

QUADRO 11.1 Demonstração de resultados projetada da D&R Products, Inc.

	A	B	C	D	E
3	PREMISSAS DE DEMONSTRAÇÕES DE RESULTADO:				
4		Ano 1	Ano 2		
5	Venda de produtos e instalações:				
6	Número de trabalhos projetados	20	30		
7	Preço de venda médio por trabalho	US$ 12.500	US$ 12.500		
8	Custo fixo de produtos vendidos	US$ 100.000	US$ 100.000		
9	Despesas operacionais fixas	US$ 46.000	US$ 46.000		
10	Despesas de depreciação	US$ 4.000	US$ 12.000		
11	Despesas de juros	US$ 8.000	US$ 8.000		
12	Custo variável de produtos vendidos	20%	20%		
13	Despesas de operação variáveis	30%	30%	Equações baseadas em suposições	
14	*Design* de produto:				
15	Receitas de produtos projetadas	US$ 10.000	US$ 25.000		
16	Custos de projeto fixos	US$ 10.000	US$ 10.000		
17					
18	Taxa de imposto de renda	25%	25%		
19				*Equações para:*	
20				Ano 1	Ano 2
21	Vendas:				
22	Vendas de produtos e instalações	US$ 250.000	US$ 375.000	=B6*B7	=C6*C7
23	Projeto de produto	10.000	25.000	=B15	=C15
24	Vendas totais	US$ 260.000	US$ 400.000	=SUM(B22:B23)	=SUM(C22:C23)
25					
26	Custos de produtos vendidos				
27	Custos de produtos vendidos: vendas de produtos e instalações				
28	Custos fixos de produtos vendidos	US$ 100.000	US$ 100.000	=B8	=C8
29	Custos de produtos vendidos variáveis: (20% da venda de produtos)	50.000	75.000	=B22*B12	=C22*C12
30	Custo total de produtos vendidos: vendas de produtos e instalações	US$ 150.000	US$ 175.000	=SUM(B28:B29)	=SUM(C28:C29)
31	Total de custos de produtos vendidos: projeto do produto	10.000	10.000	=B16	=C16
32	Total de custos de produtos vendidos	US$ 160.000	US$ 185.000	=SUM(B30:B31)	=SUM(C30:C31)
33	Lucros brutos	US$ 100.000	US$ 215.000	=B24-B32	=C24-C32
34					
35	Despesas operacionais: vendas de produtos e instalações				
36	Despesas operacionais fixas	US$ 46.000	US$ 46.000	=B9	=C9
37	Despesas operacionais variáveis (30% das vendas de produtos)	75.000	112.500	=B13*B22	=C13*C22
38	Despesas de operações	4.000	4.000	=B10	=C10
39	Despesas de operações totais: vendas de produtos e instalações	US$ 125.000	US$ 162.500	=SUM(B36:B38)	=SUM(C36:C38)
40	Lucros operacionais	US$ (25.000)	US$ (52.500)	=B33-B39	=C33-C39
41	Despesas com juros (taxas de juros de 12%)	8.000	12.000	=B11	=C11
42	Lucros antes dos impostos	US$ (33.000)	US$ 40.500	=B40-B41	=C40-C41
43	Impostos (25% de lucro antes dos impostos)	0	10.125	0	=C42*C18
44	Lucro líquido	US$ (33.000)	US$ 30.375	=B42-B43	=C42-C43

Dadas essas estimativas, podemos prever os lucros da D&R Products, conforme a projeção da demonstração de resultados no Quadro 11.1. Primeiro, inserimos nossas suposições em uma planilha (linhas 3-18). Então, nas linhas 20-44, vemos os dois anos de demonstrações de resultados (colunas B e C) e as equações utilizadas para calcular os números (colunas D e E), nas quais:

- As linhas 22 e 23 mostram as receitas projetadas para vendas e instalações (linha 22) e para as atividades de concepção do produto (linha 23).
- A linha 24 mostra as vendas totais.
- As linhas 28-30 fornecem o custo dos produtos vendidos para vendas e instalações do produto.
- A linha 31 nos dá os custos esperados de US$ 10.000 para o projeto do produto.
- A linha 32, então, resume os custos dos produtos vendidos tanto das vendas de produtos e instalações quanto do *design* do produto para chegar ao custo total dos produtos vendidos.
- A linha 33 nos dá lucros brutos, o que equivale a vendas totais menos o custo total dos produtos vendidos.
- As linhas 36-39 apresentam as despesas operacionais previstas associadas às vendas de produtos e instalações. Não há despesas operacionais relacionadas ao projeto do produto.
- A linha 40, lucros operacionais, é igual ao lucro bruto menos despesas operacionais totais.
- A linha 41 mostra a despesa de juros para o empréstimo de dinheiro.
- A linha 42 é o lucro antes de impostos (lucros operacionais menos despesas de juros).
- A linha 43 é igual à despesa de imposto. Como se espera que a D&R Products tenha uma perda no primeiro ano, os impostos serão zero. Os impostos no segundo ano são calculados com a taxa de imposto (25%) multiplicada pelos lucros antes de impostos. (Na realidade, a empresa não esperaria pagar impostos no segundo ano, uma vez que as leis fiscais permitem que uma empresa leve as perdas em um ano para os anos futuros. No entanto, estamos ignorando essa realidade para fornecer um exemplo simples.)
- A linha 44 mostra o lucro líquido prospectado pela empresa antes de impostos menos imposto de renda.

Esses cálculos indicam que a D&R Products deverá ter uma perda de US$ 33.000 em lucro líquido em seu primeiro ano, seguida por um lucro líquido positivo de US$ 30.375 em seu segundo ano. Uma *startup* inicialmente experimenta perdas por um período de tempo, com frequência um período de três anos.[3] Em uma situação real, um empreendedor deve projetar os lucros de uma nova empresa por, pelo menos, três anos no futuro (ou cinco anos no futuro, se for feito com algum grau de confiança).

Vamos agora mudar nossa atenção da previsão de lucros para estimar ativos e exigências de financiamento.

11-3 PREVISÃO DE ATIVOS E REQUISITOS DE FINANCIAMENTO

A quantidade e os tipos de ativos necessários para um novo empreendimento variam, dependendo da natureza do negócio. Empresas de alta tecnologia – como fabricantes de computadores, *designers* de chips de semicondutores e empresas farmacêuticas – muitas vezes exigem milhões de dólares em investimento. A maioria das empresas de serviços, por outro lado, exige capital inicial mínimo. Por exemplo, a IRM Corporation, uma empresa de tecnologia da informação que atua no setor de alimentos e bebidas, tem pouco em termos de ativos. O espaço do seu escritório é alugado e a empresa não tem estoque. Seu único ativo de algum significado é contas a receber.

A maioria das empresas de qualquer tamanho precisa tanto de capital de giro (caixa, contas a receber, estoque etc.) quanto de ativos imobilizados (propriedade, instalação e equipamentos). Por exemplo, uma loja de alimentos requer dinheiro operacional, estoque e possivelmente contas a receber limitadas. Além do que, o proprietário terá que adquirir caixas registradoras, carrinhos de compras, prateleiras, equipamentos de escritório e um edifício. A necessidade de investir em ativos resulta da necessidade correspondente de financiamento.

Capital de giro é outro termo usado no mundo dos negócios para ativos correntes – isso é, caixa, contas a receber e estoque, que são necessários nas operações diárias da empresa. *Não tem nada a ver com propriedades, instalações e equipamentos.* Além disso, o termo às vezes é usado vagamente para significar ativos circulantes menos passivo circulante, que é, na verdade, **capital de giro líquido**. O capital de giro líquido é uma medida de liquidez da empresa. Quanto maior o capital de giro líquido de uma empresa, maior sua capacidade de honrar compromissos de dívida conforme vencem.[4]

Com muita frequência, os pequenos empresários tendem a subestimar a quantidade de capital que o negócio exige. Consequentemente, o financiamento que recebem pode ser inadequado. Sem o dinheiro para investir

Vivendo o sonho
EXPERIÊNCIAS EMPREENDEDORAS

Planejamento financeiro faz a diferença na REEcycle

A REEcycle foi fundada por três estudantes da Houston University, liderada por Casey McNeil como CEO da empresa. A companhia recupera materiais preciosos conhecidos como *elementos de terras raras* de empresas de reciclagem que não têm utilidade para elas.

O exemplo principal desses materiais indesejáveis são os ímãs da terra, que são usados em discos rígidos de computador. Depois de comprar ímãs indesejados de empresas de lixo eletrônico, a REEcycle utiliza um processo patenteado para extrair os elementos de terra raros de dentro dele. A empresa vende então os materiais reciclados para empresas que os usarão para projetar tecnologias de ponta, incluindo carros elétricos, turbinas eólicas e até sistemas de orientação de mísseis.

Os proprietários descobriram cedo quão difícil seria levantar fundos, tais como capital de risco, para um empreendimento de alto risco. Em parte, era um problema de galinha e ovo: sem financiamento, grandes protótipos não poderiam ser construídos, mas sem um protótipo, os fundos não poderiam ser levantados. Então os três fundadores decidiram competir em vários concursos de negócios nos Estados Unidos. Eles conseguiram mais de US$ 300.000 em dinheiro e prêmios em espécie para a empresa. Esse dinheiro foi rapidamente utilizado.

Um dos problemas que a REEcycle enfrentou foi encontrar investidores interessados em financiar uma empresa no estágio inicial. Além disso, o negócio não tratava de um problema que poderia ser resolvido em uma oficina. Ele exigia grandes instalações e uso extensivo de equipamento pesado. Outra questão foi a instabilidade dos preços dos seus produtos. Elas experimentaram um dos momentos mais instáveis já observados nos mercados de commodities. Empresas estavam literalmente vivendo e desaparecendo pelas oscilações do mercado. Assim, o cálculo correto do momento do mercado foi um importante fator de risco.

Para que as chances sejam a seu favor, a equipe gerencial precisava adquirir com mais criticidade os elementos necessários para o produto de forma que equilibrasse a oferta e a demanda. Para que isso acontecesse, eles precisavam da habilidade de prever as consequências financeiras das suas decisões. Por exemplo, eles decidiram usar médias de três anos para os preços dos elementos produzidos pela empresa, permitindo que definissem um preço como "piso" do qual a empresa teria que ficar acima para ser bem-sucedida. Isso permitiu à empresa estabelecer padrões de referência da eficiência que tinha de ser alcançada em todos os aspectos do processo e forçou os empresários a desenvolver estratégias para minimizar todos os custos. Esse jeito de pensar impediu que a REEcycle se tornasse excessivamente exagerada em suas projeções financeiras, o que poderia levar a falta de confiança por parte dos investidores e, em última instância, à morte da empresa.

Atualmente, a empresa opera fora da University of Houston's Energy Research Park. Devido à importância dos riscos envolvidos na ampliação dos processos científicos usados pela empresa, a REEcycle planeja usar fundos concorrentes e bolsas para alavancar completamente a empresa antes de o investidor decidir sobre qualquer financiamento. Isso não apenas amortece os riscos assumidos pelos investidores, mas também aumenta significativamente a quantidade de controle que os fundadores terão sobre a empresa nos próximos anos.

Fonte: escrito por Casey McNeil, fundador e CEO, Reecycle, Inc., 15 de março de 2015.

em ativos, eles tentam administrar apenas com o que é absolutamente essencial e gastar menos dinheiro em itens essenciais. Quando Dan Cassidy abriu o Baha's Fajita Bar, um restaurante voltado para servir estudantes universitários, seu objetivo era levantar US$ 100.000 de capital. No entanto, ele abriu o restaurante quando tinha apenas US$ 70.000. Em seis meses, ele ficou sem dinheiro e teve de fechar o restaurante. O problema tornou-se crítico quando os alunos foram para casa no recesso da primavera e a demanda em seu restaurante diminuiu. A infeliz experiência de Cassidy mostra apenas como pode ser arriscado para uma pequena empresa ignorar o potencial para desafios inesperados e subestimar suas necessidades de capital.[5]

Embora a subcapitalização raramente seja uma boa decisão, o objetivo do empreendedor deveria ser minimizar e controlar, em vez de maximizar e possuir muitos recursos. Na medida do possível, o empreendedor deve usar os recursos de outras pessoas – por exemplo, alugar equipamentos, em vez de comprar, negociar com fornecedores para fornecer estoques *just in time* e pagar seus empréstimos antes de ter que pagar suas contas. Conforme discutido no Capítulo 1, isso é chamado de *bootstrapping*, que é uma das maneiras mais comuns de os empreendedores realizarem mais com menos. A definição para *bootstrap* resume-se à ideia da criação de uma *startup* que usa apenas recursos próprios, sem recorrer a uma equipe de investidores externos. Quando Cecilia Levine, proprietária da MFI International, uma empresa de manufatura, teve a oportunidade de obter um contrato para fazer roupas para uma empresa da Fortune 500, ela se tornou uma mestre de *bootstrapping*.

> *Eu nunca esperava o rápido crescimento e demanda que meus serviços teriam. Para financiar o crescimento, o financiamento da dívida teria sido útil, mas não era uma opção. A definição de crédito no dicionário afirma: "A capacidade de um cliente de obter bens ou serviços antes do pagamento, com base na confiança de que o pagamento acontecerá no futuro". O que não diz é que, para um banqueiro, confiança significa ter garantia e, sem ela, você não recebe crédito. Mas eu ainda tinha filhos para prover e o desejo de ter sucesso, desse modo que eu olhei para outra forma de financiamento – o bootstrapping.*
>
> *Eu tinha um grande cliente que acreditava em mim e que tinha o equipamento de que eu precisava. Ele me vendeu o equipamento e depois reduziu o pagamento semanal das faturas em um montante para cobrir o custo do equipamento. Além disso, o cliente me pagou a cada sexta-feira pelo que produzimos e enviamos na semana. Todos que trabalharam para mim entenderam que, se não realizássemos e terminássemos a produção necessária para a semana, nós não seríamos pagos pelo nosso cliente. Quando recebi o pagamento do cliente, pude pagar meus empregados. Éramos uma equipe e entendemos o significado de fluxo de caixa. Portanto, conseguimos.*[6]

Trabalhar com quantidade limitada de capital torna a previsão ainda mais importante porque você tem menos margem para erro. Além disso, as incertezas em torno do empreendimento inteiramente novo dificultam a estimativa de ativos e necessidades de financiamento. Até para um negócio estabelecido, as previsões nunca são perfeitas. Sempre há surpresas – você pode contar com isso.

Ao reunir as informações necessárias para a previsão financeira, um empreendedor deve procurar informações relevantes em diversas fontes. Nos Estados Unidos, a Associação de Gestão de Riscos, a Dun & Bradstreet, bancos, associações comerciais e organizações similares compilam informações financeiras para uma variedade de indústrias. No Brasil, a Serasa é uma instituição que tem informações similares às da Associação de Gestão de Riscos.

Junto com os dados públicos, o senso comum e os palpites estudados deveriam ser usados. Pergunte-se sempre: "Economicamente é viável?" e "O que poderia dar errado?". Entretanto, nenhuma fonte de informação pode se comparar ao contato com potenciais clientes. Sentar em uma sala com o computador, sem nunca sair e conversar com clientes em potencial, é um modo certo de perder o óbvio.

A chave para prever com eficácia as necessidades de financiamento é primeiro entender a relação entre as vendas projetadas de uma empresa e seus ativos. As vendas de uma empresa são a força primária que impulsiona futuras necessidades de ativos. O Quadro 11.2 ilustra essa relação, que pode ser expressa simplesmente como se segue: *Quanto maiores as vendas de uma empresa, maiores as necessidades de ativos e, por sua vez, maior a necessidade de financiamento.*

11-3a Determinação dos requisitos de ativos

Como as necessidades de ativos aumentam à medida que as vendas crescem, as necessidades de ativos da empresa são geralmente estimadas como uma porcentagem das vendas. Portanto, se as vendas futuras forem projetadas, uma relação de ativos para vendas pode ser usada para estimar requisitos de ativos. Suponha, por exemplo, que se espera que as vendas de uma empresa sejam de US$ 1 milhão. Se os ativos de um setor específico de uma empresa tendem a tomar cerca de 50% das vendas, as necessidades de ativos da empresa seriam estimadas em 0,50 × $ 1.000.000, ou US$ 500.000.

Embora a relação entre ativos e vendas varie ao longo do tempo e nas empresas individuais, tende a ser relativamente constante em um setor. Por exemplo, a porcentagem de ativos nas vendas médias é de 20% para

QUADRO 11.2 Relação entre financiamento de ativos e vendas

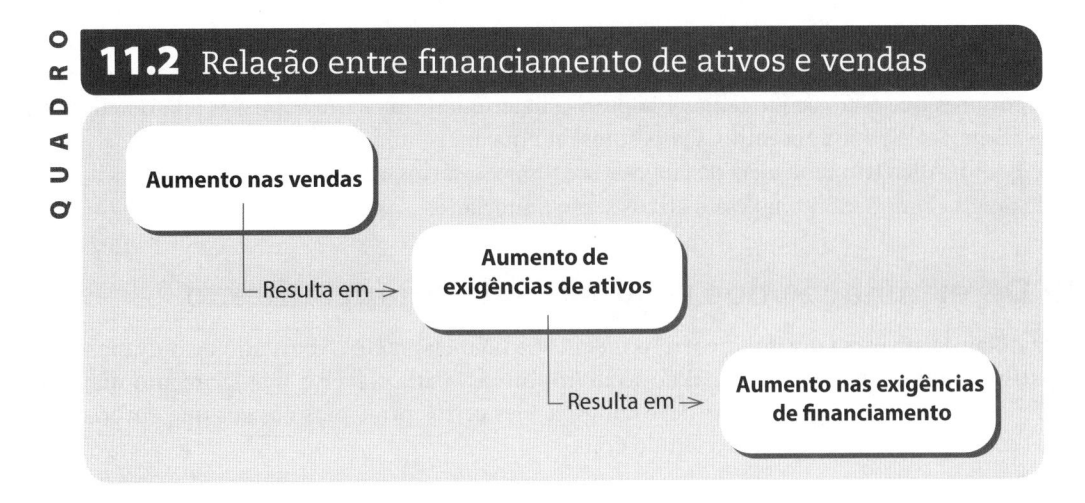

Aumento nas vendas → Resulta em → Aumento de exigências de ativos → Resulta em → Aumento nas exigências de financiamento

supermercados, em comparação com 65% para as empresas de petróleo e gás. Esse método de estimativa de requisitos de ativos é chamado de **técnica de percentual de vendas**. Ele também pode ser usado para projetar números de ativos individuais, tais como contas a receber e estoque.

Para ilustrar a técnica de porcentagem de vendas, voltemos à D&R Products, Inc., para a qual estimaremos os requisitos de ativos da empresa para os dois primeiros anos, com base nas projeções de vendas da empresa. No Quadro 11.1, com o pior resultado da empresa, as vendas de produto e instalações (não incluindo os US$ 10.000 de receitas de projeto) foram previstas em US$ 250.000 e US$ 375.000 nos anos 1 e 2, respectivamente. Após consideráveis investigações da oportunidade, Allen estimou o ativo atual da empresa (caixa, contas a receber e estoque) como uma porcentagem do produto e das vendas de instalações:

Ativos circulantes	Ativos circulantes como uma porcentagem de vendas
Caixa	4%
Contas a receber	10%
Estoques	25%

Allen precisará de um equipamento que custa US$ 10.000. Além disso, ele encontrou um prédio adequado para a instalação da produção por US$ 40.000. O total desses dois itens combinados é US$ 50.000 e refletirá no balanço como *ativos imobilizados brutos.*

Os ativos imobilizados líquidos são iguais aos ativos imobilizados brutos menos a depreciação acumulada. Como a despesa de depreciação declarada na demonstração de resultados (Quadro 11.1) é de US$ 4.000 por ano, então a depreciação acumulada será de US$ 4.000 no ano 1, aumentando (acumulando) para US$ 8.000 no ano seguinte. Com base nas vendas antecipadas e na relação entre vendas e ativos, Allen é capaz de prever os requisitos de ativos para seu empreendimento. Se as vendas de produtos e instalações são da ordem de US$ 250.000 no ano 1 e US$ 375.000 no ano 2, Allen estima o seguinte:

Ativos	Suposições	Ano 1	Ano 2
Vendas de produtos e instalações		US$ 250.000	US$ 375.000
Caixa	4% de vendas	US$ 10.000	US$ 15.000
Contas a receber	10% de vendas	25.000	37.500
Estoque	25% de vendas	62.500	93.750
Total de ativos circulantes		US$ 97.500	US$ 146.250
Ativos imobilizados brutos	Custos com equipamentos e espaço físico	US$ 50.000	US$ 50.000
Depreciação acumulada	US$ 4.000 anualmente	(4.000)	(8.000)
Ativos imobilizados líquidos		US$ 46.000	US$ 42.000
TOTAL DE ATIVOS		US$ 143.000	US$ 188.250

Então, Allen espera precisar de US$ 143.500 em ativos até o final do primeiro ano e US$ 188.250 até o final do segundo ano. No entanto, nesse ponto, ele deve testar quão sensíveis os resultados do modelo são a mudanças nas suposições que estão sendo feitas. Ele precisa determinar quais pressupostos têm o maior impacto nos resultados. Depois ele pode concentrar sua pesquisa no que mais importa.

Neste ponto, Allen tem uma ideia dos investimentos necessários em ativos para chegar aos lucros previstos. Agora, ele precisa considerar como esses ativos serão financiados.

11-3b Determinação dos requisitos de financiamento

Para cada dólar de ativos há um dólar correspondente de financiamento. Abordado de outra maneira, a dívida mais o patrimônio líquido deve ser igual ao total dos ativos. Para prever o financiamento que uma empresa precisa efetivamente, um empreendedor deve compreender certos princípios básicos que governam o financiamento das empresas, o que pode ser declarado como:

1. Quanto mais ativos uma empresa necessita, maiores serão suas necessidades de financiamento. Assim, uma empresa que está experimentando crescimento rápido de vendas requer mais ativos e, consequentemente, lida com maior pressão para encontrar financiamento – e essa pressão pode ser insuportável se não administrada com cautela.
2. Uma empresa deve financiar o seu crescimento de forma que mantenha uma liquidez adequada. (A *liquidez* mede o grau em que uma empresa tem ativos e passivos circulantes disponíveis para cumprir com a quitação da dívida de curto prazo.) A necessidade de liquidez em pequenas empresas merece destaque especial. Como já mencionado, um ponto fraco comum do financiamento de pequenas empresas é a tendência de manter um investimento desproporcional em ativos líquidos, ou o que foi definido anteriormente como *capital de giro líquido* (ativo circulante – passivo circulante). Ainda mais especificamente, no Capítulo 10 usamos o *índice de liquidez corrente* (ativo circulante ÷ passivo circulante) como medida de liquidez que compara o ativo circulante de uma empresa com seu passivo circulante em uma base relativa. Para garantir o pagamento das dívidas de curto prazo à medida que vencem, os proprietários devem, como regra geral, manter uma relação atual de pelo menos 2 para 1 – que é ter ativos circulantes de pelo menos duas vezes o montante do passivo circulante – ou ter uma boa razão para não fazer o pagamento da dívida.
3. A quantidade de dinheiro que uma empresa pode tomar emprestado depende, em parte, do montante de dinheiro que os proprietários colocam no negócio na forma de capital próprio. Um banco nunca forneceria *todo* o financiamento necessário para uma empresa. Por exemplo, um banco poderia especificar que pelo menos metade do financiamento da empresa deve vir do capital próprio dos proprietários, enquanto o restante pode vir da dívida. Em outras palavras, os proprietários teriam de limitar a *índice de endividamento* da empresa (dívida total ÷ ativos totais) em 50%.
4. Alguns tipos de dívida de curto prazo – especificamente, *contas a pagar* e *despesas acumuladas* – mantêm uma relação relativamente constante com as vendas. Por exemplo, conforme as vendas aumentam, mais estoques serão necessários. Se o estoque for adquirido a prazo, as contas a pagar aumentarão também. Como consequência, as contas a pagar irão acompanhar o aumento das vendas. Se as vendas aumentarem em US$ 1, as contas poderiam aumentar em US$ 0,15, ou 15% das vendas. Então, se você espera um aumento de US$ 1.000 em vendas, também pode esperar que as contas a pagar aumentem em US$ 150, que é 15% do aumento das vendas. O mesmo vale para as despesas acumuladas. Mais negócios significam mais despesas, algumas das quais serão contabilizadas como passivos, em vez de serem pagas imediatamente. Dada a relação "espontânea" desses tipos de responsabilidades com as vendas, às vezes são chamados de **financiamento de dívida espontâneo**. Embora não seja o tipo mais formal de dívida, assim como esses empréstimos bancários, esses passivos acumulados podem constituir uma fonte de financiamento para muitas pequenas empresas. O restante do financiamento da dívida deve vir de empréstimos de bancos e de outras fontes de empréstimos.
5. O capital próprio de uma empresa provém de duas fontes: (1) investimentos que os proprietários fazem no negócio e (2) os lucros que são mantidos dentro da empresa em vez de serem distribuídos aos proprietários, ou *lucros retidos*. Lembre-se do Capítulo 10:

$$\text{Lucros retidos} = \text{Total acumulado de todo o lucro líquido ao longo da vida da empresa} - \text{Total acumulado de dividendos pagos ao longo da vida da empresa}$$

Podemos, então, calcular o patrimônio líquido total dos proprietários assim:

$$\text{Patrimônio líquido dos proprietários} = \text{Investimento dos proprietários} + \overbrace{\text{Lucros acumulados}}^{\text{Ganhos retidos dentro da empresa}} - \text{Dividendos cumulativos pagos a proprietários}$$

Para a pequena empresa típica, os lucros retidos são a principal fonte de patrimônio para financiar o crescimento. (Tenha cuidado para não pensar nos ganhos retidos como recurso de caixa. Conforme já mencionado, uma empresa pode ter lucros significativos, mas não reinvestir.)

Assim, a essência dos princípios anteriores pode ser capturada na seguinte equação:

$$\text{Exigência de ativo total} = \text{Fontes totais de financiamento} = \text{Financiamento de dívida espontânea} + \text{Empréstimos de bancos} + \text{Investimentos dos proprietários} + \text{Lucros retidos}$$

Proprietários de pequenas empresas que compreendem completamente esses cinco princípios e suas relações uns com os outros serão eficazes na previsão das exigências financeiras da empresa – e eles serão eficazes na aquisição do financiamento necessário.

Lembre-se de que Allen projetou requisitos de ativos de US$ 143.500 e US$ 188.250 pelos anos 1 e 2, respectivamente. Em seguida, fez estimativas das necessidades de financiamento, baseadas nos seguintes fatos e suposições:

1. Allen negociou com um fornecedor para ter prazo de 30 dias nas compras de estoque, o que resulta em contas a pagar abrangendo cerca de 8% das vendas.
2. Allen também estima que as despesas acumuladas que serão mostradas como passivos de curto prazo no balanço patrimonial representarão cerca de 4% das vendas. Essa aproximação vem da avaliação de despesas acumuladas em negócios similares.
3. Allen planeja investir US$ 110.000 de suas economias pessoais para fornecer patrimônio líquido para a abertura da empresa. Ele receberá ações ordinárias em troca de seu investimento.
4. Um banco concordou em fornecer uma **linha de crédito** de curto prazo de US$ 25.000 para a D&R Products. Uma linha de crédito é simplesmente um empréstimo de curto prazo para ajudar com as necessidades temporárias, como aumentos sazonais no estoque. Funciona como um cartão de crédito – a empresa tem a opção de contrair empréstimos até um limite (nesse caso, US$ 25.000) quando necessário e, em seguida, pagá-lo quando ele não for mais necessário.
5. O banco concordou também em ajudar a financiar a compra de um prédio para a produção e armazenagem dos produtos da empresa. Dos US$ 40.000 necessários para a compra do prédio, o banco emprestará à empresa US$ 30.000, com o edifício tendo como garantia para o empréstimo. O empréstimo será quitado em 10 anos em pagamentos principais de capital de US$ 3.000 acrescidos de juros sobre o saldo restante da nota a cada ano.
6. Como parte do contrato de empréstimo, o banco impôs duas restrições: (1) a relação atual da empresa deve permanecer em 2,0 ou acima e (2) não mais de 50% do financiamento da empresa pode vir de dívida, tanto a curto quanto a longo prazo (ou seja, a dívida total não deve ser superior a 50% do total dos ativos). O descumprimento de qualquer uma dessas condições fará com que o empréstimo bancário tenha vencimento imediato.

Com essa informação, Allen agora pode estimar as fontes de financiamento para a D&R Products. Se as vendas resultantes de produtos e instalações forem de US$ 250.000 no ano 1 e US$ 375.000 no ano 2, Allen estima as seguintes fontes de financiamento disponíveis:

Fontes de financiamento	Suposições	Ano 1	Ano 2
Contas a pagar	8% das vendas	US$ 20.000	US$ 30.000
Provisões	4% de vendas	US$ 10.000	US$ 15.000
Hipoteca	US$ 30.000 – US$ 3.000 em pagamentos anuais	US$ 27.000	US$ 24.000
Ações ordinárias	Investimento dos proprietários	US$ 110.000	US$ 110.000

Qualquer financiamento remanescente, até US$ 25.000, pode vir da linha de crédito bancário. Se a linha de crédito for insuficiente para atender às necessidades da empresa, Allen terá que colocar mais capital na empresa.

Com base nessas informações, Allen pode agora fazer projeções dos balanços para a D&R Products. O Quadro 11.3 mostra as suposições feitas, as equações subjacentes dos números e os balanços atuais, conforme desenvolvido em uma planilha. Para ajudá-lo a visualizar os resultados mais facilmente, os balanços também são mostrados graficamente no Quadro 11.4. Ao visualizar esse quadro, você precisa se lembrar de dois aspectos:

QUADRO 11.3 Balanços projetados para a D&R Products, Inc.

	A	B	C	D	E
3	PREMISSAS DO BALANÇO	Ano 1	Ano 2		
4	Receitas projetadas: venda de produtos e instalações	US$ 250.000	US$ 375.000		
5	Caixa/vendas	4%	4%		
6	Contas a receber/vendas	10%	10%		
7	Estoque/vendas	25%	25%		
8	Ativos imobilizados brutos	US$ 50.000	US$ 50.000	Equações baseadas em suposições	
9	Contas a receber/vendas	8%	8%		
10	Despesas acumuladas/vendas	4%	4%		
11	Custo de equipamentos	US$ 10.000	US$ 10.000		
12	Custo do prédio	US$ 40.000	US$ 40.000		
13				Equações para:	
14	**Ativos**			Ano 1	Ano 2
15	Caixa	US$ 10.000	US$ 15.000	=B4*B5	=C4*C5
16	Contas a receber	25.000	37.500	=B4*B6	=C4*C6
17	Estoque	62.500	93.750	=B4*B7	=C4*C7
18	Ativos circulantes totais	US$ 97.500	US$ 146.250	=SUM(B15:B17)	=SUM(C15:C17)
19	Ativos fixos brutos	US$ 50.000	US$ 50.000	=B8	=C8
20	Depreciação acumulada	(4.000)	(8.000)	Despesas de depreciação para o ano 1	Despesas de depreciação acumulada para os anos 1 e 2
21	Ativos fixos líquidos	US$ 46.000	US$ 42.000	=B19+B20	=C19+C20
22	TOTAL DE ATIVOS	US$ 143.500	US$ 188.250	=B18+B21	=C18+C21
23					
24	**Passivos de dívidas e patrimônio líquido**				
25	Contas a pagar	US$ 20.000	US$ 30.000	=B4*B9	=C4*C9
26	Provisões	10.000	15.000	=B4*B10	=C4*C10
27	Linha de crédito de curto prazo	9.500	11.875	Financiamento requerido	Financiamento requerido
28	Total de passivo circulante	US$ 39.500	US$ 56.875	=SUM(B25:B27)	=SUM(C25:C27)
29	Hipoteca	27.000	24.000	Empréstimo original de US$ 30.000 – pagamento anual de US$ 3.000	Saldo do ano 1 de US$ 27.000 – pagamento anual de US$ 3.000
30	Total de dívida	US$ 66.500	US$ 80.875	=SUM(B28:B29)	=SUM(C28:C29)
31	**Patrimônio líquido dos proprietários**				
32	Ações ordinárias	US$ 110.000	US$ 110.000	Dadas	Dadas

QUADRO 11.3 Balanços projetados para a D&R Products, Inc. (continuação)

	A	B	C	D	E
33	Lucros retidos	(33.000)	(2.625)	Perda do ano 1	Perda do ano 1 + lucro do ano 2
34	Total do patrimônio líquido	US$ 77.000	US$ 107.375	=SUM(B32:B33)	=SUM(C32:C33)
35	TOTAL DE DÍVIDA E PATRIMÔNIO LÍQUIDO	US$ 143.500	US$ 188.250	=SUM(B30:B33)	=SUM(C30:C33)
36					
37	Liquidez corrente	US$ 2,47	US$ 2,57	=B18/B28	=C18/C28
38	Índice de endividamento	46%	43%	=B30/B35	=C30/C35

QUADRO 11.4 Balanços projetados da D&R Products, Inc.

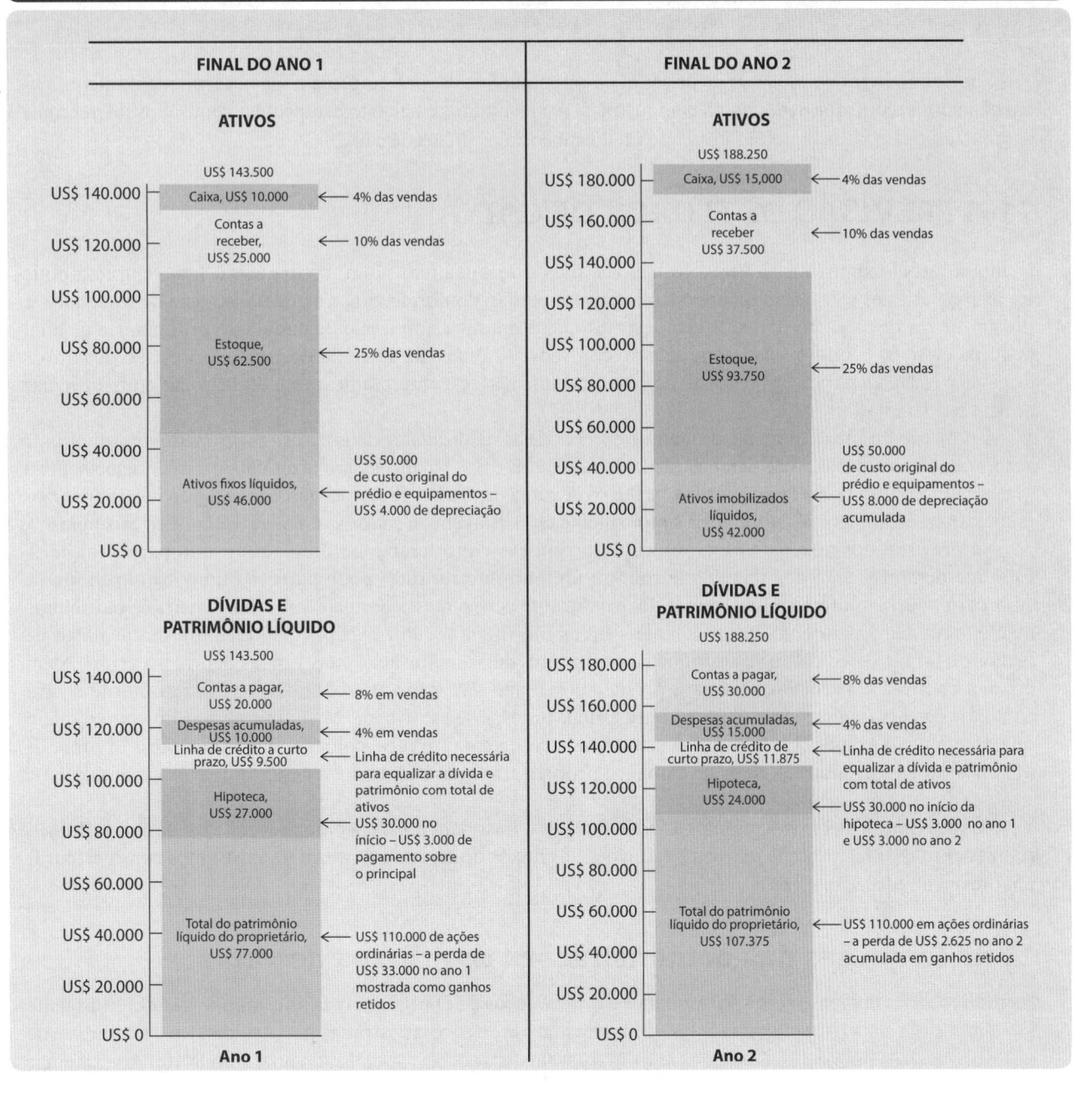

FINAL DO ANO 1

ATIVOS — US$ 143.500
- Caixa, US$ 10.000 ← 4% das vendas
- Contas a receber, US$ 25.000 ← 10% das vendas
- Estoque, US$ 62.500 ← 25% das vendas
- Ativos fixos líquidos, US$ 46.000 ← US$ 50.000 de custo original do prédio e equipamentos – US$ 4.000 de depreciação

DÍVIDAS E PATRIMÔNIO LÍQUIDO — US$ 143.500
- Contas a pagar, US$ 20.000 ← 8% em vendas
- Despesas acumuladas, US$ 10.000 ← 4% em vendas
- Linha de crédito a curto prazo, US$ 9.500 ← Linha de crédito necessária para equalizar a dívida e patrimônio com total de ativos
- Hipoteca, US$ 27.000 ← US$ 30.000 no início – US$ 3.000 de pagamento sobre o principal
- Total do patrimônio líquido do proprietário, US$ 77.000 ← US$ 110.000 de ações ordinárias – a perda de US$ 33.000 no ano 1 mostrada como ganhos retidos

FINAL DO ANO 2

ATIVOS — US$ 188.250
- Caixa, US$ 15.000 ← 4% das vendas
- Contas a receber, US$ 37.500 ← 10% das vendas
- Estoque, US$ 93.750 ← 25% das vendas
- Ativos imobilizados líquidos, US$ 42.000 ← US$ 50.000 de custo original do prédio e equipamentos – US$ 8.000 de depreciação acumulada

DÍVIDAS E PATRIMÔNIO LÍQUIDO — US$ 188.250
- Contas a pagar, US$ 30.000 ← 8% das vendas
- Despesas acumuladas, US$ 15.000 ← 4% das vendas
- Linha de crédito de curto prazo, US$ 11.875 ← Linha de crédito necessária para equalizar a dívida e patrimônio com total de ativos
- Hipoteca, US$ 24.000 ← US$ 30.000 no início da hipoteca – US$ 3.000 no ano 1 e US$ 3.000 no ano 2
- Total do patrimônio líquido do proprietário, US$ 107.375 ← US$ 110.000 em ações ordinárias – a perda de US$ 2.625 no ano 2 acumulada em ganhos retidos

1. Os ativos e fontes totais de financiamento (dívida e capital próprio) devem sempre ser equilibrados. Observe que as necessidades de ativos totais da D&R Products de US$ 143.500 para o primeiro ano e US$ 188.250 para o segundo ano são as mesmas que a dívida total e o patrimônio líquido da empresa.
2. Para equilibrar as fontes de financiamento com os ativos totais, a D&R Products precisará contrair um empréstimo na linha de crédito da empresa de US$ 25.000. No final do primeiro ano, US$ 9.500 da linha de crédito são necessários para trazer o total da dívida e do capital para US$ 143.500. No segundo ano, o endividamento por linha de crédito aumentará para US$ 11.875 para ganhar US$ 188.250 em financiamento total necessário.

Finalmente, com base nas projeções de Allen, a empresa deve ser capaz de satisfazer as restrições de empréstimo, mantendo uma liquidez corrente de 2,0 ou mais e um índice de endividamento de menos de 50%. Os cálculos são:

Relação	Cálculo	Ano 1	Ano 2
Índice de liquidez corrente	= Ativos circulantes / Passivos circulantes	= US$ 97.500 / US$ 39.500 = 2,47	= US$ 146.250 / US$ 56.875 = 2,57
Índice de endividamento	= Dívidas totais / Ativos totais	= US$ 66.500 / US$ 143.500 = 0,46 = 46%	= US$ 80.375 / US$ 188.250 = 0,43 = 43%

Concluímos agora o processo de previsão da rentabilidade de uma empresa e sua necessidade de ativos e financiamentos, conforme refletido na demonstração de resultados e balanços, respectivamente. Consideraremos agora a terceira e última questão-chave do financiamento: os fluxos de caixa.

11-4 PREVISÃO DE FLUXOS DE CAIXA

Como já mencionamos várias vezes, os lucros e fluxos de caixa não são a mesma coisa. Uma empresa pode ter lucros positivos e ficar sem dinheiro – ou pode ter perdas, conforme vimos na demonstração de resultados, e possuir fluxos de caixa positivos. A demonstração de resultados simplesmente não dá ao proprietário de uma pequena empresa a informação de que ele precisa sobre os fluxos de caixa da empresa. A previsão dos fluxos de caixa é *essencial* para o proprietário de pequena empresa: se a empresa ficar sem dinheiro, as consequências podem ser devastadoras.

A projeção dos fluxos de caixa de uma empresa pode ser realizada de duas maneiras. Primeiro, podemos usar as informações da projeção da demonstração de resultados e dos balanços para fazer uma projeção semelhante à que fizemos no Capítulo 10 para calcular os fluxos de caixa da Dickey & Associates. Em segundo lugar, podemos preparar um orçamento de caixa, que é simplesmente uma listagem de entradas e saídas de dinheiro esperadas.

Na previsão dos fluxos de caixa, o proprietário deve considerar o período empregado para projeções. Em uma demonstração dos fluxos que cobrem um ano inteiro, tudo pode parecer ótimo no papel, mas a empresa poderia muito bem ficar sem dinheiro durante certos meses daquele ano. Esse cenário é particularmente verdadeiro para uma empresa cujas vendas são sazonais. Por exemplo, uma empresa atacadista de óculos de sol faz o pedido do seu estoque na primavera, mas a maioria de suas vendas ocorre no verão. Além disso, a empresa concederá crédito aos seus clientes e não será paga até o final do verão. Se olharmos para os fluxos de caixa da empresa em uma base anual, tudo pode estar bem. Mas durante a primavera e início do verão haverá grandes investimentos em contas a receber e estoques, colocando extrema pressão sobre os fluxos de caixa da empresa. Nesse exemplo, o proprietário gostaria de prever fluxos de caixa mensalmente – talvez até semanalmente.

Nas próximas duas seções, usamos a D&R Products, Inc., para ilustrar como prever fluxos de caixa. Primeiro, preparamos uma projeção das demonstrações dos fluxos de caixa anuais. Então, ilustramos como preparar um orçamento de caixa mensal.

11-4a Projeções das demonstrações dos fluxos de vaixa

As projeções das demonstrações de resultados e dos balanços da D&R Products, Inc. preparadas anteriormente são agora utilizadas para preparar as projeções dos fluxos de caixa mostradas no Quadro 11.5. (Lembre-se de que o processo de preparação dos dados *históricos* dos fluxos de caixa foi explicado no Capítulo 10.) Ao examinar o Quadro 11.5, preste atenção ao seguinte: (1) fluxos de caixa das atividades operacionais, (2) fluxos de caixa de atividades de investimentos e (3) fluxos de caixa das atividades de financiamento, que são mostrados nas caixas no quadro. Olhando para esses números, podemos visualizar:

1. No primeiro ano, espera-se que a empresa tenha fluxos de caixa negativos das operações da ordem de US$ 86.500 e estará investindo US$ 50.000 no edifício e nos equipamentos. Para cobrir esses fluxos de caixa negativos, Allen espera arrecadar US$ 146.500 em financiamento de seu investimento pessoal de US$ 110.000, US$ 9.500 na linha de crédito do banco e US$ 27.000 da hipoteca do edifício depois de fazer o pagamento anual de US$ 3.000 sobre o principal. A empresa iria então terminar o ano com US$ 10.000 em dinheiro. (Note que a alteração no balanço projetado para o ano 1 é o mesmo do balanço ao final do ano, uma vez que a empresa não existia no ano anterior. O saldo no início do ano 1 teria sido zero.)
2. No segundo ano, espera-se que as operações de fluxo de caixa da empresa sejam de US$ 5.625. (Observe que, enquanto o negócio deve ter US$ 5.625 em fluxos de caixa de operações, Allen prevê ter lucros de US$ 30.375. (Lembre-se, *os fluxos de caixa e os lucros não são a mesma coisa*.) Além disso, não há planos para investir em ativos fixos no segundo ano. Com base em suas suposições, Allen precisaria aumentar a linha de crédito (dívida de curto prazo) do banco de US$ 9.500 no ano 1 para US$ 11.875 no ano 2, um aumento de US$ 2.375, e pagar US$ 3.000 da hipoteca. O saldo resultante de todos os fluxos de caixa seria um aumento de US$ 5.000 em dinheiro para um saldo final de caixa de US$ 15.000.

QUADRO 11.5 Projeção das demonstrações dos fluxos de caixa para D&R Products, Inc.

	Ano 1	Ano 2	Fontes de informação
Atividades operacionais:			
Lucro líquido	(US$ 33.000)	US$ 30.375	Demonstração de resultado projetada
Depreciação	4.000	4.000	
Aumento nas contas a receber (saída de caixa)	(US$ 25.000)	(US$ 12.500)	
Aumento no estoque (saída de caixa)	(US$ 62.500)	(US$ 31.250)	
Aumento nas contas a pagar (entrada de caixa)	US$ 20.000	US$ 10.000	
Pagamentos de caixa para estoque (saída de caixa)	(US$ 42.500)	(US$ 21.250)	
Aumento nas provisões (entrada de caixa)	10.000	5.000	
Fluxos de caixa das operações	**(US$ 86.500)**	**$5.625**	Mudanças nos balanços projetados de financiamento de negócios para o ano 1 e o ano 2
Atividades de investimento:			
Aumento nos ativos imobilizados brutos (saída de fluxo de caixa)	(US$ 50.000)	$ 0	
Fluxos de caixa de investimentos	**(US$ 50.000)**	**$ 0**	
Atividades de financiamento:			
Aumento na linha de crédito de curto prazo	US$ 9.500	$ 2.375	
Aumento (diminuição) na hipoteca	27.000	(3.000)	
Aumento em ações	110.000	0	
Fluxos de caixa de financiamento	**US$ 146.500**	**(US$ 625)**	
Aumento (diminuição) no caixa	US$ 10.000	US$ 5.000	
Caixa inicial	US$ 0	US$ 10.000	
Caixa final (conforme demonstrado nos balanços)	**US$ 10.000**	**US$ 15.000**	

Allen tem agora uma boa estimativa dos fluxos de caixa para cada ano como um todo e uma ideia do que contribui para as entradas e saídas de caixa. Mas há também a necessidade de acompanhar os fluxos de caixa da empresa por um período mais curto, geralmente numa base mensal.

11-4b O orçamento de caixa

O **orçamento de caixa** é uma das principais ferramentas que um pequeno empresário pode usar para gerenciar os fluxos de caixa. O orçamento diz respeito especificamente aos dólares recebidos e pagos. *Nenhum documento de planejamento é mais importante na vida de uma pequena empresa, seja para evitar problemas de fluxo de caixa quando o dinheiro é curto ou para antecipar oportunidades de investimento de curto prazo se o excesso de caixa ficar disponível.*

Para ajudá-lo a entender o processo de preparação de um orçamento de caixa, vamos continuar com o exemplo da D&R Products. Na seção anterior, preparamos uma projeção da demonstração dos fluxos de caixa do exercício. Mas Allen percebe que também precisa ter uma percepção dos fluxos de caixa ao longo do ano, então ele decidiu preparar um orçamento de caixa mensal para o primeiro ano de operações. Veremos apenas os três primeiros meses do orçamento de caixa para entender como ele foi preparado. Enquanto Allen prevê que a empresa terá US$ 250.000 em vendas no primeiro ano, suas projeções de vendas para os primeiros três meses são:

Janeiro	US$ 4.000
Fevereiro	6.000
Março	9.000

Além disso, serão feitas as seguintes suposições a seguir:

1. Dos dólares das vendas da firma, 40% são recebidos no mês da venda, 30% um mês após a venda e os restantes 30% dois meses após a venda.
2. O estoque será adquirido com um mês de antecedência da venda prevista e será pago no mês em que for vendido.
3. As compras de estoque serão iguais a 60% das vendas projetadas para o próximo mês de vendas.
4. A empresa vai gastar US$ 3.000 por mês em publicidade.
5. As remunerações e despesas com serviços públicos (água, luz, gás) dos primeiros três meses são estimadas da seguinte forma:

	Salários	Serviços públicos
Janeiro	US$ 5.000	US$ 150
Fevereiro	US$ 6.000	US$ 200
Março	US$ 6.000	US$ 200

6. Allen investirá no negócio US$ 110.000 de suas economias pessoais.
7. A empresa investirá US$ 10.000 em equipamento necessário e US$ 40.000 na compra de um edifício, um investimento total de US$ 50.000. No entanto, o banco concordou em financiar US$ 30.000 do preço de compra do edifício na forma de uma hipoteca.

Baseado nessa informação, Allen preparou um orçamento de caixa mensal para o período de três meses que termina em 31 de março. O Quadro 11.6 mostra os resultados de seus cálculos, que envolvem as seguintes etapas:

Etapa 1. Determinar a quantidade de recebimentos a cada mês com base nas estimativas de padrões de vendas fornecidos.
Passo 2. Estimar o montante e o calendário dos seguintes desembolsos financeiros:
 a. Compras e pagamentos de estoque. O montante das compras é mostrado na área mencionada na parte superior da tabela. No entanto, o pagamento atual para o estoque não será feito até um mês depois.
 b. Publicidade, salários e serviços públicos são pagos no mês incorrido.
Etapa 3. Calcular os *fluxos de caixa das atividades operacionais*, que são iguais às entradas de caixa (cobranças de vendas) menos as saídas de caixa.

Etapa 4. Reconhecer o investimento de US$ 110.000 no negócio de Allen.
Passo 5. Observar o investimento de US$ 50.000 em edifício e equipamento.
Etapa 6. Mostrar o empréstimo de US$ 30.000 do banco para ajudar a pagar pelo edifício.
Passo 7. Determinar o saldo de caixa do início do mês (saldo de caixa final do mês anterior).
Passo 8. Calcular o saldo de caixa do final do mês.

Com base no orçamento de caixa, Allen agora tem uma noção do que esperar para os primeiros três meses de operações, o que não pode ser visto na projeção dos fluxos de caixa anuais apresentados no Quadro 11.5. Ele sabe agora que estará "queimando" em algum lugar entre US$ 8.000 e US$ 9.200 de caixa por mês nos primeiros três meses das operações. Em virtude de ele ter quase US$ 64.000 em dinheiro remanescente no final de março, ficará sem dinheiro em cerca de sete ou oito meses, se os fluxos de caixa das operações continuarem sendo negativos em US$ 8.000 ou US$ 9.000 a cada mês. Naquele momento, ele tem de começar a contrair empréstimos na linha de crédito do banco.

Um último pensamento sobre o orçamento de caixa. Uma vez preparado, um empreendedor tem que decidir como usá-lo. Empreendedorismo significa buscar oportunidades e há um perigo real: um orçamento de caixa pode levar à inflexibilidade. Uma estratégia de contenção de custo estrita para "fazer o orçamento" pode desencorajar os gestores a serem criativos e mudar sua abordagem quando faz sentido fazê-lo. Um orçamento inflexível também pode levar a uma mentalidade de "use-o ou perca-o", em que gerentes gastam o dinheiro do

QUADRO 11.6 Orçamento de caixa por três meses para a D&R Product, Inc. de janeiro a março.

Premissas:
Recebimentos de vendas antecipadas:
- No mês da venda 40%
- 1 mês depois 30%
- 2 meses depois 30%

		Dezembro	Janeiro	Fevereiro	Março
Vendas mensais		US$ 0	US$ 4.000	US$ 6.000	US$ 9.000
Compras de estoques a prazo		US$ 2.400	US$ 3.600	US$ 5.400	

		Dezembro	Janeiro	Fevereiro	Março
	Vendas mensais	US$ 0	*US$ 4.000	US$ 6.000	US$ 9.000
	Recibo de caixa				
Etapa 1:	Recebimento das vendas				
	No mês da venda		US$ 1.600	US$ 2.400	US$ 3.600
	1 mês depois			1.200	1.800
	2 meses depois				1.200
	Total de recebimentos		US$ 1.600	US$ 3.600	US$ 6.600
Etapa 2:	**Desembolsos financeiros operacionais**				
Etapa 2a:	Pagamentos em compras de estoques		US$ 2.400	US$ 3.600	US$ 5.400
	Propaganda		3.000	3.000	3.000
Etapa 2b:	Salários e remunerações		5.000	6.000	6.000
	Serviços públicos		150	200	200
	Total de desembolsos financeiros operacionais		US$ 10.550	US$ 12.800	US$ 14.600
Etapa 3:	**Fluxos de caixa das operações**		(US$ 8.950)	(US$ 9.200)	(US$ 8.000)
Etapa 4:	Investimento pessoal de Allen		110.000		
Etapa 5:	Compras de equipamentos e prédios		(50.000)		
Etapa 6:	Hipoteca (empréstimo do banco para comprar o prédio)		30.000		
Etapa 7:	Saldo de caixa inicial		0	81.050	71.850
Etapa 8:	**Saldo de caixa final**		$81.050	$71.850	$ 63.850

* Por exemplo, as vendas de janeiro de US$ 4.000 são recebidas conforme segue: (40%) US$ 1.600 em janeiro, (30%) US$ 1.200 em fevereiro, (30%) US$ 1.200 em março.

orçamento remanescente no final do ano para que as verbas não sejam cortadas no ano seguinte. Tal mentalidade afeta negativamente o processo empreendedor.

11-5 USO DE UMA BOA ANÁLISE QUANDO FIZER UMA PREVISÃO

O processo de previsão requer que um empreendedor faça uma boa análise no planejamento, particularmente quando o planejamento está fornecendo a base para levantar capital. A abordagem global para a previsão é direta – os empreendedores fazem suposições e, com base nesses pressupostos, determinam as necessidades de financiamento. Mas os empresários podem ser induzidos a altas expectativas na aquisição de financiamento. Então, como fazer do modo certo? Aqui estão algumas sugestões práticas sobre como fazer previsões financeiras:[7]

1. *Desenvolva projeções de vendas realistas.* Os empresários geralmente pensam que podem realizar mais do que realmente são capazes, especialmente quando se trata de previsão de vendas futuras. Quando colocadas em gráficos, suas projeções de vendas para um novo empreendimento assemelham-se a um taco de hóquei – os números de vendas são planos ou aumentam ligeiramente no início (como a lâmina de um taco de hóquei) e então sobem (como a parte que o jogador segura em uma vara de hóquei). Essas projeções são sempre suspeitas – apenas as mudanças mais surpreendentes no negócio ou no mercado podem justificar um súbito, em formato de foguete.
2. *Elabore projeções baseando-se em suposições claras sobre marketing e planejamentos de preços.* Não seja impreciso e não formule hipóteses. Especifique os tipos de marketing que você planeja fazer – por exemplo, quantos clientes que espera atrair.
3. *Não use margens de lucro irrealistas.* Projeções de imediato são duvidosas se as margens de lucro (lucros ÷ vendas) ou despesas são significativamente maiores ou menores que os números médios declarados por empresas do setor com receitas e número de empregados. Em geral, uma nova empresa não deve esperar exceder a média da indústria nas margens de lucro. Os empresários frequentemente assumem que, conforme a empresa cresce, alcançará economias de escala e as margens de lucro vão melhorar. Na verdade, à medida que o negócio cresce e aumentam os custos, as margens de lucros operacionais provavelmente sofrerão no curto prazo. Se você insistir em suas projeções de que as economias podem ser alcançadas rapidamente, precisará explicar sua postura.
4. *Não limite suas projeções a uma demonstração de resultado.* Empresários frequentemente resistem em fornecer um balanço projetado e demonstração de fluxo de caixa. Eles se sentem confortáveis projetando vendas e lucros, mas não gostam de ter que se comprometer com suposições sobre as fontes e usos de capital necessários para o crescimento da empresa. Os investidores, no entanto, querem ver essas suposições claramente. Eles estão particularmente interessados nos fluxos de caixa da empresa – e você também deve estar.
5. *Forneça dados mensais para o próximo ano e dados anuais para anos de sucesso.* Muitos empresários preparam projeções usando apenas dados mensais ou anuais para todo um período de três ou cinco anos. Dadas as dificuldades na previsão precisa para além de um ano, dados mensais para os últimos anos não são particularmente fundamentados. A partir do segundo ano, as projeções anuais são adequadas.
6. *Evite fornecer informações financeiras excessivas.* As planilhas do computador são extremamente úteis para projeções e mostrar como diferentes suposições afetam o financeiro da empresa. Mas não se sinta tentado a usar essa ferramenta. Em vez disso, limite suas projeções a dois cenários: o cenário mais provável (caso base) e o cenário de equilíbrio. O caso base deve mostrar o que você espera, de maneira realista, que a empresa faça; o cenário de equilíbrio deve mostrar qual nível de vendas é necessário para equilibrá-la.
7. *Certifique-se de que os números sejam compatíveis – e não simplesmente restrinja um valor.* Com muita frequência, os empresários se limitam a um valor no patrimônio líquido para fazer com que os demonstrativos pareçam perfeitos. Enquanto todos cometem erros, esse é o que você deve evitar porque pode resultar na perda de credibilidade.
8. *Siga o plano.* Depois de ter preparado as projeções das demonstrações financeiras, verifique os resultados reais pelo menos uma vez por mês e modifique as suas projeções conforme necessário.
9. *Não se esqueça de que você tem que viver.* Embora nosso foco esteja na verificação da empresa, um pequeno empresário não deve desconsiderar suas finanças pessoais. Particularmente durante os estágios

iniciais do negócio, o dono pode ter que fazer alguns sacrifícios pessoais significativos e assumir alguns riscos pessoais. Mesmo assim, suas despesas pessoais devem ser consideradas com as necessidades de financiamento da empresa, mesmo que em um nível mínimo. Provisões inadequadas para suas despesas de vida podiam levar à tentação de desviar os ativos da empresa para necessidades pessoais.

Essas sugestões, se seguidas, ajudarão você a evitar prometer mais do que pode fazer e não cumprir as promessas quando iniciar um negócio. Mas, mesmo assim, os empresários simplesmente têm que ter fé de que serão capazes de cumprir o que prometem, mesmo que possam não estar exatamente claros de como será realizado. O risco é parte da equação, e muitas vezes as coisas não saem como planejadas. Mas a integridade exige que você honre seus compromissos e isso não pode ser feito se você fizer projeções irrealistas sobre o que pode realizar.

As informações sobre planejamento financeiro fornecidas neste capítulo e no Capítulo 10 servirão de base para o exame da busca de um empreendedor por fontes de financiamento específicas no Capítulo 12.

Glossário

Capital de giro líquido (p. 234) – Medida da liquidez de uma empresa; ativos circulantes menos passivos circulantes.
Financiamento de dívida espontâneo (p. 238) – Dívidas de curto prazo, como contas a pagar, que aumentam automaticamente em proporção das vendas de uma empresa.
Linha de crédito (p. 239) – Empréstimo de curto prazo.
Orçamento de caixa (p. 244) – Listagem de recibos de caixa e desembolsos financeiros, geralmente por curto período, como semanal ou mensal.

Projeções das demonstrações financeiras (p. 230) – Demonstrações que projetam um desempenho ou condição financeira de uma empresa, incluindo os lucros prospectados, bens e exigências de financiamento e fluxos de caixa.
Técnica de percentual de vendas (p. 237) – Método de previsão de exigências de ativos.

Ações para *startups*

Cenários "E se"
Quando se trata de previsão e orçamento, você deve sempre preparar, pelo menos, três cenários: um com uma previsão "agressiva" de aumento rápido de vendas, outro com suposições mais conservadoras e um terceiro com cenários com pior resultado. Isso é particularmente importante em um ambiente em que a demanda futura não é clara, como a última recessão econômica. Lembre-se de que uma planilha é ótima ferramenta para avaliar cenários "e se" quando fizer previsão de lucros e fluxos de caixa.

Avaliação de fornecedores
A época da elaboração do orçamento é o momento perfeito para avaliar as suas relações com os fornecedores. Seus fornecedores estão, muito provavelmente, mapeando suas expectativas para o ano e você pode ajudá-los a fazer isso fornecendo o seu cenário. Como uma das melhores práticas, você deveria compartilhar o seu orçamento e a variedade de cenários que poderia encarar com seus fornecedores para verificar se eles podem lidar com cada nível de demanda. Se eles não puderem se ajustar às suas necessidades, você estará lidando com os fornecedores errados.

Você é quem manda

Situação 1
A D&R Products, Inc., usada como exemplo neste capítulo, é uma empresa atual (embora alguns dos fatos tenham sido alterados para manter a confidencialidade). David Allen comprou a empresa dos donos fundadores e mudou suas operações para sua cidade natal. Embora tenha estimado as necessidades de ativos e de financiamento da empresa, ele não tinha certeza de que essas projeções seriam realizadas. Os números representam apenas o caso mais provável. Allen também fez algumas projeções que considera serem o pior e o melhor caso de vendas e lucros. Se as coisas não correrem bem, a empresa poderia ter vendas de apenas US$ 200.000 em seu primeiro ano. Contudo, se o potencial do negócio for atingido, Allen acredita que as vendas poderiam chegar a US$ 325.000. Se precisar de financiamento adicional para além da linha de crédito, ele poderia tomar emprestados outros US$ 5.000 em dívidas de curto prazo do banco, prometendo alguns investimentos pessoais. Qualquer financiamento adicional precisaria vir do próprio Allen, aumentando, assim, sua participação acionária no negócio.

Pergunta – Se todos os outros relacionamentos da D&R Products se mantiverem, como as projeções de pior e melhor caso de Allen afetarão a demonstração de resultados e o balanço no primeiro ano?

Plano de negócios

Construindo a base

Como parte de estabelecer as bases para preparar o seu plano de negócio, você precisará desenvolver o seguinte:

1. Um modelo de negócio que reconheça os diferentes fluxos de receitas, estruturas de custos e recursos-chave para o crescimento.
2. Demonstrações financeiras históricas (se aplicável) e três a cinco anos de projeções de demonstrações financeiras, incluindo balanços, demonstrações de resultados e demonstrações dos fluxos de caixa.
3. Orçamentos de caixa mensais para o primeiro ano e orçamento de caixa trimestral para o segundo ano.
4. Justificativa e explicação das premissas subjacentes à sua projeção das demonstrações finaceiras.
5. Financiamentos atuais e previstos a serem fornecidos pelos proprietários e outros investidores.
6. Justificativa da utilização prevista dos fundos que são levantados em órgãos financeiros e investidores.
7. Análise do lucro e do ponto de equilíbrio do fluxo de caixa. (Veja no Capítulo 16 uma explicação da análise de ponto de equilíbrio.)

Notas

1. Rhonda Abrams, "How Can I Make Financial Projections in My Business Plan When I Have No Solid Numbers?", *Inc.*, setembro de 2000, http://www.inc.com/articles/2000/09/20226.html. Acesso em 15 de dezembro de 2014.
2. Este exemplo é baseado em uma situação atual. Entretanto, o nome do cofundador foi alterado, bem como alguns números.
3. Investidores também buscam projeções financeiras para definir o nível de venda necessário para a empresa se equilibrar. O ponto de equilíbrio, mesmo importante a partir de uma perspectiva financeira, também é essencial para precificar seus produtos ou serviços. A questão de precificação e o ponto de equilíbrio são discutidos no Capítulo 16.
4. No Capítulo 10, usamos o índice de liquidez para medir uma condição da empresa de encontrar obrigações de amadurecimento, em outras palavras, obrigações destinadas a ser refinanciadas: um tipo especial que amadurecerá no período atual, mas que deverá ser refinanciado a longo prazo, que foi medido como ativos circulantes *divididos* por passivos circulantes. Assim, a atual relação é uma medida relativa (ativos circulantes divididos por passivos circulantes), que nos permite comparar empresas de tamanhos diferentes. Capital de giro líquido (ativos circulantes *menos* passivos circulantes) é uma medida em dólar completa de liquidez usada por muitos banqueiros.
5. Comunicação pessoal com Dan Cassidy, 6 de outubro de 2012.
6. Comunicação pessoal com Cecilia Levine, 21 de novembro de 2014.
7. As informações nessa seção foram amplamente obtidas de Linda Elkins, "Real Numbers Don't Deceive," *Nation's Business*, vol. 85, n. 3 (março de 1997), p. 51–52; e de Paul Broni, "Persuasive Projections," *Inc.*, vol. 22, n. 4 (abril de 2000), p. 183-184.

CAPÍTULO 12

Fontes de financiamento da empresa

Por causa de uma doença grave em 2008, Ian Gaffney deixou o Brooklyn, Nova York, onde estava trabalhando como *designer* gráfico. De volta à sua casa, em Ithaca, Nova York, ele conheceu Samantha Abrams, que havia se formado recentemente no Ithaca College. Como experiente *chef* de cozinha especializado em comida vegana, Ian impressionou Samantha com seus vários pratos de comidas saudáveis. Depois do doce – macaron especialmente delicioso –, Samantha de repente teve uma ideia brilhante: vender os macarons em conjuntos pré-embalados. A mãe de Ian, Emmy, deixou o casal usar sua cozinha, onde eles criaram quatro novos sabores de macaron. Sua nova empresa, Emmy's Organics, havia nascido.

Quando Ian e Samantha decidiram expandir sua empresa, recorreram a uma fonte improvável para obter orientação: a banda de rock do irmão de Ian, os Makepeace Brothers. A banda havia acabado de pagar pela gravação de seu último álbum utilizando Indiegogo, um site de financiamento coletivo, que permite aos usuários arrecadar dinheiro para "projetos". Gaffney pensou então que o financiamento coletivo seria uma boa alternativa para sua companhia. Em um mês, a campanha arrecadou mais que seu objetivo inicial, que era de US$ 15.000, dando ao Emmy's o capital necessário para redesenhar seu logo, criar uma nova embalagem e lançar a nova marca.

Depois de obterem a certificação necessária para sua cozinha, Ian e Samantha passaram a distribuir por meio de uma cooperativa local e em várias outras lojas na área. Em 2009, o casal começou a vender seus produtos no mercado de fazendeiros de Itacha. À medida que a popularidade local de seus produtos aumentou, Ian e Samantha procuraram vendedores na cidade de Nova York. Os pedidos começaram a se acumular com uma rapidez vertiginosa.

Nos dois anos seguintes, Ian e Samantha se dedicaram de coração e alma à sua empresa. A demanda continuou a crescer, e isso significava que eles precisavam investir em máquinas. Então, eles recorreram ao AFCU (Alternatives Federal Credit Union, ou Sindicato de Alternativas Federais de Crédito), em Ithaca, para

No Spotlight
Emmy's Organics
http://emmysorganics.com

Ao término deste capítulo, você deverá ser capaz de:

12-1. Descrever como as características de uma empresa afetam suas fontes de financiamento disponíveis.

12-2. Avaliar a escolha entre financiamento com base em dívida e financiamento com base em capital próprio.

12-3. Identificar as fontes de financiamento típicas utilizadas no início de um novo empreendimento.

12-4. Discutir o processo básico para adquirir e estruturar um empréstimo bancário.

12-5. Explicar como as relações de negócios podem ser utilizadas para financiar uma pequena empresa.

12-6. Descrever os dois tipos de investidores em capital privado que oferecem financiamento a pequenas empresas.

12-7. Descrever como o financiamento coletivo pode ser utilizado por algumas pequenas empresas para obter capital.

12-8. Explicar quando grandes companhias e ofertas de ações públicas podem ser fontes de financiamento.

> obterem um empréstimo. A diretora de empréstimos da AFCU, Carol Chernikoff, ficou satisfeita em saber do interesse da empresa em trabalhar com a AFCU. "Já conhecemos Samantha e Ian por causa de seu envolvimento com a comunidade", acrescentou Chernikoff. O empréstimo foi aprovado.
>
> Com o novo equipamento em mãos, a produção de macarons decolou rapidamente, e isso significou que Ian e Samantha eventualmente teriam de renovar seu estoque. E, portanto, para conseguirem isso, tiveram de fazer um segundo empréstimo, desta vez, maior. Entraram em contato com o M&T Bank, um dos maiores credores do setor de Small Business Administration (Administração de Pequenas Empresas) no país, de acordo com Kara Taylor, vice-presidente do banco. Segundo ela:
>
> *Em nossa primeira reunião, passamos muito tempo nos conhecendo e discutindo especificamente a história do Emmy's Organics. É importante conhecermos as empresas com as quais trabalhamos e o que precisamos fazer para ajudá-las a dar o próximo passo lógico em seu ciclo de negócios.*
>
> Mais uma vez, Ian e Samantha conseguiram um empréstimo. Isso foi milhões de macarons atrás. Graças às parcerias com o AFCU e o M&T Bank, a Emmy's Organics vende atualmente seus produtos em 2.500 locais em 40 estados. Ávidos por expandir ainda mais, Ian e Samantha planejam desenvolver novos produtos antes de abordar os mercados internacionais nos próximos anos.
>
> Fontes: adaptado de "Emmy's: Our Story", http://emmysorganics.com/pages/ourstory. Acesso em 10 de março de 2015; Tony Armstrong, "Small Business Loan Success Stories: Emmy's Organics' Collaboration with Alternatives Federal Credit Union and M&T Bank", 20 de junho de 2014, http://www.nerdwallet.com/blog/small-business/small-business-loan-success-stories-emmys-organics-collaboration-alternatives-federal-credit-union-mtbank. Acesso em 10 de março de 2015; e Tim Donnelly, "How to Use Indiegogo to Fund Your Innovation", *Inc.*, março de 2011, http://www.inc.com/guides/201103/how-to-use-indiegogo-to-fund-your-innovation.html. Acesso em 10 de março de 2015.

No Capítulo 11, abordamos quanto financiamento é necessário e quais tipos de financiamento estão disponíveis para pequenas empresas. Neste capítulo, descrevemos as diferentes fontes de financiamento. Mas primeiro, é importante entender como as características de uma empresa afetam a forma como ela será financiada.

12-1 CARACTERÍSTICAS DA EMPRESA E FONTES DE FINANCIAMENTO

Às vezes, o financiamento pode ser um peso muito grande para os proprietários de pequenas empresas. Nos últimos anos, adquirir o financiamento necessário se tornou uma tarefa cada vez mais difícil para eles, na medida em que as instituições financeiras enfrentam problemas e a economia está em crise. Mas, mesmo quando a economia está em equilíbrio, aspirantes a empresários precisam de persistência e disciplina para fazer suas empresas decolarem e se desenvolverem.

Quatro características básicas das empresas afetam muito o modo como elas são financiadas: (1) o potencial econômico da empresa, (2) o tamanho e a maturidade da companhia, (3) a natureza de seus ativos e (4) as preferências pessoais de seus proprietários com relação ao equilíbrio entre dívida e capital. Sem entender como essas características influenciam o financiamento de sua empresa, é pequena a chance de conseguir o financiamento apropriado (veja o Quadro 12.1).

12-1a Potencial econômico da empresa

Uma empresa com potencial de alto crescimento e grandes lucros tem mais fontes de financiamento possíveis do que uma empresa que oferece um bom estilo de vida ao proprietário, mas tem pouco a oferecer aos investidores. Somente as empresas com elevadas taxas de retorno de investimento criam valor para os investidores. Na verdade, a maioria dos investidores em *startups* se concentra em empresas que oferecem retornos potencialmente elevados em um período de 5 a 10 anos. Naturalmente, uma empresa que oferece um estilo de vida confortável a seu dono, mas lucros insuficientes para atrair investidores externos, descobrirá que suas opções de fontes de financiamento são limitadas.

QUADRO 12.1 Características da empresa e fontes de financiamento disponíveis

CARACTERÍSTICAS DA EMPRESA
- Potencial econômico
- Preferência do empresário por dívida ou patrimônio
- Tamanho e maturidade
- Natureza dos ativos (tangíveis ou intangíveis)

→ FONTES DE FINANCIAMENTO

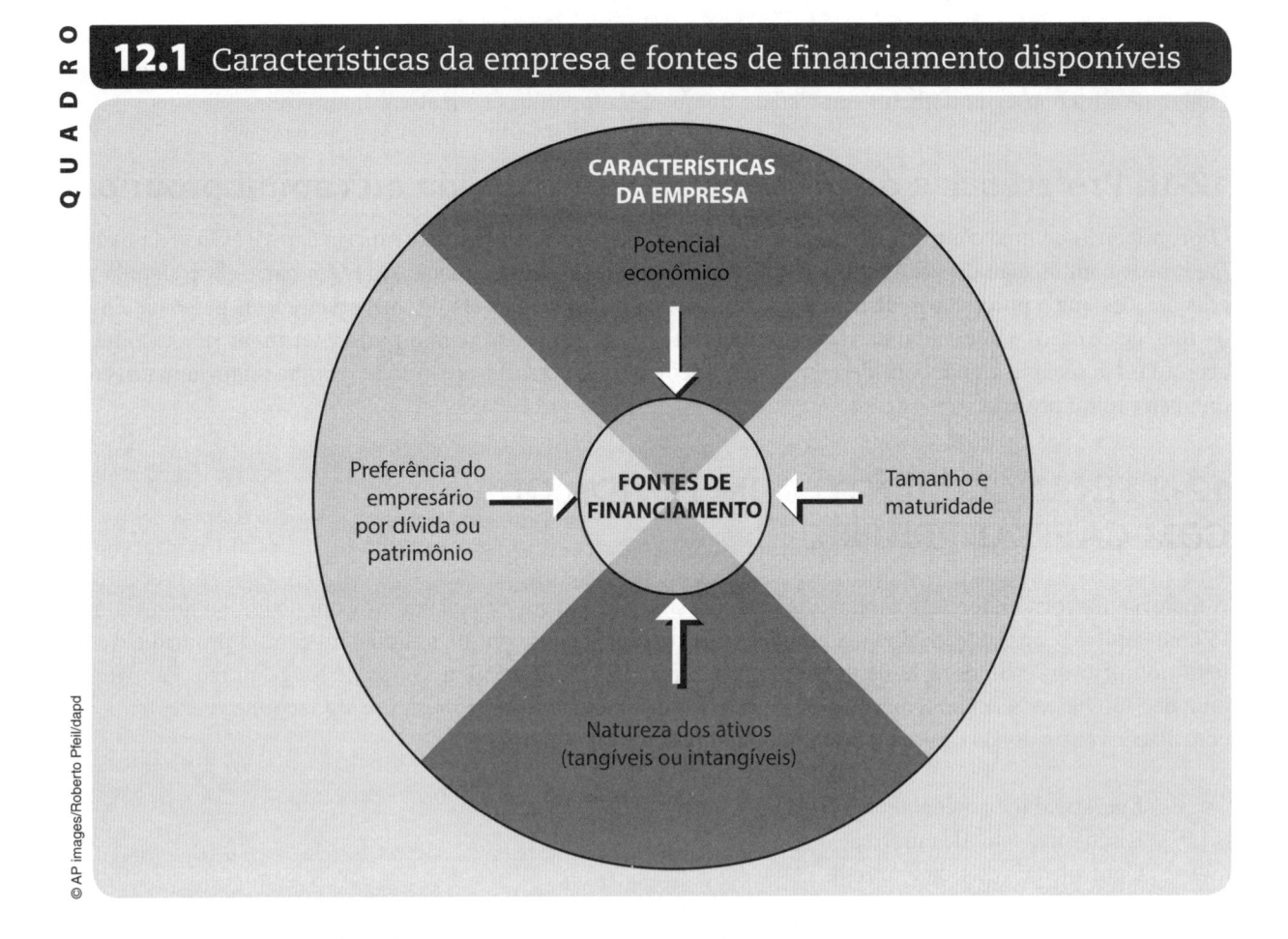

© AP images/Roberto Pfeil/dapd

12-1b Tamanho e maturidade da companhia

As empresas maiores e mais antigas têm acesso a opções de crédito bancário que podem não estar disponíveis para empresas mais novas e menores. Além disso, as empresas de pequeno porte tendem a depender mais de empréstimos pessoais e cartões de crédito para obterem financiamento. Nos primeiros anos de uma empresa, em geral, a maioria dos empresários financia o próprio empreendimento, ou seja, depende de sua iniciativa para criar o capital necessário. Somente depois que a empresa tiver um histórico estabelecido é que a maioria dos bancos e de outras instituições financeiras estará disposta a fornecer financiamento.

Você provavelmente já leu sobre capitalistas de risco que ajudaram a financiar empresas como Yahoo, eBay e Apple. Mas mesmo os capitalistas de risco limitam o quanto investirão em *startups*, pois muitos deles acreditam que o risco adicional associado às *startups* é muito grande em relação ao retorno que eles esperam ter. Em média, cerca de três quartos dos investimentos de um capitalista de risco são aplicados em empresas que estão em um estágio mais desenvolvido – apenas uma pequena parte desses investimentos é direcionada a *startups*. De forma similar, os bancos exigem evidências de que a empresa poderá reembolsar o empréstimo recebido – e essas evidências geralmente devem ter como base o que a empresa já realizou, e não o que o proprietário diz que conseguirá fazer no futuro. Assim, a situação de ciclo de vida de uma empresa é um fator crítico na obtenção de capital.

12-1c Natureza dos ativos da companhia

Um credor considera especificamente dois tipos de ativos ao avaliar uma empresa que pede um empréstimo: ativos tangíveis e ativos intangíveis. Os ativos tangíveis, que podem ser vistos e tocados, incluem estoque, equipamentos e edifícios. O custo desses ativos aparece no balanço da empresa, que o credor recebe como parte de suas demonstrações financeiras. Os ativos tangíveis são uma grande garantia quando uma empresa solicita um empréstimo bancário. Embora os ativos intangíveis, como fundo de comércio ou investimentos já realizados em pesquisa e desenvolvimento, sejam importantes para um investidor, eles têm pouco valor como garantia quando se trata de obter um empréstimo. Como resultado, as empresas com ativos tangíveis substanciais têm muito mais facilidade para conseguir dinheiro emprestado do que as companhias com ativos intangíveis.

12-1d Preferências do proprietário entre dívida ou capital próprio

O proprietário de uma companhia enfrenta a questão "Devo financiar com dívida ou capital? Ou seria melhor fazer uma combinação dessas duas opções?". A resposta depende da situação, mas em parte ela é afetada por conciliações que o proprietário de uma empresa terá de fazer, dependendo de suas preferências pessoais. Entenda que, neste caso, não existe uma resposta certa ou errada. É preciso tempo para determinar se a escolha foi acertada. Na seção a seguir, consideraremos as conciliações necessárias quando se escolhe financiamento entre dívida e capital próprio.

12-2 FINANCIAMENTO COM DÍVIDA OU COM CAPITAL PRÓPRIO?

A maioria dos fornecedores de capital financeiro é especializada em financiamento com dívida ou financiamento com capital próprio. Além disso, a escolha entre financiamento com dívida ou com capital próprio deve ser feita no início do ciclo de vida da empresa e pode ter consequências financeiras de longo prazo. Para tomar uma decisão baseada em informações, o proprietário de uma pequena empresa precisa reconhecer e entender as conciliações entre dívida e patrimônio líquido em relação a três fatores:

- Lucratividade potencial para os proprietários;
- Risco financeiro da empresa;
- Controle de votos da empresa.

Essas três conciliações são apresentadas no Quadro 12.2. Vamos considerar uma conciliação de cada vez.

12-2a Potencial de lucratividade

Quem tem uma empresa quer que ela seja lucrativa e proporcione um bom retorno sobre seus investimentos. Ambos os resultados são importantes – lucros em dinheiro e o retorno percentual obtido com o investimento na empresa. Mas um valor aceitável em dinheiro não pode ser determinado independente do tamanho do investimento do proprietário em sua empresa.

Obter lucro de US$ 100.000 pode parecer ótimo, mas não se o proprietário precisar investir US$ 10 milhões para conseguir esse lucro. Esse valor representa um retorno de apenas 1% sobre o investimento (1% = 0,01 = US$ 100.000 ÷ US$ 10.000.000). Seria melhor comprar um certificado de depósito com rendimento de, digamos, 1,5%. Qualquer taxa superior a 1% proporcionaria renda superior a US$ 100.000.

Para ver como a escolha entre dívida e capital próprio afeta a rentabilidade dos proprietários, considere a Asbil Corporation, uma empresa nova que ainda está no processo de levantar o capital necessário.

- Os proprietários já investiram US$ 100.000 de seu próprio dinheiro na nova empresa. Para completarem o financiamento, eles precisam de outros US$ 100.000.
- Eles estão considerando uma de duas alternativas para conseguir os US$ 100.000 adicionais: (1) novos investidores de capital (acionistas comuns), que forneceriam US$100.000 por uma participação de 30% nas ações remanescentes; ou (2) um banco, que emprestaria o dinheiro a uma taxa de juros de 8%, assim, as despesas com juros a cada ano seriam de US$ 8.000 (US$ 8.000 = 0,08 × US$ 100.000). No primeiro caso, a Asbil teria que desistir de 30% do patrimônio da empresa. Se o financiamento da dívida fosse utilizado em vez disso, não haveria perda de propriedade, mas a empresa teria um custo de juros fixos de US$ 8.000, não importando o quanto a empresa tenha sucesso.
- Os lucros operacionais da empresa (os lucros e ganhos antes de quaisquer despesas de juros e impostos serem pagos) deverão ser de US$ 28.000, descritos como:

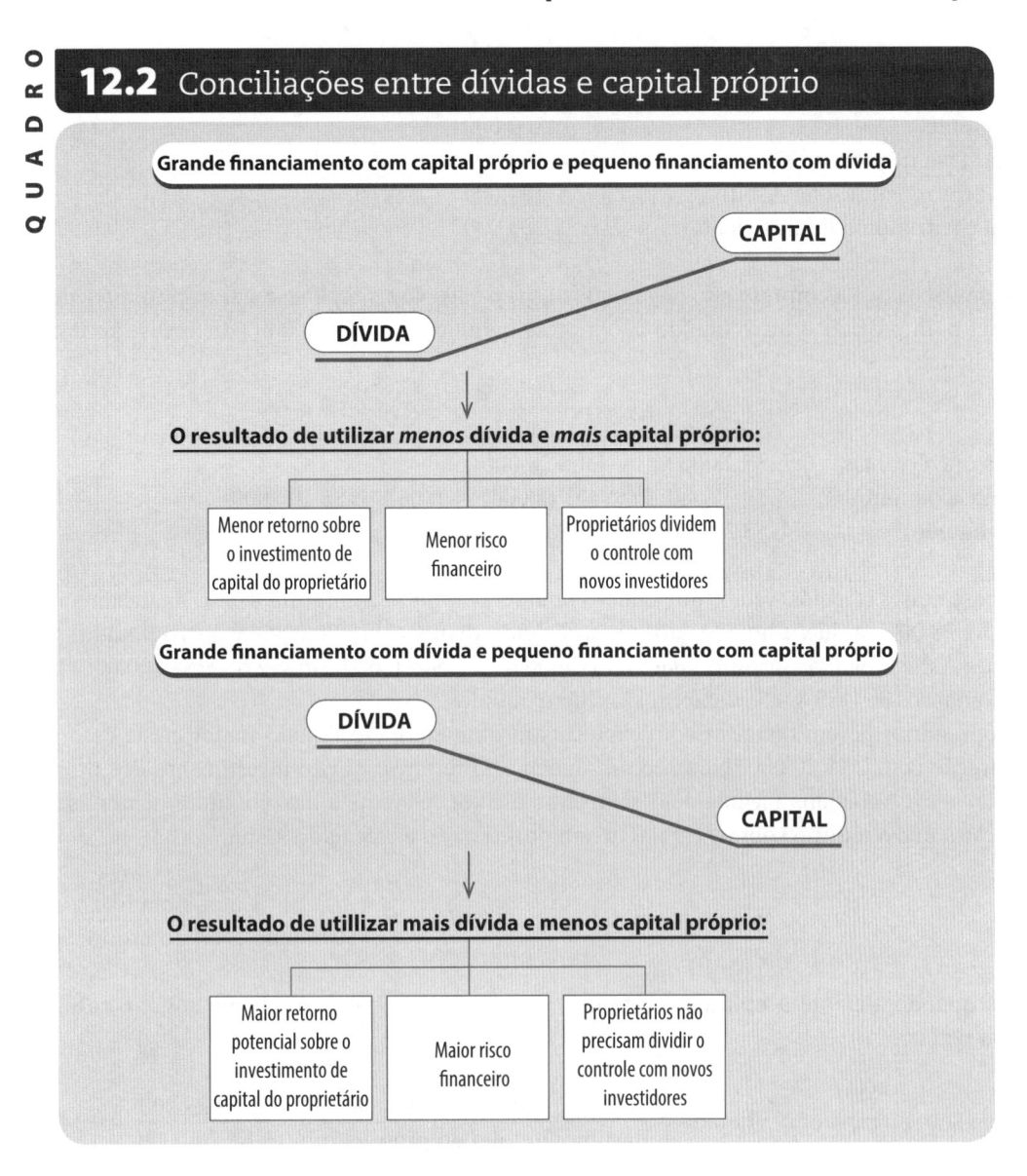

QUADRO 12.2 Conciliações entre dívidas e capital próprio

Grande financiamento com capital próprio e pequeno financiamento com dívida

DÍVIDA — CAPITAL

O resultado de utilizar *menos* dívida e *mais* capital próprio:

- Menor retorno sobre o investimento de capital do proprietário
- Menor risco financeiro
- Proprietários dividem o controle com novos investidores

Grande financiamento com dívida e pequeno financiamento com capital próprio

DÍVIDA — CAPITAL

O resultado de utilizar mais dívida e menos capital próprio:

- Maior retorno potencial sobre o investimento de capital do proprietário
- Maior risco financeiro
- Proprietários não precisam dividir o controle com novos investidores

Vendas	US$ 150.000
Custo dos bens vendidos	80.000
Lucro bruto	US$ 70.000
Despesas operacionais	42.000
Lucros operacionais	US$ 28.000

- Com o adicional de US$ 100.000 em financiamento, os ativos totais da empresa seriam de US$ 200.000 (US$ 100.000 de patrimônio original mais US$ 100.000 em financiamento adicional).
- Com base nos lucros operacionais projetados de US$ 28.000 e ativos totais de US$ 200.000, a empresa espera ganhar um retorno de 14% dos ativos, calculados da seguinte forma:[1]

$$\text{Retorno sobre ativos (ROA)} = \frac{\text{Lucros operacionais}}{\text{Ativos totais}} = \frac{\text{US\$ 28.000}}{\text{US\$ 200.000}} = 0,14 = 14\%$$

Se a empresa conseguir os US$ 100.000 adicionais em capital com um novo investidor, o balanço será:

Ativos totais	US$ 200.000
Dívida	US$ 0
Capital (os proprietários da Asbil e o novo investidor de capital)	200.000
Dívida e patrimônio líquido totais	US$ 200.000

Mas, se em vez disso, a empresa tomar emprestados US$ 100.000, o balanço parecerá o seguinte:

Ativos totais	US$ 200.000
Dívida (taxa de juros de 8%)	US$ 100.000
Capital (proprietários da Asbil)	100.000
Dívida e patrimônio líquido totais	US$ 200.000

Se assumirmos que a empresa não paga impostos (apenas para simplificar a situação), podemos usar essas informações para projetar o lucro líquido da empresa quando os US$ 100.000 adicionais são financiados por capital ou dívida:

	Capital	Dívida	
Lucros operacionais	US$ 28.000	US$ 28.000	
Despesas com juros	0	(8.000)	= (0,08 × US$ 100.000)
Lucro líquido	US$ 28.000	US$ 20.000	

Com base nesses cálculos, vemos que o lucro líquido é maior se a empresa fizer o financiamento utilizando capital (US$ 28.000 em lucro líquido) do que utilizando dívida (US$ 20.000 em lucro líquido). Mas os proprietários da Asbil teriam de investir *o dobro* do dinheiro (US$ 200.000, em vez de US$ 100.000) para evitar as despesas com juros de US$ 8.000 e obter maior lucro líquido.

Os proprietários devem financiar com capital para obterem lucro líquido maior, neste caso, US$ 28.000, em comparação com US$ 20.000? Não necessariamente. O retorno sobre o investimento dos proprietários, ou *retorno sobre o capital*, é uma medida de desempenho melhor referente a lucro líquido. Lembre-se do Capítulo 10, que mostra que o retorno sobre o capital de um proprietário é calculado assim:

$$\text{Retorno sobre o patrimônio líquido (ROE)} = \frac{\text{Lucro líquido}}{\text{Patrimônio total do proprietário}}$$

Assim, quando a empresa utiliza *todo* o financiamento com capital, o retorno sobre o capital é de 14%, calculado a seguir:

$$\text{Retorno sobre o patrimônio líquido} = \frac{\text{Lucro líquido}}{\text{Patrimônio total do proprietário}} = \frac{\text{US\$ 28.000}}{\text{US\$ 200.000}} = 0{,}14 = 14\%$$

Mas, se o financiamento adicional se originar da dívida, levando a uma despesa com juros de US$ 8.000 com um investimento de capital de apenas US$ 100.000, a taxa de retorno sobre o patrimônio líquido será de 20%, calculada a seguir:

$$\text{Retorno sobre o patrimônio líquido} = \frac{\text{Lucro líquido}}{\text{Patrimônio total do proprietário}} = \frac{\text{US\$ 20.000}}{\text{US\$ 100.000}} = 0{,}20 = 20\%$$

Assim, o retorno sobre o patrimônio líquido dos proprietários será maior se metade do financiamento da empresa se originar do patrimônio líquido e a outra metade, da dívida. Ao usar apenas o patrimônio líquido, os proprietários ganharão US$ 0,14 para cada US$ 1 do capital investido. Ao usar a dívida, eles ganharão US$ 0,20 para cada US$ 1 do capital investido. Assim, em termos de uma taxa de retorno sobre o próprio investimento, os proprietários da Asbil obterão um melhor retorno tomando emprestado dinheiro com 8% de juros do que conseguindo um novo investidor de capital. Isso faz sentido, porque a empresa está ganhando 14% em todo o ativo referente a US$ 200.000, mas apenas pagando os credores a uma taxa de 8% sobre o empréstimo de US$ 100.000. Os proprietários se beneficiam da diferença. Essas relações são apresentadas no Quadro 12.3.

Como regra geral, *desde que a taxa de retorno da empresa sobre seus ativos (lucros operacionais ÷ ativos totais) seja maior do que o custo da dívida (taxa de juros), a taxa de retorno sobre o patrimônio dos proprietários aumentará à medida que a empresa utilizar mais dívidas.*

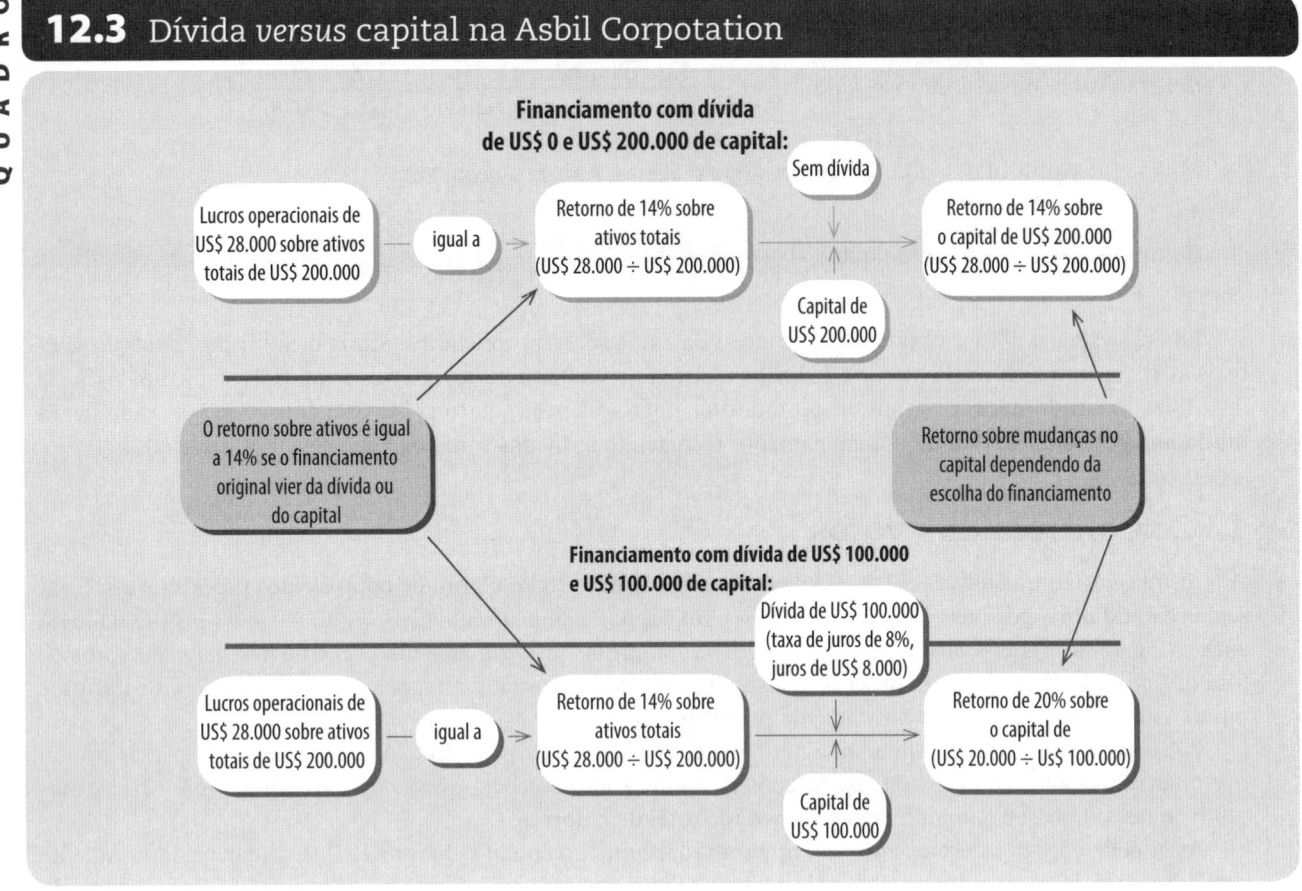

QUADRO 12.3 Dívida *versus* capital na Asbil Corpotation

Financiamento com dívida de US$ 0 e US$ 200.000 de capital:

- Lucros operacionais de US$ 28.000 sobre ativos totais de US$ 200.000 **igual a** Retorno de 14% sobre ativos totais (US$ 28.000 ÷ US$ 200.000)
- Sem dívida
- Capital de US$ 200.000
- Retorno de 14% sobre o capital de US$ 200.000 (US$ 28.000 ÷ US$ 200.000)

O retorno sobre ativos é igual a 14% se o financiamento original vier da dívida ou do capital

Retorno sobre mudanças no capital dependendo da escolha do financiamento

Financiamento com dívida de US$ 100.000 e US$ 100.000 de capital:

- Lucros operacionais de US$ 28.000 sobre ativos totais de US$ 200.000 **igual a** Retorno de 14% sobre ativos totais (US$ 28.000 ÷ US$ 200.000)
- Dívida de US$ 100.000 (taxa de juros de 8%, juros de US$ 8.000)
- Capital de US$ 100.000
- Retorno de 20% sobre o capital de (US$ 20.000 ÷ US$ 100.000)

12-2b Risco financeiro

Se a dívida for tão benéfica em termos de produzir uma maior taxa de retorno, por que os proprietários da Asbil não poderiam utilizar a maior dívida possível – até mesmo 100% dela? Então, sua taxa de retorno sobre o investimento de capital seria ainda maior – ilimitada, na verdade, se não tivessem que investir nenhum dinheiro.

Esta é a boa notícia. A má notícia é que *a dívida é arriscada*. Se a empresa não conseguir lucros, os credores ainda insistirão em ser reembolsados, independentemente do desempenho real da empresa. Em casos extremos, os credores podem forçar a falência das empresas se estas não cumprirem com suas obrigações financeiras. O capital próprio, por outro lado, é menos exigente. Se uma empresa não for rentável, um investidor de capital deverá aceitar os resultados ruins e esperar melhores resultados no ano seguinte. Os investidores de capital não podem exigir mais do que aquilo que for ganho.

Outra maneira de ver o lado negativo da dívida é contemplar o que acontece com o retorno do capital próprio se a empresa tiver um ano ruim. Suponha que, em vez de ganhar 14% sobre seus ativos, ou US$ 28.000 em lucros operacionais, a Asbil Corporation ganhe apenas US$ 2.000 – somente 1% sobre seus ativos de US$ 200.000 (1% = 0,01 = US$ 2.000 ÷ US$ 200.000). O retorno sobre o patrimônio líquido dependerá novamente de se a empresa usou dívida ou capital próprio para financiar o segundo investimento de US$ 100.000. Os resultados seriam os seguintes:

	Capital	**Dívida**	
Lucros operacionais	US$ 2.000	US$ 2.000	Uau! Agora a Asbil perdeu US$ 6.000!
Despesas com juros	0	(8.000) = (0,08 × US$100.000)	
Lucro líquido	US$ 2.000	(US$ 6.000)	

Se o financiamento adicional se originar de capital próprio, o retorno sobre este seria de apenas 1%:

$$\text{Retorno sobre o patrimônio líquido} = \frac{\text{Lucro líquido}}{\text{Patrimônio total do proprietário}} = \frac{\text{US\$ 20.000}}{\text{US\$ 200.000}} = 0,01 = 1\%$$

Mas se fosse utilizada dívida, o retorno sobre o capital seria 6% negativo:

$$\text{Retorno sobre o patrimônio líquido} = \frac{\text{Lucro líquido}}{\text{Patrimônio total do proprietário}} = \frac{\text{US\$ 6.000}}{\text{US\$ 100.000}} = -0,06 = -6\%$$

Então, se apenas 1% for obtido sobre os ativos da empresa, os proprietários estariam em melhor situação se financiassem apenas recorrendo ao capital. Assim, a dívida é uma "faca de dois gumes". Se o financiamento da dívida for utilizado e tudo der certo, tudo ficará muito *bem* para os proprietários. Mas, se não der certo, tudo ficará muito *mal* para eles. Em suma, o financiamento recorrendo a dívidas torna os negócios mais arriscados.

12-2c Controle dos votos

A terceira questão que influencia na escolha entre dívida e capital é o grau de controle dos proprietários. Conseguir capital novo por meio do financiamento com capital significa renunciar a uma parte da propriedade da empresa, e a maioria dos proprietários de pequenas empresas resiste a abrir mão do controle para membros de fora da empresa. Eles não querem ser responsabilizados, de maneira alguma, pelos proprietários minoritários, e muito menos ter a chance de possivelmente perder o controle do negócio.

Por uma aversão à possibilidade de perder o controle, muitos proprietários de pequenas empresas optam por financiar recorrendo a dívidas e não com o capital. Eles percebem que as dívidas aumentam o risco, mas também permitem que mantenham a propriedade total da empresa.

As conciliações que descrevemos são apresentadas graficamente no Quadro 12.2. Estudar cuidadosamente o quadro ajudará a entender os efeitos do financiamento recorrendo à dívida ou ao capital do proprietário da empresa.

Com a compreensão das conciliações básicas a serem consideradas ao escolher entre dívida e capital, vejamos agora as fontes de financiamento específicas disponíveis para um pequeno empresário. A quem os proprietários de pequenas empresas recorrem para encontrar o dinheiro para financiar suas empresas?

12-3 FONTES DE FINANCIAMENTO INICIAL

Ao financiar inicialmente uma pequena empresa, o proprietário geralmente recorrerá à sua poupança pessoal e depois buscará financiamento com familiares e amigos. Se essas fontes forem inadequadas, o proprietário poderá, em determinadas circunstâncias, recorrer a canais de financiamento mais formais, como bancos e investidores externos.

O Quadro 12.4 oferece uma visão geral das fontes de financiamento para pequenas empresas. Conforme foi indicado anteriormente, algumas fontes de financiamento – como bancos, fornecedores corporativos, credores de ativos e o governo –, essencialmente, fornecem apenas débito de um financiamento. O financiamento de capital, para a maioria dos proprietários de pequenas empresas, origina-se de suas poupanças pessoais e, em casos raros, de vender ações para o público. Outras fontes – incluindo amigos e a família, e outros investidores individuais, capitalistas de risco (raramente) e grandes corporações – podem financiar a partir de dívida ou de capital, dependendo da situação. Tenha em mente que o uso dessas e de outras fontes de investimentos não se limita ao financiamento inicial de uma *startup*. Essas fontes também serão utilizadas para financiar as operações do dia a dia e as expansões de uma empresa.

Vamos agora considerar fontes específicas de financiamento para pequenas empresas, iniciando com fontes "perto de casa" – poupança pessoal, amigos e família e cartões de crédito.

12-3a Poupança pessoal

É imperativo que um empresário tenha algum investimento pessoal na empresa, que geralmente vem de suas economias pessoais. Na verdade, as economias pessoais são, de longe, a fonte mais comum de financiamento de

QUADRO 12.4 Fontes de fundos

Capital próprio ← → **Dívida**

- Economias pessoais
- Amigos e família
- Outros investidores individuais
- Bancos comerciais
- Fornecedores comerciais
- Credores de ativos
- Programas patrocinados pelo governo
- Empresas de capital de risco
- Instituições financeiras sediadas na comunidade
- Grandes corporações
- Venda pública de ações

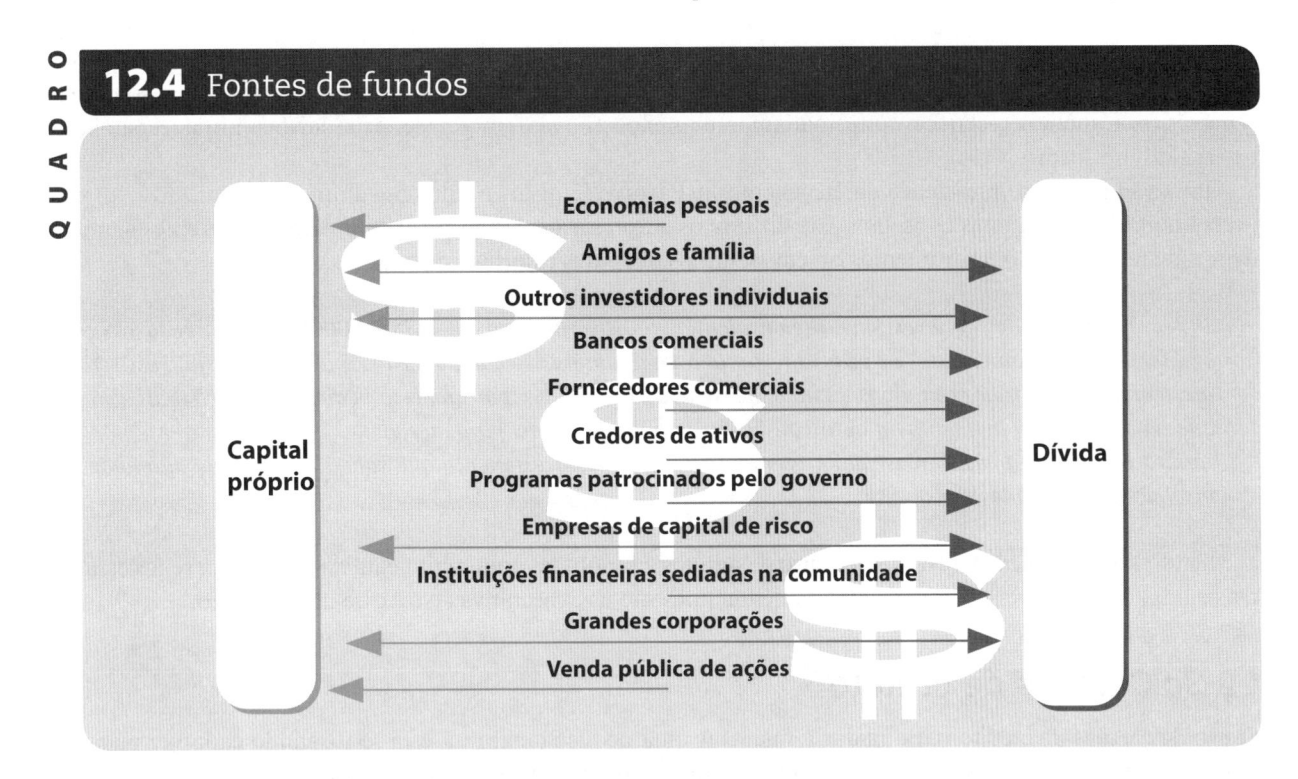

capital próprio utilizada para iniciar uma nova empresa, que precisa desse capital para permitir uma margem de erro. Em seus primeiros anos, uma empresa mal pode pagar grandes gastos fixos para o reembolso da dívida. Além disso, é improvável que um banco – ou qualquer outra instituição – empreste dinheiro se o proprietário não tiver colocado seu próprio dinheiro em risco.

Um problema para muitas pessoas que desejam iniciar uma empresa é que elas não têm economias pessoais suficientes para esse propósito. Isso pode ser muito frustrante quando o banco perguntar: "Quanto você está investindo na empresa?" Ou "O que você tem como reserva para garantir o empréstimo que deseja?". Não existe uma solução fácil para esse problema, que um número incalculável de empresários enfrenta. No entanto, muitos indivíduos que não possuem poupança pessoal para iniciar uma *startup* encontram alternativas para montar as próprias empresas sem gastar grandes quantias de dinheiro. Eles descobrem como expandir a empresa – talvez utilizando os fluxos de caixa gerados pelas operações da empresa, empregando os recursos de outras pessoas, ou encontrando um parceiro ou amigos e familiares que podem providenciar o financiamento necessário.

12-3b Amigos e família

Embora as poupanças pessoais sirvam como principal fonte de financiamento para a maioria das *startups* de pequeno porte, os amigos e familiares ficam em um distante segundo lugar. Eles são a principal fonte de capital para *startups* depois das economias pessoais do empreendedor.

Os empresários que adquirem financiamento com amigos e familiares estão colocando mais do que apenas seus futuros financeiros em risco – estão arriscando suas relações pessoais. Por essa razão, pense nisso como uma fonte de alto risco monetário, especialmente se esse investimento não for feito corretamente. Procure obter recomendações e conselhos de um empreendedor experiente que já tenha arrecadado dinheiro de familiares e amigos.

Às vezes, empréstimos de amigos ou parentes podem ser a única fonte disponível de novos financiamentos. Tais empréstimos geralmente podem ser obtidos rapidamente, porque se baseiam mais em relacionamentos pessoais do que em análises financeiras. Mas você deve aceitar o dinheiro de um amigo ou parente somente se não houver risco de essa pessoa sofrer um grande prejuízo financeiro caso o valor total seja perdido. Em outras palavras, não tome emprestado dinheiro de seu irmão se ele não puder arcar com o possível prejuízo, muito menos da poupança de aposentadoria da sua avó.

Amigos e parentes que fazem empréstimos financeiros, às vezes, sentem que têm o direito de apresentar sugestões sobre a gestão da empresa. E os tempos de crise financeira podem prejudicar o relacionamento. Mas, se parentes e amigos forem a única fonte de financiamento disponível, o empreendedor talvez não tenha alternativa.

Para minimizar as chances de prejudicar relacionamentos pessoais importantes, o empreendedor deve planejar o reembolso de tais empréstimos o mais rápido possível. Além disso, todos os acordos devem ser feitos por escrito. É melhor esclarecer antecipadamente as expectativas, em vez de terminar ficando decepcionado ou irritado no futuro.

James Hutcheson, presidente da Regeneration Partners, um grupo de consultoria especializado em empresas familiares, tem bons conselhos. Ele diz que os empresários devem pedir o auxílio dos parentes somente depois de ter garantido investimentos ou empréstimos de fontes externas imparciais.

Procure obter fundos de investimento equivalentes. Se você precisar de US$ 25.000, primeiro peça US$ 12.500 de outras fontes antes de pedir o restante para a família. Se não puder fazer assim – e se não estiver arriscando as próprias economias – então, pense duas vezes sobre por que está pedindo dinheiro a alguém que ama. Acredito que também deva conseguir o apoio de outros para sua ideia, assim, seu parente não sentirá como se o dinheiro fosse um presente, mas, sim, um investimento que vale a pena, o que dá maior nível de credibilidade ao processo.[2]

Sendo assim, tome emprestado dinheiro de amigos e familiares com muita cautela. Faça isso, se necessário, mas cuidadosamente, e explique detalhadamente quais são as expectativas para esse investimento.

12-3c Cartões de crédito

O uso de cartões de crédito para ajudar a financiar uma pequena empresa está se tornando cada vez mais comum entre empresários. Estima-se que aproximadamente metade de todos os empresários já utilizou cartões de crédito em um momento ou outro para financiar uma *startup* ou uma expansão de empresa.

Para quem não pode obter financiamento tradicional, como um empréstimo bancário, o financiamento por cartão de crédito pode ser uma opção – não uma ótima opção, mas necessária. Os custos com juros podem se tornar esmagadores ao longo do tempo, especialmente devido à tendência de emprestar além da capacidade de conseguir pagar. Portanto, é essencial que um empresário que utiliza o financiamento por cartão de crédito seja extremamente autodisciplinado para evitar a ampliação excessiva de suas dívidas. Considere o seguinte exemplo. Sem condições de obter uma linha de crédito em um banco, Steven Fischer usou seus cartões de crédito pessoais para manter sua empresa em operação depois de não ter conseguido receber pagamentos de alguns de seus clientes. Ele antecipou o uso de seus cartões para manter sua companhia em equilíbrio até que eles fossem pagos. No entanto, pagar salários e contas acabou sendo mais caro do que ele havia previsto. Além disso, o fato de ele combinar os cartões de crédito pessoais com empréstimos comerciais e despesas criou problemas. No final, a empresa de Fischer não sobreviveu.[3] Depois de demitir funcionários e pagar todas as contas corporativas, Fischer se viu pessoalmente responsável por uma dívida de US$ 80.000 em cartões de crédito.

Sendo assim, por que usar cartões de crédito? Às vezes, como única opção disponível para um proprietário de pequena empresa, os cartões de crédito também têm a vantagem da rapidez. Um credor em um banco precisa estar convencido dos méritos da oportunidade de negócio, e isso envolve uma extensa preparação por parte do empreendedor. O financiamento com cartão de crédito, por outro lado, não requer nenhuma justificativa do uso do dinheiro.

Na prática, os cartões de crédito são uma importante fonte de financiamento para vários empreendedores, particularmente no início das atividades da empresa. Mas o objetivo final é usar cartões de crédito como método de pagamento, e não como fonte de crédito. Em outras palavras, quanto antes você puder pagar à vista a fatura de seu cartão de crédito a cada mês, mais cedo poderá desenvolver uma empresa lucrativa.

12-4 FINANCIAMENTO BANCÁRIO

Embora os bancos comerciais sejam os principais fornecedores de capital para financiamento da dívida para empresas *estabelecidas*, eles geralmente estão menos interessados em financiar *startups*. Simplificando, os bancos querem empresas com antecedentes comprovados e muitas garantias na forma de ativos tangíveis. Os bancos ficam relutantes em emprestar dinheiro para financiar perdas, e isso é uma característica de empresas que estão em seu estágio inicial. Eles também não têm muito interesse em financiar despesas de pesquisa e desenvolvimento, campanhas de marketing e outros ativos "intangíveis". Essas despesas geralmente precisam ser financiadas por fontes de capital próprio. No entanto, é aconselhável cultivar um relacionamento com um banco o mais cedo possível, e bem antes de fazer um pedido de empréstimo.

12-4a Tipos de empréstimos

Os bancos fazem principalmente empréstimos corporativos em uma das três formas: linhas de crédito, empréstimos a prazo e hipotecas.

LINHAS DE CRÉDITO

Uma **linha de crédito** é um acordo ou entendimento informal entre um mutuário e um banco quanto ao montante máximo de fundos que o banco fornecerá ao mutuário em determinado momento. Nesse tipo de acordo, o banco não tem obrigação legal de fornecer o capital. (Um acordo semelhante que compromete legalmente o banco é o *contrato de crédito rotativo*.) O empreendedor deve providenciar uma linha de crédito antes que ocorra uma necessidade real, já que os bancos relutam em estender o crédito para emergências.

EMPRÉSTIMOS A PRAZO

Em algumas circunstâncias, os bancos emprestarão dinheiro em um prazo de 5 a 10 anos. Esses **empréstimos a prazo** geralmente são utilizados para financiar equipamentos com uma vida útil correspondente ao prazo do empréstimo. Uma vez que os benefícios econômicos de investir em tais equipamentos se estendem além de um único ano, os bancos podem ser persuadidos a emprestar ao longo de prazos correspondentes aos fluxos de caixa a serem recebidos a partir do investimento.

Por exemplo, se o equipamento tiver uma vida útil de sete anos, talvez, seja possível recuperar o dinheiro necessário para comprar o equipamento, digamos, em cinco anos. Seria um erro uma empresa pedir dinheiro emprestado por um curto prazo, como seis meses, quando o equipamento comprado deverá durar sete anos. *A impossibilidade de corresponder às condições de pagamento do empréstimo com os fluxos de caixa esperados do investimento é uma causa frequente de problemas financeiros para pequenas empresas.* A importância de sincronizar entradas de caixa com saídas de caixa ao estruturar os prazos de um empréstimo não pode ser excessivamente enfatizada.

Alguns empréstimos requerem pagamentos no prazo que incluem o montante principal e os juros, outros exigem juros somente com reduções principais do montante fixo. Em caso de dúvida, peça conselho ao seu banco: "Quero expandir minha empresa. Aqui está o empréstimo que acho que preciso. O que você acha?".

HIPOTECAS

As hipotecas, que representam uma fonte de capital de dívida de longo prazo, podem ser de dois tipos: hipotecas mobiliárias e hipotecas imobiliárias. Uma **hipoteca mobiliária** é um empréstimo para o qual determinados itens de estoque ou outros bens móveis servem como garantia. O mutuário retém a propriedade do estoque, mas não pode vendê-lo sem o consentimento do banco. Uma **hipoteca imobiliária** é um empréstimo para o qual um imóvel, como terras ou edifício, é a garantia. Normalmente, essas hipotecas se estendem até 25 ou 30 anos.

12-4b Entendendo a perspectiva de um banco/credor

Para ser eficaz na aquisição de um empréstimo, um empresário precisa entender que um banco (ou credor) tem três prioridades ao fazer um empréstimo, as quais estão enumeradas a seguir conforme sua ordem de importância para o banco:

1. *Recuperar o montante principal do empréstimo.* Um banco não é recompensado adequadamente para assumir grandes riscos e, portanto, irá elaborar contratos de empréstimo que visam reduzir os riscos para o banco. Em primeiro lugar, o banco deve proteger o capital dos depositantes.
2. *Determinar o montante da renda que o empréstimo fornecerá ao banco*, tanto em termos de receitas de juros quanto de outras formas de renda, como taxas.
3. *Ajudar o mutuário a obter sucesso e depois se tornar um cliente maior.* Somente se a relação for benéfica para ambas as partes o banco obterá sucesso.

Ao tomar uma decisão de empréstimo, os bancos consideram seriamente o que eles chamam de "os cinco Cs do crédito": (1) o *caráter* do mutuário, (2) a *capacidade* do mutuário de reembolsar o empréstimo, (3) o *capital* investido no empreendimento pelo mutuário, (4) a *garantia* (*colateral*, em inglês) disponível para assegurar o empréstimo e (5) as *condições* do setor e da economia. Naturalmente, nenhum banco jamais faria um empréstimo para um mutuário cujo caráter esteja em questão.

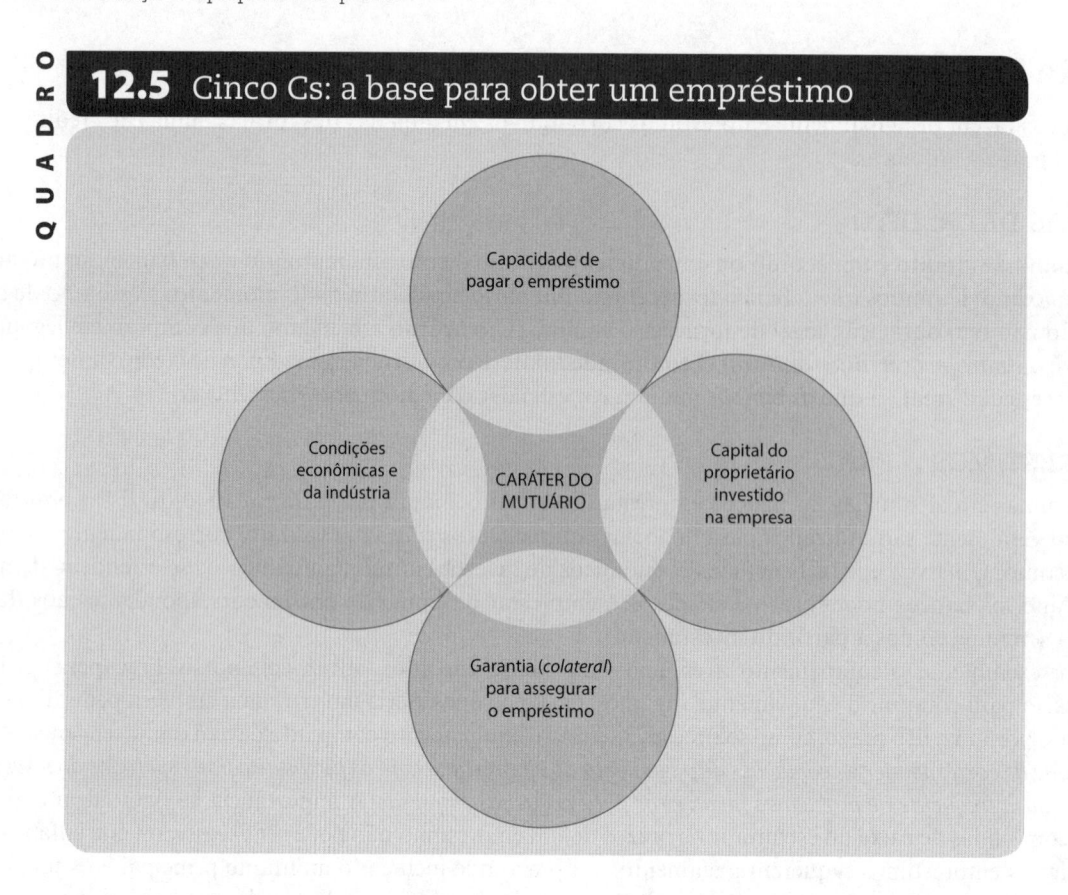

QUADRO 12.5 Cinco Cs: a base para obter um empréstimo

- Capacidade de pagar o empréstimo
- Capital do proprietário investido na empresa
- Garantia (*colateral*) para assegurar o empréstimo
- Condições econômicas e da indústria
- CARÁTER DO MUTUÁRIO

Neste caso, as relações do mutuário e as pontuações de crédito são utilizadas como indicadores. Mas, embora o bom caráter seja vital, isto não é suficiente para obter um empréstimo. De fato, os membros de um comitê de empréstimos dedicarão pouco tempo analisando o caráter de um mutuário em potencial, a menos que saibam de algum motivo para questioná-lo. A conversa sobre a pessoa provavelmente se concentrará mais em sua capacidade e suas conquistas e na natureza da relação do mutuário com o banco. O Quadro 12.5 ilustra a análise dos cinco Cs para uma tomada de decisão. Embora tenhamos definido o caráter como aspecto central, todos os critérios (Cs) são importantes, conforme reflete a demonstração.

Esses aspectos são aparentes nas seis questões que Jack Griggs, banqueiro e financiador de empréstimos de longo prazo para pequenas empresas, quer que sejam respondidas antes de conceder um empréstimo:[4]

- O mutuário tem bom caráter e competência?
- O objetivo e o montante do empréstimo fazem sentido, tanto para o banco quanto para o mutuário? Por exemplo, o empréstimo pode ser muito pequeno para ser lucrativo para o banco ou pode visar um setor no qual o banco não tem experiência em empréstimos.
- O empréstimo tem uma fonte primária de reembolso determinada? Isso geralmente significa fluxos de caixa comprovados.
- O empréstimo tem uma fonte secundária de reembolso determinada? Esta seria a garantia que o mutuário pode oferecer se o empréstimo não puder ser reembolsado.
- O empréstimo pode ser rentável para o cliente e para o banco?
- O empréstimo e o relacionamento são bons tanto para o cliente como para o banco?

A análise feita por um banco de um pedido de empréstimo inclui o exame das considerações financeiras. Ao procurar empréstimo, um proprietário de pequena empresa será obrigado a fornecer certas informações para dar suporte ao pedido. Não fornecer essas informações quase certamente resultará em rejeição do pedido pelo banco.

Apresentar informações imprecisas ou não ser capaz de justificar as premissas feitas na previsão de resultados financeiros certamente fará o banco questionar a viabilidade do negócio do empreendedor.

Um pedido de empréstimo bem preparado é absolutamente necessário, pois reflete a capacidade do empresário de registrar a história e captar o futuro da empresa por escrito, sugerindo que ele tenha pensado no histórico da empresa e nas suas perspectivas existentes. Como parte da apresentação, o banco quer saber antecipadamente as respostas às seguintes questões:

- Quanto dinheiro é necessário?
- Como o dinheiro será utilizado no empreendimento?
- Quando o dinheiro será necessário?
- Quando e como o dinheiro será reembolsado?

Um exemplo de pedido de empréstimo por escrito é fornecido no Quadro 12.6. Quando possível, um banco também quer ver as seguintes informações financeiras detalhadas:

- Histórico de três anos das demonstrações financeiras da empresa, se disponíveis, incluindo balanços patrimoniais, demonstrações de resultados e demonstrações de fluxo de caixa.
- As demonstrações financeiras da empresa (balanços patrimoniais, demonstrações de resultados e demonstrações de fluxo de caixa), em que o cronograma e os valores do reembolso da dívida estiverem incluídos como parte das projeções.
- Demonstrações financeiras pessoais que apresentem o patrimônio líquido do mutuário (ativos – dívida) e a receita anual estimada. Um banco (ou credor) não vai simplesmente fazer um empréstimo sem conhecer a capacidade financeira pessoal do mutuário (tomador do empréstimo).

QUADRO 12.6 Amostra de um pedido de empréstimo por escrito

Data do pedido:	15 de dezembro de 2014
Mutuário:	Prestige & DeLay, Inc.
Quantia:	US$ 1.000.000
Uso dos recursos:	Contas a receber — US$ 400.000
	Estoques — 200.000
	Marketing — 100.000
	Empréstimos de funcionários devidos — 175.000
	Salários — 75.000
	Contingências — 50.000
	US$ 1.000.000
Tipo de empréstimo	Linha de crédito rotativo
Data de encerramento	3 de janeiro de 2015
Prazo	12 meses
Taxa	8,5%
Finalização	US$ 400.000 no encerramento
	US$ 300.000 em 1º de março de 2015
	US$ 200.000 em 1º de junho de 2015
	US$ 100.000 em 1º de setembro de 2015
Garantia	70% de contas a receber em 90 dias
	50% do estoque atual
Garantias	Garantias a serem fornecidas pela Prestige & DeLay
Agenda do pagamento	Valor principal e todos os juros acumulados devidos no vencimento
Fonte de fundos para o pagamento	a. Excesso de caixa a partir de operações (veja fluxo de caixa)
	b. Renováveis e aumento de linha de crédito se o crescimento for lucrativo
	c. Conversão para nota de três anos
Fonte de contingência	Venda e arrendamento de equipamentos

Joe Worth, que atuou como diretor financeiro (CFO) em empresas privadas e públicas, oferece essa perspectiva:

Seu pedido de empréstimo será aprovado com mais facilidade e com melhores prazos se você fornecer aos bancos exatamente o que eles precisam para tomar uma decisão: declarações financeiras de impostos (se possível) fiscais e auditadas (lucros e perdas [demonstrações de rendimentos], balanços e fluxo de caixa) para o ano até a data corrente e dos três anos anteriores; demonstrações mensais dos 12 meses anteriores; um plano de negócios explicando quais são suas atividades, como são desempenhadas e por que sua empresa seria considerada um bom risco; uma projeção detalhada mostrando como serão gerados os fundos para pagar o empréstimo; e uma garantia para reembolsar o banco se as projeções não forem realizadas.[5]

12-4c Selecionando um credor/banco

A provisão de contas correntes e a ampliação de empréstimos de curto prazo (e possivelmente de longo prazo) são os dois serviços mais importantes de um banco. Normalmente, os empréstimos são negociados com o mesmo banco em que a empresa mantém sua conta corrente. Além disso, a empresa pode usar o cofre de segurança do banco ou seus serviços de cobranças ou obtenção de informações de garantia de crédito. Um banco experiente também pode fornecer orientações de gestão, particularmente em questões financeiras, a um novo empreendedor.

Pela conveniência de fazer depósitos e realizar a conferência em relação a empréstimos, além de outros assuntos, um banco deve estar localizado perto da empresa. Todos os bancos estão interessados em suas comunidades de origem e, portanto, tendem a ser favoráveis com as necessidades das empresas locais. Exceto em comunidades muito pequenas, dois ou mais bancos locais geralmente estão disponíveis, permitindo assim alguma liberdade de escolha.

As políticas de empréstimos dos bancos não são uniformes. Alguns bancos são extremamente conservadores, enquanto outros estão mais dispostos a aceitar alguns riscos limitados. Se o pedido de empréstimo de uma pequena empresa for razoável, suas perspectivas de aprovação dependerão muito da abordagem do banco quanto às suas contas. As diferenças na vontade de conceder um empréstimo foram claramente estabelecidas por pesquisas, bem como pela experiência prática de muitos empresários mutuários.

12-4d Negociação do empréstimo

Ao negociar um empréstimo bancário, um pequeno empresário deve considerar os termos que irão acompanhar o empréstimo. Quatro termos principais estão incluídos em todos os contratos de empréstimo: a taxa de juros, a data de vencimento do empréstimo, o cronograma de reembolso e as cláusulas do empréstimo.

TAXA DE JUROS

A taxa de juros cobrada pelos bancos das pequenas empresas geralmente é definida em termos da taxa básica ou, ocasionalmente, da LIBOR. A **taxa básica** é a taxa de juros cobrada pelos bancos sobre empréstimos para seus clientes mais solventes. A **LIBOR (London Interbank Offered Rate)** é a taxa de juros que os bancos sediados em Londres cobram entre si, e que é consideravelmente menor do que a taxa básica. No Brasil, a Selic (Sistema especial de liquidação e custódia) é a taxa básica de juros da economia.

Se um banco define uma taxa como "básica mais 2" e a taxa básica é de 3%, a taxa de juros para o empréstimo será de 5% (3% + 2%). Como alternativa, um banco pode estabelecer a taxa como "básica mais 200 pontos-base". Um **ponto-base** é 1/100 (um centésimo) de 1%; portanto, 200 pontos-base equivalem a 2%.

A taxa de juros pode ser flutuante (aquela que varia em relação ao tempo de duração do empréstimo) – ou seja, à medida que a taxa básica muda, a taxa de juros sobre o empréstimo também muda – ou pode ser fixada ao longo da duração do empréstimo. Um banco também pode impor um piso na taxa de juros para que esta não se torne inferior a determinada taxa. Por exemplo, o piso pode ser ajustado em 3,5%, não importando a taxa básica. Se um banco impuser um piso, você pode solicitar um teto acima do qual a taxa não pode exceder. Se o banco concordar com um limite máximo de 6,5%, por exemplo, você saberá que a taxa de juros não pode ser superior a esse valor.

Embora uma pequena empresa sempre deva buscar uma taxa de juros competitiva, a preocupação com a taxa de juros não deve anular a consideração quanto à data de vencimento do empréstimo, ao cronograma de reembolso nem a quaisquer cláusulas de empréstimo.

Vivendo o sonho
EXPERIÊNCIAS EMPREENDEDORAS

Able Lending

Quando Hayley Groll, cabeleireira profissional, teve a oportunidade de comprar um salão já estabelecido, o Shag Salon, não perdeu nem um instante. Groll tinha apenas um problema: ela não dispunha do dinheiro necessário para fazer a compra. Sua primeira iniciativa foi tentar obter empréstimo de uma financiadora *on-line*, mas não teve sucesso. Ela então entrou em contato com a Able Lending, que tem sede em Austin, no Texas, e depois de três semanas recebeu um empréstimo de US$ 105.000 com uma taxa de juros de 9%. O empréstimo deveria ser reembolsado ao longo de três anos. O dinheiro foi suficiente para comprar a empresa e ampliar seu contrato posteriormente.

Will Davis e Evan Baehr, fundadores da Able Lending, se descrevem como "credores colaborativos", oferecendo empréstimos corporativos a empresários por até três anos de quantias entre US$ 25.000 e US$ 250.000. Mas aqui está o truque – os mutuários devem obter os primeiros 25% do empréstimo com amigos e familiares. Davis diz que a Able está tentando entrar em contato com as pessoas que não conseguem acordos com os bancos tradicionais e até mesmo com os financiadores de linha de crédito não tradicionais. O conceito é descrito no site da Able:

A Able ajuda os empresários a expandirem suas pequenas empresas por meio de um empréstimo colaborativo envolvendo os Apoiadores – amigos e familiares que estão dispostos a ajudar a financiar o empréstimo obtido da Able. Três a cinco Apoiadores financiam 25% do montante total do empréstimo, e isso desbloqueia os 75% restantes por parte da Able e nos permite emprestar a taxas mais baixas do que as de outros credores.

Depois que um empresário preenche um formulário *on-line*, a Able utiliza sua tecnologia proprietária para avaliar as contas bancárias, os fluxos de caixa e o histórico de crédito da companhia. Em seguida, adotando um caminho exclusivo, a Able rastreia a presença da companhia nas mídias sociais, como Yelp, Facebook, Twitter e LinkedIn. Davis não revela como a presença *on-line* da empresa ajuda a avaliar um candidato, mas afirma que a Able consegue uma imagem mais completa da capacidade de crédito da empresa do que qualquer banco pode adquirir.

Dependendo da rapidez com que o mutuário consiga alinhar apoiadores, o financiamento pode ser concluído depois de duas semanas após a solicitação – "muito mais rápido do que o financiamento bancário tradicional", diz Davis.

A Able Lending até agora fez 50 empréstimos com valores entre US$ 5.000 e US$ 150.000, principalmente na região de Austin. Mas a empresa recebeu quase US$ 40 milhões em pedidos de empréstimos em todo o país.

Fontes: adaptado de Michelle Goodman, "This Startup Will Give You a Loan – But There's a Twist", *Entrepreneur*, 3 de novembro de 2014, p. 86; e http://blog.ablelending.com. Acesso em 12 de fevereiro de 2015.

DATA DE VENCIMENTO DO EMPRÉSTIMO

Como já foi observado, o prazo de um empréstimo deve coincidir com o uso do dinheiro – as necessidades de curto prazo exigem financiamento de curto prazo, ao passo que as necessidades de longo prazo exigem financiamento de longo prazo. Por exemplo, uma linha de crédito destinada a ajudar uma empresa apenas com necessidades de curto prazo, geralmente, é limitada a um ano. Alguns bancos exigem que uma empresa pague um mês de linha de crédito a cada ano. Como esse empréstimo pode ficar pendente por apenas onze meses, o mutuário pode usar o dinheiro para financiar as necessidades sazonais, mas não pode usá-lo para fazer aumentos permanentes no capital de giro, como contas a receber e estoques.

CALENDÁRIO DO REEMBOLSO

No caso de um empréstimo a prazo, este deve ser reembolsado em 5 a 10 anos, dependendo do tipo de ativos utilizados como garantia. No entanto, o banco pode ter a opção de impor um **pagamento balão** antes que o empréstimo seja totalmente reembolsado. Um pagamento balão permite ao banco exigir que o mutuário pague o saldo do empréstimo na íntegra em um momento específico, em vez de esperar que o valor integral do empréstimo seja reembolsado. Suponha, por exemplo, que você tome emprestados US$ 50.000 a uma taxa de juros de 6% e que o empréstimo deva ser reembolsado em pagamentos mensais iguais ao longo de 84 meses (sete anos). O montante de cada pagamento é determinado em US$ 730 para que o empréstimo seja pago na íntegra no final dos sete anos.[6] Contudo, o banco pode incluir um termo no contrato de empréstimo, dando a ele o direito de "acionar" o empréstimo no final de três anos, o que significa que você teria de pagar o que ainda é devido nesse momento (US$ 31.100). O banco teria a opção de (1) exigir que você pague os US$ 31.100 no final do terceiro ano ou (2) permitir que você tenha os quatro anos restantes para pagar o empréstimo. Esta cláusula permite ao banco reavaliar a credibilidade do mutuário no final do terceiro ano se a empresa não estiver apresentando bom desempenho.

CLÁUSULAS DE EMPRÉSTIMOS

Além de definir a taxa de juros e especificar quando e como o empréstimo deve ser reembolsado, um banco normalmente impõe outras restrições ao mutuário. Essas restrições ou **cláusulas de empréstimo** exigem certas atividades (cláusulas favoráveis) e limitam outras (cláusulas negativas) por parte do mutuário para aumentar a chance de ele conseguir pagar o empréstimo. Alguns tipos de cláusulas de empréstimo que um mutuário pode encontrar incluem:

1. A empresa deve fornecer demonstrações financeiras ao banco mensalmente ou, no mínimo, trimestralmente (cláusula positiva).
2. Como forma de evitar que a administração de uma empresa desperdice dinheiro, o banco pode limitar os salários dos gerentes. Também pode proibir quaisquer empréstimos pessoais da empresa para os donos da empresa (cláusula negativa).
3. Um banco pode impor limites em vários índices financeiros para garantir que uma empresa lide com seus pagamentos de empréstimos. Por exemplo, para garantir liquidez suficiente, o banco pode exigir que o patrimônio líquido da empresa seja pelo menos o dobro de seu passivo circulante – ou seja, a proporção atual (ativo circulante ÷ passivo circulante) deve ser igual ou superior a 2. Ou o banco pode limitar o montante da dívida que a empresa pode tomar emprestada no futuro, conforme medido pelo índice de endividamento (dívida total ÷ ativos totais) (cláusula negativa).
4. O mutuário normalmente é obrigado a garantir pessoalmente o empréstimo da empresa. Um banco quer ter o direito de usar os ativos da empresa e os bens pessoais do proprietário como garantia. Mesmo quando uma empresa é estruturada como uma corporação e o proprietário tem condições de escapar da responsabilidade pessoal pelas dívidas da empresa – ou seja, o dono da empresa tem responsabilidade limitada – a maioria dos bancos ainda exige garantia pessoal (cláusula negativa).[7]

É imperativo que você preste muita atenção às cláusulas dos empréstimos que são impostas por um banco. Peça uma lista das cláusulas antes da data de encerramento e certifique-se de que pode efetivamente viver com os termos especificados. Se você já tiver uma empresa, determine se conseguiria ter cumprido as cláusulas, especialmente os índices principais, se o empréstimo tivesse ocorrido em um passado recente. Então, se for necessário, negocie com o banco e sugira acordos mais realistas. Os bancos irão negociar, embora algumas vezes eles possam tentar convencê-lo do contrário. Afinal, os empréstimos são a principal fonte de lucro de um banco.

Também é preciso estar ciente do que acontece quando você desobedece uma cláusula de empréstimo. Em última análise, o banco pode fazer você pagar o empréstimo na íntegra imediatamente. Mais frequentemente, ele aumentará a taxa de juros ou exigirá que pague o empréstimo em um período menor. O que acontece também dependerá de qual cláusula é desobedecida. Como Jack Griggs observou: "Algumas cláusulas são como sinais de avanço, enquanto outras são sinais de parada".[8] Em outras palavras, os bancos usam cláusulas como luzes de advertência para solucionar problemas em potencial antes que eles se tornem fatais.

12-5 FORNECEDORES CORPORATIVOS E FINANCIADORES COM BASE EM ATIVOS

As companhias que têm negócios com uma nova empresa são possíveis fontes de recursos para o financiamento de estoques e de equipamentos. Tanto os atacadistas quanto os fabricantes/fornecedores de equipamentos podem oferecer contas a pagar (crédito comercial) ou empréstimos e arrendamentos de equipamentos.

12-5a Contas a pagar (crédito comercial)

O crédito estendido pelos fornecedores é muito importante para uma *startup*. Na verdade, o crédito comercial (ou mercantil) é a fonte de fundos de curto prazo mais utilizada pelas pequenas empresas. Conforme foi mencionado no Capítulo 10, as *contas a pagar* (*crédito comercial*) são de curta duração – 30 dias é o período de crédito habitual. Mais comumente, esse tipo de crédito envolve uma conta sem garantia e com livro aberto. O fornecedor (vendedor) envia mercadorias para a empresa compradora; o comprador então configura uma conta a pagar pelo valor da compra.

A quantia de crédito comercial disponível para uma nova empresa depende do tipo de negócio e da confiança do fornecedor na empresa. Por exemplo, os distribuidores atacadistas de óculos de sol – uma linha de produtos muito sazonal – geralmente oferecem crédito comercial aos varejistas mediante a concessão de prazos de pagamento estendidos nas vendas feitas no início de uma temporada.

Os varejistas que vendem óculos de sol, por sua vez, vendem aos clientes durante a temporada e fazem a maior parte dos pagamentos aos atacadistas depois de venderem e receberem o pagamento pelos óculos de sol. Assim, o revendedor obtém dinheiro das vendas antes de pagar o fornecedor. Mais frequentemente, no entanto, uma empresa deve pagar os fornecedores antes de receber dinheiro dos clientes. Na verdade, isso pode ser um problema sério para muitas pequenas empresas, particularmente aquelas que vendem para grandes empresas. (Esta questão será abordada em uma discussão sobre gestão de ativos no Capítulo 22.)

12-5b Empréstimos e arrendamentos (*leasing*) de equipamentos

Algumas pequenas empresas, como restaurantes, usam equipamentos comprados mediante o pagamento de prestações, por meio de um **empréstimo de equipamento**. Geralmente, é exigido um pagamento inicial de 25% a 35%, e o período do contrato normalmente é de três a cinco anos. O fabricante ou fornecedor do equipamento, em geral, estende o crédito com base em um contrato de venda condicional (ou hipoteca) do equipamento. Durante o período do empréstimo, o equipamento não pode servir como garantia para outro empréstimo.

Em vez de solicitar empréstimos aos fornecedores para comprar equipamentos, algumas pequenas empresas optam por arrendar equipamentos, especialmente computadores, fotocopiadoras e aparelhos de fax. Os contratos de arrendamento normalmente são de 36 a 60 meses e cobrem 100% do custo do ativo que está sendo arrendado, com uma taxa de juros fixa incluída nos pagamentos de arrendamento. No entanto, os fabricantes de computadores e máquinas industriais, compartilhando com bancos ou empresas de financiamento, que geralmente são receptivos à adaptação de pacotes de arrendamento às necessidades particulares dos clientes.

Estima-se que 80% de todas as empresas arrendam algum ou todo o seu equipamento. Frequentemente, são três as razões para a popularidade do arrendamento: (1) o dinheiro da empresa permanece livre para outros fins, (2) as linhas de crédito disponíveis podem ser usadas para outros fins e (3) o arrendamento fornece proteção contra a obsolescência do equipamento. No entanto, um empresário pode fazer uma boa escolha sobre o arrendamento apenas depois de comparar cuidadosamente os juros cobrados sobre o empréstimo com o custo dos juros implícitos de um contrato de arrendamento, calculando as consequências fiscais do arrendamento em relação ao empréstimo e examinando a importância do fator obsolescência. Além disso, o proprietário deve ter cautela com a contratação de muitos equipamentos, a ponto de se tornar difícil cumprir os pagamentos das parcelas ou do arrendamento.

12-5c Empréstimo com base em ativos

Como o próprio nome indica, um **empréstimo com base em ativos** é uma linha de crédito garantida por ativos de capital de giro, como contas a receber, estoque, ou ambos. O credor amortece seu risco antecipando apenas uma porcentagem do valor dos ativos de uma empresa – em geral, 65% a 85% contra contas a receber, e até 55% contra o estoque. Além disso, ativos como equipamentos (se não forem arrendados) e imóveis podem ser utilizados como garantia para um empréstimo baseado em ativos, que é uma opção viável para empresas recentes e que estão em expansão.

Das várias categorias de empréstimos com base em ativos, o mais utilizado é o desconto de duplicatas. O **desconto de duplicatas** é uma opção que disponibiliza dinheiro para uma empresa antes dos pagamentos das contas a receber. Nesta opção, uma companhia especializada, empresa de *factoring* (uma entidade que muitas vezes é propriedade de uma *holding* bancária), compra as contas a receber, antecipando para a empresa 70% a 90% do valor de uma fatura. Essa companhia, no entanto, tem a opção de se recusar a antecipar o dinheiro referente a qualquer fatura que considere questionável. A companhia cobra uma taxa de serviço, geralmente 2% do valor das contas a receber, e uma taxa de juros sobre o dinheiro antecipado antes da cobrança das contas a receber. A taxa de juros pode variar de 2% a 3% acima da taxa básica.

Outra maneira de financiar o capital de giro é vender pedidos de compra. Com o **financiamento do pedido de compra**, o credor adianta o valor do custo dos bens vendidos do mutuário por determinado pedido do cliente, menos uma taxa, geralmente em torno de 3% a 8%. Por exemplo, para um pedido de compra de US$ 20.000 cujo custo dos bens vendidos é de US$ 12.000, o credor adiantará os US$ 12.000 menos a taxa cobrada. De acordo com Jason Goldberg, primeiro vice-presidente do Crestmark Bank, esse tipo de financiamento "tenta abordar a questão de uma empresa que cresce tão rapidamente que o fluxo de caixa não pode sustentar o crescimento". Com um pedido de compra assinado por um cliente credenciado, um empresário geralmente pode obter financiamento para quase todo o processo, desde que a margem de lucro bruto (lucro bruto ÷ vendas) seja de pelo menos 35%.

Embora a taxa não seja insignificante, faz sentido quando o empreendedor não tem condições de aceitar um pedido de um cliente de grande porte. Quando o crédito é escasso, diz Goldberg, é a oportunidade de "aproveitar a capacidade de vender o produto".[9]

12-6 INVESTIDORES EM CAPITAL PRIVADO

Nas duas últimas décadas, os mercados de capital privado têm sido a fonte de financiamento com mais rápido crescimento para empreendimentos corporativos com o potencial de se tornarem empresas importantes. Para um empresário, essas fontes se dividem em duas categorias: investidores-anjo e capitalistas de risco.

12-6a Investidores-anjo

Os **investidores-anjo** são pessoas físicas que investem em companhias que estão em seu estágio inicial.[10] Eles são a maior e mais antiga fonte de capital próprio para empresas que estão começando em uma atividade. De acordo com o Center for Venture Research, na New Hampshire University, os investimentos feitos por "anjos" em 2013 totalizaram US$ 24,8 bilhões. Ao todo, 70.730 empresas receberam financiamento de cerca de 298.800 investidores anjo.[11] O tipo de financiamento que eles fornecem passou a ser conhecido como **capital de risco informal**, porque não existe um mercado estabelecido em que os investidores anjo invistam regularmente.

Os investidores-anjo geralmente fazem investimentos em empresas que são relativamente pequenas – mais de 80% deles investem em *startups* com menos de 20 empregados. Eles investem localmente, em geral em empresas que estão a uma distância não maior do que aproximadamente 80 quilômetros de suas casas. Alguns deles limitam seus investimentos a indústrias nas quais eles têm experiência, ao passo que outros investem em uma variedade de setores.

Além de fornecerem o dinheiro necessário, os investidores-anjo frequentemente contribuem com conhecimento para as novas empresas. Como muitos desses indivíduos investem apenas nos tipos de negócios nos quais têm experiência, eles podem ser muito exigentes. Embora geralmente sejam mais "amigáveis" como investidores do que alguns capitalistas de risco, inicialmente seu relacionamento pessoal com o empreendedor tem pouco impacto em sua decisão de investir. Assim, o empresário deve ter cuidado na estruturação dos termos de envolvimento com tais investidores.

A maneira tradicional de encontrar investidores informais é pelo contato com empresas associadas, contadores e advogados. Outros empresários também são uma importante fonte de ajuda na identificação de potenciais investidores. Além disso, atualmente existe um grande número de redes formais e alianças de anjos em todas as principais cidades, tanto nos Estados Unidos como em outros países. Cada grupo de anjos tem seu próprio processo de avaliação das empresas. Alguns deles, por exemplo, requerem empresários que estejam buscando financiamento para publicar seu plano de negócios na Gust.com, uma plataforma global para financiamento de *startups*. O grupo analisa os planos e seleciona os empresários que serão autorizados a se apresentar ao grupo. Na maioria dos casos, anjos individuais então tomam decisões pessoais sobre investir ou não, independentemente do que os outros anjos façam. Se houver anjos interessados em número suficiente, é realizada uma avaliação detalhada antes de tomar uma decisão final.[12]

Por fim, os anjos estão começando a procurar oportunidades de investimento nos sites emergentes de investimentos coletivos de capital próprio. O número desses sites está aumentando quase que diariamente. Mais adiante neste capítulo, abordaremos melhor o investimento coletivo (*crowdfunding*).

Vivendo o sonho
EXPERIÊNCIAS EMPREENDEDORAS

"Shark Tank": mudando o jogo para os investidores anjo

"Shark Tank," ou Tanque de Tubarão, um programa de televisão extremamente bem-sucedido, está mudando rapidamente o cenário de investimento dos anjos. O show apresenta uma variedade de empreendedores esperançosos com *startups* ávidas por obter capital. Eles entram no "tanque de tubarões" um a um, na esperança de conseguir um investimento de algum dos investidores experientes presentes no programa.

De muitas maneiras, o show representa com precisão o processo de obtenção de capital dos investidores. Os negócios são estruturados como investimentos típicos em que o empresário troca uma porcentagem do patrimônio de sua empresa por dinheiro. Os empresários devem preparar um plano de negócios conciso e convincente e ser capazes de explicá-lo de forma que demonstrem sua competência e mantenham a atenção dos investidores. Isso muitas vezes pode ser um processo desafiador.

Os tubarões também têm um objetivo. Eles querem obter retorno sobre seus investimentos e ser proprietários de uma parte do próximo grande projeto de negócios. Mas, se o discurso não for convincente, eles vão "despedaçar" os apresentadores mal preparados e ignorar a ideia dizendo um simples "Estou fora!".

Tradicionalmente, ficar diante de um investidor para apresentar seus planos é um processo longo e difícil. Criar uma rede e fazer uma apresentação leva tempo. Desde que o show está sendo transmitido, no entanto, a lacuna está se fechando entre empresários e potenciais investidores.

Cada vez mais empresários estão descobrindo que os investidores anjo estão abertos a ouvir seus planos se estes forem apresentados em um formato rápido e em estilo de competição. Claro que ainda há muitas conexões com anjos acontecendo a partir de redes e com a iniciativa de investidores individuais. Mas as oportunidades para ficar em frente a um anjo sem participar de uma competição estão crescendo.

As competições com investidores-anjo em pequena escala estão se tornando cada vez mais populares em todo o país. Um exemplo é o Guppy Tank, a versão reduzida do "Shark Tank" do sul da Califórnia. Um grupo de anjos com US$ 500.000 disponíveis seleciona de 2 a 10 *startups* locais para investir seu dinheiro.

Obter capital com rapidez parece um sonho corporativo se tornando realidade. No entanto, é importante perceber que o "tanque de tubarões" e competições como essas são apenas o ponto de partida nas negociações entre empresários e investidores.

O contrato para participar do programa Shark Tank estipula que "fazer uma oferta" definitivamente não é uma garantia de investimento. Uma oferta nesse programa é um acordo para "negociar de boa-fé", para utilizar os termos do show como ponto de partida. Isso parece injusto, mas é assim que é feito no mundo real também. "Shark Tank" é um reality show, mas não é um "jogo", é um negócio. Ninguém consegue US$ 100.000 em uma reunião de 15 minutos.

Fontes: Baseado em "Shark Tank: About the Show", http://abc.go.com/shows/shark-tank/about-the-show. Acesso em 18 de fevereiro de 2015; Carol Tice, "How Shark Tank Is Changing Angel Investing", *Entrepreneur*, 5 de outubro de 2012, http://www.entrepreneur.com/blog/224597. Acesso em 18 de fevereiro de 2015; e Nate Berkopec, "How Exactly Are the Investments on 'Shark Tank' Executed? Do the Producers Get a Cut?", 29 de maio de 2012, http://www.huffingtonpost.com/quora/how-exactly-are-the--inves_b_1554151.html. Acesso em 18 de fevereiro de 2015.

Guy Kawasaki, fundador da Garage Technology Ventures, atualmente é um capitalista de risco e autor do livro *The Art of the Start* (leitura obrigatória para todos aqueles que querem iniciar um novo empreendimento). Ele apresenta as seguintes recomendações sobre como lidar com investidores-anjo:[13]

1. *Certifique-se de que os investidores são credenciados.* "Credenciado" é o termo oficial para descrever "suficientemente ricos para não pedir um centavo de volta". Você pode enfrentar problemas ao vender ações para alguém que não é credenciado, portanto, não faça.

2. *Certifique-se de que eles são sofisticados.* Investidores-anjo sofisticados são aqueles que "já colocaram a mão na massa". Você quer o dinheiro dos anjos, mas também quer o conhecimento e a experiência deles.
3. *Não os subestime.* A ideia de que os investidores-anjo são fáceis de serem enganados é totalmente errada. Eles se importam tanto com a forma como receberão seu dinheiro de volta quanto os capitalistas de risco, talvez até mais, porque estão investindo dinheiro pessoal, depois de pagos seus impostos.
4. *Entenda a motivação deles.* Os investidores anjo diferem dos capitalistas de risco no sentido de que os anjos geralmente têm um lastro bem maior. Eles conquistaram o sucesso, por isso, querem compensar a sociedade ajudando os empreendedores da próxima geração. Sendo assim, eles geralmente querem investir em negócios mais arriscados para ajudar os empreendedores a seguir para o estágio seguinte.
5. *Possibilite que eles vivam se arriscando pelos outros.* Uma das recompensas de ser um investidor-anjo é a capacidade de viver de forma indireta por meio dos esforços de um empreendedor. Os anjos querem reviver as emoções do empreendedorismo, ao mesmo tempo que evitam o risco direto. Eles gostam de ajudar, então procure suas orientações frequentemente.
6. *Torne sua história compreensível para o cônjuge do investidor-anjo.* O "comitê de tomada de decisões" de um anjo geralmente consiste em uma pessoa: o cônjuge. Por isso, se você tem um produto altamente técnico, você deve torná-lo compreensível para o cônjuge do anjo quando perguntarem "No que estamos investindo nossos US$ 100.000?".
7. *Recorra a pessoas das quais o investidor-anjo já ouviu falar.* Investidores-anjo também são motivados pelo aspecto social de investir juntamente com amigos em *startups* administradas por pessoas brilhantes que estão modificando o mundo. Depois que tiver conquistado a confiança de um anjo, provavelmente atrairá um grupo inteiro de outros anjos.
8. *Seja honesto.* Não é raro que os investidores-anjo "se apaixonem" pelos empreendedores. Um empreendedor pode fazer o investidor se lembrar de um filho, ou mesmo ocupar o lugar do filho que o investidor nunca teve. Os capitalistas de risco, às vezes, investem em um empreendedor "malandro" e "idiota", desde que este realmente seja capaz de ganhar dinheiro. Se você estiver procurando o capital de um anjo, provavelmente não é um "ganhador de dinheiro" comprovado, por isso, você não conseguirá "se dar bem" agindo como um idiota. Sempre seja cordial com seus investidores.

12-6b Empresas de capital de risco (*venture capital*)

Além dos investidores-anjo, que fornecem capital de risco informal, as pequenas empresas também podem procurar **capitalistas de risco formais**, ou seja, grupos de indivíduos que formam parcerias limitadas com a finalidade de levantar capital a partir de grandes investidores institucionais, como planos de previdência e doações de universidades. No grupo, um capitalista de risco atua como sócio geral, e os outros investidores constituem os sócios limitados, os quais têm o benefício de responsabilidade limitada.

Um capitalista de risco tenta levantar uma quantia predeterminada de dinheiro, chamado de *fundo*. Uma vez que o dinheiro tenha sido comprometido pelos investidores, o capitalista de risco avalia oportunidades de investimento em *startups* com elevado potencial e em empresas já existentes. Por exemplo, os Sevin Rosen Funds arrecadaram US$ 600 milhões para o Sevin Rosen Fund VIII. O dinheiro foi usado para investir em um portfólio de empresas.

Para o investimento, o capitalista de risco obtém o direito de possuir uma porcentagem dos negócios do empreendedor. Conseguir um acordo sobre a porcentagem exata de propriedade geralmente envolve muita negociação. Os principais problemas são os lucros esperados da empresa nos próximos anos e a taxa de retorno exigida pelo capitalista de risco. Uma vez que um investimento foi feito, o capitalista de risco acompanha cuidadosamente a empresa, geralmente por intermédio de um representante que atua em seu conselho.

Na maioria das vezes, os investimentos feitos por capitalistas de risco assumem a forma de ações preferenciais que podem ser convertidas em ações ordinárias, se o investidor assim o desejar. Dessa forma, os capitalistas de risco asseguram que terão uma posição de reivindicação sênior sobre os proprietários e outros investidores de capital no caso de a empresa ser liquidada, mas que pode ser convertida em ações ordinárias e participação no aumento do valor do negócio se este for bem-sucedido. Esses investidores geralmente tentam limitar a duração de seus investimentos entre 5 e 7 anos, embora seja frequentemente o caso esperar perto de 10 anos antes de poderem retirar dinheiro.

Embora o capital de risco como fonte de financiamento receba grande cobertura na mídia comercial, *poucas pequenas empresas, especialmente as* startups, *já receberam esse tipo de financiamento*. Não mais de 1% ou 2% dos planos de negócios recebidos por qualquer capitalista de risco são financiados – esta não é exatamente uma estatística encorajadora. Não obter o financiamento de um capitalista de risco, no entanto, não indica que o empreen-

Vivendo o sonho
EXPERIÊNCIAS EMPREENDEDORAS

Parke New York: um sucesso em investimento coletivo

Solomon Liou é o fundador da Parke New York, uma marca de roupas de luxo vendidas *on-line*, sediada no centro de Nova York. Liou descreve o conceito de sua empresa da seguinte forma:

> A Parke New York é uma nova marca de jeans vendidos *on-line*, verticalmente integrada, que visa a um mercado de US$13 bilhões nos EUA e de US$ 66 bilhões no mundo todo. Criada com a qualidade e a estética em mente, a Parke combina tecidos de primeira qualidade e trabalho artesanal para fornecer o jeans perfeito. Além disso, ao vender diretamente aos consumidores *on-line*, podemos oferecer preços que são 50% menores que os das marcas tradicionais.

Em 2012, Liou escolheu utilizar investimento coletivo como um meio de avaliar o apoio do consumidor à marca e arrecadar capital. Seus planos eram iniciar a empresa em julho de 2013 com base no resultado do esforço de investimento coletivo.

Como parte do esforço para garantir o apoio do consumidor e demonstrar a demanda do mercado, a Parke New York organizou uma campanha de recompensas para os investidores coletivos, a Kickstarter, durante 30 dias (de 19 de dezembro de 2012 a 18 de janeiro de 2013). Essa campanha recebeu um enorme apoio e revelou um nítido incentivo no nicho moda/jeans.

A oferta era de que os apoiadores "receberiam jeans *premium* e acessórios básicos de luxo por preços acessíveis por meio de um modelo *on-line* de pedidos previamente efetuados". A campanha arrecadou US$ 90.535 de 634 pessoas. Após esse sucesso, Liou e sua equipe estavam preparados para expandir sua capacidade de fabricação e distribuição com a finalidade de vender jeans da Parke New York para consumidores nos Estados Unidos.

Fontes: Baseado em "Parke New York: Profile", http://www.fundable.com/parkenew-york. Acesso em 15 de fevereiro de 2013; e http://www.parke-newyork.com. Acesso em 15 de fevereiro de 2015.

---

dimento não tem potencial. Muitas vezes, o empreendimento simplesmente não é uma boa ideia para o investidor em questão. Então, antes de tentar competir pelo financiamento de capital de risco, o empresário deve avaliar se a empresa e a equipe de gerenciamento são adequadas para determinado investidor.

12-7 INVESTIMENTO COLETIVO (CROWDFUNDING)

Talvez você precise de US$ 50.000 para financiar um novo projeto corporativo e tenha recorrido a fontes convencionais de financiamento sem sucesso. Você deve tentar as opções de investimento coletivo.

Investimento coletivo é o processo de angariar dinheiro *on-line*, frequentemente, em pequenas quantidades por investidor, mas a partir de grande número de investidores. Esta alternativa tem crescido com o advento dos sites de investimento coletivo, também chamados de portais ou plataformas. De acordo com um estudo feito pela Massolution, o valor em dólares do investimento coletivo aumentou de US$ 530 milhões em 2009 para US$ 1,3 bilhão em 2011. E em 2013, esse valor chegou a aproximadamente US$ 5,1 bilhões.[14]

Existem quatro abordagens básicas para o investimento coletivo: (1) doações, (2) retornos, (3) pré-compras e (4) investimento em capital. Somente o último tipo de investimento coletivo oferece aos investidores propriedade patrimonial na empresa. Os indivíduos que doam fazem uma contribuição para apoiar um determinado projeto sem receber nada tangível em troca. Esta abordagem é mais parecida com uma contribuição de caridade do que com um investimento. Curiosamente, há pessoas que gostam de ajudar uma empresa às vezes, sem nenhuma promessa de receberem algo em troca.

Na segunda abordagem, *retornos*, os apoiadores fazem uma contribuição monetária em troca de uma retorno de algum tipo. Por exemplo, a BodBot, uma empresa que fornece recomendações de exercícios e de nutrição na web, estabeleceu uma meta para angariar US$ 20.000 por meio de investimento coletivo. (Na verdade, foram obtidos US$ 61.410 de 1.092 participantes.[15]) Em troca de participar, dependendo do valor da contribuição, a empresa ofereceu diferentes pacotes de exercícios e outros benefícios, começando com US$ 20 e continuando até US$ 15.000!

Uma abordagem semelhante para ter um retorno é uma *pré-compra*, na qual a contribuição financeira é essencialmente a pré-compra condicional do produto planejado do empreendedor. Se o lançamento do produto for bem-sucedido, os colaboradores recebem o produto real.

Doações, retornos e pré-compras não são considerados investimentos. Os colaboradores não estão emprestando o dinheiro da empresa nem estão recebendo uma propriedade referente à empresa. O investimento coletivo baseado em ações, no entanto, oferece aos participantes uma parte do capital da empresa. Como os participantes são investidores, a empresa está sujeita às leis de valores mobiliários. Desde o início de 2015, qualquer participante em um investimento coletivo com base em ações deveria ser um investidor credenciado, o que exige um patrimônio líquido de pelo menos US$ 1 milhão, não incluindo sua residência principal, ou um rendimento de pelo menos US$ 200.000.[16] Por exemplo, a Syntellia desenvolveu um aplicativo para auxiliar deficientes visuais na digitação em *smartphones*. Juntamente com os fundos fornecidos por investidores anjo, a empresa arrecadou US$ 900.000 com investimento coletivo baseado em capital próprio. Mas qualquer participante deve ser um investidor credenciado.[17]

Existem três tipos de investimentos coletivos com base em capital próprio:[18]

1. O tipo 1 permite que investidores credenciados vejam as oportunidades de investimento privado em um site protegido por senha. O empreendedor pode arrecadar uma quantia ilimitada de capital a partir de um número ilimitado de investidores credenciados. Esse tipo de investimento coletivo permite ao empresário evitar a exposição pública de material confidencial.
2. O Tipo 2 possibilita aos empresários solicitar fundos publicamente e captar uma quantia ilimitada de capital de um número ilimitado de investidores credenciados. Este está rapidamente se tornando o tipo mais popular de investimento coletivo com base em capital próprio.
3. O Tipo 3, quando aprovado pela SEC (Comissão de Valores Mobiliários dos Estados Unidos), permite que investidores *não credenciados* façam investimentos *on-line*. Então, os empreendedores terão condições de ter acesso a quase todo e qualquer investidor nos Estados Unidos, credenciado ou não.

Um empreendedor que estiver considerando os investimentos coletivos uma maneira de arrecadar dinheiro pode usar diversos sites projetados para esse fim. Dois dos sites mais populares são a Kickstarter e o Indiegogo. Ambos facilitam os investimentos coletivos com base em doações, recompensas e pré-compras. No início de 2015, eles não forneceram os investimentos coletivos com base em capital. A Kickstarter se descreve como:

Temos um pouco de tudo, desde filmes, jogos e música até arte, design e tecnologia. A Kickstarter está cheia de projetos, grandes e pequenos, que são realizados por intermédio do suporte direto de pessoas como você. Desde nosso lançamento, em 2009, 8,2 milhões de pessoas já se comprometeram com mais de US$ 1,6 bilhão, financiando 80 mil projetos criativos. Neste exato momento, milhares de projetos criativos estão arrecadando fundos por meio da Kickstarter.[19]

Dois portais, entre outros, que se concentram em investimentos coletivos com base em capital próprio são o Angel-List e o Crowdfunder. Esses sites permitem que os empresários entrem em contato com investidores interessados em adquirir capital em suas empresas. Em contraste com a Kickstarter, o Crowdfunder se descreve assim: "Se você quiser se beneficiar de ferramentas de arrecadação de fundos que o capacitem a criar um bom discurso *on-line* e alcançar novos investidores... Então o Crowdfunder é uma boa alternativa para você".[20]

O Crowdfunder permite até mesmo que os investidores coinvestam com anjos e capitalistas de risco, desde que se comprometam a compartilhar entre 5% e 20% de quaisquer ganhos – supondo que exista algum. Porém, novamente, as leis relativas a valores mobiliários proíbem as empresas privadas de anunciar ou vender ações para investidores que não sejam relativamente ricos – ou seja, "credenciados", conforme definido pela legislação.

As pequenas empresas que geram capital por meio de investimentos coletivos devem estar cientes dos problemas que podem surgir. Em primeiro lugar, se os investidores coletivos obtiverem direito de voto, este fato pode se tornar um impedimento para arrecadar dinheiro de anjos e capitalistas de risco no futuro. Tais investidores geralmente não estão interessados em compartilhar direitos de voto com um grande grupo de pequenos investidores. Em segundo lugar, uma empresa deve ser cautelosa quanto ao compartilhamento de informações financeiras detalhadas e segredos comerciais com uma grande quantidade de investidores coletivos.

Em suma, quando for uma boa alternativa, o investimento coletivo é viável para pequenas empresas que precisam levantar capital. E todos os sinais sugerem que essa abordagem se tornará ainda mais comum no futuro.

12-8 ONDE MAIS PROCURAR

As fontes de financiamento que foram descritas até agora representam as principais vias para obter dinheiro para pequenas empresas. As fontes restantes são geralmente de menor importância, mas não devem ser ignoradas por um pequeno empresário que busca financiamento.

12-8a Grandes corporações

As grandes corporações, às vezes, disponibilizam fundos para investimento em empresas menores, quando é de seu interesse manter uma relação estreita com elas. Por exemplo, algumas grandes firmas de alta tecnologia, como a Intel e a Microsoft, preferem investir em empresas menores que estão realizando pesquisas de seu interesse, em vez de realizarem a própria pesquisa.

12-8b Venda de ações

Outra maneira de obter capital é vendendo ações para investidores individuais externos, tanto por investimento privado quanto por venda pública. Encontrar acionistas externos pode ser difícil quando uma nova empresa não é conhecida e ainda não tem mercado para seus títulos. Na maioria dos casos, uma empresa deve ter um histórico de rentabilidade antes que suas ações possam ser vendidas com sucesso.

Saber se é melhor obter financiamento de capital externo depende das perspectivas de longo prazo da empresa. Se houver oportunidade de uma expansão substancial contínua e se outras fontes forem inadequadas, o empresário pode logicamente decidir recorrer a outros empresários. Possuir parte de uma empresa maior pode ser mais rentável do que ser o único dono de uma empresa menor.

INVESTIMENTO PRIVADO

Uma maneira de vender ações ordinárias é por meio de **investimento privado**, na qual as ações da empresa são vendidas para indivíduos selecionados – geralmente, os funcionários da empresa, pessoas recomendadas pelo proprietário, membros da comunidade local, clientes e fornecedores. Quando uma venda de ações é restrita à investimento privado, um empresário pode evitar muitos dos exigentes requisitos das leis de valores mobiliários.

VENDA PÚBLICA

Quando pequenas empresas – geralmente, as pequenas empresas de maior porte – disponibilizam suas ações ao público em geral, isso é chamado de abrir ao público ou fazer uma **oferta pública inicial (IPO)**. A razão frequentemente citada para uma venda pública é a necessidade de capital de giro adicional.

Ao realizar uma venda pública de suas ações, uma pequena empresa se submete a uma maior regulamentação governamental, o que aumentou drasticamente a sequência de escândalos corporativos em empresas de capital aberto, como Enron, Tyco e WorldCom. Em resposta a essas malversações corporativas, o Congresso dos EUA aprovou legislação específica, incluindo a Lei Sarbanes-Oxley, para monitorar as empresas de capital aberto com mais cuidado. Isso resultou em um aumento significativo no custo de ser uma empresa de capital aberto, especialmente para pequenas empresas. Então, em 2010, o Congresso promulgou a Lei Dodd-Frank, com o objetivo de evitar uma crise financeira similar à experimentada em 2008-2009. A legislação refere-se principalmente ao setor financeiro, mas também inclui regulamentos rígidos para todas as empresas, visando garantir transparência e responsabilidade, aumentando novamente os custos.

Por fim, as empresas de capital aberto devem relatar seus resultados financeiros nos relatórios denominados 10Q*, e anualmente, nos relatórios 10K*, para a SEC (Securities and Exchange Commission, ou Comissão de Títulos e Valores Mobiliários). A SEC examina cuidadosamente esses relatórios antes que eles sejam disponibilizados ao público. Às vezes, as exigências da SEC podem ser muito onerosas.

---

* N.R.T.: 10Q (quadrimestrais) e 10K (anuais).

As ações ordinárias também podem ser vendidas aos subscritores, o que garante a venda de valores mobiliários. A remuneração e as taxas pagas aos subscritores geralmente tornam a venda de valores mobiliários dispendiosa. As taxas geralmente variam de 20% a 25% (ou mais) do valor total da ação emitida. As razões para os altos custos são, naturalmente, a incerteza e os riscos associados às ofertas públicas de ações de pequenas empresas relativamente desconhecidas.

Concluímos agora a discussão sobre o que um empresário precisa entender ao buscar financiamento para a empresa, em termos de demonstrações financeiras e previsões da firma (Capítulos 10 e 11) e as diferentes fontes de financiamento geralmente utilizadas por pequenas empresas (Capítulo 12). Nossas explicações detalhadas deverão ajudar a evitar os erros geralmente cometidos por proprietários de pequenas empresas quando tentam obter financiamento para expandir sua empresa.

Glossário

Capital de risco informal (p. 266) – Investimentos feitos por indivíduos particulares ricos, geralmente em pequenas empresas, firmas locais e *startups*.

Capitalistas de risco formais (p. 268) – Pessoas que formam parcerias limitadas com o objetivo de aumentar o capital de risco de grandes investidores institucionais.

Cláusulas de empréstimo (p. 264) – Restrições impostas pelo banco a um mutuário que aumentam a chance de reembolso em momento conveniente.

Desconto de duplicatas (p. 265) – Obtenção de dinheiro vendendo contas a receber para outra empresa.

Empréstimo com base em ativo (p. 265) – Linha de crédito garantida por capital de giro.

Empréstimo de equipamento (p. 265) – Empréstimo a prazo de um vendedor de máquinas usadas, feito por uma empresa.

Empréstimos a prazo (p. 259) – Dinheiro emprestado por um período de 5 a 10 anos, correspondente ao período durante o qual o investimento trará lucros.

Financiamento do pedido de compra (p. 266) – Obtenção de dinheiro de um credor que, por uma taxa, antecipa o montante do custo dos produtos do mutuário vendidos para atender a um pedido específico de um cliente.

Hipoteca imobiliária (p. 259) – Empréstimo de longo prazo com imóveis mantidos como garantia.

Hipoteca mobiliária (p. 259) – Empréstimo para o qual itens de inventário ou outros bens móveis servem como garantia.

Investidores-anjo (p. 266) – Indivíduos particulares que investem em empreendimentos que estão em seu estágio inicial.

Investimento coletivo (p. 269) – Processo de obter pequenos investimentos a partir de grande número de investidores pela Internet.

Investimento privado (p. 271) – Venda do capital em ações de uma empresa para indivíduos selecionados.

LIBOR (London Interbank Offered Rate) (p. 262) – A taxa de juros sobre empréstimos que os bancos de Londres cobram entre si.

Linha de crédito (p. 259) – Acordo informal entre um mutuário e um banco quanto ao montante máximo de fundos que o banco fornecerá em determinado momento.

Oferta pública inicial (IPO) (p. 271) – Emissão de ações a serem negociadas nos mercados financeiros públicos.

Pagamento balão (p. 263) – O pagamento de um valor muito grande que pode ser exigido aproximadamente na metade do prazo no qual os pagamentos foram calculados, reembolsando o saldo do empréstimo na íntegra.

Ponto-base (p. 262) – Centésimo de 1%, ao definir uma taxa de juros.

Taxa básica (p. 262) – Taxa de juros cobrada pelos bancos comerciais sobre empréstimos para seus clientes mais solventes.

Ações para *startups*

Lista de verificação do banco/investidor
Antes de entrar em contato com um banco ou investidor, certifique-se de que você (1) tem seu crédito pessoal "limpo" e que qualquer problema existente foi resovido, (2) avaliou as qualificações de sua equipe de gestão, (3) elaborou um plano de negócios efetivo, (4) decidiu sobre o tipo de financiamento de que precisa e (5) se certificou de que está entrando em contato com o credor ou investidor certo, considerando as circunstâncias.

O dinheiro não é tudo
Conseguir o dinheiro necessário para desenvolver um empreendimento é vital. Mas não espere que o dinheiro resolva todos os seus problemas. "Alguns empresários confundem o *feedback* de investidores e capitalistas de risco com um substituto da necessidade de sair e conversar com clientes reais", diz Guy Turner, da Hyde Park Venture Partners, em Chicago. "Só porque um capitalista de risco da empresa gosta de algo, não significa que os clientes também gostem."[21]

Bancos não gostam de surpresas
Nunca surpreenda o banco com más notícias. Se estiver enfrentando problemas, informe ao banco imediatamente e permita que trabalhe com você. Evitar o contato com o banco quando as coisas estão dando errado pode parecer que você não está sendo honesto e há o risco de ele perder a confiança em você.

Você é quem manda

Situação 1
David Bernstein precisa de ajuda para financiar sua empresa, fundada há seis anos, avaliada em US$ 3,5 milhões e denominada Access Direct, Inc. "Estamos prontos para atingir o próximo nível", diz Bernstein, "mas não temos certeza de qual caminho seguir". A Access Direct, Inc, limpa e, em seguida, vende equipamentos de informática usados para corporações, e precisa de até US$ 2 milhões para expandir. "Capitalistas de risco, investidores individuais ou bancos", diz Bernstein, que é proprietário da empresa junto com quatro sócios, "nós pensamos em todas essas opções".

Pergunta 1 – Qual é a sua impressão a respeito da perspectiva de Bernstein de obter capital para "chegar ao próximo nível"?

Pergunta 2 – Que conselho você daria a Bernstein quanto a fontes de financiamento adequadas e inadequadas, na situação em que ele se encontra?

Situação 2
John Dalton está prestes a começar um novo empreendimento – a Max, Inc. Ele projetou uma necessidade de US$ 350.000 em capital inicial; planeja investir US$ 150.000 e pedir emprestado US$ 200.000, ou então, encontrar um sócio que compre ações em sua empresa. Se Dalton tomar emprestado o dinheiro, a taxa de juros será de 6%. Se, por outro lado, for encontrado outro investidor de capital próprio, ele espera abrir mão de 60% das ações da empresa. Dalton prevê ganhos de cerca de 16% dos lucros operacionais sobre os ativos totais da empresa.

Pergunta 1 – Compare as duas opções de financiamento em termos do retorno projetado sobre o investimento de capital do proprietário. Ignore qualquer efeito dos impostos sobre o rendimento.

Pergunta 2 – E se Dalton estiver errado e a empresa conseguir apenas 4% em lucros operacionais sobre os ativos totais?

Pergunta 3 – O que Dalton deveria considerar ao escolher uma fonte de financiamento?

Plano de negócios

Construindo a base

Como parte das bases para o próprio plano de negócios, responda às seguintes perguntas relativas ao financiamento de sua empresa:

1. Qual é o financiamento total requerido para iniciar a empresa?
2. Quanto dinheiro você planeja investir no empreendimento? Qual é a fonte desse dinheiro?
3. Você precisará de financiamento além do montante que planeja investir pessoalmente?
4. Se for necessário obter financiamento adicional para a *startup*, como você irá consegui-lo? Como o financiamento será estruturado – com base em dívida ou em patrimônio? Quais serão os termos para os investidores?
5. De acordo com suas projeções das demonstrações financeiras, haverá necessidade de financiamento adicional nos primeiros cinco anos de vida da empresa? Em caso afirmativo, de onde virá esse financiamento?

Notas

1. Aprendemos a respeito de *retorno sobre ativos* e como ele é calculado no Capítulo 10. Nessa discussão, dizemos que os lucros operacionais (rendimentos operacionais, ou ganhos antes do pagamento de juros e impostos) devem ser utilizados no numerador, em vez de lucro líquido. Os lucros operacionais são aqueles obtidos do investimento nos ativos da empresa antes da distribuição aos credores e proprietários e, portanto, é uma melhor medida da rentabilidade geral da empresa sobre os ativos.
2. Citação em "The Numbers Game," *Inc.*, de Ilan Mochari, de outubro de 2002, http://www.inc.com/magazine/20021015/24778.html. Acesso em 16 de fevereiro de 2015.
3. Asheesh Advani, "The Angel in Your Pocket", *Entrepreneur*, novembro de 2009; e Steven Fischer, "The Perils of Using Personal Credit Cards to Fund Your Business", http://unintentionalentrepreneur.com. Acesso em dezembro de 2014.
4. Comunicação pessoal com Jack Griggs, presidente e diretor executivo da Southwestern Bancorp, Inc., e presidente do conselho do Texas Heritage Bank, 20 de setembro de 2014.
5. Joe Worth, "What You Need to Know about Credit Lines," *Entrepreneur*, janeiro de 2015, p. 68.
6. Para calcular o pagamento mensal de US$ 730, você pode utilizar uma calculadora financeira ou uma planilha de computador:
   VP (valor presente) = US$ 50.000 (empréstimo atual)
   N (número de pagamentos) = 84 (7 anos $\times$ 12 meses = 84)
   I/ano (taxa de juros/meses) = 0,5% (taxa de juros de 6% ÷ 12 meses = 0,005 = 0,5%)
   VF (valor futuro) = 0 (em 7 anos)
   PGMT (pagamento) = US$ 730,43
7. Mochari, op. cit., p. 64.
8. Comentário de Jack Griggs, 1º de outubro de 2014.
9. Citação em "New Money," *Entrepreneur*, de C. J. Prince, março de 2008, http://www.entrepreneur.com/magazine/

entrepreneur/2008/march/190066.html. Acesso em 2 de outubro de 2014.
10. Para consultar uma excelente fonte sobre investidores anjo, veja Bill Payne, *The Definitive Guide to Raising Money from Angels*, http://billpayne.com/services/definitive-guide-raising-money-from-angel-investors. Acesso em 5 de janeiro de 2015.
1'. Jeffrey Sohl, "The Angel Investor Market in 2013: A Return to Seed Investing", *Center for Venture Research*, 30 de abril de 2014, http://paulcollege.unh.edu/sites/paulcollege.unh.edu/files/2013%20Analysis%20Report%20FINAL.pdf. Acesso em 16 de fevereiro de 2015.
11. Para obter uma descrição de como as redes de investidores anjo funcionam, acesse o site da Angel Capital Association, em http://angelcapitalassociation.org.
12. Guy Kawasaki, "Garnering Angels", *Entrepreneur*, janeiro de 2008, http://www.entrepreneur.com/magazine/entrepreneur/2008/january/187614.html. Acesso em 28 de fevereiro de 2015.
13. Katherine Noyes, "Why Investors Are Pouring Millions into Crowdfunding", *Fortune*, 17 de abril de 2014, http://fortune.com/2014/04/17/why-investors-are-pouring-millions-into-crowdfunding. Acesso em 12 de março de 2015.
14. "Bodbot," https://www.fundable.com/bodbot. Acesso em 4 de abril de 2015.
15. Em 2012, a fim de disponibilizar mais capital para pequenas empresas, o Congresso aprovou a Lei JOBS (Jumpstart Our Business Startups, ou Impulso Inicial para Nossas Startups), que eliminará a exigência de que os investidores sejam credenciados para investir em empresas privadas. No entanto, desde março de 2015, a Comissão de Valores Mobiliários passou a finalizar o regulamento que tratava de investidores não credenciados, o que permitiria que essas pessoas investissem até US$ 5.000 em uma empresa.
17. Veja "Syntellia," https://www.fundable.com/fleksy. Acesso em 4 de abril de 2015.
18. Obtido em Eric T. Wagner, "Equity Crowdfunding 101: Is It Right for Your Startup?" *Forbes*, 18 de março de 2014, http://www.forbes.com/sites/ericwagner/2014/03/18/equity-crowdfunding-101-is-it-right-for-your-startup. Acesso em 3 de março de 2015.
19. Consulte https://www.kickstarter.com/hello. Acesso em 3 de abril de 2015.
20. Consulte https://www.crowdfunder.com/startup-funding?gclid=CNqxt-2P5cQCFY47gQoddIkAzg. Acesso em 7 de abril de 2015.
21. Citação em "Why Money Isn't Always Your Biggest Problem," *Inc.*, de Elaine Pofeldt, março de 2015, http://www.inc.com/magazine/201404/elain-pofeldt/too-much-startup-funding-causes-problems.html. Acesso em 10 de março de 2015.

CAPÍTULO 13

Planejamento para a colheita

A história a seguir, da Tapestry Medical, Inc., é contada por Robert Knorr, seu fundador e diretor-executivo. Ele discute a construção da companhia e o "final feliz", realizando o que provou ser uma boa colheita.

Desde que consigo me lembrar, sempre senti o espírito empreendedor em ebulição dentro de mim. No início da minha carreira profissional, consegui satisfazer o desejo de criar novos negócios para meu empregador, a Johnson & Johnson. Na segurança de um ambiente corporativo, tive acesso fácil ao financiamento e a pessoas talentosas que me ajudaram a criar vários novos negócios bem-sucedidos. Embora, de muitas maneiras, operasse como empreendedor em uma grande corporação, em última análise foi a Johnson & Johnson que assumiu todos os riscos e recebeu todas as recompensas de cada novo empreendimento que criei.

Depois de quase vinte anos, decidi deixar a Johnson & Johnson e me arriscar por conta própria. Nesse ponto da carreira, tinha o conhecimento da indústria necessário para iniciar minha companhia no setor de cuidados com a saúde. Também

No Spotlight
Tapestry Medical, Inc.

recebi apoio quando resolvi utilizar meu dinheiro para financiar a empresa, que começou na garagem de casa. Ao direcionarmos as atividades da empresa, eu e alguns membros da equipe de gestão conseguimos manter um controle estrito da propriedade da empresa e também de todas as tomadas de decisão. E o mais importante é que, dessa vez, eu assumi os riscos, mas também colhi os benefícios do novo empreendimento, a Tapestry Medical. Depois de alguns anos, a Tapestry se estabeleceu como empresa líder nesse pequeno e crescente setor de monitoramento remoto de pacientes. Na verdade, dentro de quatro anos, a Tapestry já estava entre as empresas privadas de saúde de mais rápido crescimento nos Estados Unidos.

Embora as vendas da Tapestry estivessem crescendo rapidamente, era necessário um capital de giro adicional para sustentar o crescimento além do que poderíamos fornecer. Além disso, vários concorrentes estavam interessados

Ao término deste capítulo, você deverá ser capaz de:

13-1. Explicar a importância de ter um plano de colheita ou de fuga.

13-2. Descrever as opções disponíveis de colheitas.

13-3. Explicar os problemas na avaliação da empresa da qual está sendo feita a colheita e decidir sobre o método de pagamento.

13-4. Apresentar recomendações e desenvolver um efetivo plano de colheita.

em consolidar a participação de mercado da Tapestry e melhorar as operações nas próprias empresas. Após a crise financeira no final de 2008, decidi que era a hora certa para vender a Tapestry para uma empresa em melhores condições e com recursos para levá-la a outro patamar. Os potenciais compradores incluíam empresas de atendimento à saúde diversificadas, interessadas em entrar no mercado da Tapestry.

Na época, a Tapestry ainda era uma startup privada que competia contra três grandes e bem financiadas empresas de capital aberto. No entanto, logo antes de colocar a Tapestry à venda, assinei um importante acordo de marketing colaborativo com uma renomada empresa de software de serviços de saúde que forneceu acesso a 500 mil novos clientes potenciais.

Com impressionantes resultados já obtidos e um futuro promissor, entrei em contato com um banqueiro investidor que ajudou a negociar os melhores termos de aquisição. Depois de vários meses de intensas negociações, a Tapestry terminou sendo adquirida pelo seu principal concorrente, uma das principais empresas de atendimento à saúde, que também realizou várias outras aquisições nesse setor. Juntamente com os principais membros da minha equipe de gerenciamento, permaneci na empresa e imediatamente fui responsável pela fusão da Tapestry nas operações da empresa adquirente. No primeiro ano após a aquisição, as vendas da nova entidade combinada aumentaram dramaticamente em decorrência da adoção das melhores práticas em ambas as organizações e alavancando as relações com os clientes.

Apesar de a Tapestry ter sido fundada e vendida em um prazo de cinco anos, houve períodos de grande incerteza e risco. Pensando na venda da empresa, Knorr oferece três recomendações:

- *Faça tudo o que puder para se separar emocionalmente da venda de sua empresa.*
- *Faça uma pequena lista de aspectos indispensáveis antes de começar as negociações e permaneça flexível em todos os pontos secundários.*
- *Lembre-se de agradecer (e de recompensar, quando for apropriado) a todos que o ajudaram a atingir seus objetivos.*

A experiência positiva de Knorr com a venda da Tapestry e o fato de depois ele ter se tornado um executivo da firma que a adquiriu não é comum, pelo menos não sem uma pequena frustração. Estar preparado para o processo de colheita e para a vida em geral depois de deixar sua empresa é algo que merece total atenção.

Fonte: comunicação pessoal com Robert Knorr, fundador e diretor executivo da Tapestry Medical, Inc., em 28 de setembro de 2014.

Como você aprenderá neste capítulo, deixar sua empresa, ou o que chamamos de fazer a *colheita*, pode ser o melhor, e também o pior momento de sua vida, dependendo em grande parte de como entende a si mesmo, sua empresa, e o que é necessário para sair efetivamente de seu empreendimento. Você pode estar se perguntando o porquê da abordagem antecipada desse assunto, preferindo adiar a aprendizagem sobre administração de uma empresa para capítulos seguintes. Por causa de nossa forte convicção de que é melhor para um empreendedor considerar a saída mais rápido do que tardiamente, é que fizemos assim.

Nos capítulos anteriores, falamos sobre reconhecer oportunidades de negócios e desenvolver estratégias para aproveitá-las. Essas atividades representam os pilares de tudo o que uma companhia faz. Mas, para empreendedores, este não é o fim da história. A experiência sugere que um empreendedor que esteja desenvolvendo uma estratégia empresarial reflita mais a respeito de mais do que somente iniciar (fundar ou adquirir) e desenvolver uma empresa. O processo empreendedor não está completo até que os proprietários e quaisquer outros investidores tenham deixado o empreendimento e captado o valor criado pela empresa. Essa fase final – mas extremamente importante – pode ser aprimorada por meio de um efetivo plano de colheita, ou saída. Em outras palavras, o objetivo é criar valor durante a jornada empreendedora fazendo a diferença e, então, *terminando bem!*

13-1 A IMPORTÂNCIA DA COLHEITA

A maioria dos donos de pequenas empresas não gosta de pensar na colheita, mesmo que somente poucos eventos na vida de um empresário e da própria empresa sejam mais significativos do que esse. Consequentemente, a decisão da saída geralmente é o resultado de um evento inesperado, possivelmente uma crise financeira, em vez de uma estratégia bem concebida.

Fazer a **colheita (saída)**, é o método que proprietários e investidores utilizam para abdicarem de uma empresa e, de modo ideal, obtendo o valor investido nela. Muitos empreendedores têm sucesso no desenvolvimento de suas empresas, mas não conseguem realizar planos de colheita efetivos. Como resultado, eles são incapazes de obter o valor total da empresa que trabalharam tanto para empreender.

Um empresário precisa entender que a colheita engloba mais do que apenas vender a companhia e deixá-la. Envolve a obtenção de valor (fluxos de caixa), reduzindo riscos e criando opções futuras – é por isso que preferimos o termo *colheita* em vez de *saída*. Além disso, existem considerações pessoais, não financeiras, para os empreendedores. Proprietários podem receber muito dinheiro por suas empresas, mas ainda assim ficar desapontados com a colheita, se não estiverem preparados para uma mudança de estilo de vida. Por isso, projetar cuidadosamente uma estratégia de colheita (saída) intencional é tão essencial para o sucesso pessoal quanto para o sucesso financeiro de um empresário.

Neste capítulo, oferecemos sugestões para conseguir uma colheita "bem-sucedida". É um erro definir sucesso somente em termos da colheita; a jornada empreendedora também deve ser bem-sucedida. Por isso, em todo este capítulo iremos encorajá-lo a pensar sobre o que o sucesso significa para você. Chegar ao final de uma jornada e somente então descobrir que você havia escolhido o caminho errado é uma das tragédias da vida.

A colheita é de vital importância para os investidores de uma empresa, bem como para o seu fundador. Os investidores que fornecem capital de alto risco – particularmente investidores-anjo e capitalistas de risco – geralmente insistem em uma estratégia de colheita bem pensada. Eles percebem que é fácil investir em um negócio, mas é difícil colher os lucros de seus investimentos. Como resultado, o apelo de uma empresa aos seus investidores é conduzido, em parte, pela disponibilidade de opções de colheita. Se os investidores não estiverem convencidos de que existem oportunidades para a colheita de seus investimentos, é improvável que eles invistam.

Embora seja importante pensar o quanto antes sobre a colheita, não perca o foco nos negócios. A atenção deve ser sempre na execução de um empreendimento bem-sucedido, incluindo continuar a fornecer produtos e serviços de alta qualidade e criar um ótimo ambiente de trabalho. Um plano de negócios bem equilibrado leva em consideração o planejamento de saída, ao mesmo tempo que contempla a entrada no mercado e o desenvolvimento de projeções financeiras.

13-2 MÉTODOS DE COLHEITA DE UMA EMPRESA

As quatro formas básicas de colher um investimento em uma empresa privada são (1) vender a empresa, (2) distribuir os fluxos de caixa gerados pela empresa para seus proprietários em vez de reinvestir o caixa, (3) lançar ações ao público por meio de uma oferta pública inicial (IPO) e (4) realizar uma recapitalização de capital privado. Essas opções são mostradas graficamente no Quadro 13.1.

13-2a A venda da empresa

Em qualquer estratégia de colheita, as questões financeiras associadas à venda da empresa incluem como valorizar a empresa e como estruturar o pagamento por ela no momento da venda. Na maioria das vezes, a motivação de um empresário para vender uma empresa está relacionada com a aposentadoria e o planejamento imobiliário e o desejo de diversificar os investimentos. Assim, ao escolher um possível comprador, os empresários devem entender o que querem realizar com a venda.

Os potenciais compradores de uma empresa podem se originar de vários lugares, incluindo clientes, fornecedores, funcionários, amigos e familiares, ou mesmo um concorrente. Um proprietário também pode querer usar os serviços de um corretor de negócios. **Corretor de negócios** é o profissional que auxilia na compra e venda de uma empresa. Além de encontrar possíveis compradores, um corretor de negócios pode fornecer orientações valiosas para o empresário que está vendendo sua empresa e ajudar a facilitar as negociações. Os corretores podem, no entanto, ser relativamente caros, cobrando de 5% a 10% do preço de venda. É preciso ter cuidado ao escolher um corretor. Nem todos os corretores atuam profissionalmente, e alguns fazem afirmações falsas em relação às suas qualificações. Não é incomum que um empreendedor fique desapontado com a contribuição de um corretor para a realização da venda. Por exemplo, Robert Hall, proprietário da Visador Corporation, contratou um corretor de negócios para ajudar a vender sua empresa. Em um momento das negociações, Hall deu ao corretor as últimas informações financeiras da empresa, que relataram uma queda nas vendas no mês anterior. Hall sentiu que a ética exigia que o comprador recebesse essa informação. O corretor, como Hall soube mais tarde, escolheu não dar essas informações ao comprador para que o negócio não fosse prejudicado. Afinal, o corretor receberia uma comissão somente se a venda fosse consumada.

Ao procurar compradores em potencial, é essencial que o empreendedor que está vendendo a empresa entenda os diferentes tipos de compradores. Nas seções a seguir, observaremos três grupos de compradores em particular: (1) compradores estratégicos, (2) compradores financeiros e (3) empregados.

VENDAS PARA COMPRADORES ESTRATÉGICOS

Normalmente, um comprador estratégico é uma empresa que atua em uma linha de negócios similar em um mercado diferente ou que precisa de novos produtos e serviços para vender aos clientes já existentes. Outra possibilidade é um comprador em uma empresa não relacionada que quer adquirir os pontos fortes de um vendedor para ajudar a empresa já existente do comprador. Por exemplo, a IBM adquiriu uma empresa de capital privado, a HealthLink, Inc., que forneceu tecnologia da informação no setor de saúde. Como a IBM não atuou nessa área, a aquisição da HealthLink rapidamente proporcionou uma maneira de competir nesse espaço.

Os compradores estratégicos valorizam uma empresa com base nas sinergias que eles pensam poder criar ao combinarem a empresa adquirida com outra empresa. Como o valor de uma empresa para um comprador é derivado de suas características autônomas e de suas sinergias, os compradores estratégicos podem pagar um preço maior do que os outros compradores, que valorizam o negócio apenas como uma entidade autônoma. Assim, em aquisições estratégicas, a questão fundamental é o grau de adequação estratégica entre a empresa a ser vendida e os interesses comerciais do potencial comprador. Se o potencial comprador for um concorrente atual e se a aquisição puder fornecer vantagens competitivas sustentáveis em longo prazo (como menores custos de produção ou qualidade superior do produto), o comprador pode estar disposto a pagar um valor maior pela empresa.

VENDAS PARA COMPRADORES FINANCEIROS

Ao contrário dos compradores estratégicos, os compradores em aquisições financeiras consideram principalmente o potencial de geração de caixa de uma empresa autônoma sua fonte de valor. Um comprador financeiro espera aumentar o crescimento futuro das vendas, reduzir custos, ou ambos. Esse fato tem uma implicação importante para o proprietário da empresa que está sendo comprada. O comprador muitas vezes irá fazer mudanças nas operações da empresa que se traduzem em maiores pressões sobre seus empregados, resultando em demissões que o proprietário atual pode considerar censuráveis.

Uma **aquisição alavancada** (LBO ou *levegraged byout*) é uma aquisição financeira que envolve um nível muito alto de financiamento da dívida, em que os fluxos de caixa futuros da empresa a ser adquirida devem ser suficientes para atender aos reembolsos da dívida. No passado, as aquisições frequentemente eram financiadas com US$ 9 em dívidas para cada US$ 1 em capital próprio – por isso, o nome é aquisição alavancada. A aquisição

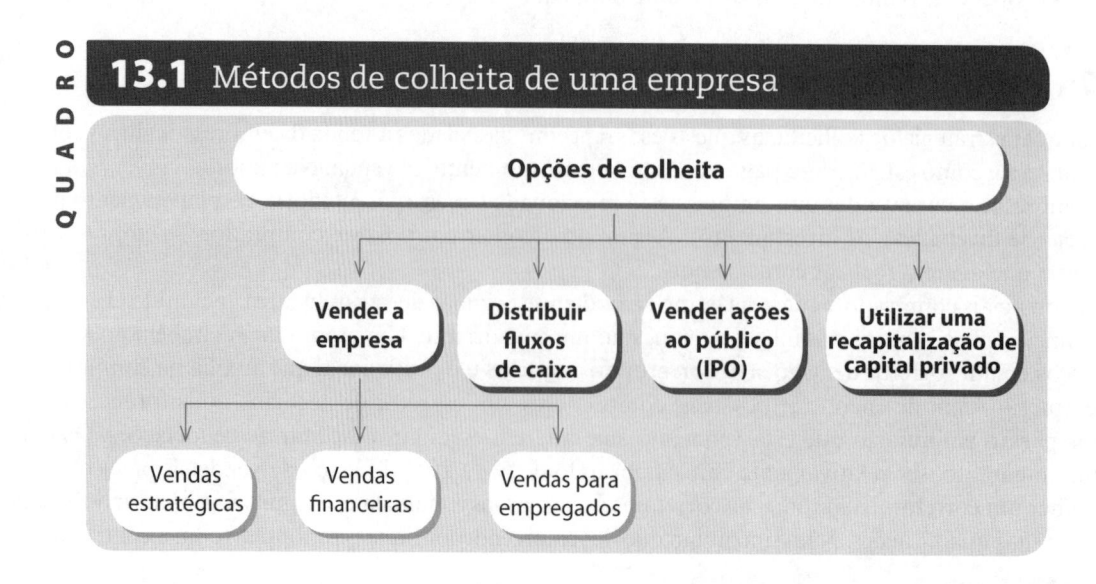

QUADRO 13.1 Métodos de colheita de uma empresa

Opções de colheita
- Vender a empresa
  - Vendas estratégicas
  - Vendas financeiras
  - Vendas para empregados
- Distribuir fluxos de caixa
- Vender ações ao público (IPO)
- Utilizar uma recapitalização de capital privado

alavancada de ações com financiamentos às vezes é chamada **aquisição fragmentada (LBO *bust up*)***, em que os novos proprietários pagam a dívida rapidamente vendendo os ativos da empresa adquirida.

Como os compradores dependem muito da dívida para financiar a aquisição, a empresa adquirida deve ter as seguintes características: (1) ganhos estáveis ao longo do tempo, (2) taxas de crescimento atrativas, (3) uma equipe efetiva de gestão já implantada e (4) ativos que podem ser usados como garantia da dívida. Caso contrário, o risco é grande demais, e a transação simplesmente não funcionará.

Considere a Visador Corporation, que foi vendida a um comprador financeiro por US$ 67 milhões. O comprador financiou a compra como uma aquisição alavancada de ações com financiamentos, incorrendo em muitas dívidas. O total de ativos, dívidas e patrimônio da empresa (conforme apresentado no balanço patrimonial) antes e após a venda foi:

	Antes da venda	Depois da venda
Ativos totais	US$ 18.000.000	US$ 67.000.000
Dívida total	US$ 5.000.000	US$ 60.000.000
Capital	13.000.000	7.000.000
Dívida e patrimônio totais	US$ 18.000.000	US$ 67.000.000

Os números antes e depois da venda da Visador diferem em dois aspectos importantes. Primeiro, o total de ativos (e dívida e patrimônio totais) aumentou de US$ 18 milhões para US$ 67 milhões. Em outras palavras, os fundadores da Visador investiram pouco mais de US$ 18 milhões na empresa durante o tempo em que foram proprietários, até o momento da aquisição. No entanto, o comprador estava disposto a pagar US$ 67 milhões para o negócio com base nos fluxos de caixa futuros que se esperava que fossem gerados.

Em segundo lugar, antes da venda, os ativos foram financiados com 28% de dívida (US$ 5 milhões de dívidas totais ÷ US$ 18 milhões de ativos totais) em comparação com 90% da dívida (US$ 60 milhões de dívidas totais ÷ US$ 67 milhões de ativos totais) após a venda. Consequentemente, a empresa foi exposta a um risco financeiro significativamente maior. Se as vendas tivessem diminuído, a empresa talvez não tivesse conseguido pagar a sua dívida. Isso é típico em casos de aquisições alavancadas fragmentadas.

Mais recentemente, a aquisição alavancada com ações fragmentadas vem sendo substituída pela aquisição alavancada com ações incrementadas. Como o nome sugere, a **aquisição incrementada (LBO *build up*)** envolve reunir um grupo de empresas menores para criar uma empresa maior, que eventualmente poderá ser vendida ou se tornar pública por meio de uma oferta pública inicial.

O processo de uma aquisição alavancada com ações incrementadas começa com a aquisição de uma empresa, que então adquire uma série de pequenas empresas que, de certo modo, se complementam. Essas aquisições subsequentes podem expandir a capacidade em empresas relacionadas ou completamente diferentes. A combinação recém-formada é operada privativamente por cinco anos, a fim de estabelecer um histórico de sucesso e, em seguida, é vendida ou se torna pública.

Essas aquisições continuam dependendo muito do financiamento de dívidas, mas em menor grau do que as aquisições alavancadas com ações incrementadas. Estas últimas ocorreram em uma série de setores em que as empresas menores operam com frequência, como serviços de funeral e concessionárias de automóveis.

Às vezes, a própria administração da empresa que está sendo vendida inicia uma aquisição alavancada com ações incrementadas para comprar a empresa do empreendedor – e nesse caso o acordo é chamado **aquisição feita pelos gestores (MBO – *management buyout*)**. Uma aquisição feita pelos gestores pode contribuir significativamente para o desempenho operacional de uma empresa, aumentando o foco e a intensidade da administração. Assim, uma MBO é um meio potencialmente viável de transferir a propriedade do fundador para a equipe de administração. Em muitas companhias empreendedoras, os gerentes têm um grande incentivo para se tornarem proprietários, mas não possuem capacidade financeira para adquirir a empresa. Uma aquisição feita pelos gerentes pode resolver esse problema utilizando financiamento da dívida, que muitas vezes é subscrito em parte pelo empreendedor que está vendendo sua empresa.

VENDAS PARA EMPREGADOS

Estabelecidos pelo congresso em 1974, os **planos de participação dos empregados em ações (ESOP)** têm sido gradualmente adotados por mais de 12 mil companhias. Uma vez estabelecido, um ESOP utiliza as contribuições

---

* N.R.T.: O termo *bust-up*, aqui traduzido como "fragmentado", se refere ao fato de que, uma vez que o controle da empresa adquirida está completo, o novo proprietário manda alguns (ou todos) ativos da empresa e usa os recursos para amortizar a dívida contraída para financiar a aquisição.

de aposentadoria dos empregados para comprar ações da empresa do proprietário e mantê-las em confiança. Ao longo do tempo, as ações são distribuídas aos planos de aposentadoria dos funcionários.

É comum um empresário iniciar um ESOP vendendo apenas uma parte da empresa. Mas, mesmo que o proprietário venda todas as suas ações, ele ainda pode manter o cargo administrativo na empresa, mantendo efetivamente o controle dela. E um ESOP cria vantagens fiscais significativas para o vendedor. Por exemplo, se o empresário vende pelo menos 30% da empresa, os impostos que podem ser devidos como resultado da venda geralmente podem ser diferidos e não pagos até uma data posterior – em alguns casos, indefinidamente. Por exemplo, depois que os proprietários-gerentes da BFW Construction Company criaram um ESOP, eles venderam a empresa e transferiram o dinheiro das ações para suas contas pessoais de aposentadoria. Como resultado, não pagaram impostos no momento em que as ações foram colocadas no ESOP, e não terão que pagá-los até que sejam obrigados a começar a retirar o dinheiro, quando estiverem com 70 anos e meio de idade.[1]

A justificativa frequentemente dada para vender aos funcionários é criar um incentivo para que trabalhem mais, dando a eles parte dos lucros. No entanto, a propriedade dos funcionários não é uma panaceia. Embora os defensores sustentem que os funcionários tendo parte da propriedade a motivação é melhorada, levando a um maior esforço e menor desperdício, o valor do maior esforço dos funcionários resultante da motivação aprimorada varia significativamente de uma empresa a outra. Vender tudo ou parte de uma empresa para os empregados funciona somente se estes tiverem mentalidade de proprietário – ou seja, se não pensarem em trabalhar somente durante o expediente. Um ESOP pode fornecer uma maneira de o proprietário vender a empresa, mas, se os empregados não tiverem a mentalidade exigida, ele não servirá bem à empresa no futuro.

A formação dos funcionários é necessária para que um ESOP seja eficaz. Considere a experiência de Mick Slinger, diretor financeiro da Van Meter Industrial, Inc., que pensou que o fundo de ações de empregados da empresa era uma ótima vantagem para os funcionários. Em certa reunião da empresa, um funcionário disse que não se importava com o fundo de ações e indagou: "Por que você simplesmente não me dá algumas centenas de dólares para gastar em cerveja e cigarros?".

Foi uma revelação para Slinger, que alega que muitos dos funcionários-proprietários da empresa "não sabiam o que eram as ações, não sabiam o que era ser um empregado-proprietário. Cometi o erro de achar que todos pensavam como eu". Então, a empresa criou um comitê de funcionários para aumentar a conscientização sobre a propriedade de ações e como influenciava o patrimônio líquido dos funcionários. Hoje, os empregados estão muito mais engajados no programa, e a administração da empresa acredita que contribuiu muito para aumentar o preço das ações e reduzir a rotatividade de funcionários. Mas foi preciso muito esforço para fazer o plano funcionar como era desejado.[2]

As abordagens que foram apresentadas nesta seção para vender uma empresa descrevem as principais maneiras pelas quais os proprietários de pequenas empresas vendem seus empreendimentos. Mas a oportunidade de vender uma empresa pode ser afetada pelas condições de mercado. Por exemplo, durante a última recessão, não havia muitos compradores, mas também não havia muitos vendedores. Empreendedores que tinham considerado sua saída estavam retardando a possibilidade na esperança de uma recuperação econômica.

Em 2014, à medida que a economia saía da recessão, o número de compradores dispostos aumentou consideravelmente com as ofertas mais atrativas feitas pelos compradores. Mas continuou difícil para os compradores obterem financiamento de fontes tradicionais. Como resultado, o **financiamento do vendedor**, quando um vendedor empresta ao comprador parte do preço de compra da empresa, torna-se mais prevalente. Por exemplo, um empresário comprou uma empresa por US$ 3,5 milhões e pagou US$ 2,7 milhões em dinheiro, com o vendedor recebendo uma nota pelos restantes 800 mil dólares a serem amortizados nos sete anos seguintes.

Os US$ 2,7 milhões em dinheiro originaram-se de um empréstimo bancário pessoal do comprador. O empréstimo do vendedor estava subordinado ao empréstimo bancário, de modo que, se o comprador não fizesse um pagamento ao banco, não poderia fazer nenhum pagamento ao vendedor até o empréstimo bancário estar atualizado.

13-2b Distribuição dos fluxos de caixa da empresa

Uma segunda estratégia de colheita envolve a retirada ordenada do investimento dos proprietários na forma dos fluxos de caixa da empresa. O processo de retirada pode ser imediato se os proprietários simplesmente venderem os ativos da empresa e liquidarem o negócio. No entanto, para uma empresa que cria valor – gerando taxas de retorno atrativas para seus investidores – não faz sentido economicamente. O simples fato de que uma empresa está ganhando altas taxas de retorno sobre seus ativos indica que vale mais como uma preocupação contínua do que como uma empresa "morta". Em vez disso, os proprietários simplesmente podem deixar de expandir a empresa. Agindo assim, aumentariam os fluxos de caixa que podem ser devolvidos aos investidores.

Nos primeiros anos, em geral, todo o caixa é dedicado ao desenvolvimento da empresa. Assim, o fluxo de caixa da empresa durante esse período é zero – ou, mais provavelmente, negativo – exigindo que os proprietários busquem dinheiro externamente para financiar o crescimento. À medida que a empresa amadurece e as oportunidades de desenvolvimento diminuem, fluxos de caixa consideráveis frequentemente ficam disponíveis para os proprietários. Em vez de reinvestir todo o dinheiro na empresa, os proprietários podem começar a sacar o caixa, colhendo seu investimento. Se decidirem adotar essa abordagem, apenas o montante de dinheiro necessário para manter os mercados atuais será retido e reinvestido. O esforço para expandir os mercados atuais ou se abrir para novos mercados é mínimo ou inexistente.

Fazer a colheita sacando lentamente o dinheiro do caixa de uma empresa tem duas vantagens importantes: os proprietários podem manter o controle da empresa enquanto colhem o investimento, e não precisam procurar um comprador ou incorrer nas despesas associadas à consumação de uma venda. No entanto, existem desvantagens. Reduzir o investimento quando a empresa enfrenta oportunidades de crescimento valiosas pode levá-la a ser incapaz de manter vantagem competitiva. O resultado final pode ser uma redução não intencional no valor da empresa. Além disso, pode haver desvantagens tributárias para uma liquidação ordenada em comparação com outros métodos de colheita. Por exemplo, se uma corporação distribuir dinheiro como dividendos, tanto a empresa como os acionistas serão tributados sobre o rendimento; isso é conhecido como **dupla tributação**.

Para o empreendedor que está simplesmente desgastado com as operações do dia a dia, canalizar os fluxos de caixa ao longo do tempo pode exigir demasiada paciência. A menos que outras pessoas na empresa estejam qualificadas para administrá-la, essa estratégia pode estar destinada ao fracasso.

13-2c Oferta pública inicial (initial public offering, ou IPO)

Um terceiro método de colheita de uma empresa é a oferta pública inicial. Conforme foi discutido brevemente no Capítulo 12, uma **oferta pública inicial (IPO)** ocorre quando uma empresa privada vende suas ações pela primeira vez para o público em geral. Isto exige registrar a emissão de ações na SEC (ou Comissão de Valores Mobiliários – CVM*) e aderir às chamadas "leis do céu azul" (nos Estados Unidos, são leis que evitam que as pessoas negociem ações no mercado de modo desonesto), que regem a oferta pública em nível estadual. O objetivo dessas leis federais e estaduais é assegurar uma divulgação adequada aos investidores e evitar fraudes. No Brasil, as empresas que pretendem realizar uma IPO devem fazer uma declaração de registro detalhada à CVM, o que inclui informações financeiras, de gerenciamento e operacionais específicas.

Na década de 1990, os empresários frequentemente consideravam que a perspectiva de uma oferta pública inicial era o resultado final de seus esforços, trazendo com ela maior prestígio em muitos círculos empresariais. Alguns a chamavam "o cálice sagrado" do sucesso corporativo. No entanto, este não é o caso hoje, especialmente para ofertas públicas iniciais menores. O Quadro 13.2 mostra o número de IPOs e dólares levantados de 2000 a 2014.

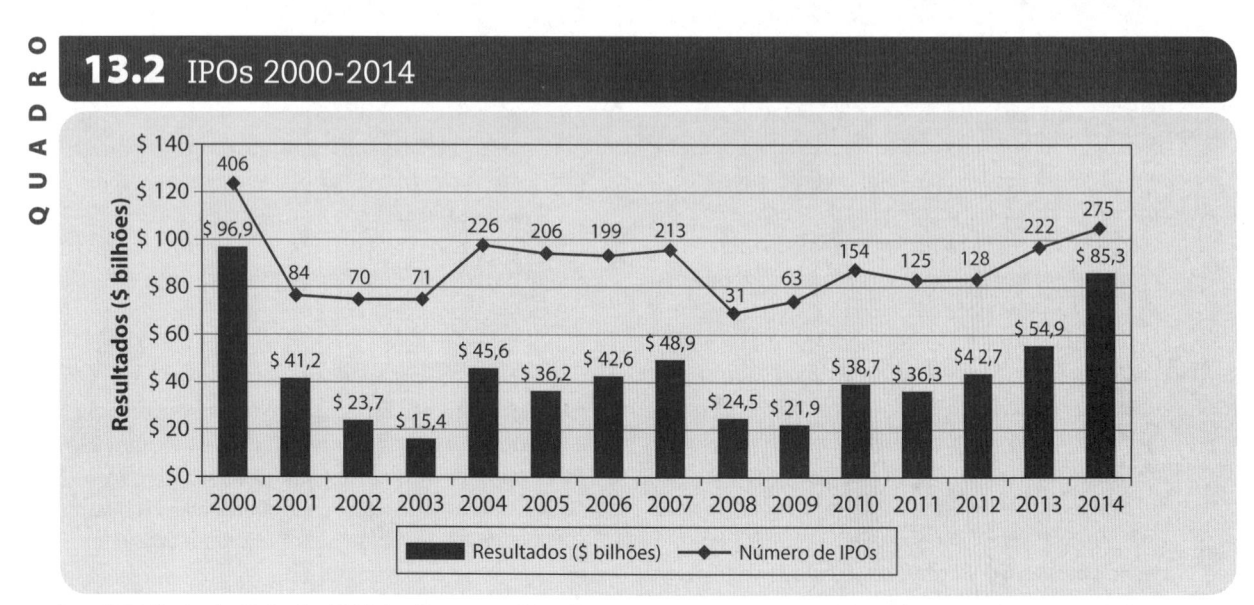

QUADRO 13.2 IPOs 2000-2014

Ano	Resultados ($ bilhões)	Número de IPOs
2000	$96,9	406
2001	$41,2	84
2002	$23,7	70
2003	$15,4	71
2004	$45,6	226
2005	$36,2	206
2006	$42,6	199
2007	$48,9	213
2008	$24,5	31
2009	$21,9	63
2010	$38,7	154
2011	$36,3	125
2012	$42,7	128
2013	$54,9	222
2014	$85,3	275

Fonte: "2014 Was Another Big Year for IPO Offerings", https://www.fidelity.com/viewpoints/active-trader/IPO-opportunities?imm_pid=1&immid=00926&imm_eid=e41740581&buf=999999. Acesso em 22 de março de 2015.

---

* N.R.T.: SEC (*security exchange comission*): agência governamental nos EUA que visa garantir o cumprimento das leis no mercado de capitais. No Brasil, a CVM (Comissão de valores mobilliários) tem a finalidade de disciplinar e fiscalizar o mercado de valores mobiliários.

Vivendo o sonho
EXPERIÊNCIAS EMPREENDEDORAS

Dois amigos que criaram uma empresa com sucesso e depois a deixaram

Jorge Fernandez e Bruce Goodhartz se conheceram há 22 anos, quando ambos trabalhavam para uma grande empreiteira comercial no setor elétrico. Compartilhando uma série de objetivos comuns, eles decidiram iniciar a própria empresa. Goodhartz descreve a criação da empresa e sua experiência para posteriormente deixar o empreendimento:

> Depois do sucesso inicial, desenvolvemos a ESA Construction como um dos nomes mais reconhecidos no setor de cuidados com os dentes no complexo metropolitano Dallas-Fort Worth, em menos de três anos. No entanto, sabíamos que para manter a competitividade precisávamos fortalecer nossa posição. Então, fomos os primeiros, à frente de nossos concorrentes, a construir um site que mostrou nossos projetos odontológicos anteriores, embora nesta fase inicial este site tenha servido principalmente como ferramenta de marketing, e não para pesquisas.
>
> Jorge e eu muitas vezes nos questionamos se nunca "sairíamos" de nossa empresa quando chegasse o momento. Além disso, não tínhamos ideia do valor de nosso empreendimento além do que estava em nossos livros. Sendo assim, contratamos uma companhia de avaliação independente e ficamos surpresos ao sabermos que de fato tínhamos uma companhia com valor substancial para os outros.
>
> Com base em recomendações para melhorar nosso valor e nos tornarmos mais comercializáveis, passamos os cinco anos seguintes aprimorando o reconhecimento da nossa marca e retirando o "Jorge e Bruce" da ESA Construction. Promovemos nossos funcionários a cargos importantes na linha de frente com nossos clientes e fornecedores; aumentamos muito nossa participação no mercado; criamos e mantemos uma página no Facebook; e reformulamos nosso site para obter otimização máxima do Google.
>
> Em 2011, tivemos duas reuniões confidenciais em um período de seis meses com grandes empreiteiros e realmente recebemos uma "Carta de Intenção" de um deles, embora fosse uma oferta que negamos. Na sequência dessas negociações malsucedidas, decidimos fazer uma pausa no marketing da ESA e nos concentramos em construir nosso empreendimento e manter nossa participação no mercado – coisas que começaram a dar errado enquanto tentávamos vender a empresa. Então, no outono de 2012, aproximamo-nos de nosso maior subcontratado, um empreiteiro mais jovem, bem-sucedido e agressivo no setor de fabricação de paredes secas (drywall), para discutir a ideia de comprar uma parte de nossa empresa. Vimos essa ideia como uma forma de fortalecer e expandir a empresa para novos mercados. E, depois, ele poderia comprar totalmente a empresa em cinco anos.
>
> Embora tivéssemos concordado quanto aos termos, ele não tinha como conseguir um banco para financiar o acordo. Acontece que nenhum banco emprestaria o dinheiro a menos que ele detivesse 100% da empresa. Assim, ele fez uma oferta para comprar a empresa em sua totalidade. Passamos cerca de quatro meses em negociações, avaliações bancárias e análises. Para concluirmos o negócio, tivemos que reduzir nosso preço de venda em cerca de 8%, mas recebemos o valor total em dinheiro no momento da venda.
>
> Concluímos a venda em 15 de fevereiro de 2013, e Jorge e eu recebemos um contrato de trabalho com duração de um ano e com nosso salário-base anterior, os mesmos benefícios e a mesma descrição de trabalho, mas com a função adicional de ajudar na transição para a nova propriedade. A venda acabou sendo uma boa alternativa para mim e Jorge como antigos proprietários. Mas é igualmente importante que todos os funcionários da ESA mantiveram seus cargos e salários, e houve uma nova motivação e sinergia no escritório.
>
> O que acontecerá conosco depois de nosso contrato de um ano ainda não sabemos. Estamos aprendendo a trabalhar para outras pessoas, o que é bem diferente. Além disso, quero aproveitar esse tempo para fazer algumas coisas especiais com minha família – incluindo o fato de que serei avô. Mas sei que não ficaria sem trabalhar. Então, Jorge e eu estamos abertos à ideia de continuar na empresa com o novo proprietário, que consideramos ser também um bom amigo. Na verdade, estamos discutindo sobre como ajudar a ESA a abrir escritórios em outros mercados do Texas e possivelmente em outros locais. Mas onde estaremos em cinco anos, isso apenas o tempo dirá.

Fonte: escrito por Bruce Goodhartz, cofundador e coproprietário na ESA Construction, 12 de outubro de 2014. Reimpresso mediante permissão.

Menos dólares foram arrecadados para oferta pública inicial em 2002 e 2003, seguindo a bolha das empresas ponto-com, e novamente em 2008-2009, no auge da Grande Recessão. O ano mais ativo para as IPOs desde 2000 foi 2014, quando a quantidade de capital arrecadado aumentou 55% em relação a 2013. No entanto, grande parte desse aumento foi devido à oferta pública da gigante chinesa do comércio eletrônico Alibaba, em setembro de 2014, por US$ 22 bilhões. Por fim, o tamanho médio da oferta pública inicial aumentou significativamente nos últimos anos; assim, as ofertas de empresas menores não foram tão prevalentes.

OS CUSTOS DE ADMINISTRAR UMA OFERTA PÚBLICA INICIAL

O empresário deve considerar mais do que apenas os custos iniciais de uma IPO, que pode ser de até 20% da emissão. Ele também deve pensar muito sobre os custos de administrar uma empresa de capital aberto, que inclui os custos contínuos significativos associados à divulgação de relatório de seus resultados financeiros aos investidores e à SEC. Esses custos aumentaram muito em 2002, quando o Congresso dos Estados Unidos aprovou a Lei Sarbanes-Oxley. A lei colocou um peso muito maior sobre as empresas para que estas tenham boas práticas e controles contábeis que evitarão crimes flagrantes cometidos pelos gerentes. Em 2009, o Congresso aprovou a Lei Dodd-Frank, que foi destinada principalmente a bancos e outras instituições financeiras para ajudar a evitar uma repetição da crise financeira mais recente. No entanto, também acrescentou exigências onerosas para todas as empresas de capital aberto. Além disso, esses custos regulatórios são desproporcionais para uma pequena empresa, e não existe nenhuma pequena consideração quanto à decisão de se tornar pública.

RAZÕES PARA SE TORNAR PÚBLICA

O propósito do processo de oferta pública inicial de ações é criar um mercado pronto para negociar publicamente as ações de uma companhia. Uma oferta pública inicial de ações oferece diversos benefícios:

1. Pode melhorar a reputação da empresa, se for realizada com sucesso.
2. Proporciona uma fonte de capital adicional para a expansão da empresa.
3. Uma ação que é negociada publicamente pode criar um interesse contínuo na companhia e em seu desenvolvimento constante.
4. A ação negociada publicamente é mais atrativa para o pessoal-chave cujo pagamento de incentivo inclui as ações da empresa.

Embora existam várias razões para uma empresa se tornar pública, o principal motivo é o aumento de capital. Na maioria dos casos, o dinheiro arrecadado da venda de ações da empresa para o público é usado para expansão, pagamento de dívidas e aumento da liquidez da empresa (caixa). Com menor frequência, ocorre que as ofertas públicas iniciais resultam do desejo dos empresários de venderem suas ações. Assim, as ofertas públicas iniciais de ações raramente são pretendidas como uma estratégia de saída *imediata*, mas, sim, como uma forma de levantar capital para o crescimento. Eventualmente, no entanto, os empresários podem e frequentemente vendem suas ações como uma maneira de captar dinheiro de suas empresas.

13-2d Recapitalização de capital de risco (*private equity*)

Um quarto método de colheita é a **recapitalização de capital de risco**, em que os investidores fornecem uma combinação de dívida e capital para a empresa, que permite que o empreendedor desembolse parte de seu investimento na empresa. O empreendedor provavelmente continuará gerenciando a empresa.

Embora a situação seja complicada em virtude das diferentes necessidades de cada geração, uma recapitalização de capital de risco é particularmente eficaz para as empresas familiares que precisam transferir a propriedade para a geração seguinte. Nessa transferência de propriedade, deve haver uma conciliação entre três objetivos importantes: (1) liquidez (caixa) para os membros da família vendedora, (2) financiamento contínuo para o futuro crescimento da empresa e (3) o desejo da geração mais nova de manter o controle da empresa. Em outras palavras, a geração mais antiga quer captar o dinheiro da empresa, enquanto a geração mais nova quer manter o dinheiro necessário para financiar o crescimento da empresa, sem perder o controle de propriedade.

Para entender como uma colocação privada pode funcionar, considere a seguinte abordagem adotada pela New Heritage Capital, uma empresa que trabalha com empresas familiares:[3] suponha que uma empresa pudesse ser vendida por US$ 20 milhões por meio de uma aquisição alavancada de LBO, que provavelmente seria financiada com, pelo menos, 80% de dívida e 20% de capital próprio. Muitos empresários considerariam intolerável esse acordo, pois simplesmente não iriam querer que sua empresa fosse submetida ao risco associado a um grande financiamento da dívida. Além disso, com a aquisição alavancada de ações com financiamento, a família geralmente perde o controle do negócio.

Como alternativa, a geração que pretende se aposentar pode vender para a New Heritage Capital por US$ 18 milhões, 10% a menos do que o preço da aquisição alavancada –, dos quais US$ 15 milhões seriam pagos à geração que vai se aposentar e US$ 3 milhões seriam reinvestidos na empresa pela geração mais nova. Para o investimento de US$ 3 milhões, a geração mais nova receberia 51% do patrimônio líquido. Os US$ 15 milhões restantes do preço da compra seriam financiados por duas fontes: US$ 7 milhões em dívidas e US$ 8 milhões da New Heritage Capital, consistindo em US$ 4 milhões em ações preferenciais e US$ 4 milhões em ações ordinárias. As ações preferenciais proporcionariam um dividendo anual aos investidores, enquanto as ações ordinárias dariam 49% da participação da empresa ao novo investidor (veja o Quadro 13.3).

As diferenças entre as duas estruturas de capital são claras. A razão da dívida é muito menor com a recapitalização do que com a aquisição alavancada, possivelmente permitindo uma menor taxa de juros sobre a dívida, com menos risco, e que os fluxos de caixa da empresa sejam utilizados para expandir a empresa, e não para pagar dívidas. Esse arranjo permite que a geração sênior de proprietários desembolse, ao passo que a nova geração mantém o controle e o dinheiro para expandir a empresa – uma situação em que todos ganham. A geração mais nova também tem o potencial de realizar ganhos econômicos significativos no futuro se a empresa tiver sucesso após a venda.

13-3 AVALIAÇÃO DA EMPRESA E MÉTODOS DE PAGAMENTO

À medida que uma empresa se aproxima da colheita, duas questões são de primordial importância: o valor da colheita (o que a empresa vale) e o método de pagamento quando uma empresa é vendida.

13-3a O valor da colheita

A avaliação de uma empresa pode ser necessária em várias ocasiões durante a sua existência, mas nunca é mais importante do que no momento da saída de seus proprietários, que podem colher apenas o que empreenderam. O valor é criado quando o retorno da empresa sobre o capital investido é maior do que o **custo de oportunidade de capital**, que é a taxa de retorno que poderia ser obtida com um investimento de risco similar.

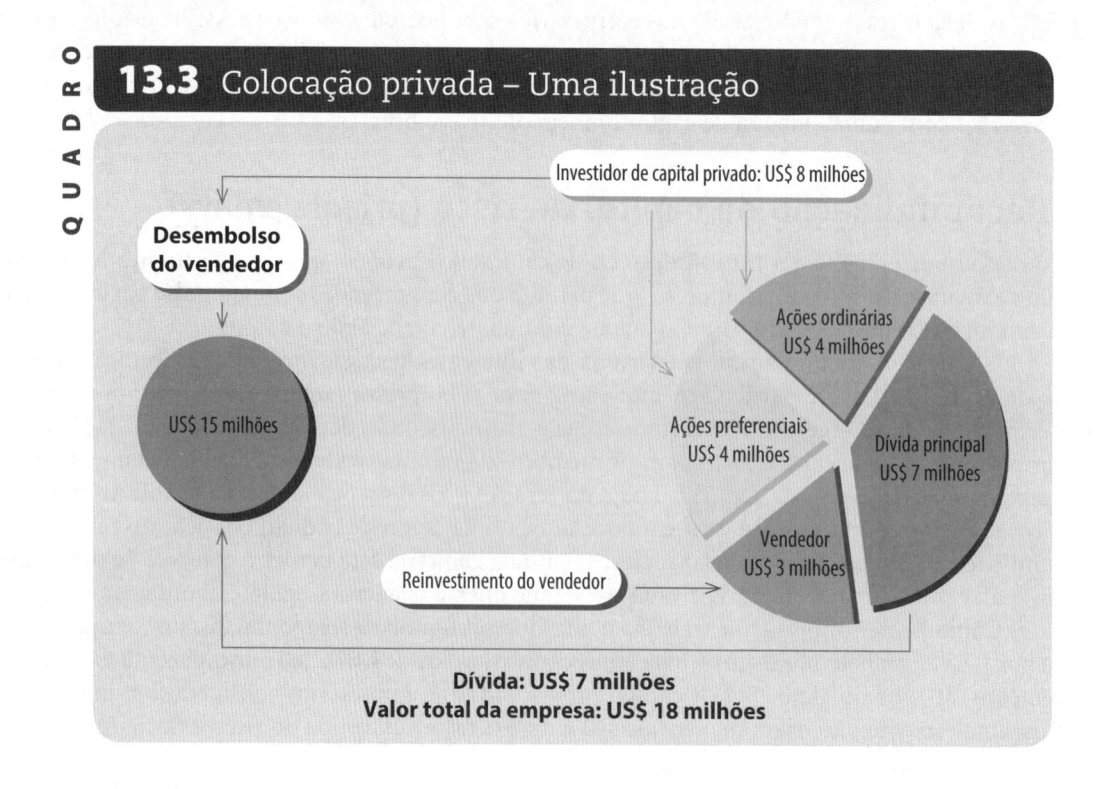

QUADRO 13.3 Colocação privada – Uma ilustração

Investidor de capital privado: US$ 8 milhões

Desembolso do vendedor: US$ 15 milhões

Ações ordinárias US$ 4 milhões
Ações preferenciais US$ 4 milhões
Dívida principal US$ 7 milhões
Vendedor US$ 3 milhões

Reinvestimento do vendedor

Dívida: US$ 7 milhões
Valor total da empresa: US$ 18 milhões

Aumentar um capital de risco até o ponto de diminuir os retornos e depois vender a empresa para outros que podem levá-la ao próximo nível é uma maneira comprovada de criar valor. O modo como esse valor gradativo é compartilhado entre os proprietários antigos e novos depende em grande parte das forças relativas de cada parte envolvida nas negociações – ou seja, quem quer mais a empresa ou quem tem as melhores habilidades de negociação.

A avaliação de uma empresa é de um lado uma ciência e, de outro, é arte, portanto, não há fórmula precisa para determinar o preço de uma empresa privada. Em vez disso, o preço é determinado por um processo de negociação às vezes intrincado entre comprador e vendedor. Na maioria a avaliação depende das habilidades de negociação de ambos os lados envolvidos. Mas uma coisa é certa: é preciso que haja um comprador disposto. Não importa que o proprietário de uma empresa acredite que o negócio vale a pena; vale apenas o fato de que alguém que tem dinheiro está preparado para pagar pela empresa.

13-3b O método de pagamento

O valor real de uma empresa é apenas um problema; o outro é o método de pagamento. Ao vender uma empresa, um empreendedor tem três opções básicas: vender os ativos da empresa, vender suas ações ou, se o comprador for outra empresa, fundir-se com a empresa compradora. O empresário que está saindo da empresa pode preferir vender as ações para que o ganho na venda seja um ganho de capital, resultando em impostos mais baixos. O comprador, por outro lado, pode preferir comprar os ativos da empresa em vez de adquirir suas ações. A compra dos ativos alivia o comprador de quaisquer responsabilidades da empresa que está sendo vendida, conhecidas ou desconhecidas.

Os proprietários que estão fazendo a "colheita" podem ser pagos em dinheiro ou em ações da empresa adquirente, sendo o dinheiro geralmente preferido às ações. Os empresários que aceitam ações em pagamento geralmente ficam desapontados, pois não conseguem afetar o valor das ações depois que a empresa é vendida. Somente um empreendedor que tiver muita confiança na administração da empresa adquirente deve aceitar ações em pagamento, e mesmo assim, há uma grande chance de estas não serem bem diversificadas. Investir muito em apenas uma única ação é, no mínimo, arriscado.

13-4 O DESENVOLVIMENTO DE UM PLANO DE COLHEITA EFETIVO

Discutimos por que o planejamento para a colheita é importante e também descrevemos os métodos de colheita. No entanto, entender quais são as opções para sair de uma empresa de nenhum modo garante uma colheita bem-sucedida. Muito frequentemente, os proprietários que fazem sua colheita ficam desapontados com o processo e o resultado. Nas seções a seguir, fornecemos sugestões para elaborar uma estratégia de saída efetiva.[4]

13-4a Antecipe a colheita

Os empresários geralmente não apreciam a dificuldade do momento de colheita em sua empresa. Um investidor comentou que sair de uma empresa é como "fazer uma cirurgia no cérebro – é um procedimento comum, mas há muitas coisas envolvidas no processo que podem dar errado". A colheita, seja por venda ou por oferta de ações, requer muito tempo e energia da equipe de gestão da empresa e pode desviar dos assuntos do dia a dia. Muitas vezes, o resultado é perda do foco e do impulso administrativo, resultando em um desempenho ruim.

As incertezas que acompanham uma venda iminente geralmente diminuem o ânimo dos funcionários. O estresse pode afetar toda a organização, à medida que os funcionários se preocupam com a perspectiva de um novo dono. Len Baker, na Sutter Hill Ventures, aconselha: "Não comece a administrar a empresa visando sua liquidez. Administre a empresa para o longo prazo. "Há também o risco de ficar tão atento ao 'processo de colheita' que o empresário pode esquecer de manter as proridades em primeiro lugar".

Os investidores estão sempre preocupados com a saída, e os empresários precisam ter mentalidade semelhante. Peter Hermann, sócio geral na New Heritage Capital, observa: "As pessoas geralmente tropeçam na saída, e não se planejam para isso". No entanto, para Hermann, "a estratégia de saída inicia quando o dinheiro começa a entrar". Da mesma forma, Gordon Baty, sócio-gerente da Zero Stage Capital e investidor-anjo, faz cada investimento tendo compreensão clara do horizonte de investimento e do plano de colheita: "planejamos uma aquisição e esperamos uma oferta inicial pública de ações". Jack Kearney, da BDO Capital Advisors, LLC, indica que a estratégia de saída não deve ser formulada com antecedência, a menos que "o empresário espere morrer no cargo de diretor presidente. (...) O pior que pode acontecer é perceber, por razões de saúde ou outras, que você tem de vender a empresa imediatamente". Jim Knister, que, antes trabalhava com a Donnelly Corporation, aconselha os empresários a começarem a pensar dois ou três anos antes sobre como pretendem sair de suas empresas para poderem posicioná-las.

Esse tipo de conselho é particularmente importante quando o empreendedor está planejando uma oferta inicial pública de ações. Administrar uma empresa com ações lançadas na bolsa exige a divulgação de informações aos acionistas, que não são exigidas de uma empresa privada. Especificamente, isso significa (1) manter um processo contábil que separa a empresa da vida pessoal do empreendedor, (2) eleger um conselho de administração consistente que pode e irá oferecer conselhos empresariais valiosos e (3) gerenciar a empresa de modo que produza um histórico de desempenho bem-sucedido.

Ter um plano de colheita já estabelecido também é muito importante porque as oportunidades podem surgir e desaparecer rapidamente. Lembre-se de que a oportunidade de sair é desencadeada pelo surgimento de um comprador disposto e com condições, não apenas um vendedor interessado. Para uma oferta pública de ações inicial, um mercado aquecido pode oferecer uma oportunidade muito atrativa, e um vendedor deve estar pronto para agir quando a oportunidade surgir.

Em resumo, um empreendedor deve sempre prever a colheita. Nas palavras de Ed Cherney, um empreendedor que vendeu duas empresas: "não espere para se preparar somente quando acontecer algo drástico. Comece a pensar sobre a estratégia de saída e a planejar os movimentos, de modo que, se algo importante acontecer, você já terá tido tempo para refletir sobre suas opções".

13-4b Espere enfrentar conflitos – Emocionais e culturais

O fato de terem comprado outras empresas não prepara empresários para a venda da própria firma. Empreendedores que estiveram envolvidos na aquisição de outras empresas ainda não estão preparados para o estresse associado à venda dos próprios empreendimentos. Jim Porter, que já esteve envolvido em várias aquisições, diz: "Definitivamente, há muito mais prazer em comprar do que em ser comprado".

Uma diferença muito real entre a venda e a compra está nos laços pessoais do empreendedor com a empresa que ele ajudou a criar. Um comprador pode não estar emocionalmente vinculado ao que compra, ao passo que um vendedor provavelmente estará muito mais preocupado com considerações que não são financeiras.

Por essa e muitas outras razões, os empreendedores frequentemente não são bons empregados. As mesmas qualidades que os tornam empreendedores bem-sucedidos podem tornar difícil a eles trabalhar para um novo proprietário. Na verdade, um empreendedor que planejar permanecer com a empresa depois de sua venda poderá rapidamente ficar desiludido e resolver abandoná-la prematuramente. Como Len Baker observa, "Há uma ameaça de conflito cultural entre a administração adquirente e a administração da empresa adquirida. As chances de que alguém que tenha sido empreendedor não se sinta satisfeito em uma cultura corporativa são indiscutíveis".

Os conflitos ocorrem em graus variados sempre que um empreendedor permanece com a empresa após a venda. Embora a natureza do conflito varie, a intensidade dos sentimentos não se altera. Um empresário que permanece com a empresa deve esperar conflito cultural e ficar surpreso caso não ocorra nenhum.

13-4c Procure um bom conselho

Os empresários aprendem a operar suas empresas com a experiência adquirida em atividades repetidas do dia a dia. No entanto, eles podem participar de uma transação de colheita apenas uma vez na vida. "É uma verdadeira montanha-russa emocional", diz Ben Buettell, que frequentemente representa vendedores de pequenas e médias empresas.[5]

Assim, os empresários têm realmente necessidade de bons conselhos, tanto de profissionais experientes quanto de pessoas que passaram diretamente por uma colheita. Ao procurar orientação, esteja ciente de que os especialistas que o ajudaram a construir e desenvolver sua empresa podem não ser os melhores a recorrer na hora de vendê-la, pois talvez não tenham experiência necessária nessa área. Sendo assim, escolha seus conselheiros cuidadosamente. Jack Furst, na HM Capital Partners, acredita que os conselheiros podem dar aos empreendedores uma verificação da realidade. Ele argumenta que, sem um aconselhamento independente, os empreendedores geralmente são vítimas do pensamento de que querem vender a empresa incondicionalmente, quando, na verdade, querem vender apenas se for oferecido um preço extremamente alto.

O aconselhamento profissional é vital, mas os empreendedores enfatizam a importância de se comunicar com outros empresários que venderam suas empresas ou as abriram para o público. Ninguém pode descrever melhor o que se pode esperar – tanto em termos de situações como de emoções – do que alguém que já tenha passado pela experiência. Essa perspectiva complementa muito bem o aconselhamento profissional.

Talvez, o maior equívoco entre os empreendedores seja acreditar que uma oferta inicial pública de ações é o fim da linha. Muitas vezes, eles sentem que tornar sua empresa negociada publicamente por meio de uma oferta pública de ações inicial significa que eles foram os responsáveis pelo fim do empreendimento. O fato é que tornar pública uma empresa é apenas uma transição. Muitos empreendedores ficam surpresos ao saber que uma oferta pública é somente o começo, e não o fim.

Um empresário não poderá retirar dinheiro por algum tempo após a conclusão da oferta pública de ações inicial. Em certo sentido, os investidores da nova oferta de ações optaram por apoiar o empreendedor como a força motriz por trás da empresa – isto é, investiram no empreendedor e não no empreendimento. Embora as cotações diárias dos preços das ações permitam que os gestores mantenham sua posição, a empresa terá de chegar a outro nível antes que seu fundador pense em colocá-la nas mãos de uma nova equipe e sair para pescar. Nessas circunstâncias, obter um bom conselho é uma obrigação.

13-4d Entenda o que motiva você

Para um empresário, realizar a colheita em uma empresa que foi parte integrante de sua vida por um longo período pode ser uma experiência muito envolvente. Quando um empreendedor investiu grante parte de sua vida profissional no desenvolvimento de um empreendimento, o momento da colheita pode representar uma verdadeira perda. Afastar-se de funcionários, clientes e de sua identidade como dono de pequena empresa pode não ser o "maravilhoso passeio ao pôr do sol" que se esperava.

Assim, os empresários devem pensar com cuidado sobre os motivos de sua saída e quanto ao que eles planejam fazer após a colheita. Frequentemente, os empresários têm grandes expectativas de como será a vida com muita liquidez, algo que muitos não conheciam. A colheita proporciona a liquidez há muito procurada, mas alguns empreendedores acreditam que administrar seu dinheiro – em comparação com a operação de sua própria empresa – é menos gratificante do que esperavam.

Peter Hermann acredita que o "remorso de vender a companhia" é definitivamente um grande problema para muitos empresários. O conselho dele: "Faça uma introspecção e, então, enumere o que você deseja alcançar com a saída da empresa. Você quer dinheiro, a saúde da empresa, ou quer que seus gestores ou um herdeiro assuma a companhia?". "As respostas a essas e outras questões semelhantes determinam, em grande medida, se a saída será bem-sucedida em todas as dimensões da vida de um empreendedor.

Os empresários também são aconselhados a ficar atentos aos problemas que podem surgir após sua saída da empresa. Há histórias de pessoas que vendem uma empresa ou a tornam pública com vendas de ações e, depois, perdem tudo. Ed Cherney comenta: "É mais difícil lidar com o sucesso do que viver lutando. As pessoas esquecem o que proporcionou a eles o sucesso – a ética no trabalho, o compromisso com a família, ou quaisquer características do trabalho de um empresário. Quando o dinheiro chega às mãos das pessoas, elas se esquecem e começam a ter problemas".

E para o empresário que acredita que será fácil se adaptar às mudanças e até mesmo iniciar um novo empreendimento, William Unger, da Mayfield Fund, cita uma frase do livro *O Príncipe*, de Maquiavel: "É preciso lembrar que nada é mais difícil do que estabelecer uma nova ordem das coisas".

Para fornecer uma visão geral das questões que discutimos para o desenvolvimento de uma estratégia efetiva de colheita, consulte a estrutura de colheita fornecida no Quadro 13.4. Embora não possamos abordar completamente todas as questões que precisam ser consideradas, esse quadro deverá dar a você um bom ponto de partida sobre o que construir.

13-4e E o que vem depois?

Os empreendedores, pela própria natureza, são pessoas orientadas por objetivos. Então, após a saída de sua empresa, um empreendedor que construiu um empreendimento lucrativo precisará de algo que traga significado para sua vida. Muitos empresários têm um sentimento de gratidão pelos benefícios que receberam de viver em um sistema capitalista. Como resultado, eles querem retribuir esses benefícios, tanto com seu tempo quanto com seu dinheiro.

Judy Johnston é um excelente exemplo de uma empreendedora que fez a pergunta "O que vem depois?". Para Johnston, será um empreendimento sem fins lucrativos. Ela usou suas economias da vida inteira, no total

QUADRO 13.4 A estrutura da colheita

Por que você quer sair?	Este é o momento certo para vender?	Qual é o valor da empresa?	Como devo decidir sobre o método de colheita?	Como consigo o melhor preço?	Devo ficar com a empresa?
Quais são meus objetivos para a colheita?	Por que este é o momento certo para vender?	Qual é o valor da empresa no mercado hoje?	Qual método é melhor? Por quê?	Como fazer o "bolo" ficar maior?	Por que eu ficaria na empresa após a colheita?
Quais interesses importam mais: os meus? Dos acionistas? Dos empregados?	Por que este não é o momento certo para vender?	Qual método de avaliação é mais apropriado?	Quanto custará financeiramente?	Quais são as melhores táticas de negociação?	Por que eu não ficaria com a empresa?
O que farei na próxima fase de minha vida? (Jogar golfe, pescar e viajar não são respostas adequadas)	A empresa tem sido administrada de modo a se tornar uma aquisição atrativa?	Queremos ser pagos em dinheiro ou em ações?	A colheita irá prejudicar a companhia? Teremos de conceder acesso a informações proprietárias?	Como aumentamos a pressão para fechar o negócio?	Se eu ficar, que função pretendo ocupar? Conseguirei aproveitar e contribuir para a nova cultura?

de US$ 50.000, para fundar seu primeiro empreendimento, a PrintPaks, que foi vendida para a Mattel três anos depois por US$ 26 milhões. A Blue Lake Children's Publishing, a mais recente *startup* de Johnston, foi fundada em 2002 – ela espera vendê-la nos próximos cinco anos.

Na opinião dela, sua revista infantil, *Tessy & Tab*, possivelmente, vai precisar de um programa de vídeo, mas é assunto para o sucessor solucionar. "Sei que isso tem que ser feito, mas outra pessoa deverá fazê-lo", diz ela. "Acho que cheguei a meu limite, porque não estou motivada a simplesmente ganhar dinheiro. Não sou qualificada nem estou interessada, na verdade, em dirigir uma empresa grande."

A Blue Lake provavelmente será a última iniciativa de uma *startup* visando ao lucro, por parte de Johnston, mas não seu último empreendimento em uma *startup*. "Quero fazer algo que não envolva ter de devolver capital aos investidores", diz ela. Uma empresa sem fins lucrativos ainda é um jogo justo.[6]

A boa notícia é que não há limite para o número de causas beneficentes dignas, incluindo universidades, igrejas e organizações cívicas. E pode ser que, quando tudo estiver concluído, a vontade de ajudar os outros com um novo empreendimento seja muito forte para que um indivíduo com mentalidade empresarial consiga resistir. Mas o que quer que você decida fazer, faça-o com paixão e deixe sua vida beneficiar outros no processo.

Glossário

Aquisição alavancada (p. 278) – Compra altamente financiada com dívidas, em que se espera que os fluxos de caixa futuros da empresa-alvo sejam suficientes para atender aos reembolsos da dívida.

Aquisição fragmentada (LBO *bust up*) (p. 279) – Aquisição alavancada que envolve a compra de uma empresa com a intenção de vender seus ativos.

Aquisição incrementada (LBO *build up*) (p. 279) – Aquisição alavancada que envolve a compra de um grupo de empresas similares com a intenção de transformá-las em uma empresa maior para eventualmente ser vendida ou para se tornar pública.

Aquisição feita pelos gestores (MBO – *management buyout*) (p. 279) – Aquisição alavancada na qual os principais gestores da empresa se tornam acionistas importantes na empresa adquirida.

Colheita (saída) (p. 277) – Processo utilizado por empreendedores e investidores para obter o valor de seus investimentos em uma empresa quando a estiverem deixando.

Corretor de negócios (p. 277) – Profissional que ajuda na compra e venda de uma empresa.

Custo de oportunidade de capital (p. 284) – Taxa de retorno que pode ser obtida em outro investimento de risco similar.

Dupla tributação (p. 281) – Tributação do rendimento que ocorre duas vezes – primeiro, como ganhos corporativos e, em seguida, como dividendos dos acionistas.

Financiamento do vendedor (p. 280) – Financiamento em que o vendedor aceita uma nota de um comprador em vez de dinheiro como pagamento parcial para uma empresa.

Oferta pública inicial (IPO) (p. 281) – Primeira venda das ações de uma empresa para o público.

Plano de participação dos empregados em ações (ESOP) (p. 279) – Método de colheita pelo qual uma empresa é vendida parcial ou totalmente para seus empregados.

Recapitalização de capital de risco (p. 283) – Provisão de dívida e patrimônio por investidores de capital de risco, que permite que um empreendedor desembolse parte de seu investimento.

Ações para *startups*

O planejamento para uma colheita bem-sucedida
Quanto antes você começar a se planejar para uma colheita, mais provável é que sua eventual saída seja bem-sucedida. De fato, algumas das etapas envolvidas no planejamento para a colheita, como o ajuste das estratégias da sua empresa, o foco no crescimento interno, a melhoria de seus sistemas financeiros e a criação de um quadro independente, são as mesmas necessárias para a construção de uma empresa de sucesso.

Avalie sua empresa como um comprador faria
Periodicamente, dedique um tempo para analisar sua empresa como se fosse um potencial comprador. Você notará coisas que, de outro modo, poderia ignorar, como as melhorias que podem ser feitas e as melhores práticas que podem ser adotadas.

Planos de saída de proprietários de pequenas empresas
Em um estudo realizado pela Harris Poll e pelo Bank of the West, 62% dos proprietários de pequenas empresas identificaram seu plano de saída da seguinte maneira:

- Planeja deixar a empresa para seus filhos ou parentes – 21%
- Espera vender para quem fizer a melhor oferta – 19%
- Planeja liquidar – 11%
- Venderia para os empregados – 7%
- Deixaria a empresa para o sócio atual – 4%

Fonte: "Paying It Forward: Small Business Owners Share Their Experiences and Insights", Bank of the West Survey of Small Business, 2014.

Transformação para *startup*

Uma advertência para todos os empreendedores
Para muitos empresários, o plano de aposentadoria *integral* se resume a: *vender a empresa*. De acordo com um relatório feito pela Small Business Administration (SBA), é "muito menos provável" que os proprietários de pequenas empresas tenham ativos de aposentadoria diversificados do que seus empregados, aumentando sua vulnerabilidade financeira à medida que envelhecem.

"Existe risco de danos expressivos se a companhia fracassar", afirma Jules Lichtenstein, economista sênior na SBA, que redigiu o relatório. "Existe risco duplo se acontecer algo de errado com a companhia, pois perderá seus rendimentos e seus ativos de aposentadoria."

Não há dúvida de que investir tudo em sua empresa pode ser a única opção se quiser ter sucesso. Mas há um momento no qual precisa parar de apostar tudo em sua empresa.

Para saber mais sobre esse assunto, consulte Karen F. Klein, "Risking Retirement on Selling the Business", *Businessweek*, 15 de dezembro de 2012, http://www.businessweek.com/articles/2012-12-15/risking-retirement-on-selling-the-business. Acesso em 28 de fevereiro de 2015.

Você é quem manda

Situação 1
Ed e Barbara Bonneau iniciaram sua empresa de distribuição de óculos de sol por atacado há 30 anos, com US$ 1.000 do próprio dinheiro e US$ 5.000 emprestados de um banqueiro na cidade natal de Ed. A empresa cresceu rapidamente, vendendo óculos de sol e óculos de leitura para empresas como Walmart, Eckerd Drugs e Phar-Mor. Embora a empresa tivesse obtido sucesso, recentemente o mercado amadureceu e as margens de lucro diminuíram significativamente. O Walmart, por exemplo, estava insistindo em conseguir melhores prazos, o que significava lucros bem menores para a Bonneaus. Anteriormente, Ed havia estabelecido os preços de que ele precisava para obter um bom retorno sobre seu investimento. Agora, os compradores se consolidaram e passaram a deter poder. Ed já não gostava mais de dirigir a empresa tanto quanto antes e estava encontrando maior satisfação em outras atividades, como atuar no conselho do hospital local e se envolver diretamente nas atividades da igreja.

Assim que Ed e Barbara começaram a pensar em vender a empresa, foram contatados por um comprador financeiro, que queria utilizar a empresa como uma plataforma e, em seguida, comprar várias empresas de óculos de sol. Após as negociações, os Bonneau venderam a companhia por cerca de US$ 20 milhões. Além disso, Ed recebeu uma taxa por servir como consultor para o comprador. E, ainda, o genro dos Bonneau, que fazia parte da equipe de gestão da empresa, foi nomeado o novo diretor de operações.

Pergunta 1 – Você concorda com a decisão dos Bonneau de vender a empresa? Por que sim ou por que não?

Pergunta 2 – Por que os compradores mantiveram Ed como consultor?

Pergunta 3 – Você vê algum problema no fato de o genro dos Bonneau ser o novo diretor de operações da empresa?

Situação 2

Um empreendedor está tratando da difícil questão de quando deverá vender sua empresa:

> Iniciei minha empresa de telecomunicações quando eu tinha 18 anos, e vou fazer 47 anos neste verão. É uma empresa de sucesso, que me proporciona uma boa vida. (...) Contudo, a cada dia me sinto mais insatisfeito com o que estou fazendo. (...) Sinto que tenho muitos conhecimentos corporativos que estão sendo desperdiçados aqui, simplesmente fazendo a mesma coisa ano após ano. Já me arrisquei em alguns empreendimentos paralelos. (...) E também já considerei vender a empresa, mas é grande demais para ser adquirida por um concorrente local. (...) e por outro lado é pequena demais para atrair a atenção de grandes companhias. Além disso, eu não sei o que eu faria se vendesse a empresa. E será que aquilo que eu resolver fazer depois de vendê-la me permitirá ganhar o mesmo dinheiro que estou ganhando agora? E o mais importante, será que vou gostar, ou será que vou me arrepender de abandonar a única coisa que tive em toda a minha vida adulta?

Fonte: citado em Norm Brodsky, "Street Smarts: Ask Norm," *Inc.*, julho de 2008, p. 69-70.

Pergunta 1 – Você concorda que a empresa desse empreendedor não é vendável?

Pergunta 2 – Existem outras opções para o empreendedor além de vender sua empresa?

Pergunta 3 – O que você recomendaria que o empreendedor fizesse? Por quê?

Plano de negócios

Construindo a base
1. Quais são meus objetivos para a colheita?
2. Quando será o momento certo para a colheita?
3. Que opções são realistas para a colheita em minha empresa?
4. Por que um investidor em potencial estaria interessado em adquirir minha empresa?
5. Quem especificamente estaria interessado em adquirir minha empresa?
6. Como um investidor avaliaria minha empresa?

Notas

1. Conversa pessoal com Bob Browder, ex-diretor executivo na BFW Construction, *Inc.*, 20 de junho de 2014.
2. Simona Covel, "How to Get Workers to Think and Act Like Owners", *The Wall Street Journal*, 7 de fevereiro de 2008, p. B-1.
3. Este exemplo foi fornecido por Peter Hermann, da Heritage Partners (atualmente, New Heritage Capital), uma empresa de capital de risco sediada em Boston, que obteve marca registrada para o processo denominado Private IPO®.
4. As citações não atribuídas nesta parte do capítulo foram retiradas de entrevistas pessoais realizadas como parte de uma pesquisa sobre colheita, patrocinada pela Financial Executives Research Foundation e citada em J. William Petty, John D. Martin e John Kensinger, *Harvesting the Value of a Privately Held Company* (Morristown, NJ: Financial Executives Research Foundation, 1999). Para obter mais informações sobre a Financial Executives Research Foundation, acesse o site http://www.financialexecutives.org.
5. Citado em Jeff Bailey, "Selling the Firm – and Letting Go of the Dream", *The Wall Street Journal*, 10 de dezembro de 2002, p. B-6.
6. Jennifer Wang, "Confessions of Serial Entrepreneurs," *Entrepreneur*, 8 de janeiro de 2009, http://www.entrepreneur.com/startingabusiness/successstories/article199436.html. Acesso em 18 de março de 2015.

PARTE 4

CAPÍTULO 14

Construindo relacionamento com os clientes

O Cut & Color Room, um salão de cabeleireiros que também é uma boutique, em Orlando, Flórida, se mantém acima da concorrência. Esse salão se destaca por se concentrar intensamente na satisfação do cliente. O objetivo é oferecer produtos e serviços de cabeleireiros de alta qualidade em um ambiente descontraído que permite que os clientes se sintam relaxados e à vontade. Da reconhecida dedicação e cuidados com cabelos até sua cordial equipe, o Cut & Color Room foca na experiência com o cliente acima de tudo.

Mas, apesar do esforço dedicado a fornecer produtos e serviços distintos, o coproprietário, Jeff Morris, percebeu que o salão ainda tinha um problema: a falta de fidelidade do cliente. Os clientes levavam as sugestões especializadas de seus estilistas aos revendedores próximos e compravam os produtos recomendados apenas para ganhar pontos. "A perda desse nicho nos despertou", lembra Morris. "Sabíamos que precisávamos trabalhar para manter essas vendas."

Reconhecendo que uma nova abordagem era necessária, os proprietários do Cut & Color Room decidiram introduzir um programa próprio de premiações planejadas para engajar os clientes de uma maneira exclusiva para captar mais vendas. Mas Morris sentia intensamente que eles precisavam evitar aquele modelo baseado em cartão perfurado, generalizado e ineficiente, do tipo "compre 10 e leve um grátis", para premiar seus clientes assíduos, ofertando sem necessidade os produtos premiados.

A iniciativa de encontrar uma melhor alternativa levou a empresa a colaborar com o Perka, um sistema de marketing de fidelidade móvel e sem cartão, que foi criado tendo em mente as necessidades das pequenas empresas. O modelo oferece vantagens crescentes com base no volume de compras, dando crédito assim como agendando clientes e indicando novos. O aplicativo móvel central desse programa de fidelidade foi projetado em formato de jogo, o que torna divertida a participação, ao mesmo tempo que promove o engajamento do consumidor, que pode ser apontado para resultados específicos. Para o Cut & Color

No Spotlight
O Cut and Color Room
www.cutandcolorroom.com

Ao término deste capítulo, você deverá ser capaz de:

14-1. Definir *gestão de relacionamento com clientes* (CRM) e explicar sua importância para uma pequena empresa.

14-2. Discutir a importância de prestar serviços excelentes aos clientes.

14-3. Entender como a tecnologia pode ser utilizada para melhorar o relacionamento com os clientes e as técnicas empregadas para criar bancos de dados de clientes.

14-4. Explicar como os consumidores são tomadores de decisões e por que é importante na compreensão do relacionamento com os clientes.

14-5. Identificar determinadas influências psicológicas sobre o comportamento do consumidor.

14-6. Reconhecer certas influências sociológicas no comportamento do consumidor.

Room, o objetivo era gerar aumento de movimento e de vendas.

O sucesso do programa de fidelidade do salão rapidamente se tornou atrativo, considerando que mais de 600 clientes se inscreveram nos primeiros cinco meses. Os clientes do Perka vão à loja a cada quatro ou cinco semanas, ao passo que aqueles que não estão no programa visitam o salão apenas a cada seis semanas. O programa também oferece outras vantagens. Por exemplo, o pessoal do Perka, com sede em Nova York, pode criar um novo programa de uma hora e ajudar as empresas clientes a fazer uma combinação de incentivos personalizados para que o cliente volte. Os prêmios podem ser programados para alcançar clientes regulares e VIPs, incentivar novos clientes e aumentar o tráfego durante horas normalmente lentas. O Perka agora oferece suporte a mais de 2 mil pequenas empresas e possibilitou a implementação de programas de premiação que podem custar apenas US$ 1.000 por ano. E certamente isso funcionou para o Cut & Color Room.

Uma vez que apenas cerca de 10% das empresas oferecem algum tipo de programa de premiações, o trabalho do salão com o Perka ajudou a destacá-lo da concorrência, ao mesmo tempo que fortalece seu relacionamento com os clientes. Isso criou um novo nível de fidelidade – desta vez, entre o Cut & Color Room e o programa de premiações que foi criado.

Fontes: Jason Ankeny, "Playing for Keeps", *Entrepreneur*, setembro de 2013, vol. 41, n. 9, p. 63-64; "Perka: Our Story", http://getperka.com/about. Acesso em 2 de janeiro de 2015; John Swanciger e Jed Williams, "Why Small Businesses Should Be Utilizing Customer-Loyalty Programs", *Entrepreneur*, 25 de abril de 2014, http://www.entrepreneur.com/article/233362. Acesso em 2 de janeiro de 2015; e http://www.cutandcolorroom.com. Acesso em 2 de janeiro de 2015.

Administrar o relacionamento com os clientes resulta em ótimos benefícios. Os clientes tradicionais geralmente permanecem fiéis a uma empresa porque confiam nela, e essa confiança naturalmente se traduz em maior volume de vendas. Os clientes fiéis tendem a comprar os produtos mais caros de uma empresa, são menos sensíveis aos aumentos de preços e também trazem seus amigos para adquirir produtos.[1] Se as empresas aumentarem sua retenção de clientes em apenas 5% ao ano, poderão ver seu lucro líquido crescer em até 80%.[2] A retenção de clientes é fundamental, por isso, é essencial que as empresas façam isso efetivamente.

Mas assim como foi o caso do Cut & Color Room (veja *No Spotlight*), manter a fidelidade do cliente pode ser um desafio. Nesta era de mídia altamente social e móvel, os clientes acham mais fácil se livrar dos canais de propaganda tradicionais, consultando redes sociais para obterem orientações para suas compras. Eles podem fazer comparações de preços continuamente com muita precisão e excelente conveniência, graças à riqueza de informações *on-line* e tecnologias simples, como aplicativos de comparação por escaneamento de códigos de barras. E, se eles não gostarem da maneira como foram tratados por uma marca ou empresa, podem relatar rapidamente o seu desagrado aos amigos do Facebook e nos fóruns *on-line* e sites de análise de usuários, como o Yelp. As pequenas empresas inteligentes estão aprendendo a usar as ferramentas agora disponíveis para estabelecer relações com clientes fortes e saudáveis e criar grandes empresas.

Se quiserem ficar à frente dos concorrentes, realmente não terão escolha. Este capítulo mostra como criar e manter conexões vitais que satisfaçam seus clientes, melhorem a reputação e aumentem o desempenho de sua empresa. Os Capítulos 15 a 18 discutem tópicos de marketing essenciais ao desenvolvimento, com base no foco crucial do cliente, que fornece a base para este capítulo.

14-1 O QUE É GESTÃO DE RELACIONAMENTO COM CLIENTES?

A gestão de relacionamento com clientes (CRM – *customer relationship management*) tem significados diversos para empresas diferentes. Para algumas, significa que os funcionários simplesmente sorriem e dizem "obrigado" e "volte sempre" aos clientes que acabaram de fazer uma compra. Para outros, a CRM é nada menos do que a completa personalização de produtos e/ou serviços para atender às necessidades individuais de cada cliente. Os objetivos de um programa de CRM para a maioria das pequenas empresas estão em algum lugar entre essas duas perspectivas.

Formalmente definida, a **gestão de relacionamento com clientes (CRM)** é uma "estratégia corporativa para toda a empresa, projetada para otimizar a lucratividade, o rendimento e a satisfação do cliente, focando em grupos de clientes precisamente definidos".[3] Trata-se de um processo ou método que pode ser utilizado para aprender mais sobre as necessidades e os comportamentos de clientes com o propósito específico de criar relacionamentos mais sólidos com eles, de modo que a companhia possa obter sucesso. A CRM envolve tratar os clientes do mesmo modo que o empreendedor gostaria de ser tratado se fosse cliente – a versão corporativa da Regra de Ouro.[4]

Independentemente do nível de comprometimento de uma empresa com a gestão de relacionamento com clientes, a mensagem central de todo programa de CRM é "cultivar clientes para mais do que uma única venda". Durante décadas, os empreendedores têm reconhecido a importância de tratar bem os clientes. "O cliente é o rei" é, afinal, um antigo mantra. Contudo, a novidade está em definir o conceito de forma mais precisa e usar as técnicas mais recentes e as tecnologias inovadoras para implementar práticas efetivas de gestão de relacionamento com o cliente.

14-1a Benefícios da CRM para uma pequena empresa

Criar um bom relacionamento com os clientes é assunto sério para a maioria das pequenas empresas. Este aspecto é destacado por uma pesquisa feita por empreendedores, que indicou que é precisamente por causa do pequeno tamanho de suas empresas que eles são capazes de responder rapidamente aos problemas referentes aos serviços ao cliente. E ser capaz de agir rapidamente e com eficiência é extremamente importante. De fato, dos entrevistados, 84% disseram que esta é uma das maiores vantagens de administrar uma pequena empresa.[5]

Conforme está ilustrado no Quadro 14.1 a continuidade nas vendas de uma empresa vem de uma de duas fontes – um cliente atual ou um novo cliente. Os esforços de marketing dedicados a trazer novos clientes, às vezes, deixam os clientes atuais se sentindo limitados e desatendidos. Mas manter felizes os clientes já existentes deve ser uma alta prioridade.

Brian Vellmure, fundador e diretor executivo na Initium Technology, uma provedora de soluções de CRM para pequenas empresas, identificou cinco importantes benefícios econômicos de manter um bom relacionamento com os atuais clientes:[6]

1. Custa muito mais conquistar um novo cliente do que manter um cliente habitual.
2. Os clientes de longo prazo confiam em você e, por isso, gastam mais dinheiro do que os clientes novos.
3. Clientes felizes indicam amigos e colegas, levando a ainda mais vendas.
4. Custa menos processar os pedidos dos clientes já conhecidos porque eles já estão incluídos no sistema e sabem como funciona.
5. Os clientes atuais compram sem descontos, por isso estão dispostos a pagar mais pelos produtos.

Esses fatores contribuem para os lucros e podem explicar por que 47% das pequenas empresas relatam que vendem seus produtos ou serviços principalmente para clientes habituais.[7]

14-1b Materiais essenciais para um programa de CRM

A implantação de um programa de CRM exige que o empreendedor conheça e entenda os princípios básicos sobre os quais pode ser estabelecida uma iniciativa bem-sucedida. No lembrete deste capítulo, consideramos as duas pedras fundamentais mais importantes envolvidas: (1) excelente relacionamento com os clientes e (2) conhecimento do comportamento do consumidor.

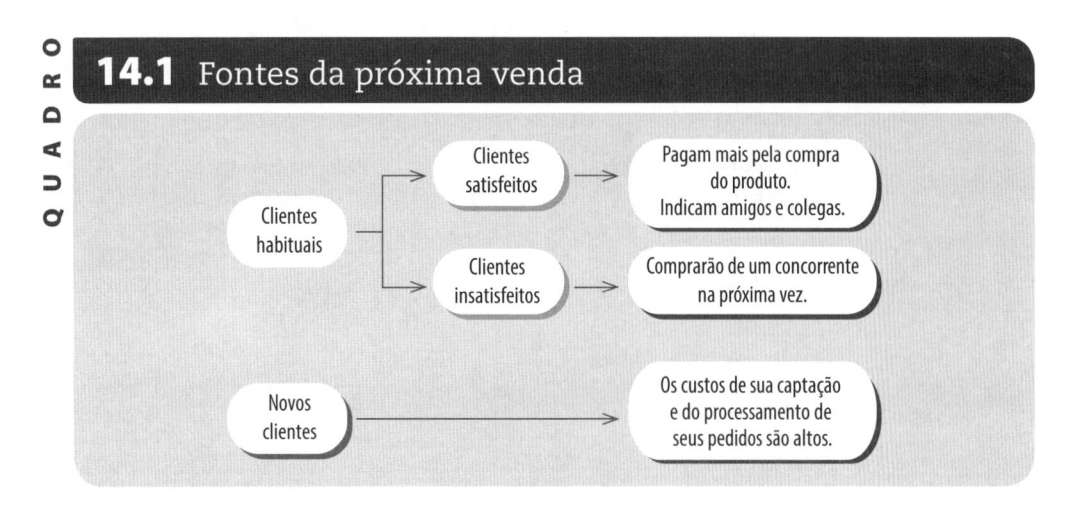

QUADRO 14.1 Fontes da próxima venda

Clientes habituais
- Clientes satisfeitos → Pagam mais pela compra do produto. Indicam amigos e colegas.
- Clientes insatisfeitos → Comprarão de um concorrente na próxima vez.

Novos clientes → Os custos de sua captação e do processamento de seus pedidos são altos.

Também examinaremos os materiais básicos a partir dos quais essas pedras fundamentais podem ser estabelecidas (veja o Quadro 14.2).

14-2 EXCELENTE RELACIONAMENTO COM OS CLIENTES POR MEIO DE UM SERVIÇO EXCEPCIONAL

Para serem bem-sucedidas ao longo do tempo, as pequenas empresas precisam se concentrar em criar relações transacionais positivas com seus clientes (veja a Pedra fundamental 1 no Quadro 14.2). Um **relacionamento transacional** é uma associação entre uma empresa e um cliente que começa (ou termina) com uma compra ou um intercâmbio comercial. Claramente, a natureza desses relacionamentos pode variar muito. Mas os consumidores que têm interações positivas com as empresas mais provavelmente serão clientes leais. Existem quatro fundamentos básicos que reforçam a ênfase em fornecer serviços excepcionais aos clientes:

1. As pequenas empresas têm maior potencial de fornecer um serviço superior aos clientes do que as grandes.
2. O serviço superior prestado aos clientes leva à satisfação.
3. A satisfação dos clientes resulta em uma relação transacional positiva.
4. As relações transacionais positivas levam a maiores lucros.

Como se pode ver, deixar de enfatizar o atendimento ao cliente compromete qualquer esforço para manter uma relação positiva com os clientes. Edward Reilly, presidente e CEO da American Management Association, disse algo muito importante quando deu a seguinte recomendação: "Minha mensagem para as pequenas empresas é que as grandes estão logo atrás com um melhor atendimento ao cliente, então é melhor você prestar atenção".[8]

Existe muito espaço para o aperfeiçoamento – para as companhias de todos os tamanhos. Um estudo revelou que somente 22% dos clientes descrevem suas experiências de transações com as empresas como "excelentes".[9] E 64% dos clientes afirmaram ter deixado de frequentar uma loja nos últimos 12 meses por causa de um atendimento insatisfatório.[10] Isto cria oportunidades para empreendedores como Marx Acosta-Rubio, que fundou sua empresa de suprimentos de escritório e cartuchos para *toner*, a OneStop, com base no que ele chama de um "modelo de intimidade com o cliente".

Como parte de seus dedicados esforços de atendimento, os vendedores da OneStop entram em contato com os clientes antes que eles fiquem sem suprimentos, mantendo uma sensação de conexão pessoal pelo telefone, em vez de esperar que os clientes façam seus pedidos *on-line*. Como resultado, a OneStop conseguiu gerar enormes vendas com uma equipe limitada, e seus vendedores são quase cinco vezes mais produtivos do que aqueles que trabalham para seus principais concorrentes.[11]

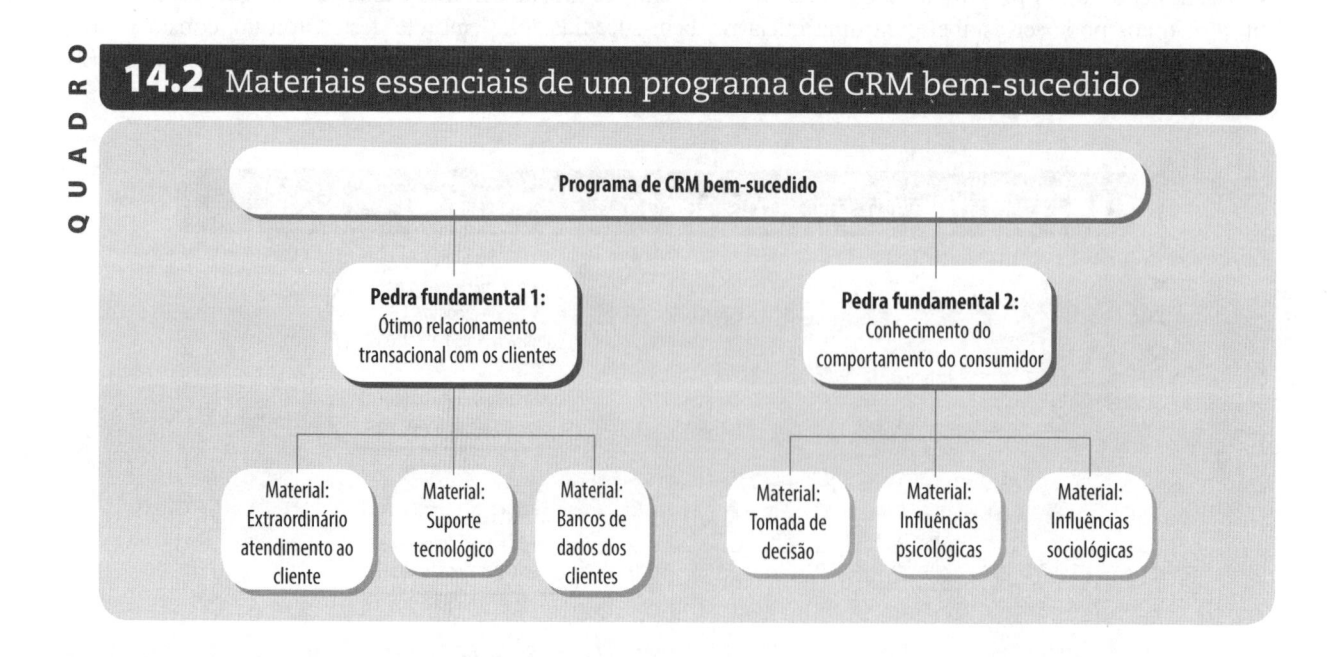

QUADRO 14.2 Materiais essenciais de um programa de CRM bem-sucedido

Programa de CRM bem-sucedido

- **Pedra fundamental 1:** Ótimo relacionamento transacional com os clientes
  - Material: Extraordinário atendimento ao cliente
  - Material: Suporte tecnológico
  - Material: Bancos de dados dos clientes
- **Pedra fundamental 2:** Conhecimento do comportamento do consumidor
  - Material: Tomada de decisão
  - Material: Influências psicológicas
  - Material: Influências sociológicas

14-2a Gestão da satisfação dos clientes

Por que a satisfação do cliente é tão importante? Porque clientes satisfeitos são clientes fiéis, e isso geralmente os leva a comprar produtos com margens mais elevadas, reagir menos aos aumentos de preços, incentivar seus amigos a comprar os mesmos produtos e se engajar em outros comportamentos que tendem a aumentar os lucros da empresa. Pesquisas conduzidas por Ruth Bolton, professora de marketing na Arizona State University, mostraram que, em média, um mero aumento de 10% na satisfação do cliente leva a um crescimento de 8% na duração de seu relacionamento com as empresas. Isso se traduz em uma elevação de 8% nas receitas geradas em longo prazo.[12]

As empresas controlam uma série de fatores que afetam a satisfação do cliente. Por exemplo, os clientes têm expectativas básicas sobre os benefícios que devem receber de qualquer empresa que venda determinado produto ou serviço.

As ofertas dessas empresas devem atender a essas expectativas mais básicas para satisfazer os clientes e conquistar sua lealdade. Além disso, os clientes antecipam que sua empresa irá ajudá-los no momento em que eles fizerem uma compra, se mais tarde eles tiverem problemas. Tenha em mente que aqueles que compram produtos de prestígio, como uma bolsa Louis Vuitton ou um relógio Rolex, esperam receber uma assistência muito melhor.

ATENÇÃO PESSOAL

A atenção pessoal é o "padrão de ouro" em relação ao qual a qualidade do serviço ao cliente é avaliada. As empresas que fornecem a melhor resposta às necessidades de um comprador específico em determinada situação se certificam de ter clientes leais e satisfeitos – e muitos deles. No entanto, o serviço personalizado é uma opção apenas para as empresas que ouvem atentamente os seus clientes e, assim, entendem suas necessidades precisas.

Uma vez que as pequenas empresas, como as floriculturas, por exemplo, têm menos clientes e menos empregados como intermediários entre o cliente e o proprietário, também são capazes de criar relações mais fortes e mais próximas com aqueles a quem atendem e de mantê-los como clientes. A seguir estão algumas das indicações mais comuns para um serviço de atendimento excelente e muito pessoal:[13]

- *Atenda seu cliente tratando-o por seu primeiro nome.* Pequenas empresas que conhecem seus clientes pelo nome e os saúdam como amigos estabelecem um vínculo poderoso que encoraja a lealdade.
- *Mantenha contato.* Conversas pessoalmente e por telefone são muito mais eficientes do que mensagens por e-mail ou malas-diretas. Pedir o *feedback* do cliente durante essas interações é útil para sua empresa e mostra que você está comprometido em obter a aprovação de seus clientes. E também confirma que se preocupa com mais do que apenas vender.
- *Descubra meios de ajudar.* Ajudar os clientes nem sempre leva a uma venda imediata, mas pode ser bom para a empresa e tem um custo mínimo. Envie aos clientes artigos e informações de seu interesse com um pequeno lembrete anexado, lembrando-os de datas importantes (como aniversários e datas comemorativas), e assim por diante.
- *Personalize seus serviços para atender às preferências dos clientes.* Ao lembrar das preferências pessoais de seus clientes e ajustar seu serviço para atendê-las, você aumenta o valor do produto que oferece.
- *Solucione problemas prontamente.* Quando surgir um problema, tome medidas para resolvê-lo rapidamente. Desse modo, o cliente saberá que é importante para você. Entre em contato com clientes perdidos para descobrir por que eles não estão mais com sua empresa e utilize essa informação para corrigir deficiências.

Denny Fulk, um empreendedor serial, enfatiza a importância de desenvolver e manter relações pessoais com os clientes para o sucesso do empreendimento:

> *Se você opera uma empresa, não importa o quanto ela seja pequena ou grande, seus clientes gostam de sentir que existe uma pessoa que realmente se preocupa com suas necessidades. Quer as informações sejam compartilhadas por telefone ou e-mail, a presteza e uma abordagem pessoal são fundamentais para que o cliente tenha uma boa percepção quanto à sua empresa. Independentemente de sua empresa ser uma startup ou já estar bem estabelecida, um cliente que receber uma resposta rápida, precisa e compreensível, muito provavelmente continuará fazendo negócios com sua empresa.*[14]

Guy Kawasaki, autor de *The Art of the Start* (*A Arte de Iniciar*), é um defensor convincente do princípio de responder a telefonemas e e-mails o mais rápido possível. Para testar o comprometimento de Kawasaki, um empreendedor enviou um e-mail para ele às 10:00 horas e recebeu uma resposta aproximadamente 10 minutos depois![15]

GESTÃO DA EXPERIÊNCIA DOS CLIENTES

Nos últimos anos, alguns proprietários de pequenas empresas começaram a ir além da simples CRM para a **gestão da experiência do cliente** (**CEM** – *customer experience management*). Esta abordagem reconhece que, com cada interação, os clientes aprendem algo sobre uma empresa que irá fortalecer ou enfraquecer sua satisfação e seu desejo de voltar a ela, gastar mais e recomendá-la a outras pessoas. Um especialista em marketing resumiu desta maneira: "Você literalmente não pode se dar ao luxo de ignorar a CRM porque seus clientes 'levam o assunto para o lado pessoal' cada vez que entram em contato com produtos, serviços e suporte técnico."[16]

Ter uma experiência positiva com uma empresa pode realmente se tornar parte da equação de valor dessa empresa – é quase como ter dinheiro no banco. Pesquisas têm demonstrado que 86% dos clientes pagariam até 25% a mais por uma excelente experiência de compra.[17] Mas, se a experiência não for positiva, certamente haverá prejuízo para a empresa. Um estudo realizado pela empresa Harris Interactive revelou que 26% dos respondentes colocam comentários negativos *on-line*, o que pode resultar em efeitos financeiros desastrosos, e 89% começaram a negociar com um concorrente depois de ter uma experiência desagradável como cliente.[18]

Interações que melhoram o relacionamento podem começar com iniciativas que não requerem muita tecnologia nem são dispendiosas e que os clientes perceberão como uma "atitude positiva". De acordo com Spike Jones, diretor administrativo e vice-presidente sênior na empresa gigante do setor de relações públicas, Edelman, o passo inicial "pode ser tão simples quanto optar por ter empregados do setor de atendimento ao cliente utilizando fotos de si mesmos como sua imagem no perfil *on-line* em vez de utilizar o logotipo da companhia" para dar um toque pessoal.[19] Não conte apenas consigo para produzir uma boa experiência, mas certamente esse detalhe pode ajudá-lo a começar um relacionamento com o pé direito.

Um problema que pode comprometer a experiência do cliente é um longo tempo de espera. Como a tolerância do público quanto à necessidade de esperar diminuiu muito ao longo dos anos, é provável que isso leve a uma frustração séria e tambem à perda de vendas – a menos que você consiga encontrar uma maneira de reduzir essa demora ou, melhor ainda, transformá-la em uma vantagem. Muitas empresas estão experimentando novas estratégias que as ajudarão a fazer exatamente isso. Considere os seguintes exemplos:[20]

- O óleo de seu carro precisa ser trocado *e* seu cachorro tem de tomar um banho? Uma loja de serviços para automóveis na cidade de Plano, no Texas, criou uma instalação com funcionários que dão banho em cães para que você possa fazer as duas coisas ao mesmo tempo.
- A Galpin Motors, Inc., uma concessionária de automóveis, instalou um ponto de venda de café da Starbucks em sua área de espera para que seus clientes aguardem mais tranquilamente.
- A Surgeon Vishal Mehta criou o MedWaitTime, um aplicativo móvel que permite que os pacientes saibam se a expectativa na sala de espera está em verde (não precisarão esperar), amarelo (tempo de espera moderado) ou vermelho (longo tempo de espera).
- A Porter Airlines, uma operadora regional canadense, abriu salões de espera gratuitos com estilo empresarial, nos quais todos os seus passageiros podem relaxar confortavelmente enquanto esperam até que seu voo tenha de decolar.

Essas estratégias têm melhorado muito as experiências dos clientes e aumentado a lealdade aos produtos e serviços oferecidos, influenciando nos resultados das companhias envolvidas.

RELACIONAMENTO E SERVIÇO HONESTOS APÓS A VENDA

É comum uma equipe de vendas trabalhar muito para cultivar um bom relacionamento com os clientes a fim de conseguir que estes comprem e, em seguida, depois de ganhar suas comissões ou bônus de vendas, esquecer os clientes, mas agir assim significa ter uma visão muito curta. As pesquisas mostram que os clientes ficam muito mais satisfeitos e leais a uma empresa e tendem voltar e comprar se receberem atenção contínua depois de uma venda concluída – especialmente se esse contato for feito pessoalmente ou por telefone.[21]

A maioria dos empresários realmente se preocupa com seus clientes. O problema é que muitas vezes eles se concentram tanto no desenvolvimento de suas empresas que suas mentes naturalmente começam a pensar na próxima venda, e eles nem mais conseguem entender por que o acompanhamento dos clientes é tão importante ou saber como realizar esse acompanhamento. Felizmente, vários métodos úteis podem ajudar a melhorar o relacionamento com os clientes após a conclusão das vendas. Esses métodos incluem gerar valor para um cliente por meio do acompanhamento pós-venda; monitorar a entrega e instalação para assegurar que o cliente fique satisfeito; fazer essa verificação com o cliente pessoalmente ou por telefone, por e-mail, por um bilhete escrito à mão etc.; e resolver quaisquer reclamações de clientes a fim de abrir caminho para futuras negociações.[22]

Vivendo o sonho
EXPERIÊNCIAS EMPREENDEDORAS

Quando se trata de postar opiniões *on-line*, alguns clientes não conseguem se conter

Assim como sua reputação pessoal, a reputação de sua empresa é crucial. Os comentários podem alavancar ou arruinar uma companhia. Atualmente, os clientes estão cada vez mais utilizando as redes sociais para manifestar suas opiniões e as avaliações que fazem das empresas. Mas uma dessas redes sociais, o Yelp, recentemente ficou na mira do proprietário de uma pequena empresa sediada em Virgínia, nos Estados Unidos, cujo nome é Joe Hadeed. Hadeed, que é dono e operador de um serviço de limpeza de tapetes, processou o Yelp depois que a companhia se recusou a revelar as identidades de usuários anônimos que publicaram *on-line* análises críticas da empresa. Por causa das implicações em relação à Primeira Emenda da Constituição dos Estados Unidos quanto aos direitos de liberdade de expressão, o processo tem sido muito contestado e, depois de uma série de apelações, seguiu para a Suprema Corte da Virgínia.

O cerne do caso está em uma série de críticas negativas que a empresa de Hadeed recebeu por meio do Yelp. No início de 2012, Hadeed acessou o site do Yelp e encontrou uma postagem anônima descrevendo seu serviço de limpeza de tapetes da seguinte maneira: "desorganizado, faz uma limpeza medíocre e insatisfatória. Não use os serviços de Joe!". Alguns dias depois, outra pessoa postou seu comentário e piorou a situação, desencorajando clientes de utilizarem os serviços de Hadeed. "Nunca mais vou pedir seus serviços", escreveu M. P., "e recomendo que outras pessoas ajam com cautela!". Com o passar do tempo, a companhia foi alvo de vários comentários prejudiciais, sendo que cerca de 10% dos comentários publicados eram muito negativos. Hadeed alega que ao menos sete desses comentários negativos eram fraudulentos, uma vez que não conseguiu associá-los a qualquer cliente que tenha atendido. O serviço *on-line* do Yelp pode ter um impacto significativo nas empresas e em seu desempenho financeiro. Certamente, este parece ter sido o caso da empresa de Hadeed, que viu seu rendimento anual diminuir de US$ 12 para US$ 9,5 milhões, depois dos comentários negativos que foram publicados. Isto levou Hadeed a abrir um processo por difamação e conspiração, em 2 de julho de 2012, contra as sete pessoas que os fizeram, com uma petição para que o Yelp revelasse as identidades delas. E talvez, o mais importante, Hadeed pediu uma indenização, de efeito punitivo e compensatório, no valor de US$ 1,1 milhão para cobrir os honorários advocatícios e os custos judiciais, e também solicitou uma injunção permanente.

Tanto a Vara Cível da Comarca de Alexandria quanto o Tribunal de Apelação da Virgínia tomaram partido do serviço de limpeza de tapetes e consideraram que a Yelp desacatou a lei por não ter divulgado as informações solicitadas. O Tribunal de Apelação reconheceu que os clientes insatisfeitos "têm o direito constitucional de falar anonimamente pela internet", mas que "esse direito deve ser equilibrado em relação ao direito de Hadeed de proteger sua reputação". A Yelp, por outro lado, vê essas questões de um prisma diferente. Na petição de recurso, a empresa argumentou que "os consumidores e outros, que tiverem valiosas contribuições para fazer debates públicos, mas se preocupam com possíveis retaliações, ficarão em silêncio". A Yelp recebeu apoio de outros gigantes das redes sociais, como seria de esperar, uma vez que eles têm interesse em proteger suas bases de usuários de possíveis retaliações.

As pequenas empresas precisam prestar atenção à crescente importância de sua imagem *on-line* e serem proativas para proteger suas reputações contra danos que venham a ocorrer. Ainda não está definido até que ponto as empresas podem se isolar, mas não existe dúvida quanto ao poder das redes sociais de influenciar o modo como clientes em potencial percebem e agem em relação à marca de uma empresa. *Aviso aos vendedores* ("Que os vendedores tenham cuidado").

Fontes: Frank Green, "Va. Supreme Court to Hear Defamation Case Involving Yelp," *Richmond Times-Dispatch*, 27 de outubro de 2014, http://www.timesdispatch.com/va-supreme-court-to-hear-defamation-case-involving-yelp/article_4f471a7d-b106-5da8-8be8-2105e6277820.html. Acesso em 2 de janeiro de 2015; Angus Loten, "Yelp Reviews Brew a Fight over Speech and Fairness," *The Wall Street Journal*, 3 de abril de 2014, p. A1; John Villasenor, "When Should the Authors of Anonymous Online Reviews Be Revealed? Yelp Challenges a Court 'Unmasking' Order," *Forbes*, fevereiro de 2014, http://www.forbes.com/sites/johnvillasenor/2014/02/07/when-should-the-authors-of-anonymous-online-reviews-be-revealed-yelp-challenges-a-court-unmasking-order. Acesso em 2 de janeiro de 2015; e "Yelp: Hadeed Carpet," http://www.yelp.com/biz/hadeed-carpet-alexandria. Acesso em 2 de janeiro de 2015.

Tenha em mente que custa mais substituir um cliente do que mantê-lo. Fornecer serviços excepcionais aos clientes proporciona às pequenas empresas uma vantagem competitiva, independentemente da sua natureza. Geralmente, elas conhecem mais as necessidades de seus clientes do que as companhias de grande porte e podem oferecer serviços mais personalizados. Além disso, mais do que nunca são muitas as ferramentas disponíveis para tornar isso possível.

14-2b Avaliação da qualidade do atendimento aos clientes de uma empresa

A iniciativa de estabelecer um programa efetivo de atendimento aos clientes começa determinando-se a qualidade dos atuais serviços que a empresa presta aos seus clientes (algumas vezes, denominado *índice do serviço ao cliente* de uma companhia). Podem ser desenvolvidas estratégias para melhorar a efetividade dos esforços dirigidos ao atendimento dos clientes. O Quadro 14.3 enumera algumas abordagens populares para a criação de estratégias de serviço aos clientes e proporciona espaço para avaliar a efetividade do desempenho de uma pequena empresa em cada área e o que pode ser feito para aperfeiçoar seu atendimento aos clientes.

Embora as questões quanto ao serviço aos clientes possam ser identificadas por meio de um processo formal de análise em uma pequena empresa, elas geralmente se mostram nas reclamações dos clientes durante as

QUADRO 14.3 Estratégias de serviço aos clientes

Qual dos seguintes recursos podem ser utilizados para dar suporte aos seus objetivos de marketing?	Como está o desempenho de sua empresa?	Que outras melhorias você procurará fazer?
Proporcionar uma experiência excepcional em cada transação. Garantir que os clientes sejam reconhecidos, apreciados, considerem fácil fazer negócios com você. (Faça uma lista da típica rede de contatos entre você e seus clientes e avalie o desempenho de sua empresa em cada ponto de contato.)		
Fornecer materiais de vendas que sejam claros e fáceis de entender, incluindo informações de sites, materiais de marketing, gôndolas para venda no varejo e discursos de venda.		
Responder prontamente às solicitações e preocupações dos clientes. Ter um plano de recuperação de serviço já preparado.		
Ouvir os clientes e responder de acordo. Solicite *feedback*, incentive a interação, permaneça engajado em todas as transações e tome a atitude adequada para satisfazer os clientes.		
Assegure a garantia de produtos e/ou serviços. Forneça garantias, assegurando aos clientes que você cumpre com suas promessas. Além disso, crie produtos e forneça serviços que superem as expectativas.		
Trate os clientes como membros da família e como melhores amigos valorizando-os da mesma maneira como você honra aqueles com que mais se importa.		
Mantenha-se no coração e na mente de seus clientes. Não pense que eles estão totalmente cativados e encontre maneiras de fazer com que eles saibam que você se preocupa com os melhores interesses deles.		

Fonte: adaptado de "Exceptional Customer Experiences Worksheet", Ewing Marion Kauffman Foundation, http://www.entrepreneurship.org/resource-center/exceptional-customer-experiences-worksheet.aspx. Acesso em 2 de janeiro de 2015.

operações diárias da empresa. Toda empresa se esforça para eliminar as queixas dos clientes. Contudo, quando elas ocorrem, precisam ser analisadas cuidadosamente a fim de revelar as possíveis fraquezas na qualidade do produto e/ou serviço ao cliente.

Potencialmente, as pequenas empresas estão em uma posição muito melhor do que as grandes para responder a essas reclamações e, como resultado, atingir uma maior satisfação de seus clientes. A maioria dos problemas pode ser resolvida simplesmente lidando com eles à medida que surgem e, desse modo, dando aos clientes mais atenção e respeito. E mostrar respeito frequentemente é mais fácil para uma companhia de pequeno porte porque tem menos empregados e pode dar a cada um deles a autoridade de agir no melhor interesse dos clientes. Por outro lado, as grandes corporações atribuem essa responsabilidade a um único gerente, que tem contato limitado com os clientes. John Stites, CEO e coproprietário de uma companhia de construção familiar, indica que "o proprietário de uma pequena empresa está mais próximo de seus clientes e mais provavelmente conseguirá um *feedback* preciso, que não seja filtrado pelos níveis de gerenciamento".[23] Isto possibilita respostas mais oportunas e exatas aos problemas que podem surgir.

O que os consumidores fazem quando estão insatisfeitos? Como o Quadro 14.4 descreve, os compradores têm várias alternativas para lidar com a insatisfação, e a maior parte dessas opções ameaça a repetição das vendas. Os pequenos empresários podem aprender sobre as preocupações com o atendimento a clientes por meio da observação pessoal e de outras técnicas de pesquisa. Falando diretamente com os clientes ou assumindo o seu papel anonimamente – por exemplo, telefonando para a própria empresa como se fosse um cliente para ver como os clientes são tratados –, um empresário pode avaliar a qualidade de seus serviços. Alguns restaurantes e motéis solicitam o *feedback* sobre o serviço aos clientes oferecendo cartões de comentários para as pessoas que eles atendem.

A implementação de alguns tipos de atendimento aos clientes pode ter um custo pequeno – ou mesmo ser gratuita, como quando o pessoal responsável pelo contato com clientes precisa apenas ser encorajado a sorrir e saudar calorosamente os visitantes –, mas oferecer um programa completo de ótimo atendimento ao cliente antes, durante e depois de uma venda pode ser uma tarefa dispendiosa. Estes custos geralmente podem ser transferidos para o comprador como parte do preço de um produto ou serviço, ou às vezes podem ser recuperados separadamente com base na quantidade de serviço solicitada (por exemplo, por meio de garantias estendidas concedidas aos produtos). Muitos clientes até mesmo preferem pagar um preço extra, desde que um bom serviço seja parte da experiência de compra.

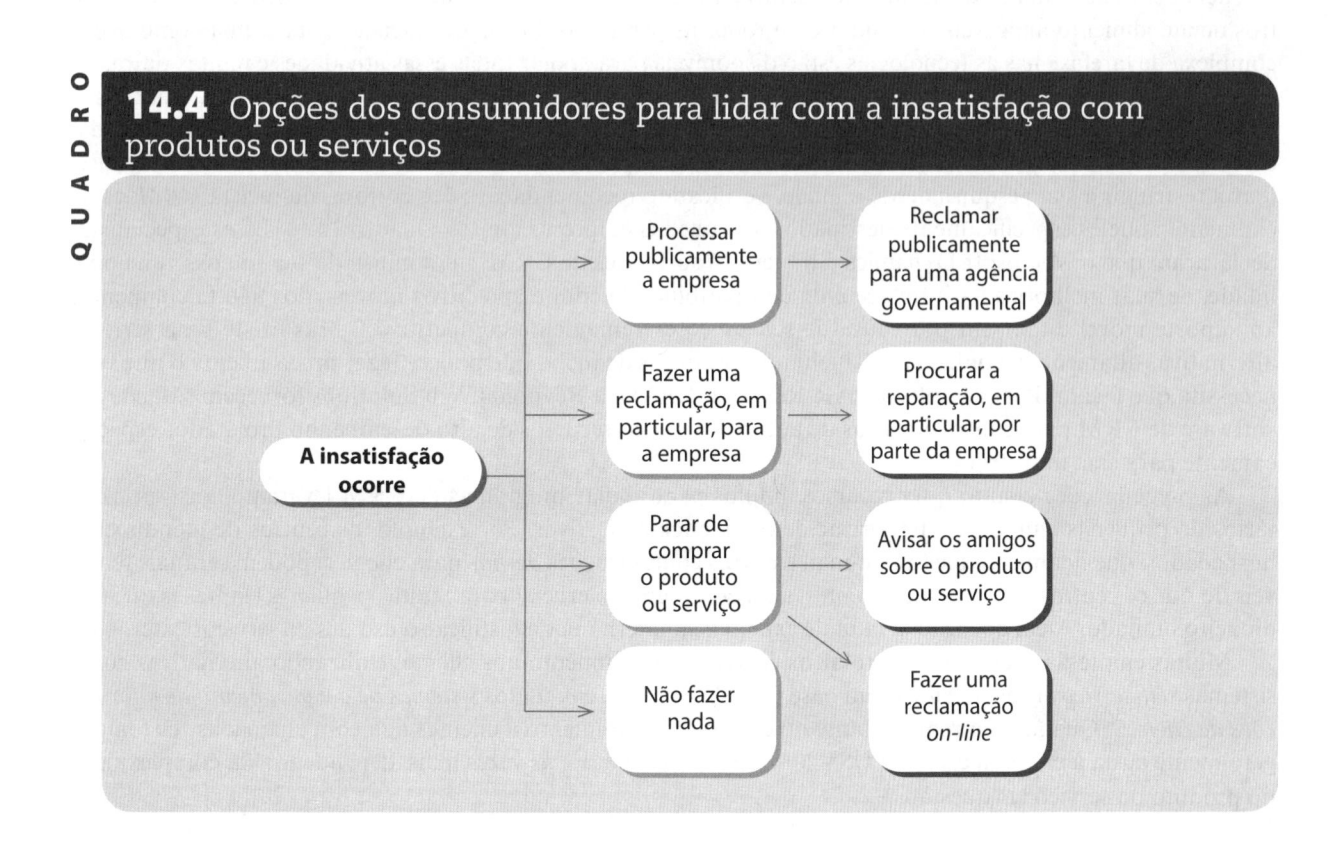

QUADRO 14.4 Opções dos consumidores para lidar com a insatisfação com produtos ou serviços

A insatisfação ocorre:
- Processar publicamente a empresa → Reclamar publicamente para uma agência governamental
- Fazer uma reclamação, em particular, para a empresa → Procurar a reparação, em particular, por parte da empresa
- Parar de comprar o produto ou serviço → Avisar os amigos sobre o produto ou serviço
- Não fazer nada
- Fazer uma reclamação *on-line*

14-3 O USO DA TECNOLOGIA COMO SUPORTE À GESTÃO DE RELACIONAMENTO COM OS CLIENTES

Quando se trata de analisar e utilizar os dados dos clientes, uma pequena empresa tem opções. Uma *startup* pode facilmente administrar a quantidade de dados disponível, mas essa situação se modifica à medida que a companhia cresce e os contatos e contas se tornam mais complexos.

Por essa razão, desde o início, é melhor começar a pensar sobre as tecnologias analíticas disponíveis – desde planilhas básicas até pacotes de software de CRM muito sofisticados.

Muitas pequenas empresas acompanham seus números referentes à CRM em uma planilha simples que pode ser expandida e atualizada à medida que a empresa cresce. O passo seguinte seria utilizar um pacote de gerenciamento de bancos de dados, como o Microsoft Access, que proporciona maior utilidade e flexibilidade, pois pode armazenar grandes quantidades de dados e combinar dados de várias tabelas. Embora não tenha sido projetado especificamente para programas de CRM, o Access certamente pode ajudá-lo a gerenciar os dados necessários para orientar o atendimento ao cliente, campanhas publicitárias básicas e outras iniciativas relacionadas ao marketing.

As ferramentas mais poderosas disponíveis para a gestão de relacionamento com os clientes são os programas de software projetados especificamente para a CRM. Respondendo a um estudo, 42% das pequenas empresas disseram que têm um sistema de CRM em funcionamento, e outras 25% estão planejando implantar um desses programas em um futuro próximo.[24] Esses pacotes permitem às empresas reunir todas as informações de contato com os clientes em um único programa de gerenciamento de dados. Os comerciantes baseados na web, em particular, são atraídos por essa tecnologia, porque ela ajuda a tornar seu complexo trabalho muito mais gerenciável. A maioria dos compradores *on-line* espera receber um excelente atendimento, e as empresas estão muito bem posicionadas para dar esse atendimento se utilizarem as opções de interação e atenção pessoal projetadas no software. Especialistas indicam que os clientes geralmente apreciam as conveniências integradas em muitos sites das companhias, mas rapidamente eles podem ficar frustrados quando a experiência não ocorre exatamente como foi planejada. Coordenar os clientes é mais fácil com um software.

Decidir qual atividade de marketing deve obter suporte inicial de CRM nem sempre é fácil. No entanto, o departamento de vendas é um lugar mais adequado para começar porque seu pessoal quase sempre gera o maior contato com os clientes.

A CRM enfatiza atividades de vendas como o preenchimento de pedidos prontamente e com precisão, o gerenciamento de contatos de acompanhamento para garantir a satisfação do cliente e o fornecimento de centros de atendimento amigáveis para lidar com todas as perguntas, incluindo queixas. Esta é uma combinação complexa de tarefas, mas as tecnologias estão disponíveis para apoiar todas essas atividades e muitas outras.

Para encontrar o pacote de software de CRM que pode proporcionar o melhor ajuste para você e sua empresa, considere os recursos incluídos, a acessibilidade aos dados do comprador, as ferramentas integradas de vendas e marketing, a facilidade de uso e a ajuda e suporte fornecidos pelo fabricante. Pode ser aconselhável restringir a sua pesquisa desde o início, verificando recomendações dos editores da revista *CRM*, especialmente aqueles especificamente destinados a pequenas empresas (veja o Quadro 14.5). Esses especialistas declararam que o Microsoft Dynamics é o "rei dos softwares de CRM", por causa de sua intensa funcionalidade, de suas melhorias na interface e da compatibilidade com dispositivos móveis, dos aperfeiçoamentos ao suporte móvel e também por causa de seu preço extremamente competitivo.[25] Mas existe uma série de alternativas altamente recomendáveis, incluindo produtos de nicho que podem fazer precisamente o que você necessita que façam. Por exemplo, a CAR-Research XRM e a Reynolds Web Solutions fornecem soluções de software de CRM para concessionárias de automóveis com recursos de alto desempenho projetados especificamente para essa indústria.

As preocupações quanto a ter recursos amplos para apoiar programas de CRM levaram alguns proprietários de pequenas empresas a terceirizar determinados aplicativos. Por exemplo, os centros de atendimento hospedados, que lidam com telefone, e-mail e outras comunicações *on-line* para clientes, podem ser mais rentáveis do que os centros internos equivalentes, uma consideração crucial para muitas pequenas empresas que têm dinheiro limitado. Além do custo, a falta de experiência interna pode justificar o uso desses serviços externos.

Muitas empresas decidiram controlar os custos do atendimento aos clientes utilizando alternativas como sistemas *self-service* automatizados com base na web, às vezes, chamados *sistemas de gerenciamento de informações de clientes*. Quando um representante do centro de atendimento a clientes lida com chamadas telefônicas, geralmente custa à empresa cerca de US$ 20 a US$ 35 por hora – às vezes mais, dependendo da complexidade do produto ou serviço em questão.[26]

As despesas são semelhantes para uma série de outros canais de serviços, incluindo e-mail, correio regular e o *"clique para ligar"*. Mas esses custos podem ser reduzidos em quase metade quando os representantes conduzem uma conversa *on-line*, assumindo que consigam alternar entre várias sessões ao mesmo tempo. Mas as consultas de autoatendimento na internet são, sem dúvida, a alternativa menos dispendiosa, custando cerca de um décimo de uma chamada.[27] Uma opção de autoatendimento comum é publicar uma lista de Perguntas Frequentes (FAQs), mas mesmo assim essa ferramenta simples está se tornando mais sofisticada. Por exemplo, uma companhia pode comprar software inteligente que reconhece as questões nas quais os visitantes de seu site estão mais interessados e as coloca no topo da lista. Esses sistemas podem reduzir o custo de atender aos clientes, ao mesmo tempo que eliminam parte da repetição referente às suas necessidades.[28]

A lista de ferramentas que dão suporte à CRM aumenta a cada dia e estão se tornando muito mais amigáveis para os usuários com o passar do tempo. Executivos e gerentes nas empresas de todos os tamanhos estão aproveitando o poder da internet para configurar blogs, wikis, sites de redes sociais e outras comunidades *on-line* que permitem às pessoas construir conexões sociais e comerciais, compartilhar informações e colaborar em projetos. De acordo com pesquisas recentes, o poder real desses aplicativos da web vem na forma de construir relacionamentos com os clientes:

> *De acordo com o relatório Customer Collaboration (Colaboração aos Clientes), de 2014, 38% dos consumidores ficam mais satisfeitos quando é dada a capacidade de interagir com uma marca em relação às promoções e ofertas que oferece. Além disso, os consumidores realmente querem se envolver com o "lado do produto" de uma empresa. Cerca de um quarto dos consumidores (22%) quer se engajar colaborativamente com as marcas em relação aos futuros produtos que estão sendo oferecidos. A capacidade de compartilhar suas opiniões sobre as diretrizes para a utilização de produtos também foi considerada importante para os norte-americanos (18%).[29]*

Em outras palavras, as comunidades *on-line* podem oferecer uma rica fonte de *feedback* e ideias para o desenvolvimento de produtos, e de modo muito mais rápido e mais barato de utilizar do que grupos de foco e estudos, que têm sido um elemento básico das práticas de marketing comuns. Mas, talvez, o mais importante é que as ferramentas na web podem ser utilizadas para dar aos clientes a noção de conexão com a empresa, uma identidade que resulta de sua participação ativa nos negócios. Para isso, não há o que substitua.

QUADRO 14.5 Pacotes de software de CRM recomendados para pequenas empresas

Pacote CRM	Descrição resumida
Infusion Soft	Desenvolvido especificamente para pequenas empresas, intuitivo e fácil de utilizar, boa funcionalidade de gerenciamento de contatos e automação de marketing, recursos opcionais para vendas e *e-commerce*, excelência na orientação e no suporte a serviços.
Microsoft Dynamics	Muito boa compatibilidade, bem aceita por causa de sua funcionalidade superior, pode ser hospedado ("na nuvem") ou instalado no local, ou um híbrido das duas opções, interfaces com o Microsoft Outlook e navegador na web; seu preço é muito competitivo.
NetSuite CRM+	Melhor para as pequenas empresas de maior porte, apresenta excelentes aplicativos de *e-commerce* integrados, conecta poderosamente a CRM e o ERP de *back-office*, é mais caro que outras opções; extensões são cobradas à parte.
Salesforce.com	Um pacote muito popular, considerado um inovador top pelos especialistas em CRM, tem muitos recursos e as melhores avaliações quanto à funcionalidade, expansível para acomodar o desenvolvimento da empresa, sua complexidade faz com que alguns usuários tenham dificuldade de utilizá-lo.
SugarCRM	Ampla profundidade da funcionalidade, prontamente personalizável (embora possa tornar a atualização mais difícil), produto móvel competitivo, muito fácil de utilizar.
Zoho	Altamente flexível, preço competitivo, fácil de configurar, funcionalidade do software robusta, pode ser integrado com a Dropbox, hospedagem de e-mail gratuita, sincronização de nuvem disponível.

Fontes: baseado nos editores da *CRM*, "The 2014 CRM Market Leaders", http://www.destinationcrm.com/Articles/ReadArticle.aspx?ArticleID=98228&PageNum=2. Acesso em 2 de janeiro de 2015; e Jay Ivey, "Compare Small Business CRM Software", http://www.softwareadvice.com/crm/small-business-comparison/#reasons-to-shop. Acesso em 2 de janeiro de 2015.

14-3a Criação de um banco de dados de CRM

A melhor maneira de manter contato com os clientes e identificar suas necessidades é se comunicar com eles. Tais conversas levam a uma compreensão de cada cliente e fornecem uma base para construir um **banco de dados dos clientes**. Esses bancos de dados são essenciais para um programa de CRM bem-sucedido e geralmente incluem as seguintes categorias de informações, com exemplos de itens de dados específicos fornecidos:[30]

- *Informações pessoais*. Nome, endereço, número de telefone, endereço de e-mail, tamanhos de roupas, data do aniversário, passatempos preferidos, associações em que participa etc.
- *Demografia*. Informações básicas que podem ser utilizadas para segmentação de mercado e outros propósitos da análise de dados, como idade, estado civil, nomes e idades dos membros da família, localização geográfica.
- *Estilo de vida e dados psicográficos*. Se é proprietário ou locatário do local onde reside, se tem carro (modelo e ano), preferências de mídia, métodos de pagamento, interesses recreativos etc.
- *Informações na internet*. Tempo gasto na internet, frequência de visitas ao site da companhia e outros hábitos *on-line*.
- *Dados da transação*. Histórico completo de transações, incluindo detalhes como preços pagos, SKUs (unidades em estoque, que identificam produtos específicos adquiridos), formulário de pedidos (web, telefone, na loja etc.), modo de pagamento e datas de entrega.
- *Perfil das respostas anteriores*. Chamadas de vendas e solicitações de serviços – incluindo todos os contatos iniciados por clientes e empresas – respostas a promoções anteriores de produtos ou serviços e incentivos resgatados.
- *Reclamações*. Histórico completo das reclamações relativas a compras ou serviços anteriores.

Os dados da CRM podem quase sempre ser coletados em qualquer **ponto de contato**, o que fornece a oportunidade de contato entre a empresa e seus clientes, seja pessoalmente ou *on-line*. Os pontos de contato podem incluir interações resultantes de uma solicitação por telefone para obter informações sobre produtos, cartões de garantia devolvidos e preenchidos, respostas a pesquisas *on-line*, a visita de um vendedor, pedidos realizados no site da empresa – mesmo uma mensagem de texto de um representante de atendimento ao cliente. Como foi indicado anteriormente, algumas pequenas empresas preferem coletar dados e *feedback* dos clientes utilizando cartões de comentário ou questionários. Embora esses recursos possam ser efetivos, o contato pela internet está rapidamente se tornando o ponto de contato preferido pelas companhias, assim como pelos clientes aos quais elas atendem.

Em vez de perder tempo com números de telefone e pesquisas por correspondência, as empresas estão divulgando seus sites como o primeiro ponto de contato para as interações com os clientes. Os usuários da web podem avaliar e comprar produtos, fazer reservas, indicar dados preferenciais e fornecer o feedback dos clientes sobre serviços e produtos. Dados dessas interações baseadas na web são então coletados, compilados e utilizados para segmentar clientes, aprimorar iniciativas de marketing, desenvolver novos produtos e proporcionar um alto grau de personalização individual para melhorar as relações com os clientes.[31]

Em um sistema de CRM, a escolha de um canal de interação pelo cliente pode ser uma fonte importante de informações. Por exemplo, se o cliente entrar em contato com a empresa por e-mail, isso fornecerá uma visão de seu método preferido de comunicação, e a empresa inteligente considerará isto em todos os seus esforços de acompanhamento.

14-3b O uso de um banco de dados de CRM

Em poucas palavras, um programa de CRM eficaz irá (1) capturar dados relevantes do cliente sobre as interações em pontos de contato importantes, (2) analisar esses dados para entender melhor os clientes e (3) usar essas informações para melhorar as relações com os clientes para que estes se sintam satisfeitos, sejam leais à empresa e seus produtos ou serviços e mais dispostos a fazer negócios. O banco de dados de sua empresa deve incluir informações sobre todos os clientes que você já possui, bem como de outros que você considera ser de alto potencial. À medida que o tempo passa e seu banco de dados cresce, você pode querer organizá-lo também de acordo com a região, *status* econômico, foco no cliente ou qualquer outra variável que faça sentido para sua empresa e seus objetivos de marketing.

O time de beisebol Seattle Mariners usou esse processo para "entender melhor seus fãs" e identificar como aumentar a presença deles nos jogos. O clube lançou um programa de cartão de fidelidade para coletar dados de contato. Agora, cada vez que um fã usa o cartão para pedir um cachorro-quente e um refrigerante em um posto de atendimento, comprar uma camiseta em uma loja *on-line* ou adquirir o boneco de seu jogador favorito no balcão de uma loja, o clube pode acompanhá-lo, bem como suas atividades e preferências. A partir da coleta desses dados, o clube sabe tomar medidas como enviar uma mensagem de e-mail para um fã que está perto de chegar ao *status* de "titular do bilhete da temporada", o que faz com que aumente as vendas.

O programa de fidelidade também é útil para monitorar as queixas que podem sinalizar os ajustes necessários para aumentar a satisfação dos fãs. Exemplo de como pode ser específico, o sistema de CRM detectou que um fã havia se queixado do cheiro das batatas fritas com alho. Ao saber disso, a organização conseguiu deslocá-lo para uma seção "onde não havia consumidores frequentes de batatas fritas com alho".[32] Esses programas enviam uma mensagem potente aos clientes, que ficam ainda mais propensos a fazer negócios com a empresa. Mas é preciso um banco de dados bem construído para que o processo seja iniciado.

Em um nível mais geral, você pode utilizar esses dados para configurar uma **estratégia de segmentação de clientes**, um processo de identificação de clientes que se encaixem em grupos menores e mais homogêneos. Ao se concentrar em pessoas com tendências demográficas, psicográficas e de estilo de vida semelhantes e classificá-las de acordo com suas compras anteriores e seu histórico de pagamentos, um recurso de marketing pode ser elaborado para atender às suas necessidades específicas e gerar maiores vendas. Por exemplo, uma pequena empresa imobiliária pode identificar clientes novos, que dispõem de tecnologia avançada, e contatá-los com uma campanha de vendas intensiva *on-line*, ao mesmo tempo que tenta vender casas de luxo para clientes em potencial mais velhos e com mais recursos financeiros, contatando-os pessoalmente.

Existem muitas outras maneiras pelas quais os dados que você coleta podem ser utilizados para criar e fortalecer relações com clientes e aumentar suas vendas. Uma delas tem como base a utilidade do **princípio dos 80/20**, que define que 80% das vendas de uma companhia se originam de 20% de seus clientes. Essas porcentagens não devem ser exatas, mas a experiência mostra que essa ideia geralmente é válida para a maioria das empresas. Se uma empresa tiver criado um banco de dados de clientes e organizado seus dados adequadamente, será possível identificar os 20% mais leais e que também ofereçam maior rentabilidade para a empresa.

Geralmente, esses "melhores clientes" podem ser identificados por meio de uma **análise monetária de atualização e frequência**, que revela aqueles que mais provavelmente comprarão de você no futuro porque fizeram compras recentemente, frequentemente e em quantidades que excedem um mínimo apropriado. Qualquer que seja o método utilizado para identificá-los, você precisa se dedicar mais para que esses clientes continuem satisfeitos e retornem para fazerem mais negócios. Isto pode incluir se antecipar a suas necessidades e adequar as ofertas de produtos ou serviços às necessidades deles, fornecendo um intensivo atendimento ao cliente ou oferecendo recompensas por fidelidade com a finalidade de construir relações de longo prazo. Quanto àqueles que exigem esforços intensivos e dispendiosos, mas oferecem pouco ou nenhum potencial para gerar lucros, é melhor encontrar uma maneira de reduzir os custos para a empresa, talvez, orientando-os para opções *on-line* de baixo custo e autoatendimento. Algumas empresas podem até escolher terminar completamente o relacionamento com esses clientes.

Também é muito importante estimar o **valor da vida útil do cliente** (**CLV** – *costumer lifetime value*) daqueles que compram de sua empresa, se você quiser criar um plano de CRM efetivo. O CLV é o lucro total esperado de todas as vendas futuras de um cliente e ressalta o valor de *longo prazo* de cada cliente, que pode ser comunicado a outros. Perder uma venda hoje pode não parecer um prejuízo tão grande – até que você o leve em conta na perda provável de todas as vendas futuras que podem resultar de uma interação errada com clientes. E, uma vez que pode custar muito mais para conquistar um novo cliente do que manter os que você já tem, a perda pode significar um resultado muito maior. Todos na companhia precisam entender isso para se tornarem mais comprometidos com o bom tratamento dos clientes.[33]

O CLV também pode dar aos empregados nos setores de vendas e serviços uma melhor ideia do quanto eles devem se esforçar para conquistar e manter clientes. Digamos que você tenha uma pizzaria e um dos seus clientes leais ficou insatisfeito com uma refeição que custará US$ 12. Antes de decidir como lidar com a situação, tenha em mente que seu CLV poderia ser até US$ 8.000 (CLV estimado da Pizza Hut para seus melhores clientes).[34] É por isso que ter boas informações e saber como aplicá-las pode ser tão importante.

14-3c Preocupações quanto ao uso de dados e à privacidade

Dispor de tantos dados sobre os clientes coloca um poder considerável nas mãos de um empreendedor, e é imperativo que esse poder seja usado de forma responsável. Os clientes talvez não fiquem à vontade com tudo o que é necessário para obter a profundidade de visão essencial para um CRM bem-sucedido. Por exemplo, as empresas geralmente consideram o comportamento das compras *on-line* dos clientes com intimidade, registrando os itens que eles observam, e até por quanto tempo e em que ordem observam. Alguns até analisam o que os clientes manifestam nas mídias sociais, incluindo comentários publicados em blogs, frustrações manifestadas no Twitter e reflexões mais particulares no Facebook. E isso é apenas o começo.

O número de opções para a criação de um banco de dados é cada vez maior. Não há dúvida de que os sistemas de CRM bem concebidos proporcionam valor para os clientes (como obter avisos de vendas que são oportunas e relevantes) e para as empresas (como prever e se planejar para o que os clientes vão querer em seguida e gerar maiores índices de resposta às ofertas por e-mail), mas ainda há potencial para algum tipo de abuso.

Para resolver as preocupações dos clientes quanto à privacidade, o processo deve ser honesto e transparente, a companhia precisa cumprir as leis aplicáveis ao uso de informações e também é necessário solicitar permissão para o uso de dados pessoais sempre que apropriado. Como pode ser muito rentável vender dados de clientes para outras empresas ou comprar dados de terceiros para preencher lacunas em qualquer banco de dados que esteja sendo construído, é possível surgir a tentação de utilizar mal as informações. Mas a confiança do cliente está em jogo, bem como a reputação da empresa, e esses dados devem ser protegidos. O sucesso em longo prazo de um programa de CRM depende disso.

As preocupações com a privacidade aumentaram enormemente com o alcance em rápida expansão dos aplicativos para computadores e o crescimento quase incompreensível do *e-commerce*, o que facilita a coleta de dados e deixa o processo quase sem custo. Os riscos para o cliente são consideráveis, como alguns especialistas em CRM relataram:

> *Os usuários* on-line *têm se queixado de receberem muitos* spams, *e os internautas, incluindo crianças, são rotineiramente solicitados a divulgar informações pessoais para acessar determinados sites ou comprar produtos ou serviços. Os usuários da internet são perturbados pela quantidade de informações que as empresas coletam sobre eles enquanto visitam vários sites no ciberespaço. Na verdade, muitos usuários desconhecem como as informações pessoais são coletadas, utilizadas e distribuídas.*[35]

Devido ao aumento acentuado da coleta e do uso de dados, as práticas de privacidade *on-line* e *off-line* estão sendo examinadas cada vez mais. Embora as empresas dos Estados Unidos tenham conseguido, em sua maior parte, escapar do autopoliciamento, as exigências regulatórias estão aumentando. Atualmente, mais de 50 países já têm ou estão implantando alguma legislação destinada a proteger o tratamento de dados de clientes em empresas que negociam internacionalmente. Aqueles que fazem negócios na União Europeia ou negociam com uma empresa europeia, por exemplo, devem cumprir leis rigorosas que regulamentam essas práticas. Muitos países estão modelando seus próprios sistemas de acordo com o padrão europeu, de modo que o peso da proteção da privacidade certamente irá aumentar.[36]

14-4 CLIENTES COMO RESPONSÁVEIS PELAS DECISÕES

O segundo principal elemento-chave que apoia um programa de CRM bem-sucedido envolve conhecer o comportamento do cliente (veja o Quadro 14.2). Os três "materiais" inter-relacionados que se combinam para formar esse elemento-chave em particular incluem o processo de tomada de decisão, as influências psicológicas e as influências sociológicas. Oferecendo uma visão mais ampla, o Quadro 14.6 ilustra como a tomada de decisão por parte dos consumidores flui em quatro estágios: (1) reconhecimento da necessidade, (2) coleta e avaliação de informações, (3) a decisão de compra e (4) avaliação após a compra. Utilizamos esse modelo amplamente aceito para examinar a tomada de decisão entre os clientes de pequenas empresas.

14-4a Reconhecimento da necessidade

O reconhecimento da necessidade (o primeiro estágio na tomada de decisão pelo consumidor) ocorre quando um consumidor percebe que sua atual situação é muito diferente de algum estado ideal. Algumas necessidades decorrem de condições rotineiras de carência, como sentir fome quando chega a hora do almoço. Outras necessidades surgem com menos frequência e podem evoluir lentamente. Um consumidor deve reconhecer uma necessidade antes que o comportamento de compra se inicie; assim, a fase de reconhecimento da necessidade

QUADRO 14.6 Modelo simplificado do comportamento do consumidor

Influências psicológicas
- Necessidades
- Percepções
- Motivações
- Atitudes

Influências sociológicas
- Culturas
- Classes sociais
- Grupos de referência
- Líderes de opinião

Processo de tomada de decisão

Reconhecimento da necessidade → Coleta e avaliação das informações → Decisão de compra → Avaliação após a compra

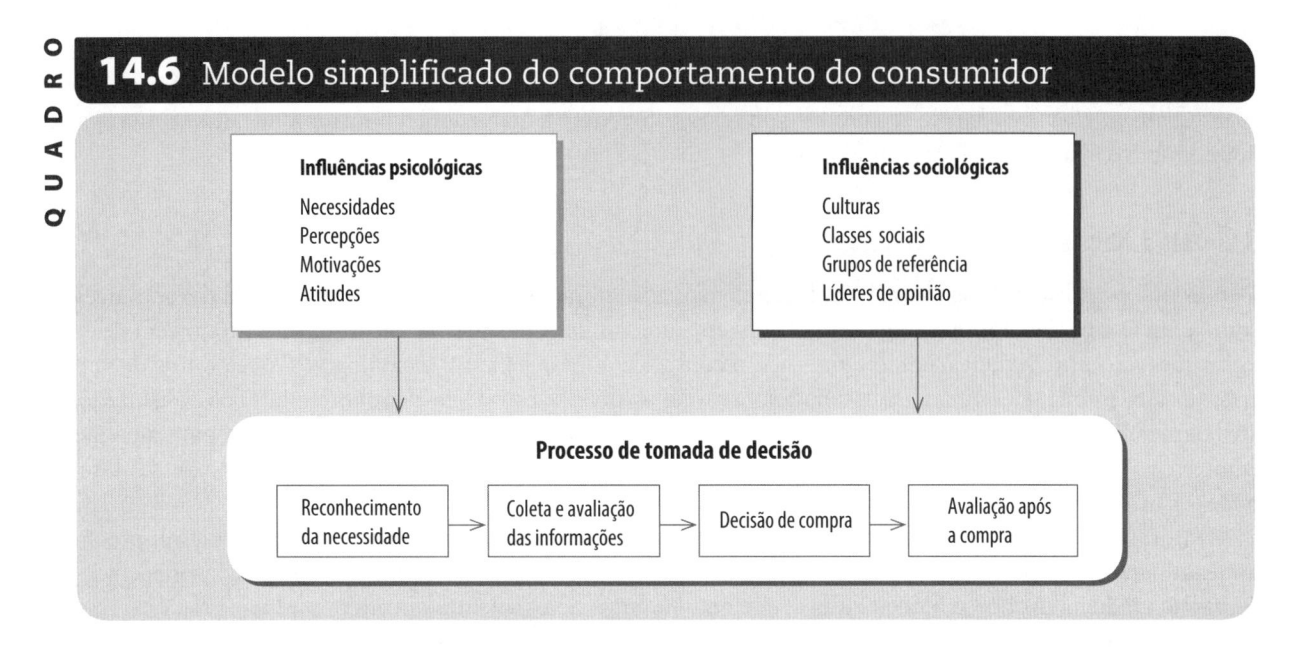

---

não pode ser negligenciada. Muitos fatores influenciam o reconhecimento de uma necessidade por parte dos consumidores. Veja aqui alguns exemplos:

- Uma mudança no *status* financeiro (uma promoção com aumento de salário)
- Uma mudança nas características do lar (nascimento de um filho)
- Gasto normal (acabou o último tubo de creme dental)
- Desempenho do produto ou serviço (um defeito no aparelho de DVD)
- Decisões anteriores (um conserto mal realizado no carro)
- A disponibilidade de produtos (lançamento de um novo produto)

Um empreendedor deve entender o estágio de reconhecimento de necessidade para decidir sobre a estratégia de marketing apropriada a ser utilizada. Em algumas situações, o proprietário de uma pequena empresa terá de *influenciar* o reconhecimento da necessidade. Em outras situações, ele pode simplesmente *reagir* às necessidades que os consumidores identificaram por conta própria.

14-4b Coleta e avaliação de informações

A segunda etapa na tomada de decisão por parte do consumidor envolve a coleta e avaliação de informações apropriadas. As fontes internas de percepção (normalmente a partir de experiências anteriores com um produto ou marca) geralmente são consideradas em primeiro lugar. No entanto, os potenciais compradores costumam recorrer a fontes externas – por exemplo, informações de amigos e familiares, dados sobre a classificação de produtos pela *Consumer Reports* (avaliações de produtos e serviços realizados por consumidores), ou descrições de produtos por meio de propagandas ou vendedores – quando sua própria experiência ou conhecimento anterior é limitado e o custo da coleta de informações externas é baixo.

Para ilustrar, suponha que você quer comprar uma televisão de tela grande. Se você trabalha na indústria de produtos eletrônicos para consumidores ou tem experiência pessoal com algumas das marcas e dos modelos disponíveis (duas fontes *internas* de informações), provavelmente já sabe o suficiente para decidir uma compra. No entanto, se for como a maioria das pessoas, precisará coletar informações por meio de fontes *externas*. Você pode pedir informações confiáveis aos amigos, verificar as análises *on-line* da CNET sobre modelos de tela grande e/ou discutir características de modelos com um vendedor em uma loja varejista de produtos eletrônicos. Você precisará dessas informações para tomar uma boa decisão na hora de comprar.

A coleta de informações deve ajudar a esclarecer a necessidade de compra e permitir que o consumidor estabeleça **critérios de avaliação** que irão guiar o processo de decisão à medida que continue a se desenvolver. Ou seja, ele irá decidir sobre os recursos ou características do produto ou serviço que devem ser utilizados para comparação.

Os proprietários de pequenas empresas devem tentar entender quais os critérios de avaliação que a maioria dos consumidores adotam, porque esses serão utilizados para formular seu conjunto evocado. Um **conjunto**

evocado (lembrado) é um grupo de marcas das quais um consumidor está consciente e se sente disposto a considerar solução para uma necessidade de compra. Assim, o desafio inicial para uma nova empresa é conquistar o *conhecimento do mercado* pelo seu produto ou serviço. Só então a marca terá a oportunidade de se tornar parte dos conjuntos evocados dos consumidores.

14-4c Decisão de compra

Depois que os consumidores tiverem avaliado as marcas lembradas e feito suas escolhas, ainda deverão decidir como e onde fazer a compra (estágio 3). Atualmente, um volume considerável de vendas no varejo vem de configurações não armazenadas, como a internet, canais de compras pela TV e catálogos. Esses pontos de venda criaram um ambiente complexo e desafiador para desenvolver a estratégia de marketing. E os consumidores atribuem muitas vantagens e desvantagens diferentes a vários pontos de venda, tornando difícil para a pequena empresa elaborar uma única estratégia correta. Às vezes, no entanto, o simples reconhecimento desses fatores pode ser útil.

Naturalmente, nem todas as decisões de compra são planejadas antes de entrar em uma loja ou procurar um catálogo de pedidos por correspondência. Estudos mostram que a maioria dos tipos de compras em lojas de varejo tradicionais não é planejada nem pretendida antes de os clientes entrarem na loja. Esse fato ressalta a grande importância de recursos como o *layout* da loja, o pessoal de vendas e as gôndolas nos postos de compra.[37] Existem algumas novas tecnologias interessantes que podem ser utilizadas para ajudar a identificar problemas com esses recursos.

14-4d Avaliação após a compra

O processo de tomada de decisão do consumidor não termina com uma compra. As pequenas empresas desejam repetir as compras dos clientes e, portanto, precisam entender o quarto estágio do processo, o comportamento pós-compra. O Quadro 14.7 ilustra várias atividades de consumo que ocorrem durante a avaliação pós-compra. Duas dessas atividades – a dissonância após a compra e as reclamações dos consumidores – estão diretamente relacionadas à satisfação do cliente. A **dissonância após a compra** é a tensão psicológica ou a ansiedade que ocorre imediatamente após uma decisão de compra quando os consumidores analisam uma segunda vez se sua decisão de compra foi boa. Essa dissonância pode influenciar o modo como um consumidor avalia um produto e seu nível de satisfação.

Um consumidor que não estiver satisfeito com o processo de compra ou com o produto durante e após o uso pode se queixar à empresa ou mesmo publicar um comentário negativo em um fórum *on-line* como o Yelp. Apesar da frustração ou preocupação que uma denúncia pode causar, cria uma oportunidade importante para a empresa fazer o que é certo – uma queixa bem resolvida pode impedir a perda de um potencial cliente. O resultado do processo pós-compra indica o nível final de satisfação, que afeta a fidelidade do cliente e a probabilidade de

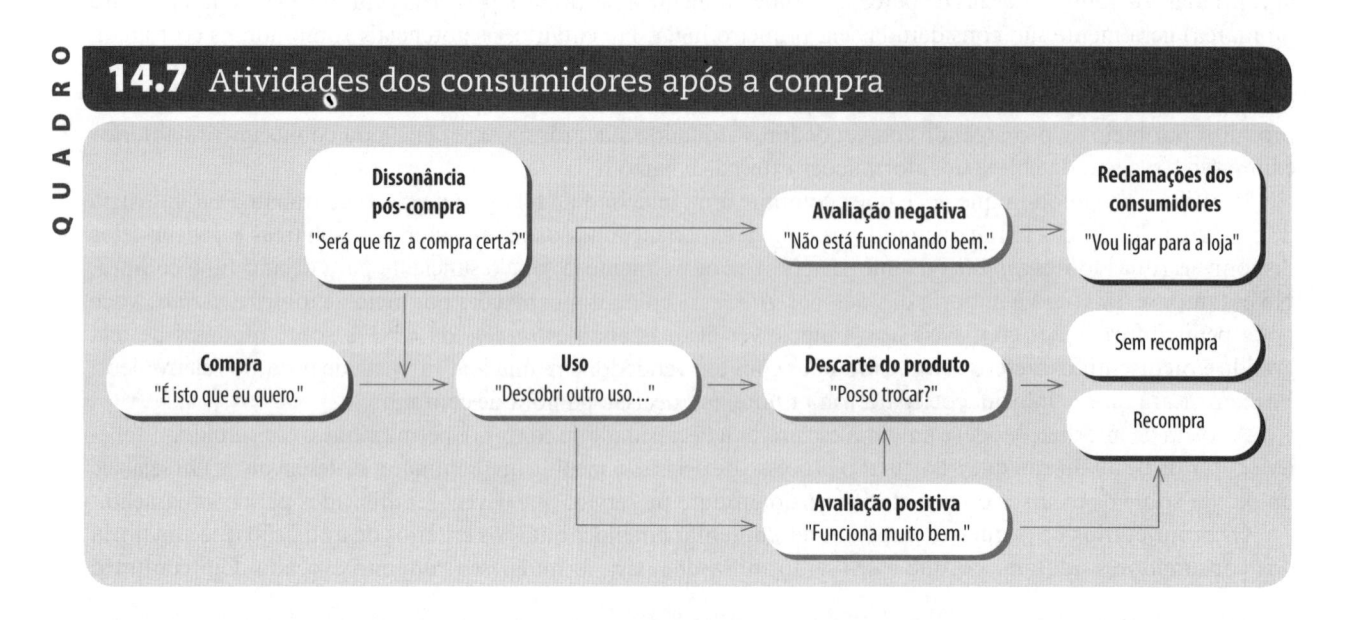

QUADRO 14.7 Atividades dos consumidores após a compra

- **Compra**: "É isto que eu quero."
- **Dissonância pós-compra**: "Será que fiz a compra certa?"
- **Uso**: "Descobri outro uso...."
- **Avaliação negativa**: "Não está funcionando bem."
- **Avaliação positiva**: "Funciona muito bem."
- **Descarte do produto**: "Posso trocar?"
- **Reclamações dos consumidores**: "Vou ligar para a loja"
- Sem recompra
- Recompra

que ele volte a comprar e utilizar um produto. Mas também pode levar um cliente a mudar de marca ou deixar de comprar um produto.

A melhor maneira de preservar a satisfação do cliente é lidar com problemas e reclamações o mais rapidamente e da maneira mais efetiva possível. Isso exige uma equipe de trabalho bem treinada, informada e cooperativa. No Angus Barn, a proprietária, Van Eure, incentiva os empregados a utilizar a "Regra dos 6 metros"– ou seja, qualquer empregado do restaurante que estiver a uma distância de aproximadamente 6 metros de um problema deverá envolver-se na sua solução para assegurar que todos os clientes estejam completamente satisfeitos quando saírem do restaurante. Por exemplo, os garçons podem oferecer sobremesas grátis após um jantar ou acomodar os clientes conforme suas necessidades simplesmente alterando o *layout* das cadeiras. Como todo o pessoal é muito focado no sucesso da operação, Eure dedica muita atenção aos seus funcionários, e isso tem se refletido em um índice de rotatividade muito baixo. Sua abordagem de resolver as preocupações dos clientes pode ser a base do alto nível de satisfação de seus clientes e empregados.[38]

14-5 COMPREENSÃO DAS INFLUÊNCIAS PSICOLÓGICAS SOBRE OS CLIENTES

Outro componente importante do modelo de comportamento do consumidor, conforme apresentado no Quadro 14.6, é a influência psicológica. As quatro influências psicológicas que têm maior relevância para pequenas empresas são as necessidades, percepções, motivações e atitudes.

14-5a Necessidades

Frequentemente, as **necessidades** são descritas como o ponto de partida para todos os comportamentos. Sem as necessidades, não haveria nenhum comportamento. Embora as necessidades dos consumidores sejam inumeráveis, elas podem ser identificadas em quatro categorias — fisiológicas, sociais, psicológicas e espirituais.

As necessidades dos consumidores nunca ficam completamente satisfeitas, assegurando, assim a continuidade da existência das empresas. Uma das características mais complexas das necessidades é o modo pelo qual elas funcionam em conjunto para definir comportamentos. Em outras palavras, as várias necessidades operam simultaneamente, tornando difícil determinar qual necessidade está sendo satisfeita por um produto ou serviço específico. Mesmo assim, a avaliação de cuidados da conexão entre necessidades e comportamento pode ser muito útil no desenvolvimento de uma estratégia de marketing. Mas você deve ter em mente que as compras de um mesmo produto podem satisfazer diferentes necessidades. Por exemplo, os consumidores compram produtos alimentícios em supermercados para satisfazer suas necessidades fisiológicas, mas também compram comida em bons restaurantes para satisfazer suas necessidades sociais e/ou fisiológicas. Além disso, determinados alimentos são exigidos por segmentos de mercado específicos para atender a necessidades religiosas ou espirituais. Uma estratégia com base nas necessidades resultaria em uma abordagem de marketing diferente em cada uma dessas situações.

14-5b Percepções

Um segundo fator psicológico, a **percepção**, abrange os processos individuais que, em última análise, dão significado aos estímulos que os consumidores recebem. Quando esse significado é severamente distorcido ou inteiramente bloqueado, a percepção do consumidor pode obscurecer os esforços de marketing de uma pequena empresa e torná-los ineficientes. Por exemplo, um varejista pode identificar sua roupa de marca como "à venda" para comunicar uma redução de preço, mas a percepção dos clientes pode ser de que "essa roupa está fora de moda".

A percepção depende das características dos estímulos e também de quem os percebe. Os consumidores tentam lidar com as enormes quantidades de estímulos que recebem por meio da **categorização perceptiva**, um processo pelo qual coisas similares são percebidas como pertencentes a um único grupo. Portanto, se as pequenas empresas desejam posicionar seus produtos como comparáveis a uma marca existente, o mix de marketing deverá refletir uma consciência da categorização perceptiva. Por exemplo, a qualidade comparável pode ser comunicada por meio de preços similares ou de um *design* de embalagem com um esquema de cores que se assemelhe ao de uma marca já existente. Estas técnicas ajudarão um consumidor a adaptar o novo produto à categoria de produto desejada.

As pequenas empresas que se associam a um nome de grife existente a um novo produto estão confiando na categorização perceptiva para a pré-venda do novo produto. Se, por outro lado, o novo produto for fisicamente diferente ou de uma qualidade diferente, um novo nome de marca deverá ser selecionado para criar uma categorização perceptiva distinta na mente do consumidor.

Se um consumidor tiver uma forte lealdade de marca a um produto, será difícil para as outras marcas ultrapassarem suas barreiras perceptivas. Esse indivíduo provavelmente terá imagens distorcidas das marcas concorrentes por causa de uma atitude preexistente. Assim, as percepções dos consumidores apresentam um desafio de comunicação.

14-5c Motivações

Todos estão familiarizados com sensação de fome, que são manifestações da tensão criada por uma necessidade fisiológica insatisfeita. O que leva uma pessoa a adquirir alimento para que a sensação de fome seja aliviada? A resposta é a motivação. As **motivações** são forças dirigidas a objetivos que organizam e dão direção à tensão causada pelas necessidades insatisfeitas.

Os comerciantes não podem criar necessidades, mas podem oferecer motivações únicas aos consumidores. Se houver um motivo aceitável para a compra de um produto ou serviço, provavelmente esse motivo será internalizado pelo consumidor como uma força motivadora. A chave para o comerciante é determinar quais as motivações que o consumidor perceberá como aceitáveis em uma determinada situação. A resposta é encontrada por meio de uma análise de outras variáveis de comportamento do consumidor.

Assim como as necessidades fisiológicas, as outras três classes de necessidades – sociais, psicológicas e espirituais – podem ser associadas ao comportamento por meio das motivações. Por exemplo, uma loja de roupas em um *campus* universitário pode promover estilos que comuniquem ao estudante uma adesão a um grupo social, como uma associação de alunos ou uma república de estudantes.

Entender as motivações não é fácil. Várias motivações podem estar presentes em quaisquer situações, e em geral estão no subconsciente. Contudo, devem ser investigadas para que a iniciativa de marketing seja bem-sucedida.

14-5d Atitudes

Assim como as outras variáveis psicológicas, as atitudes não podem ser observadas, mas todas as pessoas as têm. As atitudes implicam ter conhecimento? Elas implicam sentimentos bons ou ruins, favoráveis ou desfavoráveis? Uma atitude tem um impacto direto em um comportamento? A resposta a cada uma dessas perguntas é um sonoro "sim". Uma **atitude** é uma opinião duradoura, baseada em uma combinação de conhecimentos, sentimentos e tendências comportamentais.

Uma atitude pode atuar como um obstáculo ou um motivador que leva determinado cliente a um produto. Por exemplo, os consumidores com a opinião de que uma mercearia local familiar tem preços mais elevados do que uma cadeia nacional de supermercados pode levar a evitar a mercearia local. Preparados com o entendimento da estrutura de determinada atitude, um comerciante pode abordar o consumidor de modo mais inteligente.

14-6 COMPREENSÃO DAS INFLUÊNCIAS SOCIOLÓGICAS SOBRE OS CLIENTES

As influências sociológicas, como indica o Quadro 14.6, abrangem o último componente do modelo de comportamento do consumidor. Entre essas influências estão as culturas, as classes, os grupos de referência e os líderes de opinião. Observe que essas influências representam diferentes graus de agregação de grupos: a cultura envolve grandes quantidades de pessoas, as classes sociais e os grupos de referência representam grupos menores de pessoas e os líderes de opinião são indivíduos que exercem influência.

14-6a Culturas

No marketing, a **cultura** se refere aos padrões de comportamento e valores que caracterizam um grupo e clientes em um mercado-alvo. Esses padrões e crenças têm grande impacto na compra e no uso de produtos. Os gerentes de marketing geralmente ignoram a variável cultural porque suas influências estão sutilmente integradas em uma sociedade. No entanto, gerentes internacionais que já experimentaram diferentes culturas podem de imediato atestar o impacto da influência cultural. A natureza prescritiva das culturas deve receber a atenção do empreendedor. As normas culturais criam uma diversidade de comportamentos aceitáveis relacionados ao produto que influenciam o que os consumidores compram. No entanto, uma vez que determinada cultura muda adaptando-se lentamente a novas situações, o que funciona bem como uma estratégia de marketing hoje pode não funcionar dentro de alguns anos.

A análise de uma cultura em uma faixa de atuação mais limitada – definida por idade, preferência religiosa, orientação étnica ou localização geográfica – é chamada de *análise subcultural*. Aqui, também, padrões únicos de comportamento e relações sociais devem receber atenção do gerente de marketing. Por exemplo, as necessidades e motivações da subcultura de jovens são muito diferentes daquelas referentes à subcultura de pessoas que estão na terceira idade. Os gerentes de pequenas empresas que se familiarizam com culturas e subculturas estão aptos a criar melhores combinações de marketing.

14-6b Classes sociais

Outro fator sociológico que afeta o comportamento dos consumidores é a classe social. As **classes sociais** são divisões dentro da sociedade que têm diferentes níveis de prestígio social. A profissão provavelmente é o mais importante fator determinante da classe social. Outros determinantes incluem posses, fontes de rendimento e nível educacional. O sistema de classes sociais tem importantes implicações para o marketing. Diferentes estilos de vida estão relacionados a diferentes níveis de prestígio social, e determinados produtos geralmente se tornam símbolos de um tipo de estilo de vida. Para produtos como o estoque de mantimentos, a análise de classe social provavelmente não será muito útil. Mas, para produtos como o mobiliário de uma casa, essa análise pode ajudar a explicar variações nos padrões de compras e de comunicação.

14-6c Grupos de referência

Tecnicamente, a classe social pode ser considerada um grupo de referência. Contudo, o pessoal de marketing geralmente está mais preocupado com grupos menores, como famílias, grupos de trabalho, grupos de vizinhos e grupos recreativos. Os **grupos de referência** são aqueles pequenos grupos que um indivíduo permite que influenciem seu comportamento. A existência da influência do grupo é bem estabelecida. O desafio do pessoal está em entender por que essa influência ocorre e como pode ser utilizada para promover a venda de um produto ou serviço. Os indivíduos tendem a aceitar a influência do grupo por causa dos benefícios que eles percebem como resultado disso, e esses benefícios percebidos dão aos influenciadores vários tipos de poder. Cinco formas de poder amplamente reconhecidas – pelo marketing – são poder de recompensar, poder coercitivo, poder de referência, poder especializado e poder legítimo.

O *poder de recompensar* e o *poder coercitivo* estão relacionados à capacidade de um grupo de dar e receber recompensas. As recompensas podem ser materiais ou psicológicas; reconhecimento e elogios são recompensas psicológicas típicas. Uma reunião realizada em casa para vender produtos da Tupperware é um bom exemplo de técnica de marketing que tira proveito do poder de recompensar e do poder coercitivo. A possibilidade sempre presente de agradar ou desagradar a anfitriã-amiga encoraja as convidadas a comprar os produtos.

O *poder de referência* e o *poder especializado* não envolvem recompensas nem punições. Existem porque um indivíduo atribui grande importância à possibilidade de fazer parte de um grupo ou percebe que o grupo é bem reconhecido. O poder de referência (com base na admiração ou no respeito de uma pessoa por quem detém o poder) influencia consumidores a se adequarem ao comportamento de um grupo e escolherem produtos selecionados pelos membros do grupo. As crianças geralmente são afetadas pelo poder de referência, por isso, os comerciantes podem criar um desejo por produtos utilizando propagandas ou pacotes de produtos inteligentemente elaborados, que apelam a essa tendência. E uma pessoa considerada especialista pode ser um porta-voz efetivo para uma série de produtos porque os consumidores confiam em seu julgamento.

O *poder legítimo* envolve autoridade e a aprovação daquilo que um indivíduo deve fazer. Estamos mais familiarizados com o poder legítimo no nível social, mas este também pode ser utilizado em grupos menores. As iniciativas de marketing social são uma tentativa de encorajar um determinado comportamento como sendo a coisa certa a fazer (por exemplo, sempre use o cinto de segurança; se for dirigir, não beba).

14-6d Formadores de opinião

De acordo com os princípios de comunicação amplamente aceitos, os consumidores recebem uma quantidade significativa de informações por intermédio de indivíduos denominados **formadores de opinião**, membros do grupo que representam um papel importante nas comunicações.

De um modo geral, os formadores de opinião são bem informados, visíveis e têm exposição nos meios de comunicação de massa. Uma pequena empresa pode aprimorar sua própria imagem identificando-se com esses indivíduos. Por exemplo, um revendedor de suprimentos para agricultura pode promover seus produtos na comunidade agrícola, fazendo demonstrações nas fazendas de agricultores locais altamente bem-sucedidos, que normalmente são formadores de opinião da comunidade.

Quando Phil Knight estabeleceu a Nike, Inc., no início da década de 1970, ele usou uma estratégia de marketing que denominou Princípio dos Cinco Caras Legais. A ideia era que se ele pudesse fazer com que cinco dos melhores e mais populares atletas em um *campus* do ensino médio usassem seus calçados, então outros alunos também os comprariam. Os "caras legais" definiriam a tendência. Naturalmente, a estratégia pode ser aplicada em níveis superiores e mais visíveis, e é por isso que a Nike tem pago muito dinheiro ao longo dos anos para que atletas de nível mundial façam propaganda dos produtos da companhia. Os esforços de marketing extremamente bem-sucedidos da Nike são uma ilustração da influência dos formadores de opinião.

Na era moderna das mídias sociais, este efeito pode ser ampliado muitas vezes para beneficiar as pequenas empresas. Uma menção sobre sua empresa no Twitter de uma celebridade ou mesmo uma breve exposição de seu produto em um vídeo viral do YouTube pode impulsionar ao máximo o interesse do cliente. Na verdade, algumas pequenas empresas acham que tais ocorrências podem aumentar tanto a demanda que elas terão dificuldade em ter produtos suficientes para atendê-la. Isto é um grande problema para resolver, mas ele pode ser mais difícil de lidar do que você imagina.

A gestão de relacionamento com os clientes está no cerne de qualquer empresa que esteja destinada ao sucesso. Um cliente satisfeito provavelmente será um cliente habitual, que comentará com os outros sobre sua empresa. Mas estabelecer um efetivo programa de CRM é uma tarefa difícil — que requer um completo conhecimento dos principais componentes da satisfação do cliente, o desenvolvimento de um banco de dados adequado, habilidade para lidar com as reclamações e a compreensão do processo de tomada de decisões pelos clientes. Naturalmente, tudo inicia com a manutenção de uma atitude útil e positiva em direção aos clientes, mas quanto mais os proprietários de pequenas empresas souberem sobre seus clientes, mais eles serão capazes de atender às necessidades desses clientes.

Glossário

Análise monetária de atualização e frequência (p. 303) – Análise que revela os clientes que provavelmente irão comprar de uma empresa no futuro porque fizeram compras recentemente, frequentemente e em quantidades que excedem um mínimo estabelecido.

Atitude (p. 308) – Opinião fundamentada com base em uma combinação de conhecimento, sentimentos e tendências comportamentais.

Banco de dados dos clientes (p. 302) – Conjunto de informações sobre um cliente conforme definido pelos objetivos da CRM, incluindo dados pessoais, demográficos, de estilo de vida e de transações; hábitos *on-line*; respostas anteriores; e histórico de reclamações.

Categorização perceptiva (p. 307) – Processo de agrupar coisas percebidas como sendo similares entre si.

Classes sociais (p. 309) – Divisões dentro de uma sociedade que têm diferentes níveis de prestígio social.

Conjunto evocado (lembrado) (p. 306) – Grupo de marcas do qual um consumidor está consciente e disposto a considerar solução para uma necessidade de compra.

Critérios de avaliação (p. 305) – Recursos ou características de um produto ou serviço que os clientes utilizam para comparação.

Cultura (p. 308) – Padrões e valores comportamentais que caracterizam um grupo de consumidores em um mercado-alvo.

Dissonância após a compra (p. 306) – Tensão psicológica ou ansiedade que ocorre quando um cliente faz uma segunda análise da compra logo após ela ter sido efetuada.

Estratégia de segmentação de clientes (p. 303) – Processo de identificação de clientes, que os coloca em grupos menores, mais homogêneos.

Formador de opinião (p. 309) – Membro do grupo que desempenha um papel de comunicação-chave.

Gestão da experiência do cliente (CEM) (p. 296) – Abordagem que reconhece que, com cada interação, os clientes aprendem algo sobre a empresa que irá afetar seu desejo de fazer negócios com ela no futuro.

Gestão de relacionamento com clientes (CRM) (p. 292) – Estratégia corporativa que abrange toda uma empresa, elaborada para otimizar a lucratividade, os rendimentos e a satisfação dos clientes, focando em grupos de clientes específicos.

Grupos de referência (p. 309) – Grupos pequenos em que um indivíduo permite influenciar seu comportamento.

Motivações (p. 308) – Forças dirigidas por objetivos que organizam e dão direção à tensão causada por necessidades insatisfeitas.

Necessidades (p. 307) – Ponto de partida para todos os comportamentos.
Percepção (p. 307) – Processos individuais que dão significado aos estímulos que os consumidores recebem.
Ponto de contato (p. 302) – Interação entre uma empresa e seus clientes.
Princípio dos 80/20 (p. 303) – Princípio que determina que 80% das vendas de uma empresa se originam de 20% de seus clientes.

Relacionamento transacional (p. 294) – Associação entre uma empresa e um cliente, que começa (ou termina) com uma compra ou com a conclusão de um negócio.
Valor da vida útil do cliente (CLV) (p. 303) – Lucro total esperado de todas as vendas futuras a um cliente.

Recursos para *startups*

Aprimorando seu serviço
Para alguns proprietários de pequenas empresas, oferecer excelentes serviços aos clientes pode não ser algo tão normal. Para ter acesso a um excelente guia que irá ajudá-lo a considerar todos os ângulos da situação, verifique o artigo "How to Deliver Great Customer Service", que pode ser encontrado no site da revista *Inc*. (http://www.inc.com/magazine/20100901/how-to-deliver-great-customer-service.html).

Ferramentas para *startups*

O uso das mídias sociais para resolver as necessidades dos clientes
Apesar de seu uso generalizado entre os clientes, as empresas têm demorado a aproveitar o poder das mídias sociais para o atendimento aos clientes. Isso cria uma abertura competitiva para pequenas empresas. O Twitter é a ferramenta preferida para essa aplicação, mas todas as modalidade de mídia social podem ser aproveitadas. Para saber mais sobre os prós e contras do atendimento aos clientes nas redes sociais, leia "The Ignored Side of Social Media: Customer Service", *Knowledge @ Wharton*, 2 de janeiro de 2014, http://knowledge.wharton.upenn.edu/article/ignore-side-social-media-customer-service.

Você é quem manda

Situação 1
Jeremy Argyle criou sua marca de roupas em 2009, prometendo vender camisas, blusas e gravatas originais somente em suas lojas e na internet. Para aumentar ainda mais o sucesso que sua empresa teve até agora, ele percebe que é crucial manter seus clientes fiéis, voltando para comprar mais. Assim, como os empreendedores em todos os lugares, Argyle quer empregar técnicas de retenção de clientes que estabelecerão uma base sólida para negócios frequentes. Você encontrará o site da sua empresa em www.jeremyargyle.com, que possui recursos de software para suportar as interações dos clientes.

Fontes: "Gallivant: Jeremy Argyle", http://gallivant.com/shop/jeremy-argyle. Acesso em 2 de janeiro de 2015; Jeff Haden, "Building His Brand His Way", *Inc.*, julho/agosto de 2013, vol. 35, n 6, p. 68; e "About Jeremy Argyle", http://www.jeremyargyle.com/t-about.aspx. Acesso em 2 de janeiro de 2015.

Pergunta 1 – Quais técnicas para manter a fidelidade dos clientes você recomendaria para Argyle?

Pergunta 2 – Que informações seriam apropriadas coletar sobre clientes em um banco de dados?

Pergunta 3 – Qual comunicação específica por meio de computador poderia ser utilizada para atingir os objetivos de Argyle?

Situação 2
Às vezes, um toque criativo em métodos padronizados de pesquisa de marketing pode melhorar sua eficácia. Isso certamente foi verdade para Jason Belkin, dono da Hampton Coffee Company, com duas cafeterias em Nova York e uma van com uma máquina de café expresso móvel. Ao mesmo tempo, Belkin utilizou o serviço do cliente misterioso (que contrata indivíduos para se apresentarem como clientes reais a fim de avaliar o verdadeiro desempenho do serviço das empresas) para avaliar as experiências dos clientes, mas decidiu recorrer aos cartões de comentários para obter as informações que ele queria. Ele agora oferece uma xícara de café grátis aos clientes que preenchem um cartão. O cartão de comentários faz uma série de perguntas, que você pode acessar em http://hamptoncoffeecompany.com/assets/uploads/CommentCard-front.pdf.

Fontes: John Bobey, "Hampton Coffee Company: A Great Cup of Joe", *Hampton's Magazine*, http://hamptons-magazine.com/dining/articles/hampton-coffee-company-coffee-beans. Acesso em 2 de janeiro de 2015; "Hampton Coffee Company: Our Story", http://hamptoncoffeecompany.com/about-us/story. Acesso em 2 de janeiro de 2015; e Heather Larson, "Coffee Talk", *MyBusiness*, http://www.nfib.com/article/?cmsid=53793. Acesso em 2 de janeiro de 2015.

Pergunta 1 – Quais são as vantagens e desvantagens das duas abordagens que Belkin utilizou para avaliar as experiências dos clientes em suas cafeterias? Qual delas você recomendaria?

Pergunta 2 – Voce vê algum problema em oferecer uma xícara de café gratuitamente como forma de incentivo para preencher um cartão de comentário? Você sugeriria alguma outra opção para encorajar os clientes a fornecer *feedback*?

Pergunta 3 – Observe o cartão de comentário que Belkin postou *on-line*. Quais são as melhores características do cartão? Como ele pode ser aprimorado?

Notas

1. "The Neglected Moneymaker: Customer Retention," 25 de abril de 2007, http://research.wpcarey.asu.edu/marketing/the-neglected-moneymaker-customer-retention. Acesso em 2 de janeiro de 2015.
2. Frederick Reichheld, *The Loyalty Effect: The Hidden Force behind Growth, Profits, and Lasting Value* (Boston: Harvard Business School Press, 2008).
3. Charles W. Lamb, Joseph F. Hair e Carl McDaniel, *Marketing*, 12ª edição (Cincinnati: Cengage Learning, 2013), p. 771.
4. Pesquisas têm demonstrado que a relação empreendedor-cliente realmente é recíproca [veja Dirk De Clercq e Deva Rangarajan, "The Role of Perceived Relational Support in Entrepreneur-Customer Dyads," *Entrepreneurship Theory & Practice*, vol. 32, n. 4 (2008), p. 659–683]. Em outras palavras, assim como os clientes reconhecem que a forma como uma empresa empreendedora os trata tem um impacto no seu nível de satisfação e compromisso com a empresa, também a reputação do cliente e a confiabilidade no intercâmbio do cliente com a empresa influenciam a satisfação e o compromisso do empreendedor com esse cliente. Um se apoia no outro.
5. "Crunching the Numbers: Customer Service" *Inc.*, vol. 33, n. 4 (maio de 2011), p. 30.
6. Brian Vellmure, "Let's Start with Customer Retention," http://www.initiumtechnology.com/newsletter_120602.htm. Acesso em 26 de outubro de 2012.
7. National Federation of Independent Business, "411 Small Business Facts: Marketing Perspectives," http://411sbfacts.com/sbpoll-tables-res.php?POLLID=0054&QID=00000001624&KT_back=1. Acesso em 2 de janeiro de 2015.
8. Amy Barrett, "True Believers," http://www.businessweek.com/stories/2006-12-24/true-believers. Acesso em 2 de janeiro de 2015.
9. Lynne Meredith Schreiber, "CRM: You (Should) Love Your Customers, Now Work to Keep Them," http://www.startupnation.com/articles/crm-you-should-love-your-customers-now-work-to-keep-them. Acesso em 2 de janeiro de 2015.
10. "Crunching the Numbers" op. cit., p. 24.
11. Lindsay Holloway, "Marx Acosta-Rubio," *Entrepreneur*, vol. 36, n. 9 (setembro de 2008), p. 66–67.
12. "The Neglected Moneymaker," op. cit.
13. Algumas dessas sugestões foram adaptadas de Lesley Spencer Pyle, "Keep Your Customers from Straying," *Entrepreneur*, 12 de junho de 2008, http://www.entrepreneur.com/article/194784. Acesso em 2 de janeiro de 2015.
14. Comunicação pessoal com Denny Fulk, 7 de maio de 2007.
15. John Greathouse, "Personal Pitch," http://www.infochachkie.com/personal-pitch. Acesso em 26 de outubro de 2012.
16. Harley Manning, "You Are in the Customer Experience Business, Whether You Know It or Not," *Forbes*, 28 de agosto de 2012, http://www.forbes.com/sites/forrester/2012/08/28/you-are-in-the-customer-experience-business-whether-you-know-it-or-not. Acesso em 2 de janeiro de 2015.
17. Oracle Corporation, "Seven Power Lessons for Customer Experience Leaders," fevereiro de 2012, http://www.oracle.com/us/corporate/acquisitions/rightnow/seven-power-lessons-wp-1502937.pdf. Acesso em 2 de janeiro de 2015.
18. Ibid.
19. Franci Rogers, "Protecting Your Rep," *Baylor Business Review*, primavera de 2012, p. 42–45.
20. Estes exemplos foram adaptados de Alina Dizik, "Fun for the Whole Family: The Long Wait in Line," *The Wall Street Journal*, 10 de agosto de 2011, p. D1–D2.
21. Howard Stevens e Theodore Kinni, *Achieve Sales Excellence* (Avon, MA: Platinum Press, 2007).
22. Adaptado de Thomas N. Ingram, Raymond W. LaForge, Ramon A. Avila, Charles H. Schwepker e Michael R. Williams, *Sell* (Mason, OH: Cengage Learning, 2013).
23. Comunicação pessoal com John Stites, 23 de outubro de 2007.
24. Editores da *CRM Magazine*, "The 2012 CRM Market Leaders," http://www.destinationcrm.com/Articles/Editorial/Magazine-Features/The-2012-CRM-Market-Leaders-83897.aspx. Acesso em 2 de janeiro de 2015.
25. Editores da *CRM Magazine*, "The 2014 CRM Market Leaders," http://www.destinationcrm.com/Articles/ReadArticle.aspx?ArticleID=98228&PageNum=2. Acesso em 2 de janeiro de, 2015.
26. Joanna L. Krotz, "Should You Outsource Your Customer Service?" *Entrepreneur*, 23 de janeiro de 2013, http://www.entrepreneur.com/article/225510. Acesso em 2 de janeiro de 2015.
27. Francesco Banfi, Boris Gbahoué e Jeremy Schneider, "Higher Satisfaction at Lower Cost: Digitizing Customer Care," http://www.mckinsey.com/client_service/marketing_and_sales/latest_thinking/digitizing_customer_care. Acesso em 2 de janeiro de 2015.
28. Darren Dahl, "What Seems to Be the Problem? Self Service Gets a Tune-Up," *Inc.*, vol. 30, n. 2 (fevereiro de 2008), p. 43-44.
29. Elise Ferguson, "Walmart and Apple Are Least Collaborative Brands in America," *Top Level Designs*, http://tldesign.co/walmart-and-apple-are-least-collaborative-brands-in-america. Acesso em 2 de janeiro de 2015.
30. Adaptado de Dawn Iacobucci, MM^3 (Mason, OH: Cengage Learning, 2013), p. 192.
31. Lamb et al., op. cit., p. 778.
32. Ibid, p. 774-775.
33. Chris Zane, *Reinventing the Wheel* (Dallas: BenBella Books, 2011), p. 32–34.
34. Lamb et al., op. cit., p. 785.
35. Ibid, p. 793.
36. Ibid.
37. Veja, por exemplo, Del I. Hawkings e David L. Mothersbaugh, *Consumer Behavior: Building Marketing Strategy*, 12ª edição. (Nova York: McGraw-Hill Irwin, 2012), Capítulo 17.
38. "Angus Barn: Our History," http://www.angusbarn.com/ohistory.htm. Acesso em 2 de janeiro de 2015.

CAPÍTULO 15

Desenvolvimento de produto e gestão da cadeia de suprimentos

Muitos empresários estão em uma busca para criar produtos inovadores que podem lançar novos setores, tecnologias ou serviços. Mas esse caminho é arriscado, porque a introdução de novos softwares ou dispositivos pode ser incrivelmente cara. O risco aumenta pelo grande volume de concorrentes, cada um desesperado para garantir sua fatia de mercado e fazer uma nova revolução. Algumas pequenas empresas têm sucesso com ambições altamente criativas, mas a maioria obtém melhores resultados buscando o que chamamos de inovação incremental – ou seja, aprimorando de forma inteligente produtos ou serviços já existentes no mercado.

Em 2010, os ex-engenheiros da Apple lançaram uma empresa chamada Nest Labs com o objetivo de buscar essa visão alternativa, e agora eles estão colhendo as recompensas. A empresa identifica problemas com produtos lançados há décadas e os resolve. O cofundador da Nest, Tony Fadell, diz "(Esses são) produtos que deixaram de ser desejados, que permaneceram iguais, não se desenvolveram." O primeiro produto da Nest, um termostato residencial, certamente se encaixa nessa descrição. As unidades convencionais são quadradas, sem *design* e oferecem muitas características inúteis que não acrescentam valor real. A versão da Nest claramente aprimorou o produto, fornecendo uma aparência elegante e uma economia de energia que capta ativamente as preferências de aquecimento e refrigeração do usuário. Sensores no dispositivo transferem os dados por meio de uma rede baseada na nuvem que analisa esses padrões. O termostato então muda as temperaturas da casa adequadamente. Os proprietários podem interagir com o termostato se desejarem, usando seu *smartphone* ou *tablet* para definir a temperatura.

"Não se trata apenas de conectar coisas. É sobre a experiência," diz Fadell. Parte dessa experiência do usuário é economizar dinheiro. O termostato custa US$ 249, mas pode gerar economia de energia de cerca de US$ 173 por ano. "Temos milhares de pessoas que estão economizando dinheiro em energia", relata Fadell.

No Spotlight
Nest Lab
www.nest.com

Ao término deste capítulo, você deverá ser capaz de:

15-1. Reconhecer os desafios associados ao crescimento de uma pequena empresa

15-2. Explicar o papel da inovação no crescimento da empresa

15-3. Identificar os estágios do ciclo de vida do produto e o novo processo de desenvolvimento de produto

15-4. Descrever a construção do produto total de uma empresa

15-5. Entender a estratégia do produto e as alternativas disponíveis para pequenas empresas

15-6. Explicar a importância da gestão da cadeia de suprimentos e as principais considerações na estrutura de um canal de distribuição

Revolucionar o negócio de termostato foi apenas o início para a Nest. Na segunda rodada de inovação da empresa, o foco mudou para detectores de fumaça e suas falhas. Apelidado de "Nest Protect", o produto de US$ 129 é capaz de detectar inteligentemente a localização de uma ameaça de incêndio e verbalmente avisar seu proprietário. Embora a funcionalidade seja semelhante em relação ao dispositivo anterior, a experiência do usuário supera a de qualquer outro dispositivo atualmente no mercado.

Assim, a Nest reinventou dois mercados anteriormente conhecidos por produtos sem diferenciais que eram geralmente selecionados com base no custo. Mas a empresa ainda vê a casa como um ambiente favorável. "Posso dizer-lhe dez coisas, minimamente, que podem ser melhoradas em casa," observa Fadell. "Todas elas são grandes mercados com empresas que não inovaram em anos."

A Nest poderia muito bem se tornar a empresa de dispositivos para a casa do futuro. Agora ela tem acesso aos recursos abundantes da Google, que comprou a *startup* em 2014. Mas, mesmo com esse incentivo para apoiar os esforços de desenvolvimento de produto futuro, a Nest certamente continuará no caminho da inovação incrementada. E por que não? Tem sido certamente uma estratégia vencedora até agora.

Fontes: Quentin Hardy, "Nest's Tony Fadell on Smart Objects, and the Singularity of Innovation", *The New York Times*, 7 de novembro de 2013, http://bits.blogs.nytimes.com//2013/11/07/nests-tony-fadell-on-smart-objects-and-the-singularity-of-innovation. Acesso em 8 de janeiro de 2015; Robert Hof, "Nest's Tony Fadell on How to Create Magical Product Experiences". *Forbes*, 5 de novembro de 2013, http://www.forbes.com/sites/roberthof/2013/11/05/nests-tony-fadell-on-how-to-create-magical-product-experiences. Acesso em 8 de janeiro de 2015; Farhad Manjoo, "Big Innovation in Small Annoyances", *The Wall Street Journal*, 10 de outubro de 2013, p. B1-B2; and "How Nest Helps You Save," https://nest.com/thermostat/saving-energy. Acesso em 8 de janeiro de 2015.

Você provavelmente já ouviu os termos *oferta* e *demanda* usados em conversas sobre a economia, e com razão – essas forças fundamentais do mercado determinam o valor a que os preços dos produtos e serviços são suscetíveis. *Oferta* refere-se à disposição das empresas de colocar um determinado produto ou serviço à venda, enquanto a *demanda* representa o interesse e a capacidade dos consumidores para comprá-lo. Se um produto tiver pouca oferta, o seu preço quase sempre aumentará à medida que a demanda cresce e compradores motivados lutam pelos bens limitados disponíveis naquele momento.

A oferta e a demanda também afetam a operação de uma pequena empresa, mesmo que seja de maneira ligeiramente diferente. Robert Kiyosaki, empresário e célebre autor da série de livros *Rich Dad Poor Dad*, explica por que esses conceitos são tão importantes:

> Pense na demanda como vendas e marketing. É trabalho dos departamentos de vendas e de marketing criar demanda, certificando-se de que seus clientes saibam e comprem o que a sua empresa tem para oferecer. Enquanto isso, a oferta é representada pela fabricação, armazenagem e distribuição, também conhecida como a cadeia de suprimentos. É o trabalho da cadeia de suprimentos atender à demanda criada pelo lado das vendas.[1]

Isso simplifica a fórmula e explica claramente a necessidade de equilíbrio nessas áreas-chave de atuação da empresa.

No Capítulo 14, você aprendeu sobre a tomada de decisão do cliente (demanda) e a necessidade de o empreendedor assumir um forte compromisso com a gestão de relacionamento com o cliente (CRM)* para garantir que os novos clientes sejam atraídos e os existentes sejam mantidos. Você também aprendeu que os programas de marketing devem refletir os conceitos de comportamento do consumidor se os esforços de CRM forem para sustentar a vantagem competitiva da empresa. Neste capítulo, discutimos mais o lado da demanda da equação,

---

* N.R.T.: CRM (*Customer Relationship Management*), ou gestão de relacionamento com o cliente. O termo se refere a um conjunto de práticas, estratégias de negócio e tecnologias focadas no cliente que pequenas, médias e até grandes empresas podem utilizar para gerenciar e analisar as interações com seus clientes, antecipar suas necessidades e desejos, otimizar a rentabilidade e aumentar as vendas e a assertividade de suas campanhas de captação de novos clientes.

explicando como inovações de produtos – como as melhorias feitas pela Nest Labs, que estão na seção *No Spotlight* deste capítulo – podem levar ao aumento da demanda. Mas você também terá que pensar no lado da oferta. Ou seja, tratamos de produtos e decisões de gestão da cadeia de abastecimento que, em conjunto, têm um impacto na satisfação dos clientes. O crescimento do negócio pode ser surpreendente, mas o equilíbrio entre oferta e demanda é fundamental para o sucesso da empresa.

15-1 CRESCER OU NÃO CRESCER

Quando um empreendimento novo é lançado, a firma recém-criada estabelece operações diárias. O plano de marketing reflete seus objetivos, e qualquer expansão ou crescimento da empresa terá impacto nas atividades de marketing.

Os empreendedores diferem sobre como a empresa deve crescer. Alguns querem crescer rapidamente, outros preferem uma taxa de expansão modesta. Muitos acham que manter o *status quo* é desafio suficiente, e se torna a força que impulsiona suas decisões de marketing. No entanto, o crescimento acontece às vezes inesperadamente, e o empreendedor é forçado a concentrar todos os esforços na satisfação da demanda. Considere um empreendedor que mostrou uma nova linha de camisolas de flanela a um grande comprador de uma rede de lojas. Este imediatamente encomendou 500 delas, com entrega prevista para cinco dias! O empresário aceitou o pedido, mesmo tendo material na mão para apenas 50 camisolas. Ele esvaziou a conta bancária para comprar o material necessário e freneticamente implorou a amigos para se juntar a ele no corte e costura das camisolas. Depois de várias noites sem dormir, ele entregou o pedido.[2]

Como você pode ver, crescer rapidamente pode ser uma proposta estressante se não estiver preparado. Muitos caminhos podem levar um pequeno empresário a situações semelhantes. Por exemplo, um novo empreendedor pode fazer um preço muito baixo, levando alguns compradores a explorar a oportunidade, fazendo grandes encomendas. Isso pode ser especialmente difícil em uma *startup**, porque os custos finais de produção podem exceder as receitas totais. Além disso, se uma pequena empresa é incapaz de entregar a tempo ou entrega sem a qualidade prometida, ou se recusar um pedido porque não deu conta da demanda, a reputação dela pode ser significativamente prejudicada.

O crescimento bem-sucedido raramente acontece por conta própria; ocorre somente quando diversos fatores são cuidadosamente considerados e bem geridos. Quando uma empresa experimenta o rápido crescimento do volume de vendas, suas demonstrações de resultados geralmente refletem lucros crescentes. No entanto, o rápido crescimento das vendas e dos lucros pode ser perigoso para os fluxos de caixa da empresa. Uma *armadilha do crescimento* pode ocorrer porque o crescimento tende a exigir caixa adicional mais rapidamente do que pode ser gerado na forma de lucros.

O estoque, por exemplo, deve ser ampliado à medida que o volume de vendas aumenta. Uma verba adicional deve ser gasta em mercadorias ou matérias-primas para atender aos níveis de vendas mais altos. Da mesma forma, as contas a receber devem ser proporcionais ao aumento das vendas. Um negócio rentável pode rapidamente deparar-se com uma questão financeira, aumentando seus lucros enquanto suas contas bancárias diminuem. (Para mais informações sobre as exigências financeiras de previsão, incluindo as relacionadas com matérias-primas e estoque, veja o Capítulo 11. Você também pode consultar o Capítulo 22 para aprender sobre métodos efetivos para gestão de ativos, tais como contas a receber, fluxos de caixa e estoque.)

O problema do crescimento é particularmente crítico para as pequenas empresas. Aumento de 100% das vendas é mais fácil para uma empresa pequena do que para uma empresa da Fortune 500**, mas dobrar o volume de vendas torna uma empresa um negócio muito diferente. Combinado com a dificuldade de obtenção de financiamento externo, isso pode ter efeitos desfavoráveis se o caixa não for gerenciado cuidadosamente. Em suma, a necessidade de financiamento adicional de uma empresa pode exceder os seus recursos disponíveis, mesmo que o empreendimento seja lucrativo. Sem recursos adicionais, os saldos de caixa da empresa podem cair acentuadamente, deixando-a em uma posição financeira incerta.

---

* N.R.T.: O termo *startup*, para designar empresas recém-criadas e rentáveis, começou a ser popularizado nos anos 1990, quando houve a primeira grande "bolha da internet". Muitos empreendedores com ideias inovadoras e promissoras, principalmente associadas à tecnologia, encontraram financiamento para os seus projetos, que se mostraram extremamente lucrativos e sustentáveis.

** N.R.T.: Fortune 500 é uma classificação das 500 maiores corporações nos Estados Unidos, ordenadas pela receita total obtida durante o ano fiscal norte-americano. A lista é compilada e publicada anualmente pela revista *Fortune* no Brasil.

O crescimento também coloca enormes exigências sobre o pessoal de uma pequena empresa e o estilo de gestão de seus proprietários. Quando os pedidos crescem rapidamente – às vezes, dobrando, triplicando ou mais no período de um ano – equipes de gerenciamento e de vendas podem ficar sobrecarregados, necessitando de ajustes imediatos. Mas muitos proprietários resistem à ideia de que sua empresa recém-criada está se transformando rapidamente em um negócio muito diferente – e eles podem não estar prontos para a mudança ou para as novas responsabilidades. Se não se ajustarem, eles estão suscetíveis a descobrir que o aumento da demanda vai espremer tanto a equipe que resultará em *burnout* (estado de esgotamento físico e mental cuja causa está intimamente ligada à vida profissional), apatia e mau desempenho geral.

Apesar desses e de outros desafios, o espírito empreendedor continua a impulsionar as pequenas empresas na busca do crescimento. A expansão do negócio pode ocorrer de diversas maneiras. Um caminho comum para o crescimento é fundamentado pela inovação.

15-2 INOVAÇÃO: UM CAMINHO PARA O CRESCIMENTO

Estudos têm mostrado que pequenas empresas empreendedoras produzem o dobro do número de inovações por funcionário em relação às grandes. As pequenas empresas respondem por metade de todas as inovações criadas e por 95% das inovações *radicais*.[3] Poderia dizer-se que a inovação fornece uma vantagem competitiva para que uma *startup* possa criar raízes e crescer, tendo vida própria. Alguns exemplos amplamente reconhecidos de inovações de pequenas empresas são as lentes de contato macias, o zíper, os serviços de entrega durante a noite, o computador pessoal e os serviços de mídia social como o Facebook.

Existe um certo glamour associado à inovação, mas criar e, depois, aperfeiçoar e manter novos produtos ou serviços é muitas vezes difícil. Clayton M. Christensen, professor da Harvard Business School e autor de uma série de livros sobre inovação, aponta que o caminho para o desenvolvimento de novos produtos raramente é direto e é cheio de imprevistos. Sua pesquisa confirma isso. De acordo com Christensen, "[93%] de todas as inovações que, em última instância, se tornaram bem-sucedidas, começaram na direção errada. A probabilidade de que você vai fazer certo da primeira vez é muito baixa".[4]

15-2a Obtenção de uma vantagem competitiva

De opções de crescimento, os empresários geralmente escolhem o que pensam que levará a resultados mais favoráveis, como rentabilidade superior, ação de mercado aumentada e melhoria da satisfação dos clientes. Esses são alguns dos "frutos" da vantagem competitiva, e todos contribuem para o valor do empreendimento. Contudo, quando a inovação é a meta, o fracasso é sempre um risco. Com isso em mente, oferecemos algumas "regras básicas" que podem ajudar a reduzir o risco de ganhar uma vantagem competitiva por meio da inovação:

- *Baseie esforços inovadores em sua experiência.* Esforços inovadores tendem a ter sucesso quando você sabe algo sobre a tecnologia do produto ou serviço.
- *Foque produtos ou serviços que têm sido amplamente ignorados.* É mais provável que você alcance a "valorização" em um segmento que ainda não tenha sido totalmente arruinado e onde os concorrentes sejam poucos.
- *Certifique-se de que há mercado para o produto ou serviço que você espera criar.* Um novo produto ou serviço está fadado ao fracasso se o grupo de potenciais clientes for muito instável para gerar vendas suficientes para a empresa recuperar o custo de inovação, juntamente com lucro razoável.
- *Busque a inovação que os clientes percebem como um valor agregado para as suas vidas.* Não é suficiente criar um produto ou serviço em que *você* acredita. As pessoas se tornam clientes quando acreditam que seu produto ou serviço fornecerá o valor que não podem encontrar em outro lugar.
- *Concentre-se em novas ideias que levarão a mais de um produto ou serviço.* O sucesso de um produto ou serviço inicial é fundamental, é claro, mas o investimento em pacotes de inovação é ainda mais importante quando conduz a outros produtos e serviços inovadores.
- *Levante capital suficiente para lançar o novo produto ou serviço.* Muitos investidores formais assumirão riscos de *mercado*, mas não aceitarão riscos de produto. Em outras palavras, eles querem ver pelo menos um protótipo funcional e, de preferência, um produto desenvolvido, antes de investir em um novo empreendimento. Para chegar a esse ponto, o empresário provavelmente precisará confiar em fontes mais informais de capital, como poupança pessoal e investimento de familiares e amigos. Isso requer planejamento futuro dos investimentos.

Embora uma inovação possa fornecer uma plataforma de negócios novos e interessantes, a inovação contínua é fundamental para sustentar a vantagem competitiva nos próximos anos. Uma pesquisa da revista *Inc*. descobriu que 13 de 30 fundadores de empresas relataram que seus negócios acabaram não sendo nada parecidos com o conceito do empreendimento original.[5]

15-2b Alcançando a sustentabilidade

A importância da vantagem competitiva de uma empresa foi destacada no Capítulo 3, mas essa força precisa ser duradoura para ter grande impacto. Uma empresa pode sustentar sua vantagem competitiva com o uso de várias estratégias. Por exemplo, empresários com tecnologias sofisticadas obtêm patentes para protegê-las. Uma vez que a obtenção de uma patente requer a divulgação de propriedade intelectual ao público, eles podem preferir protegê-la mantendo segredos comerciais (isto é, tomar medidas para manter uma fórmula, um processo, dados coletados, entre outros, confidenciais, pois dão à empresa uma vantagem competitiva).

Outros evitarão atrair a atenção dos concorrentes, mas infelizmente esse esforço limita o potencial de crescimento do empreendimento. Em alguns casos, as empresas encontram proteção em contratos de longo prazo ou alianças com parceiros maiores e mais poderosos, o que pode levar a negociações exclusivas e garantidas com um distribuidor, vendedor ou usuário de uma tecnologia importante.[6] Mas, independentemente da estratégia de proteção selecionada, o objetivo é desenvolver o lado competitivo da empresa, e ao mesmo tempo evitar ser superado por rivais ricos em recursos.

Uma empresa pode tomar medidas para bloquear as ameaças dos concorrentes, mas nenhuma vantagem competitiva é para sempre. É importante obter **vantagem competitiva sustentável**, uma posição de criação de valor que persista ao longo do tempo. Para incorporar a sustentabilidade na estratégia, a empresa deve usar suas habilidades de uma forma que os concorrentes vão achar difícil de imitar. Contudo, como seus rivais descobrirão uma maneira de copiá-la mais cedo ou mais tarde, é importante planejar a transformação da estratégia no longo prazo.

O Quadro 15.1 ilustra o ciclo de vida da vantagem competitiva, que tem três etapas: desenvolvimento, implementação e declínio. Simplificando, uma empresa deve investir recursos para *desenvolver* a vantagem competitiva, que pode ser *implementada* posteriormente para aumentar seu desempenho. Mas essa posição irá eventualmente *diminuir* conforme as empresas rivais constroem essas vantagens em suas próprias estratégias, tais como novas e melhores tecnologias ou mudança nas preferências dos clientes.

Para entender como funciona, considere a Blue Buffalo Company, uma fabricante de produtos alimentícios holísticos para animais de estimação. A empresa é pequena, mas está crescendo, e é exclusiva em produtos que contém LifeSource Bits, que fornecem "uma mistura precisa de vitaminas, minerais e antioxidantes".[7] Mas por quanto tempo o crescimento das vendas continuará, dado que a vantagem competitiva da empresa parece basear-se sobretudo em seus mixes exclusivos? Quando os concorrentes começarem a lançar ingredientes semelhantes, as vantagens competitivas da Blue Buffalo e suas vendas podem entrar em declínio. Esse é o preço que se paga por ser o precursor.

QUADRO 15.1 Ciclo de vida da vantagem competitiva

Eixo Y: Vendas; Eixo X: Tempo

- Estágio 1: Desenvolvimento
- Estágio 2: Implementação
- Estágio 3: Declínio

A fim de manter o desempenho ao longo do tempo, as empresas devem continuar a se reinventar – e é muito importante que façam antes de o negócio estagnar. Pesquisas mostram que as empresas que esperam atingir uma queda para fazerem ajustes correm sério risco de não conseguir realizar uma recuperação plena. Em um estudo, apenas 7% conseguiram retornar aos níveis saudáveis de crescimento.[8]

Então, como uma pequena empresa pode manter seu desempenho? É mais provável que evite a queda se mantiver a visão nas vantagens competitivas de seus concorrentes, nas capacidades internas e no pessoal – e tome medidas corretivas antes que os declínios se tornem aparentes nos resultados financeiros da empresa. Especificamente, aqueles que possuem desempenhos mais altos têm uma maneira de (1) detectar mudanças nas necessidades dos clientes e ajustar-se à frente de seus rivais, (2) melhorar competências para manter vantagens no mercado e (3) desenvolver e manter pessoas com "as capacidades e a vontade de impulsionar o crescimento de novos negócios".[9] Ao tomar essas medidas, uma empresa pode estender sua vantagem competitiva *antes* de a estratégia atual atingir o seu curso. Assim, os proprietários de uma empresa de pequeno porte podem manter o desempenho de seu empreendimento e ficar um passo à frente dos concorrentes se mantiverem um olho no futuro e continuamente aprimorarem as suas ofertas de produtos e/ou serviços para atender às expectativas crescentes de clientes, desenvolvendo competências e pessoas.

Mas ficar à frente dos concorrentes pode exigir que um pequeno empresário tome decisões audaciosas. Jason Fried é cofundador de uma empresa de aplicativos na web com sede em Chicago chamada Basecamp (anteriormente 37signals), que foi lançada em 1999 como um projeto de *web design*. A empresa deu um enorme passo à frente em 2004 quando introduziu uma ferramenta de gestão de projetos e colaboração (também chamada de Basecamp). Pacotes de software similares que existiam na época foram projetados principalmente em torno de quadros, gráficos, estatísticas e comunicação unidirecional. A Basecamp rompeu com esse padrão fornecendo aos seus usuários "um lugar consistente para trabalhar em projetos e ferramentas para trocar ideias, compartilhar *feedback*, fazer revisões e entregar o produto final *on-line*".[10]

Devido ao produto já ter sido utilizado por milhões de pessoas, 96% das quais disseram que recomendariam a outros, não há dúvida de que o produto tem sido um sucesso. Os usuários, no entanto, estavam acostumados ao produto existente, tornando difícil a introdução de mudanças adicionais. Fried decidiu começar de novo, apesar dos custos e riscos envolvidos – mas com uma mudança. A empresa oferece agora a Basecamp Classic a usuários que precisam ou apenas preferem a segurança do que já foi testado e comprovado, mas também vende um produto completamente reformulado. Era a única maneira de mantê-lo revigorado e evitar os avanços agressivos de concorrentes inovadores.[11] Uma vantagem no mercado é sustentável apenas para empresas que já estão planejando o futuro e assumindo riscos consideráveis para vencer todos os adversários.

15-3 O CICLO DE VIDA DO PRODUTO E DESENVOLVIMENTO DE UM NOVO PRODUTO

O que cria a necessidade de inovação em um negócio específico e como a inovação pode ser gerenciada? Examinaremos essas questões analisando o conceito de ciclo de vida do produto e uma abordagem em quatro etapas para o desenvolvimento de novos produtos.

15-3a O ciclo de vida do produto

O **ciclo de vida do produto** permite visualizar as vendas e os lucros de um produto desde a entrada até a saída do mercado. (Apesar de sua forma ser semelhante à do ciclo de vida da vantagem competitiva, mostrada no Quadro 15.1, os dois modelos são muito diferentes, pois o ciclo de vida do produto reflete as tendências de vendas e os lucros de um produto ou serviço específico, enquanto o ciclo de vida da vantagem competitiva é baseado no limite competitivo da empresa em geral e pode influenciar as vendas de múltiplos produtos ou serviços.) A curva de vendas do ciclo de vida do produto, mostrada no Quadro 15.2, representa um movimento lento e, idealmente, ascendente nos estágios iniciais. A permanência no topo é emocionante, mas relativamente breve. Então, de repente, o declínio começa, e pode ser rápido. Observe também o formato da curva de lucro. O estágio introdutório está dominado por perdas, com lucros que atingem o pico no estágio de crescimento – ou seja, o ponto em torno do qual novas empresas, tendo sido atraídas para o mercado por causa de seu evidente potencial, começam a competir e a reduzir preços unitários diminuindo, portanto, os lucros.

O conceito de ciclo de vida do produto é importante para um pequeno empresário por três razões. Em primeiro lugar, ajuda o empresário a compreender que a promoção, a precificação e as políticas de distribuição devem ser ajustadas para refletir a posição de um produto na curva. Em segundo, destaca a importância de revitalizar linhas de produtos, sempre que possível, para ampliar seu potencial comercial. Em terceiro lugar, é um lembrete contínuo de que o ciclo de vida para a maioria dos produtos aumenta e, em seguida, cai. Portanto, a inovação é necessária para a sobrevivência da empresa. Uma boa prática empresarial exige um planejamento prospectivo do produto, que deve começar antes que a curva do ciclo de vida existente atinja seu pico. Isso condiz com a necessidade de alargar a vantagem competitiva da empresa antes que a estratégia atual atinja seu curso.

Tenha em mente que produtos e/ou serviços e vantagens competitivas que estão à beira do declínio podem ser revigorados usando inúmeras estratégias diferentes. Por exemplo, as empresas podem optar por modificar um produto ou serviço adicionando novos recursos (como "filtros digitais" avançados em *smartphones* para permitir que os usuários alterem fotos) ou propondo usos alternativos (como colocar o bicarbonato de sódio em refrigeradores para eliminar odores). Da mesma forma, uma vantagem competitiva pode ser renovada por meio de pesquisa e desenvolvimento para produzir novas patentes (por exemplo, Palmetto Biomedical, Inc., é uma empresa muito pequena que tem mais de 60 patentes ou patentes pendentes para proteger os dispositivos médicos que inventa). Também pode ser potencializada expandindo em produtos complementares (como a adição da Oreck Corporation, de vaporizadores para seus aspiradores) ou redefinindo o negócio (como o reposicionamento da Walt Disney Company de animação para uma identidade mais ampla como um provedor de serviços de entretenimento). O ponto é que as seções de tendência descendente dos ciclos de vida apresentadas nos Quadros 15.1 e 15.2 podem ser estendidas ou revertidas usando essas estratégias, entre outras.

15-3b O processo de desenvolvimento de novos produtos

Geralmente, fica por conta do pequeno empreendedor encontrar, avaliar e introduzir os novos produtos de que a empresa precisa. Essa responsabilidade exige a criação de um processo de desenvolvimento de novos produtos. Como nas grandes empresas, nas quais comitês ou departamentos inteiros são criados para esse fim, o desenvolvimento de novos produtos nas pequenas empresas é mais bem operado por meio de um processo estruturado, desde que seja mantida flexibilidade suficiente para permitir ajustes quando surgirem circunstâncias imprevistas.

Os empreendedores tendem a ver o desenvolvimento de novos produtos como uma tarefa monumental – e pode ser em alguns casos. Porém, seguir a abordagem estruturada dos quatro estágios – acumulação de ideias de abordagem, análise de negócios, desenvolvimento e teste do produto – é a melhor maneira de abordar o desenvolvimento de novos produtos. (Algumas dessas etapas podem parecer semelhantes às relacionadas com o lançamento de um novo empreendimento, como descrito no Capítulo 3, mas o foco aqui se desloca para expandir um negócio existente por meio do desenvolvimento de novos produtos.)

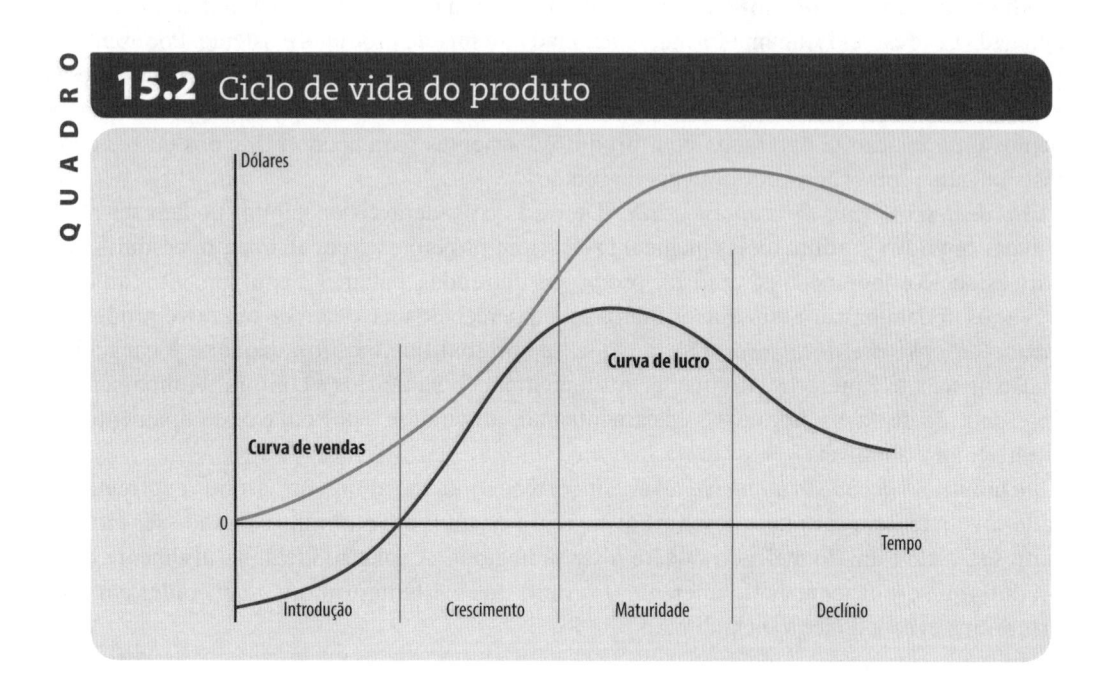

QUADRO 15.2 Ciclo de vida do produto

ACUMULAÇÃO DE IDEIAS

A primeira etapa do processo de desenvolvimento de novos produtos – acumulação de ideias – envolve o aumento do conjunto de ideias. Novos produtos começam com ideias e elas têm origens variadas. As muitas fontes possíveis incluem:

- Pessoal de vendas, pessoal de engenharia ou outros funcionários da empresa.
- As **patentes** de propriedade do governo, que geralmente estão disponíveis com base livre de direitos autorais.
- Patentes de propriedade privada listadas pelo Departamento de Patentes e Marcas Registradas dos EUA.
- Outras pequenas empresas que possam estar disponíveis para aquisição ou fusão.
- Produtos dos concorrentes e suas campanhas promocionais.
- Pedidos e sugestões dos clientes (cada vez mais agrupados por meio de canais *on-line*, como blogs, pesquisas *on-line* e ferramentas similares).
- *Brainstorming*, ou tempestade de ideias, mais que uma técnica de dinâmica de grupo, é uma atividade desenvolvida para explorar a potencialidade criativa de um indivíduo ou de um grupo – colocando-a a serviço de objetivos predeterminados.
- Investigação de mercado (primária e secundária).

Em uma pesquisa recente, 500 CEOs indicaram que as melhores fontes de ideias promissoras para novos produtos ou serviços são os consumidores (38%), seguidos pelo próprio CEO (24%) e os empregados (20%).[12] Mas descobrir que essas ideias são as mais promissoras é muitas vezes o maior desafio. As pequenas empresas podem sentir a pressão do peso de muitas ideias, e é trabalho do empresário descobrir quais delas deve eliminar. CEO é a sigla inglesa de Chief Executive Officer, que significa diretor-executivo em português. CEO é a pessoa com maior autoridade na hierarquia operacional de uma organização. É o responsável pelas estratégias e pela visão da empresa.

ANÁLISE DE NEGÓCIO

A análise de negócios, a segunda etapa no desenvolvimento de novos produtos, exige que todas as novas ideias de produto devem ser cuidadosamente estudadas em relação a várias considerações financeiras. Os custos e as receitas são estimados e analisados com técnicas como a análise do ponto de equilíbrio (um conceito que é descrito em maior detalhe no Capítulo 16). Alguma ideia que não possa ser rentável é descartada durante a fase de análise do negócio. Os quatro fatores-chave abaixo precisam ser considerados na condução de uma análise de negócios:

1. *A relação do produto com a linha de produtos existente.* Algumas empresas intencionalmente agregam produtos muito diferentes ao seu mix de produtos. Na maioria dos casos, um item ou linha de produto agregada deve estar, de alguma forma, relacionada ao mix de produtos existente. Por exemplo, um novo produto pode ser projetado para preencher uma lacuna na linha de produto de uma empresa ou na faixa de preços dos produtos que atualmente vende. Se o produto for completamente novo, deve ter pelo menos uma relação já habituada com produtos existentes para economizar nos custos de fabricação, distribuição, promoção e/ou estratégia de vendas.
2. *Custo de desenvolvimento e apresentação.* Despesas consideráveis de capital podem ser necessárias ao agregar um novo produto. Estas incluem gastos com projeto e desenvolvimento, pesquisa de marketing para estabelecer potencial de vendas e promoção de vendas, patentes e equipamentos adicionais. Um a três anos podem passar antes que os lucros sejam percebidos na venda de um novo produto.
3. *Pessoal disponível e instalações.* Obviamente, ter pessoal qualificado adequado e capacidade de produção suficiente é preferível do que ter que adicionar funcionários e comprar equipamentos. Assim, a apresentação de novos produtos é tipicamente mais atraente se o pessoal e os equipamentos necessários já estiverem disponíveis.
4. *Concorrência e aceitação do mercado.* A concorrência potencial que um produto enfrenta no seu mercado-alvo não deve ser muito severa. Foi sugerido que um novo produto só pode ser introduzido com êxito se 5% do total do mercado puderem ser protegidos. A solução ideal, naturalmente, é oferecer um produto que é suficientemente diferente dos produtos existentes ou que se encontre em uma faixa de preços que evita a concorrência direta.

DESENVOLVIMENTO DO PRODUTO FÍSICO

A próxima etapa do desenvolvimento de novos produtos envolve esboçar plano de marca, embalagens e outros esforços de apoio, tais como preços e promoção. Mas, antes de chegar a esse ponto, um protótipo real (geralmente um modelo de funcionamento do novo produto proposto) pode ser necessário. Após a avaliação desses componentes, a nova ideia pode ser julgada inapropriada e descartada, ou pode ser movida para a próxima etapa para maiores considerações.

Muitos proprietários de pequenas empresas são intimidados pelo pensamento de ter que desenvolver um protótipo, mas novas abordagens e tecnologias em rápida evolução estão mudando tudo isso. Isso era certamente verdadeiro para Celestina Pugliese de Melville, de Nova York, que foi capaz de levar o seu produto Ready Check Glo ao mercado em apenas sete meses e por meros US$ 11.800 em custos totais.[13]

A inspiração para o produto atingiu Pugliese no verão de 2009 quando ela e um convidado estavam jantando em um restaurante. Depois que o garçom trouxe a conta, ele voltou algumas vezes para perguntar: "Vocês estão prontos para pagar a conta?" e começou a irritar os dois amigos. Após a quarta interrupção, Pugliese começou a pensar em voz alta sobre a necessidade de algo que trouxesse a conta com uma luz que sinalizasse os garçons quando os clientes estivessem prontos para pagá-la. Dessas reflexões nasceu a ideia para o Ready Check Glo. Para avançar com ela, contudo, Pugliese teria que encontrar formas de tirar o máximo partido dos fundos limitados que tinha para um novo empreendimento.[14]

Para tirar a empresa do papel, Pugliese providenciou grande parte do trabalho necessário por meio de sites da internet que permitiram encontrar o talento de que precisava por um preço reduzido. Por exemplo, em vez de gastar cerca de US$ 100.000 para que um engenheiro construísse o produto, Pugliese optou por usar o guru.com para contratar um engenheiro *freelance* em Ohio, que estava disposto a projetar seu produto por apenas US$ 500. Ela também usou o site para contratar um advogado, que apresentou um pedido de patente provisória por um custo muito acessível US$ 500. Com o tempo, ela encontrou uma rede *on-line* de inventores legítimos que a levou a fabricantes capazes e confiáveis que estão lidando com a produção a um custo razoável.[15] O negócio demandou alguma engenhosidade, mas ao usar essas estratégias Pugliese, claramente, economizou uma pequena fortuna.

No entanto, as opções para o desenvolvimento de produtos físicos certamente não terminam aqui.[16] Hoje, existem inúmeras novas ferramentas e serviços que podem apoiar e reduzir radicalmente os custos dos empresários que querem trazer um novo produto ou serviço para o mercado. Suponha que você criou um modelo de uma ideia para um produto. Você pode usar uma das versões de custo relativamente baixo da SketchUp (www.sketchup.com) para criar ou revisar o seu modelo. Uma vez que tenha aperfeiçoado um modelo digital, poderia usar um mercado de impressão 3D como o Shapeways (www.shapeways.com) para construir sua criação com uma diversidade de materiais, inclusive plástico (em várias cores e graus de transparência), metal (latão, bronze, prata ou ouro) e arenito. Ou você poderia comprar uma impressora em 3D de rápida prototipagem por apenas US$ 1.375 de MakerBot (www.makerbot.com) e produzir as próprias criações. Seu produto precisa ser interativo? Com a plataforma aberta de protótipos eletrônicos Arduino (www.arduino.cc) nunca foi tão fácil embutir um controlador eletrônico em um produto. Esse controle muito barato e fácil de usar permite que o produto se conecte a uma variedade de sensores para medir o seu ambiente e, então, controlar luzes, motores e outros atuadores.

Se você acha que pode precisar de mais ajuda, vários *workshops* permitem que empresários e adeptos do "faça você mesmo" tenham acesso a ferramentas, equipamentos, instrução e uma comunidade com a mesma opinião. Confira as possibilidades da TechShop (http://techshop.ws) e WeWork (www.wework.com). Se necessitar de mais informações para proteger a sua propriedade intelectual como você está começando, a LegalZoom (www.legalzoom.com) pode ser ideal. Se precisa de um pouco mais de ajuda, empresas como o Big Idea Group (www.bigideagroup.net) podem fazer o processo de incubação de empresas. A questão é que as pequenas empresas podem recorrer a muitas fontes de assistência à medida que entram no processo de desenvolvimento de novos produtos.

TESTE DE PRODUTO

O último passo no processo de desenvolvimento do produto, o teste do produto, deve determinar se o produto físico é aceitável (seguro, eficaz, durável etc.). Enquanto o produto pode ser avaliado em uma instalação de laboratório, um teste limitado de reação do mercado também deve conduzido.

Embora usar um processo estruturado para desenvolver novos produtos possa ser muito útil, é muito mais provável que seja bem-sucedido se estiver focado externamente em clientes. As empresas que só se concentram em agradar a si mesmas ou superar os concorrentes – poderão fracassar.[17] Mais de 80% das empresas com alto desempenho em um estudo relataram que testam e validam as preferências do cliente periodicamente durante o processo de desenvolvimento, em comparação com apenas 43% de empresas com baixo desempenho. De acordo com essa análise, as de alto desempenho também tinham duas vezes mais probabilidade de investigar o que, precisamente, os clientes querem.[18] Tomar tais medidas oferece o único caminho confiável para a criação de valor para os clientes, o que, por sua vez, pode impulsionar o desempenho.

15-4 CONSTRUÇÃO DO PRODUTO TOTAL

Uma grande responsabilidade do marketing é transformar um conceito em um produto total. Mesmo quando a ideia de uma caneta nova foi desenvolvida fisicamente, em um produto real básico, por exemplo, ainda não está pronta para ser lançada no mercado. A oferta do produto novo deve ser maior do que os insumos moldados na forma da nova caneta. Para ser comercializável, o produto novo deve ser nomeado, ter um pacote, talvez tenha uma garantia e ser apoiado por outros recursos. Vamos examinar alguns dos componentes de uma oferta total de produto: promoção da marca, embalagem, rotulagem e garantias.

15-4a Promoção da marca

Um elemento essencial de uma oferta total de produto é uma **marca**, que é um meio de identificar o produto – verbal e/ou simbolicamente. Os esforços mais eficazes de promoção da marca são cuidadosamente concebidos e executados.

A identidade da marca da maioria das pequenas empresas terá os três componentes identificados no Quadro 15.3. A primeira dessas características, o componente intangível de **imagem da marca** – ou seja, a percepção geral das pessoas sobre uma marca – pode ser ainda mais importante para a aceitação da oferta total de produtos de uma empresa do que a oferta de produtos separados e tangíveis. Os consumidores tendem a resistir a apelos de marketing grosseiro. Eles são muito mais propensos a responder positivamente às empresas que elaboram e comunicam imagens interessantes e relevantes para o consumidor, que encorajam uma conexão emotiva.[19] Uma análise recente concluiu que as marcas norte-americanas mais eficazes geram confiança nas mentes dos compradores, transmitindo um senso de conexão pessoal (Amazon), felicidade (Coca-Cola), confiabilidade (FedEx) e/ou consistência (Ford). Ser vista como legal (Apple), focada no cliente (Nordstrom), oferecendo experiências fantásticas (Target) ou, até, um pouco excêntricas (Southwest Airlines) também pode ser eficaz.[20] Independentemente do tipo de recurso, a promoção da marca é cada vez mais importante porque os sentimentos dos consumidores sobre o seu negócio são mais importantes do que os fatos e números de venda, ou sua campanha de marketing.

Os componentes tangíveis da identidade da marca são seus nomes e suas marcas próprias. Um **nome da marca** é uma marca que pode ser falada – como o nome Dell. Uma vez que a marca de um produto é tão importante para a imagem do negócio e seus produtos, uma atenção cuidadosa deve ser dada à sua seleção. Em geral, seis regras aplicam-se ao nomear um produto:

1. *Selecione um nome que seja fácil de pronunciar e lembrar.* Você quer clientes que lembrem do seu produto. Ajude-os escolhendo um nome que pode ser falado facilmente – por exemplo, Two Men and a Truck (o serviço de mudança mencionado no Capítulo 5). Antes de escolher usar o próprio nome de família para identificar um produto, faça uma valiação cuidadosa para garantir sua aceitabilidade.
2. *Escolha um nome descritivo.* Um nome que sugere o maior benefício do produto pode ser extremamente útil. Como um nome para uma empresa de comunicação, Sign Language (linguagem de sinais) sugere corretamente um benefício desejável. Mas Rocky Road (estrada rochosa) seria um mau nome para um negócio que vende colchões ou materiais de pavimentação.
3. *Use um nome que tenha proteção legal.* Tenha cuidado ao selecionar um nome que possa ser defendido com sucesso. Não arrisque ter processos ao copiar ou adaptar o nome da marca de alguém. Por exemplo, um novo varejista chamado Wally-Mart certamente seria desafiado pelo gigante da indústria Walmart – mesmo que a nova loja fosse aberta por alguém chamado Wally.
4. *Selecione um nome com possibilidades promocionais.* Os nomes longos não são compatíveis com letreiros ou quadros de avisos, em que o espaço é escasso. Um concorrente da rede de hambúrgueres McDonald's chamada Bob's tem um nome que caberá facilmente em quaisquer letreiros e quadros de avisos.
5. *Selecione um nome que pode ser usado em várias linhas de produtos de natureza similar.* A compreensão do cliente pode ser perdida quando um nome não se encaixa em uma nova linha. O nome *Just Breaks*

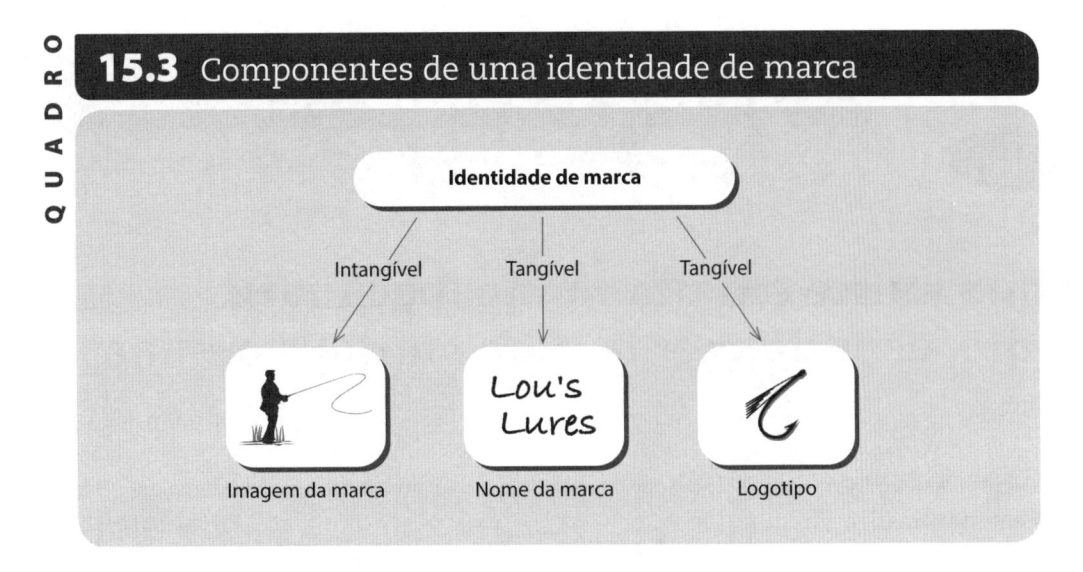

QUADRO 15.3 Componentes de uma identidade de marca

Identidade de marca

- Intangível → Imagem da marca
- Tangível → Nome da marca (Lou's Lures)
- Tangível → Logotipo

(apenas freios) é excelente para uma loja que repara freios de veículos, mas a empresa teve que ajudar o público a ver o seu nome quando expandiu para outros serviços de manutenção agendada em fábrica em 2011.

6. *Nos casos em que a presença on-line é essencial, considere o custo de aquisição do nome de domínio.* Nomes de domínio comuns como Diamonds.com e VacationRentals.com podem custar milhões de dólares para serem garantidos. Selecionar um nome peculiar como Kaggle e Shodogg (que estão agora em uso) pode ser a única maneira de evitar os altos custos.

Se você ainda não escolheu um nome de marca forte, pode considerar o licenciamento, especialmente se tem um produto para o qual um nome apropriado está disponível. Winston Wolfe, fundador da Olympic Optical, fabricante de óculos de sol de segurança industrial para o setor de tiro esportivo, aproveitou o poder desta abordagem para o seu negócio. Ao licenciar os nomes Remington, Smith & Wesson e Zebco, ele foi capaz de impulsionar as vendas de seus óculos esportivos de ponta dramaticamente por aproveitar o entusiasmo popular dessas marcas estabelecidas. Como ele diz, "Licenciar o nome certo pode ser extraordinário. Destacando-o na multidão e propiciando grande vantagem de venda. Também pode possibilitar que tenha grandes margens de lucro, uma vez que a maioria dos consumidores está disposta a pagar mais por uma marca que eles conhecem."[21]

Um **logotipo** é outro componente tangível da identidade da marca. É o componente que não pode ser verbalizado – como os arcos de ouro do McDonald's. Um logotipo também tem valor respeitável. O logo da Nike e o emblema de Chevy são amplamente associados com seus proprietários. A assinatura especial do logotipo, simboliza imagens positivas da empresa e de seus produtos. Devido ao impacto que um logotipo pode ter, é importante acertá-lo. De acordo com Elinor Selame, que cofundou a empresa de gerenciamento de marca BrandEquity International, "o logotipo pode ser o funcionário mais difícil de sua empresa. Para uma pequena empresa com um orçamento limitado, os retornos aumentam a cada ano que você o usa corretamente."[22]

Desenvolver um logotipo eficaz pode ser uma tarefa dispendiosa. As dicas a seguir podem ajudá-lo a projetar um logotipo sem gastar muito dinheiro.[23]

1. *Seja simples.* Os melhores logotipos são frequentemente os menos complicados. Pense na Target cujo círculo vermelho com um ponto vermelho no centro transmite a essência de acessível e prático. A H&M Blocks usa um quadrado verde em associação ao seu nome. Coisas simples são fáceis de lembrar e demoram mais para parecerem obsoletas.
2. *Projete para visibilidade.* A Nike pagou a Carolyn Davidson, uma estudante de *design* gráfico, US$ 35 para projetar o logo vermelho em negrito que é a marca registrada da empresa desde a sua apresentação nos Jogos Olímpicos dos EUA em 1972. Uma das qualidades mais positivas é que você simplesmente não consegue deixar de percebê-lo onde quer que seja exibido.
3. *Dê asas à imaginação.* O logotipo não deve explicar, num relance, a natureza completa da sua empresa. Uma das razões pelas quais o logo da Nike é tão eficaz é que ele permanece como um "vaso vazio". Por não ter um significado óbvio, a Nike pode construir qualquer imagem ao seu redor que sirva os propósitos da empresa e será associada apenas aos seus produtos.

Vivendo o sonho
USANDO TECNOLOGIA

O que existe em um nome (peculiar)? Muito, especialmente para *startups on-line*

Imgur. Spotify. Uber. Alguns anos atrás, essas palavras teriam sido consideradas meros jargões, mas hoje eles são nomes familiares. E isso é importante porque o reconhecimento do nome da marca, particularmente *on-line*, afeta diretamente o resultado.

Inspiradas pelo sucesso destes pesos pesados *on-line*, muitas *startups* redobraram seus esforços para estabelecer e promover uma presença *on-line* significativa. Encontrar um nome útil e impactante para seus websites, entretanto, tornou-se cada vez mais difícil.

Há quinze anos, a internet era principalmente uma tecnologia, com território amplamente desconhecido e muitos nomes de domínio que estavam disponíveis. Hoje, existem mais de 252 milhões de nomes de domínio registrados. A escassez dos nomes de domínio principais elevaram seu valor, às vezes para níveis surpreendentes. Guiados pelo potencial de enormes lucros, alguns especuladores realmente compram nomes de domínio e os comercializam como ações. O advento dos *smartphones* e a proliferação de aplicativos têm impulsionado para baixo, mas a média "vendável" de endereços da web ainda varia entre US$ 5.000 e US$ 20.000. Muitas *startups* ainda acham que esses preços sejam proibitivamente altos, entretanto, tiveram de procurar alternativas menos convencionais.

Criar uma nova palavra geralmente é a melhor solução para novos empreendimentos. Os fundadores do estúdio de aplicativos de música criativa Mibblio, por exemplo, fundiram a palavra "música" e a raiz latina de "livro" quando escolherem um nome. David Leiberman, cofundador da empresa, sentiu que o nome oferecia facilidade linguística e deixaria uma impressão duradoura nos usuários. A nova palavra também reduziu muito a probabilidade de a *startup* involuntariamente cometer violações de marca registrada.

Infelizmente, nomes mal elaborados podem extinguir o tráfego *on-line*. Alguns anos atrás, Wesabe.com e Mint.com estavam competindo pelo domínio no setor de investimento pessoal e a Mint acabou ganhando. De acordo com Noah Kagan, ex-funcionário da Wesabe, foi o nome estranho que levou ao seu eventual desaparecimento.

Nomes memoráveis, curtos ou peculiares, por si só, não garantem sucesso. Os fundadores de Mibblio levaram quase um ano para selecionar um nome, uma vez que deliberadamente enredaram temas centrais para o seu conceito de negócio para encontrar o correto. O nome é certamente único, barato, moderno – e foi econômico. O esforço parece ter valido a pena, pois seus fundadores recentemente assinaram um acordo com a Disney. Talvez a Mibblio se junte um dia à posição de outras *startups* que se tornaram marcas adotadas pelo público.

Fontes: Lindsay Gellman, "Why Startups Are Sporting Increasingly Quirky Names," *The Wall Street Journal*, 18 de julho de 2013, p. B4; "Mibblio: Play It All," http://www.mibblio.com, acesso em 8 de janeiro de 2015; David Teten, "Should a Startup Spend VC Funding on a Domain Name?" *Forbes*, 1º de maio de 2013, http://www.forbes.com/sites/davidteten/2013/05/01/should-a-startup-spend-vc-funding-on-a-domain-name/2, acesso em 8 de janeiro de 2015; e Martin Zwilling, "Get a Domain Name without Bankrupting Your Startup," *Forbes*, 14 de janeiro de 2013, http://www.forbes.com/sites/martinzwilling/2013/01/14/get-adomain-name-without-bankrupting-your-startup, acesso em 8 de janeiro de 2015.

4. *Seja incansavelmente coerente*. As empresas com fortes identidades gráficas construíram esse reconhecimento ao longo do tempo. Escolha um tipo de letra. Escolha uma cor. Use-os repetidas vezes em tudo. Por fim, você será capaz de estabelecer uma aparência e sensação identificáveis.
5. *Reconheça a importância do* design *do logotipo*. Logotipos e cores são frequentemente considerados "futilidades", características sem importância para fazer negócios. Mas a maioria das empresas guiadas por *design* começou a ser assim através dos esforços de seus defensores altamente colocados, como Steve Jobs na Apple. Os programas de *design* funcionam melhor quando os consumidores sabem que são defendidos por pessoas importantes.
6. *Obtenha bons conselhos*. Você pode ir muito longe com senso comum. No entanto, mais cedo ou mais tarde, você precisará dos serviços de um *designer* gráfico profissional. O site do Instituto Norte-Americano de

Artes Gráficas (www.aiga.org), a maior organização para *designers* gráficos, oferece informações úteis sobre como encontrar e trabalhar com profissionais experientes.
7. *Não espere milagres.* A imagem da sua empresa é a soma total de muitos fatores. Certifique-se de que sua empresa pareça inteligente em todos os sentidos perante o público.

Marca comercial e **de serviço** são termos legais que indicam o direito exclusivo de usar uma marca para representar produtos e serviços, respectivamente. Quando um empreendedor encontra um nome ou símbolo que é único, fácil de lembrar e relacionado ao produto ou serviço, é hora de executar uma pesquisa de nome ou símbolo e, em seguida, registrar a marca ou símbolo. A proteção de marcas de comércio e de serviço é discutida mais adiante neste capítulo.

15-4b Embalagem

Além de proteger o produto básico, a embalagem é uma ferramenta significativa para aumentar o valor do produto total. Considere alguns dos produtos que compra. Quantos compram principalmente por causa de uma preferência pelo *design* e/ou cor do pacote? A verdade é que embalagens inovadoras são muitas vezes o fator decisivo para os consumidores. Se dois produtos são similares, a embalagem pode criar a impressão distintiva que faz a venda.

Adrian Bryce Diorio é o fundador da BRYCE, uma empresa *on-line* de cuidados com a pele com produtos orgânicos que são infundidos com vegetais frescos e frutas. Apesar da novidade e da alta qualidade, as vendas dos produtos BRYCE foram lentas. Quando Diorio fez uma enquete com amigos e clientes para saber o porquê, descobriu que a embalagem de seus produtos em garrafas na cor azul cobalto com rótulos claros, embora atraentes, não permitiam que os compradores potenciais reconhecessem a singularidade de suas criações para o cuidado com a pele. Eles não conseguiam ver a diferença entre as suas ofertas e o grande número de cremes genéricos com preços mais baixos disponíveis.[24] Ele sabia que precisava de uma solução para o problema.

> *Para fazer suas loções e cremes se destacarem, Diorio mudou para embalagens transparentes que mostravam exatamente como os produtos da Bryce são coloridos e originais, feitos com "sementes, polpa, tudo". Ele também incorporou cada ingrediente na imagem do rótulo, como uma romã madura ao lado de uma jarra do Esfoliante para Limpeza e Polimento de Romã do Mediterrâneo... no empenho de "gritar que era fresco, fresco, fresco!"*[25]

No prazo de seis meses após a realização desses ajustes, as vendas dos produtos da Diorio aumentaram 150%.[26] Nada mudou nos próprios produtos, mas o olhar e o *design* da embalagem e a apresentação aumentaram o interesse do consumidor, mostrando o quão importante esses recursos podem ser para uma pequena empresa e sua oferta de produto total.

As restrições financeiras impedem muitas vezes que as pequenas empresas busquem estratégias de embalagem criativas para impulsionar as vendas. Empreendedores que não conseguem arcar financeiramente com os custos de inovar embalagens podem, muitas vezes, trabalhar com fornecedores de embalagens que são capazes de lidar com essas encomendas com baixo custo por unidade.[27] Isso certamente compensa considerar o que acontece na parte externa do seu produto.

15-4c Rotulagem

A rotulagem tem várias finalidades importantes para os fabricantes, que se aplicam à maior parte das etiquetas. Uma das finalidades é exibir a marca, especialmente quando promover a marca do produto básico seria indesejável. Por exemplo, uma marca de mobília é geralmente mostrada em uma etiqueta e não no produto de base. Em alguns produtos, a visibilidade da marca é altamente desejável; as bolsas Louis Vuitton provavelmente não seriam vendidas tão bem se o logo estivesse apenas dentro da bolsa.

Um rótulo é também uma ferramenta informativa importante para os consumidores. Muitas vezes, inclui informações sobre cuidados e uso do produto e pode, até mesmo, fornecer instruções sobre como descartá-lo.

As leis relativas aos requisitos de rotulagem devem ser cuidadosamente revisadas. Várias agências governamentais emitem regulamentos que devem ser seguidos para permanecer dentro da lei, incluindo a Food and Drug Administration (www.fda.gov), a Federal Trade Commission (www.ftc.gov) e o US Departmento of Agriculture (www.US$a.gov). Seus sites podem ser consultados para leitura sobre quaisquer requisitos, incluindo alterações recentes, introduzindo "requisitos de rotulagem" na janela de pesquisa. As pequenas empresas estão isentas de muitos desses requisitos, mas é aconselhável considerar a inclusão de informações que vão além das exigências legais mínimas especificadas, pois isso pode dar uma vantagem à sua empresa e à maneira como seus produtos são posicionados no mercado.

15-4d Garantias

Uma **garantia** é simplesmente uma promessa, por escrito ou não, de que um produto fará certas coisas ou cumprirá com determinados padrões. Todos os vendedores dão uma garantia implícita de que o produto é bom. Um comerciante, que trata de mercadorias de um tipo particular, dá garantia implícita adicional de que essas mercadorias são adequadas para os fins comuns para os quais são vendidas. Uma garantia por escrito sobre um produto nem sempre é necessária. Na verdade, muitas empresas operam sem garantias por escrito, acreditando que, ao oferecer uma delas, provavelmente confundirão os clientes ou tornarão seus produtos duvidosos.

As garantias são importantes para produtos inovadores, comparativamente caros, raramente comprados, relativamente complexos de reparar ou posicionados como mercadorias de alta qualidade. Ao avaliar os méritos de uma política de garantia proposta, uma empresa deve considerar fatores importantes, como custo, capacidade de serviço, práticas competitivas, percepções de clientes e implicações legais.

15-5 ESTRATÉGIA DE PRODUTO

A estratégia do produto inclui decisões sobre promoção da marca e outros elementos de satisfação, seja um produto ou serviço. Para ser mais específico, uma estratégia de produto descreve a forma como um componente do mix de marketing do produto é usado para atingir os objetivos de uma empresa. Isso envolve diversos recursos de suporte:

- Um **item de produto** é o menor denominador comum no mix de produtos de uma empresa. Refere-se a um item individual, como uma marca de sabão em barra.
- Uma **linha de produto** é a soma dos itens de produtos individuais relacionados, mas a relação é geralmente definida genericamente. Assim, duas marcas de sabão em barra são dois itens de produtos em uma linha de produtos.
- Um **mix de produtos** é a coleção de todas as linhas de produtos dentro da propriedade e controle de uma empresa. O mix de produtos de uma empresa pode consistir em uma linha de sabonetes e uma linha de produtos de limpeza domésticos.
- A **consistência de mix de produtos** refere-se à proximidade ou similaridade das linhas de produto. Quanto mais itens de produto em uma linha de produtos, maior sua profundidade; quanto mais linhas de produtos em um mix de produtos, maior a sua amplitude.

Para ilustrar como essas características podem se unir, o Quadro 15.4 mostra as linhas de produto e o mix de produtos da empresa 180s, uma LLC*, que produz itens de vestuário e acessórios com um desempenho inovador.

15-5a Marketing de produto *versus* marketing de serviço

Tradicionalmente, os profissionais de marketing usam a palavra *produto* como um termo genérico para descrever bens e serviços. No entanto, certas características – tangibilidade, quantidade de tempo gasto na separação da produção e do consumo, padronização e perecibilidade – levam a uma série de diferenças entre as estratégias de marketing de produtos e as de marketing de serviços (veja o Quadro 15.5). Baseado nessas características, por exemplo, o marketing de óculos de sol se encaixa no final da cadeia de produtos e o marketing de cortes de cabelo se encaixa no final da cadeia de serviços.

Embora os serviços de marketing, obviamente, apresentem desafios que não são enfrentados ao comercializar mercadorias, as limitações de espaço nos impedem de descrevê-lo separadamente. Portanto, a partir deste ponto do capítulo, um **produto** deverá incluir um pacote total de satisfação oferecido aos clientes em

---

* N.R.T. LLC (*Limited Liability Company*) – conjunto de empresas híbridas que combinam características de uma corporação e uma sociedade ou firma individual. Uma LLC é desfeita na morte ou falência de um de seus membros, ao contrário de uma corporação que possui a premissa da perpetuidade. Entretanto, os membros da LLC não respondem pessoalmente por passivos da empresa.

QUADRO 15.4 Linha de produtos e mix de produtos da 180s LLC

	Amplitude de mix de produtos					
Profundidade da linha de produtos	**Aquecedor de orelhas**	**Luvas**	**Jaquetas térmicas**	**Botas**	**Chapéus/ máscaras**	**Cachecóis**
Roupas casuais	15 estilos de homens, 17 estilos de mulheres	9 estilos de homens, 10 estilos de mulheres				
Equipamento de treinamento			11 estilos de homens, 14 estilos de mulheres		2 estilos de homens, 4 estilos de mulheres	4 estilos de mulheres
Vestuário de esportes de faculdade	16 equipes	16 equipes		4 equipes		13 equipes
Equipamento externo de LED	1 estilo de homens, 1 estilo de mulheres	3 estilos de homens, 3 estilos de mulheres			1 estilo de homens, 1 estilo de mulheres	
Equipamento de *bluetooth* e MP3	2 estilos de homens, 2 estilos de mulheres					

uma transação, seja envolvendo uma mercadoria, um serviço ou uma combinação dos dois. Além do produto físico ou serviço básico, um produto também inclui componentes complementares, como sua embalagem ou uma garantia. O produto físico ou o serviço básico são normalmente o elemento mais importante no conjunto de satisfação, mas essa característica principal é, por vezes, percebida pelos clientes como sendo semelhante para uma variedade de produtos. Nesse caso, os serviços complementares tornam-se a característica mais importante do produto. Por exemplo, uma marca particular de mistura de bolo pode ser preferida pelos consumidores, não porque é uma mistura melhor, mas por causa do site único mencionado no pacote que oferece sugestões de cozimento criativo. Ou uma certa tinturaria pode ser escolhida entre as outras porque trata os clientes com grande satisfação, não porque lava roupas excepcionalmente bem.

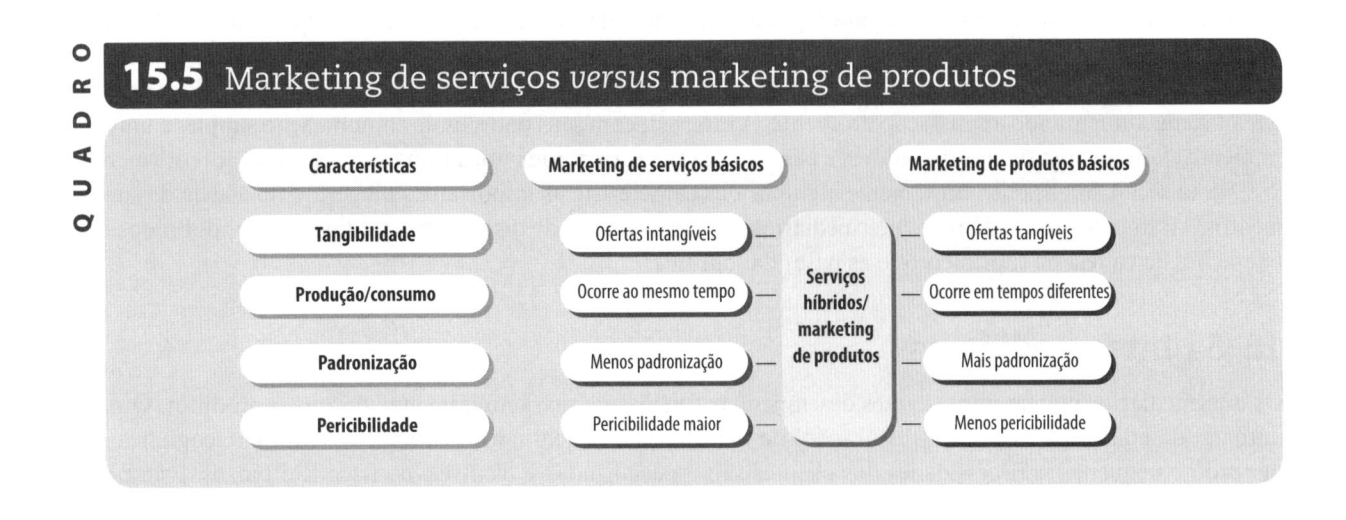

QUADRO 15.5 Marketing de serviços *versus* marketing de produtos

Características	Marketing de serviços básicos		Marketing de produtos básicos
Tangibilidade	Ofertas intangíveis	Serviços híbridos/ marketing de produtos	Ofertas tangíveis
Produção/consumo	Ocorre ao mesmo tempo		Ocorre em tempos diferentes
Padronização	Menos padronização		Mais padronização
Pericibilidade	Pericibilidade maior		Menos pericibilidade

15-5b Opções de estratégia de produto

A não compreensão clara das opções de **estratégia do produto** levará a ineficácia e conflito no esforço de marketing. As principais alternativas de estratégia de uma pequena empresa podem ser condensadas em seis categorias, com base na natureza da oferta do produto e no número de mercados-alvo:

1. Um produto/um mercado
2. Um produto/múltiplos mercados
3. Produto modificado/um mercado
4. Produto modificado/múltiplos mercados
5. Múltiplos produtos/um mercado
6. Múltiplos produtos/múltiplos mercados

Cada alternativa representa uma estratégia distinta, embora duas ou mais dessas estratégias possam ser experimentadas ao mesmo tempo. No entanto, uma pequena empresa geralmente prosseguirá com as alternativas na ordem listada. Além disso, lembre-se de que, uma vez que uma estratégia de produto foi implementada, as vendas podem ser aumentadas com certas táticas de crescimento adicionais. Por exemplo, dentro de qualquer mercado, uma pequena empresa pode tentar aumentar as vendas de um produto existente por meio (1) do convencimento de não usuários no mercado-alvo para se tornar clientes, (2) da persuasão atual de clientes a usar mais do produto e/ou (3) do alerta de clientes atuais para novos usos do produto.

Quando as pequenas empresas adicionam produtos ao seu mix, geralmente selecionam produtos relacionados. Mas também existem estratégias que envolvem produtos não relacionados. Por exemplo, um vendedor local de máquinas de costura italianas poderia adicionar uma linha de micro-ondas, um produto inteiramente não relacionado. Esse tipo de estratégia de produto pode ser mais difícil para convencer o mercado. No entanto, é ocasionalmente utilizado por pequenas empresas, especialmente quando o novo produto se encaixa em sistemas existentes de vendas e distribuição ou requer conhecimentos de marketing semelhantes.

Adicionar um produto não relacionado ao mix para atingir um novo mercado pode ser ainda mais desafiador para gerenciar, uma vez que a empresa que está tentando vender um produto desconhecido em um mercado desconhecido. No entanto, se bem planejada, essa abordagem pode oferecer vantagens significativas. Por exemplo, uma empresa que vende esquis de neve e pranchas de *surf* espera que a demanda seja alta tanto no verão quanto no inverno, facilitando as vendas e mantendo um fluxo de caixa estável ao longo do ano. É tentador assumir oportunidades de novos produtos – diversificações até exageradas –, mas manter-se estrategicamente focado é essencial.

15-6 GESTÃO DA CADEIA DE SUPRIMENTOS

O foco deste capítulo tem sido até agora o desenvolvimento de produtos e a estratégia de produto total. No entanto, as ofertas de uma empresa são úteis na medida em que os consumidores têm acesso a elas. A **gestão da cadeia de suprimentos** (*supply chain management*) é um sistema de gestão em que uma empresa integra e coordena os fluxos de materiais e informações necessárias para produzir um produto ou serviço e entregá-los aos clientes. Também coordena o fluxo de pagamentos entre entidades na cadeia de transações.

Recentemente a atenção voltada para a gestão da cadeia de suprimentos tem motivado empresas de todos os tamanhos a criar um sistema de abastecimento mais competitivo e voltado para o cliente. A gestão efetiva da cadeia de suprimentos pode potencialmente reduzir os custos de inventário, transporte, armazenagem e embalagem, aumentando a satisfação do cliente. A internet, com seus padrões de comunicação simples e universalmente efetivos, aproxima fornecedores e clientes de uma forma que nunca tinha sido pensada anteriormente.

Nesta seção, analisamos brevemente algumas das características importantes da gestão da cadeia de suprimentos.[28] Isso inclui as funções de intermediários, os vários canais de distribuição que podem ser dobrados em operações da cadeia de suprimentos e as bases da logística.

15-6a Intermediários

Os intermediários podem muitas vezes desempenhar funções de marketing melhor do que o produtor. O produtor pode lidar com as próprias operações de distribuição – incluindo a entrega – se a área geográfica do mercado é pequena, as necessidades dos clientes são especializadas e os níveis de risco são baixos. Este pode ser o caso para, digamos, um fabricante de rosquinhas. Contudo, os intermediários geralmente fornecem meios de distribuição mais eficientes se os clientes estão amplamente dispersos ou se forem necessárias embalagens e armazenagens especiais.

Alguns intermediários, chamados **intermediários mercantis**, tomam posse dos bens que distribuem, ajudando assim a empresa a compartilhar ou mudar o risco do negócio. Outros intermediários, tais como **agentes** e **corretores**, não tomam posse dos bens e, portanto, assumem menos risco de mercado do que comerciantes intermediários.

15-6b Canais de distribuição

Um sistema de distribuição eficaz é tão importante quanto um pacote único, um nome inteligente ou uma campanha promocional criativa. No contexto das operações da cadeia de abastecimento, a **distribuição** abrange tanto a transferência física de produtos como o estabelecimento de relações intermediárias para alcançar o movimento do produto. O sistema das relações estabelecidas para guiar o movimento de um produto é chamado de **canal de distribuição** e as atividades envolvidas na movimentação física de um produto por meio do canal de distribuição são chamadas de **distribuição física (logística)**. A distribuição é essencial tanto para as mercadorias (produtos tangíveis) quanto para serviços (produtos intangíveis). Contudo, uma vez que as atividades de distribuição de mercadorias são mais visíveis para as mercadorias, nossos comentários aqui serão principalmente sobre produtos tangíveis. A maioria dos serviços é entregue diretamente ao usuário – por exemplo, um preparador de imposto de renda e um cabeleireiro atendem seus clientes diretamente. Não obstante, mesmo a distribuição de mão de obra pode envolver canais de intermediários, como uma agência de emprego fornece uma equipe temporária a uma empresa.

Um canal de distribuição pode ser direto ou indireto. Em um **canal direto**, não há intermediários – o produto vai diretamente do produtor para o usuário. Um **canal indireto** tem um ou mais intermediários entre produtor e usuário.

O Quadro 15.6 retrata as várias opções disponíveis para estruturar um canal de distribuição. O *e-commerce* e marketing por correspondência são sistemas de canais diretos para distribuição de bens de consumo. Como uma companhia aérea de custo muito consciente, a Southwest Airlines é um exemplo de uma empresa que usa um canal direto com os clientes. Em vez de vender bilhetes por meio de agências de viagens e distribuidores de serviços de viagens *on-line*, vendem voos diretamente aos consumidores em seu site, balcões de emissão de tickets no aeroporto e quiosques de autoatendimento, o que reduz significativamente os custos operacionais da empresa.[29]

Os canais indiretos de distribuição são mostrados no lado direito do Quadro 15.6. Canais com dois ou mais estágios de intermediários são mais tipicamente usados por empresas que produzem produtos com mercados geograficamente grandes. Essa prática é chamada de **distribuição dupla**.

As pequenas empresas que empregam com êxito um canal de distribuição podem mudar para a dupla distribuição se acharem que um canal adicional vai melhorar a rentabilidade. Alex Romanov, proprietário da Chagrin Shoe Leather & Luggage Repair, viu as vendas aumentarem em 25% depois que a economia norte-americana desacelerou em 2008 e os clientes decidiram que seria mais barato e sensato consertar os sapatos do que comprar novos. Mas o filho dele, Ilya, não tinha interesse em ser sapateiro, então ele lançou American Heelers, um negócio *on-line* que recebe pelo correio cerca de cem pares de sapatos para reparos por semana. Esses sapatos são reparados na loja do mais velho Romanov e devolvidos aos seus proprietários. Estabelecer essa parceria pai-filho expandiu a empresa abrindo duas frentes para vendas: a operação física, que recebe pedidos diretamente dos clientes, e uma operação de comércio eletrônico, que gera receita de clientes que vivem em outras áreas.[30]

Um ponto de partida acertado na estruturação de um sistema de distribuição é estudar os sistemas usados por empresas concorrentes. Tal análise deve revelar algumas alternativas práticas que podem então ser avaliadas. As três considerações principais na avaliação de um canal de distribuição são custos, cobertura e controle.

CUSTOS

Em muitos casos, o canal mais barato pode ser indireto. Por exemplo, uma empresa que produz bonecos artesanais pode optar por não comprar caminhões e armazéns para distribuir o produto diretamente aos clientes se for mais barato usar intermediários que já possuam esses equipamentos e instalações. Pequenas empresas devem olhar para os custos de distribuição como um investimento – gastando dinheiro para ganhar dinheiro – e perguntar-se se o custo de uso de intermediários (vendendo o produto a eles a um preço reduzido) é mais ou menos dispendioso do que distribuir o produto diretamente aos clientes.

QUADRO 15.6 Canais de distribuição

Canal direto
- Produtor → Consumidores ou usuário industrial

Canais indiretos

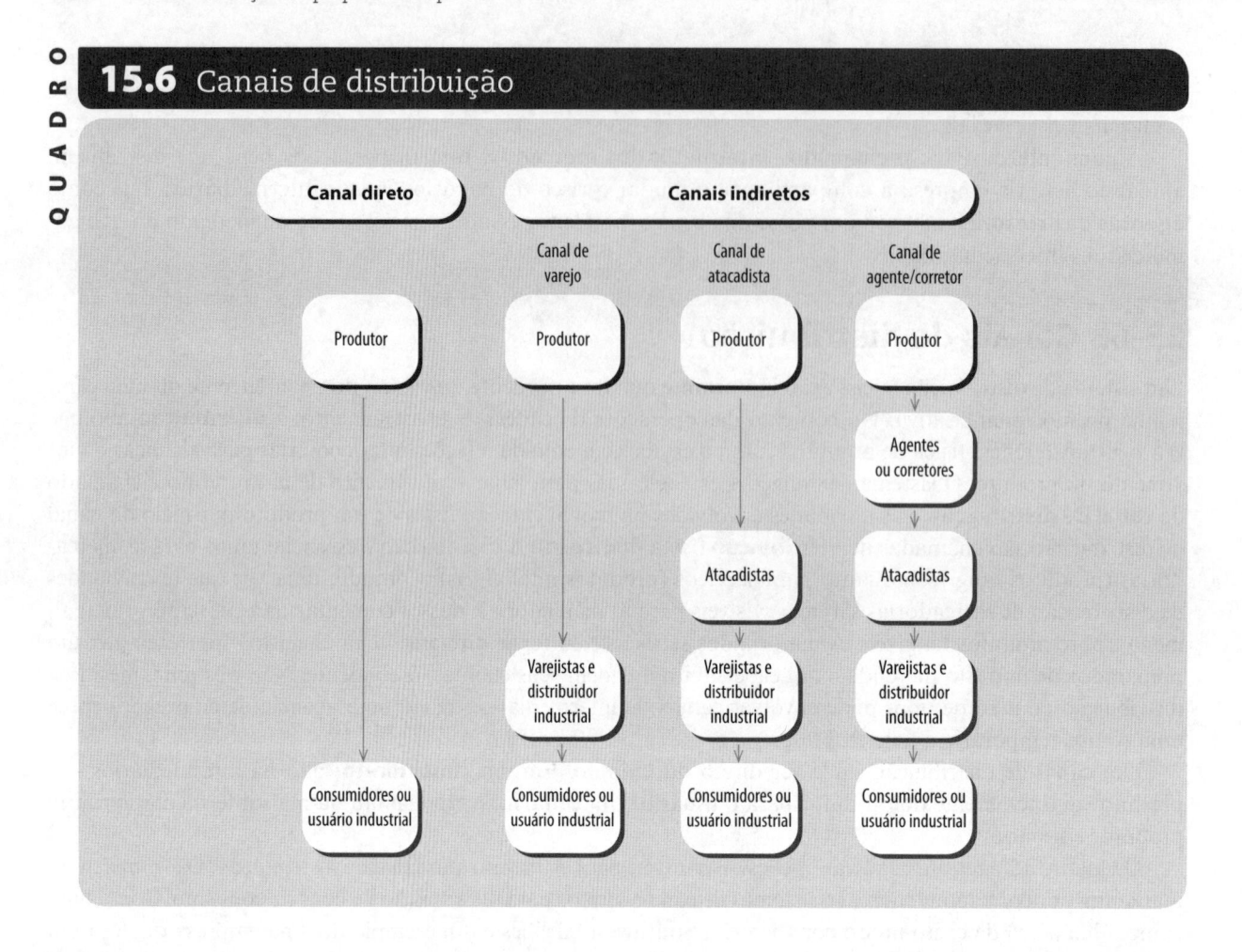

Canal de varejo:
- Produtor → Varejistas e distribuidor industrial → Consumidores ou usuário industrial

Canal de atacadista:
- Produtor → Atacadistas → Varejistas e distribuidor industrial → Consumidores ou usuário industrial

Canal de agente/corretor:
- Produtor → Agentes ou corretores → Atacadistas → Varejistas e distribuidor industrial → Consumidores ou usuário industrial

COBERTURA

Pequenas empresas podem utilizar canais indiretos de distribuição para aumentar a cobertura de mercado. Suponha que a força de vendas internas de um pequeno fabricante pode fazer 10 contatos com usuários finais do produto do empreendimento por semana. Criar um canal indireto com 10 distribuidores industriais, cada um fazendo 10 contatos por semana, poderia expor o produto para 100 usuários finais por semana.

CONTROLE

Um canal direto de distribuição é às vezes preferível porque proporciona mais controle. Para garantir que o produto seja comercializado com cautela, um empreendedor deve deliberadamente selecionar intermediários que forneçam o suporte desejado.

Uma pequena empresa que opta por usar intermediários para comercializar e distribuir seus produtos deve ter certeza de que os intermediários entendem como o produto é mais bem utilizado e por que é melhor do que as ofertas dos concorrentes. Além disso, se um atacadista leva produtos concorrentes, um empreendedor deve ter certeza de que seu produto obtém uma parte justa dos esforços de marketing. Um suporte de marketing descuidado de um intermediário e um conhecimento insuficiente do produto podem debilitar o sucesso até mesmo do melhor produto.

15-6c O escopo da distribuição física

Como mencionado anteriormente, além dos relacionamentos intermediários que compõem um canal de distribuição, deve haver um sistema de *distribuição física (logística)*, as atividades que movimentam fisicamente um produto por meio de um canal. O componente principal da distribuição física é o transporte. Outros componentes incluem armazenamento e manuseio do material, condições de entrega e gestão de estoque. (A gestão de estoque é discutida no Capítulo 21.)

TRANSPORTE

A principal decisão quanto ao transporte físico de um produto é qual método usar. Os modos de transporte disponíveis são tradicionalmente aviões, ferrovias, caminhões, oleodutos e cursos d'água. Cada modo tem vantagens e desvantagens únicas. Por exemplo, a operadora de trem CSX Corporation administra propagandas de rádio que anunciam, de maneira audaciosa, "A natureza é espetacular, e queremos mantê-la. É por isso que os trens CSX transportam uma tonelada de frete por quase 800 quilômetros usando um único galão de combustível".[31] O propósito da campanha publicitária é duplo: permitir que os potenciais clientes saibam que ela oferece serviços de transporte de baixo custo e que também minimizam o impacto ambiental.

Mas a escolha de um modo específico de transporte é geralmente baseada em vários critérios: custo relativo, tempo de trânsito, confiabilidade, capacidade, acessibilidade e rastreabilidade.

Os intermediários de transporte são legalmente classificados como transportadoras comuns, transportadoras contratadas e transportadoras privadas. As **transportadoras comuns** estão disponíveis para serem contratadas pelo público geral, sem discriminação. Como as transportadoras comuns, as **transportadoras de contrato** que fazem contratos individuais com os carregadores estão sujeitas à regulamentação pelas agências federais e/ou estaduais. No entanto, têm o direito de escolher seus clientes livremente. Linhas de transporte de propriedade de empresas expedidoras são chamadas de **transportadoras privadas**.

ARMAZENAMENTO E MANUSEIO DE MATERIAIS

A falta de espaço é um problema comum para as pequenas empresas. Mas, quando um sistema de canais utiliza intermediários comerciais ou atacadistas, a propriedade dos bens é transferida, assim como a responsabilidade pela função de armazenamento. Com outras opções, as pequenas empresas devem planejar a própria armazenagem. Se uma empresa é muito pequena para possuir um armazém privado, pode alugar espaço em um armazém público. Quando os requisitos de armazenamento são simples e não envolvem muito equipamento de manuseio especial, um armazém público pode fornecer armazenamento barato.

Mesmo que esteja no lugar certo e na hora certa, um produto danificado vale muito pouco. Portanto, um sistema de distribuição físico deve providenciar métodos e equipamentos de manuseio de materiais adequados. Empilhadeiras, bem como contêineres e embalagens especiais, são parte de um sistema de manuseio de materiais.

TERMOS DE ENTREGA

Um detalhe, mas importante, de um sistema de distribuição física são as condições de entrega, especificando que seção é responsável por vários aspectos da distribuição. Termos de entrega incluem o pagamento dos custos de frete, a seleção dos transportadores, o risco de danos em trânsito e seleção das modalidades de transporte.

O termo de entrega mais simples – e o mais vantajoso para uma pequena empresa como o vendedor – é origem FOB (*free on board* ou livre a bordo), frete a cobrar. Isso transfere toda a responsabilidade do custo do frete para o comprador. Propriedade dos bens e risco de perda também passam para o comprador no momento em que as mercadorias são enviadas. No FOB, o vendedor encerra suas obrigações logísticas quando a mercadoria entra na embarcação, no porto indicado. A partir daí, o comprador assume todas as responsabilidades quanto a perdas e danos.

As empresas de logística especializam-se em serviços de transporte e distribuição, fornecendo serviços de transporte rodoviário, de embalagem e de armazenagem a pequenas e médias empresas com equipe própria limitada. Muitas pequenas empresas acreditam que o uso de **empresa de logística terceirizada (3PL)** é mais efetivo do que a realização das mesmas funções por conta própria. Por exemplo, uma empresa de cosméticos usa a APL Logistics para manusear o empacotamento e envio de seus produtos de saúde e beleza. Mercadorias produzidas em fábricas em todo o país vão para o armazém da APL em Dallas, no Texas, e são então enviadas para pontos de distribuição em todo o país.[32] Empresas mais conhecidas que oferecem serviços da 3PL incluem nomes conhecidos como FedEx e UPS, os quais oferecem assistência às pequenas empresas que prefeririam concentrar-se nas suas operações primárias e deixar os desafios de transporte e distribuição para os outros.

Como este capítulo explica, a inovação e o crescimento são essenciais para a vantagem competitiva e o sucesso das pequenas empresas. Por essa razão, os esforços de uma empresa em manter e desenvolver novos produtos devem ser administrados com sensatez de acordo com uma estratégia de produto cuidadosamente desenvolvida. Mas não é só isso. Deve-se também pensar em todas as facetas do fluxo físico de entradas e saídas. A gestão da cadeia de abastecimento exige planejamento de como e onde a empresa irá obter componentes para os produtos que produz e como vai entregar os produtos acabados aos clientes. Embora existam muitos canais de distribuição, cada um deles tem vantagens e inconvenientes e deve, então, ser cuidadosamente considerado. No final, se todas essas tarefas de importância vital não forem gerenciadas efetivamente, é quase certo que o desempenho da empresa irá diminuir.

Glossário

Agentes/corretores (p. 329) – Intermediários que não tomam posse da propriedade das mercadorias que distribuem.

Canal de distribuição (p. 329) – Sistema de relações estabelecido para orientar a circulação de um produto.

Canal direto (p. 329) – Sistema de distribuição sem intermediários.

Canal indireto (p. 329) – Sistema de distribuição com um ou mais intermediários.

Ciclo de vida do produto (p. 318) – Cenário detalhado do que acontece na venda de um produto específico e lucros ao longo do tempo.

Consistência de mix de produtos (p. 326) – Similaridade de linhas de produto em um mix de produto.

Distribuição (p. 329) – O movimento físico de produtos e o estabelecimento de relações intermediárias para apoiar tais movimentos.

Distribuição dupla (p. 329) – Sistema de distribuição que envolve mais de um canal.

Distribuição física (logística) (p. 329) – Atividades de distribuição envolvidas no trânsito de produtos.

Empresa de logística terceirizada (3PL) (p. 331) – Empresa que presta serviços de transporte e distribuição a empresas que preferem direcionar seus esforços para suas operações primárias.

Estratégia do produto (p. 328) – Forma na qual o componente do produto do mix de marketing é usado para alcançar os objetivos da empresa.

Garantia (p. 326) – Compromisso, por escrito ou não, de que um produto vai funcionar em certo nível ou cumprirá com determinados padrões.

Gestão da cadeia de suprimentos (p. 328) – Sistema de gestão por meio do qual uma empresa integra e coordena os fluxos de materiais e informações necessárias para produzir um produto ou serviço e entregá-los aos clientes.

Imagem da marca (p. 322) – Percepção geral de uma marca.

Intermediários mercantis (p. 329) – Intermediários que assumem a propriedade dos bens que eles distribuem.

Item de produto (p. 326) – Denominador menos comum no mix de produtos – o item individual.

Linha de produto (p. 326) – Soma de itens de produtos individuais.

Logotipo (p. 323) – Marca que não pode ser falada; o logo de uma empresa.

Marca (p. 322) – Meio verbal e/ou simbólico de identificação do produto.

Marca comercial (p. 325) – Termo legal que indique que uma empresa tem direitos exclusivos para usar uma marca para promover um produto.

Marca de serviço (p. 325) – Termo legal que indica que uma empresa tem o direito exclusivo de usar uma marca para identificar um serviço.

Mix de produto (p. 326) – Coleção de linhas de produto de uma empresa.

Nome da marca (p. 322) – Marca que pode ser pronunciada.

Patentes (p. 320) – Direito exclusivo registrado de um inventor para fazer, usar ou vender uma invenção.

Produto (p. 326) – Conjunto de satisfação total – seja um serviço, uma mercadoria ou ambos – oferecido a consumidores em uma transação de troca.

Transportadoras de contrato (p. 331) – Intermediários de transporte que têm contrato com os carregadores individuais.

Transportadoras privadas (p. 331) – Linhas de transporte pertencentes a carregadores.

Transportadoras comuns (p. 331) – Intermediários de transporte disponíveis para serem contratados pelo público em geral.

Vantagem competitiva sustentável (p. 317) – Posição de criação de valor que tende a continuar ao longo do tempo.

Ferramentas para *startups*

Inspiração para inovação

Você está com problemas na geração ideias de produtos e serviços úteis e em como começar e administrá-las? Tente fazer *crowdsourcing* (criação coletiva) para entrar em comunidades *on-line* de ideias coletivas. O "crowd" *(em inglês, multidão)* pode ajudar em todos os tipos de desafios, tais como criar novos produtos ou nome da empresa (squadhelp.com), desenhar o logotipo ou montar o website (99designs.com ou crowdSPRING.com), fazer uma campanha de marketing (zooppa.com), testar a utilização do website (uTest.com), acessar uma nova ideia de produto (IdeaScale.com) e melhorar suas interações com clientes (getsatisfaction.com).

Recursos para *startups*

Planejando um logotipo efetivo

Surgir com um logotipo perfeito não é algo fácil de fazer. A reação do mercado pode ser difícil de prever e as leis aplicáveis ao *design* do logotipo sobrepõem-se àquelas que regulamentam tanto as marcas registradas quanto os direitos autorais. Seguem sites que fornecem ideias e assistência sobre *design* do logotipo de propriedade intelectual: www.thelogofactory.com, http://theperfectdesign.com, www.uspto.gov/trademarks e www.copyright.gov. Mas um bom advogado especializado em propriedade intelectual e direitos autorais pode ser a melhor fonte de informações e conselhos atualizados.

Você é quem manda

Situação 1

A primeira bicicleta elíptica do mundo, chamada ElliptiGo, foi inventada pelo engenheiro mecânico e atleta de Ironman Brent Teal e seu amigo, companheiro ciclista e triatleta Bryan Pate, que tinha tanta dor no joelho e lesões de quadril que foi forçado a limitar seu exercício físico para opções de baixo impacto. Devido a Pate querer continuar se exercitando, mas odiar ficar trancado em uma academia de ginástica, ele e Teal desenvolveram um conceito novo de produto para "instrumento de corrida de baixo impacto no qual [Pate] poderia andar na rua". A ElliptiGo é uma mistura entre um instrutor elíptico e uma bicicleta padrão, mas com modelos de velocidades 3 e 11 que podem tornar o passeio tão livre quanto uma caminhada ou tão agressivo quanto um exercício de bicicleta completo. Um observador descreve como tendo "as curvas elegantes de uma bicicleta de alta qualidade, as linhas limpas de uma scooter Razor, um par de pedais elípticos de fibra de carbono brilhantes, um mecanismo de caminhada de eixo e manivela liso e uma coluna de direção que possui fácil armazenamento." Cheque você mesmo em www.elliptigo.com.

Fontes: baseado em "ElliptiGo: Our Story", http://www.elliptigo.com/History, acesso em 8 de janeiro 2015; John Pozadzides, "ElliptiGo Elliptical Training Bike", 10 de setembro de 2012, http://geekbeat.tv/review-the-elliptigo-elliptical-training-bike-photos-video, acesso em 8 de janeiro de 2015; e Jennifer Wang, "A Profitable Alternative to the Bicycle", http://www.entrepreneur.com/article/207532, acesso em 8 de janeiro de 2015.

Pergunta 1 – Ao utilizar as regras básicas para reduzir os riscos relacionados com a introdução de um novo produto inovador, qual sucesso Teal e Pate tendem a ter com a ElliptiGo?

Pergunta 2 – Quais são os principais benefícios e desvantagens dessa inovação?

Pergunta 3 – O que Teal e Pate podem fazer para sustentar ou ampliar a sua vantagem competitiva com esse novo produto?

Situação 2

A Project Home (anteriormente Tomboy Tools) fornece ferramentas para mulheres que querem fazer benfeitorias em sua própria casa e projetos de reforma. As amigas Sue Wilson, Mary Tatum e Janet Rickstrew, de Denver, no Colorado, estavam preocupadas com o fato de que as ferramentas que usavam para projetos de manutenção doméstica foram projetadas para homens, não para mulheres. Então elas iniciaram seu empreendimento para "capacitar as mulheres por meio de treinamento do tipo "mão na massa", ferramentas de qualidade e... uma cultura interna que apoia mulheres e ensina a elas a se sentirem confiantes usando ferramentas..." O que é mais interessante é como os produtos são vendidos – exclusivamente em *workshops* em casa liderados por representantes de vendas independentes da Project Home. Em vez de Tupperware ou cosméticos, as visitantes veem ferramentas de reparo doméstico básico em ação e aprendem simples consertos domésticos e técnicas de reforma. As fundadoras da empresa escolheram uma abordagem doméstica para comercializar seus produtos por causa do comprovado sucesso com os consumidores, particularmente as mulheres.

Fonte: baseado em "Project Home: About Us", http://www.projecthome.us/about-us, acesso em 8 de janeiro de 2015.

Pergunta 1 – Quais são as vantagens e desvantagens do método de venda de produtos Project Home?

Pergunta 2 – Que outros canais de distribuição a Project Home poderia usar?

Pergunta 3 – O que você acha do nome "Project Home"? Isso cria uma impressão positiva para a empresa?

Notas

1. Robert Kiyosaki, "Even Steven," *Entrepreneur*, vol. 36, n. 8 (agosto de 2008), p. 36.
2. Debra Kahn Schofield, "Grow Your Business Slowly: A Cautionary Tale," http://www.gmarketing.com/articles/179-grow-your-business-slowly-acautionary-tale, acesso em 5 de janeiro de 2015.
3. Stephen Spinelli e Robert J. Adams, *New Venture Creation: Entrepreneurship for the 21st Century* (Boston: McGraw-Hill/Irwin, 2012), p. 14.
4. Reportado na entrevista com Martha E. Mangelsdorf, "Hard Times Can Drive Innovation," *The Wall Street Journal*, 15 de dezembro de 2008, p. R2.
5. Leigh Buchanan, "*Inc.* 500," *Inc.*, vol. 32, n. 7 (setembro de 2010), p. 148.
6. Algumas das estratégias descritas aqui são mencionadas em Anne Field, "Creating a Sustainable Competitive Advantage for Your Small Business," http://www.startupnation.com/articles/creating-a-sustainable-competitive-advantage-for-your-small-business. Acesso em 5 de janeiro de 2015.
7. "The Blue Story," http://bluebuffalo.com/why-choose-blue/blue-story. Acesso em 5 de janeiro de 2015.
8. Matthew S. Olson and Derek van Bever, *Stall Points: Most Companies Stop Growing – Yours Doesn't Have To* (New Haven, CT: Yale University Press, 2008), p. 28.
9. Paul Nunes e Tim Breene, "Reinvent Your Business before It's Too Late," *Harvard Business Review*, vol. 89, n. 1/2 (janeiro/ fevereiro de 2011), p. 80-87.
10. Jason Fried, "Starting Over," *Inc.*, vol. 34, n. 1 (fevereiro de 2012), p. 40.
11. Ibid.
12. Para saber mais sobre a pesquisa, veja "Idea Factories," *Inc.*, vol. 35, n. 7 (setembro de 2013), p. 104–105.
13. Comunicação pessoal com Celestina Pugliese, 7 de janeiro de 2013.
14. "Ready Check Glo: Our Story," http://www.readycheckglo.com/our-story2. Acesso em 6 de janeiro de 2015.
15. Pugliese, op. cit.

16. As descrições das ferramenas e serviços nessa seção são baseadas nos sites mencionados, os quais foram acessados em 6 de janeiro de 2015.
17. Jennifer Wang, "Be Disruptive," *Entrepreneur*, vol. 39, n. 9 (janeiro de 2011), p. 20.
18. Mike Gordon, Chris Musso, Eric Rebentisch e Nisheeth Gupta, "The Path to Developing Successful New Products," *The Wall Street Journal*, 30 de novembro de 2009, p. R5.
19. Paula Andruss, "Branding's Big Guns," *Entrepreneur*, vol. 40, n. 4 (abril de 2012), p. 50–55.
20. Ibid.
21. Comunicação pessoal com Winston Wolfe, 8 de fevereiro de 2011.
22. Tahl Raz, "Re: Design – Not Just a Pretty Typeface," *Inc.*, http://www.inc.com/magazine/20021201/24907.html. Acesso em 6 de janeiro de 2015.
23. Adaptado de Gwen Moran, "Best and Worst Marketing Ideas ... Ever," *Entrepreneur*, vol. 37, n. 1 (jan. 2009), p. 48; e Raz, op. cit.
24. Jennifer Wang, "Skincare Startup's Lesson for Online Brands: Looks Matter" *Entrepreneur*, vol. 40, n. 3 (mar. 2012), p. 48.
25. Ibid.
26. Ibid.
27. Laura Tiffany, "The Whole Package," *Entrepreneur*, vol. 36, n. 2 (fevereiro de 2008), p. 24.
28. Uma discussão abrangente da gestão da cadeia de suprimentos vai além deste livro, mas muitas fontes excelentes fornecem informações úteis sobre esse assunto. Recomendamos John J. Coyle, C. John Langley, Robert A. Novak, e Brian J. Gibson, *Supply Chain Management: A Logistics Perspective*, 9. ed. (Mason, OH: Cengage Learning, 2013); e Joel D. Wisner, Keah-Choon Tan, and G. Keong Leong, *Principles of Supply Chain Management: A Balanced Approach*, 4. ed. (Mason, OH: Cengage Learning, 2016).
29. "Southwest Airlines: Finding Low Fares," http://www.southwest.com/html/travel-experience/finding-low-fares/index.html. Acesso em 8 de janeiro de 2015.
30. Sarah E. Needleman, "In a Sole Revival, the Recession Gives Beleaguered Cobblers New Traction," *The Wall Street Journal*, 2 de fevereiro de 2009, p. A1, A13.
31. "CSX TV Spot: Fireworks," http://www.ispot.tv/ad/7L9w/csx-fireworks. Acesso em 8 de janeiro de 2015.
32. Comunicação pessoal com Dr. Pedro Reyes, professor associado de gerenciamento de operações, Baylor University, 14 de março de 2011.

CAPÍTULO 16

Decisões sobre preços e crédito

Quanto custou a última camiseta que você comprou? Foi US$ 25? Ou US$ 30? Talvez US$ 40? Esses preços parecem loucura para quem acredita que camisetas são *commodities* – itens que você adquire na loja de descontos e usa quando precisa. Mas, para outras pessoas, esses preços são apenas um ponto de partida. Camisetas podem transmitir mensagens, e um empresário percebeu que elas poderiam transmitir uma mensagem sobre sua empresa. Então ele criou uma marca pela qual os clientes desejariam pagar.

Algumas pessoas diriam que Johnny Earle nasceu para ser empreendedor. Ele começou vendendo limonada em seu quintal. Quando tinha 16 anos, já havia iniciado 16 empresas. Depois do ensino médio, trabalhou em uma loja de discos e criou uma banda de metais, com estilo *hardcore*. Seus colegas de trabalho na loja o provocavam colocando apelidos. Um dia, alguém o chamou de "Johnny Cupcakes", e o nome "pegou". Earle gostou tanto que comprou camisetas estampadas com o apelido, e as pessoas imediatamente começaram a perguntar onde poderiam comprá-las.

Earle reconheceu a oportunidade e passou a desenhar camisetas divertidas com o tema da cultura pop. Ele viu alguns "caras durões" usando camisetas estampadas com caveiras de pirata, resolveu substituir a caveira por um cupcake, deixando apenas os dois ossos cruzados, e começou a colocá-las no porta-malas de seu carro, na bagagem que ele carregava em suas turnês com a banda, para então vendê-las. Em 2001, com 19 anos, Earle percebeu que estava mais apaixonado pela venda de camisetas do que por sua banda e resolveu fundar sua empresa.

Mas será que você consegue ganhar dinheiro vendendo camisetas? De início, Earle tomou algumas decisões para garantir que seus produtos fossem vistos pelos clientes como algo especial, produtos pelos quais valia a pena voltar à empresa, algo que não seria apenas uma moda passageira. Ele decidiu que as camisetas seriam vendidas somente em suas lojas, e chamou-as de *padarias*. Os desenhos nas camisetas são fundamentais e, uma vez que termina o estoque de uma camiseta com determinado desenho, ele não as imprime mais. Algumas camisetas são

No Spotlight
Johnny Cupcakes: é uma marca, não apenas moda!
www.johnnycupcakes.com

Ao término deste capítulo, você deverá ser capaz de:

16-1. Discutir o papel dos fatores custo e demanda na definição de preço.

16-2. Aplicar a análise de equilíbrio e a precificação por *markup*.

16-3. Identificar estratégias de precificação específicas.

16-4. Explicar os benefícios, fatores que afetam a extensão e tipos de crédito.

16-5. Descrever as atividades envolvidas na gestão de crédito.

> numeradas e fornecidas em embalagens especiais. Como se pode imaginar, as operações dessa empresa não custam pouco! Como você definiria os preços de produtos como esses?
>
> Quando iniciou a empresa, Earle oferecia a maioria de seus produtos na faixa dos US$ 20. Ele sabia que suas camisetas não eram apenas outra mercadoria qualquer. Ele queria que fossem vistas como algo especial, então, o preço tinha de ser o de um produto *premium*. Além disso, havia os custos associados aos desenhos exclusivos, embalagens especializadas e as instalações das lojas físicas. Os preços variavam de acordo com as responsabilidades financeiras da empresa. Em 2015, a Johnny Cupcakes tinha diversos preços para suas camisetas, e a maioria custava em torno de US$ 30.
>
> Earle e sua equipe adotam os mesmos preços cobrados pelos concorrentes. Eles levam em consideração o tempo, a energia, os recursos e o dinheiro empregados na criação e no lançamento de cada produto. A sua estratégia é expandir a empresa apresentando a marca para novos clientes. Ele diz que a Johnny Cupcakes se esforça para "sempre ter itens com preços justos para os clientes novos, enquanto também equilibra suas ofertas com algumas camisetas para colecionadores, com edição limitada, que aceitam preços mais altos".
>
> Fontes: baseado em "World's First T-Shirt Bakery", http://www.johnnycupcakes.com. Acesso em 1º de março de 2015; Johnny Earle, "Lecture Series Demo Reel", http://www.youtube.com/user/JohnnyCupcakes. Acesso em 1º de março de 2015; comunicação pessoal com Johnny Earle, 14 de outubro de 2014 e 3 de janeiro de 2015; Tracy Brown, "Johnny Cupcakes' Crypt Tour to Visit L. A. Store Wednesday", http://articles.latimes.com/2012/oct/14/image/la-ig-johnny-cupcakes-20121014. Acesso em 1º de março de 2015.

Existem inúmeras diretrizes e fórmulas para determinar os preços dos produtos e serviços que uma pequena empresa vende, mas nenhuma das regras é difícil e rápida. Embora tenha dirigido várias empresas antes de iniciar a Johnny Cupcakes, Johnny Earle ainda recorreu algumas vezes ao método de tentativa e erro ao planejar sua estratégia de preços.

Muito poucos empresários possuem treinamento formal sobre como definir os preços dos produtos e serviços que vendem. Muitas vezes, seus preços se baseiam no que os concorrentes estão cobrando, em uma porcentagem acima dos custos ou no que seus fornecedores sugerem. Outras vezes, os novos empresários pensam que o caminho para o sucesso está em praticar preço abaixo do dos concorrentes. Mais adiante neste capítulo, explicaremos por que isso pode ser perigoso. Tenha em mente que as decisões referentes a preços e ao crédito são vitais para o sucesso de uma empresa porque influenciam a relação entre a empresa e seus clientes. Essas decisões também afetam diretamente as receitas e os fluxos de caixa. Se você achar que começou com preços muito baixos para cobrir seus custos, por exemplo, pode esperar que seus clientes não ficarão felizes com aumentos de preços nem políticas de crédito restritivas. Portanto, o proprietário de uma empresa precisa estabelecer preços e conceber políticas de crédito o mais cuidadosamente possível para evitar a necessidade de mudanças frequentes.

Tenha sempre uma coisa em mente: o valor deve estar no cerne de uma estratégia de preços. Em termos de marketing, o **valor** significa "até que ponto o produto ou serviço é percebido pelo cliente como satisfatório às necessidades ou desejos, de acordo com a sua disposição de pagar por ele. Isso geralmente depende mais da percepção do cliente quanto ao valor do produto do que de seu valor intrínseco".[1] O **preço** de um produto ou serviço especifica o que o vendedor exige para abrir mão da propriedade ou do uso desse produto ou serviço. Geralmente, o vendedor deve estender o crédito ao comprador para fazer a troca acontecer. O **crédito** é um acordo entre comprador e vendedor especificando que o pagamento por um produto ou serviço será recebido em alguma data posterior. Este capítulo examina as decisões de preço e de crédito das pequenas empresas.

16-1 DEFINIÇÃO DE PREÇO

Ao definir um preço, um empreendedor decide qual o valor mais apropriado para o produto ou serviço que está sendo oferecido para venda. A tarefa parece fácil, mas não é. A primeira lição sobre a precificação é lembrar que a receita total das vendas depende de apenas dois componentes – volume de vendas e preço –, e mesmo uma pequena mudança no preço pode influenciar drasticamente a receita. Considere as seguintes situações para produtos que estão sendo vendidos, *assumindo que não exista variação na demanda*:

Situação A

Quantidade vendida × Preço por unidade = Receita bruta
250.000 × US$ 3,00 = US$ 750.000

Situação B

Quantidade vendida × Preço por unidade = Receita bruta
250.000 × US$ 2,80 = US$ 700.000

O preço por unidade é apenas US$ 0,20 menor na Situação B do que na Situação A. No entanto, a diferença total na receita é de US$ 50.000! Claramente, uma pequena empresa pode perder uma receita significativa se um preço estiver muito baixo.

A definição do preço também é importante porque afeta indiretamente a quantidade vendida. Definir um preço muito alto para o bem oferecido pode resultar em menores quantidades vendidas, reduzindo a receita total. No exemplo que acabamos de apresentar, a quantidade vendida foi considerada independentemente do preço – e pode muito bem ser por uma diferença de preço bem pequena. No entanto, um aumento ou uma diminuição de preços maior pode afetar substancialmente a quantidade vendida. Não faz sentido baixar um preço se você acabar vendendo o mesmo número de produtos. Por outro lado, não faz sentido aumentá-lo se o resultado for uma grande redução nas vendas. O preço, portanto, tem uma dupla influência na receita total das vendas. É importante *diretamente* como parte da equação de receita bruta e *indiretamente* no seu impacto na demanda.

16-1a Definição de preço com base nos custos

Para que uma empresa seja bem-sucedida, sua definição de preços deve cobrir os custos do fornecimento de produtos ou serviços mais uma margem de lucros que mantenha a companhia e a impulsione. Você não poderá manter-se em atividade por muito tempo se os preços forem inferiores aos custos.

Os custos reagem de modo diferente à medida que a quantidade produzida ou vendida aumenta ou diminui. Lembre-se, do Capítulo 10, que o *custo dos produtos vendidos* aumenta à medida que a quantidade de produtos vendidos aumenta. Os custos dos materiais e as comissões sobre as vendas são custos variáveis típicos incorridos à medida que um produto é fabricado e vendido. Por exemplo, os custos de materiais podem ser de US$ 10 por unidade. Se a companhia vender 1.000 unidades, os custos totais dos produtos vendidos serão de US$ 10.000, mas esse resultado será modificado se o número de unidades aumentar ou diminuir. As *despesas operacionais* são aquelas que permanecem constantes em diferentes níveis de quantidade vendida, ou custos fixos. Por exemplo, as despesas de marketing, os custos do equipamento da fábrica e os salários dos funcionários do escritório são despesas operacionais. As organizações de serviços irão lidar com essas despesas de modo similar às companhias que fornecem produtos. Seu *custo de vendas* geralmente é mais difícil de definir do que o custo dos produtos vendidos. Uma medida frequentemente utilizada é calcular um número para o tempo gasto no fornecimento de um serviço para um cliente. Alguns proprietários combinam os custos com pessoal por hora com uma porcentagem das despesas operacionais.[2]

Compreender a natureza dos diferentes tipos de custos pode ajudar um vendedor a minimizar os erros no processo de definição de preços. Embora os custos dos produtos vendidos, das vendas e as despesas operacionais não se comportem da mesma maneira, as pequenas empresas geralmente os tratam de forma idêntica. Uma abordagem denominada **definição de preço médio** exemplifica esta prática. Com a definição do preço médio, o custo total (custo dos produtos vendidos mais as despesas operacionais) em um período anterior é dividido pela quantidade vendida nesse período para chegar a um custo médio, que é então utilizado para definir o preço atual. Por exemplo, considere a estrutura de custos de uma empresa que vendeu 25 mil unidades de um produto em 2015 pelo preço de venda de US$ 8 cada unidade (veja o Quadro 16.1). O custo médio da unidade seria de US$ 5 (isto é, US$ 125.000 (US$ 50.000 + US$ 75.000) em custos totais ÷ 25 mil unidades vendidas). O *markup* de US$ 3 fornece um lucro sobre esse volume de vendas (25.000 unidades vendidas × *markup* de US$ 3 = US$ 75.000).

Contudo, o Quadro 16.2 indica que o impacto sobre o lucro será muito negativo se as vendas em 2016 atingirem somente 10 mil unidades e o preço de venda tiver sido definido ao mesmo *markup* de US$ 3 com base no custo médio em 2015. No menor volume de vendas (10 mil unidades vendidas), o custo médio da unidade aumenta para US$ 9,50 (isto é, US$ 95.000 ÷ 10.000). Esse aumento, naturalmente, é atribuível à necessidade de distribuir as despesas operacionais em menos unidades. *Essa estratégia de precificação negligencia que os custos médios serão maiores em níveis de vendas mais baixos.* Tenha cuidado ao adotar essa abordagem.

QUADRO 16.1 Estrutura de custo de uma empresa hipotética, 2015

Receita (25 mil unidades @ US$ 8)	US$ 200.000
Custo dos produtos vendidos (US$ 2 por unidade)	(50.000)
Lucro bruto	US$ 150.000
Despesas operacionais	(75.000)
Lucro líquido (antes dos juros e impostos)	US$ 75.000

$$\text{Custo médio} = \frac{(50.000 + 75.000)}{25.000} = US\$ 5$$

Em raras ocasiões, a definição de preço a um custo inferior ao total pode ser utilizada como uma estratégia especial de curto prazo. As despesas operacionais tendem a ser contínuas, independentemente da quantidade de produtos fabricados ou de serviços fornecidos. Quando as receitas das vendas são baixas, os preços devem cobrir todos os custos marginais ou incrementais – ou seja, os custos incorridos especificamente para obter negócios adicionais. Tenha em mente um antigo ditado comercial que diz: "Se você definir preços inferiores ao custo, poderá compensar em volume!" Por exemplo, você pode receber a proposta de um pedido que parece oferecer um valor alto e depois descobrir que terá de acrescentar pessoal, equipamento ou materiais cujos custos são maiores do que o preço atrativo inicial. Algumas vezes, os proprietários de empresas oferecem produtos intencionalmente vendidos por preços abaixo de seu custo direto, com a expectativa de que os clientes irão comprar mais quando souberem que há outros produtos e serviços disponíveis na empresa. Pode ser desagradável descobrir que o produto vendido a preço baixo foi a única coisa que os clientes compraram – sem gerar nenhum lucro. No longo prazo, todos os custos devem ser cobertos.

Algumas empresas podem utilizar uma **estratégia *freemium*** (uma combinação das palavras "*free*", que significa gratuito, e "*premium*", que quer dizer especial), com a ideia de que os clientes aceitarão recursos básicos gratuitos e, então, procurarão produtos ou serviços avançados mediante o pagamento de uma assinatura. Assim como ocorre com os produtos vendidos com preço abaixo de seu custo, é vital que clientes suficientes façam a assinatura – neste caso, para compensar o que a empresa forneceu gratuitamente.[3]

QUADRO 16.2 Estrutura de custo de uma empresa hipotética, 2016

Receita (10 mil unidades @ US$ 8)	US$ 80.000
Custo dos produtos vendidos (10 mil unidades @ US$ 8)	(20.000)
Lucro bruto	US$ 60.000
Despesas operacionais	(75.000)
Lucro líquido (antes dos juros e impostos)	US$ (15.000)

$$\text{Custo médio} = \frac{(20.000 + 75.000)}{10.000} = US\$ 9,50$$

16-1b Definição de preço com base nos clientes

A análise de custo pode identificar um nível abaixo do qual um preço não deve ser definido em circunstâncias normais. Contudo, não mostra em quanto o preço final pode exceder esse valor mínimo e ainda ser aceitável pelos clientes. Os fatores da demanda precisam ser considerados antes dessa determinação.

ELASTICIDADE DA DEMANDA

A demanda do cliente por um produto ou serviço no geral é sensível em nível de preço. *Elasticidade* é o termo utilizado para descrever essa sensibilidade, e o efeito de uma variação de preço sobre a quantidade exigida é chamada **elasticidade da demanda**. Diz-se que um produto ou serviço tem **demanda elástica** se um aumento em seu preço *diminuir* a demanda pelo produto ou serviço ou se uma diminuição em seu preço *aumentar* a demanda. Diz-se que um produto ou serviço tem **demanda inelástica** se ela não se modifica muito quando ocorre uma mudança no preço do produto ou serviço.

Em alguns mercados, a demanda por produtos ou serviços é muito elástica. Com um preço menor, a quantidade vendida aumenta nitidamente, desse modo, fornecendo maior receita. Por exemplo, como ocorre com muitos produtos eletrônicos, uma redução no preço frequentemente produzirá um aumento mais do que proporcional na quantidade vendida, resultando em receitas totais maiores. No caso de produtos como leite, contudo, a demanda é altamente inelástica. Independentemente do preço, a quantidade vendida não se altera significativamente, porque os consumidores consomem uma quantia fixa de leite.

O conceito de elasticidade da demanda é importante porque o grau de elasticidade define limites ou oferece oportunidades para a definição de preços maiores. Uma pequena empresa deve procurar distinguir seu produto ou serviço de maneira que pequenos aumentos de preço resultem em pouca resistência dos clientes e, desse modo, gerem uma receita total crescente. Tenha em mente a palavra que mencionamos no início deste capítulo, *valor*. Os clientes estão dispostos a pagar preços mais altos quando percebem que um produto ou serviço oferece maior valor do que outras opções. Alguns empresários experimentam além de pequenos aumentos ou diminuições de preços. Uma tática que está ganhando cada vez mais atenção é a definição de preços dinâmica, ou por aumento na procura. Cinemas que oferecem preços baixos durante o dia e, depois, aumentam os preços à noite, quando mais pessoas vão ao cinema, são um exemplo de definição de preços por aumento na demanda.

Uma empresa que recebe muita atenção por sua política de definição de preços conforme o aumento é o Uber, que conecta motoristas por meio de seu aplicativo. Os passageiros estão acostumados a ver taxímetros calculando os preços a serem cobrados, muitas vezes, regulados pelos municípios. O Uber, por outro lado, aumenta os preços drasticamente durante períodos de alta demanda.[4]

DEFINIÇÃO DE PREÇO E A VANTAGEM COMPETITIVA DE UMA EMPRESA

Vários fatores afetam a atratividade dos clientes por um produto ou serviço. Um deles é a vantagem competitiva da empresa – um conceito discutido no Capítulo 3. Se os consumidores percebem um produto ou serviço como uma solução importante para suas necessidades, provavelmente vão querer adquirir mais desse produto ou serviço.

As empresas querem que potenciais compradores vejam seus produtos como especiais. Mas, mesmo que dois produtos sejam fisicamente semelhantes, outros fatores geralmente os diferem. A rapidez do serviço, as condições de crédito oferecidas, as condições de entrega, a atenção pessoal dos vendedores para com os clientes e as garantias oferecidas são apenas alguns dos fatores que podem ser utilizados para distinguir um produto de outro. Uma combinação única e atrativa de produtos e serviços pode justificar um preço mais alto.

Uma tática de definição de preços que muitas vezes reflete uma vantagem competitiva é a **definição de preços por prestígio**, ou a criação de um preço alto para transmitir uma imagem de alta qualidade ou singularidade. Liz Lange sempre ouvia de amigas grávidas que elas não conseguiam encontrar roupas atraentes. Tudo o que elas viam nas lojas era fora de moda. Com sua experiência de trabalho na revista *Vogue* e em uma empresa de *design* de roupas, Lange decidiu iniciar sozinha a própria empresa, a Liz Lange Maternity. Ela descobriu um grande mercado que estava ávido por roupas para mulheres grávidas feitas por estilistas. Os resultados que obteve com esse mercado se mostraram tão lucrativos que Lange conseguiu lançar uma linha com preços mais acessíveis.[5]

Em geral, uma imagem de marca forte é associada à definição de preços por prestígio, e alguns empresários pensam que um nome inteligente é o suficiente para estabelecer a marca na mente das pessoas. Não subestime o tempo e a despesa necessários para criar uma imagem de marca positiva. A influência da definição de preço por prestígio varia de um mercado para outro, de um produto para outro e de um serviço para outro. Liz Lange reconheceu que os compradores de maior renda geralmente são menos sensíveis às variações de preços do que aqueles com rendimentos mais baixos e que a definição de preços por prestígio normalmente funcionaria melhor nos mercados de alta renda.

Vivendo o sonho
EXPERIÊNCIAS EMPREENDEDORAS

Você já levou a tijolada de hoje?

É desse modo que Michael Houlihan se expressa para seus funcionários, "Todos os dias, 'bam', uma tijolada na cabeça. Então, você pensa que fez alguma descoberta, por exemplo, e de repente, 'bam', uma nova tijolada". Houlihan transformou essa questão em uma espécie de grito de guerra: "Já levou sua tijolada de hoje?" A mensagem que ele quer transmitir para sua equipe é "Mantenha sempre seus olhos abertos; sempre há uma surpresa em seu caminho".

Quando você faz um curso de administração de pequenas empresas ou de empreendedorismo, ensinam que tem de obter conhecimento e experiência sobre a empresa que quer administrar e que precisa conhecer seu produto, sua indústria, seu cliente. Michael Houlihan não fez nada disso. Houlihan e seu sócio, Bonnie Harvey, se descobriram como proprietários de uma vinícola acidentalmente. Houlihan havia dado algumas consultorias para companhias de vinhos, ajudando-as com elaborações com propostas, encontrando financiamento e negociando com agências governamentais. Harvey tinha uma empresa de gerenciamento de escritório, e um de seus clientes fornecia uvas para vinícolas. Um dos clientes do produtor de uvas estava indo à falência e não podia pagar a conta para o produtor. Houlihan e Harvey se prontificaram a assumir as instalações e produzir o vinho para compensar a dívida. Sem a intenção de criar um empreendimento permanente, em 1986, eles se tornaram os donos do que hoje é a Barefoot Cellars.

Como Houlihan e Harvey descreveram mais tarde o empreendimento corporativo, eles aprenderam com os erros. E olhe que eles cometeram muitos erros enquanto aprendiam sobre regulamentos estaduais e federais, processos de fabricação, como lidar com distribuidores, estratégias promocionais, e muito mais. O controle de custos e o preço dos produtos se revelaram desafiadores.

A primeira lição que os empresários aprenderam foi sobre quanto os clientes estão dispostos a pagar. Sua marca era desconhecida, e eles não estavam se dedicando ao mercado de alto nível. Seus clientes-alvo eram donas de casa que comprariam uma garrafa de vinho por US$ 5,00 para levar para casa e servir no jantar. Isso significava que Houlihan e Harvey tinham de trabalhar em todo o processo para assegurar que poderiam produzir garrafas de vinho por menos que o preço de varejo. E eles descobriram que controlar custos era mais do que simplesmente transformar uvas em vinho e colocá-lo em garrafas.

Os estados têm suas próprias regulamentações para a venda de vinhos, e alguns pontos de venda compram diretamente dos produtores, ao passo que outros escolhem trabalhar somente com distribuidores. Houlihan e Harvey descobriram a prática da indústria de pagar legalmente comissões extras, chamadas bônus (*spiffs*), para representantes de distribuidores, a fim de receber atenção especial. E eles aprenderam sobre algo denominado Ponto de Definição de Preço pela Velocidade. Eles descobriram que os produtos deles poderiam vender muito mais com determinados preços. Inicialmente, vender uma garrafa por US$ 4,99 gerou muito mais vendas do que quando tentaram vender por US$ 5,99 ou US$ 6,99. Eles também achavam necessário distribuir garrafas para ter acesso a algumas lojas, e que a doação de garrafas em eventos de caridade ajudava a construir a imagem da marca. Mas a receita das vendas tinha de cobrir os custos dos brindes.

Ao longo do tempo, a equipe construiu uma empresa bem-sucedida, e a tornou atrativa para outras no setor. Em 2005, a Barefoot foi adquirida pela E. & J. Gallo Winery. Houlihan e Harvey continuaram a representar a Barefoot Cellars e publicaram um livro sobre suas experiências, prosseguindo com seus relacionamentos profissionais para compartilhar as percepções deles como empreendedores.

Fontes: Michael Houlihan e Bonnie Harvey, com Rick Kushman, *The Barefoot Spirit: How Hardship, Hustle, and Heart Built America's #1 Wine Brand* (Ashland, OH: Evolve Publishing, 2013); "About the Barefoot Wine Founders", http://thebarefootspirit.com/about. Acesso em 5 de março de 2015; "Barefoot Cellars: About Us", http://barefootwine.com/our-story/about-us#. Acesso em 5 de março de 2015; e Robert Reis, "The Incredible Story of Starting the World's Largest Wine Brand", http://www.forbes.com/sites/robertreiss/2014/12/09/the-incredible-story-of-starting-the-worlds-largest-wine-brand-barefoot-wines. Acesso em 5 de março de 2015.

16-2 APLICAÇÃO DE UM SISTEMA DE DEFINIÇÃO DE PREÇOS

Para avaliar apropriadamente um sistema de definição de preços, o proprietário de uma pequena empresa deve compreender os custos potenciais, a receita e a demanda do produto para o empreendimento. Um fator-chave para essa compreensão é a capacidade de determinar quantos produtos e serviços suficientes foram vendidos para cobrir as despesas operacionais de sua empresa – ou, mais simplesmente, a capacidade de reconhecer o ponto de equilíbrio.

16-2a Análise do ponto de equilíbrio

A **análise do ponto de equilíbrio** tem duas fases: (1) examinar as relações entre custo e receita e (2) incorporar previsões de vendas na análise. Isso permite ao empresário comparar estimativas de custo e receita alternativas para determinar a possibilidade de aceitação de cada preço. As análises de equilíbrio são geralmente representadas por fórmulas e gráficos que ajudam os proprietários a visualizar como as empresas estão operando.

EXAME DAS RELAÇÕES ENTRE CUSTO E RECEITA

O objetivo da primeira fase da análise de equilíbrio é determinar o volume de vendas em que o produto, a um determinado preço, gerará receita suficiente para começar a dar lucro. O Quadro 16.3(a) apresenta um gráfico de equilíbrio simples que reflete essa comparação. Os *custos fixos*, ou despesas operacionais, conforme representado pela linha horizontal na metade inferior do gráfico, são US$ 300.000. A seção para os *custos variáveis* da fabricação e venda dos produtos, ou custo dos produtos vendidos, é um triângulo que se inclina para cima, representando a relação direta entre custos variáveis e despesas com a produção. Neste exemplo, os custos variáveis são US$ 5 por unidade. Toda a área abaixo da linha de custo total inclinada para cima representa a combinação de custos e despesas fixos e variáveis. A distância entre as vendas e as linhas de custo total revela a posição de lucro ou prejuízo da empresa em qualquer nível de vendas. O ponto de interseção dessas duas linhas é chamado **ponto de equilíbrio**, porque a receita total de vendas é igual aos custos e despesas totais neste volume de vendas. Conforme indica o Quadro 16.3(a), o ponto de equilíbrio é de aproximadamente 43 mil unidades vendidas, o que significa que o ponto de equilíbrio na receita em dólares é de aproximadamente US$ 514 mil.

QUADRO 16.3 Gráficos de equilíbrio para definição de preços

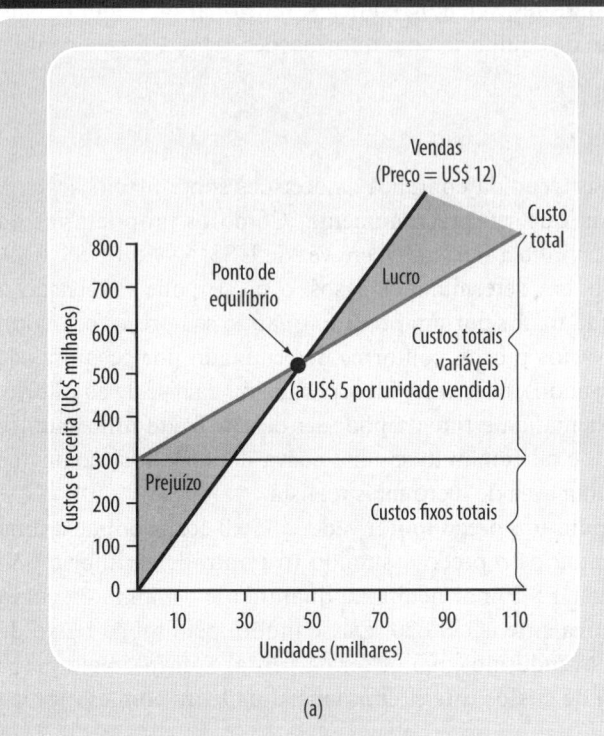

(a)

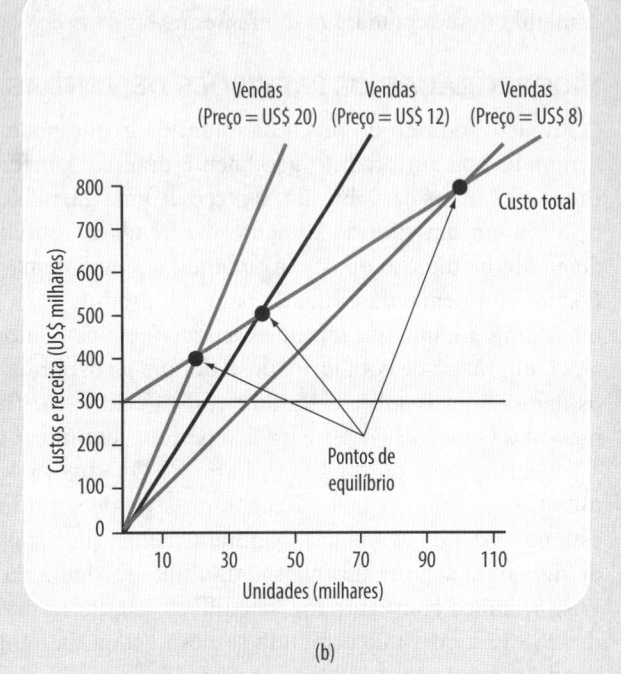

(b)

O Quadro 16.3(a) mostra como você pode visualizar o conceito de equilíbrio. Outro modo de pensar nisso é como uma simples equação matemática:

$$\text{Ponto de equilíbrio} = \frac{\text{Custos operacionais fixos e despesas}}{\text{Preço de venda unitário} - \text{Custos e despesas unitários variáveis}}$$

$$\text{Ponto de equilíbrio} = \frac{\text{US\$ 300.000}}{\text{US\$ 12} - \text{US\$ 5}} = 42.857 \text{ unidades}$$

Agora, podemos ver que o ponto de equilíbrio exato nas unidades vendidas é de 42.857. Considerando o preço de venda de US$ 12, o ponto de equilíbrio é de US$ 514.284 (preço de venda unitário de US$ 12 × 42.857 unidades em equilíbrio vendidas).

Este exemplo mostra que o ponto de equilíbrio é uma função de (1) custos e despesas fixos operacionais da empresa (numerador) e (2) preço de venda unitário menos custos e despesas variáveis unitários (denominador). Quanto maiores os custos totais *fixos*, mais unidades devem ser vendidas para obter equilíbrio; quanto maior a diferença entre o preço de venda unitário e os custos e despesas *variáveis* unitários, menos unidades precisam ser vendidas para obter equilíbrio. A diferença entre o preço de venda unitário e os custos e despesas variáveis unitários é a **margem de contribuição**; ou seja, para cada unidade vendida, é feita uma contribuição para cobrir os custos fixos da companhia.

Para avaliar outros pontos de equilíbrio, o empresário pode traçar linhas para as vendas adicionais referentes a outros preços no gráfico. Não se sinta intimidado com a necessidade de desenhar um gráfico ou decifrar números para obter um ponto de equilíbrio. A principal questão é que o cálculo do ponto de equilíbrio ajuda a determinar se você tem chance de lucrar vendendo seus produtos por determinados preços. Cada proprietário de empresa deve determinar um modo de representar esses números críticos, de modo que possa entendê-los e administrar a empresa com sucesso. No gráfico de equilíbrio flexível, no Quadro16.3(b), o preço mais elevado, de US$ 20, gera uma linha de vendas muito mais inclinada, resultando em um ponto de equilíbrio de 20 mil unidades e um ponto de equilíbrio nas vendas, de US$ 400.000. De modo similar, o preço menor, de US$ 8, produz uma linha mais estável para representar a receita, atrasando o ponto de equilíbrio até que 100 mil unidades sejam vendidas e que tenhamos US$ 800.000 em vendas. As linhas adicionais relativas a vendas podem ser representadas para avaliar outros preços propostos.

Como mostra a área que representa o lucro, crescendo cada vez mais para a direita, o gráfico de equilíbrio implica que a quantidade vendida pode aumentar continuamente. Obviamente, essa suposição não é realista. O crescimento pode exigir novas despesas, como computadores, veículos, edifícios, funcionários, e muito mais. Estes devem ser levados em conta, modificando a análise de equilíbrio com informações sobre a forma como a demanda deverá mudar em diferentes níveis de preços.

INCORPORAÇÃO DE PREVISÕES DE VENDAS

O impacto indireto do preço na quantidade que pode ser vendida complica as decisões sobre precificação. A demanda por um produto geralmente diminui à medida que seu preço aumenta. Como os proprietários da Barefoot Cellars descobriram, o preço de uma garrafa de vinho a US$ 4,99, em vez de US$ 5,99 ou US$ 6,99, resultou em um enorme aumento nas vendas. Contudo, em determinados casos, o preço pode influenciar a demanda na direção oposta, resultando em uma demanda maior por um produto quando seu preço for maior. Portanto, a demanda estimada para um produto com vários preços, conforme determinado por pesquisas de marketing (mesmo que seja apenas um palpite bem informado), deverá ser incorporada na análise de equilíbrio.

Um gráfico de equilíbrio ajustado que incorpora a demanda estimada pode ser desenvolvido utilizando-se os dados iniciais sobre o equilíbrio, do Quadro 16.3(b), e adicionando-se uma curva de demanda, conforme mostra o Quadro 16.4. Este gráfico permite identificar uma área de lucro mais realista.

Vemos que o ponto de equilíbrio no Quadro 16.4 para um preço unitário de US$ 20 corresponde a uma quantidade vendida que parece impossível de ser atingida pelo preço assumido (o ponto de equilíbrio não está na curva de demanda). Nenhum cliente quer pagar US$ 20 por nenhuma quantidade – a linha da curva de demanda sempre fica abaixo da linha de venda equivalente a US$ 20. Desse modo, pelo preço baixo de US$ 8, nunca conseguiríamos equilíbrio – quanto mais vendermos, maior será a perda. Somente pelo preço de US$ 12 a curva de demanda se eleva acima da linha de custos totais. O potencial de lucro com esse preço é indicado pela área sombreada no gráfico.

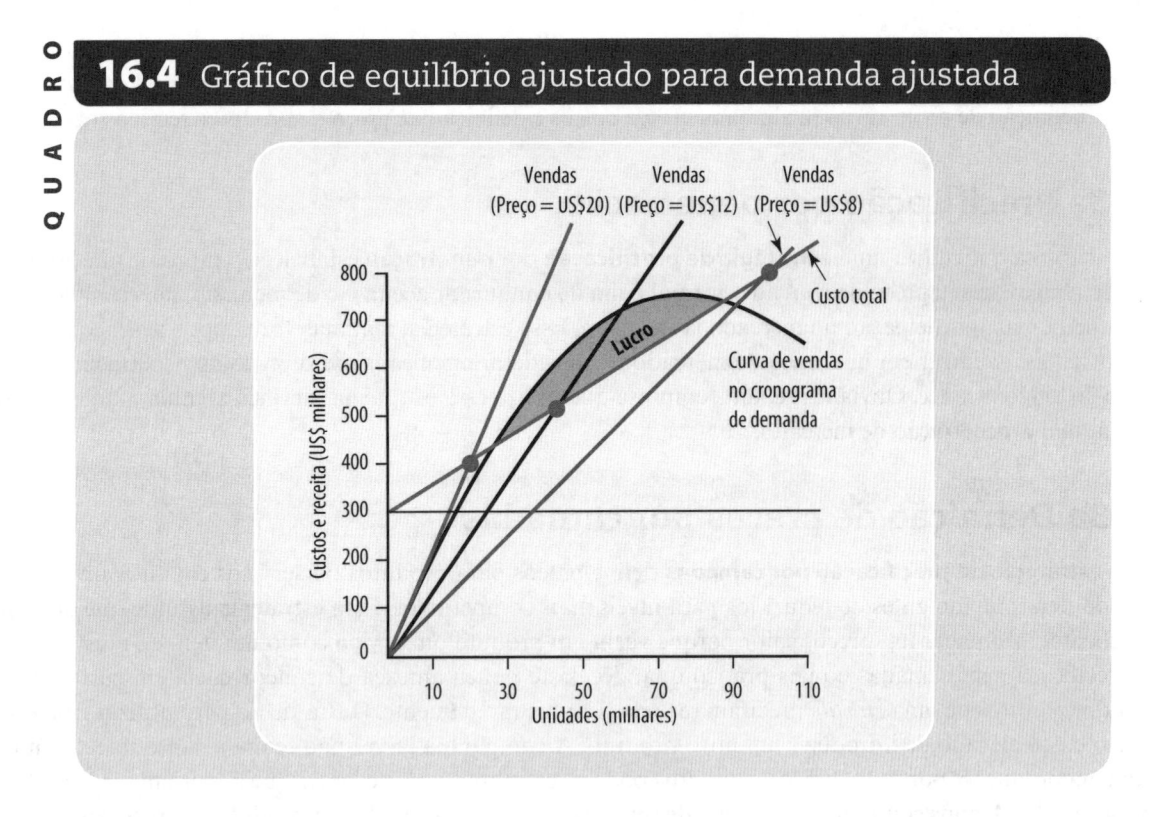

QUADRO 16.4 Gráfico de equilíbrio ajustado para demanda ajustada

16-2b Definição de preço por *markup*

Na indústria varejista, em que as empresas geralmente desenvolvem muitos produtos diferentes, a **definição de preços por *markup*** surgiu como um sistema de preços administrável. Essa abordagem da relação custo-benefício para a definição de preços é utilizada tanto em lojas físicas como por fornecedores de produtos on-line. Os varejistas são capazes de definir os preços de centenas de produtos muito mais rapidamente do que poderiam ao utilizarem análises de equilíbrio individuais. Os fabricantes geralmente recomendam um preço de varejo por seus produtos que os varejistas e atacadistas podem utilizar como diretriz. Ao calcular o preço de venda de um item em particular, um varejista adiciona uma porcentagem de *markup* (às vezes, denominada *taxa de markup*) para cobrir (1) despesas operacionais, (2) reduções de preços subsequentes – por exemplo, reduções de preços e descontos para funcionários, e (3) o lucro desejado. É importante ter uma compreensão clara dos cálculos para definição de preços por *markup*.

O *markup* pode ser expresso como uma porcentagem do *preço de venda* ou do *custo*. Por exemplo, se um item custa US$ 6 e é vendido por US$ 10, o valor de US$ 4 representa um *markup* de 40% do preço de venda [(*markup* de US$ 4 ÷ preço de venda de US$ 10) × 100] ou um *markup* de 66^{2}/$_{3}$ do custo [(*markup* de US$ 4 ÷ custo de US$ 6) × 100]. Duas fórmulas simples são comumente utilizadas para cálculos de *markup*:

$$\frac{Markup}{\text{Preço de venda}} \times 100 = Markup \text{ expresso como porcentagem do preço de venda}$$

ou

$$\frac{Markup}{\text{Custo}} \times 100 = Markup \text{ expresso como porcentagem do custo}$$

16-3 SELEÇÃO DE UMA ESTRATÉGIA DE PRECIFICAÇÃO

A análise de equilíbrio e técnicas similares dão aos empresários uma ideia de quanto eles precisam vender para cobrir seus custos. Mas sua natureza aparentemente precisa pode ser muito enganosa. Essas análises não deverão determinar o preço final por si mesmas. A determinação de preços também precisa considerar características dos clientes-alvo e a estratégia de marketing da empresa. As estratégias de definição de preços que refletem essas considerações adicionais incluem definição de preço por prestígio, ou definição de preço *premium* (que discutimos anteriormente), definição de preços por penetração, definição de preço por camadas, definição de preço seguindo o líder, definição de preço variável, alinhamento de preços e definição de preço de produtos serviços opcionais.[6]

16-3a Precificação por penetração

Uma empresa que utiliza uma **estratégia de precificação por penetração** estabelece o preço de um produto ou serviço abaixo do seu preço de mercado normal a fim de conquistar aceitação de mercado mais rapidamente ou de aumentar sua participação no mercado já existente. Essa estratégia, algumas vezes, pode desencorajar novos concorrentes de entrar em um nicho de mercado se considerar erroneamente o preço de penetração como um preço de longo alcance. Obviamente, uma empresa que utiliza essa estratégia sacrifica alguma margem de lucro para atingir a penetração de mercado.

16-3b Definição de preços por camadas

Uma **estratégia de precificação por camadas** define preços para produtos ou serviços em altos níveis por um período determinado antes de reduzi-los para níveis mais competitivos. Essa estratégia assume que determinados clientes irão pagar um preço maior porque veem um produto ou serviço como um item de prestígio. O uso de precificação em camadas é mais prático quando existe pouca ameaça de concorrência em curto prazo ou quando os custos de uma *startup* precisam ser recuperados rapidamente. Outra razão para utilizar essa estratégia é o custo elevado de introduzir um novo produto. A companhia talvez não tenha alcançado economias de escala na produção, portanto, preços mais altos podem ser cobrados dos clientes que poderiam ser identificados como *clientes*. Alguns compradores gostam de ser os primeiros a ter ou utilizar produtos ou serviços novos, por isso, estão dispostos a pagar preços maiores. Para alcançar um mercado maior, no entanto, o preço geralmente precisa ser reduzido.

16-3c Precificação seguindo o líder

A **estratégia de precificação seguindo o líder** utiliza determinado concorrente como modelo para a definição do preço para um produto ou serviço. A provável reação dos concorrentes é um fator crucial para determinar se é recomendável reduzir os preços abaixo de um nível específico. Uma pequena empresa competindo com companhias maiores raramente está em posição de se considerar líder de preços. Marcas diferentes podem ter características diferentes, mas os clientes geralmente não percebem diferenças suficientes para pagar preços *premium*. Assim, pequenas empresas vendendo *commodities* (produtos comprados principalmente com base em seu preço) tendem a acreditar que é melhor manter os custos baixos para poderem definir os preços de suas mercadorias no mesmo intervalo que seus concorrentes de maior porte.

16-3d Precificação variável

Algumas empresas utilizam uma **estratégia de precificação variável** para oferecerem concessões de preços a determinados clientes, mesmo que anunciem um preço uniforme. Os preços mais baixos são oferecidos por várias razões, incluindo o conhecimento de um cliente e o poder de barganha. Em alguns setores comerciais, portanto, as empresas tomam decisões sobre preços em duas partes: elas definem um preço de lista padrão, mas oferecem várias condições de preços a compradores específicos – por exemplo, aqueles que compram grandes quantidades de seu produto.

16-3e Alinhamento de preços

Uma **estratégia de alinhamento de preços** estabelece categorias distintas de preços nas quais itens similares de produtos de varejo são oferecidos para venda. Por exemplo, ternos masculinos (de diferentes qualidades) podem ser vendidos por US$ 250, US$ 450 e US$ 800. A quantidade de estoque armazenado de produtos de diferentes qualidades dependeria dos níveis de renda e dos desejos de compra dos clientes de uma loja. Uma estratégia de alinhamento de preços tem a vantagem de simplificar o processo de seleção para o cliente e reduzir o estoque para o mínimo necessário.

16-3f Precificação de produtos e serviços opcionais

As empresas procuram aumentar o valor gasto pelos clientes oferecendo produtos ou serviços opcionais que aumentam os preços totais. Uma empresa de administração de escritórios pode alugar espaço para escritórios por metro quadrado, mas fornecer serviços de recepcionista, acesso a impressoras e copiadoras, serviços de entrega, e muito mais, por custos adicionais.

As leis locais estaduais e federais devem ser consideradas ao definir preços. Por exemplo, a Lei Sherman Antitruste geralmente proíbe a fixação de preços. Concorrentes diretos não podem concordar quanto aos preços que cobram de seus clientes. A fixação de preços* pode levar a prisões e multas, ou a processos civis, resultando em significativas despesas legais e, possivelmente, no pagamento de prejuízos.[7] Por outro lado, uma decisão da Suprema Corte deu aos fabricantes a autoridade de impor preços mínimos pelos quais os varejistas devem vender seus produtos.

Grandes varejistas que concedem descontos discordaram alegando que essas políticas são anticompetitivas. Mas a Corte concluiu que empresas menores podem oferecer melhores serviços aos clientes por meio das informações que fornecem sobre os produtos, somente para verem esses clientes comprarem de um fornecedor que concede descontos e que oferece menos serviços. Supõe-se que a manutenção dos preços de revenda encoraje as lojas a oferecerem uma melhor experiência de compra.[8]

Quando uma pequena empresa comercializa uma linha de produtos, com alguns deles podendo competir entre si, as decisões de preços devem levar em consideração os efeitos do preço de um único produto no restante da linha. Isso geralmente resulta na **precificação por linha de produto**, colocando preços diferentes em determinados produtos ou serviços para refletir os benefícios de parte desses produtos para o cliente.[9] Na próxima vez que você estiver comprando sapatos, confira os preços cobrados por vários modelos oferecidos pela mesma marca. Por que os preços são diferentes? Será pela qualidade do material ou por outro motivo? São oferecidos preços especiais se você comprar dois ou mais pares?

Ajustar continuamente um preço para atender às mudanças nas condições de comercialização pode ser caro para o vendedor e confuso para os compradores. Graças à internet, as empresas podem monitorar as vendas de produtos em tempo real e determinar imediatamente se a queda em um preço pode levar a mais vendas ou se aumentá-lo pode fazer sentido para um produto em alta demanda.

Os descontos também podem ser projetados para atender a diversas necessidades. Por exemplo, um vendedor pode oferecer um desconto comercial a um comprador (como um atacadista) que desempenha uma determinada função de marketing para o vendedor (como a distribuição). O preço declarado, ou de lista, permanece inalterado, mas o vendedor oferece um preço real mais baixo por meio de descontos. As pequenas empresas não devem tratar decisões de preços ruins como erros incorrigíveis. Lembre-se, o preço não é uma ciência exata. *Se o preço inicial estiver aparentemente fora da meta, faça os ajustes necessários e continue vendendo!*

16-4 OFERTA DE CRÉDITO

Em uma venda a prazo, o vendedor fornece produtos ou serviços ao comprador em troca da promessa do comprador de pagar posteriormente. O principal motivo para a concessão de crédito é fazer vendas; o crédito encoraja as decisões de compra, proporcionando um incentivo aos clientes que podem comprar agora, mas preferem pagar depois. Mas as empresas querem garantir que seus clientes paguem totalmente pelo que estão comprando. Uma vantagem adicional para o vendedor é que o crédito fornece registros contendo informações dos clientes que podem ser utilizadas para promoções de vendas, como o envio de mala direta aos clientes.

16-4a Benefícios do crédito

Se a compra e a venda a prazo não beneficiasse ambas as partes em uma transação, seu uso cessaria. Os compradores obviamente desfrutam da disponibilidade de crédito, e as pequenas empresas, em particular, se beneficiam de poderem comprar a prazo de seus fornecedores. O crédito oferece capital de giro às pequenas empresas, em geral, permitindo que empresas marginais continuem suas operações. Um atraso no pagamento de uma fatura é

---

* N.R.T.: O autor refere-se à formação de *truste*, mas a mesma lógica também é válida para o *cartel*. O *truste* é um conjunto de empresas que eliminam suas independências legais e econômicas para construir uma única organização. O *cartel* é um grupo de empresas independentes de produtos semelhantes que possuem um acordo para dominar o mercado. Já a *holding* é uma forma jurídica de disfarçar um *cartel* ou *truste*, com a meta de controlar um conjunto de empresas.

o equivalente a obter um empréstimo livre de juros até o momento em que a fatura é cobrada. Outros benefícios do crédito para os compradores são (1) a possibilidade de satisfazer necessidades imediatas e pagar por elas posteriormente, (2) melhores registros de compras em demonstrações de cobrança de crédito, (3) melhor serviço e maior conveniência na troca de itens adquiridos e (4) a capacidade de estabelecer um histórico de crédito. Os fornecedores, por outro lado, estendem o crédito aos clientes para facilitar o aumento no volume de vendas e também ganhar dinheiro sobre saldos não pagos. Eles esperam que o aumento da receita mais do que compense os custos da extensão do crédito, de modo que os lucros aumentem. Outros benefícios do crédito para os vendedores são (1) uma associação mais próxima com os clientes devido à confiança implícita, (2) venda mais fácil por meio de sistemas de pedidos por telefone, correio e pela internet, (3) picos de vendas mais suaves, uma vez que o poder de compra está sempre disponível, e (4) fácil acesso a uma ferramenta que permite à empresa se manter competitiva.

16-4b Fatores que afetam as vendas a prazo

O empresário deve decidir se vende a prazo ou apenas mediante pagamento em dinheiro. Em muitos casos, a venda a prazo não pode ser evitada, pois é uma prática comercial padrão em muitos tipos de empresas. É importante notar que, no mercado atual, os concorrentes que vendem a prazo quase sempre irão superar uma empresa que vende apenas com pagamento em dinheiro.

Embora um vendedor sempre espere aumentar seus lucros ao permitir vendas a prazo, esta não é uma prática livre de riscos. As pequenas empresas frequentemente assumem ou, pelo menos, compartilham o risco do crédito, ao aceitarem os cartões de crédito dos clientes, sem oferecerem o próprio sistema. Por exemplo, o franquiado do DoubleTree Hotel, que faz parte da cadeia Hilton, pode aceitar cartões de crédito do próprio Hilton e outros cartões importantes, evitando assim os problemas da gestão de crédito. A empresa paga uma taxa para a companhia de cartões de crédito, mas esse custo pode ser inferior à despesa de gerenciar o próprio sistema de crédito independente, especialmente quando as perdas com dívidas incobráveis são levadas em conta. Um varejista que segue essa estratégia deve obter o *status* de comerciante com as empresas de cartões de crédito. Esse não é um processo automático e pode ser problemático, particularmente para empresas estabelecidas em residências.

Infelizmente, o custo de aceitar os principais cartões de crédito para pagamento pela internet aumentou. Para lidar com as fraudes na internet, os pequenos varejistas on-line recorreram a empresas terceirizadas (como PayPal, Charge.com e TransFirst) que se especializaram em pagamentos com cartões de crédito na internet. Por exemplo, a PayPal oferece diversos planos com taxas de transação de 2,9% (possivelmente, 30 centavos a mais ou a menos), dependendo do volume mensal de vendas.[10] Além disso, se uma pequena empresa fizer vendas a prazo on-line, estará sujeita a "rejeições" sempre que compradores disputarem um transação. Algumas empresas de cartões de crédito avaliam possíveis multas e ameaçam a rescisão de sua conta se o número de rejeições for excessivo.

Por diversas razões, uma pequena empresa pode ou não decidir vender a prazo. Existem cinco fatores relacionados à decisão do empresário de estender o crédito: o tipo da empresa, as políticas de crédito dos concorrentes, a faixa etária e os níveis de receitas dos clientes, a disponibilidade de capital de giro e as condições econômicas.

1. *Tipo da empresa*. Varejistas de produtos duráveis geralmente concedem mais crédito do que varejistas que vendem produtos perecíveis ou pequenas empresas prestadoras de serviços que têm principalmente clientes locais. A maior parte dos consumidores considera necessário comprar itens caros à prestação, e a vida útil desses produtos torna viáveis as vendas mediante o pagamento de prestações.
2. *Políticas de crédito dos concorrentes*. A maior parte das empresas em um setor oferece condições de crédito comparáveis, a menos que tenham uma vantagem competitiva que faça os clientes preferirem pagar em dinheiro. Empresas atacadistas de hardware e lojas varejistas de móveis são exemplos de empresas que enfrentam uma árdua concorrência dos vendedores de produtos a prazo.
3. *Faixa etária e os níveis de renda dos clientes*. Esses são fatores importantes na determinação da política de crédito. Por exemplo, uma drogaria que fique ao lado de uma escola secundária pode não ampliar crédito aos alunos do ensino médio, que normalmente são clientes a prazo indesejáveis pela falta de maturidade e por não terem renda estável.
4. *Disponibilidade de capital de giro*. As vendas a prazo aumentam a quantidade de capital de giro necessária para a empresa que faz a venda. As contas de crédito aberto e as vendas mediante parcelamento acumulam dinheiro que pode ser necessário para pagar as despesas da empresa.
5. *Condições econômicas*. Os ciclos econômicos são reais. Às vezes, os proprietários de empresas têm pequenas lembranças de quando os tempos eram bons e recebem e ampliam o crédito sem se preocuparem com uma possível crise econômica. A recessão de 2008 causou a falência de muitas empresas que estenderam

crédito. Mas os sistemas empresariais gratuitos também são caracterizados por capacidade de recuperação e prosperidade. A boa gestão do crédito é fundamental para o sucesso em longo prazo.

16-4c Tipos de crédito

Existem duas amplas classes de crédito: o crédito ao consumidor e o crédito comercial. O **crédito ao consumidor** é concedido por varejistas a consumidores finais que compram produtos ou serviços para uso pessoal ou da família. Algumas vezes, o proprietário de uma pequena empresa usa o crédito pessoal ao consumidor para adquirir utensílios e equipamento para a empresa. O **crédito comercial** é estendido por empresas que não são do setor financeiro, como fabricantes e atacadistas, a empresas comerciais, que são clientes. O crédito ao consumidor e o crédito comercial diferem em relação aos tipos de instrumentos de crédito, à documentação exigida, às fontes de financiamento recebíveis e às condições da venda.

CRÉDITO AO CONSUMIDOR

Os três principais tipos de contas de crédito ao consumidor são as contas de cobrança aberta, contas à prestação e as contas de cobrança rotativa. Muitas variações dessas contas de crédito também são utilizadas. Os cartões de crédito (um tipo de conta com cobrança rotativa) são discutidos separadamente por causa de sua ampla utilização.

Contas de cobrança aberta Ao utilizar uma **conta de cobrança aberta**, um cliente toma posse de produtos (ou serviços) no momento da compra e o pagamento passa a ser devido no momento em que a fatura é emitida. Em geral, os clientes têm um mês para pagar suas contas a partir do momento em que as faturas são enviadas. Não existe nenhum encargo financeiro para esse tipo de crédito se o valor da fatura for pago integralmente até a data de vencimento. Normalmente, os clientes não são obrigados a fazer nenhum adiantamento nem a fornecer garantias. Pequenas contas em lojas de departamento são bons exemplos de contas de cobrança aberta.

Contas à prestação Uma **conta à prestação** é um veículo para o crédito ao consumidor no longo prazo, útil para grandes compras, como um carro, eletrodomésticos ou uma reforma na casa. Normalmente é exigido um pagamento inicial, e os encargos financeiros anuais podem representar uma porcentagem significativa do preço de compra. Os períodos de pagamento geralmente são de 12 a 36 meses, embora os negociantes de automóveis normalmente ofereçam um período de pagamento prolongado, de 60 meses ou mais.

Contas com cobrança rotativa Uma **conta com cobrança rotativa** é uma variação da conta com pagamento à prestação. Um vendedor concede uma linha de crédito ao cliente, e o valor das compras não pode exceder o limite de crédito. Uma percentagem específica do saldo devedor deve ser paga mensalmente, obrigando o cliente a orçamentar e a limitar o montante da dívida que pode ser contraída. Os encargos financeiros são calculados sobre o saldo que não foi pago no final do mês.

CARTÕES DE CRÉDITO

Um **cartão de crédito** garante que o comprador tem uma classificação de crédito satisfatória e que o vendedor receberá o pagamento da instituição financeira que emitiu o cartão. Os cartões de crédito geralmente são baseados em um sistema de contas com cobrança rotativa. Dependendo do emissor, é possível distinguir três tipos básicos de cartões de crédito: cartões de crédito bancário, cartões de crédito de viagem e entretenimento e cartões de crédito varejista.

Cartões de crédito bancário Os cartões de crédito mais conhecidos emitidos por bancos ou outras instituições financeiras são MasterCard e Visa. Os cartões de crédito bancário são amplamente aceitos por varejistas que querem oferecer crédito, mas não têm seus próprios cartões de crédito. A maioria das pequenas empresas varejistas se encaixa nessa categoria. Em troca de uma taxa fixa (geralmente, 25% do preço de compra) paga pelo varejista, o banco assume a responsabilidade de fazer as cobranças. Alguns bancos cobram taxas de adesão anual dos titulares de seus cartões. Além disso, os titulares de cartões geralmente podem sacar dinheiro até o limite de crédito do cartão.

Cartões de crédito varejista Muitas companhias – por exemplo, lojas de departamento e postos de gasolina – emitem seus próprios cartões de crédito especificamente para uso em seus pontos de venda ou para a compra de produtos ou serviços em outros pontos de venda. Em geral, não são cobradas taxas anuais nem encargos financeiros se o saldo for pago todos os meses.

CRÉDITO COMERCIAL

As companhias que vendem para outras empresas podem especificar as condições de venda, como 2/10, líquido 30. Isso significa que o vendedor oferece um desconto de 2% se o comprador pagar no prazo de 10 dias da data da fatura. A não aceitação desse desconto significa que o valor total da fatura vencerá em 30 dias. Por exemplo, nesses termos, um comprador que pagar uma compra no valor de US$ 100.000 dentro do prazo de 10 dias da data da fatura economizará 2%, ou seja, US$ 2.000.

As condições de venda mediante o crédito comercial dependem do produto vendido, bem como das circunstâncias do comprador e do vendedor. O período do crédito geralmente varia diretamente em relação ao período de renovação do estoque do comprador, o que, obviamente, depende do tipo de produto vendido. Quanto maior for o pedido e quanto maior a classificação de crédito do comprador, melhores serão os termos de venda, assumindo que os termos individuais são fixados para cada comprador. Quanto maior o poder financeiro e quanto mais adequado e líquido for o capital de giro do vendedor, mais generosos serão os termos de venda. Naturalmente, nenhuma empresa pode se dar ao luxo de permitir que concorrentes a superem em sua generosidade razoável quanto aos termos de venda. Em muitos tipos de negócios, os termos são tão firmemente definidos pela tradição que a definição de uma política única é difícil, se não impossível, para uma pequena empresa.

16-5 GESTÃO DO PROCESSO DE CRÉDITO

Uma pequena butique de roupas ou uma loja de artesanato *on-line* que aceita Visa ou MasterCard está transferindo grande parte de seu risco de crédito para um terceiro. De fato, a taxa que a empresa paga para a companhia de cartão de crédito cobre o processo de gestão de crédito. Os bancos e seus clientes comerciais geralmente ficam em conflito quanto às taxas cobradas. Em 2013, a American Express abriu dois processos judiciais contra varejistas que estavam acrescentando uma sobretaxa às contas dos clientes para o uso de cartões de crédito.[11] Muitos proprietários de pequenas empresas consideram que as taxas reduziram muito seus lucros. As pequenas empresas que desejam oferecer o próprio crédito aos clientes precisam entender sua função. Analisemos algumas das principais considerações quanto ao desenvolvimento e à operação de um programa de gestão de crédito abrangente para uma pequena empresa.

16-5a Avaliação dos candidatos à concessão de crédito*

Na maioria das lojas varejistas, a primeira etapa na investigação de crédito é pedir que o cliente preencha um formulário de inscrição. As informações obtidas nesse formulário são utilizadas como base para examinar o quanto o candidato em questão merece obter crédito. Como o fator mais importante na determinação do limite de crédito de um cliente é a sua capacidade de pagar a dívida quando esta for cobrada, é crucial avaliar os recursos financeiros do cliente, a posição da dívida e seu nível de renda ou receita. A empresa de conteúdo móvel, Amp'd Mobile, recebeu US$ 360 milhões de seus investidores e tentou poupar dinheiro não executando cheques de crédito dos clientes. Quando decretou falência, 80 mil dos seus 175 mil clientes não conseguiram pagar suas contas.[12]

O montante de crédito solicitado também requer uma análise cuidadosa. Os clientes de farmácias geralmente precisam apenas de pequenas quantias de crédito. Por outro lado, empresas que são clientes de atacadistas e fabricantes geralmente esperam obter grandes linhas de crédito. No caso especial de venda à prestação, o valor do crédito não deve exceder o valor de recuperação dos produtos vendidos. Concessionárias de automóveis seguem essa regra como uma prática geral.

AS QUATRO QUESTÕES REFERENTES AO CRÉDITO

Ao avaliar o *status* de crédito dos candidatos, um vendedor precisa responder às seguintes perguntas:

1. O comprador pode pagar conforme prometeu?
2. O comprador vai pagar?
3. Em caso afirmativo, quando o comprador irá pagar?
4. Caso contrário, o comprador pode ser obrigado a pagar?

---

* N.R.T.: O *credit scoring* é um sistema de pontuação usado para conceder crédito com base no histórico financeiro do solicitante. Esse sistema é usado no Brasil por bancos, instituições financeiras e, principalmente, operadoras de cartão de crédito. Suas bases legais são o código de defesa do consumidor (CDC) e a lei do cadastro positivo (Lei 12.414/2011).

As respostas a essas perguntas têm de ser baseadas, em parte, na estimativa do vendedor quanto à capacidade e ao desejo de pagar do comprador. Essa estimativa constitui um julgamento do merecimento de crédito que o comprador tem. Para que o crédito seja aprovado, as respostas às perguntas 1, 2 e 4 têm de ser "sim", e a resposta à questão 3 deverá ser "dentro do prazo". Todo candidato é merecedor de crédito até certo ponto. Uma decisão de conceder crédito apenas reconhece a manutenção do crédito do comprador. Mas o vendedor precisa considerar a possibilidade de que o comprador não consiga ou não queira pagar. Portanto, ao avaliar o *status* de crédito de um candidato, o vendedor precisa decidir qual o risco que ele assume de não receber o pagamento.

OS TRADICIONAIS CINCO Cs DO CRÉDITO

Conforme foi explicado no Capítulo 12, a capacidade de pagar um empréstimo geralmente é avaliada em termos dos cinco Cs do crédito: caráter, capacidade, capital, garantia (*collateral*, em inglês) e condições. Esses fatores também são indicadores da capacidade de uma empresa de pagar pelo crédito comercial concedido e do seu merecimento quanto a obter crédito novamente:

- *Caráter* se refere à integridade e honestidade fundamentais que devem ser a base de todas as relações humanas e comerciais. Para os clientes comerciais, o caráter está incorporado às políticas de negócios e práticas éticas da empresa, geralmente, medidas por seu histórico de crédito.
- *Capacidade* diz respeito à capacidade do cliente de conservar seus ativos e seguir um plano financeiro de forma fiel e eficiente. Um cliente de negócios deve ter fluxo de caixa suficiente para pagar suas contas.
- *Capital* pode ser definido como valor líquido, mas na verdade consiste em dinheiro e outros ativos líquidos de propriedade do cliente. Um cliente comercial em potencial deve ter capital suficiente para subscrever as operações planejadas, incluindo a quantia apropriada investida pelo proprietário.
- *Garantia* (collateral, *em inglês*) representa os ativos suficientes para garantir o pagamento de uma dívida. Trata-se de uma fonte secundária para o pagamento de um empréstimo no caso de os fluxos de caixa do devedor serem insuficientes para pagar seu empréstimo.
- *Condições* se referem à economia em geral e ao mutuário. Os fatores econômicos incluem ciclos comerciais e mudanças nos níveis de preços que podem ser favoráveis ou desfavoráveis ao pagamento de dívidas. Fatores adversos que podem limitar a capacidade de pagamento de um cliente comercial incluem uma concorrência nova acirrada, problemas trabalhistas, e incêndios e outros desastres naturais.

16-5b Fontes das informações de crédito

Uma das fontes de informações sobre crédito mais importantes, porém, mais frequentemente negligenciadas, é o histórico de crédito dos clientes. Analisados adequadamente, os registros de crédito mostram se um cliente comercial recebe regularmente descontos em dinheiro e, caso contrário, se a conta do cliente normalmente é pouco movimentada.

Fabricantes e atacadistas frequentemente podem utilizar as demonstrações financeiras de uma empresa como mais uma fonte de informações. Obter o valor máximo das demonstrações financeiras requer uma análise cuidadosa da proporção, que revelará a posição do capital de giro, o potencial lucrativo e a saúde financeira geral de uma empresa (conforme discutimos no Capítulo 10).

Embora você deva coletar dados financeiros e históricos de crédito diretamente dos clientes que solicitam crédito, dados pertinentes também devem ser obtidos de terceiros. Por exemplo, podem ser feitos acordos com outros vendedores para realizar trocas de informações de crédito, que são bastante úteis para aprender sobre as vendas e experiências de pagamento que outros vendedores tiveram com os clientes do próprio vendedor ou com candidatos à concessão de crédito.

Outra fonte de informações de crédito para pequenas empresas, particularmente sobre contas comerciais, é o banco do cliente. Alguns bancos voluntariamente fornecem informações de crédito sobre seus depositantes, considerando que este é um serviço que ajuda essas empresas ou esses indivíduos a obterem crédito em montantes com os quais possam lidar com sucesso. Outros bancos acreditam que as informações de crédito são confidenciais e não devem ser divulgadas.

Organizações que podem ser consultadas sobre classificações de crédito são as empresas de crédito comercial e as agências de crédito. As **empresas de crédito comercial** são organizações de propriedade privada que coletam informações de crédito apenas de empresas, e não de consumidores individuais. Depois de analisarem e avaliarem os dados, as empresas de crédito comercial divulgam as classificações de crédito para as empresas clientes por uma taxa específica. No Brasil, empresas como a Serasa e o SPC fornecem boas informações sobre crédito. A Dun & Bradstreet, Inc. (www.dnb.com), uma empresa nacional de crédito comercial, oferece uma grande variedade de relatórios de crédito, como a Small Business Risk Account Score.[13]

As **agências de crédito** são o tipo mais comum de agências que fornecem relatórios sobre consumidores. Essas empresas privadas mantêm históricos de crédito de indivíduos com base em relatórios bancários, companhias hipotecárias, lojas de departamento e outros credores. Essas empresas possibilitam a troca de informações sobre pessoas que têm atividades de crédito anteriores. Algumas agências de crédito não exigem que uma empresa comercial seja membro para que obtenha um relatório de crédito. No entanto, a taxa cobrada das empresas que não são membro são consideravelmente maiores do que as cobradas dos membros. As três principais agências de crédito on-line são Experian, Equifax e TransUnion.[14]

16-5c Envelhecimento de contas a receber

Muitas pequenas empresas podem se beneficiar com um **cronograma de contas a receber**, que classifica as contas a receber com base no período durante o qual estão pendentes. Normalmente, algumas contas são atualizadas e outras estão vencidas. O uso regular de um cronograma de envelhecimento permite que as tendências de cobrança problemáticas sejam detectadas para que as ações apropriadas sejam tomadas.

O Quadro 16.5 apresenta um cronograma de envelhecimento hipotético para contas a receber. De acordo com o cronograma, quatro clientes têm crédito em atraso, totalizando US$ 200.000. Apenas o cliente 005 está atualizado. O cliente 003 tem o maior montante em atraso (US$ 80.000). Na verdade, o cronograma mostra que o cliente 003 está atrasado em todas as cobranças e tem um registro anterior de pagamento em atraso (indicado por uma classificação de crédito igual a C). É preciso dar atenção imediata à cobrança desse cliente. O cliente 002 também deve ser contatado, porque, entre as contas vencidas, ele tem o segundo maior montante (US$ 110.000) na classificação "Não pago". Contudo, o cliente 005 poderá rapidamente ter o maior montante e deve ser observado de perto.

Os clientes 001 e 004 requerem um tipo especial de análise. O cliente 001 tem US$ 10.000 a mais em atraso do que o cliente 004. No entanto, o crédito do cliente 004, de US$ 40.000, que está 60 dias em atraso, pode ter um sério impacto sobre os US$ 100.000 ainda não em atraso (US$ 10.000 no período de desconto adicional, mais US$ 90.000 ainda no período de desconto). Por outro lado, mesmo que o cliente 001 tenha US$ 50.000 de crédito em atraso, o pagamento desse cliente está atrasado em apenas 15 dias. Além disso, o cliente 001 tem somente US$ 50.000 ainda não devidos ($30.000 no período de desconto adicional mais US$ 20.000 ainda no período de desconto), em comparação com os US$ 100.000 ainda não devidos do cliente 004. Ambos têm uma classificação de crédito A. Em conclusão, o cliente 001 é a melhor fonte potencial de dinheiro. Portanto, os esforços de cobrança devem focar o cliente 004 em vez do cliente 001, que pode simplesmente precisar de um lembrete da quantia devida, de US$ 50.000.

16-5d Procedimentos de fatura e cobrança

A notificação oportuna dos clientes sobre o *status* de suas contas é essencial para manter as contas de crédito atualizadas. A maioria dos clientes de crédito paga as contas em dia se o credor fornecer informações sobre o saldo do seu crédito. A falha do vendedor em enviar faturas pode causar o atraso de pagamentos.

As contas de crédito em atraso restringem o capital de giro de um vendedor, impedem novas vendas ao cliente com pagamentos em atraso e levam a perdas de dívidas incobráveis. Mesmo que um cliente que demore a pagar não esteja perdido, as relações com esse cliente ficarão restritas, pelo menos, por algum tempo. Uma empresa que está estendendo o crédito deve ter registros e procedimentos de cobrança adequados se quiser pagamentos imediatos. Além disso, uma relação pessoal entre o vendedor e o cliente não deve permitir que o vendedor seja menos profissional ao expandir o crédito e cobrar valores vencidos. Dada a gravidade do problema, uma pequena empresa deve decidir se cobra contas vencidas diretamente ou se entrega essa tarefa a um advogado ou a uma agência de cobrança.

Talvez o mais efetivo instrumento de cobrança de contas vencidas seja lembrar aos devedores que seu *status* de crédito pode estar em perigo. Uma classificação de crédito menor certamente acontecerá se a conta for entregue a uma agência de cobrança. Os clientes devedores geralmente tentam evitar danos ao seu *status* de crédito, particularmente quando esse *status* pode ser conhecido pela comunidade empresarial. Essa preocupação fundamenta e reforça os vários esforços de cobrança do vendedor.

Uma empresa pequena deve lidar compreensivamente com os clientes devedores. Há pessoas que podem intencionalmente abusar de um relacionamento comercial e resolvem demorar ou até se recusar a fazer um pagamento. No entanto, uma técnica de cobrança muito ameaçadora não somente pode não funcionar, como também pode fazer com que a empresa perca um cliente que vale a pena manter ou ficar sujeita a ações legais.

Quadro 16.5 Cronograma hipotético do envelhecimento de contas a receber

	Número da conta do cliente					
Status da conta (dias em atraso)	**001**	**002**	**003**	**004**	**005**	**Total**
120 dias	—	—	US$ 50.000	—	—	US$ 50.000
90 dias	—	US$ 10.000	—	—	—	10.000
60 dias	—	—	—	US$ 40.000	—	40.000
30 dias	—	20.000	20.000	—	—	40.000
15 dias	US$ 50.000	—	10.000	—	—	60.000
Atraso total	US$ 50.000	US$ 30.000	US$ 80.000	US$ 40.000	US$ 0	US$ 200.000
Não devido (além do período de desconto)	US$ 30.000	US$ 10.000	US$ 0	US$ 10.000	US$ 130.000	US$ 180.000
Não devido (ainda no período de desconto)	US$ 20.000	US$ 100.000	US$ 0	US$ 90.000	US$ 220.000	US$ 430.000
Classificação de crédito	A	B	C	A	A	—

Fonte: http://www.consumer.ftc.gov/articles/0155-free-credit-reports, acesso em 6 de março de 2015.

As práticas efetivas de cobrança geralmente consistem em uma série de etapas, cada uma delas um pouco mais contundente que a anterior. Historicamente, o processo começa com um lembrete gentil por escrito; as etapas seguintes podem incluir cartas mais incisivas, telefonemas, cartas registradas, contatos pessoais e encaminhamento para uma agência de cobrança ou um advogado. A sincronia dessas etapas deve ser cuidadosamente padronizada para que cada uma venha automaticamente depois da anterior após um número preciso de dias. Mais recentemente, algumas empresas começaram a enviar mensagens de texto e e-mails como lembretes, especialmente quando têm uma porcentagem significativa de clientes mais jovens.

Vários índices podem ser utilizados para monitorar as despesas associadas às vendas a prazo. O índice de despesas mais conhecido e mais amplamente utilizado é o **índice de dívida ruim**, que é calculado dividindo-se o montante de dívidas ruins pela quantia total de vendas a prazo. O índice de dívidas ruins reflete a eficiência dos procedimentos e políticas de crédito e pode ajudá-lo a controlar o quanto você está ou não administrando bem o crédito que concedeu aos clientes. Para comparar a eficácia do gerenciamento de crédito de sua empresa com o de outras empresas, procure fontes que forneçam os índices financeiros da indústria. (Geralmente, esses índices estão disponíveis em bibliotecas universitárias.) Dois exemplos são *Industry Norms and Key Business Ratios*, da Dun & Bradstreet, e o *Almanac of Business & Industrial Financial Ratios*[*]. Existe uma relação entre o índice de dívidas ruins, a lucratividade e o tamanho da empresa. Muitas vezes, pequenos varejistas lucrativos têm um maior índice de dívidas ruins do que grandes varejistas lucrativos.

---

[*] N.R.T.: Para informações macroeconômicas, consulte os relatórios de economia bancária e crédito do Banco Central do Brasil (BCB).

Glossário

Agências de crédito (p. 350) – Agências que fornecem relatórios sobre consumidores.

Análise do ponto de equilíbrio (p. 341) – Exame das relações entre custo e receita e a incorporação de previsões de venda na análise.

Cartão de crédito (p. 347) – Alternativa ao pagamento em dinheiro cujo uso proporciona ao vendedor a garantia de que o comprador tem uma classificação de crédito satisfatória e que esse pagamento será recebido da instituição financeira emissora.

Conta com cobrança rotativa (p. 347) – Linha de crédito em que o cliente pode comprar a qualquer momento, mas apenas até um limite pré-estabelecido.

Conta à prestação (p. 347) – Linha de crédito que exige um pagamento adiantado, e o saldo deve ser pago ao longo de um período determinado.

Conta de cobrança aberta (p. 347) – Linha de crédito que permite ao cliente obter um produto ou serviço no momento da compra, com o pagamento passando a ser devido quando a fatura é emitida.

Crédito (p. 336) – Acordo entre um comprador e um vendedor que permite o pagamento posterior por um produto ou um serviço.

Crédito ao consumidor (p. 347) – Financiamento concedido por varejistas a indivíduos que compram para uso pessoal ou da família.

Crédito comercial (p. 347) – Financiamento fornecido por fornecedores às companhias clientes.

Cronograma de contas a receber (p. 350) – Categorização das contas a receber com base no período durante o qual essas contas estão pendentes.

Definição de preço por *markup* (p. 343) – Abordagem baseada na aplicação de uma porcentagem ao custo de um produto para obter seu preço de venda.

Definição de preços por prestígio (p. 339) – Abordagem que tem como base a definição de um preço elevado para transmitir uma imagem de alta qualidade ou singularidade.

Definição do preço médio (p. 337) – Abordagem pela qual o custo total para um determinado período é dividido pela quantidade vendida nesse período a fim de definir um preço.

Demanda elástica (p. 339) – Demanda que se altera muito quando existe uma mudança no preço de um produto ou serviço.

Demanda inelástica (p. 339) – Demanda que não se modifica muito quando existe uma alteração no preço de um produto ou serviço.

Empresa de crédito comercial (p. 349) – Organizações de propriedade privada que coletam informações de crédito apenas de empresas.

Elasticidade da demanda (p. 339) – Até que ponto uma alteração de preços afeta a quantidade demandada.

Estratégia de alinhamento de preços (p. 344) – Técnica que estabelece vários níveis de preços distintos para os produtos.

Estratégia de precificação por camadas (p. 344) – Técnica que estabelece preços muito altos por um período limitado antes de reduzi-los a níveis mais competitivos.

Estratégia de precificação por penetração (p. 344) – Técnica que estabelece preços inferiores ao normal para acelerar a aceitação de um produto ou serviço pelo mercado ou para aumentar sua participação no mercado.

Estratégia de precificação seguindo o líder (p. 344) – Técnica que utiliza um determinado concorrente como modelo para a definição de preços.

Estratégia de precificação variável (p. 344) – Técnica que define mais de um preço para um produto ou serviço a fim de oferecer concessões de preços a determinados clientes.

Estratégia *freemium* (p. 338) – Estratégia que oferece aos clientes recursos básicos gratuitamente com a expectativa de que eles irão adquirir produtos ou serviços mais avançados mediante assinatura.

Índice de dívida ruim (p. 351) – Dívidas ruins divididas pelas vendas a prazo.

Margem de contribuição (p. 342) – Diferença entre o preço de venda unitário e os custos e despesas variáveis unitários.

Ponto de equilíbrio (p. 334) – Volume de vendas no qual a receita total de vendas é igual aos custos e despesas totais.

Precificação por linha de produto (p. 345) – Técnica que define preços diferentes para determinados produtos ou serviços a fim de refletir os benefícios de parte desses produtos para o cliente.

Preço (p. 336) – Especificação do que um vendedor exige em troca da transferência de propriedade ou do uso de um produto ou serviço.

Valor (p. 336) – Até que ponto um produto ou serviço é percebido por um cliente como satisfatório às suas necessidades ou seus desejos, de acordo com a disposição dele de pagar.

Você é quem manda

Situação 1

Frolic! É um *playground* fechado apenas para membros, sediado no Brooklyn, em Nova York. Seus proprietários, Carey Balogh e Julia Dawson, consideram o Frolic! uma comunidade de famílias com bebês e crianças pequenas e o definem como "o melhor espaço para brincadeiras destinado à população urbana com menos de seis anos e seus pais". Quando Frolic! foi inaugurado, os proprietários consideravam que os concorrentes cobravam um pouco menos do que eles, mas o Frolic! proporciona mais do que espaço. Balogh e Dawson oferecem lições de música, organizam festas de aniversário e disponibilizam uma sala de café e uma butique. Nos primeiros dias de funcionamento, a empresa perdeu dinheiro semana após semana.

Fontes: "Frolic! – About Us," http://frolicplayspace.com/about.html, acesso em 16 de março de 2013; Norm Brodsky, "There's a Funny Thing about Entrepreneurs: They're Often Way Too Optimistic about Sales and Way Too Pessimistic about Prices," *Inc.*, vol. 34, n. 5, (2012) p. 40.

Pergunta 1 – Balogh e Dawson estão oferecendo serviços demais? O que você recomenda?

Pergunta 2 – Balogh e Dawson estão cobrando muito pouco? O que você sugere a eles?

Pergunta 3 – Se os proprietários aumentarem seus preços, como você acredita que seus clientes irão reagir?

Situação 2

Dar aos clientes tempo para pagar suas contas gera mais vendas. Mas, quando ocorre uma recessão, os clientes podem ter problemas em fazer seus pagamentos. Se você tiver empresas como seus clientes, elas podem ter clientes que demoram a pagar o que devem, o que significa que essas empresas também vão demorar a pagar o que devem a você. Foi isso que aconteceu com a empresa de Terry Croom, o BizCon Group, uma companhia de serviços para empresas que tem um cartão de descontos como seu principal produto. Croom estimou que 50% de seus clientes – outras pequenas empresas – estavam com seus pagamentos atrasados. Croom precisava desses clientes para manter sua empresa operando, então hesitou em exigir o pagamento das contas vencidas.

Fonte: Emily Maltby, "How Firms Cope with Slow Payers", *The Wall Street Journal*, 14 de novembro de 2011, p. R5.

Pergunta 1 – Em tempos de recessão, o proprietário de uma pequena empresa deve exigir que seus clientes paguem o que devem? Por que sim ou por que não?

Pergunta 2 – Quais problemas você acredita que uma companhia que presta serviços a outras empresas pode ter quando seus clientes não pagam o que devem?

Notas

1. "Value", http://www.businessdictionary.com/definition/value.html. Acesso em 4 de março de 2015.
2. Heather Clancy, "Pricing Strategies for Serviços: Managing Solution Provider Margins," http://searchitchannel.techtarget.com/feature/Pricing-strategies-for-services-Managing-solution-provider-margins. Acesso em 4 de março de 2015.
3. Vineet Kumar, "Making 'Freemium' Work", https://hbr.org/2014/05/making-freemium-work. Acesso em 4 de março de 2015.
4. "Uber: Moving People", https://www.uber.com. Acesso em 4 de março de 2015; e James Surowiecki, "In Praise of Efficient Price Gauging", http://www.technologyreview.com/review/529961/in-praise-of-efficient-price-gouging. Acesso em 4 de março de 2015.
5. Lyve Alexis Pleshette, "Liz Lange: Success in Fashion Design", http://www.womenhomebusiness.com/success-stories/liz-lange-success-in-fashion-design.htm. Acesso em 4 de março de 2015.
6. Para ter acesso a uma abrangente explicação sobre estratégias de definição de preço, veja William M. Pride e O. C. Ferrell, *Marketing*, Capítulo 21 (Mason, OH: Cengage Learning, 2014).
7. Ann C. Logue, "Sticker Shock," *Entrepreneur*, vol. 40, n. 7 (2012), p. 64.
8. NAW Legal Advisory, "Supreme Court Rules Greater Supplier Control over Minimum Resale Pricing," http://www.naw.org/govrelations/advisory.php?articleid=490. Acesso em 5 de março de 2015.
9. Tim Friesner, "Pricing Strategies", http://www.marketingteacher.com/pricing-strategies. Acesso em 5 de março de 2015.
10. "Paypal: Usually Free. Always Fair," https://www.paypal.com/webapps/mpp/paypal-fees. Acesso em 5 de março de 2015.
11. "American Express Agrees to Settle Class Action Litigations", http://about.americanexpress.com/news/pr/2013/amex-agrees-to-settle-class-action.aspx. Acesso em 6 de março de 2015.
12. "The 20 Worst Venture Capital Investments of All Time", www.insidecrm.com/articles/crm-blog/the-20-worst-venture-capital-investments-of-alltime-53532. Acesso em 6 de março de 2015.
13. "D&B: Small Business Risk Account Score", http://www.dnb.com/businesscredit/enterprise-solutions/small-business-risk-insight/small-business-risk-account-score.html. Acesso em 6 de março de 2015.
14. Informações sobre como obter relatórios de crédito gratuitos estão disponíveis no site da Comissão Federal do Comércio, "Free Credit Reports", http://www.consumer.ftc.gov/articles/0155-free-credit-reports. Acesso em 6 de março de 2015.

CAPÍTULO 17

Planejamento promocional

Deusa do Marketing. Foi assim que um dos seus primeiros clientes a nomeou. Não era o título que Shari Worthington aspirava ao se formar na St. Lawrence University com o diploma de bacharel em biologia e psicologia. Mas, como acontece muitas vezes com alunos da faculdade, múltiplas carreiras a esperavam.

O primeiro trabalho de Worthington fora da escola foi na área da psicologia. Não pagava muito, então ela reforçou com um trabalho de meio período como funcionária de arquivo no departamento de vendas de uma empresa de computadores. Ela não tinha treinamento de negócios, mas o chefe dela constatou que ela tinha habilidades extraordinárias de comunicação. Ao ser transferida para o telemarketing, onde sua aprendizagem em Biologia e Psicologia provou ser perfeitamente adequado, já que ela estava vendendo para cientistas e engenheiros. A partir daí, ela foi deslocada para o gerenciamento de produto.

A experiência de psicologia de Worthington foi novamente valiosa, já que ela começou a gerenciar grupos de discussão *on-line* como um modo de interagir com clientes e potenciais clientes, o que gerou grandes ideias que poderiam então ser aplicadas a lançamentos de novos produtos.

Quando o setor de computadores se tornou um pouco instável, Worthington iniciou um negócio de consultoria em tempo parcial. Não demorou muito para que ela percebesse que estava ganhando mais dinheiro no empreendimento em tempo parcial que no trabalho em tempo integral. Ela descobriu que gostava de ser sua própria chefe. Antes que percebesse, Worthington tinha cinco negócios diferentes simultaneamente.

Depois de algum tempo, Worthington percebeu o fato de que tinha especialidade: marketing para tecnólogos. Ela conseguiu um contrato com a Apple, administrando uma associação de cientistas e engenheiros que usavam produtos da Apple. Também trabalhou em vários projetos com a equipe de marketing da Apple, incluindo a criação do kit de vendas de materiais "Apple em Ciência e Engenharia", o que permitiu que se concentrasse em um negócio,

No Spotlight
Telesian Technology Inc.
www.telesian.com

Ao término deste capítulo, você deverá ser capaz de:

17-1. **Descrever o modelo de comunicação e os fatores que determinam um composto promocional.**

17-2. **Explicar os métodos de determinação de nível de despesas promocionais.**

17-3. **Explicar como a internet e as mídias sociais estão mudando as práticas promocionais.**

17-4. **Descrever atividades de vendas pessoais.**

17-5. **Identificar opções de propaganda para pequenas empresas.**

17-6. **Discutir o uso de ferramentas promocionais de vendas.**

> a Telesian Technology Inc., que opera há mais de 25 anos. De acordo com o site da empresa, "Nós criamos atraentes estratégias de mercado, marcas e mensagens para os produtos e serviços de nossos clientes. Esses são entregues em uma combinação única de papel, face a face e meios eletrônicos, incluindo magalogs, microsites, blogs e muito mais".
>
> A Telesian alcança clientes e potenciais clientes de maneiras múltiplas. Worthington explica que os materiais impressos ainda são vistos como a mais confiável fonte de informação. No entanto, ela evoluiu com blogs, podcasts, boletins informativos on-line, conferências e outros meios pelos quais os potenciais clientes podem encontrá-la e os clientes existentes podem sentir que estão ganhando valor agregado.
>
> Como diz Shari Worthington, "Marketing é uma série contínua de experiências!"
>
> Fontes: baseado em http://telesian.com/index.cfm, acesso em 10 de março de 2015; entrevista pessoal com Shari Worthington, 6 de janeiro de 2015; Shari Worthington, "Why Most People Don't Get Marketing," https://www.youtube.com/Watch?V=LkL4VQK74Fo, acesso em 10 de março de 2015; e Gary Mintchell, "Podcast Conversation with Shari Worthington on ISA Marketing Manufacturing Solutions," http://themanufacturingconnection.com/2013/10/podcast-conversation-shari-worthington-isa-marketing-manufacturing-solutions, acesso em 10 de março de 2015.

Imagine como a vida era há uma geração, antes da internet e das mídias sociais. Pense como era caro para as *startups* divulgarem seus produtos e serviços e conscientizarem as pessoas sobre os nomes e as marcas da empresa. Confira os preços da publicidade na televisão, em *outdoors*, em revistas. Compare-os no Twitter, no Pinterest, no Google+. Estratégias e tecnologias promocionais estão avançando diariamente, oferecendo inúmeras alternativas para passar a sua mensagem. O empreendimento pode ser um jogador internacional a partir do dia que você o lança. Pode visualizar e se comunicar com clientes estrangeiros e fornecedores via Skype, WebEx, Adobe Connect e outros. É a melhor época para que as pequenas empresas possam competir com as grandes.

A **promoção** consiste em comunicações de marketing que informam os potenciais consumidores sobre uma empresa ou seus produtos ou serviços e tentam persuadi-los a comprá-los. Pequenas empresas usam a promoção em graus variados. Neste capítulo, discutiremos a promoção na internet e nas mídias sociais, mas não ignoramos métodos tradicionais valiosos, incluindo vendas pessoais, publicidade e ferramentas promocionais de vendas.

Uma decisão fundamental no desenvolvimento de uma estratégia promocional é determinar o que você quer extrair dela. Você quer atrair clientes para sua loja ou site? Você está pedindo que eles comprem um produto ou serviço específico? Ou apenas quer fixar o nome de seus negócios na mente dos clientes para que pensem em você quando estiverem prontos para comprar? Essa decisão vai conduzí-lo a escolher comunicar aos potenciais clientes e os meios para fazer chegar a sua mensagem a eles.

Primeiro, vamos olhar para o modelo de comunicação básica que caracteriza a promoção. Um empreendedor que entenda que a promoção é uma forma especial de comunicação será mais capaz de compreender todo o processo.

17-1 PROMOÇÃO É COMUNICAÇÃO

O modelo básico de comunicação é simples: alguém envia uma mensagem por um canal, e outra pessoa recebe e compreende. É claro que, na prática, a comunicação é muito mais complicada. Por meio de suas atividades promocionais, você busca que um cliente existente ou potencial tome decisões em consequência da mensagem que você envia. Então, a sua mensagem realmente atingiu o seu cliente-alvo? O cliente realmente entendeu a mensagem? Ele toma a decisão desejada?

A Playworld Systems produz e instala equipamentos de *playground*. A equipe de gerenciamento optou por usar o Facebook como uma forma de se comunicar diretamente com aqueles que podem usar seus produtos. A Playworld lançou uma campanha de mídia social convidando representantes da comunidade para enviar artigos sobre por que eles queriam incentivar mais o lazer em suas cidades e para incluir fotos mostrando onde um parque pode estar localizado. A empresa selecionou seis finalistas; em seguida, convidou os consumidores que tinham "gostado" da página no Facebook da Playworld para votar em seus favoritos. Houve um vencedor em Mason City, Iowa, e um em Northbrook, Illinois. Ao oferecer essa troca de comunicação, a Playworld conseguiu aumentar sua base de fãs no Facebook de 600 para 9 mil durante os dois meses de concurso. E a empresa desfrutou de muita publicidade gratuita por meio de histórias na comunidade em notícias.[1]

Os esforços de promoção de uma pequena empresa podem ser classificados como formas impessoais (publicidade), pessoais (venda pessoal), combinadas (mídia social) e esquemas especiais de comunicação (promoção de vendas). Um negócio combina esses métodos promocionais em um **composto promocional**, com o objetivo de atingir um mercado-alvo. A combinação particular dos vários métodos promocionais – publicidade, vendas pessoais, mídias sociais e ferramentas promocionais de vendas – é determinada por muitos fatores, um dos quais é a geografia. Um mercado amplamente disperso exige cobertura de massa por meio da publicidade ou das mídias sociais, em contraste com os mais dispendiosos contatos individuais de venda pessoal. Por outro lado, se o mercado é local ou se o número de clientes é relativamente pequeno, venda pessoal e promoção de ponto de venda podem ser mais viáveis. Mas com base no comportamento atual tanto dos clientes quanto das empresas, as mídias sociais não devem ser ignoradas.

Outro fator é o tamanho do orçamento promocional. As pequenas empresas não podem optar por certos formatos de promoção, especialmente as opções de mídia, porque os custos são muito altos. A publicidade televisiva, por exemplo, é geralmente mais cara que a publicidade de rádio. Pets.com tornou-se referência para aqueles que pretendem gastar muito em propaganda. Fundada em 1998 como uma empresa *on-line* que vende acessórios para animais de estimação e suprimentos, fechou em 2000 depois de ganhar US$ 619.000 em vendas, enquanto gastou US$ 11.800.000 em propaganda. A empresa gastou US$ 1.200.000 em um único anúncio de certo evento esportivo.[2] Os custos mais baixos e a natureza mais direcionada de sites levaram muitas pequenas empresas a escolher a mídia eletrônica e estratégias de marketing de atração (*inbound marketing*). A principal diferença entre o marketing tradicional (*outbound*) e o *inbound* é que, no segundo, quem procura a empresa é o cliente e não o contrário. Assim, são realizadas ações para atrair um cliente a um blog ou site e relacionam-se com ele por meio de conteúdo personalizado e autoral.

Um terceiro fator que influencia fortemente o composto promocional são as características de um produto. Se o produto for de alto valor unitário, como máquinas de fabricação, a venda pessoal será um ingrediente vital na mistura. A venda pessoal é também um método eficaz para promover produtos altamente técnicos, como os produtos industriais de isolamento, porque o conhecimento dos clientes sobre eles é geralmente limitado. De outro modo, a publicidade impessoal é mais eficaz para um item relativamente barato, como lâminas de barbear descartáveis.

Não subestime o que você pode aprender com os concorrentes. É natural querer se destacar da concorrência e tentar táticas diferentes daquelas que empresas estabelecidas estão usando. Você pode descobrir, porém, que seus concorrentes já tentaram sua ideia e descobriram que não atraíam compradores. Assim, se todos no setor estão usando os mesmos tipos de promoções, pode haver uma razão.

Finalmente, ouça os clientes. Tenha em mente que uma comunicação inclui *feedback*. Descubra se os clientes estão postando comentários negativos sobre a empresa ou seus produtos *on-line*. Preste atenção aos comentários postados sobre outras empresas para saber por que os clientes estão comprando deles e não de você. Considere reunir-se com um grupo de clientes ocasionalmente para obter recomendações de como pode atendê-los melhor. Nenhuma atividade promocional será bem-sucedida dia após dia, por longos períodos. Você precisa ficar atento para fazer alterações quando técnicas comprovadas começam a não funcionar mais.

A comunicação com clientes existentes e potenciais não existe sem um preço. Praticamente todas as opções que você considerar terão um custo. Pense em todas as mensagens promocionais que cruzam o seu caminho todos os dias e todas as fontes de onde vieram. Há muitas histórias sobre empresas fracassadas que perderam dinheiro em esforços de marketing. Essa é uma área onde você precisa planejar o orçamento seriamente.

17-2 DETERMINANDO O ORÇAMENTO PROMOCIONAL

No Capítulo 16, você aprendeu que não há fórmula mágica para determinar o preço certo para o que está vendendo. O mesmo acontece quando se calcula o quanto uma pequena empresa deve gastar em promoção. Quatro abordagens que os proprietários de pequenas empresas muitas vezes usam incluem:

1. Fazer orçamento de uma porcentagem fixa das vendas.
2. Decidir quanto está sobrando depois que outras despesas são cobertas.
3. Gastar no mesmo nível dos concorrentes.
4. Determinar quanto é necessário para atingir os objetivos.

17-2a Orçamento de uma porcentagem fixa de vendas

Muitas pequenas empresas operam em mercados estáveis, com fluxos de receita previsíveis. Nesses casos, o método mais simples de determinar o montante do orçamento para promoção é destinar quantias promocionais com base em uma porcentagem das vendas. As próprias experiências passadas da empresa devem ser avaliadas para estabelecer a proporção de promoção por vendas. Se historicamente 2% de vendas, por exemplo, têm sido gastos em promoção com bons resultados, a empresa pode com segurança despender um orçamento de 2% das vendas previstas para a futura promoção. Associações empresariais e industriais tipicamente coletam esses dados e reportam aos seus membros. Uma variação na abordagem do percentual de vendas é usar uma porcentagem dos lucros.

Uma grande deficiência na alocação de uma porcentagem das vendas é a tendência de gastar mais em promoção quando as vendas estão aumentando e menos quando estão em declínio. Quando a economia está crescendo, você realmente precisa gastar mais para atrair clientes? Em uma recessão, no entanto, usar a promoção para estimular vendas pode ser a maneira mais importante de deixar as pessoas saberem por que devem fazer negócios com você. Obviamente, essa estratégia não faz sentido para as novas empresas sem números no histórico de vendas para basear seus orçamentos promocionais.

17-2b Decidir quanto sobra após outras despesas serem pagas

Gastar tudo o que restou quando todas as outras atividades foram financiadas é o que ocorre muitas vezes em pequenas empresas. Isso às vezes é descrito como o método "tudo o que você pode pagar". A decisão sobre gastos promocionais pode ser tomada somente quando um representante de mídia vende a um proprietário um negócio especial que a empresa pode pagar.

Proprietários de pequenas empresas devem ter objetivos para o dinheiro que gastam, devendo estar alertas para novas oportunidades de mídia.

17-2c Gastando no mesmo nível dos concorrentes

Como mencionado anteriormente, às vezes os concorrentes estão fazendo as coisas direito. Você deveria sempre se perguntar por que os concorrentes estão usando determinado meio de anúncio e gastando dinheiro em certo padrão ao longo do ano. A resposta pode ser que eles aprenderam algo sobre os hábitos de compras e aquisições das pessoas. Ao duplicar os esforços de promoção de concorrentes próximos, uma empresa estará gastando pelo menos tanto quanto os concorrentes na esperança de alcançar os mesmos clientes. Se o concorrente for uma grande empresa, esse método claramente não é viável. No entanto, ele pode ser usado para reagir a táticas de promoção de curto prazo por pequenos concorrentes.

Obviamente, essa abordagem pode resultar na cópia de erros dos concorrentes, bem como de seus sucessos. E a maior armadilha pode ser que isso te deixe sem iniciativa. Você não quer ignorar algo que poderia realmente levar o seu negócio para a frente. E, se você planejar uma nova estratégia promocional, os concorrentes podem tentar copiá-la. Podem aumentar os orçamentos deles para impedir que você roube seus clientes, e você pode incitar uma guerra de propaganda.

17-2d Determinando quanto é necessário para alcançar seus objetivos

Com o orçamento promocional, você pode estar tentando aumentar as vendas ou os lucros, obter potenciais clientes para visitar o seu site, melhor nome ou reconhecimento de marca para a sua empresa ou seu produto, ou simplesmente aumentar o número de pessoas atingidas por sua mensagem. Determinar o quanto é preciso para alcançar os objetivos requer uma análise abrangente do mercado em conexão com os objetivos da empresa. Você deve saber como o mercado-alvo está recebendo informações. Uma nova mídia está se tornando popular? Os seus clientes precisam conhecer o produto, ou estão procurando por ele? As opções para gastos orçamentários com promoções estão aumentando a cada dia.

A seguir, consideramos opções específicas de promoção de produtos e serviços, começando com alguns dos mais recentes. Os avanços nas tecnologias de comunicações levaram a novos produtos e a novos métodos para conectar as empresas com seus mercados.

17-3 PROMOÇÃO USANDO A INTERNET E MÍDIAS SOCIAIS

Em 2014, o Pew Research Center relatou que 87% dos adultos norte-americanos usam a internet.[3] Desses adultos, 74% estavam usando sites de redes sociais.[4] As empresas que não conseguem reconhecer como a internet e as mídias sociais estão mudando a maneira como as pessoas se comunicam e processam informações não são suscetíveis de prosperar. Para ter uma melhor compreensão do que isso significa para os pequenos empresários, vamos abordar primeiro os sites de criação e administração e depois discutiremos as oportunidades promocionais oferecidas pela mídia social.

17-3a O site da pequena empresa

Se você não está pensando em marketing quando configura e gerencia o site da empresa, está perdendo oportunidades e prejudicando o seu negócio. Diversas decisões devem ser tomadas antes do lançamento de um site. Três tarefas críticas de *startup* estão relacionadas ao provável sucesso promocional de um site corporativo: (1) criar e registrar um nome do site, (2) construir um site fácil para o usuário e (3) promoção do site.

CRIANDO E REGISTRANDO UM NOME DE SITE

O sistema de gerenciamento de nomes permite que os usuários encontrem seu caminho pela internet. Selecionar o melhor nome de domínio para um site corporativo é uma importante decisão promocional. As designações de domínio comuns são .com, .net, .biz, .info e .org. Nomes de domínio têm um mínimo de 3 e um máximo de 63 caracteres que precedem a designação de domínio. Devem começar com uma letra ou um número e terminar com uma letra ou um número e podem não incluir um espaço. Siga as regras cuidadosamente para evitar problemas quando se registrar no Brasil. O Sebrae fornece detalhes sobre o registro de nome de domínio e o cumprimento de outros requisitos para práticas empresariais.[5]

Uma vez que o nome de domínio dá a uma pequena empresa sua identidade *on-line*, é desejável selecionar um nome descritivo e apelativo. O primeiro pensamento do empreendedor pode ser usar o nome da sua empresa, mas pode descobrir que já existe. São abundantes as orientações disponíveis na internet para abordagens criativas na escolha do nome.[6] Assim como uma propriedade, nomes de sites podem ser comprados e vendidos. Em 2014, a mi.com foi vendida por US$ 3,6 milhões.[7]

CONSTRUINDO UM SITE FÁCIL PARA O USUÁRIO

As primeiras impressões são importantes e o *design* de alta qualidade na web oferece a uma pequena empresa a oportunidade de causar uma boa primeira impressão em cada visitante. Muitos especialistas técnicos estão disponíveis para ajudar a projetar e construir um site. Uma dessas empresas, a Telesian Technology Inc. (descrita na seção *No Spotlight*), esboça como os donos de empresas precisam compreender o desenvolvimento de websites, *e-commerce*, hospedagem de sites, planejamento estratégico e marketing para tornar o site um sucesso.[8] Nosso objetivo neste capítulo é simplesmente fornecer algumas ideias úteis sobre o *design* do site (veja o Quadro 17.1).

Websites não conseguem manter clientes por muitas razões. Um dos problemas mais frequentes é a lentidão. Os compradores *on-line* são impacientes e o menor sinal de inconveniência os afugenta. Se sua empresa está conduzindo uma quantidade considerável de negócios *on-line*, um site lento traduz-se em receitas de vendas perdidas. A receita perdida pode ser direta (por exemplo, vendas perdidas se você está trabalhando *on-line*) ou indireta (por exemplo, perda da confiança do cliente se você estiver fornecendo soluções baseadas na web para clientes). Quanto mais importante é um site para o seu negócio, menos você pode se dar ao luxo de tê-lo com desempenho lento ou, pior, inativo.

Os sites também falharão se não satisfizerem as necessidades de informação dos visitantes. Frequentemente, isso ocorre porque os *designers* olham para dentro da empresa ao desenvolverem o site, em vez de olhar para fora buscando as necessidades do cliente. Alguns especialistas recomendam que as empresas integrem a rede social aos seus sites desde o início. A *designer* Rebecca Minkoff, por exemplo, introduziu uma nova linha de roupas de moda por postar fotos no Snapshot, que foram usadas por potenciais clientes para encontrar seu website.[9]

PROMOÇÃO DO SITE

Um endereço da web pode ser promovido tanto para clientes existentes quanto para os potenciais por meio da inclusão do URL em promoções de impressão, cartões de visita, papel timbrado e embalagens. Johnny Earle, também conhecido como Johnny Cupcakes, assunto que inicia o Capítulo 16, encontrou embalagens como um grande meio de promoção.[10] E a personalidade da seção *No Spotlight* deste capítulo, Shari Worthington, afirma que o formato impresso ainda é o meio de publicidade mais confiável.[11] Correspondência direta especial e campanhas de rádio também podem ser projetadas para esse fim. Além disso, um website pode ser promovido

QUADRO 17.1 Diretrizes de *design* de website

- **Selecione e registre seu nome de domínio.** Cumpra com as regras de registro e escolha um nome descritivo e de fácil utilização.
- **Escolha um *host* da web.** Determine o objetivo principal do seu site e, em seguida, localize uma hospedagem que melhor se encaixe nesse propósito (tipos de hospedagem incluem e-commerce, blogging, negócios e opções semelhantes).
- **Decida sobre o *layout*.** Planeje um site que equilibre a atratividade com a capacidade de interagir.
- **Possibilite fácil navegação.** Não sobrecarregue uma página. Permita que os usuários acessem qualquer conteúdo com o menor número possível de cliques.
- **Mantenha-se consistente no estilo.** Inconsistência em títulos, fontes, *layouts* de página, esquemas de cores e termos só confundem os visitantes e soam como amadorismo.
- **Verifique se o site pode ser acessado por vários dispositivos.** Os usuários também podem procurar pela sua empresa a partir de *smartphones* e *tablets*, bem como *desktops* e *laptops*.
- **Engaje-se na otimização da ferramenta de busca (SEO).** Os concorrentes sérios estão aplicando estratégias de SEO para melhorar a visibilidade de seus sites. Não fique para trás.
- **Mantenha o site atualizado.** Reveja seu site com frequência para remover material desatualizado, introduzir novos links, experimentar novos formatos e fazer outras alterações.
- **Inclua algo que chame à ação.** Pense novamente sobre o seu propósito e convide os usuários a agir do modo que anseia.
- **Forneça informações de contato.** Certifique-se de que os visitantes saibam quem é e como entrar em contato.

Fontes: baseado em http://www.webhostinggeeks.com. Acesso em 11 de março de 2015; http://www.register.com. Acesso em 11 de março de 2015; Http://www.hostindex.com, acesso 11 de março de 2015; e Sue Smith, "Website Design Guidelines", http://www.ehow.com/info_8160582_website-design-guidelines.html. Acesso em 11 de março de 2015.

ao colocar anúncios em *banner* em outros sites, onde o clique rápido enviará usuários ao local anunciado. Ao montarem a HubSpot, Inc., Brian Halligan e Dharmesh Shah explicaram aos clientes que a promoção tradicional age como um megafone, que transmite de um para muitos. A concepção deles para o marketing de entrada foi tornar o site de uma empresa o ponto central, permitindo que as pessoas de perfil semelhante se conectassem.[12]

Otimização de ferramenta de busca (SEO – *Search Engine Optimization*)* é o processo de aumentar o número de visitantes em um site assegurando que este aparecerá nos primeiros resultados de um mecanismo de busca. Quanto mais no topo a sua empresa aparece quando se acessa uma ferramenta de busca, mais visitantes atrairá. Um objetivo importante é tornar o site o mais fácil possível para o usuário.

Tenha em mente, também, que existem muitos recursos de busca especializados. Sua empresa poderia beneficiar-se de ser registrada em uma ferramenta como Go.com, propriedade da Disney que se apresenta como comum.[13] Você pode encontrar diretrizes para projetar e enviar seu site visitando sites de ferramentas de busca.[14]

17-3b Mídia social

A **mídia social** inclui sites de redes sociais e microblogs, além de outros meios de comunicação *on-line*, nos quais os usuários compartilham mensagens pessoais, informações, vídeos e outros conteúdos. A entrada nas mídias sociais resultou na introdução de novos termos e novas definições de algumas palavras. O marketing de atração da empresa HubSpot oferece listas com 120 termos de marketing de mídia social.[15] Um termo especialmente relevante para este capítulo é a **rede social**, que se refere à interação *on-line* com outros usuários que compartilham interesses comuns. *Smartphones*, *tablets* e outros dispositivos móveis estão ajudando os empresários a encontrar maneiras inteiramente novas de alcançar seus clientes existentes e potenciais.

Uma das muitas lições para os proprietários de pequenas empresas é que eles não podem controlar como seus negócios são vistos pelos consumidores. Os clientes de hoje são geralmente membros de comunidades que estão compartilhando informações em tempo real sobre os produtos e serviços oferecidos. Os empresários podem achar que precisam de especialistas qualificados para guiá-los pelo labirinto de mídias sociais, assim como muitos esperam contadores para treiná-los em suas demonstrações financeiras.

Promover negócios, produtos e serviços através de mídias sociais pode ser intimidador, isso por causa das vastas opções disponíveis. Mas a mesma atitude empreendedora que ajuda a criar e gerenciar uma pequena empresa pode ser aplicada para atingir os clientes por meio da comunicação *on-line*. Fique atento às rápidas mudanças que essas tecnologias continuarão a trazer.

---

* N.R.T.: SEO (*Search Engine Optimization*) é o processo de aumentar o número de visitantes em um site assegurando que este aparecerá nos primeiros resultados de um mecanismo de busca.

SITES DE REDES SOCIAIS

Centenas de redes sociais estão disponíveis e acessíveis para permitir a pequenas empresas juntar-se a comunidades, fazer contatos, introduzir produtos e serviços, construir relacionamentos com clientes e promover seus empreendimentos. Decidir quais redes usar, aprender a usá-las e permanecer ativo e envolvido compartilhando informações e monitorando o que os outros estão fazendo exigem recursos que pouquíssimas empresas têm.[16]

Quais redes vão conectá-lo com clientes existentes e potenciais e ajudar você a descobrir o que seus concorrentes estão fazendo, quais novas tecnologias podem afetar sua empresa e quais mudanças sociais e culturais podem afetar suas vendas? Algumas redes são de natureza mais geral, enquanto outras se especializam. Olhe para os sites dos seus concorrentes para determinar quais redes eles estão incentivando os visitantes a clicar e optar pela empresa. Isso mostra o que seus concorrentes pensam que funciona melhor para eles. Alguns exemplos dos sites mais comuns são:[17]

- *Facebook*, uma rede que liga você com amigos e outras pessoas com quem você pode estar conectado por meio de trabalho, estudo ou interesses mútuos. As empresas, muitas vezes, criam suas *fan pages* para interagir com os clientes.
- *Twitter*, um serviço de mensagens curtas que as empresas podem usar para fornecer notificações em tempo real aos seus seguidores.
- *LinkedIn*, uma rede voltada para negócios com a missão de conectar profissionais e permitir que as empresas melhorem a sua competitividade.
- *Pinterest*, um lugar para descobrir ideias para todos os projetos e interesses, com a ajuda de outros usuários com interesses semelhantes.
- *Google+*, uma rede que aumenta a visibilidade da pesquisa para usuários corporativos; comparável ao Facebook.
- *Tumblr*, uma rede que permite aos usuários criar blogs e encontrar blogs que eles podem querer seguir.

PROMOÇÃO DIRETA POR E-MAIL

Antes de os sites de redes sociais se tornarem dominantes, a **promoção por e-mail**, na qual o correio eletrônico é usado para divulgar a mensagem de uma empresa, forneceu e ainda fornece uma maneira de baixo custo para identificar os clientes e alcançar altas taxas de resposta. À medida que mais e mais empresas começaram a usar o e-mail para esse fim, no entanto, as caixas de entrada dos clientes ficaram congestionadas. E os destinatários evitam abrir algumas mensagens de e-mail, temendo que possam conter vírus de computador. No entanto, as empresas continuam a apoiar essa estratégia, com muitas aumentando seus orçamentos para o *e-mail marketing*.[18] De acordo com a Salesforce Marketing Cloud 2015, 73% dos comerciantes relataram que a publicidade por e-mail era a estratégia de base.[19] No Brasil, o Cert-br, centro de estudos, resposta e treinamento de incidentes de segurança, coleta dados sobre cibersegurança, incluindo o tráfego de spam. Já o site antispam.br fornece uma lista de empresas responsáveis pela maior parte de envio de spam no Brasil.

Dois obstáculos à promoção por e-mail surgiram. Primeiro, o Congresso norte-americano aprovou a Can-Spam Act de 2003, que entrou em vigor em 1º de janeiro de 2004, e estabeleceu normas sobre o uso de e-mail comercial, exigido pela Federal Trade Commission (FTC).[20]* Em segundo lugar, o software anti-spam, que às vezes também bloqueia e-mails legítimos, tornou-se comum. Antes de enviar uma mensagem promocional por e-mail, os profissionais de marketing devem considerar testar sua mensagem, enviando-a por meio de uma ferramenta de visualização. A MailWasher e SpamButcher são exemplos de pacotes de software que permitem visualizações. A visualização prévia permite que você veja anúncios que podem ser entregues como e-mails sem que os clientes tenham que baixá-los em seus computadores.

DIVULGAÇÃO DE ANÚNCIOS RECÍPROCOS E HIPERLINKS

Um **hiperlink** é uma palavra, frase ou imagem em que um usuário pode clicar para ir para outra parte de um documento ou site ou de um novo documento ou site.[21] Como ferramentas promocionais, *hiperlinks* são tipicamente recíprocos. Isso permite que os leitores mudem de um site que pode ter informações que se relacionam com sua pesquisa original ou complementos que o site original está oferecendo. As empresas, portanto, podem dar mais informações vinculando-as a sites mantidos por outros. *Hiperlinks* podem ser ligados a qualquer parte se essas partes considerarem que as ligações são mutuamente benéficas. Caso contrário, uma empresa pode ter de pagar uma taxa por clique para a outra se estiver buscando obter negócios de quem usa o site principal.

---

* N.R.T.: O *marco civil da internet*, Lei 12.965/14, regula o uso da internet no Brasil.

BLOGS

A palavra blog é uma contração do termo weblog. **Blogs** são revistas *on-line* que oferecem experiências de um escritor, opiniões etc. (O termo pode referir-se ao próprio site.) Bloggers muitas vezes incluem *hiperlinks* para complementar ou suplementar as ideias que eles apresentaram. Os sites são geralmente destinados a ser interativos, permitindo que os leitores deixem comentários. Muitos empresários criaram blogs relacionados a suas empresas e produtos. Isso pode ser feito gratuitamente em sites como WordPress.com ou Blogger.com. Um empresário pode, então, comentar em outros blogs que possuem tópicos relacionados, cada um incluindo links para o blog de sua empresa.

A Telesian Technology montou uma equipe de blog para introduzir ideias de marketing para clientes existentes e potenciais. Ela fornece *hyperlinks* a outros locais a fim de expor os visitantes do blog da presidente Shari Worthington a outros pontos de vista.[22]

DISPOSITIVOS MÓVEIS

As alterações tecnológicas e os usos de dispositivos móveis do consumidor e comerciais explodiram nos últimos anos, juntamente com as oportunidades que esses produtos oferecem a pequenas empresas. De acordo com o Pew Research Center, em 2014, 90% dos adultos nos Estados Unidos possuíam um telefone celular, 58% tinham um *smartphone* e 42% tinham *tablets*.[23]

Um dispositivo móvel é um termo genérico usado para se referir a uma variedade de dispositivos portáteis sem fio que permitem às pessoas acessar informações onde quer que estejam. Quando estiver pronto para promover sua empresa e seus produtos e serviços em dispositivos móveis, tenha em mente que seu site pode precisar ser reformatado para caber em telas portáteis menores. Você quer um *layout* claro com fácil navegação. Você pode precisar de um provedor profissional de serviços de pagamentos para que seus clientes não precisem se preocupar em sacar seus cartões de crédito e inserir números em locais públicos.[24]

APLICATIVOS

App é uma abreviatura para aplicação, especificamente um pequeno programa de software de especialização. Você pode estar bem familiarizado com aplicativos para uma variedade de usos, incluindo como se dar bem em uma comunidade universitária. Com o uso generalizado de *smartphones*, indivíduos, empresas, organizações sem fins lucrativos e até mesmo agências governamentais oferecem aplicativos para permanecer em contato e fornecer informações para pessoas em deslocamento. Por exemplo, dê uma olhada na lista de aplicativos do governo dos Estados Unidos que podem ser baixados em www.usa.gov/mobileapps.shtml.

Grandes corporações usam aplicativos para garantir que seus clientes possam alcançá-los. Os donos de pequenas empresas devem levar esse método de comunicação a sério para competir e promover suas empresas. Um aplicativo não deve custar mais à sua empresa do que gera de receita. Considerando que você não tem que investir no aplicativo tecnologicamente mais avançado, deve pensar sobre como as pessoas podem se divertir quando clicam em seu aplicativo. Por exemplo, o Flickr pode ser usado para compartilhar fotos, talvez mostrando como os clientes estão se divertindo com seus produtos. E não se esqueça que quando as pessoas usam seus dispositivos móveis, elas querem respostas e informações *agora*!

Donos de pequenas empresas assumem riscos quando evitam a promoção de mídia social. O Quadro 17.2 oferece uma tabela do que fazer e não fazer no marketing de mídia social. Estratégias e tecnologias estão mudando tão rápido, que você não pode pressupor que o que está funcionando para você hoje ainda vai funcionar amanhã. Tenha em mente que, até recentemente, um anúncio malsucedido poderia ser rapidamente retirado e esquecido. Agora ele está *on-line*, manchando a imagem da empresa que gastou um bom dinheiro para criá-lo.

CÓDIGOS DE RESPOSTA RÁPIDA

Outra ferramenta para comunicação eletrônica que os pequenos empresários estão descobrindo é o **código de resposta rápida (QR)**. Um código QR (QR code) é um código de barras quadrado que conecta a um site, um vídeo ou algum outro conteúdo da web. O código de barras torna fácil para alguém acessar seu site sem digitar um URL. Os potenciais clientes apenas digitalizam o código QR com a câmera do telefone ou a webcam. Os donos de empresas estão encontrando grande valor nesses códigos. Um código QR em um cartão de visita que pode ser digitalizado para uma lista de endereços. Códigos QR podem anunciar eventos ou promoções para uma empresa, fornecendo dias, horas, locais e outras informações. Eles podem incluir uma mensagem de e-mail que incentiva uma resposta. Conectar pessoas a vídeos pode gerar mais atenção.

QUADRO 17.2 O que fazer e o que não fazer no marketing em mídia geral

Fazer	Não fazer
Conte histórias personalizando a sua marca e empresa. Publique vídeos para clientes usando os seus produtos e se divertindo com eles.	Não promova em excesso. Forneça mais informações úteis do que promocionais.
Construa relações com líderes de opiniões, incluindo jornalistas. Mostre interesse no que os outros estão escrevendo. Autores de blogs e repórteres geralmente fazem perguntas que você ou alguém da sua empresa podem responder.	Não perca seu tempo em uma rede errada. Só porque todos parecem estar no Facebook não significa que o seu cliente buscará lá o que você está vendendo. Certifique-se de onde seus clientes-alvo buscam informações.
Peça para os seus clientes darem o *feedback* sobre os produtos que eles compraram de você. As pessoas confiam nas opiniões e recomendações de seus clientes mais do que naqueles que trabalham para você.	Não espere que seus clientes sejam perfeitos. Eles cometerão erros de digitação ao entrarem com a palavra-chave. Mantenha erros de ortografia comuns associados com o seu produto e empresa na lista de ferramenta de busca para ajudar as pessoas a encontrar você.
Seja rápido e breve. Mesmo 140 caracteres podem ser muito longos, às vezes.	Não faça uso de termos exagerados, gírias ou abreviações. Eles parecem spam e fazem a sua marca parecer barata.
Leve as palavras-chave a sério. As palavras-chave trazem pessoas para o seu site. Enfatize as palavras-chave que os seus clientes buscam no seu URL, em títulos e chamadas.	Não invista demais nas redes sociais em detrimento da construção do conteúdo do seu próprio site.

Fontes: baseado em "Intel Social Media Guidelines", http://www.intel.com/content/www/us/en/legal/intel-social-media-guidelines.html. Acesso em 12 de março de 2015; Thomson Reuters, "Social Media Guidelines", http://site.thomsonreuters.com/site/social-media-guidelines. Acesso em 12 de março de 2015; Emily Maltby, "Some Social-Media Tips for Business Owners", http://online.wsj.com/article/SB10001424127887323701904578274090683864964.html?KEYWORDS=social+media. Acesso em 12 de março de 2015; e Caron Beesley, "Putting the 'Social' into Social Media Marketing: 3 Tips for Interacting with Your Customers", http://www.sba.gov/community/blogs/community-blogs/small-business-matters/putting-social-social-media-marketing-3-tips. Acesso em 12 de março de 2015.

17-4 VENDA PESSOAL NA PEQUENA EMPRESA

Tanto quanto as mídias sociais parecem estar dominando o mundo, o contato face a face ainda é válido. Por meio da venda pessoal, você pode usar a linguagem corporal para transmitir sua mensagem, responder perguntas, resolver problemas imediatamente e construir confiança. Quando você está começando um novo negócio, essa pode ser sua ferramenta de marketing mais importante. Os proprietários de pequenas empresas devem sempre pensar em si mesmos como representantes de vendas pessoais para as suas empresas. Onde quer que vá como um empresário, você é a empresa para as pessoas que encontrar. Suas habilidades interpessoais podem entrar em campo de diversas maneiras. As pessoas que conhece dentro ou fora de sua empresa julgam com base em como reagem a você. Eles também avaliam baseados em suas interações com seus funcionários. Portanto, todos que trabalham para você devem saber que eles estão causando uma impressão que poderia levar a vendas ou enviar um cliente para seu concorrente.

Para muitos produtos, a **venda pessoal** – um encontro face a face com um cliente – é a melhor maneira de fazer uma apresentação e fechar uma venda. Claro, o rosto que você vê pode estar em uma tela de computador ou em um *smartphone* ou algum outro dispositivo. Venda pessoal inclui as atividades de ambos os vendedores de lojas de atacado, varejo e serviços e representantes de vendas externos, que convocam clientes e consumidores finais. Em uma pequena empresa, cada funcionário é um vendedor. Um cliente que entra em uma empresa ou faz uma ligação ou envia um e-mail não deve ter que esperar muito tempo para ter uma resposta do dono ou de algum funcionário – todos devem estar prontos para atender às necessidades do cliente. A responsabilidade do empreendedor é se certificar de que todos os funcionários estão preparados para fazer vendas pessoais.

Antes de contratar uma força de vendas para sua empresa, calcule os custos e retornos esperados. Essa pode ser uma forma cara de promoção por venda. Para uma pequena empresa, a venda pessoal é um trabalho intensivo. Distancia você e seus funcionários das muitas outras atividades que podem ser críticas para manter a sua empresa funcionando.

17-4a A importância do conhecimento do produto

A venda eficaz é construída sobre uma base de conhecimento do produto. Espera-se que um vendedor dê atenção pessoal a uma perspectiva, talvez estando disposto a negociar e personalizar um produto ou serviço para atender a uma necessidade especial. Com profundo conhecimento, o vendedor pode explicar as vantagens, usos e limitações do produto ou serviço e orientar os clientes ao responder a perguntas e colocar objeções. A comunicação nesse modo de promoção deve ser interativa. Os clientes poucas vezes são especialistas nos produtos que compram. No entanto, eles podem sentir imediatamente o conhecimento ou desconhecimento do vendedor. A venda pessoal é prejudicada, reduzindo-se a apenas anotar um pedido quando falta ao vendedor o entendimento do produto.

17-4b A apresentação de vendas

O foco da venda pessoal é a apresentação para um cliente em potencial. Ser bom ouvinte é essencial, mas deve ter uma boa ideia do que você ou seus representantes de vendas estarão prontos a transmitir. Nesse ponto decisivo, um pedido está garantido ou perdido. Existem algumas práticas padrão que foram desenvolvidas para levar ao sucesso.

PROSPECÇÃO

Um passo preliminar que conduz a uma apresentação eficaz de vendas é a **prospecção**, que é o processo sistemático de busca contínua de novos clientes. Com as opções de expansão e rápidas mudanças na tecnologia da

Vivendo o sonho
EXPERIÊNCIAS EMPREENDEDORAS

Um comércio eletrônico revolucionário

A empresa foi fundada em 2009. Mais de um milhão de curtidas no Facebook em 2015. Como é que essa pequena empresa rural de roupas infantis fez isso?

A dona de casa Brandi Tysinger-Temple costurou roupas para as três filhas porque não encontrava o que achava ser de bom gosto e divertido e que permitiria que as meninas combinassem quando a ocasião exigisse. Como havia comprado muito tecido, fez alguns vestidos extras e os vendeu por meio do eBay. Eles foram arrematados rapidamente, incentivando Temple a produzir mais e levando-a a contratar mais costureiras para atender à demanda. Para tentar a "sorte", Temple ofereceu algumas peças remanescentes no Facebook. A resposta a deixou sem fôlego. O próximo passo dela foi mudar todas as suas ofertas do eBay para o Facebook.

A empresa de Temple, Lolly Wolly Doodle, continuou a dobrar o seu faturamento anualmente. Em 2013, a empresa recebeu um investimento de US$ 20 milhões do cofundador da AOL, Steve Case, por meio da empresa de capital de risco Revolution Growth. Apesar de empresas muito maiores tentarem usar o Facebook como uma plataforma de vendas, a maioria teve resultados medíocres e optou por investir em abordagens mais tradicionais.

O que tem funcionado tão bem para Temple? A estratégia que adotou é a realização de uma pré-venda no Facebook de um item que a empresa está considerando produzir. Eles testam vários *designs* novos a cada dia. Os seguidores do Lolly Wolly Doodle no Facebook podem solicitar um número limitado de personalização, como monogramas. Somente quando o cliente realiza o pagamento, a empresa fabrica os itens de vestuário em casa. É uma autêntica produção do tipo *just in time*, o que significa não ter estoque em excesso para gerenciar o produto não personalizado. O *feedback* dos clientes determina a próxima ação a ser tomada. Como os atributos que os clientes gostam – padrão, cor, decote, babados etc. – se relacionam com o desempenho de vendas de produtos anteriores? Eles deveriam modificar a roupa, interromper a experiência ou gerar estoque e tornar o item permanente?

Essa *startup* tornou-se a maior empresa do mundo que executa suas transações no Facebook. Além disso, Lolly Wolly Doodle faz vendas em seu próprio site, www.lollywollydoodle.com.

Temple orgulha-se de seu negócio ter tido impacto local. O estado da Carolina do Norte ajudou a financiar a construção de uma instalação em Lexington onde a empresa foi aberta. A cidade tinha uma taxa de desemprego de quase o dobro da média nacional, assim, a experiência de crescimento da Lolly Wolly Doodle está alcançando muitos efeitos positivos.

Fontes: baseado no "Hi, and Welcome to Lolly Wolly Doodle", http://www.lollywollydoodle.com/pages/what-a-journey. Acesso em 15 de março de 2015; https://www.facebook.com/?_rdr#!/LollyWollyDoodle. Acesso em 12 de março de 2015; e Tom Foster, "Along Came Lolly: From the Unlikeliest of Places, an e-Commerce Revolution with Ruffles", Inc., junho de 2014, p. 25-29.

comunicação, é melhor pensar em prospecção tanto para a busca de clientes como para facilitar que os clientes encontrem você. Prospecção também inclui considerar se um potencial cliente pode ser bem atendido pela empresa. Isto é especialmente importante para distinguir os verdadeiros potenciais clientes de curiosos casuais quando iniciam contato com você. Os pequenos empreendedores devem usar seus recursos limitados sabiamente.

Uma das habilidades mais importantes que um pequeno empresário pode ter é a capacidade de criar uma rede de contatos.[25] Você vai ler mais sobre redes de contatos, processo de desenvolvimento e comprometimento com relações mutuamente benéficas no Capítulo 19. Por ora, queremos apontar como construir relacionamentos nos negócios e interações sociais que podem levar a *referências pessoais*. Se você for capaz de demonstrar a amigos, clientes e outros contatos profissionais de negócios que cumpre as promessas, que tem soluções para os problemas e produtos e/ou serviços que podem melhorar a vida, esses contatos possibilitam a abertura de outras portas. Podem permitir o uso de seus nomes ao apresentar-se aos outros. No mínimo, podem apoiar com a propaganda boca a boca em geral, a recomendação mais sólida que pode obter.

Outra fonte de perspectivas são referências impessoais de publicações de mídia, registros e anuários. Jornais e revistas, particularmente revistas comerciais, muitas vezes identificam os potenciais clientes por meio de relatórios sobre novas empresas e novos produtos. Anúncios de noivados em jornal podem ser referências impessoais para uma loja de noivas local. Registros públicos de transações imobiliárias e licenças de construção podem ser referências impessoais para um serviço de coleta de lixo, que poderá encontrar potenciais clientes entre compradores de casas ou entre aqueles que planejam construir casas ou prédios residenciais.

Uma variação de alta tecnologia de referências impessoais está ocorrendo em várias redes sociais, tais como o Facebook e o Pinterest, nas quais mais e mais assinantes estão fornecendo revisões de estabelecimentos que padronizam. Com o Google+, por exemplo, você pode encontrar um nicho em um círculo que os usuários criam, encontrando interesses especiais em soldagem ou propriedade de casa de férias ou jogos de videogame e muito mais. Lembre-se de que os comentários publicados em sites de redes sociais podem ser positivos ou negativos. Desenvolva uma estratégia para responder a críticas *on-line*.[26]

Os clientes potenciais também podem ser identificados sem referências por meio de contatos iniciados pelos comerciantes. Chamadas telefônicas ou pesquisas por correio, por exemplo, ajudam a localizar possíveis compradores. Por fim, perguntas feitas por um potencial cliente que não levam a uma venda ainda podem criar um "potencial cliente".

Pequenas lojas de móveis muitas vezes exigem que seus vendedores preencham um cartão para cada pessoa que visita a loja. Esses contatos iniciados pelo cliente podem então ser sistematicamente checados por chamadas telefônicas e os potenciais clientes podem ser notificados de promoções especiais. Alguns clientes podem tornar-se seguidores de sua conta no Twitter e receber notificações de promoções especiais. As informações de contato devem ser atualizadas periodicamente. Empresas com sites podem igualmente acompanhar os visitantes que fizeram perguntas *on-line*.

PRATICANDO A APRESENTAÇÃO DE VENDAS

Nada substitui a prática antes de fazer uma apresentação de vendas. Tudo pode estar claro em sua mente, mas isso não garante que as palavras certas sejam pronunciadas por você. Os vendedores bem-sucedidos reconhecem que o estilo pode contar tanto quanto o conteúdo. Uma maneira de aprender sobre o próprio estilo é gravar a apresentação para estudá-la mais tarde e aperfeiçoá-la.

Os melhores vendedores fizeram seu dever de casa. Eles não apenas praticaram as apresentações, mas também estudaram os potenciais clientes. Pensaram em possíveis objeções dos clientes ao produto e estão preparados para lidar com elas. Saber algo sobre desejos e necessidades dos clientes irá prepará-lo para a maioria das suas prováveis objeções. A maioria das objeções pode ser categorizada em relação a (1) preço, (2) produto, (3) tempo, (4) fonte, (5) serviço ou (6) necessidade. O treinamento pode ser útil ao ensinar os vendedores a lidar com as objeções dos clientes.

Os vendedores bem-sucedidos desenvolvem técnicas, como as mostradas no Quadro 17.3, para atrair a atenção de um cliente, apresentando razões para comprar, respondendo a objeções e fechando uma venda.

17-4c Controle de custos na venda pessoal

Já explicamos que os esforços de vendas pessoais podem ser caros. Talvez você não gaste tanto em um vendedor quanto em uma campanha publicitária, mas você também não alcançará tantas pessoas. Considerações sobre custos são especialmente importantes para uma empresa nova, que geralmente tem recursos muito limitados. Embora nada possa substituir os esforços pessoais de um empreendedor para vender produtos e serviços e para

QUADRO 17.3 Técnicas de vendas bem-sucedidas

- **Seja honesto.** O cliente potencial precisa descobrir apenas uma interpretação equivocada para perder toda a confiança e credibilidade. Você quer clientes que voltarão e dirão aos outros como é bom.
- **Conheça seu público.** Você está falando com quem toma decisão ou essa pessoa precisa de aprovação de outro pessoa? Como o seu produto ou serviço é utilizado por esse cliente?
- **Saiba quanto tempo você tem e chegue ao ponto.** Muitas pessoas reconhecem que seu tempo é bem mais valioso. Certifique-se de respeitar esse aspecto. Se não pode deixar claro na primeira frase ou duas por que você está lá, vai perder o interesse do cliente potencial.
- **Prepare um esboço e ensaie.** Certifique-se de que abranja todos os problemas críticos e ordene logicamente a apresentação. Em seguida, teste as ideias com os outros. Eles entendem a mensagem?
- **Seja relevante e envolva o cliente.** Faça perguntas adequadas a fim de saber o que é importante para o potencial cliente e como pode ajudá-lo. Pense na apresentação como uma conversa. Seja melhor ouvinte que orador.
- **Acredite no que você está vendendo e seja entusiasmado.** Seja capaz de realmente transmitir o que torna o produto ou serviço melhor para o cliente do que qualquer outro. Mas reconheça que mesmo os melhores vendedores do mundo ainda ouvem mais negativas do que afirmativas. Não desanime.
- **Use imagens.** O tamanho, os requisitos de tecnologia, a segurança e outras questões podem limitar a sua capacidade de mostrar o produto. Mesmo assim, representações visuais ajudam os clientes do projeto em uma situação em que entendem melhor o que os produtos farão por eles.
- **Entenda as reações dos seus potenciais clientes.** Se o cliente potencial não fizer perguntas, é sinal de que você não transmitiu a mensagem com êxito. Esteja pronto com suas próprias perguntas, perguntas que irão solicitar mais do que respostas do tipo sim ou não. Você quer saber o que o está impedindo de obter os resultados que procura. Quer saber como fazer o potencial cliente feliz.

Fontes: baseado em Kelley Robertson, "Creating a Powerful Sales Presentation". http://www.businessknowhow.com/marketing/sales-presentation.htm. Acesso em 12 de março de 2015; "Sales Presentation", http://www.m62.net/sales-presentation. Acesso em 12 de março de 2015; Kevin Davis, "10 Tips for Winning Sales Presentations", http://www.business-knowhow.com/marketing/winslspres.htm. Acesso em 12 de março de 2015; e "The Keys to Great Sales Presentations", www.allbusiness.com/sales/selling-techniques/8091.html#axzz2jtCKGWqf. Acesso em 12 de março de 2015.

representar a imagem e reputação da empresa, o tempo gasto na venda é mais demorado comparado a outras atividades necessárias para manter o negócio aberto e operando.

Além disso, nas fases iniciais do crescimento, uma empresa pode não ter recursos para montar uma equipe de vendas em tempo integral. O modo de venda mais eficiente em termos de custos pode ser usar representantes de vendas ou de marketing, que trabalham por conta própria ou para a empresa, cujo objetivo é representar várias empresas, rateando, assim, os custos de venda. Eles não vão se concentrar em seus produtos unicamente, como seus próprios funcionários, mas a sua empresa terá de remunerá-los apenas quando a mercadoria for realmente vendida. Pense neles como parceiros. Forneça toda a ajuda nas vendas de que possam precisar para facilitar o trabalho. Mantenha os canais de comunicação abertos e informe que está comprometido em torná-los bem-sucedidos.

17-4d O programa de remuneração para vendedores

Vendedores não serão motivados pelas mesmas razões do dono da empresa. Você pode estar apaixonado por seu produto ou serviço; pode estar procurando mudar o mundo. Mas os funcionários querem ser pagos. No entanto, podem ser motivados por incentivo não financeiro, bem como por dinheiro. Pesquisas sobre pequenas empresas identificaram incentivos não monetários que se relacionam com o desempenho da empresa.[27]

COMPENSAÇÃO NÃO FINANCEIRA

O reconhecimento pessoal e a satisfação de alcançar uma meta de vendas são exemplos de incentivos não financeiros que motivam muitos vendedores. Pequenos negócios de varejo, às vezes, publicam uma fotografia do melhor vendedor da semana ou do mês para que todos vejam. Uma placa gravada ou outro reconhecimento também pode ser dado como um registro de conquistas de vendas.

A remuneração não financeira também pode estar relacionada ao avanço pessoal e profissional. Recompensas por ser um bom empregado incluem oportunidades de promoção, educação e formação e segurança no emprego. Os empresários devem estar cientes de que a equipe de vendas eficaz é frequentemente competitiva. Eles obtêm satisfação ao avaliar suas conquistas com as de seus pares. Algumas empresas promovem concursos internos, que podem ser motivacionais. Se o concurso criar hostilidade na equipe de vendas, no entanto, considere alternativas como determinar o desempenho em relação a conquistas passadas ou medidas no setor ou concursos que podem ser conduzidos por associações profissionais.

REMUNERAÇÃO

Mesmo considerando que os funcionários podem acreditar em sua perspectiva para a empresa, eles têm que cuidar de si mesmos e de suas famílias. Dois planos básicos de remuneração financeira são comissões e salário direto. Cada plano tem vantagens e limitações específicas para a pequena empresa.

Muitas pequenas empresas preferem usar comissões como remuneração, porque tal abordagem é simples e diretamente relacionada à produtividade. Certa percentagem de vendas geradas por um vendedor representa a sua comissão. A receita é gerada para a empresa, de modo que o dinheiro está prontamente disponível para pagar o vendedor. Esse plano incorpora um forte incentivo para o esforço de vendas – sem venda, sem comissão! No lado negativo, o trabalho de um vendedor é sempre mais do que fazer a venda. É menos provável que equipes comissionadas possam fornecer serviço de acompanhamento ou documentação de pós-venda completa ou outras tarefas que a empresa precisa que sejam feitas.

A forma salarial direta de remuneração fornece aos vendedores segurança de renda, independentemente das vendas realizadas. No entanto, trabalhar por um salário direto pode potencialmente reduzir a motivação do vendedor, que terá renda apesar do baixo desempenho ou nenhuma venda.

Muitas empresas combinam as formas de remuneração com salário e comissão. O salário geralmente representa a maior parte da compensação para um novo vendedor. Conforme o vendedor ganha experiência, a relação é ajustada para fornecer mais dinheiro em comissões e menos em salário. E não coloque um teto sobre o quanto um vendedor pode ganhar de comissão. Muitas empresas perderam seus principais vendedores ao limitar incentivos. Por que você pararia de remunerar alguém que está gerando dinheiro para a sua empresa?

Qualquer plano que você escolher deve incorporar metas de volume de vendas para realização em um período, mensal ou anual. Além disso, o pessoal de vendas deve saber quais são as expectativas mínimas para seu desempenho. Além das vendas, essas expectativas também podem incluir desenvolvimento de clientes, vendas repetidas, atividades pós-vendas e outras que contribuem para o sucesso da empresa.

17-5 PRÁTICAS DE PROPAGANDA

Juntamente com a venda pessoal, a propaganda tem de fazer parte da estratégia de promoção para a sua empresa. Ideias na propaganda são comunicadas às empresas e aos consumidores por meio de mídia, como televisão, rádio, revistas, jornais, mala direta, *outdoors* e internet.

17-5a Objetivos da propaganda

Para usar seu dinheiro sabiamente, você deve decidir quais são seus objetivos quando anunciar. A **propaganda** é uma estratégia para vender informando, convencendo e lembrando a disponibilidade ou superioridade dos produtos ou serviços de uma empresa. Sem produto ou forças de serviços, como qualidade e eficiência, a publicidade não será suficiente para ajudar o seu negócio a sobreviver e crescer. A propaganda deve ser sempre vista como complemento para um bom produto e nunca como substituto para um produto ruim.

A propaganda não pode ser exagerada, por isso é importante ser honesto. Um empreendedor deve evitar a criação de expectativas enganosas, uma vez que tais expectativas provavelmente vão deixar clientes insatisfeitos. Não há nada errado em expor de modo notável um produto ou serviço em que você acredita. Mas não devem ser feitas alegações enganosas.

Às vezes, a propaganda pode parecer um desperdício de dinheiro. É cara e acrescenta pouco valor direto a um produto ou serviço. Muitas *startups* acreditam que a exposição na internet vai gerar vendas imediatamente. No entanto, o Google descobriu que muitos anúncios nunca são vistos.[28] O Google e outros provedores de internet oferecem conselhos e serviços que pequenas empresas deveriam adotar para melhorar as chances de sucesso. Donos de pequenas empresas precisam ficar atualizados com as mudanças na tecnologia e comportamento social.

17-5b Tipos de propaganda

Os dois tipos básicos de propaganda são propaganda de produtos e propaganda institucional. A **propaganda de produtos** destina-se a informar os potenciais clientes sobre um produto ou serviço e provocar um desejo de tê-lo. A **propaganda institucional**, por outro lado, transmite informações sobre a própria empresa. Pretende-se fazer com que o público saiba sobre a empresa e aprimore sua imagem para que a propaganda de produtos seja mais confiável e eficaz.

A maioria das propagandas de pequenas empresas é sobre o produto. Anúncios de pequenos varejistas geralmente enfatizam produtos, como especiais de fim de semana em um supermercado ou roupas esportivas vendidas exclusivamente em uma loja de roupas femininas. É importante observar, contudo, que a mesma propaganda pode transmitir tanto o produto quanto ser institucional. Com a propaganda, você está prospectando clientes que desejam o seu produto, então a solução ideal é que eles entendam claramente que o melhor lugar para comprá-lo é sua empresa. Isso pode ser abordado de várias maneiras. Uma empresa pode enfatizar seu produto em anúncios de jornal, por exemplo, ao usar propaganda institucional em websites. Decisões em relação ao tipo de propaganda a ser utilizado devem basear-se na natureza da empresa, na prática do setor, na mídia disponível e nos objetivos da empresa.

17-5c Especialistas em propaganda

O empreendedor não pode ser especialista em tudo. Donos de pequenas empresas, muitas vezes, contratam empresas externas e indivíduos para serviços de contabilidade, assessoria jurídica, transporte e muito mais. Não é raro confiar nos conhecimentos dos outros para criar mensagens promocionais. Agências de propaganda, fornecedores, associações comerciais e mídia de propaganda podem prestar essa assistência especializada.

As agências de propaganda oferecem muitos serviços, incluindo:

- *Design* gráfico, obras de arte e, até mesmo, impressão para anúncios específicos e/ou comerciais.
- Recomendações para as mídias de comunicação com o maior poder de manejo de seus produtos ou serviços.
- Redação de anúncios tradicionais, bem como de blogs, comunicados de imprensa e outros materiais promocionais.
- Assistência em feiras e exposições de mercadorias.
- Webdesign e gestão de mídias de comunicação social.
- Correio eletrônico e gerenciamento de listas de e-mail.

Como as agências de propaganda cobram taxas pelos serviços, o empreendedor deve ter certeza de que o retorno desses serviços será maior do que as taxas pagas. Obviamente, com o elevado nível de tecnologia de informática atualmente disponível, a criação da propaganda impressa internamente está se tornando cada vez mais comum entre as pequenas empresas. Alguns empresários são assessorados por empresas que fornecem exibidores e, até mesmo, programas inteiros da propaganda a seus revendedores. Associações comerciais também fornecem ajuda útil. Além do mais, as próprias mídias de comunicação podem fornecer alguns dos mesmos serviços fornecidos por uma agência de propaganda. E, como ilustrado pela Telesian Technology Inc. na seção *No Spotlight* deste capítulo, consultores especializados em marketing na internet podem ajudar as empresas a planejar suas estratégias promocionais *on-line*.

17-5d Frequência da propaganda

Determinar com que frequência anunciar é questão importante e altamente complexa para uma pequena empresa. Obviamente, a propaganda deve ser feita regularmente, e as tentativas de estimular o interesse em produtos ou serviços de uma empresa devem fazer parte de um programa. A continuidade reforça a presença da empresa como o lugar para clientes comprarem quando estiverem prontos para isso. Anúncios de uma única apresentação que não fazem parte de um bem planejado esforço promocional perdem muito de sua eficácia em curto período.

Naturalmente, algumas propagandas não continuadas podem ser justificadas, como propaganda para preparar consumidores para a aceitação de um novo produto. Tal abordagem também pode ser usada em feriados e eventos sazonais. Muitos produtos e serviços têm abordagens sazonais – como paisagismo em meses quentes, remoção de neve em meses frios, fantasias no Dia das Bruxas, flores no Dia dos Namorados. Decidir sobre a frequência da propaganda envolve uma série de fatores, tanto objetivos quanto subjetivos. Essa é outra razão para que empresários busquem aconselhamento profissional.

17-5e Onde anunciar

Nem todo o mundo é um cliente real potencial para o seu negócio. Você tem que identificar o segmento de mercado mais provável para vender os produtos e serviços que oferece e eles serem comprados de você, em vez de outras fontes. Isso significa restringir sua propaganda, talvez por questões geográficas ou tipo de cliente. Você não consegue ser tudo para todo o mundo. Entre as muitas mídias disponíveis, o dono de pequena empresa deve escolher aquelas que vão fornecer o maior retorno para investimento em propaganda.

A combinação mais apropriada de mídias de propaganda depende do tipo de negócio e suas circunstâncias atuais. Os varejistas de móveis e os concessionários de automóveis usam televisão e anúncios em jornais. A televisão mantém o seu nome e os seus produtos diante dos consumidores, tornando-os fáceis de lembrar quando eles estiverem prontos para serem comprados. E, quando alguém estiver pronto para comprar um carro ou alguns móveis, é provável que verifique em jornais para comparar produtos e preços. Hotéis e restaurantes perto de rodovias movimentadas usam *outdoors* para atrair os clientes para os locais. Comunidades de aposentados e instituições do gênero podem obter listas de endereços de centros de pessoas de terceira idade e usam mala direta para atingir seu mercado-alvo. O estágio atual da tecnologia de comunicação exige a inclusão de um website em

QUADRO 17.4 Vantagens e desvantagens das principais mídias de propaganda

Mídia	Vantagens	Desvantagens
Internet	Meio de crescimento mais rápido, incluindo *smartphones* e *tablets*; capacidade de segmentação demográfica; fácil de atualizar; exigência de tempo relativamente curta para a criação de propaganda baseada na web; ajuste natural com redes sociais.	Possível dificuldade em medir a eficácia do anúncio e retorno do investimento; nem todos os consumidores têm acesso; tecnologias em rápida mudança podem resultar em obsolescência; problemas de serviço.
Jornais	Baixo custo; imediatismo da mensagem; pode ser programado com pouco aviso prévio; quase nenhuma mudança sazonal na audiência; altamente portátil; compromissos de curto prazo dos anunciantes; transferência de entretenimento.	Seleção demográfica pequena; recursos com cores limitados; taxa baixa de repasse; pode ser caro.
Revistas	Boa reprodução; especialmente para cor; seleção demográfica; seleção de mercado local; longa vida de publicação demográfica; alta taxa de repasse.	Compromissos de anunciantes a longo prazo; construção lenta de audiência; capacidades de demonstrações limitadas; falta de urgência; longo tempo de espera.
Rádio	Baixo custo; imediatismo da mensagem; pode ser programada em um curto espaço; quase nenhuma mudança sazonal nos ouvintes; altamente portátil; compromissos de anunciantes de curto prazo; transferência de entretenimento.	Nenhum tratamento visual; vida curta da mensagem publicitária; alta frequência exigida para gerar compreensão e retenção; distrações de sons no ambiente; desorganização comercial.
Televisão	Habilidade de alcançar uma ampla e diversa audiência; oportunidades criativas para demonstração; imediatismo das mensagens; transferência de entretenimento; seleção demográfica com estações a cabo.	Vida curta da mensagem; algum ceticismo do consumidor sobre as reclamações; custo alto de campanha; seleção demográfica pequena com estações de rede; compromissos de anunciantes de longo prazo; exige longos tempos de espera para produção; desorganização comercial.
Mala direta	Habilidade de responder ao alvo; fornece uma mensagem detalhada e personalizada.	Pode ser descartado como correspondência e ir para o lixo; aumento de custos por potenciais clientes qualificados.
Mídia de *outdoor*	Repetição; custo moderado; flexibilidade; seleção demográfica.	Mensagem curta; falta de seleção demográfica; alto nível de "barulho" que distrai a audiência.

qualquer mídia de comunicação. Os sites são o primeiro passo na identificação de possíveis fontes de produtos e serviços feita por muitos consumidores e empresas.

Para fazerem uma seleção fundamentada, os empresários devem aprender sobre os pontos fracos e fortes de cada mídia, conforme demonstrado no Quadro 17.4. Estude essa informação com cuidado, observando as vantagens e desvantagens específicas de cada uma delas.

17-6 PROMOÇÃO DE VENDA

Uma prática de marketing mais tradicional, que também é usada em websites e dispositivos, é a promoção de vendas. Geralmente, a **promoção de vendas** inclui qualquer técnica promocional, que não seja a venda ou propaganda, que estimule a compra de determinado produto ou serviço. O termo é definido no BusinessDictionary.com como o estímulo "das vendas obtidas por meio de concursos, demonstrações, descontos, exposições ou feiras comerciais, jogos, brindes, exposições no ponto de venda e merchandising, ofertas especiais e atividades similares".[29]

Para melhores resultados, a promoção de vendas normalmente é usada em combinação com a venda e a propaganda pessoais. As empresas de mídia social permitem às pequenas empresas competir com os seus grandes concorrentes de forma rentável por meio da promoção de vendas. Muitas empresas fazem uso do Foursquare, que permite às empresas apresentar programas de fidelidade *on-line*. Por exemplo, para uma celebração de aniversário, o Park City Mountain Resort, em Utah, ofereceu descontos em aluguel e roupas de frio para clientes que fizeram check-in no Foursquare.[30]

Examinamos brevemente as quatro ferramentas promocionais mais utilizadas: brindes, exposições comerciais, cupons e propaganda.

17-6a Brindes

Existem inúmeros itens de brindes: calendários, canetas, chaveiros, canecas de café e camisetas. Quase tudo pode ser usado como promoção de brindes, desde que cada item seja impresso com o nome da empresa ou outro *slogan* de identificação. As informações de contato também são muitas vezes incluídas.

As características distintivas dos brindes são a natureza duradoura e o valor tangível. A chave para um item de brindes eficaz é que seja durável – o cliente existente ou potencial tem o item tangível, visível por meses ou anos, mantendo o nome da sua empresa ou produto na frente deles. Como produtos funcionais, eles valem algo para aqueles que o recebem. Brindes podem ser usados para promover um produto diretamente ou para criar boa vontade para uma empresa. Eles são excelentes referenciais de uma empresa.

Por fim, os brindes são pessoais. São distribuídos diretamente ao cliente de modo particular, podem ser personalizados e têm uma mensagem exclusiva. Uma pequena empresa precisa manter sua imagem única, e os empresários frequentemente fazem uso desse recurso para atingir seu objetivo. Mais informações sobre brindes estão disponíveis no site da Associação Internacional de Produtos Promocionais em www.ppai.org.

17-6b Exposições em feira

A propaganda muitas vezes não pode substituir as experiências com um produto e um lugar de negócios do cliente sempre é o melhor ambiente para demonstrações de produtos. As exposições comerciais permitem aos clientes em potencial ter uma experiência prática com um produto.

Exposições comerciais são de particular valor para os fabricantes. O maior benefício dessas exposições é a potencial redução de custos em relação à venda pessoal. Grupos de exposição comercial alegam que o custo de uma exposição é inferior a 1/4 do custo das chamadas de vendas, e muitos pequenos fabricantes concordam que as exposições são mais rentáveis que a publicidade.

Expositores experientes oferecem as seguintes dicas úteis sobre feiras de exposições:[31]

- *Confira a história das feiras de exposições.* O programa atrai normalmente grandes multidões? A feira será adequadamente promovida para os seus potenciais clientes?
- *Tenha uma oportunidade de falar.* Muitas feiras têm palestrantes e sessões de discussão sobre temas especiais. Além disso, ter um cliente falando em seu nome gera uma boa impressão.
- *Escolha uma boa localização para o estande.* Vai custar-lhe mais dinheiro, mas uma boa localização poder ser essencial em uma grande feira. Estandes de canto são os melhores.

- *Prepare um display com aparência profissional.* Você não precisa ter o maior e mais chamativo estande no salão da feira para atrair participantes. Mas logotipos, fotografias e seus produtos e outros elementos relacionados à empresa utilizados em um *display* devem transmitir competência.
- *Tenha uma quantidade suficiente de literatura disponível.* Tenha muitas brochuras ou folhetos com aparência profissional para distribuir e tenha tudo preparado bem antes da feira.
- *Traga a equipe certa.* Você quer alguém que acredite no produto e que goste de conversar com estranhos.
- *Tenha as ofertas certas.* Considere usar os itens de promoção especial descritos. Não desperdice dinheiro em itens de novidade que ninguém usará.
- *Ache um parceiro.* Você pode reduzir seus custos pagando uma parte do espaço no estande de outro fornecedor.
- *Acompanhamento.* Tenha um plano para fazer o acompanhamento dos contatos feitos assim que chegar em casa depois da feira.

17-6c Cupons

Cupons foram usados como ferramentas promocionais por mais de cem anos. A Coca-Cola é conhecida como a primeira empresa a usar cupons. Asa Candler, cofundadora da Coca-Cola Company, apresentou comprovantes aos clientes que poderiam trocar por um copo de Coca-Cola. O primeiro cupom oficial foi emitido por C. W. Post, que oferecia um centavo do preço de uma caixa de cereais de Grape-Nuts. Os consumidores continuam a cortar cupons de jornais e revistas, utilizar cupons recebidos pelo correio e baixá-los da internet.[32] Eles não só atraem clientes para comprar produtos, mas os cupons também têm valor mesmo que não sejam utilizados. Um estudo realizado por professores da Virginia University concluiu que os consumidores que receberam, mas não usaram os cupons, aumentaram suas compras nas lojas associadas aos cupons.[33]

O mundo dos cupons mudou com o Groupon. A empresa foi lançada em 2008, em resposta à frustração do fundador, Andrew Mason, ao tentar obter resposta de uma grande corporação. Mason decidiu que a ação coletiva de um grande número de clientes teria mais atenção e planejou uma plataforma que usa as mídias sociais para obter o comprometimento dos indivíduos até que uma massa crítica seja alcançada. Groupon negocia com empresas para reduzir preços de mercadorias e serviços que entram em vigor quando se atinge uma faixa determinada de potenciais consumidores – ou seja, quando um número suficiente de pessoas adquire um cupom para obter o item descontado.[34]

O Groupon gerou concorrentes, como LivingSocial e SocialTwist. Muitas pequenas empresas utilizam essas plataformas para atrair negócios na esperança de ganhar clientes regulares. Alguns, no entanto, perderam dinheiro, oferecendo um desconto muito grande e não mantendo os clientes no longo prazo.[35] Outros, porém, tomaram medidas para reduzir os riscos e construir vendas.

17-6d Publicidade

De particular importância para as pequenas empresas é a **publicidade**, que fornece visibilidade para uma empresa por pouco ou nenhum custo. A publicidade pode ser utilizada para promover um produto e uma imagem da empresa. É uma parte essencial das relações públicas para a pequena empresa. Um bom programa de publicidade exige contatos regulares com os meios de comunicação. Conforme explicado no Quadro 17.2, jornalistas são líderes de opinião. Você pode ajudá-los tanto quanto eles podem ajudá-lo se você e sua empresa são fonte de boas histórias.[36]

Exemplos de esforços publicitários que envolvem algumas despesas incluem a assinatura de anuários escolares e patrocínio de programas atléticos para jovens. Embora os benefícios sejam difíceis de medir, a publicidade é, no entanto, importante para uma pequena empresa e deve ser usada em todas as oportunidades. O retorno de um investimento relativamente pequeno é substancial.

17-6e Quando usar a promoção de vendas

Uma empresa pequena pode usar a promoção de vendas para realizar vários objetivos. Por exemplo, pequenos fabricantes podem usá-la para estimular os membros do canal – varejistas e atacadistas – para comercializar o seu produto. Os atacadistas podem usar a promoção de vendas para induzir os varejistas a estocar mais cedo do que normalmente o fariam, e varejistas, com ferramentas promocionais semelhantes, poderão persuadir os clientes a fazer uma compra.

No seu núcleo, a promoção bem-sucedida significa uma comunicação eficaz. A fonte (uma pequena empresa) deve ter uma mensagem indicando que destinatários (no mercado-alvo) recebem ou encontram, entendem e agem.

Mas este não é um exercício simples. Muitas decisões devem ser tomadas ao longo do processo – as decisões relativas a orçamento promocional, composto promocional, natureza e inserção da propaganda, identificação de perspectivas de alto potencial, participação em feiras – e a lista continua. As rápidas mudanças nas tecnologias e no comportamento social significam que as empresas de todos os tamanhos vão cometer erros promocionais ao longo do caminho, e você também. Seu trabalho é aprender com esses erros. Mantenha seus olhos e ouvidos abertos para melhores formas de servir os seus clientes e de divulgar as razões pelas quais eles deveriam fazer negócio com você.

Glossário

App (p. 361) – Abreviatura para um pequeno programa de software especializado.

Blogs (p. 361) – Jornal *on-line* que oferece as experiências de um escritor, opiniões etc.

Código de resposta rápida (QR) (p. 361) – Código de barras quadrado que conecta a um site, vídeo ou qualquer outro conteúdo da web.

Composto promocional (p. 356) – Mistura de formas de comunicação impessoal, pessoal, combinada e especial com o objetivo de atingir um mercado-alvo.

Hyperlink **(p. 359)** – Palavra, frase ou imagem na qual um usuário pode clicar para ir para outra parte de um documento ou site ou para um novo documento ou website.

Mídia social (p. 359) – Rede social e sites de microblogging, bem como meios de comunicação *on-line*, nos quais os usuários compartilham mensagens pessoais, informações, vídeos e outros conteúdos.

Promoção (p. 355) – Comunicações de marketing que informam e persuadem consumidores.

Promoção de vendas (p. 369) – Termo inclusivo para qualquer técnica promocional, que não seja a venda pessoal e propaganda, que estimula a compra de um determinado produto ou serviço.

Promoção por e-mail (p. 359) – Entrega de uma mensagem da empresa por meio eletrônico.

Propaganda (p. 366) – Estratégia de venda executada informando, convencendo e lembrando clientes da disponibilidade ou superioridade dos produtos ou serviços de uma empresa.

Propaganda de produto (p. 367) – Apresentação planejada para manter potenciais clientes informados de um produto ou serviço específico e criar um desejo por ele.

Propaganda institucional (p. 367) – Apresentação da informação sobre uma empresa em particular, planejada para melhorar a sua imagem para tornar a propaganda do produto mais convincente e efetiva.

Prospecção (p. 363) – Processo sistemático de busca contínua por novos clientes.

Publicidade (p.359) – Estratégia promocional que fornece visibilidade para um negócio com pouco ou nenhum custo.

Rede social (p. 359) – Interação *on-line* com outros usuários que compartilham interesses comuns.

Venda pessoal (p. 362) – Encontro face a face com um cliente.

Ferramentas para *startups*

Fazendo orçamento de marketing
Você pode encontrar um modelo gratuito para resumir o orçamento de marketing no site do SCORE (www.score.org/resources/annual-marketing-budgettemplate).

Entrega da mensagem
Donos de pequenas empresas devem ser comunicadores eficientes. A BizLaunch é uma empresa que oferece cursos para ajudar os empresários a desenvolver habilidades. Ela fornece uma apresentação em PowerPoint que guia você no processo para conseguir propaganda gratuita em www.slideshare.net/rogerpierce/how-toget-free-publicity?next_slideshow=1.

Recursos para *startups*

Design fácil para o usuário
Proprietários de pequenos negócios devem buscar orientações de baixo custo, mas de alta experiência. O Departamento dos EUA para Saúde e Serviços Humanos publicou um livro inteiro sobre *design* de website, *Research-Based Web Design & Usability Guidelines*, que pode ser visualizado em www.usability.gov/sites/default/files/documents/guidelines_book.pdf. Deixe que outros façam a pesquisa por você.

Encantando clientes e mais
Por intermédio de seus livros, sites e em outros meios, Guy Kawasaki apresenta incontáveis ideias para que empreendedores abram e desenvolvam os seus empreendimentos. Bons lugares para procurar ideias promocionais incluem seus livros *The Art of the Start*, *Selling the Dream* e *Enchantment*. Mais informações estão disponíveis no site www.guykawasaki.com.

Você é quem manda

Situação 1

Michael Di Pippo é proprietário da Pen Fishing Rods. Ele lançou a empresa para vender suas invenções, as menores varas de pesca do mundo e bobinas. A vara de pesca Rod Goliath aberta possui aproximadamente 155 centímetros, mas, quando é fechada, tem apenas 20 centímetros. Di Pippo enviará seus produtos para qualquer lugar no mundo. Como ele faz com que as pessoas saibam sobre seus produtos? Youtube! Ele apresenta seus produtos usando palavras-chave como "pesca", "acampamento" e "ao ar livre". Se você visitar o site da empresa, poderá ser levado a vários vídeos do YouTube ou assistir alguns no próprio site. Mesmo os clientes estão postando vídeos no YouTube, em que se mostram usando os produtos da Pen Fishing Rods. Não demorou muito até que mais de 100 vídeos relacionados com esses produtos da empresa estivessem *on-line*.

Fontes: baseado em http://www.perkyjerky.com, acesso em 2 de março de 2013; e Jason Fell, "Building a (Nearly) Million-Dollar Brand on a Startup Budget," http://www.entrepreneur.com/article/219395#. Acesso em 2 de março de 2013; Pen Fishing Rods, http://penfishingrods.com/shop/index.php. Acesso em 10 de abril de 2015.

Pergunta 1 – Por que você acha que Di Pippo escolheu vídeos para comercializar seus produtos?

Pergunta 2 – Quais riscos você acha que Di Pippo enfrenta com clientes que postam vídeos sobre seus produtos?

Pergunta 3 – Dê uma olhada em alguns vídeos que mostram os produtos da Pen Fishing Rods e alguns que foram postados pelos clientes. Por que essa abordagem funcionou? O que você recomendaria para melhorar?

Situação 2

Ao trabalhar em cuidados com animais de estimação, Michael Landa percebeu que ele estava vendo mais e mais animais com sobrepeso. Ele abriu a Nulo, Inc., em um esforço para mudar as coisas. Sua estratégia para entrar no setor de alimentos para animais de estimação, que é dominado por grandes corporações, foi lançar uma comunidade *on-line*, dando aos donos uma chance de compartilhar informações sobre perda de peso e nutrição. Nulo orgulha-se em oferecer receitas frescas e simples em pequenos potes com ingredientes ricos nutricionalmente. A empresa permanece ativa no Facebook, Twitter e YouTube. Ela foi a empresa oficial de comida para animais de estimação durante os Emmy Awards de 2012.

Fontes: baseado em http://nulo.com, acesso em 3 de março de 2013; e Gwen Moran, "Build Up your Pack", *Entrepreneur*, vol. 39, n. 4 (2011), p. 48.

Pergunta 1 – Se você estivesse abrindo uma empresa em um setor com grandes concorrentes, que medidas tomaria para preparar o seu orçamento de propaganda?

Pergunta 2 – Se Landa viesse até você para pedir conselhos, o que lhe diria sobre a construção de uma comunidade *on-line*?

Pergunta 3 – A comunidade *on-line* de Nulo pode ser sustentada? Quais tipos de informação a empresa deveria estar compartilhando em seu site?

Notas

1. Jason Ankeny, "Infectious Behavior," *Entrepreneur*, maio de 2014, p. 33–38; e Playworld, http://playworldsystems.com. Acesso em 11 de março de 2015.
2. "The 20 Worst Venture Capital Investments of All Time," http://www.insidecrm.com/articles/crm-blog/the-20-worst-venture-capital-investments-of-all-time-53532. Acesso em 11 de março de 2015.
3. Pew Research Center, "Internet Use over Time," http://www.pewinternet.org/data-trend/internet-use/internet-use-over-time/. Acesso em 11 de março de 2015.
4. Pew Research Center, "Social Networking Fact Sheet," http://www.pewinternet.org/fact-sheets/social-networking-fact-sheet. Acesso em 11 de março de 2015.
5. U.S. Small Business Administration, "Online Businesses," https://www.sba.gov/content/start-online-business. Acesso em 11 de março de 2015.
6. Shopify, "5 Rules for Choosing a Good & Brandable Domain Name," http://www.shopify.com/blog/3033082-5-rules-for-choosing-a-memorable-domain-name. Acesso em 11 de março de 2015.
7. Domaining, "Top Domain Name Sales," http://www.domaining.com/topsales. Acesso em 11 de março de 2015.
8. Telesian Technology Inc., "Web Design & Development," http://telesian.com/ebusiness/web_design.cfm. Acesso em 11 de março de 2015.
9. Ann Handley, "Trends 2014," *Entrepreneur*, dezembro de 2013, p. 50-51.
10. Johnny Cupcakes, "Ch. 5 2006: Press," http://kitchen.johnnycupcakes.com/story. Acesso em 11 de março de 2015.
11. Entrevista pessoal com Shari Worthington, janeiro de 2015.
12. Brian Halligan and Dharmesh Shah, *Inbound Marketing: Get Found Using Google, Social Media, and Blogs* (Hoboken, NJ: John Wiley & Sons, 2009), p. 12-13.
13. http://go.com. Acesso em 11 de março de 2015.
14. Uma extensa lista de ferramentas de busca com breves descrições pode ser encontrada no http://www.thesearchenginelist.com.
15. Kipp Bodner, "The Ultimate Glossary: 120 Social Media Marketing Terms Explained," http://blog.hubspot.com/blog/tabid/6307/bid/6126/The-Ultimate-Glossary-120-Social-Media-Marketing-Terms-Explained.aspx. Acesso em 12 de março de 2015.
16. Michelle Manafy, "How to Choose the Best Social Media Site for Your Business," http://www.inc.com/michelle-manafy/how-to-choose-the-bestsocial-media-sites-to-market-your-business.html. Acesso em 12 de março de 2015.
17. eBizMBA, "Top 15 Most Popular Social Networking Sites," http://www.ebizmba.com/articles/social-networking-websites. Acesso em 12 de março de 2015.
18. Jayson DeMers, "5 Reasons You Need to Increase Your Email Marketing Budget," http://www.forbes.com/sites/

jaysondemers/2015/03/11/5-reasons-you-need-to-increase-your-email-marketing-budget. Acesso em 12 de março de 2015.
19. Jenna Hanington, "The 2015 Email Marketing Landscape Described in 16 Stats," http://www.pardot.com/blog/the-2015--email-marketing-landscape. Acesso em 12 de março de 2015.
20. Federal Trade Commission, "CAN-Spam Act: A Compliance Guide for Business," https://www.ftc.gov/tips-advice/business--center/guidance/canspam-act-compliance-guide-business. Acesso em 12 de março de 2015.
21. "Hyperlink," http://www.webopedia.com/TERM/H/hyperlink.html. Acesso em 12 de março de 2015.
22. "The Blog Team," http://blog.telesian.com/the-blog-team. Acesso em 12 de março de 2015.
23. Pew Research Center, "Device Ownership over Time," http://www.pewinternet.org/data-trend/mobile/device-ownership. Acesso em 12 de março de 2015.
24. Sarita Harbour, "Best Practices for Navigation on the Mobile Web," http://www.webdesignerdepot.com/2012/11/best--practices-for-navigation-on-the-mobile-web. Acesso em 12 de março de 2015.
25. Mark Hunter, "21 Tips to Use at a Networking Event," http://thesaleshunter.com/resources/articles/networking/21-tips-to--use-at-a-networking-event. Acesso em 12 de março de 2015.
26. Tim Devaney and Tom Stein, "Handling Haters: How to Respond to Negative Online Reviews," http://www.forbes.com/sites/sage/2014/03/03/handling-haters-how-to-respond--to-negative-online-reviews. Acesso em 12 de março de 2015.
27. Dawn S. Carlson, Nancy Upton, e Samuel Seaman, "The Impact of Human Resource Practices and Compensation Design on Performance: An Analysis of Family-Owned SMEs," *Journal of Small Business Management*, vol. 44, n. 4 (2006), p. 531–543; e José L. Barbero, José C. Casillas e Howard D. Feldman, "Managerial Capabilities and Paths to Growth as Determinants of High-Growth Small and Medium-Sized Enterprises," *International Small Business Journal*, vol. 29, n. 6 (2011), p. 671-694.
28. Google, "5 Factors of Viewability," http://think.storage.googleapis.com/docs/5-factors-of-viewability_infographics.pdf. Acesso em 12 de março de 2015.
29. BusinessDictionary.com, "Sales Promotion," http://www.businessdictionary.com/definition/sales-promotion.html. Acesso em 12 de março de 2015.
30. Park City Mountain Resort, "We're Celebrating 50 Years with 50 Days of Giveaways," http://www.parkcitymountain.com/site/blog/authors/colette-maddock/we-re-celebrating-50-years-with-50. Acesso em 12 de março de 2015.
31. Hilary Genga, "How I Saved . . . $6,500," *Entrepreneur*, dezembro de 2013, p. 78; Michelle Goodman, "It's Showtime!," *Entrepreneur*, julho de 2014, p. 72; Janet Attard, "Trade Show Dos and Don'ts," http://www.businessknowhow.com/tips/tradesho.htm. Acesso em 12 de março de 2015; e David Lavenda, "10 Ways to Make Sure Your Trade Show Isn't a Bust," http://www.fastcompany.com/1841035/10-ways-make-sure--your-trade-show-isnt-bust. Acesso em 12 de março de 2015.
32. The Coupon Company, "Coupon History," http://www.couponcompany.co.za/About_Coupons_History.html. Acesso em 12 de março de 2015.
33. Rajkumar Venkatesan and Paul Farris, "Unused Coupons Still Pay Off," *Harvard Business Review*, maio de 2012, p. 32.
34. "About Groupon," http://www.groupon.com/about. Acesso em 13 de maio de 2015; e Jolie O'Dell, "The History of Groupon," http://www.forbes.com/sites/mashable/2011/01/07/the-history-of-groupon/. Acesso em 13 de maio de 2015.
35. Stefanie O'Connell, "5 Things You Should Know about Groupon," http://money.usnews.com/money/the-frugal-shopper/2014/02/20/5-things-you-should-know-about-groupon. Acesso em 13 de maio de 2015.
36. Diana Spechler e Jim O'Grady, "The Scoop," *Entrepreneur*, outubro de 2013, p. 57-60.

CAPÍTULO 18

Oportunidades globais para pequenos negócios

Matthew Griffin, ex-soldado do exército, desejava trazer estabilidade econômica a países devastados pela guerra. Com esse objetivo em mente, ele fundou a Combat Flip Flops depois de ser enviado para o Afeganistão. A ideia por trás da *startup*, lembra Griffin, era "criar um ambiente que propiciasse às pessoas que vivem em países pós-conflito a oportunidade de reconstruir pacificamente sua economia". No início, a empresa fabricava apenas um estilo de sandálias, mas verdadeiramente único, combinando cartuchos decorativos de AK-47 com solados de grau militar. Hoje, a empresa distribui uma série de produtos completamente manufaturados no Afeganistão, na Colômbia e no Laos.

Mas, como acontece com qualquer *startup* que se torna global tão cedo, o caminho para o sucesso da Combat Flip Flops estava cheio de obstáculos. Quando Griffin fundou seu empreendimento, em 2009, ele pretendia produzir sandálias em uma fábrica afegã. Para iniciar a produção, ele adquiriu matérias-primas de baixo custo da China, que deveriam ser enviadas para Cabul via Paquistão. Mas,

No Spotlight
No Afeganistão
www.combatflipflops.com

antes de o pedido chegar, o governo paquistanês fechou a fronteira com o Afeganistão em protesto contra as ações militares norte-americanas na região. Sem hesitar, Griffin reencaminhou o pedido pelo Tadjiquistão. Esse ajuste valeu a pena e logo o empreendimento iniciava suas operações.

Mas então Griffin enfrentou outro revés: os primeiros 2 mil pares de sandálias da fábrica de Kabul foram tão malfeitos que Griffin não poderia vendê-los em mercados ocidentais. Ele não tinha escolha a não ser descartá-los. Para resolver o problema, ele assinou um contrato com uma segunda fábrica – que infelizmente saiu do negócio antes mesmo de a primeira sandália sair da linha de produção. Uma solução mais eficaz era necessária, então Griffin decidiu mudar a produção de Cabul para a garagem da sua casa em Issaquah, Washington, onde ele e seus amigos foram capazes de produzir 3.400 pares de sandálias.

Apesar dos frustrantes contratempos, Griffin acumulou importantes

Ao término deste capítulo, você deverá ser capaz de:

18-1. Descrever o potencial de pequenos negócios como empreendimentos globais.

18-2. Identificar as forças básicas que motivam pequenas empresas a se engajar em uma expansão global.

18-3. Entender e comparar opções de estratégia para negócios globais.

18-4. Explicar os desafios enfrentados por empreendimentos globais.

18-5. Reconhecer as fontes de assistência disponíveis para apoiar esforços internacionais de negócios.

êxitos. Por exemplo, ele tentou atrair investimentos por meio das mídias sociais e das campanhas do Kickstarter, mas ambos produziram apenas resultados modestos. Em seguida, ele fez parceria com o recém-fundado VetLaunch, um site de financiamento coletivo criado exclusivamente para empresas de propriedade de veteranos. O esforço valeu a pena, com a empresa arrecadando mais de US$ 17.000 em apenas seis semanas. Na mesma época, ele tomou a decisão de transferir a produção de sandálias para uma fábrica em Bogotá, Colômbia, que vem funcionando muito bem até hoje.

Capitalizando o novo momento do empreendimento, Griffin começou a voltar à atenção para o Afeganistão, escolhendo trabalhar diretamente com a Força-Tarefa de Cashmere do Departamento de Defesa, para desenvolver o imenso, mas em grande parte inexplorado, potencial do setor de cashmere. Ele também ampliou a gama de produtos vendidos oferecendo sarongues (para ajudar a financiar a educação das mulheres no Afeganistão) e pulseiras (para apoiar a remoção de munições não deflagradas no Laos). Essas mudanças reforçaram o significado social do empreendimento.

Griffin vem percorrendo um longo caminho com sua *startup* global, levando quase cinco anos para chegar até aqui, e seu sucesso futuro está longe de estar garantido. Essa não é a exceção, mas a regra para as pequenas empresas que fazem negócios no exterior. No entanto, ele permanece otimista sobre seus potenciais clientes. "Após várias execuções de produção, paradas e iniciações, [com] apoio da comunidade e uma recusa em aceitar a derrota," diz ele, "nós, então, nos recuperamos." Então, este pode ser apenas o começo para a Combat Flip Flops e outros novos empreendimentos que estão viajando pela mesma estrada da aventura global.

Fontes: Peter Clark, "Combat Flip Flops Expands Its Catalog through Crowdfunding", *The Issaquah Press*, 26 de agosto de 2014, http://www.issaquahpress.com/2014/08/26/combat-flip-flops-expands-its-catalog-through-crowdfunding. Acesso em 19 de janeiro de 2015; "Combat Flip Flops: Our Story", http://www.combatflipflops.com. Acesso em 19 de janeiro de 2015; "Combat Flip Flops Rock the Cashmagh Campaign", 18 de agosto de 2014, http://campaigns.vetlaunchusa.com/campaigns/combat-flip-flops-rock-thecashmag. Acesso em 19 de janeiro de 2015; e Dion Nissenbaun, "Afghan Business Tale: Don't Try This"; *The Wall Street Journal*, 10 de outubro de 2013, p. B5.

Nosso mundo em mudança cria oportunidades extraordinárias para pequenas empresas, mesmo que ele dê origem a desafios emergentes, como aqueles que Matthew Griffin encontrou quando começou a Combat Flip Flops (veja a seção *No Spotlight* deste capítulo). Houve um tempo em que economias nacionais estavam isoladas por barreiras ao comércio e ao investimento, por diferenças na língua e na cultura, por práticas empresariais distintas e vários regulamentos governamentais. No entanto, essas diferenças estão desaparecendo à medida que as preferências do mercado convergem, as barreiras comerciais caem e as economias nacionais se integram para formar um sistema econômico global. Esse processo é central para a tendência da **globalização**. Embora o movimento na direção da convergência tenha diminuído durante a desaceleração econômica recente, o aumento da globalização ainda é a norma, criando muitas novas oportunidades e concorrentes que não existiam mesmo há alguns anos. E com a impressionante taxa de crescimento econômico em países como a China e a Índia, seria imprudente para um pequeno empresário ignorar essas oportunidades em mercados emergentes – e os novos concorrentes que vêm com eles.

Conforme você for lendo as páginas que se seguem sobre os desafios do comércio internacional e as muitas decisões que estão envolvidas em expandir operações para o exterior, pode se convencer de que ser um empreendedor global não é algo para você. Essa é uma reação normal. Mas as oportunidades são tremendamente gratificantes, e os recursos disponíveis podem ajudá-lo a superar quaisquer obstáculos que possam estar no seu caminho. Mais adiante neste capítulo, você lerá sobre as numerosas formas de assistência que podem ajudá-lo a alcançar suas ambições globais. Como você vai ver, muitos pequenos negócios estão provando que isso pode ser feito. Você pode fazê-lo também!

18-1 PEQUENOS NEGÓCIOS COMO EMPREENDIMENTOS GLOBAIS

O potencial das empresas globais é claro, mas esse potencial se estende a pequenas empresas?[1] As evidências indicam que *startups* recentes e outras pequenas empresas continuam a expandir-se para o exterior, apesar da recente desaceleração econômica global.[2]

Conforme ilustrado no Quadro 18.1, a maioria das 500 empresas privadas que mais crescem na lista da revista *Inc.* tem iniciado operações em vários países ao redor do mundo, do Canadá à Nova Zelândia. De fato, muitas pequenas empresas, às vezes chamadas de **empresas nascidas globais**,[3] estão sendo lançadas levando-se em conta as atividades de negócios internacionais. "Independentemente da motivação, as empresas 'nascidas globais' estão se tornando o novo normal", observa Karen Gerwitz, presidente do World Trade Center Denver. "As empresas que esperam até estarem 'maduras' o suficiente para começar a pensar globalmente estão ficando para trás."[4]

Você provavelmente está familiarizado com o Skype, que foi adquirido pela Microsoft em 2011. Em 2003, a empresa era apenas uma *startup* e foi, claramente, um negócio internacional desde o início.

> [Niklas] Zennstrom, que é sueco, e seu parceiro Janus Friis, dinamarquês, lançaram sua empresa de telefonia via internet, Skype, em Luxemburgo, com escritórios de vendas em Londres. Mas eles terceirizaram o desenvolvimento de produtos para a Estônia, a mesma matriz fértil que antes tinha gerado o sistema de compartilhamento de música, Kazaa.[5]

À medida que aumenta o acesso à tecnologia, o talento torna-se mais móvel, o custo de viagens e comunicações globais cai e os acordos comerciais abrem mercados domésticos para a concorrência estrangeira, os empreendedores concentram-se cada vez mais nas oportunidades de expansão para mercados internacionais. Em alguns casos, eles podem ser forçados a entrar em mercados estrangeiros para competir com as empresas do setor que já fizeram o mesmo.[6] Mas uma coisa é certa: o tamanho não limita necessariamente a atividade internacional de uma empresa. Pequenas empresas podem aproveitar seus recursos exclusivos para se tornarem concorrentes globais.[7]

A opção global é praticamente inevitável em alguns casos. Por exemplo, quando Howard Pedolsky começou a comercializar a sua inovadora tecnologia de refrigeração ecológica, descobriu que os supermercados europeus estavam muito mais interessados nela do que seus concorrentes norte-americanos. Isso era o resultado de padrões europeus rígidos, então, Pedolsky percebeu que precisaria concentrar-se no desenvolvimento de uma base de clientes na Europa em primeiro lugar: "O ambiente europeu era muito mais favorável para nós e [os supermercados lá] tendiam a gastar mais dinheiro em nossos produtos".[8]

QUADRO 18.1 Onde, no mundo, as empresas empreendedoras estão fazendo negócios?

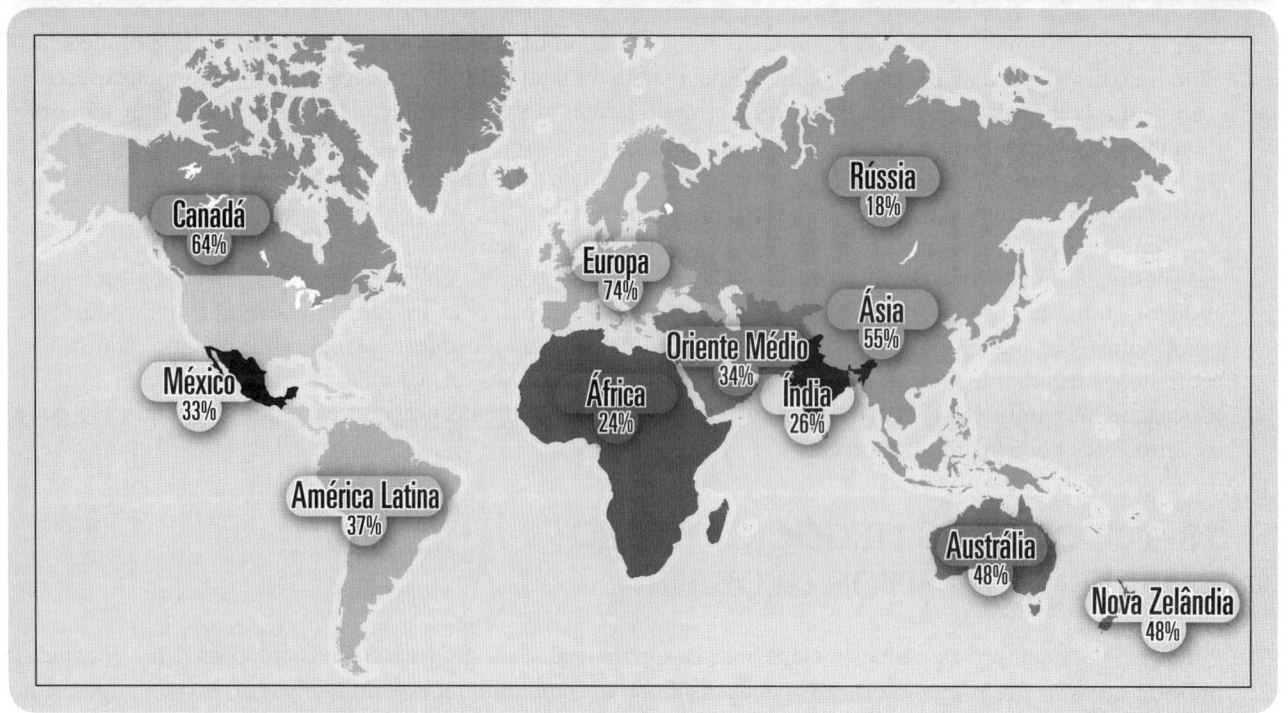

- Canadá 64%
- Rússia 18%
- Europa 74%
- Ásia 55%
- México 33%
- Oriente Médio 34%
- África 24%
- Índia 26%
- América Latina 37%
- Austrália 48%
- Nova Zelândia 48%

Fonte: baseado em Issie Lapowsky, "Planting the Flag", http://www.inc.com/magazine/201109/inc-500-global-map.html. Acesso em 14 de janeiro de 2015.

O fato de muitas empresas estarem se tornando globais não significa que isso seja fácil. Os desafios que os pequenos negócios enfrentam no mercado internacional são consideráveis. Primeiro, um pequeno empresário deve decidir se a empresa está à altura da tarefa. Para ajudar os empreendedores a avaliar o impacto da globalização em seus pequenos negócios, o Departamento de Comércio dos EUA publicou um *Guia Básico para Exportação* (*A Basic Guide to Exporting*). Este manual descreve questões importantes que os empreendedores devem considerar ao avaliarem sua preparação para os desafios dos negócios globais (veja o Quadro 18.2).

Quando os proprietários de pequenas empresas decidem expandir suas operações internacionalmente, eles devem estudar as forças sociais, tecnológicas, econômicas e políticas nos mercados estrangeiros para descobrir a melhor forma de adaptar as suas práticas empresariais, bem como os seus produtos ou serviços a circunstâncias locais e fazer outros ajustes necessários para garantir uma entrada sem turbulências no mercado. Por exemplo, fazer negócios no Oriente Médio pode exigir mudanças no que muitos proprietários de pequenas empresas considerariam ser "procedimento padrão de negócios".

Na Arábia Saudita, a semana de trabalho começa no sábado e termina na quarta-feira, os compromissos são geralmente programados considerando-se os cinco horários diários de oração e muitas empresas ficam fechadas à tarde. A maioria dos negócios reais é feita cara a cara, baseando-se muito menos em documentos e contratos do que é usual no mundo ocidental. Portanto, o tempo necessário para fazer negócios é relativo.[9]

E isso é apenas o começo! Quando você considera que a cobrança ou pagamento de juros é proibida em muitos países islâmicos – juntamente com uma série de outras diferenças –, torna-se claro que vencer obstáculos únicos de um mercado como o da Arábia Saudita pode ser um sério desafio.

18-2 AS FORÇAS CONTROLANDO NEGÓCIOS GLOBAIS

Dada a dificuldade dos negócios internacionais, por que um empreendedor desejaria tornar seu negócio global? Entre as razões estão algumas que têm motivado o comércio internacional por séculos. Em 1271, Marco Polo viajou para a China para explorar a troca de mercadorias ocidentais por sedas e especiarias orientais exóticas, que então seriam vendidas na Europa. Claramente, a motivação para levar os produtos nacionais para os mercados externos e trazer produtos estrangeiros para mercados internos é tão relevante hoje quanto era na época de Marco Polo. Considere, por exemplo, o *designer* de vestuário que vende roupas ocidentais em Tóquio ou o

QUADRO 18.2 Questões a considerar antes de se tornar global

Objetivos de gestão	• Quais são as razões de uma empresa para se tornar global? • Quão comprometida a gerência está em se tornar global? • Quando a gerência espera ter o retorno dos investimentos em operações internacionais?
Experiência de gestão e recursos	• Qual experiência internacional interna a empresa tem (experiência de vendas internacionais, habilidades linguísticas etc.) • Quem será responsável pelas operações internacionais da empresa? • Quanto tempo da gerência sênior deve ser usado para esforços globais da empresa? • Qual estrutura organizacional é exigida para garantir sucesso fora do país?
Capacidade de produção	• Como a capacidade atual está sendo usada? • Quanto de capacidade adicional será necessária nacional e internacionalmente? • Quais projetos de produtos e opções de embalagem são necessários para mercados internacionais?
Capacidade financeira	• Quanto de capital pode ser comprometido com a produção e mercado internacionais? • A empresa será capaz de cobrir as despesas iniciais de se tornar global (por exemplo, custos para encontrar clientes internacionais, a expansão de produção para apoiar as vendas internacionais)? • Quais outras demandas financeiras poderiam competir com planos para internacionalizar? • Qual o tempo de retorno esperado do investimento para se tornar global?

Fonte: adaptado da International Trade Administration, *A Basic Guide to Exporting: The Official Government Resource for Small- and Medium-Sized Businesses*, citado em John B. Cullen e K. Praveen Parboteeah, *Multinational Management: A Strategic Approach*, 7ª ed. (Cincinnati, OH: Cengage Learning, 2017), Quadro 7.4.

revendedor de tapetes independente que rastreia os mercados da Turquia para localizar fontes de baixo custo de produtos de alta qualidade.

Complementando essas antigas razões para tornar negócios globais estão motivações que sintetizam o núcleo da iniciativa empresarial. Um colaborador da revista *Inc.* descreve o impulso para se tornar global da seguinte forma:

> *Porque isso é o que empreendedores fazem... . A globalização é arriscada. Empreendedores abraçam o risco. Portanto, os empreendedores adotam a globalização... [A] chance de tentar coisas novas em novos lugares é como um cabo de partida para o motor empreendedor.*[10]

Em outras palavras, muitos empreendedores procuram fazer mais do que simplesmente expandir um mercado lucrativo. Eles reconhecem que os seus empreendimentos já não estão mais isolados dos desafios globais e que devem considerar a dinâmica do novo ambiente competitivo.[11]

Uma forma de se adaptar a essas realidades é por meio da inovação, que é essencial para a competitividade em muitos setores. Os pequenos negócios que investem pesadamente em pesquisa e desenvolvimento podem, muitas vezes, superar seus grandes concorrentes. Mas conforme os custos com P&D aumentam, eles muitas vezes não podem ser recuperados apenas com as vendas no mercado interno. O aumento das vendas em mercados internacionais pode ser a única forma viável de recuperar o investimento feito em uma empresa. Em alguns casos, isso pode exigir a identificação de mercados dinâmicos que estão começando a se abrir em todo o mundo e, em seguida, posicionar-se dentro ou perto desses mercados.[12]

Como você pode ver, os motivos para a expansão global variam. Mas essas forças básicas podem ser divididas em quatro categorias gerais: expandir mercados, ganhar acesso a recursos, cortar custos e capitalizar sobre características especiais de localização. Dentro de cada categoria estão algumas motivações testadas e verdadeiras, bem como algumas novas perspectivas que surgiram em anos mais recentes.

18-2a Expandir mercados

Mais de 95% da população mundial vive fora dos Estados Unidos, o que faz com que a globalização aumente muito o tamanho do mercado potencial de uma empresa norte-americana. Um estudo de pequenas empresas descobriu que seu principal interesse na globalização estava em alcançar novos mercados e expandir seus negócios, ao contrário de procurar recursos no exterior, ganhar acesso a tecnologias e evitar pressões regulatórias nacionais.[13] Mas essa pesquisa se concentrou em empresas norte-americanas que se expandiram para a Europa; a principal motivação para o envolvimento em outras partes do mundo pode ser diferente. Por exemplo, muitas pequenas empresas norte-americanas que fazem negócios na Ásia também estão buscando novos mercados, embora estejam procurando, ao mesmo tempo, acessar fontes de componentes de baixo custo ou realocar processos de negócios via terceirização.

PAÍSES-ALVO

Por causa da principal motivação para tornar-se global ser desenvolver oportunidades de mercado fora do país de origem, o foco das estratégias de globalização tende a estar em países com maior potencial comercial. No passado, esses eram os países desenvolvidos, com altos níveis de riqueza amplamente distribuída. Nos últimos anos, as empresas têm prestado maior atenção aos mercados emergentes, onde a renda e o poder de compra têm crescido mais rapidamente.

O termo BRICs é frequentemente usado para se referir às economias de rápido crescimento do Brasil, Rússia, Índia e China. Esses mercados têm definitivamente capturado a atenção de muitos empreendedores. E esse interesse parece estar crescendo, já que os principais mercados, como Europa, Japão e Estados Unidos, continuam lutando contra a estagnação econômica, enquanto a China e a Índia, em particular, conseguiram recuperações impressionantes (veja o Quadro 18.3). Os menores países do BRIC, a Rússia e o Brasil, também têm tido sucesso nos últimos anos (apesar da recessão econômica em cada um deles a partir de 2014), mas eles não tiveram o mesmo nível de crescimento e vigor que a China e a Índia.

Devido às suas imensas populações e à sua potencial demanda no mercado, China e Índia tornaram-se o foco de muitas empresas internacionais. Combinadas, essas duas nações representam cerca de 40% dos 7 bilhões de habitantes do mundo, proporcionando terreno fértil para a expansão internacional. As pequenas empresas estão entre os inúmeros competidores lutando por "um lugar ao sol" nesses mercados emergentes, à medida que tentam vender para sua nova "classe consumidora" de rápido crescimento.

PRODUTOS PROMOVIDOS

A autoridade internacional de negócios Raymond Vernon observou, em meados de 1960, que as empresas tendiam a introduzir novos produtos nos Estados Unidos primeiro e depois vendê-los em países menos avançados, à medida que a demanda no mercado doméstico declinava.[14] Em outras palavras, eles estavam usando a expansão internacional para estender o ciclo de vida de um produto. Embora essa abordagem seja eficaz em algumas circunstâncias, tornou-se menos viável na medida em que a preferência de clientes, níveis de renda e sistemas de entrega tornaram-se mais semelhantes e os ciclos de vida do produto se contraíram. Além disso, os consumidores dos países em desenvolvimento têm se tornado mais sofisticados em seus gostos e expectativas e não são mais parte da "maioria tardia", como eram no passado.

Hoje, os produtos vendidos no mercado doméstico têm uma chance maior de serem introduzidos muito rapidamente no exterior, com pouca ou nenhuma adaptação em muitos casos. Programas de televisão, filmes, mídia impressa e a internet estão moldando os gostos culturais em todo o mundo, e isso está facilitando a entrada de pequenos negócios nos mercados internacionais. Interesses norte-americanos há muito tempo têm desempenhado papel de protagonista na arena cultural, inspirando compras generalizadas de produtos como jeans e *fast food* e gerando fascínio internacional em esportes e celebridades dos EUA. Ao informar os consumidores sobre os estilos de vida dos outros, a globalização está criando mais preferências de consumo compartilhadas.

Produtos altamente especializados também podem ter bom desempenho nos mercados internacionais. Conforme a tecnologia torna possível mercadorias cada vez mais avançadas, os mercados exigem mais produtos diferenciados para satisfazer suas necessidades e interesses únicos. Isso aumenta o custo de fazer negócios. Entretanto, as vendas ampliadas permitem que os fabricantes de tais produtos recuperem os custos mais elevados do desenvolvimento de produto. Muitas pequenas empresas adotam estratégias empresariais direcionadas, apesar do limitado potencial do mercado doméstico. Para eles, a exploração da vantagem de produtos especializados em vários mercados internacionais pode ser mais importante do que para seus grandes concorrentes corporativos.[15]

APROVEITANDO A EXPERIÊNCIA AO MÁXIMO

Independentemente dos países-alvos ou dos produtos promovidos, a expansão internacional tem potencial para proporcionar benefícios além dos lucros por unidade padrão sobre itens adicionais vendidos. À medida que um empreendimento se expande e o volume cresce, geralmente pode encontrar maneiras de trabalhar de forma mais inteligente ou gerar eficiências. Os analistas observaram pela primeira vez essas **eficiências de curva de experiência** no setor de fabricação de aeronaves. Eles notaram que cada vez que um fabricante duplicava sua produção total, o custo de produção por aeronave caía 20%. Em outras palavras, os custos por unidade diminuíam 20% quando a empresa fabricava quatro unidades em vez de duas, declinava em outros 20% quando a empresa fazia oito unidades em vez de quatro, e assim por diante.

O que pode explicar esse ganho de eficiência? A maioria acredita que o resultado vem dos efeitos de aprendizagem e de economias de escala. Os **efeitos de aprendizagem** ocorrem quando o *insight* que um funcionário tem com base em sua experiência leva a um melhor desempenho no trabalho. Os efeitos de aprendizagem também podem ocorrer no nível da empresa se as experiências dos empregados individuais forem compartilhadas, levando a práticas e rotinas de produção melhores em toda a organização. Esses ganhos de aprendizagem são

QUADRO 18.3 Mercados dos BRICs

País	População em 2013 (em milhões)	Riqueza em 2013 (RNB *per capita*)*	Crescimento econômico em 2013 (crescimento PIB, %)**
Brasil	200	11.690	2,5
China	1.357	6.560	7,7
Índia	1.252	1.570	5,0
Rússia	143	13.850	1,3
Mundo	**7.125**	**10.679**	**2,2**

* RNB = Renda Nacional Bruta (Metodologia Atlas do Banco Mundial, dólares americanos atuais)
** PIB = Produto Interno Bruto

Fonte: dados fornecidos pelo Banco Mundial, "World DataBank", http://databank.worldbank.org. Acesso em 16 de janeiro de 2015.

maiores durante o período de *startup* e declinam gradualmente com o tempo. As eficiências das **economias de escala**, por outro lado, continuam a aumentar à medida que a empresa cresce e o volume aumenta, porque essas economias derivam da distribuição dos custos de investimento em mais unidades de produção e da obtenção de fábricas, equipamentos e habilidades mais especializadas dos funcionários (e, assim, mais eficientes).

Embora as eficiências das curvas de experiência também se apliquem às empresas puramente nacionais, as pequenas empresas podem acelerar ganhos com elas, enfatizando a expansão internacional, pressupondo-se que sejam capazes de gerenciar o crescimento. Os benefícios dos efeitos da aprendizagem e das economias de escala são especialmente evidentes em *startups* baseadas em tecnologias complexas. A possibilidade de atingir eficiências das curvas de experiência com a globalização acelerada das tecnologias emergentes cria uma probabilidade maior de estimular o interesse das *startups* e pequenas empresas em fazer negócios no exterior.

18-2b Ganhar acesso a recursos

Pequenas empresas hoje podem deixar os Estados Unidos para ter acesso a matérias-primas essenciais e outros fatores de produção. Por exemplo, os campos petrolíferos do Kuwait não são ocupados apenas por funcionários de gigantes globais do petróleo, mas também por pessoal de apoio às centenas, que trabalham para pequenas empresas que foram contratadas para ajudar seus grandes clientes. Esses pequenos negócios escolhem posicionar operações no Kuwait (ou México, Nigéria, Arábia Saudita etc.) por uma razão simples: é onde o petróleo está! O mesmo princípio é seguido por indústrias que exigem materiais escassos. Por exemplo, devido ao processamento de alumínio necessitar de tanta energia, vários desses produtores deslocaram-se para a Islândia para explorar a abundante e barata energia hidrelétrica e geotérmica do país.[16]

Embora pequenas empresas tenham tradicionalmente buscado empreendimentos internacionais para obterem matéria-prima, cada vez mais o foco de sua busca é a mão de obra qualificada.[17] Por exemplo, um número crescente de empresas de tecnologia está mudando suas operações para a Rússia para ter acesso à mão de obra de que necessitam. Apesar do fato de a instalação de um telefone poder levar meses e os chefes do crime organizado fazerem visitas ocasionais para exigir dinheiro de proteção, essas empresas são atraídas para a Rússia pelo seu capital humano altamente educado, um recurso necessário que é escasso nos Estados Unidos. Dos 43% dos russos com nível universitário, cerca de um terço são formado em disciplinas relacionadas com ciência ou a tecnologia e, por isso, são muito adequados para empregos altamente qualificados.[18] Como um bônus adicional para empresas pequenas, programadores de computadores e profissionais de tecnologia da informação na Rússia ganham menos de 25% do que seus similares nos EUA.[19]

Não há dúvida de que a mão de obra qualificada em todo o mundo está ao alcance das *startups* e de outras empresas muito pequenas. Considere Efrem Meretab, analista de mercado de ações nascido na Eritreia que começou seu empreendimento de pesquisa de investimentos para chegar à PowerConnect. Essa ferramenta de investigação de investimentos localiza e compara informações de milhares de relatórios da empresa, usando-as instantaneamente para fazer uma análise que possa informar e guiar decisões de investimento.[20] A sua empresa, a MCAP Research LLC, com sede em Montclair, no estado de Nova Jersey, tem sido capaz de aproveitar o poder da internet para encontrar e contratar funcionários ao redor do mundo. Por exemplo, quando Meretab precisava de desenvolvedores de software para criar a PowerConnect, ele se reconectou com programadores com os quais tinha trabalhado no passado, incluindo codificadores talentosos que viviam em países longínquos como a Bielorrússia, a Ucrânia e o Paquistão. Esses trabalhadores com contrato foram capazes de realizar o trabalho e a um custo muito razoável.[21] Obviamente, as pequenas empresas que adotam essa abordagem não criam muitos empregos nos Estados Unidos, mas ainda são importantes novas empresas – e estão se tornando mais comuns com o tempo.

18-2c Cortar custos

Muitas empresas tornam-se globais para reduzir os custos de fazer negócios. Entre os custos que as empresas têm tradicionalmente reduzido por se aventurar no exterior estão aqueles relacionados com matérias-primas, mão de obra e despesas gerais de fabricação.

Enquanto algumas *startups* estão se lançando como empresas globais, outras pequenas empresas estão mudando as suas operações ao longo do tempo para os mercados internacionais a fim de explorar as mesmas vantagens. Na verdade, as empresas norte-americanas de todos os tamanhos têm reduzido os seus custos assinando contratos com fornecedores independentes no exterior (um acordo chamado **terceirização internacional**) ou deslocando suas operações dos Estados Unidos para o exterior (o que às vezes é chamado de **offshoring**). Essas iniciativas têm sido especialmente populares em países como a Índia e a China, onde o trabalho altamente qualificado pode ser acessado a um custo relativamente baixo.

Por muito tempo, *startups* baseadas em hardware tiveram dificuldade em obter tração de mercado, mas isso definitivamente está mudando conforme as oportunidades de realocar as operações para o exterior reduziram consideravelmente o custo de introdução dos produtos no mercado, o que é importante para os novos

Vivendo o sonho
EXPERIÊNCIAS EMPREENDEDORAS

Extraindo o máximo das parcerias com a China

Na economia global de hoje, ter a produção no exterior pode oferecer uma enorme vantagem competitiva. Empresas norte-americanas que fabricam os seus produtos na China, por exemplo, podem geralmente cobrar dos consumidores de 30% a 50% a menos do que aquelas empresas que têm fábricas localizadas no mercado doméstico. Embora os custos tenham aumentado, produtores de todo o mundo continuam a transferir operações para a China para ganhar dinheiro com possíveis economias.

Mas criar uma operação na China pode definitivamente apresentar desafios. De acordo com Mike Bellamy, fundador da PassageMaker Sourcing Solutions, há diversas medidas que uma empresa deve tomar para garantir uma abordagem bem-sucedida de realocação. Bellamy entende as questões que os compradores enfrentam na China melhor do que a maioria. "Eu estava cansado de intermediários e fábricas mal dirigidas distorcendo a definição de preços, falhando no controle da qualidade e permitindo que a propriedade intelectual (IP) fosse desrespeitada, então eu decidi fazer algo sobre isso," diz ele. Ele fundou uma empresa para mostrar aos outros como resolver esses problemas, e hoje a empresa gera mais de US$ 20 milhões em receita por ano fazendo exatamente isso.

Bellamy afirma que pesquisar fabricantes e solicitar referências pode ajudar a proteger a propriedade intelectual. Os produtores também devem procurar garantir patentes chinesas para itens que planejam fabricar e vender. Patentes norte-americanas não podem ser aplicadas na China, mas as patentes emitidas na China podem e frequentemente são respeitadas. E, talvez o mais importante, 70% de todos os processos de patente vão a julgamento na China, em comparação com apenas 10% nos Estados Unidos. Embora somente 5% desses casos envolvam estrangeiros, os procedimentos legais dos chineses frequentemente favorecem o reclamante, e os réus normalmente pagam cerca de US$ 160.000 em danos. Esses custos podem facilmente arruinar um novo negócio.

Outra questão extremamente importante, o controle de qualidade, exige uma diligência extra e uma gestão deliberada. Bellamy recomenda fazer contratos extremamente detalhados para fornecer recurso se uma remessa não corresponder às expectativas. Em muitos casos, colocar um representante da empresa em uma fábrica a fim de assumir a propriedade parcial do processo de produção pode ser a melhor forma de assegurar que padrões de qualidade sejam cumpridos.

Reconhecer, compreender e ajustar-se às grandes diferenças culturais na China pode ser um desafio, mas é a chave para o sucesso empresarial lá. Por exemplo, os norte-americanos tendem a ignorar cortesias durante reuniões e se concentrar em destrinchar os contratos, enquanto os seus parceiros chineses geralmente preferem construir uma conexão pessoal ao longo do tempo antes de se comprometer com uma fusão ou parceria de negócios. Bellamy relata que essas questões de comunicação criam problemas sérios: "Muitos compradores estrangeiros disseram que eles simplesmente não confiam mais nos chineses... Mas, muitas vezes, o problema era que comprador e vendedor não estavam em sintonia desde o primeiro dia." Ele continua seu relato dizendo que, quando o relacionamento é desenvolvido com cuidado e paciência, a maioria dos fornecedores chineses são ótimos para trabalhar. No fim das contas, a terceirização pode ser uma excelente alternativa para uma pequena empresa – desde que a relação de negócios seja gerenciada com sabedoria.

Fontes: Saaira Chaudhuri, "Outsourcing to China? Here Are the Best Ways to Protect Yourself", *The Wall Street Journal*, 18 de agosto de 2013, p. R3; Michael Evans and Jack Toolan, "Manufacturing in China Can Give Your Business the Competitive Advantage", *Forbes*, 7 de fevereiro de 2014, http://www.forbes.com/sites/allbusiness/2014/02/07/manufacturing-in-china-can-give-your-business-the-competitive-advantage. Acesso em 23 de janeiro de 2015; Chris Neumeyer, "China's Great Leap Forward in Patents", IPWatchdog, 4 de abril de 2014, http://www.ipwatchdog.com/2013/04/04/chinas-great-leap-forward-in-patents/id538625. Acesso em 23 de janeiro de 2015; e "What Is PassageMaker?", http://www.psschina.com/about/ourhistory/home. Acesso em 6 de fevereiro de 2015.

empreendimentos com liquidez imediata. Como alguns observaram, o novo plano de negócios é "levantar bastante dinheiro para criar protótipos nos EUA que possam ser fabricados na Ásia e vendidos *on-line*".[22]

Abe e Lisa Fetterman são os inventores de um novo aparelho de cozinha para chefs amadores. Chamado Nomiku, é um circulador de inversão que pode ser usado para cozinhar *sous-vide*, ou seja, cozinhar carnes e legumes em sacos selados submergindo-os em banho-maria que é elevado a uma temperatura controlada com precisão.[23] Críticos de aparelhos dizem que o novo produto promete entregar "refeições perfeitamente cozidas, todas as vezes, com menos bagunça".[24]

"Nós abrimos mão de tudo para nos comprometer com esse produto", diz Lisa,[25] e o esforço está valendo a pena. No entanto, tem havido complicações. Por exemplo, o desenvolvimento e a fabricação do primeiro modelo do produto foram feitos em Shenzhen, China, para manter baixos os custos. Apesar de ainda terceirizar a produção de componentes para a nova versão WiFi do Nomiku, eles decidiram localizar tanto o processo de protótipo quanto a montagem do produto final na área de São Francisco. "A China é uma ótima opção se você tem o *design* pronto", diz Lisa, mas as empresas "podem iterar muito mais rápido [nos EUA]." Em outras palavras, a terceirização da produção em massa pode funcionar bem na China, mas não se adapta a pequenas produções de produtos mais personalizados – como a montagem final de seus produtos. E, como a diferença entre os custos de produção da China em relação aos Estados Unidos tem diminuído consideravelmente (uma vez que os salários na China duplicaram desde 2008), a localização da produção em território doméstico dos EUA está se tornando uma opção mais realista para mais empresas norte-americanas.[26]

A Nomiku pode não ser uma *startup* comum, mas em muitos aspectos se encaixa no padrão comum de terceirização. A maioria dos empreendedores que optam por terceirizar internacionalmente, ou deslocar-se *offshore*, está buscando duas coisas que são frequentemente muito importantes para o sucesso de pequenas empresas: acesso à mão de obra talentosa e/ou redução de custos. Para algumas de suas operações, pelo menos, a Nomiku está indo para o exterior para atacar essas duas frentes.

As vantagens da globalização na redução dos custos de mão de obra têm sido reconhecidas há muito tempo. No entanto, os países têm formado áreas regionais de livre comércio em que o comércio tem sido facilitado pela redução de tarifa, simplificação das regulamentações comerciais ou, até mesmo, no caso da União Europeia – adoção de uma moeda comum. Essas medidas de cortes de custos podem constituir um poderoso incentivo para que as pequenas empresas entrem na área prescrita. Desde a promulgação do Tratado de Livre Comércio da América do Norte (Nafta), por exemplo, muitas empresas estrangeiras optaram por localizar instalações de produção no México para se beneficiarem de tarifas reduzidas sobre o comércio naquela região e do fácil acesso ao mercado norte-americano.

18-2d Capitalizar sobre características especiais de localização

Alguns dos benefícios da localização são simplesmente o resultado de características únicas de um ambiente local. Por exemplo, os artesãos italianos têm sido bem conhecidos por seu talento para *design*, e os técnicos japoneses têm mostrado uma extraordinária capacidade de aproveitar tecnologias óticas para aplicação em câmeras, copiadoras e outros produtos relacionados. As pequenas empresas que dependem de determinada força ou recurso frequentemente descobrem que faz sentido instalar-se em uma região que ofereça a melhor localização para esse tipo de negócio. Isso explica por que um empreendedor coreano-americano abriu sua empresa de produção de palitos em Americus, Geórgia, onde suprimentos abundantes de madeira permitiram cortar 20% de seus custos em comparação a uma possível produção na China.[27]

Em alguns casos, não há como ser autêntico sem ser local. Colin Flahive, que cresceu em Denver, no Colorado, e três de seus amigos descobriram que a comida ocidental servida na China era absolutamente horrível, mas os moradores locais ainda continuavam a consumi-la. Assim, em 2004, com US$ 30.000 em investimento, eles começaram a Salvador Food & Beverage Co., Ltd. Em um café em Kunming (uma cidade de mais de 6 milhões de pessoas), eles agora oferecem produtos ocidentais – incluindo sorvete, *bagels* com catupiry e comida mexicana para consumidores locais.[28]

O caminho a ser trilhado nem sempre foi fácil e a equipe teve muito a aprender. No início, eles se depararam com uma muralha burocrática, que exigiu que adotassem uma prática comum na China – a construção de sua *guanxi*, ou conexões pessoais – para obter as aprovações do governo de que precisavam.[29] Mas o esforço valeu a pena. Apesar de jovem, a empresa tem sido satisfatoriamente bem-sucedida, o que permite que apoie algumas iniciativas de base que são muito importantes para a comunidade, incluindo o Green Kunming, um mercado de produtos orgânicos, e a Village Progress, uma organização sem fins lucrativos que organiza programas de arte e educação em saúde para os moradores rurais. Flahive tem grande prazer em ajudar os outros, mas também acredita que seus esforços humanitários são contribuições vantajosas para todos, porque beneficiam as comunidades que são servidas por eles ao mesmo tempo que promovem o seu negócio.[30]

Às vezes, o atrativo de um local é uma questão de provisão ou imagem de marca. Por exemplo, enquanto a Chanel poderia fabricar suas bolsas de *designer* na Ásia para reduzir custos, a empresa insiste em produzi-los na Itália e na França. Ambos são países de alto custo, mas eles têm a reputação que combina com a imagem de luxo da Chanel. Essas nações desenvolveram competências únicas, conquistadas em centenas de anos de experiência, que podem acomodar os *designs* avançados e de alta qualidade que dão à empresa a sua vantagem. Os clientes sabem que a qualidade da marca é cuidadosamente protegida e, portanto, estão dispostos a pagar a mais para comprar os produtos da Chanel, o que cobre os elevados custos de fabricação. Mas esse é apenas um exemplo. Os contextos de outros países fornecem pontos fortes próprios para sua própria localização – incluindo a Colômbia (café de alta qualidade), o Japão (*videogames* baseados em desenhos animados) e Suíça (relógios com precisão) e as empresas se instalam nesses países para aproveitar essas forças.

Finalmente, alguns pequenos negócios estão seguindo grandes empresas clientes para seus novos locais. À medida que as grandes corporações instalam suas operações no exterior, seus pequenos fornecedores acham necessário se globalizar com as empresas clientes para assegurar a continuidade de importantes contratos de fornecimento. Um pequeno empresário pode não ter nenhum desejo pessoal de expandir suas operações internacionalmente, mas a dependência de um grande cliente que se desloca para fora do país pode deixar o proprietário sem alternativa. Por exemplo, algumas pequenas empresas que se deslocam para a China estão fazendo isso com interesse limitado na mão de obra barata do país e no enorme mercado doméstico. Mas estar lá é necessário para alimentar as cadeias de suprimentos de clientes corporativos com ampla velocidade de entrega e eficiência.

As motivações para os pequenos negócios de se tornarem globais são numerosas, mas o maior incentivo é esse: se você não conseguir aproveitar uma oportunidade de mercado internacional, alguém irá fazer isso. Nessas condições, a melhor defesa é uma boa ofensiva. Estabelecer uma posição fora do cenário doméstico pode impedir os concorrentes de explorar essas oportunidades e usá-las contra você no futuro.

18-3 OPÇÕES ESTRATÉGICAS PARA EMPRESAS GLOBAIS

Uma vez que um empreendedor tenha decidido tornar-se global, o próximo passo é planejar uma estratégia que aumente o potencial da empresa. Para a maioria dos pequenos negócios, o primeiro passo em direção à globalização é uma decisão de exportar um produto para outros países ou de importar mercadorias do exterior para vender no mercado interno. Esses esforços iniciais são muitas vezes seguidos por estratégias mais sofisticadas de não exportação, como licenciamento, franquia, formação de alianças estratégicas com parceiros internacionais ou, até mesmo, estabelecer operações no exterior.

18-3a Exportação

Exportação é a venda de produtos fabricados no país de origem a clientes de outro país. A Small Business Administration dos EUA (SBA) anunciou recentemente que as pequenas empresas representam mais de 98% dos exportadores norte-americanos, contribuindo com 33% do valor das mercadorias exportadas.[31] Em alguns casos, essa atividade é um reflexo da realidade da concorrência internacional. Ou seja, algumas empresas norte-americanas estão consistentemente mudando seu foco em direção aos mercados estrangeiros porque reconhecem que as empresas de capital estrangeiro já estão competindo contra elas nos Estados Unidos. A SBA descreve condições no mercado global de hoje assim:

> *A divisão entre os mercados interno e externo está se tornando cada vez menos clara. Em um mundo de (...) redes globais de comunicação, remessas aéreas ao redor do mundo de um dia para o outro, já não faz sentido limitar o número de vendas da empresa ao mercado local ou mesmo ao mercado nacional. Sua empresa não pode ignorar essas realidades internacionais se pretende manter a sua participação no mercado e no mesmo ritmo de seus concorrentes.*[32]

Conforme revelam as estatísticas da SBA, os empreendedores estão tomando nota e aceitando o desafio. Na verdade, a exportação é uma das estratégias internacionais mais populares entre pequenos negócios porque oferece uma forma de baixo custo para a expansão para a arena internacional. Seguindo essa abordagem, pequenas empresas exportadoras podem comercializar e distribuir seus produtos em outros países sem incorrer em despesas para apoiar operações caras nesses mercados. Se os benefícios financeiros das vendas internacionais compensarem os custos de transporte e tarifas, a exportação é uma opção favorável.

A internet tem impulsionado o vigoroso crescimento da atividade exportadora. As pequenas empresas agora veem a web como uma ferramenta poderosa para aumentar sua visibilidade internacional, permitindo que elas se conectem com clientes que estavam anteriormente fora do seu alcance. A Entertainment Earth é uma varejista *on-line*, aberta em 1995, que se especializou em figuras de ação, presentes e outros objetos colecionáveis. Não demorou muito para que os fundadores decidissem expandir seu alcance vendendo pela internet, e a decisão realmente valeu a pena. Ao longo dos anos, a Entertainment Earth tem vendido itens colecionáveis a milhões de clientes em todo o mundo.[33]

Mas você não tem que fazer isso sozinho. Basta perguntar a Charlene Anderson, em Jackson Hole, uma artista de joias e têxtil sediada no estado norte-americano do Wyoming e proprietária da empresa de vendas de *e-commerce* Purveyor of All Things Creative.[34] Embora a empresa de Anderson tenha apenas uma pequena operação, o mundo é sua região de vendas. Como ela conseguiu se tornar global? É simples: eBay e Amazon. Esses gigantes do comércio eletrônico podem ajudar até mesmo o mais ínfimo dos negócios a se conectar com clientes em qualquer parte do mundo, e iniciar isso leva cerca de quase tanto tempo quanto o de solicitar um passaporte!

"Minhas vendas internacionais cresceram muito rapidamente porque muitas pessoas não fazem isso", relata Anderson. "Eles estão desconfortáveis vendendo internacionalmente e acham que é muito incômodo, o que é totalmente errado!"[35] Você ainda não está completamente convencido? Então ficará surpreso em saber que 40% das vendas da empresa por intermédio do eBay são internacionais. Mas Anderson faz negócios ainda mais globais na Amazon.com. "Se você já está vendendo pelo site [Amazon.com], você seria louco em não vender internacionalmente", insiste a empreendedora *on-line*. "Você só completa um *checklist*, faz o *upload* da imagem de sua assinatura para os formulários da alfândega e já está vendendo internacionalmente... É ridiculamente fácil!"[36] Para saber mais sobre como começar a vender para o mundo, confira o tutorial do eBay "Selling Internationally" no http://pages.ebay.com/help/sell/intl-ov.html ou visite o site de vendas globais da Amazon no http://services.amazon.com/global-selling.

Evidentemente, exportar pode ter muitos desafios. De repente, você tem que se preocupar em se comunicar em outra língua que não seja a sua, converter pagamentos em outras moedas e organizar remessa internacional.

Os produtos podem ter que ser modificados para satisfazer os padrões governamentais ou os interesses exclusivos dos compradores no exterior, fracas conexões governamentais podem muito bem colocar sua empresa em grande desvantagem em negociações e as taxas de câmbio desfavoráveis podem tornar difícil, ou mesmo impossível, oferecer produtos a preços competitivos e ainda lucrar. Em alguns países, o governo pode não permitir que uma empresa entre no seu mercado a menos que esteja disposto a revelar as especificidades das suas principais tecnologias, que são frequentemente o alicerce de sua vantagem competitiva.

No entanto, o sucesso das exportações está claramente ao alcance das pequenas empresas. Muitas medidas adotadas pelo governo dos Estados Unidos levaram os observadores a prever que pequenas e médias empresas representarão, de forma desproporcional, o crescimento das exportações nos anos futuros. De fato, o número dessas empresas norte-americanas que exportam aumentou mais de duas vezes e meia desde 1992, chegando a 300 mil hoje, o que mostra que muitas pequenas empresas estão tendo sucesso considerável vendendo seus produtos e serviços fora dos EUA.[37] Para alimentar o fogo do crescimento, o governo dos EUA lançou um portal *on-line* para informações e serviços chamado BusinessUSA a fim de ajudar a aumentar a competitividade de empresas norte-americanas na economia global (veja http://business.usa.gov/export). Uma característica importante desse recurso é um conjunto de links que podem ajudar pequenos negócios a encontrar a assistência de que necessitam para começar a exportar ou para expandir um programa já existente.

Pequenas empresas que têm se destacado na exportação tiveram normalmente que fazer sua lição de casa para descobrir quais produtos deveriam vender em mercados-alvo – por exemplo, quais produtos as empresas locais ainda não podiam fazer por si mesmas. Então, eles se aproximaram do mercado e desenvolveram conexões pessoais com pessoas influentes na tomada de decisão, obtendo ajuda onde quer que pudessem encontrá-la. Um bom lugar, nos EUA, para começar a sua busca por clientes no exterior, é o site do U.S. Department of Commerce's Trade Information Center (export.gov). Ou entre em contato com a comunidade de embaixadas estrangeiras (embassy.org), selecione um país onde deseja fazer negócios e envie um e-mail ou ligue para o especialista no país. Você pode se surpreender com as oportunidades que podem surgir. Por fim, verifique com funcionários de seu estado para ver se eles fornecem a possibilidade de assistência. Em muitos casos, uma pesquisa na internet sobre o "escritório de comércio exterior de [inserir nome do seu estado aqui]" o leva para onde você precisa ir.

18-3b Importação

O outro lado da exportação é a **importação**, que envolve a venda de produtos do exterior no mercado doméstico da empresa. Quando uma pequena empresa encontra um produto no exterior que tem potencial no mercado doméstico ou identifica um produto que poderia vender no seu país, mas não pode encontrar um produtor nacional adequado, uma estratégia de importação pode ser a melhor solução.

Conectar-se com fornecedores em feiras internacionais também pode abrir portas para oportunidades. Com produtos importados encontrados em tais mostras, Holly Pennington vende acessórios de moda em suas 12 lojas da Compass Trading Company. Devido à variedade de suas mercadorias, a empresa pode agregar ambos os estilos clássicos que proporcionam um olhar profissional e *design* mais atual que está agora em revistas de moda, com muitos estilos intermediários. Melhor de tudo, seus produtos são vendidos por uma fração dos preços cobrados por mercadorias semelhantes em varejistas de custo alto. E os clientes gostam daquilo que estão adquirindo, que é o motivo pelo qual essa pequena empresa tem crescido tão rapidamente.[38]

Independentemente da estratégia de importação utilizada, um dos fatores mais importantes para o sucesso é encontrar um bom fornecedor do produto. Isso parece fácil, especialmente nessa era de serviços oferecidos na internet, ferramentas de comunicação *on-line* e viagens flexíveis e acessíveis. Embora sites como Alibaba.com, MadeInChina.com e GlobalSources.com pareçam trazer os produtos de que você precisa direto à sua porta, encontrar e gerenciar fornecedores internacionais para relacionamentos de longo prazo pode ser um grande desafio. Mas alguns empreendedores não estão convencidos disso. "Eu não me importo se é a China ou Timbuktu", diz um empreendedor com vasta experiência na criação de suprimentos para pequenos negócios. "A internet não é suficiente."[39] Em outras palavras, muitas vezes é necessário uma visita pessoal a um potencial parceiro de suprimentos para saber se ele pode atender aos padrões de seleção, qualidade e quantidade que podem apoiar o seu negócio.

Importar nunca é uma opção fácil. No entanto, possui um grande potencial, especialmente se você seguir algumas orientações simples:

- Aprenda o máximo que puder sobre a cultura e práticas de negócios do país do qual você receberá os produtos para evitar cometer erros que possam levar a problemas.
- Faça a sua pesquisa e certifique-se de selecionar uma fonte que não seja concorrente ou uma empresa que espera aprender com suas operações a fim de competir com você no futuro.
- Proteja sua propriedade intelectual para que seus fornecedores não possam facilmente tirá-la de você. Alguns empreendedores requerem que seus parceiros assinem acordos de confidencialidade para que não possam patentear o item no país de origem deles.
- Não apresse o processo de formar um relacionamento com um parceiro de fornecimento. Você precisa de tempo para fazer perguntas difíceis sobre fatores importantes, como padrões de qualidade e capacidades, flexibilidade de fabricação e tempo para a entrega da encomenda.
- Trabalhe a logística de transporte com antecedência. Uma boa transportadora pode ajudá-lo com a mecânica de envio, bem como ajudá-lo com a confusão de documentos exigidos para importação. Para ter noção do processo, revise as regras e regulamentações do site da US Customs and Border Protection, em www.cbp.gov, e leia as notas da SBA sobre importação, pesquisando sobre esse termo no site www.sba.gov. Às vezes, o processo pode parecer tão complicado que você pode se perguntar se pequenas empresas devem mesmo tentar obter seus suprimentos no exterior. Mas é possível, e com grande benefício para o seu negócio.

18-3c Licenciamento internacional

Importar e exportar são as estratégias internacionais mais populares entre as pequenas empresas, mas há também outras opções. Devido aos recursos limitados, muitas pequenas empresas são hesitantes em se tornarem globais. Uma maneira de lidar com essa restrição é adotar uma estratégia de licenciamento. O **licenciamento internacional** permite que uma empresa de outro país compre os direitos de fabricação e venda de produtos de uma empresa em mercados estrangeiros. A empresa que compra esses direitos é chamada de **licenciado**. O licenciado efetua pagamentos ao **licenciante** ou à empresa que vende esses direitos, normalmente na forma de *royalties*, que é uma taxa paga por cada unidade produzida.

O licenciamento internacional tem seus inconvenientes. O licenciado internacional toma todas as suas decisões de produção e marketing e o licenciante deve compartilhar retornos das vendas internacionais com o licenciado. Contudo, o licenciamento internacional é a forma mais barata de se tornar global, uma vez que o licenciado assume todos os custos e riscos relacionados com a criação de uma operação no exterior.

As pequenas empresas tendem a focar em produtos tangíveis quando exploram opções de licenciamento internacional, mas o licenciamento de ativos intangíveis, como tecnologias proprietárias, direitos autorais e marcas registradas pode oferecer retornos ainda maiores. Assim como a Disney licencia o famoso personagem Mickey Mouse para fabricantes em todo o mundo, um pequeno varejista da marca de vestuário Peace Frogs, por exemplo, usou o licenciamento para introduzir seu *design* protegido por direitos autorais na Espanha. Como fundador da Peace Frogs, Catesby Jones explicou que a empresa exportou suas camisetas diretamente para mercados maiores como o Japão, mas essa estratégia não fazia muito sentido em outros países. Por exemplo, a baixa renda *per capita*, forte competição nacional e as altas tarifas alfandegárias da Espanha tornaram o licenciamento uma opção mais atraente naquele país. Assim, a Peace Frogs licenciou os direitos para fabricar seu produto para uma fabricante de artigos de vestuário com sede em Barcelona.[40] Desse acordo, a Peace Frogs foi capaz de gerar receita adicional com quase nenhuma despesa adicional.

O licenciamento internacional também pode ser usado para se proteger contra a **atividade de falsificação**, ou uso não autorizado da propriedade intelectual de uma empresa ou fabricação de seus produtos. Se direitos de licenciamento são concedidos a uma empresa em um mercado externo, ela pode se tornar um poderoso campeão local para ajudar a garantir que outras empresas não usem os ativos protegidos de forma inapropriada.

18-3d Franquias internacionais

A **franquia internacional** é uma variação de licenciamento. Conforme descrito no Capítulo 4, o franqueador oferece um pacote padrão de produtos, sistemas e serviços de gestão para o franqueado, que fornece capital, conhecimento do mercado e gestão ativa. Embora a franquia internacional não fosse amplamente utilizada antes da década de 1970, hoje é uma estratégia de entrada de mercado de crescimento mais rápido das empresas norte-americanas, com o Canadá como mercado-alvo principal, seguido por Japão e Reino Unido. Essa abordagem é especialmente popular com cadeias de restaurantes dos EUA que querem estabelecer uma presença global. O McDonald's, por exemplo, estabeleceu seus famosos arcos amarelos em mais de 100 países ao redor do mundo.[41] Mas pequenas empresas também estão sendo "empurradas" em direção às franquias internacionais, especialmente em países onde o crédito esteja prontamente disponível, as barreiras de financiamento sejam fracas e a demanda por produtos e serviços norte-americanos seja forte.[42]

Danny Benususan é o dono da Blue Note, um importante clube de jazz na ilha de Manhattan, em Nova York, EUA, que abriu suas portas em 1981. Considerado um dos melhores locais no mundo para o jazz e outras formas de música, esse clube tem atraído a atenção de empresários internacionais que já abriram duas franquias no Japão e uma na Itália. Como resultado, o clube estabeleceu-se com sucesso como a única rede franqueada de clubes de jazz do mundo.[43] A Blue Note provou que há mais de uma forma para um pequeno negócio tornar-se global.

18-3e Alianças estratégicas internacionais

Indo além do licenciamento e da franquia, alguns pequenos negócios têm se expandido globalmente unindo forças com grandes corporações em esforços cooperativos. Uma **aliança estratégica internacional** permite que as empresas compartilhem riscos e juntem recursos conforme eles entram em um novo mercado, geralmente combinando o entendimento do parceiro em relação ao mercado-alvo (cultura, sistema jurídico, condições de concorrência etc.) ou o seu acesso a uma força de trabalho de baixo custo com uma tecnologia ou conhecimento de produto de seu parceiro de aliança. Uma das vantagens dessa estratégia é que ambos se confortam em saber que nenhum deles está "sozinho".

Alianças estratégicas podem ser aplicadas de diversas formas diferentes por muitas pequenas empresas para ganhar vantagem internacional. Em um dado momento em sua história, a Behlen Manufacturing Company, uma fabricante de silos para cereais, sistemas de secagem e edifícios de estrutura metálica, exportou produtos para a China. Mas o então CEO Tony Raimondo suspendeu as remessas quando descobriu que imitadores chineses estavam fabricando os mesmos produtos, usando vantagens locais como mão de obra mais barata para cortar custos e vender os produtos a preços muito mais baixos. Por um tempo, parecia que a empresa não seria mais capaz de explorar esse enorme mercado. Mas, então, Raimondo teve a ideia de formar a Behlen China, uma fusão 50/50 (uma espécie de aliança em que duas empresas dividem a propriedade igualmente em um negócio separado) em Beijing. "Para que pudéssemos sustentar a participação de mercado", diz Raimondo, "tínhamos que estar dentro dele."[44] Fazer o produto na China tornou possível para Behlen capitalizar as mesmas vantagens que as fábricas chinesas tinham, o que fez toda a diferença. O sucesso de Behlen na China se espalhou para outras iniciativas de negócios internacionais e a empresa ainda realiza uma parcela substancial de seus negócios no exterior.[45]

18-3f Estabelecimento de operações no exterior

Um pequeno negócio pode optar por estabelecer uma presença estrangeira própria em mercados estratégicos, especialmente se a empresa já tiver desenvolvido uma base internacional de clientes. A maioria das pequenas empresas começa por instalar uma unidade de produção ou escritório de vendas no exterior, muitas vezes como forma de reduzir o custo das operações. Amanda Knauer concluiu que o lançamento de um novo empreendimento nos Estados Unidos era muito caro, então ela começou a considerar uma operação na Argentina. Depois de fazer algumas pesquisas, ela foi para Buenos Aires. Alguns meses mais tarde, estava administrando a própria empresa, Qara Argentina, uma fabricante de artigos de couro de luxo. Mas não foi fácil. Knauer teve de aprender o dialeto espanhol local, negociar em um cenário complicado e muito diferente e dominar um novo conjunto de práticas de negócios. Mas o trabalho valeu a pena, permitindo que ela abrisse sua empresa em Buenos Aires, uma cidade tão interessante e bonita que é frequentemente chamada de "Paris da América do Sul".[46]

A abertura de um escritório de vendas no exterior pode ser uma estratégia muito eficaz, mas a maioria dos pequenos empresários deve esperar até que as vendas no mercado local sejam grandes o suficiente para justificar o movimento. Um escritório no exterior é dispendioso para estabelecer, recrutar pessoal, administrar e financiar, então as vantagens antecipadas são, muitas vezes, difíceis de alcançar. No entanto, as empresas norte-americanas geralmente abrem seu primeiro escritório de vendas internacional no Canadá, embora a expansão europeia também seja comum, sendo os países de língua inglesa Reino Unido e Irlanda locais muito populares. Outras companhias ainda selecionaram a Ásia, por causa de seu dinamismo econômico e a crescente demanda por parte dos consumidores.

Algumas pequenas empresas têm ambições maiores e podem comprar uma empresa estrangeira de outra empresa, o que é conhecido como **aquisição internacional**. Alguns podem até mesmo iniciar um empreendimento totalmente novo, o que é conhecido como **investimento direto** ou *greenfield venture*, formando a partir do zero uma subsidiária completamente nova em outro país. Infelizmente, ambas as opções são suscetíveis a dificuldades.

As estratégias de seguir sozinho são complexas e dispendiosas. Elas oferecem o máximo controle sobre operações estrangeiras e eliminam a necessidade de compartilhar receitas geradas, mas também obrigam empresas a assumir todo o risco do empreendimento. Com um *greenfield venture*, um a empresa pode ter muito a aprender sobre operar negócios em um país estrangeiro, gerenciar trabalhadores do país-sede e desenvolver uma estratégia de marketing eficaz. O potencial comercial de uma subsidiária internacional com controle total da propriedade pode ser ótimo, mas os inconvenientes da gestão podem ser ainda maiores. Essa opção não é para os fracos de coração.

18-4 DESAFIOS PARA NEGÓCIOS GLOBAIS

Os pequenos negócios têm que enfrentar desafios. Pequenos negócios globais enfrentam desafios em uma escala muito maior. Mas o sucesso de empreendedores de negócios nos mercados internacionais prova que as pequenas empresas podem fazer melhor do que simplesmente sobreviver – elas podem prosperar! No entanto, o sucesso requer uma preparação cuidadosa. Os proprietários de pequenas empresas devem reconhecer as complicações únicas que empresas globais enfrentam e ajustar os seus planos de acordo com isso. Além de gerenciar as diferenças culturais, os empreendedores precisam prestar atenção aos riscos políticos, aos riscos econômicos e à facilidade relativa de fazer negócios nos países para os quais eles querem estender operações.

18-4a Risco político

O potencial que as forças políticas de um país têm de afetar negativamente o desempenho das empresas que operam dentro das suas fronteiras é chamado de **risco político**. Muitas vezes, esse risco está relacionado com a instabilidade do governo de uma nação anfitriã. Problemas potenciais variam desde ameaças tão triviais como novas regulamentações que restringem o conteúdo da propaganda na televisão até o confisco de bens privados por parte do governo. Desenvolvimentos políticos podem ameaçar o acesso a um mercado de exportação, exigir que uma empresa revele segredos comerciais ou, até mesmo, demandar que o trabalho seja totalmente realizado no país.

Muitas grandes corporações mantêm um escritório de avaliação de risco com equipe treinada para determinar o perfil de risco dos países nos quais eles pretendem negociar. Como as pequenas empresas não podem arcar com o custo de contratar equipe para um escritório como esse, algumas delas optam por ferramentas baratas de avaliação de riscos. Um recurso útil é a revista anual da *Euromoney* "Country Risk Rankings", que fornece uma visão geral dos riscos políticos que as empresas enfrentarão ao fazer negócios no exterior. Os pequenos negócios podem desenvolver planos de crescimento internacional aplicando essas ideias e fazer os ajustes apropriados para suas estratégias. Não é um método perfeito, mas é de baixo custo e muito melhor do que planejar uma estratégia global sem nenhuma informação.

18-4b Risco econômico

O **risco econômico** é a probabilidade de o governo de um país administrar mal a economia e isso afetar o ambiente de negócios de forma que dificulte o desempenho de empresas que operam lá. O risco econômico e o risco político estão, portanto, relacionados.[47] Dois dos problemas mais graves resultantes da má gestão econômica são a inflação e as flutuações nas taxas de câmbio. Embora uma discussão mais completa desses fatores esteja além do escopo deste livro, é importante reconhecer que a inflação reduz o valor da moeda de um país no mercado de câmbio, diminuindo assim o valor dos fluxos de caixa que a empresa recebe de suas operações no exterior.

Taxas de câmbio representam o valor da moeda de um país em relação ao de outro – por exemplo, o número de pesos mexicanos que podem ser comprados com um dólar dos EUA. Mudanças repentinas ou inesperadas nessas taxas podem ser um problema sério para os pequenos negócios internacionais, seja para aqueles exportando para esse mercado, seja para os que têm uma presença local lá.

Mary Ellen Mooney, da Mooney Farms, reconheceu o potencial de exportar para a França tomates secos e chegou perto de fechar um acordo com um distribuidor local alguns anos atrás, mas as negociações pararam quando a taxa de câmbio entre o dólar e o euro mudou.[48] Para entender o seu dilema, suponha que o distribuidor francês estivesse disposto a pagar € 5 (5 euros) por um pacote de tomates secos. Se o dólar e o euro fossem trocados um a um, Mooney poderia converter € 5 em US$ 5. Se US$ 4,50 cobrissem os custos de produção, transporte, seguro e assim por diante, Mooney obteria um lucro de US$ 0,50 (US$ 5,00 – US$ 4,50) por unidade. Mas, se o dólar *aumentasse* de valor em relação ao euro, a situação mudaria drasticamente. Suponha que a taxa de câmbio mudasse para US$ 0,80 para € 1. Então, as unidades vendidas por € 5 gerariam uma receita de apenas US$ 4 para cada unidade (5 × US$ 0,80), o que resultaria em uma perda de US$ 0,50 em cada unidade.

Claramente, um bom negócio pode rapidamente desmoronar se as taxas de câmbio mudam para pior. Esse risco é especialmente grave para as pequenas empresas que estão começando a se estabelecer em mercados internacionais. Para protegerem-se contra mudanças nas taxas de câmbio, muitas empresas norte-americanas optam por declarar seus contratos em dólares norte-americanos, mas isso pode dar aos concorrentes uma vantagem se eles estiverem dispostos a vender na moeda do comprador.

Isso também pode levar à inadimplência se mudanças desfavoráveis tornarem bens ou serviços muito caros para um cliente estrangeiro. A International Trade Administration do U.S. Department of Commerce recomenda que pequenas empresas usem estratégias financeiras sofisticadas e ferramentas de gestão de risco, incluindo contratos a prazo e opções, que possam ser gerenciáveis (consulte www.trade.gov/publications/pdfs/tfg2008ch12.pdf para detalhes).

18-4c O "Ease of doing business index"

Desde 2003, o Banco Mundial vem publicando o "Ease of Doing Business Index" para mostrar para as empresas e governos o grande impacto que as condições regulatórias têm sobre o crescimento e desenvolvimento econômico. O índice baseia-se em uma pesquisa com mais de 10.600 especialistas locais, incluindo "advogados, consultores de negócios, contadores, operadores de remessas, funcionários do governo e outros profissionais que rotineiramente administram ou oferecem aconselhamento sobre requisitos legais e regulatórios."[49] Seguindo uma metodologia cuidadosa, o processo utiliza dados relacionados a 11 conjuntos-chave de indicadores – incluindo a dificuldade de abrir um negócio, obter crédito e cumprir contratos – para criar um ranking para 189 países. Essas informações podem ser facilmente utilizadas para moldar as decisões de expansão internacional de pequenos negócios.

No Quadro 18.4, os países são codificados por escala de cinza para indicar a facilidade relativa de fazer negócios em cada um deles – cinza-médio representa países para "seguir adiante", que são relativamente amigáveis para negócios; cinza-claro significa países que são um pouco mais desafiadores, onde as empresas devem "prosseguir com cuidado"; e cinza-escuro identifica países em que se deve "parar e pensar com muito cuidado", onde os pequenos negócios são susceptíveis de ter ainda mais dificuldade. Embora a codificação por cor não seja uma parte do índice, os dados fornecidos são muito úteis para o planejamento. Conduzir negócios internacionais nunca será

QUADRO 18.4 Facilidade de fazer negócios em diferentes países

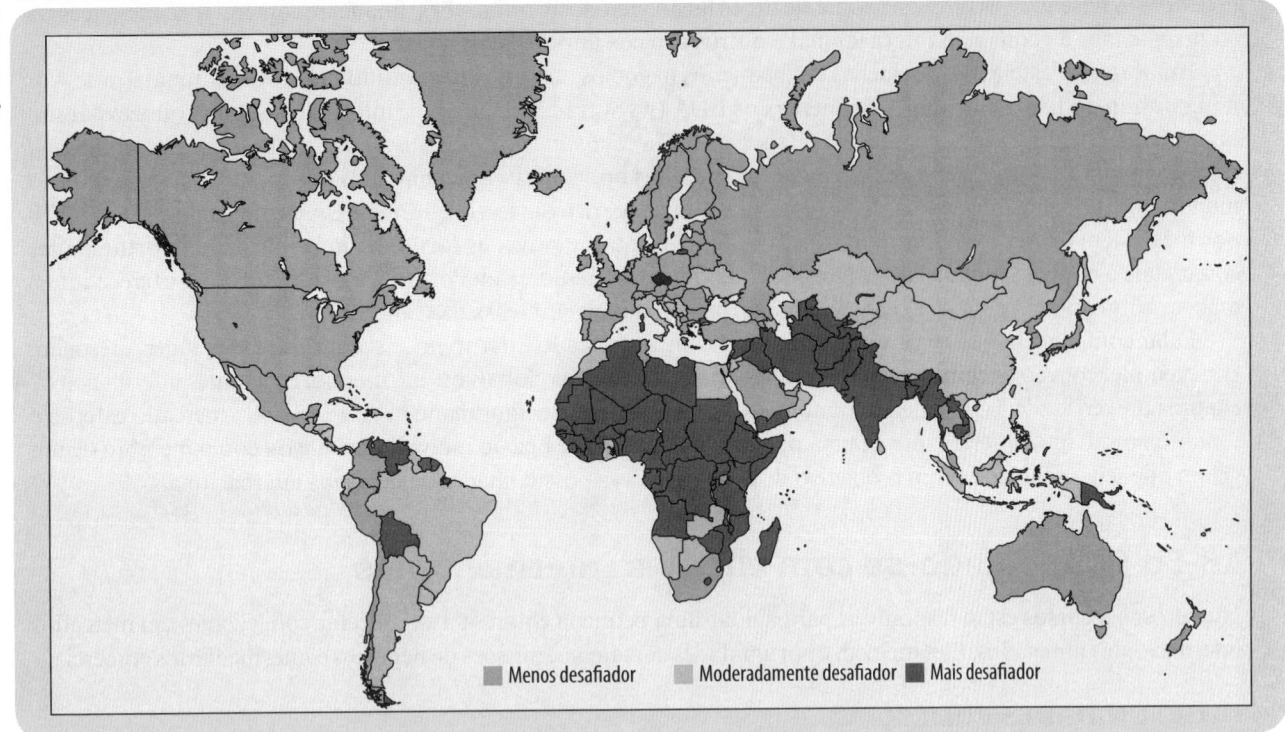

■ Menos desafiador   ■ Moderadamente desafiador   ■ Mais desafiador

Fonte: World Bank Group, "Economy Rankings: Ease of Doing Business", http://www.doingbusiness.org/rankings. Acesso em 4 de fevereiro de 2015.

tão fácil quanto fazer negócios em casa – é provável que as habilidades gerenciais e os recursos tenham que ser "esticados" até o limite. O comércio global pode complicar cada tarefa e levantar questões difíceis relacionadas com todas as funções da empresa. Contudo, as motivações para se tornar global são fortes, e outros já provaram que pode ser feito. Você também pode fazer se planejar cuidadosamente e tirar proveito dos recursos disponíveis para ajudá-lo a alcançar suas aspirações globais.

18-5 ASSISTÊNCIA PARA EMPREENDIMENTOS GLOBAIS

A ajuda está disponível para pequenas empresas com aspirações internacionais – você só precisa abrir os olhos para encontrá-la. Quando você decidir entrar no mercado global, ficará surpreso com a quantidade de recursos existentes para ajudá-lo.

18-5a Analisando mercados e planejando a estratégia

Entre as muitas atividades necessárias para preparar uma pequena empresa para enfrentar os desafios do mercado global, duas são fundamentais para o sucesso no exterior: encontrar mercados internacionais que representem a combinação perfeita com potenciais exclusivos da empresa e montar um plano de jogo para a entrada nos mercados-alvo.

Um pequeno negócio deve começar sua pesquisa exaurindo fontes secundárias de informação. O governo dos EUA oferece várias publicações sobre como identificar e aproveitar as oportunidades do mercado global. Além disso, a Small Business Administration (SBA) está pronta para ajudar pequenas empresas a expandir suas operações para o exterior. Muitos dos programas e serviços internacionais da SBA são oferecidos pelos U.S. Export Assistance Centers (USEACs).

Uma excelente fonte de informações sobre negócios globais para pequenas empresas é um curso básico autogerenciável patrocinado pela SBA chamado "Take Your Business Global: An Introduction to Exporting". Disponível *on-line* gratuitamente,[50] esse curso fornece uma visão geral da exportação que é útil tanto para os exportadores novos quanto para os experientes.

Ele foi desenvolvido para orientar pequenas empresas nas complexidades de fazer negócios no exterior, com seções focadas especificamente nos benefícios de tornar um negócio global, pesquisar mercados e fazer conexões no exterior, desenvolver uma estratégia de exportação, gerenciar transações, financiar comercializações, acessar recursos-chave de comércio internacional e outros tópicos importantes.

Embora não esteja focado apenas em pequenos negócios, um website mantido pela International Trade Administration do Department of Commerce dos EUA (www.trade.gov) fornece informações úteis sobre expansão internacional. Publicações de negócios, tais como *The Economist*, *Financial Times* e *The Wall Street Journal* também podem ser úteis, uma vez que oferecem análises oportunas e aprofundadas dos mercados comerciais do mundo e de problemas de negócios. Eles estão disponíveis para assinatura, que nos EUA custam a partir de US$ 10 por mês. Além desses recursos, muitas organizações estatais e privadas fornecem informações e oportunidades comerciais e bancos de dados de empresas. Uma dessas fontes, o TradePort (www.tradeport.org), oferece informações sobre como promover o comércio internacional com empresas da Califórnia.

Falar com alguém que viveu ou visitou um potencial mercado externo pode ser enriquecedor saber a respeito. Por exemplo, conversas com experientes profissionais de negócios globais ou, até mesmo, estudantes internacionais em uma universidade local podem ser muito úteis. No entanto, a melhor maneira de estudar um mercado externo é visitar o país. Uma representante de uma pequena empresa pode fazê-lo individualmente ou como membro de um grupo que seja organizado com o objetivo de explorar novas possibilidades de negócios internacionais.

18-5b Conectando-se com clientes internacionais

Numerosos recursos estão disponíveis para ajudar uma pequena empresa a se conectar com clientes em mercados internacionais almejados. Eles incluem oportunidades comerciais, missões de negócios e intermediários comerciais.

OPORTUNIDADES COMERCIAIS

As oportunidades comerciais são essenciais na identificação de potenciais clientes no exterior. Acessadas muitas vezes pela internet, elas oferecem uma maneira barata de estabelecer ligações vitais com os compradores e fornecedores em mercados-alvo. Uma boa fonte *on-line* de oportunidades comerciais é fornecida pelo portal globalEDGE, criado pelo International Business Center da Michigan State University (consulte http://globaledge.msu.edu/global-resources/trade-leads). Esse site oferece uma riqueza em recursos de negócios internacionais, incluindo oportunidades que podem direcionar uma empresa para parceiros valiosos na maioria dos mercados do mundo. O site da Federation of International Trade Associations (www.fita.org) também o ajudará a identificar oportunidades comerciais. Além disso, fornece notícias, eventos anunciados e links para mais de 8 mil sites relacionados com atividades comerciais.

MISSÕES COMERCIAIS

Participar de uma missão comercial é outra forma excelente de avaliar um mercado internacional e de se conectar com clientes no exterior. Uma **missão comercial** é uma visita planejada a um mercado internacional potencial, destinado a introduzir empresas do país de origem da missão a potenciais compradores estrangeiros e a estabelecer alianças estratégicas. Essas missões geralmente envolvem grupos de cinco a dez executivos de negócios e são criadas para promover vendas internacionais. Membros do grupo normalmente pagam suas próprias despesas e parte dos custos operacionais da missão. Os governos estrangeiros às vezes patrocinam missões comerciais para promover oportunidades de negócios com empresas do país de origem da missão.

INTERMEDIÁRIOS COMERCIAIS

Talvez a maneira mais fácil de penetrar mercados internacionais seja usar um **intermediário comercial**. Semelhante à assistência prestada pelos atacadistas às vendas domésticas, os intermediários comerciais distribuem produtos a clientes internacionais em regime de contrato. Essas agências usam sua rede estabelecida de contatos, bem como seu *expertise* na cultura e mercado locais. Em suma, um intermediário pode gerenciar toda a exportação de um negócio, cuidando de tudo, exceto do preenchimento dos pedidos – e os resultados podem ser excelentes. Por exemplo, a American Cedar, Inc., queria expandir o mercado de seus produtos de madeira de cedro para outros países. Com o auxílio de um intermediário comercial, a empresa conseguiu gerar 30% de suas vendas totais com exportação. O então presidente da empresa, Julian McKinney, lembra como a história se desdobrou: "Nós exibimos nossos produtos em uma feira, e uma empresa de gestão de exportação nos encontrou. Ela nos ajudou a minimizar os aborrecimentos de exportar diretamente. Nossos produtos [eram] distribuídos por toda a Europa a partir de um ponto de distribuição na França".[51] Uma empresa de gestão de exportação é apenas um dos muitos tipos de intermediários comerciais. O Quadro 18.5 descreve os intermediários comerciais que melhor podem prestar a assistência necessária aos pequenos negócios.

18-5c Financiamento

Quanto mais informações as pequenas empresas tiverem sobre fontes de financiamento diretas e indiretas, mais favoravelmente elas tendem a ver os mercados externos. Fontes dessa informação incluem bancos privados e a Small Business Administration, nos EUA.

BANCOS PRIVADOS

Os bancos comerciais geralmente têm um funcionário da área de empréstimos que é responsável pelas transações internacionais. Os grandes bancos podem ter um departamento internacional inteiro. Os exportadores utilizam bancos para emitir cartas comerciais de crédito e realizar outras atividades financeiras associadas à exportação.

Uma **carta de crédito** é um acordo para honrar uma letra de câmbio ou outra exigência de pagamento quando as condições especificadas forem atendidas. Isso ajuda a garantir que um vendedor receberá um pagamento de pronto. Uma carta de crédito pode ser revogável ou irrevogável. Uma carta de crédito irrevogável não pode ser alterada a menos que tanto o comprador quanto o vendedor concordem com a alteração. O processo de estabelecer uma carta de crédito é bastante envolvente e pode ser muito confuso. No entanto, os bancos e outras instituições financeiras que oferecem esse serviço possuem pessoal especializado que pode explicar como esses documentos funcionam e guiá-lo no processo.

Uma garantia de um banco de boa reputação de que o exportador será realmente pago é essencial para um pequeno negócio que tenha utilizado seus recursos ao limite apenas para entrar no mundo global e, assim, pode não sobreviver a um pagamento pendente. Mas e se o pequeno negócio estiver no lado da importação nessa transação? Como seus interesses serão protegidos? A carta de crédito também fornece segurança para a empresa receptora, porque o exportador não recebe do banco até que tenha liberado o título, ou prova de propriedade dos bens entregues. Depois de o produto ter sido enviado e o título transferido, o exportador recebe um documento chamado **conhecimento de embarque** para confirmar. Esse documento deve ser recebido antes que o banco pague a carta de crédito. Em suma, a carta de crédito garante que o exportador receberá e que o pagamento apenas ocorrerá quando a mercadoria for entregue no país.

QUADRO 18.5 Intermediários comerciais mais adequados para pequenos negócios (EUA)

Confirming House (Agente Comprador)	• Trabalha para as empresas estrangeiras que estão interessadas na compra de produtos dos EUA. • "Busca" os menores preços possíveis para itens solicitados. • Recebe uma comissão por esses serviços. • É, às vezes, uma agência governamental estrangeira ou empresa quase governamental.
Empresa de gestão de exportação	• Age como o departamento de exportação para um ou mais fabricantes de mercadorias ou serviços. • Solicita e efetua transações comerciais em nome dos produtores que ele representa ou em seu próprio nome, em troca de comissão, salário ou taxa. • Pode fornecer pagamento imediato para produtos e serviços obtendo financiamento ou comprando produtos diretamente para revenda. • Geralmente já tem redes bem estabelecidas de distribuidores estrangeiros.
Empresa de comercialização de exportação	• Age como o departamento de exportação de produtores ou assume o título para o produto e exporta em seu próprio nome. • Pode ser estabelecido e operado por produtores. • Pode ser organizado para atender um ou múltiplos setores. • Pode representar produtores de mercadorias concorrentes.
Agente de exportação, comerciante ou *remarketer*	• Compra produtos diretamente do produtor, embalando-os e marcando-os de acordo com suas próprias especificações. • Vende os produtos internacionalmente com seu próprio nome por meio de contatos e assume todos os riscos. • Requer que o produtor abra mão do controle de marketing e promoção de seu produto.
Comerciante de *piggyback*	• É um produtor ou empresa de serviço. • Distribui produto ou serviço de outra empresa.

Fonte: Adaptado de International Trade Administration, *A Basic Guide to Exporting*, Capítulo 5, "Methods and Channels", http://export.gov/basicguide/eg_main_038338.asp. Acesso em 4 de fevereiro de 2015.

SMALL BUSINESS ADMINISTRATION (SBA)

Nos EUA, a Small Business Administration (SBA) atende às pequenas empresas norte-americanas, por meio de escritórios regionais, distritais e filiais. Pequenos negócios que já estão exportando ou interessados em exportar podem receber valiosas informações da SBA em conferências e seminários, publicações instrucionais e aconselhamento de exportação. Uma lista informativa dos programas de assistência financeira oferecidos pela SBA às pequenas empresas está relacionada em https://www.sba.gov/category/navigation-structure/starting-managing-business/starting-business/preparing-your-finances/understanding-basics.

Um número crescente de pequenas empresas está optando por participar em negócios internacionais por várias razões, com novas motivações que continuam a emergir no ambiente de negócios competitivo que evolui continuamente. Quaisquer que sejam as suas razões para entrar na arena global, a sua empresa certamente enfrentará sérios desafios que as empresas puramente domésticas não têm de enfrentar. Mas a assistência está disponível em abundância em uma série de fontes privadas e públicas. Com um pouco de ajuda e muito trabalho duro, sua empresa pode ter sucesso no mercado global.

Glossário

Aliança estratégica internacional (p. 386) – Relação organizacional que permite que as empresas em países diferentes combinem recursos e compartilhem riscos, conforme eles entram em novos mercados.

Aquisição internacional (p. 387) – Compra por uma empresa em um país de uma empresa localizada em outro país.

Atividade de falsificação (p. 386) – Uso não autorizado da propriedade intelectual de uma empresa ou fabricação de seus produtos.

Carta de crédito (p. 391) – Acordo emitido por um banco para honrar uma letra de câmbio ou outra exigência de pagamento quando as condições especificadas forem atendidas.

Conhecimento de embarque (p. 391) – Documento que indica que um produto foi enviado e o título desse produto foi transferido.

Economias de escala (p. 380) – Eficiências da produção expandida que resulta da distribuição de custos fixos por mais unidades de produção.

Efeitos de aprendizagem (p. 379) – *Insights*, ganho de experiência que levam ao desempenho melhorado de trabalho.

Eficiências de curva de experiência (p. 379) – Economias por unidade ganhas na produção em série do mesmo produto.

Empresas nascidas globais (p. 376) – Pequenas empresas lançadas com foco em atividades de negócios internacionais.

Exportação (p. 383) – Venda de produtos fabricados no país de origem para clientes em outro país.

Franquia internacional (p. 386) – Estratégia para vender um pacote de produtos padrão, sistemas e serviços de gestão para uma empresa em outro país.

Globalização (p. 375) – Expansão do negócio internacionalmente, incentivada pela convergência de preferências do mercado, queda de barreiras comerciais e a integração das economias nacionais.

Importação (p. 385) – Venda de produtos fabricados em outros países para compradores domésticos.

Intermediário comercial (p. 390) – Agência que distribui os produtos de uma empresa, por meio de contrato, para clientes em outro país.

Investimento direto (*greenfield venture*) (p. 387) – Subsidiária de propriedade completa formada desde o início em outro país.

Licenciado (p. 385) – Empresa que compra os direitos de licenciamento.

Licenciamento internacional (p. 385) – Estratégia que permite que uma empresa em outro país compre os direitos de produção e venda dos produtos de uma empresa em mercados internacionais.

Licenciante (p. 385) – Empresa que vende direitos de licenciamento.

Missão comercial (p. 390) – Visita planejada a um mercado internacional potencial.

***Offshoring* (p. 380)** – Estratégia que envolve a realocação de operações para o exterior.

Risco econômico (p. 388) – Probabilidade do governo de um país administrar mal sua economia, de forma que dificulte o desempenho de empresas que estão operando lá.

Risco político (p. 387) – Potencial das forças políticas em um país em afetar negativamente o desempenho da operação dos negócios dentro de suas fronteiras.

***Royalties* (p. 385)** – Taxas pagas pelo licenciado ao licenciante para cada unidade produzida de acordo com um contrato de licenciamento.

Taxas de câmbio (p. 388) – Valor da moeda de um país em relação à de outro.

Terceirização internacional (p. 380) – Estratégia que envolve acesso a operações de empresas estrangeiras por meio de contratos com fornecedores independentes.

Recursos para *startups*

Mercados múltiplos

Nos EUA, para ter certeza de que você entende os formulários frequentemente complicados, leis de comércio e questões de pagamento que estão envolvidas em se tornar global, consulte o SBA's US Export Assistance Centers (www.sba.gov/content/us-exports-assistance-centers). Também ajudará verificar sites tais como www.buyusa.gov e www.USTDA.gov, que estão moldando seu suporte para melhor atender às necessidades dos pequenos negócios, na medida em que eles buscam clientes e fornecedores e geralmente crescem no exterior.

Um primeiro passo para pequenos negócios *on-line*

Se você quer vender globalmente por meio dos seus negócios *on-line*, mas não está pronto para assumir a complexidade de adaptar seu site para múltiplos mercados estrangeiros, considere começar com uma versão em espanhol. Isso aumentaria o potencial de negócios da sua empresa nos países falantes de língua espanhola e, certamente, ajudaria a alcançar 35,5 milhões de norte-americanos que falam tanto inglês quanto espanhol. E não se esqueça de que há 2,1 milhões de falantes de espanhol nos Estados Unidos que não são fluentes em inglês e que, potencialmente, poderiam fazer negócios com você, mas somente se o seu site estiver na língua deles.

Fonte: "The Stat: 2,1 Million," *Entrepreneur*, vol. 41, n. 11, 2013, p. 60.

Exportar ou não exportar?

Ainda não tem certeza de que seu pequeno negócio deve partir para exportação? Assista ao vídeo www.inc.com/exporting e deixe que proprietários de pequenos negócios e especialistas governamentais ajudem você a ver a luz global.

Melhores locais para manufatura global

Você pode ter decidido que fabricar seus produtos na China faria com que você economizasse dinheiro. Alguns empreendedores experientes estão sugerindo que você deveria ir para o México. Descubra o porquê lendo Chris Anderson, "Mexico: The New China," *The New York Times*, 27 de janeiro de 2013, p. SR7.

Planejando ir para o mundo

A maioria das pequenas empresas dá seu primeiro passo para entrar nos negócios globais por meio da exportação e a SBA criou o *Export Business Planner* para ajudar a melhorar suas chances de sucesso. Se você planeja exportar ou seguir outras estratégias, essa publicação é muito completa e pode ser extremamente útil conforme se prepara. Você pode encontrar esse documento em www.sba.gov/exportbusinessplanner.

Você é quem manda

Situação 1

Jesse Acevas reconheceu as vantagens da terceirização de trabalho de desenvolvimento de softwares quando decidiu fundar a Victoris Consulting International, uma empresa de tecnologia da informação. Ele considerou conectar-se com um prestador de serviços em Bangalore, na Índia, porque os salários são muito baixos, a disponibilidade de funcionários bem treinados é ampla e as habilidades técnicas são fortemente enfatizadas no sistema de ensino superior lá. Mas a Índia está muito distante da sede da empresa em Phoenix, Arizona, nos EUA, o que significa incorrer em maiores custos com viagens, lidar com os inconvenientes de trabalhar em diferentes fusos horários (quase 12 horas de diferença) e com atrasos na comunicação. Também houve relatos de problemas com as limitações da infraestrutura (incluindo conexões ruins de internet e de telefone), bem como o custo e a qualidade do trabalho concluído. Finalmente, as diferenças culturais seriam significativas, embora a maioria dos trabalhadores qualificados na Índia fale inglês.

Acevas também esteve em contato com uma operação em Guadalajara, México. Seus contatos lá afirmam que os trabalhadores qualificados de que ele precisa estão disponíveis, a diferença cultural é limitada, o volume de negócios é baixo e a equipe técnica não precisará de vistos especiais para viajar entre o México e os locais do projeto nos Estados Unidos. No entanto, os salários são significativamente mais elevados do que em Bangalore, graduados em universidades no México recebem pouco treinamento prático e a lei torna muito difícil demitir o pessoal, uma vez que eles são contratados.

O tempo está passando. Acevas precisa preparar seus funcionários para três grandes contratos que negocia atualmente e seus potenciais clientes querem começar os projetos dentro de um mês ou mais após a decisão final ser tomada. Se ele fechar dois dos três contratos, ainda assim ele terá muito mais trabalho do que sua equipe nos Estados Unidos pode dar conta. Ele precisará de funcionários adicionais – e não tem certeza de onde obter mão de obra terceirizada.

Pergunta 1 – Quais informações adicionais seriam úteis para ajudar Acevas a tomar sua decisão?

Pergunta 2 – Quais vantagens e desvantagens adicionais Acevas deveria considerar ao decidir entre *offshoring* para a Índia e *nearshoring* para o México?

Pergunta 3 – Qual localização que você escolheria: Índia ou México? Liste argumentos para apoiar a sua decisão final.

Situação 2

Frank Shipper e vários outros pequenos empresários juntaram-se em uma missão comercial para a China para a explorar oportunidades naquele mercado. O grupo aprendeu que a China tem uma população de mais de 1,3 bilhão de habitantes e é um dos mercados de exportação de crescimento mais rápido do mundo para pequenas e médias empresas norte-americanas. A renda anual média varia muito em todo o país, mas está aumentando rapidamente. A renda *per capita* anual varia de um mínimo de cerca de US$ 1.400 para trabalhadores rurais a pouco mais de US$ 4.300 em áreas urbanas – ainda maior em Xangai, Beijing e outras grandes cidades.

O Banco Mundial estima que a economia da China continuará a crescer em torno de 7% ao ano, e as análises indicam que o número de usuários da internet vem crescendo rapidamente, atingindo cerca de 650 milhões. Além disso, como a base de clientes na China continua a crescer e a expectativa de qualidade de vida aumenta, a demanda por vários tipos de serviços tem crescido significativamente. Os membros do grupo sabem que 95% das pessoas na China têm telefones celulares e quase 86% dessas pessoas têm acesso à internet móvel. Em contrapartida, eles também descobriram que os produtos falsificados (desde vestuário e artigos de couro a software e DVDs) estavam prontamente disponíveis a uma fração do custo da mercadoria legítima e que os comerciantes locais manifestaram interesse em fazer negócios somente com fornecedores com quem estabeleceram relacionamentos.

Pergunta 1 – Quais tipos de negócios prosperariam na China? Por quê?

Pergunta 2 – Quais são os desafios e riscos associados a fazer negócios na China?

Pergunta 3 – Quais os passos que Shipper deve seguir para lidar com esses desafios e riscos e, assim, aumentar suas chances de sucesso naquele mercado?

Fontes: Paul Carsten, "China's Internet Population Hits 649 Million, 86 Percent on Phones", *Reuters*, 3 de fevereiro de 2015, http://www.reuters.com/article/2015/02/03/us-china-internetidUSKBN0L713L20150203. Acesso em 5 de fevereiro de 2015; Lee Rainie e Jacob Poushter, "Emerging Nations Catching Up to U.S. on Technology Adoption, Especially Mobile and Social Media Use", Pew Research Center: FactTank, 13 de fevereiro de 2014, http://www.pewresearch.org/fact-tank/2014/02/13/emerging-nations-catching-up-to-u-s-on-technology-adoption-especially-mobile-and-social-media-use. Acesso em 5 de fevereiro de 2015; Kenneth Rapoza, "Average Chinese Getting Richer", *Forbes*, 24 de fevereiro de 2015, http://www.forbes.com/sites/kenrapoza/2014/02/25/average-chinese-getting-richer. Acesso em 5 de fevereiro de 2015; e The World Bank, "China Overview", http://www.worldbank.org/en/country/china/overview. Acesso em 5 de fevereiro de 2015.

Notas

1. Dados publicados pelo SBA (Small Business Administration) nos EUA indicam que um grande número de pequenas empresas já são exportadoras. Os números tornam-se ainda maiores quando outras formas de globalização são consideradas. Veja "SBA: Frequently Asked Questions," https://www.sba.gov/sites/default/files/advocacy/FAQ_March_2014_0.pdf.
2. Sabine Vollmer, "A Rising Number of Small and Midsize Companies Go International," *Journal of Accountancy*, 21 de janeiro de 2013, http://www.journalofaccountancy.com/issues/2013/feb/20125941.html. Acesso em 14 de janeiro de 2015.
3. Outros termos além de *empresas nascidas globais* são às vezes usados. Eles incluem *empresas nascidas internacionais, startups globais, novos empreendimentos internacionais* e *exportadores instantâneos*.
4. Karen Gerwitz, "'Born Global Companies' – The New Normal?" *World Trade Center Association News*, 4 de setembro de 2013, http://www.wtcdenver.org/wtcblog/1381603. Acesso em 14 de janeiro de 2015.
5. Leigh Buchanan, "The Thinking Man's Outsourcing," *Inc.*, vol. 28, n. 5 (maio de 2006), p. 31-33.
6. Veja John A. Matthews e Ivo Zander, "The International Entrepreneurial Dynamics of Accelerated Internationalisation," *Journal of International Business Studies*, vol. 38, n. 3 (maio de 2007), p. 387-403.
7. Buchanan, op. cit.
8. Rich Sloan e Jeff Sloan, "Taking Your Startup to a Foreign Market," http://www.startupnation.com/articles/taking-your-startup-to-a-foreignmarket. Acesso em 14 de janeiro de 2015.
9. Shelby Scarbrough, "A Whole New World," *Entrepreneur*, vol. 36, n. 6 (junho de 2008), p. 21.
10. Leigh Buchanan, "Gone Global," *Inc.*, vol. 29, n. 4 (abril de 2007), p. 88-91.
11. Para mais informações sobre esse assunto, incluindo uma análise sofisticada das forças motrizes da internacionalização, veja Stephanie A. Fernhaber, Patricia P. McDougall e Benjamin M. Oviatt, "Exploring the Role of Industry Structure in New Venture Internationalization," *Entrepreneurship Theory and Practice*, vol. 31, n. 4 (julho de 2007), p. 517-542.
12. Svante Andersson, "Internationalization in Different Industrial Contexts," *Journal of Business Venturing*, vol. 19, n. 6 (2004), p. 851–875; "Don't Laugh at Gilded Butterflies," *The Economist*, vol. 371, n. 8372 (22 de abril de 2004), p. 71-73; e Oliver Burgel, Andreas Fier, Georg Licht e Gordon C. Murray, "The Effect of Internationalization on Rate of Growth of High-Tech Start-Ups–Evidence for UK and Germany," em Paul D. Reynolds et al. (eds.), *Frontiers for Entrepreneurship Research*, Anais da 20th Annual Entrepreneurship Research Conference, Babson College, junho de 2002.
13. Para uma ampla discussão desse estudo, veja Edmund Prater e Soumen Ghosh, "Current Operational Practices of U.S. Small and Medium-Sized Enterprises in Europe," *Journal of Small Business Management*, vol. 43, n. 2 (abril de 2005), p. 155-169.
14. Conforme descrito em Charles W. L. Hill, *Global Business Today* (Nova York: McGraw-Hill/Irwin, 2014), p. 168-170.
15. Leslie E. Palich e D. Ray Bagby, "Trade Trends in Transatlantica: A Profile of SMEs in the United States and Europe," em Lester Lloyd-Reason e Leigh Sears (eds.), *Trading Places–SMEs in the Global Economy: A Critical Research Handbook* (Cheltenham, UK: Edward Elgar Publishing, 2007), p. 64-65.
16. Lowana Veal, "Iceland Renews Push for Aluminum Plant," *Inter Press Service News Agency*, 9 de junho de 2013, http://www.ipsnews.net/2013/06/icelandrenews-push-for-aluminium-plant. Acesso em 29 de janeiro de 2015.
17. Na tentativa de impedir indivíduos perigosos de entrar no país, o governo dos EUA tem aumentado restrições de vistos e permissões de trabalho, o que tornou mais difícil para empresas norte-americanas trazerem talentos estrangeiros de que elas precisam. Além disso, muitos estudantes estrangeiros de países como a China e a Índia são treinados nas melhores universidades dos Estados Unidos e voltam para os seus países, na esperança de aplicar essas habilidades para aproveitar oportunidades que estão surgindo nos seus países de origem devido ao crescente e rápido desenvolvimento que ocorre neles.
18. Robert Thornock e Wesley Whitaker, "Skolkovo: Russia's Emerging Silicon Valley," http://knowledge.wharton.upenn.edu/article/skolkovorussias-emerging-silicon-valley. Acesso em 8 de fevereiro de 2015.
19. Esses dados, convertidos em dólares norte-americanos, são da PayScale Human Capital, "Salary Data and Career Research Center," http://www.payscale.com/research/RU/Country5Russia/Salary. Acesso em 29 de janeiro de 2015.
20. "About MCAP Research," http://powerconnectpro.com/About.php, acesso em 29 de janeiro de 2015.
21. Mark Whitehouse, "Starting a Global Business, with No U.S. Employees," *The Wall Street Journal*, 19 de janeiro de 2010, p. B8.
22. Pui-Wing Tam e Jessica A. Vascellaro, "Forget the Web, Start-Ups Get Real," *The Wall Street Journal*, 18 de agosto de 2012, p. B1.
23. http://www.nomiku.com, accessed February 6, 2015.
24. "Nomiku," http://uncrate.com/stuff/nomiku. Acesso em 6 de fevereiro de 2015.
25. Ibid.
26. Kim-Mai Cutler, "Lean-Hardware Strategy Lets Kickstarter Breakout Nomiku 'In-Shore' Manufacturing Back to the U.S.," *TechCrunch*, 18 de agosto de 2014, http://techcrunch.com/2014/08/18/nomiku-2, acesso em 6 de fevereiro de 2015.
27. Rachel Z. Arndt, "Georgia Chopsticks," *Fast Company*, n. 165 (maio de 2012), p. 92.

28. Electra Draper, "Denver Native Colin Flahive Finds Success Serving Comfort Food to China," *The Denver Post*, 27 de fevereiro de 2013, http://www.denverpost.com/ci_22666138/serving-comfort-food-china. Acesso em 14 de abril de 2015; Mike Ives, "Colin Flahive Opened a Restaurant in China That's a Beacon of Enlightened Management," *The Christian Science Monitor*, 11 de julho de 2013, http://www.csmonitor.com/World/Making-adifference/2013/0711/Colin-Flahive-opened-a-restaurant-in-China-thats-a-beacon-of-enlightened-management. Acesso em 14 de abril de 2015; e "Salvador's Coffee House–Kunming, China," http://www.salvadors.cn/history.html. Acesso em 14 de abril de 2015.
29. Ibid.
30. Ives, op. cit.
31. SBA Office of Advocacy, "Frequently Asked Questions," https://www.sba.gov/sites/default/files/FAQ_March_2014_0.pdf. Acesso em 2 de fevereiro de 2015.
32. U.S. Small Business Administration, *Take Your Business Global: A Small Business Guide to Exporting*, Capítulo 1, "Making the Export Decision," http://www.mass.gov/export/pdf/oit_business_global_workbook.pdf, acesso em 15 de abril de 2015.
33. "About Entertainment Earth," http://www.entertainmentearth.com/help/aboutee.asp. Acesso em 2 de fevereiro de 2015.
34. "Charlene Anderson: Purveyor of All Things Creative," http://charanderson.com/about-me. Acesso em 2 de fevereiro de 2015.
35. Erica J., "You'd Be Crazy Not to Sell Internationally," *The Daily Shipper*, 8 de julho de 2014, http://www.shipstation.com/blog/handling-your-business/youd-crazy-sell-internationally-says-ebay-fba-seller. Acesso em 2 de fevereiro de 2015.
36. Ibid.
37. United States Chamber of Commerce, "Help Small Businesses to Export," 6 de fevereiro de 2014, http://www.uschamber.com/issue-brief/help-small-businesses-export. Acesso em 3 de fevereiro de 2015.
38. "Shop Compass," http://www.compasstradingco.com/compass-trading-co, acesso em 4 de janeiro de 2013; e comunicação pessoal com a gerência da loja Compass Trading Company, 8 de fevereiro de 2008.
39. Christopher Hann, "Get the Goods Rolling," *Entrepreneur*, vol. 40, n. 7 (julho de 2012), p. 25.
40. U.S. Small Business Administration, *Breaking into the Trade Game: A Small Business Guide to Exporting*, ed. Kathy Parker (Darby, PA: Diane Publishing, 1997), Capítulo 7, "Strategic Alliances and Foreign Investment Opportunities," http://www.foreign-trade.com/reference/trad12.htm, acesso em 15 de abril de 2015.
41. "McDonald's: About Us," http://www.aboutmcdonalds.com/mcd/our_company.html. Acesso em 4 de fevereiro de 2015.
42. Angus Loften, "Smaller Franchisers Expand Their Horizons," *The Wall Street Journal*, 14 de novembro de 2011, p. R7.
43. "About Blue Note," http://www.bluenote.net/about/index.shtml, acesso em 4 de fevereiro de 2015.
44. Elizabeth Wasserman, "Happy Birthday, WTO?" http://www.inc.com/magazine/20050101/wto.html. Acesso em 6 de fevereiro de 2015.
45. Robert Sberna, "How I Cracked the China Market" Associação Nacional de Produtores, agosto de 2013, http://www.robertsberna.com/wp-content/uploads/2013/08/china1.pdf. Acesso em 6 de fevereiro de 2015.
46. Karen E. Klein, "An American in South America's Paris," http://www.bloomberg.com/bw/stories/2006-06-15/an-american-in-south-americas-parisbusinessweek-business-news-stock-market-and-financial-advice, acesso em 6 de fevereiro de 2015; e Nichole L. Torres, "Change of Scenery," *Entrepreneur*, vol. 34, n. 8 (agosto de 2006), p. 90.
47. Uma forma de risco que não está sob o controle de um governo, mas pode ter sérios efeitos no desempenho do negócio é o que alguns pesquisadores chamam de *risco ambiental*. Isso sugere que os riscos de mudança de clima variam entre regiões globais e devem ser reconhecidos como um fator na tomada de decisão. Veja Peter Romilly, "Business and Climate Change Risk: A Regional Time Series Analysis," *Journal of International Business Studies*, vol. 38, n. 3 (maio de 2007), p. 474-480.
48. Comunicação pessoal com Mary Ellen Mooney, 18 de abril de 2011.
49. World Bank Group, "Doing Business 2015 Data Note," http://www.doingbusiness.org/methodology/methodology-note#EaseofDB. Acesso em 4 de fevereiro de 2015.
50. "Take Your Business Global: An Introduction to Exporting" pode ser encontrado no http://www.sba.gov/tools/sba-learning-center/training/take-your-business-global-introduction-exporting.
51. "Foreign Market Entry," http://www.foreign-trade.com/reference/trad8.htm. Acesso em 4 de fevereiro de 2015.

PARTE 5

CAPÍTULO 19

Gestão profissional e o pequeno negócio

Liam Martin estava sobrecarregado pela carga de trabalho que enfrentava quando a sua empresa de serviços tutoriais cresceu. Esgotado com as responsabilidades, o fundador pediu ao seu assistente que cuidasse dos reembolsos de clientes que precisavam ser liberados. Aquilo foi um grande erro! Um cliente tinha solicitado um reembolso de US$ 1.500 por algumas sessões de tutoria não utilizadas; o assistente acidentalmente reembolsou US$ 10.000, o que representava todos os pagamentos recebidos durante o semestre. Com base nessa experiência, Martin aprendeu que ele não era muito bom em delegar e que passar as tarefas para outros estava fazendo com que sua ansiedade aumentasse em vez de diminuir.

Martin lançou mais tarde uma agência de trabalho temporário em Ottawa chamada Staff.com. Mas, apesar do desastre no empreendimento de serviços de tutoria, Martin entendeu que ele teria que ficar confortável em delegar responsabilidades aos seus funcionários para ter tempo para gerenciar a sua *startup*. A delegação eficaz era especialmente importante na Staff.com porque a empresa dependia fortemente de funcionários localizados remotamente. Martin agora reconhece que "quando você delega tarefas para os outros, as ordens não devem ser simplesmente fáceis de entender – elas devem ser impossíveis de serem mal interpretadas". A fim de simplificar a delegação e garantir o controle de qualidade, ele criou um wiki que detalha procedimentos a serem seguidos caso qualquer uma das 500 questões operacionais comuns ocorra. Agora Martin gasta menos tempo gerenciando atividades da empresa e mais tempo desenvolvendo e implementando iniciativas estratégicas.

Linda Hill, professora da Harvard Business School, diz que os empreendedores entendem o conceito de eficiência gerencial, mas muitos têm dificuldade em alcançá-la: "[Eles] não delegarão até que estejam tão esgotados e estressados e não tenham como evitar fazê-lo." O perigo é os

▶ **No Spotlight**
Delegação efetiva
staff.com

Ao término deste capítulo, você deverá ser capaz de:

19-1. **Entender o papel de liderança do empreendedor.**

19-2. **Explicar o processo de gestão de pequenos negócios e suas características únicas.**

19-3. **Identificar as tarefas gerenciais de empreendedores.**

19-4. **Descrever o problema da pressão de tempo e sugerir soluções.**

19-5. **Descrever os diversos tipos de assistência externa para gestão.**

proprietários de pequenos negócios se tornarem tão envolvidos em operações diárias que tenham muito pouco tempo para fazer o que os empregados não podem fazer, isto é, fornecer orientação estratégica para a organização.

Há uma série de estratégias e técnicas que empreendedores podem usar para lidar com esse problema. Alguns optam por seguir a regra dos 80%. Trevor Sumner, fundador da empresa de marketing LocalVox, descreve a regra dessa forma: "Quando um [subordinado] pode realizar uma tarefa com 80% da eficácia que pode ser alcançada por você para realizar a mesma tarefa, então você precisa deixá-lo fazer isso sozinho". Outros proprietários de pequenos negócios podem achar que sua equipe atual pode não lidar adequadamente com certas tarefas. Nesse caso, pode ser necessário contratar profissionais capazes de lidar de maneira eficaz com essas responsabilidades específicas.

Ainda mais importante, os funcionários precisam do espaço para lidar com os obstáculos por conta própria. Adam Robinson, cofundador e CEO da produtora de software de gestão de contratação Hireology, coloca isso de maneira muito sucinta: "Contrate pessoas excelentes e, em seguida, saia do caminho delas!". Ótimo conselho, mas nem sempre fácil de ser seguido. Não obstante, empreendedores devem aprender a delegar responsabilidade e a dar poder aos empregados se eles quiserem que suas empresas cresçam. E se eles não conseguem fazer essa transição, pode ser necessário contratar um gerente profissional para manter seu negócio crescendo no caminho certo.

Essa pode ser a única maneira de eliminar o hábito de microgestão!

Fontes: Sarah Brown, "Staff.com and Time Doctor Co-Founder Liam Martin on the Future of Contract and Remote Work", http://www.trada.com/blog/staff-com-time-doctor-co-founder-liam-martin-future-contract-remote-work. Acesso em 19 de fevereiro de 2015; Govindh Jayaraman, "Get Out of Their Way!", http://papernapkinwisdom.com/get-way-adam-robinson-founder-ceo-hireology. Acesso em 19 de fevereiro de 2015; Scott Liebs, "Just Trust", *Inc.* vol. 36, n. 2 (março 2014), p. 18-19; e Young Entrepreneurial Council, "12 Tips for Founders Who Hate to Delegate", *Inc.*, 18 de novembro de 2013, http://www.inc.com/young-entrepreneur-council/12-tips-for-founders-who-hate-to-delegate.html. Acesso em 19 de fevereiro de 2015.

Como você pode ver na seção de abertura *No Spotlight*, Liam Martin aprendeu duas importantes lições: (1) delegar de maneira ineficaz pode ser muito custoso e (2) delegar de maneira eficaz pode dar a flexibilidade necessária para ter tempo para desenvolver e buscar iniciativas estratégicas que impulsionarão sua empresa. Mas essa é apenas uma faceta de liderar um negócio em crescimento que você precisará fazer direito para que o seu empreendimento tenha alguma esperança de florescer.

A menos que você planeje permanecer com um negócio minúsculo de uma pessoa para sempre, certamente vai enfrentar problemas de liderança e gestão. Quando isso ocorrer, você deve encontrar maneiras de integrar os esforços dos funcionários e dar novo direcionamento para seu negócio. Isso é absolutamente necessário para que os funcionários da produção, vendedores, pessoal administrativo e outros funcionários trabalhem em conjunto de forma eficaz. Até mesmo negócios estabelecidos há muito tempo precisam de uma liderança vigorosa se quiserem evitar a estagnação ou o fracasso. Este capítulo examina os desafios de liderança enfrentados pelos empreendedores e as atividades gerenciais necessárias à medida que as empresas amadurecem e crescem.

19-1 LIDERANÇA EM PEQUENOS NEGÓCIOS

Os papéis de liderança diferem muito, dependendo do tamanho do negócio e de seu estágio de desenvolvimento. Por exemplo, uma empresa que esteja apenas começando vai enfrentar problemas e incertezas diferentes daquelas de uma empresa familiar que tem funcionado bem há duas ou três gerações. Devemos começar, portanto, com o reconhecimento de que a liderança não pode ser reduzida a regras simples ou a processos que se aplicam a todas as situações.

19-1a O que é liderança?

A pergunta *como definir liderança* é simples, mas a sua resposta não é. Eric Paley, sócio-gerente da empresa de capital de risco Founder Collective, oferece a seguinte definição:

Ser um líder significa focar sua equipe nas principais prioridades. Você precisa chegar a um consenso sobre essas prioridades, estabelecer metas, avaliar o desempenho em relação a essas metas e mudar o curso quando necessário. Grandes líderes ganham credibilidade com sua equipe quando constroem um plano, executam-no de forma eficaz e demonstram que aquele era o plano certo.[1]

Em outras palavras, a liderança envolve mostrar o caminho e fazer com que os outros o sigam por vontade própria. O foco deve ser muito maior no destino do que nos detalhes de como chegar lá. Um empreendedor deve transmitir sua visão do futuro da empresa para todos os outros participantes no negócio, de forma que eles possam contribuir mais eficazmente para a realização da missão. Embora os líderes devam também se engajar em processos mais rotineiros, a principal tarefa do proprietário de um pequeno negócio, particularmente conforme a empresa cresce, é o de criar e comunicar uma visão para a empresa.

19-1b Qualidades de liderança de fundadores

Um empreendedor é um pioneiro que recruta outras pessoas, tanto membros da equipe quanto pessoas de fora, para trabalhar com ele em uma iniciativa criativa. Outros podem então ser convencidos dessa visão para o negócio conforme eles unem seus esforços com os do empreendedor.

Em um empreendimento totalmente novo, o fundador enfrenta grandes incertezas e incógnitas. Portanto, os indivíduos que estão lançando *startups* promissoras, com a perspectiva de atingir um tamanho ou rentabilidade significativa, precisam ter certas qualidades. Um dos traços mais importantes é a tolerância à ambiguidade. Devido à incerteza envolvida na criação de um novo negócio, os empreendedores também devem ser adaptáveis, capazes de se ajustarem a problemas e oportunidades imprevistas. Essas duas qualidades básicas podem ser úteis em muitas configurações de negócios, mas nunca são mais importantes do que na situação de *startup*.

19-1c O que faz com que um líder seja eficaz?

Muitas pessoas pressupõem que um líder de negócios deva ter uma personalidade chamativa, altamente carismática e do tipo "Eu estou no comando" para ser eficaz, mas isso não é a norma, e certamente isso não é um pré-requisito. Na verdade, o carisma tem pouco a ver com uma liderança eficaz. Na verdade, é menos importante querer estar no comando do que ter a capacidade de assumir o controle e inspirar outros para seguir a sua liderança. Esse é exatamente o ponto de Judith Cone, uma inovadora na educação de empreendedorismo:

Um líder é capaz de explicar uma visão de uma forma convincente que motiva as pessoas a seguir ou fazer parte dessa visão. [Líderes] são sólidos, inteligentes, têm integridade, as pessoas os respeitam e querem segui-los por causa da pessoa especial que eles são.[2]

Claramente, a liderança eficaz não se baseia em uma personalidade onipresente, mas, em vez disso, em um foco em atingir metas de negócios. Na maioria das pequenas empresas, a liderança é pessoal. O dono-gerente não é um desconhecido sem face, mas um indivíduo que os empregados veem e com quem se relacionam no decorrer de seus horários regulares de trabalho. Essa situação é totalmente diferente nas grandes corporações, em que a maioria dos empregados nunca vê os principais executivos. Se a relação empregador-empregado for boa, os funcionários em pequenos negócios desenvolvem fortes sentimentos de lealdade pessoal para com seu empregador.

Em uma grande corporação, os valores dos executivos de nível superior devem ser filtrados pelas muitas camadas de gestão antes que cheguem naqueles que fazem e vendem os produtos. Como resultado, a influência dos que estão no topo tende a ser diluída pelo processo. Por outro lado, o pessoal de uma pequena empresa recebe as mensagens do líder diretamente. Esse contato face a face facilita sua compreensão da visão do líder, bem como o seu posicionamento relativo à integridade, atendimento ao cliente e outras questões importantes. No final, esse sentido disseminado de propósito, altos padrões e realização podem realmente criar uma vantagem competitiva para o pequeno negócio em relação aos seus rivais corporativos.

19-1d Estilos de liderança

Os líderes usam muitos estilos diferentes de liderança. Alguns estilos podem ser mais adequados a certas situações, mas a maioria dos líderes faz sua escolha a partir de uma série de abordagens conforme eles lidam com diferentes questões. O psicólogo Daniel Goleman e seus colegas identificaram seis estilos distintos de liderança.

Em seu estudo com quase 4 mil gerentes, eles descobriram que líderes eficazes mudam fluida e frequentemente entre os quatro primeiros estilos listados abaixo e fazem um uso muito limitado, mas hábil, dos dois últimos estilos.[3]

1. O *visionário* mobiliza as pessoas em direção a uma visão compartilhada.
2. O *treinador* desenvolve as pessoas estabelecendo um relacionamento e confiança.
3. O *construtor de equipes* promove vínculos emocionais e harmonia organizacional.
4. O *populista* constrói consenso por meio da participação.
5. O *modelador* define padrões desafiadores e excitantes e espera excelência.
6. O *general* demanda cumprimento imediato.

Um empreendedor pode usar estilos diferentes em momentos diferentes conforme ele tenta extrair o melhor da organização e de seus funcionários. Embora deva ser utilizada com moderação, a liderança de general ou autoritária pode ser necessária e esperada em uma situação de emergência genuína, mas não seria apropriada na maioria dos cenários.

Para a maioria das empresas, a liderança que reconhece e valoriza o mérito individual é altamente recomendável. Algumas décadas atrás, muitos gerentes eram autocratas intransigentes, que davam ordens e mostravam pouca preocupação por aqueles que estavam hierarquicamente abaixo deles. Ao longo dos anos, esse estilo de liderança deu lugar a abordagens mais sensíveis e eficazes e há evidências sólidas que indicam que os funcionários acham esses estilos muito mais motivadores. Por exemplo, o CEO de uma empresa de consultoria e pesquisador de liderança, John Gerzema, conduziu uma grande pesquisa de opinião com 64 mil pessoas em 13 países, pedindo-lhes para identificar os traços de líderes modernos que eles consideravam ser mais desejáveis. No topo da lista estavam qualidades como paciência, expressividade, flexibilidade e empatia. E isso é razoável. No ambiente dos negócios supercobrados de hoje, as empresas demandam cada vez mais produção de forças de trabalho cada vez menores apenas para continuar no mercado. Com isso o nível de estresse vem produzindo seus efeitos danosos.

Para manter um senso de equilíbrio, os líderes devem atender às necessidades emocionais de seus funcionários ansiosos, ajudando-os a ver que fazem parte de algo importante e comunicando apreço, preocupação e suporte.[4] Para obter resultados em um mundo empresarial transformado pela velocidade da internet, e cada vez mais saturado com concorrentes de todos os cantos do mundo, você precisa adotar uma abordagem que demonstre sua preocupação para com seus funcionários. Um editor na revista *Inc.* colocou essa questão da seguinte forma: "É preciso uma pessoa sensível para liderar uma empresa dura".[5]

Danny Meyer parece ter atingido o equilíbrio certo. Fazer isso em um negócio de restaurante é difícil, mas parece que quase tudo que Meyer abre no setor transforma-se em ouro. Ele possui alguns dos melhores e mais populares restaurantes de Nova York, junto com algumas churrascarias, uma cadeia de hambúrguer chamada Shake Shack e até mesmo um negócio de serviços de *catering*. Seu sucesso é inegável, mas o caminho para os resultados exigiu alguns ajustes fundamentais. Meyer lembra-se do início de sua jornada quando seus gerentes e garçons estavam continuamente testando-o, desconsiderando seus padrões de serviço excelente. Respondendo ao conselho de um mentor altamente respeitado e bem-sucedido, Meyer surgiu com sua própria abordagem de gestão singular. Na verdade, ele tem um nome para ela: *pressão constante e gentil*. Problemas vão surgir, conspirando para jogar tudo fora de equilíbrio, mas Meyer está empenhado em mover as coisas "de volta ao eixo", onde elas deveriam estar. Essa é uma característica "constante" de sua abordagem. Mas ele sempre responde de uma maneira que compele seus funcionários na direção certa, de forma que os mantém motivados de maneira positiva. Isso é porque ele qualifica sua abordagem de "gentil". No entanto, ele também insiste em um desempenho excelente, supervisionando os detalhes de cada mesa – até o ponto de mover um saleiro que esteja fora de lugar para o seu lugar apropriado. É aí que a "pressão" entra em ação. É um estilo de gestão que funciona.[6]

Em muitos casos, os gerentes progressistas procuram algum grau de participação dos empregados em decisões que afetam o pessoal e os processos de trabalho. Frequentemente, o foco está em características importantes do negócio, tais como moldar a missão da empresa ou estabelecer práticas diárias no local de trabalho. Os gerentes podem levar essa abordagem de liderança a um nível chamado **empowerment**. O gerente que usa *empowerment* vai além da solicitação de opiniões e ideias dos trabalhadores, aumentando a sua autoridade para agir por conta própria e tomar decisões sobre os processos com os quais estão envolvidos. Isso envia a mensagem que seus superiores confiam neles para fazer a coisa certa, o que tende a elevar o moral dos funcionários, bem como o seu desempenho. Isso também libera tempo para proprietários e gerentes cuidarem de outros desafios empresariais urgentes.

Algumas empresas, na verdade, levam a participação dos funcionários um passo além criando **equipes de trabalho autogerenciadas**. A cada equipe de trabalho é atribuída uma determinada tarefa ou operação; seus membros gerenciam essa tarefa ou operação sem supervisão direta e assumem responsabilidade pelos resultados.

Quando as equipes funcionam corretamente, o número de supervisores necessário diminui acentuadamente. Embora essa abordagem possa não ser apropriada para alguns pequenos negócios, ela certamente fornece um modelo poderoso para a gestão de muitos empreendimentos.

A pesquisa é clara: líderes eficazes criam imenso valor nos negócios. De acordo com Bill Passmore, vice-presidente sênior do Center for Creative Leadership, "Líderes que optam por operar de forma mais participativa – que operam segundo princípios de alto envolvimento *versus* burocracias que tratam as pessoas como se fossem engrenagens de máquinas – observam uma melhora de 30% no desempenho".[7] Isso porque os trabalhadores são mais produtivos e focados no cliente, o que leva a uma maior lucratividade da firma. Isso não significa que traços de liderança mais "masculinos", como determinação, resiliência e confiança não sejam mais valorizados – a mesma pesquisa mostra que eles também são qualidades desejáveis de liderança – mas devem ser equilibrados com um toque mais sensível se um líder quiser ter maior impacto.[8]

19-1e Moldando a cultura da organização

Ao longo do tempo, uma organização tende a assumir vida própria. Conforme indicado no Capítulo 2, uma cultura organizacional começa a emergir em todos os pequenos negócios, estabelecendo um tom que ajuda os funcionários a entender o que a empresa representa e como realizar o trabalho deles. Este é o fator que determina a "sensação" de um negócio, o "professor silencioso" que define o humor para a conduta dos funcionários, mesmo quando os gestores não estão presentes.

A cultura de uma empresa não surge da noite para o dia. Ela se desenvolve ao longo da vida da empresa e geralmente reflete o caráter e o estilo do fundador. (Você deve se lembrar que discutimos a marca do fundador sobre a cultura organizacional em empresas familiares no Capítulo 5.) Devido ao seu poder em moldar o modo como os negócios são conduzidos, a cultura da organização não deve ser deixada ao acaso. Se um fundador é honesto em seus negócios, apoia seus funcionários e é rápido na comunicação, ele provavelmente estabelecerá um padrão que outros vão seguir. Um empreendedor pode criar um ambiente cultural inovador deixando de lado o seu ego e abrindo-se às ideias dos outros, apoiando a experimentação e eliminando sanções desnecessárias por fracasso e entendendo e aproveitando os dons únicos de todos os funcionários. Como o *empowerment*, criar uma cultura organizacional que promova a inovação tende a atrair os funcionários para trabalhar na empresa e, muitas vezes, fornece um impulso ao compromisso e ao moral dos funcionários.

Mudanças no *design* físico também podem influenciar a cultura organizacional, ajudando assim a moldar a forma como as pessoas na organização pensam, como interagem e o que elas conseguem juntas. John Ferrigan, um *freelancer* na área de *design* de interiores que tem ajudado uma série de empresas do Vale do Silício na Califórnia, desde *startups* a gigantes da tecnologia como a Google, enfatiza que passos intencionais podem ser tomados para definir o tom dos negócios. Por exemplo, um clima colaborativo pode ser cultivado em *layouts* de escritório aberto ao colocar membros da equipe próximos uns dos outros. Isso cria mais oportunidades para os funcionários se encontrarem uns com os outros e iniciarem conversas que levem à geração de ideias, embora o ruído e a falta de privacidade criada possa inibir a concentração e o pensamento profundo.[9] Consciente das desvantagens, Ferrigan observa que a colaboração ainda pode ser enfatizada pela criação de "enclaves" em que as equipes possam se reunir e discutir ideias sem perturbar outros na mesma área geral. Ao mesmo tempo, dar escritórios privados a funcionários do mais alto escalão, enquanto outros funcionários têm que trabalhar em espaços coletivos pode enviar a mensagem errada. Isso também corta o fluxo de ideias e comunicação. Executivos que aceitam o conselho de Ferrigan e saem de seus escritórios muitas vezes dizem: "Uau, eu aprendi mais sobre minha própria empresa nas últimas três semanas do que nos últimos três anos".[10] Ajustes relativamente simples no espaço físico podem ter um efeito profundo na mentalidade assumida pelos funcionários no ambiente de trabalho.

Outro fator importante na formação da cultura é a contratação de novos funcionários com base em sua atitude, estilo e alinhamento com a personalidade da empresa. Tony Hsieh transformou a Zappos.com em uma empresa de bilhões de dólares em menos de uma década e, em seguida, vendeu-a para a Amazon.com em 2009 (que pediu que Hsieh permanecesse como CEO).[11] O varejista de calçados *on-line* agora também vende vestuário, bolsas, eletrodomésticos, eletrônicos e panelas, mas na sua base está uma cultura forte e cuidadosamente criada. A cultura é um pouco peculiar – valores como "abraçar e impulsionar a mudança" e "criar diversão e um pouco de estranheza" aparecem no topo da lista[12] –, mas é difícil criticar a abordagem usada pela empresa, dado o seu sucesso. Durante o processo de entrevista, novos potenciais funcionários têm sua adequação à cultura da Zappos analisada, e muitos dos mais inteligentes e talentosos candidatos potenciais são rejeitados se não houver um bom alinhamento. Essa ênfase é apoiada pelo processo de revisão de desempenho da empresa para os funcionários existentes, que Hsieh diz ser "50% baseado em se [eles estão] vivendo a cultura da Zappos ou inspirando essa cultura em outras pessoas".[13] Isso envia um sinal claro em relação à percepção da importância da cultura em uma empresa *superstar on-line*.

Já deve estar claro agora que, em grande parte, a gestão empresarial é uma atividade mental e aqueles que têm o modelo mental certo têm mais chances de serem bem-sucedidos. Assim sendo, cada líder deve se esforçar para incorporar uma atitude positiva, do tipo "sim, eu posso fazer" na cultura da organização. Você pode trabalhar em sua própria atitude e inspirar outras pessoas a seguir sua liderança. Muitas vezes a atitude é tudo, na vida e nos negócios. Você é quem decide se um evento está mentalmente planejado como um contratempo ou como uma experiência de vida positiva. Se todas as vagas para estacionar próximo a uma loja estão ocupadas, estacionar mais longe pode ser visto como uma chance de você fazer exercício. Um novo concorrente pode apresentar um novo lembrete do porquê é tão importante servir seus clientes no melhor de sua capacidade. E uma venda perdida pode lhe mostrar como melhorar o seu produto ou como ajustar a sua apresentação para que muito mais vendas possam ser geradas no futuro. Desenvolva uma mentalidade positiva e deixe-a moldar a cultura daqueles que você contratou para trabalhar ao seu lado.

19-2 O PROCESSO DE GESTÃO DA PEQUENA EMPRESA

Os proprietários de pequenos negócios enfrentam desafios que diferem grandemente dos enfrentados por executivos corporativos. Alguns desses desafios podem surgir em decorrência de mudanças necessárias nos processos de liderança e gestão, à medida que a empresa passa da fase de *startup* para um ponto em que pode recrutar uma equipe completa de **gerentes profissionais**, treinados no uso de métodos de gestão mais avançados.

19-2a De fundador a gerente profissional

A forma como os negócios e outras organizações são gerenciados pode variar muito. Os tipos de gestão caracterizados por baixa qualificação e uso de profissionais altamente qualificados representam extremidades de um contínuo. No lado menos desenvolvido estão empreendedores e outros gestores que dependem em grande parte da experiência passada, das regras básicas e dos caprichos pessoais para dar direcionamento a seus negócios. Na maioria dos casos, seus modelos mentais de gerenciamento são baseados na maneira como eles foram tratados em experiências anteriores de negócios ou em relacionamentos familiares. Outros empreendedores e gerentes adotam uma abordagem mais sofisticada. Eles são analíticos e sistemáticos ao lidar com problemas e questões de gestão. Como eles enfatizam a obtenção de evidência e a elaboração de soluções lógicas, suas rotinas são, às vezes, descritas como mais metódicas em sua natureza.

O desafio para os líderes de pequenas empresas é desenvolver uma abordagem profissional, enquanto ainda mantém o espírito empreendedor da empresa. Isso pode ser especialmente difícil porque os fundadores de novos negócios nem sempre são bons membros da organização. Conforme discutido no Capítulo 1, eles são indivíduos criativos, inovadores, que assumem riscos e tem coragem de resolver problemas por conta própria. Na verdade, eles são, muitas vezes, impulsionados ao empreendedorismo pela precipitação de eventos, envolvendo às vezes sua dificuldade em se encaixar em papéis organizacionais convencionais. Mas mesmo empreendedores muito capazes podem fracassar em apreciar a necessidade de boas práticas de gestão à medida que a empresa cresce.

Scott Leibs, editor executivo da revista *Inc.*, ressalta que muitos especialistas acreditam que é extremamente difícil, muitas vezes impossível, para empreendedores fazer a transição de fundador a gerente profissional:

> *Alguns fundadores... podem conduzir uma empresa através dos primeiros estágios de crescimento, mas não vão além disso. Eles não conhecem seus pontos fracos, ou não entendem as verdadeiras razões para o sucesso de sua empresa, e querem tomar todas as decisões em vez de ceder o controle conforme a empresa cruza o limite do que qualquer pessoa pode gerenciar sozinha.*[14]

Quando um empreendedor não pode fazer a transição à medida que o empreendimento cresce e se torna mais complexo e se recusa a entregar as rédeas de controle a alguém mais adequado para assumir, é muito provável que a empresa fracasse. Esse é um problema comum – tão comum que os investidores na verdade têm um nome para ele: "fundadorite" (*founderitis*) ou "síndrome do fundador".

Alguns empreendedores reconhecem o problema desde cedo e fazem ajustes. Sara Blakely, fundadora da SPANX, fabricante de roupa íntima para modelar o corpo, relata que a construção de uma equipe para administrar a sua empresa foi um de seus maiores desafios. Antes de se tornar uma empreendedora, Blakely não tinha nenhuma qualificação formal de negócios ou experiência no setor da moda, mas abrir um novo empreendimento significava assumir a responsabilidade pela vida de seus funcionários e de seu meio de subsistência. Ela logo se sentiu muito sobrecarregada, mas então percebeu que "Está tudo bem, se você não é bom nisso; contrate alguém que seja". Então, ela contratou um CEO dois anos após a fundação do negócio ("uma das decisões comerciais mais inteligentes que já tomei") e abriu mão do controle das tarefas que não se alinhavam com suas habilidades naturais, para que pudesse se concentrar naquelas que demandavam seus pontos fortes. Com a "supervisão madura" em ação, Blakely mudou seu foco para ser o rosto público da SPANX, uma "evangelizadora" da empresa e seus produtos, mas continuando a trabalhar também no desenvolvimento de produtos e ideias de marketing. Isso acabou se tornando uma solução muito mais confortável e prática para ela.[15] "A pessoa que funda uma empresa nem sempre é a melhor pessoa para fazê-la crescer", declara Blakely. "Eu acho que essa é a lição mais importante que um empreendedor pode aprender."[16] Seguir esse princípio certamente foi bom para SPANX, levando Blakely a se tornar a mais jovem mulher bilionária do mundo.[17]

Embora muitos empreendedores sejam profissionais em sua abordagem para gerenciar e muitos gerentes corporativos sejam empreendedores, pois são verdadeiramente inovadores e estão dispostos a correr riscos, os métodos mais simplistas de um fundador podem agir como um entrave para o crescimento do negócio. De forma ideal, o fundador deve ser capaz de adicionar uma "pitada" de gestão profissional sem sacrificar o espírito empreendedor e os valores básicos que deram ao negócio um começo bem-sucedido.

EXPANDINDO PARA ALÉM DA ZONA DE CONFORTO

Embora algumas grandes corporações também possam ter uma má gestão, as pequenas empresas parecem particularmente vulneráveis a essa fraqueza. Muitas pequenas empresas são negócios marginais ou não lucrativos, que lutam para sobreviver de dia para dia. Na melhor das hipóteses, elas proporcionam apenas uma qualidade de vida deficiente para seus proprietários.

É comum ouvir casos de empresas que se tornam bem-sucedidas, são elogiadas por sua magia de solução de problemas e começam a amealhar clientes de alto prestígio. Mas é precisamente nesse ponto que muitas empresas começam a perder o controle de seus negócios. Enquanto esses empreendimentos ainda eram pequenos, com talvez algumas dúzias de funcionários e um punhado de projetos encaminhados, eles eram capazes de manter um desempenho muito bom. Mas, quando se expandiram para além de uma zona de conforto, os problemas começaram a aumentar. Os fornecedores começaram a se queixar de pagamentos atrasados, os clientes tornaram-se infelizes por causa de atraso nas entregas e baixa qualidade e o moral dos funcionários começou a oscilar. Isso pode ser facilmente o princípio do fim, e a falência é muitas vezes o resultado final. Na pós-morte, torna-se claro que a causa do fracasso, em muitos casos, foi a falta de gestão profissional. A boa notícia, no entanto, é que a má gestão não é universal nem inevitável.

GERENCIANDO AS LIMITAÇÕES QUE DIFICULTAM OS PEQUENOS NEGÓCIOS

Os gestores de pequenas empresas, particularmente as novas e em crescimento, são limitados por condições que não afligem o típico executivo de corporações – eles devem enfrentar a sombria realidade de contas bancárias pequenas e uma força de trabalho limitada. Uma empresa pequena frequentemente tem pouco dinheiro para fazer lindas brochuras de vendas e não pode gastar muito em pesquisa de marketing. A escassez de dinheiro também dificulta a contratação de um número adequado de pessoal de apoio. Tais limitações são dolorosamente aparentes para os gestores que saem de grandes empresas para exercerem funções em pequenas empresas.

Michael Fertik, um empreendedor serial de internet e CEO experiente, reflete sobre algumas das principais diferenças entre a gestão de uma grande empresa e de uma *startup*. Na situação de um novo empreendimento, diz ele:

> *Você não pode esperar por alguém de "TI" para configurar o seu computador. Não há Departamento de Informática! Você deve estar preparado para agendar suas próprias reuniões e organizar seu próprio recrutamento. Se você vai fazer algo mais complexo como investigar a oportunidade de um novo canal, faça a sua própria pesquisa, contate os potenciais clientes pessoalmente, faça algumas simulações (se você não pode usar o Adobe, desenhe no papel; se você não puder desenhar, faça um esboço; se você não puder fazer um esboço, pergunte ao seu sobrinho), faça o modelo do crescimento e crie os slides em PowerPoint.*[18]

Como as pequenas empresas geralmente têm poucos funcionários especializados, a maioria dos gerentes de pequenos negócios não tem escolha senão ser generalista. Com a falta de apoio de especialistas em áreas como pesquisa de marketing, análise financeira, publicidade e gestão de recursos humanos, o gerente de uma pequena empresa tem, frequentemente, que tomar decisões nessas áreas sem a experiência que está disponível em um negócio maior. Esta limitação pode ser parcialmente superada pela utilização de assistência externa para gestão (as fontes são discutidas mais adiante neste capítulo). Mas lidar com a escassez de talento profissional interno faz parte da realidade da gestão de uma empresa empreendedora.

19-2b Crescimento e práticas gerenciais da empresa

À medida que um negócio recém-formado se estabelece e cresce, sua estrutura organizacional e padrão de gestão devem ser ajustados. De certa forma, a gestão em qualquer organização deve se adaptar ao crescimento e à mudança. No entanto, as alterações envolvidas nas fases iniciais de crescimento de um novo negócio são muito mais extensas do que aquelas que ocorrem com o crescimento de um negócio relativamente maduro.

Vários especialistas têm proposto modelos relacionados com as fases de crescimento de empresas.[19] Esses modelos tipicamente descrevem quatro ou cinco estágios de crescimento e identificam várias questões gerenciais relacionadas com cada etapa. O modelo que oferecemos foca majoritariamente nos desafios gerenciais que acompanham cada uma dessas fases de expansão.

O Quadro 19.1 mostra quatro estágios de crescimento organizacional característicos de muitos pequenos negócios. À medida que as empresas progridem do Estágio 1 para o Estágio 4, elas adicionam níveis de gestão e aumentam a formalidade das operações. Embora algumas empresas pulem o primeiro ou segundo estágio, começando como grandes empresas, milhares de pequenas empresas passam por cada um dos estágios representados nesse quadro.

No Estágio 1, a *startup* é simplesmente uma operação de uma pessoa. Algumas empresas começam com uma organização maior, mas o empreendimento individual não é de modo algum raro; na verdade, muitas empresas permanecem como uma operação de uma pessoa indefinidamente. Na Etapa 2, o empreendedor torna-se um participante *coach*, o que implica a participação ativa contínua nas operações de negócios. Além de realizar o trabalho básico – seja fazendo o produto, vendendo-o, preparando cheques, mantendo registros ou outras atividades –, o empreendedor também deve coordenar os esforços dos outros.

Um grande marco é alcançado na Etapa 3, quando um nível intermediário de supervisão é adicionado. Em muitos aspectos, este é um ponto de virada para uma empresa pequena, porque o empreendedor deve estar acima da gestão direta e prática e trabalhar com uma camada intermediária de gestão. A conversão na gestão formalizada no Estágio 4 exige, tipicamente, que a empresa comece a adotar políticas escritas, preparar planos e orçamentos, padronizar as práticas de pessoal, informatizar os registros, definir organogramas e descrições de cargos, agendar conferências de treinamento, configurar procedimentos de controle, e assim por diante. Embora algumas práticas formais de gestão possam ser adotadas antes da Fase 4, as etapas mostradas na Figura 19.1 descrevem um padrão típico de desenvolvimento para empresas de sucesso. Flexibilidade e informalidade podem ser úteis quando uma empresa é aberta, mas o crescimento requer uma maior formalidade no planejamento

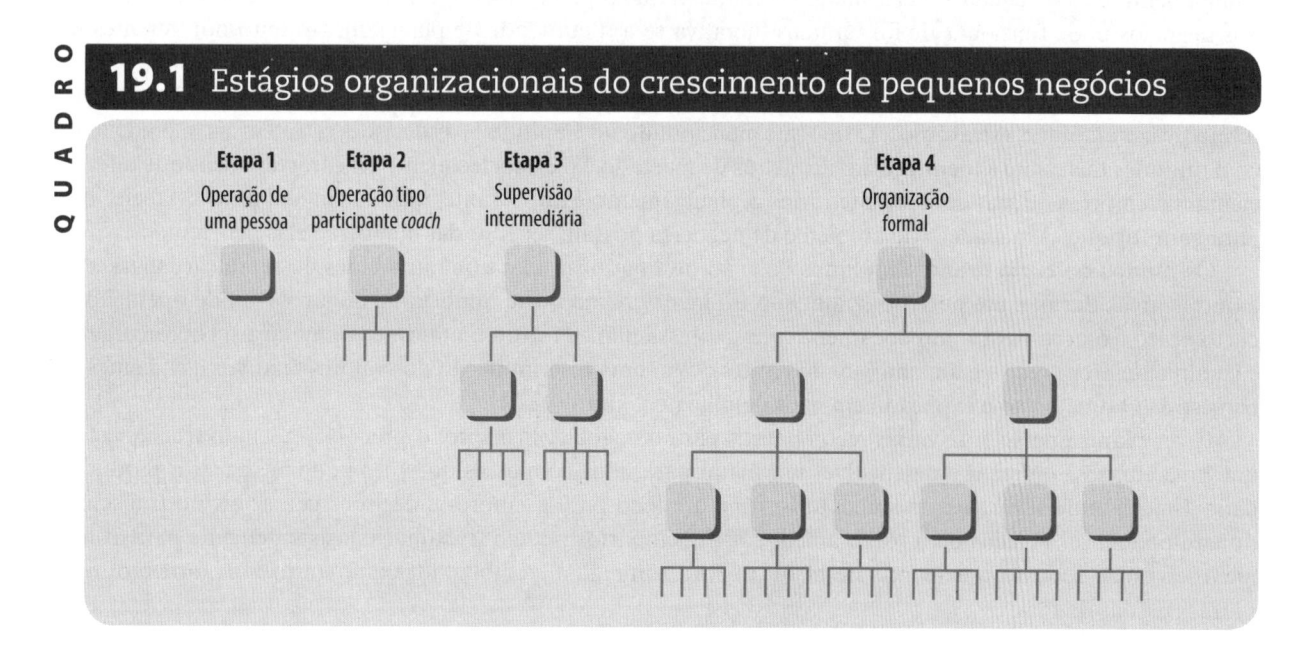

QUADRO 19.1 Estágios organizacionais do crescimento de pequenos negócios

Etapa 1: Operação de uma pessoa
Etapa 2: Operação tipo participante *coach*
Etapa 3: Supervisão intermediária
Etapa 4: Organização formal

e controle. As tensões geralmente se desenvolvem quando os padrões tradicionais de gestão maleável se tornam disfuncionais. O empreendedor precisará demonstrar grande habilidade se quiser preservar uma atmosfera "familiar" ao mesmo tempo que introduz uma gestão profissional.

Do Estágio 1 ao Estágio 4, o padrão das atividades empreendedoras muda. O pequeno empresário torna-se menos um executor e mais um líder e gerente. Aqueles com fortes habilidades de execução muitas vezes têm habilidades de gestão fraca, e isso é compreensível. A maioria dos empreendedores constrói negócios em suas capacidades especializadas; por exemplo, eles podem conhecer muito bem o desenvolvimento de software, ter um dom para levantar dinheiro ou possuir habilidades de venda invejáveis. Mas, quando se trata de tarefas tais como avaliar o talento de outros, eles muitas vezes mostram-se ineficientes. Essa limitação pode ser um problema grave, apesar de às vezes o talento pessoal ou o brilho do empreendedor ser capaz de permitir que uma empresa sobreviva enquanto as habilidades necessárias estão sendo adquiridas.

As pequenas empresas que hesitam em passar pelas várias fases e adquirir a gestão profissional necessária muitas vezes limitam a sua taxa de crescimento. Por outro lado, o pequeno negócio pode tentar crescer muito rapidamente. Se o principal ponto forte de um empreendedor estiver no desenvolvimento ou venda de produtos, por exemplo, uma rápida mudança para o Estágio 4 pode sobrecarregar o empreendedor com obrigações gerenciais e privar a organização de seus talentos valiosos.

O papel desempenhado por um empreendedor na criação de um negócio é diferente daquele da operação da empresa à medida que ela se torna mais desenvolvida. E as qualidades pessoais envolvidas na abertura de um empreendimento diferem das qualidades necessárias para administrá-lo a longo prazo, o que ajuda a explicar por que tão poucos empreendimentos novos se tornam negócios estabelecidos com poder de permanência. Fazer um negócio crescer requer maturidade e adaptação por parte do empreendedor.

19-3 RESPONSABILIDADES GERENCIAIS DE EMPREENDEDORES

Até aqui, a nossa discussão sobre o processo de gestão tem sido muito geral. Agora é a hora de olhar em mais detalhe como os empreendedores organizam e dirigem as operações da empresa.

19-3a Planejando atividades

Além de criar um plano de negócios inicial para orientar o lançamento de um novo empreendimento (o foco do Capítulo 6), a maioria dos empreendedores também planeja o funcionamento contínuo de seus empreendimentos. No entanto, o volume de planejamento é tipicamente inferior ao ideal e tende a ser casual e focado em questões específicas e urgentes – por exemplo, quanto de estoque ter à mão, se é necessário comprar um novo equipamento etc. As circunstâncias afetam o grau em que o planejamento formal é necessário, mas a maioria dos negócios pode funcionar de forma mais lucrativa se a quantidade de planejamento feito por gerentes for aumentada e se ele for mais sistemático.

O caminho básico de uma empresa para o futuro está escrito em um documento chamado **planejamento de longo prazo** ou **plano estratégico**. Conforme mencionado no Capítulo 3, as decisões estratégicas se preocupam com questões tais como a identificação de nichos de mercado e o estabelecimento de características que diferenciem uma empresa de seus concorrentes. Mas o planejamento é importante, mesmo em empresas estabelecidas, para garantir que as mudanças no ambiente de negócios possam ser tratadas conforme elas ocorrem.

Os **planos de curto prazo** são planos de ação destinados a lidar com atividades de produção, marketing e outras áreas durante um período de um ano ou menos. Uma parte importante de um plano de operação de curto prazo é o **orçamento**, um documento que expressa planos futuros em termos monetários. Um orçamento é geralmente preparado a cada ano (um ano antes), com uma discriminação dos valores relativos a cada mês ou trimestre. (O orçamento é explicado em mais detalhe no Capítulo 22.)

Fazer planejamento traz várias recompensas para o negócio. Primeiro, o processo de analisar as questões que uma empresa enfrenta e desenvolver um plano para lidar com essas questões pode melhorar a produtividade. Em segundo lugar, o planejamento fornece um foco para a empresa: decisões gerenciais no transcurso do ano podem ser guiadas pelo plano anual, e os funcionários podem trabalhar consistentemente para atingir metas comuns. Terceiro, a evidência de planejamento aumenta a credibilidade com banqueiros, fornecedores e outras pessoas de fora.

Gerenciar o tempo durante o curso do dia útil é outra importante atividade de planejamento para gerentes de pequenos negócios, que muito frequentemente sucumbem ao que é às vezes chamado de "tirania do urgente." Em outras palavras, eles podem facilmente se distrair apagando os incêndios cotidianos dos negócios. Isto torna fácil ignorar ou adiar o planejamento para liberar tempo e energia para se concentrar em questões mais urgentes em áreas como a produção e vendas. E, assim como no futebol norte-americano, os lançadores (*quarterbacks*) que estão se concentrando em um recebedor (*receiver*) podem ser surpreendidos pelos defensores (*linebackers*), os gerentes que vêm negligenciando o planejamento podem ser atropelados por concorrentes. (A gestão pessoal do tempo é discutida com mais profundidade mais adiante neste capítulo.)

19-3b Criando uma estrutura organizacional

Embora um empreendedor possa prover direcionamento pela liderança pessoal, ele também deve definir as relações entre as atividades da empresa e entre os indivíduos na folha de pagamento da empresa. Sem algum tipo de estrutura organizacional, as operações se tornam eventualmente caóticas e isso afeta negativamente o moral.

A ESTRUTURA NÃO PLANEJADA

Em empresas muito pequenas, a estrutura organizacional tende a evoluir com pouca consciência de planejamento. Certos funcionários começam a desempenhar funções particulares quando a empresa é nova e mantêm essas funções à medida que a empresa amadurece.

Essa evolução natural não é necessariamente ruim. De fato, um forte elemento de praticidade normalmente caracteriza esses arranjos. A estrutura é estabelecida com a experiência de trabalhar e crescer, em vez de surgir do nada ou ser copiada do organograma de outra empresa. Mas as estruturas não planejadas estão longe de serem perfeitas e o crescimento normalmente cria uma necessidade de mudança organizacional. O empreendedor deve, assim, examinar periodicamente as relações estruturais e fazer os ajustes necessários para um trabalho em equipe eficaz.

A CADEIA DE COMANDO

Uma **cadeia de comando** refere-se a relações entre superiores e subordinados com um fluxo de instruções de cima para baixo, mas envolve muito mais. É também um canal de mão dupla para comunicação. Na prática, a estrita adesão à cadeia de comando não é aconselhável. Uma organização em que o principal canal de comunicação é rígido será burocrática e ineficiente. Ao mesmo tempo, o desrespeito frequente e flagrante da cadeia de comando mina rapidamente a posição do gerente ignorado. Há necessidade de equilíbrio, e fazer isso direito requer cuidados razoáveis e gerenciamento da atenção.

Em uma **organização linear**, cada pessoa tem um supervisor a quem se reporta e a quem busca por instruções. Todos os funcionários estão diretamente envolvidos no trabalho da empresa, produzindo, vendendo e desempenhando funções administrativas ou financeiras. A maioria das empresas muito pequenas, como aquelas com menos de dez empregados, usa essa forma de organização.

Uma **organização de linha-*staff*** é semelhante a uma organização de linha já que cada pessoa se reporta a um único supervisor. No entanto, uma estrutura de linha-*staff* também conta com especialistas que prestam serviços específicos ou atuam como consultores de gestão em áreas específicas (veja o Quadro 19.2). Os especialistas podem incluir um gerente de recursos humanos, um técnico de controle de produção, um especialista em controle de qualidade e um assistente do presidente. A organização linha-*staff*, em alguma forma, é usada em muitos pequenos negócios.

AMPLITUDE DE CONTROLE

A **amplitude de controle** é representada pelo número de funcionários que são supervisionados por um gerente. Embora alguns especialistas tenham afirmado que seis a oito pessoas são o máximo que um indivíduo pode supervisionar de forma eficaz, a amplitude de controle ideal é realmente uma variável que depende de uma série de fatores. Entre esses fatores estão a natureza do trabalho e o conhecimento do gerente, energia, personalidade e competências. Além disso, se as competências dos subordinados forem melhores do que a média, a amplitude do controle pode ser ampliada.

Conforme uma empresa muito pequena cresce e adiciona funcionários, a amplitude de controle do proprietário da empresa de pequeno porte é estendida. Eventualmente, a amplitude de controle tentada excede o alcance do empreendedor, exigindo mais tempo e esforço do que ele pode dedicar ao negócio. É nesse ponto que

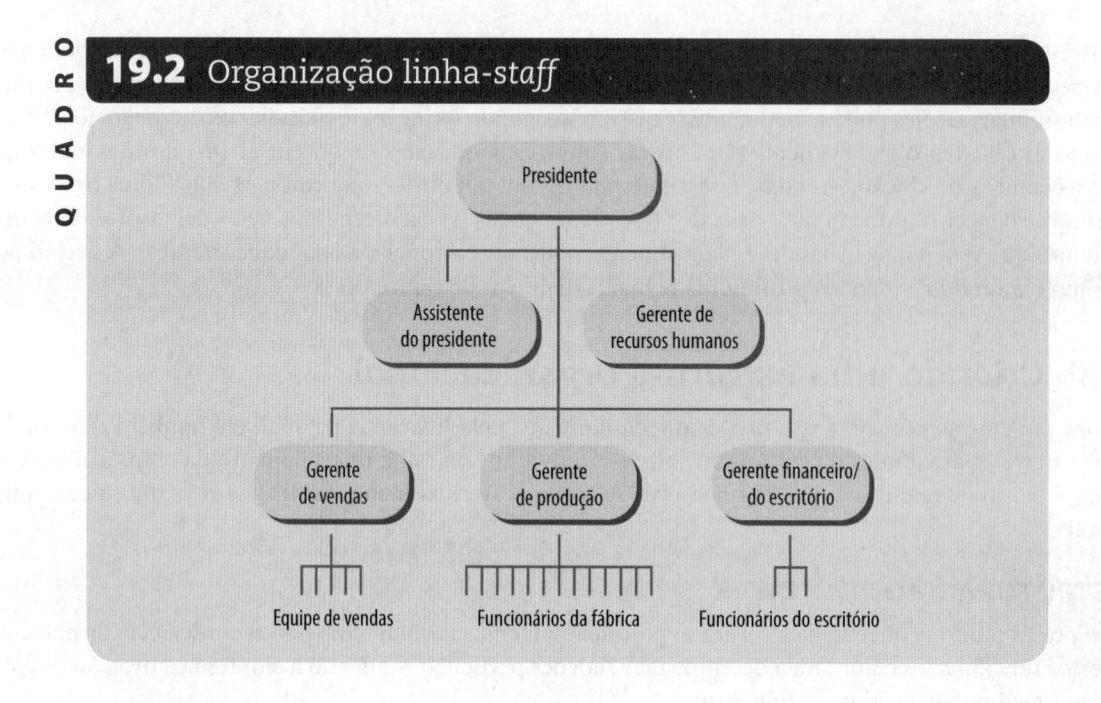

QUADRO 19.2 Organização linha-*staff*

```
                    Presidente
                        |
          +-------------+-------------+
          |                           |
     Assistente                  Gerente de
    do presidente            recursos humanos
          |
   +------+---------+----------------+
   |                |                |
 Gerente         Gerente       Gerente financeiro/
 de vendas      de produção      do escritório
   |                |                |
Equipe de      Funcionários       Funcionários
 vendas         da fábrica        do escritório
```

o empreendedor deve estabelecer níveis intermediários de supervisão e dedicar mais tempo à gestão, ultrapassando o papel de participante *coach*.

19-3c Delegando autoridade

Por meio da **delegação de autoridade**, um gerente concede aos subordinados o direito de agir ou de tomar decisões. Transferir algumas funções para subordinados por meio da delegação de autoridade libera o superior para realizar tarefas mais importantes.

Embora o fracasso em delegar possa acontecer em qualquer organização, esse é frequentemente um problema especial para os empreendedores, dada a sua formação e personalidade. Como eles frequentemente têm que pagar pelos erros cometidos pelos subordinados, os proprietários tendem a manter as rédeas da liderança para proteger o negócio. Parte do problema é simplesmente uma questão de hábito e impulso. Muitos empreendedores se acostumam a fazer tudo sozinhos, o que torna difícil delegar algumas tarefas para os outros quando o negócio cresce e eles realmente precisam de ajuda com suas responsabilidades expandidas. Alguns proprietários também podem simplesmente sentir a necessidade de continuar fazendo coisas que tornaram a empresa bem-sucedida ou concluem que eles simplesmente as fazem melhor do que os empregados. Independentemente da preocupação subjacente, o resultado final é o mesmo: delegação insuficiente e postergação de trabalho que precisa de atenção mais focada.

A incapacidade ou a falta de vontade de delegar autoridade pode se tornar aparente de diversas maneiras. Por exemplo, subordinados que tenham que checar até mesmo pequenas decisões com o chefe podem "afogar" o proprietário sob um fluxo constante de solicitações para solucionar problemas que eles não têm autoridade para resolver. Isso mantém o proprietário extremamente ocupado – de dar assistência a um vendedor a ajudar a resolver um gargalo de produção até criar um novo sistema de arquivamento. Empreendedores muitas vezes trabalham longas horas, e aqueles que têm dificuldade em delegar potencializam o problema.

Apesar dos excelentes resultados de negócios que Jason Fried, cofundador da Basecamp (empresa de aplicativos da web), conseguiu alcançar, ele ainda acha difícil delegar. Quando Fried e seu parceiro decidiram que era hora de contratar um assistente executivo para lidar com muitas das tarefas administrativas que os distraíam das suas importantes iniciativas, ele percebeu que estava incomodado com o plano.

> *Mesmo que a papelada e outras tarefas estivessem acumulando, delegar ainda era difícil para mim. Tenho a sensação de que não estou sozinho nisso... Por mais de uma década eu estava envolvido em todas as decisões nessa empresa, desde qual empresa de hospedagem usar até qual marca de toalha de papel entra na cozinha. Quando você está acostumado a ter todas as decisões passando por você, pode ser um pouco angustiante abrir mão do controle. Eu entendo que parece bobo acreditar que todas as pequenas decisões precisam passar por você. Mas esse é seu primeiro instinto quando a empresa é o seu bebê.*[20]

Depois de meses de entrevistas, Fried e seu colega finalmente encontraram e contrataram a assistente perfeita. Ele ainda não tinha certeza se podia delegar, mas as pilhas de arquivos e caixas ao redor de sua escrivaninha o lembraram da necessidade de liberar seu apego. Assim que Fried foi capaz de passar algumas tarefas para a sua nova assistente, tornou-se mais fácil liberar as outras. E ele está muito feliz com o que fez. Ela foi capaz de fazer uma série de problemas desaparecem. Isso permitiu que Fried e seu parceiro gastassem seu tempo de maneira mais lucrativa, concentrando sua atenção no trabalho que está levando o negócio para a frente.[21] É sobre isso que trata a delegação.

Como observou um escritor especializado em pequenas empresas, "Ao delegarem autoridade, os empreendedores desencadeiam em seus subordinados a mesma força que os torna tão produtivos: a emoção de estar no comando".[22] Isso não quer dizer que a delegação é uma cura universal para desafios gerenciais. Na verdade, delegar tarefas pode facilmente criar novos problemas como resultado de um descuido ou de algum outro fracasso de um subordinado. Mas isso pode ser minimizado se a transferência de tarefa for bem gerida. Oferecemos as seguintes sugestões para facilitar a transição:

- Aceite o fato de que você não será capaz de tomar mais todas as decisões. Se você não fizer isso, vai prejudicar o potencial de crescimento e desenvolvimento do empreendimento.
- Prepare-se emocionalmente para a perda de controle que os donos de pequenas empresas sentem quando começam a delegar. Isso é completamente natural.
- Gerencie cuidadosamente o processo de encontrar, selecionar, contratar e manter funcionários que são confiáveis o suficiente para lidar com maior responsabilidade. Em outras palavras, fique de olho no futuro quando você contratar novos funcionários.
- Avance um passo de cada vez. Comece por delegar as funções com as quais você se sente mais confortável em abrir mão. Mesmo assim, continue a fornecer supervisão razoável para facilitar a transição e para garantir a qualidade do trabalho.
- Planeje investir o tempo necessário para treinar aqueles que estejam assumindo as responsabilidades para que eles possam dominar as habilidades necessárias. A primeira coisa a fazer é escrever descrições de trabalho para ajudar a minimizar a confusão.
- Faça a delegação ser significativa. Concentre-se nos resultados e dê aos subordinados a flexibilidade para realizar suas tarefas. Para perceber os benefícios de delegar, você deve desenvolver liderança em subordinados, que podem então assumir posições mais avançadas e tarefas mais complexas.

Se você quiser potencializar o sucesso de seus esforços de delegar, pense cuidadosamente naqueles que você vai pedir para participar do seu empreendimento. Em resposta a um empreendedor que admitiu ter dificuldade em delegar tarefas inteiras para outros, Phil Libin, cofundador e CEO da popular *startup* Evernote, ofereceu a seguinte solução: "Contratar pessoas mais inteligentes do que você é a resposta de longo prazo para o seu problema de microgestão".[23] Se eles puderem fazer o trabalho melhor do que você esperaria fazer, delegar vai realmente *reduzir* o seu nível de estresse, e você será capaz de direcionar o seu tempo e atenção para as coisas que faz melhor.

19-3d Controlando operações

Mesmo com bom planejamento, as organizações nunca funcionam perfeitamente. Como resultado disso, os gerentes devem monitorar as operações para descobrir desvios de planejamento e fazer correções quando necessário. Essas atividades gerenciais servem para manter o negócio em curso.

O processo de controle começa com o estabelecimento de padrões, que são determinados por meio de planejamento e definição de metas. Os planejadores traduzem as metas em normas (padrões) tornando-as mensuráveis. A meta de aumentar a participação no mercado, por exemplo, poderia ser expressa em aumento projetado de dólares em volume de vendas para o próximo ano. Esse objetivo anual poderia, por sua vez, ser dividido em normas-alvo trimestrais de forma que as ações corretivas pudessem ser tomadas antes do desempenho começar a cair abaixo do nível projetado.

Conforme mostra o Quadro 19.3, a medição do desempenho ocorre em vários estágios do processo de controle: no estágio de entrada, talvez para determinar a qualidade dos materiais comprados; durante a etapa do processo, talvez para determinar se uma máquina está operando dentro de tolerâncias predeterminadas; e na fase de saída, talvez para verificar a qualidade de um produto completo.

A ação corretiva é necessária quando o desempenho se desvia significativamente do padrão em uma direção desfavorável. Para evitar que o problema se repita, essa ação deve ser seguida por uma análise da causa do

QUADRO 19.3 Estágios do processo de controle

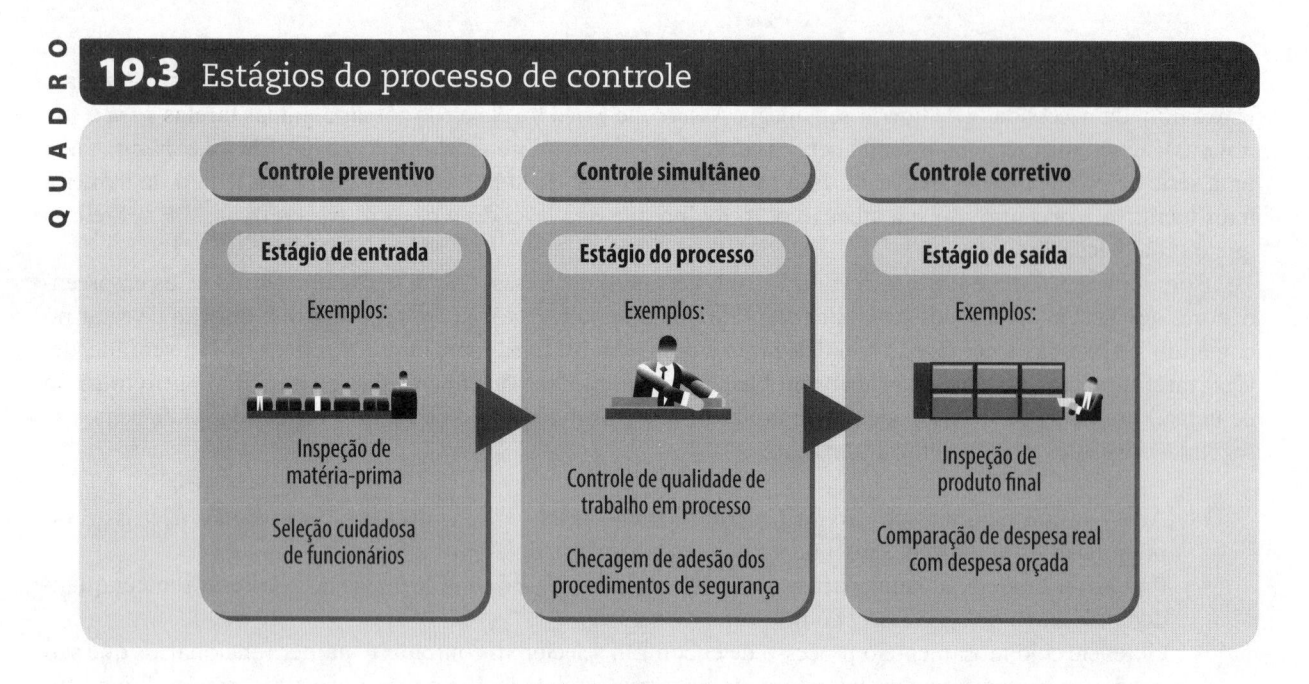

Controle preventivo	Controle simultâneo	Controle corretivo
Estágio de entrada	**Estágio do processo**	**Estágio de saída**
Exemplos:	Exemplos:	Exemplos:
Inspeção de matéria-prima	Controle de qualidade de trabalho em processo	Inspeção de produto final
Seleção cuidadosa de funcionários	Checagem de adesão dos procedimentos de segurança	Comparação de despesa real com despesa orçada

desvio. Por exemplo, se a porcentagem de produtos defeituosos aumenta, um gerente deve determinar se isso é causado por matérias-primas de baixa qualidade, trabalhadores não treinados, falha de equipamento ou algum outro fator. Para que um problema seja efetivamente controlado, as ações corretivas devem identificar e lidar com a verdadeira causa.

19-3e Comunicando-se

Outro fator crucial para uma organização saudável é a comunicação eficaz – ou seja, fazer com que gerentes e funcionários conversem entre si e compartilhem abertamente os problemas e ideias. O resultado é uma comunicação bidirecional – muito distante da ideia antiquada de que os gerentes dão ordens e os empregados simplesmente as executam.

Uma sólida investigação comprova que uma comunicação eficaz da força de trabalho é essencial para o sucesso de pequenos negócios. Um estudo concluiu que as empresas que seguem práticas de comunicação sólidas relatam níveis mais altos de "engajamento dos funcionários" e menor rotatividade. E isso tem implicações para o negócio. Por exemplo, os pesquisadores do estudo estimaram que as empresas que se comunicam efetivamente valem, em média, quase 20% a mais que seus parceiros que têm problemas com interação.[24] Ainda assim, a comunicação no local de trabalho é raramente adequada – na verdade, sempre há espaço para melhorias.

Para se comunicarem eficazmente, os gerentes devem dizer aos funcionários a situação atual, como o negócio está indo e quais são os planos da empresa para o futuro. Embora *feedback* negativo possa ser às vezes necessário, dar *feedback* positivo aos funcionários é a principal ferramenta para o estabelecimento de boas relações humanas. Talvez o conceito mais fundamental que os gerentes precisam ter em mente é o de que os funcionários são pessoas, não máquinas. Eles podem rapidamente detectar falsidade, mas também responder a esforços honestos em tratá-los como indivíduos maduros e responsáveis. Em suma, uma atmosfera de confiança e respeito contribui muito para uma boa comunicação.

FERRAMENTAS DE COMUNICAÇÃO

Muitas ferramentas práticas e técnicas podem ser usadas para estimular a comunicação bilateral entre gerentes e funcionários. Aqui estão algumas que podem funcionar para você e para seu empreendimento:

- Sessões periódicas de revisão de desempenho para discutir ideias, perguntas, reclamações e expectativas de trabalho dos funcionários;
- Quadros de avisos físicos ou virtuais para manter os funcionários informados sobre desenvolvimentos que afetem eles e/ou a empresa;
- Blogs para comunicação interna, especialmente em empresas que têm culturas organizacionais abertas e querem um diálogo transparente;

- Ferramentas de microblog (como Twitter e Yammer) para permitir que os funcionários se comuniquem, colaborem e compartilhem breves reflexões e observações sobre a empresa em tempo real;
- Caixas de sugestões físicas ou virtuais para solicitar ideias dos funcionários sobre possíveis melhorias;
- Wikis criados para trazer problemas à superfície e chamar a atenção dos funcionários;
- Reuniões formais de pessoal para discutir problemas e questões de interesse geral;
- Café da manhã ou almoço com funcionários para socializar e apenas conversar.

Esses métodos e outros podem ser usados para complementar o mais básico de todos os canais de comunicação – as interações diárias entre cada funcionário e seu supervisor.

FALANDO EM PÚBLICO

Os empreendedores também devem fazer apresentações para grupos externos, desde lançar a ideia do produto em feiras a convencer banqueiros sobre a necessidade de financiamento e até discursar em eventos comunitários. E a necessidade de desenvolver habilidades para falar em público com certeza aumenta conforme a empresa cresce e se desenvolve. O medo de falar em público é uma das fobias mais comuns (antes até do medo de morrer!) e a inabilidade de comunicar-se em público pode retardar o progresso da empresa. A boa notícia é que, com a prática, você pode manter seu medo do palco sob controle (se isso for um problema) e pode certamente melhorar sua capacidade de falar em público. O Quadro 19.4 fornece algumas dicas que vão ajudá-lo a desenvolver a confiança em suas habilidades de fala e a ser mais cativante como apresentador.

QUADRO 19.4 Dicas de apresentação

1. **Faça a lição de casa.** Conheça o propósito da apresentação e para quem você estará apresentando. Se puder descobrir antecipadamente quem vai estar presente na sua apresentação, será capaz de adaptar os seus comentários às necessidades e preocupações deles.
2. **Conheça o material.** Quanto melhor você souber o que você planeja falar, mais pode se concentrar na entrega. E estar preparado inspira confiança.
3. **Seja interativo.** Ouvintes podem ser levados ao desinteresse quando não estão engajados. Encontre maneiras de manter a audiência envolvida no que você tem a dizer. Não leia, por exemplo, suas anotações durante longos períodos de tempo – fazer isso fará com que a comunicação vá apenas em uma direção, e seu público vai perceber isso imediatamente.
4. **Faça conexões mentais vívidas na mente dos ouvintes.** Contar histórias ajuda, mas também há outras ferramentas e técnicas. Por exemplo, use adereços para concentrar a atenção ou empregue uma metáfora ao longo de toda a apresentação para atrair ouvintes de volta a um tema central. Humor é divertido e pode fornecer alívio cômico, mas também pode ser usado para tornar uma ideia inesquecível.
5. **Enfatize a relevância.** Seus ouvintes são pessoas ocupadas, por isso não deixe de fornecer informações que eles acharão úteis e os farão sentir que o tempo dispendido valeu a pena.
6. **Seja dinâmico, mas seja você mesmo.** Deixe seus ouvintes saber que você é apaixonado pelo assunto pela maneira com que você se envolve na apresentação. É muito mais fácil para uma audiência permanecer engajada quando o apresentador está energizado e usa inflexões, gestos, movimento e expressões faciais para mostrá-lo. Manter contato visual comunica que você quer se conectar com cada indivíduo na sala, o que é motivador. No entanto, se seu nível de energia e seu uso de voz e corpo são menos do que autênticos, os ouvintes vão rapidamente se apegar a isso e considerar a conversa como insincera.
7. **Utilize o PowerPoint com cuidado.** Os *slides* carregados de texto podem produzir o mesmo efeito que os comprimidos para dormir. Se uma imagem fala por mil palavras, então, adicionar imagens e gráficos pode certamente ajudar o público a acessar as ideias que você deseja transmitir (contanto que eles não sejam chamativos a ponto de distrair). Limite o texto em cada *slide* e não leia os *slides* que você está mostrando. Tente imaginar como você responderia aos *slides* se não estivesse particularmente interessado no assunto e, em seguida, faça os ajustes adequados.
8. **Vista-se adequadamente.** Embora o seu público possa estar vestindo roupas mais casuais, vista-se com roupas sociais. Evite roupas que desviem a atenção (como um laço que chama a atenção para longe do que você tem a dizer) e verifique para ter certeza de que tudo que você está vestindo está em ordem antes de se levantar para falar.
9. **Evite alimentos e bebidas que dificultem a fala.** Bebidas com cafeína e alimentos açucarados podem deixá-lo nervoso, o que só vai aumentar sua tensão. Se você acha que precisa limpar sua garganta muitas vezes depois de consumir certos alimentos ou bebidas, evite-os antes de compromissos em que vai falar.
10. **Pratique, pratique, pratique.** Quanto mais apresentações você fizer, mais vai se sentir confiante em fazê-las. E uma das melhores formas de superar o medo do palco é passar horas falando em frente de outras pessoas. Reconheça que o seu desconforto em falar em público tende a desaparecer com a experiência no palco.

19-3f Negociando

Ao operarem um negócio, os empreendedores e gerentes devem interagir pessoalmente com outros indivíduos a maior parte do tempo. Alguns contatos envolvem pessoas de fora, como fornecedores, clientes, banqueiros, corretores de imóveis e prestadores de serviços empresariais. Geralmente, os interesses das partes estão em conflito, pelo menos até certo ponto. Um fornecedor, por exemplo, quer vender um produto ou serviço pelo preço mais alto possível e o comprador quer comprar pelo menor preço possível. Para ter um negócio bem-sucedido, um gerente deve ser capaz de chegar a acordos que atendam às necessidades da empresa e contribuam para bons relacionamentos ao longo do tempo.

Mesmo dentro da empresa, as relações pessoais expõem perspectivas diferentes e interesses pessoais conflitantes. Os subordinados, por exemplo, frequentemente desejam mudanças em suas atribuições de trabalho ou sentem que eles valem mais para a empresa do que os seus níveis salariais indicam. Os gerentes de diferentes departamentos podem competir por serviços oferecidos por um departamento de manutenção ou uma unidade de serviços de informática.

O processo de desenvolvimento de soluções viáveis por meio de discussões ou interações é chamado de **negociação**. Todos nós somos negociadores em nossas vidas diárias, dentro e fora de nossos relacionamentos familiares. Conflitos de interesse, desejos e exigências exigem que nós nos reconciliemos, ou negociemos, as diferenças a fim de vivermos juntos pacificamente.

Muitas pessoas consideram a negociação como um jogo ganha-perde, ou seja, uma parte deve ganhar e a outra deve perder. O problema com esse conceito de negociação é que se as partes sentem que perderam, podem ir embora pensando em retaliar nas próximas negociações. Claramente, tais sentimentos não contribuem para bons relacionamentos de longo prazo. Por outro lado, outros negociadores defendem uma estratégia ganha-ganha. Uma negociação ganha-ganha tenta encontrar uma solução que satisfaça pelo menos os interesses básicos de ambas as partes.

A implementação de uma estratégia ganha-ganha nos relacionamentos envolve pensar sobre os interesses próprios enquanto também se explora os interesses da outra parte. Depois de esclarecer os interesses das partes envolvidas e suas necessidades, o negociador pode explorar várias alternativas para identificar seu ajuste geral, procurando uma solução que produza um plano que funcione para todos. Há situações em que uma solução ganha-ganha é impossível, mas uma solução positiva deve ser almejada sempre que for viável. E, claro, uma base para a negociação bem-sucedida é criada por meio do desenvolvimento de relações fortes entre as partes negociadoras, o que pode facilitar a cooperação.

19-4 GESTÃO DE TEMPO PESSOAL

Um pequeno empresário típico gasta muito do dia de trabalho na linha de frente – encontrando com clientes, resolvendo problemas, ouvindo reclamações dos funcionários, conversando com fornecedores e coisas similares. Ele lida com tais problemas apenas com o auxílio de uma pequena equipe. Como resultado disso, as energias e atividades do proprietário-gerente são difusas e o tempo se torna um recurso escasso. Isso destaca a importância da gestão do tempo. Contudo, como autor e especialista em realização pessoal, Barry Farber aponta que "quando você pensa sobre a gestão do tempo, percebe que, na verdade, não gerencia o tempo – você gerencia atividades".[25] É uma maneira interessante de pensar sobre um dos desafios que com certeza você enfrentará.

19-4a O problema da pressão do tempo

Os resultados de pesquisa publicada pela revista *Inc.* indicam que 43% dos proprietários de pequenas empresas trabalham 40 a 80 horas em uma semana típica. Outros 13% dos entrevistados realmente trabalham mais de 80 horas por semana![26] Esses horários muitas vezes levam a um desempenho ineficiente no trabalho, especialmente quando o empreendedor não faz o esforço necessário para definir prioridades na vida e no trabalho. Proprietários gerentes podem estar muito ocupados para encontrar com representantes de vendas que poderiam fornecer informações de mercado sobre novos produtos e processos, muito ocupados para ler relatórios técnicos ou literatura comercial que lhes diria o que os outros estão fazendo e quais melhorias poderiam ser adaptadas para o seu próprio uso, muito ocupados para ouvir cuidadosamente as opiniões e reclamações dos funcionários e muito ocupados para dar aos funcionários as instruções de que eles precisam para fazer seus trabalhos corretamente.

Afastar-se por um período de férias parece impossível para alguns proprietários de pequenos negócios e mais de um terço deles relatam ter tirado menos de uma semana de folga durante o ano anterior.[27] Em empresas extremamente pequenas, os proprietários podem achar necessário fechar o negócio na sua ausência. Mesmo em empresas um pouco maiores, os proprietários podem temer que a empresa não funcione corretamente se não estiverem presentes. Infelizmente, trabalhar árdua e constantemente dessa maneira pode custar caro a um empreendedor em termos de saúde pessoal, relacionamentos familiares e eficácia na liderança empresarial.

19-4b Poupadores de tempo para gerentes ocupados

Parte da solução para o problema da pressão do tempo é a aplicação das abordagens gerenciais discutidas na seção anterior. Por exemplo, quando possível, o gerente deve atribuir deveres a subordinados que possam trabalhar sem supervisão próxima. Para essa delegação funcionar, porém, um gerente deve primeiro selecionar e treinar funcionários qualificados.

O maior poupador de tempo é o uso eficaz do tempo. Pouco será alcançado se um indivíduo passa de uma tarefa para outra e tem que depois voltar à tarefa original. Por outro lado, usar *smartphones*, e-mail, internet e outras tecnologias pode ser muito útil para permitir que um gerente aproveite ao máximo seu tempo. (Uma nota de cautela: devido a essas ferramentas poderem se tornar uma distração, elas precisam ser usadas com sabedoria. Por exemplo, verificar e responder de forma longa mensagens de e-mail recebidas ao longo do dia pode distrair o gestor das tarefas atuais e deve ser minimizado.)

O primeiro passo na gestão do tempo deve ser analisar quanto tempo é normalmente gasto em várias atividades. Confiar em impressões gerais tende a não ser algo preciso. Em vez disso, por um período de alguns dias ou (de preferência) semanas, o proprietário-gerente deve registrar quanto tempo gasta em várias atividades durante o dia. Uma análise desses números revelará um padrão, indicando quais projetos e tarefas consomem a maior parte do tempo e quais atividades são responsáveis por tempo desperdiçado. Ela também revelará o tempo crônico que se desperdiça devido à socialização excessiva, o trabalho em assuntos triviais, intervalos para o café e assim por diante.

Se seus hábitos são típicos, você provavelmente descobrirá que os "desperdiçadores de tempo" do local de trabalho em sua vida profissional vão incluir coisas como o tempo perdido por interrupções de telefone, visitantes que chegam, tarefas delegadas de maneira ineficaz, perda de coisas na bagunça de sua mesa de trabalho, procrastinação e reuniões frequentes ou longas. (Alguns empreendedores e especialistas argumentam que as perdas de eficiência com mesas bagunçadas são mais do que compensadas pela criatividade que isso gera, mas isso é bastante discutível.) Conhecer as distrações que os outros acham ser desperdiçadores de tempo pode ajudá-lo a identificar aquelas que estão criando um problema para você. Somente após identificar essas distrações você pode tomar medidas para lidar com elas.

Depois de eliminar práticas que desperdiçam tempo, um gerente pode planejar cuidadosamente o uso do seu tempo disponível. Uma abordagem planejada para um dia ou semana de trabalho é muito mais eficaz do que um estilo casual sem prioridades. Isso é verdade até mesmo para gestores de pequenas empresas cujos horários são continuamente interrompidos de formas imprevistas.

Muitos especialistas em gerenciamento de tempo recomendam o uso de um plano diário por escrito das atividades de trabalho, muitas vezes chamado de lista de tarefas. Uma pesquisa com 2 mil executivos, em sua maioria de pequenas empresas, concluiu que cerca de 95% deles mantêm uma lista de coisas para fazer. Esses executivos podem ter de 6 a 20 itens em sua lista a qualquer momento, embora menos de 1% deles completem todas as tarefas listadas diariamente.[28] Muitos empreendedores usam o Microsoft Outlook ou um planejador diário para criar e gerenciar essas listas, mas outros podem usar um aplicativo para dispositivos móveis, cartões de nota ou até mesmo *post-its* – há muitas opções. Independentemente do meio selecionado, você deve definir prioridades entre os itens listados. Ao classificar os deveres como prioridades de primeiro, segundo ou terceiro nível, você pode focar sua atenção nas tarefas mais cruciais.

Para priorizar os itens de ação com mais precisão, você poderia adotar a abordagem usada por Dwight D. Eisenhower, 34º presidente dos Estados Unidos. Ele dizia: "O que é importante raramente é urgente e o que é urgente raramente é importante". Em outras palavras, muitas coisas que não parecem ser muito urgentes realmente merecem o seu foco imediato e outras que clamam por sua atenção não são tão importantes e não devem ser atacadas em primeiro lugar, embora muitas vezes o sejam. Seu tempo e atenção devem ser priorizados conforme mostrado a seguir:[29]

1. Dê atenção primeiramente às atividades críticas (urgentes e importantes). Deixe tempo suficiente em sua agenda para lidar com questões e atividades não previstas.

2. Em seguida, lide com as preocupações importantes (não urgentes, mas importantes). Essas não parecem urgentes, mas dão suporte aos objetivos de longo prazo da empresa e devem merecer tempo suficiente.
3. Interrupções (urgentes, mas não importantes) podem impedir que você complete um trabalho importante. Reagende ou delegue essas tarefas, se possível, e esteja preparado para responder às solicitações com um "não" educado, sempre que necessário.

Vivendo o sonho
EXPERIÊNCIAS EMPREENDEDORAS

Mesa de trabalho bagunçada, mente criativa?

A maioria das mesas de trabalho na TheSquareFoot.com, uma empresa de corretagem em Nova York, estão limpas e organizadas. Há, no entanto, uma exceção. A mesa e o cubículo de Jonathan Wasserstrum, cofundador da empresa, é coberta de papéis, arquivos e equipamentos ultrapassados. "Eu gosto de estar perto das minhas coisas em vez de ter que procurá-las em um armário em algum lugar", diz ele. Mas a confusão está causando atrito no escritório. O outro cofundador da *startup*, Justin Lee, considera as coisas do seu colega uma distração e algo difícil de lidar. De tempos em tempos, "alguma das suas porcarias vai sujar minha mesa", Lee protesta. Outros colegas de trabalho frequentemente fazem cópias adicionais de documentos para evitar papeladas com manchas de comida da mesa de Wasserstrum.

A sabedoria convencional sustenta que trabalhar em um cubículo organizado impulsiona foco e produtividade. Essa noção é consistente com os resultados de uma enquete da CareerBuilder, na qual 28% dos empregadores relataram que estariam menos propensos a promover um empregado que tivesse um espaço de trabalho mal organizado. A pesquisa também mostrou que um espaço de trabalho bagunçado de um indivíduo pode distrair os seus vizinhos de escritório e levá-los à queda de desempenho. A questão é especialmente importante nas empresas com planos de *design* de escritório aberto, amplos espaços de trabalho compartilhados e encolhimento da área de trabalho (que tiveram seu tamanho reduzido em 21% na última década e meia).

Mas a sabedoria convencional pode estar negligenciando a vantagem de um escritório desordenado. A partir de um estudo de 48 alunos, pesquisadores da University of Minnesota descobriram que pessoas que trabalham em ambientes desorganizados tendem a propor mais ideias criativas. "Ser criativo significa quebrar com a tradição, ordem e convenção, e um ambiente desorganizado parece ajudar as pessoas a fazer exatamente isso", eles afirmam em um artigo na *Psychological Science*. Para aqueles que têm sustentado que a desordem alimenta a inovação, essas conclusões não são surpreendentes. Até mesmo Albert Einstein, notório por sua mesa bagunçada, dizia que, "Se uma mesa desordenada é um sinal de uma mente desordenada, então o que devemos pensar de uma mesa vazia?".

Muitas empresas, como a Google, incentivam a desordem na área de trabalho com o objetivo de capitalizar impulsos criativos alimentados pela falta de ordenação. A empresa até deu incentivos para funcionários no valor de US$ 50 com instruções explícitas para comprar decorações para suas mesas de trabalho. Apoiado pelos resultados do estudo da *Psychological Science*, a prática da empresa sugere que a mesa de Wasserstrum, embora desorganizada, pode, na verdade, produzir resultados positivos.

O equilíbrio desafiador para os gerentes é então ponderado pelas necessidades dos trabalhadores desorganizados e organizados em maximizar a produtividade e o potencial de cada grupo. "A aparência de sua mesa ou área de trabalho é extremamente importante", diz Judith Bowman, uma *coach* e autora sobre etiqueta corporativa. "Mas é muito pessoal. Criticar a mesa bagunçada de alguém é como dizer a alguém que ele está vestido de maneira desleixada ou que tem uma casa suja." Em vez disso, ela recomenda inspirar empregados exibindo consistentemente uma mesa organizada e periodicamente realizando um dia de "remoção de lixo" do escritório. Essa é certamente uma abordagem mais suave para o problema.

Fontes: "About TheSquareFoot", http://www.thesquarefoot.com/about, acesso em 25 de fevereiro de 2015; Dale Buss, "Messy-Deskers Unite: New Study Hints That We're More Creative", *Forbes*, 19 de setembro de 2013, http://www.forbes.com/sites/dalebuss/2013/09/19/messy-deskers-unite-new-study-hints-that-were-more-creative. Acesso em 25 de fevereiro de 2015; Richard Feloni, "Why Google Encourages Having a Messy Desk", *Business Insider*, 26 de setembro de 2014, http://www.businessinsider.com/why-google-encourages-having-a-messy-desk-2014-9. Acesso em 25 de fevereiro de 2015; e Sue Shellenbarger, "Clashing over Office Clutter: I'm Not Messy, I'm Creative", *The Wall Street Journal*, 19 de março de 2014, p. D1-D2.

4. Finalmente, evite distrações (não urgentes e não importantes), sempre que possível. E se elas não são urgentes e não têm importância, lide com elas apenas quando você tiver tempo livre.

Seguir essas orientações vai ajudá-lo a concentrar o seu tempo e atenção, a fim de alcançar resultados mais produtivos.

Existem inúmeros guias para a gestão do tempo, e eles oferecem muitas dicas valiosas: tenha um bom sistema de gestão de tempo e use-o, tente fazer reuniões mais eficientes, cancele a assinatura de revistas e catálogos que você nunca lê, crie uma pasta de arquivos para projetos ativos, mantenha sua mesa e escritório organizados, use prazos para promover o foco, gerencie e-mails de forma eficaz, e assim por diante. No entanto, um conselho que parece estar em todas as listas de sugestões é reservar tempo para trabalhar sem ser perturbado. Conforme o ritmo dos negócios e o fluxo de informações aceleram e as novas tecnologias e os canais de mídia, cada vez mais, competem por sua atenção, preservar o tempo de trabalho em projetos importantes se torna cada vez mais difícil – mas é fundamental que você faça isso. A saúde e o futuro da sua empresa podem muito bem depender disso!

Em última análise, a gestão eficaz do tempo requer prioridades firmemente estabelecidas e autodisciplina. Um indivíduo pode começar com boas intenções, mas então "escorregar" voltando a velhos hábitos de fazer tudo o que encontra no momento. Procrastinação é outro problema comum – muitos gerentes atrasam tarefas desagradáveis e difíceis, recuando para atividades triviais e menos ameaçadoras com a racionalização de que estão tirando aquelas tarefas do caminho a fim de se concentrar melhor nas tarefas importantes. É essencial identificar esses "ladrões de tempo" e corrigi-los o mais rápido possível.

19-5 ASSISTÊNCIA EXTERNA PARA GESTÃO

Como empreendedores tendem a ser melhores executores do que gerentes, eles devem considerar o uso de assistência externa para gestão. Esse apoio pode suprir o conhecimento pessoal do gerente e o *expertise* dos poucos especialistas na folha de pagamento da empresa.

19-5a A necessidade de assistência externa

Empreendedores muitas vezes não têm oportunidades de compartilhar ideias com colegas, dado o pequeno número de funcionários na maioria das novas empresas. Consequentemente, eles podem vivenciar uma sensação de solidão. Nos EUA, alguns proprietários de pequenas empresas reduzem seus sentimentos de isolamento unindo-se a grupos como Entrepreneurs' Organization (www.eonetwork.org) e Young Presidents' Organization (www.ypo.org), que lhes permite se reunirem com colegas de outras empresas e compartilhar problemas e experiências.

Grupos de colegas e outras fontes de assistência gerencial externa podem oferecer um ponto de vista imparcial e geralmente objetivo, além de novas ideias. Eles também podem possuir conhecimento de métodos, abordagens e soluções que vão além da experiência de um determinado empreendedor.

19-5b Fontes de assistência gerencial

Os empreendedores que procuram assistência de gestão podem recorrer a uma variedade de fontes, incluindo programas financiados pela SBA, consultores de gestão e redes de relacionamentos pessoais e de negócios. Muitas faculdades e universidades também oferecem apoio que pode ajudar os empreendedores a enfrentar desafios típicos de pequenos negócios.

U.S. SMALL BUSINESS ADMINISTRATION (SBA)

Para muitos aspirantes a proprietários de pequenas empresas, a Small Business Administration dos EUA (SBA) é um portal importante para informações e suporte para *startups* e outras pequenas empresas e é frequentemente o primeiro lugar onde eles buscam assistência. O governo federal dos EUA incumbe, especificamente, a SBA com a responsabilidade de conectar empreendedores com os recursos que eles precisam para abrir e/ou expandir suas empresas. De acordo com o seu mandato, a agência ajuda pequenos negócios localizados em todo o país por meio de uma variedade de programas de apoio. A SBA oferece o programa Service Corps of Retired Executives ou SCORE (www.score.org) e seus centros de desenvolvimento de pequenos negócios para fornecer consultoria e outras formas de assistência. Contudo, eles também financiam uma gama muito mais ampla de programas úteis de aconselhamento, que você pode descobrir visitando seu site principal em www.sba.gov.

Service Corps of Retired Executives (SCORE) Ao entrar em contato com qualquer escritório de campo da SBA, os gerentes de pequenas empresas podem obter conselhos de gestão gratuitos do **Service Corps of Retired Executives**, ou **SCORE** (score.org). O SCORE tem mais de 13 mil executivos de negócios, na ativa ou aposentados, que atuam como consultores voluntários para auxiliar quase 500 mil clientes de pequenos negócios por ano.[30] Como um parceiro de recursos da SBA, o SCORE oferece uma oportunidade para executivos aposentados para contribuir com a comunidade empresarial e, no processo, ajudar os gerentes de pequenos negócios a resolver seus problemas. Esse relacionamento é mutuamente benéfico.

Centros de Desenvolvimento de Pequenas Empresas (SBDCs – Small Business Development Centers)
Padronizado com base no Agricultural Extension Service, a maioria dos **centros de desenvolvimento de pequenos negócios (SBDCs)** é filiada a faculdades ou universidades como parte do programa geral da SBA de assistência a pequenos negócios. Operando em 900 locais, os SBDCs oferecem uma vasta gama de serviços, incluindo consultas sobre planos de negócios, apoio à exportação e à importação, ajuda com pesquisa de mercado e assistência para obtenção de empréstimos financeiros. A equipe tipicamente inclui membros do corpo docente de instituições de ensino, conselheiros do SCORE, equipes de profissionais e alunos de pós-graduação.[31]

INSTITUIÇÕES DE ENSINO

Muitas faculdades e universidades têm equipes de consultoria compostas por estudantes dispostos a ajudar pequenos negócios. Essas equipes de estudantes de classe alta e de pós-graduação, sob a direção de um membro do corpo docente, trabalham com proprietários de pequenos empreendimentos na análise de seus problemas de negócios e na proposta de soluções adequadas para eles.

Esses programas oferecem benefícios mútuos: proporcionam aos alunos uma visão prática da gestão empresarial e fornecem respostas às pequenas empresas para os seus problemas. Os alunos participantes são normalmente combinados em equipes que oferecem uma diversidade de formação acadêmica. Uma equipe pode, por exemplo, incluir alunos que se especializam em gestão, marketing, contabilidade e finanças.

Algumas faculdades e universidades oferecem treinamento diretamente para aspirantes a proprietários de pequenos negócios. Por exemplo, mais de 300 mil empreendedores passaram por um programa de desenvolvimento da FastTrac, que está disponível nos Estados Unidos e em países selecionados ao redor do mundo. Esse programa, desenvolvido pela Ewing Marion Kauffman Foundation, é oferecido por meio de uma ampla variedade de afiliados, incluindo faculdades e universidades, câmaras de comércio, centros de desenvolvimento de negócios e firmas de consultoria. O FastTrac é um programa prático, projetado para mostrar aos empreendedores como aperfeiçoar as habilidades práticas que eles precisam dominar para abrir e expandir um negócio de forma bem-sucedida. Os participantes não só aprendem sobre negócios – eles vivenciam isso trabalhando em suas próprias ideias de negócios.[32]

CONSULTORES DE GESTÃO

Consultores de gestão servem pequenos negócios, bem como grandes corporações, e fazem isso com operações que podem variar de grandes empresas globais a empreendimentos de uma ou duas pessoas. Os resultados que eles oferecem podem fornecer um impulso substancial para um pequeno negócio. Por exemplo, 69% das empresas em uma pesquisa da revista *Inc.* relataram que usaram consultores. Destas, 90% consideraram úteis os seus serviços.[33] Mas muitos gerentes de pequenas empresas ainda relutam em usar consultores externos por uma série de razões. Alguns acreditam que eles podem resolver os próprios problemas, que um estranho nunca poderia verdadeiramente compreender o negócio ou que trazer um consultor externo seria simplesmente muito caro. Mas alguns pequenos negócios precisam de análise de consultores e acham que receitas adicionais resultantes de um melhor desempenho podem facilmente cobrir os custos desses serviços. Os resultados definitivamente variam, mas um número crescente de pequenas empresas está tendo acesso a talento de alta qualidade a um custo muito baixo, utilizando serviços *on-line* como HourlyNerd.com para encontrar e contratar estudantes bem treinados, oriundos de MBA de escolas de alto nível, para gerenciar projetos limitados ou para cobrir necessidades de curto prazo.

Para as pequenas empresas que decidem buscar a opção de consultoria diretamente, o proprietário e o consultor devem chegar a um entendimento sobre a natureza da assistência a ser fornecida antes de ela ser iniciada. Isso pode ajudar a garantir satisfação tanto do fornecedor quanto do cliente. Quaisquer honorários de consultoria devem ser especificados e os detalhes do acordo devem ser colocados por escrito. Honorários são frequentemente definidos com base em dia de trabalho e podem facilmente variar entre US$ 500 e US$ 5.000, ou mais. Embora o custo possa parecer elevado, ele deve ser avaliado em termos do *expertise* que está sendo agregado.

Existem diretórios disponíveis para ajudar os empreendedores a encontrar o consultor certo. Uma dessas fontes é publicada pelo Institute of Management Consultants USA (www.imcusa.org). O código de ética ao qual os membros do instituto se subscrevem, conforme postado no site, é uma indicação de seu desejo de promover o profissionalismo em seu trabalho.

Há agora alguns sites que fornecem o acesso a conselho de especialistas por minuto, o que pode ser muito útil se você tem um problema específico que pode ser resolvido ao telefone. Um desses serviços, a Clarity, atende especificamente às necessidades dos empreendedores. Ter acesso à maioria dos mais de 30 mil especialistas no site vai lhe custar cerca de US$ 1,50 por minuto, mas o preço pode ser bem maior que esse – por exemplo, poderá custar pesados US$ 167 por minuto se você achar que tem que conversar apenas com Mark Cuban.[34] O serviço é muito fácil de usar: simplesmente registre-se no site, pesquise a comunidade de especialistas, selecione algumas datas/horas que funcionam para você e, em seguida, se conecte, converse e pague.[35]

REDES DE PEQUENOS NEGÓCIOS

Os empreendedores também podem obter assistência de gestão de seus pares por meio de **networking**, o processo de desenvolvimento e engajamento em relacionamentos informais mutuamente benéficos. Quando os empreendedores se encontram, eles podem descobrir interesses comuns que levem à troca de ideias e experiências. Os ambientes para essas reuniões podem ser associações comerciais, clubes cívicos, organizações fraternas ou qualquer outra situação que faz com que empreendedores estejam em contato uns com os outros.

Mas se o *networking* vai ser benéfico para ambas as partes, então ele precisa ser mais do que simplesmente aparecer em um evento e distribuir um monte de cartões de visita. Você precisa estar preparado para criar valor para o seu parceiro em algum nível. O empreendedor serial e investidor Gary Vaynerchuk enfatiza que ser o primeiro a dar valor aos relacionamentos reverte "o jogo que todos instintivamente jogam" para que você se destaque da multidão, seja apreciado e seja facilmente lembrado. Vaynerchuk relata que essas interações "de trocas de favores", das quais ele não esperava nada em troca, trouxeram mais resultados do que qualquer outra coisa para promover sua carreira e suas empresas.[36]

Engajar-se em uma rede pessoal de relacionamentos, quando gerenciada com sabedoria, pode proporcionar um grande impulso no lançamento de um novo negócio. Por exemplo, os sócios de um clube de jardinagem podem servir como um grupo de foco para avaliar ideias de *startup* ou como uma equipe de relações públicas para difundir notícias sobre seu novo negócio de paisagismo e de água. Conexões com ex-colegas de faculdade podem levá-lo a profissionais que podem cuidar de suas necessidades legais, bancárias ou outras. Eles podem até se tornar parceiros de negócios leais e eficazes, se houver sinergia.

OUTROS NEGÓCIOS E SERVIÇOS PROFISSIONAIS

Uma variedade de outros negócios e grupos profissionais fornecem assistência para gestão. Em muitos casos, essa assistência faz parte do relacionamento de negócios. Fontes de aconselhamento gerencial incluem banqueiros, contadores públicos certificados (CPAs, do inglês *certified public accountants*), advogados, corretores de seguros, fornecedores, associações comerciais e câmaras de comércio.

É necessário iniciativa para recorrer à assistência de gestão disponível desses grupos, então é importante explorar as possibilidades. Por exemplo, em vez de limitar uma relação comercial com um contador público certificado para auditorias e declarações financeiras, muitos proprietários de pequenos negócios pedem a seus CPAs que os aconselhem em uma gama mais vasta de assuntos.

Um bom contador pode oferecer aconselhamento em matéria fiscal, bem como recomendar um pacote de separação apropriado quando chega a hora de demitir alguém. Se você está considerando a abertura de uma nova filial, um contador pode dizer se seu fluxo de caixa vai sustentar isso. Você está considerando o lançamento de um negócio adicional? O *insight* de um contador poderá ajudá-lo a determinar se as margens serão adequadas. Os contadores podem ajudá-lo a fazer avaliações informadas de suas necessidades de seguro, o impacto de assumir uma grande conta (bem como a desvantagem de perdê-la) e os efeitos do resultado do corte de despesas. Como você pode ver nesses exemplos, a potencial assistência gerencial vem disfarçada de serviço de profissionais e empresas encontradas no curso normal da atividade empresarial. Aproveitando essas oportunidades, um empreendedor pode fortalecer a gestão de uma pequena empresa e melhorar suas operações com pouco, ou nenhum, custo adicional. Mas isso não significa que fazer isso será fácil. Liderar e supervisionar as operações de um pequeno negócio pode eventualmente exigir uma abordagem gerencial profissional, que só pode ser desenvolvida por meio de um grande esforço e atenção aos detalhes. Alcançar esse *status* é um desafio, mas as ideias neste capítulo podem ajudar a guiá-lo na direção das competências necessárias para que isso aconteça.

Vivendo o sonho
EXPERIÊNCIAS EMPREENDEDORAS

Profissionais temporários: talento de gerenciamento de aluguel de baixo custo

Os pequenos negócios têm muitas necessidades de curto prazo, mas contratar pessoas adicionais para um pequeno projeto está geralmente fora de questão devido ao alto custo. Eles certamente não podem se dar ao luxo de chamar uma empresa de consultoria de alto nível, como McKinsey, Bain ou Boston Consulting Group. Então, quando essas empresas precisam de novas ideias ou de um novo plano de marketing, elas geralmente têm que se virar sozinhas.

Mas isso pode estar mudando em breve. HourlyNerd, um mercado *on-line* com sede em Boston, quer atender essa demanda crescente por *expertise* conectando pequenos negócios com estudantes de MBA que poderiam usar o dinheiro e estão à altura do desafio de enfrentar projetos de curto prazo. A plataforma HourlyNerd maximiza a flexibilidade para a empresa e consultor simultaneamente, reduzindo o custo desses serviços em até 80%.

A *startup* é a criação de Rob Biederman, Peter Maglathlin e Patrick Petitti, que desenvolveram o conceito como parte de um trabalho final de curso enquanto frequentavam a Harvard Business School. A HourlyNerd possui um banco de dados de alunos atuais de MBA em escolas de alto nível em todo o mundo. Os cofundadores concordaram desde o início que a qualidade dos alunos e sua perspicácia de negócios seriam a chave para construir credibilidade e formar um modelo de negócios bem-sucedido.

Após a graduação, o trio comprometeu-se a lançar a empresa e garantir dinheiro de investidores para tirá-la do papel. Como sinal precoce do seu potencial, a *startup* tem crescido rapidamente, usando a mídia social e propaganda boca a boca de clientes felizes para adquirir novos clientes. A empresa tem servido uma variedade de clientes, desde uma florista muito pequena em uma área de Boston até empresas gigantes como a Microsoft e a GE.

A HourlyNerd atrai clientes com a promessa de cortar custos com pessoal, ao mesmo tempo que acessa valiosas ideias e habilidades de consultores-alunos de MBA bem treinados. Devido à crise econômica prolongada, esse modelo oferece um apelo especial, já que medidas de redução de custos têm sido amplamente perseguidas. "Os pequenos negócios precisam começar a aumentar as receitas novamente porque não há mais [espaço para] redução de custos", diz o cofundador Biederman. "Eles precisam explorar formas de aumentar receitas sem se comprometer com um contrato de tempo integral."

O arranjo também funciona bem para os estudantes-consultores. Fazer um MBA pode ser um empreendimento muito caro, acrescentando uma tensão financeira aos alunos que têm de colocar a sua vida profissional em espera por anos, enquanto terminam os seus estudos. Durante esse período, alguns estudantes têm tempo livre suficiente para assumir projetos de curto prazo. A HourlyNerd simplesmente fornece uma plataforma que lhes permite flexibilizar sua visão de negócios e ganhar renda extra enquanto estão estudando.

A HourlyNerd teve 35% de crescimento composto, mês após mês até hoje, tendo conectado mais de 4.500 empresas com quase 10 mil alunos de MBA. "Nós reconhemos a necessidade real de pequenos negócios em ter algo como isso", diz o cofundador Petitti, "Parecia óbvio." Isso certamente cria uma oportunidade para pequenas empresas acessarem o talento de que necessitam e a um preço que podem pagar.

Fontes: Iris Dorbian, "Boston Startup HourlyNerd Snaps Up $7.8 Mln", https://www.pehub.com/2015/02/boston-startup-hourlynerd-snaps-up-7-8-mln. Acesso em 25 de fevereiro de 2015; "HourlyNerd: Simple Process. Amazing Results," https://hourlynerd.com/how-it-works. Acesso em 25 de fevereiro de 2015; Melissa Korn, "For Small Work Projects, Try Renting an M.B.A.," *The Wall Street Journal*, 6 de fevereiro de 2014, p. B7; Louis Lavelle, "Why Hire When You Can Rent by the Hour," *Bloomberg Business*, 11 de abril de 2013, http://www.bloomberg.com/bw/articles/2013-04-11/mbas-why-hire-when-you-can-rent-by-the-hour. Acesso em 25 de fevereiro de 2015; Gwen Moran, "MBAs by the Hour," *Entrepreneur*, vol. 42, n. 8 (agosto de 2014), p. 84; e Heesun Wee, "HourlyNerd Offers MBA Students for Hire for Small Businesses," *CNBC*, 10 de abril de 2013, http://www.cnbc.com/id/100627530#. Acesso em 25 de fevereiro de 2015.

Glossário

Amplitude de controle (p. 405) – Número de funcionários que são supervisionados por um gerente.
Cadeia de comando (p. 405) – Canal de comunicação oficial e vertical em uma organização.
Centros de desenvolvimento de pequenos negócios (SBDCs) (p. 414) – Centros filiados a universidades que oferecem consultoria, educação e outros tipos de suporte para proprietários de pequenos negócios.
Delegação de autoridade (p. 406) – Processo de conceder aos subordinados o direito de agir ou de tomar decisões.
***Empowerment* (p. 399)** – Autorização aos empregados para tomar decisões ou agir por conta própria.
Equipes de trabalho autogerenciadas (p. 399) – Equipes de funcionários com liberdade para funcionar sem supervisão direta, mas com responsabilidade pelos resultados.
Gerentes profissionais (p. 401) – Gerente que usa métodos de gerenciamento analíticos e sistemáticos.

Negociação (p. 410) – Processo de desenvolvimento de soluções trabalháveis por meio de discussões e interações.
***Networking* (p. 415)** – Processo de desenvolvimento e engajamento em relacionamentos informais mutuamente benéficos.
Orçamento (p. 404) – Documento que expressa planos futuros em termos monetários.
Organização linear (p. 405) – Estrutura organizacional simples na qual cada um se reporta a um supervisor.
Organização linha-*staff* (p. 405) – Estrutura organizacional que inclui pessoal especializado que dá assistência à gerência.
Planejamento de longo prazo (plano estratégico) (p. 404) – Planejamento global da empresa para o futuro.
Planos de curto prazo (p. 404) – Plano que governa as operações da empresa por um ano ou menos.
Service Corps of Retired Executives (SCORE) (p. 414) – Grupo de executivos aposentados apoiado pela SBA que dá conselho gratuito a proprietários de pequenos negócios.

Transformação para *startups*

Ficando de pé
Se você quer ser um líder, preste atenção na sua postura. Professores da Harvard Business School descobriram que ficar de pé ou sentar com os ombros e braços abertos, na verdade, muda a química do corpo de uma pessoa e faz com que ela se pareça e se sinta mais como um líder. Para saber mais, veja Leigh Buchanan, "Leadership Advice: Strike a Pose", em www.inc.com/magazine/201205/leighbuchanan/strike-a-pose.html.

Precisa de uma ideia? E rápido?
Líderes normalmente se veem sob pressão, precisando de uma solução criativa para um problema que os pressiona – mas sem tempo a perder. Quando você se encontra nessa situação, é melhor ser capaz de pensar rapidamente. Como Gerald Haman, presidente da agência de treinamento em inovação SolutionPeople, explica, as pesquisas mostram que levantar-se aumenta o fluxo de oxigênio no cérebro, o que estimula o pensamento. Veja "How to... Lead a Late-Afternoon Brainstorm", *FastCompany*, n. 172 (fevereiro de 2013), p. 28.

Recursos para *startups*

Persuasores poderosos
Você quer aprimorar suas habilidades de negociador? Então *Getting to Yes: Negotiating Agreement without Giving In*, de Roger Fisher, William Ury e Bruce Patton (Nova York: Penguin Books, 2011), é uma leitura obrigatória. Os autores fornecem uma estratégia comprovada, passo a passo, que pode levar você e seu oponente em uma negociação a acordos mutuamente aceitáveis em qualquer situação.

Ferramentas para *startups*

Ganhando a corrida contra o tempo
Nos negócios, tempo é dinheiro. Mas sentir-se pressionado pelo tempo pode diminuir seu foco, fazer com que suas habilidades de tomada de decisão racional sejam prejudicadas e corroer sua saúde. Veja os sinais – como um estômago agitado, um coração acelerado ou falando rápido e sem parar – que sinalizam a necessidade de respirar fundo e desacelerar. Para mais sugestões, veja Joe Robinson, "How to Deal with Deadline Panic", que pode ser encontrado em www.entrepreneur.com/article/217408.

Você é quem manda

Situação 1
John Smithers aprendeu tudo sobre liderança nas Forças Armadas e espera aplicar essas habilidades para administrar a John's Deals to Go, sua pequena empresa de locação de automóveis. Uma característica interessante da carreira militar é que responsabilidades consideráveis são delegadas a homens e mulheres

jovens que têm muito pouca experiência profissional prévia. Smithers tinha somente 27 anos quando se tornou gerente de compras no Aeroporto de Kandahar, no Afeganistão, em 2003. Esse jovem fuzileiro foi diretamente responsável por quase US$ 50 milhões em contratos de compra, o que o forçou a amadurecer muito rápido!

Para fazer uso de sua experiência militar, Smithers e sua pequena equipe de gestão decidiram usar vários métodos para delegar a tomada de decisão aos funcionários de nível operacional em sua empresa. Os novos funcionários são extensivamente treinados após serem inicialmente contratados, mas os supervisores não monitorarão seu trabalho de perto uma vez que eles aprendam seus deveres. A gerência está sempre disposta a entrar em cena e ajudar se isso for realmente necessário, mas eles propositalmente deixam os funcionários por conta própria quando assumem as suas funções. Os gerentes não espionam seus funcionários para ter certeza de que estão fazendo o trabalho como solicitado, e eles certamente não monitoram o trabalho apenas para tentar pegar alguém cometendo um erro. A filosofia da gerência de Smithers é a de que as pessoas trabalham melhor quando sentem que os seus superiores confiam em suas habilidades e na sua integridade nos negócios.

Smithers e sua equipe algumas vezes saem para reuniões de dia inteiro e permitem que os funcionários gerenciem o negócio por si mesmos. As atribuições de trabalho são definidas de forma vaga, mas a gerência espera que os funcionários assumam a responsabilidade e tomem as medidas necessárias sempre que veem que algo precisa ser feito. Para reforçar a mensagem de confiança, os funcionários que solicitam diretrizes para realizar seu trabalho são, em algumas vezes, simplesmente informados de que devem resolver o problema da forma que eles acharem melhor.

Pergunta 1 – Uma empresa organizada de forma tão vaga pode ser tão eficaz quanto uma empresa que define trabalhos com mais precisão e monitora o desempenho mais de perto? Quais são as vantagens e limitações do estilo gerencial descrito?

Pergunta 2 – O quanto esses métodos gerenciais podem afetar a motivação?

Pergunta 3 – Você gostaria de trabalhar para essa empresa? Por que sim ou por que não?

Situação 2

Alguns anos após o lançamento com sucesso de uma nova empresa de publicidade em *outdoor*, Sean Richeson concluiu que estava dispendendo 16 horas por dia correndo de um compromisso para outro, negociando com os clientes, amealhando novos negócios, assinando cheques e verificando sempre que possível seus seis empregados. O fundador percebeu que seu ponto forte era em vendas, mas as responsabilidades gerenciais gerais tomavam grande parte de seu tempo e interferiam nos seus esforços de vendas. Richeson até dormia no escritório uma ou duas noites por semana apenas para tentar manter o seu trabalho em dia.

No entanto, apesar de sua diligência, Richeson tinha consciência de que seus funcionários não estavam organizados e que muitos problemas precisavam ser resolvidos. Por exemplo, ele não tinha tempo para determinar políticas pessoais ou elaborar descrições das funções específicas para os seus seis trabalhadores. Somente na semana anterior, ele havia sido avisado de que um funcionário, às vezes, tirava partido da falta de uma supervisão mais próxima e faltava dias de trabalho. Muitas vezes, faturas eram enviadas com atraso para os clientes e os cronogramas nem sempre eram mantidos. Felizmente, o negócio ainda permanece lucrativo, apesar dos numerosos problemas.

Pergunta 1 – O problema de Richeson é de gestão do tempo ou capacidade gerencial geral?

Pergunta 2 – Se Richeson pedisse que você recomendasse algum tipo de assistência externa de gestão, você recomendaria um conselheiro do SCORE, uma equipe de consultoria de estudantes, uma empresa de contabilidade (CPA = Certified Public Accountant), um consultor de gestão ou algum outro tipo de assistência? Por quê?

Pergunta 3 – Se você fosse contratado para melhorar o sistema de gestão de uma empresa, quais passos você tomaria primeiro? Qual seria seu objetivo inicial?

Notas

1. Eric Paley, "Go Beyond Visionary. Be a Leader," *Inc.*, vol. 36, n. 1 (fevereiro de 2014), p. 43.
2. Conforme citado em Brent Bowers, *The 8 Patterns of Highly Effective Entrepreneurs* (Nova York: Currency Doubleday, 2006), p. 61.
3. Daniel Goleman, Richard E. Boyatzis e Annie McKee, *Primal Leadership: Unleashing the Power of Emotional Intelligence* (Cambridge, MA: Harvard Business Review Press, 2013), Capítulo 4: "The Leadership Repertoire." Os termos precisos usados aqui foram baseados no trabalho de Goleman et al. conforme apresentado em Adam Bluestein, "What Kind of Leader Are You?" *Inc.*, vol. 35, n. 8 (outubro de 2013), p. 58-59.
4. Conforme reportado em Leigh Buchanan, "Between Venus and Mars," *Inc.*, vol. 35, n. 5 (junho de 2013), p. 64-74, 130.
5. Ibid.
6. Philip Delves Broughton, "A Classic Recipe for Business Success," *Financial Times*, 4 de junho de 2013, p. A4.
7. Rob Reuteman, "Value Lessons: Just How Much Is Good Leadership Worth?" *Entrepreneur*, vol. 42, n. 3 (março de 2014), p. 38-47.
8. Buchanan, op. cit.
9. Jason Feifer e Anjali Mullany, "Are Open Offices Bad for Work?" *FastCompany*, n. 183 (março de 2014), p. 39-42.
10. John Ferrigan, "How to Fix Open Offices," *FastCompany*, n. 183 (março de 2014), p. 42.
11. Tony Hsieh, "Why I Sold Zappos," *Inc.*, vol. 32, n. 5 (junho de 2010), p. 101-104.
12. "Zappos Family Core Values," http://about.zappos.com/our-unique-culture/zappos-core-values/create-fun-and-little--weirdness. Acesso em 18 de fevereiro de 2015.

13. Tony Hsieh, "Even If You're a Superstar at Your Job, If You're Bad for Culture, We'll Fire You," *Inc.*, 17 de julho de 2013, http://www.inc.com/tony-hsieh/zapposculture-values-fire-if-bad-for-culture.html. Acesso em 18 de fevereiro de 2015.
14. Scott Leibs, "Bound Up in Complexity," *Inc.*, vol. 36, n. 8 (outubro de 2014), p. 112, 114.
15. Clare O'Conner, "Top Five Startup Tips from Spanx Billionaire Sara Blakely," *Forbes*, 2 de abril de 2012, www.forbes.com/sites/clareoconnor/2012/04/02/top-five-startup-tips-from-spanx-billionaire-sara-blakely. Acesso em 18 de fevereiro de 2015; e comunicação pessoal com Sara Blakely, 3 de maio de 2007.
16. Blakely, op. cit.
17. Monica Shipper, "The World's Most Powerful Female Billionaires: Oprah, Torey Birch, Sara Blakely, and Miuccia Prada," *Forbes*, 28 de maio de 2014, http://www.forbes.com/forbeslife/#/sites/natalierobehmed/2014/05/28/the-worlds--most-powerful-female-billionaires-oprah-tory-burch-sara-blakely-melinda-gates. Acesso em 18 de fevereiro de 2015.
18. Michael Fertik, "Seven Keys to Switching from a Big Company to a Small One," *Harvard Business Review*, 28 de outubro de 2010, https://hbr.org/2010/10/seven-keys-to-switching-from-a. Acesso em 17 de fevereiro de 2015.
19. Em seu livro *New Venture Creation: Entrepreneurship for the 21st Century* (Boston: McGraw-Hill Irwin, 2012), Stephen Spinelli e Robert Adams oferecem os seguintes nomes criativos para os estágios que os negócios empreendedores passam: *Wonder*, *Blunder*, *Thunder*, *Plunder* e *Asunder*. Os autores também discutem especificamente os riscos que as empresas enfrentam em pontos diferentes do seu crescimento e desenvolvimento.
20. Jason Fried, "The Art of the Handoff," *Inc.*, vol. 33, n. 4 (maio de 2011), p. 41-42.
21. Ibid.
22. Bowers, op. cit., p. 67.
23. Phil Libin, "How I Wised Up," *Inc.*, vol. 35, n. 2 (março de 2013), p. 26.
24. Essas conclusões são baseadas em um estudo conduzido pela empresa de consultoria de recursos humanos Watson Wyatt (agora Towers Watson), conforme reportado em "How to Communicate with Employees," *Inc. Guidebook*, vol. 2, n. 2 (maio de 2010), p. 55-58.
25. Barry Farber, "Putting Ideas into Action," *Entrepreneur*, vol. 37, n. 2 (fevereiro de 2009), p. 62.
26. Andrew Shafer, "Crunching the Numbers," *Inc.*, vol. 33, n. 6 (julho/agosto de 2011), p. 30.
27. "The Inc. 500 CEO Survey," *Inc.*, vol. 35, n. 7 (setembro de 2013), p. 208.
28. Conforme reportado em Mark Henricks, "Just 'To-Do' It," http://www.entrepreneur.com/article/71810. Acesso em 18 de fevereiro de 2015.
29. Adaptado de diversas fontes, incluindo MindTools, "Eisenhower's Urgent/Important Matrix: Using Time Effectively, Not Just Efficiently," http://www.mindtools.com/pages/article/newHTE_91.htm. Acesso em 18 de fevereiro de 2015.
30. "SBA: SCORE," http://www.sba.gov/offices/headquarters/oed/resources/148091. Acesso em 19 de fevereiro de 2015.
31. Para saber mais sobre a rede de centros de desenvolvimento de pequenos negócios do SBA, visite http://www.sba.gov/offices/headquarters/osbdc/resources/11409.
32. "Kauffman FastTrac," http://www.kauffman.org/what-we-do/programs/entrepreneurship/kauffman-fasttrac. Acesso em 18 de fevereiro de 2015.
33. Veja Leigh Buchanan, "Inc. 500," *Inc.*, vol. 32, n. 7 (setembro de 2010), p. 178.
34. John Brandon, "Need Some Advice?" *Inc.*, vol. 35, n. 4 (maio de 2013), p. 52.
35. "Clarity: Make Better & Faster Decisions to Grow Your Business", https://clarity.fm/how-it-works. Acesso em 18 de fevereiro de 2015.
36. Gary Vaynerchuk, "The Art of Networking", *The Wall Street Journal*, 20 de março de 2014, p. B4.

CAPÍTULO 20

Gerenciando recursos humanos

Contratar empregados talentosos pode levar os negócios ao sucesso, mas poucas *startups* gerenciam o processo de contratação de forma eficaz. Na verdade, Matt Mickiewicz fundou uma empresa que gerencia uma base de dados de talentos, a Hired.com, para ajudar as empresas a solucionar exatamente esse problema. "As empresas nos EUA gastam mais de US$ 70 bilhões todos os anos para encontrar pessoas para trabalhar para eles, e ainda assim eles simplesmente não são muito bons nisso", afirma. "Eles frequentemente dizem que a contratação inteligente é uma prioridade, mas é raro [para eles] realmente agir de forma que a contratação seja importante." Em vez disso, as pequenas empresas fazem escolhas que transformam o processo de contratação em algo frustrante, demorado e ineficiente.

O fracasso em tornar o processo de contratação mais expedito poderia muito bem ser o erro mais comum e contraproducente que as pequenas empresas cometem. Candidatos qualificados podem apresentar seus currículos e esperar dias, semanas ou mesmo meses antes de receberem uma resposta. Alguns deles podem nunca ter resposta. E, mesmo após uma entrevista de sucesso, muitas empresas não apresentam ofertas de trabalho em tempo oportuno. "Vimos centenas de casos nos quais as empresas simplesmente se esquecem de posicionar os candidatos", diz Mickiewicz. "Eles remarcam entrevistas três vezes por causa de suas outras prioridades." A Hired.com elimina esse obstáculo, fornecendo informações sobre candidatos escolhidos para os potenciais empregadores. As empresas têm apenas uma semana para revisar os perfis e organizar entrevistas antes de perderem o acesso ao talento listado. A estreita janela obriga a empresa a concentrar seus esforços de contratação de forma deliberada.

Disputas sobre salário também podem fazer o processo desandar. Por essa razão, a Hired.com exige que os empregadores apresentem detalhes completos sobre salários e benefícios para os candidatos a emprego durante o contato inicial. Esse requisito obriga as empresas a considerar de maneira cuidadosa e comprometer-se a um montante definido. Mas Mickiewicz adverte contra uma oferta inicial muito baixa, uma vez que um aumento de

No Spotlight
Hired.com
www.hired.com

Ao *término* deste capítulo, você deverá ser capaz de:

20-1. Explicar a importância do recrutamento de empregados e listar fontes úteis para encontrar candidatos adequados.

20-2. Identificar os passos na avaliação de candidatos a emprego.

20-3. Descrever os papéis de treinamento e desenvolvimento tanto para empregados em cargos de gerência como para aqueles que não tenham nível gerencial.

20-4. Explicar os diversos tipos de planos de compensação, incluindo o uso de planos de incentivos.

20-5. Discutir as questões de recursos humanos sobre terceirização de mão de obra, proteção legal, sindicatos e a formalização de relações empregado--empregador.

20% no salário pode fornecer acesso a 30% a mais de candidatos adicionais. *Startups*, em particular, tendem a superestimar o valor do patrimônio que podem oferecer, acreditando que participações em controle acionário, por exemplo, podem compensar ofertas mais baixas de salário. Mickiewicz diz que, em sua experiência, essa convicção não é verdadeira.

A Hired.com fornece uma opção de pagamento exclusiva para o orçamento limitado das *startups*, reconhecendo que muitos não podem pagar grandes honorários pela busca de talentos. Muitas empresas de *headhunting* cobram dezenas de milhares de dólares por serviços prestados, e essas taxas são geralmente pagas após um empregado selecionado estar contratado por dois meses. Em vez disso, a Hired.com permite que as empresas escolham pagar 1% do salário do empregado por até 24 meses. E, se o empregado sair antes desse tempo, a Hired.com descontinua a cobrança.

Na verdade, as empresas precisam se comprometer a identificar, entrar em contato e manter candidatos que satisfaçam as necessidades da empresa. As *startups*, em particular, devem se concentrar em contratar o melhor candidato para uma posição para assegurar que as despesas incorridas vão maximizar o valor que o novo empregado agrega. De acordo com Mickiewicz, "20% a 25% do seu tempo devem ser gastos em entrevistas... Se você considera a contratação como uma competência essencial que precisa desenvolver no negócio, então vai fazer o que for preciso para atingir essa meta." E vai acabar com a mão de obra de base que você precisa para construir a empresa que deseja.

Fontes: Annlee Ellingston, "Q&A: Tech Job Marketplace Brings Hired Help to Los Angeles", *L.A. Biz*, 2 de outubro de 2014, http://www.bizjournals.com/losangeles/news/2014/10/02/q-a-tech-job-marketplace-brings-hired-help-to-la.html?page=all. Acesso em 2 de março de 2015; "Hiring.com: About Us", https://hired.com/about. Acesso em 2 de março de 2015; Matt Mickiewicz, "Lessons Learned from a Startup Founder Since Age 14", *The Wall Street Journal*, 23 de junho de 2014, http://blogs.wsj.com/accelerators/2014/06/23/matt-mickiewicz-lessons-learned-from-a-startup-founder-since-age-14. Acesso em 2 de março de 2015; e Phillip Thomas, "Interview with Matt Mickiewicz, CEO and founder of Hired.com", *Telegraph Research*, 17 de fevereiro de 2014, http://www.telegraphresearch.com/mickiewicz-interview. Acesso em 2 de março de 2015.

Jack Tompkins é o proprietário e CEO da Fit Athletic Club, uma grande academia de fitness e local de interação social que é consistentemente votada como o melhor spa em Houston, Texas. Como ele consegue isso ano após ano? Ele sabe o quão importante seus empregados são para o sucesso de sua pequena empresa. Na verdade, ele reconhece o papel vital por eles desempenhado por meio de um princípio que está no centro da sua filosofia eficaz de gestão:

> *Os proprietários de negócios sabem que uma organização bem administrada é uma consequência das pessoas que gerenciam o negócio. Isso não é pura mágica, mas um executivo que encontra as pessoas certas para fazer a coisa certa no momento certo descobrirá que a gestão é tão fácil, que parece que ele não está nem mesmo trabalhando.*[1]

Em outras palavras, o empreendedor que quer construir um negócio competitivo precisa pensar com cuidado sobre como encontrar e contratar as melhores pessoas disponíveis e, em seguida, como mantê-los. Isso, conforme os altos executivos de 146 das empresas de maior desempenho nos Estados Unidos, é o maior impulsionador de crescimento nos negócios.[2] Essa é a razão pela qual os empregados precisam ser gerenciados inteligentemente para que possam melhorar significativamente o desempenho do empreendimento.

O termo **gestão de recursos humanos (GRH)** refere-se à gestão de empregados, individual e coletivamente, de forma que sejam capacitados a alcançar seus objetivos estratégicos. Isso só pode ser conseguido se empregados altamente capacitados forem recrutados, treinados, avaliados e incentivados a atingir seu maior potencial. Para complicar as coisas um pouco, a GRH é muito diferente quando se comparam grandes empresas com pequenas empresas. Uma preocupação de um pequeno empreendimento não pode nem deve ser copiar as políticas e procedimentos de uma Google ou General Motors. Em vez disso, deve ser gerir os seus empregados de uma forma que seja mais adequada para os 10, 50 ou 100 empregados na folha de pagamento.

Embora as práticas da GRH de pequenas empresas devam ser planejadas e profissionais, pesquisas mostram que isso muitas vezes não acontece.[3] Se você está ciente de que pode não saber o suficiente para contratar empregados adequados para sua *startup* ou para expandir seu negócio, este capítulo vai ajudá-lo nesta tarefa, apresentando as práticas de GRH que funcionam melhor para empresas empreendedoras.

20-1 RECRUTAMENTO DE PESSOAL

O recrutamento tem como função identificar candidatos para um negócio. O objetivo é obter um grupo de potenciais empregados que seja grande o suficiente para conter um bom número de candidatos talentosos. Em um passo subsequente do processo de seleção, a gerência decide quais candidatos devem ser "mantidos". Mas atrair e manter empregados qualificados pode ser mais difícil do que você imagina. Na verdade, os CEOs das 500 empresas da Inc. identificaram este como sendo o seu maior desafio.[4] Apesar de esforços meticulosos de recrutamento, 42% dos pequenos empresários indicam que simplesmente não conseguem encontrar candidatos com as habilidades e qualificações que eles precisam.[5]

20-1a A necessidade de empregados de qualidade

Se você quiser que seu empreendimento cresça, então é importante pensar nos empregados não como geradores de despesas, mas como geradores de receita. Mas como Willan Johnson, da VivoPools (veja a seção Vivendo o Sonho), aprendeu, não faz sentido contratar mais empregados a menos que os custos totais envolvidos sejam mais do que compensados pelas vendas adicionais que a contratação produz. (É importante manter os fluxos de caixa em mente, uma vez que levará algum tempo para a receita entrar.) Algumas pequenas empresas estão descobrindo maneiras de conviver com muito poucos empregados ou nenhum, simplificando assim suas operações e evitando aumentos de folha de pagamento. Na verdade, pesquisas revelam que *startups* estão sendo abertas com muito menos empregados hoje do que acontecia no passado.[6]

Uma *startup* chamada Near Networks mostra como isso pode funcionar. O estúdio de produção de vídeo *on-line*, com sede em Los Angeles, é liderado por uma pequena equipe com muitos anos de experiência no setor de entretenimento e apoiado por uma comunidade de talentosos cineastas do mundo inteiro. Em 2011, a empresa abriu com apenas quatro empregados. Como isso foi possível, dada a natureza de alta tecnologia do empreendimento e sua complexidade? Conforme é explicado por Sam Rogoway, que chefia a Near Networks, o trabalho que no passado exigia mais empregados pode ser hoje desempenhado com ferramentas que estão prontamente disponíveis *on-line*. "Você não precisa de uma pessoa de TI ou um contador. [As ferramentas] se tornaram muito simplificadas e fáceis de usar", diz Rogoway. "Todos nós 'temos diversas funções' e colaboramos em tudo."[7]

A abordagem que a Near Networks adotou pode funcionar até certo ponto, mas muitas empresas não podem renunciar à contratação sem prejudicar o seu crescimento. Quando a expansão é necessária, não há substituto para ter empregados de alta qualidade a bordo, e quanto mais capazes eles forem e mais motivados eles estiverem, melhor. Joel Spolsky, cofundador de uma empresa de desenvolvimento de software, descreve o impacto notável que empregados excelentes podem ter sobre um negócio:

> Em nosso campo, 1% do topo da força de trabalho pode ser facilmente 10 vezes tão produtiva quanto o desenvolvedor médio. Os melhores desenvolvedores inventam novos produtos, descobrem atalhos que economizam meses de trabalho e, quando não há atalhos, realizam tarefas de codificação como se estivessem brincando.[8]

Assim, ter as pessoas certas "a bordo" pode dar um enorme impulso ao desempenho geral de uma empresa. A presença de um único trabalhador capaz e motivado tende a elevar as expectativas de todos os outros, e as interações entre dois ou mais empregados de alto impacto normalmente levam a resultados significativamente maiores do que suas já excelentes contribuições individuais.

O recrutamento e a seleção de empregados estabelecem uma base para as contínuas interações humanas em uma empresa. De certa forma, a qualidade dos empregados determina o potencial de uma empresa. Uma organização sólida e eficaz pode ser construída somente com força de trabalho talentosa e ambiciosa. E, como a folha de pagamento é uma das maiores categorias de despesas para a maioria das empresas, decisões de trabalho sensatas podem ter um impacto direto nos negócios da empresa. Ao recrutar o melhor pessoal possível, uma empresa pode melhorar o retorno de cada dólar gasto na folha de pagamento.

A maioria das empresas de sucesso passou à frente de seus concorrentes porque reconheceu que os empregados são o negócio, e vice-versa. Não há como ser diferente, especialmente em empresas empreendedoras que estão se expandindo. "Você não pode separar a necessidade de crescer do número de pessoas que você vai precisar contratar", observa Mateus Guthridge, diretor associado da consultoria de gerenciamento global McKinsey & Company. "E no nível mais básico está a essência do que uma estratégia [de emprego] deve ser."[9] Contratar e manter as pessoas certas pode facilmente ser a diferença entre sucesso e fracasso de um pequeno negócio.

Vivendo o sonho
EXPERIÊNCIAS EMPREENDEDORAS

Sabendo quando é a hora de recorrer ao poder de contratação

Willan Johnson tem um problema que nunca desaparece. Para ser específico, o fundador e proprietário da empresa de limpeza de piscina em Los Angeles, VivoPools, acha muito difícil antecipar futuras demandas para seu negócio, o que prejudica suas decisões de contratação. Como ele explica, "Determinar quando e quantos empregados contratar é um pouco complicado para o nosso negócio, já que a demanda por serviços varia com base no crescimento do número de contas (clientes), sazonalidade, geografia, localização de clientes e solicitações de consumidores."

Para descobrir quando faz sentido contratar um novo empregado, Johnson consulta uma planilha que permite dimensionar as informações mais recentes sobre clientes, incluindo suas necessidades de serviço. A piscina típica de uma casa só requer a aspiração ou limpeza de fundo e pode ser feita adequadamente em cerca de 30 minutos, mas piscinas comerciais maiores normalmente envolvem tratamentos de limpeza química que podem levar até duas horas. Com base em todos os dados, Johnson projeta o número de horas que serão necessárias para atender a todas as contas e divide esse número por 40 horas semanais de trabalho. Se o total exceder o seu pessoal atual, ele conclui que é necessário contratar novos empregados.

Explorar opções de contratação pode ser mais difícil para pequenos empresários do que para grandes empresas. As empresas menores têm menos recursos disponíveis e podem ser mais sensíveis a mudanças econômicas. Desde a recente recessão econômica nos EUA, muitas pequenas empresas têm hesitado em fazer novas contratações porque concluíram que a demanda do mercado é muito incerta, o que cria complicações posteriores. Por exemplo, Johnson exige que todo o pessoal de sua equipe faça um treinamento intensivo e obtenha certificações de terceiros, o que faz com que estar sujeito a repetidos ciclos de contratação e demissão de empregados tenha um impacto negativo no *expertise* técnico da VivoPools, o que pode prejudicar o serviço do cliente. Para minimizar essas perdas, Johnson se recusa a contratar novos empregados, a menos que esteja confiante de que a empresa vai precisar deles para o futuro previsível.

Johnson não é o único pequeno empresário que luta para equilibrar o crescimento impulsionado pela demanda e o instável progresso econômico. Muitas pequenas empresas estão escolhendo alternativas como a contratação de trabalhadores em tempo parcial ou autorização para horas extras de trabalho para atender ao aumento da demanda. Mas, embora essas opções ofereçam flexibilidade no curto prazo, elas podem levar a problemas de longo prazo, como a redução da motivação e o esgotamento dos empregados. Não existem escolhas fáceis – pelo menos até agora.

A recente recuperação econômica dos EUA, no entanto, pode começar a aumentar a confiança dos empregados e diminuir a incerteza da decisão de contratação. De acordo com o "ADP National Employment Report", o emprego em pequenos negócios tem aumentado com mais rapidez que em qualquer outro segmento, e alguns especialistas preveem que a economia está em um caminho sólido para a estabilidade no emprego. Isso é uma boa notícia para Johnson, que começou a franquear a VivoPools como parte de seu plano de expansão. Com oito contratos já fechados, convencer mais potenciais franqueados a assinar contratos se torna mais fácil na medida em que uma economia estável torna mais previsíveis a demanda de mercado e as necessidades por recursos humanos. Parece lógico que eles fiquem mais inspirados a se juntarem ao negócio de limpar piscinas se acreditarem que podem também ter sucesso financeiro.

Fontes: J. D. Harrison, "Who Actually Creates Jobs: Start-ups, Small Businesses or Big Corporations?", *The Washington Post*, 25 de abril de 2013, http://www.washingtonpost.com/business/on-small-business/who-actuall--creates-jobs-start-ups-small-businesses-or-big-corporations/2013/04/24/d373ef08-ac2b-11e2a8b92a63d75b5459_story.html. Acesso em 1º de março de 2015; Suzanne Sataline, "Figuring Out What Time Is Right to Start Hiring", *The New York Times*, 28 de agosto de 2013, p. B1, B7; Nate Traylor, "More Service Companies Franchising", *Pool & Spa News*, July 26, 2013, http://www.poolspanews.com/economic-conditions/more-service--companiesfranchising.aspx, 1º de março de 2015; "VivoPools: Experienced Pool Management Professionals", http://www.vivopools.com. Acesso em 1º de março de 2015; and Instituto de Pesquisa ADP, "ADP National Employment Report: March 2015", http://www.adpemploymentreport.com/2015/March/NER/NER-March-2015.aspx. Acesso em 21 de abril de 2015.

20-1b A sedução das empresas empreendedoras

Competir por candidatos bem qualificados exige que as pequenas empresas identifiquem suas vantagens distintas, especialmente ao recrutar candidatos excepcionais para posições profissionais e de gerência. Felizmente, existem boas razões para trabalhar para uma empresa empreendedora. Isto é especialmente verdade no caso das empresas lideradas por indivíduos ou equipes com uma visão convincente de um futuro desejável e alcançável.

Chris Resto, Ian Ybarra e Ramit Sethi, coautores do livro *Recruit or Die*, concluíram que empresas empreendedoras podem concorrer com recrutadores como a Microsoft, McKinsey & Company e Whole Foods Market quando se trata de atrair e contratar empregados promissores. O segredo é ter uma estratégia que convença os melhores e mais brilhantes indivíduos a se juntarem a uma pequena empresa. Oferecer salários competitivos ajuda (mais sobre isso é discutido adiante neste capítulo), mas muitos candidatos estão ainda mais interessados em oportunidades de realização de alto nível, variedade no cargo, experiências interessantes, reconhecimento pessoal e potencial para realizar trabalhos que eles acreditam ser importantes.[10] Muitos pequenos negócios estão em excelente posição para oferecer oportunidades realmente atraentes a potenciais empregados.

Devido ao seu tamanho reduzido e pessoal limitado, as empresas empreendedoras permitem que novos gerentes trabalhem mais de perto com o CEO (muitas vezes o fundador), o que pode levar a uma ação mais rápida. Um pequeno negócio também pode fornecer oportunidades para experiência de gerência e profissional que candidatos orientados para a realização acham atraentes. Em vez de trabalhar em posições obscuras, de baixo nível e especializadas em uma grande empresa, enquanto "pagam suas dívidas" e trilham o seu caminho de subida na escada corporativa, recém-contratados bem preparados podem rapidamente se transferir para posições de responsabilidade em um pequeno negócio bem gerenciado, no qual eles sabem que estão fazendo a diferença para o sucesso da empresa.

As pequenas empresas também podem estruturar o ambiente de trabalho para oferecer a equipes profissionais, gerenciais e técnicas uma variedade de trabalho e liberdade maior do que eles normalmente teriam em um negócio maior. Nesse tipo de ambiente, contribuições individuais podem ser reconhecidas, em vez de ocultas embaixo de numerosas camadas de burocracia. Além do mais, pacotes de compensação podem ser estruturados para criar poderosos incentivos para desempenhos excepcionais. Estes são apenas alguns dos "atrativos" que as pequenas empresas podem usar para atrair candidatos que de outra forma estariam movendo-se em direção a uma carreira em uma grande corporação. De fato, um estudo recente da revista *Inc.* descobriu que 43% dos graduados em faculdades prefeririam trabalhar para uma *startup* ou pequena ou média empresa, o que é uma porcentagem muito maior do que os 27% que preferem trabalhar para uma grande corporação. As demais respostas da pesquisa indicaram que eles tinham a expectativa de trabalhar para uma agência governamental (19%) ou organização sem fins lucrativos (11%).[11]

Com certeza, há desvantagens em trabalhar para uma pequena empresa – por exemplo, erros administrativos são mais difíceis de absorver e, portanto, tendem a ser óbvios para todos, sistemas de apoio de recursos legais ou equipe de recursos humanos podem não estar disponíveis de imediato e benefícios limitados aos empregados podem levar a elevados níveis de rotatividade de mão de obra e mudanças constantes no pessoal. Mas muitas pequenas empresas podem compensar essas desvantagens com ofertas atraentes, tais como horários de trabalho flexíveis, acordos de compartilhamento de trabalho, menos (ou mais) viagens e outras vantagens potenciais. Com um pouco de reflexão e um posicionamento cuidadoso, os empreendedores podem realmente ganhar o desafio competitivo para atrair os melhores talentos disponíveis.

20-1c Fontes de empregados

Para recrutar de forma eficaz, o gerente de um pequeno negócio deve saber onde e como encontrar candidatos qualificados. As fontes são numerosas, e é impossível generalizar sobre a melhor fonte em vista das diferenças nas necessidades de pessoal das empresas e da qualidade dos candidatos de uma localidade para outra. Algumas das fontes mais populares de empregados entre as pequenas empresas são discutidas nas seções a seguir.

OPÇÕES DE INTERNET

As pequenas empresas estão utilizando cada vez mais a internet para encontrar os empregados de que precisam. Uma variedade de sites, como CareerBuilder.com e Monster.com, permite que os candidatos submetam seus currículos *on-line* e dá acesso a potenciais empregadores para que eles pesquisem os currículos em busca de candidatos qualificados. Devido à internet abrir uma ampla gama de conexões para os candidatos em potencial, muitas empresas estão postando vagas de emprego em seus próprios sites.

Usar a internet para recrutar é conveniente, mas também pode conter algumas limitações e custos imprevistos. Um proprietário de empresa de pequeno porte postou uma vaga de trabalho em aberto que exigia um conjunto com muitas habilidades específicas de marketing. Para essa posição, a empresa teve como resposta uma série de interessados em busca de emprego, "que incluía um empregado dos correios, um químico de bancada, um agente de talentos e um diretor de cinema... nenhum deles com as habilidades requeridas." Os resultados finais foram muito decepcionantes. Nas palavras do empreendedor, "dos 141 candidatos, entrevistamos dois e não contratamos nenhum. Isso me custou muitas horas do meu tempo e o do meu gerente."[12] A questão é que o custo inicial de publicar uma posição *on-line* pode ser baixo – às vezes é grátis –, mas isso não significa que o processo será barato, e no final pode até nem ser útil.

Além dessas opções, as ferramentas de mídia social podem ser indispensáveis para os esforços de recrutamento, e seu uso para esse fim está crescendo rapidamente. De acordo com David Lewis, presidente e CEO da OperationsInc, uma empresa de terceirização de recursos humanos e de consultoria, "A mídia social mudou radicalmente a forma como o recrutamento é feito. Com três minutos de trabalho e alguns cliques, você está conectado a um público confiável de centenas de pessoas."[13] Uma pesquisa descobriu que 93% dos recrutadores usam ou planejam usar mídia social e sites de *networking* para encontrar os empregados de que precisam. Daqueles que fazem isso, a maioria (94%) usa o LinkedIn, embora muitos também usem o Facebook (66%) e/ou o Twitter (52%). Muitos dizem que acham o recrutamento social muito eficiente e concluem que ele produz mais candidatos e de melhor qualidade.[14] Como resultado disso, muitas empresas estão mudando cada vez mais para a mídia social, a fim de economizar tempo e dinheiro e evitar alguns dos aborrecimentos associados com outras fontes.[15]

ESCOLAS

Escolas secundárias, escolas profissionalizantes, faculdades e universidades são boas fontes de pessoal para certas posições, particularmente aquelas que não requerem experiência profissional específica. Algumas escolas secundárias e faculdades têm programas de estágio que permitem que estudantes ganhem experiência prática em empresas, o que pode ser muito útil. Candidatos de escolas profissionalizantes muitas vezes têm formação educacional útil para oferecer a um pequeno negócio. Faculdades e universidades podem fornecer candidatos para cargos de gestão e em vários campos técnicos e profissionais. Além disso, muitos estudantes universitários trabalham como empregados em tempo parcial.

Alguns pequenos negócios têm descoberto que a melhor maneira de ter os empregados de que necessitam é fornecer *input* na preparação fornecida em escolas de comércio locais e faculdades. Ao estabelecerem parcerias com instituições que estejam interessadas em garantir que os cursos que elas oferecem desenvolvem as habilidades para as quais as empresas estarão contratando no futuro, alguns pequenos negócios têm colaborado para aperfeiçoar o conteúdo do curso relacionado a gestão de projetos, engenharia, arquitetura e muitos outros assuntos. Isso oferece, então, a possibilidade de contratar alguns dos alunos como estagiários. Esta é uma estratégia que dá a empresa acesso à mão de obra de baixo custo em tempo parcial para o presente e o acesso à contratação de profissionais de alto desempenho como empregados de tempo integral depois de eles se formarem. Tanto a empresa quanto os alunos e as instituições de ensino saem ganhando com essa estratégia.

AGÊNCIAS PÚBLICAS DE EMPREGOS

Sem nenhum custo para os pequenos negócios, as agências públicas de emprego em cada estado administram o programa de seguro-desemprego e oferecem informações sobre os candidatos que estão ativamente procurando emprego. Esses escritórios, localizados em todas as principais cidades dos EUA, são uma fonte de profissionais da área administrativa, trabalhadores não qualificados, trabalhadores de produção e técnicos. Elas não fazem recrutamento ativo, mas apenas aconselham e ajudam aqueles que as procuram. Até recentemente, os indivíduos com quem as agências vinham trabalhando eram, em sua maioria, sem qualificação ou apenas marginalmente qualificados. No entanto, devido à lentidão da economia, os indivíduos com habilidades mais avançadas que perderam seus empregos têm procurado obter assistência com sua agência de emprego estadual local. É provável que o papel dessas agências se torne mais importante à medida que o tempo passa, sobretudo, quando se trata das necessidades de emprego em pequenos negócios.[16]

AGÊNCIAS PRIVADAS DE EMPREGO

Várias empresas privadas oferecem serviços como agências de emprego. Em alguns casos, os empregadores recebem esses serviços sem custo, uma vez que os candidatos pagam uma taxa para a agência. Mais frequentemente, no entanto, as empresas contratantes são responsáveis pela taxa de agência. Agências privadas de emprego tendem a se especializar em profissionais com habilidades específicas, tais como contadores, operadores de computadores e gerentes.

AGÊNCIAS DE EMPREGO TEMPORÁRIO

O setor de empregos temporários, que está crescendo rapidamente, fornece mão de obra, como representantes de atendimento ao cliente, contadores, auxiliares de saúde para trabalho em casa, trabalhadores de manutenção e de reparos, especialistas em suporte em informática e vendedores – por um curto período de tempo. Ao usarem uma agência como a Kelly Services ou a Manpower Inc., pequenas empresas podem lidar com as flutuações sazonais e ausências causadas por férias ou doença. Por exemplo, uma substituição temporária pode preencher a posição de um empregado que está de licença-maternidade – um tipo de licença familiar concedido por lei para alguns empregados. Além disso, o uso de empregados temporários dá oportunidade à gerência de conhecer indivíduos cujo desempenho pode justificar uma oferta de emprego permanente. A contratação de mão de obra temporária é menos prática quando treinamento intensivo for necessário ou quando a continuidade for importante.

RECOMENDAÇÕES DE EMPREGADOS

Recomendações de candidatos adequados por parte de bons empregados podem fornecer excelentes perspectivas. Normalmente, os empregados hesitarão em recomendar os candidatos a menos que eles acreditem na sua capacidade de realizar o trabalho. Além disso, a família e os amigos dos trabalhadores atuais podem estar entre os melhores e mais leais empregados disponíveis, porque esses indivíduos são bem conhecidos e confiáveis. As estatísticas mostram que essa é uma forma particularmente eficiente de fazer recrutamento; embora apenas 7% de todos os candidatos venham recomendados, eles representam surpreendentes 40% das contratações.[17] Devido a isso funcionar tão bem, alguns empregadores estão até mesmo oferecendo recompensas financeiras para as recomendações de funcionários que resultem na contratação de novos empregados.

Scott Glatstein está frequentemente buscando contratar consultores de gestão qualificados para a sua pequena empresa de consultoria, a Imperatives, mas não tem tido muita sorte ao usar as ferramentas de recrutamento padrão. Não que ele não tenha tentado! Depois de usar uma variedade de abordagens, incluindo anúncios na internet, ele descobriu que apenas uma produz os resultados que ele está procurando: recomendações de seus atuais empregados. Glatstein estima que ele contrata quase todos os seus empregados a partir de recomendações. Fazendo isso, ele economiza dinheiro (custando cerca de 70% a menos do que as agências de publicidade ou de emprego) e reduz a rotatividade nos negócios. Mas talvez a vantagem mais importante seja a de que esses novos contratados se tornam produtivos em menos tempo e tendem a ter habilidades superiores. Glatstein é conhecido por pagar US$ 300 para cada recomendação que resulte em contratação.[18] Mas se US$ 300 for um fardo muito grande para o orçamento de sua empresa, reduza a quantia ou use um incentivo diferente. Você pode muito bem ter o mesmo resultado.

A contratação com base em recomendações é realmente apenas uma forma de explorar as redes pessoais de relacionamento dos empregados. No entanto, o recrutamento de *networking* torna-se mais importante conforme as responsabilidades associadas à posição aumentam, pois ele fornece as melhores conexões com indivíduos com o repertório, habilidades e integridade que são essenciais para uma posição de grande responsabilidade na empresa.

EMPRESAS DE BUSCA DE EXECUTIVOS

Para preencher posições-chave, pequenas empresas, por vezes, recorrem a empresas de busca executiva, muitas vezes chamadas de **headhunters**, para encontrar candidatos qualificados. As posições-chave para as quais tais empresas buscam candidatos são aquelas que pagam um mínimo de US$ 50.000 a US$ 70.000 por ano. O custo para o empregador normalmente é de 20% a 35% do salário do primeiro ano. Devido ao alto custo, o uso de *headhunters* pode parecer ilógico para pequenas empresas empreendedoras. Às vezes, no entanto, a necessidade de um gerente que possa ajudar uma empresa a crescer justifica o uso de uma empresa de busca executiva. Um *headhunter* é geralmente mais capaz do que o pequeno negócio para realizar uma ampla busca por indivíduos que possuam a combinação certa de talentos para a posição disponível.

WALK-IN E ANÚNCIOS DE VAGAS DISPONÍVEIS

Uma empresa pode receber currículos não solicitados de indivíduos que passam no local das empresas para procurar emprego. *Walk-ins* são uma fonte barata de pessoal, especialmente para o trabalho por hora, mas a qualidade dos candidatos varia muito. Se candidatos qualificados não puderem ser contratados imediatamente, seus currículos devem ser mantidos em arquivo para futura referência. No interesse de boas relações com a comunidade, todos os candidatos devem ser tratados com cortesia, sendo contratados ou não.

Um aviso de "Vagas Disponíveis" na janela é uma forma tradicional de recrutamento usada por algumas pequenas empresas (principalmente varejistas e restaurantes de *fast-food*). Uma forma semelhante, mas mais agressiva, de recrutamento consiste na publicação de anúncio na seção de classificados dos jornais locais. Para algumas posições técnicas, profissionais e gerenciais, as empresas podem anunciar em revistas e jornais profissionais. Embora a eficácia do anúncio de vagas disponíveis seja questionada por alguns, muitos pequenos negócios recrutam dessa forma.

20-1d Diversidade na força de trabalho

Ao longo do tempo, a composição da força de trabalho dos EUA vem mudando com relação a raça, etnia, gênero e idade. O U.S. Bureau of Labor Statistics estima que essa tendência geral continuará, mas a mudança virá desproporcionalmente com um aumento no número de trabalhadores hispânicos:

> *De 2010 a 2050, estima-se que as pessoas de origem hispânica adicionarão 37,6 milhões de trabalhadores à população ativa, representando cerca de 80% do crescimento total da força de trabalho. Por outro lado, estima-se que os não hispânicos adicionarão apenas 9 milhões de trabalhadores. (Embora os hispânicos possam ser de qualquer raça, mais de 80% relatam que sua raça é branca.)*[19]

O equilíbrio está se movendo continuamente em direção à maior **diversidade de mão de obra** (baseada em gênero, idade, etnia e raça), mesmo quando a taxa de participação ativa da população na força de trabalho vem declinando de 63,7% em 2012 para 61,6% em 2022. Embora o tamanho absoluto da força de trabalho continue a crescer, como resultado, em grande parte, do envelhecimento da população, a taxa de crescimento cairá de 0,7% ao ano na década passada para 0,5% na próxima década.[20] Como resultado disso, o desafio para a gestão de recursos humanos é adaptar-se a uma base (*pool*) de empregados em potencial que está mudando em uma série de dimensões. Para permanecer plenamente competitivo, os empreendedores precisam estar abertos a formas inovadoras de acessar a base (*pool*) de candidatos disponíveis. Em muitos casos, contratar mais trabalhadores de grupos diversos pode ajudar uma empresa a manter boas relações com uma base de clientes cada vez mais heterogênea.

Muitos pequenos negócios estão usando imigrantes como fonte de empregados e isso apresenta um problema em potencial. Embora a maioria desses empregados seja de imigrantes autorizados a trabalhar no país, um percentual deles não é. A contratação de trabalhadores ilegais ou sem documentação é uma infração passível de punição e que pode levar a multas pesadas ou à suspensão ou revogação de um alvará de funcionamento de uma empresa. Para evitar tais violações de contratação, é aconselhável consultar, nos EUA, o Department of Labor no site www.foreignlaborcert.doleta.gov para obter informações sobre a certificação de trabalhadores estrangeiros e outras leis aplicáveis. Nos EUA, uma empresa pode também ter que usar o sistema E-Verify para confirmar a elegibilidade de um novo empregado em potencial. Essas limitações fazem com que seja ainda mais importante pesquisar a disponibilidade de mão de obra da forma mais ampla possível para encontrar as melhores pessoas disponíveis. Ao desenvolverem uma consciência do potencial das várias partes do *pool* de talentos, as pequenas empresas podem melhorar a eficácia de seus métodos de recrutamento.

A adaptação à diversidade é importante não só porque a força de trabalho está se tornando mais variada, mas também porque a diversidade em si pode ser algo bom, devido à inovação introduzida no local de trabalho e o efeito positivo que tem sobre a resolução de problemas. Por exemplo, pesquisadores da Northwestern University estudaram o valor da diversidade pedindo a 50 grupos de pessoas que solucionassem um assassinato misterioso. Grupos que incluíam indivíduos de diferentes origens sociais foram mais propensos a resolver o caso. Os grupos homogêneos chegaram com mais frequência a soluções incorretas, embora estivessem mais confiantes de estarem certos.[21] Capitalistas de risco têm plena consciência deste fenômeno e, por conseguinte, tendem a investir menos em uma empresa quando a equipe de gestão se assemelha mais aos resultados de uma experiência de clonagem do que um grupo de indivíduos que trazem perspectivas únicas para os desafios das empresas. A diversidade no local de trabalho é claramente benéfica, especialmente quando a inovação é importante para a competitividade de uma empresa.

20-1e Descrições de cargo

O gerente de um pequeno negócio deve analisar as atividades ou o trabalho a ser desempenhado para determinar o número e tipos de cargos a serem preenchidos. Conhecer os requisitos do cargo permite uma seleção mais inteligente de candidatos para posições específicas.

Vivendo o sonho
EXPERIÊNCIAS EMPREENDEDORAS

Para onde foi todo o talento do mundo?

Como a maior economia do mundo, os Estados Unidos devem seu tamanho e dinamismo, em medida significativa, ao impulso empreendedor e esforço dos imigrantes. Pesquisas revelam que quatro das dez maiores empresas dos Estados Unidos – uma lista que inclui a Google, a Intel e o eBay – foram fundadas por imigrantes ou seus filhos, e que três de cada quatro patentes já concedidas a equipes das dez melhores universidades norte-americanas incluíam um inventor de origem estrangeira. Mas a vantagem competitiva que decorre de um *pool* de talentos diverso e multicultural pode estar minguando. Muitos profissionais altamente qualificados buscando uma posição internacional enfrentam incerteza em suas carreiras como resultado da lei de imigração norte-americana.

Os críticos da política atual apontam que as ineficiências do governo, processos jurídicos complexos e limitações no número de vistos impedem as empresas norte-americanas de contratar o talento que eles desesperadamente precisam. Os vistos H-1B, que conectam os candidatos internacionais com empregadores específicos, estão atualmente limitados a 85 mil. Grandes empresas, como os "pesos pesados" do Vale do Silício, têm os meios e os conhecimentos jurídicos necessários para rapidamente obterem esses vistos. Mas as empresas menores não têm a mesma profusão de recursos e têm dificuldade para navegar no labirinto burocrático. Oferta e acessibilidade limitados, de acordo com proponentes de reformas na área de imigração, coloca muitas *startups* e pequenos negócios em clara desvantagem.

A política norte-americana contrasta com a lei de imigração em vários outros países. A Austrália emite o mesmo número de permissões de trabalho que os Estados Unidos, apesar de sua economia ser de apenas 1/14 do tamanho da economia dos EUA. A Alemanha alterou 40% de suas leis de imigração em 2013, a fim de atrair talentos internacionais. Mas estudos mostram que, para todos os detentores de *green cards* (residente permanente) nos Estados Unidos com um diploma de pós-graduação em um campo técnico, 2,6 trabalhos adicionais são criados. Assim, quando profissionais qualificados e empreendedoramente motivados são impedidos de assumir essas posições adicionais por causa das restrições de imigração, o crescimento econômico é direta e desfavoravelmente impactado.

Considere o caso de Hamdi Ulukaya, fundador da Chobani Greek Yougurt. O imigrante turco abriu a empresa em 2005 com um empréstimo para pequenas empresas e um punhado de empregados. Desde então, Ulukaya expandiu o seu negócio em uma central de produção e distribuição com vendas de mais de US$ 1 bilhão. A fábrica da empresa emprega diretamente 1.300 trabalhadores e indiretamente cria milhares de empregos por meio de contratos com distribuidores, vendedores e anunciantes. Ulukaya tem tido sucesso, mas apenas porque ele foi capaz de permanecer nos Estados Unidos o tempo suficiente para tornar seu sonho uma realidade. Quantos outros como ele podem ter decidido buscar seus sonhos empreendedores em outros países por causa da atual lei de imigração norte-americana?

Mudanças nas forças econômicas e a escalada da globalização estão apenas intensificando a concorrência por talentos muito necessários. Outros países, que procuram ganhar vantagem competitiva, atraem ativamente os profissionais estrangeiros – e isso é esperado. Historicamente, os Estados Unidos têm tido sucesso econômico porque oferece o maior número de caminhos de gratificação financeira a imigrantes. Isso está mudando, com a legislação vigente e a crescente concorrência convencendo imigrantes a seguir um caminho diferente. Esta tendência cria preocupação quanto ao futuro dos pequenos negócios nos EUA.

Fontes: Steve Case, "As Congress Dawdles, the World Steals Our Talent", *The Wall Street Journal*, 9 de outubro de 2013, p. A17; Catherine Clifford, "White House Plays Offense: Says Immigration Reform Will Turbocharge Entrepreneurship", *Entrepreneur*, 10 de julho de 2013, http://www.entrepreneur.com/article/227353. Acesso em 1º de março de 2015; Megan Durisin, "Chobani CEO: Our Success Has Nothing to Do with Yogurt", *Business Insider*, 3 de maio de 2013, http://www.businessinsider.com/the-success-story-of-chobani-yogurt-2013-5. Acesso em 1º de março de 2015; Steve Forbes, "Why Immigration Reform Would Boost Economy", *Forbes*, 6 de maio de 2013, http://www.forbes.com/sites/steveforbes/2013/06/05/why-immigration-reform-would-boost-economy. Acesso em 1º de março de 2015; e Brian Gruley, "At Chobani, the Turkish King of Greek Yogurt", *Bloomberg Business*, 31 de janeiro de 2013, http://www.bloomberg.com/bw/articles/2013-01-31/at-chobani-the-turkish-king-of-greek-yogurt. Acesso em 1º de março de 2015.

Certamente, um proprietário-gerente não deve selecionar o pessoal simplesmente para atender especificações rígidas de formação, experiência ou conhecimento pessoal. Em vez disso, deve se concentrar na capacidade global de um indivíduo para preencher uma determinada posição no negócio. Essa determinação requer uma lista de atividades ou resumo do trabalho a ser executado, o que é muitas vezes chamado de uma **descrição de cargo**. (Para ver uma amostra das descrições para uma série de cargos diferentes, acesse www.samplejobdescriptions.org.)

As responsabilidades listadas em uma descrição de cargo não devem ser definidas de forma muito restrita. É importante que tais descrições minimizem sobreposição, mas também evitem criar uma mentalidade de "isso não é parte do meu trabalho". Competência técnica é tão necessária em pequenas quanto em grandes empresas, mas versatilidade e flexibilidade podem ser ainda mais importantes. Os engenheiros podem ocasionalmente precisar fazer chamadas de vendas e as pessoas de marketing podem precisar substituir alguém na produção.

Qualquer análise de um cargo deve incluir uma lista dos conhecimentos, aptidões e outras características que um indivíduo deve ter para executar o trabalho. Esta declaração de requisitos é chamada de **especificação de cargo** e pode ser uma parte integrante da descrição do cargo. Uma especificação de cargo para a posição de vendedor de ações, por exemplo, pode indicar que o indivíduo deva ser capaz de levantar cerca de 25 quilos e ter completado 10 a 12 anos de escolaridade.

As descrições de cargos são ferramentas de gestão de recursos humanos muito importantes, mas apenas se elas forem levadas a sério. Existem sólidas razões jurídicas para desenvolver descrições de cargo não apenas boas, mas ótimas. Por exemplo, se você não especificar aspectos importantes do trabalho e como isso deve ser feito *em detalhes*, a Americans with Disabilities Act nos EUA presume que um empregado possa executar os deveres de trabalho atual da forma que ele quiser, independentemente da política da empresa ou do que você acha que é a melhor e mais adequada maneira de realizá-las.[22] Ter uma boa descrição de cargo pode evitar sérios aborrecimentos legais, poupando-lhe dinheiro e dando a você uma preocupação a menos quando você for para a cama à noite.

Embora as descrições de trabalho sejam primeiramente um auxílio no recrutamento de pessoal, elas também têm outros usos práticos. Por exemplo, elas podem criar foco para o trabalho dos empregados, fornecer orientação no treinamento e prover uma estrutura para guiar as avaliações de desempenho.

20-2 AVALIAÇÃO DE CANDIDATOS E SELEÇÃO DE EMPREGADOS

As atividades de recrutamento identificam candidatos a cargos. São necessários passos adicionais para avaliar esses candidatos e chegar a uma eventual oferta de emprego. Para reduzir o risco de fazer uma aposta desinformada sobre candidatos de qualidade desconhecida, um empregador pode seguir as etapas descritas nas próximas seções.

20-2a Passo 1: utilizar requerimento de emprego

Ao utilizar um requerimento de emprego, um empregador pode recolher informações suficientes para determinar se um potencial candidato é minimamente qualificado e ter uma base para uma avaliação mais aprofundada. Normalmente, um requerimento de emprego inclui o nome do candidato, endereço, CPF, histórico escolar, histórico profissional e referências.

Embora um requerimento de emprego não precise ser longo ou elaborado, ele deve ser cuidadosamente definido para evitar complicações legais. Em geral, um potencial empregador não pode buscar informações sobre gênero, raça, religião, cor, origem nacional, idade e deficiências. As informações solicitadas devem concentrar-se em ajudar o empregador a fazer uma melhor avaliação dos aspectos relevantes ao trabalho. Por exemplo, um empregador pode perguntar se um candidato concluiu o ensino médio. No entanto, uma pergunta relativa ao ano em que o candidato se formou seria considerada inapropriada porque a resposta revelaria a idade do candidato.

20-2b Passo 2: entrevista com o candidato

Uma entrevista permite que o empregador conheça melhor o candidato no tocante ao seu conhecimento do cargo, inteligência e personalidade. Qualquer um desses fatores pode ser significativo para a vaga a ser preenchida.

Embora a entrevista possa representar um passo útil no processo de seleção, ela não deve ser o único passo. Alguns gerentes têm a ideia equivocada de que eles são juízes infalíveis do caráter humano e que podem escolher bons empregados entrevistando-os sozinhos. Mesmo quando conduzida com cuidado, uma entrevista pode levar a impressões falsas. Candidatos que fazem bem uma entrevista podem ter um talento para respostas rápidas e conversa suave, mas esse conjunto de habilidades pode não ser útil quando se trata de gerenciar processos ou tecnologias. A entrevista pode revelar pouco sobre o quão bem eles trabalham sob pressão ou como trabalham em equipe, o que os motiva e outras questões importantes. De fato, pesquisas mostram que a típica entrevista de trabalho (não estruturada e sem foco) é de valor limitado na previsão de sucesso no cargo.[23]

À luz de uma crescente preocupação com relação ao valor das entrevistas, já que elas são frequentemente usadas, muitas empresas vêm adotando abordagens mais eficazes, que são variações do tema da entrevista. Por exemplo, as empresas descobriram que **entrevistas comportamentais** podem prever 55% do comportamento futuro de um candidato no trabalho, representando uma melhora de 500% em relação aos resultados de entrevistas tradicionais.[24] Esse tipo de entrevista não se concentra em perguntar às pessoas sobre suas realizações. Em vez disso, ele explora reações a situações hipotéticas, procura padrões de como eles gastam seu tempo livre, mede os valores centrais que incorporam etc., com base na noção de que o comportamento passado é um bom indicador do comportamento futuro. Embora isto possa ser visto como um furacão de perguntas desafiadoras pelo candidato, a entrevista comportamental é projetada para obter uma noção do seu desempenho passado e suas prováveis respostas em situações futuras. A natureza do método torna o blefe difícil e o foco em fatos e não em sentimentos cria uma impressão mais precisa do que a pessoa é *capaz* de fazer, bem como o que é mais *provável* que ele venha a fazer no trabalho.

As empresas que usam entrevistas comportamentais devem selecionar um conjunto de questões que revelem os *insights* necessários para a tomada de decisões informadas de contratação. Para dar um ideia de como tal entrevista pode ser estruturada, aqui estão algumas perguntas que são frequentemente incluídas:[25]

- Você pode compartilhar um exemplo específico de um momento em que você usou o bom senso e a lógica para resolver um problema?
- Conte-me sobre uma situação em que você estabeleceu uma meta e foi capaz de alcançá-la.
- Você pode se lembrar de um momento em que teve que obedecer a uma política da empresa com a qual não concordava? Como você lidou com essa situação?
- Como você costuma lidar com conflitos no local de trabalho? Descreva uma experiência que tenha exigido que você fizesse algum ajuste.
- Dê um exemplo de uma ocasião em que sua integridade foi testada e, mesmo assim, prevaleceu em uma situação no local de trabalho.

Como você pode ver nessas perguntas, o foco está em padrões de desempenho e comportamento em situações passadas semelhantes a situações que são passíveis de surgir no cargo para o qual o candidato está sendo considerado. Incluir essa ênfase no processo de entrevista leva a decisões de contratação mais eficazes.

Independentemente do método de entrevista escolhido, lembre-se de que consequências jurídicas graves podem resultar de um processo mal concebido. Assim como nos formulários de aplicação, é muito importante evitar fazer perguntas em uma entrevista que confitem com a lei (veja no Quadro 20.1 exemplos de assuntos que devem ser evitados). Algumas empresas acreditam que os candidatos devem ser entrevistados por dois ou mais indivíduos para fornecer uma testemunha de todas as interações e minimizar as opiniões tendenciosas e erros de julgamento, mas isso nem sempre é possível – e certamente torna o processo mais caro. De qualquer forma, um planejamento prévio cuidadoso pode evitar sérios problemas no futuro, desde processos por discriminação até seleção de empregados desqualificados.

O tempo gasto nas entrevistas, assim como em outras fases do processo, pode economizar tempo e dinheiro da empresa no longo prazo. Na sociedade litigiosa de hoje, demitir um empregado pode ser bastante difícil e caro. Um empregado demitido pode processar a empresa mesmo quando o empregador tenha razões justificáveis para a demissão. Note-se, no entanto, que os empregados dispensados são muito menos propensos a mover um processo judicial se acreditarem que seu empregador foi justo ao longo do processo de avaliação e que ofereceu ampla oportunidade para que eles pudessem melhorar seu desempenho no trabalho antes da rescisão.[26]

É importante lembrar que a entrevista de emprego é, na verdade, um processo de duas mãos. O candidato está avaliando o empregador enquanto o empregador está avaliando o candidato. Para que o candidato tome uma decisão consciente, ele precisa ter uma ideia clara do que o trabalho envolve e a oportunidade de fazer perguntas.

QUADRO 20.1 Tópicos a serem evitados em uma entrevista

Filhos. Perguntar sobre filhos pode indicar preocupação do empregador sobre as necessidades de cuidados infantis e discriminar as mulheres.

Idade. Nos EUA, o Age Discrimination in Employment Act proíbe os empregadores de perguntarem aos candidatos a idade ou mesmo sobre eventos da vida que poderiam indicar idade, como o ano de graduação do ensino médio.

Deficiências. O Americans with Disabilities Act não permite discussões sobre deficiências mentais ou físicas até que uma oferta de trabalho tenha sido feita.

Características físicas. Falar sobre altura, peso ou outros atributos físicos pode caracterizar discriminação com base nessas características.

Nome de solteira. É bom pedir o nome de um candidato, mas pedir o nome de solteira pode caracterizar discriminação com base no *status* conjugal e, potencialmente, origem étnica.

Cidadania. O Immigration Reform and Control Act permite que uma empresa pergunte se os candidatos têm o direito legal de trabalhar nos Estados Unidos, mas indagar sobre a cidadania pode levar a alegações de discriminação com base no país de origem.

Ações judiciais. É contra as leis federais e estaduais dos EUA perguntar aos candidatos se eles moveram um processo contra um empregador anterior, uma medida destinada a proteger os denunciantes de potenciais represálias.

Registros de prisão. Os candidatos podem ser perguntados se eles já foram condenados por um crime, mas um registro de prisão não necessariamente reflete a atividade criminosa (se as acusações foram posteriormente descobertas como infundadas, por exemplo).

Fumar. Os candidatos podem ser perguntados se eles conhecem a política da empresa sobre fumar no trabalho, mas eles não devem ser perguntados se fumam para evitar que isto seja visto como uma tentativa de discriminar aqueles que podem ser mais propensos ao absenteísmo e a reivindicações médicas mais elevadas.

Condições médicas. Violar o Americans with Disabilities Act, bem como as leis federais e estaduais de direitos civis, perguntar se um candidato tem quaisquer condições médicas, incluindo AIDS ou HIV.

Fonte: adaptado de Chuck Williams, MGMT, 8ª edição (Mason, OH: South-Western Cengage Learning, 2017), p. 228.

20-2c Passo 3: verifique referências e outras informações passadas

A verificação cuidadosa de informações com antigos empregadores, autoridades escolares e outras referências pode ajudar um empregador a evitar a contratação de candidatos errados. Suponha, por exemplo, que você tenha contratado uma técnica de reparo de eletrodomésticos que mais tarde venha a roubar a casa de um cliente. Se você não tiver checado o passado da candidata e ela possuir um registro criminal, essa poderia ser considerada uma decisão de contratação negligente. Tentar evitar que tais cenários ocorram está se tornando mais importante, uma vez que o número de processos de contratação com negligência continua a crescer e a média dos acordos em tribunais é de quase US$ 1 milhão.[27]

Está se tornando cada vez mais difícil obter mais do que os fatos básicos sobre o passado de uma pessoa com empregadores anteriores por causa do potencial de processos judiciais iniciados por candidatos insatisfeitos. Por essa e outras razões, as empresas estão, cada vez mais, recorrendo às mídias sociais para avaliar os candidatos a emprego. De fato, uma pesquisa conduzida pela Society of Human Resource Management dos EUA descobriu que as empresas estão usando LinkedIn (92%), Facebook (58%) e Twitter (31%) para analisar candidatos.[28] Muitos candidatos são rejeitados por causa do que é revelado nessas buscas. Uma análise da revista *Inc.* relatou que os fatores mais condenáveis são, por ordem, postar informações ou fotos inadequadas, expor experiências de consumo de álcool ou de drogas ilícitas, demonstrar fracas habilidades de comunicação e falar mal de um empregador anterior.[29]

Contudo, a prática de usar a atividade de mídia social para avaliar candidatos a emprego não é livre de problemas. Alguns empregadores realmente pedem senhas para que eles possam acessar diretamente as contas do Facebook, mas isso é muito controverso – até ilegal em mais de metade dos estados nos Estados Unidos.[30] Além das questões de privacidade envolvidas, solicitar detalhes de acesso forçam o candidato a violar o seu contrato com o Facebook, uma vez que a declaração de direitos e responsabilidades da empresa proíbe expressamente a partilha dessa informação. O acesso a uma conta do Facebook também pode expor detalhes sensíveis em relação à idade e raça, o que poderia expor a empresa avaliadora a acusações de discriminação ilegal. Mas apesar dos potenciais inconvenientes, muitos especialistas argumentam que usar a mídia social para avaliar os candidatos a emprego é algo inteligente e apropriado, desde que a empresa esteja em busca de evidências legítimas para avaliar uma possível contratação de forma eficaz.[31]

Embora as verificações padrão de referência em um emprego anterior não constituam infrações à privacidade, os terceiros são frequentemente relutantes em divulgar uma informação negativa, o que limita a utilidade prática da verificação de referências. Para incentivar os antigos empregadores a serem honestos, peça primeiramente o consentimento de candidatos para proceder a essa verificação. Em seguida, peça apenas informações apropriadas, tais como período no emprego, funções, pontos fortes e fracos e se o indivíduo é elegível para recontratação.

Ao mesmo tempo, a coleta de informações *on-line* sobre o histórico financeiro, criminal e profissional de um candidato nunca foi tão fácil. Enquanto alguns empregadores conduzem suas próprias verificações de antecedentes, acessando bancos de dados que estão prontamente disponíveis, a maioria das empresas terceiriza essa função para uma das centenas de companhias que se especializam em executar esse serviço. Diversas empresas anunciam que podem fornecer verificações grátis de histórico pela internet. Isso certamente soa atraente. Mas dada a importância da tarefa, sugerimos que você contate a National Association of Professional Background Screeners (napbs.com) antes de selecionar uma empresa para essa finalidade.

Algumas precauções finais sobre as verificações de antecedentes são importantes. Primeiro, lembre-se de que, se um empregador em potencial solicitar um relatório de crédito para estabelecer a elegibilidade de um candidato a um emprego, a Fair Credit Reporting Act exige que o candidato seja notificado por escrito de que tal relatório está sendo solicitado. Mas essa é também uma boa prática, em geral, quando se trata de verificações de antecedentes. A maioria dos especialistas sugere que se exija que os candidatos assinem um consentimento por escrito (no qual está detalhado como e o que se pretende verificar) antes de conduzir uma verificação, a fim de garantir a conformidade jurídica e dar ao candidato a oportunidade de se retirar de considerações mais aprofundadas. Se um candidato se recusar a assinar o formulário de consentimento, é permitido por lei que a empresa desista da sua contratação com base nessa recusa.[32]

Obter acesso aos dados é fundamental para tomar uma decisão de contratação consciente. Contudo, você pode ser impedido legalmente de usar algumas das informações reveladas para rejeitar um candidato. Certifique-se de fazer sua seleção com base em informações recentes que estejam claramente relacionadas com as responsabilidades do cargo.

20-2d Passo 4: testar o candidato

Muitos cargos se prestam a testes de desempenho. Por exemplo, um teste padronizado de digitação pode ser aplicado a um candidato a uma posição administrativa ou de secretariado. Com um pouco de criatividade, os empregadores podem desenvolver testes práticos que estejam claramente relacionados ao cargo em questão e que possam fornecer *insights* extremamente úteis para as decisões de seleção.

Os exames psicológicos também podem ser utilizados por pequenas empresas, mas os resultados podem ser enganosos por causa da dificuldade de interpretar os testes ou adaptá-los a um determinado negócio. Além disso, a Supreme Court dos Estados Unidos confirmou a exigência da Equal Employment Opportunity Commission de que qualquer teste utilizado nas decisões de contratação deve estar relacionado com o cargo.

Para serem úteis, os testes de qualquer tipo devem satisfazer os critérios de **validade** e **confiabilidade**. Para um teste ser *válido*, seus resultados devem ter um bom alinhamento com o desempenho no cargo – isso é, os candidatos com os melhores resultados do teste geralmente devem ser os melhores empregados. Para um teste ser confiável, ele deve fornecer resultados consistentes quando utilizados em momentos diferentes ou por vários indivíduos.

Idealmente, o teste deve incluir a consideração do alinhamento do candidato com a cultura de trabalho da empresa e com a equipe de empregados já existente. Por essa razão, Jen Bilik, fundador de uma empresa irreverente de papelaria e presentes chamada Knock Knock, prefere pensar em fazer contratações como se estivesse definindo o elenco para uma peça ou filme:

> *Fazemos um teste de avaliação do estilo de trabalho que é mais como um teste de personalidade para descobrir como todos nós trabalharíamos juntos. Olhamos para os traços de uma pessoa: que tipo de pessoa é essa? Como ele trabalhará dentro do departamento específico? Será alguém que vai entrar em atrito com um empregado específico que já trabalha na empresa? Você contrata um currículo, mas você trabalha com a pessoa.*[33]

Como a rotatividade de mão de obra é muito onerosa, mesmo que todas as indicações dos testes sejam positivas, ainda vale a pena pesquisar mais profundamente se isso for prático. Jason Fried, cofundador da empresa de busca de emprego *on-line*, Basecamp, segue uma abordagem única para contratação. Um candidato que se sai bem no processo de entrevista da empresa ainda tem que passar por um *test drive*. Isto é, Fried contrata futuros empregados para um projeto de uma semana ou, em alguns casos, uma tarefa de um mês para ver como eles trabalham, se comunicam, lidam com pressão etc. De acordo com Fried, "Esses testes de trabalho real vêm nos salvando de algumas contratações incompatíveis e têm confirmado diversas pessoas ótimas."[34] Isso faz com que esses testes tenham mais do que valido a pena.

20-2e Passo 5: solicitar exames físicos

Um objetivo primário dos exames físicos é o de avaliar a capacidade dos candidatos para atender às demandas físicas de cargos específicos. Entretanto, deve-se tomar cuidado para evitar discriminação contra aqueles que possuam deficiências físicas. O Americans with Disabilities Act exige que as empresas com 15 ou mais empregados façam adaptações "razoáveis" para facilitar o trabalho desses indivíduos.

Embora alguns pequenos negócios solicitem exames médicos antes de contratar um candidato, a maioria não o faz, primeiro a empresa oferece um emprego a esse indivíduo.[35] Como parte do processo de exame físico, a lei permite o teste de drogas dos candidatos. Mas a maioria dos proprietários de pequenos negócios concluiu que o teste de drogas é caro e desnecessário, apesar das evidências esmagadoras que indicam que o uso de drogas é difundido e cria riscos e custos desnecessários para os empregadores. De acordo com o Department of Labor dos EUA, 65% de todos os acidentes no trabalho podem ser conectados a abuso de substâncias químicas,[36] e empregados que abusam de drogas fazem reclamações relacionadas a acidentes de trabalho seis vezes mais do que aqueles que não as utilizam.[37] Conclui-se que um programa de rastreio de drogas pode ser uma barganha para pequenos negócios, reduzindo problemas com contratações e custos a longo prazo.

Como se pode ver, um programa sólido para avaliar e selecionar empregados envolve uma série de "peças em movimento", mas muitas pequenas empresas juntam todas as peças de maneira muito habilidosa. Rick Davis, fundador e CEO da DAVACO Inc., descreve como ele e a equipe da sua empresa de serviços de varejo eliminam todas as barreiras para garantir a qualidade do processo de contratação:

> *Recrutar as melhores pessoas é a coisa mais importante que a DAVACO pode fazer. Eu não apenas faço todos os esforços para conhecer todos os empregados antes de eles serem contratados, mas nossa equipe de recursos humanos também toma todas as medidas para assegurar que recrutamos e selecionamos o melhor candidato para cada posição, de forma que maximize o seu sucesso e o da empresa. Incorporamos práticas em nossos esforços de recrutamento como triagem por telefone, entrevistas face a face, verificações de histórico, checagem de crédito, rastreio de drogas, testes de personalidade e comportamento, avaliação de competências e verificações dos registros de veículos motorizados.*[38]

Além de enfatizar o *expertise* profissional, a empresa também acredita que a força do caráter é tão importante quanto habilidades, se não mais. As habilidades podem ser ensinadas, mas Davis reconhece que ética, lealdade e altos padrões de conduta são qualidades inerentes que são difíceis de transmitir em um ambiente de negócios, e ele acredita que o processo de contratação deve levar em conta tudo isso.[39]

20-3 TREINAMENTO E DESENVOLVIMENTO DE EMPREGADOS

Assim que um candidato tenha sido contratado e adicionado à folha de pagamento, o processo de treinamento e desenvolvimento deve começar. O objetivo desse processo é transformar um novo contratado em um técnico, vendedor, gerente ou outro empregado bem treinado e eficaz. Esses programas podem valer o seu custo. Além dos benefícios do conhecimento e habilidades transmitidas, um estudo constatou que os empregados de pequenas e médias empresas que participavam de eventos de treinamento e desenvolvimento tinham uma probabilidade menor de deixar seus empregos e eram mais propensos a comparecer ao trabalho, chegando na hora e esforçando-se mais no seu trabalho.[40] Esses resultados demonstram vantagens óbvias para qualquer empresa.

20-3a Componentes básicos de treinamento e desenvolvimento

Embora os termos sejam frequentemente combinados, um programa de treinamento e desenvolvimento pode ser separado em seus dois componentes básicos. O **treinamento dos empregados** refere-se a esforços planejados para ajudá-los a dominar o conhecimento, habilidades e comportamentos de que eles necessitam para executar as funções para as quais foram contratados. Por outro lado, o **desenvolvimento gerencial** é mais direcionado à preparação de empregados para futuros papéis nos negócios e enfatiza educação, experiências de trabalho, desenvolvimento de redes de relacionamento e avaliação do desempenho necessário para atingir metas de carreira de longo prazo e cumprir o potencial gerencial. Mesmo que os dois componentes sejam distintos, eles são obviamente relacionados.

A maioria das posições exige pelo menos algum treinamento. Se um empregador falhar em oferecer essa instrução, um novo empregado deve aprender por tentativa e erro, o que geralmente leva a desperdício de tempo, materiais e dinheiro – e às vezes aliena os clientes. Ao mesmo tempo, o treinamento para melhorar as capacidades básicas não deve ser limitado aos novos contratados. O desempenho dos empregados existentes pode muitas vezes ser melhorado com treinamento adicional. Devido a constantes mudanças nos produtos, tecnologia, políticas e procedimentos no mundo dos negócios, o treinamento contínuo é muitas vezes necessário para atualizar os conhecimentos e habilidades – em empresas de todos os tamanhos. Somente com essa capacitação, os empregados podem atender a demandas de mudança a que eles são submetidos.

A preparação para a progressão profissional normalmente envolve esforços de desenvolvimento, que geralmente são bastante diferentes do suporte necessário para aprimorar as habilidades para responsabilidades atuais. Como a maioria dos empregados está particularmente preocupada com seu desenvolvimento e progressão pessoais, um pequeno negócio pode lucrar com uma atenção cuidadosa para essa fase do programa de pessoal. Oportunidades de crescimento em uma organização não só atraem candidatos potenciais, mas também ajudam a melhorar a motivação do atuais empregados e a reduzir a rotatividade.[41]

20-3b Orientação para novos empregados

O processo de treinamento e desenvolvimento normalmente começa nos primeiros dois ou três dias no trabalho. É nesse ponto que o novo empregado tende a se sentir perdido e confuso, confrontado com um novo *layout* físico, um cargo diferente, colegas de trabalho desconhecidos, um tipo diferente de supervisão, mudança de horário ou cronograma de trabalho e um conjunto único de políticas e procedimentos de pessoal. Qualquer evento que entre em conflito com as expectativas do recém-chegado são interpretadas à luz de sua experiência de trabalho anterior e essas interpretações podem promover um forte compromisso com o novo empregador ou levar a sentimentos de alienação.

Ao reconhecer a sensibilidade do novo empregado nesse momento, o empregador pode contribuir para um resultado positivo com orientação adequada. Algumas fases da orientação podem ser realizadas com o uso de métodos informais. Por exemplo, uma empresa pode escolher apresentar os recém-chegados para o resto da equipe, colocando estrategicamente uma bandeja de *bagels* e *muffins* perto da mesa de um novo empregado em sua primeira manhã de trabalho. Isso incentivaria os colegas de trabalho a se aproximarem e se apresentarem para ele.

Outras fases da orientação devem ser estruturadas ou formalizadas. Além de explicarem responsabilidades específicas do cargo, os supervisores devem delinear as políticas e procedimentos da empresa com o máximo possível de detalhes. Uma explicação clara das expectativas de desempenho e a maneira como o trabalho de um empregado será avaliado deve ser incluída na discussão. O novo empregado deve ser incentivado a fazer perguntas e algum tempo deve ser usado para fornecer respostas cuidadosas. Como os novos contratados têm que enfrentar uma sobrecarga de informações no início, é uma boa ideia fazer um *follow-up* com o empregado após uma ou duas semanas terem se passado.

Uma maneira de apoiar o processo de orientação é fornecer aos novos contratados uma descrição por escrito das práticas e procedimentos da empresa, o que é muitas vezes chamado de manual do empregado. O manual pode incluir uma declaração da filosofia da empresa – uma visão global do que a empresa considera importante, como as normas de excelência ou considerações de qualidade. Esse documento abrange tipicamente tópicos como recrutamento, seleção, formação e compensação, bem como informações práticas mais imediatas sobre horas de trabalho, dias de pagamento, intervalos, horas de almoço, ausências, feriados, política de horas extras e benefícios aos empregados. Tais políticas devem ser preparadas de maneira cuidadosa e clara para evitar mal-entendidos. Além disso, tenha sempre em mente que o manual do empregado é considerado parte integrante do contrato de trabalho em alguns estados norte-americanos.

20-3c Treinamento de empregados

O treinamento de empregados é parte integrante de programas abrangentes da gestão da qualidade. Embora a gestão da qualidade esteja normalmente associada a máquinas, materiais, processos e medições, ela também foca o desempenho humano. Treinar empregados para que eles tenham um desempenho de qualidade é, em grande medida, parte do papel de supervisão contínua de todos os gerentes.

Um programa de treinamento bem planejado deve começar no primeiro dia de trabalho e ser multidimensional. Para começar, você deve definir claramente o que a qualidade significa em sua empresa e explicar claramente como ela é medida. Também será benéfico descrever alguns dos problemas passados da empresa, delinear as ações corretivas que foram tomadas e resumir como a empresa está atualmente atingindo seus objetivos de qualidade. Além disso, aulas especiais e seminários podem ser usados para ensinar os empregados sobre a importância do controle de qualidade e formas de realizar um trabalho de alta qualidade. Autores de artigos da revista *Inc.* sugerem o que deve ser feito para tornar o treinamento algo mais pessoal:

> *Treinar os trabalhadores para verem a ligação entre as suas ações e, mais amplamente, sua ética de trabalho e o desempenho geral da empresa. Ao relacionar o comportamento individual a um sistema global de trabalho e, em seguida, mostrar onde esse sistema pode falhar ocasionalmente, você estará dando aos trabalhadores a informação de que precisam para cuidarem bem da sua empresa.*[42]

As descrições ou especificações do cargo podem ser usadas para identificar habilidades ou capacidades necessárias para trabalhos específicos. Em grande parte, esses requisitos determinam o tipo de treinamento apropriado. O treinamento no local de trabalho que é supervisionado por um instrutor profissional ou por um empregado experiente é chamado de **formação no trabalho**, ou instrução direta. Para alguns empregos, a lei federal norte-americana exige esse tipo de formação.

Mais treinamento é realizado no local de trabalho do que por qualquer outro método. Contudo, o treinamento no local de trabalho de empregados que não têm cargo gerencial pode ser casual, a menos que siga um método sólido e sistemático de ensino, como o **treinamento para o cargo**. As etapas nesse programa, mostradas no Quadro 20.2, pretendem ajudar os supervisores a se tornarem mais eficazes na formação dos trabalhadores.

Programas eficazes de treinamento são muitas vezes diretos e muito simples, às vezes conectando a formação externa ao treinamento interno por meio de programas bem estruturados. Por exemplo, a Digineer, uma pequena empresa de consultoria de TI, criou um sistema que incentiva empregados que receberam treinamento externo a transmitir seu aprendizado aos colegas. Essa plataforma de treinamento ponto a ponto, que a empresa chama de Digi-U, permite que a empresa tire total vantagem do seu investimento na formação de um trabalhador, estendendo-a a outros empregados. Por exemplo, um recente programa de treinamento em gestão de projetos acabou tornando-se tão eficaz que a empresa programou duas sessões de *follow-up* do Digi-U para garantir que a instrução seria passada para os colegas de trabalho do participante. Considerando a vantagem que a Digi-U oferece, a Digineer paga todas as despesas relacionadas com programas de treinamento e oferece até duas semanas de tempo livre remunerado para participar delas.[43]

20-3d Do treinamento à implementação

Independentemente do nível da função envolvida, o objetivo de um programa de treinamento é prover os empregados com novos conhecimentos, habilidades e comportamentos que levarão, por sua vez, a um melhor desempenho no trabalho. Um estudo recente mostrou que os gastos com treinamento das empresas dos EUA subiram 15%, representando US$ 70 bilhões em 2014, uma tendência que inclui um crescimento explosivo nas ferramentas de treinamento em tecnologia que envolvem plataformas *on-line* e móveis.[44] Infelizmente, grande parte do treinamento oferecido aos empregados a cada ano nunca é verdadeiramente aplicado no trabalho. Como um pesquisador resumiu, "É claro que uma grande parte das dezenas de bilhões de dólares que as organizações gastam anualmente no desenvolvimento de pessoal está descendo pelo ralo."[45]

Muitas das barreiras à implementação do treinamento no local de trabalho estão enraizadas na natureza humana. Para começar, treinamento sugere que a mudança seja necessária, mas muitas pessoas descobrem que a mudança provoca ansiedade, então eles frequentemente recorrem a métodos mais familiares. Velhos hábitos e rotinas são difíceis de quebrar, e as pressões no local de trabalho ou as demandas de tempo podem facilmente levar os empregados a recorrer a abordagens testadas e comprovadas. Por exemplo, um empregado pode achar mais fácil usar um programa de software antigo que sempre funcionou no passado do que dispender tempo para aprender uma versão atualizada que ofereça novos recursos que poderiam melhorar o desempenho e a eficiência a longo prazo.

Então, o que um pequeno empresário deve fazer? Para obter um melhor retorno sobre o treinamento e o gasto com desenvolvimento, o proprietário deve criar um ambiente de trabalho que incentive as pessoas a usar esse treinamento assim que retornem ao trabalho:[46]

QUADRO 20.2 Passos no treinamento para o cargo

PREPARE OS EMPREGADOS
- Acalme os empregados.
- Coloque-os em cargos apropriados.
- Descubra o que eles sabem.
- Faça com que fiquem interessados em aprender.

APRESENTE AS OPERAÇÕES
- Descreva, demonstre e ilustre a tarefa.
- Enfatize os pontos-chave.
- Forneça instrução de forma clara e completa.

TESTE O DESEMPENHO
- Faça os empregados desempenhar a tarefa.
- Peça que eles descrevam, demonstrem e expliquem.
- Faça perguntas aos empregados e corrija quaisquer erros.

FAÇA *FOLLOW UP*
- Verifique os empregados frequentemente.
- Mostre para eles como obter ajuda.
- Incentive perguntas.

- *Coloque no papel*. As pessoas têm mais probabilidade de fazer o que escrevem, então os empregados devem desenvolver um plano de ação pessoal para a implementação da formação que receberam. Uma manufatura exige que seus participantes de treinamento descrevam o que eles vão fazer para aplicar os conceitos que aprenderam e quando. Eles também são convidados a descrever os resultados que esperam, como esses resultados serão mensurados e quando eles esperam obtê-los. Finalmente, eles devem identificar o suporte necessário para implementar seu plano.
- *Mensure os resultados*. Os empregados terão maior probabilidade de colocar o treinamento em prática se souberem que seu desempenho será avaliado à luz dos novos conceitos aprendidos. As empresas podem fazer isso medindo as competências abordadas no treinamento ou avaliando a melhoria da produtividade dos grupos de trabalho.
- *Obtenha ajuda dos pares*. O apoio dos pares tem o maior impacto na tradução eficaz do treinamento em aplicação no local de trabalho. Quando os *trainees* se reúnem para discutir o uso de conceitos de treinamento, eles são mais inspirados a tentar usá-los.

- *Envolva os superiores para ajudar*. O envolvimento da gerência aumenta a probabilidade de que os profissionais que estão sendo treinados usarão o que aprenderam. Quando os supervisores se reúnem com os *trainees*, eles podem comunicar expectativas, promover foco em conceitos, fornecer incentivos e eliminar os obstáculos que possam bloquear o sucesso.
- *Forneça acesso a especialistas*. As empresas podem dar assistência aos empregados com suas ações ajudando a preencher lacunas na sua compreensão. Perguntas persistentes podem ser respondidas fornecendo acesso a materiais de referência, informações adicionais sobre temas de treinamento e especialistas dentro da empresa ou de fontes externas. Os empregados que têm reuniões de *follow-up* com instrutores são mais propensos a aplicar o seu treinamento.

Empresas que garantam que seus empregados apliquem os conceitos que aprenderam no treinamento tendem a superar seus concorrentes. Na verdade, o empreendedor que paga a despesa de um programa de treinamento intensivo, mas falha em usufruir dos frutos do investimento, tende a fracassar em um mercado de trabalho competitivo.

20-3e Desenvolvimento de gerentes e profissionais

Um pequeno negócio tem uma necessidade particularmente forte de desenvolver gerentes e profissionais. Se a empresa tem apenas algumas posições-chave ou muitas, ela deve garantir que os indivíduos que detêm essas posições tenham um desempenho eficaz. Idealmente, outros membros da equipe devem ser treinados como potenciais substitutos no caso de indivíduos-chave se aposentarem ou saírem por outras razões. Embora um proprietário-gerente muitas vezes adie a preparação de substituição de pessoal, esse passo é crucial para assegurar uma transição suave na gestão da empresa.

Estabelecer um programa de desenvolvimento gerencial requer consideração séria dos seguintes fatores:

- *Necessidade de desenvolvimento*. Quais vagas são esperadas? Quem precisa ser desenvolvido? Que tipo de treinamento e quanta formação são necessários para atender às exigências da descrição do cargo?
- *Plano de desenvolvimento*. Como os indivíduos podem ser desenvolvidos? Suas responsabilidades atuais lhes permitem aprender? Responsabilidades adicionais podem ser atribuídas? Os profissionais devem ser designados temporariamente para outras áreas – por exemplo, eles devem ser transferidos da produção para as vendas? Seria benéfica escolaridade adicional?
- *Calendário para o desenvolvimento*. Quando deve começar o processo de desenvolvimento? Quanto pode ser realizado nos próximos seis meses ou um ano?
- *Aconselhamento dos empregados*. Os indivíduos compreendem a necessidade de desenvolvimento? Eles estão cientes de seu futuro potencial dentro da empresa? Um entendimento foi alcançado em relação à natureza do programa de desenvolvimento? Os empregados têm sido consultados regularmente sobre o progresso e os problemas que enfrentam em seu trabalho? Foi-lhes dado o benefício da experiência e *insights* do proprietário mesmo quando decisões não tenham sido tomadas por eles?

As estratégias de desenvolvimento gerencial costumam funcionar maravilhosamente, mas elas têm seus limites. Por exemplo, em muitas situações, a melhor estratégia de desenvolvimento é não promover um empregado além da posição que ele é mais adequado para realizar. Mike Faith, fundador, CEO e presidente da loja *on-line* Headsets.com, aprendeu como isso pode funcionar quando ele transferiu o primeiro empregado contratado pela empresa para uma função de gerência. Observe como Faith elogia seu empregado antes e depois do passo em falso, mas não enquanto ele estava realmente em sua posição elevada.

> *Esse cara é um gênio. Mesmo. Ele tem uma visão abrangente e pode ter uma ideia e fazê-la funcionar. Devido a ele ser tão bom no que fazia... Nós o colocamos em uma posição de gestão e foi um desastre. Meu colaborador classe A rapidamente se tornou um colaborador classe B; a gerência tornou-se uma pedra de moinho ao redor de seu pescoço. Reconhecendo nosso erro, nós o afastamos da gestão. Agora ele assume uma variedade de projetos e voltou a ser um gênio.*[47]

Faith continua firme na sua crença de que todos têm a capacidade de ser um colaborador classe A se for colocado no cargo certo. Mas é importante lembrar que o melhor colaborador em uma posição pode ser um colaborador abaixo da média em outra.

20-4 REMUNERAÇÃO E INCENTIVOS PARA EMPREGADOS

Remuneração é importante para todos os empregados, e as pequenas empresas devem reconhecer o papel do salário na atração e motivação do pessoal. Além disso, pequenas empresas podem oferecer vários incentivos não financeiros que são atrativos tanto para empregados em nível de gerência quanto para aqueles sem nível gerencial.

20-4a Níveis salariais

Em geral, as pequenas empresas devem ser mais ou menos competitivas em termos de salários para atrair pessoal qualificado. Os valores pagos aos empregados são baseados em incrementos do tempo – como uma hora, um dia ou um mês – ou variam com a produtividade dos empregados. A remuneração baseada no tempo é mais apropriada para trabalhos em que o desempenho não seja facilmente mensurado. Ela também é mais fácil de ser compreendida e é usada mais amplamente do que sistemas de incentivos que sejam baseados em dimensões específicas do desempenho do empregado.

Os pequenos negócios muitas vezes lutam para pagar ao seus empregados de baixo escalão o salário mínimo exigido por lei. No entanto, alguns empregadores optam por melhorar as vidas dos seus empregados e expressar o seu apoio pelo pagamento de salários que excedem o mínimo legal. Por exemplo, a empresa In-N-Out Burger vem crescendo rapidamente ao longo dos anos seguindo algumas práticas simples, incluindo cuidar bem de seus empregados remunerando-os acima do salário mínimo. De acordo com o site da empresa, "Contratamos todos os nossos novos colaboradores por um mínimo de US$ 10,50 por hora (o salário mínimo norte-americano está em torno de US$ 8 por hora) por uma simples razão... você é importante para nós! E nosso compromisso com um salário inicial mais alto é apenas uma das formas que demonstramos isso".[48] Tais negócios constantemente se beneficiam dessas políticas junto com os empregados. Muitos veem uma melhora no recrutamento e retenção, particularmente em posições difíceis de preencher. Esses negócios também podem desfrutar de uma imagem pública melhor com os clientes e com a comunidade. Em outras palavras, eles podem obter um retorno respeitável sobre o seu investimento – em mais de uma frente!

20-4b Incentivos financeiros

Planos de incentivo são projetados para motivar os empregados a aumentar sua produtividade. As quantias pagas em incentivos podem constituir os ganhos totais de um empregado ou simplesmente suplementar remunerações ou salários regulares. O sistema de comissão para vendedores é um tipo de incentivo de remuneração (veja no Capítulo 17 uma discussão mais ampla sobre este tópico). Na manufatura, os empregados são por vezes pagos de acordo com o número de unidades que produzem, uma prática chamada **trabalho por peça**. Embora a maioria dos planos de incentivo se aplique a indivíduos, eles também podem envolver o uso de incentivos de grupo e recompensas da equipe.

Os planos de bônus ou participação nos lucros são especialmente importantes para gerentes e outros empregados-chave, embora também possam incluir empregados de nível inferior. Esses planos fornecem aos empregados "uma parcela do ganho da empresa" e podem ou não envolver ações da empresa. Muitos planos de participação nos lucros implicam simplesmente a distribuição de uma parcela de todos os lucros ou lucros que excedam a uma meta preestabelecida. A participação nos lucros serve mais diretamente como um incentivo relacionado ao trabalho em pequenas empresas do que em grandes corporações, porque a conexão entre o desempenho individual e o sucesso pode ser mais facilmente apreciada em um pequeno negócio.

Os planos de remuneração baseados no desempenho devem ser cuidadosamente planejados para que sejam bem-sucedidos. Esses planos devem ser concebidos com a ajuda de um consultor e/ou *insight* de um contador. Os principais pontos a serem considerados para o desenvolvimento de planos eficazes de bônus incluem o seguinte:

- *Estabelecer metas que possam ser cumpridas.* Os planos de remuneração baseados no desempenho funcionam melhor quando os trabalhadores acreditam que podem cumprir as metas. Medidas financeiras complexas ou *benchmarks* impregnados de jargões técnicos devem ser evitados – os empregados são motivados apenas pelas metas que possam entender.
- *Incluir os empregados no planejamento.* Os empregados devem ter voz no desenvolvimento de medidas de desempenho e mudanças nos sistemas de trabalho. Os planos de incentivo devem ser implementados gradualmente para que os empregados tenham a chance de se acostumar a eles.

- *Manter as metas atualizadas.* Os planos baseados no desempenho devem ser ajustados continuamente para satisfazer as necessidades em evolução dos trabalhadores e dos clientes. A expectativa de vida de tal plano não pode ser mais de três ou quatro anos.

20-4c Incentivos em ações

Em empreendimentos jovens, opções de ações são algumas vezes usadas para atrair e manter pessoal-chave. Os titulares de opções têm a oportunidade de compartilhar o crescimento – talvez até crescer de maneira excepcional – do valor das ações da empresa. Se o negócio prosperar suficientemente, esse pessoal pode se tornar milionário.

Mas a propriedade de ações não precisa ser reservada apenas para executivos ou pessoal-chave. Algumas pequenas empresas têm criado *planos de participação acionária para empregados (PPAs)*, que dão ao empregado um percentual de participação na empresa.[49] Esses planos podem ser estruturados de diversas maneiras. Por exemplo, uma parte dos lucros anuais pode ser alocada para a compra das ações da empresa, que são então colocadas em um fundo para os empregados. Quando combinados com o compromisso de participação dos trabalhadores nas operações de negócio, os PPAs podem motivar os empregados, resultando em melhorias na produtividade.

Os PPAs também podem ser uma forma para os proprietários de retirar dinheiro e deixar um negócio sem vender a empresa a terceiros. Consulte no Capítulo 13 uma discussão sobre esse tópico.

20-4d Benefícios a empregados

Benefícios a empregados incluem pagamentos pelo empregador de itens como Seguridade Social, férias, feriados, seguro de saúde e aposentadoria. Como um todo, esses benefícios são caros. De acordo com o Bureau of Labor Statistics dos EUA, o seu custo para uma empresa média é de cerca de 31% dos pagamentos de salários.[50] E embora aumentos nos custos de alguns benefícios tenham se tornado menores nos últimos anos, sua escalada continua a superar a taxa global de inflação da economia.[51] Em geral, as pequenas empresas são menos generosas do que as grandes quando se trata de oferecer benefícios aos empregados.[52] Mesmo assim, o custo de tais benefícios é uma parte substancial dos custos totais de mão de obra para esses negócios.

Embora os benefícios dos empregados sejam caros, uma pequena empresa não pode ignorá-los se quiser competir efetivamente por bons trabalhadores. Pesquisas têm demonstrado que as empresas que oferecem pacotes de benefícios bem planejados – isto é, planos adaptados às necessidades e preferências dos seus trabalhadores – desfrutam de níveis mais elevados de lealdade, retenção e comprometimento dos empregados.[53] Mas isso é onde as pequenas empresas realmente brilham, porque elas estão mais próximas de seus empregados e podem ter maior flexibilidade quando se trata de acomodar preferências distintas. Para garantir um bom ajuste, um número limitado, mas crescente, de pequenos negócios vem usando **programas de benefícios flexíveis**, que permitem que empregados selecionem os tipos de benefícios que desejam receber. Todos os empregados recebem um nível básico de cobertura, como o seguro básico de saúde, e depois podem escolher como um montante especificado pelo empregador deve ser dividido entre opções adicionais – por exemplo, assistência de dependentes, seguro de vida em grupo e seguro saúde adicional.[54]

Para as pequenas empresas que desejam evitar a burocracia associada à administração de planos flexíveis de benefícios, ajuda externa está disponível. Muitas pequenas empresas – algumas com menos de 25 empregados – entregam a administração de seus planos de benefícios flexíveis a empresas de consultoria externa, de contabilidade de folha de pagamento ou de seguros que podem fornecer esses serviços por uma taxa mensal.

Várias empresas conceberam "regalias" relativamente econômicas, mas significativas, que são personalizadas para sua situação particular, mas que sinalizam apreciação dos trabalhadores. Comprar pizza para todos os empregados às sextas-feiras e dar a cada empregado um dia de folga remunerado pelo seu aniversário são apenas dois exemplos. Esses pequenos benefícios tornam o emprego mais atrativo para os empregados e são motivadores porque demonstram atenção e às vezes são até mesmo personalizados. De fato, estudos recentes mostraram que os empregados respondem mais positivamente a tais recompensas do que ao dinheiro, o que resulta em maiores aumentos de produtividade.[55] Com um pouco de criatividade, essas regalias podem ser usadas para desenvolver motivação, promover a lealdade e incentivar comportamentos saudáveis.[56]

John Roberson está muito empenhado em expandir seu negócio de marketing experiencial. Mas ele também se preocupa com seus empregados e sua saúde física e emocional e tem maneiras de persuadi-los a se envolverem em programas que apoiam o bem-estar. Adaptando recompensas aos interesses específicos de seus empregados, ele doou um violão, aulas de ioga, horários com um *personal trainer*, tempo livre remunerado para construir orfanatos na América Central – até um par de botas de cowboy! Isso tem sido bom para os empregados e para a empresa. Roberson diz: "Atraímos empregados que percebem que nos preocupamos mais do que apenas com lucros".[57]

20-5 QUESTÕES ESPECIAIS EM GESTÃO DE RECURSOS HUMANOS

Até agora, este capítulo tratou de recrutamento, seleção, treinamento e remuneração de empregados. Várias questões conexas – contratos de terceirização de mão de obra, proteção jurídica dos trabalhadores, sindicatos, formalização das relações empregador-empregado e a necessidade de um gerente de recursos humanos – são o foco da seção final deste capítulo.

20-5a Contratos de terceirização de mão de obra

Os empreendedores podem optar por terceirizar parte do fardo de gerir os empregados por meio de um acordo conhecido como **colaboração**. Hoje, cerca de 700 empresas de terceirização de mão de obra, também conhecidas como **organizações profissionais de empregadores (OPEs)**, operam em todos os 50 estados dos EUA e ajudam pequenos negócios com suas necessidades de gestão de recursos humanos. Com o pagamento de uma taxa de 2% a 6% da folha de salário, uma OPE vai gerir questões cada vez mais complexas relacionadas com o pessoal da empresa, como a revisão de programas de benefícios de saúde, tratamento de indenização dos trabalhadores por acidentes de trabalho, garantia de conformidade com impostos da folha de pagamento, processamento de créditos de seguro-desemprego e arquivamento de relatórios exigidos por agências governamentais. Embora as pequenas empresas que utilizam esse serviço evitem essa quantidade de papelada, elas não escapam das tarefas de recrutamento e seleção. Na maioria dos casos, o empreendedor ou a gerência do empreendimento ainda determina quem trabalha, quem é promovido e quem recebe tempo livre.

Muitos empregados gostam do acordo de terceirização de mão de obra. Ele pode permitir que empregadores forneçam melhores pacotes de benefícios, uma vez que as OPEs geralmente cobrem centenas ou milhares de empregados e, portanto, qualificam-se para melhores taxas. Naturalmente, o pequeno negócio deve pagar pelo custo dos seguros e outros benefícios obtidos com um contrato de terceirização de mão de obra, além de pagar uma taxa básica de serviço. No entanto, essa pode ser a única forma de a empresa se dar ao luxo de oferecer os benefícios necessários para atrair e manter empregados bem qualificados, e as economias muitas vezes mais do que compensam o custo de usar uma OPE. O fato de o parceiro de terceirização também assumir o ônus da gestão da folha de pagamento e outros processos administrativos torna essa organização ainda mais atraente.

Quando uma empresa decide usar os serviços de uma OPE, ambas as partes compartilham as responsabilidades legais com o resultado. Ou seja, a lei torna ambas as empresas responsáveis pelo pagamento dos impostos sobre salários e seguro de acidentes de trabalho e pelo cumprimento de regulamentos governamentais – a empresa cliente não pode simplesmente delegar essas obrigações para a OPE. Isso destaca a importância de selecionar uma OPE de maneira cuidadosa para garantir que você estará lidando com uma empresa responsável. Nos EUA, é aconselhável seguir as diretrizes oferecidas pela National Association of Professional Employer Organizations (napeo.org) para ter certeza de que você está contratando um provedor de serviços que é honesto, confiável e certo para sua empresa.

O uso de uma OPE também pode mudar a aplicação de regulamentações governamentais para pequenos negócios. Os empreendimentos muito pequenos são frequentemente excluídos de regras específicas. Por exemplo, nos EUA, empresas com menos de 15 empregados estão isentas das disposições do Americans with Disabilities Act (com algumas exceções - por exemplo, onde a lei estadual faz com que até pequenos empreendimentos sigam um alto padrão). No entanto, quando esses empregados oficialmente se tornam parte de uma OPE grande, a pequena empresa que utiliza os trabalhadores terceirizados fica sujeita a essa lei. Sempre vale a pena tratar seus empregados com cuidado e respeito, é claro, mas assumir obrigações jurídicas adicionais trabalhando com uma OPE pode realmente fazer com que a gestão de uma pequena empresa se torne muito mais complicada.

20-5b Proteção jurídica dos trabalhadores

Os empregados são protegidos por uma série de leis federais e estaduais nos EUA. O Department of Labor dos Estados Unidos (DOL) fornece um resumo dos principais estatutos trabalhistas que ele administra e faz cumprir,[58] mas pode ser difícil identificar qual deles se aplicará ao seu negócio específico. Por essa razão, o DOL criou o First Step Employment Law Advisor (que pode ser encontrado em www.dol.gov/elaws/FirstStep), e é altamente recomendável que você o use. A partir das suas respostas a algumas breves perguntas sobre seu negócio, essa ferramenta eletrônica interativa vai direcioná-lo para resumos dos estatutos que afetarão empreendimentos como o seu. Ela também fornece orientação sobre registros, relatórios e requisitos de notificações que você deve seguir.

Essa informação ainda não cobre tudo o que você precisa saber, incluindo as leis estaduais aplicáveis. Para preencher eventuais lacunas, recomendamos que você obtenha o máximo de informações que puder do "Employment Law Guide" (www.dol.gov/compliance/guide) e do "State Labor Laws" (www.dol.gov/whd/state/state.htm) do Department of Labor (DOL) dos EUA. Mas mesmo com toda essa informação em mãos, é sempre melhor consultar um advogado para garantir que você esteja dentro da conformidade. Também é aconselhável estar familiarizado com alguns dos estatutos mais amplos que moldam e influenciam o vasto âmbito do direito trabalhista nos Estados Unidos.

Um dos estatutos mais abrangentes nos EUA é o **Civil Rights Act**, originalmente promulgado em 1964, e suas emendas. Essa lei, que se aplica a qualquer empregador com 15 ou mais empregados, proíbe a discriminação com base em raça, cor, religião, sexo ou país de origem. Outras leis, como o Americans with Disabilities Act e o Age Discrimination in Employment Act estendem proteção similar aos empregados portadores de deficiência e mais velhos. Cada condição relacionada ao trabalho é considerada, incluindo a contratação, demissão, promoção, transferência e remuneração.

O Civil Rights Act inclui proteção contra o assédio sexual, uma questão que deve ser abordada tanto por pequenos negócios quanto por grandes corporações. Educação e resposta rápida a reclamações são as melhores ferramentas para evitar o assédio sexual e a possibilidade de processos judiciais de responsabilidade civil. As seguintes medidas práticas podem ajudar uma pequena empresa a prevenir o assédio sexual em seu local de trabalho e evitar a responsabilidade civil se surgir uma reclamação:[59]

1. Estabelecer políticas e procedimentos claros sobre assédio sexual no local de trabalho e publicar essa informação em um manual do empregado.
2. Definir o que é *assédio sexual* no manual e declarar claramente que isso não será tolerado e que os infratores serão punidos ou demitidos.
3. Comunicar um procedimento claro para apresentar queixas de assédio sexual e exigir que os empregados relatem incidentes de assédio à gestão imediatamente.
4. Explicar que todas e quaisquer queixas de assédio sexual serão investigadas de maneira razoável e ampla (garantindo confidencialidade ao reclamante) e que a retaliação contra quem se queixa do assédio sexual não será tolerada.
5. Conduzir sessões pelo menos uma vez por ano para educar empregados e gerentes (separadamente) sobre o assédio sexual e o procedimento de reclamação da empresa e incentivá-los a usar o procedimento caso ocorra assédio.

Obviamente, mesmo um plano de ação bem concebido e cuidadosamente implementado não pode garantir que nunca aconteça uma reclamação de assédio sexual. E se isso acontecer, será melhor entrar em contato com um advogado e proceder de acordo com seu conselho.

Nos EUA, a saúde e a segurança dos trabalhadores são protegidas pelo **Occupational Safety and Health Act** de 1970. Essa lei, que se aplica em geral a empresas de qualquer tamanho nos Estados Unidos e/ou seus territórios, criou a Occupational Safety and Health Administration (OSHA) para estabelecer e fazer cumprir as normas de segurança e saúde necessárias. Mas quando se trata de determinar os requisitos que serão aplicados à sua pequena empresa, tenha em mente que seu estado pode aplicar regras de segurança ainda mais exigentes no local de trabalho do que as exigidas pela lei federal. Para saber mais sobre como os requisitos da OSHA se aplicam às *startups*, consulte o documento "OSHA Help for Small Businesses" em www.osha.gov/oshdoc/data_general_facts/newbusinesses-factsheet.html.

A remuneração dos empregados é regulada pelo salário mínimo e disposições de horas extras do **Fair Labor Standards Act (FLSA)**, bem como por outras autoridades federais e estaduais nos EUA. O FLSA aplica-se aos empregadores envolvidos no comércio interestadual ou internacional com dois ou mais empregados. Ele estabelece o salário mínimo (que é periodicamente reajustado pelo Congresso).

O **Family and Medical Leave Act** foi aprovado e transformado em lei em fevereiro de 1993. Essa lei exige que as empresas com 50 ou mais empregados concedam aos trabalhadores até 12 semanas de licença não remunerada para o parto, a adoção de uma criança, sérias condições de saúde de um empregado ou familiar ou outras necessidades de cunho familiar.[60] O trabalhador deve estar contratado pela empresa há pelo menos 12 meses e ter trabalhado pelo menos 1.250 horas nos 12 meses anteriores. Além disso, o empregador deve continuar com a cobertura de seguro de saúde durante a licença e garantir que o empregado possa voltar ao mesmo cargo ou algo similar a ele.[61]

20-5c Sindicatos trabalhistas

Como regra geral, os empreendedores preferem operar de forma independente e evitar usar trabalhadores sindicalizados. Na verdade, a maioria dos pequenos negócios não é sindicalizada. Até certo ponto, isso resulta da predominância dos pequenos negócios no setor de serviços, em que a sindicalização é menos comum do que na área de manufatura. Além disso, os sindicatos normalmente direcionam sua atenção para as grandes corporações.

Embora pouco comuns, os sindicatos são conhecidos em pequenas empresas. Muitos tipos de pequenas empresas – construção e empreiteiros elétricos, por exemplo – negociam contratos de trabalho e empregam pessoal sindicalizado. A necessidade de trabalhar com um sindicato formaliza e, em certa medida, complica a relação entre uma pequena empresa e seus empregados.

Se os empregados desejarem negociar coletivamente – isso é, serem representados nas negociações por um sindicato –, a lei exige que o empregador participe dessa negociação. A demanda por representação sindical pode surgir da insatisfação dos empregados com salário, ambiente de trabalho ou relações de trabalho. Ao seguir políticas de recursos humanos construtivas, uma pequena empresa pode minimizar a probabilidade de sindicalização e melhorar a relação entre a gerência e os empregados.

20-5d Formalizando relacionamentos empregador-empregado

Conforme explicado anteriormente neste capítulo, os sistemas de gestão das pequenas empresas são geralmente menos formais do que os de empresas maiores. Um grau de informalidade pode ser uma virtude em pequenas organizações. À medida que o pessoal é adicionado, no entanto, os benefícios da informalidade diminuem e seus custos aumentam. Um grande número de empregados não pode ser gerenciado efetivamente sem algum sistema para regular as relações empregador-empregado. Essa situação pode ser mais bem compreendida em termos de uma relação familiar. Em uma casa, as regras são geralmente desnecessárias se as duas pessoas estão vivendo na mesma residência. Mas, quando chegam as crianças, mamãe e papai logo tornam-se uma agência reguladora do governo.

O crescimento, então, cria pressão para formalizar políticas e procedimentos de pessoal. Determinar quanta formalidade introduzir e qual o momento certo de fazê-lo envolve julgamento gerencial. Algumas questões dos empregados devem ser formalizadas desde o início. Por outro lado, a regulamentação excessiva pode paralisar o negócio.

Os procedimentos de gestão de pessoal são padronizados em muitas empresas, usando-se sistemas de avaliação de desempenho que respeitem um calendário definido para revisões – em geral, anualmente. Mas programas eficazes de revisão do desempenho tendem a incluir certas características comuns. Por exemplo, eles são orientados por *benchmarks* claramente estabelecidos com base em metas que são as SMART – isto é, *Specific* (específicas), *Measureable* (mensuráveis), *Achievable* (alcançáveis), *Realistic* (realistas) e *Time-Bound* (com prazo para concluir). Eles também tendem a seguir um processo bem planejado que enfatize a comunicação entre gerentes e empregados e a monitoração contínua do desempenho. Reuniões eficazes de revisão exigem tempo suficiente (de 40 minutos a uma hora) e atenção direcionada e devem começar com *feedback* positivo antes de resumir julgamentos objetivos de atitudes e comportamentos que necessitam melhorar. Usados corretamente, os comentários dos empregados podem ser uma ferramenta poderosa para a construção de um pequeno negócio.[62]

Uma análise recente realizada pela Deloitte Consulting revelou que muitas empresas estão modificando seus processos de revisão de desempenho para acomodar as condições de trabalho em rápida mudança e as novas necessidades e atitudes dos empregados. Alguns desses ajustes incluem definições e redefinições mais frequentes de metas (por exemplo, percebeu-se que metas trimestrais levavam a um desempenho 31% melhor do que metas anuais) e tratamento imediato de problemas de desempenho em vez de esperar por uma revisão formal agendada. Um número crescente dessas empresas também tem pedido aos seus empregados para avaliar o seu próprio desempenho (para determinar expectativas) e estão adotando (principalmente) ferramentas *on-line*, como Achievers e Globoforce, para criar um cenário no qual os empregados se sintam confortáveis em dar *feedback* um para o outro continuamente.[63] Para competir com sucesso atualmente, as empresas estão percebendo que precisam se tornar mais ágeis e trabalham mais para atrair e reter grandes talentos, e isso tudo exige a definição de melhores estratégias de revisão de desempenho.

20-5e A necessidade de um gerente de recursos humanos

Um empreendimento com apenas alguns empregados não pode pagar um especialista em tempo integral para lidar com problemas de pessoal. Algumas das técnicas de recursos humanos usadas em grandes corporações podem ser muito complicadas para pequenos negócios. Entretanto, conforme uma pequena empresa cresce em tamanho, seus problemas com pessoal vão aumentar tanto em número quanto em complexidade.

O momento em que se torna lógico contratar um gerente de recursos humanos não pode ser identificado com precisão. Tendo em vista o aumento dos custos indiretos, o proprietário-gerente de um negócio em crescimento deve decidir se as circunstâncias tornam rentável empregar um especialista em gestão de pessoal. Contratar um gestor de recursos humanos em tempo parcial – um gerente de departamento de pessoal aposentado, por exemplo – é um possível primeiro passo em alguns casos. Condições como as seguintes favorecem a nomeação de um gerente de recursos humanos em um pequeno negócio:

- Há um número substancial de empregados (100 ou mais é frequentemente sugerido como uma boa base para decisão).[64]
- Os empregados são representados por um sindicato.
- A taxa de rotatividade da mão de obra é alta.
- A necessidade de pessoal qualificado cria problemas no recrutamento ou seleção.
- Os supervisores ou empregados de operações requerem treinamento considerável.
- A motivação dos empregados está baixa.
- A competição no setor por empregados é acirrada.

Até que um gerente de recursos humanos seja contratado, no entanto, este trabalho é tipicamente realizado pelo proprietário-gerente. As suas decisões relativas à seleção e à remuneração dos empregados, bem como outras questões de pessoal, terá um impacto direto sobre o sucesso operacional da empresa.

Como este capítulo aponta, a função de gestão de recursos humanos é simples em conceito, mas pode ser um desafio quando colocada em prática. Desde o recrutamento, passando pela avaliação e seleção de candidatos, até chegar aos programas de treinamento e desenvolvimento e à administração de planos de remuneração e benefícios – há tanta coisa a ser feita! Essas atividades devem ser conduzidas dentro dos limites de algumas leis muito específicas. Embora isso possa parecer massacrante, tenha em mente que trabalhar com as pessoas que se juntam à sua empresa tende a ser a característica mais gratificante de estar no negócio. Se eles forem geridos de maneira cuidadosa e estiverem motivados para dar o seu melhor, empregados capazes podem levar o seu negócio para novas alturas. Não há limite para o que pode ser feito com as pessoas certas na empresa certa com os cuidados e gestão corretos.

Glossário

Benefícios a empregado (p. 439) – Suplementos à remuneração, projetados para serem atraentes e úteis para empregados.

Civil Rights Act (p. 441) – Legislação que proíbe a discriminação baseada em raça, cor, religião, sexo ou país de origem.

Colaboração (p. 440) – Acordo para terceirizar parte da gestão de equipe a uma organização que cuida dos documentos e administra benefícios para esses empregados.

Confiabilidade (p. 432) – Consistência de um teste em medir a capacidade de desempenho em um cargo.

Descrição de cargo (p. 429) – Lista de atividades ou resumo do trabalho a ser desempenhado para uma função particular.

Desenvolvimento gerencial (p. 433) – Preparação de empregados para progressão na carreira por meio da formação, experiências de trabalho, desenvolvimento de rede de relacionamentos e avaliação de desempenho.

Diversidade de mão de obra (p. 427) – Diferenças entre empregados em dimensões como gênero, idade, etnia e raça.

Entrevistas comportamentais (p. 430) – Abordagem que avalia a adequação do candidato ao cargo com base em como ele reagiria a situações hipotéticas.

Especificação de cargo (p. 429) – Lista do conhecimento, das habilidades e outras características necessárias para desempenhar um trabalho específico.

Fair Labor Standards Act (FLSA) (p. 441) – Lei federal dos EUA que estabelece um salário mínimo e define o pagamento de horas extras.

Family and Medical Leave Act (p. 441) – Legislação que garante a empregados uma licença não remunerada para o parto ou outras necessidades de cunho familiar.

Formação no trabalho (p. 435) – Instrução no local de trabalho, supervisionada por um profissional ou empregado experiente.

Gestão de recursos humanos (GRH) (p. 421) – A gestão de empregados para capacitá-los a ajudar uma empresa a alcançar seus objetivos estratégicos.

Headhunters (p. 426) – Empresa de busca de talentos que identifica candidatos qualificados para posições executivas.

Occupational Safety and Health Act (p. 441) – Legislação norte-americana que regula a segurança de locais de trabalho e práticas neles desempenhadas.

Organizações profissionais de empregadores (OPEs) (p. 440) – Empresa que faz contratos de terceirização de mão de obra.

Programas de benefícios flexíveis (p. 439) – Programas de benefícios que permitem que empregados selecionem os tipos de benefícios que desejam receber.

Trabalho por peça (p. 438) – Incentivo financeiro baseado no número de unidades produzido.

Treinamento dos empregados (p. 433) – Esforços planejados para ajudar empregados a desenvolver conhecimento, habilidades e comportamentos de que eles necessitam para desempenhar suas obrigações.

Treinamento para o cargo (p. 435) – Método passo a passo para treinamento no local de trabalho de empregados não gerenciais.

Validade (p. 432) – Quanto um teste avalia verdadeiramente a capacidade de desempenho em um cargo.

Recursos para startups

Determinando as melhores faixas de salários

Preocupado com quanto oferecer para atrair os empregados de que você precisa? Websites como CBSalary.com, PayScale.com e Salary.com oferecem relatórios gratuitos de quanto recebem trabalhadores com um determinado cargo em sua área. Você pode obter informações de salário semelhantes do Bureau of Labor Statistics dos EUA no site www.bls.gov/bls/proghome.htm.

Ações para startups

Entrevistando candidatos de alto potencial

Quando se trata de identificar candidatos de alto potencial a emprego em entrevistas, é tão importante saber o que o candidato faz quanto o que ele diz. Uma pesquisa com 500 CEOs da *Inc.* mostrou que eles nunca contratariam uma pessoa que não tenha feito ou não faz o seguinte:

- Pesquisou a empresa antes da entrevista (66%)
- Faz contato com os olhos durante a entrevista (62%)
- Comunica-se bem na forma escrita (51%)
- Trabalhou durante os últimos seis meses (8%)

Para mais informações sobre os resultados da enquete, consulte "Bosses Are Creating a New Generation of Leaders", *Inc.*, vol. 36, n. 7 (setembro de 2014), p. 78.

Um dilema de checagem de histórico

De acordo com uma pesquisa da Society for Human Resource Management, 69% dos empregadores fazem verificações de histórico de todos os candidatos a emprego, 18% apenas verificam alguns candidatos em potencial e o restante não verifica nada. Mas como um pequeno negócio deve proceder com candidatos que tenham antecedentes criminais? Usar esse conhecimento e negar um trabalho pode levar a multas por discriminação, mas ignorar isso pode levar a empresa a processos de responsabilidade se ocorrerem desvios sérios de conduta no ambiente de trabalho. É uma decisão difícil. Para saber mais sobre esse dilema, leia John R. Emshwiller e Gary Fields, "Hiring Managers Bedeviled by Flood of Arrest Records", *The Wall Street Journal*, 13 de dezembro de 2014, p. A1, A10.

Você é quem manda

Situação 1

Enquanto tentava encontrar uma nova pessoa para a área de contas a receber de sua empresa de impressão de cartões-postais localizada em Chicago, Javier Gomez concluiu que certamente tinha encontrado o "Sr. Perfeito". No papel, esse candidato tinha o histórico certo e estava pedindo um salário mais baixo do que Gomez estava disposto a pagar. A entrevista foi boa, a verificação de referências foi positiva e o candidato passou no teste de drogas. Alguns fatos estranhos na história do Sr. Perfeito, porém, criaram algumas dúvidas para Gomez. Primeiro, o Sr. Perfeito durante o processo de contratação tinha que mostrar sua carteira de motorista, mas ele somente apresentou uma identificação do Estado de Illinois. (Uma carteira de motorista é necessária para dirigir um veículo automotor legalmente, mas o estado norte-americano também emite identificações para ajudar os residentes de Illinois a provar a sua identidade em bancos, viagens e outras situações.) Em segundo lugar, o Sr. Perfect declarou ter trabalhado para o seu empregador anterior por 12 anos e que, portanto, somente poderia fornecer uma referência adequada. Gomez sempre pede três referências para que possa contatá-los e entender padrões de comportamento. Finalmente, o Sr. Perfeito mencionou que, se fosse contratado, gostaria de realizar tarefas além das listadas na descrição do seu cargo. Especificamente, ele perguntou se poderia deixar as correspondências da empresa no correio sempre que necessário. Gomez tinha muitos empregados que solicitavam novas responsabilidades, mas fazer os serviços de correios nunca foi uma delas.

Conforme Gomez ponderava sua decisão de contratação, ele continuava voltando para o fato de que, se o Sr. Perfeito fosse contratado, o trabalho de contas a receber lhe daria acesso a dinheiro, cheques em branco e informações financeiramente sensíveis. E, se fosse permitido levar as correspondências da empresa para o correio, ele teria acesso a isso também. Em diversos aspectos, o Sr. Perfeito parecia ser exatamente o que Gomez estava procurando, mas devido aos estranhos detalhes de sua história, Gomez estava se perguntando se contratá-lo para a posição seria uma boa decisão.

Pergunta 1 – Com as informações disponíveis neste momento, você acredita que Gomez deve contratar o Sr. Perfeito? Quanto peso deve ser atribuído ao fato de, por exemplo, ele não ter uma carteira de motorista?

Pergunta 2 – Qual a importância das verificações de referência no processo de contratação? Ter somente uma única referência deveria ser uma preocupação? Por que ou por que não? Quais potenciais problemas você pode ver nisso?

Pergunta 3 – O Sr. Perfeito parece ser a pessoa certa para o trabalho em muitos aspectos. Faz sentido pensar em reestruturação do cargo (por exemplo, limitar o acesso ao dinheiro e aos cheques em branco sempre que possível) para minimizar as preocupações que surgiram por causa de sua história? Um cargo deveria ser estruturado para um único indivíduo?

Notas

1. "Thinking Outside the Big Box", *Baylor Business Review*, outono 2014, p. 26-27.
2. "The Build Quarterly Report on: Talent Management", *Inc.*, vol. 35, n. 10 (dezembro de 2013/janeiro de 2014), seção especial, p. 2-3.
3. Veja Jan M. P. de Kok, Lorraine M. Uhlaner, e A. Roy Thurik, "Professional HRM Practices in Family Owned-Managed Enterprises", *Journal of Small Business Management*, vol. 44, n. 3 (maio de 2006), p. 441-460.
4. "CEO Survey", *Inc.*, vol. 36, n. 7 (setembro de 2014), p. 200.
5. Matt Alderton, "How to Hire Smarter in 2015", *MyBusiness*, novembro/dezembro 2014, p. 19-20.
6. Angus Loten, "With New Technologies, Start-Ups Go Lean", *The Wall Street Journal*, 15 de setembro de 2011, p. B5.
7. Ibid.
8. Joel Spolsky, "Recruiting the Top 1 Percent: There's a Better Way to Find and Hire the Very Best Employees", *Inc.*, vol. 29, n. 5 (maio de 2007), p. 81-82.
9. Chris Penttila, "Talent Scout", *Entrepreneur*, 30 de junho de 2008, http://www.entrepreneur.com/article/19450. Acesso em 27 de fevereiro de 2015.
10. Chris Resto, Ian Ybarra, e Ramit Sethi, *Recruit or Die: How Any Business Can Beat the Big Guys in the War for Young Talent*. (Nova York: Penguin Group, 2008).
11. "Data Bank: You're Hired", *Inc.*, vol. 34, n. 6 (julho/agosto 2012), p. 24.
12. Comunicação pessoal com Scott Glatstein, 25 de abril de 2011.
13. Julie Strickland, "The Good Hires? They're in Your Network", *Inc.*, vol. 35, n. 4 (maio de 2013), p. 24.
14. "Jobvite: 2014 Social Recruiting Survey", https://www.jobvite.com/wpcontent/uploads/2014/10/Jobvite_SocialRecruiting_Survey2014.pdf, acesso em 2 de março de 2015.
15. Joe Light, "Recruiters Troll Facebook for Candidates They Like", *The Wall Street Journal*, 8 de agosto de 2011, p. B1, B8.
16. Para ter uma ideia dos serviços das repartições públicas que o seu estado pode oferecer, busque por "[nome do seu estado] repartições de trabalho do estado", usando qualquer ferramenta de busca.
17. Strickland, op. cit.
18. http://www.imperativesllc.com, acesso em 2 de março de 2015; e Glatstein, op. cit.
19. Mitra Toossi, "Projections of the Labor Force to 2050: A Visual Essay", *Monthly Labor Review*, outubro de 2012, http://www.bls.gov/opub/mlr/2012/10/art1full.pdf, acesso em 2 de março de 2015.
20. Bureau of Labor Statistics, "Labor Force Projections to 2022: The Labor Force Participation Rate Continues to Fall", *Monthly Labor Review*, dezembro de 2013, http://www.bls.gov/opub/mlr/2013/article/labor-force-projections-to-2022-the-labor-force-participation-rate-continues-to-fall-1.htm. Acesso em 2 de março de 2015.
21. Dee Gill, "Dealing with Diversity", *Inc.*, vol. 27, n. 11 (novembro de 2005), p. 38.
22. Departamento de Justiça dos EUA, "Americans with Disabilities Act: Questions and Answers" (veja "Q: Does the ADA require employers to develop written job descriptions?"), http://www.ada.gov/q&aeng02.htm. Acesso em 3 de março de 2015.
23. Katherine Hansen, *The Quintessential Guide to Behavioral Interviewing* (Kettle Falls, WA: Quintessential Careers Press, 2012).
24. Ibid.
25. Adaptado de "Quintessential Careers: Sample Behavioral Interview Questions for Job-Seekers", http://www.quintcareers.com/sample_behavioral.html, acesso em 18 de março de 2015.
26. Pesquisas indicam que por volta de 27% dos pequenos negócios acham necessário demitir empregados todos os anos. Veja William J. Dennis, Jr. "Unemployment Compensation", *National Federation of Independent Business Quarterly Research Report*, vol. 7, n. 1, (2007), para detalhes.
27. "HireRight: Industry Fast Facts", http://www.hireright.com/resources/industry-fast-facts. Acesso em 18 de março de 2015.
28. Mary Axelson, "The Candidate Selfie: How to Evaluate Job Skills Using Social Networks", *SkilledUp*, 22 de dezembro de 2014, http://www.skilledup.com/insights/the-candidate-selfie-how-to-evaluate-job-skills-using-social-networks. Acesso em 20 de março de 2015.
29. "Data Bank: You're Hired", *Inc.*, vol. 34, n. 6 (julho/agosto de 2012), p. 24.
30. Bernhard Warner, "Social Media, by the Book", *Inc.*, vol. 36, n. 6 (julho/agosto de 2014), p. 60-61.
31. Nancy Flynn, "Keeping an Eye on Employees Helps Companies Protect Themselves", *The Wall Street Journal*, 12 de maio de 2014, p. R1.
32. "Nolo: Background Checks FAQ", http://www.nolo.com/legal-encyclopedia/background-checks-faq.html. Acesso em 19 de março de 2015.
33. Jen Bilik, "I'm More of a Creative Monarch Than a Democratic Team Leader", *Inc.*, vol. 33, n. 8 (outubro de 2011), p. 114-116.
34. Jason Fried, "Never Read Another Résumé", *Inc.*, vol. 32, n. 5 (junho de 2010), p. 36–37.

35. Assim como muitas regulamentações governamentais que afetam pequenos negócios, isso se aplica apenas às empresas que tem *pelo menos* 15 empregados.
36. Joe Reilly, "Drug Testing & Safety: What's the Connection?" *Occupational Health & Safety*, 1º setembro de 2014, http://ohs*on-line*.com/Articles/2014/09/01/Drug-Testing-and-Safety.aspx?Page51, acesso em 19 de março de 2015.
37. "Hiring Your First Employee", http://www.entrepreneur.com/article/83774. Acesso em 19 de março de 2015.
38. Comunicação pessoal com Rick Davis, 21 de agosto de 2007.
39. Ibid.
40. Veja Karl Pajo, Alan Coetzer e Nigel Guenole, "Formal Development Opportunities and Withdrawal Behaviors by Employees in Small and Medium-Sized Enterprises", *Journal of Small Business Management*, vol. 48, n. 3 (julho de 2010), p. 281-301.
41. Ilan Mochari, "At This Company, Employees Get an Annual Allowance of $1,500 That They Can Spend to Learn (Almost) Anything", *Inc.*, vol. 35, n. 10 (dezembro de 2013/janeiro de 2014), p. 14 (suplemento).
42. "Five Ways to Improve Quality", *Inc.*, 2 de setembro de 2010, http://www.inc.com/guides/2010/09/5-ways-to-improve-quality.html. Acesso em 19 de março de 2015.
43. Gwen Moran, "Not-So-Basic Training", *Entrepreneur*, vol. 39, n. 11 (novembro de 2011), p. 87-90.
44. Josh Bersin, "Spending on Corporate Training Soars: Employee Capabilities Now a Priority", *Forbes*, 4 de fevereiro de 2014, http://www.forbes.com/sites/joshbersin/2014/02/04/the-recovery-arrives-corporate-training-spend-skyrockets, acesso em 20 de março de 2015.
45. Ira G. Asherman, "Employee Training: Getting Your Money's Worth", *Regulatory Focus*, agosto de 2010, p. 25.
46. Adaptado de Harry J. Martin, "The Key to Effective Training Isn't Necessarily What Happens in the Classroom. It's What You Do Afterwards", *The Wall Street Journal*, 15 de dezembro de 2008, p. R11.
47. Mike Faith, "A Systems Approach to Hiring the Right People", http://www.entrepreneurship.org/resource-center/a-systems-approach-to-hiring-the-right-people.aspx. Acesso em 20 de março de 2015.
48. "In-N-Out Burger: Employment", http://www.in-n-out.com/employment/restaurant.aspx, acesso em 20 de março de 2015.
49. Obtenha mais informações sobre os ESOPs no site do National Center for Employee Ownership em http://www.nceo.org.
50. Bureau of Labor Statistics, "Employer Cost for Employee Compensation", 11 de março de 2015, http://www.bls.gov/news.release/ecec.nr0.htm. Acesso em 23 de março de 2015.
51. The Henry J. Kaiser Family Foundation, "2014 Employer Health Benefits Survey", http://kff.org/report-section/ehbs-2014-summary-of-findings. Acesso em 23 de março de 2015.
52. Bureau of Labor Statistics, "Table 8, by Establishment Employment Size", http://www.bls.gov/news.release/ecec.t08.htm. Acesso em 23 de março de 2015.
53. Ilan Mochari, "Recruitment and Retention", *Inc.*, vol. 35, n. 9 (novembro de 2013), p. 120-121.
54. Para diretrizes do IRS sobre planos flexíveis de benefícios, veja "Publication 15-B", http://www.irs.gov/publications/p15b/ar02.html#en_US_publink1000101745. Acesso em 23 de março de 2015.
55. Adam Vaccaro, "Incentives", *Inc.*, vol. 35, n. 10 (dezembro de 2013/janeiro de 2014), p. 129.
56. Para fazer as ideias fluírem para um programa de vantagens de baixo custo, veja Paula Andruss, "Perk Up Your Business", *Entrepreneur*, vol. 40, n. 5 (maio de 2012), p. 56-58.
57. Karen E. Spaeder, "All Well and Good", *Entrepreneur*, vol. 36, n. 11 (novembro de 2008), p. 24.
58. Para informações detalhadas sobre as leis de proteção aos empregados, veja o site do Department of Labor dos Estados Unidos, http://www.dol.gov/opa/aboutdol/lawsprog.htm. Acesso em 24 de março de 2015.
59. Adaptado de Sachi Barreiro, "Preventing Sexual Harassment in the Workplace", http://www.nolo.com/legal-encyclopedia/preventing-sexual-harassment-workplace-29851.html. Acesso em 24 de março de 2014.
60. Nos EUA, em 2008, a licença de 12 semanas foi aumentada para 26 semanas para cada 12 meses para um empregado que precisa cuidar de um membro das forças armadas dos EUA que está seriamente ferido ou doente, contanto que o indivíduo seja seu cônjuge, filho, filha, pai ou parente próximo.
61. Para mais informações sobre as disposições do Family and Medical Leave Act,, consulte o U.S. Department of Labor, "Family & Medical Leave" em http://www.dol.gov/dol/topic/benefits-leave/fmla.htm. Acesso em 24 de março de 2014.
62. Veja "How to Conduct Annual Employee Reviews", *Inc. Guidebook*, vol. 1, n. 9 (dezembro de 2008), suplemento especial.
63. Para mais detalhes sobre o estudo da Deloitte Consulting, veja Josh Bersin, "Time to Scrap Performance Appraisals? " *Forbes*, 5 de maio de 2013, http://www.forbes.com/sites/joshbersin/2013/05/06/time-to-scrap-performance-appraisals. Acesso em 26 de março de 2015.
64. Para uma das fontes que propõe essas diretrizes, veja *The Wall Street Journal*, "Employee Retention – How to Retain Employees", http://guides.wsj.com/small-business/hiring-and-managing-employees/how-to-retain-employees. Acesso em 26 de março de 2015.

CAPÍTULO 21

Gerenciando operações de pequenos negócios

A sabedoria convencional dizia que uma empresa pode dar aos seus clientes variedade e escolha, ou vender a eles produtos ou serviços a preços baixos – é simplesmente muito caro oferecer ambas as opções ao mesmo tempo.

Matt Peterson, fundador e CEO da Big Shot Bikes, provou que essa premissa estava errada. Ele fez da sua missão oferecer customização máxima sem incorrer em custos elevados de ineficiências da produção normalmente associadas a isso. Sua empresa faz uso das mais modernas tecnologias para fornecer um portal *on-line* por meio do qual os clientes podem personalizar completamente suas bicicletas. Depois de terem selecionado as opções e especificações desejadas, a bicicleta é, então, encomendada. Essa estratégia, conhecida como customização em massa, satisfaz a demanda de mercado por produtos altamente personalizados e, ainda assim, muito acessíveis.

A Big Shot Bikes tem a sede em Fort Collins, Colorado, e é especializada na produção e venda de bicicletas fixas sem marcha. Peterson, engenheiro de software profissional,

No Spotlight
Big Shot Bikes
www.bigshotbikes.com

abriu a empresa em 2009 com o objetivo de fornecer aos clientes bicicletas sob medida a um preço que eles pudessem pagar. Para atingir esse objetivo, ele usou suas habilidades com softwares para programar uma interface eletrônica que guia os clientes por um conjunto de opções de customização de bicicletas. Os usuários começam escolhendo entre dez componentes exclusivos e nove cores diferentes, que podem ser combinadas para fornecer bicicletas exclusivas. A Big Shot Bikes monta o produto somente após a venda ter sido completada, minimizando dessa forma o desperdício e os elevados custos de produção. O cliente colhe o benefício e tem o pedido enviado direto para o seu endereço – tudo por menos de US$ 500.

A estratégia de Peterson depende fortemente das vendas diretas ao consumidor, o que o software torna possível. Mas, depois de estudar o processo de pedidos, o CEO encontrou uma falha potencialmente ine-

Ao término deste capítulo, você deverá ser capaz de:

21-1. **Entender como as operações melhoram a competitividade de uma pequena empresa.**

21-2. **Discutir a natureza do processo de operações tanto para produtos quanto para serviços.**

21-3. **Identificar formas de controlar estoque e minimizar custos.**

21-4. **Reconhecer as contribuições da gestão de operações para a qualidade de produtos e serviços.**

21-5. **Explicar a importância da atividade de compras e a natureza das políticas-chave dessa atividade.**

21-6. **Descrever uma produção enxuta e gestão sincronizada, e discutir sua importância para a gestão de operações em pequenos negócios.**

vitável: seu aplicativo usava o Adobe Flash, que a maioria dos iPads não suporta. Por causa de 10% dos clientes da empresa usarem iPads, o empreendimento estava perdendo vendas potenciais. Peterson corrigiu o problema desenvolvendo um novo aplicativo e o crescimento das vendas com iPad subiu. A inovação também forneceu um modelo altamente ajustável que permitiu à empresa expandir seus negócios para espaços de varejo. Com o iPad na mão, os proprietários das lojas podem acompanhar os clientes no processo de customização e compra. E o processo é realmente fácil.

Os esforços de customização em massa da Big Shot Bikes têm valido a pena, levando a empresa a expandir consideravelmente suas instalações. "O novo espaço nos permitirá agilizar a produção [e] cumprir pedidos de uma forma mais eficiente, permitindo, por fim, que nossas bicicletas cheguem mais rápido ao cliente," diz Peterson. A empresa também introduziu uma nova linha de *skates cruiser* como parte do impulso de expansão. As vendas passaram de 10 mil unidades em 2013, deixando a *startup* com mais de US$ 5 milhões em receitas.

O sucesso da empresa prova que a customização em massa pode funcionar. Variedade e preço acessível não precisam mais ser opções mutuamente exclusivas.

Fontes: BRAIN Staff, "Big Shot Bikes Expands Its Colorado Facility," *Bicycle Retailer*, 17 de março de 2014, http://www.bicycleretailer.com/north-america/2014/03/17/big-shot-bikes-expands-its-colorado-facility#.VOV5dfnF_4I, acesso em 2 de março de 2015; "Big Shot Bikes: FAQ," http://www.bigshotbikes.com/faq.html, acesso em 2 de março de 2015; Joshua Lindenstein, "Big Shot Bikes Expands Shop in Fort Collins," *BizWest*, 18 de março de 2014, http://bizwest.com/big-shot-bikes-expands-shop-in-fort-collins, acesso em 2 de março de 2015; John Patrick Pullen, "Color Wheels," *Entrepreneur*, vol. 41, n. 10 (outubro de 2013), p. 20–21; e Michael Shea, "Big Shot Bikes Celebrates 10,000 Bicycles Sold," *Outdoor Industry Association*, 18 de março de 2013, http://outdoorindustry.org/news/industry.php?newsId=18098, acesso em 3 de março de 2015.

A gestão eficaz de operações tem a ver com compreender as atividades individuais envolvidas na criação de bens e serviços de uma empresa e como se encaixam em uma sequência ordenada – e, em seguida, gerenciar essas atividades com eficiência em mente. O nome do jogo é coordenação, mas os empreendedores tendem a subestimar o tamanho do esforço necessário para manter pessoas e processos envolvidos e funcionando harmoniosamente juntos em uma empresa. Se um link falhar, o trabalho de toda a equipe é prejudicado.

Dan e Chip Heath, coautores de vários *best-sellers* sobre negócios, descrevem um experimento que mostrou o quão fácil é esquecer as demandas de coordenação nas operações de uma empresa. Nesse teste específico, estudantes foram convidados a construir um homem de Lego® gigante. Como o tempo era limitado, os participantes decidiram dividir-se e trabalhar em partes separadamente – um tinha "de fazer o braço", outro trabalhava no tronco e assim por diante. A equipe acabou com peças altamente desenvolvidas, mas o conjunto de peças que criaram não se encaixavam. A lição, dizem os irmãos Heath, é que os grupos de trabalho tendem a ser melhor na especialização do que na coordenação.[1] Essa noção nos oferece um bom ponto para começar a nossa discussão sobre a gestão das operações, mas aplicamos os princípios envolvidos de forma distinta – para pequenos negócios.

Muitos dos conceitos apresentados neste capítulo foram introduzidos e aperfeiçoados por grandes corporações. No entanto, isso não significa que eles não tenham lugar no mundo dos pequenos negócios. Em alguns casos, os conceitos podem ser aplicados diretamente, enquanto em outros, devem ser adaptados antes de poderem satisfazer as necessidades das pequenas empresas. Empreendedores que trabalham para melhorar suas operações irão descobrir que suas empresas são mais capazes de suportar as crescentes pressões do mercado competitivo – incluindo aquelas vindas da Microsoft, AT&T e Ford Motor Company. Além disso, a compreensão e adoção das melhores práticas dos gigantes do setor podem dar à sua pequena empresa um padrão a seguir enquanto cresce para se tornar um líder de mercado no futuro. Sejam usados em uma manufatura ou em uma empresa prestadora de serviços, esses princípios podem gerar lucros.

21-1 COMPETINDO COM OPERAÇÕES

Em termos muito simples, as **operações** referem-se aos processos utilizados para criar e entregar um produto ou serviço. Neste ponto, deve ficar claro que as empresas variam consideravelmente em como competem por clientes, e o planejamento e a gestão das operações quase sempre desempenham um papel importante na competição.

Você pode estar familiarizado com exemplos de alto nível, tais como os esforços de *design* superior da Apple, a ênfase em localizações convenientes do Walgreen's e a cadeia de suprimentos e competências de distribuição altamente eficientes do Walmart – esses são verdadeiramente participantes de mercado de nível mundial. No final, no entanto, a fórmula para ganhar força competitiva é surpreendentemente semelhante para todas as empresas: elas ganham poder na medida em que se excedem em satisfazer as necessidades e desejos dos clientes de forma mais precisa e/ou eficiente do que seus concorrentes.

Para ter sucesso, as operações da empresa devem envolver todas as atividades exigidas para criar valor para os clientes e ganhar dinheiro. Uma padaria, por exemplo, compra, combina e cozinha os ingredientes e disponibiliza seus produtos aos clientes em uma localização adequada. Para uma empresa de serviços como um salão de cabeleireiro, as atividades incluem a compra de suprimentos, lavagens, corte de cabelo e outras tarefas e processos envolvidos no atendimento dos clientes. Uma padaria não pode oferecer seus produtos se não operar os fornos, e um salão de cabeleireiro não pode servir os clientes sem realmente cuidar do cabelo deles. (A terceirização dessas atividades apresenta-se como um cenário possível, mas altamente impraticável.) No final, deve-se lidar com todas as atividades necessárias de alguma forma para que as operações da empresa funcionem.

Gestão de operações refere-se ao planejamento e controle de um processo de conversão que inclui reunir insumos (como matérias-primas, equipamentos e mão de obra) e transformá-los em *outputs* (produtos e serviços) que os clientes querem. Um processo de operações é necessário tanto se o *output* de uma empresa for tangível, como um sanduíche Deli, quanto se for um serviço intangível, como o de lavanderia.

As operações estão no coração de qualquer negócio; na verdade, uma empresa não poderia existir sem elas. Então, não deveria ser uma surpresa que seu *design* e eficácia possam determinar o sucesso de uma empresa. As seguintes perguntas podem ajudar você a identificar fatores operacionais que irão afetar o desempenho da empresa e a reconhecer ajustes que precisam ser feitos:

- Quanta flexibilidade é necessária para satisfazer os seus clientes ao longo do tempo?
- Qual é a demanda do cliente hoje? Qual é a tendência da demanda para o futuro? As instalações e equipamentos existentes são adequados para atender tanto à demanda atual quanto às demandas futuras?
- Quais opções estão disponíveis para satisfazer seus clientes? Por exemplo, você deve fabricar os produtos internamente, terceirizar a produção ou participar de uma *joint-venture* em manufatura ou prestação de serviços?
- Quais habilidades ou competências relacionadas às operações diferenciam sua empresa de seus concorrentes? Como você pode aproveitar ao máximo essas características distintas no mercado de trabalho?
- O ambiente competitivo requer certas competências que faltam o seu empreendimento?

Nosso foco neste capítulo é examinar as formas pelas quais um negócio pode funcionar de maneira econômica e lucrativa, oferecendo um produto ou serviço de alta qualidade que mantenha os clientes sempre voltando para obter mais. Mas, ainda mais significativamente, discutimos como a gestão de operações é um meio importante para construir uma força competitiva no mercado. Para isso, não há substituto.

21-2 O PROCESSO DE OPERAÇÕES

Operações orientadas a produtos e orientadas a serviços são semelhantes na medida em que transformam os insumos em *output*. Insumos podem incluir dinheiro, matérias-primas, mão de obra, equipamentos, informações e energia – que são combinados em proporções variáveis, dependendo da natureza do produto ou serviço acabado. O *output* é representado pelos produtos e/ou serviços que uma empresa fornece aos seus clientes. Assim, o processo de operações pode ser descrito como um processo de conversão, conforme mostrado no Quadro 21.1.

21-2a O processo de operações em uma empresa de serviços

As operações das empresas prestadoras de serviços diferem das empresas que oferecem produtos de várias formas. Uma das mais óbvias é a natureza intangível dos serviços – ou seja, o fato de que você não pode facilmente vê-los ou medi-los. Gerentes de empresas como oficinas de automóveis e hotéis enfrentam desafios especiais para assegurar e controlar a qualidade dos serviços, dada a dificuldade inerente à medição e ao controle de intangíveis.

Outra característica distintiva da maioria das empresas de serviços é a intensa interação pessoal entre empregados e clientes. Em uma academia de ginástica, por exemplo, o cliente está diretamente envolvido no processo

QUADRO 21.1 Os processos de operação

Produtos — Exemplo: uma padaria
Serviços — Exemplo: uma lavanderia a seco

Insumos
- Farinha e outros ingredientes, mão de obra, fornos e outros equipamentos, instalações, energia, trabalhadores e suas habilidades
- Roupas amassadas e enrugadas, produtos químicos de limpeza, cabides, sacolas plásticas, fachada da loja, equipamentos, empregados e suas habilidades

Processos
- Manuseio de ingredientes, cozimento de produtos, estocagem de produtos acabados, entrega de produtos a distribuição
- Transações de varejo, remoção de manchas, lavagem, lavagem a seco, passar roupa

Outputs
- Produtos cozidos / Clientes satisfeitos
- Roupas lavadas e passadas / Clientes satisfeitos

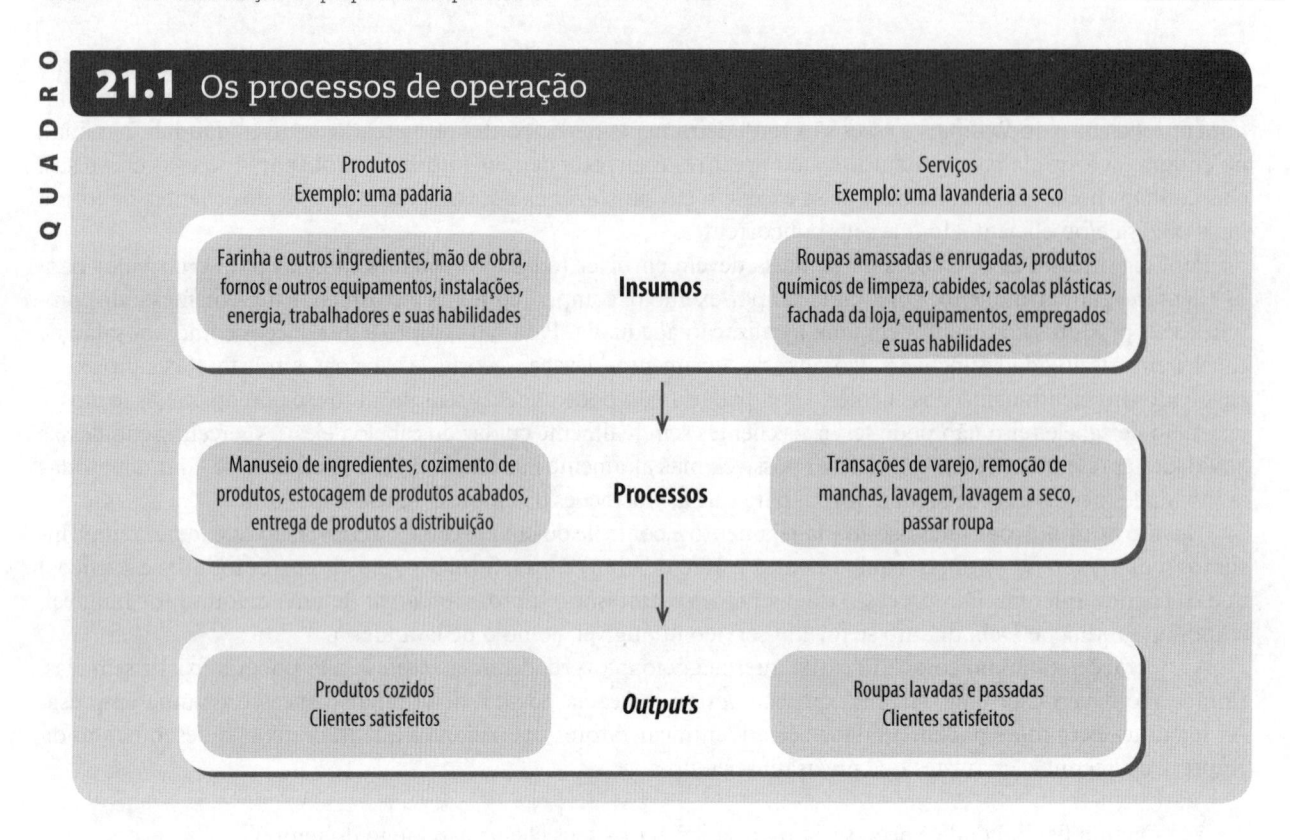

e se relaciona pessoalmente com treinadores e com a equipe de serviço. Em um pequeno cinema, só faz sentido mostrar um filme quando os clientes estão presentes para vê-lo. Isso, naturalmente, permite o *input* e o *feedback* dos clientes nos processos de criação e prestação de serviço. Além disso, os serviços são criados e prestados sob demanda. Ou seja, nem uma sequência de exercícios físicos nem uma experiência de exibição de filme pode ser inserida em um estoque de produtos acabados.

Algumas empresas de serviços têm tomado medidas únicas para entender melhor a conexão entre prestador de serviços e cliente. Empresas como a Southwest Airlines, por exemplo, querem que seus gerentes se aproximem o suficiente dos clientes para ouvir o que eles têm a dizer sobre as várias facetas da operação. Para isso, eles são enviados periodicamente para o campo para desempenhar funções de atendimento ao consumidor, o que permite retomar suas responsabilidades normais com muito mais *insight* sobre os pontos fortes e fracos dos serviços oferecidos. Interações mais próximas com os clientes permitem que os empregados entendam e relatem os sentimentos dos clientes com mais precisão.

Para uma empresa de serviços, a importância crítica da sua relação com os clientes carrega implicações para a gestão do pessoal. Uma posição em aberto que envolva uma grande frequência de interação sensível com os clientes exige que aqueles que tomam decisões de contratação selecionem indivíduos com fortes habilidades interpessoais para essa vaga. O treinamento de empregados deve enfatizar as habilidades necessárias para atender bem e encontrar maneiras de melhorar a satisfação do cliente.

Várias tecnologias têm permitido aos clientes de muitas empresas ter mais controle sobre os serviços a eles providos. Mais e mais hotéis estão oferecendo aos seus clientes opções de *autocheckout* e muitos sistemas de telefonia permitem ou mesmo encorajam os clientes a obter informações sem falar com um vendedor ou outra pessoa. O quanto esses sistemas são satisfatórios do ponto de vista do cliente depende de se são mais convenientes do que os sistemas tradicionais e se funcionam de forma eficiente e precisa em atender às necessidades dos clientes.

Em alguns casos, a tecnologia pode fornecer um serviço ainda melhor do que o modelo tradicional. Considere os tradicionais espaços físicos de livrarias e seus homólogos *on-line*. Ao navegar no site da Amazon.com, por exemplo, um cliente recebe informações dirigidas ao consumidor, tais como:[2]

- Consumidores que compraram este item, também compraram...
- Avaliações de consumidores.
- Quais outros artigos os consumidores compram depois de verem este item?
- Procurando produtos similares nessa categoria?

As informações fornecidas por essas opções podem ajudar os visitantes do site a encontrar serviços que os interessem, e isso leva a uma maior satisfação do cliente. Mesmo os empregados mais bem informados de uma livraria tradicional teriam dificuldades em fornecer informações semelhantes.

21-2b O processo de operações em um negócio de manufatura

As operações de fabricação podem assumir diversas formas, dependendo do grau com que se repetem. Por exemplo, um mestre artesão fabricante de móveis que faz peças personalizadas segue um processo muito diferente do que é seguido por trabalhadores em fábricas de automóveis que montam centenas de carros em uma linha de produção a cada dia. O primeiro lida com uma grande variedade e deve manter operações flexíveis, enquanto os últimos seguem uma rotina que permite construir carros de forma mais eficiente. A maioria das operações de fabricação ou manufatura podem ser classificadas em um dos três seguintes tipos – oficinas de trabalho, produção por projeto e produção repetitiva.

As **oficinas de trabalho** ou *job shops* são projetadas para execuções curtas e de baixo volume. Conjuntos de habilidades são agrupados e o trabalho move-se em lotes de uma posição para outra. Apenas alguns produtos são produzidos antes que as máquinas de uso geral sejam deslocadas para uma configuração de produção diferente. Ferramentarias representam esse tipo de operação.

Quando a maior parte das pessoas pensa sobre produção, geralmente imaginam uma operação de fábrica, mas esse nem sempre é o caso. A **produção por projeto** é usada para criar produtos únicos, mas similares, tais como casas construídas no local e arquibancadas para instalações esportivas. Em alguns casos, essas operações nem sequer parecem pertencer à família da manufatura. O trabalho criativo, como composição de músicas ou quadros de pintura, podem ser incluídos nessa categoria, assim como o trabalho de profissionais liberais, tal como o processamento de restituição de impostos ou a elaboração de documentos jurídicos específicos. Como cada projeto é único, esse tipo de operação tem que ser altamente flexível para satisfazer os requisitos do trabalho e as exigências de clientes. No entanto, devido à semelhança envolvida, uma empresa pode alcançar eficiências operacionais utilizando métodos de fabricação que, de certa forma, se assemelhem àquelas de produção repetitiva, ou produção em massa.

As empresas que produzem um ou poucos produtos padronizados utilizam a **fabricação repetitiva**. Isso é considerado produção em massa porque requer uma produção de longa execução. A fabricação repetitiva está associada à produção de linha de montagem dos produtos de alto volume, como *smartphones* e itens de vestuário. Equipamentos altamente especializados podem ser empregados porque são usados repetidamente para fabricar o item. Quando o *output* criado parece mais com um fluxo de produto (como água de uma estação de purificação ou energia gerada por uma barragem hidroelétrica) do que com mercadorias individuais, essa forma de fabricação repetitiva é, por vezes, chamada de **produção contínua**.

A maioria das empresas não implementa uma versão pura de nenhum desses tipos de processo, mas, em vez disso, os mistura e combina a fim de obter os benefícios de cada um. Por exemplo, construtores de casas frequentemente combinarão as operações de *job shops* (construindo várias casas com mão de obra terceirizada especializada em encanamento, pintura e instalação elétrica) com produção por projeto (sendo único, individualizado e personalizado). Para atender ao aumento da demanda do mercado por produtos únicos que tenham preço baixo, muitas empresas estão optando por **sistemas flexíveis de fabricação**, que geralmente envolvem equipamentos controlados por computadores que podem transformar uma variedade de produtos em quantidades menores ou mais flexíveis. Em outras palavras, a automação, embora seja cara, pode ajudar a reduzir os custos de fabricação enquanto dá aos clientes exatamente o que querem.

21-2c Considerações sobre capacidade

A capacidade de uma pequena empresa de oferecer produtos ou serviços é um fator crítico. Ela coloca um limite no potencial da empresa em satisfazer a demanda e competir com seus concorrentes, mas também determina custos de *startup* e geralmente representa um compromisso de longo prazo.

Aqui está uma ilustração de como isso funciona: fabricantes de cafeteiras têm que encontrar formas de atender à demanda sazonal. Os consumidores querem comprar 50% de todas as cafeteiras durante o Natal, com outros 25% das vendas ocorrendo durante os meses de maio e junho (demanda de presentes para o dia das mães, o dia dos pais – nos EUA é celebrado em junho –, casamentos e outras atividades sazonais). Os restantes 25% das vendas são distribuídos ao longo dos outros nove meses do ano. Para atender à alta demanda sazonal, os produtores de cafeteiras como Keurig, Inc. (que recentemente mudou o nome para Keurig Green Mountain,

Inc.) têm que definir sua capacidade de produção de forma que atenda o nível médio dessa demanda, fabricando produtos extras durante os meses mais calmos e armazenando essas unidades no estoque para não ter que intensificar a produção em outros meses de pico e ter condição de atender pedidos quando acontecem.[3] Isso funciona bem para os fabricantes. Contudo, as empresas de serviços não podem manter estoque da mesma forma, fazendo com que empresas como a Starbucks tenham que ter a capacidade de atender à demanda de pico durante todo o dia de operação.

A capacidade de produção de um fabricante de cafeteira é determinada pelo espaço disponível de chão de fábrica, máquinas, empregados e outros fatores. Embora a capacidade da Starbucks seja determinada de maneira semelhante, ou seja, pelo espaço da loja, equipamentos e empregados, o ajuste da capacidade para atender às mudanças no mercado pareceria muito diferente ao comparar esses dois tipos de empresas.

21-2d Planejando e programando

Na manufatura, os procedimentos de planejamento e programação (*scheduling*) da produção são projetados para obter um fluxo ordenado e sequencial de produtos em uma fábrica a uma velocidade que atenda às entregas para clientes. Para atingir esse objetivo, o fabricante deve evitar interrupções na produção e utilizar máquinas e pessoal de forma eficiente. Procedimentos de controle simples e informais são frequentemente usados em pequenas instalações. Se um procedimento for claro e direto e o volume de *output* for muito limitado, um gerente pode manter as coisas movendo-se suavemente com um mínimo de documentação. No entanto, qualquer empreendimento de manufatura que experimente crescimento terá, eventualmente, que estabelecer procedimentos formais para garantir a eficiência da produção.

Como as empresas de serviços estão intimamente ligadas aos seus clientes, são limitadas na capacidade de produzir serviços e mantê-los em estoque. Uma oficina de automóveis deve esperar até que um carro chegue antes de iniciar suas operações, e um banco não pode funcionar até que um cliente esteja disponível. Uma loja de varejo pode realizar alguns de seus serviços, tais como transporte e armazenamento de estoque, mas também deve esperar até que o cliente chegue para desempenhar outros serviços.

Parte da tarefa de programação (*scheduling*) nas empresas de serviços está relacionada ao planejamento das horas de trabalho dos empregados. Os restaurantes, por exemplo, programam o trabalho dos empregados de forma que coincida com variações na demanda por refeições. De modo semelhante, as lojas e clínicas médicas aumentam sua equipe para lidar com o grande fluxo de clientes ou pacientes durante períodos de pico de demanda. Outras estratégias das empresas de serviços se concentram na programação de clientes. Sistemas de agendamento são usados por muitos centros de reparo de automóveis e salões de beleza. As empresas de serviços, tais como tinturarias e encanadores, aceitam pedidos de serviço e postergam a entrega até que o serviço possa ser programado. Outras empresas, incluindo bancos e salas de cinema, mantêm um horário fixo de atendimento de serviços e toleraram alguma capacidade ociosa.

Para minimizar e postergar o investimento em capacidade adicional, as empresas cada vez mais estão utilizando **estratégias de gestão de demanda**. Essas estratégias são usadas para estimular a demanda do consumidor quando é normalmente baixa, e as opções estão somente limitadas à imaginação do empreendedor. Algumas empresas tentam distribuir a demanda dos consumidores oferecendo incentivos para que usem serviços durante horas fora do horário de pico – exemplos disso incluiriam preços especiais para jantares mais cedo em restaurantes e ingressos mais baratos para a sessão de um filme à tarde. Outras abordagens são, por vezes, mais sofisticadas. Os parques temáticos Six Flags nos EUA implementaram o sistema de reserva piloto FLASH Pass, no qual um dispositivo parecido com um *pager* reserva o seu lugar na fila de uma atração, de modo que você possa aguardar por sua vez desfrutando outras atividades no parque. Quando chega sua vez, o *pager* indica que você pode ir para a atração para usufruir. Níveis de serviço Gold e Platinum foram adicionados nos últimos anos, incluindo a reserva de seu lugar na fila, mas reduzindo o seu tempo de espera ao pagar por valores adicionais de 50% e 90%, respectivamente. Naturalmente, o Six Flags cobra uma taxa extra por esse privilégio – ainda maior para as opções Premium, mas o resultado líquido é tanto regularização quanto priorização de demanda. Aqueles consumidores dispostos a pagar mais também obtêm mais valor agregado de seu tempo dispendido no parque.[4]

21-3 GESTÃO DE ESTOQUES E DE OPERAÇÕES

Pode não ser glamoroso, mas a gestão de estoques pode fazer a diferença entre sucesso e fracasso para uma pequena empresa. Quando examinada cuidadosamente, a gestão de estoques pode ajudar um empreendedor

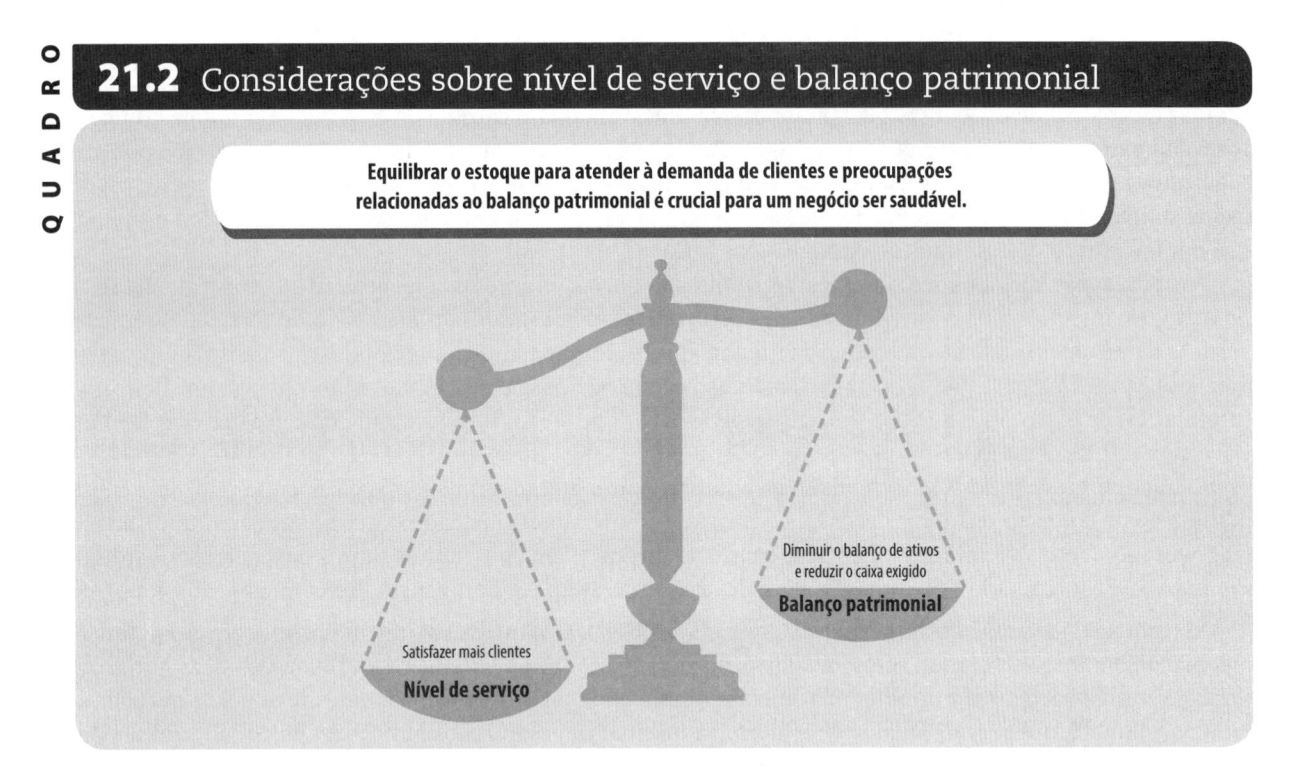

QUADRO 21.2 Considerações sobre nível de serviço e balanço patrimonial

Equilibrar o estoque para atender à demanda de clientes e preocupações relacionadas ao balanço patrimonial é crucial para um negócio ser saudável.

- Satisfazer mais clientes — **Nível de serviço**
- Diminuir o balanço de ativos e reduzir o caixa exigido — **Balanço patrimonial**

a compreender o equilíbrio vital entre duas pressões competindo no negócio. Conforme mostrado no Quadro 21.2, a empresa pode precisar de mais estoque para satisfazer os consumidores (atendendo à demanda dos clientes e oferecendo alta qualidade de serviços), mas vai querer manter menos estoque para assegurar o balanço patrimonial da empresa saudável. A gestão de estoques é particularmente importante para pequenos varejistas ou atacadistas porque o estoque normalmente representa um importante investimento nesses negócios.

21-3a Objetivos da gestão de estoques

As razões para ter estoque são numerosas. Uma analogia com a despensa de cozinha pode ajudar você a entender o porquê. Por que você mantém mais caixas de seu cereal favorito na despensa do que precisa hoje?

- Para comer (para atender à demanda do consumidor).
- Para evitar ir ao supermercado a cada café da manhã (para ser menos dependente do fornecedor).
- Para ter suprimentos de café da manhã para os hóspedes (para não ficar sem o produto).
- Para se beneficiar de descontos de preços (para ganhar com a redução de custos baseada em quantidade ou vendas especiais).
- Para tê-los em estoque antes que os preços subam (para se proteger contra aumentos de preços).

Esse exercício mostra que você provavelmente armazena caixas de cereais por diversas razões. Ter algo para comer no café da manhã é provavelmente apenas um dos objetivos para manter a despensa bem abastecida.

Garantir operações contínuas é particularmente importante na fabricação, pois os atrasos causados pela falta de materiais ou peças podem ter um custo. Além disso, as vendas podem ser maximizadas por completar a produção antecipadamente e por armazenar uma variedade apropriada de produtos para distribuição a estabelecimentos atacadistas e lojas varejistas. Proteger o estoque contra roubo, extravio e deterioração também contribui para a eficiência operacional e lucratividade do negócio.

Você pode concluir que ter mais mercadorias em estoque é a chave para manter um serviço de alta qualidade. No entanto, pesquisas mostram que surpreendentes 72% das principais causas de falta de estoque podem estar na loja, ou seja, derivam de problemas variados, tais como previsão incorreta, estoque perdido ou extraviado, sistemas de armazenamento inadequados e medições inadequadas de estoque.[5] Ter mais estoque disponível aumentaria custos, mas não melhoraria a qualidade do serviço nesses casos, porque os consumidores ainda seriam impedidos de ter acesso ao estoque devido a esses outros problemas fundamentais.

21-3b Controle de custos de estoque

Manter o estoque ideal – o nível que minimiza as faltas e elimina o excesso de estoque – economiza dinheiro e contribui para lucros operacionais. Métodos tradicionais que determinam os níveis ideais de estoque podem ser suficientes para o seu negócio. Um desses métodos calcula o **lote econômico de compras**, um índice relativamente simples que determina a quantidade de compra de um determinado item (qual será mantido no estoque) que minimizará os custos totais de estoque.[6]

Na busca por métodos mais avançados, muitas pequenas empresas têm utilizado o **controle estatístico de estoque**, que acomoda a variabilidade de oferta e demanda usando um nível-alvo de serviço. Esse método permite determinar estatisticamente a quantidade apropriada de estoque a ser obtido e é mais fácil de usar do que você possa imaginar. De fato, as ferramentas necessárias para esse cálculo estão nos pacotes de software empresariais de baixo custo que têm sido desenvolvidos para pequenos negócios, tais como o Microsoft Dynamics GP ou o SAP Business One.

Se uma empresa pudesse encomendar mercadorias ou matérias-primas e fazer estoque sem ter nenhuma despesa além do custo dos itens, haveria, com certeza, pouca preocupação com a quantidade de pedidos em qualquer momento. No entanto, este não é o caso. O estoque vem com muitos outros custos relacionados, que são muitas vezes ignorados. No mínimo, você deve considerar os seguintes custos adicionais:

- Armazenamento (terrenos e edifícios, bem como estantes e sistemas de organização).
- Roubo, clima, deterioração e obsolescência.
- Custo de capital ("empatar" dinheiro em estoque que poderia ser mais bem usado em outro lugar).
- Custos de transação (encomendar, receber, inspecionar, transportar e distribuir estoque).
- Apólices de seguros e segurança.
- Custos de alienação (estoque que não pode ser vendido).

Seu negócio pode ter que lidar com esses e outros custos. Embora alguns deles sejam custos fixos, outros irão crescer e diminuir com base na quantidade mantida de estoque. A gestão de custos de estoque pode ser um desafio complexo, mas existem abordagens que podem ajudá-lo a minimizar esses custos, incluindo o método ABC e o sistema de estoque *just in time*.

CLASSIFICAÇÃO DE ESTOQUE ABC

Alguns itens de estoque são mais valiosos ou críticos para as operações de uma empresa do que outros. Ou seja, alguns itens têm um impacto maior sobre os custos e lucros de um negócio. Como regra geral, os gestores estarão mais atentos aos itens de estoque que requerem maior investimento. A gestão do estoque de acordo com a sua prioridade pode ajudar a melhorar o desempenho de uma empresa.

Uma abordagem para análise de estoques, o **método ABC**, classifica itens em três categorias baseadas no valor de demanda, em se tratando de produtos acabados, ou no valor de consumo quando se tratar de produtos em processo ou matérias-primas e insumos (preço de compra ou custo unitário × quantidade anual consumida ou demandada). Seu propósito é focar a atenção gerencial nos itens mais importantes. O número de categorias pode ser facilmente expandido para quatro ou mais, se isso parecer mais apropriado para uma determinada empresa.

A categoria A inclui alguns itens de estoque de alto valor que representam a maior porcentagem de dinheiro total ou são críticos no processo de produção e, portanto, merecem controle mais próximo. Esses itens podem ser monitorados usando-se um sistema de estoque que mantenha um registro corrente de recibos, retiradas e saldos de cada item. Dessa maneira, uma empresa pode evitar um investimento desnecessariamente pesado em itens caros do estoque.

Os itens da categoria B são menos dispendiosos, mas merecem atenção moderada porque ainda constituem uma parte significativa do investimento total de estoque da empresa. A categoria C contém itens de baixo custo ou não críticos, como clipes de papel em escritório e porcas e parafusos em uma oficina. Os custos de manutenção desses itens não são suficientemente grandes para justificar um controle mais próximo. Esses itens podem ser verificados periodicamente para que um suprimento suficiente esteja disponível.

SISTEMAS DE ESTOQUE JUST IN TIME

O **sistema de estoque *just in time*** foi projetado para reduzir os custos de movimentação de estoque comprando o que é necessário apenas quando é necessário. Inicialmente popularizado pelos japoneses, a abordagem *just in time* tem levado a reduções de custos em muitos países. Novos itens são recebidos, presumivelmente, somente quando o último item desse tipo existente no estoque é colocado em serviço. O conceito *just in time* baseia-se em alguns princípios básicos, mas o principal dentre eles é a ênfase no *pull* de estoque em oposição ao *push*. Ou seja, os itens do estoque são fabricados ou comprados em resposta à demanda (*pull*), e não em resposta ao que é planejado ou antecipado (*push*). Esse método evita a acumulação de estoque desnecessário.

Muitas grandes empresas adotaram alguma forma de sistema *just in time* para gestão de estoques, mas os pequenos negócios também podem se beneficiar da sua utilização. É importante notar que essa abordagem requer uma coordenação cuidadosa com os fornecedores. As localizações dos fornecedores, cronogramas de produção e horários de transporte devem ser cuidadosamente considerados, já que tudo isso afeta a capacidade de uma empresa de obter materiais de forma rápida e previsível – uma condição necessária para o uso dessa abordagem. O método *just in time* também requer um sistema de produção flexível, com tempos curtos de configuração e de resposta.

Os benefícios da gestão *just in time* vão além da redução do estoque interno e da criação de um balanço patrimonial mais saudável. Problemas de qualidade tornam-se mais evidentes mais cedo, o que reduz o desperdício. Espaço de armazenamento, custos com apólices de seguro e crédito rotativo são liberados para outros fins. O objetivo final desse método é a obtenção de um sistema suave e equilibrado que responda agilmente à demanda do mercado.

O sistema de estoque *just in time* tem sido utilizado por empresas de todos os tamanhos com bons resultados. Observe, por exemplo, a McAlister's Deli, uma cadeia franqueada de mais de 341 restaurantes em 24 estados nos EUA. A operação de cada franquia é cuidadosamente detalhada no manual de operações da empresa. Sua abordagem prescrita especifica que cada restaurante deve criar quatro estações de produção de sanduíche, ou células de produção, e usá-las conforme necessário, com base no horário e no fluxo de clientes. Cada estação tem um único operador que recebe pedidos de sanduíche em lotes. Assim, se um grupo de oito consumidores chega ao restaurante, uma estação de trabalho prepara sanduíches para todos os oito.[7]

Um restaurante McAlister localizado na parte central do estado do Texas é um dos pontos de maior volume e recebeu permissão para realizar uma experiência com o sistema de produção, fazendo duas mudanças. Primeiro, para acomodar o alto volume, as quatro células foram alteradas para duas linhas de montagem com trabalhadores especializados. Apenas uma das linhas é usada a maior parte do tempo, mas é operada por quatro a seis trabalhadores. A segunda modificação, consistente com o espírito da abordagem *just in time*, é que o tamanho do lote foi alterado para um sanduíche, independentemente do tamanho do pedido. Isto é, mesmo quando ambas as linhas de produção estão operando, os sanduíches em um grande pedido serão divididos com base na capacidade disponível. O resultado foi uma redução do tempo de entrega da ordem e variabilidade, menos erros e maior eficiência. Por causa desse novo arranjo ter funcionado tão bem, o proprietário local ficou feliz com a mudança, assim como o franqueador.[8]

21-3c Sistemas de manutenção de registros de estoque

Quanto maior a empresa, maior a necessidade de manutenção de registros, mas mesmo um negócio bem pequeno precisa de um sistema para manter as contas relacionadas com seu estoque. Como os fabricantes estão preocupados com três categorias gerais de estoque (matérias-primas e suprimentos, trabalho em andamento e produtos acabados), seus registros de estoque são mais complexos do que aqueles dos atacadistas e varejistas. As pequenas empresas devem enfatizar a simplicidade nos seus métodos de controle. O excesso de controle pode ser tanto um desperdício como desnecessário.

Na maioria dos pequenos negócios, os registros de estoque são informatizados. Muitos programas diferentes estão disponíveis para esse fim. O proprietário ou gerente, em consulta com os consultores contábeis da empresa, pode selecionar o software mais adequado para as necessidades específicas do negócio.

As verificações de estoque podem ser realizadas de diferentes maneiras. Um **sistema de inventário físico do estoque** depende de uma contagem real de itens à mão. A contagem é feita em unidades físicas, como peças, galões ou caixas. Ao usar esse método, uma empresa pode criar um registro exato do seu nível de estoque em um determinado ponto no tempo. Algumas empresas têm um fechamento anual para contar tudo – um inventário físico completo. Outros usam a **contagem de ciclos**, programando diferentes segmentos do estoque para contagem em diferentes momentos durante o ano. Isso simplifica o processo e o torna menos complicado para o negócio como um todo.

Um **sistema de inventário permanente do estoque** fornece um registro contínuo e atual de itens no estoque. Isso não requer uma contagem física. No entanto, a contagem física do estoque deve ser feita periodicamente para garantir a precisão do sistema e fazer ajustes para fatores como perda ou roubo.

O método mais simples é chamado de **sistema de inventário de estoque de dois compartimentos**. Para cada item no estoque, a empresa cria dois recipientes, cada um retendo o suficiente para cobrir o tempo de entrega. Quando um é esvaziado, ele é substituído pelo segundo e um novo recipiente é encomendado. Na verdade, você já pode estar usando essa abordagem em casa. Por exemplo, você usa açúcar de um saco, mas mantém um segundo saco na despensa. Quando o primeiro saco fica vazio, você abre o segundo e compra um novo saco na mercearia. Como resultado, sua gula por coisas doces é sempre saciada.

21-4 GESTÃO DA QUALIDADE E DE OPERAÇÕES

Proprietários de pequenas empresas bem-sucedidas percebem que a gestão da qualidade é negócio sério e que um forte compromisso com a realização de metas de qualidade é essencial. Mas a qualidade só pode ser alcançada na medida em que as operações conduzam aos resultados que os consumidores querem. Seguindo essa lógica, as empresas que não conseguem ter qualidade em suas operações não terão os compradores de que precisam para permanecer no negócio por muito tempo.

21-4a A qualidade como ferramenta competitiva

A **qualidade** pode ser definida como as características de um produto ou serviço que determinam a sua capacidade de satisfazer necessidades declaradas e implícitas. A qualidade, obviamente, tem muitas dimensões. Por exemplo, os clientes de um restaurante baseiam suas percepções de qualidade no gosto da comida, na atratividade da decoração, na simpatia e prontidão de servidores, na limpeza dos talheres, na adequação da música de fundo e em muitos outros fatores. O processo de operações estabelece o nível de qualidade conforme um produto esteja sendo produzido ou um serviço esteja sendo prestado. Embora os custos e outras considerações não possam ser ignorados, a qualidade deve continuar a ser o foco principal das operações de uma empresa.

A concorrência internacional está cada vez mais voltada para as diferenças de qualidade. Fabricantes norte-americanos de automóveis, por exemplo, colocam agora muito mais ênfase na qualidade em suas tentativas de competir de forma eficaz com produtores estrangeiros. Ao analisar os processos de operações, os gerentes de pequenos negócios também devem direcionar especial atenção para alcançar qualidade superior de produto ou serviço.

A American Society for Quality (ASQ) tem sido a principal organização de melhoria de qualidade nos Estados Unidos há mais de 65 anos e tem introduzido muitos métodos de melhoria de qualidade em todo o mundo. Entre eles está uma abordagem conhecida como **gestão da qualidade total (TQM)***, um esforço agressivo por parte de uma empresa para atingir qualidade superior. A gestão da qualidade total é uma abordagem abrangente de gestão com ênfase na qualidade que é direcionada ao cliente (necessidades e desejos dos clientes estão no seu centro), enfatiza o comprometimento organizacional (gerentes lideram os esforços da qualidade, mas a empresa como um todo participa) e foca uma cultura de melhoria contínua. Os esforços mais bem-sucedidos de gestão da qualidade incorporam essas três características.

As empresas que são particularmente sérias em cumprir os mais altos padrões de qualidade podem submeter petições para receber o Malcolm Baldrige National Quality Award (visite www.nist.gov/baldrige para detalhes), que foi descrito como "uma espécie de medalha de ouro do *decatlo* de excelência organizacional."[9] Milhares de negócios que optam por não submeter uma petição ainda assim usam os critérios e perguntas do prêmio para fazer uma verificação de suas operações. Mas independentemente disso, o processo é exaustivo. Um observador de um pequeno negócio descreve o processo:

A experiência de preencher a petição, mesmo como um exercício acadêmico, é semelhante a escrever um livro sobre sua empresa ou passar por uma versão empresarial da psicanálise. Esse curso de autoavaliação e melhoria requer que empresas levantem as persianas de suas janelas, abram cada armário e closet *e vejam – de verdade – onde sua forma de pensar não está clara e seus esforços são inadequados ou completamente incipientes.*[10]

Isso pode estar um pouco além de seu alcance agora. Mas, em algum momento, você pode querer passar pelo processo com seu pequeno negócio a fim de traçar um caminho claro em direção a um excelente desempenho de qualidade.

---

* N.R.T.: TQM – *total quality management*.

21-4b O foco do cliente na gestão da qualidade

Os esforços de gestão de qualidade de uma empresa devem começar com um foco nos consumidores que compram seus produtos ou serviços. Sem esse foco, a busca por qualidade pode facilmente degenerar em uma busca sem objetivo de algum ideal abstrato e ilusório. Para começar, o empreendedor deve determinar os produtos e serviços que irão satisfazer as necessidades e expectativas dos clientes. Os clientes têm expectativas quanto à qualidade dos produtos (tais como durabilidade e atratividade) e serviços (tais como velocidade e precisão).

Um consumidor está preocupado com a qualidade do produto ao comprar uma câmera ou um pão, mas sua principal preocupação é a qualidade do serviço ao ter um automóvel reparado ou um terno feito sob medida. Frequentemente, um cliente espera alguma combinação de qualidade de produto e de serviço – por exemplo, o comprador de uma TV de tela plana pode estar preocupado com o desempenho do modelo selecionado, conhecimento e cortesia do vendedor, condições de crédito oferecidas e cobertura de garantia.

Às vezes, pode ser fácil interpretar mal o que os consumidores querem, mas o que eles desejam é geralmente muito simples. Por exemplo, um dono de carro que leva seu automóvel para uma oficina espera receber serviço competente (isto é, um reparo bem-sucedido), obter uma explicação do que teve de ser feito e ser tratado com respeito. Da mesma forma, um hóspede de um hotel antecipa receber um quarto limpo, tendo segurança razoável e sendo tratado como um hóspede valorizado. Essas expectativas simples abrem um leque de oportunidade. Exceder essas expectativas básicas pode deixar uma impressão duradoura e favorável nos clientes, o que muitas vezes resulta na repetição de negócios e na promoção gratuita da empresa por meio do boca a boca positivo. Como um bônus, uma preocupação genuína com as necessidades do cliente e a satisfação pode ser uma força poderosa que dinamiza o esforço de gestão da qualidade total de uma empresa.

VAREJO É DETALHE

Talvez você já tenha ouvido a expressão "Varejo é detalhe". Isso significa que os detalhes operacionais são cruciais para o sucesso de um negócio, especialmente no setor de varejo. Considere a Five Guys Burgers and Fries, uma cadeia de restaurantes abertos por Jerry Murrell e seus filhos em 1986. Os clientes podem amar a comida, mas poucos de seus clientes leais reconhecem a meticulosa atenção ao detalhe que faz do restaurante o sucesso fenomenal que é hoje nos EUA. Tudo começa com o projeto da instalação. "Eu queria que as pessoas soubessem que gastamos todo o nosso dinheiro em comida", insiste Murrell. "É por isso que a decoração é tão simples – azulejos vermelhos e brancos."[11]

Para os Murrells, fazer hambúrgueres e batatas fritas de alta qualidade não é nada menos do que uma obsessão. Considere alguns dos detalhes meticulosos que foram planejados para as operações da cadeia.[12]

- As batatas fritas Five Guys são feitas apenas com batatas cultivadas em Idaho e ao norte do paralelo 42, que crescem mais lentamente e têm muito mais qualidade, não importando que essas batatas sejam consideravelmente mais caras.
- A maioria das cadeias de restaurantes desidrata suas batatas fritas congeladas para eliminar a umidade que espirra quando elas entram em contato com o óleo. A Five Guys na verdade encharca suas batatas em água primeiro e depois faz uma pré-fritura para forçar o vapor para fora e criar uma selagem. Então, quando fritam pela segunda vez, elas não absorvem óleo nem ficam gordurosas.
- A cadeia tosta todos os pãezinhos na grelha para criar um sabor caramelizado, apesar do fato de que usar uma torradeira de pão seria mais rápido e mais barato.
- A carne utilizada é 80% magra e sempre fresca, nunca congelada.
- Todos os hambúrgueres são feitos sob encomenda, com 17 coberturas possíveis, razão pela qual a empresa nunca permitirá operações de *drive-thru*.

A ênfase em "varejo é detalhe" definitivamente valeu a pena para o negócio, com a Five Guys expandindo apenas 5 lojas em 2002 para mais de 1.000 locais em 47 Estados norte-americanos e 6 províncias canadenses pouco mais de uma década depois.[13]

FEEDBACK DO CLIENTE

Ouvir atentamente as opiniões dos consumidores pode fornecer informações sobre o seu nível de satisfação. Os empregados que tenham contato direto com os consumidores podem servir como olhos e ouvidos do negócio na avaliação dos níveis de qualidade existentes e das necessidades dos clientes.

Vivendo o sonho
EXPERIÊNCIAS EMPREENDEDORAS

A Five Guys obtém cinco estrelas em qualidade de alimentação

Desde que Jerry Murrell fundou a Five Guys Burgers and Fries em Arlington, Virgínia, a empresa teve uma expansão muito rápida. E o crescimento físico tem também gerado grandes resultados financeiros com receitas que cresceram 32,8% em um único ano.

O segredo para o sucesso da empresa? Foco semelhante a um laser em ingredientes de qualidade e serviço ao cliente. "É uma história simples", diz Murrell. "Venda bons hambúrgueres e as pessoas vão pagar por eles." A constante lealdade a esse princípio orientador tem permitido que a Five Guys obtenha sucesso, apesar da mudança nos gostos dos consumidores e preocupações crescentes sobre valor nutricional.

Murrell fundou a Five Guys depois que os filhos mais velhos revelaram que não tinham nenhum interesse em ir para a faculdade. "Eu sugeri que abrissem uma hamburgueria", lembra ele. Desde o início, os novos empresários juraram usar apenas ingredientes frescos e de excelente qualidade. Devido aos custos mais altos, eles tinham que cobrar preços mais elevados, mas consumidores famintos voavam em revoada para o restaurante de qualquer jeito. Era evidente que os Murrells poderiam estar ligados a algo grande, e seus resultados de negócios têm confirmado. Após quase uma década de operações bem-sucedidas, Murrell e os filhos começaram a franquear a marca. Mas, na expansão, permaneceram absolutamente intransigentes em sua ênfase do controle de qualidade.

Uma das maneiras singulares que a Five Guys utiliza para garantir padrões elevados é por meio de um plano de incentivos inovador. A empresa emprega auditores terceirizados que avaliam secretamente a limpeza de cada localização, atendimento ao cliente e adesão à política. Equipes que passam na revisão recebem US$ 1.000, que dividem entre si; para empregados que ganham US$ 9 por hora, esse dinheiro adicional é um incentivo muito atrativo. No final de 2014, a Five Guys pagou entre US$ 11 e US$ 12 milhões em bônus para empregados pelo compromisso deles com os padrões de alta qualidade da empresa.

Em vez de lançar campanhas promocionais dispendiosas, a Five Guys depende da propaganda boca a boca, que se origina da base de consumidores satisfeitos. Essa abordagem está fundamentada na filosofia de que alimentos de alta qualidade e um atendimento excepcional levarão os clientes a recomendar a rede de lojas a seus amigos, familiares e colegas de trabalho. Dado o sucesso alcançado pela empresa até agora, parece que a estratégia tem funcionado muito bem. As cozinhas da Five Guys não têm *freezers*, um aparelho básico em outras cadeias de *fast-food*. A decisão de não congelar os ingredientes reflete uma estrita adesão ao princípio-guia mais fundamental da empresa: se o item não é fresco, não use. Lojas da Five Guys também não usam *drive-thru*, um recurso que diferencia a empresa da maioria de seus rivais na venda de hambúrgueres. Novamente, foi o compromisso com a qualidade que levou a essa decisão. Uma vez que os hambúrgueres são feitos sob encomenda, o processo leva muito tempo para funcionar com uma operação de *drive-thru*. Murrell não se preocupa por ter tomado essa decisão e uma vez até colocou um aviso nas lojas que recomendava: "Se estiver com pressa, há um monte de hamburguerias realmente boas bem perto daqui. Os consumidores parecem entender a mensagem e continuam retornando às lojas da Five Guys exatamente por essa razão".

A tentação de reduzir custos esteve sempre presente, mas a empresa tem permanecido firme no seu compromisso com uma abordagem de alta qualidade. "Uma vez eu sugeri usar uma fatia de tomate em vez de duas," admite Murrell. "Meus filhos iniciaram uma revolução." O restaurante continuou a usar duas fatias, mas simplesmente aumentou o preço por hambúrguer. A receita da Five Guys é realmente muito simples: "Não gastamos o nosso dinheiro em decoração. Ou em pessoal com roupas de frango," diz Murrell. "Mas somos melhores na comida."

Fontes: Bodek and Rhodes, "Outside the Box: Five Guys and Fries", *The B+R Blog*, 13 de outubro de 2014, https://bodekandrhodes.wordpress.com/2014/10/13/outside-the-box-five-guys-burgers-and-fries. Acesso em 4 de março de 2015; Alexia Chianis, "BUZZBATTLE: Five Guys vs. In-N-Out– Which Burger Joint Feeds Your Office?" *BusinessBee*, 3 de junho de 2013, http://www.businessbee.com/resources/news/operations-buzz/buzz-battle-five-guys-vs-in-n-out-which-burger-joint-feeds-your-office. Acesso em 4 de março de 2015; "Five Guys Burgers and Fries: About Us," http://www.fiveguys.com/about-us.aspx. Acesso em 4 de março de 2015; Laurie Hurley, "What Five Guys Burgers and Fries Teaches about Social Media Management," *The Social Networking Navigator*, 3 de fevereiro de 2014, http://thesocialnetworkingnavigator.com/five-guys-burgers-fries-can-teach-social-media-management. Acesso em 4 de março de 2015; Jerry Murrell, "Five Guys Burgers and Fries", *Inc.*, vol. 36, n. 1 (fevereiro de 2014), p. 34; e "5 Reasons Why Five Guys Is a Big Success", http://www.inc.com/ss/five-guys-burgers-and-fries#1. Acesso em 4 de março de 2015.

Infelizmente, muitos gerentes não percebem o *feedback* muitas vezes sutil dos consumidores. Preocupados com detalhes operacionais, os gerentes podem não escutar atentamente, muito menos solicitar opiniões dos clientes. Os empregados que tenham contato direto com os consumidores – tais como aqueles que servem mesas em um restaurante – raramente são treinados ou encorajados a obter informações sobre as expectativas de qualidade dos consumidores. Treinamento cuidadoso e gerenciamento desses empregados poderia torná-los mais alertas para os gostos e atitudes dos consumidores e fornecer um mecanismo para relatar essas reações à gerência.

Os especialistas agora recomendam que as empresas trabalhem duro para envolver e capacitar os consumidores em esforços para melhorar a qualidade. Os métodos de pesquisa de marketing de observação, entrevistas e enquetes com os clientes, conforme descrito no Capítulo 7, podem ser utilizados para investigar a qualidade de acordo com a visão dos consumidores. Algumas empresas, por exemplo, fornecem cartões de comentários a seus clientes para utilizar na avaliação da qualidade do serviço ou do produto oferecido.

Outra abordagem para a coleta de informações baseadas no cliente é "explorar" dados de vendas da empresa, analisando-os estatisticamente em busca de ideias úteis sobre o comportamento do consumidor. Considere as operações da superstar Walmart e sua resposta a graves eventos climáticos. Com base em um estudo cuidadoso dos próprios dados de vendas, a empresa está ciente dos padrões de compra dos consumidores antes de tempestades. Antes de ocorrer um evento meteorológico sério, os clientes estocam o esperado: água, lanternas e geradores. Mas, depois da tempestade, os consumidores compram itens de limpeza de quintal e casa, como esfregões e sacos de lixo. Alguns itens que são comumente comprados são menos previsíveis, como Pop-Tarts ou tortinhas doces (uma peculiaridade no comportamento de compra).[14] Ao reconhecer as tendências passadas e ajustar as operações para atendê-las (incluindo ter uma ampla oferta de Pop-Tarts disponíveis após uma tempestade), o Walmart pode ajudar os mais necessitados e obter lucros ao servir as necessidades conhecidas, e talvez desconhecidas, dos consumidores com grande precisão.

A maioria dos programas de software de gestão de negócios agora inclui módulos de "inteligência nos negócios" que podem ajudar até mesmo as menores empresas a descobrir padrões de compra de consumidores para que possam responder adequadamente. Técnicas de prospecção de dados (*data-mining*) que forneçam *insights* poderosos para orientar as operações de pequenos negócios não devem ser ignoradas.

21-4c "As sete ferramentas básicas" da qualidade

Outro elemento importante na gestão eficaz da qualidade consiste das várias ferramentas, técnicas e procedimentos necessários para garantir produtos e serviços de alta qualidade. Uma vez que o foco seja deslocado para o consumidor e toda a organização esteja comprometida com a melhoria contínua, os métodos operacionais tornam-se preocupações críticas. Kaoru Ishikawa, o pai dos "círculos de qualidade", afirmava que 95% dos problemas de qualidade de uma empresa típica podem ser resolvidos usando as seguintes sete ferramentas (às vezes chamadas de "As sete ferramentas básicas"):[15]

1. Diagrama de causa e efeito (também conhecido como um gráfico de Ishikawa, ou um diagrama de espinha de peixe) identifica possíveis causas para um efeito ou problema ao mesmo tempo que as classifica em categorias.
2. Planilha de verificação estruturada e preparada para coletar e analisar dados.
3. Gráfico de controle transforma os dados em gráficos que podem ser usados para determinar se um processo pode falhar de alguma forma previsível e corrigível.
4. Histograma é o gráfico mais utilizado para mostrar com que frequência cada valor diferente ocorre em um conjunto de dados.
5. Gráfico de Pareto apresenta gráficos de barras que revelam quais causas são significativas, separando as "poucas que são vitais" das "diversas que são úteis".
6. Diagrama de dispersão (ou *scattergram*) faz gráficos com pares de conjuntos diferentes de variáveis, permitindo uma busca por relações ou padrões de qualidade.
7. Fluxograma (ou diagrama de execução) representa visualmente a série de passos necessários para completar uma operação.

Embora essa lista possa parecer árdua, a maioria das ferramentas é simples e requer quase nenhum treinamento para usá-las, com exceção dos gráficos de controle, que são discutidos em mais detalhes mais adiante nesta seção. Você pode aprender mais sobre como usar todas as sete ferramentas por meio de recursos *on-line*.

21-4d Inspeção de qualidade vs. poka-yoke

O método tradicional de gestão para manter a qualidade do produto tem sido **inspeção**, que consiste em examinar uma peça ou um produto para determinar se é ou não aceitável. Um inspetor frequentemente usa indicadores para avaliar variáveis importantes de qualidade. Para um controle de qualidade eficaz, o inspetor deve ser honesto, objetivo e capaz de resistir à pressão do pessoal de fabricação para aprovar casos próximos ao limite.

Embora o processo de inspeção seja geralmente discutido com referência à qualidade do produto, comparação de medidas pode ser usada para avaliar a qualidade de um serviço. Chamadas telefônicas de acompanhamento (*follow-up*) para os consumidores de uma oficina de automóveis, por exemplo, podem ser utilizadas para mensurar a qualidade dos serviços de reparo da empresa. Pode-se perguntar aos consumidores se os reparos recentes foram executados dentro do prazo estimado e de forma satisfatória.

O problema com a inspeção é que ocorre após o fato – isto é, depois de bens ou serviços inadequados terem sido criados ou colocados à venda. Nesse ponto, recursos consideráveis já terão sido consumidos nas operações de uma empresa, mas sem nenhuma qualidade a ser mostrada. Isso pode levar tanto a custos internos (os relacionados com o reparo, inspeção, prevenção e treinamento) quanto externos (aqueles relacionados à perda de reputação e de consumidores que continuariam a fazer negócios com a empresa). Saber disso inspirou o guru de qualidade Philip Crosby a declarar, "Qualidade é gratuita!" Em outras palavras, as *economias* associadas com a obtenção da qualidade certa mais do que compensam o *custo* de um programa de gestão de qualidade total.

Processos de inspeção de qualidade são úteis, mas o **poka-yoke** (do japonês, a noção de planejar processos de negócios para evitar defeitos) é uma abordagem mais proativa que busca eliminar erros nas operações de uma empresa. Por exemplo, um forno de micro-ondas pode ser concebido de forma que não funcione com a porta aberta, impedindo assim o vazamento de radiação. Em muitos restaurantes de *fast food* as fritadeiras agora tiram o produto fora do óleo quente usando uma máquina com temporização, em vez de depender de um funcionário atento e um alarme audível. Essa inovação impede o desperdício de alimentos (muito ou pouco cozidos) e elimina a possibilidade de lesões de queimadura com óleo.

21-4e Métodos estatísticos de controle de qualidade

O uso de métodos estatísticos e gráficos de controle geralmente pode tornar mais fácil, menos dispendioso e mais eficaz o controle de qualidade de produto e serviço. Como alguns conhecimentos de métodos quantitativos são necessários para desenvolver um método de controle de qualidade usando análises estatísticas, um empregado devidamente qualificado deve estar disponível para liderar essa parte do processo. Em geral, a economia possibilitada pelo uso de um método estatístico eficiente mais do que justifica o custo de sua criação e gestão.

A **amostragem de aceitação** envolve a coleta de amostras aleatórias de produtos e sua consequente medição dentro de padrões predeterminados. Suponha que um pequeno negócio receba uma remessa de 10 mil peças de um fornecedor. Em vez de avaliar todas as 10 mil peças, o comprador pode verificar a aceitabilidade de uma pequena amostra de peças e depois aceitar ou rejeitar todo pedido com base nos resultados. Quanto menor a amostra, maior o risco de aceitar um lote defeituoso ou de rejeitar um bom lote devido ao erro de amostragem. Uma amostra maior reduz esse risco, mas aumenta o custo da inspeção. Um plano bem desenhado atinge um equilíbrio, simultaneamente evitando custos excessivos de inspeção e minimizando o risco de aceitação/rejeição.

A utilização da análise estatística possibilita estabelecer limites de tolerância que permitem a variação inerente devido ao acaso. Quando as medições ficam fora dos limites de tolerância, no entanto, o controlador de qualidade sabe que há um problema e deve buscar a causa. Um gráfico de controle mostra os limites do processo que está sendo controlado. Conforme os dados atuais são inseridos, é possível saber se um processo está sob ou fora de controle (aleatório ou não aleatório). Os gráficos de controle podem ser usados tanto para inspeções de atributo quanto de variáveis.

Os **atributos** são parâmetros de produto ou serviço que podem ser contados como presentes ou ausentes. Uma lâmpada acende ou não acende; de forma similar, uma mangueira de água tem vazamentos ou não. As **variáveis** são parâmetros mensurados que estão em um contínuo, tais como peso ou comprimento. Se uma grande lata de castanha de caju for vendida contendo um mínimo de 1 quilo de nozes, um inspetor pode julgar o produto aceitável se seu peso variar dentro do intervalo de 32 a 33 onças (907,2 a 935,53 gramas).

Um problema pode ser causado por variações nas matérias-primas, desgaste da máquina ou mudanças nas práticas de trabalho dos empregados. Considere, por exemplo, um fabricante de doces que esteja produzindo caixas de uma libra (0,4545 kg) de chocolates. Embora o peso possa variar ligeiramente, cada caixa deve pesar pelo menos 16 onças. Um estudo do processo de operações determinou que o peso-alvo real deve ser de 16,5 onças para permitir a variação normal entre 16 e 17 onças. Durante o processo de produção, um conjunto de caixas é pesado a cada 15 ou 20 minutos. Se o peso médio de uma caixa estiver fora dos limites de tolerância – abaixo de 16 ou acima de 17 onças –, o controlador de qualidade deve tentar imediatamente encontrar o problema e corrigi-lo.

Os aperfeiçoamentos contínuos na tecnologia computacional têm avançado o uso de processos de controle estatístico em pequenas empresas. De fato, muitos sistemas ERP comerciais (software de computador que coordena todas as facetas das operações da empresa) para negócios menores agora incluem ferramentas estatísticas de controle de qualidade. Alguns dos sistemas mais adequados às necessidades das pequenas empresas incluem NetSuite, Sage, SYSPRO e Epicor. Selecionar o pacote certo para um empreendimento específico pode ser uma decisão complexa que deve ser feita com cautela e com a ajuda de um conselheiro experiente.

21-4f Certificação Internacional para Gestão da Qualidade

Uma empresa pode obter o reconhecimento internacional do seu programa de gestão da qualidade cumprindo uma série de normas, conhecidas como **ISO 9000**, desenvolvidas pela International Organization for Standardization (ISO) em Genebra, Suíça. O processo de certificação exige documentação completa dos procedimentos de gestão da qualidade de uma empresa, bem como uma auditoria para garantir que a empresa esteja operando de acordo com esses procedimentos. Em outras palavras, a empresa deve mostrar que faz o que diz que faz.

A certificação ISO 9000 é particularmente valiosa para as pequenas empresas porque elas geralmente não têm uma imagem global como fabricantes de produtos de alta qualidade. Compradores em outros países, especialmente na Europa, veem essa certificação como um indicador de confiabilidade do fornecedor. Algumas grandes corporações dos Estados Unidos, como os principais fabricantes de automóveis, exigem conformidade com essas normas. Os pequenos negócios podem, portanto, precisar da certificação ISO 9000 tanto para vender mais facilmente nos mercados internacionais quanto para satisfazer as demandas dos seus consumidores domésticos.

As preocupações ambientais e o foco na responsabilidade social criaram novas oportunidades e desafios para os empreendedores. Embora não haja certificações gerais disponíveis, a International Organization for Standardization oferece também uma Certificação ISO 14001. Essa certificação reflete a eficiência com que as empresas definem e melhoram os seus processos operacionais a fim de controlar o impacto das emissões de veículos e de fumaça, ruído e outras precipitação no ar, água e solo.

A certificação ISO é difícil de ser obtida, mas o retorno em consegui-lo faz tudo valer a pena. A agência de publicidade Partners + Napier assumiu o desafio ISO 9000, que durou seis meses e custou cerca de US$ 20.000. Mas, como resultado, a empresa teve ganhos significativos e a produção criativa da agência parece ter florescido também. A Partners + Napier está conseguindo produzir um trabalho de qualidade superior em muito menos tempo. Essas melhorias agora são repassadas diretamente ao modo de fazer negócios da empresa.[16]

21-4g Gestão da qualidade em empresas de serviços

Para muitos tipos de empresas de serviços, o controle de qualidade constitui a responsabilidade importante da gestão da empresa. Quando tudo o que uma empresa vende é serviço, seu sucesso depende das percepções dos clientes sobre a qualidade desse serviço.

Embora a satisfação dos clientes com as empresas de serviços tenha sido maior nos últimos anos, ainda há muito espaço para melhorias. Por exemplo, algumas grandes empresas adaptam a qualidade dos serviços que prestam à lucratividade do cliente – melhores clientes recebem melhor serviço – e isso pode facilmente levar à insatisfação geral. Mas o mau serviço de grandes empresas (sistemas de atendimento de telefone automatizado que não permitem que as pessoas que ligam falem com um representante, longas filas, relutância em responder aos problemas dos consumidores etc.) abre espaço para pequenas empresas orientadas para os serviços. Embora alguns serviços sejam muito caros para serem usados como armas competitivas potentes, oferecer um serviço de alta qualidade pode, às vezes, envolver nada mais do que simples atenção aos detalhes.

A coleta de medidas relevantes e úteis pode ser problemática ao avaliar a qualidade de um serviço. É mais fácil medir o comprimento de uma seção de tubulação do que a qualidade de acomodações de um motel. Contudo, medições de qualidade de serviço podem ser elaboradas. Por exemplo, um gerente de motel pode manter um registro do número de problemas com reservas de viajantes, reclamações sobre a limpeza dos quartos, e assim por diante. Frequentemente, o "fácil de medir" se torna a única medida. É essencial que as medidas de avaliação sejam escolhidas cuidadosamente para encontrar os parâmetros mais relevantes para retratar fielmente as perspectivas dos consumidores sobre a qualidade.

21-5 POLÍTICAS E PRÁTICAS DE COMPRAS

Embora a função varie de acordo com o tipo de negócio, a atividade de compras constitui uma parte importante da gestão de operações na maioria dos pequenos negócios. Por meio das compras, as empresas obtêm materiais, mercadorias, equipamentos e serviços para atender objetivos de produção e de marketing. Por exemplo, as empresas de manufatura compram matérias-primas ou componentes, empresas de merchandising compram produtos a serem vendidos e todos os tipos de empresas obtêm suprimentos.

21-5a A importância da compra

A qualidade de um produto acabado depende da qualidade das matérias-primas utilizadas. Se um produto deve ser fabricado com grande precisão e rigor, o fabricante deve adquirir materiais e componentes de alta qualidade. Então, se um processo bem gerenciado de produção for usado, produtos excelentes serão o resultado. Do mesmo modo, a aquisição de mercadoria de alta qualidade torna mais fáceis as vendas de um revendedor para os consumidores e reduz o número de reduções de preço necessárias e de devoluções de mercadorias.

As compras também contribuem para operações lucrativas, assegurando que produtos sejam entregues quando forem necessários. A falha em receber materiais, peças ou equipamentos programados pode causar interrupções dispendiosas nas operações de produção. Em um negócio de varejo, a falta de recebimento de mercadoria dentro do prazo pode significar perda de vendas e, possivelmente, perda permanente de clientes.

Outro aspecto da compra eficaz é garantir o melhor preço possível. Economias de custo vão diretamente para a linha de produção, de modo que as práticas de compra que buscam os melhores preços podem ter grande impacto sobre a saúde financeira de um negócio.

Note, no entanto, que a importância da função de compra varia de acordo com o tipo de negócio. Em uma pequena empresa de serviços de mão de obra intensiva – como um escritório de contabilidade –, as compras de suprimentos são responsáveis por uma parte muito pequena do total de custos operacionais. Essas empresas estão mais preocupadas com os custos da mão de obra do que com custos de suprimentos ou outros materiais que possam ser exigidos em seu processo de operações.

FAZER OU COMPRAR?

Muitas empresas enfrentam **decisões de fazer ou de comprar**. Essas escolhas são especialmente importantes para pequenas empresas de manufatura que têm a opção de fazer ou comprar componentes para os produtos que produzem. Uma opção de fazer ou comprar menos óbvia existe no que diz respeito a certos serviços – por exemplo, a contratação de serviços de limpeza ou de locação de carros *em vez de* suprir essas necessidades internamente. Algumas razões para fabricar componentes, em vez de comprá-los, são listadas a seguir:

- A utilização mais completa da capacidade da fábrica permite maior economia na produção.
- Os suprimentos estão garantidos com menos atrasos causados por mudanças ou dificuldades com fornecedores externos.
- Um projeto secreto pode ser protegido.
- As despesas são reduzidas em um valor equivalente aos custos de transporte e à despesa e lucro de venda do fornecedor externo.
- Uma maior coordenação e controle do processo de produção total pode facilitar a programação e o controle de operações.
- As peças produzidas internamente podem ser de qualidade superior àquelas de fornecedores externos.

As razões para comprar peças componentes, em vez de fabricá-las, incluem:

- A peça de um fornecedor externo pode ser mais barata por ser especializado na produção dessa peça.
- Espaço adicional, equipamentos, habilidades de pessoal e capital de giro não são necessários.
- É necessária uma experiência gerencial e habilidades menos diversificadas.
- Maior flexibilidade é oferecida, especialmente na fabricação de um item sazonal.
- As operações na fábrica podem se concentrar na especialidade da empresa – produtos acabados e serviços.
- O risco de obsolescência de equipamentos é transferido para terceiros.

A decisão de fazer ou comprar deve ser baseada em custos de longo prazo e otimização do lucro porque pode ser cara de ser revertida. As diferenças de custos subjacentes precisam ser cuidadosamente analisadas, uma vez que pequenas economias tanto de compra quanto de fabricação podem afetar muito as margens de lucro.

TERCEIRIZAÇÃO

Às vezes, faz sentido para uma empresa contratar um fornecedor externo (ou seja, uma parte independente com seus próprios empregados) para assumir e administrar uma ou mais de suas funções. Isso é chamado de **terceirização**. (A terceirização internacional foi discutida no Capítulo 18.) Como mencionado anteriormente, as empresas podem às vezes economizar dinheiro trabalhando com fornecedores externos especializados em um determinado tipo de trabalho, em especial, tarefas como contabilidade, folha de pagamento, limpeza e serviços de manutenção dos equipamentos. A experiência desses fornecedores externos pode permitir prestar serviços de melhor qualidade em virtude da sua especialização.

De acordo com uma pesquisa do Human Capital Institute, uma associação global para gestão de talento e liderança, 90% das empresas dos EUA estão engajadas na terceirização de alguma forma. A quantidade de trabalho que eles terceirizam vem crescendo, de uma média de 6% do total de operações em 1990 para mais de 27% duas décadas depois.[17] Da mesma forma, um estudo de 2014 da Deloitte Consulting prevê que o crescimento na terceirização internacional continuará, especialmente quando se trata de funções de tecnologia da informação, jurídicas, imobiliárias e de gestão de instalações.[18]

Apesar dessa tendência, pode haver claras desvantagens na terceirização – por exemplo, ninguém conhece um pequeno negócio tão bem quanto seu proprietário, nem trabalha mais duro para o seu sucesso do que ele. O empreendedor Bruce Judson adverte contra a terceirização de habilidades únicas da empresa ou de seu produto principal, mas afirma que tudo o mais deve estar na mesa de negociação. Na visão de Judson, delegar essas tarefas a outros libera o tempo necessário do empreendedor para se concentrar em seus pontos fortes.[19]

A terceirização pode assumir muitas formas. O Capítulo 20 explicou a prática de colaboração, por meio da qual uma pequena empresa pode transferir seus empregados para uma organização que emprega profissionais, que então os "aluga" de volta para a empresa. Nesse caso, o pequeno negócio está terceirizando o processo de preparação da folha de pagamento. Mas o crescimento explosivo da terceirização entre empresas menores pode ser principalmente uma consequência de utilizar o amplo alcance da internet para aproveitar os serviços de *freelancers* ávidos por trabalho. Sites como guru.com, 99designs.com e Freelancer.com conectam empresas com um mercado global de *freelancers* e recebem uma pequena porcentagem no final da transação. Assim, todos saem ganhando.

AS COOPERATIVAS E A INTERNET

Algumas pequenas empresas descobriram que podem aumentar seu poder de compra se se juntarem a **cooperativas de compras**. Nesse tipo de arranjo, diversas empresas de menor dimensão combinam a sua demanda por produtos e serviços com o objetivo de negociar, como um grupo, por preços mais baixos e melhor serviço por parte de fornecedores. As cooperativas, que já existem a um longo tempo, geralmente se concentram em um setor específico para maximizar os benefícios para as empresas participantes, e podem ser muito eficazes.

A internet, no entanto, tem nivelado o campo de atuação para muitos pequenos negócios. Os proprietários de pequenas empresas atualmente em dia estão conectados na web e podem alinhar centenas de fornecedores, grandes e pequenos, para fazerem ofertas para a sua empresa – com apenas alguns cliques do *mouse*. Eles também podem terceirizar uma variedade de tarefas, desde planejamento de negócios e *design* de produtos até as apresentações de vendas e serviços de garantia. A tecnologia abriu a porta para um mundo de alternativas de terceirização que era inimaginável apenas algumas décadas atrás.

DIVERSIFICAÇÃO NO FORNECIMENTO

Os pequenos negócios devem geralmente decidir se é melhor usar mais de um fornecedor quando comprar determinado item. A resposta um tanto frustrante é "depende". Uma pequena empresa poderia concentrar as compras em um único fornecedor por alguma das seguintes razões:

- Um fornecedor específico pode ser superior na qualidade do produto.
- As encomendas maiores podem ter o benefício de descontos de quantidade.
- Os pedidos podem ser tão pequenos que é impraticável dividi-los entre vários fornecedores.

- A empresa ao fazer a compra pode, como bom cliente, qualificar-se para um tratamento imediato de pedidos urgentes e receber conselhos de gestão, informações de mercado e condições financeiras flexíveis em tempos de crise.
- O contrato de franquia pode exigir que se compre do franqueador.

As razões que se seguem favorecem a diversificação das fontes em vez de concentrar recursos de fornecimento:

- Compras entre fornecedores permitem que uma empresa identifique a melhor fonte em termos de preço, qualidade e serviço.
- Um fornecedor, sabendo que os concorrentes estão obtendo parte de seus negócios, pode fornecer melhores preços e serviços.
- A diversificação das fontes de fornecimento proporciona um seguro contra interrupções causadas por greves, incêndios ou problemas semelhantes com fornecedores individuais.

Algumas empresas chegam a um meio termo seguindo uma política de concentrar compras suficientes em um único fornecedor para justificar o tratamento especial e, ao mesmo tempo, diversificam as compras de forma suficiente para manter fontes alternativas de fornecimento. O ponto é que um pequeno negócio pode adotar qualquer uma das várias abordagens para diversificar a sua estratégia de fornecimento.

21-5b Medindo o desempenho do fornecedor

Quais são as medidas de desempenho mais importantes de um fornecedor? O Supply Chain Council dos EUA tem uma resposta a essa pergunta. Ele desenvolveu o **modelo SCOR – Supply Chain Operations Reference (Referência de operações da cadeia de suprimentos)**, uma lista de fatores críticos que fornece um ponto de partida útil ao avaliar o desempenho de um fornecedor. Destacam-se cinco atributos:[20]

- *Confiabilidade*: o fornecedor oferece o que você precisa e entrega o pedido com precisão?
- *Capacidade de resposta*: o fornecedor oferece insumos quando for necessário?
- *Agilidade*: o fornecedor responde rapidamente a mudanças em seu pedido?
- *Custos*: o fornecedor o ajuda a controlar o custo dos produtos vendidos, seu custo total de gestão da cadeia de suprimentos e seus custos de garantia/devolução?
- *Ativos*: o fornecedor ajuda você a melhorar a eficiência reduzindo o ciclo, tempo de retenção de estoque e demanda sobre ativos?

Esses fatores também podem ser úteis ao selecionar um fornecedor pela primeira vez. Já que estas são medidas de desempenho comumente utilizadas, alguns fornecedores têm dados para mostrar a novos clientes potenciais (junto com referências para verificar suas reivindicações). Lembre-se somente de que uma avaliação excepcional de uma medida que não é importante para a sua empresa não oferece uma vantagem – na verdade, pode ser uma forma de desperdício.

Ao escolher um fornecedor, considere também os serviços que ele oferece. A extensão do crédito por fornecedores gera uma grande parte do capital de giro de muitos pequenos negócios. Alguns fornecedores também planejam promoções de vendas, fornecem ajudas de publicidade e oferecem conselhos de gestão.

Claramente, é de vital importância escolher fornecedores com cuidado. Se um fornecedor não entregar o que você precisa quando necessita dele e com a qualidade exigida, toda a operação é interrompida – e assim também o seu negócio.

21-5c Construindo boas relações com fornecedores

As boas relações com os fornecedores são essenciais para empresas de qualquer tamanho, mas são particularmente importantes para os pequenos negócios. Uma pequena empresa pode ser apenas uma entre dezenas, centenas ou talvez milhares de compradores desse fornecedor. E as compras das pequenas empresas são muitas vezes muito limitadas em termos de volume e, por isso, de menor preocupação para o fornecedor.

Para implementar uma política justa e cultivar boas relações com os fornecedores, um pequeno negócio deve tentar observar as seguintes práticas de compra:

- Pagar as contas prontamente.
- Ouvir os vendedores de forma oportuna e cortês.
- Minimizar o cancelamento abrupto de pedidos meramente para obter uma vantagem temporária.
- Evitar tentativas de pressionar um fornecedor para obter concessões especiais ou descontos incomuns.
- Cooperar com o fornecedor fazendo sugestões para melhorias no produto e/ou redução de custos, sempre que possível.
- Oferecer explicações corteses e razoáveis ao rejeitar propostas e fazer ajustes justos no caso de litígios.

Algumas grandes corporações, como UPS, Dell, FedEx e Office Depot, têm feito esforços especiais para ter acesso aos compradores de pequenos negócios. Ao oferecer vários tipos de assistência, tais fornecedores podem fortalecer as pequenas empresas, que assim continuam como seus clientes. Naturalmente, ainda faz sentido buscar alternativas no mercado, mas preços baixos podem às vezes induzir ao erro. Se uma proposta barata parece muito boa para ser verdade, talvez seja exatamente isso. Propostas baratas frequentemente excluem itens cruciais. Não obstante, a construção de fortes relações com grandes fornecedores pode claramente ajudar os pequenos negócios a se tornarem mais competitivos.

21-5d Formando alianças estratégicas

Algumas pequenas empresas têm considerado vantajoso desenvolver alianças estratégicas com fornecedores. Essa forma de parceria permite que as empresas de compra e venda trabalhem em conjunto mais de perto do que é habitual em um arranjo contratual simples. Mas a escolha do parceiro pode determinar rapidamente se o arranjo será bem-sucedido ou não – portanto, escolha com cuidado. Olhe primeiro para as empresas com as quais você já tem um relacionamento, tais como um fiel fornecedor ou distribuidor. Então, certifique-se de que oferecem a combinação certa, são confiáveis e possuem histórico de desempenho verdadeiro.[21] Se uma aliança estratégica for bem planejada e executada, todos os envolvidos saem ganhando.

Alguns potenciais parceiros em alianças projetam seus negócios especificamente para ajudar pequenas empresas. Em 2005, Michael Prete iniciou um empreendimento chamado Gotham Cycles para vender peças *on-line* para as motos Ducati fabricadas na Itália. Mas não demorou muito para que ele passasse a vendê-las para uma base de clientes leais em todo o mundo. Como ele conseguiu isso tão rápido? Ele contratou um "empregado" muito importante: o eBay.[22] É claro que o site de leilões *on-line* não é exatamente um empregado – é mais como um exército de empregados (com mais 33.500, na verdade)[23] que pode ajudar uma empresa *on-line* em muitas de suas necessidades. Vendedores que se apoiam nos ricos conjuntos de recursos do eBay para automatizar suas operações são capazes de se concentrar em construir suas empresas. Um parceiro poderoso para uma pequena empresa, o eBay oferece ferramentas sofisticadas que podem ajudar na entrega de mercadorias, no manuseio de mensagens de e-mail e *feedback* de compradores e no gerenciamento de listagens. O site pode até mesmo ajudá-lo a decidir quais ferramentas são adequadas para o seu negócio

21-5e Prevendo necessidades de suprimento

Quanto de dinheiro é necessário para o próximo trimestre? Quanto estoque deve ser produzido para dar conta da próxima temporada? Quanto tempo de entrega é necessário para finalizar os pedidos? A previsão (*forecasting*) pode ajudar a entender para onde o negócio está indo e o nível de recursos – de pessoal a financiamento de capital – que serão necessários. As técnicas de previsão podem ser tão simples como projetar o que vai acontecer com base no que aconteceu no ano passado, na semana passada ou em uma média de vários períodos anteriores. Alguns negócios podem exigir maior precisão e assim necessitam de um modelo mais complexo de previsão.

A **previsão associativa** leva em consideração uma diversidade de variáveis condutoras para determinar as vendas esperadas. A quantidade de vendas esperadas em uma sorveteria local, por exemplo, é o resultado de muitos indicadores subjacentes, como o dia da semana ou estação do ano, tempo (chuva × sol, quente × frio), eventos locais (tais como o calendário de eventos esportivos ou estreias de filmes) e promoções (que poderiam incluir vendas ou cupons). Cada um desses fatores tem um impacto diferente nas vendas. Usando ferramentas de previsão, como regressão, um pequeno empresário pode determinar o impacto de cada variável sobre as vendas no passado e, em seguida, usar essa associação para prever a demanda futura.

Vivendo o sonho
EXPERIÊNCIAS EMPREENDEDORAS

Mantendo a reputação e economizando dinheiro

Ava Anderson fundou sua companhia, Ava Anderson Non Toxic, em 2009, quando tinha apenas 15 anos. Como uma jovem estudante do ensino médio, ela tomou consciência das diferenças consideráveis entre ofertas de cosméticos norte-americanas e europeias. "Há apenas 10 ingredientes proibidos nos EUA, porém mais de 1.300 na Europa", ela observa. "As pessoas têm motivo para ficarem preocupadas."

Determinada a resolver o problema, Anderson decidiu desenvolver sua própria alternativa – na qual ela trabalhava à noite, após terminar a lição de casa. O resultado foi uma linha de seis produtos de cuidados para a pele que se tornaram os principais itens usados para construir seu negócio. Desde o seu lançamento, Ava Anderson Non Toxic tem se expandido rapidamente e agora tem 10 linhas não tóxicas de cosméticos. Anderson fabrica muitos desses produtos em sua cidade natal de Warren, Rhode Island, enquanto obtém os restantes de outras fábricas localizadas em todos os EUA. Anderson originalmente planejava vender seus produtos *on-line*, mas, por fim, abandonou a ideia depois de perceber que essa opção não permitiria que ela educasse os consumidores sobre a singularidade de seus cosméticos. Como ela diz, "Simplesmente não há espaço suficiente na parte de trás de um frasco para explicar o problema da existência de produtos químicos tóxicos em produtos convencionais." Então, em vez disso, Anderson decidiu adotar uma abordagem de vendas diretas de "planejamento de festa." Seus representantes organizam eventos sociais em espaços de convivência de todo o país, explicando as vantagens de seus produtos e oferecendo aos consumidores a oportunidade de fazer encomendas no local. Como os consultores podem abrir seu negócio por menos de US$ 100, muitos têm se filiado à empresa. Na verdade, em apenas alguns anos suas equipes cresceram para mais de 6 mil representantes.

O crescimento agressivo, entretanto, requer atenção focada no detalhamento e controle de custos. Um dos primeiros desafios de Anderson veio cedo quando uma empresa licenciada que aceitava pedidos falhou em cumprir suas exigentes expectativas. O contratante optou por utilizar embalagem de baixo padrão, incluindo papel de embrulhar carne e fita crepe, que estava claramente fora de cogitação para uma marca *premium*. Para piorar ainda a situação, essa empresa cobrava taxas extras sempre que folhetos ou informativos eram adicionados aos pedidos. Frustrada, Anderson decidiu lidar com o envio da própria empresa. "A empresa originalmente responsável por entregar os pedidos de nossa marca cobrava US$ 1,55 por pedido", ela lembra. "Agora nossos pedidos custam aproximadamente US$ 1 cada para serem enviados, então nossas economias são de mais de US$ 5.000 por mês."

As economias, combinadas com 99,6% de precisão na entrega de pedidos, permitiram que a empresa novata se concentrasse em um crescimento controlado. Hoje, Ava Anderson Non Toxic possui um faturamento bruto de mais de US$ 5 milhões por ano. A jovem empreendedora também se tornou uma defensora explícita de amplas reformas no setor. Ela já fez duas viagens à Washington, D.C., para testemunhar perante o Congresso sobre produtos químicos potencialmente prejudiciais encontrados em marcas norte-americanas de cosméticos. Sem sua decisão de retomar parte das atividades de operações logísticas, Anderson talvez não tivesse sido capaz de realizar tanto tão rapidamente. Reduzir os custos e garantir que padrões de qualidade sejam atendidos ajudaram a empreendedora a se tornar uma milionária bem-sucedida antes dos 20 anos de idade.

Fontes: Ava Anderson, "How I Saved . . . $60,000", *Entrepreneur*, vol. 42, n. 2 (fevereiro de 2014), p. 66; Megan Brame, "Exclusive Interview with Ava Anderson of Ava Anderson Non Toxic", *Examiner.com*, 4 de setembro de 2013, http://www.examiner.com/article/exclusive-interview-with-a-va-anderson-of-ava-anderson-non-toxic?cid=rss. Acesso em 3 de março de 2015; Samantha Escobar, "Meet Ava Anderson, the Teen CEO of an All-Natural Cosmetics Company", *Blisstree*, 4 de junho de 2013, http://www.blisstree.com/2013/06/04/public-health-2/ava-anderson-teenage-ceo-of-ava-anderson-non-toxic-cosmetics-company/2. Acesso em 3 de março de 2015; Robert Farrington, "Starting a Million Dollar Business at 14 with Ava Anderson", *The College Investor*, 19 de agosto de 2013, http://thecollegeinvestor.com/8955/starting-million-dollar-business-14-ava-anderson. Acesso em 3 de março de 2015; "REAL PEOPLE: Interview with Ava Sprauge Anderson", *Glitter Magazine*, 2 de novembro de 2014, http://glittermagrocks.com/connect/2014/11/02/real-people-interview-with-ava-sprague-anderson. Acesso em 3 de março de 2015; e Joan Warren, "Barrington-Based Business Enjoys Success, Expanding", *EastBayRI*, 10 de dezembro de 2014, http://www.eastbayri.com/news/barrington-based-business-enjoys-success-expanding. Acesso em 3 março de 2015.

21-5f Usando sistemas de informação

Nos últimos anos, as pequenas empresas têm melhorado consideravelmente a eficiência operacional usando computadores, novos softwares de negócios e links de internet com fornecedores e consumidores. Processos tediosos e em papel para acompanhar pedidos, trabalhos em processo e estoque foram substituídos por processos simplificados e mais rápidos de informatização.

Um estudo recente revelou que o uso de faturamento e cobrança eletrônica em todo o mundo está crescendo mais de 20% ao ano. A análise também determinou que a adoção de sistemas eletrônicos e automatizados pode reduzir o custo de processamento de faturas de 60% a 80% em comparação com as práticas padrão baseadas em papel.[24] Para uma empresa que lida com milhares de faturas por mês, essa economia pode ter um impacto substancial nos custos. O software pode ser encontrado em prateleiras de lojas, fazendo com que a mudança de como as coisas são feitas e o treinamento de pessoal no novo sistema possam ser realmente mais desafiadores do que a instalação do novo software.

Os sistemas de gestão de informação são continuamente reinventados e melhorados. Somente a Microsoft gasta quantidades de dinheiro extremamente grandes para desenvolver software que irá automatizar praticamente todos os aspectos dos negócios de uma pequena empresa (incluindo o processamento de pedidos e a gestão de estoques) e criará uma camada de tecnologia de base sobre a qual fabricantes de software menores podem criar aplicativos. Esse software também foi projetado para funcionar em uma variedade de negócios, desde o varejo até a fabricação e distribuição.[25] Opções de sistemas de informações e outras ferramentas tecnológicas disponíveis para pequenas empresas continuam ficando melhores, mais potentes e menos caras.

21-6 PRODUÇÃO ENXUTA E GESTÃO SINCRONIZADA

Uma revolução nas práticas de gestão de operações está mudando a forma como o negócio é conduzido em muitas empresas. Com foco na eliminação de despedícios, a produção enxuta e a gestão sincronizada têm deixado a sua marca em grandes e pequenas empresas.

21-6a Produção enxuta

As empresas estão amplamente adotando princípios de produção enxuta, um modelo influente que está mudando fundamentalmente a maneira como as operações são planejadas e gerenciadas. A **produção enxuta** é mais do que um simples conjunto de práticas – é uma filosofia de trabalho e uma abordagem de gestão que enfatiza a eficiência por meio da eliminação de todas as formas de desperdício nas operações de uma empresa.

As ideias no coração da produção enxuta certamente não são novas. Na verdade, as sementes do conceito foram plantadas há mais de um século por Henry Ford, líder visionário na indústria automobilística e defensor explícito da eficiência na fabricação. Mais tarde, Shoichiro Toyoda, ex-presidente da Toyota Motors, usou como base os conceitos da Ford para focar na eliminação de desperdícios, em todas as suas muitas formas, em seu sistema de produção. Ele definiu desperdício como "qualquer coisa que não seja a quantidade mínima de equipamentos, materiais, peças, espaço e tempo dos trabalhadores que são absolutamente essenciais para agregar valor ao produto".[26] Em outras palavras, o objetivo da produção enxuta é usar a quantidade mínima de recursos necessários para atingir um pacote total de satisfação para o cliente.

A mentalidade de produção enxuta que foi integrada nas operações da maioria das grandes corporações, incluindo o Toyota Production System (TPS), faz da eliminação dos desperdícios uma prioridade, ao enfatizar os seguintes princípios:[27]

- Os *defeitos* são caros porque precisam ser reparados ou destruídos.
- A *superprodução* deve ser armazenada e pode nunca ser vendida.
- Os *custos de transporte* podem ser minimizados ao estar perto de fornecedores e clientes.
- A *espera* pode ser um desperdício porque os recursos ficam ociosos.
- O *estoque* que excede o mínimo exigido é improdutivo e dispendioso.
- O *movimento*, seja de produto, pessoas ou máquinas, é desperdiçado quando desnecessário.
- O *processamento* em si caracteriza um desperdício se não for produtivo.

Como empresas de todos os tamanhos em todo o mundo vêm adotando os princípios da produção enxuta, a cadeia de suprimentos (introduzida no Capítulo 15) tornou-se suscetível de interrupções, e isso pode ser um problema. A Toyota, por exemplo, mantém apenas duas horas de estoque nas suas fábricas de montagem, de forma que há pouca margem de erro no lado do fornecimento da equação. No entanto, essa quantidade incrivelmente baixa de estoque também leva a uma variedade de benefícios, que vão desde a eficiência de capital até um processo de produção regular.

21-6b Gestão sincronizada

Indo um passo além da produção enxuta, a **gestão sincronizada** vê os ativos e as atividades de uma organização como interdependentes e sugere que sejam gerenciados de forma que otimizem o desempenho de toda a empresa. Essa abordagem pressupõe que o objetivo da organização e a definição de desempenho que advém dele são conhecidos e influenciam todas as tomadas de decisão. Isso exige uma compreensão de como uma mudança em uma área de operações pode afetar o resto da organização – isto é, fornece informações sobre as inter-relações entre ativos, mudanças nas atividades e realizações dos objetivos da empresa.

Embora essas ideias não sejam originais, elas estão sendo finalmente compreendidas e implementadas, em muitos casos pela primeira vez. Henry Ford concluiu cedo que a chave para a eficiência da fabricação residia em um fluxo sincronizado de materiais e produtos dentro, através de e fora da planta, em um alinhamento contínuo com a demanda do mercado. É fácil constatar que empresas que compreendem interações essenciais entre seus ativos e atividades tendem a gerar maiores lucros.[28]

Identificar pontos de estrangulamento (gargalos) é obrigatório para fazer com que a gestão sincronizada funcione. Um **gargalo** é qualquer ponto em um sistema operacional no qual a capacidade limitada reduz a capacidade de produção de toda uma cadeia de atividades, de forma que a demanda de mercado de produtos ou serviços não possa ser satisfeita. Por exemplo, um gargalo pode ser criado por uma máquina que não possa operar rápido o suficiente para acompanhar o resto do equipamento em uma linha de montagem. Em um sistema de produção mais complexo, é possível existir mais de um gargalo (isto é, mais de um recurso cuja capacidade seja menor do que a demanda de mercado pelo que está sendo produzido). Nesse caso, o mais crítico de todos os gargalos é chamado de **restrição**. Como a restrição determina a capacidade de todo o sistema, é imperativo sincronizar todas as outras atividades organizacionais com ela.

Encontrar os gargalos em uma organização pode ser um exercício desafiador. Mas uma vez que um gargalo ou restrição sejam encontrados, o que pode ser feito para resolver isso? As três opções básicas mostradas no Quadro 21.3 fornecem maneiras comuns de lidar com gargalos e restrições.

Qualquer perda de produção em um gargalo ou restrição se traduz em menor produção para toda a linha ou organização. Esses pontos em um sistema de operações merecem atenção especial para o bem da empresa e de seu desempenho. Para recursos que não contribuem para um gargalo ou restrição em uma linha de produção ou empresa de serviços, é muito menos importante fazer investimentos para melhorar o seu funcionamento e/ou aumentar sua eficiência.

QUADRO 21.3 Evitando gargalos e restrições

Adicione capacidade	Expandindo recursos. Subdividindo o trabalho. Terceirizando a produção para uma empresa com mais capacidade.
Aumente a eficiência	Organizando o cronograma para que os recursos não sejam interrompidos (por exemplo, ter empregados que param para descanso durante atividades de instalação, desmontagem e manutenção. Programando manutenções à noite, durante os fins de semana e nos feriados em vez de durante horas produtivas. Aumentando a produtividade por meio de treinamento, uso de ferramentas atualizadas ou automação.
Filtre a produção	Inspecionando a qualidade em um ponto anterior a uma restrição. Permitindo apenas trabalho que alcance objetivos da empresa e contribua para o desempenho (ou seja, um estoque de produtos terminados seria desnecessário).

Esperamos que tenha ficado evidente que a gestão de operações é muito importante para o funcionamento e o desempenho de todos os tipos de negócios, sejam eles grandes ou pequenos. As melhores práticas são tipicamente aperfeiçoadas em grandes corporações, mas os princípios e as abordagens que elas refinam podem normalmente ser adaptadas à gestão de empresas menores, pelo menos em algum nível. Em um mercado competitivo, operações eficazes e eficientes são necessárias à sobrevivência. E onde isso não é o caso, as melhores práticas podem ainda agregar benefícios aos clientes, ao desempenho da empresa e à satisfação dos proprietários. Práticas como gestão conscienciosa de estoques, bom tratamento dos fornecedores e garantia da qualidade dos produtos fabricados ou dos serviços oferecidos protegem e melhoram a reputação da empresa. Isso só é possível quando práticas de gestão de operações sadias são usadas. O compromisso de tempo e energia necessários para alcançar a excelência certamente vale a pena no longo prazo.

Glossário

Amostragem de aceitação (p. 460) – Uso de uma porção aleatória e representativa de produtos para determinar a aceitabilidade de um lote inteiro.

Atributos (p. 460) – Parâmetros do produto ou do serviço que podem ser contados como presentes ou ausentes.

Contagem de ciclo (p. 455) – Método de contagem de diferentes segmentos de estoque físico em diferentes momentos durante o ano.

Controle estatístico de estoque (p. 454) – Método de controlar estoque que usa um nível-alvo de serviço, permitindo a determinação estatística da quantidade apropriada do estoque a ser mantido.

Cooperativas de compras (p. 463) – Organizações nas quais pequenos negócios combinam as suas demandas por produtos e serviços para negociar como um grupo com fornecedores.

Decisões de fazer ou de comprar (p. 462) – Escolha que as empresas devem fazer quando tiverem a opção de fabricar ou comprar componentes para os produtos que produzem ou a opção entre comprar serviços necessários ou fornecê-los internamente.

Estratégias de gestão de demanda (p. 452) – Estratégias operacionais usadas para estimular a demanda de cliente quando ela for normalmente baixa.

Fabricação repetitiva (p. 451) – Operações de fabricação projetadas para longas execuções de grande quantidade de produtos padronizados.

Gargalo (p. 468) – Qualquer ponto no processo de operação onde uma capacidade limitada reduz a capacidade de produção de uma cadeia de atividades inteira.

Gestão de operações (p. 449) – Planejamento e o controle de um processo de conversão que inclui transformar insumos em *outputs* que os clientes desejam.

Gestão de qualidade total (TQM) (p. 456) – Abordagem de gestão abrangente para fornecimento de produtos e serviços de alta qualidade.

Gestão sincronizada (p. 468) – Abordagem que reconhece a interdependência de ativos e atividades e os gerencia para otimizar o desempenho da empresa toda.

Inspeção (p. 460) – Exame de uma parte ou produto para determinar se atende a padrões de qualidade.

ISO 9000 (p. 461) – Normas que regem a certificação internacional dos procedimentos de gestão da qualidade de uma empresa.

Lote econômico de compra (p. 454) – Índice que determina a quantidade a ser comprada a fim de minimizar os custos totais de estoques.

Método ABC (p. 454) – Sistema de classificação de itens no estoque com base no valor de demanda, em se tratando de produtos acabados, ou no valor de consumo quando se tratar de produtos em processo ou matérias-primas e insumos (preço de compra ou custo unitário X quantidade anual consumida).

Modelo SCOR – Supply Chain Operations Reference (Referência de operações em cadeia de suprimento) (p. 464) – Uma lista de fatores que ajudam na avaliação do desempenho de um fornecedor.

Oficinas de trabalho (*job shop*) – Operações de fabricação projetadas para curtas execuções de produção de pequenas quantidades de itens.

Operações (p. 448) – Processos usados para criar e entregar um produto ou serviço.

Poka-yoke (p. 460) – Abordagem proativa para a gestão de qualidade que busca eliminar erros nas operações de uma empresa.

Previsão associativa (p. 464) – Previsão que considera uma diversidade de variáveis para determinar a expectativa de vendas.

Produção contínua (p. 451) – Forma de produção repetitiva cujo *output* se parece mais com um fluxo de produtos do que com produtos individuais.

Produção enxuta (p. 467) – Abordagem que enfatiza a eficiência por meio da eliminação de todas as formas de desperdício nas operações de uma empresa.

Produção por projeto (p. 451) – Fabricação por projeto é usada em operações que criam produtos únicos, mas similares.

Qualidade (p. 456) – Características de um produto ou serviço que lhes permite satisfazer necessidades declaradas e implícitas de consumidores.

Restrição (p. 468) – O mais crítico dos gargalos, que determina a capacidade do sistema inteiro.

Sistema de estoque *just in time* (p. 454) – Método de redução de custos de movimentação de estoque pela fabricação ou compra do que é necessário apenas quando for necessário.

Sistema de inventário de estoque de dois compartimentos (p. 456) – Método de controle de estoque baseado no uso de dois recipientes para cada item do estoque, um para cumprir com a demanda atual e outro para cumprir com a demanda futura.

Sistema de inventário físico do estoque (p. 455) – Método que fornece contagem periódica de itens no estoque.
Sistema de inventário permanente do estoque (p. 455) – Método para manter um registro atual contínuo do estoque.
Sistemas flexíveis de fabricação (p. 451) – Operações de produção que geralmente envolvem equipamentos controlados por computador e podem transformar produtos em quantidades menores ou mais flexíveis.
Terceirização (p. 463) – Contrato com uma empresa externa para assumir e gerenciar uma ou mais funções da empresa.
Variáveis (p. 460) – Parâmetros medidos que ficam em um contínuo, tais como peso ou comprimento.

Transformações para startups

Mercadorias perfeitamente únicas para as massas
A produção flexível é levada ao extremo conforme empreendedores descobrem que consumidores pagarão muito mais por produtos que sejam altamente customizados. Eles têm levado o processo a um nível totalmente novo usando plataformas do tipo "faça você mesmo" que permitem que clientes projetem e criem verdadeiramente o que querem comprar. Usando tecnologias emergentes como modelagem e impressão em 3D, as *startups* estão agora oferecendo aos consumidores a capacidade de se expressarem no que se refere aos seus calçados (Shoes of Prey), capas para *tablets* e *smartphones* (DODO-case) e uma diversidade de outros produtos (Shapeways) – e, assim, as vendas estão crescendo rapidamente. Para ter mais detalhes sobre essa tendência de customização ("faça você mesmo"), veja John Brandon, "Do-It-Yourself Design," *Inc.*, vol. 35, n. 9, (novembro de 2013), p. 72-73.

Ações para startups

Decisões de terceirização
As opções de terceirização podem funcionar muito bem para um pequeno negócio, mas também vêm com riscos inerentes. Muitos especialistas sugerem que você tenha um plano de *backup*, caso um fornecedor falhe em entregar o contratado, e monitore continuamente o progresso dessas empresas com as quais escolheu trabalhar. Essas etapas exigem tempo, esforço e despesa, mas podem ajudar a garantir que a sua empresa esteja livre dos desastres que podem facilmente decorrer da terceirização.

Ferramentas para startups

Análise de pequenos negócios
O uso da análise preditiva parece estar transformando cada faceta dos negócios, incluindo a antecipação de tendências do consumidor e de seu comportamento de compras. Você precisa de uma ferramenta de inteligência de negócios para que funcione, e muitas estão disponíveis.

Ferramentas gratuitas de *open-source*, como o Revolution R, da Revolution Analytics, oferecem uma opção, mas podem ser difíceis de programar. Sistemas oferecidos pela SAS e SAP podem ser muito complexos e caros para muitos pequenos negócios. Mais adequadas são as ferramentas de baixo custo tipo *dashboard*, como Geckoboard, Leftronic e IBM Cognos, que permitem que você visualize seus dados. Essas ferramentas podem ajudá-lo a entender seus números a um preço de subscrição que não vai quebrar a empresa – menos de US$ 100 por mês. Para uma explicação muito breve do uso da análise preditiva para pequenas empresas, veja Mikal E. Belicove, "Fortunetellers," *Entrepreneur*, vol. 42, n. 7 (julho de 2014), p. 66.

Robôs para pequenas fábricas
Houve um tempo em que o uso de robôs na fabricação era algo que só grandes corporações poderiam considerar, mas agora que as máquinas de alto potencial com preços a partir de US$ 20 mil chegaram ao mercado, esse não é mais o caso.

As pequenas empresas reconhecem o valor de robôs que podem lidar com uma diversidade de tarefas insuportavelmente entediantes e desagradáveis com maior precisão e menos probabilidade de erros que os humanos. O novo tipo de robô, chamado de "máquinas colaborativas", porque são capazes de trabalhar em estreita colaboração com as pessoas, pode ser programado com a flexibilidade que as pequenas empresas precisam para lidar com diversas tarefas. Eles também promovem a produção enxuta e a redução de desperdício com o aumento de eficiências, minimizando sucata e retrabalho e substituindo trabalho humano mais caro. Para saber mais sobre as vantagens de usar robôs em pequenos negócios, veja Timothy Aeppel, "Robots Work Their Way into Small Factories," *The Wall Street Journal*, 18 de setembro de 2014, p. B1, B7.

Sugestões de empregados para problemas operacionais
Aproveite a inteligência de seus empregados para identificar e resolver gargalos e restrições e outros problemas operacionais criando uma simples caixa de sugestões. Você pode se surpreender com a qualidade das ideias que sua equipe pode trazer se oferecer um pequeno incentivo (como um prêmio em dinheiro para a melhor sugestão). Ou pode usar um sistema gerenciador de ideias como o Imaginatik, Spigit Engage ou Brightidea para coletar e classificar ideias de empregados.

Você é quem manda

Situação 1

Christina Poole possui duas pizzarias em uma cidade com população de 150 mil e está estudando as operações de sua empresa para ter certeza de que estejam funcionando tão eficientemente quanto possível. Por volta de 70% das vendas do empreendimento representam refeições consumidas no restaurante e 30% vem de entregas. Poole sempre buscou fabricar um produto de alta qualidade e minimizar o tempo de espera dos clientes tanto em suas pizzarias como fora delas.

Poole leu recentemente um artigo de revista sugerindo que a qualidade está atualmente em toda parte e que as diferenças de qualidade entre negócios estão diminuindo. O autor do artigo defendeu a ênfase em poupar tempo para os clientes em vez de fabricar um produto de alta qualidade. Poole está contemplando as implicações desse artigo para seu negócio de pizza. Ao notar que sua atenção deveria ser focada, ela se pergunta se deve concentrar o foco gerencial no tempo de entrega.

Pergunta 1 – O autor do artigo está correto em acreditar que os níveis de qualidade agora são geralmente elevados e que as diferenças de qualidade entre as empresas são mínimas?

Pergunta 2 – Quais são os benefícios e os inconvenientes para a empresa em ter seu foco principal na minimização do tempo de espera dos clientes?

Pergunta 3 – Se você estivesse aconselhando Poole, o que recomendaria?

Pergunta 4 – Como suas respostas às perguntas anteriores seriam diferentes se Poole vendesse uma pizza por US$ 6? E se a pizza custasse US$ 25?

Situação 2

Jonathan Tandy, dono de uma pequena fábrica de móveis, está tentando lidar com a escassa situação de capital de giro da empresa administrando cuidadosamente os pagamentos aos principais fornecedores. Esses fornecedores concedem crédito por 30 dias e espera-se que os clientes paguem dentro desse prazo. No entanto, os fornecedores não recusam automaticamente os pedidos subsequentes quando um pagamento está com alguns dias de atraso. A estratégia da Tandy é atrasar o pagamento da maioria das faturas de 10 a 15 dias após a data de vencimento. Ele acredita que os fornecedores aceitarão isso, em vez de arriscar perder futuras vendas. Essa prática permite à empresa de Tandy operar com estoque suficiente, evitar interrupções dispendiosas na produção e reduzir a probabilidade de ter a conta bancária no negativo.

Pergunta 1 – Quais são as questões éticas levantadas pelas práticas de pagamento de Tandy?

Pergunta 2 – Que impacto, se houver algum, essas práticas poderiam ter no relacionamento com os fornecedores da empresa? Quão sério seria esse impacto?

Pergunta 3 – Quais mudanças na cultura da empresa, comportamentos de empregados ou relacionamentos com outros parceiros de negócios podem resultar das práticas de Tandy?

Notas

1. Dan Heath e Chip Heath, "Blowing the Baton Pass," *FastCompany*, n. 147 (julho/agosto de 2010), p. 46-47.
2. http://www.amazon.com, acesso em 3 de abril de 2015.
3. Richard Sweeney, cofundador da Keurig, Inc., discurso no encontro anual da United States Association for Small Business and Entrepreneurship, Hilton Head, South Carolina, EUA, 14 de janeiro de 2011.
4. "Six Flags: The FLASH Pass," https://www.sixflags.com/greatadventure/store/flash-pass. Acesso em 3 de abril de 2015.
5. "Delving into the Mystery of Customer Satisfaction: A Toyota for the Retail Market?" http://knowledge.wharton.upenn.edu/article/delving-into-the-mystery-of-customer-satisfaction-a-toyota-for-the-retail-market. Acesso em 4 de abril de 2015.
6. A maior parte dos livros de gestão de operações oferece fórmulas e cálculos para determinar o lote econômico de compras. Um recurso excepcionalmente bom para esse e muitos outros cálculos de gestão de operações é Wallace J. Hopp e Mark L. Spearman, *Factory Physics*, 3.ed. (LongGrove, IL: Waveland Press, 2011), p. 49-57.
7. "McAlister's Deli: About Us," http://www.mcalistersdeli.com/our-story/about-us. Acesso em 3 de abril de 2015; e comunicação pessoal com o gerente da McAlister, Waco, Texas, 6 de março de 2009.
8. Gerência da McAlister, op. cit.
9. Leigh Buchanan, "We Will Be the Best-Run Business in America," *Inc.*, vol. 34, n. 1 (fevereiro de 2012), p. 72-78.
10. Ibid., p. 74.
11. Adaptado de "Five Guys: Handcrafted Burgers and Fries Since 1986," http://www.fiveguys.com. Acesso em 3 de abril de 2015; e Liz Welch, "Five Guys Burgers and Fries," *Inc.*, vol. 32, n. 3 (abril de 2010), p. 78.
12. Ibid.
13. "Five Guys Burgers e Fries: About Us," http://www.fiveguys.com/aboutus.aspx. Acesso em 3 de abril de 2015.
14. Victor Mayer-Schonberger e Kenneth Cukier, *Big Data: A Revolution That Will Transform How We Live, Work, and Think* (Nova York: Eamon Dolan/Mariner Books, 2014).
15. Adaptado de "Quality Tools – The Basic Seven," http://src.alionscience.com/pdf/QualityTools.pdf. Acesso em 3 de abril de 2015; e "The 7 Basic Quality Tools for Process Improvement," http://asq.org/learn-about-quality/seven-basic-quality-tools/overview/overview.html. Acesso em 3 de abril de 2015.
16. Linda Tischler, "Partners in Time," *FastCompany*, n. 143 (março de 2010), p. 40.
17. Kate Lister, "Free-Lance Nation," *Entrepreneur*, vol. 38, n. 9 (setembro de 2010), p. 89-97.
18. Deloitte Consulting LLP, "2014 Global Outsourcing and Insourcing Survey Results," http://www2.deloitte.com/content/dam/

19. Deloitte/us/Documents/strategy/us-sdt-2014-global-outsourcingInsourcing-survey_051914.pdf. Acesso em 7 de abril de 2015.
19. Jennifer Wang, "Employees. Who Needs 'Em?" *Entrepreneur*, vol. 38, n. 3 (março de 2010), p. 18.
20. Adaptado de "APICS Supply Chain Council: SCOR Metrics," http://www.apics.org/sites/apics-supply-chain-council/benchmarking/scor-metrics, acesso em 8 de abril de 2015.
21. Laurel Delaney, "Howdy Partner," *Entrepreneur*, vol. 35, n. 4 (abril de 2007), p. 87.
22. "About Gotham Cycles," http://www.gothamcycles.com/About-Us.html. Acesso em 8 de abril de 2015.
23. "eBay," *Forbes*, maio de 2014, http://www.forbes.com/companies/ebay. Acesso em 8 de abril de 2015.
24. Para um resumo do relatório, veja Bruno Koch, "E-Billing/E-Invoicing: Key Stakeholders as Game Changers," Billentis, 6 de maio de 2014, http://www2.lindorff.nl/e-invoicing-e-billing. Acesso em 9 de abril de 2015.
25. "Microsoft Dynamics," http://www.microsoft.com/en-us/dynamics/default.aspx. Acesso em 13 de abril de 2015.
26. Larry Robinson, "Connecting the Dots: Aligning Lean Operational and Financial Metrics," *Next Generation Manufacturer Newsletter*, http://www.massmac.org/newsline/0708/article04.htm. Acesso em 4 de março de 2013.
27. Essa lista foi adaptada de John J. Coyle, C. John Langley, Brian J. Gibson, Robert A. Novack e Edward J. Bardi, *Supply Chain Management: A Logistics Perspective* (Mason, OH: Cengage Learning, 2017).
28. Henry Ford foi o primeiro a discutir essas ideias em seu livro seminal de 1926, *Today and Tomorrow*, mais recentemente publicado em 1988 por Productivity Press.

CAPÍTULO 22

Gestão de ativos

Nathan Perry, dono de The Cutting Edge Elite em Nova York, coloca o máximo esforço em construir grandes laços com os seus clientes. O negócio de *buffets*, agora com oito anos, usa modelos e atores profissionais experientes e treinados na arte de servir. Sua missão é ser equilibrado e carismático ao realizar um evento. Vindos de todos os setores da vida e origens étnicas, eles agregam diversidade e energia única a cada evento.

O site da empresa descreve a filosofia empresarial da gerência da seguinte maneira:

> *A Cutting Edge Elite é dedicada não a construir negócios, mas relacionamentos. Juntamente com a nossa lista de personalidades incríveis, esforçamo-nos para manter uma consistência e atenção para as necessidades de cada cliente. Com foco na criação de uma parceria perfeita, compomos um perfil individual para cada um de nossos clientes. Com nuance, estilo e unicidade do cliente registrados, passamos essas exigências para a nossa equipe, fazendo-os trabalhar de forma idêntica, em uníssono. Os garçons ficam alertas até o último convidado ir embora, servindo corretamente, Vovó Mabel, sabendo que é alérgica a amendoim; todos os detalhes que nunca passam despercebidos.*

No Spotlight
The Cutting Edge Elite, Inc.
www.ceenyc.com

Entretanto, Perry nem sempre conseguiu se concentrar na concepção de experiências únicas aos clientes. No passado, ele gastou tempo e energia para juntar US$ 30.000 em contas a receber. Ele se aborrece em gastar o tempo assim, e acredita que é uma grande abstração em relação às suas paixões. Mas ele precisa de caixa para manter suas operações.

"Quando alguém diz que o cheque está no correio, isso não significa nada," observa Perry. Até recentemente, quase todas as empresas de pequeno porte terminavam o trabalho para um cliente, enviavam uma conta e depois esperavam por semanas (mesmo meses) para receber o pagamento, possivelmente aguardando milhares de dólares em contas a receber. Na verdade, não é incomum que uma pequena empresa dê ao cliente 30 dias para pagar uma fatura, mas para o cliente demora 60 a 90 dias para pagá-la.

Ao término deste capítulo, você deverá ser capaz de:

22-1. Descrever o ciclo do capital de giro de uma empresa.

22-2. Identificar as questões importantes na gestão do fluxo de caixa de uma empresa.

22-3. Explicar as questões-chave na gestão de contas a receber.

22-4. Discutir as questões-chave de financiamento na gestão de estoque.

22-5. Descrever as questões-chave na gestão de contas a pagar.

22-6. Calcular e interpretar o período de conversão de caixa de uma empresa.

22-7. Discutir as técnicas geralmente usadas ao tomar as decisões de orçamento de capital.

22-8. Descrever as práticas de orçamento de pequenas empresas.

Perry, com um número crescente de outros pequenos empresários, agora conta com dispositivos de pagamento móveis e outras tecnologias para receber o que é devido imediatamente. Em vez de enviar uma fatura após um trabalho e esperar 30 dias ou mais para receber, os clientes agora pagam assim que o trabalho esteja concluído usando um serviço de pagamento móvel. O resultado: Perry pode usar o dinheiro para pagar salários e comprar suprimentos, o que significa que ele tem menos capital de giro empatado. Isso, por ouro lado, o deixa mais competitivo.

Mas nada vem de graça. Geralmente, as taxas associadas com os pagamentos móveis são comparáveis às taxas de processamento do cartão de crédito. Como os clientes utilizam cada vez mais seus *smartphones* para mais tarefas, o pagamento de uma pequena taxa é compensado pela vantagem de ter a opção de pagamento móvel disponível no seu negócio. Enquanto há certamente compensações, é clara a comprovação de que a revolução do pagamento sustentada por dispositivos móveis continuará a crescer para o benefício de muitos proprietários de pequenas empresas como Nathan Perry.

Fontes: adaptado de Angus Loten e Emily Maltby, "Mobile Payments Brighten Cash Flow for Small Business", http://online.wsj.com/article/SB10001424127887323699704578328851902509698.html?mod=WSJ_SmallBusiness_LEFTTopStories. Acesso em 15 de março de 2015; http://www.ceenyc.com/start_1.htm. Acesso em 15 de março 2015; e Roger Yu, "Mobile payments options grow for small companies", http://usatoday30.usatoday.com/money/smallbusiness/story/2012-08-05/mobile-payments-tecnologia/56757650/1. Acesso em 15 de março de 2015.

A história, no *No Spotlight*, dos esforços de Nathan Perry para arrecadar o que os clientes devem em tempo hábil, de modo que possa dedicar mais tempo para obtenção de clientes, poderia ser contada por quase todas as pequenas empresas que concedem crédito aos clientes. Recebimentos são um desafio sem-fim. Na verdade, a maioria dos empreendedores novatos se surpreende com o tempo e a energia que devem despender com os recebimentos. Controlar todos os ativos de uma empresa exige o mesmo compromisso com sua administração. Este capítulo discute essa importante questão.

22-1 CICLO DO CAPITAL DE GIRO

Nos Capítulos 10 e 11, respectivamente, definimos o capital de giro como ativos circulantes da empresa (principalmente caixa, contas a receber e estoque), e o capital de giro líquido como ativos circulantes menos passivos circulantes ou de curto prazo. A **gestão de capital de giro** – gestão de ativos circulantes e fontes de financiamento de curto prazo (passivo circulante) – é extremamente importante para a maioria das pequenas empresas. Na verdade, nenhum processo de gestão financeira é mais importante e, até, mais incompreendido. As boas oportunidades de negócio podem ser irremediavelmente prejudicadas pela gestão ineficaz de ativos circulantes e passivos de curto prazo. Discutimos esses pontos repetidamente quando falamos da importância de administrar o dinheiro.

O **ciclo de capital de giro** de uma empresa é o fluxo de recursos por meio das contas da empresa como parte de suas operações do dia a dia. Conforme demonstrado no Quadro 22.1, as etapas em um ciclo de capital de giro da empresa são as seguintes:

Passo 1: Compra ou produção de estoque para venda, o que aumenta o estoque à mão, e (a) diminuição do dinheiro, se for usado para pagar o estoque, ou (b) aumento das contas a pagar, se o estoque for comprado a prazo.

Passo 2: a. Venda do estoque à vista, o que aumenta o dinheiro, ou
b. Venda do estoque a prazo, o que aumenta as contas a receber.

Passo 3: a. Quitação das contas a pagar, o que diminui as contas a pagar e o dinheiro.
b. Pagamento das despesas operacionais e dos impostos, o que diminui o caixa.

Passo 4: Recebimento das contas a receber quando vencer, o que diminui as contas a receber e o caixa.

Passo 5: Começo de um novo ciclo.

Observe que o único passivo circulante incluído no ciclo do capital de giro são contas a receber, o que afeta o cronograma dos pagamentos do estoque. Despesas acumuladas, apesar de apresentadas nas demonstrações financeiras como passivo de curto prazo, resultam principalmente do esforço do contador de combinar receitas

QUADRO 22.1 Ciclo de capital de giro

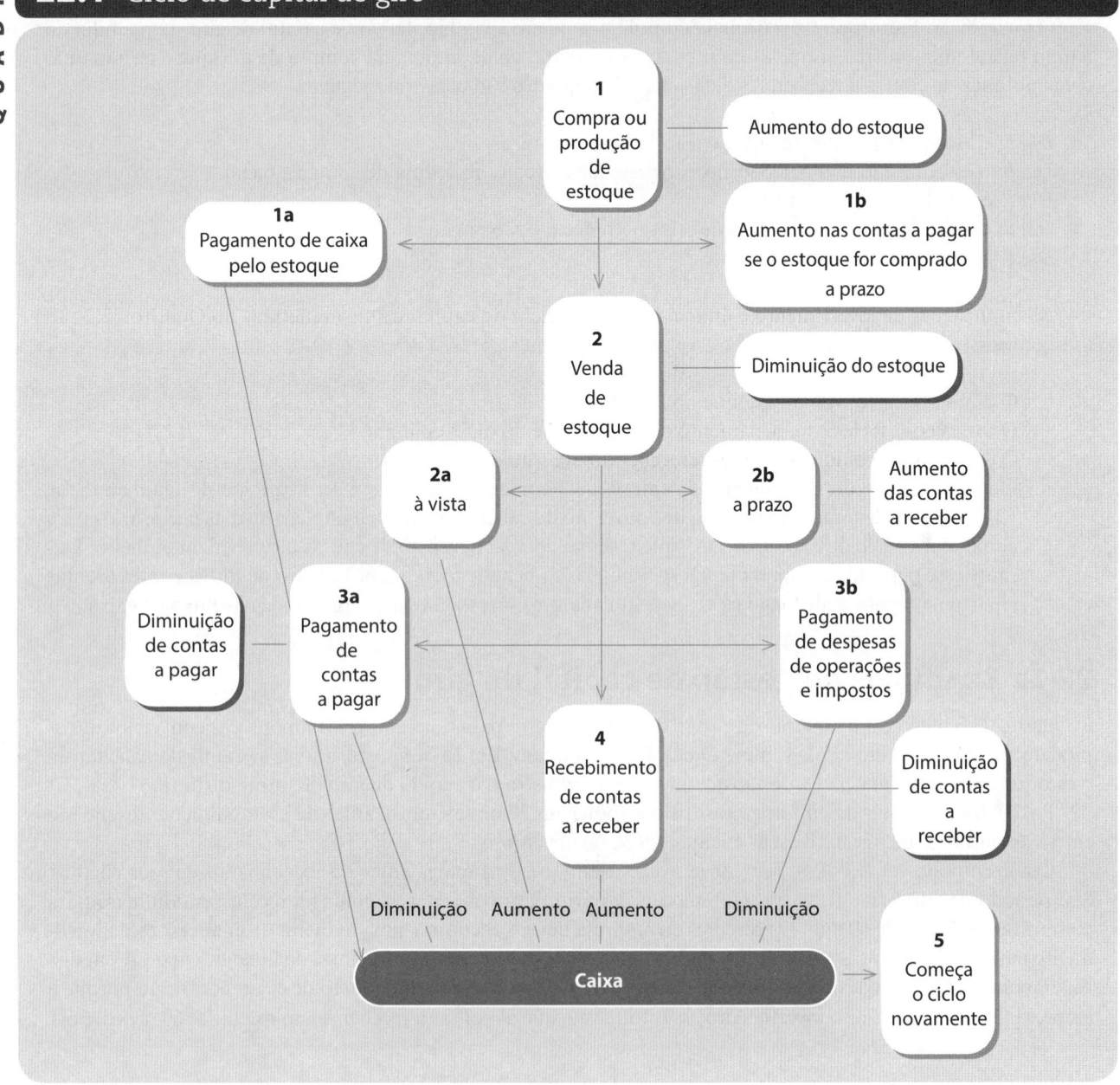

1 Compra ou produção de estoque
- Aumento do estoque
- **1a** Pagamento de caixa pelo estoque
- **1b** Aumento nas contas a pagar se o estoque for comprado a prazo

2 Venda de estoque
- Diminuição do estoque
- **2a** à vista
- **2b** a prazo — Aumento das contas a receber

3a Pagamento de contas a pagar — Diminuição de contas a pagar

3b Pagamento de despesas de operações e impostos

4 Recebimento de contas a receber — Diminuição de contas a receber

Caixa: Diminuição / Aumento / Aumento / Diminuição

5 Começa o ciclo novamente

---

e despesas. Pouco pode ser feito para "gerenciar" acréscimos, e, portanto, os ignoramos como parte do ciclo do capital de giro. Além disso, uma cédula bancária de curto prazo, enquanto se mostra como um passivo circulante, não é considerada parte do ciclo de capital de giro. *Nesse contexto, pense em capital de giro como ativos líquidos (caixa e aqueles que em breve serão convertidos em dinheiro) que são necessários para administrar e expandir o negócio menos qualquer crédito oferecido pelos fornecedores na forma de contas a pagar.*

Dependendo do setor, o ciclo do capital de giro pode ser longo ou curto. Por exemplo, são apenas alguns dias em um negócio de restaurantes. É mais longo, meses muito provavelmente, na maioria dos negócios de hardware. Qualquer que seja o setor, no entanto, a gerência deve estar funcionando continuamente para encurtar o ciclo.

22-1a O tempo e o tamanho dos investimentos de capital de giro

É essencial que proprietários de pequenas empresas entendam o ciclo do capital de giro, em termos de tempo e tamanho do investimento necessário (por exemplo, os montantes necessários para manter o estoque e contas a receber). Muitos empresários esperam até que um problema com o capital de giro aconteça para a análise desses relacionamentos. O fracasso do proprietário em fazer isso baseia-se em muitos problemas de pequenas empresas.

O Quadro 22.2 mostra uma sequência cronológica de um ciclo hipotético de capital de giro. Uma linha do tempo reflete uma ordem em que os eventos se desenrolam, começando pela compra de estoque e terminando com cobrança de contas a receber. As datas chaves no quadro são conforme segue:

Dia a: o estoque é pedido em antecipação às vendas futuras.
Dia b: o estoque é recebido, e o fornecedor estende o crédito na forma de contas a pagar.
Dia c: o estoque é vendido a prazo.
Dia d: contas a pagar por compras de estoque vencem e são pagas.
Dia e: contas a receber são cobradas.

As implicações de investimento e financiamento do ciclo do capital de giro refletidas no Quadro 22.2 são as seguintes:

- O dinheiro é investido no estoque do dia *b* ao dia *c*.
- O fornecedor fornece financiamento para o estoque do dia *b* ao dia *d*.
- O dinheiro é investido em contas a receber do dia *c* ao dia *e*.
- O financiamento do investimento da empresa em contas a receber deve ser fornecido do dia *d* ao dia *e*. Esse período, denominado período de conversão de caixa, representa o número de dias necessários para completar o ciclo do capital de giro, que termina com a conversão de contas a receber em dinheiro. Durante esse período, a empresa já não possui mais o benefício do financiamento de fornecedores (contas a pagar). Quanto mais longo é esse período, maiores são os potenciais problemas de fluxo de caixa.

22-1b Exemplos de gestão de capital de giro[1]

O Quadro 22.3 oferece um exemplo de gestão de capital de giro para duas empresas hipotéticas com ciclos de capital de giro contrastantes: Pokey, Inc. e Quick Turn Company. Em 15 de agosto, ambas as empresas solicitaram o estoque que receberam em 31 de agosto, mas elas administram o capital de giro de forma distinta.

Pokey, Inc. deve pagar seu fornecedor pelo estoque em 30 de setembro, antes de eventualmente revendê-lo em 15 de outubro. Ela recebe de seus clientes em 30 de novembro.

Como se pode ver, a Pokey, Inc., deve pagar o estoque dois meses antes do recebimento de seus clientes. Seu período de conversão de caixa – o tempo necessário para converter as contas a receber em dinheiro para comprar estoque – é de 60 dias. Os gerentes da empresa devem encontrar uma maneira de financiar esse investimento em estoque e contas a receber, ou então a empresa experimentará problemas de fluxo de caixa. Além disso, embora maiores vendas devam produzir maiores lucros, os problemas de fluxo de caixa ocorrerão porque a empresa terá que financiar o investimento em estoque até que as contas a receber sejam recebidas 60 dias depois.

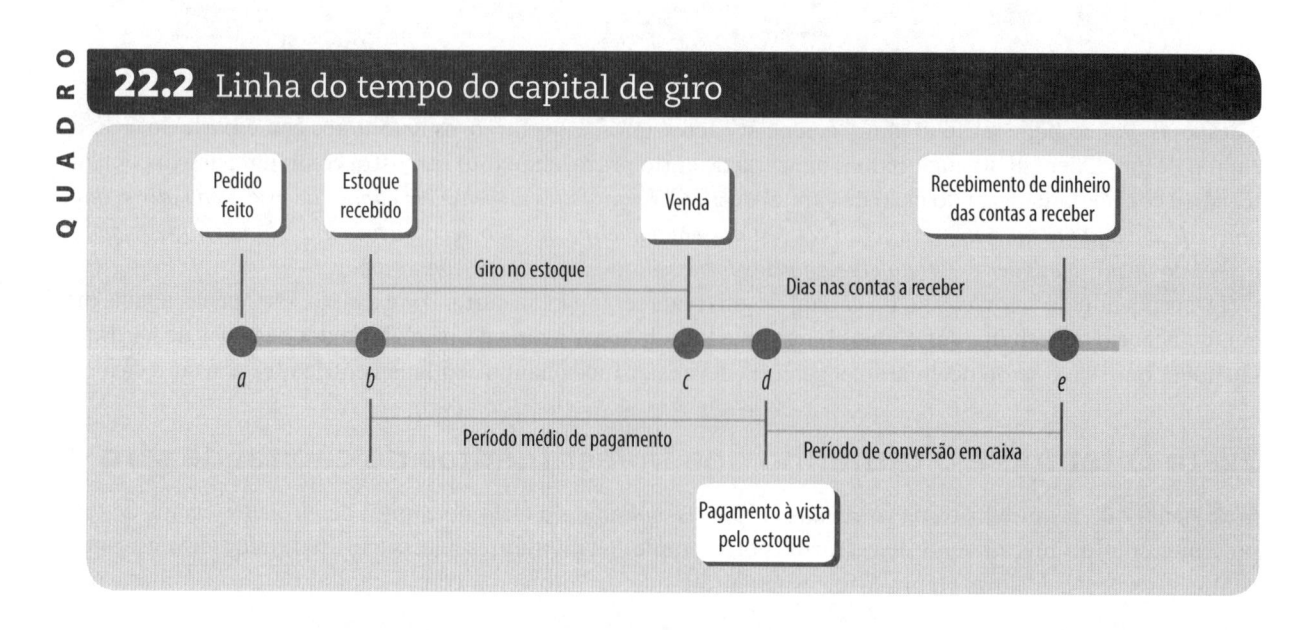

QUADRO 22.2 Linha do tempo do capital de giro

```
   Pedido      Estoque                              Venda                    Recebimento de dinheiro
   feito       recebido                                                      das contas a receber

                       Giro no estoque                      Dias nas contas a receber

   ●───────────●───────────────────────────────────●───●──────────────────────────●
   a           b                                    c   d                          e

                       Período médio de pagamento          Período de conversão em caixa

                                                     Pagamento à vista
                                                     pelo estoque
```

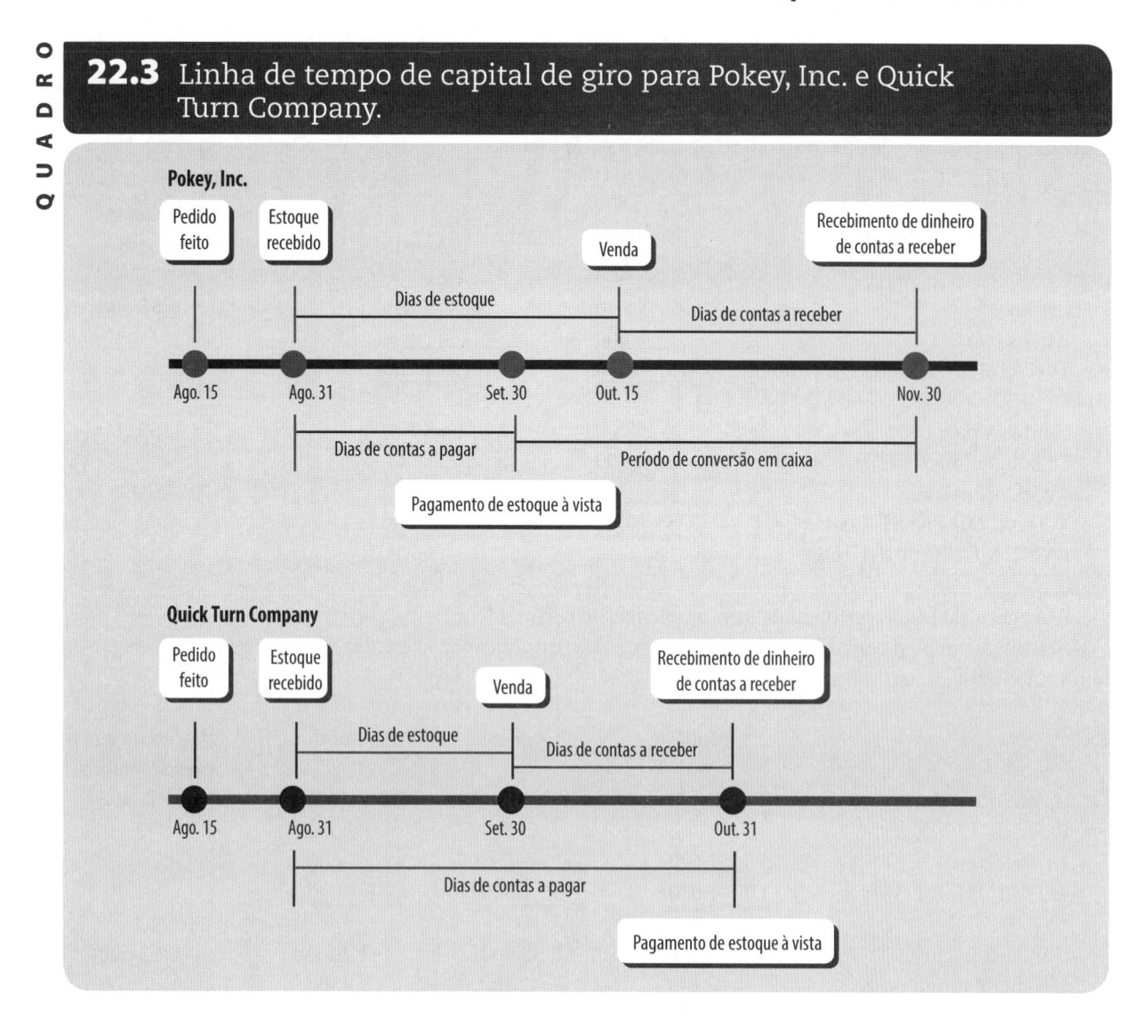

QUADRO 22.3 Linha de tempo de capital de giro para Pokey, Inc. e Quick Turn Company.

Pokey, Inc.

- Ago. 15: Pedido feito
- Ago. 31: Estoque recebido
- Set. 30: (Pagamento de estoque à vista / Dias de contas a pagar)
- Out. 15: Venda
- Nov. 30: Recebimento de dinheiro de contas a receber

Dias de estoque: Ago. 31 – Out. 15
Dias de contas a receber: Out. 15 – Nov. 30
Dias de contas a pagar: Ago. 31 – Set. 30
Período de conversão em caixa: Set. 30 – Nov. 30

Quick Turn Company

- Ago. 15: Pedido feito
- Ago. 31: Estoque recebido
- Set. 30: Venda
- Out. 31: Recebimento de dinheiro de contas a receber / Pagamento de estoque à vista

Dias de estoque: Ago. 31 – Set. 30
Dias de contas a receber: Set. 30 – Out. 31
Dias de contas a pagar: Ago. 31 – Out. 31

Agora considere o ciclo de capital de giro da Quick Turn Company, mostrado na parte inferior do Quadro 22.3. Comparado ao da Pokey, a Quick Turn Company tem uma invejável posição de capital de giro. No momento em que a Quick Turn deve pagar suas compras de estoque (31 de outubro), já havia vendido seu produto (30 de setembro) e recebido de seus clientes (31 de outubro). Assim, não há período de conversão de caixa porque o fornecedor está essencialmente financiando as necessidades de capital de giro da Quick Turn.

Para obter uma compreensão ainda melhor do ciclo do capital de giro, vejamos o que acontece com o balanço patrimonial e a demonstração de resultados da Pokey. Para isso, precisaremos de mais informações sobre as atividades da empresa, tais como uma lista mensal de suas atividades e os seus efeitos em seu balanço. Preste muita atenção ao capital de giro da empresa, especialmente seus saldos de caixa.

Julho: a Pokey, Inc. é uma empresa nova, que iniciou suas operações em julho com US$ 1.000, financiando US$ 300 em dívida de longo prazo e US$ 700 em ações ordinárias. No início, o proprietário comprou US$ 600 de ativos fixos, deixando os restantes US$ 400 em caixa. Nesse ponto, o balanço apareceria da seguinte forma:

Caixa	US$ 400
Ativos fixos	600
TOTAL DE ATIVOS	US$ 1.000
Dívida de longo prazo	US$ 300
Ações ordinárias	700
TOTAL DE PASSIVOS E PATRIMÔNIO LÍQUIDO	US$ 1.000

Agosto: em 15 de agosto, os gerentes da empresa pediram US$ 500 em estoque, que foi recebido em 31 de agosto (veja o Quadro 22.3). O fornecedor deu à Pokey 30 dias a contar da data em que o estoque foi entregue para pagar pela compra. Então, estoques e contas a pagar aumentaram em US$ 500 quando o estoque foi recebido. Como resultado dessas transações, o balanço ficou assim:

	Julho	Agosto	Variações de julho para agosto
Caixa	US$ 400	US$ 400	
Estoque	0	500	+ US$ 500
Ativos fixos	600	600	
TOTAL DE ATIVOS	US$ 1.000	US$ 1.500	
Contas a pagar	US$ 0	US$ 500	+ US$ 500
Dívida de longo prazo	300	300	
Ações ordinárias	700	700	
TOTAL DE PASSIVOS E PATRIMÔNIO LÍQUIDO	US$ 1.000	US$ 1.500	

Até agora está tudo certo, ainda sem problemas de caixa.

Setembro: em 30 de setembro, a empresa pagou pelo estoque. Tanto o caixa quanto as contas a pagar diminuíram US$ 500, como se segue:

	Julho	Agosto	Setembro	Variações de agosto para setembro
Caixa	US$ 400	US$ 400	(US$ 100)	– US$ 500
Estoque	0	500	500	
Ativos fixos	600	600	600	
TOTAL DE ATIVOS	US$ 1.000	US$ 1.500	US$ 1.000	
Contas a pagar	US$ 0	US$ 500	US$ 0	– US$ 500
Dívida de longo prazo	300	300	300	
Ações ordinárias	700	700	700	
TOTAL DE PASSIVOS E PATRIMÔNIO LÍQUIDO	US$ 1.000	US$ 1.500	US$ 1.000	

Agora a Pokey, Inc., tem um problema de fluxo de caixa na forma de um déficit de caixa de US$ 100.

Outubro: foi um mês movimentado para a Pokey. Em 15 de outubro, a mercadoria foi vendida a prazo por US$ 900. Vendas (na demonstração do resultado) e contas a receber aumentaram no valor desse montante. A empresa teve despesas operacionais (despesas de vendas e administrativas) no montante de US$ 250, a pagar no início de novembro. Assim, despesas operacionais (na demonstração de resultado) e provisões operacionais (passivo circulante no balanço) aumentaram em US$ 250. (Mais US$ 25 em despesas acumuladas resultaram dos impostos que serão devidos aos lucros da empresa.) Finalmente, em outubro, os contadores da empresa registraram US$ 50 na despesa de depreciação (a ser reportada na declaração de renda), resultando em depreciação acumulada no balanço de US$ 50. Os resultados são:

	Julho	Agosto	Setembro	Outubro	Variações de setembro a outubro
Caixa	US$ 400	US$ 400	(US$ 100)	(US$ 100)	+ US$ 900
Contas a receber	0	0	0	900	– 500
Estoque	0	500	500	0	–500
Ativos fixos	600	600	600	600	
Depreciação acumulada	0	0	0	(50)	–50
TOTAL DE ATIVOS	US$ 1.000	US$ 1.500	US$ 1.000	US$ 1.350	

	Julho	Agosto	Setembro	Outubro	Variações de setembro a outubro
Contas a pagar	US$ 0	US$ 500	US$ 0	US$ 0	
Provisões de operação	0	0	0	250	+ US$ 250
Imposto de renda a pagar	0	0	0	25	+25
Dívida de longo prazo	300	300	300	300	
Ações ordinárias	700	700	700	700	
Ganhos retidos	0	0	0	75	+ 75
TOTAL DE PASSIVOS PATRIMÔNIO LÍQUIDO	US$ 1.000	US$ 1.500	US$ 1.000	US$ 1.350	

O balanço de outubro mostra todas as atividades que acabamos de descrever, mas há mais uma mudança: agora mostra US$ 75 em lucros retidos, que foi US$ 0 nos balanços anteriores. Como você verá em breve, esse montante representa o rendimento da empresa. Observe também que a Pokey, Inc. continua descoberta em US$ 100 em seu caixa. Nenhum dos eventos em outubro afetou o saldo de caixa da empresa. Todas as transações foram o resultado de acréscimos registrados pelo contador da empresa, compensando as entradas na demonstração de resultados. A relação entre o balanço e a demonstração de resultado do exercício é:

Mudança no balanço		Efeito na demonstração de resultado
Aumento de US$ 900 nas contas a receber	→	Vendas de US$ 900
Diminuição no estoque em US$ 500	→	Custo de mercadorias vendidas de US$ 500
Aumento de US$ 250 nas provisões	→	Despesas operacionais de US$ 250
Aumento de US$ 50 na depreciação acumulada	→	Despesa de depreciação de US$ 50
Aumento de US$ 25 nos impostos acumulados	→	Despesa de imposto de US$ 25

Novembro: as despesas acumuladas foram pagas, o que resultou em uma diminuição de US$ 250 em caixa junto com uma diminuição igual nas provisões. No fim do mês, as contas a receber foram recebidas, produzindo um aumento de US$ 900 em dinheiro e uma queda de US$ 900 em contas a receber. Assim, o caixa aumentou em US$ 650. A série final de balanços é:

	Julho	Agosto	Setembro	Outubro	Novembro	Variação de outubro a novembro
Caixa	US$ 400	US$ 400	(US$ 100)	(US$ 100)	US$ 550	+ US$ 650
Contas a receber	0	0	0	900	0	– 900
Estoque	0	500	500	0	0	
Ativos Fixos	600	600	600	600	600	
Depreciação acumulada	0	0	0	(50)	(50)	
TOTAL DE ATIVOS	US$ 1.000	US$ 1.500	US$ 1.000	US$ 1.350	US$ 1.100	
Contas a pagar	US$ 0	US$ 500	US$ 0	US$ 0	US$ 0	
Provisões	0	0	0	250	0	–US$ 250
Imposto de renda a pagar	0	0	0	25	25	
Dívida de longo prazo	300	300	300	300	300	
Ações ordinárias	700	700	700	700	700	
Lucros retidos	0	0	0	75	75	
TOTAL DE PASSIVOS E PATRIMÔNIO LÍQUIDO	US$ 1.000	US$ 1.500	US$ 1.000	US$ 1.350	US$ 1.100	

Como resultado das atividades da empresa, a Pokey, Inc. registrou US$ 75 em lucros para o período. A demonstração de resultado do período findo em 30 de novembro é:

Receita	US$ 900
Custo de mercadorias vendidas	(500)
Lucro bruto	US$ 400
Despesas operacionais:	
Despesa de caixa (US$ 250)	
Despesa de depreciação (50)	
Total de despesas operacionais	(US$ 300)
Lucro operacional	US$ 100
Imposto de renda (25%)	(25)
Lucro líquido	US$ 75

Os US$ 75 no lucro são refletidos como lucros acumulados no balanço para fazer os números corresponderem. Pelo método das partidas dobradas, o registro de qualquer operação implica um débito em uma ou mais contas e créditos equivalentes. Por isso há correspondência entre os números.

O exemplo da Pokey, Inc. ilustra um ponto importante que merece ser repetido: um proprietário de uma empresa pequena deve entender o ciclo do capital de giro de sua empresa. Embora o negócio fosse rentável, a Pokey ficou sem dinheiro em setembro e outubro (– $ 100) e não se recuperou até novembro, quando recebeu suas contas. Esse período de conversão de caixa de 60 dias representa um tempo crítico quando a empresa deve encontrar outra fonte de financiamento para sobreviver. Além disso, quando as vendas estão em curso ao longo do ano, o problema pode ser interminável, a menos que o financiamento apoie as vendas da empresa. Além disso, na medida do possível, uma empresa deve providenciar o pagamento antecipado pelos clientes (de preferência) e negociar mais tempo de pagamento com fornecedores (de preferência em vários meses).

Uma compreensão do ciclo do capital de giro fornece uma base para examinar os principais componentes da gestão do capital de giro: fluxos de caixa, contas a receber, estoque e contas a pagar.

22-2 GERENCIAMENTO DE FLUXOS DE CAIXA

Os fluxos de caixa são críticos em todas operações da vida de uma empresa – ao comprar estoque, fazer uma melhoria de capital ou contratar um novo funcionário. Além disso, sem caixa, um dono não pode atrair financiamento ou garantir uma linha de crédito. Como Anish Rajparia, então presidente da ADP Small Business Services, uma empresa global de folha de pagamento e gestão de serviços de recursos humanos, disse:

É como o sangue no corpo humano... Se você não tem controle sobre o seu fluxo de caixa – quanto você tem no banco em um determinado dia, o que você está esperando ter em contrapartida com o que vai pagar – isso desafia sua capacidade de executar seus negócios efetivamente.[2]

Os exemplos da Pokey, Inc. e da Quick Turn Company na seção anterior ilustram que monitorar os fluxos de caixa é o ponto central da gestão do capital de giro. O caixa está continuamente se modificando pelo negócio. Ele flui enquanto os clientes pagam por produtos ou serviços, e conforme os pagamentos são feitos a outras empresas e indivíduos que fornecem produtos e serviços à empresa, como fornecedores e funcionários. A natureza tipicamente irregular das entradas e saídas de caixa torna essencial que elas sejam adequadamente entendidas e gerenciadas para o bem-estar da empresa.

De acordo com um estudo da REL Consultancy, a preservação dos fluxos de caixa foi a prioridade das empresas durante a recessão de 2008:

Os executivos percebem que em uma época instável não há substituto para o caixa. Não importa quanta receita você reconhece ou quantos ativos possui em seus livros, a verdade simples e duradoura é que as únicas empresas que sobrevivem são aquelas que geraram caixa suficiente para administrar suas operações.[3]

Os autores observaram ainda em um relatório mencionado que os negócios focados em dinheiro – o que eles chamam de "empresas com uma cultura de caixa" – têm certas semelhanças.

[Essas empresas são mais propensas a] dar condições vantajosas para os seus melhores fornecedores e clientes –, seus funcionários são remunerados com base em suas eficiências de uso de capital de giro, suas

Vivendo o sonho
EXPERIÊNCIAS EMPREENDEDORAS

Fluxos de caixa importam – e muito

Assim como muitos proprietários de pequenas empresas, Richard Sinclair lutou duramente em 2009 e 2010. Sinclair é o presidente da Applied Process Equipment, Inc., uma empresa de tratamento de água e esgoto em Scottsdale, Arizona. A recessão de 2008 e a recuperação lenta subsequente não apenas esgotaram os negócios da Sinclair, mas também assustaram o banco local. Quando o banco anunciou que estava eliminando todas as linhas de crédito inferiores a US$ 5 milhões, Sinclair estava, de repente, sem a segurança com a qual contou por 13 anos, e de que precisava agora mais urgentemente do que nunca. "Você quer um verdadeiro sinal de alerta?" ele pergunta. "Isso nos levou para o básico."

Sinclair diz que houve casos durante esses dois anos em que ele acreditava que sua empresa pudesse entrar. O negócio permaneceu estagnado, e ele não podia contar com seu antigo banco para financiamento. Agora, quase três anos depois de a sua linha de crédito ter desaparecido, Sinclair não tem dúvidas sobre o que salvou o seu negócio: fluxos de caixa adequados.

"Se não tivéssemos esse grau de conhecimento até o último dólar exatamente onde estávamos, haveria uma possibilidade muito grande de que talvez não tivéssemos sobrevivido," diz ele.

Desde que o negócio de Sinclair emergiu da condição de sobrevivência em 2011, ele conseguiu aproveitar as oportunidades, o que não teria sido possível sem um controle estrito dos fluxos de caixa. "No ano passado, conseguimos aproveitar duas oportunidades que trouxeram vários milhares de dólares para nossa linha de produção," diz Sinclair sobre duas parcerias que ele foi capaz de fazer com outras empresas locais. "Nosso fluxo de caixa foi absolutamente essencial [para isso]."

Fonte: Michael Beller, "Go with the Flow", *MyBusiness*, maio-junho de 2013, p. 26-27, http://www.nfib.com/article/go-with-the-flow-62772. Acesso em 12 de março de 2015.

métricas [para medir o desempenho do capital de giro] são claras e suas políticas de caixa são cuidadosamente consideradas. Como resultado desse rigor, as empresas com uma cultura de caixa precisam de 52% menos capital de giro.[4]

Uau! Uma pequena empresa capaz de reduzir seus investimentos em capital de giro em 52% teria uma enorme vantagem competitiva!

O fluxo de caixa líquido de uma empresa pode ser determinado simplesmente pela análise de sua conta bancária. Depósitos em dinheiro mensais menos os cheques emitidos durante o mesmo período é igual ao fluxo de caixa líquido de uma empresa. Se os depósitos de um mês somarem US$ 100.000 e os cheques totalizarem US$ 80.000, a empresa possui um fluxo de caixa líquido positivo de US$ 20.000. Isto é, o saldo de caixa no final do mês é US$ 20.000 maior do que era no início do mês.

O Quadro 22.4 representa graficamente o fluxo de caixa de um negócio. Isso inclui não apenas os fluxos de caixa que surgem como parte do ciclo do capital de giro da empresa (mostrado no Quadro 22.1), mas também outros fluxos de caixa, como os da compra de ativos imobilizados e emissão de ações. Mais especificamente, as vendas em dinheiro, o recebimento de contas a receber, pagamento de despesas e pagamento de estoque refletem as entradas e saídas de caixa que se relacionam ao ciclo do capital de giro. Os outros itens do Quadro 22.4 representam outros fluxos de caixa com mais longo prazo.

Como enfatizamos em várias ocasiões, o cálculo dos fluxos de caixa requer que um pequeno empresário possa distinguir entre receita e recebimento de caixa – eles raramente são os mesmos. A receita é registrada no momento em que uma venda é feita, mas não afeta os fluxos de caixa nesse momento, a menos que seja uma venda em dinheiro. Recebimentos de caixa, por outro lado, são gravados quando o dinheiro realmente flui para a empresa, muitas vezes um mês ou dois após a venda. Da mesma forma, é necessário distinguir entre despesas e desembolsos. As despesas ocorrem quando materiais, mão de obra ou outros itens são usados. Pagamentos (desembolsos) para esses itens de custo podem ser feitos mais tarde, quando os cheques são emitidos. A depreciação, enquanto se mostra como uma despesa, não é uma saída de caixa. A depreciação é uma despesa não desembolsável.

Dada a diferença entre fluxos de caixa e lucros, é absolutamente essencial que o empreendedor desenvolva um orçamento de caixa para antecipar quando o dinheiro entrará e sairá da empresa. (O orçamento de caixa foi explicado no Capítulo 11 quando descrevemos as previsões financeiras.)

22-3 GESTÃO DE CONTAS A RECEBER

O Capítulo 16 discutiu a extensão do crédito pelas pequenas empresas e a gestão e cobrança de contas a receber. Esta seção considera o impacto das decisões de crédito no capital de giro e particularmente nos fluxos de caixa. O fator mais importante da boa gestão de caixa dentro de uma pequena empresa é a capacidade de cobrar contas a receber rapidamente.

22-3a Como as contas a receber afetam o dinheiro

A concessão de crédito aos clientes, embora seja primeiramente uma decisão de marketing, afeta diretamente a conta de caixa de uma empresa. Ao vender a prazo e, assim, permitir que os clientes adiem a forma de pagamento, a empresa atrasa a entrada de caixa.

O montante total dos saldos de crédito dos clientes é registrado no balanço patrimonial como contas a receber – um dos ativos atuais da empresa. De todos os ativos não financeiros, as contas a receber estão perto de transformarem-se em caixa. Às vezes chamadas de *dinheiro iminente*, ou *recebíveis*, as contas a receber normalmente são recebidas e transformam-se em dinheiro dentro de 30 a 60 dias subsequentes à venda.

22-3b O ciclo de vida de contas a receber

O ciclo de recebíveis começa com uma venda a prazo. Na maioria dos negócios, uma fatura é então preparada e enviada ao comprador. Quando a fatura é recebida, o comprador a processa, prepara um cheque e o envia para pagar o vendedor.

Em circunstâncias ideais, cada uma dessas etapas é feita em tempo hábil. Obviamente, podem ocorrer atrasos em qualquer fase desse processo. Por exemplo, um funcionário do transporte pode emitir as faturas antes de enviá-las para o escritório para processamento, atrasando, assim, a preparação e envio de faturas aos clientes. Tal prática também irá manter o recebimento do dinheiro dos clientes e seu depósito no banco – o dinheiro é então usado para pagar contas. Em outras palavras, as contas a receber podem vencer por causa de problemas na organização da empresa, em que a informação não é transferida em tempo hábil entre vendedores, departamentos de operações e pessoal de contabilidade. O resultado: pagamentos de clientes atrasados e maiores investimentos em contas a receber.

Políticas, práticas e procedimentos de gestão de crédito afetam o ciclo de vida de contas a receber e o fluxo de caixa. É importante para proprietários de pequenas empresas, ao estabelecer políticas de crédito, considerar os requisitos de fluxo de caixa, bem como a necessidade de estimular as vendas. Um dos principais objetivos de cada empresa deve ser minimizar o tempo médio que leva para os clientes pagarem suas contas. Ao simplificar os procedimentos administrativos, uma empresa pode facilitar a tarefa de enviar contas, gerando dinheiro mais rapidamente.

Saber quanto tempo, em média, leva para cobrar contas a receber requer o cálculo do **período médio de cobrança** (DSO – *days sales outstanding*) ao dividir as contas a receber da empresa pelas vendas diárias a prazo, da seguinte forma:

$$\text{Período médio de cobrança (recebimento)} = \frac{\text{Contas a receber}}{\text{Vendas anuais a prazo} \div 365 \text{ dias}}$$

Considere as seguintes informações sobre duas empresas, Fast Company e Slow Company:

	Fast Company	**Slow Company**
Vendas totais	US$ 1.000.000	US$ 1.000.000
Vendas a prazo	US$ 700.000	US$ 700.000
Média de vendas a prazo por dia	US$ 1.918	US$ 1.918
Contas a receber	US$ 48.000	US$ 63.300

QUADRO 22.4 Fluxo de caixa da empresa

Diagrama de fluxo de caixa mostrando entradas (Investimento do proprietário, Fundos emprestados, Vendas de ativos fixos, Caixa de vendas, Recebimento de contas a receber) e saídas (Compra de ativos fixos, Pagamentos de despesas, Pagamentos de dívidas, Pagamentos de estoque) do Caixa.

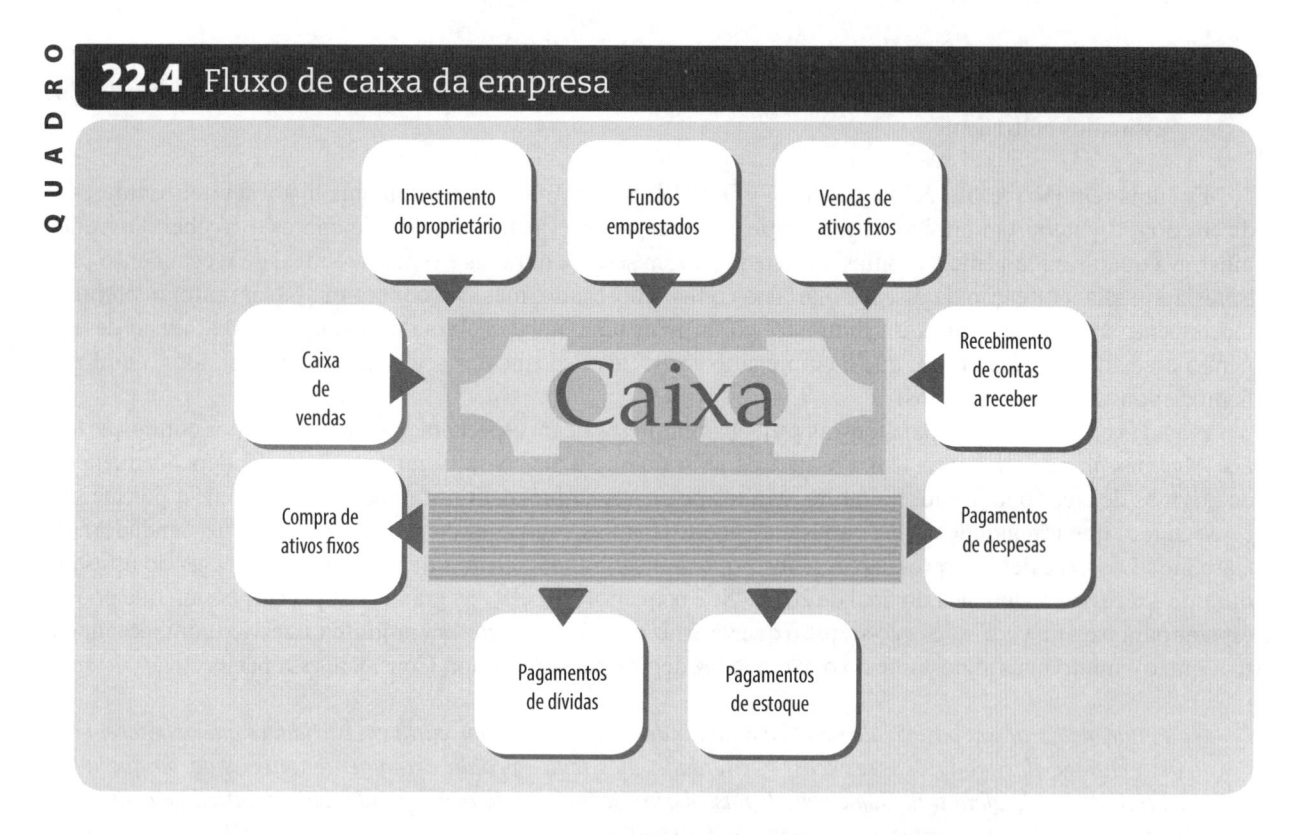

Essas duas empresas são muito parecidas na medida em que ambas tem US$ 1 milhão em vendas anuais, incluindo US$ 700.000 em vendas a prazo. Assim, ambas têm média de vendas diárias a prazo de US$ 1.918 (vendas a prazo total de US$ 700.000 ÷ 365 dias). No entanto, existe uma diferença importante entre as duas empresas. A Fast Company possui apenas US$ 48.000 em contas a receber, enquanto a Slow Company possui US$ 63.300. Por que a diferença? É simples: a Fast Company cobra suas vendas de crédito a cada 25 dias em média, enquanto a Slow Company leva 33 dias para cobrar suas contas a receber, calculada do seguinte modo:

Fast Company:

$$\text{Período médio de cobrança} = \frac{\text{Contas a receber}}{\text{Vendas a prazo anuais} \div 365 \text{ dias}} = \frac{\text{US\$ } 48.000}{\text{US\$ } 70.000 \div 365} = 25 \text{ dias}$$

Slow Company:

$$\text{Período médio de cobrança} = \frac{\text{Contas a receber}}{\text{Vendas a prazo anuais} \div 365 \text{ dias}} = \frac{\text{US\$ } 63.300}{\text{US\$ } 70.000 \div 365} = 33 \text{ dias}$$

Em outras palavras, a Slow Company leva mais tempo para converter suas contas a receber em dinheiro. Poderia muito bem ter um problema de fluxo de caixa se não tivesse a habilidade para financiar suas contas. Essa ilustração, embora hipotética, é um problema real para muitas pequenas empresas. A maioria dos proprietários de negócios nunca pensa nas dificuldades de cobrança de contas a receber quando abrem seus próprios negócios.

Para Ann LaWall, presidente e CEO da Ann LaWall & Co., ir atrás de clientes inadimplentes era um peso que a distraia de gerenciar o crescimento de sua empresa de consultoria. Pior ainda, tinha medo de que as temidas chamadas de cobrança prejudicariam as relações profissionais e pessoais que ela apreciava. "Eu estava cansada de dizer às pessoas que eu não sou o banco delas," diz LaWall. "Às vezes, você está lidando com amigos ou pessoas que você encontra no campo de golfe e não quer ficar procurando-os por dinheiro."[5]

Por meio de delegação e implementação de medidas preventivas, o estresse de LaWall com cobranças desapareceu. Ela diz que algumas das abordagens custaram a ela pouca receita, mas insiste que valeram a pena. Para diminuir o estresse envolvido, LaWall sugere tomar as seguintes ações:[6]

- Contratar alguém para lidar com cobranças um dia por semana.
- Aceitar cartões de crédito.
- Vender os recebíveis a terceiros.

- Quando possível, exigir pré-pagamento.
- Em uma prestação de serviços, escrever um trabalho detalhado e um cronograma de pagamento e tê-los assinados pelo cliente.

Em uma reunião recente, Johnny Stites, CEO da J & S Construction, contou uma história interessante. Sem dizer nada, divulgou um gráfico para o empregado responsável pela cobrança de contas a receber. O gráfico mostrava quão rapidamente as contas a receber estavam sendo cobradas e o período ideal de recebimento para Stites. Ele tinha a intenção de discutir o gráfico com o empregado, mas não conseguiu. No entanto, o tempo de recebimento das contas começou a diminuir. Ao fornecer uma imagem clara do desempenho real *versus* desempenho desejado, Stites permitiu que o empregado conseguisse alcançar o seu objetivo. O resultado: o dinheiro ficou disponível para outros fins.[7]

Ao lidar com grandes corporações, as pequenas empresas ficam especialmente vulneráveis por cobranças lentas. Algumas grandes empresas têm a prática de levar 60 ou 90 dias para pagar uma fatura, independentemente dos termos de crédito indicados na fatura. Muitas pequenas empresas tiveram que declarar falência porque não conseguiram que um grande cliente pagasse de acordo com as condições da venda. Susana Ortiz, fundadora da Caroline's Desserts, ficou surpresa ao descobrir que muitos grandes clientes de varejo estavam pagando atrasado durante a recessão econômica do final de 2008. "Se é pequeno", diz ela, "as grandes empresas pensam que podem esperar para pagar a você".[8] "Segue-se que o que você faz antes de entregar um produto ou serviço com recebimento a prazo é muito mais importante do que o que faz depois que vira credor. Considere essa perspectiva:

> *Ao tentar melhorar sua posição de caixa, a maioria das empresas se concentra em atividades que acontecem após a entrega dos produtos e serviços. Na verdade, eles têm o pedido exatamente antecipado porque a estrutura da venda afeta tudo o que vem depois. Assim, se uma conta acaba sendo fácil ou difícil de cobrar depende do que se passa antes de o contrato ser assinado.*[9]

As seguintes práticas de gestão de crédito também podem ter um efeito positivo nos fluxos de caixa de uma empresa:

- Minimizar o tempo entre envio, faturamento e envio de avisos sobre faturamentos.
- Analisar experiências de crédito anteriores para determinar impedimentos aos fluxos de caixa, tais como a continuação da extensão do crédito a pagamento lento ou clientes inadimplentes.
- Fornecer incentivos para o pagamento rápido mediante a concessão de descontos em dinheiro ou cobrança de juros sobre contas inadimplentes.
- Estabelecer vencimentos para contas a receber por mês ou mesmo semanalmente, a fim de identificar todas as contas inadimplentes o mais rápido possível.
- Usar os métodos mais eficazes para cobrar contas vencidas. Por exemplo, chamadas telefônicas rápidas para clientes com contas em atraso podem melhorar as cobranças consideravelmente.
- Usar **caixa postal** – para receber remessas. Se o banco da empresa mantém uma caixa postal para a qual os clientes enviam seus pagamentos, pode imediatamente depositar quaisquer cheques recebidos na conta da empresa. No Brasil, a caixa postal é um serviço dos Correios apenas para receber objetos de correspondência.

22-3c Financiamento de contas a receber

Algumas pequenas empresas aceleram o fluxo de caixa das contas a receber mediante empréstimos adquiridos por eles. Ao financiar recebíveis, essas empresas podem, muitas vezes, proteger o uso de seu dinheiro 30 a 60 dias antes do que seria possível de outra forma. Embora essa prática tenha já se concentrado em grande parte na indústria do vestuário, expandiu-se para muitos outros tipos de pequenas empresas, como fabricantes, processadores de alimentos, distribuidores e fornecedores de construção de casas. Esse financiamento é fornecido por empresas de finanças e alguns bancos.

Estão disponíveis dois tipos de financiamento de contas a receber. O primeiro tipo usa **contas a receber comprometidas** de uma empresa como garantia de um empréstimo. Pagamentos recebidos de clientes são encaminhados ao órgão de empréstimo. No segundo tipo de financiamento, uma empresa vende suas contas a receber a uma empresa financeira, uma prática conhecida como *factoring* (discutida no Capítulo 12). O órgão financeiro assume assim o risco de inadimplência associado aos recebíveis que compra.

A vantagem óbvia do financiamento de contas a receber é o fluxo de caixa imediato que é fornecido a empresas que tenham capital de giro limitado. Como benefício secundário, o volume de empréstimos pode ser rapidamente expandido proporcionalmente para combinar com um crescimento das vendas e contas a receber da empresa.

Uma desvantagem desse tipo de financiamento é o seu alto custo. As taxas geralmente ficam vários pontos acima da taxa de juros principal, e os credores cobram uma taxa para compensá-los pela pesquisa de crédito e pelo risco de os clientes não honrarem o pagamento. Outro ponto fraco do financiamento de contas a receber é que comprometê-las podem limitar a capacidade da empresa de tomar emprestado de um banco eliminando um ativo principal de suas garantias disponíveis.

22-4 GERENCIANDO O ESTOQUE

O estoque é um "mal necessário" no sistema de gestão financeira. É "necessário" porque a oferta e a demanda não podem ser gerenciadas para coincidir precisamente com as operações do dia a dia; é um "mal" porque vincula fundos que não são ativamente produtivos.

22-4a Reduzindo o estoque para liberar caixa

O estoque é um problema maior para algumas pequenas empresas do que para outras. O estoque de muitas empresas de serviços, por exemplo, consiste em apenas alguns fornecedores. Um fabricante, por outro lado, tem vários tipos de estoques: matérias-primas, produtos em elaboração e produtos acabados. Varejistas e atacadistas – especialmente aqueles com altas taxas de volume de negócios, como as empresas na distribuição de alimentos – estão continuamente envolvidos na solução de problemas de gerenciamento de estoque.

O Capítulo 21 discutiu várias ideias relacionadas a compra e gerenciamento de estoque que são projetadas para minimizar custos de transporte e processamento de estoque. A ênfase nesta seção é sobre práticas que minimizarão os níveis médios de estoque, liberando, assim, fundos para outros usos. O nível mínimo correto de estoque é a quantidade necessária para manter os horários de produção desejados e/ou um certo nível de serviço ao cliente. Um esforço de gestão pode cortar o excesso de estoque e pagar dividendos consideráveis.

22-4b Monitoramento de estoque

Quando se trata de gerenciar estoque, os proprietários de pequenas empresas tendem a fazer um estoque excessivo. Considere o seguinte cenário, que acontece frequentemente:

> *Um gerente de loja pode saber teoricamente que a manutenção de muito estoque não é uma boa ideia, mas ainda assim justifica manter mais algumas TVs do que a loja provavelmente precisa – "só para garantir." Mesmo que um gerente de departamento saiba que um excesso de oferta pode diminuir um pouco a eficiência geral, o prejuízo para o departamento não parece tão grande quanto a perda potencial de uma indisponibilidade de estoque. Um pouco de excesso de estoque parece um risco menor do que o grande desastre de ter que parar uma linha de montagem ou deixar uma prateleira de loja vazia.*[10]

Um dos primeiros passos no gerenciamento do estoque é descobrir o que está em estoque e há quanto tempo está lá. Muitas vezes, os itens são comprados, armazenados e essencialmente esquecidos. Um estoque anual para fins contábeis é inadequado para controle de estoque apropriado. Itens de baixa rotatividade podem permanecer no estoque de um varejista além do tempo em que deveriam ter sido baixados para venda rápida. Programas de software podem fornecer assistência na identificação e controle de estoque. Embora um estoque físico ainda possa ser necessário, o seu uso só servirá para complementar o sistema computadorizado.

Uma estatística comumente usada para monitorar estoque é **giro dos estoques**, que é o número de dias, em média, que uma empresa possui seu estoque. Similar em conceito a dias de vendas pendentes (descrito anteriormente), é calculado da seguinte forma:

$$\text{Giro dos estoques} = \frac{\text{Estoque}}{\text{Custo de mercadorias vendidas} \div 365 \text{ dias}}$$

Lembre-se de que a Fast Company e a Slow Company tinham vendas anuais de US$ 1 milhão. Vamos supor que elas também tiveram o mesmo custo de bens vendidos de US$ 600.000. Então, ambas venderam seus produtos por US$ 1 milhão, e custou a elas US$ 600 mil para fabricar os produtos que foram vendidos. Se reafirmarmos o custo anual das mercadorias vendidas a um custo diário dos produtos vendidos, acharemos que é de US$ 1.644 (US$ 600.000 do custo dos produtos vendidos ÷ 365 dias) para ambas as empresas. Mas, enquanto vendiam a mesma quantidade de produto a um custo idêntico, a Fast Company mantém apenas US$ 46 mil em estoque em comparação com a Slow Company, que mantém um estoque de US$ 57.500.

	Fast Company	**Slow Company**
Vendas totais	US$ 1.000.000	US$ 1.000.000
Custo de mercadorias vendidas	US$ 600.000	US$ 600.000
Custo diário de mercadorias vendidas	US$ 1.644	US$ 1.644
Estoque	US$ 46.000	US$ 57.500

Por que a Slow Company teria mais estoque do que a Fast Company, dado que ambas têm a mesma quantidade de vendas? A resposta é que a Slow Company leva mais tempo para vender seu estoque. A Fast Company, em média, mantém o estoque por 28 dias, em comparação com 35 dias da Slow Company.

Fast Company:

$$\text{Giro dos estoques} = \frac{\text{Estoque}}{\text{Custo dos produtos vendidos} \div 365 \text{ dias}} = \frac{\text{US\$ 46.000}}{\text{US\$ 600.000} \div 365 \text{ dias}} = 28 \text{ dias}$$

Slow Company:

$$\text{Giro dos estoques} = \frac{\text{Estoque}}{\text{Custo dos produtos vendidos} \div 365 \text{ dias}} = \frac{\text{US\$ 57.500}}{\text{US\$ 600.000} \div 365 \text{ dias}} = 35 \text{ dias}$$

Em outras palavras, a lenta taxa de movimentação do estoque da Slow Company pode levar a problemas de fluxo de caixa se não houver maior capacidade de financiar um estoque.

22-4c Controle de reservas

Gerentes de pequenas empresas tendem a comprar estoque excessivamente por vários motivos. Primeiro, o entusiasmo pode levar o gerente a prever maior demanda do que a que existe realmente. Segundo, a personalização do relacionamento entre empresas e clientes pode motivar um gerente a estocar tudo o que os clientes desejam. Em terceiro lugar, um gerente consciente dos preços pode estar excessivamente suscetível ao apelo de um vendedor para "compre agora, porque os preços estão subindo".

Os gerentes devem ter restrições quando estocar. Reservas inapropriadamente estocadas e descontroladas podem aumentar consideravelmente os custos de estoque e ser uma perda considerável de recursos de uma pequena empresa.

22-5 GESTÃO DE CONTAS A PAGAR

O gerenciamento de fluxo de caixa e o de contas a pagar estão interligados. Enquanto um pagamento está pendente, a empresa compradora pode manter o caixa igual a esse valor na sua própria conta. Quando o pagamento é feito, no entanto, a conta de caixa é reduzida.

Caso as condições permaneçam inalteradas, um pequeno empresário poderia atrasar o pagamento o máximo de tempo possível, sem prejudicar a reputação da empresa e honrando seus acordos. Embora as contas a pagar sejam obrigações legais, elas podem ser pagas em vários momentos ou, mesmo, renegociadas em alguns casos. Qualquer empresa está sujeita a uma situação de emergência e pode achar necessário pedir aos credores que adiem o pagamento de suas obrigações a pagar. Normalmente, os credores irão cooperar na elaboração de uma solução porque é de seu maior interesse que o cliente tenha sucesso.

"Compre agora, pague mais tarde" é o lema de muitos empresários. Ao comprar a prazo, uma pequena empresa está usando os recursos dos credores para suprir as necessidades de caixa de curto prazo. Quanto mais longo o tempo de pagamento obtido, melhor. O pagamento, portanto, deve ser adiado contanto que aceito de acordo com o contrato. Como fizemos com as contas a receber e o estoque, podemos calcular o período médio de pagamento, o que nos diz quantos dias uma empresa leva para pagar suas contas. Calculamos da seguinte forma:[11]

$$\text{Período médio de pagamento} = \frac{\text{Contas a pagar}}{\text{Custo de produtos vendidos} \div 365 \text{ dias}}$$

Usando as informações já fornecidas para Fast Company e Slow Company e sabendo que elas têm US$ 65.800 e US$ 49.300 em contas a pagar, respectivamente, podemos calcular os dias em contas a pagar para cada empresa da seguinte forma:

Fast Company:

$$\text{Período médio de pagamento} = \frac{\text{Contas a pagar}}{\text{Custo dos produtos vendidos} \div 365 \text{ dias}} = \frac{\text{US\$ 65.800}}{\text{US\$ 600.000} \div 365 \text{ dias}} = 40 \text{ dias}$$

Slow Company:

$$\text{Período médio de pagamento} = \frac{\text{Contas a pagar}}{\text{Custo dos produtos vendidos} \div 365 \text{ dias}} = \frac{\text{US\$ 49.300}}{\text{US\$ 600.000} \div 365 \text{ dias}} = 30 \text{ dias}$$

Normalmente, as contas a pagar (crédito comercial) envolvem condições de pagamento que incluem um desconto. Com os termos de desconto comercial, pagar mais tarde pode ser inadequado. Por exemplo, termos de 3/10, líquidos de 30, com um desconto potencial de 3%. O Quadro 22.5 mostra possíveis custos de liquidação durante um prazo de 30 dias. Observe que, para uma compra no valor de US$ 20.000, é necessária uma liquidação de apenas US$ 19.400 se o pagamento for feito nos primeiros 10 dias (US$ 20.000 menos o desconto de 3% de US$ 600). Entre o dia 11 e o dia 30, é necessária a quitação total de US$ 20.000. Após 30 dias, o custo de quitação pode exceder a quantia original, conforme taxas de pagamento atrasado são adicionadas.

A questão do tempo é "A conta deve ser paga no dia 10 ou no dia 30?" Há poucas razões para pagar US$ 19.400 nos dias 1 a 9, quando o mesmo valor quitará a conta no dia 10. Do mesmo modo, se o pagamento for efetuado após o dia 10, faz sentido esperar até o dia 30 para pagar os US$ 20.000.

Ao pagar no último dia do período de desconto, o comprador economiza a quantidade de desconto oferecido. A outra alternativa de pagamento no dia 30 permite que o comprador use o dinheiro do vendedor por mais 20 dias, abrindo mão do desconto. Como mostra o Quadro 22.5, o comprador pode usar os US$ 19.400 do vendedor por 20 dias com um custo de US$ 600. A porcentagem da taxa de juros anual pode ser calculada da seguinte forma:

$$\text{Percentagem da taxa de juros anual} = \frac{\text{Dias no ano}}{\text{Período líquido} - \text{Período de desconto de dinheiro}} \times \frac{\text{Desconto de caixa \%}}{100\% - \text{Desconto de caixa \%}}$$

$$= \frac{365}{30 - 10} \times \frac{3\%}{100\% - 3\%}$$

$$= 18,25 \times 0,030928$$

$$= 0,564, \text{ ou } 56,4\%$$

QUADRO 22.5 Cronograma de contas a pagar para os termos 3/10, 30 líquidos

Cronograma (dia após a data da fatura)	Custo de quitação para compra de US$ 20.000
Dias 1 a 10	$19.400
Dias 11 a 30	$20.000
Dia 31 em diante	$20.000 + possível multa de atraso e desvalorização de contrato de crédito decorrente da deterioração na classificação de risco do tomador

Ao não conseguir um desconto, um negócio normalmente paga uma taxa maior para o uso do dinheiro de um fornecedor – 56,4% ao ano nesse caso. O pagamento no dia 10 parece ser a escolha mais lógica. Lembre-se, no entanto, de que o pagamento também afeta os fluxos de caixa. Se os fundos são extremamente curtos, uma pequena empresa pode esperar para pagar até o último dia possível para evitar uma conta descoberta no banco.

22-6 PERÍODO DE CONVERSÃO DE CAIXA REEXAMINADO

No início do capítulo, apresentamos o ciclo do capital de giro, explicando que o período de conversão de caixa deve ser uma preocupação fundamental para qualquer empresa pequena. Como você lembrará, o período de conversão de caixa é o intervalo de tempo durante o qual o investimento da empresa em contas a receber e estoque deve ser financiado ou, mais simplesmente, o tempo necessário para converter o estoque pago e contas a receber em caixa. Para reforçar esse conceito, podemos usar as informações que temos da Fast Company e da Slow Company para calcular os períodos de conversão de caixa dessas duas empresas:

Período de conversão de caixa = Giro dos estoques + Período médio de recebimento – Período médio de pagamento

	Fast Company	Slow Company
Giro dos estoques	28	35
Período médio de recebimento	25	33
Total	53	68
Menos Período médio de pagamento	(40)	(30)
Período de conversão de caixa (dias)	13	38

Assim, o tempo do momento em que o estoque foi comprado até que seja vendido a prazo e as contas a receber sejam cobradas é de 53 dias para a Fast Company e de 68 dias para a Slow Company. Mas ambas as empresas recebem crédito comercial de seus fornecedores. A Fast Company negociou termos de crédito de 40 dias antes de pagar suas compras, em comparação com os 30 dias da Slow Company. Essencialmente, os fornecedores da Fast Company concederam um empréstimo por 40 dias, enquanto a Slow Company possui um empréstimo por apenas 30 dias.

Vemos que a Fast Company precisará financiar 13 dias com capital de giro, enquanto a Slow Company terá que financiar 38 dias. Assim, à medida que ambas as empresas crescem, a Slow Company sofrerá muito mais pressão sobre seus fluxos de caixa do que a Fast Company.

22-7 TÉCNICAS DE ORÇAMENTO DE CAPITAL

Passamos agora à gestão dos ativos de longo prazo de uma pequena empresa – equipamentos e instalações – ou o que é chamado de *orçamento de capital*.

Algumas decisões de orçamento de capital que podem ser tomadas por uma pequena empresa incluem (1) desenvolver um novo produto que seja promissor, mas que requer estudo adicional e melhoria, (2) substituir os caminhões de entrega da empresa por modelos mais recentes, (3) expandir atividades de vendas em um novo território, (4) construir um novo edifício e (5) contratar vendedores adicionais para intensificar a venda no mercado existente.

A **análise de orçamento de capital** constitui o cenário para o desenvolvimento futuro a longo prazo de uma empresa e pode ter um efeito profundo sobre os ganhos futuros e o crescimento de uma empresa. Por essa razão, é importante que um pequeno empresário tome decisões de orçamento de capital baseadas apenas em análises cuidadosas.

Os três principais métodos para tomar decisões de orçamento de capital são (1) o retorno contábil do investimento, (2) o *payback* e (3) o método de fluxo de caixa descontado, usando o valor presente líquido ou a taxa interna de retorno. Todos tentam responder à mesma pergunta básica: os futuros benefícios de um investimento excedem seus custos? No entanto, cada método aborda essa questão geral concentrando-se em uma questão específica diferente:

1. *Retorno contábil do investimento:* quanto dinheiro nos lucros médios é gerado por capital de investimento médio?
2. *Payback (tempo de retorno):* quanto tempo demorará para recuperar os desembolsos de investimento originais?
3. *Fluxos de caixa descontados:* como o valor presente dos futuros benefícios do investimento se compara com a despesa de investimento?

Três regras simples são usadas para avaliar os méritos de um investimento. Embora elas possam parecer triviais, as regras estabelecem em termos simples o melhor pensamento sobre a atratividade de um investimento.

1. O investidor prefere mais caixa.
2. O investidor prefere obter caixa mais cedo.
3. O investidor prefere menos risco.

Com esses critérios em mente, vejamos agora cada uma das três técnicas de orçamento de capital em detalhes.

22-7a Retorno contábil sobre o investimento

Uma pequena empresa investe para ganhar lucros. O **retorno contábil** compara os lucros médios anuais após os impostos que uma empresa espera receber em relação ao valor contábil médio do investimento.

Os lucros médios anuais após os impostos podem ser estimados pela adição dos lucros após impostos esperados durante a vida do projeto dividido pelo número de anos que o projeto deverá durar. O valor contábil médio de um investimento é equivalente à média do desembolso inicial e ao valor residual projetado final. Ao tomar uma decisão de aceitar-rejeitar, o proprietário compara o retorno calculado sobre um retorno mínimo aceitável, que geralmente é determinado com base na experiência.

Para examinar o uso do retorno contábil, suponha que você esteja pensando em comprar um equipamento por US$ 10.000 e depreciar mais de quatro anos a um valor contábil de US$ 0 (não terá valor residual). Mais adiante, suponha que você espera que o investimento gere ganhos pós-impostos a cada ano como se segue:

Ano	Lucros após o imposto
1	US$ 1.000
2	2.000
3	2.500
4	3.000

O retorno contábil sobre o investimento proposto é calculado da seguinte maneira:

$$\text{Retorno contábil sobre o investimento} = \frac{\text{Média de lucro anual após os impostos}}{\text{Média do valor contábil do investimento}}$$

$$\text{Retorno contábil sobre o investimento} = \frac{\left(\frac{\text{US\$ } 1.000 + \text{US\$ } 2.000 + \text{US\$ } 2.500 + \text{US\$ } 3.000}{4}\right)}{\left(\frac{\text{US\$ } 10.000 - \text{US\$ } 0}{2}\right)}$$

$$= \frac{\text{US\$ } 2.125}{\text{US\$ } 5.000} = 0{,}425 \text{ ou } 42{,}5\%$$

Para a maioria das pessoas, uma taxa de lucro de 42,5% parece excepcional. Pressupondo que o retorno contábil calculado sobre o investimento de 42,5% excede seu retorno aceitável mínimo, você aceitará o projeto. Caso contrário, irá rejeitar o investimento – desde que, com certeza, você tenha confiança na técnica.

Embora o retorno contábil do investimento seja fácil de calcular, ele tem duas falhas principais. Primeiro, baseia-se em resultados contábeis em vez de fluxos de caixa reais recebidos. Um investidor está mais interessado no caixa futuro produzido pelo investimento do que nos lucros reportados. Em segundo lugar, essa técnica ignora o valor do dinheiro no tempo. Assim, embora popular, o retorno contábil do método de investimento não consegue satisfazer nenhuma das três regras relativas à preferência de um investidor por receber mais dinheiro mais cedo ou com menos risco.

22-7b Período de *payback*

O **período de *payback*** mede quanto tempo demorará para recuperar o desembolso inicial de caixa de um investimento. Esse método trata de fluxos de caixa em oposição aos lucros contábeis. O projeto é avaliado positivamente se o investimento inicial pode ser recuperado abaixo do período de pagamento máximo aceitável. Por exemplo, um proprietário pode não querer investir em nenhum projeto que exija mais de cinco anos para recuperar o investimento original. O termo *payback*, cuja tradução literal é "pagar de volta", mede em quanto tempo é possível recuperar um investimento inicial, ou tempo de retorno do investimento.

Para ilustrar o período de *payback*, vamos pressupor que um pequeno empresário está considerando um investimento em equipamentos com uma vida útil esperada de 10 anos. O desembolso do investimento será de US$ 15.000, com o custo do equipamento depreciado linearmente de US$ 1.500 ao ano. Se o proprietário fizer o investimento, os lucros anuais após os impostos são estimados conforme segue:

Anos	Lucros após o imposto
1-2	US$ 1.000
3-6	2.000
7-10	2.500

Para determinar os fluxos de caixa do investimento após os impostos, o proprietário apenas agrega de volta a depreciação de US$ 1.500 ao ano. O motivo para adicionar a depreciação ao lucro é que, embora fosse reduzida quando os lucros foram calculados (como uma entrada contábil), essa conta não representa uma saída efetiva de caixa. Os resultados, então, são como seguem:

Anos	Lucros após o imposto
1-2	US$ 2.500
3-6	3.500
7-10	4.000

Ao final do segundo ano, o proprietário recuperará US$ 5.000 do investimento inicial (US$ 2.500 por ano). No final do quarto ano, outros US$ 7.000, ou US$ 12.000 no total, terão sido recuperados. Os US$ 3.000 adicionais podem ser recuperados no quinto ano, quando se espera US$ 3.500. Assim, demorará 4,86 anos [4 anos + (US$ 3.000 ÷ US$ 3.500)] para recuperar o investimento. Uma vez que o tempo de recuperação do investimento é inferior ao máximo aceitável (cinco anos), o proprietário aceitará o investimento.

Muitos gerentes e proprietários de empresas usam o método do período de *payback* na avaliação das decisões de investimento. Embora use fluxos de caixa em vez de lucros contábeis, esse método tem dois pontos fracos significativos. Primeiro, não considera o valor do dinheiro no tempo (o dinheiro é preferido mais cedo do que mais tarde). Em segundo lugar, não considera os fluxos de caixa recebidos após o período de recuperação (mais dinheiro é preferido, em vez de menos).

22-7c Fluxos de caixa descontados

Os gerentes podem evitar as desvantagens dos métodos do retorno contábil sobre o investimento e do período de *payback* usando a análise de fluxo de caixa descontado. O método de fluxo de caixa descontado leva em consideração o fato de que o dinheiro recebido hoje é mais valioso do que o dinheiro recebido em um ano (denominado *valor do dinheiro no tempo*). Por exemplo, os juros obtidos podem estar disponíveis para um investimento imediato. Não devemos achar que o dinheiro somente será recebido em alguma data futura. O método de **fluxo de caixa descontado (FCD)** compara o valor presente dos fluxos de caixa futuros com o valor do investimento inicial. A análise pode assumir duas formas: valor presente líquido ou taxa interna de retorno.

O método do **valor presente líquido** (**VPL**, ou NPV – *net present value*) estima o valor atual do caixa que entrará na empresa no futuro deduzido do investimento inicial do projeto. Para encontrar o valor presente dos fluxos de caixa futuros esperados, descontamos o custo de capital da empresa, que é igual à taxa de retorno exigida dos investidores. Se o valor presente líquido do investimento for positivo (isto é, se o valor presente dos fluxos de caixa futuros descontados na taxa de retorno exigida para satisfazer os investidores da empresa exceder o desembolso inicial), o projeto é aceito.

O método da **taxa interna de retorno (TIR)** estima a taxa de retorno que pode ser esperada de um investimento. Para calcular a TIR, você deve encontrar a taxa de desconto que obtém o valor presente de todas as entradas de caixa futuras, iguais ao custo do projeto, que também é a taxa que dá um valor presente líquido nulo. Para o desembolso do investimento ser atraente, a taxa interna de retorno deve exceder o custo de capital da empresa – a taxa de retorno necessária para satisfazer os investidores da empresa.

O método do fluxo de caixa descontado é mais confiável do que o retorno contábil ou o *payback*. O *payback* considera fluxos de caixa (regime de caixa) em oposição aos lucros contábeis (regime de competência).

22-8 ORÇAMENTO DE CAPITAL EM PEQUENAS EMPRESAS

No passado, poucos proprietários de pequenas empresas confiavam em análises quantitativas para decidir sobre um orçamento de capital. A decisão de comprar novos equipamentos ou expandir as instalações baseava-se mais na intuição do que na análise econômica. Se alguma análise quantitativa era utilizada, geralmente era o *payback* seguido pelo retorno contábil. Raramente os pequenos empresários usavam o fluxo de caixa descontado.

Mais recentemente, um número crescente de proprietários de pequenas empresas está usando métodos quantitativos para avaliar um investimento de capital, mas opinando com sua base na experiência. Um número maior de empreendedores está tentando prever fluxos de caixa futuros como parte de suas análises. Ainda assim, apenas um pequeno número de proprietários utiliza o fluxo de caixa descontado.

Podemos concluir que os proprietários de pequenas empresas ainda não usam métodos financeiros teoricamente sólidos e sofisticados. No entanto, a causa do uso limitado do fluxo de caixa descontado provavelmente têm mais a ver com a natureza das pequenas empresas que com a falta de vontade dos proprietários de aprender. Várias razões importantes podem explicar o uso limitado desses métodos financeiros:

- Para muitos proprietários de pequenas empresas, o negócio é uma extensão de suas vidas – isto é, o dia a dia de negócios os afeta pessoalmente. O inverso também é verdade: o que acontece com o proprietário pessoalmente afeta suas decisões sobre a empresa. A empresa e seu dono são inseparáveis. Consequentemente, variáveis não financeiras podem desempenhar um papel importante nas decisões do proprietário. Por exemplo, o desejo de ser visto como uma parte respeitada da comunidade pode ser mais importante para um proprietário do que o valor presente de uma decisão de negócios.
- Os problemas de subcapitalização e liquidez de uma pequena empresa podem afetar diretamente o processo de tomada de decisão, e a sobrevivência muitas vezes se torna a principal prioridade. O planejamento a longo prazo, portanto, não é visto pelo proprietário como uma alta prioridade na sua visão dos negócios.
- A maior incerteza dos fluxos de caixa nas pequenas empresas faz com que a previsão e o planejamento de longo prazo pareçam pouco atraentes e até mesmo uma perda de tempo. O dono simplesmente não tem confiança na sua capacidade de prever os fluxos de caixa além de dois ou três anos, assim calcular os fluxos de caixa para toda a vida de um projeto é visto como um esforço inútil.
- O valor de uma empresa de capital fechado não é menos facilmente observado em relação a uma empresa de capital aberto cujos valores mobiliários são negociados ativamente no mercado. Assim sendo, o proprietário de uma pequena empresa pode considerar a regra de valor de mercado para maximizar valores presentes líquidos irrelevantes. Estimar o custo do capital também é muito mais difícil para uma pequena empresa do que para uma grande empresa.
- O tamanho limitado dos projetos de uma pequena empresa pode tornar os cálculos do valor presente líquido menos viáveis em um sentido prático. O tempo e as despesas exigidas para analisar um investimento de capital são geralmente os mesmos se o projeto for grande ou pequeno, por isso é relativamente mais dispendioso para uma empresa pequena conduzir tal estudo.
- O talento de gerenciamento financeiro em uma pequena empresa é um recurso escasso. O proprietário-gerente frequentemente tem um histórico técnico, ao contrário de uma orientação de negócio ou finanças, e sua perspectiva é bastante influenciada por sua formação.

Essas características de uma pequena empresa e seu proprietário têm um efeito significativo sobre o processo de tomada de decisão. O resultado é muitas vezes uma mentalidade de curto prazo, causada em parte pela necessidade e em parte pela escolha. No entanto, o proprietário de uma pequena empresa deveria usar as técnicas de fluxo de caixa decontado e ter certeza de que os investimentos contemplados, na verdade, fornecerão retornos que excedem o custo do capital da empresa.

Glossário

Análise de orçamento de capital (p. 488) – Método analítico que ajuda os gerentes a tomar decisões sobre investimentos a longo prazo.

Caixa postal (p. 484) – Caixa postal para recebimento de remessas de clientes.

Ciclo de capital de giro (p. 474) – Fluxo diário de recursos por meio da contabilidade de capital de giro de uma empresa.

Contas a receber comprometidas (p. 484) – Contas a receber usadas como garantia de um empréstimo.

Giro dos estoques (p. 485) – Número de dias, em média, que uma empresa mantém estoque.

Gestão de capital de giro (p. 474) – Gerenciamento de ativos e passivos circulantes.

Fluxo de caixa descontado (FCD) (p. 490) – Método de orçamento de capital que compara o valor presente dos fluxos de caixa futuros com o custo do investimento inicial.

Período médio de cobrança (p. 482) – Número de dias, em média, que uma empresa estende o crédito para seus clientes.

Período de *payback* (p. 490) – Tempo exigido para converter estoque pago e contas a receber em caixa.

Retorno contábil (p. 489) – Método de orçamento de capital que compara a média esperada dos lucros após as taxas anuais para o valor médio contábil de um investimento.

Taxa interna de retorno (TIR) (p. 491) – Taxa de retorno que uma empresa espera ganhar sobre um projeto.

Valor presente líquido (VPL) (p. 490) – Valor presente dos fluxos de caixa futuros esperados menos o desembolso de investimento inicial.

Recursos para *startups*

Quer saber mais sobre capital de giro?
A REL, uma empresa global de consultoria de capital de giro, é direcionada à melhoria de capital de giro sustentável de suas empresas clientes. Seu site, que pode ser acessado em www.relconsultancy.com, é uma excelente fonte de artigos práticos sobre gerenciamento de capital de giro.

Ações para *startups*

Erros a evitar no gerenciamento de capital de giro
Os seguintes erros podem custar muito à sua empresa:

1. Gerenciar apenas a demonstração de resultado e ignorar o balanço.
2. Dar gratificação financeira aos vendedores pelo aumento nas vendas sem atentar ao controle de custos.
3. Enfatizar excessivamente a qualidade do produto quando isso exige grandes quantidades de dinheiro sem aumentar consideravelmente a reputação da empresa.
4. Usar apenas a liquidez corrente (ativos circulantes ÷ passivos circulantes) para mensurar a liquidez da sua empresa, o que incentiva a possuir grandes quantidades de contas a receber e estoque e menores quantidades de contas a pagar.
5. Acomodar-se na ideia de que as métricas que estão sendo usadas para comparações fazem você parecer melhor que os seus concorrentes.

Tempo é dinheiro
Cada componente do capital de giro (contas a receber, estoque e contas a pagar) tem duas dimensões: *tempo* e *dinheiro*. Se você puder mexer no dinheiro com mais rapidez ao longo do ciclo, a empresa irá gerar mais caixa mais rapidamente. Além disso, se puder negociar os termos com o fornecedor, receber um tempo maior para pagar ou um limite de crédito, você criará efetivamente financiamento de graça para ajudar no futuro crescimento de fundo.

Você é quem manda

Situação 1

Uma pequena empresa especializada na venda e instalação de piscinas foi rentável, mas dedicou pouca atenção à gestão do capital de giro. Por exemplo, nunca tinha preparado ou usado um orçamento de caixa.

Para ter certeza de que o dinheiro estava disponível para pagamento necessário, a empresa manteve um mínimo de US$ 25.000 em uma conta bancária. Às vezes, essa conta aumentava; chegou a US$ 43.000 em uma ocasião. O dono considerou que essa abordagem para a gestão de caixa funcionava bem para a pequena empresa porque eliminou toda a documentação associada ao orçamento de caixa. Além disso, permitiu que a empresa pagasse suas contas em tempo hábil. (Nota: ao responder as perguntas para essa situação, consulte tanto este capítulo quanto o Capítulo 10, no qual descrevemos os orçamentos de caixa.)

Pergunta 1 – Quais são as vantagens e desvantagens da prática de saldo mínimo de caixa?

Pergunta 2 – Há um ditado: "Se não está quebrado, não conserte." Observando o sucesso atual da empresa no pagamento de contas prontamente, deveria ser incentivado o uso de um orçamento de caixa? Justifique a sua resposta.

Situação 2

Ruston Manufacturing Company é uma empresa pequena que vende totalmente a prazo. Experimentou operações bem-sucedidas e ganhou lucros modestos.

As vendas são feitas com base no pagamento líquido em 30 dias. Cobranças dos clientes correspondem a aproximadamente 70% em 30 dias, 20% em 60 dias, 7% em 90 dias e 3% permanecem incobráveis*.

O proprietário considerou a possibilidade de oferecer um desconto em dinheiro para pagamento antecipado. No entanto, a prática parece dispendiosa e possivelmente desnecessária. Como o proprietário diz, "Por que eu deveria subornar os clientes a pagar o que legalmente devem?"

Pergunta 1 – A oferta de desconto em dinheiro equivale a um suborno?

Pergunta 2 – Como uma política de desconto em dinheiro se relacionaria com as más dívidas?

Pergunta 3 – Qual política de desconto em dinheiro você recomendaria?

Pergunta 4 – Quais outras abordagens o proprietário pode usar para melhorar os fluxos de caixa de contas a receber?

Notas

1. A ilustração nessa seção lembrará você do exemplo da Lemonade Kids no Capítulo 10.
2. Michael Beller, "Go with the Flow," *MyBusiness*, maio-junho, 2013, p. 29, http://www.nfib.com/article/go-with-the-flow-62772. Acesso em 12 de março de 2015.
3. "2014 Working Capital Survey," http://www.relconsultancy.com. Acesso em 17 de março de 2015.
4. "Take Control of Your Working Capital," http://www.relconsultancy.com. Acesso em 20 de março de 2015.
5. Lena Basha, "Handle the Headaches," *MyBusiness*, junho–julho 2007, p. 26–29, http://www.mybusinessmag.com/fullstory.php3?sid=1589. Acesso em 26 de março de 2015.
6. Ibid.
7. Entrevista pessoal com Johnny Stites, 15 de dezembro de 2014.
8. Simona Covel e Kelly K. Spors, "To Help Collect the Bills, Firms Try the Soft Touch," *The Wall Street Journal*, 27 de janeiro de 2009, p. B6.
9. "Buried Treasures: Unlocking Cash from Your Accounts Receivable," http://www.relconsultancy.com. Acesso em 25 de março de 2015.
10. "The Cure for Inventory Hoarding," http://www.relconsultancy.com. Acesso em 15 de março de 2015.
11. Usamos o custo das mercadorias vendidas nessas equações como uma aproximação razoável para simplificar a apresentação. Para ser mais preciso, as equações deveriam usar a quantidade de compras que uma empresa fez com um fornecedor, em que as compras seriam como segue:

    Compras = Custo de mercadorias vendidas + Variação do estoque ao cargo do tempo

---

* N.R.T.: No Brasil, os títulos incobráveis são representados pela conta "provisão de devedores duvidosos" (PDD). A PDD, calculada estatisticamente, é uma provisão de valores contra a inadimplência de clientes. Sua função é proteger a empresa das perdas decorrentes de vendas não recebidas.

CAPÍTULO 23

Gestão de riscos

Pode acontecer antes de você saber. Um dia você tem muito dinheiro na sua conta bancária. No dia seguinte, o dinheiro desapareceu. E o culpado não é um cliente que você perdeu, uma economia ruim, ou mesmo um empregado descontente. É um *hacker* que encontrou uma maneira de entrar em sua conta bancária *on-line*, ver dados financeiros sensíveis e roubar a sua empresa. Esse cenário tornou-se uma realidade cruel para alguns proprietários de pequenas empresas, e isso representa um risco para quem gerencia empresas ou mantém registros financeiros *on-line*.

Como a maioria dos empresários, Bob Gray, proprietário da Homestead Interior Doors, com sede em Vickery, Ohio, tinha proteção contra vírus para os computadores da empresa, bem como um *firewall* mínimo, mas não foi suficiente para evitar que *hackers* roubassem US$ 100 mil *on-line* da conta bancária da sua empresa no final do ano passado.

"Eu notei que uma transferência de US$ 50 mil foi feita da minha conta que não pareceu correta", diz ele. "Eu não lembrava de ter feito nada parecido com aquilo. Então, logo diante dos meus olhos, surgiu outra transferência de US$ 50 mil"

**No Spotlight
Homestay Interior Doors
www.door.cc**

Gray finalmente recuperou metade do dinheiro, mas foram vários meses estressantes de trabalho com o banco e advogados para resolver as coisas. "Houve momentos em que estava convencido de que iria perder minha empresa", diz Gray, cujo fluxo de caixa e pagamentos de clientes recebidos foram congelados após o ataque. "Eu tive sorte porque poderia ter sido pior. Eu poderia ter sido completamente roubado." Embora ele seja mais cauteloso agora, Gray diz: "Esses *hackers* estão aprendendo coisas novas todo dia; eles estão ficando um passo à frente das proteções e continuarão tentando descobrir como entrar no seu computador se eles acharem que podem tirar seu dinheiro. Você precisa ficar atento. Ninguém leva a sério até acontecer – mas é preciso porque pode acordar uma manhã e não ter dinheiro nem empresa".

Fonte: Emily McMackin, "Click Here to Destroy Your Business," *MyBusiness*, janeiro-fevereiro de 2010, p. 32-34.

Ao término deste capítulo, você deverá ser capaz de:

23-1. Definir o risco de negócio e explicar suas duas dimensões.

23-2. Identificar os tipos básicos de risco puro.

23-3. Descrever os passos no processo de gestão de riscos e explicar como a gestão de risco pode ser usada em pequenas empresas.

23-4. Explicar os princípios básicos utilizados na avaliação de um programa de seguro.

23-5. Identificar os tipos comuns de cobertura de seguro empresarial.

Vivemos em um mundo de incerteza, então entender o risco é de vital importância em quase todas as dimensões da vida. O risco certamente deve ser considerado em qualquer tomada de decisões de negócios. Como escreveu o poeta e estadista grego do século VI, Solon,

> *Há risco em tudo o que se faz, e ninguém sabe o que vai acontecer quando sua empresa está no início. Um homem, tentando agir de forma eficaz, não consegue prever algo e cai em grande e sombria ruína, mas para outro homem, alguém que está agindo de forma ineficaz, um deus provê sorte em tudo e o faz escapar da sua insensatez.*[1]

A visão de Solon nos lembra que pouco é novidade no mundo – incluindo a necessidade de reconhecer e compensar o melhor que pudermos os riscos que encontramos.

O risco significa coisas diferentes para pessoas diferentes. Para um aluno, pode ser representado pela possibilidade de não passar em um exame. Para uma pessoa aposentada, o risco poderia ser a probabilidade de não poder viver confortavelmente com renda limitada. Para um empresário, ele assume a possibilidade de que um novo empreendimento poderá falhar.

Benjamin Franklin disse uma vez: "Neste mundo, nada pode ser considerado certo, exceto a morte e os impostos". Os proprietários de pequenas empresas podem ampliar esse ditado para incluir riscos nos negócios. O Capítulo 1 observou as propensões moderadas dos empresários para assumirem riscos e o desejo de exercer algum controle sobre as situações perigosas em que se encontram minimizando os riscos de negócio sempre que possível. Este capítulo descreve como pode ser feito.

23-1 QUAL É O RISCO DO NEGÓCIO?

Simplificando, o risco é a "possibilidade de sofrer danos ou perdas".[2] O **risco no negócio**, então, é a possibilidade de perdas associadas aos ativos e ao potencial de ganhos de uma empresa. Aqui, o termo *ativos* inclui não apenas estoque e equipamentos, mas também fatores como funcionários, clientes e reputação.

A natureza do risco empresarial pode ser observada de duas perspectivas: risco de mercado e risco puro. O **risco de mercado** é a incerteza associada a uma decisão de investimento. A diferença entre o risco e a incerteza é que o primeiro é probabilístico, estatisticamente calculável. Um empresário que investe em um novo negócio espera por um ganho, mas percebe que o resultado final pode ser uma perda. Somente depois de identificar a oportunidade de investimento, desenvolver estratégias e comprometer recursos ele aprenderá o resultado final.

O **risco puro** descreve uma situação em que apenas pode ocorrer perda – não há ganho potencial. Possuir bens, por exemplo, cria a possibilidade de perda devido ao fogo ou ao clima severo. Os únicos resultados são perda ou não. Como regra geral, apenas o risco puro é assegurável. Ou seja, o seguro não se destina a proteger os investidores dos riscos de mercado, em que existem chances tanto de perda quanto de ganho.

23-2 TIPOS BÁSICOS DE RISCO PURO

Os riscos puros que qualquer empresa enfrenta podem ser categorizados como patrimoniais, de responsabilidade e pessoais. Vamos verificar esses tipos de risco puro, que estão relacionados aos aspectos físicos, jurídicos e humanos de uma empresa.

23-2a Riscos patrimoniais

No decorrer do estabelecimento de uma empresa, um proprietário adquire a propriedade que será necessária para fornecer os produtos e serviços da empresa. Se essa propriedade é danificada ou destruída, a empresa tem uma perda. Além disso, a perda temporária do uso da propriedade pode se agregar ao impacto financeiro negativo sobre o negócio. Várias características de propriedade empresarial e os riscos associados a ela são dignos de atenção.

Existem dois tipos gerais de bens – bens imobiliários e bens pessoais. Os **bens imobiliários** consistem em terra e qualquer coisa física anexada à terra, como edifícios. Alguns empresários adquirem terra e edifícios, enquanto outros optam por alugar um bem imobiliário necessário. É importante notar, no entanto, que algumas locações fazem com que o locatário seja responsável por qualquer dano ou perda para as instalações locadas. O **bem pessoal** pode ser definido simplesmente como qualquer propriedade que não seja bem imobiliário – um bem pessoal inclui maquinário, equipamentos (como computadores), móveis, acessórios, estoque e veículos. Como a localização do imóvel é fixa, um bem pessoal pode ser transferido de um lugar para outro. Entre os riscos para o bem pessoal da pequena empresa estão as ameaças de segurança aos computadores por parte de *hackers* e *spyware*. Um bem pode ser avaliado de várias maneiras. O **valor de substituição do bem** é o custo de substituição de bens pessoais e reconstrução de imóveis a preços atuais. Por exemplo, um edifício que foi construído há 10 anos a um custo de US$ 1.000.000 pode ter um valor de substituição atual de US$ 1.400.000 devido ao aumento dos custos de materiais e trabalho. O **valor real de caixa (ACV**, do inglês *actual cash value*) do bem é muito diferente de seu valor de substituição, conforme esse termo de seguro se refere ao valor depreciado da propriedade. Pressupondo uma taxa de depreciação de 3% ao ano para o mesmo edifício de 10 anos, nós descobriríamos que o prédio tem um valor estimado atual de US$ 980.000 (isto é, US$ 1.400.000 − [0,03 × 10 × US$ 1.400.000]). Por uma prática comum, a maioria das políticas de seguro de propriedades comerciais fornece cobertura de valor de substituição em oposição à cobertura do valor de caixa efetivo.

O seguro do bem também leva em consideração duas características principais: riscos (a causa) e perdas (o efeito).

RISCOS*

Um **risco** é definido como uma causa de perda. Alguns perigos são eventos naturais, tais como tempestades de vento, inundações, terremotos e relâmpagos. A localização de uma propriedade pode aumentar a probabilidade de perda em decorrência de certos perigos – por exemplo, propriedades costeiras são mais suscetíveis a danos causados pelo vento e inundações, e as propriedades perto de falhas sísmicas são mais propensas a danos causados por terremotos.

No entanto, nem todos os riscos são eventos naturais. Alguns estão relacionados às ações das pessoas. Riscos como roubo e vandalismo envolvem atos criminosos realizados por pessoas contra donos de empresas. O rápido crescimento do comércio eletrônico levou a novas formas de atos criminosos, tais como *hacking*, bloqueio de acesso e uso indevido de informações confidenciais.

PERDAS

Normalmente, quando você pensa em perda de propriedade, prevê uma **perda direta**, em que um dano físico à propriedade reduz seu valor. Perda direta de propriedade como o resultado de uma tempestade de vento, fogo ou explosão tem potencial para impedir significativamente qualquer negócio.

Um tipo de perda de propriedade menos óbvia é uma **perda indireta**, que decorre da incapacidade de executar operações normais devido a uma perda direta. Por exemplo, se um caminhão de entrega fica danificado em um acidente, a perda resultante de seu uso pode prejudicar a capacidade de uma empresa em obter seus produtos para os clientes. O componente de perda indireta desse evento pode causar uma redução na receita ou um aumento nas despesas (de ter que terceirizar a entrega), uma das quais terá um impacto negativo no faturamento da empresa.

A renda do negócio também pode ser reduzida por eventos ou condições que não estão relacionados a perdas diretas. Por exemplo, uma greve dos funcionários da UPS (United Parcel Service, empresa de entregas; logística) há vários anos criou sérios problemas logísticos para muitos dos seus clientes comerciais que não conseguiram receber entregas de fornecedores ou distribuir produtos para clientes. O impacto financeiro de tal ação trabalhista pode ser tão real para um negócio como danos físicos à propriedade, mas a proteção do seguro disponível para perdas indiretas aplica-se somente quando eventos de danos diretos desencadeiam a perda de uso. Essa questão é discutida mais detalhadamente no capítulo.

23-2b Riscos de responsabilidade civil

Um risco de negócio crescente hoje é a responsabilidade legal que pode surgir de várias atividades empresariais. Uma sociedade cria leis para governar as interações entre seus membros. Os direitos e as liberdades individuais estão protegidos por essas leis. Se uma empresa ou qualquer um dos seus agentes viola esses direitos protegidos, a empresa pode ser responsabilizada por qualquer perda ou dano resultante à parte afetada. A responsabilidade legal pode decorrer da responsabilidade legal, responsabilidade contratual ou responsabilidade extracontratual.

RESPONSABILIDADE CIVIL

Algumas leis impõem responsabilidade civil a uma empresa. Por exemplo, cada estado promulga sua **legislação de remuneração trabalhista** que, na maioria dos casos, exige que os empregadores forneçam certos benefícios

---

* N.R.T.: A superintendência de seguros privada (Susep) traduz, em seu dicionário de termos técnicos, "perda" como "risco". Entretanto, em finanças, uma vez que estes eventos são aleatórios e não estatisticamente previsíveis são denominados incertezas.

aos funcionários quando se acidentam em evento relacionado ao trabalho sem levar em conta a falha. Embora os benefícios difiram ligeiramente de estado para estado, a maioria das leis de compensação trabalhista exige que os empregadores ofereçam os seguintes benefícios aos funcionários acidentados no trabalho: cobertura de despesas médicas, indenização, pagamento de despesas de reabilitação e benefícios por morte para famílias de funcionários.

Essa responsabilidade civil é potencialmente significativa para qualquer empresa. Os ataques ao World Trade Center forneceram um excelente exemplo da magnitude dessa responsabilidade, especialmente para as empresas cujos funcionários trabalharam em uma área concentrada. A Marsh, Inc., um dos principais corretores de seguros do mundo, perdeu mais de 300 funcionários no desastre de 11 de setembro, criando uma enorme obrigação financeira por parte do empregador para com as famílias das vítimas. A maioria das empresas se protege desse tipo de perda financeira por meio da compra de seguro de compensação dos trabalhadores. Alguns grandes empregadores optam por se autossegurar (ou seja, eles colocam parte de seus ganhos para compensar quaisquer possíveis perdas futuras), mas a maioria compra proteção de seguro adicional para se protegerem contra eventos catastróficos como a tragédia do 11 de setembro.

RESPONSABILIDADE CONTRATUAL

As empresas costumam fazer contratos com outras. Esses contratos podem envolver, por exemplo, um aluguel de instalações, um contrato de venda com um cliente ou um acordo com uma empresa de terceirização ou de construção civil. Um denominador comum entre a maioria desses contratos é a inclusão de algum tipo de cláusula de indenização. À medida que as empresas assinam contratos que contêm cláusulas de indenização, elas precisam estar bem conscientes das eventuais responsabilidades legais que possam assumir em virtude dos termos utilizados. Simplificando, uma **cláusula de indenização** exige que uma parte (indenizador) assuma as consequências financeiras das responsabilidades legais da outra parte (indenizado). Em outras palavras, o indenizador concorda em pagar em nome do indenizado as responsabilidades legais do indenizado.

A ideia por trás da transferência contratual de responsabilidade é transferir a responsabilidade para a parte com maior controle sobre a exposição ao risco. Considere, por exemplo, um empreiteiro geral que assina um acordo para construir um novo edifício em um terreno para um proprietário. Se alguém se acidentar durante o trabalho da construção, é altamente improvável que o prejuízo resultasse da negligência do dono da propriedade. Com toda a probabilidade, a parte negligente – a parte que causa ou contribui para o acidente – seria o empreiteiro geral ou talvez um subcontratado pelo empreiteiro geral. Portanto, é bastante comum e mais apropriado para o empreiteiro geral concordar em indenizar o proprietário por qualquer responsabilidade decorrente do trabalho de construção.

Em muitos casos, o seguro cobre as possíveis responsabilidades legais que uma empresa pode assumir como resultado de uma cláusula de indenização em um contrato. Mas boa comunicação entre um empresário e seu agente ou corretor de seguros é essencial. Em uma revisão de contratos que contenham cláusulas de indenização, o agente ou corretor de seguros deve ser capaz de apontar as principais limitações ou deficiências de uma apólice de seguro na medida em que pertencem à empresa que assumiu as responsabilidades legais da outra parte.

RESPONSABILIDADE POR DANOS

Os erros civis incluem violação de contrato e danos. **Danos** são atos ou omissões ilícitas para os quais uma parte lesada pode tomar medidas legais contra o culpado para buscar reparações monetárias. As ações de responsabilidade por danos geralmente incluem uma alegação de negligência, mas quatro elementos devem estar presentes para que alguém seja considerado culpado de um ato negligente:

1. *Existência de um dever legal entre as partes.* Por exemplo, o proprietário de um restaurante tem o dever legal de fornecer aos consumidores alimentos e bebidas adequados ao consumo. Do mesmo modo, um empregado que faz uma entrega para um empregador tem o dever de operar um veículo com segurança na via pública.
2. *Falha em fornecer o padrão de cuidados apropriado.* O padrão de atendimento normalmente usado é o **padrão razoável (pessoa cautelosa)** com base no que uma pessoa cautelosa faria em circunstâncias semelhantes. Esse padrão de cuidado pode ser elevado, no entanto, se um "profissional" estiver envolvido. Em ações de responsabilidade profissional, o padrão de atendimento é determinado pelos padrões estabelecidos da profissão. Por exemplo, uma ação de negligência contra um contador público certificado usaria os padrões da profissão contábil como referência. Testemunhas experientes costumam ser usadas para ajudar a estabelecer o padrão e determinar o que os clientes podem esperar.

3. *Presença de ferimentos ou danos.* Pode haver negligência, mas, se nenhuma lesão ou dano for reclamado pelo requerente, a responsabilidade civil não existe. Os dois tipos de danos que podem ser concedidos em uma ação de responsabilidade civil são danos morais com efeito compensatório ou punitivo.

    Os **danos morais compensatórios** visam manter a integridade do requerente – isto é, para compensá-lo por quaisquer acidentes ou prejuízos decorrentes da ação negligente. Os danos morais compensatórios podem ser de natureza econômica ou não econômica. **Danos econômicos** referem-se a perdas econômicas, como despesas médicas, perda de receita, ou o custo de substituição/reforma de propriedade. Os danos econômicos são relativamente fáceis de quantificar. Os **danos não econômicos** cobrem perdas como dor e sofrimento, angústia mental e perda de habilidades físicas. Em comparação a perdas econômicas, danos não econômicos são difíceis de expressar em recursos financeiros. Os tribunais civis geralmente têm dificuldade em definir essas sentenças, mas muitas atualmente incluem uma grande quantidade de danos não econômicos.

    Os **danos morais punitivos** são uma forma de punição que vai além de qualquer compensação dos danos. Os danos punitivos têm uma finalidade dupla. Primeiro, eles punem os culpados nos casos em que há negligência grave ou um grande desrespeito aos interesses dos outros. Em segundo lugar, pretendem ter um efeito preventivo, enviando uma mensagem à sociedade de que tal conduta não será tolerada. Na verdade, danos punitivos às vezes são chamados de *danos exemplares*. Em outras palavras, um dos propósitos é fazer do réu um "exemplo". A política de seguros, pagando ou não por danos punitivos concedidos contra uma empresa, é determinada pelo Estado em que o processo é arquivado. Por uma questão de política pública, alguns Estados permitem que as companhias de seguros paguem por danos punitivos.

4. *Evidência de que o ato negligente é a causa imediata da perda.* Em geral, a **causa próxima** é definida como um ato negligente que produz claramente um acidente; sem essa causa, o acidente não teria ocorrido. Em outras palavras, deve haver provas de que a negligência realmente causou os danos sofridos. Pode haver negligência e danos, mas, se nenhuma ligação puder ser estabelecida entre eles, não há responsabilidade por danos.

A responsabilidade por danos pode surgir de uma série de atividades comerciais. Algumas das fontes mais importantes de responsabilidade por danos são:

- *Responsabilidade local.* As pessoas podem sofrer acidentes nas instalações de uma empresa. Os varejistas têm exposição significativa à responsabilidade das instalações porque têm muitos clientes que entram em lojas para comprar bens. Alguns outros negócios, no entanto, têm pouca exposição à responsabilidade das instalações. Uma empresa de consultoria ou uma empresa de *web design* normalmente não teria clientes para visitar sua localização comercial; portanto, sua exposição à responsabilidade local seria mínima.
- *Responsabilidade de operações.* As pessoas também podem sofrer ferimentos como resultado das operações nas instalações de uma empresa. Os profissionais contratados têm exposição de responsabilidade de operações significativa porque estão realizando trabalho em vários locais, o que poderia facilmente resultar em prejuízo a outra pessoa. Ao mesmo tempo, algumas empresas (como os varejistas) têm pouca exposição a responsabilidade de operações; sua exposição é limitada às instalações da loja.
- *Responsabilidade profissional.* Qualquer empresa que ofereça serviços profissionais ao público está potencialmente sujeita a reivindicações de responsabilidade profissional. Reconhecer essa exposição é importante, uma vez que o seguro de responsabilidade civil é necessário para adequadamente proteger uma empresa contra as reivindicações de responsabilidade profissional. Negócios que têm uma exposição de responsabilidade profissional incluem empresas de contabilidade, empresas de arquitetura e engenharia, consultórios dentários e consultórios médicos.
- *Responsabilidade dos empregadores.* Como mencionado anteriormente, os empregadores têm obrigação legal de pagar certos benefícios aos trabalhadores acidentados no local de trabalho. Em troca desses benefícios, os empregados são então proibidos de processar o empregador na maioria das circunstâncias. Ao mesmo tempo, é possível que um empregador possa ser processado como resultado de uma lesão do empregado. Se a lesão do empregado no local de trabalho tiver sido causada por um equipamento defeituoso fabricado por outra empresa, esse funcionário pode processar o fabricante do produto com defeito. O produtor pode então tomar medidas contra o empregador, alegando que o empregador não conseguiu fazer a manutenção do equipamento, o que, consequentemente, causou ferimento ao empregado.

- *Responsabilidade de automóvel.* Um negócio que usa veículos para vários fins tem exposição de responsabilidade de automóvel. Mesmo uma empresa que não possui o próprio veículo ou o aluga tem potencial responsabilidade se os funcionários usarem seus veículos pessoais para fins comerciais.
- *Responsabilidade do produto.* Os produtos fabricados ou vendidos por uma empresa podem ser uma fonte de responsabilidade legal. Por exemplo, alguém que foi ferido ao usar um produto pode afirmar que estava com defeito. Ele pode alegar que havia um defeito de fabricação, um defeito de projeto ou um defeito de marketing. Um **defeito de fabricação** existe quando alguma coisa realmente dá errado durante o processo de fabricação e o produto não é feito de acordo com as especificações do fabricante. Existe um **defeito de design** quando o produto é feito de acordo com as especificações do fabricante, mas ainda é excessivamente perigoso da forma como foi projetado. Por exemplo, uma lâmina rotativa dentro de um equipamento pode não ser devidamente coberta por uma proteção. Por fim, um **defeito de marketing** existe quando o fabricante não transmite ao usuário do produto uma informação adequada dos perigos associados ao produto ou instruções adequadas sobre como usar o produto com segurança.
- *Obrigação de operações concluídas.* As operações concluídas ou o trabalho concluído de uma empresa pode ser uma fonte de responsabilidade legal. Considere, por exemplo, um empreiteiro geral que construiu um novo prédio. Alguém que está em uma varanda do novo edifício se apoia contra um parapeito que cede e cai, sofrendo lesões corporais. Geralmente, essa ocorrência resultaria em uma ação judicial contra o empreiteiro geral.
- *Responsabilidade em práticas de emprego.* Uma crescente preocupação entre as empresas hoje é a ameaça de ações judiciais decorrentes de questões e práticas relacionadas ao emprego. Os funcionários atuais, anteriores e até mesmo os candidatos podem assumir ação contra empregadores e reivindicar danos decorrentes de discriminação, assédio sexual ou demissão injusta. As reivindicações incluem discriminação baseada em idade, deficiência, raça/cor, religião, gênero e orientação sexual.

23-2c Riscos pessoais

Os **riscos pessoais** são riscos que afetam diretamente os funcionários individuais, mas podem ter um impacto indireto em um negócio. Os principais riscos nessa categoria incluem morte prematura, má saúde e renda de aposentadoria insuficiente.

MORTE PREMATURA

O risco associado à morte não é se, mas quando. Enquanto todos esperam morrer, existe um risco de morrer no início da vida. Esse risco representa um potencial problema financeiro tanto para a família da pessoa como para o empregador. Os indivíduos lidam com esse risco mantendo um estilo de vida saudável e comprando seguros de vida para proteger os membros da família que contam com seus rendimentos.

Os empregadores podem ser impactados negativamente pela morte prematura de um empregado se ele não puder ser facilmente substituído. E se um parceiro ou proprietário do negócio morre? Normalmente, tal evento desencadeia uma aquisição de parte da empresa que pertencia ao proprietário falecido. O seguro de vida é frequentemente usado para provisionar essa aquisição.

SAÚDE DEBILITADA

Uma ocorrência mais provável do que a morte de um empregado é a saúde precária dele. A gravidade da saúde precária varia desde uma doença leve a uma mais grave e incapacitante. E, com a morte prematura, as consequências desse evento podem afetar um empregador, bem como os membros da família do empregado.

As consequências financeiras da saúde precária têm duas dimensões. Primeiro são despesas médicas, que podem variar desde o custo da consulta de um médico a despesas desastrosas relacionadas a cirurgias e hospitalização. Em segundo lugar, são as consequências da incapacidade de trabalhar. A incapacidade mais frequentemente é uma condição temporária, mas pode ser demorada ou até permanente. A incapacidade permanente de um trabalhador pode ter o mesmo impacto financeiro que a morte para a família.

Os empregadores geralmente fornecem alguma forma de seguro de saúde como um benefício do emprego. Em alguns casos, o custo do seguro de saúde é compartilhado pelo empregador e pelo empregado; em outros, a maior parte do custo é absorvida pelo empregador. Além dos custos do seguro de saúde, não ter os serviços do empregado por algum período pode aumentar o impacto financeiro adverso sobre a empresa.

RENDA INSUFICIENTE DE APOSENTADORIA

A categoria final de risco pessoal envolve a possibilidade de o período de vida da pessoa ultrapassar o seu patrimônio. O objetivo em lidar com esse risco é diferir renda e patrimônio suficientemente acumulados para proporcionar um nível de renda satisfatório durante os anos inativos.

Existem três fontes primárias de renda de aposentadoria: Seguridade Social, programas de aposentadoria pagos pelo funcionário e poupanças pessoais. A Seguridade Social oferece um benefício de renda de aposentadoria, embora para a maioria dos aposentados esse benefício não seja suficiente para atender ao consumo esperado durante a aposentadoria. Para complementar essa renda, a maioria dos trabalhadores tem um programa de aposentadoria associado ao seu emprego. No passado, esses programas foram financiados principalmente por empregadores como forma de remuneração diferida. Embora os planos de previdência financiados pelo empregador ainda existam, é mais comum encontrar hoje planos de aposentadoria financiados por empregados, em que o empregado pode optar por diferir a renda atual para a aposentadoria. Geralmente, esses planos são parcialmente financiados pelos empregadores como um incentivo para que os funcionários participem. Finalmente, as economias individuais podem ser usadas para acumular riquezas para aposentadoria. Todas essas fontes devem ser cuidadosamente consideradas no processo de planejamento de renda de aposentadoria.

23-3 GESTÃO DE RISCOS

A **gestão de riscos** consiste em todos os esforços para preservar os ativos e o poder de ganho de uma empresa. Uma vez que a gestão de riscos surgiu da gestão de seguros, os dois termos geralmente são usados de forma intercambiável. No entanto, gestão de riscos tem um significado muito mais amplo, que significa cobertura de riscos e abordagens não seguradas. A gestão de risco visa encontrar a melhor maneira de reduzir o custo de lidar com o risco. O seguro é apenas uma das várias abordagens para minimizar os riscos que uma empresa certamente encontrará. Uma discussão completa de todas as formas de proteção de responsabilidade vai além do escopo deste texto. Fontes especialistas e específicas de informação sobre a proteção de uma pequena empresa devem ser consultadas ao tomar essas decisões.

23-3a O processo de gestão de riscos

São necessárias cinco etapas para desenvolver e implementar um programa de gestão de riscos.

Passo 1: Identifique e compreenda os riscos. Para reduzir a chance de ignorar riscos importantes, uma empresa deve adotar uma abordagem sistemática para identificá-los. O agente ou corretor de seguros pode ser muito útil nesse processo. Os métodos de identificação úteis também incluem listas de verificação de políticas de seguro, questionários, análise de demonstrações financeiras e análise cuidadosa das operações de uma empresa, clientes e instalações. O Quadro 23.1 mostra apenas alguns dos riscos que uma pequena empresa pode encontrar.

Passo 2: Avalie a gravidade potencial dos riscos. Uma vez que os vários riscos foram identificados, eles devem ser avaliados em termos do tamanho potencial de cada perda e de suas probabilidades. No mínimo, os riscos devem ser classificados em três grupos: crítico (perdas que poderiam resultar em falência), extremamente importante (perdas que exigiriam investimento adicional de capital para continuar as operações) e moderadamente importante (perdas que poderiam ser cobertas com receita atual ou ativos existentes).

Passo 3: Selecione os métodos para gerenciar o risco. As duas abordagens utilizadas para lidar com o risco são o controle de risco e o financiamento de risco. Ambos serão discutidos mais adiante neste capítulo.

Passo 4: Implemente a decisão. Uma vez que a decisão foi tomada para usar técnicas para gerenciar os riscos de uma empresa, essa decisão deve ser seguida pela ação, como comprar seguro e reservar fundos para lidar com os riscos mantidos. Uma falha em agir – ou mesmo a procrastinação simples – pode ser fatal.

Passo 5: Reveja e avalie. Revisão e avaliação da técnica de gestão de risco escolhida são essenciais porque as condições mudam – novos riscos surgem e os velhos desaparecem. Além disso, revisar decisões anteriores para usar métodos específicos pode identificar erros cometidos anteriormente.

QUADRO 23.1 Riscos no caminho para o sucesso

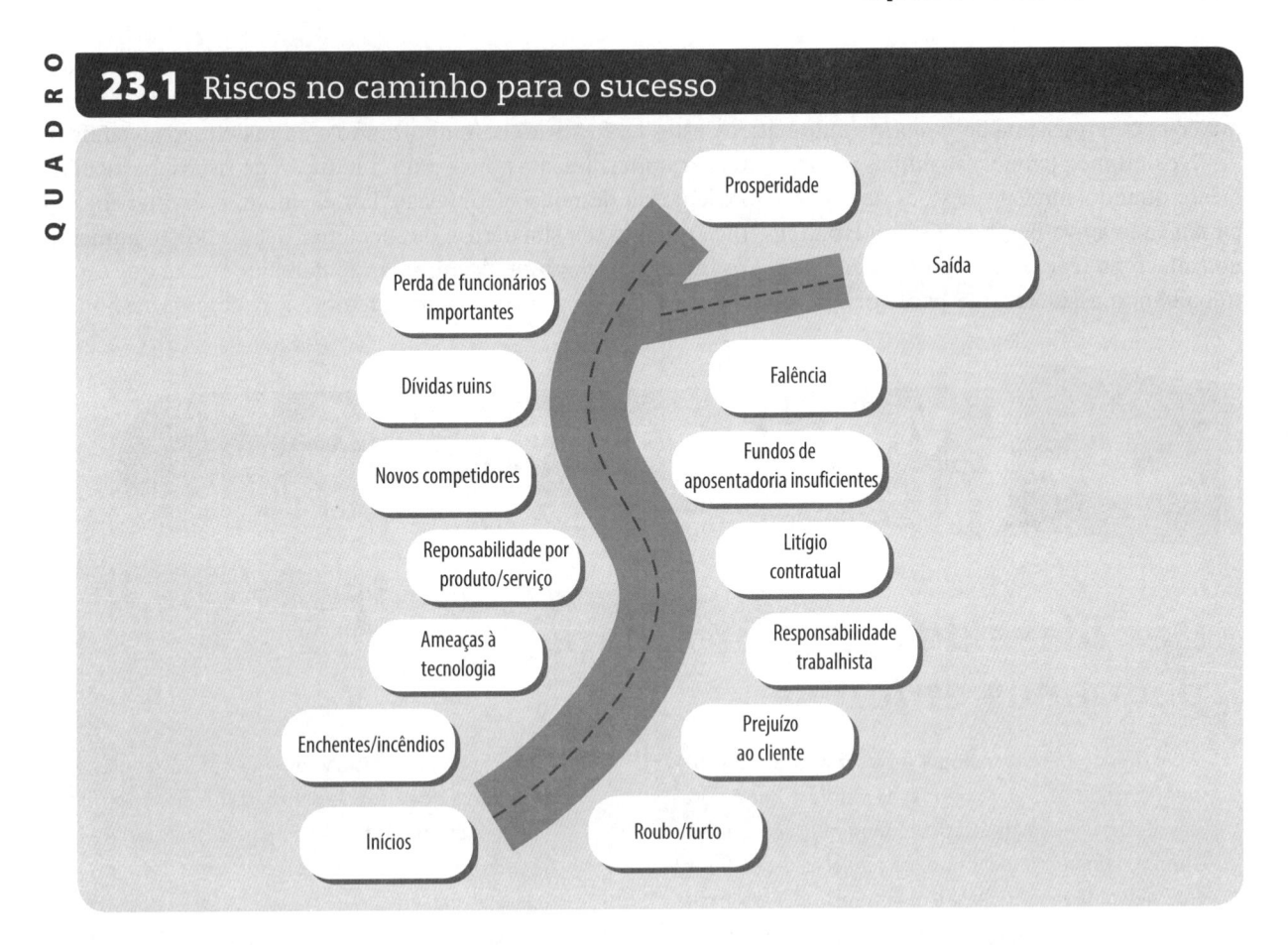

- Prosperidade
- Saída
- Perda de funcionários importantes
- Dívidas ruins
- Falência
- Novos competidores
- Fundos de aposentadoria insuficientes
- Reponsabilidade por produto/serviço
- Litígio contratual
- Ameaças à tecnologia
- Responsabilidade trabalhista
- Enchentes/incêndios
- Prejuízo ao cliente
- Inícios
- Roubo/furto

23-3b Gestão de riscos na pequena empresa

Independentemente da natureza ou tamanho de uma empresa, a gestão de riscos é uma questão séria. Com muita frequência, as pequenas empresas não prestam atenção suficiente para analisar o risco potencial. "Pequenas empresas muitas vezes gastam mais tempo planejando seus piqueniques do que um evento que poderia expulsá-los do mercado", diz Katherine Heaviside, presidente da Epoch 5, uma empresa de relações públicas especializada em comunicação de crise.[3]

A gestão de riscos em uma pequena empresa difere daquela em uma grande. Em uma grande empresa, a responsabilidade de gerenciar riscos é frequentemente atribuída a um gestor especializado da equipe. É mais difícil para uma pequena empresa lidar com a gestão de riscos, uma vez que o seu gestor de riscos é geralmente o proprietário que já tem muitos papéis a desempenhar. Por esse motivo, o proprietário da pequena empresa precisa confiar no seu agente de seguros para orientações. Além disso, a gestão de riscos não é algo que exija atenção imediata – até que algo aconteça. Um proprietário prudente de uma pequena empresa terá tempo para identificar os diferentes tipos de riscos enfrentados e encontrar formas de lidar, por meio do controle de risco ou financiamento de risco.

CONTROLE DE RISCO

O **controle de risco** envolve a minimização da perda por meio de prevenção, evasão e/ou redução. A **prevenção de perda**, como o nome indica, enfoca a prevenção antes que as perdas aconteçam. Por exemplo, uma empresa com uma oficina de máquinas ou processo de fabricação pode exigir que todos os funcionários usem óculos de segurança para evitar que partículas estranhas prejudiquem os olhos. A prevenção contra perdas é alcançada ao escolher não se envolver em uma determinada atividade perigosa. Por exemplo, a exposição de responsabilidade associada à operação de um caminhão grande em uma rodovia interestadual com a finalidade de entregar produtos para o mercado é bem séria. Um acidente causado por um grande caminhão na rodovia pode resultar em lesões corporais graves e/ou danos materiais. Para evitar essa exposição de responsabilidade, uma empresa pode optar por contratar uma operadora para entregar seus produtos. Isso elimina completamente o risco de exposição. A **redução de perda** aborda a potencial frequência, a gravidade ou a imprevisibilidade da perda, diminuindo, assim, o impacto sobre a empresa. O planejamento de crises é uma forma de redução de perda, pois fornece um modelo a seguir no caso de uma perda desastrosa. A instalação de sistemas de *sprinkler* automático em um prédio é outro bom exemplo de uma estratégia de redução de perda. Se ocorrer um incêndio em um prédio com um sistema de *sprinklers* automáticos, estes serão ativados, minimizando o dano do fogo ao edifício.

Nos últimos tempos, as mídias sociais se tornaram ferramentas úteis para a redução de riscos, particularmente quando surgem questões de serviço ao cliente ou de relações públicas. Por exemplo, o Twitter foi útil para a Innovative Beverage Group Holdings, Inc., quando seu site deixou de funcionar depois de um aumento no tráfego na rede, e um segmento da Fox News divulgar a empresa. A empresa rapidamente tuitou que estava trabalhando assiduamente para corrigir o problema e monitorou o consumidor sobre a pane para responder

Vivendo o sonho
USANDO TECNOLOGIA

Dez dicas de segurança para pequenas empresas

A banda larga e a tecnologia da informação são ferramentas poderosas para pequenas empresas que desejam alcançar novos mercados e aumentar as vendas e a produtividade. No entanto, as ameaças à segurança cibernética são muito reais, e as empresas devem implementar as melhores ferramentas e táticas para se protegerem, aos seus clientes e seus dados.

Aqui estão dez dicas-chave de segurança cibernética oferecidas pela Comissão Federal de Comunicações dos EUA para proteger sua pequena empresa:

1. Estabeleça práticas e políticas básicas de segurança para os funcionários e treine-os bem. Exija o uso de senhas confiáveis e estabeleça diretrizes de uso da internet de maneira apropriada que detalhem as penalidades por violar as políticas de segurança cibernética da empresa.
2. Certifique-se de atualizar regularmente seu software de segurança, navegador e sistema operacional. Eles são as melhores defesas contra vírus, *malware* e outras ameaças.
3. Forneça segurança de *firewall* para sua conexão com a internet.
4. Crie um plano de ação de dispositivo móvel. Exija que funcionários protejam com senha seus dispositivos, criptografem seus dados e instalem aplicativos de segurança para impedir que criminosos roubem informações enquanto o telefone estiver sendo usado em redes públicas.
5. Faça *backup* de dados automaticamente, se possível, ou pelo menos semanalmente, e armazene as cópias fora do site ou na nuvem.
6. Controle o acesso físico aos seus computadores e crie contas de usuário para cada funcionário.
7. Se você tem uma rede Wi-Fi para o seu local de trabalho, assegure-se de que é segura, criptografada e oculta.
8. Empregue as melhores práticas nos cartões de pagamento. Trabalhe com bancos ou processadores para garantir que as ferramentas mais confiáveis e válidas e serviços antifraude estão sendo usados.
9. Limite o acesso dos funcionários aos dados e informações e limite sua autoridade para instalar software.
10. Exija que os funcionários usem senhas exclusivas e mude essas senhas a cada três meses. Considere a implementação de autenticação multifatorial que exija informações adicionais para além de uma senha para conseguir entrar.

O Centro da Cibersegurança da FCC, em www.fcc.gov/cyberforsmallbiz, tem informações adicionais, incluindo links gratuitos e de baixo custo para ferramentas de segurança. Você também pode criar um guia de planejamento de cibersegurança da empresa de pequeno porte no www.fcc.gov/cyberplanner.

Fonte: adaptado da FCC, "Ten Cybersecurity Tips for Small Businesses", http://www.dhs.gov/sites/default/files/publications/FCC%20Small%20Biz%20Tip%20Sheet_0.pdf. Acesso em 9 de maio de 2015.

prontamente sobre o que estava fazendo para resolver o problema. Peter Bianchi, CEO da Innovative, explicou, "O Twitter nos deu uma habilidade de postar informações atualizadas em uma situação de crise e fazer disso apenas um evento. Você não consegue fazer isso com um número 0800."[4]

Por outro lado, as mídias sociais podem criar problemas para uma empresa e precisam ser monitoradas de perto. Clientes descontentes e ex-funcionários podem usá-las para prejudicar a reputação de uma empresa. E, embora possam ser ferramentas valiosas, as mídias sociais não trazem benefícios sem seu uso regular para obter seguidores e, assim, ganhar a confiança dos usuários.

FINANCIAMENTO DE RISCO

O **financiamento do risco** se concentra em disponibilizar fundos para perdas que não podem ser eliminadas pelo controle de risco. Envolve transferir o risco ou mantê-lo. A **transferência de risco** é realizada, em grande parte, por meio da compra de seguros, mas também pode ser alcançada fazendo outros acordos contratuais que transferem o risco para outros. Conforme descrito anteriormente, as cláusulas de indenização fornecem um meio pelo qual o risco pode ser transferido de uma parte para a outra.

A **retenção de risco** implica em financiar a perda integrando parcialmente os fluxos de caixa de uma empresa. Supondo que seu balanço seja forte o suficiente, o proprietário pode optar por fazer um contato alto aplicável às perdas de propriedade (talvez uma franquia de US$ 25.000 ao invés de uma franquia de US$ 5.000). Por exemplo, em caso de dano de fogo ao edifício, o empresário pagaria até US$ 25 mil de seu bolso. Quanto maior a franquia, menor o prêmio de seguro pago à operadora de seguros da propriedade. Como outro exemplo, um empresário pode optar por ter uma franquia alta para uma reivindicação de seguro de tipo de responsabilidade. Novamente, em troca de maior dedução, o proprietário da empresa recebe um desconto no prêmio do seguro de responsabilidade civil. Outra forma de retenção de risco é o **autosseguro**, que geralmente é apropriado apenas para empresas maiores. Nos programas de autosseguro, uma parte dos ganhos da organização é destinada ao financiamento de uma contingência contra eventuais perdas futuras.

Algumas pequenas empresas confiaram com sucesso em **programa parcialmente autofinanciado** para fornecer cobertura médica para seus funcionários. Os programas parcialmente autofinanciados permitem que a empresa autofinancie uma parte dos benefícios do seguro de saúde. Para a maioria das pequenas empresas, essa parcela autofinanciada é limitada a US$ 30.000 e US$ 100.000 por empregado, dependendo do número de funcionários e das finanças da empresa. Essa limitação por funcionário é um **limite de perda específico**. Após o limite de perda ter sido cumprido durante o ano, a empresa de seguro de saúde paga a parte restante.

Um empregador com 345 funcionários comparou os custos de um plano de seguro de saúde tradicional (também referido como um plano médico totalmente segurado) e de um programa parcialmente autofinanciado. O plano totalmente segurado custaria à organização aproximadamente US$ 3.893.000 em prêmios por um período de 12 meses. O plano médico parcialmente autofinanciado custou ao empregador um total de apenas US$ 3.063.000 no ano anterior. Então pareceu ser do melhor interesse do empregador manter um programa parcialmente autofinanciado em antecipação de mais uma economia de aproximadamente US$ 830.000. Claramente, alguns riscos estão associados com um plano parcialmente autofinanciado, uma vez que o empregador nunca sabe com antecedência quantos funcionários podem efetivamente atingir seu limite específico de perda. Por essa razão, esses planos também têm o que é chamado de **limite de perda agregado**, o que fornece um limite nas despesas do ano em caso de um número de funcionários atingir o limite de perda.

Os programas parcialmente autofinanciados são adequados para empresas que tenham um patrimônio líquido de pelo menos US$ 2 milhões e 80 ou mais funcionários. Os planos parcialmente autofinanciados também oferecem mais flexibilidade e vantagens de custo sob a Lei do Cuidado Acessível, em comparação com planos totalmente segurados.

23-4 PRINCÍPIOS BÁSICOS DE UM PROGRAMA COM SEGURO CONFIÁVEL

Quais tipos de riscos podem ser cobertos por seguro? Que tipos de cobertura devem ser comprados? Quanta cobertura é adequada? Infelizmente, não há respostas que delimitem com segurança essas perguntas. O proprietário de uma pequena empresa deve ter o máximo de conhecimento possível sobre os tipos de seguro que estão disponíveis e, em seguida, trabalhar com um corretor de seguros de boa reputação na avaliação de riscos e na concepção de planos de proteção adequados. Três princípios básicos devem ser seguidos na avaliação de um programa de seguro:

1. *Considere as várias apólices de seguros que podem ser apropriadas para sua empresa.* Apólices do tipo "ganha-pão" que são necessárias para quase todas as pequenas empresas incluem seguros de imóveis para prédios e propriedades pessoais, seguro de responsabilidade civil geral comercial, seguro de automóvel, seguro de compensação de trabalhadores e seguro criminal. (Cada uma dessas políticas é descrita com mais detalhes posteriormente no capítulo.) Ao mesmo tempo, provavelmente haverá outras apólices de seguro necessárias aos empresários, dependendo do seu setor específico (por exemplo, varejo, construção, financeiro etc.). Uma empresa de construção, por exemplo, pode precisar de uma apólice de seguro concebida de forma exclusiva para cobrir o seu equipamento (escavadeiras, empilhadeiras etc.), que pode estar localizado em um local de trabalho.
2. *Garanta a cobertura de seguro para todas as principais perdas potenciais.* Pequenas empresas devem evitar incorrer em grandes perdas em seguro que tenham a capacidade de ameaçar a existência da empresa. Por exemplo, a destruição total de um edifício em um incêndio significativo ou tempestade de vento seria extremamente difícil de superar. Por esse motivo, um empresário deve ter certeza de que o seguro cobre o valor de reposição integral dos edifícios e propriedades pessoais da empresa. Igualmente devastadora pode ser uma sentença de responsabilidade de US$ 1 milhão contra a empresa como resultado de um acidente de automóvel ou de alguém ferido pelos produtos da empresa. É obrigatório para a longevidade da empresa que essas principais exposições de perda potenciais estejam devidamente seguradas.
3. *Considere a viabilidade e a capacidade de garantir perdas potenciais menores.* Pequenas perdas potenciais não representam a mesma ameaça que as principais perdas potenciais têm, então um proprietário precisará avaliar a viabilidade e a capacidade de absorção daquelas perdas menores. Obviamente, o que determina se uma perda potencial é "pequena" ou "grande" varia, dependendo da solidez financeira da empresa. Como exemplo, as alegações que surgem de processos judiciais sobre rescisão injustificada, assédio sexual ou discriminação no local de trabalho variam de US$ 50.000 a US$ 150.000, com prêmios de seguro que variam de US$ 2.500 a US$ 7.500. Somente o proprietário pode decidir se a perda potencial seria mais bem administrada por meio do autosseguro ou do pagamento de prêmios anuais. Nesse caso, não há uma única resposta certa.

23-5 TIPOS COMUNS DE SEGURO EMPRESARIAL

Nesta seção, examinamos as políticas de seguro básicas usadas por muitas pequenas empresas. Essas políticas se enquadram em uma de duas categorias: seguro de propriedade e acidentes ou seguro de vida e saúde.

23-5a Seguro de propriedade e acidentes

Seguro de propriedade e acidentes inclui seguro de propriedade, seguro de responsabilidade civil geral e comercial, seguro de automóvel, seguro de compensação de trabalhadores e seguro contra crimes, bem como algumas políticas diversas.

SEGURO DE PROPRIEDADE

Uma apólice de seguro de propriedade é usada por um proprietário de empresa para segurar edifícios e propriedade pessoal e empresarial, bem como edifícios que não são de propriedade da empresa, mas que o empresário, como locatário, tem responsabilidade de assegurar. Como mencionado anteriormente, a propriedade pode ser segurada por seu valor de substituição ou seu valor de caixa real.

Ao adquirir um seguro de propriedade, um empresário também deve determinar quais "perigos" serão cobertos pela apólice. Com o **seguro de risco definido**, os riscos específicos cobertos pela apólice são identificados. Os riscos cobertos geralmente incluem danos causados por fogo, fumaça, raios, explosão, tempestade de vento, granizo, aviões, veículos, tumultos, vandalismo, vazamento de *sprinklers*, desmoronamento de poço e atividade vulcânica. Com essa abordagem, qualquer dano causado por um risco denominado não mencionado na política simplesmente não é coberto. Exemplos de reivindicações não abrangidas pela abordagem de risco definido incluem danos causados por tubulação congelada no prédio, queda de objetos, peso de neve e roubo.

---

* N.R.T.: A cobertura de risco total abrange os riscos operacionais e os nomeados com todas as perdas ou danos materiais causados aos bens segurados.

Em contraste com o seguro de risco nomeado, um empresário pode usar a abordagem de risco total*, que fornece a mais ampla proteção disponível. Com a abordagem de risco total, todos os danos diretos à propriedade são cobertos, exceto danos causados por perigos especificamente excluídos. Em outras palavras, se não for excluído, está coberto. As exclusões geralmente incluem danos causados por inundações, terremotos, fungos ou mofo, desgaste normal e perda causada por atos desonestos de funcionários.

Uma disposição importante na apólice de seguro de propriedade é a **cláusula de cosseguro** (um seguro realizado por duas ou mais seguradoras referente ao mesmo uso), que exige que um empresário coloque no seguro a construção e a propriedade pessoal da empresa por menos 80% do que custaria para substituir o edifício e o bem pessoal. Se, no momento de uma reclamação, o edifício e os bens pessoais estiverem segurados por menos de 80% do seu custo de reposição, então o proprietário da empresa é tributado/multado uma penalidade pela seguradora e, em essência, se torna um cossegurador.

Como exemplo, vamos assumir que o custo de reposição de um edifício é de US$ 1 milhão. O proprietário é, portanto, obrigado a fazer seguro igual a US$ 800.000 (0,80 × US$ 1.000.000) a fim de evitar uma penalidade de cosseguro. Se o proprietário da empresa assegura a propriedade por apenas US$ 600.000, ele se torna cossegurador, mesmo no caso de pedido de seguro parcial. Devido ao seguro real ser de apenas 75% (US$ 600.000 ÷ US$ 800.000) do que deveria ter sido, o segurado é penalizado em 25% no caso de uma reivindicação. Então, se o edifício sofrer danos parciais de fogo e fumaça na quantidade de US$ 100.000, a seguradora pagará apenas US$ 75.000, mesmo que o montante do seguro sobre a política exceda claramente o montante do pedido do seguro. Os restantes US$ 25.000 devem ser pagos pelo proprietário em seu papel como cossegurador. Portanto, é importante para um empresário segurar um edifício e uma propriedade pessoal por um montante que exceda pelo menos 80% do seu valor de substituição. Ao determinar o valor de substituição da propriedade pessoal para empresas que alugam espaço de construção, um proprietário deve incluir o valor de todas as melhorias locadas no limite do seguro de propriedade pessoal. É claro que, no caso de uma perda desastrosa, o proprietário seria mais bem servido fazendo o seguro da construção e da propriedade pessoal por 100% do custo de substituição. Por essas razões, os limites do seguro de propriedade devem ser cuidadosamente considerados por todos os empresários.

Um tipo de cobertura opcional que pode ser adicionado a uma apólice de seguro de propriedade é o **seguro de interrupção de negócios**. Conforme mencionado anteriormente, a perda financeira associada à de propriedade não se limita ao seu dano direto. Pode haver uma perda indireta associada à "perda de uso" da propriedade danificada. O seguro de interrupção do negócio oferece cobertura para perda de rendimentos após a interrupção das operações de negócio. Sem esse rendimento, seria difícil para uma empresa continuar pagando por despesas contínuas, como despesas com folha de pagamento. Essa cobertura também fornece reembolso para a receita que teria sido obtida pela empresa se não tivesse ocorrido nenhum dano. Além disso, o seguro de interrupção de negócios pode cobrir "despesas extras" incorridas após uma perda segurada. Por exemplo, após grandes danos causados pelo fogo a um edifício, um proprietário pode ter que proteger uma localização temporária em outro lugar a fim de continuar as operações comerciais e evitar a perda de clientes. Seguro de interrupção dos negócios é um elemento crítico de cobertura para a sobrevivência de um empresário após um evento significativo de perda de propriedade. Infelizmente, muitos proprietários não conseguem dar valor à importância dessa cobertura.

SEGURO DE RESPONSABILIDADE CIVIL GERAL COMERCIAL

Uma apólice de **seguro de responsabilidade civil geral comercial (CGL**, do inglês *commercial general liability*) é a apólice essencial de responsabilidade civil para pequenas empresas. Uma apólice CGL protege contra responsabilidades de instalações, operacional, do produto e por operações concluídas. Simplificando, vivemos em uma sociedade litigiosa e pequenas empresas são alvos fáceis para ações judiciais de responsabilidade civil. Uma apólice CGL fornece proteção de primeira linha contra reinvindicações decorrentes de qualquer acidente que resulte em lesões corporais ou danos materiais. Ela não abrange cobertura de automóvel, responsabilidade profissional ou responsabilidade do empregador, todos os quais exigem uma apólice separada para proteção adequada.

Uma apólice CGL também prevê cobertura e proteção de pagamentos médicos contra a responsabilidade de danos pessoais e morais. As despesas médicas de alguém que é acidentado nas instalações da empresa ou como resultado de suas operações são reembolsadas por meio da cobertura de pagamentos médicos. A característica única dessa cobertura é que não requer nenhuma falha por parte da empresa. Essa cobertura "sem culpa" destina-se a construir boa vontade e evitar que alguém processe a empresa por negligência.

Proteção de responsabilidade ou danos pessoais e morais abrangem ações judiciais que alegam danos intencionais, como calúnia ou difamação (lesão à reputação de uma pessoa na comunidade), prisão indevida ou acusação maliciosa.

SEGURO DE AUTOMÓVEL

Uma apólice de **seguro de automóvel** é criada para fornecer proteção de responsabilidade, bem como cobertura de danos físicos, resultado de perigos segurados como colisão, roubo, vandalismo, granizo e inundação. O risco de danos físicos aos veículos é muito menor do que o risco de uma grande ação de responsabilidade civil após um acidente por falha. Os proprietários de pequenas empresas podem escolher se autossegurar contra a menor exposição de danos físicos, mas não devem se autossegurar quando se trata de exposição de responsabilidade.

SEGURO DE COMPENSAÇÃO DE TRABALHADORES

O **seguro de compensação dos trabalhadores** oferece benefícios aos acidentados no trabalho, em conformidade com a legislação vigente. De modo geral, esses benefícios incluem cobertura de despesas médicas, perda de salários e despesas de reabilitação, bem como benefícios em caso de morte para famílias dos funcionários. O seguro de responsabilidade civil dos empregadores oferece proteção adicional ao empresário contra vários tipos de ações judiciais que possam surgir de uma lesão ou da morte de um empregado.

SEGURO CRIMINAL

Embora existam diferentes tipos de cobertura de seguro criminal para o pequeno proprietário, em primeiro lugar a cobertura contra desonestidade dos funcionários deve ser considerada. As pequenas empresas geralmente confiam muito em seus funcionários e não deixariam que alguém desonesto trabalhasse na organização. Infelizmente nem todo funcionário é honesto. Os controles financeiros precários frequentemente encontrados em uma pequena empresa oferecem uma oportunidade perfeita para que um empregado desonesto roube grandes somas de dinheiro. O potencial de perda pode ser facilmente coberto por uma apólice de **seguro criminal** a um custo simbólico. Os prêmios variam de acordo com o tamanho da pequena empresa, que vai de algumas centenas de dólares até US$ 2.000 por uma apólice de US$ 500.000. Por ser possível que um esquema de roubo continue por anos, deve-se selecionar um limite de seguro que seja alto o suficiente para cobrir uma perda de vários anos.

Outro elemento do seguro criminal que não deve ser negligenciado é a cobertura de **fraude de transferência de fundos**. Os cibercriminosos tornaram-se cada vez mais *expert* em encontrar maneiras de roubar dinheiro, incluindo a transferência eletrônica de fundos da conta bancária de uma empresa. Os ladrões criaram novos vírus que são enviados para empresas como um anexo de e-mail. Se o anexo for aberto, o vírus irá extrair importantes números de contas bancárias e senhas, permitindo assim que os ladrões transfiram dinheiro com sucesso. Esse é um risco crescente que deve ser considerado na apólice de seguro de crime de cada empresário.

EMPRESÁRIOS E PACOTE DE APÓLICES

O seguro de propriedade e o seguro de responsabilidade civil comercial geralmente podem ser obtidos juntos sob uma única apólice de seguro, denominada **apólice empresarial** (**BOP** – *business owner's policy*). No entanto, empresas de construção, fabricantes, instituições financeiras e quaisquer outras empresas com receitas anuais superiores a US$ 10 milhões não serão frequentemente qualificadas para uma BOP. As vantagens de uma BOP em qualquer local incluem (1) um prêmio menor do que seria de outra forma necessário para comprar todas as coberturas separadamente, (2) a inclusão automática do seguro de interrupção de negócios e (3) a proteção do valor de substituição automática, em oposição à proteção real do valor de caixa.

Para empresas que não se qualificam para uma BOP, o seguro de propriedade e o seguro de responsabilidade civil comercial podem ser combinados em uma apólice de pacotes. As vantagens de uma apólice de pacotes incluem (1) um prêmio mais baixo do que seria de outra forma necessário para adquirir todas as coberturas separadamente, (2) a facilidade de adicionar outras coberturas mais econômicas, (3) a inclusão do seguro de interrupção de negócios e (4) a inclusão do seguro criminal.

APÓLICES DIVERSAS

Uma variedade de apólices de seguros diversas também pode ser utilizada por pequenas empresas. Essas incluem apólices de responsabilidade de práticas empregatícias, apólices de responsabilidade adicionais, apólices para as zonas marinhas e águas interiores, apólices de responsabilidade profissional e apólices de responsabilidade cibernética. Como mencionado anteriormente, as *apólices de responsabilidade das práticas empregatícias* são projetadas para proteger o proprietário da empresa contra processos relacionados ao emprego decorrentes de discriminação, assédio sexual ou rescisão contratual injusta. *Apólices de responsabilidade adicionais* fornecem camadas suplementares de proteção de responsabilidade. Tais apólices podem fornecer US$ 1.000.000 (ou mais) adicionais de seguro de responsabilidade além dos limites de responsabilidade previstos por seguro de automóvel, uma apólice CGL e seguro de responsabilidade de empregadores. Apólices de responsabilidade adicionais podem ser de extrema importância para pequenas empresas em caso de acidente significativo que machuque severamente ou mate alguém, resultando em uma ação judicial de vários milhões de dólares.

As apólices de zonas marinhas e águas interiores* são apólices exclusivas destinadas a assegurar propriedades pessoais contra o risco de danos físicos quando essa propriedade está localizada longe das instalações de uma empresa. Por exemplo, contratar equipamentos que serão usados em um local de trabalho (escavadoras, empilhadeiras, guindastes) e produtos manufaturados sendo transportados por um caminhão para o armazém do cliente podem ser segurados sob uma apólice de zonas marinhas e águas interiores. *Apólices de responsabilidade profissional* são usadas para proteger profissionais contra ações judiciais decorrentes de erros cometidos enquanto fornecem seus serviços. Os profissionais que precisam de tal cobertura são médicos, dentistas, contadores, arquitetos, engenheiros, advogados, corretores de seguros e corretores de imóveis.

Apólices de responsabilidade cibernética estão disponíveis para proteger empresas contra a diversidade de exposições à perda decorrente do uso da internet e da sua confidencialidade de informação. A cobertura pode incluir o seguinte:

- Proteção de responsabilidade contra ações judiciais decorrentes da perda ou divulgação não autorizada de dados confidenciais que estão sob cuidado e custódia de uma empresa.
- Custos de gerenciamento de crises decorrentes de uma empresa após uma falha de segurança de rede, incluindo o custo de notificação de indivíduos afetados.
- Proteção de responsabilidade para reclamações decorrentes de um vírus de computador que se origina da rede de uma empresa.

Vivendo o sonho
EXPERIÊNCIAS EMPREENDEDORAS

Bons sonhos podem acabar cedo

Quando um colega de contabilidade da Collin Street Bakery, em Corsicana, Texas, informou irregularidades no sistema de contabilidade informatizada da empresa, a padaria nunca esperava que seu próprio controller, Sandy Jenkins, tivesse desviado mais de US$ 16 milhões da empresa. Durante os cinco anos que Jenkins foi empregado na Collin Street Bakery, ele emitiu mais de 800 cheques falsos aos credores e manipulou o sistema de contabilidade para mostrar que os cheques foram anulados.

Com esses caixas, Jenkins financiou um estilo de vida luxuoso, que incluiu possuir 43 veículos de luxo, manter uma casa de veraneio em Santa Fé e possuir um relógio de milhares de dólares e uma coleção de joias. Tanto Jenkins quanto sua esposa frequentemente viajavam em aviões privados para férias e gastaram mais de US$ 11 milhões em cartões de crédito da American Express, tudo isso à custa da padaria.

O esquema de Jenkins apareceu quando uma funcionária da contabilidade perguntou sobre as discrepâncias. Ela ficou intrigada quando ele explicou que era simplesmente um erro e que não se preocupasse com isso. A funcionária então analisou melhor o relatório do registro de cheques e notou 16 cheques pagos que não foram lançados no sistema contábil. Ela relatou isso ao vice-presidente de finanças.

Por fim, Jenkins foi acusado de fraude e despedido da empresa. Ele se declarou culpado e, desde o início de 2015, está aguardando julgamento.

Se a Collin Street Bakery tivesse adquirido o seguro de desonestidade de empregado, não teria tido toda a perda de US$ 16 milhões das ações desonestas de Jenkins. Ainda mais lamentável, esta história acontece em pequenas empresas todos os dias.

Fontes: "FBI Searches Home of Former Collin Street Bakery Official," KBTX, 26 de julho de 2013, http://www.kbtx.com/home/headlines/FBI-Searches-Home-Of-Former-Collin-Street-Bakery-Official-217096701.html, acesso em 8 de abril de 2015; e "Grand Jury Indicts Wife of Former Executive at Collin Street Bakery on Felony Conspiracy," Federal Bureau of Investigation, 12 de março de 2014, http://www.fbi.gov/dallas/press-releases/2014/grand-jury-indicts-wife-of-former-executive-at-collin-street-bakery-on-felony-conspiracy-money-laundering-and-false-statement-charges. Acesso em 8 de abril de 2015.

---

* N.R.T.: O seguro marítimo e águas interiores, nos Estados Unidos, indeniza prejuízos para tipos de propriedades móveis ou especializados historicamente. Como resultado do seguro marítimo, esta categoria inclui cobertura de propriedade de equipamentos de construção, de diagnóstico médico, painéis solares, turbinas eólicas etc.

23-5b Seguro de vida e saúde

Três tipos de seguro fornecem cobertura para funcionários em uma empresa: seguro-saúde, seguro de vida de pessoa importante e seguro de invalidez. (Seguro de compensação de trabalhadores foi discutido anteriormente como um tipo de seguro de propriedade e acidente.)

PLANO DE SAÚDE

Também conhecido como convênio médico, o seguro de saúde é um dos benefícios mais valiosos que uma pequena empresa pode oferecer aos seus funcionários. Além disso, é exigido nos termos da Lei de Cuidados Acessíveis para empregadores com mais de 50 funcionários.* As apólices de seguro-saúde de grupo oferecem cobertura para cuidados médicos em hospitais, consultórios e instalações de reabilitação. O Ato de Cuidados Acessíveis também exige que essas apólices cubram os serviços ambulatoriais, medicamentos prescritos e cuidados preventivos.

A cobertura geralmente é oferecida aos funcionários somente por meio de um grupo específico de provedores de cuidados de saúde ou "rede". Tipos de planos de seguro de saúde que se enquadram nessa categoria incluem **organizações de manutenção da saúde (HMOs**, do inglês *health maintenance organization*) e **organizações de provedores preferenciais (PPOs**, do inglês *preferred provider organization*). Uma HMO é uma rede de atendimento gerenciado que oferece seguro de saúde que é geralmente menos dispendioso do que um PPO, mas limita as escolhas dos prestadores de cuidados médicos mais do que uma PPO. No entanto, com uma PPO, os funcionários ainda devem permanecer em uma rede de provedores ou pagar maiores despesas do bolso em caso de reinvidicação.

Despesas do bolso que os funcionários devem pagar sozinhos, independentemente do tipo de plano de seguro de saúde fornecido pelo empregador, geralmente incluem:

- Um copagamento no consultório médico para cada visita ao consultório, geralmente entre US$ 20 e US$ 40.
- Um copagamento na farmácia para cada receita médica comprada, geralmente entre US$ 10 e US$ 100.
- Uma franquia no hospital para cada internação hospitalar, geralmente entre US$ 1.000 e US$ 6.000.
- Uma porcentagem do custo total dos cuidados de saúde prestados por um hospital, geralmente entre 20% e 30%, até um custo máximo de desembolso para o empregado entre US$ 3.000 e US$ 6.000. A Lei de Cuidados Acessíveis pode geralmente limitar essa despesa.

SEGURO DE VIDA DE PESSOA IMPORTANTE

Ao fazer um **seguro de vida para pessoa importante**, uma pequena empresa pode se proteger contra a morte de uma pessoa importante. Esse seguro pode ser feito individualmente ou em grupo. É adquirido por uma empresa, sendo ela a única beneficiária.

A maioria dos consultores de pequenas empresas sugerem seguro de curto prazo para apólices de seguro de vida de pessoa importante, principalmente por causa de menores prêmios. O valor do seguro de vida é o mais difícil de decidir. Os valores nominais de tais apólices geralmente começam em torno de US$ 500.000 e podem chegar a vários milhões de dólares.

SEGURO POR INVALIDEZ

Um risco que as pequenas empresas muitas vezes não consideram é a perda devido à invalidez de um parceiro ou outros funcionários importantes da empresa. As estatísticas, no entanto, mostram que as probabilidades de uma pessoa se tornar incapacitada são muito maiores do que a maioria das pessoas pensa.

O tipo de **seguro de invalidez** mais comum prevê o pagamento de uma parte (normalmente dois terços) do rendimento mensal normal da pessoa com deficiência por um período de tempo após ocorrer a incapacidade. No entanto, ele protege apenas a pessoa com deficiência e não a empresa. De maneira alternativa, os sócios podem adquirir o **seguro de compensação por invalidez**. Esse tipo de seguro de invalidez protege os dois sócios garantindo que o sócio saudável terá dinheiro suficiente para compensar o sócio com deficiência sem desembolso do capital da empresa.

Também está disponível um seguro de invalidez que substitui a perda de receita devido à incapacidade de um empregado importante. Por exemplo, se o melhor vendedor de uma empresa, que traz US$ 25.000 por mês, fica inválido, essa cobertura proporcionará à empresa até 125% da renda de substituição por um ano ou mais. Isso dá tempo à empresa para recrutar e treinar outra pessoa.

Outro tipo de seguro por invalidez destina-se a cobrir despesas gerais fixas, tais como aluguel, utilidades, salários dos funcionários e despesas gerais de escritório, enquanto um proprietário ou outro funcionário importante se

---

* N.R.T.: Para detalhes sobre os planos de saúde no Brasil, a Lei 9.656/98 esclarece sobre diferentes planos, operadoras e carteiras.

recupera. Esse tipo de seguro é especialmente adequado para uma empresa unipessoal, uma vez que a empresa não teria renda se o proprietário não pudesse trabalhar.

Não há dúvida de que o risco faz parte da vida, mas como você administra isso afetará o sucesso da sua pequena empresa. É por isso que uma compreensão dos riscos de negócio, dos princípios básicos de um programa de bom seguro e dos vários tipos de seguro empresarial é tão importante. Ele pode ajudá-lo a lidar com muitas das incertezas que você certamente irá encontrar.

Glossário

Antecipação de perdas – Evitar que uma perda aconteça.

Apólice empresarial (BOP) (p. 506) – Versão comercial de uma apólice de proprietário, projetada para atender a propriedade e necessidades de seguro de responsabilidade geral de alguns proprietários de pequenas empresas.

Autosseguro (p. 503) – Cobertura que designa parte dos ganhos de uma empresa como um atenuante contra possíveis perdas futuras.

Bens imobiliários (p. 495) – Terra ou qualquer anexo físico à terra, como edifícios.

Bem pessoal (p. 495) – Bem que não seja um bem imobiliário, incluindo maquinário, equipamentos, estoque e veículos.

Causa próxima (p. 498) – Ato negligente que é a causa clara de danos sustentados.

Cláusula de cosseguro (p. 505) – Disposição em uma apólice de seguro de propriedade que exige que o proprietário tenha seguro de pelo menos 80% do que custaria para reconstruir o prédio ou substituir a propriedade pessoal.

Cláusula de indenização (p. 497) – Cláusula contratual que exige que uma parte assuma as consequências financeiras das responsabilidades legais de outra empresa.

Controle de risco (p. 501) – Minimização de potenciais perdas pela antecipação, prevenção e/ou redução de risco.

Danos (p. 497) – Ação de maneira errada ou omissão para a qual uma parte prejudicada pode assumir ações legais contra o culpado por prejuízos financeiros.

Danos morais punitivos (p. 498) – Forma de punição além de compensar danos.

Defeito de fabricação (p. 499) – Defeito resultante de um problema que ocorre durante o processo de produção, fazendo com que o produto não seja feito de acordo com a especificação.

Danos morais compensatórios (p. 498) – Prejuízos econômicos e não econômicos com o intuito de fazer o reclamante são por quaisquer prejuízos e perdas oriundos de ação negligente.

Danos econômicos (p. 498) – Danos morais compensatórios que se relacionam a perdas econômicas tais como despesas médicas e perda de renda.

Danos não econômicos (p. 498) – Danos morais compensatórios para perdas como dor e sofrimento, doença mental e perda de habilidades físicas.

Defeito de marketing (p. 499) – Defeito resultante de falha para passar os perigos para os usuários que são associados ao produto ou fornecer instruções adequadas de como usá-lo de maneira segura.

Defeito de *design* (p. 499) – Defeito resultante de um projeto perigoso, apesar de o produto ser feito de acordo com as especificações.

Financiamento do risco (p. 503) – Disponibilização de fundos para cobrir perdas que não podem ser eliminadas pelo controle de risco.

Fraude de transferência de fundos (p. 506) – Transferência criminal de fundos de uma conta bancária.

Gestão de riscos (p. 500) – Formas de lidar com o risco que são projetadas para preservar os ativos e o poder de ganho de uma empresa.

Legislação de remuneração trabalhista (p. 496) – Leis que obrigam um empregador a pagar empregados por acidentes e doenças relacionadas ao emprego, independentemente da responsabilidade.

Limite de perda agregado (p. 503) – Limite abrangente para as despesas anuais se uma série de funcionários atingir o limite específico de perda de parada.

Limite de perda específico (p. 503) – Limite por trabalhador de uma empresa em autofinanciamento para reivindicações de assistência médica.

Organizações de manutenção da saúde (HMO) (p. 508) – Rede de atendimento gerenciado que fornece seguro de saúde que é menos dispendioso do que um PPO, mas com mais limitadores de prestadores de cuidados médicos.

Organizações de provedores preferenciais (PPO) (p. 508) – Rede de atendimento gerenciado que fornece seguro de saúde que é mais caro do que o de uma HMO, mas oferece uma escolha maior de prestadores de cuidados médicos.

Padrão razoável (pessoa cautelosa) (p. 497) – Padrão típico de cuidado, baseado no que a pessoa de bom senso e cautelosa teria feito em circunstâncias similares.

Perda direta (p. 496) – Perda na qual o prejuízo físico de um bem reduz seu valor para um proprietário.

Perda indireta (p. 496) – Perda que surge de uma inabilidade de executar operações normais devido a uma perda da propriedade.

Prevenção de perdas (p. 501) – Escolha de não se engajar em atividades prejudiciais.

Programa parcialmente autofinanciado (p. 503) – Programa que designa parte dos ganhos da empresa para financiar uma parcela da cobertura médica do empregado.

Redução de perda (p. 501) – Diminuição da frequência, severidade e imprevisibilidade de potenciais perdas.

Retenção de risco (p. 503) – Financiamento da perda intencional por meio dos fluxos de caixa de uma empresa.

Risco (p. 496) – Causa de perda, seja por meio de eventos naturais ou por meio de ações das pessoas.

Risco de mercado (p. 495) – Incerteza associada a uma decisão de investimento.

Risco no negócio (p. 495) – Possibilidade de perdas associadas aos ativos ou potenciais ganhos de uma empresa.

Risco puro (p. 495) – Incerteza associada a uma situação na qual pode ocorrer perda ou não.

Riscos pessoais (p. 499) – Riscos que diretamente afetam funcionários individuais, mas podem ter um impacto direto em uma empresa também.

Seguro de automóvel (p. 506) – Cobertura projetada para prover responsabilidade e proteção de danos físicos para um veículo.

Seguro criminal (p. 506) – Cobertura principalmente contra desonestidade dos funcionários.

Seguro de compensação dos trabalhadores (p. 506) – Cobertura que fornece benefícios aos funcionários acidentados no trabalho.

Seguro de compensação por invalidez (p. 508) – Cobertura que garante a um sócio suficientemente saudável dinheiro para compensar um sócio que ficou incapacitado.

Seguro de interrupção de negócios (p. 505) – Cobertura que reembolsa antecipadamente uma empresa pela perda de renda que segue a interrupção de operações comerciais.

Seguro de responsabilidade civil comercial (CGL) (p. 505) – Cobertura para exposição de perda por responsabilidade civil, incluindo responsabilidade local, responsabilidade de operações, responsabilidade por produto, responsabilidade de operações concluídas e responsabilidade pessoal e prejuízo publicitário.

Seguro de risco definido (p. 504) – Identificação dos riscos específicos cobertos em uma apólice de seguro da propriedade.

Seguro de vida para pessoa importante (p. 508) – Cobertura que fornece benefícios a uma empresa pela morte de pessoa importante.

Seguro de invalidez (p. 508) – Cobertura que fornece benefícios sobre a deficiência de um sócio da empresa ou outros funcionários importantes.

Transferência de risco (p. 503) – Compra de seguro ou elaboração de arranjos contratuais que transferem riscos para outros.

Valor de caixa atual (ACV) (p. 496) – Termo de seguro que se refere ao valor depreciado da propriedade.

Valor de substituição do bem (p. 496) – Custo de substituição de bem pessoal e reconstrução de propriedade real a preços atuais.

Ações para *startups*

Fraude dos empregados

O monitoramento de fraude do funcionário precisa ser um foco constante para o proprietário de pequena empresa. Mas há duas circunstâncias em que um proprietário está particularmente vulnerável, a primeira das quais você pode achar surpreendente: quando a empresa está experimentando o sucesso e quando há uma distração pessoal, como uma morte na família.

Você é quem manda

Situação 1

A Amigo Company produz cadeiras de rodas motorizadas em Bridgeport, Michigan, sob a supervisão de Alden Thieme. Alden é o irmão do fundador da empresa, Allen Thieme. A empresa possui 100 funcionários e obtém US$ 10 milhões em vendas por ano. Como muitas outras empresas, Amigo enfrenta aumento nos custos de seguro de responsabilidade. Embora Alden esteja pensando em abrir mão de toda a cobertura, ele percebe que os usuários do produto da empresa são indivíduos que já sofreram problemas físicos e emocionais. Portanto, se ocorrer um acidente e resultar em um processo de responsabilidade, um júri poderia ser veementemente tentado a favorecer o requerente. Na verdade, a empresa está atualmente enfrentando litígios. Uma mulher em uma cadeira de rodas da Amigo foi atropelada por um carro e morreu. Devido ao motorista do carro não ter seguro, a Amigo foi processada.

Pergunta 1 – Você concorda que o tipo de cliente a quem a Amigo Company vende deve influenciar a decisão de Thieme em relação ao seguro?

Pergunta 2 – De que forma, se houver, o resultado do atual litígio afeta a decisão de Thieme sobre a renovação da cobertura do seguro da empresa?

Pergunta 3 – Quais as opções que a Amigo tem se abrir mão de toda a cobertura de seguro? Qual é a sua recomendação?

Notas

1. Traduzido por Arthur W. H. Adkins do texto grego do poema de Solon "Prosperity, Justice and the Hazards of Life," em M. L. West (ed.), *Iambi et Elegi Gracci ante Alexandrum Canttati*, vol. 2 (Oxford: Clarendon Press, 1972).
2. http://www.thefreedictionary.com/risk. Acesso em 30 de março de 2015.
3. Daniel Tynan, "In Case of Emergency," *Entrepreneur*, vol. 3, n. 4 (abril de 2003), p. 60.
4. Sarah E. Needleman, "Entrepreneurs 'Tweet' Their Way through Crises," *The Wall Street Journal*, 15 de setembro de 2009, p. B5.

Impressão e acabamento:

Orgrafic
Gráfica e Editora
tel.: 25226368